우체국 [우정사업본부 · 지방우정청]

계리직 공무원

전과목 총정리

계리직 공무원
전과목 총정리

초판 인쇄 2022년 1월 12일
초판 발행 2022년 1월 14일

편 저 자 | 공무원시험연구소
발 행 처 | ㈜서원각
등록번호 | 1999-1A-107호
주   소 | 경기도 고양시 일산서구 덕산로 88-45(가좌동)
교재주문 | 031-923-2051
팩   스 | 031-923-3815
교재문의 | 카카오톡 플러스 친구[서원각]
영상문의 | 070-4233-2505
홈페이지 | www.goseowon.com
책임편집 | 김수진
디 자 인 | 이규희

Preface

현대 사회는 하루가 다르게 변화되어 가고 있으며 그 변화에 적응하는 일이란 결코 쉽지가 않다. 더욱이 이러한 변화 속에서 자신에게 맞는 일을 찾고 그 속에서 삶의 즐거움을 누리는 일은 매우 어렵게 느껴진다. 이러한 사회적 분위기 속에서 안정적인 직업으로 공무원이 각광받고 있으며, 경쟁률 또한 매우 치열하다.

타 공무원 수험생들이 많은 정보를 가지고 여러 수험서의 도움을 받는 것과는 달리 우정서기보(계리직) 시험을 준비하는 수험생들은 많은 어려움을 느낀다.

본서는 우정서기보(계리직) 기출문제집으로 최대한 기출문제를 입수·복원하여 수록하였으며, 우정사업본부에서 제공하는 2021년 우편 및 금융상식 학습자료를 반영하여 효율적인 학습을 도모하였다. 또한 매 문제마다 상세한 해설을 실어 훌륭한 학습효과를 누릴 수 있도록 구성하였다.

수험생 여러분의 합격을 진심으로 기원하며 건투를 빈다.

Information

※ 2021년 공개경쟁 채용시험 공고를 바탕으로 작성한 것으로 변동될 수 있으며 자세한 사항은 우정사업본부 사이트를 참고하시기 바랍니다.

01 시험과목

직급(직종)	시험구분	시험과목(선택형 필기시험)
우정9급 우정서기보(계리)	공개경쟁 채용시험	한국사(상용한자 포함) 우편상식 금융상식 컴퓨터 일반(기초영어 포함)

02 시험방법

① 제1차 시험 : 선택형 필기시험

　㉠ 배점비율 및 문항형식 : 매 과목당 100점 만점, 객관식 4지 택일형 20문항

　㉡ 상용한자는 한국사에, 기초영어는 컴퓨터 일반에 각 1~2문항씩 포함하여 출제됨

　㉢ 시험시간 : 80분(과목당 20문항을 20분간 시험)

② 제2차 시험 : 면접시험

03 응시자격

① 응시결격사유 : 국가공무원법 제33조(결격사유)에 해당되거나, 국가공무원법 제74조(정년)에 해당되는 자 또는 공무원임용시험령 등 관계법령에 의하여 응시자격을 정지당한 자는 응시할 수 없습니다(판단기준일은 면접시험 최종예정일).

　㉠ 국가공무원법 제33조(결격사유)
　• 피성년후견인 또는 피한정후견인
　• 파산선고를 받고 복권되지 아니한 자
　• 금고 이상의 실형을 선고받고 그 집행이 종료되거나 집행을 받지 아니하기로 확정된 후 5년이 지나지 아니한 자
　• 금고 이상의 형을 선고받고 그 집행유예 기간이 끝난 날부터 2년이 지나지 아니한 자
　• 금고 이상의 형의 선고유예를 받은 경우에 그 선고유예 기간 중에 있는 자
　• 법원의 판결 또는 다른 법률에 따라 자격이 상실되거나 정지된 자
　• 공무원으로 재직기간 중 직무와 관련하여 형법 제355조 및 제356조에 규정된 죄를 범한 자로서 300만 원 이상의 벌금형을 선고받고 그 형이 확정된 후 2년이 지나지 아니한 자

- 「성폭력범죄의 처벌 등에 관한 특례법」 제2조에 규정된 죄를 범한 사람으로서 100만 원 이상의 벌금형을 선고받고 그 형이 확정된 후 3년이 지나지 아니한 사람
- 미성년자에 대하여 「성폭력범죄의 처벌 등에 관한 특례법」 제2조에 따른 성폭력범죄, 「아동·청소년의 성보호에 관한 법률」 제2조 제2호에 따른 아동·청소년 대상 성범죄를 저질러 파면·해임되거나 형 또는 치료감호를 선고받아 그 형 또는 치료감호가 확정된 사람(집행유예를 선고받은 후 그 집행유예기간이 경과한 사람을 포함)
- 징계로 파면처분을 받은 때부터 5년이 지나지 아니한 자
- 징계로 해임처분을 받은 때부터 3년이 지나지 아니한 자

ⓛ 국가공무원법 제74조(정년)

- 공무원의 정년은 다른 법률에 특별한 규정이 있는 경우를 제외하고는 60세로 한다.
- 공무원은 그 정년에 이른 날이 1월부터 6월 사이에 있으면 6월 30일에, 7월부터 12월 사이에 있으면 12월 31일에 각각 당연히 퇴직된다.

② 응시연령 : 18세 이상

③ 학력·경력 : 제한 없음

④ 장애인 구분모집 응시대상자

ⓐ 「장애인복지법 시행령」 제2조에 따른 장애인 및 「국가유공자 등 예우 및 지원에 관한 법률 시행령」 제14조 제3항에 따른 상이등급 기준에 해당하는 자

ⓑ 장애인 구분모집에 응시하고자 하는 자는 응시원서 접수마감일 현재까지 장애인으로 유효하게 등록되어 있거나, 상이등급기준에 해당되는 자로서 유효하게 등록·결정되어 있어야 합니다.

ⓒ 장애인은 장애인 구분 모집 외의 일반분야에 비장애인과 동일한 일반조건으로 응시할 수 있습니다(단, 중복접수는 할 수 없음).

ⓓ 장애인 구분모집 응시대상자의 증빙서류(장애인복지카드 또는 장애인등록증, 국가유공자증)는 필기시험 합격자 발표일에 안내하는 기간 내에 제출하여야 합니다.

⑤ 저소득층 구분모집 응시대상자

ⓐ 응시대상 : 「국민기초생활보장법」에 따른 수급자 또는 「한부모가족지원법」에 따른 지원대상자에 해당하는 기간(이 기간의 시작은 급여 또는 지원을 신청한 날)이 응시원서 접수일 또는 접수마감일까지 계속하여 2년 이상인 자

ⓛ 군복무(현역, 대체복무) 또는 교환학생으로 해외에 체류하는 경우, 이로 인하여 그 기간에 급여(지원) 대상에서 제외된 경우에도 가구주가 그 기간에 계속하여 수급자(지원대상자)로 있었다면 응시자도 수급자(지원대상자)에 해당하는 것으로 봅니다(다만, 군복무 또는 교환학생으로 해외에 체류한 기간 종료 후 다시 수급자(지원대상자)로 결정되어야 기간의 계속성을 인정하며, 이 경우 급여(지원)의 신청을 기간 종료 후 2개월 내에 하거나, 급여(지원)의 결정이 기간 종료 후 2개월 내여야 함).

※ 군복무 또는 교환학생으로 해외에 체류한 전·후 기간에 1인 가구 수급자(지원대상자)였다면 군복무 또는 교환학생으로 해외에 체류한 기간 동안 수급자(지원대상자) 자격을 계속 유지하는 것으로 봅니다(다만, 군복무 또는 교환학생으로 인한 해외체류 종료 후 다시 수급자(지원대상자)로 결정되어야 기간의 계속성을 인정하며, 이 경우에도 급여(지원)의 신청을 기간 종료 후 2개월 내에 하거나, 급여(지원)의 결정이 기간 종료 후 2개월 내여야 함).

※ 단, 교환학생의 경우는 소속 학교에서 교환학생으로서 해외에 체류한 기간(교환학생 시작 시점 및 종료 시점)에 대한 증빙서류를 제출해야 합니다.

ⓒ 저소득층 구분모집 대상자는 저소득층 구분모집 외의 일반분야에 비저소득층과 동일한 조건으로 응시할 수 있습니다(단, 중복접수는 할 수 없음).

ⓔ 필기시험 합격자는 주민등록상의 거주지 관할 시·군·구청장이 발행하는 수급자증명서(수급기간 명시), 한부모가족증명서(지원기간 명시) 등 증빙서류를 필기시험 합격자 발표일에 안내하는 기간 내에 제출하여야 합니다.

※ 수급(지원)기간이 명시된 수급자(한부모가족)증명서는 주민등록상의 거주지 관할 시·군·구청에 본인 또는 가족(동일세대원에 한함)이 직접 방문하여 발급받을 수 있으며, 방문 전 시·군·구청 기초생활보장·한부모가족담당자(주민생활지원과, 사회복지과 등)에게 유선으로 신청하시기 바랍니다.

※ 저소득층 구분모집에 대한 자세한 사항은 균형인사지침(인사혁신처 예규, 인사혁신처 홈페이지-법령·통계정보-법령정보-훈령/예규/고시)을 확인하시기 바랍니다.

04 응시자 거주지역 제한 안내

응시자는 공고일 현재 지원지역에 주민등록이 되어 있어야 응시할 수 있습니다.

※ 응시자 거주지역 제한 내용은 변경될 수 있습니다.

05   응시원서 접수기간 및 시험시행 일정

① 시험장소 공고 등 모든 시험일정은 우정청 홈페이지에 게시(공고)합니다.

② 합격자 명단은 합격자 발표일에 우정청 홈페이지 및 원서접수사이트에 게시하며, 최종 합격자에게는 개별적으로 합격을 통지합니다.

③ 필기시험 성적 확인 방법·일정은 필기시험 합격자 공고 시 안내하며, 본인 성적에 한하여 확인할 수 있습니다.

06   가산 특전 비율표

구분	가산비율	비고
취업지원대상자	과목별 만점의 10% 또는 5%	취업지원대상자 가점과 의사상자 등 가점은 본인에게 유리한 1개만 적용
의사상자 등 (의사자 유족, 의상자 본인 및 가족)	과목별 만점의 5% 또는 3%	

07   기타사항

① 필기시험에서 과락(40점 미만) 과목이 있을 경우에는 불합격 처리되며, 그 밖의 합격자 결정방법 등 시험에 관한 구체적인 내용은 공무원임용시험령 및 관련법령을 참고하시기 바랍니다.

② 응시자는 응시표, 답안지, 시험시간 및 장소 공고 등에서 정한 주의사항에 유의하여야 하며, 이를 준수하지 않을 경우에는 본인의 불이익이 될 수 있습니다.

Structure

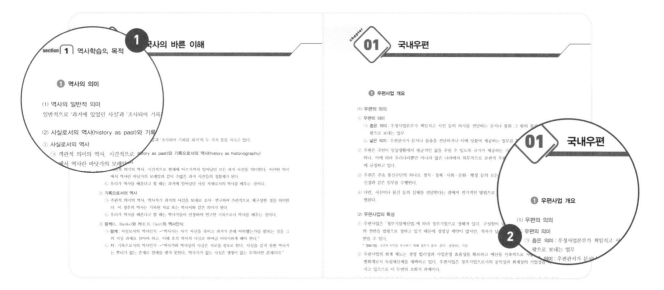

❶ 한국사

시험에 자주 출제되는 이론을 정리하여 담아 학습의 효율을 높였다.

❷ 우편 및 금융상식

최근 학습자료와 수정 내용을 반영하고 보기 쉽게 정리하여 학습의 편의를 도왔다.

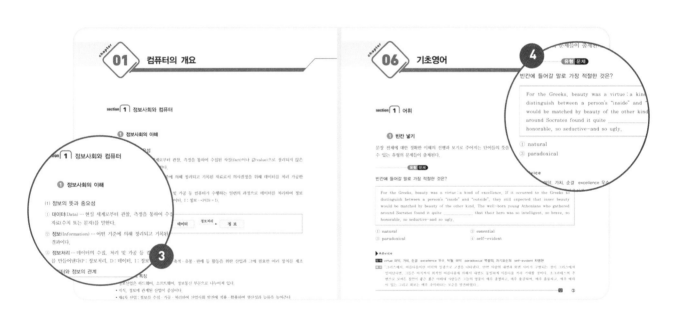

❸ 컴퓨터 일반

꼼꼼하게 정리한 이론과 상세한 정·오답 풀이로 자칫 낯설 수 있는 내용에 대한 이해도를 높였다.

❹ 상용한자 및 기초영어

각 과목의 기초적인 이론과 관련 문제를 수록하여 실제 시험에 대한 감을 익힐 수 있게 하였다.

Contents

PART

01

한국사 및 상용한자

01 한국사의 바른 이해

chapter

section 1 역사학습의 목적

❶ 역사의 의미

(1) 역사의 일반적 의미

일반적으로 '과거에 있었던 사실'과 '조사되어 기록된 과거'의 두 가지 뜻을 지니고 있다.

(2) 사실로서의 역사(history as past)와 기록으로서의 역사(history as historiography)

① 사실로서의 역사

　㉠ 객관적 의미의 역사, 시간적으로 현재에 이르기까지 일어났던 모든 과거 사건을 의미한다. 이러한 의미
　　에서 역사란 바닷가의 모래알과 같이 수많은 과거 사건들의 집합체가 된다.

　㉡ 우리가 역사를 배운다고 할 때는 과거에 일어났던 사실 자체로서의 역사를 배우는 것이다.

② 기록으로서의 역사

　㉠ 주관적 의미의 역사, 역사가가 과거의 사실을 토대로 조사·연구하여 주관적으로 재구성한 것을 의미한
　　다. 이 경우의 역사는 기록된 자료 또는 역사서와 같은 의미가 된다.

　㉡ 우리가 역사를 배운다고 할 때는 역사가들이 선정하여 연구한 기록으로서 역사를 배우는 것이다.

③ 랑케(L. Ranke)와 카(E.H. Carr)의 역사인식

　㉠ 랑케 : 사실로서의 역사인식→"역사가는 자기 자신을 죽이고 과거가 본래 어떠했는가를 밝히는 것을 그
　　의 지상 과제로 삼아야 하고, 이때 오직 역사적 사실로 하여금 이야기하게 해야 한다."

　㉡ 카 : 기록으로서의 역사인식→"역사가와 역사상의 사실은 서로를 필요로 한다. 사실을 갖지 못한 역사가
　　는 뿌리가 없는 존재로 열매를 맺지 못한다. 역사가가 없는 사실은 생명이 없는 무의미한 존재이다."

② 역사학습의 목적

(1) 역사학습의 의의

① 의미 … 역사 그 자체를 배워서 과거 사실에 대한 지식을 늘리는 것을 의미한다.

② 의의
　　㉠ 역사를 통하여 현재를 살아가는 데 필요한 능력과 교훈을 얻을 수 있다.
　　㉡ 인간 생활에 대한 지식을 얻을 수 있다.

(2) 역사학습의 목적

① 과거의 사실을 통해 현재를 바르게 이해할 수 있다. 역사는 개인과 민족의 정체성 확립에 유용하다.

② 교훈으로서의 역사 … 현재 우리가 당면한 문제를 올바르게 파악하고 대처하여 미래에 대한 전망을 할 수 있다.

③ 역사적 사고력과 비판능력 함양 … 역사적 사건의 보이지 않는 원인과 의도, 목적을 추론하는 역사적 사고력이 길러지게 되고 잘잘못을 가려 정당한 평가를 내리는 비판능력을 길러준다.

section **2** 한국사와 세계사

① 한국사의 보편성과 특수성

(1) 세계사적 보편성
국가와 민족을 초월한 전세계 인류의 공통성을 말한다. 동물이나 식물과 다른 인간 고유의 생활모습과 자유, 평등, 박애, 평화, 행복 등 공통적인 이상을 추구하는 것을 말한다.

(2) 민족의 특수성
고유한 자연환경과 역사 경험을 통해 다양한 언어, 풍속, 종교, 예술, 사회제도가 창출되는 것으로 근대 이전에 두드러졌다. 이에 세계를 몇 개의 문화권으로 나누기도 하고 하나의 문화권 안에서 민족문화의 특수성을 추출하기도 한다.

(3) 우리 민족사의 발전

우리 민족은 국토의 자연환경을 효과적으로 활용하여 다양한 민족, 국가들과 문물을 교류하면서 내재적인 변화와 발전을 이룩하였다.

① **우리 역사의 보편성** … 자유와 평등, 민주와 평화 등 전인류의 공통적 가치를 추구해 왔다.

② **우리 민족의 특수성** … 단일민족국가의 전통을 유지해오고 있다. 국가에 대한 충성과 부모에 대한 효도가 중시되고, 두레 · 계 · 향도와 같은 공동체조직이 발달하였다.

(4) 한국사의 이해

우리 역사와 문화의 특수성에 대한 이해는 한국사를 바르게 인식하는 기초가 되며 우리가 민족적 자존심을 잃지 않고 세계 문화에 공헌하는 데에도 필요하다.

❷ 민족문화의 이해

(1) 민족문화의 형성

① **선사시대** … 아시아 북방문화와 연계되는 문화를 형성하였다. 조상들의 슬기와 노력으로 다른 어느 민족의 그것과도 구별되는 특수성을 지니고 있으면서도 보편적 가치를 추구해 왔다.

② **고대사회** … 중국문화와 깊은 연관을 맺으면서 독자적인 고대문화를 발전시켰다.

③ **고려시대** … 불교를 정신적 이념으로 채택하였다.

④ **조선시대** … 삼강오륜과 같은 유교적 가치를 중시하였다.

> 📢 **TIP** 우리나라 불교와 유교의 특수성
> 불교는 현세구복적이며 호국적인 성향이 매우 강하였고, 유교는 삼강오륜의 덕목 중에서 나라에 대한 의리를 강조하였다.

(2) 민족문화의 발전

전통문화의 기반 위에서 민족적 특수성을 유지하고 한국문화의 개성을 확립하였으며 외래문화를 주체적으로 수용하여 세계사적 보편성을 추구하였다.

(3) 세계화시대의 역사의식

안으로는 민족주체성을 견지하되, 밖으로는 외부세계의 변화에 적극적으로 대응하는 개방적 민족주의에 기초하여야 한다. 아울러 인류 사회의 평화와 복리 증진 등 인류 공동의 가치를 추구하는 진취적 역사정신이 세계화 시대에 요구되는 사고라 할 수 있다.

출제예상문제

1 보기의 주장과 역사가의 입장이 유사하게 짝지어져 있는 것은?

> ㉠ 역사는 객관적 사건들의 집합이다.
> ㉡ 역사는 역사가에 의해 쓰인다.
> ㉢ 역사가는 과거와 현재의 대화이다.
> ㉣ 역사가는 과거의 사실만을 밝혀내야 한다.

랑케	카
① ㉠, ㉡	㉢, ㉣
② ㉠, ㉢	㉡, ㉣
③ ㉠, ㉣	㉡, ㉢
④ ㉡, ㉢	㉠, ㉣

TIP ㉠, ㉣은 사실로서의 역사적 견해이므로 랑케의 주장과 유사하고 ㉡, ㉢은 기록으로서의 역사적 견해이므로 카의 주장과 유사하다.

2 역사에 대한 설명으로 옳지 않은 것은?

① '기록으로서의 역사'에는 역사가의 주관이 개입되면 안 된다.

② 역사를 통하여 현재를 살아가는데 필요한 삶의 지혜와 교훈을 얻을 수 있다.

③ 사료와 역사적 진실이 반드시 일치하는 것은 아니므로 사료 비판이 필요하다.

④ '사실로서의 역사'란 과거에 존재했던 모든 사실과 사건을 의미한다.

TIP 기록으로서의 역사란 과거의 사실 중에 역사가의 조사와 연구과정을 거쳐 역사적으로 의미가 있는 사실만을 뽑아 주관적으로 재구성한 것을 의미한다. 따라서 역사가의 주관이 개입된다.

Answer 1.③ 2.①

3 다음에서 설명하는 역사가의 입장과 관련 있는 것은?

> 역사는 '과거와 현재의 대화'이다. 역사학습이야말로 과거 세계와 현재 인간의 대화에 의한 만남의 광장이다. 우연한 만남이 아니라, 역사적 실천을 목적으로 하는 만남인 것이다. 역사학습은 과거 사실로서의 역사를 바르게 이해하는 데에서 출발하나, 궁극적으로는 현재를 살고 있는 우리들의 성장을 기약하는 것이다.

① 랑케의 역사적 입장이다.
② 역사가는 있는 그대로의 사실을 밝혀내려고 노력해야 한다.
③ 역사가와 역사상의 사실은 서로를 필요로 한다.
④ 역사가는 자기 자신을 죽이고 과거가 본래 어떠했는지 밝혀내는 것을 우선으로 해야 한다.

TIP 제시된 글의 '과거와 현재의 대화'라는 부분으로 보아 '카'의 역사적 입장임을 알 수 있다.
①, ②, ④ 역사의 의미를 과거에 있었던 사실로서 인식하는 역사관이다.

4 역사적 사실은 '현재적 입장에서 재해석해야 한다'는 입장과 일치하는 역사학습의 과정이 아닌 것은?

① 임진왜란이 한국과 일본의 외교관계에 끼친 영향을 조사한다.
② 동학농민운동 중 농민들이 주장한 폐정개혁안과 갑오개혁의 홍범 14조를 비교, 분석한다.
③ 일제강점기에 일본이 토지조사사업을 통해 수탈한 토지의 면적을 알아본다.
④ 실학자들이 주장한 개혁안들이 정책에 반영되었다면 어떤 변화가 나타났을까 가정한다.

TIP 현재주의적 관점에서 역사가의 태도는 역사가가 객관적일 수 없으며, 현재의 관점에서 과거의 사실을 재해석해야 한다는 입장이다.
③ 객관적인 사실로서 역사가가 재해석한 것이라고 보기 어렵다.

Answer 3.③ 4.③

5 다음 중 우리나라 역사의 특수성이 아닌 것은?

① 호국불교적인 성격이 강했다.
② 독자적인 고대 문화를 발전 시켰다.
③ 유교적 가치를 중요하게 여겼다.
④ 농사를 짓고 무리생활을 하였다.

....

TIP 농사를 짓고 무리생활을 하는 것은 신석기시대 인간이 가진 보편적인 특징 중 하나이다. 따라서 우리나라 역사만의 특이점이라고 할 수 없다.

6 다음 중 올바르게 한국사를 이해하는 방법은?

① 우리나라의 역사는 다른 나라의 역사와 완전히 다르므로 특수성의 논리에만 충실해야 한다.
② 다른 나라의 시선에서만 우리나라 역사를 제대로 이해할 수 있다.
③ 우리나라 역사의 특수성만이 가치가 있는 것이다.
④ 특수한 우리나라의 역사를 이해하여 세계사적 보편가치를 찾아낸다.

....

TIP 올바르게 한국사를 이해하는 방법은 우리 민족의 역사적 삶의 특수성과 세계사적 보편성을 함께 이해하는 것이다.

7 한국사가 세계사의 조류에 합류하기 시작한 것은 언제부터인가?

① 고려시대 이후   ② 임진왜란 이후
③ 강화도조약 이후   ④ 광복 이후

....

TIP 우리 민족사가 세계사의 조류에 합류하기 시작한 것은 1876년 강화도조약을 통해 문호를 개방한 이후부터였다.

Answer 5.④ 6.④ 7.③

8 다음 중 한국사의 이해와 관련이 없는 것은?

① 한국인의 역사적 삶의 특수성을 인식하고 그 가치를 높게 인식하여야 한다.
② 우리의 역사를 교조주의의 틀에 맞추어 해석하고 서술해서는 안된다.
③ 우리의 역사를 옳게 이해하고 연구하기 위해서 세계사적 보편성의 논리에만 충실해야 한다.
④ 한국사의 특수성을 바르게 이해하려면 세계사적 보편성에도 관심을 가지고 이해의 폭을 넓혀야 한다.

....

TIP ③ 우리의 역사를 바르게 이해하기 위해서는 한국사 전개의 특수성을 옳게 인식하고 그 바탕 위에서 세계사적 보편성과 잘 조화되도록 하여야 한다.

9 다음 글의 요지를 가장 바르게 설명한 것은?

> 한국의 불교는 현세구복적이고 호국적인 성향이 남달리 강하였다. 또한 한국의 유교는 삼강오륜의 덕목 중에서도 충·효·의가 강조되었는데, 이는 우리 조상이 가족질서에 대한 헌신과 국가수호, 그리고 사회정의실현에 특별한 관심을 가졌음을 보여 주는 것으로, 중국의 유학이 인(仁)을 중심 개념으로 설정하고, 사회적 관용을 존중하는 것과 대비된다고 볼 수 있다.

① 우리 문화는 세계사적 보편성과 무관하다.
② 한국인들은 자신들만의 고유 문화를 발전시켰다.
③ 우리 문화에는 보편성과 특수성이 함께 나타난다.
④ 세계 문화의 흐름이 우리 민족문화에도 그대로 나타난다.

....

TIP 유교와 불교는 동아시아 문화권이라 불릴 정도로 중국, 일본 등과의 공통적인 문화요소이다. 이러한 문화는 동아시아 삼국에 전파되어 각각 발달하면서 그 지역의 역사적 조건과 고유문화에 따라 독특한 모습을 띠게 되었다.
①② 모든 민족의 역사에는 보편성과 특수성이 함께 존재한다.
④ 문화는 생활양식의 총체로, 그 지역 사람들의 생활 속에서 주체적으로 수용된다.

Answer 8.③ 9.③

chapter 02 선사시대의 문화와 국가의 형성

section 1 선사시대의 전개

❶ 선사시대의 세계

① 신석기 문화

　　㉠ 농경과 목축이 시작되었고, 간석기와 토기를 사용하였다.

　　㉡ 정착생활, 촌락 공동체를 형성하였다.

　　㉢ 채집경제(수렵, 채집)에서 생산경제(농경, 목축)로 전환되면서 인류 생활양식에 큰 변화가 생겼다.

　　㉣ 신석기 혁명 : 농경과 목축이라는 전혀 새로운 경제활동을 전개, 여러 가지 사회문화적 발전을 이룩하였다.

(2) 청동기문명의 발생

기원전 3,000년경을 전후하여 4대 문명이 형성되었는데 청동기시대에는 관개농업이 발달하고, 청동기가 사용되었으며, 도시가 출현하고, 문자를 사용하고, 국가가 형성되었다.

❷ 우리나라의 선사시대

(1) 우리 민족의 기원

① 우리 조상들은 만주와 한반도를 중심으로 동북아시아에 넓게 분포하였으며 신석기시대부터 청동기시대를 거쳐 민족의 기틀이 형성되었다.

② 우리민족의 특징

　　㉠ 인종상으로 황인종에 속하고, 언어학상으로 알타이어족에 가깝다.

　　㉡ 오래전부터 하나의 민족 단위를 형성하고 농경생활을 바탕으로 독자적인 문화를 이룩하였다.

(2) 구석기시대(약 70만년 전)

① **경제** … 주먹도끼·찍개·팔매돌 등은 사냥도구이고, 긁개·밀개 등은 대표적인 조리도구이며, 뗀석기와 동물의 뼈나 뿔로 만든 뼈도구를 사용하여 채집과 사냥을 하면서 생활하였다.

02. 선사시대의 문화와 국가의 형성 **21**

② **주거** … 동굴이나 바위 그늘에서 살거나 강가에 막집을 짓고 살았다. 후기의 막집에는 기둥자리, 담자리, 불 땐 자리가 남아 있고 집터의 규모는 작은 것은 3 ~ 4명, 큰 것은 10명이 살 수 있을 정도의 크기였다.

③ **사회** … 무리생활·이동생활을 했으며 평등한 공동체적 생활을 하였다.

④ **종교, 예술** … 풍성한 사냥감을 얻기 위한 주술적 의미로서 석회암이나 동물의 뼈 또는 뿔 등에 고래와 물고기를 새긴 조각품을 만들었다.

(3) 신석기시대(기원전 8,000년경)

① **경제** … 활이나 창을 이용한 사냥과 작살, 돌이나 뼈로 만든 낚시 등을 이용한 고기잡이를 하였다. 또한 가락바퀴나 뼈바늘이 출토되는 것으로 보아 원시적인 수공업으로 의복이나 그물을 제작하였음을 알 수 있다.

② **토기** … 이른 민무늬토기, 덧무늬토기, 눌러찍기토기 등이 발견되며 빗살무늬토기는 밑모양이 뾰족하며 크기가 다양하고, 전국 각지에 널리 분포되어 있다.

③ **주거** … 바닥이 원형 또는 둥근 네모꼴인 움집에서 4 ~ 5명 정도의 가족이 거주하였다. 남쪽으로 출입문을 내었으며, 중앙의 화덕이나 출입문 옆에는 저장구덩이를 만들어 식량이나 도구를 저장하였다.

④ **사회** … 혈연을 바탕으로 한 씨족이 족외혼을 통해 부족을 형성하였고, 평등한 사회였다.

⑤ **원시신앙의 출현**

　ㄱ **애니미즘** : 자연현상, 자연물에 영혼이 있다고 믿어 재난을 피하거나 풍요를 기원하는 것으로 태양과 물에 대한 숭배가 대표적이다.

　ㄴ **영혼, 조상숭배** : 사람이 죽어도 영혼은 없어지지 않는다는 믿음을 말한다.

　ㄷ **샤머니즘** : 인간과 영혼 또는 하늘을 연결시켜 주는 존재인 무당과 그 주술을 믿는 것이다.

　ㄹ **토테미즘** : 자기 부족의 기원을 특정 동물과 연결시켜 그것을 숭배하는 믿음이다.

⑥ **예술** … 흙으로 빚어 구운 얼굴 모습이나 동물의 모양을 새긴 조각품, 조개껍데기 가면, 조가비나 동물뼈 또는 이빨로 만든 장식물과 치레걸이 등이 있다.

⑦ **농경생활의 시작**

　ㄱ **잡곡류의 경작** : 황해도 봉산 지탑리와 평양 남경의 유적에서 탄화된 좁쌀이 발견된 것으로 잡곡류를 경작하였음을 알 수 있다.

　ㄴ **농기의 사용** : 돌괭이, 돌삽, 돌보습, 돌낫 등이 주요 농기구였다.

　ㄷ **소규모 경작** : 집 근처의 텃밭이나 강가의 퇴적지를 소규모로 경작하였던 것으로 보인다.

section 2 국가의 형성

① 고조선과 청동기문화

(1) 청동기의 보급

① **사회 변화** … 생산경제의 발달, 청동기 제작과 관련된 전문 장인의 출현, 사유재산제도와 계급이 발생하게 되었다.

② **유물**
　　㉠ **석기** : 반달돌칼, 바퀴날도끼, 홈자귀
　　㉡ **청동기** : 비파형 동검과 화살촉 등의 무기류, 거친무늬거울
　　㉢ **토기** : 미송리식 토기, 민무늬토기, 붉은간토기
　　㉣ **무덤** : 고인돌, 돌널무덤, 돌무지무덤

(2) 철기의 사용

① **철기문화의 보급** … 철제 농기구의 사용으로 농업이 발달하여 경제 기반이 확대되었으며, 철제 무기의 사용으로 청동기는 의식용 도구로 변하였다. 또 철제 무기를 바탕으로 정복전쟁이 활발해지면서 영역 국가들이 등장하였다.

② **유물** … 명도전, 오수전, 반량전을 통하여 중국과의 활발한 교류를 알 수 있으며 경남 창원 다호리 유적에서 나온 붓을 통해 한자를 사용했음을 알 수 있다.

③ **청동기의 독자적 발전** … 비파형 동검은 세형 동검으로, 거친무늬거울은 잔무늬거울로 형태가 변하였다. 전국의 여러 유적에서 거푸집도 발견되어 청동기 문화의 토착화와 독자적인 문화의 성립을 알 수 있다.

(3) 청동기·철기시대의 생활

① **경제생활의 발전**
　　㉠ 개간도구(돌도끼, 홈자귀, 괭이)로 곡식을 심고, 추수도구(반달돌칼)로 농경을 더욱 발전시켰다(청동기는 농기구로 사용하지 않았다).
　　㉡ 조, 보리, 콩, 수수 등 밭농사 중심이었지만 일부 저습지에서 벼농사가 시작되었다.
　　㉢ 사냥이나 고기잡이도 여전히 하고 있었지만 농경의 발달로 점차 그 비중이 줄어들었고 돼지, 소, 말 등의 가축의 사육이 증가되었다.

② **주거생활의 변화**
- ㉠ **집터 유적** : 대체로 앞쪽에는 시냇물이 흐르고 뒤쪽에는 북서풍을 막아 주는 나지막한 야산이 있는 곳에 우물을 중심으로 자리잡고 있다(배산임수 취락).
- ㉡ **정착생활의 규모의 확대** : 집터는 넓은 지역에 많은 수가 밀집되어 취락형태를 이루고 있으며, 이는 농경의 발달과 인구의 증가로 정착생활의 규모가 점차 확대되었음을 보여 주는 것이다.

③ **사회생활의 변화** … 여성은 가사노동, 남성은 농경·선생에 종사하였나. 생산력의 증가에 따른 잉여생산물은 빈부의 격차와 계급의 분화를 촉진하였고 이는 무덤의 크기와 껴묻거리의 내용에 반영되었다.

④ **고인돌의 출현** … 고인돌은 청동기시대의 계급사회의 발생을 보여주는 대표적인 무덤으로 북방식 고인돌이 전형적인 형태이며 우리나라 전역에 걸쳐 분포되어 있는데 당시 지배층이 가진 정치권력과 경제력을 잘 반영해 주고 있다. 청동기시대에는 고인돌과 돌널무덤이, 철기시대에는 널무덤과 독무덤 등이 만들어졌다.

⑤ **군장의 출현** … 정치, 경제력이 우세한 부족이 선민사상을 가지고 주변의 약한 부족을 통합하거나 정복하고 공납을 요구하였으며 권력을 가진 지배자인 군장이 출현하게 되었다.

(4) 청동기·철기시대의 예술

청동으로 만든 도구의 모양이나 장식에는 미의식과 생활모습이 표현되었고, 흙으로 빚은 사람이나 짐승모양의 토우는 본래의 용도 외에도 풍요를 기원하는 주술적 의미를 가지고 있다. 고령 양전동 알터 바위그림은 태양 숭배와 풍요를 기원하는 의미를 가진다.

(5) 단군과 고조선

① **고조선의 건국** … 우리나라 최초의 국가인 고조선은 단군왕검이 평양성에 도읍을 두고 건국하였다(B.C. 2333).

② **고조선의 발전** … 초기에는 요령지방, 후기에는 대동강 유역의 왕검성 중심으로 독자적인 문화를 이룩하면서 발전하였다. 부왕, 준왕 같은 강력한 왕이 등장하여 왕위를 세습하였고(B.C. 3세기경) 상(相), 대부(大夫), 장군 등의 관직을 두었으며 요서지방을 경계로 하여 연(燕)과 대립하였다.

③ **단군신화 속 사회의 모습** … 선민사상, 지배층, 토템사상과 제정일치 사회(단군−제사장, 왕검−정치적 지배자)

(6) 위만의 집권

① **위만 조선의 성립 및 발전** … 준왕을 축출하고 중국 유이민 집단인 위만이 왕이 되었으며(B.C. 194) 지리적인 이점을 이용한 중계무역의 이득을 독점하기 위해 한과 대립하였다.

② **고조선의 멸망** … 위만 조선에 위협을 느낀 한의 무제는 대규모 침략을 강행하였다. 고조선은 한의 군대에 맞서 완강하게 대항하였으나 장기간의 전쟁으로 지배층의 내분이 일어나 왕검성이 함락되어 멸망하였다(B.C. 108). 고조선이 멸망하자 한은 고조선의 일부 지역에 군현을 설치하여 지배하고자 하였으나 고구려의 공격으로 소멸되었다.

(7) 고조선의 사회

① **8조법과 고조선의 사회상** … 권력과 경제력의 차이 및 사유 재산의 발생으로 형벌과 노비가 생겨나게 하였다. 반고의 「한서지리지」에 8조법의 일부 내용만이 전해진다(주요내용 : 사람을 죽인 자는 즉시 사형에 처한다).

② **한 군현의 엄한 율령 시행** … 한 군현의 설치 후 억압과 수탈을 당하던 토착민들은 이를 피하여 이주하거나 단결하여 한 군현에 대항하였다. 이에 한 군현은 엄한 율령을 시행하여 자신들의 생명과 재산을 보호하려 하였으며 법 조항도 60여 조로 증가시켜 풍속도 각박해져 갔다.

❷ 여러 나라의 성장

(1) 부여

① **건국** … 만주 송화강 유역의 평야지대를 중심으로 성장하였다.

② **정치**

　㉠ 왕 아래에는 가축의 이름을 딴 마가, 우가, 저가, 구가와 대사자, 사자 등의 관리가 있었다. 가(加)는 저마다 따로 행정구획인 사출도를 다스리고 있어서 왕이 직접 통치하는 중앙과 합쳐 5부를 이루었다.

　㉡ 왕의 권력이 미약하여 제가들이 왕을 추대·교체하기도 하였고, 수해나 한해로 농사가 잘 되지 않으면 그 책임을 왕에게 묻기도 하였다. 그러나 왕이 나온 대표 부족의 세력은 매우 강해서 궁궐, 성책, 감옥, 창고 등의 시설을 갖추고 있었다.

③ **법률**(부여의 4조목, 「삼국지」 위지 동이전에서 전해진다)

　㉠ 살인자는 사형에 처하고, 그 가족은 데려다 노비로 삼는다.

　㉡ 절도죄를 지은 자는 12배의 배상을 물린다.

　㉢ 간음한 자는 사형에 처한다.

　㉣ 부인이 투기가 심하면 사형에 처하되, 그 시체는 산 위에 버린다. 단, 그 여자의 집에서 시체를 가져가려면 소·말을 바쳐야 한다.

④ **풍습**

　㉠ 순장 : 왕이 죽으면 많은 사람들을 껴묻거리와 함께 묻는 순장의 풍습이 있었다.

　㉡ 형사취수제 : 노동력 확보를 위해 형이 죽으면 동생이 형수를 아내로 맞았다.

　㉢ 흰 옷을 좋아했고, 은력(殷曆)을 사용하였다.

　㉣ 제천행사 : 12월에 하늘에 제사를 지내고 노래와 춤을 즐기는 영고를 열었다.

　㉤ 우제점복 : 소를 죽여 그 굽으로 길흉을 점치기도 하였다.

(2) 고구려

① **건국** … 압록강 중류 졸본(환인) 지방에서 주몽이 건국하였다(B.C. 37).

② **정치**

　　㉠ 왕 아래 상가, 고추가 등의 대가들이 있었으며, 대가들은 독립적인 세력을 유지하였다. 이들은 각기 사자, 조의, 선인 등의 관리를 거느리고 있었다.

　　㉡ 5부족 연맹체 : 소노부, 계루부, 절노부, 순노부, 관노부가 중심이 되었다.

　　㉢ 제가회의 : 귀족 대표회의, 왕의 선출 등 중대한 결정을 하였다.

③ **풍속**

　　㉠ 서옥제(데릴사위제) : 혼인을 정한 뒤 신부집의 뒤꼍에 조그만 집을 짓고 거기서 자식을 낳고 장성하면 아내를 데리고 신랑집으로 돌아가는 제도이다.

　　㉡ 제천행사 : 10월에는 추수감사제인 동맹을 성대하게 열었다.

　　㉢ 조상신 제사 : 건국 시조인 주몽과 그 어머니 유화부인을 조상신으로 섬겨 제사를 지냈다.

(3) 옥저와 동예

① **옥저** … 비옥한 토지를 바탕으로 농사를 지었으며, 어물과 소금 등 해산물이 풍부하였으나 고구려에 공납으로 바치거나 수탈을 당하였다. 민며느리제와 골장제(가족공동무덤)가 유행하였다.

② **동예**

　　㉠ 경제 … 단궁(활)과 과하마(조랑말), 반어피(바다표범의 가죽) 등이 유명하였고, 방직기술이 발달하였다.

　　㉡ 풍속 … 무천이라는 제천행사를 10월에 열었으며 족외혼을 엄격하게 지켰다. 또한 각 부족의 영역을 함부로 침범하지 못하게 하고 만약 침범하면 노비와 소, 말로 변상하게 하였다(책화).

(4) 삼한

① **진(辰)의 성장과 발전** … 고조선 남쪽지역에는 일찍부터 진이 성장하고 있었는데 고조선 사회의 변동에 따라 대거 남하해 온 유이민에 의하여 새로운 문화가 보급되어 토착문화와 융합되면서 진이 발전하여 마한(경기·충청·전라도), 변한(김해·마산), 진한(대구·경주)의 연맹체들이 나타나게 되었다.

② **삼한의 주도 세력**

　　㉠ 마한 목지국 : 삼한의 맹주국으로 목지국 지배자가 마한왕 또는 진왕으로 추대되어 삼한 전체를 주도하였다.

　　㉡ 삼한의 정치적 지배자 : 세력이 큰 것은 신지, 견지 등으로, 작은 것은 부례, 읍차 등으로 불리었다.

③ **삼한의 제정 분리** … 정치적 지배자(군장) 외에 제사장인 천군이 있었다. 그리고 신성지역으로 소도가 있었는데 소도는 군장의 세력이 미치지 못하는 지역으로 죄인이 숨어도 잡아가지 못하였고, 이 곳에서 천군은 농경과 종교에 대한 의례를 주관하였다.

④ 삼한의 경제·사회상

  ㉠ 두레조직을 통하여 여러 가지 공동작업을 하였다.

  ㉡ **제천행사**: 5월의 수릿날과 10월에 계절제를 열어 하늘에 제사를 지냈다.

  ㉢ **변한의 철 생산**: 철이 많이 생산되어 낙랑, 왜 등에 수출하였고 교역에서 화폐처럼 사용되기도 하였다. 마산의 성산동·진해 등지에서 발견된 야철지는 제철이 성하였음을 보여주고 있다.

  ㉣ 철기를 바탕으로 수전농업이 발달하고, 벼농사의 일반적인 보급으로 김제 벽골제·밀양 수산제·제천 의림지 등 저수지가 생겼다.

  ㉤ **토우와 암각화**: 대지의 풍요와 사냥·고기잡이의 성공을 기원하였다.

출제예상문제

1 우리 민족의 기원에 대한 설명으로 옳지 않은 것은?

① 언어학상으로 알타이어속에 속한다.

② 구석기 시대에서 신석기 시대를 거치는 과정에서 민족의 기틀이 이루어졌다.

③ 인종상으로 황인종에 속한다.

④ 만주, 한반도를 중심으로 활동하였다.

....

TIP ② 우리나라에 사람이 살기 시작한 것은 구석기 시대부터이며, 신석기 시대에서 청동기 시대를 거치는 과정에서 민족의 기틀이 이루어졌다.

2 다음 중 내용이 옳지 않은 것은?

	구분	구석기 시대	신석기 시대
①	도구·경제	뗀석기, 사냥 및 채집	간석기, 농경 목축
②	사회	평등사회, 이동생활, 무리생활	평등사회, 이동생활, 씨족사회
③	주거	동굴이나 강가의 막집	움집
④	유적	함북 웅기 굴포리, 충남 공주 석장리	서울 암사동, 김해 수가리

....

TIP ② 신석기 시대는 농경의 시작으로 정착과 촌락공동체의 형성이 이루어진 시기이다.

Answer 1.② 2.②

3 다음 중 우리나라 신석기 문화의 특징으로 옳은 것은?

① 우리나라의 신석기 시대는 기원전 8,000년경부터 시작되었다.

② 동굴이나 바위그늘에서 살았으며 유적은 상원의 검은모루동굴, 제천 창내 등이 있다.

③ 주먹도끼, 찍개 등의 사냥도구를 이용하여 채집과 수렵을 시작하였다.

④ 일부 저습지에서는 벼농사가 시작되었다.

TIP ②, ③ 구석기 시대의 내용이다.
④ 청동기·철기 시대의 생활이다.

4 다음 유물이 등장한 시기의 생활 모습에 관한 설명으로 옳은 것은?

• 팽이처럼 밑이 뾰족하거나 둥글고, 표면에 빗살처럼 생긴 무늬가 새겨져 있다.
• 곡식을 담는 데 많이 이용되었다.

---

① 철제 농기구로 농사를 지었다.

② 비파형동검을 의식에 사용하였다.

③ 취사와 난방이 가능한 움집에 살았다.

④ 죽은 자를 위한 고인돌 무덤을 만들었다.

TIP 팽이처럼 밑이 뾰족하거나 둥글고 표면에 빗살처럼 생긴 무늬가 새겨져 있으며 곡식을 담는데 많이 이용된 유물은 빗살무늬 토기이고 이 토기는 신석기 시대의 대표적인 유물이다.
① 철기 ②, ④ 청동기

Answer 3.① 4.③

5 (가)~(다)의 유물에 대한 설명으로 옳은 것은?

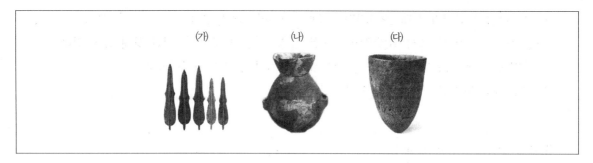

(가)   (나)   (다)

① (가) : 한반도 안에서 독자적인 발전을 이룬 청동기 형태이다.
② (나) : 애니미즘과 토테미즘이 등장하던 시기에 처음 제작되었다.
③ (다) : 주춧돌을 사용한 집터에서 주로 발견된다.
④ (가), (나) : 우리 민족이 최초로 세운 국가의 특징적인 유물이다.

··

TIP (가) 비파형동검 – 청동기
(나) 미송리식 토기 – 청동기
(다) 빗살무늬 토기 – 신석기
④ 우리 민족이 최초로 세운 국가는 고조선으로, 고조선은 청동기 문화를 바탕으로 형성되었다.

6 다음 중 청동기 시대의 경제활동에 대한 설명으로 옳지 않은 것은?

① 한반도에서는 처음으로 저습지에서 벼농사가 이루어졌다.
② 다양한 간석기의 사용으로 생산경제가 발달하게 되었다.
③ 농업은 조, 콩, 수수 등을 경작하는 밭농사가 중심을 이루었다.
④ 명도전, 반량전과 같은 교환수단이 사용되었다.

··

TIP ④ 명도전, 반량전, 오수전을 사용한 것은 철기 시대부터였으며, 이는 중국과의 교역을 말해주는 유물이다.

7 다음 중 철기의 보급으로 나타난 변화로 옳은 것은?

① 철제 농기구의 사용으로 농업생산이 활발하였다.

② 가축은 사육하지 않았으며, 육류는 주로 사냥을 통해 획득하게 되었다.

③ 철제 도구의 사용으로 석기는 사라지게 되었다.

④ 청동기는 주로 무기와 농기구로 사용되었다.

TIP 철기의 보급

① 철기 시대에는 보습, 쟁기, 낫 등의 철제 농기구를 사용함으로써 농업생산력이 증대되었다.

② 사냥이나 고기잡이도 여전히 하고 있었지만, 농경의 발달로 점차 그 비중이 줄어들고 돼지, 소, 말 등 가축의 사육은 이전보다 늘어났다.

③ 간석기가 매우 다양해지고 기능도 개선되어 농경을 더욱 발전시켰다.

④ 청동기는 의식용 도구로 변하였다.

8 우리 민족의 역사적 철기 문화의 발달과정을 바르게 설명한 것을 모두 고르면?

┌───┐
│ ㉠ 부여, 고구려는 철기 문화를 바탕으로 성립하였다.   │
│ ㉡ 외부의 영향 없이 한반도에서 독자적으로 발달하였다.   │
│ ㉢ 위만 조선의 성립 이후 철기 문화가 한반도 전역으로 확산되었다.   │
│ ㉣ 고조선은 철기 문화를 배경으로 성립하였음을 고고학 발굴을 통해 알 수 있다. │
└───┘

① ㉠, ㉡   ② ㉠, ㉢

③ ㉡, ㉣   ④ ㉢, ㉣

TIP 철기는 중국에서 전래되었고, 고조선은 청동기 문화를 배경으로 형성되었다.

Answer 7.① 8.②

9 다음은 고조선의 법률에 대한 자료이다. 이를 바탕으로 당시의 사회모습을 추론한 것으로 옳은 것은?

> 사람을 죽인 자는 죽인다. 남에게 상처를 입힌 자는 곡식으로 갚는다. 도둑질을 하는 자는 노비로 삼는다. 백성들은 도둑질을 하지 않아 대문을 닫고 사는 일이 없었으며, 여자들은 정조를 지키고 신용이 있어 음란하지 않았다.
>
> 「한서지리지」

① 모두가 자유롭고 평등한 사회였다.
② 남성과 여성이 동일한 대우를 받았다.
③ 개인의 복수가 공식적으로 인정되었다.
④ 국가가 사유재산보호에 앞장 서고 있다

··

TIP 고조선의 8조법을 통해서 당시 사회에 권력과 경제력의 차이가 생겨나고, 재산의 사유가 이루어지면서 형벌과 노비가 발생했다는 것을 알 수 있다. 형벌이 있었던 것은 국가 차원에서 노동력과 사유재산을 중요하게 여기고 보호하였다는 것을 알 수 있다.

10 다음을 통해 알 수 있는 부여와 고구려 사회에 대한 설명으로 옳은 것은?

• 사출도	• 제가회의	• 대사자, 사자

① 제사와 정치가 분리되어 있었다.
② 일찍부터 연맹왕국으로 발전하였다.
③ 농경과 목축을 기반으로 한 사회였다.
④ 두 나라의 종족 구성이 대체로 비슷하였다.

··

TIP 부여에는 왕 아래 마가, 구가, 저가와 대사자, 사자 등의 관리가 있었다. 가(加)들은 왕의 신하이면서도 자신의 출신 지역인 사출도를 독자적으로 다스렸다. 제가회의는 고구려의 귀족회의로 나라의 중요정책을 결정하고, 국가에 중대한 범죄자가 있으면 회의를 열어 형을 결정하기도 하였다. 이는 부여와 고구려가 여러 개의 소국이 합쳐진 연맹왕국으로 발전하였음을 보여 주는 것이다.

Answer 9.④ 10.②

11 다음은 혼인풍속에 대한 내용이다. 이에 대한 설명으로 옳은 것은?

> ㉠ 혼인을 정한 뒤 신부 집의 뒤꼍에 조그만 집을 짓고 거기서 자식을 낳아 자식이 장성하면 아내를 데리고 신랑 집으로 돌아간다.
> ㉡ 장래에 혼인할 것을 약속하면, 여자가 어렸을 때 남자 집에 가서 장성한 후에 남자가 예물을 치르고 혼인한다.

① ㉠보다는 ㉡이 더 진보된 풍속이라 할 수 있다.
② ㉠은 민며느리제, ㉡은 서옥제를 설명한 것이다.
③ ㉠㉡은 모두 노동력의 중요성을 반영하는 풍속이다.
④ 당시에 이미 가부장적 가족제도가 확립되어 있음을 알 수 있다.

TIP ㉠은 고구려의 서옥제, ㉡은 옥저의 민며느리제에 대한 설명이다. 이는 당시 사회가 혼인을 노동력의 이동으로 생각하였음을 반영하는 것이다.

12 다음 설명 중 옳지 않은 것은?

① 고구려에서는 각 부족장들도 사자, 조의, 선인 등을 거느렸다.
② 옥저는 소금, 어물 등의 해산물을 고구려에 공납으로 바쳤다.
③ 동예에서는 다른 씨족의 생활권을 침범하지 못하게 하였다.
④ 부여는 연맹왕국의 단계를 거쳐 중앙집권국가 단계로까지 발전하였다.

TIP ④ 만주 송화강유역의 평야지대를 중심으로 성장한 부여는 5부족 연맹체를 유지해오다가 5세기 말 고구려에 편입되었다.

Answer 11.③ 12.④

13 다음 자료의 (개), (내) 국가에 대한 설명으로 옳은 것은?

> (개) 산과 내마다 구분이 있어 함부로 들어가지 않으며, 이를 어기면 우마로 배상하였다.
>
> (내) 가족이 죽으면 시체를 가매장 하였다가 나중에 그 뼈를 추려 가족 공동무덤인 커다란 목곽에 안치하였다.

① (개) : 12월에 영고라는 제천 행사를 지냈다.

② (내) : 민며느리제라는 혼인 풍속이 있었다.

③ (개), (내) : 왕권이 강화된 중앙집권국가로 발전하였다.

④ (개), (내) : 대가들이 제가회의라는 부족장회의를 운영하였다.

TIP (개)는 동예의 책화, (내)는 옥저의 골장제에 대한 지문이다.
② 민며느리제와 골장제는 옥저의 풍습이다.
① 영고라는 제천행사는 부여의 풍습이다.
③ 옥저와 동예는 군장국가단계에 머물렀다.
④ 제가회의는 고구려 귀족의 대표회의이다.

14 다음 자료에 나타난 국가에 대한 설명으로 옳은 것은?

> 구릉과 넓은 못이 많아서 동이 지역 중에서 가장 넓고 평탄한 곳이다. 토질은 오곡을 가꾸기에 알맞지만, 과일은 생산되지 않았다. …(중략)… 형벌은 엄하고 각박하여 살인자는 사형에 처하고 그 가족은 노비로 삼았다. 도둑질을 하면 12배로 변상케 하였다. 「삼국지」

① 5월에 파종하고 난 후 귀신에 제사를 올렸다.

② 형이 죽으면 형수를 아내로 삼는 풍습이 있었다.

③ 농업이 발달하여 저수지를 축조하여 벼농사를 지었다.

④ 대군장이 존재하지 않았으며, 각 읍락에 읍군, 삼로라는 군장이 자기 부족을 지배하였다.

TIP 자료는 부여에 대한 설명이다.
② 부여는 노동력 확보를 위해 형이 죽으면 동생이 형수를 아내로 맞았다.
①, ③ 삼한에 대한 설명이다.
④ 옥저 · 동예에 대한 설명이다.

Answer 13.② 14.②

15 (가), (나)의 나라에 대한 설명으로 옳은 것만을 〈보기〉에서 모두 고르면?

(가) 살인자는 사형에 처하고 그 가족은 노비로 삼았다. 도둑질을 하면 12배로 변상케 했다. 남녀 간에 음란한 짓을 하거나 부인이 투기하면 모두 죽였다. 투기하는 것을 더욱 미워하여, 죽이고 나서 시체를 산 위에 버려서 썩게 했다. 친정에서 시체를 가져가려면 소와 말을 바쳐야 했다.

(나) 귀신을 믿기 때문에 국읍에 각각 한 사람씩 세워 천신에 대한 제사를 주관하게 했다. 이를 천군이라 했다. 여러 국(國)에는 각각 소도라고 하는 별읍이 있었다. 큰 나무를 세우고 방울과 북을 매달아 놓고 귀신을 섬겼다. 다른 지역에서 거기로 도망쳐 온 사람은 누구든 돌려보내지 않았다.

「삼국지」 위지 동이전

〈보기〉
㉠ (가) - 왕 아래에는 상가, 고추가 등의 대가가 있었다.
㉡ (가) - 농사가 흉년이 들면 국왕을 바꾸거나 죽이기도 하였다.
㉢ (나) - 제천 행사는 5월과 10월의 계절제로 구성되어 있었다.
㉣ (나) - 동이(東夷) 지역에서 가장 넓고 평탄한 곳이라 기록되어 있었다.

---

① ㉠, ㉡

② ㉠, ㉣

③ ㉡, ㉢

④ ㉢, ㉣

TIP (가)는 '살인자는 사형에 처하고 그 가족은 노비로 삼았다. 도둑질을 하면 12배로 변상케 했다'라는 부분을 통해 부여의 1책 12법임을 알 수 있고 (나)는 '천군', '소도'라는 용어로 보아 삼한에 대한 글임을 알 수 있다.
㉠은 고구려의 관직을 나타내고 있으며 부여의 관직으로는 마가 · 우가 · 저가 · 구가 등이 있었다.
㉣은 (가)에 해당되는 내용이다.

Answer 15.③

---

section **1** 고대의 정치

❶ 고대국가의 성립

(1) 초기의 고구려

① **건국**(B.C. 37) … 동명성왕이 졸본에서 건국하였다.

② **성장** … 졸본성에서 주변 소국을 통합하여 성장하였으며, 2대 유리왕은 국내성으로 도읍을 옮겼다.

③ **지배체제의 정비**

　㉠ 태조왕(1세기 후반) : 옥저와 동예를 복속하고, 독점적으로 왕위를 세습(형제세습)하였으며 통합된 여러
　　집단들은 5부 체제로 발전하였다.

　㉡ 고국천왕(2세기 후반) : 부족적인 전통의 5부가 행정적 성격의 5부로 개편되었고 왕위가 형제상속에서
　　부자상속으로 바뀌었으며, 족장들이 중앙귀족으로 편입하는 등 중앙집권화와 왕권 강화가 진전되었다.
　　또 진대법(을파소)을 통해 자영소농민을 보호하였다.

(2) 초기의 백제

① **건국**(B.C. 18) … 한강 유역의 토착민과 고구려 계통의 북방 유이민의 결합으로 성립되었는데, 우수한 철기
　문화를 보유한 유이민 집단이 지배층을 형성하였다.

② **고이왕**(3세기 중엽) … 한강 유역을 완전히 장악하고, 중국의 문물을 수용하였다. 형제상속에 의한 왕위계승
　을 확립하고, 율령을 반포하였으며, 관등제를 정비(6좌평 16관등제)하고 관복제를 도입하는 등 중앙집권체
　제를 정비하였다.

(3) 초기의 신라

① **건국**(B.C. 57) … 경주의 토착집단과 유이민집단의 결합으로 건국되었다.

② **발전** … 박·석·김 세 부족이 연맹해서 이사금(왕)으로 추대하는 6부족 연맹체로 발전하였다.

③ **지배체제의 정비**(내물왕, 4세기) … 활발한 정복활동을 통해 낙동강 유역으로 영역을 확장(진한지역 차지)하
　고 김씨가 왕위를 세습하였으며 이사금 대신 마립간의 칭호를 사용하여 중앙집권체제를 정비하였다.

(4) 초기의 가야

① **위치** … 낙동강 하류의 변한지역에서는 철기문화를 토대로 한 정치집단들이 등장하였다.

② **전기 가야연맹**(금관가야 중심)

　㉠ 금관가야는 김수로에 의해 건국되었으며, 세력 범위는 낙동강유역 일대에 걸쳐 있었다.

　㉡ 농경문화가 발달하고 토기 제작(일본 스에키토기에 영향) 및 수공업이 발달하여 경제적인 발전을 이루었다.

　㉢ 철의 생산과 낙랑·대방 및 일본 규슈지방과의 중계무역으로 많은 이득을 얻었다.

　㉣ 백제와 신라의 팽창으로 세력이 약화되고, 신라를 지원하는 고구려 광개토대왕의 공격으로 금관가야에서 대가야로 연맹이 재편되었다.

② 삼국의 발전과 통치체제

(1) 삼국의 정치적 발전

① **고구려** … 4세기 미천왕 때 서안평을 점령하고 낙랑군을 축출하여 압록강 중류를 벗어나 남쪽으로 진출할 수 있는 발판을 마련하였고, 평양성 전투(371)에서 백제 근초고왕에 의해 고국원왕이 전사함으로써 국가적 위기를 맞기도 하였다. 4세기 후반 소수림왕 때에는 불교의 수용, 태학의 설립, 율령의 반포로 중앙집권국가로의 체제를 강화하였다.

② **백제** … 4세기 후반 근초고왕은 마한의 대부분을 정복하였으며, 황해도 지역을 두고 고구려와 대결하기도 하였다. 또한 낙동강 유역의 가야에 지배권을 행사하였고, 중국의 요서지방과 산둥지방, 일본의 규슈지방까지 진출하였으며 왕위의 부자상속이 시작되었다. 침류왕은 불교를 공인(384)하며 중앙집권체제를 확립하였다.

③ **신라**

　㉠ **눌지왕** : 부자상속제를 확립하고 고구려의 간섭을 배제하기 위해 나·제 동맹을 결성하였다.

　㉡ **소지왕** : 6촌을 6부의 행정구역으로 개편하고, 백제 동성왕과 결혼동맹을 체결하여 고구려에 대항하였다.

　㉢ **지증왕**(6세기 초) : 국호(사로국→신라)와 왕호(마립간→왕)를 변경하고, 적극적인 한화정책을 추구하였다. 우경을 권장하고 동시전을 설치하였으며, 우산국(울릉도)을 복속시켰다.

　㉣ **법흥왕**(6세기 중엽) : 병부 설치, 상대등 제도 마련, 율령 반포, 공복 제정 등 제도를 정비하였다. 금관가야를 정복하여 낙동강까지 영토를 확장하고 이차돈의 순교로 불교를 공인, 독자적 연호인 건원을 사용하여 중앙집권체제를 완비하였다.

(2) 삼국 간의 항쟁

① 고구려의 대제국 건설

　㉠ **광개토대왕**(5세기) : 영락이라는 연호를 사용하였고 만주지방과 요동지방에 대한 대규모 정복사업을 단행하였으며, 백제를 압박하여 한강 이북을 차지하였다. 또한 신라에 침입한 왜를 격퇴함으로써 한반도 남부에까지 영향력을 확대하였다.

　㉡ **징수왕**(5세기) : 국내성에서 평양으로 천노(427)하고, 백세의 수노인 한성을 함락하여 한강유역을 완전히 점령하였다. 광개토대왕의 업적을 기리기 위해 광개토대왕릉비(414)를, 고구려의 남하정책을 기념하여 중원고구려비(481)를 건립하였고, 우리나라 최초의 사학인 경당을 설치하였다. 또한 중국 남북조와 각각 교류하면서 중국을 견제하였으며, 만주와 한반도에 걸친 광대한 영토를 차지하여 중국과 대등한 지위의 대제국을 건설하였다.

　㉢ **문자왕**(5세기 후반) : 동부여를 복속하고 고구려 최대의 영토를 확보하였다.

② 백제의 중흥

　㉠ 5세기 후반 문주왕은 고구려의 남하정책으로 대외팽창이 위축되고 무역활동이 침체되어 서울을 웅진으로 천도하였다. 동성왕은 신라와 결혼동맹을 강화하여 고구려에 대항, 탐라를 복속시켰다. 무령왕은 지방의 22담로에 왕족을 파견하여 지방통제를 강화하는 등 체제를 정비하고자 하였다.

　㉡ **성왕**(6세기 중반) : 사비(부여)로 천도(538)하고, 남부여로 국호를 개칭하였다. 중앙은 22부, 수도는 5부, 지방은 5방으로 정비하였다. 불교를 진흥시키고, 일본에 전파하였으며, 중국의 남조와 교류하였다.

③ 신라의 발전(진흥왕, 6세기)

　㉠ **체제 정비** : 화랑도를 국가적 조직으로 개편하고, 불교 교단을 정비하였다.

　㉡ **영토 확장** : 한강 유역을 장악하여 경제적 기반을 강화하고 전략적 거점을 확보할 수 있었고 중국 교섭의 발판을 마련하였다. 북으로는 함경도, 남으로는 대가야를 정복하였다(단양적성비, 진흥왕순수비).

(3) 삼국의 통치체제

① **통치조직의 정비** … 삼국의 초기에는 부족 단위 각 부의 귀족들이 독자적으로 관리를 거느리는 방식으로 귀족회의에서 국가의 중요한 일을 결정하였는데 후에는 왕을 중심으로 한 통치체제로 왕의 권한이 강화되었고, 관등제와 행정구역이 정비되어 각 부의 귀족들은 왕권 아래 복속되고, 부족적 성격이 행정적 성격으로 개편되었다.

② 관등조직 및 중앙관제

구분	관등	수상	중앙관서	귀족합의제
고구려	10여 관등	대대로(막리지)	–	제가회의
백제	16관등	상좌평	6좌평, 22부	정사암회의
신라	17관등	상대등	병부, 집사부	화백회의

③ 지방제도

㉠ 지방조직

구분	관등	수상	중앙관서
고구려	5부	5부(욕살)	3경(평양성, 국내성, 한성)
백제	5부	5방(방령)	22담로(지방 요지)
신라	6부	5주(군주)	2소경[중원경(충주), 동원경(강릉)]

㉡ 지방제도의 정비 : 최상급 지방행정단위로 부와 방 또는 주를 두고 지방장관을 파견하였고, 그 아래의 성이나 군에도 지방관을 파견하여 지방민을 직접 지배하였으나, 말단 행정단위인 촌은 지방관을 파견하지 않고 토착세력을 촌주로 삼았다. 그러나 대부분의 지역은 중앙정부의 지배가 강력히 미치지 못하여 지방세력가들이 지배하게 되었다.

④ 군사조직 … 지방행정조직이 그대로 군사조직이기도 하여 각 지방의 지방관은 곧 군대의 지휘관(백제의 방령, 신라의 군주)이었다.

❸ 대외항쟁과 신라의 삼국통일

(1) 고구려와 수 · 당의 전쟁

① 수와의 전쟁 … 고구려(영양왕)가 요서지방을 선제공격하자 수의 문제와 양제는 고구려를 침입해왔는데 을지문덕이 살수에서 큰 승리를 거두었다(612).

② 당과의 전쟁 … 고구려는 천리장성을 축조하고, 연개소문은 대당 강경정책을 추진하였다. 당 태종은 요동의 여러 성을 공격하고 전략상 가장 중요한 안시성을 공격하였으나 고구려에 의해 패하였다(645).

(2) 백제와 고구려의 멸망

① 백제의 멸망 … 정치질서의 문란과 지배층의 향락으로 국방이 소홀해진 백제는 황산벌에서 신라에게 패하면서 결국 사비성이 함락(660)되고 말았다. 복신과 흑치상지, 도침 등은 주류성과 임존성을 거점으로 하여 사비성과 웅진성을 공격하였으나 나 · 당연합군에 의하여 진압되었다. 이때 왜군이 백제 지원에 나섰으나 백강전투에서 패하고 말았다.

② 고구려의 멸망 … 지배층의 분열과 국력의 약화로 정치가 불안정한 틈을 타고 나 · 당연합군의 침입으로 평양성이 함락되었다(668). 검모잠과 고연무 등은 한성과 오골성을 근거지로 평양성을 탈환하였으나 결국 실패하였다.

(3) 신라의 삼국통일

① **과정** … 당은 한반도에 웅진도독부, 안동도호부, 계림도독부를 설치하여 한반도를 지배하려 하였으나 신라·고구려·백제 유민의 연합으로 당 주둔군을 공격하여 매소성과 기벌포싸움에서 승리를 거두게 되고 당군을 축출하여 삼국통일을 이룩하였다(나·당 전쟁 676).

② **삼국통일의 의의와 한계** … 당의 축출로 자주적 성격을 인정할 수 있으며 고구려와 백제 문화의 전통을 수용하여 민족문화 발전의 토대를 마련하였다는 점에서 큰 의의가 있으나 외세의 협조를 받았다는 점과 대동강에서 원산만 이남에 국한된 불완전한 통일이라는 점에서 한계성을 가진다.

❹ 남북국시대의 정치 변화

(1) 통일신라의 발전

① **왕권의 전제화**

　㉠ 무열왕 : 통일과정에서 왕권을 강화하였으며 이후 직계자손이 왕위를 계승하게 되었다.

　㉡ 유교정치이념의 수용 : 통일을 전후하여 유교정치이념이 도입되었고, 중앙집권적 관료정치의 발달로 왕권이 강화되어 갔다.

　㉢ 집사부 시중의 기능 강화 : 상대등의 세력을 억제하였고 왕권의 전제화가 이루어졌다.

　㉣ 신문왕

　　• 관리에게 관료전을 지급하고 녹읍을 폐지함으로써 귀족의 경제기반을 약화시켰고, 김흠돌 모역 사건을 통해 귀족세력을 숙청하고 정치세력을 재편성하였다.

　　• 국학을 설치(682)하여 유학 사상을 강조하고 유교정치이념을 확립시켰다.

　　• 지방행정조직을 9주 5소경으로 완비하고 군사조직으로 중앙군 9서당, 지방군 10정을 조직하였다.

② **정치세력의 변동** … 6두품은 학문적 식견을 바탕으로 왕의 정치적 조언자로 활동하거나 행정실무를 총괄하였다. 이들은 전제왕권을 뒷받침하고, 학문·종교분야에서 활약하였다.

③ **전제왕권의 동요** … 8세기 후반(경덕왕)부터 진골귀족세력의 반발로 녹읍제가 부활하고, 사원의 면세전이 증가되어 국가재정의 압박을 가져왔다. 귀족들의 특권적 지위 고수 및 향락과 사치가 계속되자 농민의 부담은 가중되었다.

(2) 발해의 건국과 발전

① **건국** … 고구려 출신의 대조영이 길림성에 건국(698)하여 남북국이 형성되었다. 지배층은 고구려인, 피지배층은 말갈인으로 구성되었으나 일본에 보낸 국서에 고려 또는 고려국왕이라는 칭호를 사용하였고, 고구려 문화와 유사성이 있다는 점에서 고구려 계승의식이 나타나고 있다. 또한 독자적 연호의 사용으로 중국과 대등한 지위임을 과시했다.

② 발해의 발전

　ⓖ **영토 확장**(무왕) : 만주 일대와 연해주를 장악하였고, 당의 산둥반도를 공격하고, 돌궐·일본과 연결하여 당과 신라에 대항하였다.

　ⓛ **체제 정비**(문왕) : 당과 친선관계를 맺고 문물을 수입하고 중경에서 상경으로 천도하였으며 신라와는 신라도를 통해 교류하였다. 천통(대조영), 인안(무왕), 대흥(문왕), 건흥(선왕) 등 독자적인 연호를 사용하였다.

　ⓒ **중흥기**(선왕) : 요동지방으로 진출하였고 남쪽으로는 신라와 국경을 접할 정도로 넓은 영토를 차지하였으며, 5경 15부 62주의 지방행정제도를 완비하였다. 당에게서 '해동성국'이라는 칭호를 받았다.

　ⓔ **멸망** : 거란의 세력 확대와 귀족들의 권력투쟁으로 국력이 쇠퇴하자 거란에 멸망(926)당하였다.

(3) 남북국의 통치체제

① 통일신라

　ⓖ **중앙정치체제** : 전제왕권의 강화를 위해 집사부 중심의 관료기구 및 집사부 시중의 지위를 강화(국정총괄)하였다. 집사부 아래에 위화부와 13부를 두고 행정업무를 분담하였으며, 관리들의 비리와 부정 방지를 위한 감찰기관인 사정부를 설치하였다.

　ⓛ **유교정치이념의 수용** : 국학을 설립하였다.

　ⓒ **지방행정조직의 정비**(신문왕) : 9주 5소경으로 정비하여 중앙집권체제를 강화하였으며 지방관의 감찰을 위하여 외사정을 파견하였고 상수리제도를 실시하였으며, 향·부곡이라 불리는 특수행정구역도 설치하였다.

　ⓔ **군사조직의 정비**

　　• 9서당 : 옷소매의 색깔로 표시하였는데 부속민에 대한 회유와 견제의 양면적 성격이 있다.

　　• 10정 : 9주에 각 1정의 부대를 배치하였으나 한산주에는 2정(남현정, 골내근정)을 두었다.

② 발해

　ⓖ **중앙정치체계** : 당의 제도를 수용하였으나 명칭과 운영은 독자성을 유지하였다.

　　• 3성 : 정당성(대내상이 국정 총괄), 좌사정(충·인·의), 우사정(지·예·신부)

　　• 6부 : 충부, 인부, 의부, 자부, 예부, 신부

　　• 중정대(감찰), 문적원(서적 관리), 주자감(중앙의 최고교육기관)

　ⓛ **지방제도** : 5경 15부 62주로 조직되었고, 촌락은 주로 말갈인 촌장이 지배하였다.

　ⓒ **군사조직** : 중앙군(10위), 지방군

(4) 신라말기의 정치변동과 호족세력의 성장

① **전제왕권의 몰락** … 진골귀족들의 반란과 왕위쟁탈전이 심화되고 집사부 시중보다 상대등의 권력이 더 커졌으며 지방민란의 발생(김헌창의 난(822) 등)으로 중앙의 지방통제력이 더욱 약화되었다. 특히 원종·애노의 난(889)은 지방 호족세력의 형성에 큰 영향을 미쳤으며 통일신라를 붕괴시키는 계기가 되었다.

② **농민의 동요** … 과중한 수취체제와 자연재해로 농민은 몰락하고, 신라 정부에 저항하게 되었다.

③ **호족세력의 등장** … 지방의 행정·군사권과 경제적 지배력을 가진 호족세력은 성주나 장군을 자처하며 반독립적인 세력으로 성장하였다.

④ **개혁정치** … 진성여왕 시기에 6두품 출신의 유학생(최치원 시무 10조)과 선종의 승려가 중심이 되어 골품제 사회를 비판하고 새로운 정치이념을 제시하였다.

(5) 후삼국의 성립

① **후백제** … 농민 출신의 견훤이 군진·호족 세력을 토대로 완산주(전주)에 건국하였다(900).
  ㉠ 중국과는 외교관계를 맺었으나 신라에는 적대적이었다.
  ㉡ 한계 : 농민에 대한 지나친 조세 부과로 반감을 샀으며, 호족 세력의 포섭에 실패하였다.

② **후고구려**
  ㉠ 건국 : 신라 왕실의 후손 궁예가 초적·호족 세력을 토대로 송악(개성)에 건국하였다(901).
  ㉡ 국호는 후고구려→마진→태봉으로 바뀌었고 도읍지도 송악에서 철원으로 옮겨졌다.
  ㉢ 관제 : 국정 최고 기구인 광평성과 여러 관서를 설치하고 9관등제를 실시하였다.
  ㉣ 한계 : 농민에 대한 지나친 조세를 부과하였고 미륵신앙을 이용한 전제정치를 펼쳐 신하들에 의해 축출되었다.

section **2** 중세의 정치

① 중세사회의 성립과 전개

(1) 고려의 성립과 민족의 재통일

① **고려의 건국** … 왕건은 송악의 호족으로서 처음에는 궁예 휘하로 들어가 한강 유역과 나주지방을 점령하여 후백제를 견제하였는데 궁예의 실정을 계기로 정권을 장악하게 되었으며, 고구려의 후계자임을 강조하여, 국호를 고려라 하고 송악에 도읍을 세웠다. 조세 경감, 노비 해방으로 민심을 수습하고 호족세력을 융합하였다.

② **민족의 재통일** … 중국의 혼란기를 틈타 외세의 간섭 없이 통일이 성취되었다. 신라 병합(935), 후백제 정벌(936)로 후삼국 통일과 발해 유민 수용까지, 민족의 재통일을 이루었다.

(2) 태조의 정책

① **취민유도(取民有度)정책** … 조세경감, 노비해방 및 빈민구제기관인 흑창(성종 때 → 의창)을 설치하였다.

② **통치기반 강화**

　㉠ **관제 정비** : 태봉의 관제를 중심으로 신라와 중국의 제도를 참고하여 정치제도를 만들고, 개국공신과 호족을 관리로 등용하였다.

　㉡ **호족 회유** : 호족과 정략결혼을 하였으며 사성정책을 실시하고, 개국공신과 호족을 중앙관리로 임명하거나 역분전을 지급하였다.

　㉢ **호족 견제** : 사심관제도(우대)와 기인제도(감시)를 실시하였다.

　㉣ **통치 규범** : 정계, 계백료서를 지어 관리들이 지켜야 할 규범을 제시하였고, 후손들이 지켜야 할 교훈이 담긴 훈요 10조를 남겼다.

③ **북진정책** … 고구려를 계승하였음을 강조하여 국호를 고려라 하고 국가의 자주성을 강조하기 위해 천수(天授)라는 연호를 사용하였다. 서경(평양)을 중시하였고, 거란을 배척하였다.

(3) 개혁정치

① **고려 초 혼란기(혜종, 정종)**

　㉠ **왕위계승분쟁** : 호족과 공신세력의 연합정권이 형성되어 왕자들과 외척들 사이에 왕위계승다툼이 일어났다.

　㉡ **왕규의 난(945)** : 정략결혼과 호족, 외척세력의 개입으로 나타난 부작용이었다.

② **광종** … 왕권의 안정과 중앙집권체제를 확립하기 위하여 노비안검법, 과거제도, 공복제도, 불교 장려, 제위보의 설치, 주면공부법을 실시하였으며, 전제왕권의 확립을 위해 칭제건원을 실시하고, 개경을 황도라 불렀다. 송과의 문화적·경제적 목적에서 외교관계를 수립하였으나, 군사적으로는 중립적 자세를 취하였다.

③ **경종** … 중앙관료의 경제적 기반을 보장하기 위해 전시과제도를 실시하였다.

(4) 유교적 정치질서의 강화

① **최승로의 시무 28조** … 유교정치이념을 강조(유교 진흥, 불교행사 축소)하고 지방관을 파견(중앙집권화, 호족세력통제)하고, 문벌귀족 중심의 정치를 이루게 되었다.

② **성종의 중앙집권화** … 6두품 출신의 유학자 등용, 12목에 지방관 파견, 향리제도 실시, 국자감과 향교의 설치, 당의 3성 6부제를 기반으로 한 2성 6부를 마련, 도병마사와 식목도감 설치를 하였다.

❷ 통치체제의 정비

(1) 중앙의 통치조직

① 정치조직(2성 6부)

　ⓐ 2성

　　• 중서문하성 : 중서성과 문하성의 통합기구로 문하시중이 국정을 총괄하였다.

　　－재신 : 2품 이상의 고관으로 백관을 통솔하고 국가의 중요정책을 심의·결정하였다.

　　－낭사 : 3품 이하의 관리로 정책을 건의하거나, 정책 집행의 잘못을 비판하는 일을 담당하였다.

　　• 상서성 : 실제 정무를 나누어 담당하는 6부를 두고 정책의 집행을 담당하였다.

　ⓑ 중추원(추부) : 군사기밀을 담당하는 2품 이상의 추밀과 왕명 출납을 담당하는 3품의 승선으로 구성되었다.

　ⓒ 삼사 : 화폐와 곡식의 출납에 대한 회계업무만을 담당하였다.

　ⓓ 어사대 : 풍속을 교정하고 관리들의 비리를 감찰하는 감찰기구이다.

　ⓔ 6부(이·병·호·형·예·공부) : 상서성에 소속되어 실제 정무를 분담하던 관청으로 각 부의 장관은 상서, 차관은 시랑이었다.

② 귀족 중심의 정치

　ⓐ 귀족합좌 회의기구(중서문하성의 재신, 중추원의 추밀)

　　• 도병마사 : 재신과 추밀이 함께 모여 회의로 국가의 중요한 일을 결정하는 곳이다. 국방문제를 담당하는 임시기구였으나, 도평의사사(도당)로 개편되면서 구성원이 확대되고 국정 전반에 걸친 중요사항을 담당하는 최고 정무기구로 발전하였다.

　　• 식목도감 : 임시기구로서 재신과 추밀이 함께 모여 국내 정치에 관한 법의 제정 및 각종 시행규정을 다루던 회의기구였다.

　ⓑ 대간(대성)제도 : 어사대의 관원과 중서문하성의 낭관으로 구성되었다. 비록 직위는 낮았지만 왕, 고위관리들의 활동을 지원하거나 제약하여 정치 운영의 견제와 균형을 이루었다.

　　• 서경권 : 관리의 임명과 법령의 개정이나 폐지 등에 동의하는 권리

　　• 간쟁 : 왕의 잘못을 말로 직언하는 것

　　• 봉박 : 잘못된 왕명을 시행하지 않고 글로 써서 되돌려 보내는 것

(2) 지방행정조직의 정비

① 정비과정

　ⓐ 초기 : 호족세력의 자치로 이루어졌다.

　ⓑ 성종 : 12목을 설치하여 지방관을 파견하였다.

　ⓒ 현종 : 전국을 5도와 양계, 경기로 나눈 다음 그 안에 3경·4도호부·8목을 비롯하여 군·현·진을 설치하였다.

② 지방조직

　㉠ 5도(일반행정구역) : 상설 행정기관이 없는 일반 행정 단위로서 안찰사를 파견하여 도내의 지방을 순찰
하게 하였다. 도에는 주와 군(지사) · 현(현령)을 설치하였고, 주현에는 지방관을 파견하였지만 속현에는
지방관을 파견하지 않았다.

　㉡ 양계(군사행정구역) : 북방의 국경지대에는 동계와 북계의 양계를 설치하여 병마사를 파견하고, 국방상의
요충지에 군사특수지역인 진을 설치하였다.

　㉢ 8목 4도호부 : 행정과 군사적 방비의 중심적인 역할을 맡은 곳이다.

　㉣ 특수행정구역

　　• 3경 : 풍수설과 관련하여 개경(개성), 서경(평양), 동경(경주, 숙종 이후 남경)에 설치하였다.

　　• 향 · 소 · 부곡 : 천민의 집단거주지역이었다.

　㉤ 지방행정 : 실제적인 행정사무는 향리가 처리하여 지방관보다 영향력이 컸다(속현, 향, 소, 부곡 등).

(3) 군역제도와 군사조직

① 중앙군

　㉠ 2군 6위 : 국왕의 친위부대인 2군과 수도 경비와 국경 방어를 담당하는 6위로 구성되었다.

　㉡ 직업군인 : 군적에 올라 군인전을 지급받고 군역을 세습하였으며, 군공을 세워 신분을 상승시킬 수 있는
중류층이었다. 이들은 상장군, 대장군 등의 무관이 지휘하였다.

② 지방군

　㉠ 주진군(양계) : 상비군으로 좌군, 우군, 초군으로 구성되어 국경을 수비하는 의무를 지녔다.

　㉡ 주현군(5도) : 지방관의 지휘를 받아 치안과 지방방위 · 노역에 동원되었고 농민으로 구성하였다.

(4) 관리임용제도

① 과거제도(법적으로 양인 이상이면 응시가 가능)

　㉠ 제술과 : 문학적 재능과 정책을 시험하는 것이다.

　㉡ 명경과 : 유교경전에 대한 이해능력을 시험하는 것이다.

　㉢ 잡과 : 지리, 회계, 법률 등 실용기술학을 시험하였다.

　㉣ 한계와 의의 : 능력 중심의 인재 등용과 유교적 관료정치의 토대 마련의 계기가 되었으나 과거출신자보
다 음서출신자가 더 높이 출세할 수 밖에 없었고, 무과는 실시하지 않았다.

② 음서제도 … 공신과 종실의 자손 외에 5품 이상의 고관의 자손은 과거를 거치지 않고 관직에 진출할 수 있
는 제도이다.

❸ 문벌귀족사회의 성립과 동요

(1) 문벌귀족사회의 성립

① 지방호족 출신이 중앙관료화된 것으로, 신라 6두품 계통의 유학자들이 과거를 통해 관직에 진출하여 성립되었으며, 대대로 고위관리가 되어 중앙정치에 참여하게 되고, 과거와 음서를 통해 관직을 독점하였다.

② 문벌귀족사회의 모순
    ㉠ 문벌귀족의 특권 : 정치적으로 과거와 음서제를 통해 고위 관직을 독점하며 경제적으로 과전, 공음전, 사전 등의 토지 겸병이 이루어지고, 사회적으로 왕실 및 귀족들 간의 중첩된 혼인관계를 이루었다.
    ㉡ 측근세력의 대두 : 과거를 통해 진출한 지방 출신의 관리들이 국왕을 보좌하면서 문벌귀족과 대립하였다.
    ㉢ 이자겸의 난, 묘청의 서경천도운동 : 문벌귀족과 측근세력의 대립으로 발생한 사건들이다.

(2) 이자겸의 난과 서경천도운동

① 이자겸의 난(인종, 1126) … 문종 ~ 인종까지 경원 이씨가 80여년간 권력을 독점하였다. 여진(금)의 사대관계 요구에 이자겸 정권은 타협하였고, 권력 독점에 반발한 왕의 측근세력 간의 대립이 심화되었다. 이자겸은 인종 때 왕위 찬탈을 시도하였으나 인종의 척준경 회유로 실패로 돌아가게 되었다. 이는 귀족사회의 동요를 일으켰고 묘청의 서경천도운동의 계기가 되었다.

② 묘청의 서경천도운동(1135) … 서경(평양) 천도, 칭제건원, 금국 정벌을 주장하였으나 문벌귀족의 반대에 부딪혔으며, 김부식이 이끄는 관군에 의해 진압되고 말았다.

(3) 무신정권의 성립

① 무신정변(1170) … 숭문천무정책으로 인한 무신을 천시하는 풍조와 의종의 실정이 원인이 되어 발생하였다. 문신 중심의 귀족사회에서 관료체제로 전환되는 계기가 되었으며 전시과체제가 붕괴되고 무신에 의해 토지의 독점이 이루어져 사전과 농장이 확대되었다.

② 사회의 동요 … 무신정권에 대한 반발로 김보당의 난과 조위총의 난이 일어났으며, 하극상으로 농민의 난(김사미 · 효심의 난)과 하층민의 난(망이 · 망소이의 난)이 일어났고, 신분해방을 추구(만적의 난)하였다.

③ 최씨 정권
    ㉠ 최충헌의 독재정치 : 봉사 10조를 통해 사회개혁안을 제시하여 정치적 기반을 확보하였다.
    ㉡ 최씨 정권의 기반
      • 정치적 : 교정도감(최충헌)과 정방(최우), 서방(최우)을 중심으로 전개되었다.
      • 경제적 : 전라 · 경상 일대에 대규모 농장을 형성하였다.
      • 군사적 : 사병을 보유하고 도방을 설치하여 신변을 경호하였다.
    ㉢ 한계 : 정치적으로 안정되었지만 국가통치질서는 오히려 약화되었다.

❹ 대외관계의 변화

(1) 거란의 침입과 격퇴

① 고려의 대외정책 ··· 친송배요정책으로 송과는 친선관계를 유지했으나 거란은 배척하였다.

② 거란(요)의 침입과 격퇴

　㉠ 1차 침입(성종, 993) : 서희의 담판으로 강동 6주를 확보하였으며, 거란과 교류관계를 맺었다.

　㉡ 2차 침입(현종, 1010) : 고려의 계속되는 친송정책과 강조의 정변을 구실로 침입하여 개경이 함락되었으나, 현종의 입조(入朝)를 조건으로 퇴군할 때 양규가 귀주에서 격퇴하였다.

　㉢ 3차 침입(현종, 1018) : 현종의 입조(入朝)와 강동 6주 반환요구를 거부하여 다시 침입하였으나 강감찬이 귀주대첩으로 큰 승리를 거두어 양국은 강화를 맺었다.

　㉣ 결과 및 영향 : 고려, 송, 거란 사이의 세력 균형을 유지하게 되고, 고려는 나성과 천리장성(압록강 ~ 도련포)을 축조하여 수비를 강화하였다.

(2) 여진 정벌과 9성 개척

기병을 보강한 윤관의 별무반이 여진을 토벌하여 동북 9성을 축조하였으나 고려를 침략하지 않고 조공을 바치겠다는 조건을 수락하면서 여진에게 9성을 돌려주었다. 그러나 여진은 더욱 강해져 거란을 멸한 뒤 고려에 대해 군신관계를 요구하자 현실적인 어려움으로 당시의 집권자 이자겸은 금의 요구를 받아들여 자신의 정권유지를 위한 사대외교를 하였다.

(3) 몽고와의 전쟁

① 몽고와의 전쟁

　㉠ 원인 : 몽고의 과중한 공물 요구와, 몽고의 사신 저고여가 피살되는 사건이 일어났다.

　㉡ 몽고의 침입

　　• 제1차 침입(1231) : 몽고 사신의 피살을 구실로 몽고군이 침입하였고 박서가 귀주성에서 항전하였으나, 강화가 체결되고 서경 주변에 다루가치를 설치 후 철수하였다.

　　• 제2차 침입(1232) : 최우는 강화로 천도하였고, 처인성에서 김윤후가 몽고의 장군 살리타를 사살하자 몽고 군대는 철수하였다.

　　• 제3차 침입(1235) : 남송 정복을 위해 고려를 제거할 목적으로 침입하였고, 장기적인 무력공세로 고려에 큰 피해를 주었다(황룡사 9층탑, 대구 부인사 대장경판 소실).

　　• 제4차 ~ 제8차 침입 : 농민, 노비, 천민들의 활약으로 몽고를 끈질기게 막아냈다.

　㉢ 결과 : 전 국토가 황폐화되고 민생이 도탄에 빠졌다.

　㉣ 최씨 정권의 몰락 : 온건파의 활약으로 최씨 정권은 무너지고 왕실이 몽고와 강화조약을 맺어 개경 환도가 이루어졌다(1270).

ⓑ 몽고와의 강화정책의 의미 : 고려에 대한 정복계획을 포기하게 되고 고려의 주권과 고유한 풍속을 인정하게 되었다는 것이다.

② **삼별초의 항쟁**(1270 ~ 1273) … 몽고와의 굴욕적인 강화를 맺는 데 반발하여 배중손의 지휘 아래 진도로 옮겨 저항하였고, 여·몽연합군의 공격으로 진도가 함락되자 다시 제주도로 가서 김통정의 지휘 아래에 계속 항쟁하였으나 여·몽연합군에 의해 진압되었다. 그 결과 원은 탐라총관부를 설치하여 목마장을 두었으며, 이 항쟁을 통해 고려인의 배몽사상과 자주정신을 알 수 있다.

❺ 고려후기의 정치 변동

(1) 원(몽고)의 내정 간섭

① **정치적 간섭**
　　㉠ 일본 원정 : 두 차례의 원정에 인적·물적 자원이 수탈되었으나 실패하였다.
　　㉡ 영토의 상실과 수복
　　　• 쌍성총관부 : 원은 화주(영흥)에 설치하여 철령 이북 땅을 직속령으로 편입하였는데, 공민왕(1356) 때 유인우가 무력으로 탈환하였다.
　　　• 동녕부 : 자비령 이북 땅에 차지하여 서경에 두었는데, 충렬왕(1290) 때 고려의 간청으로 반환되었다.
　　　• 탐라총관부 : 삼별초의 항쟁을 평정한 후 일본 정벌 준비를 위해 제주도에 설치하고(1273) 목마장을 두었다. 충렬왕 27년(1301)에 고려에 반환하였다.
　　㉢ 관제의 개편 : 관제를 격하시키고(3성 → 첨의부, 6부 → 4사) 부마국 지위의 왕실호칭을 사용하게 하였다.
　　㉣ 원의 내정 간섭
　　　• 다루가치 : 1차 침입 때 설치했던 몽고의 군정지방관으로 공물의 징수·감독 등 내정간섭을 하였다.
　　　• 정동행성 : 일본 원정준비기구로 설치된 정동행중서성이 내정간섭기구로 남았다. 고려·원의 연락기구였다.
　　　• 이문소 : 정동행성에 설립된 사법기구로 고려인을 취조·탄압하였다.
　　　• 응방 : 원에 매를 생포하여 조달하는 기구였으나 여러 특권을 행사해 폐해가 심하였다.

② **사회·경제적 수탈** … 금·은·베·인삼·약재·매 등의 막대한 공물의 부담을 가졌으며, 몽고어·몽고식 의복과 머리가 유행하고, 몽고식 성명을 사용하는 등 풍속이 변질되었다.

(2) 공민왕의 개혁정치
대외적으로 반원자주 정책, 대내적으로 왕권 강화를 위한 개혁정책을 추진하였다.

① **반원자주정책** … 친원세력의 숙청, 정동행서 이문소를 폐지, 몽고식 관제의 폐지(2성 6부로 복원), 원의 연호·몽고풍을 금지, 쌍성총관부를 공격하여 철령 이북의 땅을 수복하고 요동지방을 공격하여 압록강 건너 동녕부를 점령하였다.

② **왕권강화책** … 정방을 폐지, 성균관을 통한 유학교육을 강화 및 과거제도를 정비하고 신돈을 등용하여 전민변정도감을 설치한 개혁은 권문세족들의 경제기반을 약화시키고 국가재정수입의 기반을 확대하였다.

③ **개혁의 실패원인** … 개혁추진세력인 신진사대부 세력이 아직 결집되지 못한 상태에서 권문세족의 강력한 반발을 효과적으로 제어하지 못하였고, 원나라의 간섭 등으로 인해 실패하고 말았다.

(3) 신진사대부의 성장

① 학문적 실력을 바탕으로 과거를 통하여 중앙에 진출한 지방의 중소지주층과 지방향리 출신이 많았다. 성리학을 수용하였으며, 불교의 폐단을 비판하였고 권문세족의 비리와 불법을 견제하였다. 신흥무인세력과 손을 잡으면서 사회의 불안과 국가적인 시련을 해결하고자 하였다.

② **한계** … 권문세족의 인사권 독점으로 관직의 진출이 제한되었고, 과전과 녹봉도 제대로 받지 못하는 등 경제적 기반이 미약했으며, 권문세족에 맞서기는 역부족이었다.

(4) 고려의 멸망

① **신흥무인세력의 등장** … 홍건적과 왜구의 침입을 격퇴하는 과정에서 성장한 세력이다.

② **위화도 회군**(1388)

   ⊙ **요동정벌** : 우왕 말에 명은 쌍성총관부가 있던 땅에 철령위를 설치하여 명의 땅으로 편입하겠다고 통보하였다. 이에 최영은 요동정벌론을 이성계는 4불가론을 주장하여 대립하였다.

   ⓛ **경과** : 최영의 주장에 따라 요동정벌군이 파견되었으나 위화도 회군으로 이성계가 정권을 장악하였다.

   ⓒ **결과** : 급진개혁파(혁명파)는 정치적 실권을 장악하고 새 왕조를 개창할 수 있는 기반을 마련하였으며, 명(明)과의 관계를 호전시켜 나갔다.

③ **과전법의 실시** … 전제개혁을 단행하여 과전법을 마련하였다. 과전법 실시로 고갈된 재정이 확충되고 신진관료들의 경제기반이 마련되었으며 피폐한 농민생활을 개선시켜 주고 국방에 필요한 재원을 확보할 수 있었다.

④ **조선의 건국** … 급진개혁파는 역성혁명을 반대하던 온건개혁파를 제거하고 도평의사사를 장악하였다. 뒤이어 이성계가 공양왕의 왕위를 물려받아 조선을 건국하였다.

① 근세사회의 성립과 전개

(1) 국왕 중심의 통치체제정비와 유교정치의 실현

① 태조 ··· 국호를 '조선'이라 하고 수도를 한양으로 천도하였으며 3대 정책으로 숭유억불정책, 중농억상정책, 사대교린정책을 실시하였다.

② 태종 ··· 왕권 확립을 위해 개국공신세력을 견제하고 숙청하였으며 6조직계제를 실시, 사간원을 독립시켜 대신들을 견제하였다. 신문고 설치, 양전사업 실시, 호패법 시행, 사원전 몰수, 노비 해방, 사병 폐지를 하였다.

③ 세종 ··· 집현전을 설치, 한글 창제 및 6조직계제를 폐지하고 의정부서사제(재상합의제)로 정책을 심의하였으며, 국가행사를 오례에 따라 거행하였다.

(2) 문물제도의 정비

① 세조 ··· 왕권의 재확립과 집권체제의 강화를 위하여 6조직계제를 실시하고 집현전과 경연을 폐지하였으며, 경국대전의 편찬에 착수하였다.

② 성종 ··· 홍문관의 설치, 경연의 활성화 및 경국대전의 완성·반포를 통하여 조선의 기본통치방향과 이념을 제시하였다.

② 통치체제의 정비

(1) 중앙정치체제

① 양반관료체제의 확립 ··· 경국대전으로 법제화하고 문·무반이 정치와 행정을 담당하게 하였으며, 18품계로 나누어 당상관(관서의 책임자)과 당하관(실무 담당)으로 구분하였다.

② 의정부와 6조
  ㉠ 의정부 : 최고 관부로서 재상의 합의로 국정을 총괄하였다.
  ㉡ 6조 : 직능에 따라 행정을 분담하였다.
    • 이조 : 문관의 인사(전랑이 담당), 공훈, 상벌을 담당하였다.
    • 호조 : 호구, 조세, 회계, 어염, 광산, 조운을 담당하였다.
    • 예조 : 외교, 교육, 문과과거, 제사, 의식 등을 담당하였다.
    • 병조 : 국방, 통신(봉수), 무과과거, 무관의 인사 등을 담당하였다.

- **형조** : 형률, 노비에 대한 사항을 담당하였다.
- **공조** : 토목, 건축, 수공업, 도량형, 파발에 대한 사항을 담당하였다.

③ **언론학술기구** … 삼사로 정사를 비판하고 관리들의 부정을 방지하였다.

ㄱ **사간원**(간쟁) · **사헌부**(감찰) : 서경권을 행사하였다(관리 임명에 동의권 행사).

ㄴ **홍문관** : 학문적으로 정책 결정을 자문하는 기구이다.

④ **왕권강화기구** … 왕명을 출납하는 승정원과 큰 죄인을 다스리는 국왕 직속인 의금부, 서울의 행정과 치안을 담당하는 한성부가 있다.

⑤ **그 밖의 기구** … 역사서의 편찬과 보관을 담당하는 춘추관, 최고 교육기관인 성균관, 상민의 범죄를 담당하는 포도청 등이 있다.

(2) 지방행정조직

① **지방조직** … 전국을 8도로 나누고, 하부에 부 · 목 · 군 · 현을 설치하였다.

ㄱ **관찰사**(감사) : 8도의 지방장관으로서 행정, 군사, 감찰, 사법권을 행사하였다. 수령에 대한 행정을 감찰하는 역할을 담당하였다.

ㄴ **수령** : 부, 목, 군, 현에 임명되어 관내 주민을 다스리는 지방관으로서 행정, 사법, 군사권을 행사하였다.

ㄷ **향리** : 6방에 배속되어 향역을 세습하면서 수령을 보좌하였다(아전).

② **향촌사회**

ㄱ **면 · 리 · 통** : 향민 중에서 책임자를 선임하여, 수령의 명령을 받아 인구 파악과 부역을 주로 담당하게 하였다.

ㄴ **양반 중심의 향촌사회질서 확립**

- **경재소** : 유향소와 정부간 연락을 통해 유향소를 통제하고 중앙집권을 효율적으로 강화하기 위해 해당 지방출신의 중앙고관을 책임자로 임영하였으나 사림 세력의 강화로 폐지되었다.
- **유향소**(향청) : 향촌양반의 자치조직으로 좌수와 별감을 선출하고, 향규를 제정하여 수령감시 및 보좌, 풍속교정 등의 기능을 하였다.

(3) 군역제도와 군사조직

① **군역제도**

ㄱ **양인개병제** : 양인의 신분이면 누구나 병역의 의무를 지는 제도이다.

ㄴ **운영** : 현직 관료와 학생을 제외한 16세 이상 60세 이하인 양인 남자의 의무이다.

ㄷ **보법** : 정군(현역 군인)과 보인(정군의 비용 부담)으로 나눈다.

ㄹ **노비** : 권리가 없으므로 군역이 면제되고, 특수군(잡색군)으로 편제되었다.

② 군사조직

　　㉠ **중앙군(5위)** : 궁궐과 서울을 수비하며 정군을 중심으로 갑사(시험을 거친 직업군인)나 특수병으로 지휘 책임을 문관관료가 맡았다.

　　㉡ **지방군** : 병영(병마절도사)과 수영(수군절도사)으로 조직하였다.

　　㉢ **잡색군** : 서리, 잡학인, 신량역천인(신분은 양인이나 천한 일에 종사), 노비 등으로 조직된 일종의 예비 군으로 유사시에 향토 방위를 담당한다(농민은 제외).

③ 교통 · 통신체계의 정비

　　㉠ **봉수제(통신)** : 군사적 목적으로 설치하였으며, 불과 연기를 이용하여 급한 소식을 알렸다.

　　㉡ **역참** : 물자 수송과 통신을 위해 설치되어 국방과 중앙집권적 행정 운영이 한층 쉬워졌다.

(4) 관리등용제도

① **과거** … 문과는 예조에서 담당하였으며 무과는 병조에서 담당하고 28명을 선발하였다. 또한 잡과는 해당 관청에서 역과, 율과, 의과, 음양과의 기술관을 선발하였다.

② **취재** … 재주가 부족하거나 나이가 많아 과거 응시가 어려운 사람이 특별채용시험을 거쳐 하급 실무직에 임명되는 제도이다.

③ **천거** … 기존의 관리들을 대상으로 하였다(조광조의 현량과).

④ **음서** … 과거를 거치지 않고 관직에 등용되는 것으로 고려시대에 비하여 크게 줄어들었고 고관으로 승진하기 어려웠다.

⑤ **인사관리제도의 정비**

　　㉠ **상피제** : 권력의 집중과 부정을 방지하였다.

　　㉡ **서경제** : 사헌부와 사간원에서 관리 임명시에 심사하여 동의하는 절차로서 5품 이하 관리 임명시에 적용하는 것이다.

　　㉢ **근무성적평가** : 하급관리의 근무성적평가는 승진 및 좌천의 자료가 되었다.

❸ 사림의 대두와 붕당정치

(1) 훈구와 사림

① **훈구세력** … 조선 초기 건국을 주도했던 혁명파 사대부가 훈구세력으로 이어졌고, 계유정난을 통해 세조의 집권을 도운 공신세력이다. 조선초기 문물제도의 정비에 기여하였으며 막대한 토지를 가진 대지주 출신들이 많았다.

② **사림세력** … 여말 온건파 사대부의 후예로서 길재와 김종직에 의해 영남과 기호지방에서 성장한 세력으로 대부분이 향촌의 중소지주이다.

(2) 사림의 정치적 성장

① 사화의 발생

　㉠ **무오사화**(1498)·**갑자사화**(1504) : 연산군의 폭정으로 발생하였으며 영남 사림은 몰락하게 되었다.

　㉡ **조광조의 개혁정치** : 현량과를 실시하여 사림을 등용하여 급진적 개혁을 추진하였다. 위훈삭제사건으로 훈구세력을 약화시켰으며, 불교와 도교행사를 폐지하고, 소학교육을 장려하고, 향약을 보급하였다. 그러나 훈구세력의 반발을 샀으며 기묘사화(1519)로 조광조는 실각되고 말았다.

　㉢ **을사사화**(명종, 1545) : 중종이 다시 사림을 등용하였으나 명종 때 외척 다툼으로 을사사화가 일어나고 사림은 축출되었다.

② **결과**… 사림은 정치적으로 위축되었으나 중소지주를 기반으로 서원과 향약을 통해 향촌에서 세력을 회복하게 되었다.

(3) 붕당의 출현(사림의 정계 주도)

① **동인과 서인**… 척신정치의 잔재를 청산하기 위한 방법을 둘러싸고 대립행태가 나타났다.

　㉠ **동인** : 신진사림 출신으로서 정치 개혁에 적극적이며 수기(修己)를 강조하고 지배자의 도덕적 자기 절제를 강조하고 이황, 조식, 서경덕의 학문을 계승하였다.

　㉡ **서인** : 기성사림 출신으로서 정치 개혁에 소극적이며 치인(治人)에 중점을 두고 제도 개혁을 통한 부국안민에 힘을 썼고 이이, 성혼의 문인들을 중심으로 구성되었다.

② **붕당의 성격과 전개**… 정파적 성격과 학파적 성격을 지닌 붕당은 초기에는 강력한 왕권으로 인해 형성이 불가능하였으나, 중기에 이르러 왕권이 약화되고 사림정치가 전개되면서 붕당이 형성되었다.

(4) 붕당정치의 전개

① 동인의 분당은 정여립의 모반사건을 계기로 세자책봉문제를 둘러싸고 시작되었다. 남인은 온건파로 초기에 정국을 주도하였으며 북인은 급진파로 임진왜란이 끝난 뒤부터 광해군 때까지 정권을 장악하였다.

② **광해군의 개혁정치**… 명과 후금 사이의 중립외교를 펼쳤으며, 전후복구사업을 추진하였으나 무리한 전후복구사업으로 민심을 잃은 광해군과 북인세력은 서인이 주도한 인조반정으로 몰락하였다.

③ **예송논쟁**(현종)… 효종의 왕위계승 정통성에 대하여 서인과 남인의 정치적 대립이 격화되었다.

④ 주로 서인이 집권하여 남인 일부가 연합하고, 상호비판 공존체제가 수립되었던 것이 서인과 남인의 경신환국으로 정치 공존이 붕괴되었다.

⑸ 붕당정치의 성격

비변사를 통한 여론 수렴이 이루어졌으며, 3사의 언관과 이조전랑의 정치적 비중이 증대되었고 재야의 여론이 수렴되어 재야의 공론주도자인 산림이 출현하였고, 서원과 향교를 통한 수렴이 이루어졌다. 그러나 국가의 이익보다는 당파의 이익을 앞세워 국가 발전에 지장을 주기도 하였고, 현실문제보다는 의리와 명분에 치중하였으며 지배층의 의견만을 정치에 반영하였다.

❹ 조선초기의 대외관계

⑴ 명과의 관계

명과의 관계에서는 사대외교를 중국 이외의 주변 민족에게는 교린정책을 기본으로 하였다. 겉으로는 사대정책을 유지했으나 실제로는 자주적 실리 외교로써 선진문물을 수용하여 공무역의 형태로 무역하였다.

⑵ 여진과의 관계

① 대여진정책 … 회유책으로 귀순을 장려하였고, 북평관을 세워 국경무역과 조공무역을 허락하였으며 강경책으로 본거지를 토벌하고 국경지방에 자치적 방어체제를 구축하여 진·보를 설치하였다.

② 북방개척
  ㉠ 4군 6진 : 최윤덕, 김종서 등은 압록강에서 두만강에 이르는 4군 6진을 설치하였다.
  ㉡ 사민정책 : 삼남지방의 주민을 강제로 이주시켜 북방 개척과 국토의 균형 있는 발전을 꾀하였다.
  ㉢ 토관제도 : 토착인을 하급관리로 등용하는 것이다.

⑶ 일본 및 동남아시아와의 관계

① 대일관계
  ㉠ 왜구의 토벌 : 수군을 강화하고 화약무기를 개발해 왜구 격퇴에 노력하고, 왜구가 무역을 요구해오자 제한된 무역을 허용하였으나, 왜구의 계무된 약탈로 이종무가 쓰시마섬을 토벌(세종)하였다.
  ㉡ 회유책 : 3포(부산포, 제포, 염포)를 개항하여, 계해약조(1443)를 맺고 조공무역을 허용하였다.

② 동남아시아와의 교역 … 조공, 진상의 형식으로 물자 교류를 하고 특히 불경, 유교경전, 범종, 부채 등을 류큐(오키나와)에 전해주어 류큐의 문화 발전에 기여하였다.

❺ 양 난의 극복과 대청관계

(1) 왜군의 침략

① 조선의 정세
- ㉠ 왜구 약탈 : 3포왜란(임신약조) → 사량진왜변(정미약조) → 을묘왜변(교역 중단)
- ㉡ 국방대책 : 3포왜란 이후 군사문제를 전담하는 비변사가 설치되었다.
- ㉢ 16세기 말 : 사회적 혼란이 가중되면서 국방력이 약화되어 방군수포현상이 나타났다.

② 임진왜란(1592) … 왜군 20만의 기습으로 정발과 송상현이 분전한 부산진과 동래성이 함락되고 신립이 패배하자 선조는 의주로 피난하였고, 명에 파병을 요청하였으나 왜군은 평양, 함경도까지 침입하였다.

(2) 수군과 의병의 승리

① 수군의 승리
- ㉠ 이순신(전라좌수사)의 활약 : 판옥선과 거북선을 축조하고, 수군을 훈련시켰다.
- ㉡ 남해의 재해권 장악 : 옥포(거제도)에서 첫 승리를 거두고, 사천(삼천포, 거북선을 이용한 최초의 해전), 당포(충무), 당항포(고성), 한산도대첩(학익진 전법) 등지에서 승리를 거두어 남해의 제해권을 장악하였고 전라도지방을 보존하였다.

② 의병의 항쟁
- ㉠ 의병의 봉기 : 농민이 주축이 되어 전직관리, 사림, 승려가 주도한 자발적인 부대였다.
- ㉡ 전술 : 향토지리와 조건에 맞는 전술을 사용하였다. 매복, 기습작전으로 아군의 적은 희생으로 적에게 큰 타격을 주었다.
- ㉢ 의병장 : 곽재우(의령), 조헌(금산), 고경명(담양), 정문부(길주), 서산대사 휴정(평양, 개성, 한성 등), 사명당 유정(전후 일본에서 포로 송환) 등이 활약하였다.
- ㉣ 전세 : 관군이 편입되어 대일항전이 조직화되고 전력도 강화되어 진주성에서 대승을 거두는 등 역전의 계기가 되었다.

(3) 전란의 극복과 영향

① 전란의 극복
- ㉠ 조·명연합군의 활약 : 평양성을 탈환하고 행주산성(권율) 등지에서 큰 승리를 거두었다.
- ㉡ 조선의 군사력 강화 : 훈련도감과 속오군을 조직하였고 화포 개량과 조총을 제작하였다.
- ㉢ 휴전회담 : 왜군은 명에게 휴전을 제의하였으나, 왜군의 무리한 조건으로 3년만에 결렬되었다.
- ㉣ 정유재란 : 왜군은 조선을 재침하였으나 이순신에게 명량·노량해전에서 패배하였다.

② **왜란의 영향**

　㉠ **국내적 영향** : 인구와 농토가 격감되어 농촌은 황폐화되고, 민란이 발생하였다. 공명첩의 대량 발급으로 인하여 신분제의 동요가 일어났고, 납속이 실시되었다. 토지대장과 호적의 소실로 조세·요역의 징발이 곤란해졌고, 경복궁, 불국사, 서적, 실록 등의 문화재가 소실·약탈당했으며, 일본을 통하여 조총, 담배, 고추, 호박 등이 전래되었다.

　㉡ **국제적 영향** : 문화재 약탈과 성리학자와 두공 납치로 일본은 문화가 발전하는 계기가 되었으나, 명은 여진족의 급성장(후금건국, 1616)으로 인하여 쇠퇴하였다.

(4) 광해군의 중립외교

① **전후복구** … 양안(토지대장)과 호적을 재작성하여 국가재정기반을 확보하고, 산업을 진흥하였으며 동의보감(허준)을 편찬하고 소실된 사고를 5대 사고로 재정비하였다.

② **중립외교정책** … 임진왜란 동안 조선과 명이 약화된 틈을 타 여진이 후금을 건국하였다(1616). 후금은 명에 대하여 전쟁을 포고하고, 명은 조선에 원군을 요청하였으나, 조선은 명의 원군 요청을 적절히 거절하면서 후금과 친선정책을 꾀하는 중립적인 정책을 취하였다. 광해군의 중립외교는 국내에 전쟁의 화가 미치지 않아 왜란 후의 복구사업에 크게 기여하였다. 그러나 대의명분을 강조한 서인과 남인의 반발을 야기하였고, 이후 인조반정의 원인이 되기도 하였다.

(5) 호란의 발발과 전개

① **정묘호란(1627)** … 명의 모문룡 군대의 가도 주둔과 이괄의 난 이후 이괄의 잔당이 후금에 건너가 조선 정벌을 요구한 것으로 발생하였으며, 후금의 침입에 정봉수, 이립 등이 의병으로 활약하였다. 강홍립의 중재로 쉽게 화의(정묘조약)가 이루어져 후금의 군대는 철수하였다.

② **병자호란(1636)** … 청의 군신관계 요구에 조선이 거부한 것이 발단이 되어 발생하였으며, 삼전도에서 항복하고 청과 군신관계를 맺게 되었으며 소현세자와 봉림대군(효종)이 인질로 끌려갔다.

(6) 북벌운동의 전개

① 서인세력(송시열, 송준길, 이완 등)은 군대를 양성하는 등의 계획을 세웠으나 실천하지 못하였다.

② **효종의 북벌계획** … 이완을 훈련대장으로 임명하고 군비를 확충하였으나 효종의 죽음으로 북벌계획은 중단되었다.

❶ 통치체제의 변화

(1) 정치구조의 변화

① **비변사의 기능 강화**…중종 초 여진족과 왜구에 대비하기 위해 설치한 임시기구였으나, 임진왜란을 계기로 문무고관의 합의기구로 확대되었다. 군사뿐만 아니라 외교, 재정, 사회, 인사 등 거의 모든 정무를 총괄하였으며, 왕권의 약화, 의정부 및 6조 기능의 약화를 초래하였다.

② **정치 운영의 변질**…3사는 공론을 반영하기보다 각 붕당의 이해관계를 대변하기에 급급하고 이조·병조의 전랑 역시 상대 붕당을 견제하는 기능으로 변질되어 붕당 간의 대립을 격화시켰다.

(2) 군사제도의 변화

① **중앙군(5군영)**

　㉠ **훈련도감(수도)** : 삼수병(포수·사수·살수)으로 구성되었으며, 직업적 상비군이었다.

　㉡ **어영청(수도)** : 효종 때 북벌운동의 중추기관이 되었다. 기·보병으로 구성되며, 지방에서 교대로 번상하였다.

　㉢ **총융청(경기 및 북한산성)** : 북한산성 등 경기 일대의 방어를 위해 속오군으로 편성되었다.

　㉣ **수어청(광주 부근)** : 정묘호란 후 남한산성을 개축하고 이를 중심으로 남방을 방어하기 위해 설치되었다.

　㉤ **금위영(수도·왕실수비)** : 수도방위를 위해 설치되었다. 기·보병 중심의 선발 군사들로 지방에서 교대로 번상게 하였다.

② **지방군(속오군)**

　㉠ **지방군제의 변천**

　　• **진관체제(조선 초기)** : 각 지역의 중요 지역을 방어하였다.

　　• **제승방략체제(16세기 후반)** : 유사시에 필요한 방어처에 각 지역의 병력을 동원하여 중앙에서 파견되는 장수가 지휘하게 하는 방어체제이다.

　　• **속오군체제(17세기 이후)** : 진관을 복구하고 속오법에 따라 군대를 정비하였다.

　㉡ **속오군** : 양천혼성군(양반, 농민, 노비)으로서, 농한기에 훈련하고 유사시에 동원되었다.

(3) 수취제도의 개편

① **전세제도의 개편** ··· 전세를 풍흉에 관계없이 1결당 미곡 4두로 고정시키는 영정법은 전세율이 다소 낮아졌으나 농민의 대다수인 전호들에게는 도움이 되지 못하였고, 전세 외에 여러 가지 세가 추가로 징수되어 조세의 부담은 증가하였다.

② **공납제도의 개편** ··· 방납의 폐단으로 토지의 결수에 따라 미, 포, 전을 납입하는 대동법을 시행하였는데 그 결과 농민의 부담을 감소하였으나 지주에게 부과된 대동세가 소작농에게 전가되는 경우가 있었으며, 조세의 금납화 촉진, 상업도시의 발전을 가져왔다. 그러나 진상·별공은 여전히 존속하였다.

③ **군역제도의 개편** ··· 균역법(군포 2필에서 1필로 내게 함)의 실시로 일시적으로 농민부담은 경감되었으나 폐단의 발생으로 인하여 전국적인 저항을 불러왔다.

④ **향촌지배방식의 변화** ··· 농민의 향촌사회 이탈을 막고자 호패법과 오가작통제를 강화하였다.

2 정쟁의 격화와 탕평정치

(1) 탕평론의 대두

공리공론보다 집권욕에만 집착하여 균형관계가 깨져서 정쟁이 끊이지 않고 사회가 분열되었으며, 이에 강력한 왕권을 토대로 세력 균형을 유지하려는 탕평론이 제기되었다. 숙종은 공평한 인사 관리를 통해 정치집단 간의 세력 균형을 추구하려 하였으나 명목상의 탕평책에 불과하여 편당적인 인사 관리로 빈번한 환국이 발생(경신환국, 기사환국, 갑술환국)하였다.

(2) 영조의 탕평정치

① 탕평파를 육성하고, 붕당의 근거지인 서원을 정리하였으며, 이조전랑의 후임자 천거제도를 폐지하였다. 그 결과 정치권력은 국왕과 탕평파 대신에게 집중되었다. 또한 균역법의 시행, 군영의 정비, 악형의 폐지 및 사형수에 대한 삼심제 채택, 속대전 편찬 등을 하였다.

② **한계** ··· 왕권으로 붕당 사이의 다툼을 일시적으로 억제하기는 하였으나 소론 강경파의 변란(이인좌의 난, 나주괘서사건)획책으로 노론이 권력을 독점하게 되었다.

(3) 정조의 탕평정치

① **정치세력의 재편** ··· 강력한 탕평책을 추진하여 벽파를 물리치고 시파를 고루 기용하여 왕권의 강화를 꾀하였다. 또한 영조 때의 척신과 환관 등을 제거하고, 노론과 소론 일부, 남인을 중용하였다.

② **왕권 강화 정책** ··· 규장각의 육성, 초계문신제의 시행, 장용영의 설치, 수원 육성, 수령의 권한 강화, 서얼과 노비의 차별 완화, 금난전권 폐지, 대전통편, 동문휘고, 탁지지 등을 편찬하였다.

❸ 정치질서의 변화

(1) 세도정치의 전개(19세기)

정조가 죽은 후 정치세력 간의 균형이 다시 깨지고 몇몇 유력가문 출신의 인물들에게 집중되었다. 순조 때에는 정순왕후가 수렴청정을 하면서 노론 벽파가 정권을 잡았으나, 정순왕후가 죽자 순조의 장인인 김조순을 중심으로 안동 김씨의 세도정치가 시작되었으며 헌종, 철종 때까지 풍양조씨, 안동 김씨의 세도정치가 이어졌다.

(2) 세도정치의 폐단

① 수령직의 매관매직으로 탐관오리의 수탈이 극심해지고 삼정(전정, 군정, 환곡)이 문란해졌으며, 그 결과 농촌경제는 피폐해지고, 상품화폐경제는 둔화되었다.

② 세도정치의 한계 … 고증학에 치중되어 개혁의지를 상실하였고 지방의 사정을 이해하지 못했다.

❹ 대외관계의 변화

(1) 청과의 관계

① **북벌정책** … 17세기 중엽, 효종 때 추진한 것으로 청의 국력 신장으로 실현가능성이 부족하여 정권 유지의 수단이 되기도 하였으나 양난 이후의 민심 수습과 국방력 강화에 기여하였다.

② **북학론의 대두** … 청의 국력 신장과 문물 융성에 자극을 받아 18세기 말 북학파 실학자들은 청의 문물 도입을 주장을 하였으며 사신들은 천리경, 자명종, 화포, 만국지도, 천주실의 등의 신문물과 서적을 소개하였다.

③ **백두산 정계비 건립** … 숙종 때 건립(1712)하여 국경이 압록강에서 토문강으로 확정되었다. 19세기에 토문강의 위치에 대한 해석차이로 간도분쟁이 발생하였고, 을사조약 후 청과 일본 사이의 간도협약(1909)으로 청의 영토로 귀속되었다.

(2) 일본과의 관계

① **대일외교관계**

　㉠ **기유약조(1609)** : 임진왜란 이후 도쿠가와 막부의 요청으로 부산포에 왜관을 설치하고, 대일무역이 행해졌다.

　㉡ **조선통신사 파견** : 17세기 초 이후부터 200여년간 12회에 걸쳐 파견하였다. 외교사절의 역할뿐만 아니라 조선의 선진학문과 기술을 일본에 전파하였다.

② **울릉도와 독도** … 안용복이 일본으로 건너가(숙종) 일본 막부에게 울릉도와 독도가 조선 영토임을 확인받고 돌아왔다. 그 후 조선 정부는 울릉도의 주민 이주를 장려하였고, 울릉도에 군을 설치하고 관리를 파견하여 독도까지 관할하였다.

출제예상문제

1 다음 중 고대사회의 성격에 대한 설명으로 옳지 않은 것은?

① 율령반포를 통해 체제정비가 추진되었다.
② 불교를 통해 왕권강화를 사상적으로 뒷받침하였다.
③ 정복활동을 통해 영토를 확장시켰다.
④ 족장들이 독립된 세력으로 지위를 강화시켰다.

TIP ④ 고대국가단계에서는 부족장들이 왕권 아래 복속되어 가기 시작했다.

2 삼국의 형세가 다음 지도와 같을 때의 상황으로 옳지 않은 것은?

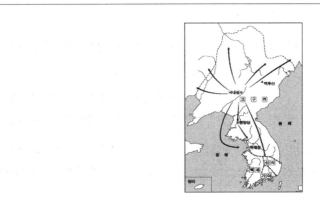

① 고구려에서는 불교가 공인되었다. ② 신라와 백제 사이에 나·제 동맹이 체결되었다.
③ 백제는 웅진에서 사비로 수도를 옮겼다. ④ 고구려는 신라에 침입한 왜를 격퇴시켰다.

TIP 지도는 5세기 광개토대왕 및 장수왕 때의 고구려의 최대전성기를 나타낸 것이다. 광개토대왕은 요동을 포함한 만주 일대, 한강 이북을 차지했으며 장수왕은 서해안까지 진출했다. 이때 장수왕의 남하정책으로 신라의 눌지왕과 백제의 비유왕 사이에 나·제 동맹이 체결되었다.
① 고구려의 불교공인은 4세기 소수림왕 시기의 일이다.

Answer 1.④ 2.①

3 다음 비문의 내용에 해당하는 고구려왕의 업적으로 옳은 것은?

> 영락 10년(400) 경자에 보병과 기병 5만을 보내 신라를 구원하게 하였다. 후퇴하는 왜적을 추격하여 종발성을 함락하고 병사를 두어 지키게 하였다.

① 후연을 격파하여 요동으로 진출하였다.
② 율령을 반포하여 국가체제를 정비하였다.
③ 지방세력 통제를 위해 불교를 공인하였다.
④ 지두우를 분할 점령하여 흥안령 일대의 초원지대를 장악하였다.

> **TIP** 제시문은 광개토대왕릉비의 내용이다.
> ②③ 소수림왕의 업적이다.
> ④ 장수왕의 업적이다.

4 신라 진흥왕의 영토확장 연구에 적절하지 않은 것은?

① 울진 봉평 신라비 – 동해안 지방으로의 영토 확장
② 북한산비 – 한강유역의 진출과정
③ 마운령비 – 신라 영토가 원산항까지 북상
④ 창녕비 – 낙동강 진출

> **TIP** 영토의 확장
> ① 울진 봉평 신라비는 법흥왕(524) 때에 세워진 신라의 비석으로 율령의 반포를 알려준다.
> ② 북한산비는 6세기 진흥왕(555)이 한강 하류까지의 진출을 알 수 있는 비이다.
> ③ 마운령비(568)는 신라가 동북방면의 국경인 함경남도 이원군에까지 이르렀음을 보여준다.
> ④ 창녕비는 신라 진흥왕(561) 때에 세워진 것으로 대가야를 정벌하고 낙동강유역을 평정한 뒤 세워졌다.

Answer 3.① 4.①

5 다음 사건들을 시간 순으로 바르게 나열한 것은?

> ㉠ 신라 – 건원(建元)이라는 독자적인 연호를 만들었다.
> ㉡ 가야 – 대가야가 멸망하면서 가야연맹이 완전히 해체되었다.
> ㉢ 고구려 – 낙랑군을 완전히 몰아내고 대동강 유역을 확보하였다.
> ㉣ 백제 – 수도인 한성이 함락되고 왕이 죽자 도읍을 웅진으로 옮겼다.

① ㉠ – ㉡ – ㉢ – ㉣   ② ㉡ – ㉢ – ㉣ – ㉠
③ ㉢ – ㉣ – ㉠ – ㉡   ④ ㉣ – ㉠ – ㉡ – ㉢

....

TIP ㉢ 4세기 고구려 미천왕(300~331)
　　 ㉣ 5세기 백제 개로왕(455~475)
　　 ㉠ 6세기 신라 법흥왕(514~540)
　　 ㉡ 6세기 신라 진흥왕(540~576)

6 다음 중 신라하대에 등장한 호족 세력에 대한 설명으로 옳지 않은 것은?

① 해상무역을 통해 경제적 부를 축적하고 군사적 기반을 마련하였다.
② 왕위쟁탈전에서 밀려난 중앙귀족들이 지방에 정착하여 지방세력을 형성하였다.
③ 근거지에 성을 쌓고 스스로 성주나 장군을 자처하였다.
④ 중앙의 진골귀족과 함께 골품제를 통하여 사회적 특권을 누리고 있었다.

....

TIP 호족 세력은 스스로 성주나 장군으로 자처하며 반독립적인 세력으로 성장하게 되었다. 지방의 행정과 군사권을 장악하였으며, 경제적 지배력도 행사하였다.
　　 ④ 골품제 혜택은 누릴 수 없었다.

Answer　5.③　6.④

7 삼국과 남북국시대의 지방통치조직에 대한 설명 중 옳지 않은 것은?

① 고구려는 수도와 지방을 모두 5부로 나누고 지방에는 욕살이라는 지방장관을 파견하였다.

② 백제는 수도와 지방을 각각 5부, 5방으로 나누고 지방장관으로 방령을 파견하였다.

③ 신라는 5주로 나누고 군주를 지방장관으로 삼았다.

④ 발해는 촌락의 촌장을 고구려인으로 임명하여 통제력을 강화하였다.

．．．

TIP ④ 발해는 촌락의 촌장을 토착 말갈인의 유력자로 임명하였다.

8 백제 근초고왕의 업적에 대한 다음의 설명 중 옳지 않은 것은?

① 남쪽으로는 마한을 멸하여 전라남도 해안까지 확보하였다.

② 북쪽으로는 고구려의 평양성까지 쳐들어가 고국천왕을 전사시켰다.

③ 중국의 동진, 일본과 무역활동을 전개하였다.

④ 왕위의 부자상속을 확립하였다.

．．．

TIP ② 백제 근초고왕은 371년 고구려와의 평양성 전투에서 고구려의 고국원왕을 전사시키고 영토를 확장시켰다.

9 (개), (내) 국왕의 재위시기에 있었던 사실로 옳은 것만을 모두 고르면?

> (개) 대조영의 뒤를 이어 즉위하였다. 영토 확장에 힘을 기울여 동북방의 여러 세력을 복속하고 북만주 일대를 장악하였다.
>
> (내) 대부분의 말갈족을 복속시키고, 요동 지역으로 진출하였다. 이후 전성기를 맞은 발해를 중국에서는 해동성국(海東盛國)이라고 불렸다.

> ⊙ (개) - 수도를 중경에서 상경으로 옮겼다.
> ⓒ (개) - 장문휴가 수군을 이끌고 당(唐)의 산동(山東) 지방을 공격하였다.
> ⓒ (내) - '건흥' 연호를 사용하고, 지방 행정 조직을 정비하였다.
> ② (내) - 당시 국왕을 '대왕'이라 표현한 정혜공주의 묘비가 만들어졌다.

① ⊙, ⓒ   ② ⊙, ②

③ ⓒ, ⓒ   ④ ⓒ, ②

TIP 대조영의 뒤를 이어 동북방의 여러 세력을 복속시키고 북만주 일대를 장악한 왕은 발해 무왕(개)이고 중국으로부터 해동성국이라 불리며 발해의 전성기를 맞이한 왕은 발해 선왕(내)이다.
⊙, ② 수도를 중경에서 상경으로 옮기고 정혜공주의 묘비를 만든 것은 발해 문왕이다.

10 다음 중 고려초기의 기인제도에 대한 설명으로 옳지 않은 것은?

① 신라말의 상수리제도에 그 기원을 둔 것이라 할 수 있다.
② 기인은 조선시대에 와서도 그 용어 자체가 남아 고려시대와 같은 임무를 맡았다.
③ 고려초 지방향리세력의 통제를 위하여 실시한 것이다.
④ 향리의 자제를 인질로 삼아 수도에 머물게 하고 그 지방에 대한 고문으로 세운 자를 기인이라 한다.

TIP 기인제도는 지방호족을 견제하기 위해서 그들의 자제를 수도에 오게 하여 왕실 시위를 맡게 한 제도였는데, 초기에는 볼모적인 성격이 강하였지만 이 기회를 이용해 교육을 받고 과거를 거쳐 중앙관리로 편입되기도 했다.

Answer 9.③ 10.②

11 다음은 고려시대에 일어난 역사적 사건을 시대순으로 나열한 것이다. ㈎시기에 발생한 역사적 사실에 대한 설명으로 옳은 것을 모두 고르면?

이자겸의 난→㈎→무신정변→몽고의 침입→위화도회군

ⓐ 풍수지리설을 배경으로 서경천도운동이 일어났다.

ⓑ 최고 집정부인 교정도감이 설치되었다.

ⓒ 금국정벌론과 칭제건원이 제기되었다.

ⓓ 고구려 계승이념에 대한 이견과 갈등이 일어났다.

ⓔ 과거제도와 노비안검법이 시행되었다.

① ㉠, ㉡, ㉢
② ㉠, ㉢, ㉣
③ ㉡, ㉢, ㉤
④ ㉢, ㉣, ㉤

TIP 이자겸의 난과 무신정변 사이에 일어난 역사적 사건은 묘청의 서경천도운동이다.

㉠ 묘청의 서경천도운동은 서경길지설을 바탕으로 일어났다.

㉡ 교정도감은 최충헌이 무신정변을 통해 권력을 잡은 후 인사행정 및 기타 권력유지를 위해 설치한 기관이다.

㉢ 묘청의 서경천도운동으로 당시 금(여진)의 침입에 대해 금국정벌론과 칭제건원을 주장하였다.

㉣ 묘청의 서경천도운동 당시 서경파는 고구려 계승이념에 따라 북진정책을, 개경파의 김부식은 신라 계승의식을 표방하였다.

㉤ 고려전기 광종 때 실시된 정책들이다.

12 다음의 사실들의 공통점은?

• 기인제도
• 시무 28조

• 과거제도
• 12목 설치

---

① 중앙집권 강화
② 문벌귀족사회 형성
③ 양반제 확립
④ 정치세력 교체

TIP 시무 28조에서는 유교사상에 입각한 중앙집권적 관료정치를 주장하였고, 과거제도와 12목을 설치하여 지방의 제도를 정비하고 기인제도로 지방의 호족을 견제하는 것은 중앙 집권 체제를 더욱 강화시키는 것이다.

Answer 11.② 12.①

13 다음의 시무책이 제안된 국왕대의 사실로 옳은 것은?

> 불교를 행하는 것은 수신의 도요, 유교를 행하는 것은 치국의 본입니다. 수신은 내생의 자(資)요, 치국은 금일의 요무(要務)로서, 금일은 지극히 가깝고 내생은 지극히 먼 것인데도 가까움을 버리고 지극히 먼 것을 구함은 또한 잘못이 아니겠습니까?

① 12목을 설치하였다.
② 서경에 대화궁을 지었다.
③ 5도 양계의 지방제도를 확립하였다.
④ 독자적 연호를 처음으로 사용하였다.

TIP 최승로의 시무 28조는 고려 성종 대에 제안되었고 12목(牧) 또한 고려 성종 대에 최초로 설치되어 각 목(牧)마다 관리가 파견 되었다.

14 고려시대 정치제도에 관한 내용이다. 가장 적절한 내용은?

> • 태조 때에 사심관제도와 기인제도를 시행하였다.
> • 군현제 실시 초기에는 주현이 130개, 속현이 374개였다.
> • 5도의 안찰사는 중앙관으로서 관할구역의 순시만 맡았다.

① 국가의 정령이 말단향촌까지 전달되고 집행되었다.
② 강력한 중앙 집권 체제가 실시되었다.
③ 숭문천무의 풍조가 강해 무신정변의 원인이 되었다.
④ 호족 세력의 강성으로 집권체제의 정비에 어려움이 많았다.

TIP 고려시대에는 호족 세력이 강하여 중앙 집권 체제의 확립에 어려움이 많았다. 태조는 호족 세력을 집권체제 안으로 통합하기 위하여 지방을 호족 세력의 자치에 맡기고 또한 호족을 견제하기 위하여 기인제도와 사심관제도를 실시하였다. 성종에 이르러서는 12목을 설치하여 지방관을 파견하였다.

Answer 13.① 14.④

15 다음의 내용을 통해 알 수 있는 고려의 대외관계로 옳은 것은?

> • 왕건은 고구려의 후계자라는 뜻에서 국호를 고려라 하고 도읍을 송악으로 정했다.
> • 발해의 유민들이 망명해오자 이들을 크게 우대하였다.
> • 고려는 친송정책을 추진하였다.

① 중국과의 교류가 빈번해져 몽고풍이 유행하고 풍속이 변질되기에 이르렀다.
② 여진에 대한 방어를 위해서 송과 연맹관계를 맺었다.
③ 고려는 북방영토 확장에 힘을 기울이게 되었고 그 결과 거란과 대립하였다.
④ 강동 6주의 획득으로 북쪽 국경선이 압록강과 두만강으로 확대되었다.

....

TIP 고려는 고구려 계승을 강조하여 북진정책의 전진기지로 서경(평양)을 중시하고, 발해를 멸망시킨 거란과는 북진정책 · 친송정책으로 대립하였다.

16 다음 (갑)과 (을)의 담판 이후에 있었던 (을)의 활동으로 옳은 것은?

> (갑) 그대 나라는 신라 땅에서 일어났고 고구려 땅은 우리의 소유인데 그대들이 침범했다.
> (을) 아니다. 우리야말로 고구려를 이은 나라이다. 그래서 나라 이름도 고려라 했고, 평양에 도읍하였다. 만일 땅의 경계로 논한다면 그대 나라 동경도 모두 우리 강역에 들어 있는 것인데 어찌 침범이라 하겠는가.

① 9성 설치
② 귀주 대첩
③ 강동 6주 경략
④ 천리장성 축조

....

TIP (갑)은 소손녕, (을)은 서희로 거란의 1차 침입 당시의 담판 내용이다.
① 예종 때 윤관이 별무반을 이끌고 여진족을 정벌한 후 동북 지역에 9성을 설치하였다.
② 귀주 대첩은 거란의 3차 침입 때인 1019년의 일이다.
③ 천리장성은 거란과 여진의 침입을 방어하기 위한 것으로 1033년에 시작하여 1044년에 완공하였다.

Answer 15.③ 16.③

17 다음 글과 관련 있는 민란은?

> "이미 우리 시골(소)의 격을 올려서 현으로 삼고, 또 수령을 두어 그로써 안무하였는데, 돌이켜 다시 군사를 내어와서 토벌하여 내 어머니와 처를 잡아들여 얽어매니 그 뜻이 어디에 있는가……. 반드시 왕경에 이른 뒤에야 그칠 것이다."

① 조위총의 난   ② 최광수의 난

③ 효심의 난   ④ 망이·망소이의 난

TIP 향·부곡·소는 천민거주지로 망이·망소이의 난은 천민들의 신분해방운동이었다. 이 난으로 인해 공주명학소는 충순현으로 승격되었다.

18 밑줄 친 '이번 문서를 보낸 조직에 대한 설명으로 옳은 것은?

> • 이전 문서에서는 몽고의 연호를 사용했는데, <u>이번 문서</u>에서는 연호를 사용하지 않았다.
> • 이전 문서에서는 몽고의 덕에 귀의하여 군신 관계를 맺었다고 하였는데, <u>이번 문서</u>에서는 강화로 도읍을 옮긴 지 40년에 가깝지만, 오랑캐의 풍습을 미워하여 진도로 도읍을 옮겼다고 한다.
>
> 「고려첩장(高麗牒狀)」

① 최우가 도적을 막기 위해 만든 조직에서 비롯되었다.

② 최충헌이 신변 보호와 집권체제 강화를 위해 조직하였다.

③ 거란의 침입에 대비하기 위한 조직으로 편성되었다.

④ 쌍성총관부 탈환에 주도적인 역할을 한 조직이었다.

TIP 위에 나온 내용 중 '이번 문서에서는 강화로 도읍을 옮긴 지 40년에 가깝지만, 오랑캐의 풍습을 미워하여 진도로 도읍을 옮겼다'는 내용을 통해 해당 조직이 고려시대 삼별초임을 알 수 있다.
※ 삼별초 … 정확한 설치 연대는 알 수 없으나 고려시대 최씨 정권의 최우 집권기 때 만들어진 야별초가 좌별초·우별초로 나뉘고 후에 몽고의 포로로 잡혀갔던 이들이 돌아와 편성된 신의군이 합쳐져 삼별초가 되었다. 따라서 삼별초의 형성은 최씨 정권 말엽이라 할 수 있지만 그 시작은 최우의 야별초에서 비롯되었다고 볼 수 있다.

Answer 17.④ 18.①

19 공민왕이 개혁정치에 대한 설명으로 적합하지 않은 것은?

① 전민변정도감을 설치하였다.
② 몽고식 관제를 폐지하고 원간섭기 이전으로 복귀하였다.
③ 쌍성총관부를 무력으로 철폐하였다.
④ 권문세족의 적극적인 후원을 받았다.

TIP 공민왕의 개혁정치
    ㉠ 반원 자주 정책 : 친원세력 숙청, 정동행성 이문소 폐지, 관제 복구, 몽고풍 일소, 쌍성총관부 수복, 요동지방 공략
    ㉡ 내정개혁 : 신돈의 등용, 권문세족 억압, 정방 폐지, 전민변전도감 설치, 성균관의 설치, 신진사대부 등용
    ㉢ 실패원인 : 원의 압력, 권문세족의 반발, 신진사대부의 미약

20 몽고와의 전쟁 중에 일어난 사건이 아닌 것은?

① 처인성에서 김윤후가 몽고장수 살리타를 사살하였다.
② 몽고 사신 저고여의 피살을 구실로 몽고군이 침입하여 귀주성의 박서가 항전하였다.
③ 몽고 제 2차 침입 때 다루가치가 설치되었다.
④ 제 4차~제 8차 침입에 농민, 노비, 천민들의 활약으로 몽고를 막아냈다.

TIP 다루가치는 몽고 1차 침입 때 서경주변에 설치 후 철수하였다.

21 다음 조선시대에 시행한 시책들의 공통된 목적으로 옳은 것은?

> • 특권층의 범위를 축소하였다.   • 16세 이상의 장정들에게 호패를 착용하게 하였다.
> • 양안을 작성하고 호적을 정리하였다.   • 노비변정사업을 실시하였다.

① 유교적 사회질서의 확립   ② 향촌자치체제의 강화
③ 국가재정기반의 확대   ④ 양천이원제의 신분제도 확립

TIP 제시된 시책들은 세금을 원활히 징수하여 국가의 재정기반을 확고히 하기 위한 것들이다.

Answer 19.④ 20.③ 21.③

22 다음 중 조선 태종의 치적이 아닌 것은?

① 신문고를 설치하였다.

② 호패법을 실시하였다.

③ 직전법을 실시하였다.

④ 주자소를 설치하여 계미자를 만들었다.

TIP 태종의 개혁 … 사병제도 폐지, 의정부 권한 축소, 승정원과 의금부 설치, 6조직계제 실시, 신문고의 설치, 양전사업의 실시, 호패법 시행, 사원경제 개혁, 주자소 설치(계미자 주조), 5부학당의 설치 등
③ 직전법은 세조 12년(1466)에 실시된 것으로 현직자에 한하여 과전을 지급하던 토지제도이다.

23 조선의 통치기구에 대한 설명 중 옳은 것은?

① 의정부는 최고의 행정집행기관으로 그 중요성에 의해 점차 실권을 강화하였다.

② 홍문관은 정치의 득실을 논하고 관리의 잘못을 규찰하고 풍기·습속을 교정하는 일을 담당하였다.

③ 예문관과 춘추관은 대간(臺諫)이라 불렸는데, 임명된 관리의 신분·경력 등을 심의·승인하는 역할을 담당하였다.

④ 지방 양반들로 조직된 향청은 수령을 보좌하고 풍속을 바로 잡고 향리를 규찰하는 등의 임무를 맡았다.

TIP 조선의 통치기구
① 의정부(議政府)는 조선시대 최고 합의 기구이고 조선 후기로 올수록 점점 실권이 약화되었다. 조선시대 최고의 행정집행기관은 육조(六曹)이다.
② 홍문관(弘文館)은 조선시대 궁중의 경서·사적의 관리와 문한(文翰)의 처리 및 왕의 각종 자문에 응하는 일을 담당하던 관서로 사헌부·사간원과 함께 삼사(三司)로 불렸다.
③ 대간(臺諫)이란 감찰 임무를 맡은 대관(臺官)과 국왕에 대한 간쟁 임무를 맡은 간관(諫官)의 합칭으로 조선시대 때 대관은 사헌부(司憲府), 간관은 사간원(司諫院)이었다. 예문관은 조선시대 임금의 말이나 명령을 대신하여 짓는 것을 담당하기 위해 설치한 관서이고 춘추관은 조선시대 시정(時政)의 기록을 관장하던 관서이다.

Answer 22.③ 23.④

24 조선시대의 지방행정조직에 대한 설명이다. 고려시대와의 차이점을 설명한 것 중 옳지 않은 것은?

> • 경재소는 유향소와 정부 사이의 연락기능을 담당하였다.
> • 향리는 6방을 조직하고 향역을 세습하였다.
> • 속현과 향·부곡·소가 소멸되고, 면·리제가 정착되었다.

① 중앙 집권 체제가 강화되었다.
② 천민의 행정구역이 소멸되었다.
③ 향촌자치는 허용되지 않았다.
④ 중인계층의 신분이 세습되었다.

....

TIP ③ 유향소는 지방자치기관으로 수령을 보좌하는 고문기관이었다. 이를 통해 향촌자치가 허용되었다.

25 임진왜란 이전에 수립된 조선왕조의 국방체제로서 지역의 군대를 한 곳에 집결시켜, 집결된 군대를 중앙에서 파견된 장수가 지휘하는 국방체제의 명칭은 무엇인가?

① 영진 체제
② 속오군 체제
③ 제승방략 체제
④ 진관 체제

....

TIP 제승방략 체제 … 각 요충지에 진관을 설치하여 독자적으로 적을 막는 진관체제가 적의 수가 많을 때에는 효과가 없었으므로 16세기 후반에 각 지역의 군사를 방어처에 집결시켜 중앙에서 파견되는 장수의 지휘하에 두게 하는 것이다.

Answer 24.③ 25.③

26 다음과 관련된 정치세력에 대한 설명으로 옳은 것은?

• 향촌자치 추구	• 왕도정치 추구
• 도덕과 의리숭상	• 관념적 이기론 중시

① 청나라 문물수용을 주장하였다.
② 현량과를 통한 관리등용을 주장하였다.
③ 역성혁명을 주도한 세력이었다.
④ 근세문화발달에 이바지하였다.

TIP 제시된 내용과 관련된 정치세력은 사림파이다. 15세기 말경 언관직을 맡아 의리와 정통을 숭상하고 도덕정치를 구현하려는 한편, 훈구파의 독주와 비리에 대해 비판적인 입장을 지녔고 각사를 중심으로 발언권을 크게 확대시켜 갔다.

27 광해군이 추진한 외교정책에 의해 나타나는 직접적인 결과로 옳은 것은?

광해군은 신흥하는 후금과 임진왜란 때 조선을 도와준 명 사이에서 신중한 중립외교 정책을 추진하였다.

① 송시열, 이완 등이 후금을 정벌하자는 북벌론을 주장하였다.
② 명분과 의리를 추구하는 사람들이 반정을 일으켰다.
③ 명이 철산 앞바다의 가도를 무력으로 점령하였다.
④ 조선과 후금 사이에 군신관계가 맺어졌다.

TIP 광해군의 중립외교정책은 현실성, 실리성 있는 외교정책으로 왜란 후의 복구사업에 크게 기여하였으나 명분과 의리를 중시하는 사람들의 지지를 받지 못했다.

Answer 26.② 27.②

28 다음과 같은 현상이 나타나게 된 것과 같은 배경에서 발생한 사실은?

> • 북방의 여진족이 급속히 성장하여 후금을 세웠다.
> • 조선의 성리학이 일본에 전해져 큰 영향을 끼쳤다.
> • 공명첩이 대량 발급되어 신분질서가 해이해져 갔다.

① 호란의 발생
② 북벌론의 대두
③ 훈련도감의 설치
④ 쓰시마 섬의 정벌

TIP ③ 훈련도감은 왜란의 영향으로 개편된 군사제도이다.

　※ 임진왜란의 영향으로 나타난 국내외의 상황
　　㉠ 국내적 영향 : 인구와 농토가 격감되고 농촌이 황폐화되어 민란이 발생하였다. 또한 토지대장과 호적이 소실되어 국가의 재정이 궁핍해졌고, 이에 대한 대책으로 공명첩을 대량으로 발급하였고 납속이 실시되었다.
　　㉡ 국제적 영향 : 일본은 문화재를 약탈하고 성리학자와 도공을 납치하였다. 이는 일본 문화가 발전하는 계기가 되었다. 여진족은 급성장하여 후금을 세웠으나 명은 쇠퇴하였다.

29 의정부 서사제와 6조 직계제가 실시된 상황을 설명한 것이다. 두 제도에 대한 설명으로 옳지 않은 것은?

> 태종은 6조를 정3품 관청에서 정2품 관청으로 높여 6조 직계제를 실시하였다. 그러나 세종 때는 의정부의 기능을 강화시켜 의정부 서사제를 운영하였다. 이후 의정부 정승을 중심으로 의정부 서사제가 더욱 강화되었다. 이에 반발한 수양대군이 정변을 일으켜 권력을 장악하고 다시 6조 직계제를 실시하였다.

① 6조직계제가 실시됨으로써 왕권이 강화되었다.
② 의정부서사제는 귀족 중심의 정치를 의미하는 것이다.
③ 의정부서사제는 왕권과 신권의 조화가 이루어졌다.
④ 6조직계제에서는 일반 행정업무를 의정부에 보고하지 않았다.

TIP ② 의정부 서사제는 대신 중심의 정치 운영을 도모한 제도로, 소수의 가문에게 권력이 집중되던 고려의 귀족정치와는 크게 달랐다.

Answer　28.③　29.②

30 다음 사건이 일어난 순서대로 나열한 것은?

> ○ 김종직의 무덤을 파헤쳐 시신을 참수하였다.
> ○ 조광조의 혁신정치에 불만을 품은 훈구파가 조광조 일파를 모략하였다.
> ○ 명종을 해치려 했다는 이유로 윤임 일파가 몰락하였다.
> ○ 연산군의 생모 윤비 폐출사건을 들추어 이에 관여한 사림을 몰아냈다.

① ㉡ - ㉢ - ㉠ - ㉣
② ㉠ - ㉢ - ㉡ - ㉣
③ ㉡ - ㉣ - ㉠ - ㉢
④ ㉠ - ㉣ - ㉡ - ㉢

TIP ㉠ 무오사화 (1498년, 연산군 4)
㉡ 기묘사화 (1519년, 중종 14)
㉢ 을사사화 (1545년, 명종 즉위년)
㉣ 갑자사화 (1504년, 연산군 10년)

31 조광조의 개혁정치에 대한 설명으로 아닌 것은?

① 국왕이 덕행 있는 사람을 추천에 의거해 직접 등용하는 현량과를 실시하였다.
② 사림파를 견제하기 위해 위훈삭제를 시행하였다.
③ 소격서를 폐지하였다.
④ 향촌자치를 위해 향약의 전국적 시행을 추진하였다.

TIP ② 위훈삭제는 훈구파를 견제하기 위해 시행하였다.

32 임진왜란 때의 주요 전투를 벌어진 순서대로 바르게 나열한 것은?

> ㉠ 권율 장군이 행주산성에서 왜군을 크게 무찔렀다.
> ㉡ 조선과 명나라 군대가 합세하여 평양성을 탈환하였다.
> ㉢ 진주목사 김시민이 왜의 대군을 맞아 격전 끝에 진주성을 지켜냈다.
> ㉣ 이순신 장군이 한산도 앞바다에서 왜의 수군을 격퇴하고 제해권을 장악하였다.

① ㉠ - ㉡ - ㉢ - ㉣　　　　　② ㉠ - ㉢ - ㉡ - ㉣
③ ㉣ - ㉡ - ㉢ - ㉠　　　　　④ ㉣ - ㉢ - ㉡ - ㉠

TIP ㉣ 한산도대첩(1592년 7월) → ㉢ 진주대첩(1592년 10월) → ㉡ 평양성탈환(1593년 1월) → ㉠ 행주대첩(1593년 2월)

33 (가) 시기에 볼 수 있는 장면으로 적절한 것은?

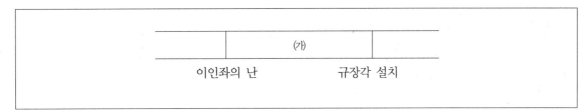

① 당백전으로 물건을 사는 농민
② 금난전권 폐지를 반기는 상인
③ 전(錢)으로 결작을 납부하는 지주
④ 경기도에 대동법 실시를 명하는 국왕

TIP 이인좌의 난은 1728년에 일어났고 규장각은 1776년에 설치되었다.
③ 균역법은 영조 26년(1750)에 실시한 부세제도로 종래까지 군포 2필씩 징수하던 것을 1필로 감하고 그 세수의 감액분을 결미(結米)·결전(結錢), 어(漁)·염(鹽)·선세(船稅), 병무군관포, 은·여결세, 이획 등으로 충당하였다.
① 당백전은 1866년(고종 3) 11월에 주조되어 약 6개월여 동안 유통되었던 화폐이다.
② 금난전권은 1791년 폐지(금지)되었다.
④ 대동법은 1608년(광해군 즉위년) 경기도에 처음 실시되었다.

Answer　32.④　33.③

34 다음 사료에 제시된 정치형태에 대한 설명으로 옳은 것은?

> 가을에 한 늙은 아전이 대궐에서 돌아와서 처와 자식에게 "요즘 이름 있는 관리들이 모여서 하루 종일 이야기를 하여도 나랏일에 대한 계획이나 백성을 위한 걱정은 전혀 하지 않는다. 오로지 각 고을에서 보내오는 뇌물이 많고 적음과 좋고 나쁨에만 관심을 가지고, 어느 고을 수령이 보낸 물건은 극히 정묘하고 또 어느 수령이 보낸 물건은 매우 넉넉하다고 말한다. 이름 있는 관리들이 말하는 것이 이러하다면 지방에서 거둬들이는 것이 반드시 늘어날 것이다. 나라가 어찌 망하지 않겠는가?"하고 한탄하면서 눈물을 흘려 마지않았다.
>
> 「목민심서」

① 중하급 관리까지 정치권력을 발휘하도록 권력구조의 변화가 나타났다.

② 의정부와 6조의 기능이 약화되고 비변사의 권한이 강화되었다.

③ 사회변화에 적극적으로 대응하여 상업발달과 국가의 경제 발전을 이끌었다.

④ 실학을 바탕으로 제도 및 문물의 개혁을 추진하였다.

TIP 제시된 사료는 세도정치의 폐단에 대한 내용이다.
① 정2품 이상만 정치권력을 발휘하고 중하급 관리는 행정실무만 담당하게 되었다.
③ 사회변화에 소극적으로 대응하여 상업발달과 서울의 도시적 번영에만 만족하는 수준에 머물렀다.
④ 고증학에 치중하여 개혁의지를 상실하였고 지방의 사정을 이해하지 못했다.

35 다음 중 비변사에 관한 설명으로 옳지 않은 것은?

① 3정승, 5판서, 군영대장, 유수, 대제학 등 당상관 이상의 문무관리가 참여하였다.

② 처음에는 국방문제만 다루었으나, 후기에는 국가정무에까지 관여하였다.

③ 문무고위관리들의 합의기구로 확대된 것은 임진왜란이 계기가 되었다.

④ 설치 초기부터 비변사 재상을 중심으로 군무사무를 협의하는 상설기구로 시작하였다.

TIP ④ 16세기 초에 비변사는 왜구와 여진을 대비하는 군무협의 임시기구였으나, 임진왜란을 맞이하여 상설기구화되었다.

36 다음 시에서 저자가 주장을 하게 된 배경에 대한 설명으로 옳은 것은?

> 힘써하는 싸움, 나라 위한 싸움인가 / 옷밥에 묻혀 있어 할 일 없이 싸우놋다.
> 아마도 그치지 아니하니 다시 어이 하리오. / 말리소서, 말리소서, 이 싸움을 말리소서. /
> 지공 무사히 말리소서, 말리소서 / 진실로 말리옷 말리시면 탕탕평평하리다.

① 남인은 서인의 북벌 추진을 비판하면서 예송논쟁을 전개하였다.
② 외척가문에 의해서 국정의 중요한 일들이 대부분 처리되었다.
③ 왕위 계승 싸움 및 붕당의 일당전제화가 전개되었다.
④ 유교적 명분론을 바탕으로 인조반정이 발생하였다.

TIP 붕당정치의 변질로 극단적인 정쟁과 일당전제화가 이루어져 왕권이 약화되었다.

37 다음의 사실들이 공통적으로 초래한 문제를 해결하기 위한 조선 왕조의 정책으로 적절한 것은?

> • 비변사 기능의 확대와 강화
> • 어영청, 총융청, 수어청 등의 설치
> • 서인정권의 남인세력 탄압

① 서원의 설립을 장려하여 지방교육을 활성화시켰다.
② 사림세력을 정계에 진출시켜 훈구세력을 견제하였다.
③ 붕당 간의 세력균형을 재정립하여 왕권의 안정을 도모하였다.
④ 농병일치제에 입각한 5위제를 용병제에 토대를 둔 5군영 체제로 개편하였다.

TIP 제시된 내용은 붕당정치가 변질되어 일당전제화가 나타난 현상으로 붕당간의 세력균형으로 안정될 수 있었던 왕권이 불안하게 되었다. 이를 해결하기 위해 탕평책을 실시하였다.

Answer 36.③ 37.③

38 붕당정치에 대한 설명으로 옳지 않은 것은?

① 출현 배경은 척신 정치의 잔재 청산에 대한 기성 사림과 신진 사림 간의 갈등이다.

② 이이, 성혼 계열의 동인과 이황, 조식, 서경덕의 학풍을 계승한 서인으로 구분되었다.

③ 붕당정치는 상호 견제와 비판의 역할을 하였다.

④ 학문과 이념의 차이에서 출발하였지만 정치참여의 확대에 기여하였다.

TIP 붕당정치

구분	출신배경	학연 주류
동인	김효원을 중심으로 하는 신진 사림	• 영남의 이황, 조식 • 개성의 서경석
서인	신의겸을 중심으로 하는 기성 사림	기호의 이이, 성혼

39 다음 기록이 보이는 왕대의 정치변화를 바르게 설명한 것은?

> (왕이) 양역을 절반으로 줄이라고 명하셨다. 왕이 말하였다. "호포나 결포는 모두 문제점이 있다. 이제는 1필로 줄이는 것으로 온전히 돌아갈 것이니 경들은 대책을 강구하라."

① 특정 붕당이 정권을 독점하는 환국이 발생하게 되었다.

② 소수 가문 집단이 정치를 주도하여 그 기반이 축소되었다.

③ 붕당을 없애자는 논리에 동의하는 관료들을 중심으로 탕평정국을 운영하였다.

④ 왕위 계승에 대한 정통성과 관련하여 두 차례의 예송이 발생하였다.

TIP 제시된 기록은 영조의 균역법에 대한 내용이다.
　① 숙종 때의 일이다.
　② 19세기 세도정치에 관한 설명이다.
　④ 현종 때의 일이다.

40 다음의 글과 관련이 있는 사실은?

> 붕당의 폐해가 요즘보다 심각한 적이 없었다. 처음에는 예절문제로 붕당이 일어나더니, 이제는 한쪽이 다른 한쪽을 역적으로 몰아 붙이고 있다. …… 관리의 임용을 담당하는 관리들은 탕평의 정신을 잘 받들어 직무를 수행하도록 하라. 지금 나의 말은 위로는 종사를 위하고 아래로는 조정을 진정하려는 것이나……
>
> 「영조실록」

① 창덕궁 안에 규장각을 설치하여 자신의 권력과 정책을 뒷받침하였다.

② 왕권을 뒷받침하는 군사적 기반으로 장용영을 설치하였다.

③ 초계문신제도를 시행하여 신진인물이나 능력있는 인재들을 재교육 하였다.

④ 강력한 왕권으로 붕당의 다툼을 일시적으로 억제하는데 그쳤다는 한계가 있다.

TIP ①, ②, ③ 정조가 실시한 정책이다.

영조와 정조의 탕평책

영조	정조
• 탕평파 육성 : 탕평파를 중심으로 정국운영	• 붕당을 벗어난 인재등용
• 이조전랑 약화 : 이조전랑의 후임자 천거와 3사 선발폐지	• 규장각 설치 : 자신의 권력과 정책을 뒷받침
• 균역법 시행 : 군역의 부담 완화	• 장용영 설치 : 친위부대로서 왕권을 뒷받침하는 군사적인 기반
• 사림의 존재 부정, 서원 정리	• 초계문신제 시행
• 군영 정비 : 훈련도감, 금위영, 어영청	• 화성 건설 : 자신의 정치적 이상을 실현하는 상징적 도시
• 속대전 편찬 : 제도와 권력구조의 개편을 반영	

Answer 40.④

41 다음 글과 관련된 왕과 관련된 사실이 아닌 것은?

> "영상이 바야흐로 지문을 짓고 있거니와, 선대왕의 사업과 실적은 곧 균역·탕평·준천이다. 탕평은 50년 동안 대정인데, 말을 만들어갈 적에 단지 탕평 두 글자만 쓴다면 혼돈하게 될 염려가 없지 않다. …… 탕평은 의리에 방해받지 않고 의리는 탕평에 방해받지 않은 다음에야 바야흐로 탕탕평평(蕩蕩平平)의 큰 의리라 할 수 있다. 지금 내가 한 말은 곧 의리의 탕평이지, 혼돈의 탕평이 아니다."라고 하였다.

① 화성에 행궁, 학교, 사직단과 장용영의 외영을 설치해 서울을 방어하는 남방요새 구실을 하게 하였다.
② 대유둔전이라는 국영농장을 설치하였다.
③ 「속대전」의 서문을 직접 지어 간행하였다.
④ 「고금도서집성」을 수입하였다.

··

TIP 글은 정조실록에 실린 내용이다.
③은 영조에 관한 사실이다.

42 다음의 비문에 관한 설명으로 옳지 않은 것은?

> 오라총관 목극등은 국경을 조사하라는 교지를 받들어 이 곳에 이르러 살펴보고 서쪽은 압록강으로 하고 동쪽은 토문강으로 경계를 정해 강이 갈라지는 고개 위에 비석을 세워 기록 하노라.

① 조선과 청의 대표는 현지답사를 생략한 채 비를 세웠다.
② 토문강의 위치는 간도 귀속문제와도 관련이 되었다.
③ 국경지역 조선인의 산삼 채취나 사냥이 비석 건립의 한 배경이었다.
④ 조선 숙종대 세워진 비석의 비문 내용이다.

··

TIP 제시된 비문은 1721년 세워진 백두산정계비로 조선과 청의 대표는 현지를 답사하고 비를 세웠다.

Answer 41.③ 42.①

경제구조와 경제생활

section **1** 고대의 경제

❶ 삼국의 경제생활

(1) 삼국의 경제정책

① **정복활동과 경제정책** … 정복지역의 지배자를 내세워 공물을 징수하였고 전쟁포로들은 귀족이나 병사에게 노비로 지급하였다. 군공을 세운 사람에게는 일정 지역의 토지와 농민을 지급하였다(식읍).

② **수취체제의 정비** … 노동력의 크기로 호를 나누어 곡물·포·특산물 등을 징수하고 15세 이상 남자의 노동력을 징발하였다.

③ **농민경제의 안정책** … 철제 농기구를 보급하고, 우경이나·황무지의 개간을 권장하였으며, 저수지를 축조하였다. 농민 구휼 정책으로 진대법(고구려 고국천왕)을 실시하였다.

④ **수공업** … 노비들이 무기나 장신구를 생산하였으며, 수공업 생산을 담당하는 관청(동시전)을 설치하였다.

⑤ **상업** … 도시에 시장이 형성되었으며, 6세기 초 신라 지증왕은 시장을 감독하는 관청(동시전)을 설치하였다.

⑥ **국제무역** … 왕실과 귀족의 수요품을 중심으로 공무역의 형태로 이루어졌다. 고구려는 남북조와 북방민족을 대상으로 하였으며 백제는 남중국, 왜와 무역하였고 신라는 한강 확보 이전에는 고구려, 백제와 교류하였으나 한강 확보 이후에는 당항성을 통하여 중국과 직접 교역하였다.

(2) 경제생활

① **귀족의 경제생활** … 자신이 소유한 토지와 노비, 국가에서 지급받은 녹읍과 식읍을 바탕으로 하였으며 귀족은 농민의 지배가 가능하였으며, 기와집, 창고, 마구간, 우물, 주방을 설치하여 생활하였다.

② **농민의 경제생활** … 자기 소유의 토지(민전)나 남의 토지를 빌려 경작하였으며, 우경이 확대되었다. 수취의 과중한 부담으로 생활개선을 위해 농사기술을 개발하고 경작지를 개간하였다.

② 남북국시대의 경제적 변화

(1) 통일신라의 경제정책

① 수취체제의 변화

　　㉠ 조세 : 생산량의 10분의 1 정도를 수취하였다.

　　㉡ 공물 : 촌락 단위로 그 지역의 특산물을 징수하였다.

　　㉢ 역 : 군역과 요역으로 이루어져 있었으며, 16 ~ 60세의 남자를 대상으로 하였다.

② 민정문서

　　㉠ 작성 : 정부가 농민에 대한 조세와 요역, 부역을 징수하기 위해 작성된 것으로 추정되며, 3년마다 촌주가 작성하였다.

　　㉡ 인구조사 : 남녀별, 연령별로 6등급으로 조사하였다.

　　㉢ 호구조사 : 사람의 다소에 따라 9등급으로 구분하였다.

③ 토지제도의 변화

　　㉠ 관료전 지급(신문왕) : 식읍을 제한하고, 녹읍을 폐지하였으며 관료전을 지급하였다.

　　㉡ 정전 지급(성덕왕) : 왕토사상에 의거 백성에게 정전을 지급하고, 구휼정책을 강화하였다.

　　㉢ 녹읍 부활(경덕왕) : 녹읍제가 부활되고 관료전이 폐지되었다.

(2) 통일신라의 경제

① 경제 발달

　　㉠ 경제력의 성장

　　　• 중앙 : 동시(지증왕) 외에 서시와 남시(효소왕)가 설치되었다.

　　　• 지방 : 지방의 중심지나 교통의 요지에서 물물교환이 이루어졌다.

　　㉡ 무역의 발달

　　　• 대당 무역 : 나·당전쟁 이후 8세기 초(성덕왕)에 양국관계가 재개되면서 공무역과 사무역이 발달하였다. 산둥반도와 양쯔강 하류에 신라방(거주지), 신라소(자치기관), 신라관(여관), 신라절(절)이 설치되었다.

　　　• 대일 무역 : 초기에는 무역을 제한하였으나, 8세기 이후에는 무역이 활발하였다.

　　　• 국제무역 : 이슬람 상인이 울산을 내왕하였다.

　　　• 청해진 설치 : 장보고가 해적을 소탕하였고 남해와 황해의 해상무역권을 장악하여 당, 일본과의 무역을 독점하였다.

② 귀족의 경제생활

　　㉠ 귀족의 경제적 기반 : 통일 전에는 녹읍과 식읍을 통해 농민을 지배하여 조세와 공물을 징수하고, 노동력을 동원하였다. 통일 후에는 관료전이 지급되기도 하였지만, 국가에서 지급한 것 외에도 세습토지, 노비, 목장, 섬을 소유하기도 하였다.

ⓒ **귀족의 향락생활** : 사치품(비단, 양탄자, 유리그릇, 귀금속)을 사용하였으며 경주 근처의 호화주택과 별장을 소유하였다(안압지, 포석정 등).

③ **농민의 경제생활**

　ⓐ **수취의 부담** : 전세는 생산량의 10분의 1 정도를 징수하였으나, 삼베·명주실·과실류를 바쳤고, 부역이 많아 농사에 지장을 초래하였다.

　ⓑ **농토의 상실** : 8세기 후반 귀족이나 호족의 토지 소유 확대로 토지를 빼앗겨 남의 토지를 빌려 경작하거나 노비로 자신을 팔거나, 유랑민이나 도적이 되기도 하였다.

　ⓒ **향·부곡민** : 농민보다 많은 부담을 가졌다.

　ⓓ **노비** : 왕실, 관청, 귀족, 절 등에 소속되어 물품을 제작하거나, 일용 잡무 및 경작에 동원되었다.

(3) 발해의 경제 발달

① **수취제도**

　ⓐ **조세** : 조·콩·보리 등의 곡물을 징수하였다.

　ⓑ **공물** : 베·명주·가죽 등 특산물을 징수하였다.

　ⓒ **부역** : 궁궐·관청 등의 건축에 농민이 동원되었다.

② **귀족경제의 발달** … 대토지를 소유하였으며, 당으로부터 비단과 서적을 수입하였다.

③ **농업** … 밭농사가 중심이 되었으며 일부지역에서 철제 농기구를 사용하고, 수리시설을 확충하여 논농사를 하기도 하였다.

④ **목축·수렵·어업** … 돼지·말·소·양을 사육하고, 모피·녹용·사향을 생산 및 수출하였으며 고기잡이도구를 개량하고, 숭어, 문어, 대게, 고래 등을 잡았다.

⑤ **수공업** … 금속가공업(철, 구리, 금, 은), 직물업(삼베, 명주, 비단), 도자기업 등이 발달하였다. 철 생산이 풍부했고 구리 제련술이 발달하였다.

⑥ **상업** … 도시와 교통요충지에 상업이 발달하고, 현물과 화폐를 주로 사용하였으며, 외국 화폐가 유통되기도 하였다.

⑦ **무역** … 당, 신라, 거란, 일본 등과 무역하였다.

　ⓐ **대당 무역** : 산둥반도의 덩저우에 발해관을 설치하였으며, 수출품은 토산품과 수공업품(모피, 인삼, 불상, 자기)이며 수입품은 귀족들의 수요품인 비단, 책 등이었다.

　ⓑ **대일 무역** : 일본과의 외교관계를 중시하여 활발한 무역활동을 전개하였다.

　ⓒ **신라와의 관계** : 필요에 따라 사신이 교환되고 소극적인 경제, 문화 교류를 하였다.

section 2 중세의 경제

① 경제 정책

(1) 농업 중심의 산업발전

① **중농정책** … 개간을 장려하고 농번기에 잡역의 동원을 금지하였다. 광종은 황무지 개간 규정을 통해 토지개 간을 장려하였고, 성종은 농기구를 만들어 보급하였다.

② **농민 안정책** … 재해 시 세금을 감면해주고, 고리대의 이자를 제한하였으며 의창제를 실시하였다.

③ **상업** … 개경에 시전을 설치하였고 국영점포를 운영하였다. 쇠·구리·은 등을 금속화폐로 주조하여 유통하 기도 하였다.

④ **수공업**

  ㉠ 관청수공업 : 관청에 기술자를 소속시켜 왕실과 국가 수요품을 생산하였으며, 무기와 비단을 제작하였다.
  ㉡ 소(所) : 먹, 종이, 금, 은 등 수공업 제품을 생산하여 공물로 바쳤다.
  ㉢ 자급자족적인 농업경제로 상업과 수공업의 발달은 부진하였다.

(2) 국가재정의 운영

수취체제를 정비하고 재정 담당 관청을 설치하였으며, 양안과 호적을 작성하여 국가 재정을 안정적으로 운영 하였다. 왕실, 중앙 및 지방관리, 향리, 군인 등에게 수조권을 지급하였고, 호부와 삼사를 두어 호적과 양안 의 작성 및 관리, 재정이 수입과 관련된 사무를 담당하게 하였다.

(3) 수취제도

① **조세** … 토지에서 거두는 세금으로, 논과 밭으로 나누고 비옥도에 따라 3등급으로 구분하였다. 민전(생산량 의 10분의 1), 공전(수확량의 4분의 1), 사전(수확량의 2분의 1)을 거둬들였으며, 거둔 조세는 조창에서 조 운을 통해 개경으로 운반하였다.

② **공물** … 토산물의 징수로 조세보다 큰 부담을 주었다.

③ **역** … 백성의 노동력을 무상으로 동원하는 것으로 요역과 군역이 있으며, 정남(16~60세 남자)에게 그 의무 가 있었다.

④ **기타** … 어염세(어민)와 상세(상인) 등이 있다.

(4) 전시과제도

① **전시과제도의 특징** … 토지소유권은 국유를 원칙으로 하나 사유지가 인정되었고 수조권에 따라 공·사전을 구분하여 수조권이 국가에 있으면 공전, 개인·사원에 속해 있으면 사전이라 하였으며 경작권은 농민과 외거노비에게 있었다. 관직 복무와 직역에 대한 대가로 토지의 수조권만 지급되었기 때문에 세습은 허용되지 않았다.

② **토지제도의 정비과정**

  ㉠ **역분전(태조)** : 후삼국 통일과정에서 공을 세운 사람들에게 충성도와 인품에 따라 경기지방에 한하여 지급하였다.

  ㉡ **시정전시과(경종)** : 관직이 높고 낮음과 함께 인품을 반영하여 역분전의 성격을 벗어나지 못하였고 전국적 규모로 정비되었다.

  ㉢ **개정전시과(목종)** : 관직만을 고려하여 지급하는 기준안을 마련하고, 지급량도 재조정하였으며, 문관이 우대되었고 군인전도 전시과에 규정하였다.

  ㉣ **경정전시과(문종)** : 현직 관리에게만 지급하고, 무신에 대한 차별대우가 시정되었다.

  ㉤ **녹과전(원종)** : 무신정변으로 전시과체제가 완전히 붕괴되면서 관리의 생계 보장을 위해 지급하였다.

  ㉥ **과전법(공양왕)** : 권문세족의 토지를 몰수하여 공전에 편입하고 경기도에 한해 과전을 지급하였다. 이로써 신진사대부의 경제적 토대가 마련되었다.

② 경제활동

(1) 귀족의 경제생활

대대로 상속받은 토지와 노비, 과전과 녹봉 등이 기반이 되었으며 노비에게 경작시키거나 소작을 주어 생산량의 2분의 1을 징수하고, 외거노비에게 신공으로 매년 베나 곡식을 징수하였다.

(2) 농민의 경제생활

민전을 경작하거나, 국유지나 공유지 또는 다른 사람의 토지를 경작하여, 품팔이를 하거나 가내 수공업에 종사하였다. 삼경법이 일반화되었고 시비법의 발달, 윤작의 보급 및 이앙법이 남부지방에서 유행하였다.

(3) 수공업자의 활동

① **관청수공업** … 공장안에 등록된 수공업자와 농민 부역으로 운영되었으며, 주로 무기, 가구, 세공품, 견직물, 마구류 등을 제조하였다.

② **소(所)수공업** … 금, 은, 철, 구리, 실, 각종 옷감, 종이, 먹, 차, 생강 등을 생산하여 공물로 납부하였다.

③ **사원수공업** … 베, 모시, 기와, 술, 소금 등을 생산하였다.

④ **민간수공업** … 농촌의 가내수공업이 중심이 되었으며(삼베, 모시, 명주 생산), 후기에는 관청수공업에서 제조하던 물품(놋그릇, 도자기 등)을 생산하였다.

(4) 상업활동

① **도시의 상업활동** … 개경, 서경(평양), 동경(경주) 등 대도시에 서적점, 약점, 주점, 다점 등의 관영상점이 설치되었고 비정기 시장도 활성화되었으며 물가조절 기구인 경시서가 설치되었다.

② **지방의 상업활동** … 관아 근처에서 쌀이나 베를 교환할 수 있는 시장이 열렸으며 행상들의 활동도 두드러졌다.

③ **사원의 상업활동** … 소유하고 있는 토지에서 생산한 곡물과 승려나 노비들이 만든 수공업품을 민간에 판매하였다.

④ **고려후기의 상업활동** … 벽란도가 교통로와 산업의 중심지로 발달하였고, 국가의 재정수입을 늘리기 위하여 소금의 전매제가 실시되었고, 관청·관리 등은 농민에게 물품을 강매하거나, 조세를 대납하게 하였다.

(5) 화폐 주조와 고리대의 유행

① **화폐 주조 및 고리대의 성행** … 성종 때 최초의 화폐인 건원중보(철전)를 만들었으나 유통에는 실패하였고, 숙종은 주전도감을 설치하고 삼한통보·해동통보·해동중보(동전), 활구(은병)를 만들었으며, 공양왕 때는 저화(최초의 지폐)를 만들었다. 그러나 자급자족적 경제구조로 유통이 부진하였고 곡식이나 삼베가 유통의 매개가 되었으며, 장생고라는 서민금융기관을 통해 사원과 귀족들은 폭리를 취하여 부를 확대하였는데 이로 인하여 농민은 토지를 상실하거나 노비가 되기도 하였다.

② **보(寶)** … 일정한 기금을 조성하여 그 이자를 공적인 사업의 경비로 충당하는 것을 말한다.
  ㉠ **학보(태조)** : 학교 재단
  ㉡ **광학보(정종)** : 승려를 위한 장학재단
  ㉢ **경보(정종)** : 불경 간행
  ㉣ **팔관보(문종)** : 팔관회 경비
  ㉤ **제위보(광종)** : 빈민 구제
  ㉥ **금종보** : 현화사 범종주조 기금

(6) 무역활동

① 공무역을 중심으로 발전하였으며, 벽란도가 국제무역항으로 번성하게 되었다.

② 고려는 문화적·경제적 목적으로 송은 정치적·군사적 목적으로 친선관계를 유지하였으며 거란과 여진과는 은과 농기구, 식량을 교역하였다. 일본은 11세기 후반부터 김해에서 내왕하면서 수은·유황 등을 가지고 와서 식량·인삼·서적 등과 바꾸어 갔고, 아라비아(대식국)는 송을 거쳐 고려에 들어와 수은·향료·산호 등을 판매하였으며, 이 시기에 고려의 이름이 서방에 알려졌다.

③ **원 간섭기의 무역**…공무역이 행해지는 한편 사무역이 다시 활발해졌고, 상인들이 독자적으로 원과 교역하면서 금, 은, 소, 말 등이 지나치게 유출되어 사회적으로 물의가 일어날 정도였다.

section **3** 근세의 경제

① 경제정책

(1) 농본주의 경제정책

① **중농정책**…토지개간 장려, 양전사업 실시

② **상공업정책**…상공업자는 영업에 허가가 필요했으며, 사·농·공·상간의 차별이 있었다.

(2) 과전법의 시행과 변화

① **과전법의 시행**…국가의 재정기반과 신진사대부세력의 경제기반을 확보하기 위해 시행되었는데 경기지방의 토지에 한정되었고 과전을 받은 사람이 죽거나 반역을 한 경우에는 국가에 반환되었으나, 토지의 일부는 수신전, 휼양전, 공신전 형태로 세습이 가능하였다.

② **과전법의 변화**…토지가 세습되자 신진관리에게 나누어 줄 토지가 부족하게 되었다.
  ㉠ **직전법(세조)** : 현직 관리에게만 수조권을 지급하였고 수신전과 휼양전을 폐지하였다.
  ㉡ **관수관급제(성종)** : 관청에서 수조권을 행사하고, 관리에게 지급하여 국가의 지배권이 강화하였다.
  ㉢ **직전법의 폐지(16세기 중엽)** : 수조권 지급제도가 없어지고, 녹봉제가 실시되었다.

③ **지주제의 확산**…직전법이 소멸되면서 고위층 양반들이나 지방 토호들은 토지 소유를 늘리기 시작하여 지주전호제가 일반화되고 병작반수제가 생겼다.

(3) 수취체제의 확립

① **조세**…토지 소유자의 부담이었으나 지주들은 소작농에게 대신 납부하도록 강요하는 경우가 많았다.
  ㉠ **과전법** : 수확량의 10분의 1을 징수하고, 매년 풍흉에 따라 납부액을 조정하였다.
  ㉡ **전분6등법 · 연분9등법(세종)** : 1결당 최고 20두에서 최하 4두를 징수하였다.
  • 전분6등법
  −토지의 비옥한 정도에 따라 6등급으로 나누고 그에 따라 1결의 면적을 달리하였다.
  −모든 토지는 20년마다 측량하여 대장을 만들어 호조, 각도, 각 고을에 보관하였다.

- 연분9등법
  - 한 해의 풍흉에 따라 9등급으로 구분하였다.
  - 작황의 풍흉에 따라 1결당 최고 20두에서 최하 4두까지 차등을 두었다.
  - ⓒ 조세 운송 : 군현에서 거둔 조세는 조창(수운창·해운창)을 거쳐 경창(용산·서강)으로 운송하였으며, 평안도와 함경도의 조세는 군사비와 사신접대비로 사용하였다.
- ② 공납 ⋯ 중앙관청에서 각 지역의 토신물을 조사하여 군현에 물품과 액수를 할당하여 징수하는 것으로 납부기준에 맞는 품질과 수량을 맞추기 어려워 농민들의 부담이 컸다.
- ③ 역 ⋯ 16세 이상의 정남에게 의무가 있다.
  - ㉠ 군역 : 정군은 일정 기간 군사복무를 위하여 교대로 근무했으며, 보인은 정군이 복무하는 데에 드는 비용을 보조하였다. 양반, 서리, 향리는 군역이 면제되었다.
  - ㉡ 요역 : 가호를 기준으로 정남의 수를 고려하여 뽑았으며, 각종 공사에 동원되었다. 토지 8결당 1인이 동원되었고, 1년에 6일 이내로 동원할 수 있는 날을 제한하였으나 임의로 징발하는 경우도 많았다.
- ④ 국가재정 ⋯ 세입은 조세, 공물, 역 이외에 염전, 광산, 산림, 어장, 상인, 수공업자의 세금으로 마련하였으며, 세출은 군량미나 구휼미로 비축하고 왕실경비, 공공행사비, 관리의 녹봉, 군량미, 빈민구제비, 의료비 등으로 지출하였다.

❷ 양반과 평민의 경제활동

(1) 양반 지주의 생활
농장은 노비의 경작과 주변 농민들의 병작반수의 소작으로 행해졌으며 노비는 재산의 한 형태로 구매, 소유 노비의 출산 및 혼인으로 확보되었고, 외거노비는 주인의 땅을 경작 및 관리하고 신공을 징수하였다.

(2) 농민생활의 변화
① 농업의 향상 ⋯ 개간 장려, 「농사직설」·「금양잡록」 등의 농서를 간행·보급하였다.

② 농업기술의 발달
  - ㉠ 밭농사 : 조·보리·콩의 2년 3작이 널리 행해졌다.
  - ㉡ 논농사 : 남부지방에 모내기 보급과 벼와 보리의 이모작으로 생산량이 증가되었다.
  - ㉢ 시비법 : 밑거름과 덧거름을 주어 휴경제도가 거의 사라졌다.
  - ㉣ 농기구 : 쟁기, 낫, 호미 등의 농기구도 개량되었다.
  - ㉤ 수리시설이 확충되었다.

③ 상품 재배 ⋯ 목화 재배가 확대되어 의생활이 개선되었고, 약초와 과수 재배가 확대되었다.

(3) 수공업 생산활동

① **관영수공업** ··· 관장은 국역으로 의류, 활자, 화약, 무기, 문방구, 그릇 등을 제작하여 공급하였고, 국역기간이 끝나면 자유로이 필수품을 제작하여 판매할 수 있었다.

② **민영수공업** ··· 농기구 등 물품을 제작하거나, 양반의 사치품을 생산하는 일을 맡았다.

③ **가내수공업** ··· 자급자족 형태로 생활필수품을 생산하였다.

(4) 상업활동

① **시전 상인** ··· 왕실이나 관청에 물품을 공급하는 특정 상품의 독점판매권(금난전권)을 획득하였으며, 육의전(시전 중 명주, 종이, 어물, 모시, 삼베, 무명을 파는 점포)이 번성하였다. 또한 경시서를 설치하여 불법적인 상행위를 통제하였고 도량형을 검사하고 물가를 조절하였다. 난전은 시전 상인의 경계로 발달하지 못하였다.

② **장시** ··· 서울 근교와 지방에서 농업생산력 발달에 힘입어 정기 시장으로 정착되었으며, 보부상이 판매와 유통을 주도하였다.

③ **화폐** ··· 저화(태종, 조선 최초의 지폐)와 조선통보(세종)를 발행하였으나 유통이 부진하였다. 농민에겐 쌀과 무명이 화폐역할을 하였다.

④ **대외무역** ··· 명과는 공무역과 사무역을 허용하였으며, 여진과는 국경지역의 무역소를 통해 교역하였고 일본과는 동래에 설치한 왜관을 통해 무역하였다.

(5) 수취제도의 문란

① **공납의 폐단 발생** ··· 중앙관청의 서리들이 공물을 대신 납부하고 수수료를 징수하는 것을 방납이라 하는데 방납이 증가할수록 농민의 부담이 증가되었다. 이에 이이 · 유성룡은 공물을 쌀로 걷는 수미법을 주장하였다.

② **군역의 변질**
　　㉠ 군역의 요역화 : 농민 대신에 군인을 각종 토목공사에 동원시키게 되어 군역을 기피하게 되었다.
　　㉡ 대립제 : 보인들에게서 받은 조역가로 사람을 사서 군역을 대신시키는 현상이다.
　　㉢ 군적수포제 : 장정에게 군포를 받아 그 수입으로 군대를 양성하는 직업군인제로서 군대의 질이 떨어지고, 모병제화되었으며 농민의 부담이 가중되는 결과를 낳았다.

③ **환곡** ··· 농민에게 곡물을 빌려 주고 10분의 1 정도의 이자를 거두는 제도로서 지방 수령과 향리들이 정한 이자보다 많이 징수하는 폐단을 낳았다.

❶ 수취체제의 개편

(1) 영정법의 실시(1635)

① **배경** ⋯ 전분 6등급과 연분 9등급은 매우 번잡하여 제대로 운영되지 않았고, 농민의 전호화 현상이 생겼다.

② **내용** ⋯ 풍흉에 관계 없이 전세로 토지 1결당 미곡 4두를 징수하였다.

③ **결과** ⋯ 전세율은 이전보다 감소하였으나 여러 명목의 비용을 함께 징수하여 농민의 부담은 다시 증가하였으며 또한 지주전호제하의 전호들에겐 적용되지 않았다.

(2) 공납의 전세화

① 방납의 폐단을 시정하고 농민의 토지 이탈을 방지하기 위해서 대동법을 실시하였다. 과세기준이 종전의 가호에서 토지의 결 수로 바뀌어 농민의 부담이 감소하였다. 광해군 때 경기도에서 처음으로 시작되어 점차 전국으로 확대되었다.

② **영향** ⋯ 공인의 등장, 농민부담의 경감, 장시와 상공업의 발달, 상업도시의 성장, 상품 · 화폐경제의 성장, 봉건적 양반사회의 붕괴 등에 영향을 미쳤으나 현물 징수는 여전히 존속하였다.

③ **의의** ⋯ 종래의 현물 징수가 미곡, 포목, 전화 등으로 대체됨으로써 조세의 금납화 및 공납의 전세화가 이루어졌다.

(3) 균역법의 시행

① **균역법의 실시** ⋯ 농민 1인당 1년에 군포 1필을 부담 하였으며 지주에게는 결작으로 1결당 미곡 2두를 징수하고, 상류층에게 선무군관이라는 창호로 군포 1필을 징수하였으며 어장세, 선박세 등 잡세 수입으로 보충하였다.

② **결과** ⋯ 농민의 부담은 일시적으로 경감하였지만 농민에게 결작의 부담이 강요되었고 군적의 문란으로 농민의 부담이 다시 가중되었다.

❷ 서민경제의 발전

(1) 양반 지주의 경영 변화

상품화폐경제의 발달로 소작인의 소작권을 인정하고, 소작료 인하 및 소작료를 일정액으로 정하는 추세가 등장하게 되었으며, 지주와 전호와의 관계가 신분적 관계에서 경제적 관계로 변화하였다. 토지 매입 및 고리대로 부를 축적하거나, 경제 변동에 적응하지 못하고 몰락하는 양반이 등장하게 되었다.

(2) 농민경제의 변화

① **모내기법(이앙법)의 확대** ··· 이모작으로 인해 광작의 성행과 농민의 일부는 부농으로 성장하였다.

② **상품작물의 재배** ··· 장시가 증가하여 상품의 유통(쌀, 면화, 채소, 담배, 약초 등)이 활발해졌다.

③ **소작권의 변화** ··· 소작권을 인정받았고, 소작료가 타조법에서 도조법으로 변화하였으며, 곡물이나 화폐로 지불하는 금납화 현상이 나타났다.

④ **몰락 농민의 증가** ··· 부세의 부담, 고리채의 이용, 관혼상제의 비용 부담 등으로 소작지를 잃은 농민은 도시에서 상공업에 종사하거나, 광산이나 포구의 임노동자로 전환되었다.

(3) 민영수공업의 발달

① **민영수공업** ··· 관영수공업이 쇠퇴하고 민영수공업이 증가하였다.

② **농촌수공업** ··· 전문적으로 수공업제품을 생산하는 농가가 등장하여, 옷감과 그릇을 생산하였다.

③ **수공업 형태의 변화** ··· 상인이나 공인으로부터 자금이나 원료를 미리 받고 제품을 생산하는 선대제수공업이나 독자적으로 제품을 생산하고 판매하는 독립수공업의 형태로 변화하였다.

(4) 민영 광산의 증가

① **광산 개발의 증가** ··· 민영수공업의 발달로 광물의 수요가 증가, 대청 무역으로 은의 수요가 증가, 상업자본의 채굴과 금광 투자가 증가하고, 잠채가 성행하였다.

② **조선후기의 광업** ··· 덕대가 상인 물주로부터 자본을 조달받아 채굴업자와 채굴노동자, 제련노동자 등을 고용하여 분업 형태로 운영하였다.

❸ 상품화폐경제의 발달

(1) 사상의 대두

① **상품화폐경제의 발달** ··· 농민의 계층 분화로 도시유입인구가 증가되어 상업활동은 더욱 활발해졌으며 이는 공인과 사상이 주도하였다.

② **사상의 성장** ··· 초기의 사상은 농촌에서 도시로 유입된 인구의 일부가 상업으로 생계를 유지하여 시전에서 물건을 떼어다 파는 중도아(中都兒)가 되었다가, 17세기 후반에는 시전상인과 공인이 상업활동에서 활기를 띠자 난전이라 불리는 사상들도 성장하였고 시전과 대립하였다. 이후 18세기 말, 정부는 육의전을 제외한 나머지 시전의 금난전권을 폐지하였다.

(2) 장시의 발달

① 15세기 말 개설되기 시작한 장시는 18세기 중엽 전국에 1,000여개 소가 개설되었으며, 일부 장시는 상설시장이 되기도 하였으며, 인근의 장시와 연계하여 하나의 지역적 시장권을 형성하였다.

② **보부상의 활동** ··· 농촌의 장시를 하나의 유통망으로 연결하여 생산자와 소비자를 이어주는 데 큰 역할을 하였고, 자신들의 이익을 지키기 위하여 보부상단 조합을 결성하였다.

(3) 포구에서의 상업활동

① 포구의 성장
- ㉠ **수로 운송** : 도로와 수레가 발달하지 못하여 육로보다 수로를 이용하였다.
- ㉡ **포구의 역할 변화** : 세곡과 소작료 운송기지에서 상업의 중심지로 성장하였다.
- ㉢ **선상, 객주, 여각** : 포구를 거점으로 상행위를 하는 상인이 등장했다.

② 상업활동
- ㉠ **선상** : 선박을 이용하여 포구에서 물품을 유통하였다.
- ㉡ **경강상인** : 대표적인 선상으로 한강을 근거지로 소금, 어물과 같은 물품의 운송과 판매를 장악하여 부를 축적하였고 선박의 건조 등 생산분야에까지 진출하였다.
- ㉢ **객주, 여각** : 선상의 상품매매를 중개하거나, 운송·보관·숙박·금융 등의 영업을 하였다.

(4) 중계무역의 발달

① **대청 무역** ··· 17세기 중엽부터 활기를 띄었으며, 공무역에는 중강개시, 회령개시, 경원개시 등이 있고, 사무역에는 중강후시, 책문후시, 회동관후시, 단련사후시 등이 있었다. 주 수입품은 비단, 약재, 문방구 등이며 수출품은 은, 종이, 무명, 인삼 등이었다.

② **대일 무역** … 왜관개시를 통한 공무역이 활발하게 이루어졌고 조공무역이 이루어졌다. 조선은 수입한 물품들을 일본에게 넘겨 주는 중계무역을 하고 일본으로부터 은, 구리, 황, 후추 등을 수입하였다.

③ **상인들의 무역활동** … 의주의 만상, 동래의 내상, 개성의 송상 등이 있다.

(5) 화폐 유통

① **화폐의 보급** … 인조 때 동전이 주조되어, 개성을 중심으로 유통되다가 효종 때 널리 유통되었다. 18세기 후반에는 세금과 소작료도 동전으로 대납이 가능해졌다.

② **동전 부족(전황)** … 지주, 대상인이 화폐를 고리대나 재산 축적에 이용하자 전황이 생겨 이익은 폐전론을 주장하기도 하였다.

③ **신용화폐의 등장** … 상품화폐경제의 진전과 상업자본의 성장으로 대규모 상거래에 환·어음 등의 신용화폐를 이용하였다.

1 다음의 '이것'에 해당하는 것에 대한 설명으로 옳은 것은?

> 통일 후 신라의 귀족들은 '이것'을 소유하고, 그 곳에 사는 백성들에게서 조세와 공물을 징수하며 노동
> 력까지 징발하였다.

> ㉠ 서원경 부근에 관한 민정문서는 '이것'의 실상을 알려주는 좋은 자료이다.
> ㉡ 신라 하대에는 진골귀족들의 경제적·군사적 기반이 되었다.
> ㉢ 신문왕은 한 때 귀족세력을 억누르기 위하여 '이것'을 폐지하기도 하였다.
> ㉣ 왕이 귀족에게 하사한 것이나, 왕토사상에 의해 왕이 마음대로 처분할 수 있었다.

① ㉠, ㉡   ② ㉠, ㉢

③ ㉡, ㉢   ④ ㉢, ㉣

TIP 녹읍에 대한 설명으로 신라의 귀족들은 본래 소유하였던 토지 외에도 녹읍을 통해 사적으로 지배하는 토지를 증가시켰다. 또한
그 토지에 딸린 노동력과 공물을 수취할 수 있었고, 이것들은 귀족들의 경제적 혹은 군사적 기반이 되었다.
㉠ 민정문서는 당시 촌락의 경제상황과 국가의 세무행정을 보여주는 자료지만, 녹읍의 실상을 알려주는 자료는 아니다.
㉣ 모든 영토는 왕의 소유라는 왕토사상이 있었으나, 실제로는 개인의 사유지가 존재하였고, 개인의 사유지를 왕이라고 하여 마
음대로 처분할 수는 없었다.

2 다음 중 통일신라의 토지제도 변천과정에 대한 설명으로 옳지 않은 것은?

① 신문왕은 왕권강화를 위해 관료전을 지급하고 녹읍제를 폐지하였다.

② 성덕왕은 백성들에게 정전을 지급하고 국가에 조를 바치게 하였다.

③ 경덕왕 시기에는 귀족들의 반발로 관료전의 녹봉을 차등적으로 지급하게 되었다.

④ 녹읍이 부활과 사원 면세전의 계속적인 증가로 귀족중심의 체제가 심화되자 국가재정이 위태롭
게 되었다.

TIP ③ 경덕왕 때에는 귀족의 반발로 관료전이 폐지되고 다시 녹읍제가 부활되었다.

Answer   1.③ 2.③

3 다음에서 발해의 경제생활에 대한 설명으로 옳은 것은?

> ㉠ 밭농사보다 벼농사를 주로 하였다.
> ㉡ 제철업이 발달하여 금속가공업이 성행하였다.
> ㉢ 어업이 발달하여 먼 바다에 나가 고래를 잡기도 하였다.
> ㉣ 가축의 사육과 함께 모피, 녹용, 사향 등이 생산되었다.

① ㉠, ㉡   ② ㉠, ㉡, ㉢
③ ㉠, ㉡, ㉣   ④ ㉡, ㉢, ㉣

TIP 발해는 일부 논농사도 하였으나 기후조건의 한계로 주로 밭농사를 하였고 목축과 수렵, 어업, 금속가공업, 직물업, 도자기업 등 다양한 분야가 발달하였다.

4 다음 중 삼국의 경제제도에 대한 설명으로 옳지 않은 것은?

① 신라는 당제를 모방하여 조·용·조의 세제를 채택하였다.
② 백제의 조세제도는 고구려와 비슷하면서 토지측량은 결부법에 의하여 시행되었다.
③ 고구려에서는 매호마다 곡식으로 걷는 조와 개인에게서 베나 곡식을 걷는 인두세가 있었다.
④ 진대법은 빈농의 재생산 조건을 보장하기 위하여 마련된 것이다.

TIP ② 백제의 토지측량 단위는 파종량을 기준으로 한 두락제(마지기)를 썼으며 신라는 수확량을 기준으로 결부법을, 고구려는 밭이 랑을 기준으로 경무법을 사용하였다.

Answer 3.④ 4.②

5 다음과 같은 생활을 한 사람들의 경제적 기반이 되는 것으로 옳지 않은 것은?

> 재상가에는 녹(祿)이 끊이지 않았다. 노예가 3천명이고 비슷한 수의 호위군사(갑병)와 소, 말, 돼지가 있었다. 바다 가운데 섬에서 가축을 길러 필요할 때 활로 쏘아서 잡아먹었다. 곡식을 꾸어서 갚지 못하면 노비로 삼았다.
>
> 「신당서」

① 녹봉   ② 녹읍

③ 식읍   ④ 정전

TIP 제시된 내용은 귀족의 경제생활에 대한 설명으로 귀족은 식읍과 녹읍을 통하여 그 지역의 농민들을 지배하여 조세와 공물을 거두었고 노동력을 동원하였다. 정전은 성덕왕 때 왕토사상에 의거하여 국가에서 토지가 없는 백성에게 지급한 토지이다.

6 다음과 같은 사회현상에 대처하기 위해 고대사회에서 실시한 정책으로 옳은 것은?

> 신라 한기부 여권의 딸 지은은 홀어머니 밑에서 나이 32세가 되도록 시집을 가지 못 하고 어머니를 봉양하였다. 집안이 어려워 남의 집 일을 하고 삯을 받아 겨우 먹고 살았다. 나중에는 부잣집 종으로 몸을 팔아 어머니를 봉양하였다. 뒷날 어머니가 내막을 알고는 밥도 먹지 않고 모녀가 대성통곡하였다.
>
> 「삼국사기」

① 동시전 설치   ② 진대법 실시

③ 민정문서 작성   ④ 향, 부곡 설치

TIP 진대법은 고구려 고국천왕 때 실시한 것으로 궁핍한 농민들에게 곡식을 빌려 주어 노비로 전락하는 것을 막고자 하였다.

7 다음과 같은 상황이 전개될 무렵의 정치·사회적 변동으로 옳은 것은?

> 귀족이나 지방 유력자(호족)들이 토지 소유를 늘려 나가면서 토지를 빼앗긴 농민들이 점차 많아졌다. 토지를 상실한 농민은 남의 토지를 빌려 경작하거나 노비나 유랑민으로 전락하거나 초적이 되어 반란을 일으키기도 하였다.

① 지방세력이 몰락하여 중앙집권이 강화되었다.
② 진골과 6두품간의 왕위쟁탈전이 전개되었다.
③ 진골을 대신하여 성골이 왕위를 계승하였다.
④ 6두품은 점차 반신라적인 태도를 취하였다.

TIP 8세기 후반 신라의 경제상황으로 당시의 6두품 지식인들은 신라의 골품제 사회를 비판하면서 유교정치이념을 제시하여 새로운 정치질서의 수립을 시도했지만, 진골귀족들에 의해 탄압당하거나 배척당하였다. 그리하여 6두품 세력은 지방 호족과 연결하여 반신라적인 태도를 취하게 되었다.

8 고려시대 무역의 발달에 대한 설명으로 옳지 않은 것은?

① 송나라와 가장 활발하게 교역하였으며 주로 왕실과 귀족의 수요품을 수입하고, 종이나 인삼 등의 수공업품과 토산물을 수출하였다.
② 거란이나 여진은 은과 농기구, 식량 등을 교환하였다.
③ 일본은 14세기 후반부터 본격적으로 교역하였으며 교역량은 송, 거란보다 많았다.
④ 아라비아 상인은 고려에 수은·향료·산호 등을 팔고 이들을 통해 고려의 이름이 서방에 알려지게 되었다.

TIP ③ 일본과는 11세기 후반부터 김해에서 교역하였으며 수은·유황을 식량·인삼·서적과 교환하였다.

Answer 7.④ 8.③

9 다음은 고려시대 토지제도에 대한 설명이다. ㉠, ㉡에 들어갈 말을 바르게 나열한 것은?

> 태조 23년에 처음으로 ㉠제도를 설정하였는데, 삼한을 통합할 때 조정의 관료들과 군사들에게 그 관계(官階)가 높고 낮은 지를 논하지 않고 그 사람의 성품과 행동이 착하고 악한지, 공로가 크고 작은지를 참작하여 ㉠을 차등 있게 주었다. 경정 원년 11월에 비로소 직관(職官), 산관(散官) 각 품의 ㉡을(를) 제정하였는데, 관품의 높고 낮은 것은 논하지 않고 다만 인품만 가지고 ㉡의 등급을 결정하였다.
>
> 「고려사」

	㉠	㉡
①	훈전	공음전
②	역분전	전시과
③	군인전	외역전
④	내장전	둔전

....

TIP ㉠ 역분전 : 940년(태조 23) 후삼국 통일에 공을 세운 공신에게 관직 고하에 관계없이 인품과 공로에 기준을 두어 지급한 수조지
㉡ 전시과 : 976년(경종 1)에 제정한 토지제도(시정전시과)로 이는 이후 정치·경제적 변화에 의해 여러 차례 개정되었다. 시정전시과에서는 관품 외에 인품도 고려했다.

10 다음 중 고려시대의 권농정책과 농민생활의 안정책으로 옳은 것은?

> ㉠ 공전을 개간하면 3년간 조세를 면제하였다.
> ㉡ 상평창을 설치하여 곡가를 조절·안정시켰다.
> ㉢ 고리대를 통한 이식사업을 장려하였다.
> ㉣ 농번기에는 부역동원을 못하게 하였다.
> ㉤ 벽란도를 국제무역항으로 발전시켰다.

① ㉠, ㉡, ㉣　　　　　　　　　　　② ㉠, ㉢, ㉤

③ ㉡, ㉣, ㉤　　　　　　　　　　　④ ㉢, ㉣, ㉤

....

TIP ㉢ 이식사업의 장려는 농민생활의 어려움을 초래하였다.
㉤ 벽란도가 국제무역항으로 발전한 것은 귀족들의 사치생활과 관계가 있다.

Answer 9.② 10.①

11 다음은 고려사의 일부분이다. 글을 읽고 나눈 대화로서 견해가 타당하지 않은 사람은?

> 김돈중 등이 절의 북쪽 산은 민둥하여 초목이 없으므로 그 인근의 백성들을 모아 소나무, 잣나무, 삼나무, 전나무와 기이한 꽃과 이채로운 풀을 심고 단을 쌓아 임금의 방을 꾸몄는데 아름다운 색채로 장식하고 대의 섬돌은 괴석을 사용하였다. 하루는 왕이 이곳에 행차하니 김돈중 등이 절의 서쪽 대에서 잔치를 베풀었다. 휘장, 장막과 그릇이 사치스럽고 음식이 진기하여 왕이 재상, 근신들과 더불어 매우 흡족하게 즐겼다.
>
> 「고려사」

① 상길 – 글을 읽어보니 고려 지배층의 생활에 대한 내용을 알 수 있겠어.
② 금우 – 사치스럽고 음식이 진기하다니 고려의 귀족층은 화려한 생활을 했었구나.
③ 상건 – 고려시대의 귀족이라면 경제기반은 대대로 물려받은 토지나 노비였겠네.
④ 일미 – 맞아! 국가에서도 귀족들의 생활을 보장해 주기 위해 사원전이나 공해전을 지급했었지.

TIP ④ 사원전은 사원의 운영을 위해 지급한 토지였으며 공해전은 중앙과 지방의 관청운영을 위해 지급한 토지이다.

12 다음 중 고려의 전시과제도를 설명한 것으로 옳지 않은 것은?

① 관직이나 직역을 담당한 자에게 지급하였다.
② 관리는 수조권을 받았으며, 이는 세습할 수 없었다.
③ 공음전은 고관에게 지급되었으며, 세습이 허용되었다.
④ 농민은 민전을 지급받고, 국가에 2분의 1의 조(租)를 바쳤다.

TIP ④ 민전은 조상으로부터 세습받은 농민 사유지를 말하는 것으로 생산량의 10분의 1을 조세로 국가에 바쳤다.

Answer 11.④ 12.④

13 다음 중 고려시대 전시과 수조지의 종류와 설명이 옳은 것은?

① 공음전 – 5품 이상의 고위 관리에게 지급하였으며 세습이 가능하였다.
② 한인전 – 관인 신분의 세습이 목적이며 6품 이하의 하급관료에게 지급하였다.
③ 군인전 – 군역의 대가로 중앙의 군인들에게 지급하였으며 세습은 불가능하였다.
④ 구분전 – 하급관리와 군인에게 가족의 생계를 위해 지급하는 토지였다.

TIP 고려시대 전시과 수조지
② 관인 신분의 세습 목적, 6품 이하 하급관료의 자제에게 지급한 토지를 말한다.
③ 군역의 대가로 중앙의 군인들에게 지급, 세습이 가능했다.
④ 하급관리와 군인의 유가족의 생활 대책을 위해 지급하는 토지를 말한다.

14 고려 지배세력의 변천을 나타낸 것이다. (　　) 안에 들어갈 세력의 경제활동에 대한 옳은 설명은?

호족 세력 → 문벌귀족 → 무신세력 → (　　) → 신진사대부

① 민전의 경작을 주요한 경제활동으로 삼았다.
② 대개 지방에서 중소규모의 토지를 소유하였다.
③ 국가에 대한 봉사의 대가로 역분전을 지급받았다.
④ 거대한 규모의 농장을 만들고 국가재정을 어렵게 만들었다.

TIP 권문세족들은 권력을 이용하여 대규모의 토지와 몰락한 농민을 노비화하여 농장을 형성하였다. 권문세족들이 그들의 농장을 세습하면서 전시과제도가 제대로 운영되지 못하였다. 이로 인해 다시 분배해야 할 토지가 줄면서 조세를 거둘 수 있는 토지 역시 줄어들어 국가재정은 파탄 지경에 이르렀다.

15 다음 중 고려의 경제정책에 대한 설명으로 옳은 것은?

> ⊙ 이자율을 제한하고 의창제를 실시하였다.
> ⓒ 상업을 통제하여 민간 상인의 활동을 금지하였다.
> ⓒ 개간을 장려하고 농번기에는 잡역동원을 금지하였다.
> ⓔ 관청 이외의 곳에서 행해지는 수공업활동을 억제하였다.

① ⊙, ⓒ
② ⊙, ⓒ
③ ⓒ, ⓒ
④ ⓒ, ⓔ

TIP 고려는 건국 초기부터 농업을 중시하여 개간한 땅은 소작료를 일정 기간 면제하여 개간을 장려하였고 농번기에 잡역의 동원을 금지하였다. 재해시에는 세금을 감면하고 의창제를 실시하여 농민의 생활안정을 추구하였다. 또한 광종 때는 황무지 개간 규정을 만들어 토지개간을 장려하였고 성종 때는 무기를 농기구로 만들어 보급하였다.

16 다음 중 고려시대의 농업에 대한 설명으로 옳은 것은?

> ⊙ 2년 3작의 윤작법 보급
> ⓒ 벼와 보리의 이모작 성행
> ⓒ 우경에 의한 깊이갈이의 일반화
> ⓔ 시비법의 발달과 휴경방식의 소멸

① ⊙, ⓒ
② ⊙, ⓒ
③ ⓒ, ⓔ
④ ⊙, ⓔ

TIP 고려시대에는 소를 이용한 깊이갈이(심경법)가 일반화되었고 시비법이 발달하였으며 2년 3작의 윤작이 보급되었다. 벼와 보리의 이모작이나 휴경방식의 소멸은 조선전기에 이루어졌다.

17 다음에서 설명하고 있는 조선 시대 호적에 대한 내용으로 적절한 것을 〈보기〉에서 모두 고른 것은?

> 국가는 재정의 토대가 되는 수취 체제를 운영하기 위해 토지 대장인 양안과 인구 대장인 호적을 작성하였다. 이를 근거로 전세, 공납, 역을 백성에게 부과하였다.

〈보기〉
㉠ 호적은 3년에 한 번씩 관청에서 호주의 신고를 받아 작성하였다.
㉡ 호적에 관료였던 양반은 관직과 품계를 기록하고 관직에 몸담지 않은 양반은 유학이라고 기록하였다.
㉢ 호적에는 호의 소재지, 호주의 직역과 성명, 호주와 처의 연령, 본관과 4조(부, 조부, 증조부, 외조부)등을 적었다.
㉣ 호적에 평민은 보병이나 기병 등 군역을 기록하였으며, 노비는 이름을 기록하였다.

① ㉠
② ㉠, ㉡
③ ㉠, ㉡, ㉢
④ ㉠, ㉡, ㉢, ㉣

TIP 호적은 조세 수취의 근거 자료이다. 일반적으로 호적은 3년에 한 번씩 관청에서 호주의 신고를 받아 작성하였다. 호적에 관료였던 양반은 관직과 품계를 기록하고 관직에 몸담지 않은 양반은 유학이라고 기록하였다. 호적에는 호의 소재지, 호주의 직역과 성명, 호주와 처의 연령, 본관과 4조(부, 조부, 증조부, 외조부)등을 적었다. 호적에 평민은 보병이나 기병 등 군역을 기록하였으며, 노비는 이름을 기록하였다.
보기의 내용은 모두 옳은 내용이다.

18 조선시대 수취제도의 문란에 대한 설명으로 옳지 않은 것은?

① 환곡은 농민의 생활이 어려울 때 현금을 빌려주고 10분의 1정도의 이자를 거두는 고리대금의 성격으로 지방 수령과 향리들이 정한 이자보다 많이 징수하는 폐단이 나타났다.
② 공납의 폐단으로 중앙관청의 서리들이 공물을 대신 납부하고 수수료를 징수하는 방납이라는 폐단이 발생하였다.
③ 농민의 요역동원으로 농사에 지장을 초래하자 농민들이 요역동원을 기피하게 되었고, 이에 농민을 대신해 군인을 각종 토목공사에 동원시켜 군역을 기피하는 현상이 나타났다.
④ 군적수포제는 과중한 군포의 부담과 군역기피현상으로 도망자가 늘어나면서 군적 부실이라는 폐단을 낳았다.

Answer 17.④ 18.①

TIP ① 환곡은 농민생활의 안정을 위해 농민에게 곡물을 빌려주고 10분의 1정도의 이자를 거두는 제도이다.

19 다음은 「중종 실록」의 일부분이다. 이러한 현상이 성종 대에 급증하게 되는데 그 배경이 되는 것은?

> 무릇 백성의 생활은 토지에 의존하는 것인데, 부호들이 토지를 겸병하므로 궁한 자는 비록 조상이 물려 준 토지라도 모두 팔게 됩니다. 그러므로 부유한 자의 토지가 산기슭에 접하여 있고, 가난한 자는 송곳을 세울 땅도 없어 부자는 더욱 부자가 되고 가난한 자는 더욱 가난해지는 것이 지금보다 더 심한 적이 없습니다. …… 토지를 제한하여 고르게 분배하는 법은 삼대 이후 좋은 법이니 대신과 의논하여 시행케 하소서.

① 공납·환곡·군역 등의 수취체제가 문란해졌다.
② 양반 관료와 지방 토호들이 매매, 겸병, 개간을 통해 토지를 확대하였다.
③ 토지의 사유관념이 확산되었다.
④ 직전법이 폐지되고 관리들은 녹봉만을 받게 되었다.

TIP 성종 이후 직전법의 폐지와 농업기술의 발달로 인한 토지의 생산성 향상, 사유관념의 확산에 따라 양반 지주들의 대토지 집적화 현상이 나타났다. 이런 현상은 지주전호제를 강화시켰으며, 토지의 사유화는 양반 관료와 지방 토호들의 매매, 겸병, 개간을 통해 전개되었다.

20 다음 중 16세기 경제에 대한 설명으로 옳지 않은 것은?

① 환곡의 고리대화로 인해 농촌경제가 더욱 궁핍해졌다.
② 대립제의 양성화로 신역이 조세화되었다.
③ 수미법의 실시로 차츰 공납의 폐해가 완화되었다.
④ 공납의 부족을 채우기 위한 족징·인징 등의 방법으로 농민 부담이 가중되었다.

TIP ③ 공납의 폐해를 개선하는 방법으로 이이와 유성룡 등은 공물을 쌀로 걷는 수미법을 주장하였으나 정부 관료들에 의해 거부되었다.
※ 족징과 인징
  ㉠ 족징 : 농민이 도망을 하면 친척이 대신 공물을 내는 것
  ㉡ 인징 : 농민이 도망을 하면 이웃이 대신 공물을 내는 것

Answer   19.②   20.③

21 다음 중 고려시대와 조선시대 토지제도의 공통점으로 옳은 것은?

① 공 · 사전을 막론하고 수확량의 2분의 1을 전세로 바쳤다.

② 국유를 원칙으로 하고 공전과 사전으로 구분하였다.

③ 5품 이상의 고관에게는 별도의 토지를 지급하였다.

④ 조선시대에만 향리에게 외역전을 지급했다.

> **TIP** 고려시대와 조선시대 토지제도는 토지국유제의 원칙, 현직 관리에게 수조권 지급, 관등에 따른 차등지급, 세습불가 등의 유사점이 많다.
> ① 고려시대의 공전은 수확량의 4분의 1, 사전은 수확량의 2분의 1, 조선시대에는 공 · 사전을 막론하고 매 결당 10분의 1조를 국가에 납부하였다.
> ③ 고려시대와 조선시대 모두 고위관리에게 지급하는 공음전이라는 토지가 있었으나, 고려는 5품 이상의 관리에게 조선은 2품 이상의 관리에게 지급하였다.
> ④ 고려시대와 조선 초기에 외역전이라는 토지를 지급하였다.

22 다음 중 조선의 과전법체제에 대한 설명으로 옳지 않은 것은?

① 16세기 중엽 이후로는 점차 지주전호제가 강화되었다.

② 관수관급제의 실시로 직전법의 폐단이 시정되었다.

③ 공신전 외에 수신전, 휼양전도 세습이 가능하였다.

④ 수조권의 보유 권한에 따라 공 · 사전으로 구분하였다.

> **TIP** ② 수조권을 관청이 대신 수행하여 관리에게 지급하는 관수관급제는 세조 때부터 시행된 직전법(현직자에 한해 토지 지급)체제 하에서 국가의 토지지배력을 더욱 강화하기 위한 제도였다. 사전의 폐해를 막기 위한 제도였던 직전법이 폐지됨으로써, 사전에 의한 지주전호제가 확산되게 되었다.

Answer 21.② 22.②

23 다음과 같은 상황이 발생한 원인으로 옳은 것은?

> 농촌사회의 구성은 소수의 양반 지주와 전호로 전락한 다수의 농민으로 분화되었다.

① 정부의 정책이 지주전호제를 폐지하는 방향으로 추진되었다.
② 양반들의 권위가 성리학적 가치규범에 의해 강화되어 갔다.
③ 정부의 부세제도정책이 공정과세 방향으로 추진되었다.
④ 직전법의 폐지로 양반들의 토지사유관념이 확산되었다.

....

TIP 16세기 중엽에 양반 관료의 경제기반이었던 직전법이 폐지되면서 토지사유관념이 확산되어 토지소유가 양반 지주 중심으로 편중되어 갔다. 같은 시기에 농업기술의 발달로 농업생산력이 높아졌으나 지주제가 점차 확대되면서 농민들이 자연재해, 고리대, 세금부담 등으로 자기소유의 토지를 팔고 소작농이 되는 경우가 증가하였다.

24 조선시대 조세제도와 재정의 운영에 대한 설명으로 옳은 것은?

① 공납은 농가별로 토지소유면적에 따라 부과되었다.
② 양인 정남은 농가별로 매년 한 명씩 요역에 징발되었다.
③ 보법의 실시로 군역과 요역은 서로 분리되어 적용되었다.
④ 국가는 농민 보유지인 민전의 경작권을 보장해주고 조세를 징수하였다.

....

TIP 조선시대 조세제도
① 공납은 각 가호(家戶)별로 부과되었다.
② 요역은 경작하는 토지 8결을 기준으로 1명씩 차출되었다.
③ 보법제도에서 보인은 현역복무를 하는 정군의 비용을 부담하였다.

Answer 23.④ 24.④

25 다음은 조선 후기의 수취체제의 개편 내용이다. 이의 결과로 타당한 것은?

> • 정부는 연분 9등법을 따르지 않고 풍년과 흉년에 관계없이 전세를 토지 1결당 4두로 고정시켰다.
> • 농민 집집마다에 부과하여 토산물을 징수하였던 공물납부방식을 토지의 결 수에 따라 2필씩 내던 군포를 농민들은 1년에 1필만 내면 되었다.

① 지주와 농민 간의 격차가 점차 감소하였다.
② 소작농의 세금이 감면되지 못하였다.
③ 장기적으로 농민의 지위가 향상되었다.
④ 조세의 전세화로 인한 자급자족적 농업경제가 고착화되었다.

TIP 제시된 내용은 영정법, 대동법, 균역법에 대한 설명으로 이러한 수취체제의 개편은 농민에게 크게 도움이 되지 못하고, 각종 폐단이 나타났으며 오히려 조세의 부담이 더욱 가중되었다.

26 다음의 폐단을 시정하기 위해 실시한 제도에 대한 설명으로 옳지 않은 것은?

> 나라의 100여 년에 걸친 고질 병폐로서 가장 심한 것은 양역이다. 호포니 구전이니 유포니 결포니 하는 주장들이 분분하게 나왔으나 적당히 따를 만한 것이 없다. 백성은 날로 곤란해지고 폐해는 갈수록 더욱 심해지니, …(중략)… 이웃의 이웃이 견책을 당하고 친척의 친척이 징수를 당하고, 황구는 젖 밑에서 군정으로 편성되고 백골은 지하에서 징수를 당하며 …(후략)…

① 양반들도 군역을 지는 것으로 개선하였다.
② 군역 부담자의 군포 부담을 1필로 정하였다.
③ 균역청에서 관리하다가 선혜청이 통합하여 관리하였다.
④ 평안도와 함경도를 제외한 6도의 토지 1결당 쌀 2두씩을 부과하였다.

TIP 지문은 조선 후기 군포의 폐단에 대한 것으로 이 문제를 해결하기 위해 영조가 균역법을 실시하였다.
① 양반들도 군포를 부담하게 된 것은 흥선대원군 때 호포법이 실시된 이후부터이다.

Answer 25.② 26.①

27 다음 글과 관련한 내용으로 옳지 않은 것은?

> "……민폐 중에서 도고가 가장 큰 문제로서, 도고를 혁파하는 것이 백성을 살게 하는 가장 급선무입니다. 금난전권을 가진 육의전이 이 권리를 남용하여, 가격을 배로 취하여도 평민은 살 수 밖에 없습니다. 시전이 아니고서는 물건을 구할 수 없기 때문입니다.……"
>
> 「비변사등록」

① 시전상인들의 과도한 금난전권의 사용으로 물가가 상승하는 등의 부작용이 발생하자 국가는 재정수입을 늘리고 상공업을 통해 경제력을 키우기 위한 방법을 강구하게 되었다.

② 이러한 문제를 해결하기 위해 신해통공을 실시하게 되었다.

③ 신해통공의 실시로 결과적으로 상인층의 계층 분화는 심화되었으며 도고 상업은 쇠퇴하게 되었다.

④ 신해통공을 실시한 근본적인 원인은 변화되어가는 상업 유통 구조와 체제의 변화에 대처하기 위해서이다.

⋯⋯⋯⋯⋯⋯⋯⋯⋯⋯⋯⋯⋯⋯⋯⋯⋯⋯⋯⋯⋯⋯⋯⋯⋯⋯⋯⋯⋯⋯⋯⋯⋯⋯

TIP 제시문을 통해 금난전권의 폐해를 알 수 있다. 실학자들의 생각이 채제공과 같은 정권담당자를 통해 정책에 반영된 결과 신해통공이 실시되게 되었다.
③ 신해통공의 실시로 인해 이미 진행되고 있던 상인층의 계층분화와 도고상업의 대두는 더욱 촉진되었다.

28 다음 중 조선시대의 세제에 대한 설명으로 옳지 않은 것은?

① 대동법 및 균역법이 실시됨으로써 전지에 부과되는 세액은 모두 20.2두가 되었다.

② 효종 때에 이르러 공법을 폐지하고 영정법으로 개정함으로써 1결당 세액은 4두가 되었다.

③ 16세기에 이르러 병작제 및 지주전호제의 일반화에 따라 조와 세의 구별은 없어지게 되었다.

④ 세종 때에 제정된 공법에서는 비척에 따라 전지를 6등으로 구분하고 1결당 세액을 최고 20두에서 최하 4두로 정하였다.

⋯⋯⋯⋯⋯⋯⋯⋯⋯⋯⋯⋯⋯⋯⋯⋯⋯⋯⋯⋯⋯⋯⋯⋯⋯⋯⋯⋯⋯⋯⋯⋯⋯⋯

TIP ② 세종 때 만들어진 공법(전분 6등법, 연분 9등법)이 제대로 운용되지 못하자 인조 때에 조세를 1결당 4두로 감하는 영정법을 실시하였다.

Answer 27.③ 28.②

29 다음 중 조선 후기의 경제생활에 대한 설명으로 옳지 않은 것은?

① 도고상인을 위해 통공정책이 실시되었다.

② 17세기 후반에 상평통보가 발행되었다.

③ 군역의 합리적인 시행을 위해 호포법을 실시하였다.

④ 이앙법이 널리 보급되었다.

TIP ③ 조선 후기 군역제도의 개편방법으로 영조와 일부 관료들이 호포론을 제기하였다. 군포를 양반층을 포함하여 전국의 모든 가호에게 부과하자는 주장으로 대다수의 양반들은 양반이 군역을 지면 반상의 신분적 구분이 없어진다고 반대하여 시행되지 못하였다.

30 다음의 내용과 관계 깊은 사실은?

> 농민의 부담을 경감하여 유망을 방지하고 부족한 국가재정을 보완함으로써 봉건적 지배체제를 재확립하기 위하여 실시하였으나, 상품화폐 경제를 활성화시킴으로써 오히려 봉건적 지배체제를 무너뜨리는 작용을 하였다.

① 균역법

② 영정법

③ 대동법

④ 호포법

TIP 공납의 폐단을 시정하기 위하여 등장한 대동법은 공인이라는 어용상인이 등장하여 조선 후기 상업발달에 크게 기여하였다.

31 다음 중 조선 후기 상업에 대한 설명으로 옳은 것은?

① 사상의 성장으로 공인의 활동이 위축되었다.
② 전국적인 유통망을 형성한 상인이 나타났다.
③ 육의전을 비롯한 시전의 금난전권이 철폐되었다.
④ 장인의 대부분은 독자적으로 물품을 제조, 판매하였다.

TIP 송상은 개성을 중심으로 전국에 송방을 설치하여 전국적인 유통망을 형성하였다. 주로 인삼을 재배·판매하였고 대외무역도 하였다.

32 다음 내용의 구체적인 근거가 될 수 없는 것은?

> 양 난 이후 조선 정부의 수취제도 개편으로 농촌사회의 동요는 다소 진정되는 듯 하였다. 그러나 농촌 사회의 안정을 달성하는 데에는 한계가 있었다. 이에 농민들은 자신들이 직면한 어려움을 스스로 해결해야 하였다.

① 소작료의 형태를 도조법으로 변화시켰다.
② 이모작을 통해 보리 재배를 확대하였다.
③ 지주와 전호 사이의 신분적 관계를 강화하였다.
④ 상품작물을 재배하여 소득을 높여 갔다.

TIP ③ 소작농민들은 보다 유리한 소작조건을 얻기 위해 지주층에 저항했으며, 그 결과 지주와 전호 사이의 관계가 점차 신분적 관계보다 경제적인 관계로 바뀌어 갔다.

05 사회구조와 사회생활

section 1 │ 고대의 사회

❶ 신분제 사회의 성립

(1) 삼국시대의 계층구조

왕족을 비롯한 귀족·평민·천민으로 구분되며, 지배층은 특권을 유지하기 위하여 율령을 제정하고, 신분은 능력보다는 그가 속한 친족의 사회적 위치에 따라 결정되었다.

(2) 귀족·평민·천민의 구분

① **귀족** … 왕족을 비롯한 옛 부족장 세력이 중앙의 귀족으로 재편성되어 정치권력과 사회·경제적 특권을 향유하였다.

② **평민** … 대부분 농민으로서 신분적으로 자유민이었으나, 조세를 납부하고 노동력을 징발당하였다.

③ **천민** … 노비들은 왕실과 귀족 및 관청에 예속되어 신분이 자유롭지 못하였다.

❷ 삼국사회의 풍습

(1) 고구려

① **형법** … 반역 및 반란죄는 화형에 처한 뒤 다시 목을 베었고, 그 가족들은 노비로 삼았다. 적에게 항복한 자나 전쟁 패배자는 사형에 처했으며, 도둑질한 자는 12배를 배상하도록 하였다.

② **풍습** … 형사취수제, 서옥제가 있었고 자유로운 교제를 통해 결혼하였다.

(2) 백제

① **형법** … 반역이나 전쟁의 패배자는 사형에 처하고, 도둑질한 자는 귀양을 보내고 2배를 배상하게 하였으며, 뇌물을 받거나 횡령을 한 관리는 3배를 배상하고 종신토록 금고형에 처하였다.

② **귀족사회** … 왕족인 부여씨와 8성의 귀족으로 구성되었다.

(3) 신라

① **화백회의** … 여러 부족의 대표들이 함께 모여 정치를 운영하던 것이 기원이 되어, 국왕 추대 및 폐위에 영향력을 행사하면서 왕권을 견제 및 귀족들의 단결을 굳게 하였다.

② **골품제도** … 관등 승진의 상한선이 골품에 따라 정해져 있어 개인의 사회활동과 정치활동의 범위를 제한하는 역할을 하였다.

③ **화랑도**

ㄱ **구성** : 귀족의 자제 중에서 선발된 화랑을 지도자로 삼고, 귀족은 물론 평민까지 망라한 많은 낭도들이 그를 따랐다.

ㄴ **국가조직으로 발전** : 진흥왕 때 국가적 차원에서 그 활동을 장려하여 조직이 확대되었고, 원광은 세속 5계를 가르쳤으며, 화랑도 활동을 통해 국가가 필요로 하는 인재가 양성되었다.

③ 남북국시대의 사회

(1) 통일신라와 발해의 사회

① **통일 후 신라 사회의 변화**

ㄱ **신라의 민족통합책** : 백제와 고구려 옛 지배층에게 신라 관등을 부여하였고, 백제와 고구려 유민들을 9서당에 편성시켰다.

ㄴ **통일신라의 사회모습** : 전제왕권이 강화 되었고 6두품이 학문적 식견과 실무 능력을 바탕으로 국왕을 보좌하였다.

② **발해의 사회구조** … 지배층은 고구려계가 대부분이었으며, 피지배층은 대부분이 말갈인으로 구성되었다.

(2) 통일신라 말의 사회모순

① **호족의 등장** … 지방의 유력자들을 중심으로 무장조직이 결성되었고, 이들을 아우른 큰 세력가들이 호족으로 등장하였다.

② **빈농의 몰락** … 토지를 상실한 농민들은 소작농이나 유랑민, 화전민이 되었다.

③ **농민봉기** … 국가의 강압적인 조세 징수에 대하여 전국 각지에서 농민봉기가 일어나게 되었다.

❶ 고려의 신분제도

(1) 귀족

① **귀족의 특징** ··· 음서나 공음전의 혜택을 받으며 고위 관직을 차지하여 문벌귀족을 형성하였으며, 가문을 통해 특권을 유지하고, 왕실 등과 중첩된 혼인관계를 맺었다.

② **귀족층의 변화** ··· 무신정변을 계기로 종래의 문벌귀족들이 도태되면서 무신들이 권력을 장악하게 되었으나 고려후기에는 무신정권이 붕괴되면서 등장한 권문세족이 최고권력층으로서 정계 요직을 장악하였다.

③ **신진사대부** ··· 경제력을 토대로 과거를 통해 관계에 진출한 향리출신자들이다.

(2) 중류

중앙관청의 서리, 궁중 실무관리인 남반, 지방행정의 실무를 담당하는 향리, 하급 장교 등이 해당되며, 통치체제의 하부구조를 맡아 중간 역할을 담당하였다.

(3) 양민

① **양민** ··· 일반 농민인 백정, 상인, 수공업자를 말한다.

② **백정** ··· 자기 소유의 민전을 경작하거나 다른 사람의 토지를 빌려 경작하였다.

③ **특수집단민** ··· 양민에 비해 세금 부담이 컸고, 다른 지역으로의 거주이전이 금지되었다.
   ㉠ **향·부곡** : 농업에 종사하였다.
   ㉡ **소** : 수공업과 광업에 종사하였다.
   ㉢ **역과 진의 주민** : 육로교통과 수로교통에 종사하였다.

(4) 천민

① **공노비** ··· 공공기관에 속하는 노비이다. 입역노비와 외거노비가 있다.

② **사노비** ··· 개인이나 사원에 예속된 노비이다. 솔거노비와 외거노비가 있다.

③ **노비의 처지** ··· 매매·증여·상속의 대상이며, 부모 중 한 쪽이 노비이면 자식도 노비가 될 수밖에 없었다(일천즉천).

❷ 백성들의 생활모습

(1) 농민의 공동조직

① **공동조직** … 일상 의례와 공동노동 등을 통해 공동체의식을 함양하였다.

② **향도** … 불교의 신앙조직으로, 매향활동을 하는 무리들을 말한다.

(2) 사회시책과 사회제도

① **사회시책** … 농번기에 잡역을 면제하여 농업에 전념할 수 있도록 배려하였고, 재해 시 조세와 부역을 감면해 주었다. 또한 법정 이자율을 정하여 고리대 때문에 농민이 몰락하는 것을 방지하였다. 황무지나 진전을 개간할 경우 일정 기간 면세해 주었다(권농정책).

② **사회제도**
   - ㉠ **의창** : 흉년에 빈민을 구제하는 고구려 진대법을 계승한 춘대추납제도이다.
   - ㉡ **상평창** : 물가조절기관으로 개경과 서경 및 각 12목에 설치하였다.
   - ㉢ **의료기관** : 동·서대비원(진료 및 빈민구휼), 혜민국(의약)을 설치하였다.
   - ㉣ **구제도감, 구급도감** : 재해 발생시 백성을 구제하였다.
   - ㉤ **제위보** : 기금을 조성하여 이자로 빈민을 구제하였다.

(3) 법률과 풍속 및 가정생활

① **법률과 풍속** … 중국의 당률을 참작한 71개조의 법률이 시행되었으나 대부분은 관습법을 따랐고, 장례와 제사에 대하여 정부는 유교적 의례를 권장하였으나, 민간에서는 토착신앙과 융합된 불교의 전통의식과 도교의 풍습을 따랐다.

② **혼인과 여성의 지위** … 일부일처제가 원칙이었으며, 왕실에서는 근친혼이 성행(고려 초)하였고 부모의 유산은 자녀에게 골고루 분배되었으며, 아들이 없을 경우 딸이 제사를 받들었다(윤회봉사).

❸ 고려후기의 사회 변화

(1) 무신집권기 하층민의 봉기

수탈에 대한 소극적 저항에서 대규모 봉기로 발전하였으며, 만적의 난, 공주 명학소의 망이·망소이의 봉기, 운문·초전의 김사미와 효심의 봉기 등이 대표적이다.

(2) 몽고의 침입과 백성의 생활

최씨무신정권은 강화도로 서울을 옮기고 장기항전 태세를 갖추었으며, 지방의 주현민은 산성이나 섬으로 들어가 전쟁에 대비하였으나 몽고군들의 살육으로 백성들은 막대한 희생을 당하였다.

(3) 원 간섭기의 사회 변화

① **신흥 귀족층의 등장** ··· 원 간섭기 이후 전공을 세우거나 몽고 귀족과의 혼인을 통해서 출세한 친원세력이 권문세족으로 성장하였다.

② **몽고풍의 유행** ··· 변발, 몽고식 복장, 몽고어 등이 널리 퍼지게 되었다.

③ **고려인의 몽고 이주민 증가** ··· 고려의 의복, 그릇, 음식 등의 풍습이 몽고에 전래되었다.

④ **원의 공녀 요구** ··· 결혼도감을 통해 공녀로 공출되었고 이는 고려와 원 사이의 심각한 사회문제로 대두되었다.

⑤ **왜구의 출몰(14세기 중반)** ··· 원의 간섭하에서 국방력을 제대로 갖추기 어려웠던 고려는 초기에 효과적으로 왜구의 침입을 격퇴하지 못하였으며, 이들을 소탕하는 과정에서 신흥무인세력이 성장하였다.

section 3 근세의 사회

❶ 양반관료 중심의 사회

(1) 양반

① 문무 양반만 사족으로 인정하였으며 현직 향리층, 중앙관청의 서리, 기술관, 군교, 역리 등은 하급 지배신분인 중인으로 격하시켰고, 서얼의 관직 진출에 제한이 있었다.

② 과거, 음서, 천거 등을 통해 고위 관직을 독점하였으며 각종 국역이 면제되고, 법률과 제도로써 신분적 특권이 보장되었다.

(2) 중인

좁은 의미로는 기술관, 넓은 의미로는 양반과 상민의 중간계층을 의미하며 전문기술이나 행정실무를 담당하였다.

(3) 상민

평민, 양인으로도 불리며 백성의 대부분을 차지하는 농민, 수공업자, 상인을 말한다. 과거응시자격은 있으나 과거 준비에는 많은 시간과 비용이 들었으므로 상민이 과거에 응시하는 것은 사실상 어려웠다. 양인 중 천역을 담당하는 계층을 신량역천이라 하였다.

(4) 천민

천민의 대부분인 노비는 비자유민으로 재산으로 취급되어 매매 · 상속 · 증여의 대상이 되었다. 백정, 무당, 창기, 광대 등도 천민으로 천대받았다.

❷ 사회정책과 사회시설

(1) 사회정책 및 사회제도

① **목적** … 성리학적 명분론에 입각한 사회 신분 질서의 유지와 농민의 생활을 안정시켜 농본정책을 실시하는 데 그 목적이 있다.

② **사회시책** … 지주의 토지 겸병을 억제하고, 농번기에 잡역의 동원을 금지시켰으며, 재해시에는 조세를 감경 해 주기도 하였다.

③ **환곡제 실시** … 춘궁기에 양식과 종자를 빌려 준 뒤에 추수기에 회수하였다. 또한 의창과 상평창을 실시하 여 농민을 구휼하였다.

④ **사창제** … 향촌의 농민생활을 안정시켜 향촌질서를 유지한 것으로 지방자치적으로 실시된 빈민구제책이다.

⑤ **의료시설** … 혜민국, 동 · 서대비원, 제생원, 동 · 서활인서 등이 있었다.

(2) 법률제도

① **형법** … 대명률에 의거하여 당률의 5형 형벌에 극형을 추가하였다. 반역죄와 강상죄와 같은 중죄에는 연좌 제가 적용되었다.

② **민법** … 지방관이 관습법에 따라 처리하였다.

③ **상속** … 종법에 따라 처리하였으며, 제사와 노비의 상속을 중요시하였다.

④ **사법기관**
   ㉠ **중앙** : 사헌부 · 의금부 · 형조(관리의 잘못이나 중대사건을 재판), 한성부(수도의 치안), 장례원(노비에 관 련된 문제)이 있다.
   ㉡ **지방** : 관찰사와 수령이 사법권을 행사하였다.

⑤ **재심 청구** … 상부 관청에 소송 제기, 신문고 · 징으로 임금에게 직접 호소할 수 있었다.

❸ 향촌사회의 조직과 운영

(1) 향촌사회의 모습

① **향촌의 의미** … 행정구역상 군현의 단위인 향은 중앙에서 지방관을 파견하였으며, 촌에는 면·리가 설치되었으나 지방관은 파견되지 않았다.

② **향촌자치**
    ㉠ **유향소** : 수령을 보좌, 향리를 감찰, 향촌사회의 풍속교정기구이다.
    ㉡ **경재소** : 중앙정부가 현직 관료로 하여금 연고지의 유향소를 통제하게 하는 제도이다.
    ㉢ **유향소의 변화** : 경재소가 혁파(1603)되면서 향소·향청으로 명칭이 변경되고, 그 구성원은 향안 작성, 향규 제정을 하였다.

③ **향약** … 중종 때 조광조에 의하여 처음 시행되었으며, 지방 사족 중심의 향촌사회 운영질서 확립을 위해 설치되었다. 권선징악과 상부상조를 목적으로 한 향촌 교화의 규약이다.

(2) 촌락의 구성과 운영

① **촌락** … 농민생활 및 향촌구성의 기본 단위로서 동과 리(里)로 편제되었으며 면리제와 오가작통법을 실시하였다.

② **촌락의 신분 분화**
    ㉠ **반촌** : 주로 양반들이 거주하였으며, 18세기 이후에 동성 촌락으로 발전하였다.
    ㉡ **민촌** : 평민과 천민으로 구성되었고 지주의 소작농으로 생활하였다.

③ **촌락공동체**
    ㉠ **사족** : 동계·동약을 조직하여 촌락민을 신분적, 사회·경제적으로 지배하였다.
    ㉡ **일반 백성** : 두레·향도 등 농민조직을 형성하였다.

④ **촌락의 풍습**
    ㉠ **석전(돌팔매놀이)** : 상무정신 함양 목적, 국법으로는 금지하였으나 민간에서 계속 전승되었다.
    ㉡ **향도계·동린계** : 양반들이 음사라 하여 금지하였다. 남녀노소를 불문하고 며칠 동안 술과 노래를 즐기는 일종의 마을 축제였는데, 점차 장례를 도와주는 기능으로 전환되었다.

❹ 성리학적 사회질서의 강화

(1) 예학과 족보의 보급

① **예학** … 성리학적 도덕윤리를 강조하고, 신분질서의 안정을 추구하였다.

　　㉠ **기능** : 삼강오륜을 기본 덕목으로 강조하고, 가부장적 종법질서를 구현하여 성리학 중심의 사회질서 유지에 기여하였다.

　　㉡ **역할** : 사림은 향촌사회에 대한 지배력 강화, 정쟁의 구실로 이용하였다. 양반 사대부의 신분적 우월성을 강조하고, 가족과 친족공동체의 유대를 통해서 문벌을 형성하였다.

② **보학** … 가족의 내력을 기록하고 암기하는 것으로 종족의 종적인 내력과 횡적인 종족관계를 확인시켜 준다.

(2) 서원과 향약

① **서원**

　　㉠ **목적** : 성리학을 연구하고 선현의 제사를 지내며, 교육을 하는 데 그 목적이 있다.

　　㉡ **기능** : 유교를 보급하고 향촌 사림을 결집시켰으며, 지방유학자들의 위상을 높이고 선현을 봉사하는 사묘의 기능이 있었다.

　　㉢ **철폐** : 영조 때 300여개, 흥선대원군 때 47개를 제외한 600여개를 철폐하였다.

② **향약**

　　㉠ **역할** : 풍속의 교화, 향촌사회의 질서 유지, 치안을 담당하고 농민에 대한 유교적 교화 및 주자가례의 대중화에 기여하였다.

　　㉡ **문제점** : 토호와 향반 등 지방 유력자들의 주민 수탈 위협의 수단이 되었고, 향약 간부들의 갈등을 가져와 풍속과 질서를 해치기도 하였다.

---

section 4 사회의 변동

❶ 사회구조의 변동

(1) 신분제의 동요

① **조선의 신분제** … 법제적으로 양천제를, 실제로는 양반, 중인, 상민, 노비의 네 계층으로 분화되어 있었다.

② **양반층의 분화** … 권력을 장악한 일부의 양반을 제외한 다수의 양반(향반, 잔반)이 몰락하였다.

③ **신분별 구성비의 변화** … 양반의 수는 증가하고, 상민과 노비의 수는 감소하였다.

(2) 중간계층의 신분상승운동

① **서얼** … 임진왜란 이후 납속책과 공명첩을 통한 관직 진출, 집단상소를 통한 청요직에의 진출을 요구, 정조 때 규장각 검서관으로 진출하기도 하였다.

② **중인** … 신분 상승을 위한 소청운동을 전개하였다. 역관들은 청과의 외교업무에 종사하면서 서학 등 외래 문물의 수용을 주도하고 성리학적 가치 체계에 도전하는 새로운 사회의 수립을 추구하였다.

(3) 노비의 해방

① **노비 신분의 변화** … 군공과 납속 등을 통한 신분 상승의 움직임이 활발하였다. 또 국가에서는 공노비를 입역노비에서 신공을 바치는 납공노비로 전환시켰다. 아버지가 노비, 어머니가 양민이면 자식은 양민으로 삼았다(종모법).

② **공노비 해방** … 노비의 도망과 합법적인 신분 상승으로 공노비의 노비안이 유명무실해지자 순조 때 중앙관서의 노비를 해방시켰다.

③ **노비제의 혁파** … 사노비의 도망이 일상적으로 일어났으며, 갑오개혁(1894) 때 노비제는 폐지되었다.

(4) 가족제도의 변화와 혼인

① 가족제도의 변화
   ㉠ **조선중기** … 혼인 후 남자가 여자 집에서 생활하는 경우가 있었으며 아들과 딸이 부모의 재산을 똑같이 상속받는 경우가 많았다.
   ㉡ **17세기 이후** : 성리학적 의식과 예절의 발달로 부계 중심의 가족제도가 확립되었다. 제사는 반드시 장자가 지내야 한다는 의식이 확산되었고, 재산 상속에서도 큰 아들이 우대를 받았다.
   ㉢ **조선후기** : 부계 중심의 가족제도가 더욱 강화되었으며, 양자 입양이 일반화되었다.

② **가족윤리** … 효와 정절을 강조하였고, 과부의 재가는 금지되었으며, 효자와 열녀를 표창하였다.

③ **혼인풍습** … 일부일처를 기본으로 남자의 축첩의 허용 · 서얼의 차별이 있었다.

❷ 향촌질서의 변화

(1) 양반의 향촌지배 약화

① **양반층의 동향** … 족보의 제작 및 청금록과 향안을 작성하여 향약 및 향촌자치기구의 주도권을 장악하였다.

② **향촌지배력의 변화** … 부농층은 관권과 결탁하여 향안에 참여하고 향회를 장악하고자 하였으며 향회는 수령의 조세징수자문기구로 전락하였다.

(2) 부농층의 대두

경제적 능력으로 납속이나 향직의 매매를 통해 신분 상승을 이루고 향임을 담당하여 양반의 역할을 대체하였다. 신향 세력은 수령이나 기존의 향촌세력과 타협하여 상당한 지위를 확보하였다.

❸ 농민층의 변화

(1) 농민층의 분화

① 농민의 사회적 현실 … 토지에 묶인 농민들은 자급자족적인 생활을 하였으나, 양 난 이후 국가의 재정 파탄과 기강 해이로 인한 수취의 증가는 농민의 생활을 어렵게 하였고, 대동법과 균역법이 효과를 거두지 못하자 농민의 불만은 커져 갔다.

② 농민층의 분화 … 부농으로 성장하거나, 상공업으로 생활을 영위, 또는 도시나 광산의 임노동자가 되기도 했다.

(2) 지주와 임노동자

① 지주 … 광작을 하는 대지주가 등장하였으며, 재력을 바탕으로 공명첩을 사거나 잔반의 족보를 매입·위조하였다.

② 임노동자 … 토지에서 밀려난 다수의 농민은 임노동자로 전락하였다.

❹ 사회 변혁의 움직임

(1) 사회불안의 심화

정치기강이 문란해지고, 재난과 질병이 거듭되어 굶주려 떠도는 백성이 속출하였으나 지배층의 수탈은 점점 심해지면서 농민의식이 향상되어 곳곳에서 적극적인 항거운동이 발생하였다.

(2) 예언사상의 대두

비기·도참을 이용한 말세의 도래, 왕조의 교체 및 변란의 예고 등 낭설이 횡행하였으며 현세의 어려움을 미륵신앙에서 해결하려는 움직임과 미륵불을 자처하며 서민을 현혹하는 무리가 등장하였다.

(3) 천주교의 전파

① 17세기에 중국을 방문한 우리나라 사신들에 의해 서학으로 소개되었다.

② 초기 활동 … 18세기 후반 남인계열의 실학자들이 신앙생활을 하게 되었으며, 이승훈이 베이징에서 영세를 받고 돌아온 이후 신앙활동이 더욱 활발해졌다.

③ 천주교 신앙의 전개와 박해

　　㉠ 초기 : 제사 거부, 신분질서 부정, 국왕에 대한 권위 도전을 이유로 사교로 규정되었다.

　　㉡ 신해박해(1791) : 정조 때 시파의 집권으로 천주교에 관대하여 큰 탄압이 없었다.

　　㉢ 신유박해(1801) : 순조 때 벽파의 집권으로 대탄압을 받았다.

　　㉣ 기해박해(1839) : 헌종 때 프랑스 신부에 대한 처형 등 천주교 탄압이 극에 달하였다.

　　㉤ 병인박해(1866) : 대원군의 프랑스 신부 학살이 있었고, 이는 후에 병인양요의 원인이 된다.

(4) 동학의 발생

① 창시 … 1860년 경주의 몰락양반 최제우가 창시하였다.

② 교리와 사상 … 시천주와 인내천 사상을 통해 신분 차별과 노비제도를 타파, 여성과 어린이의 인격 존중을 추구하였다. 유불선을 바탕으로 주문과 부적 등 민간신앙의 요소들이 결합되었고, 보국안민을 통해 일본과 서양세력을 경계하였다.

③ 정부의 탄압 … 혹세무민을 이유로 최제우를 처형하였다. 후에 2대 교주 최시형은 교단을 재정비하고, 동경대전과 용담유사를 편찬하였다.

(5) 농민의 항거

① 배경 … 사회 불안이 고조되자 유교적 왕도정치가 점점 퇴색되었고 탐관오리의 부정, 삼정의 문란, 극도에 달한 수령의 부정은 중앙권력과 연결되어 갈수록 심해져 갔다.

② 홍경래의 난(1811) … 몰락한 양반 홍경래의 지휘 아래 영세농민과 중소상인, 광산노동자들이 합세하여 일으킨 봉기였으나 5개월 만에 평정되었다.

③ 임술농민봉기(진주민란, 1862) … 진주에서 시작되어 탐관오리와 토호가 탐학에 저항하였으며 한때 진주성을 점령하기도 하였다.

1 다음은 고대 사회 귀족들의 합의제도에 대한 내용이다. 각 사회의 모습으로 옳지 않은 것은?

> ㉠ 감옥이 없고 범죄자가 있으면 제가들이 모여서 의논하여 사형에 처하고, 처자는 몰수하여 노비로 삼는다.
> ㉡ 호암사에 정사암이라는 바위가 있다. 국가에서 재상을 뽑을 때 후보자 3~4명의 이름을 써서 상자에 넣어 바위 위에 두었다. 얼마 뒤에 열어 보아 이름 위에 도장이 찍혀 있는 자를 재상으로 삼았다.
> ㉢ 큰일이 있을 때에는 반드시 중의를 따른다. 이를 화백이라 부른다.

① ㉠은 고구려, ㉡은 백제, ㉢은 신라에 대한 설명이다.

② ㉠ 국가는 적에게 항복한 자나 전쟁 패배자를 사형에 처했으며 도둑질한 자에게는 12배를 배상하도록 하였다.

③ ㉡ 국가의 귀족들은 중국 고전과 역사서를 탐독하고 한문을 능숙하게 구사하였으며 관청의 실무에도 밝았다. 또한 투호나 바둑, 장기 등을 즐겼다.

④ ㉢의 기원은 여러 부족의 대표들이 함께 모여 정치를 운영하던 것으로 과반수가 찬성하면 의견이 통과되었다.

TIP ④ 화백 회의는 만장일치에 의해 의결하는 것이 원칙이었다.

※ 고대 사회 귀족들의 합의제도
  ㉠ 제가회의 : 고구려 때 국가의 정책을 심의하고 의결하던 귀족회의로 부족국가 시대이던 고구려 초기부터 행해졌다.
  ㉡ 정사암 : 백제 때 정치를 논하고 재상을 뽑던 곳으로 국가에서 재상을 선정할 때 당선 자격자 3~4인의 이름을 봉함하여 바위 위에 두었다가 얼마 후에 펴보아 이름 위에 인적(印蹟)이 있는 자를 재상으로 선출하였다 한다.
  ㉢ 화백 : 진골(眞骨) 귀족 출신의 대등(大等)으로 구성된 신라의 합의체 회의기구로 국가의 중대한 일들을 결정하고 귀족세력과 왕권 사이에서 권력을 조절하는 기능을 했다.

Answer 1.④

2 **다음 중 삼국통일 후 신라 농민에 대한 설명으로 옳은 것은?**

> ㉠ 촌에 거주하면서 중앙에서 파견된 촌주의 행정적 지배를 받았다.
> ㉡ 귀족들이 고리로 빌려 준 곡물을 갚지 못하면 노비로 전락하였다.
> ㉢ 국가로부터 정전을 지급받아 경작하면서 국가에 조를 바쳤다.
> ㉣ 향, 부곡 등에 거주하는 농민들은 노동력 징발에서 제외되었다.

① ㉠, ㉡　　② ㉠, ㉣
③ ㉡, ㉢　　④ ㉢, ㉣

TIP ㉡ 신라 농민은 자영농이었지만 귀족의 토지를 빌려 경작하여 생계를 잇거나 귀족에게 빌린 빚을 갚지 못해 노비가 되는 경우도 많았다.
㉢ 신라 농민은 토착세력인 촌주의 지배를 받았으며 정전을 지급받아 경작하여 국가에 조를 바쳤다.

3 **(가)가 중심이 된 단체에 대한 설명으로 옳은 것은?**

> 진흥왕 37년, 외모가 고운 남자를 뽑아 단정하게 하고 이름을 (가)(이)라 하여 받들게 하니, 따르는 무리들이 구름처럼 몰려들었다. 혹은 도의(道義)로서 서로 연마하고 혹은 노래와 음악으로 서로 즐겼는데, 산과 물을 찾아 노닐고 즐기니 멀리 이르지 않은 곳이 없었다.
>
> 「삼국사기」

① 정사암에 모여 국가의 중대사를 결정하였다.
② 삼강오륜 중심의 유교 윤리를 바탕으로 풍속을 교정 하였다.
③ 무예를 닦아 신라의 삼국 통일에 기여하였다.
④ 매향 활동을 하면서 각종 불교 행사를 주관하였다.

TIP 지문은 진흥왕대 화랑도에 대한 내용이다. 원시사회의 청소년 집단에서 유래한 화랑도는 귀족의 자제 중 선발된 화랑을 지도자로 삼고, 이를 따르는 낭도들로 구성되었다. 진흥왕 때 국가적 차원에서 화랑도를 장려하고 확대하여 국가가 필요로 하는 인재를 양성했다.

Answer 2.③ 3.③

4 다음 그림의 주인공과 관련된 국가의 사회적 특징을 서술한 것 중 옳은 것은?

① 지배층은 왕족인 부여씨와 8성의 귀족으로 이루어져 중국의 고전과 역사책을 즐겨 읽었다.

② 5부족 연맹체를 중심으로 국가를 성립하였으며 점차 왕족과 왕비족의 결합으로 왕권을 강화해 나갔다.

③ 사유재산과 노비소유, 가부장제의 특징을 지닌 4조목의 법률을 통해 사회질서를 유지하였다.

④ 지배층은 중요 관직을 차지하고 노비와 예속민을 거느렸으며 대부분 말갈인들이 촌락을 담당하였다.

TIP 그림은 양직공도(梁職貢圖)에 등장하는 백제 사신을 묘사한 부분이다. 양직공도는 6세기 중국 양나라 원제에게 조공을 바치러 온 외국의 사신들을 그리고 그 나라의 풍속 등을 간략히 적은 것이다.

5 다음의 내용과 관련된 것으로만 묶인 것은?

• 씨족 사회의 전통을 계승·발전시켰다.
• 세력 간, 계급 간의 대립을 조절시키는 기능을 하였다.

① 집사부, 선종
② 화백, 화랑도
③ 화랑도, 선종
④ 화백, 집사부

TIP 화백제도와 화랑도를 통해 계급간의 대립과 갈등을 조절하고 집단의 단결을 강화시켰다.

Answer 4.① 5.②

6 다음 중 신라 말기의 사회상을 가장 잘 설명한 것은?

① 서남해안을 중심으로 성장한 해상세력은 사적으로 당·일본과 무역하였다.

② 중앙의 진골귀족 세력들은 골품제도의 관념에서 벗어나 호족들과의 연결을 모색하였다.

③ 지방 호족은 촌주 출신으로 진골귀족은 아니기 때문에 쉽게 지방세력을 규합하였다.

④ 진골 귀족들은 당에 유학한 지식인들의 건의를 환영했지만 왕실은 이를 배격하였다.

TIP 신라 말기의 사회상

② 중앙의 진골귀족들은 자신들의 특권적 지위 유지에만 연연하면서 골품제도에 집착하고 있었을 뿐만 아니라 국가정신도 망각하였다.

③ 지방 호족들은 각 지방의 촌주·토호 및 몰락 귀족으로 형성되었으며, 이들은 각지의 선종 세력과 결합하여 신라의 중앙 정계에 항거하고, 지방의 막대한 농장과 사병을 소유하여 스스로 성군·장군이라 칭하며 지방의 행정을 장악하였다.

④ 최치원 등 6두품 지식인들은 신라 사회의 폐단을 시정하고 새로운 정치질서의 수립을 시도하였지만, 중앙 진골귀족들에 의해 탄압당하거나 배척당하자 반신라적 세력을 형성하였다.

7 남북국시대의 사회모습으로 옳은 것은?

① 통일신라의 골품제는 3두품에서 1두품 사이의 구분은 실질적인 의미를 잃고 평민과 동등하게 간주되었다.

② 삼국통일 후 통일신라의 왕권은 더욱 강화되었다.

③ 발해의 지배층은 전부 왕족 대씨와 귀족 고씨 등 고구려계로 구성하였다.

④ 통일신라의 수도인 금성은 정치문화의 중심지로 귀족들이 모여 사는 대도시가 되었다.

TIP ③ 발해의 지배층은 대부분 왕족 대씨와 귀족 고씨 등 고구려계로 구성되었지만 일부 말갈인 역시 지배층이 되기도 하였다.

Answer 6.① 7.③

8 다음 글의 ( ) 안에 들어갈 내용이 바르게 짝지어진 것은?

> (   )은(는) 과거와 (   )를(을) 통하여 관직을 독점하고, 정치권력을 장악하였다. 또한 관직에 따라 과전을 받고, (   ) 및 사전의 혜택을 받은데다가, 권력을 이용하여 불법적으로 개인이나 국가의 토지를 겸병하였다.

① 문벌귀족 – 음서 – 공음전
② 무신 – 음서 – 과거
③ 권문세족 – 공음전 – 음서
④ 신진사대부 – 공음 – 음서

TIP ① 문벌 귀족은 과거와 음서를 통하여 관직을 독점하고 정치권력을 장악하였다.

9 다음 내용에 해당하는 고려시대의 사회기구로 옳은 것은?

> 풍년에 곡가가 하락하면 관에서 시가보다 높게 미곡을 매입하여 저축하였다가 흉년에 곡가가 등귀하면 시가보다 저렴하게 미곡을 방출하여 풍·흉간에 곡가를 조절함으로써 백성들의 생활을 돌본다.

① 의창   ② 제위보
③ 경시서   ④ 상평창

TIP 상평창은 가을에 양곡을 매수하여 봄에 저렴한 가격으로 판매하는 물가조절기관이다. 즉, 곡식의 수급을 조절해 빈민을 구제한 기구이다.

Answer 8.① 9.④

10 다음 자료에 나타난 시기의 가족 제도의 특징으로 옳은 것을 〈보기〉에서 모두 고른 것은?

> 지금은 남자가 장가들면 여자 집에 거주하여, 남자가 필요로 하는 것은 모두 처가에서 해결하고 있습니다. 그리하여 장인과 장모의 은혜가 부모의 은혜와 똑같습니다. 아아, 장인께서 저를 두루 보살펴 주셨는데 돌아가셨으니, 저는 장차 누구를 의지해야 합니까.
>
> 「동국이상국집」

> ㉠ 제사는 불교식으로 자녀들이 돌아가면서 지냈다.
> ㉡ 부계 위주의 족보를 편찬하면서 동성 마을을 이루어 나갔다.
> ㉢ 태어난 차례대로 호적에 기재하여 남녀 차별을 하지 않았다.
> ㉣ 아들이 없을 때에는 양자를 들이지 않고 딸이 제사를 지냈다.

① ㉠, ㉡

② ㉡, ㉢

③ ㉢, ㉣

④ ㉠, ㉢, ㉣

··

TIP 「동국이상국집」은 고려 후기 문인이었던 이규보가 지은 시문집이다.
㉠, ㉢, ㉣ 모두 고려시대 사회상의 모습이다.
㉡ 성리학의 영향을 받은 조선 후기 사회상의 모습이다.

11 다음 중 고려시대 여성에 대한 설명으로 옳지 않은 것은?

① 고려시대에는 비교적 여성의 지위가 높았다.

② 여자도 호주가 될 수 있었으며 호적 등재시에도 남녀 간 차별 없이 연령순으로 기록하였다.

③ 여성의 재가도 비교적 자유로운 편이었지만 그 소생의 사회적 진출에는 어려움이 있었다.

④ 여성의 사회진출은 제약이 있었지만 가사를 비롯한 경제운영에 있어서는 남성과 거의 대등한 위치에 있었다.

··

TIP ③ 고려시대에는 여성의 지위가 비교적 높은 편이었으며, 여성의 재가가 비교적 자유로운 편이었으며 그 소생의 자식 또한 사회적 진출에 차별이 없었다.

Answer 10.④ 11.③

12 다음 중 권문세족과 신진사대부에 대한 설명으로 옳은 것은?

① 권문세족은 친명적 성격이 강하였다.

② 신진사대부들은 주로 음서로 관계에 진출하였다.

③ 신진사대부들은 민본주의에 입각한 왕도정치를 구현하려 하였다.

④ 권문세족은 성리학을 적극적으로 수용하여 사회를 개혁하려 하였다.

TIP 권문세족과 신진사대부

구분	권문세족	신진사대부
출신배경	중앙귀족	향리, 하급관리
정계진출	음서(가문 중시), 도평의사사	과거(능력 본위)
정치	신분제에 기초한 유교적 정치질서 중시	행정실무 담당(왕도정치, 민본주의)
경제	재경부재지주	재향중소지주
학문	훈고학	성리학
외교	친원세력	친명세력
불교	옹호	배척
성향	보수적	진취적

13 고려의 가족제도와 사회상에 대한 설명으로 적절한 것은?

① 남녀를 구분하지 않고 태어난 순서대로 족보에 기재했다.

② 딸과 외손자는 제사를 지낼 수 없어 아들이 없으면 양자를 들였다.

③ 음서의 혜택은 친가까지만 적용되었다.

④ 여성의 재가는 허용되었으나 그 소생 자식의 사회진출은 제약이 있었다.

TIP ② 아들이 없을 경우 딸이 제사를 받들었다.
③ 음서의 혜택은 사위와 외손자까지 적용되었다.
④ 여성의 재가는 허용되었고 그 소생 자식의 사회적 진출에 차별이 없었다.

Answer　12.③　13.①

14 고려의 법률 제도에 대한 설명으로 옳지 않은 것은?

① 중국의 당률을 참작한 71개조의 법률이 시행되었다.

② 귀양형의 경우 부모상을 당하면 유형지에 도착하기 전에 7일간 휴가를 주기도 했다.

③ 노부모를 봉양할 가족이 없는 경우 형벌 집행을 미룬다.

④ 반역죄와 강상죄는 중죄로 처벌 되었다.

....

TIP ④ 반역죄와 불효죄는 중죄로 처벌되었다. 반역죄와 강상죄는 조선 초기에 중죄로 처벌되었다.

15 다음 글을 읽고 나눈 대화로서 견해가 타당하지 않은 사람은?

> • 재인과 화척은 이리저리 떠돌아다니면서 농업에 종사하지 않는다. 배고픔과 추위를 면하지 못하여 수시로 모여서 도적질을 하고 소와 말을 도살한다. 이들이 있는 주, 군에서는 이들을 호적에 올려 농토에 정착시켜 농사를 짓도록 하고 이를 어기는 사람들은 죄를 줄 것이다.
>
> 「태조실록」
>
> • 무릇 노비 매매는 관청에 신고해야 한다. 사사로이 몰래 매매하였을 경우에는 관청에서는 그 노비 및 대가로 받은 물건을 모두 몰수한다. 나이 16세 이상 50세 이하는 가격이 저화 4천장이고, 15세 이상 50세 이하는 3천장이다.
>
> 「경국대전」

① 지현 – 노비 매매라니 조신시대에는 노비가 일종의 재산으로 취급되었다는 걸 알 수 있겠어.

② 민영 – 맞아. 조선시대 노비들은 향·부곡·소에 집단으로 거주하며 천역에 종사하거나 노비생활을 하였지.

③ 유식 – 조선시대나 고려시대나 노비의 삶의 질은 별다를 바가 없었겠군.

④ 지인 – 그래도 조선 초기에는 천역종사자를 양인으로 흡수하려는 국가의 노력이 있었어.

....

TIP ② 조선시대에는 천민 거주 집단인 향·부곡·소는 소멸되었지만 여전히 천민으로서 노비와 천역에 종사하는 사람들이 존재하였다. 또한 노비는 재산으로 취급되어 매매, 상속, 증여의 대상이었으며 천역에 종사하는 사람에는 백정, 무당, 창기, 광대 등이 있었다.

Answer 14.④ 15.②

16 다음 중 조선시대의 신분에 대한 내용으로 옳지 않은 것은?

① 솔거노비 A는 주인으로부터 독립적인 생활을 영위하지만 일정한 신공을 바쳐야 했다.

② B는 아버지가 양반이지만 서얼이었기 때문에 관직진출에 많은 제한을 받았다.

③ 농민 C와 수공업자 D는 같은 상민이지만 C가 더 낮은 대우를 받았었다.

④ 부모가 모두 상민인 E는 과거응시 경험이 있다.

··

TIP ③ 조선은 성리학의 이념이 사회전반에 널리 퍼져 있었다. 성리학에서는 사 · 농 · 공 · 상이라고 하여 공(工)과 상(商)을 농(農)보다 천시하였다. 때문에 조선시대에는 같은 상민이어도 수공업자와 상인은 농민보다 낮은 대우를 받았다.

17 다음 밑줄 친 '이 기구'에 대한 설명으로 옳지 않은 것은?

> 무릇 이 기구에 가입하기를 원하는 자에게는 반드시 먼저 규약문을 보여 몇 달 동안 실행할 수 있는가를 스스로 헤아려 본 뒤에 가입하기를 청하게 한다. 가입을 청하는 자는 반드시 단자에 참가하기를 원하는 뜻을 자세히 적어서 모임이 있을 때에 진술하고, 사람을 시켜 약정(約正)에게 바치면 약정은 여러 사람에게 물어서 좋다고 한 다음에야 글로 답하고 다음 모임에 참여하게 한다.
>
> 「율곡전서」

① 주요 간부진은 대개 농민들이 차지하였다.

② 풍속 교화와 향촌질서 유지에 맞게 구성되었다.

③ 지방 사림의 지위를 강화시켜 주는 역할을 하였다.

④ 전통적인 마을 공동조직에 유교 윤리가 가미되었다.

··

TIP ① 제시된 내용은 해주향약 입약 범례문이다. 향약은 향촌의 유력한 사람이 약정(향약의 간부)에 임명되는 등 사림이 향약을 주도하였다.

18 다음 중 조선시대 사법 제도에 대한 설명으로 옳지 않은 것은?

① 지방수령이 재판을 담당하였으며, 재판 결과에 불복할 때는 항소할 수 있었다.
② 재산소유권의 분쟁은 문건에 의한 증거주의를 존중하였다.
③ 사법기관과 행정기관이 원칙적으로 구분되어 있었다.
④ 경국대전이 기본법전이었다.

TIP ③ 조선시대에는 사법기관과 행정기관이 분리되지 않았으며, 동일 관청에서 행정권과 사법권을 동시에 관장하였다.

19 다음의 글과 관련이 있는 사실이 아닌 것은?

> 3년에 한 번씩 호적을 개편하여 호조와 한성부, 본도와 본고을에 둔다. 서울과 지방은 5호로써 1통을 삼고 통주가 있다. 지방에는 5통마다 이정(里正)이 있고 1면마다 권농관이 있다. 서울에는 1방마다 관령이 있다. 사대부와 서민은 모두 집이 있는 곳에 따라 통을 만든다. 남자 장정으로서 16세 이상이면 호패를 찬다. 서울에서는 한성부, 지방에서는 각 고을의 해당 관리가 도장을 찍어 발급한다.
>
> 「경국대전」

① 농민들을 효과적으로 통제하기 위해 실시한 제도이다.
② 호패는 신분에 따라 만드는 재료가 달랐으며 일종의 신분증명제도였다.
③ 이러한 제도를 시행함으로 농민생활은 안정을 찾게 되었다.
④ 반면 이러한 제도는 인징(隣徵)의 근거가 되기도 했다.

TIP 제시문은 오가작통법과 호패법에 대한 글이다. 이러한 제도를 통해 조선은 촌락 주민에 대한 지배를 원활히 하고자 하였으며, 호패법도 농민 이동을 억제하여 효과적인 조세수취와 유민의 방지를 기한다는 공통적인 목적이 있다.
③ 오가작통법과 호패법은 농민생활의 안정이 아닌 통제책이었다.

20 조선시대의 사회시설과 정책에 대한 설명이 옳지 않은 것은?

① 정부는 농민생활의 안정을 위해 의창, 상평창 등의 환곡제를 실시하였다.

② 동·서 대비원은 유랑자의 수용과 구출을 담당하였다.

③ 혜민국은 수도권의 서민환자의 구제를 담당하였다.

④ 형법은 민법이 기본법이며 대명률을 적용한다.

TIP ② 동서대비원은 수도권 서민 환자의 구제를 담당하였다.

※ 조선시대 사회시설

㉠ 혜민국 : 약재 판매

㉡ 동·서 대비원 : 서민환자 구제

㉢ 제생원 : 지방민의 구호 및 진료

㉣ 동·서 활인서 : 유랑자 수용·구휼

---

21 다음 문서에 대해 바르게 설명한 것을 모두 고르면?

㉠ 고려시대에 처음 만들어졌으며 남녀 구분 없이 나이순대로 적는 원칙이 일제에 의한 강제 호적정리 이후 깨지고 말았다.

㉡ 국가에서 부역의 징발 등을 위해 촌주들을 시켜 작성하도록 한 것이 우리나라에서 처음 만들어지게 된 계기였다.

㉢ 양반 가문의 상징으로 작용하였고, 종(縱)적인 혈통관계와 횡(橫)적인 동족 관계를 밝혀주었다.

㉣ 성리학적인 가부장제가 강화되는 조선 후기부터 부계 중심으로 활발하게 제작 되었다.

① ㉠, ㉡   ② ㉠, ㉢

③ ㉡, ㉢   ④ ㉢, ㉣

TIP 그림은 현존하는 가장 오래된 족보인「안동권씨성화보」이다. 족보는 종적으로 혈통관계를, 횡적으로는 동족관계를 밝히고 양반이 자신의 가문을 내세우기 위해 직접 작성하였다. 족보는 처음에는 남녀 구분 없이 출생순서로 기록하였으나, 조선 후기에 성리학적 질서가 강화되어 부계중심으로 제작되었다.

Answer 20.② 21.④

22 조선의 가족제도 변화와 혼인에 대한 설명으로 옳지 않은 것은?

① 조선 중기에는 혼인 후 남자가 여자 집에서 생활하는 경우가 있었다.

② 17세기 이후 제사는 반드시 장자가 지내야 한다는 의식이 확대되었다.

③ 효자와 열녀를 표창하는 등 효와 정절을 강조하였지만, 과부의 재가는 허용하였다.

④ 일부일처를 기본으로 하였으나 남자의 축첩은 허용되었다.

....

TIP ③ 1477년 7월 성종은 입법회의에서, 여자는 한 번 시집가면 종신 불개(不改)해야 하며, 개가녀의 자식은 벼슬을 시키지 않는다는 결정을 내리고 「경국대전」에 성문화하여 과부의 재가를 금지하였다.

23 다음의 내용을 통해서 조선 후기 시대상황을 옳게 추론한 것은?

> • 설점수세정책이 실시되었다.
> • 공장안 등록제도가 폐지되었다.
> • 양인장정들이 납포군으로 바뀌었다.

① 인력의 동원력이 약화되었다.

② 민간 주도의 경제체제가 확립되었다.

③ 봉건적인 신분질서가 붕괴되었다.

④ 국가재정의 부족사태가 발생하였다.

....

TIP 조선 후기에는 상인과 농민층의 불만과 반발로 인하여 인력의 강제동원력이 약화되었다.

Answer 22.③ 23.①

24 다음 중 조선 후기 노비에 대한 설명으로 옳은 것은?

① 군공을 세우거나 납속을 통해 상민이 되는 경우가 많아졌다.
② 농민층의 몰락으로 노비의 수가 급증하여 국가 재정에 타격을 주었다.
③ 사노비는 상전에게 강하게 예속되었으며 상민과의 구별이 더욱 엄격해졌다.
④ 정부는 국가재정상, 국방상의 이유로 노비수를 늘리기 위한 노력을 기울였다.

TIP 부를 축적한 농민은 지위를 높이고 역 부담을 모면하기 위해 신분을 사거나 족보를 위조하여 양반이 되었고 노비 또한 도망, 상민과의 결혼, 군공이나 납속을 통해 상민이 되었다. 이러한 상민의 감소와 양반 수의 증가는 국가재정상·국방상 많은 지장을 초래하였다. 국가에서는 국가재정의 기반이 되는 상민의 수를 늘리기 위해 공노비를 단계적으로 해방시켰다.

25 다음 중에서 19세기 전반에 일어난 홍경래의 난의 원인으로 옳은 것은?

㉠ 지역 차별	㉡ 외세의 침탈
㉢ 지주제의 모순	㉣ 붕당간의 차별
㉤ 세도정권의 부패	

① ㉠, ㉡, ㉢
③ ㉡, ㉢, ㉣

② ㉠, ㉢, ㉤
④ ㉢, ㉣, ㉤

TIP 홍경래의 난(1811)은 봉건체제의 모순의 격화, 서북인에 대한 정치적 차별, 수령권에 대한 봉기, 세도정치로 인한 민심의 이반 등을 원인으로 일어났다.

26 다음 글을 읽고 나눈 대화로서 견해가 타당하지 않은 사람은?

> 옷차림은 신분의 귀천을 나타내는 것이다. 그런데 어쩌된 까닭인지 근래 이것이 문란해져 상민, 천민들이 갓을 쓰고 도포를 입는 것이 마치 조정의 관리나 선비와 같이 한다. 진실로 한심스럽기 짝이 없다. 심지어 시전 상인들이나 군역을 지는 상민들까지도 서로 양반이라 부른다.
>
> 「일성록」

① 정우 – 상민들도 서로를 양반으로 부른다니 조선 후기에 양반 수가 증가하긴 증가했나봐.

② 민정 – 맞아, 조선 후기에는 부농층이 군역의 면제를 위해 양반 신분을 사거나 족보를 위조해 양반으로 행세하는 경우가 많았다고 하잖아.

③ 아주 – 난 이렇게 신분제가 동요하게 된 가장 큰 원인은 농민생활이 궁핍해지고 민심이 흉흉해진 때문이라고 생각해.

④ 현정 – 이러한 현상으로 결국 양반의 수는 증가하였지만 상민과 노비의 수는 감소하게 되었지.

TIP 19세기를 전후해서 양반의 인구가 점차 늘고, 상민과 노비의 인구가 줄어드는 등 그 동안 사회의 기반을 이루었던 양반 중심의 신분제가 동요하였다. 이러한 변화에 결정적인 역할을 한 것은 조선 후기 농업기술의 발달과 상공업의 발달이었다. 경제적인 부를 축적한 부유한 농민이 납속에 의한 합법적인 방법으로 양반신분의 족보를 위조하는 경우가 대표적인 경우이다.

27 다음 중 동학사상에 대한 설명으로 옳지 않은 것은?

① 철학적으로는 주기론, 종교적으로는 샤머니즘과 도교에 가까운 편이었다.

② 서학을 배격하고 서양과 일본의 침투를 경계하여 정부로부터 환영을 받았다.

③ 전통적인 민족 신앙을 토대로 유 · 불 · 도교 사상 등을 종합하였다.

④ 인내천 사상과 운수 사상을 바탕으로 봉건적 사회체제에 반대하였다.

TIP ② 동학은 인간평등사상을 제창하고, 운수사상을 내세워 조선 왕조를 부정하였기 때문에 정부는 교주인 최제우를 혹세무민의 죄목으로 처형하였다.

Answer 26.③ 27.②

28 다음은 대구지방의 신분별 인구 변동을 나타낸 것으로 이러한 인구 변동은 조선 후기에 다른 지역에서도 유사하게 나타났다. 이러한 인구 변동과 관련된 내용으로 옳지 않은 것은?

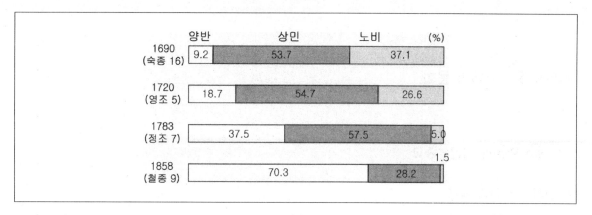

① 이 변화의 결과 양반이 누리던 특권이 크게 축소되었다.

② 이 변화를 계기로 소작인과 임노동자의 수가 크게 감소하였다.

③ 1000여 개에 이르는 장시의 발달이 이 변화를 촉진하였다.

④ 이앙법, 견종법의 보급과 상업적 농업의 전개가 이 변화의 중요한 배경이 되었다.

....

TIP ② 조선 후기 영농 방법의 개선과 상품화폐 경제의 발달은 부농층을 탄생시켰으나 다른 한편으로는 부농들의 광작으로 말미암아 대부분의 영세농들은 소작지조차 얻지 못하여 임노동자로 전락하였다.

---

section **1** 고대의 문화

① 학문과 사상 · 종교

(1) 한자의 보급과 교육

① **한자의 전래** ⋯ 한자는 철기시대부터 지배층을 중심으로 사용되었다가 이두 · 향찰이 사용되면서 한문이 토착화되었다.

② **교육기관의 설립과 한자의 보급**
   ⊙ **고구려** : 태학(수도)에서는 유교경전과 역사서를 가르쳤으며 경당(지방)에서는 청소년에게 한학과 무술을 가르쳤다.
   ⊙ **백제** : 5경 박사 · 의박사 · 역박사에서는 유교경전과 기술학 등을 가르쳤으며, 사택지적 비문에는 불당을 세운 내력을 기록하고 있다.
   ⊙ **신라** : 임신서기석을 통해 청소년들이 유교경전을 공부하였던 사실을 알 수 있다.

③ **유학의 교육**
   ⊙ **삼국시대** : 학문적으로 깊이 있게 연구된 것이 아니라, 충 · 효 · 신 등의 도덕규범을 장려하는 정도였다.
   ⊙ **통일신라** : 신문왕 때 국학이라는 유학교육기관을 설립하였고, 경덕왕 때는 국학을 태학이라고 고치고 박사와 조교를 두어 논어와 효경 등 유교경전을 가르쳐 충효일치의 윤리를 강조했으며, 원성왕 때 학문과 유학의 보급을 위해 독서삼품과를 마련하였다.
   ⊙ **발해** : 주자감을 설립하여 귀족 자제들에게 유교경전을 교육하였다.

(2) 역사 편찬과 유학의 보급

① **삼국시대** ⋯ 학문이 점차 발달되고 중앙집권적 체제가 정비됨에 따라 왕실의 권위를 높이고 백성들의 충성심을 모으기 위해 편찬 하였으며 고구려에는 유기, 이문진의 신집 5권, 백제에는 고흥의 서기, 신라에는 거칠부의 국사가 있다.

② **통일신라**
   ⊙ **김대문** : 화랑세기, 고승전, 한산기를 저술하여 주체적인 문화의식을 드높였다.

ⓒ **6두품 유학자** : 강수(외교문서를 잘 지은 문장가)나 설총(화왕계 저술)이 활약하여 도덕적 합리주의를 제 시하였다.

ⓒ **도당 유학생** : 김운경, 최치원이 다양한 개혁안을 제시하였다. 특히 최치원은 당에서 빈공과에 급제하고 계원필경 등 뛰어난 문장과 저술을 남겼으며, 유학자이면서도 불교와 도교에 조예가 깊었다.

③ **발해** … 당에 유학생을 파견하였고 당의 빈공과에 급제한 사람도 여러 명 나왔다.

(3) 불교의 수용

① **수용** … 고구려는 소수림왕(372), 백제는 침류왕(384), 신라는 법흥왕(527) 때 수용되었다.

② **불교의 영향**

　ㄱ 새로운 국가정신의 확립과 왕권 강화의 결과를 가져왔다.

　ㄴ 신라 시대의 불교는 업설, 미륵불신앙이 중심교리로 발전하였다.

(4) 불교사상의 발달

① **원효** … 불교의 사상적 이해기준을 확립시켰고(금강삼매경론, 대승기신론소), 종파 간의 사상적인 대립을 극 복하고 조화시키려 애썼으며, 불교의 대중화에 이바지하였다(아미타신앙).

② **의상** … 화엄일승법계도를 통해 화엄사상을 정립하였고, 현세의 고난을 구제한다는 관음사상을 외치기도 하 였다.

③ **혜초** … 인도에 가서 불교를 공부하였으며, 왕오천축국전을 저술하기도 하였다.

④ **원측** … 유식학을 독자적으로 발전시켰다.

⑤ **발해** … 왕실과 귀족 중심으로 성행하였고, 문왕은 스스로 불교적 성왕으로 일컬었다.

(5) 선종과 풍수지리설

① **선종** … 참선을 중시했고 실천적 경향이 강하였으며, 호족세력과 결합하였다.

② **풍수지리설** … 신라말기의 도선과 같은 선종 승려들이 중국에서 풍수지리설을 들여왔다.

　ㄱ 성격 : 도읍, 주택, 묘지 등을 선정하는 인문지리적 학설을 말하며, 도참사상과 결합하기도 하였다.

　ㄴ 국토를 지방 중심으로 재편성하는 주장으로 발전하였다.

② 과학기술의 발달

(1) 천문학과 수학

① **천문학의 발달** … 농경과 밀접한 관련이 있었으며, 고구려의 천문도, 신라의 천문대를 통해 천문학이 발달했음을 알 수 있다.

② **수학의 발달** … 수학적 지식을 활용한 조형물을 통해 높은 수준으로 발달했음을 알 수 있다.
   - ㉠ 고구려 : 고분의 석실과 천장의 구조
   - ㉡ 백제 : 정림사지 5층 석탑
   - ㉢ 신라 : 황룡사지 9층 목탑, 석굴암의 석굴구조, 불국사 3층 석탑, 다보탑

(2) 목판인쇄술과 제지술의 발달

① **배경** … 불교의 발달로 불경의 대량인쇄를 위해 목판인쇄술과 제지술이 발달하였다.

② **무구정광대다라니경** … 세계에서 가장 오래된 목판인쇄물이며, 닥나무 종이를 사용하였다.

(3) 금속기술의 발달

① **고구려** … 철의 생산이 중요한 국가적 산업이었으며, 우수한 철제 무기와 도구가 출토되었다. 고분벽화에는 철을 단련하고 수레바퀴를 제작하는 기술자의 모습이 묘사되어 있다.

② **백제** … 금속공예 기술이 발달하였다(칠지도, 백제 금동대향로).

③ **신라** … 금세공 기술이 발달하고(금관), 금속주조 기술도 발달하였다(성덕대왕 신종).

(4) 농업기술의 혁신

① 철제 농기구의 보급으로 농업생산력이 증가하였다.

② **삼국의 농업기술** … 쟁기, 호미, 괭이 등의 농기구가 보급되어 농업 생산이 증가되었다.

③ 고대인의 자취와 멋

(1) 고분과 고분벽화

① **고구려** … 초기에는 돌무지무덤으로, 장군총이 대표적이며 후기에는 굴식돌방무덤으로 무용총(사냥그림), 강서대묘(사신도), 쌍영총, 각저총(씨름도) 등이 대표적이다.

② **백제** … 한성시대에는 계단식 돌무지무덤으로서 고구려 초기의 고분과 유사한 서울 석촌동에 있는 고분이 대표적이고 웅진시대에는 굴식돌방무덤과 벽돌무덤(무령왕릉)이 유행하였다. 사비시대에는 규모는 작지만 세련된 굴식돌방무덤을 만들었다.

③ **신라** … 거대한 돌무지 덧널무덤(천마총의 천마도)을 만들었으며, 삼국통일 직전에는 굴식돌방무덤도 만들었다.

④ **통일신라** … 굴식돌방무덤과 화장이 유행하였으며, 둘레돌에 12지신상을 조각하였다.

⑤ **발해** … 정혜공주묘(굴식돌방무덤 · 모줄임 천장구조), 정효공주묘(벽돌무덤 · 벽화)가 유명하다.

(2) 건축과 탑

① **삼국시대**
 ㉠ **사원** : 신라의 황룡사는 진흥왕의 팽창의지를 보여주고, 백제의 미륵사는 무왕이 추진한 백제의 중흥을 반영하는 것이다.
 ㉡ **탑** : 불교의 전파와 함께 부처의 사리를 봉안하여 예배의 주대상으로 삼았다.
  • 고구려 : 주로 목탑 건립(현존하는 것은 없음)
  • 백제 : 목탑형식의 석탑인 익산 미륵사지 석탑, 부여 정림사지 5층 석탑
  • 신라 : 몽고의 침입 때 소실된 황룡사 9층 목탑과 벽돌모양의 석탑인 분황사탑

② **통일신라**
 ㉠ **사원** : 불국토의 이상을 조화와 균형감각으로 표현한 사원인 불국사, 석굴암 및 인공 연못인 안압지는 화려한 귀족생활을 보여 준다.
 ㉡ **탑** : 3층으로 석탑이 있는 형식이 유행하였고, 석가탑, 다보탑 등이 대표적이다.
 ㉢ **승탑과 승비** : 신라말기에 선종이 유행하면서 승려들의 사리를 봉안하는 승탑과 승비가 유행하였다.

③ **발해** … 외성을 쌓고, 주작대로를 내고, 그 안에 궁궐과 사원을 세웠다. 사찰은 높은 단 위에 금단을 짓고 그 좌우에 건물을 배치하였다.

(3) 불상 조각과 공예

① **삼국시대** … 불상으로는 미륵보살반가상을 많이 제작하였다. 그 중에서도 금동미륵보살반가상은 날씬한 몸매와 자애로운 미소로 유명하다.

② **통일신라**
 ㉠ **석굴암의 본존불과 보살상** : 사실적 조각으로 불교의 이상세계를 구현하는 것이다.
 ㉡ **조각** : 태종 무열왕릉비의 받침돌, 불국사 석등, 법주사 쌍사자 석등이 유명하다.
 ㉢ **공예** : 상원사 종, 성덕대왕 신종 등이 유명하다.

③ 발해

　　㉠ 불상 : 흙을 구워 만든 불상과 부처 둘이 앉아 있는 불상(이불병좌상)이 유명한데, 고구려 양식을 계승하고 있다.

　　㉡ 조각 : 벽돌과 기와무늬(고구려 영향), 석등(팔각기단)이 유명하다.

　　㉢ 공예 : 자기공예가 독특하게 발전하였고 당에 수출하기도 했다.

(4) 글씨 · 그림과 음악

① 서예 ··· 광개토대왕릉 비문(웅건한 서체), 김생(신라의 독자적인 서체)이 유명하다.

② 그림 ··· 천마도(신라의 힘찬 화풍), 황룡사 벽에 그린 소나무 그림(솔거), 화엄경 변상도가 유명하다.

③ 음악과 무용 ··· 신라의 백결선생(방아타령), 고구려의 왕산악(거문고), 가야의 우륵(가야금)이 유명하다.

(5) 한문학과 향가

① 삼국시대

　　㉠ 한시 : 황조가(고구려, 유리왕의 이별의 슬픔을 노래함), 오언시(을지문덕이 수의 장수에게 보냄)가 전해지고 있다.

　　㉡ 노래 : 구지가(무속신앙과 관련), 회소곡(노동과 관련), 정읍사(백제), 혜성가(신라의 향가) 등이 유행하였다.

② 통일신라

　　㉠ 향가 : 화랑에 대한 사모의 심정, 형제 간의 우애, 공덕이나 불교에 대한 신앙심을 담고 있으며 삼대목을 편찬하였다.

　　㉡ 설화문학 : 에밀레종 설화, 설씨녀 이야기, 효녀 지은 이야기 등을 통해 종교와 백성들의 어려운 삶을 찾아볼 수 있다.

③ 발해 ··· 4 · 6변려체로 써진 정혜 · 정효공주의 묘지석을 통해 높은 수준을 알 수 있고, 시인으로 양태사(다듬이 소리)가 유명하다.

❹ 일본으로 건너간 우리 문화

(1) 삼국문화의 일본 전파

① 백제 ··· 아직기는 한자 교육, 왕인은 천자문과 논어 보급, 노리사치계는 불경과 불상을 전래하였다.

② 고구려 ··· 담징(종이, 먹의 제조방법 전달, 호류사 벽화), 혜자(쇼토쿠 태자의 스승), 혜관(불교 전파)을 통해 문화가 전파되었다.

③ 신라 ··· 축제술(한인의 연못)과 조선술을 전해주었다.

④ 삼국의 문화는 야마토 정권과 아스카 문화의 형성에 큰 영향을 주었다.

(2) 일본으로 건너간 통일신라 문화

① 원효, 강수, 설총이 발전시킨 유교와 불교문화는 일본 하쿠호문화의 성립에 기여하였다.

② 심상에 의하여 전해진 화엄사상은 일본 화엄종의 토대가 되었다.

section 2 중세의 문화

❶ 유학의 발달과 역사서의 편찬

(1) 유학의 발달

① **고려초기의 유학** … 유교주의적 정치와 교육의 기틀이 마련되었다.
  - ㉠ 태조 때 : 신라 6두품 계열의 유학자들이 활약하였다.
  - ㉡ 광종 때 : 유학에 능숙한 관료를 등용하는 과거제도를 실시하였다.
  - ㉢ 성종 때 : 최승로의 시무 28조를 통해 유교적 정치사상이 확립되고 유학교육기관이 정비되었다.

② **고려중기** … 문벌귀족사회의 발달과 함께 유교사상이 점차 보수적 성격을 띠게 되었다.
  - ㉠ 최충 : 9재학당(사학) 설립, 훈고학적 유학에 철학적 경향을 가미하기도 하였다.
  - ㉡ 김부식 : 보수적이고 현실적인 성격의 유학을 대표하였다.

(2) 교육기관

① **초기(성종)** … 지방에는 지방관리와 서민의 자제를 교육시키는 향교를, 중앙에는 국립대학인 국자감이 설치되었다.

② **중기**
  - ㉠ 최충의 9재 학당 등의 사학 12도가 융성하여 관학이 위축되었다.
  - ㉡ 관학진흥책 : 서적포 설치(숙종), 양현고, 청연각 설치 및 7재 개설(예종)하였고, 개경의 경사 6학과 향교를 중심으로 지방교육을 강화(인종)하였다.

③ **후기** … 교육재단인 섬학전을 설치하고, 국자감을 성균관으로 개칭하였으며, 공민왕 때에는 성균관을 순수 유교교육기관으로 개편하였다.

(3) 역사서의 편찬

① **삼국사기**(김부식) … 기전체로 서술되었고, 유교적 합리주의 사관이 짙게 깔려 있다.

② **해동고승전**(각훈) … 삼국시대의 승려 30여명의 전기를 수록하였다.

③ **동명왕편**(이규보) … 고구려 동명왕의 업적을 칭송한 영웅 서사시로서, 고구려 계승의식을 반영하고 고구려의 전통을 노래하였다.

④ **삼국유사**(일연) … 단군의 건국 이야기를 수록하였고, 불교사를 중심으로 서술되었다.

⑤ **제왕운기**(이승휴) … 우리나라 역사를 단군으로부터 서술하면서 우리 역사를 중국사와 대등하게 파악하려 하였다.

(4) 성리학의 전래

① **성리학** … 남송의 주희가 집대성한 성리학은 인간의 심성과 우주의 원리문제를 철학적으로 탐구하는 신유학이었다.

② **영향**
　ㄱ 현실 사회의 모순을 시정하기 위한 개혁사상으로 신진사대부들은 성리학을 수용하게 되었다.
　ㄴ 권문세족과 불교의 폐단을 비판하였다(정도전의 불씨잡변).
　ㄷ 국가사회의 지도이념이 불교에서 성리학으로 바뀌게 되었다.

❷ 불교사상과 신앙

(1) 불교정책

① **태조** … 개경에 여러 사원을 세웠으며, 훈요 10조에서 불교를 숭상하고, 연등회와 팔관회 등 불교행사를 개최하였다.

② **광종** … 승과제도, 국사 · 왕사제도를 실시하였다.

③ **사원** … 국가가 토지를 지급했으며, 승려에게 면역의 혜택을 부여하였다.

(2) 불교통합운동과 천태종

① **화엄종, 법상종 발달** … 왕실과 귀족의 지원을 받았다.

② **천태종** … 대각국사 의천이 창시하였다.
　ㄱ 교단통합운동 : 화엄종 중심으로 교종통합, 선종의 통합을 위해 국청사를 창건하여 천태종을 창시하였다.
　ㄴ 교관겸수 제창 : 이론의 연마와 실천을 강조하였다.

③ 무신집권 이후의 종교운동

　　㉠ 지눌 : 당시 불교계의 타락을 비판하고, 조계종 중심의 선·교 통합, 돈오점수·정혜쌍수를 제창하였다. 선종을 중심으로 교종을 포용하여 선·교 일치사상을 완성시켰다.

　　㉡ 혜심 : 유불일치설을 주장하고 심성의 도야를 강조하였다.

(3) 대장경 간행

① **초조대장경** ··· 현종 때 거란의 퇴치를 염원하며 간행하였으나 몽고의 침입으로 소실되었다.

② **속장경(의천)** ··· 교장도감을 설치하여 속장경을 간행하였는데, 몽고 침입시 소실되었다.

③ **팔만대장경(재조대장경)** ··· 대장도감을 설치하여 부처의 힘으로 몽고의 침입을 극복하고자 하였다. 합천 해인사에 보관되어 있다.

(4) 도교와 풍수지리설

① **도교** ··· 국가의 안녕과 왕실의 번영을 기원하였는데 교단이 성립되지 못하여 민간신앙으로 전개되었다. 팔관회는 도교, 민간신앙, 불교가 어우러진 행사였다.

② **풍수지리설** ··· 서경천도와 북진정책 추진의 이론적 근거가 되었으며, 개경세력과 서경세력의 정치적 투쟁에 이용되어 묘청의 서경천도운동을 뒷받침하기도 하였다.

③ 과학기술의 발달

(1) 천문학과 의학

① **천문학** ··· 사천대(서운관)를 설치하여 관측업무를 수행하였고, 당의 선명력이나 원의 수시력 등 역법을 수용하였다.

② **의학** ··· 태의감에서 의학을 교육하였고, 의과를 시행하였으며, 향약구급방과 같은 자주적 의서를 편찬하였다.

③ **과학** ··· 국자감에서 잡학을 교육하였고, 과거에서도 잡과를 실시하였다.

(2) 인쇄술의 발달

① **목판인쇄술** ··· 고려대장경의 판목은 고려 목판인쇄술의 수준이 최고였음을 입증해 주고 있다.

② **금속활자인쇄술** ··· 상정고금예문(1234)은 서양보다 200여 년 앞서 인쇄한 것이나 오늘날 전해지지 않고 있으며, 직지심체요절(1377)은 현존하는 세계 최고(最古)의 금속 활자본이다.

③ **제지술의 발달** ··· 닥나무의 재배를 장려하고, 종이 제조의 전담관서를 설치하여 우수한 종이를 제조하여 중국에 수출하기도 하였다.

(3) 농업기술의 발달

① **권농정책** … 농민생활의 안정과 국가재정의 확보를 위해 실시하였다.

② **농업기술의 발달**
  - ㉠ **토지의 개간과 간척** : 묵은땅, 황무지, 산지 등을 개간하였으며 해안지방의 저습지를 간척(강화도)하였다.
  - ㉡ **수리시설의 개선** : 김제의 벽골제와 밀양의 수산제를 개축하고, 제언(저수지)을 확충하였다.
  - ㉢ **농업기술의 발달** : 논농사의 경우는 직파법을 실시하였으나, 말기에 남부 일부 지방에 이앙법이 보급되어 실시되기도 하였다. 밭농사는 2년 3작의 윤작법과 우경에 의한 깊이갈이가 보급되어 휴경기간의 단축과 생산력의 증대를 가져왔다.
  - ㉣ **농서의 도입** : 이암은 원의 농상집요를 소개·보급하였다.
  - ㉤ 문익점은 원에서 몰래 목화를 들여와 의생활의 혁신을 가져왔다.

(4) 화약무기의 제조와 조선기술

① 최무선은 화통도감을 설치하여 화약과 화포를 제작하였고 진포싸움에서 왜구를 격퇴하였다.

② 대형 범선이 제조되었고 대형 조운선이 등장하였다.

❹ 귀족문화의 발달

(1) 문학의 성장

① **전기**
  - ㉠ **한문학** : 광종 때부터 실시한 과거제로 한문학이 크게 발달하였고, 성종 이후 문치주의가 성행함에 따라 한문학은 관리들의 필수교양이 되었다.
  - ㉡ **향가** : 균여의 보현십원가가 대표적이며, 향가는 점차 한시에 밀려 사라지게 되었다.

② **중기** … 당의 시나 송의 산문을 숭상하는 풍조가 나타났다.

③ **무신집권기** … 현실도피적 경향의 수필문학이 유행하였다. 이규보와 최자 등 문신들에 의해 형식보다는 내용에 치중하여 현실을 표현하였다.

④ **후기** … 신진사대부와 민중이 주축이 되어 수필문학, 패관문학, 한시가 발달하였으며, 사대부문학인 경기체가 및 서민의 감정을 자유분방하게 표현한 속요가 유행하였다.

(2) 건축과 조각

① **건축** … 궁궐과 사원이 중심이 되었으며, 주심포식 건물(영주 부석사 무량수전, 예산 수덕사 대웅전)과 다포식 건물(사리원 성북사 응진전)이 건축되었다.

② **석탑** … 신라 양식을 계승하였으나 독자적인 조형감각을 가미하여 다양한 형태로 제작되었다. (불일사 5층 석탑, 월정사 팔각 9층 석탑, 경천사 10층 석탑).

③ **승탑** … 선종의 유행과 관련이 있다(고달사지 승탑, 법천사 지광국사 현묘탑).

④ **불상** … 균형을 이루지 못하여 조형미가 다소 부족한 것이 많았다(광주 춘궁리 철불, 관촉사 석조 미륵보살 입상, 안동 이천동 석불, 부석사 소조아미타여래 좌상).

(3) 청자와 공예

① **자기공예** … 초기에는 순수 청자, 12세기 중엽에는 상감청자가 발달하였고, 원간섭기 이후 소박한 분청자기가 등장하였다.

② **금속공예** … 은입사 기술이 발달하였다(청동 은입사 포류수금문 정병, 청동향로).

③ **나전칠기** … 경함, 화장품갑, 문방구 등이 현재까지 전해진다.

(4) 글씨 · 그림과 음악

① **서예** … 전기에는 구양순체가 유행했으며 탄연의 글씨가 뛰어났고, 후기에는 송설체(조맹부)가 유행했으며, 이암이 뛰어났다.

② **회화** … 도화원 소속 전문화원의 그림과 왕공사대부의 문인화(예성강도, 천산대렵도), 승려의 불화(수월관음보살도)로 나뉘었다. 부석사 조사당의 벽화도 있다.

③ **음악**
　　㉠ 아악 : 송에서 수입된 대성악이 궁중음악으로 발전된 것이다.
　　㉡ 향악(속악) : 우리 고유의 음악이 당악의 영향을 받아 발달한 것으로 동동 · 대동강 · 한림별곡이 유명하다.

section 3 근세의 문화

❶ 민족문화의 융성

(1) 한글의 창제

① **배경** … 한자음의 혼란을 방지하고 피지배층에 대한 도덕적인 교화로 양반 중심의 사회를 운영하는 데 목적이 있었다.

② **창제와 반포**(1446) … 세종대왕은 한글을 창제하고 훈민정음을 반포하였다.

③ 보급 … 용비어천가 · 월인천강지곡 등을 간행하고, 불경, 농서, 윤리서, 병서 등을 변역 · 편찬하였다.

(2) 역사서의 편찬

① **건국 초기** … 왕조의 정통성을 확보하고 성리학적 통치규범을 정착시키기 위한 것이었다. 정도전의 고려국사와 권근의 동국사략이 대표적이다.

② **15세기 중엽** … 고려사, 고려사절요, 동국통감 등을 간행하여 민족적 자각을 일깨우고 왕실과 국가의 위신을 높였다.

③ **16세기** … 사림의 정치 · 문화 의식을 반영하였고, 동국사략, 기자실기 등이 편찬되었다.

④ **조선왕조실록의 편찬** … 국왕 사후에 실록청을 설치하여 편찬하였다(태조 ~ 철종).

(3) 지리서의 편찬

① **목적** … 중앙 집권과 국방 강화를 위하여 지리지와 지도의 편찬에 힘썼다.

② **지도** … 혼일강리역대국도지도, 팔도도, 동국지도, 조선방역지도 등이 있다.

③ **지리지** … 신찬팔도지리지, 동국여지승람, 신증동국여지승람, 해동제국기 등이 있다.

(4) 윤리 · 의례서와 법전의 편찬

① **윤리 · 의례서** … 유교적인 사회질서 확립을 위해 편찬하였으며, 윤리서인 삼강행실도, 이륜행실도, 동몽수지 등과 의례서인 국조오례의가 있다.

② **법전의 편찬**
　㉠ 초기 법전 : 정도전의 조선경국전, 경제문감, 조준의 경제육전이 편찬되었다.
　㉡ 경국대전 : 6전 체제로 구성된 법전으로 유교적 통치 질서와 문물제도가 완성되었음을 의미한다.

❷ 성리학의 발달

(1) 조선 초의 성리학

① **관학파(훈구파)** … 정도전, 권근 등의 관학파는 다양한 사상과 종교를 포용하고, 주례를 중시하였다.

② **사학파(사림파)** … 길재 등은 형벌보다는 교화에 의한 통치를 강조하였고, 성리학적 명분론을 중시하였다.

(2) 성리학의 융성

① **주리론** ··· 기(氣)보다는 이(理)를 중심으로 이론을 전개하였다.
  - ㉠ **학자** : 이언적이 선구자이며 이황이 주리철학을 집대성하였다. 후에 조식 · 유성룡 · 정구 등에 계승되어 영남학파가 형성된다.
  - ㉡ **영향** : 도덕적 원리에 대한 인식과 그 실천을 중요시하여 신분질서를 유지하는 도덕규범 확립에 크게 기여하였다. 임진왜란 이후 일본 성리학의 발전과 위정척사사상 등에 영향을 주었다.

② **주기론** ··· 이(理)보다는 기(氣)를 중심으로 세계를 이해하였다.
  - ㉠ **학자** : 서경덕이 선구자이며, 이이가 주기철학을 집대성하였다. 후에 조헌 · 성혼 · 김장생에게 계승되어 기호학파가 형성된다.
  - ㉡ **영향** : 현실적이고 개혁적인 성격이 강하였으며, 통치제제의 정비와 수취제도의 개혁을 제시하였다. 후에 중상적 실학사상과 개화사상에 영향을 주게 된다.

(3) 학파의 형성과 대립

① **동인** ··· 정여립 모반사건으로 남인(이황 학파)과 북인(서경덕/조식 학파)으로 분파되었다.
  - ㉠ **남인** : 명에 대한 의리명분론을 강조하고 배금정책을 추진했다.
  - ㉡ **북인** : 광해군 때 중립외교 등 사회개혁을 추진하였다. 성리학적 의리명분론에 크게 구애받지 않았다.

② **서인** ··· 이이학파 · 성혼학파로 나뉘고, 인조반정으로 집권하였으며, 남인과 마찬가지로 명에 대한 의리명분론과 배금정책을 강조하였다. 송시열 이후 척화론과 의리명분론이 대세를 이루었다.

(4) 예학의 발달

① **성격** ··· 유교적 질서를 유지하였고, 예를 강조하였다.

② **영향** ··· 예에 관한 지나친 형식주의와 각 학파간 예학의 차이는 예송논쟁을 통해 표출되었다.

❸ 불교와 민간신앙

(1) 불교의 정비

① 정비과정
  - ㉠ **태조** : 도첩제를 실시하여 승려로의 출가를 제한하였다.
  - ㉡ **태종** : 사원을 정리하고 사원의 토지와 노비를 몰수하여 전국에 242개의 사원만을 인정하였다.
  - ㉢ **세종** : 교단을 정리하면서 선종과 교종 모두 36개의 절만 인정하였다.

     ⓔ 성종 : 도첩제를 폐지하고 출가를 금지하였다. 사림들의 적극적인 불교 비판으로 불교는 점차 왕실에서
        멀어져 산 속으로 들어가게 되었다.
     ⓜ 중종 : 승과를 폐지하였다.

② **명맥유지** … 불교를 보호하기 위하여 왕실의 안녕과 왕족의 명복을 비는 행사를 시행하게 되었다. 세조 때
   에는 한글로 불경을 간행하고 보급하기 위한 간경도감을 설치하고, 명종 때에는 불교 회복정책으로 승과를
   부활시켰다.

③ **한계** … 전반적으로 사원의 경제적 기반 축소와 우수한 인재들의 출가 기피는 불교의 사회적 위상을 크게
   약화시키는 결과를 가져왔다.

(2) 도교와 민간신앙

① **도교** … 소격서를 설치하고 참성단에서 일월성신에 대해 제사를 지내는 초제를 시행하였다.

② **풍수지리설과 도참사상** … 한양 천도에 반영되었고, 산송문제를 야기하기도 하였다.

③ **민간신앙** … 무격신앙, 산신신앙, 삼신숭배, 촌락제, 세시풍속이 성행하게 되었다.

④ 과학기술의 발달

(1) 천문 · 역법과 의학

① **각종 기구의 발명 · 제작**
     ㉠ **천체관측기구** : 혼의, 간의
     ㉡ **시간측정기구** : 해시계(앙부일구), 물시계(자격루)
     ㉢ **강우량측정기구** : 측우기(세계 최초)
     ㉣ **토지측량기구** : 인지의, 규형(토지 측량과 지도 제작에 활용)

② **천문도 제작** … 고구려의 천문도를 바탕으로 돌에 새겼다(천상열차분야지도).

③ **역법** … 중국의 수시력과 아라비아의 회회력을 참고한 칠정산을 발달시켰다.

④ **의학분야** … 향약집성방과 의방유취가 편찬되었다.

(2) 농서의 편찬과 농업기술의 발달

① **농서의 편찬**
     ㉠ **농사직설**(세종) : 우리나라에서 편찬된 최초의 농서로서 독자적인 농법을 정리(씨앗의 저장법 · 토질의 개량
        법 · 모내기법)하였다.

ⓒ **금양잡록**(성종) : 금양(시흥)지방을 중심으로 경기지방의 농사법을 정리하였다.

② **농업기술의 발달** … 2년 3작(밭농사), 이모작 · 모내기법(논농사), 건경법 · 수경법, 시비법, 가을갈이가 실시되었다.

③ **목화재배의 확대로** 무명은 화폐처럼 사용되었고, 삼 · 모시의 재배도 성행하였으며 양잠에 관한 농서도 편찬되었다.

(3) 병서 편찬과 무기 제조

① **병서의 편찬** … 총통등록, 병장도설, 동국병감이 편찬되었다.

② **무기 제조** … 최해산은 화약무기를 제조하였고, 바퀴달린 화차인 신기전은 화살 100개를 잇달아 발사할 수 있었다.

③ **병선 제조** … 태종 때에는 거북선과 비거도선을 제조하여 수군의 전투력을 향상시켰다.

❺ 문학과 예술

(1) 다양한 문학

① **특징**
　　㉠ 15세기 : 격식을 존중하고, 질서와 조화를 내세웠다.
　　㉡ 16세기 : 개인적인 감정과 심성을 표현하는 한시와 가사, 시조 등이 발달하였다.

② **악장과 한문학** … 용비어천가, 월인천강지곡, 동문선

③ **시조문학**
　　㉠ 15세기 : 김종서, 남이(패기 넘침), 길재 · 원천석
　　㉡ 16세기 : 황진이, 윤선도

④ **설화문학** … 관리들의 기이한 행적, 서민들의 풍속 · 감정 · 역사의식을 담았다(서거정의 필원잡기, 김시습의 금오신화), 성현의 용재총화, 어숙권의 패관잡기

⑤ **가사문학** … 송순, 정철(관동별곡 · 사미인곡 · 속미인곡), 박인로

⑥ **여류 문인의 활동** … 신사임당, 허난설헌, 황진이

(2) 왕실과 양반의 건축

① **15세기** … 궁궐 · 관아 · 성곽 · 성문 · 학교건축이 중심이 되었고, 건물은 건물주의 신분에 따라 일정한 제한을 두었다.

② 16세기 … 서원건축은 가람배치양식과 주택양식이 실용적으로 결합된 독특한 아름다움을 지녔으며, 옥산서원(경주)·도산서원(안동)이 대표적이다.

(3) 분청사기·백자와 공예

① 분청사기 … 15세기에 유행하였다. 청자에 백토의 분을 칠한 것으로 백색의 분과 안료로 무늬를 만들어 장식하였다.

② 백자 … 16세기에 유행하엿고, 깨끗하고 담백하여 선비취향으로 널리 사용되었다.

③ 목공예 … 실용성과 예술성이 조화를 이루었다.

④ 기타 … 화각공예, 자개공예(나전칠기), 자수와 매듭공예 등

(4) 그림과 글씨

① 그림
　　㉠ 15세기 : 안견(몽유도원도), 강희안(고사관수도), 강희맹 등이 있다.
　　㉡ 16세기 : 산수화와 사군자가 유행하였으며, 이암, 이정, 황집중, 어몽룡, 신사임당 등이 있다.

② 글씨 … 안평대군(송설체), 양사언(초서), 한호(석봉체)가 유명하였다.

(5) 음악과 무용

① 음악
　　㉠ 세종 때 박연은 아악을 정리하였고, 세종 스스로 여민락을 짓고 정간보를 창안하여 소리의 장단과 높낮이를 표현할 수 있게 하였다.
　　㉡ 성종 때 성현은 악학궤범을 편찬하였다.
　　㉢ 민간에서 당악과 향악을 속악으로 발전시켜 음악이나 민요에 활용하였다.

② 무용 … 궁중과 관청에서는 행사에 따라 매우 다양하였는데, 처용무는 전통춤을 우아하게 변용시켰다. 민간에서는 농악무·승무 등 전통춤을 계승하고 발전시켰으며, 산대놀이와 꼭두각시놀이도 유행하였다.

❶ 성리학의 변화

(1) 성리학의 교조화 경향

① **성리학의 절대화**
  ㉠ 서인은 의리명분론을 강화하여 주자 중심의 성리학을 절대화하였다.
  ㉡ 송시열은 주자의 본 뜻에 충실함으로써 사회의 모순을 해결하려 하였다.

② **성리학의 상대화**
  ㉠ 윤휴 : 유교경전에 대한 독자적으로 해석하였다.
  ㉡ 박세당 : 양명학과 노장사상의 영향을 받아 사변록을 통해 주자의 학설을 비판하였다.

③ **성리학의 발달**
  ㉠ **이기론 중심** : 이황학파의 영남 남인과 이이학파인 노론 사이에 성리학의 이기론을 둘러싼 논쟁이 치열하게 전개되었다.
  ㉡ **심성론 중심** : 인간과 사물의 본성이 같은가 다른가 등의 문제를 둘러싸고 충청도 지역의 호론과 서울 지역의 낙론이 대립하였다.

(2) 양명학의 수용

① 성리학의 교조화와 형식화를 비판하였고, 치양지설과 지행합일을 강조하였다.

② **강화학파의 형성** … 18세기 초 정제두가 양명학 연구와 제자 양성에 힘써 강화학파라 불리는 하나의 학파를 이루었으나 제자들이 정권에서 소외된 소론이었기 때문에 그의 학문은 집안의 후손들과 인척을 중심으로 가학(家學)의 형태로 계승되었다.

❷ 실학의 발달

(1) 실학의 등장
  ① **배경** … 사회모순의 해결이 필요했으며, 성리학의 한계가 나타났다.
  ② **태동** … 현실적 문제를 연구했으며, 이수광의 지봉유설, 한백겸의 동국지리지 등에 의하여 제기되었다.
  ③ **성격** … 민생안정과 부국강병이 목표였고, 비판적 · 실증적 논리로 사회개혁론을 제시하였다.

(2) 농업 중심의 개혁론(경세치용학파)

① **특징** … 농민의 입장에서 토지제도의 개혁을 추구하였다.

② **주요 학자와 사상**
  ㉠ **유형원** : 반계수록을 저술, 균전론, 농변일치와 사농일치를 주장, 양반문벌제도 · 과거제도 · 노비제도의 모순을 비판하였다.
  ㉡ **이익** : 이익학파를 형성하고 한전론과 사창제도를 주장, 6종의 폐단을 지적했다.
  ㉢ **정약용** : 실학을 집대성, 목민심서 · 경세유표 등을 저술, 여전론, 창전론, 민본적 왕도정치를 주장하였다.

(3) 상공업 중심의 개혁론(이용후생학파, 북학파)

① **특징** … 청나라 문물을 적극적으로 수용하여 부국 강병과 이용 후생에 힘쓰자고 주장하였다.

② **주요 학자와 사상**
  ㉠ **유수원** : 우서를 저술, 상공업 진흥 · 기술혁신을 강조, 사농공상의 직업평등과 전문화를 주장하였다.
  ㉡ **홍대용** : 임하경륜 · 의산문답을 저술, 기술혁신과 문벌제도를 철폐, 성리학 극복, 균전제를 주장하였다.
  ㉢ **박지원** : 열하일기를 저술, 상공업의 진흥 강조(수레와 선박의 이용 · 화폐유통의 필요성 주장), 양반문벌제도의 비생산성 비판, 농업 생산력 증대에 관심(영농방법의 혁신 · 상업적 농업의 장려 · 수리시설의 확충)을 가졌다.
  ㉣ **박제가** : 북학의를 저술, 청과의 통상 강화, 수레와 선박 이용, 소비권장을 주장하였다.

(4) 국학 연구의 확대

① **국사**
  ㉠ **이익** : 실증적 · 비판적 역사서술, 중국 중심의 역사관을 비판하였다.
  ㉡ **안정복** : 동사강목을 저술하였고 고증사학의 토대를 닦았다.
  ㉢ **이긍익** : 조선시대의 정치와 문화를 정리하여 연려실기술을 저술하였다.
  ㉣ **이종휘와 유득공** : 이종휘의 동사와 유득공의 발해고는 각각 고구려사와 발해사 연구를 중심으로 연구 시야를 만주지방까지 확대하여 한반도 중심의 협소한 사관을 극복하고자 했다.
  ㉤ **김정희** : 금석과안록을 지어 북한산비가 진흥왕순수비임을 고증하였다.
  ㉥ **한치윤** : 해동역사 편찬, 민족사 인식의 폭을 넓혔다.
  ㉦ **기타** : 이진택은 규사 ,이진흥은 연조귀감, 최성환은 고문비략 등을 편찬하였다.

③ **국토에 대한 연구**
  ㉠ **지리지** : (전기)팔도지리지, 동국여지승람, (후기)택리지, 아방강역고
  ㉡ **지도** : (전기)혼일감리도, 동국지도, (후기)대동여지도, 동국지도

④ **언어에 대한 연구** … 신경준의 훈민정음운해, 유희의 언문지, 이의봉의 고금석림이 편찬되었다.

⑤ **백과사전의 편찬** … 이수광의 지봉유설, 이익의 성호사설, 이덕무의 청장관전서, 이규경의 오주연문장전산고, 서유구의 임원경제지, 홍봉한의 동국문헌비고가 편찬되었다.

❸ 과학기술의 발달

(1) 천문학과 지도제작기술의 발달

① **천문학** … 김석문·홍대용의 지전설은 근대적 우주관으로 성리학적 세계관을 비판하는 근거가 되었다.

② **역법과 수학** … 시헌력(김육)과 유클리드 기하학을 도입(기하원본)하였고, 홍대용은 주해수용을 저술하였다.

③ **지도** … 곤여만국전도(세계지도)가 전래되어 세계관이 확대되었다.

(2) 의학의 발달과 기술의 개발

① **의학** … 허준은 동의보감, 허임은 침구경험방, 정약용은 마과회통, 이제마는 동의수세보원을 저술하였다.

② **정약용의 기술관** … 한강에 배다리를 설계하고, 수원 화성 축조에 사용된 거중기를 제작하였다.

(3) 농서의 편찬과 농업기술의 발달

① **농서의 편찬**
  ㉠ **신속의 농가집성** : 벼농사 중심의 농법이 소개되고, 이앙법 보급에 기여하였다.
  ㉡ **박세당의 색경** : 곡물재배법, 채소, 과수, 원예, 축산, 양잠 등의 농업기술을 소개하였다.
  ㉢ 홍만선은 산림경제, 서유구는 해동농서와 농촌생활 백과사전인 임원경제지를 편찬하였다.

② **농업기술의 발달**
  ㉠ 이앙법, 견종법의 보급으로 노동력이 절감되고 생산량이 증대되었다.
  ㉡ 쟁기를 개선하여 소를 이용한 쟁기를 사용하기 시작하였다.
  ㉢ 시비법이 발전되어 여러 종류의 거름이 사용됨으로써 토지의 생산력이 증대되었다.
  ㉣ 수리시설의 개선으로 저수지를 축조하였다(당진의 합덕지, 연안의 남대지 등).
  ㉤ 황무지 개간(내륙 산간지방)과 간척사업(해안지방)으로 경지면적을 확대시켰다.

❹ 문학과 예술의 새 경향

(1) 서민문화의 발달

① 배경 ··· 서당교육이 보급되고, 서민의 경제적 · 신분적 지위가 향상되었다.

② 서민문화의 대두 ··· 중인층(역관 · 서리), 상공업 계층, 부농층의 문예활동과 상민, 광대들의 활동이 활발하였다.

③ 특징 ··· 인간감정을 적나라하게 표현하고 사회의 부정과 비리를 풍자 · 고발하였다. 서민적 주인공이 등장했으며, 현실세계를 배경으로 설정하였다.

(2) 판소리와 탈놀이

① 판소리 ··· 서민문화의 중심이 되었으며, 직접적이고 솔직하게 감정을 표현하였다. 다섯마당(춘향가 · 심청가 · 흥부가 · 적벽가 · 수궁가)이 대표적이며, 신재효는 판소리 사설을 창작하고 정리하였다.

② 탈놀이 · 산대놀이 ··· 승려들의 부패와 위선을 풍자하고, 양반의 허구를 폭로하였다.

(3) 한글소설과 사설시조

① 한글소설 ··· 홍길동전, 춘향전, 별주부전, 심청전, 장화홍련전 등이 유명하였다.

② 사설시조 ··· 남녀 간의 사랑, 현실에 대한 비판을 거리낌없이 표현하였다.

③ 한문학 ··· 정약용은 삼정의 문란을 폭로하는 시를 남겼고, 박지원은 양반전, 허생전, 호질, 민옹전을 통해 양반사회의 허구성을 지적하며 실용적 태도를 강조하였다.

(4) 진경산수화와 풍속화

① 진경산수화 ··· 우리나라의 고유한 자연을 사실적으로 그려 회화의 토착화를 이룩하였고, 정선의 인왕제색도 · 금강전도가 대표적이다.

② 풍속화 ··· 김홍도는 서민생활을 묘사하였고, 신윤복은 양반 및 부녀자의 생활과 남녀 사이의 애정을 표현하였다.

③ 민화 ··· 민중의 미적 감각과 소박한 정서를 표현하였다.

④ 서예 ··· 이광사(동국진체), 김정희(추사체)가 대표적이었다.

(5) 건축

① 사원 건축

    ㉠ 17세기 : 불교의 사회적 지위 향상과 양반지주층의 경제적 성장을 반영하였다. 대표적으로 금산사 미륵전, 화엄사 각황전, 법주사 팔성전 등이 있다.

    ㉡ 18세기 : 부농과 상인의 근거지에 장식성이 강한 사원이 세워졌다. 논산의 쌍계사, 부안의 개암사, 안성의 석남사 등이 있다.

② 수원 화성

    ㉠ 거중기를 사용하였다. 방어와 공격을 겸한 성곽으로, 우리나라의 전통적인 성곽 양식의 장점 위에 서양식 건축기술을 도입하여 축조되었다.

    ㉡ 평상시의 생활과 경제적 터전까지 조화시켜 건설되었다.

③ 19세기의 건축 … 국왕의 건위를 과시할 목적으로 재건한 경복궁 근정전, 경회루 등이 있다.

(6) 백자 · 생활공예와 음악

① 자기공예 … 백자가 민간에까지 널리 사용되었고, 제기와 문방구 등 생활용품이 많았으며 서민들은 옹기를 많이 사용하였다.

② 생활공예 … 목공예와 화각공예가 발전하였다.

③ 음악 … 음악의 향유층이 확대되어 다양한 음악이 출현하였다. 양반층은 가곡 · 시조, 서민들은 민요를 애창하였으며, 광대나 기생들은 판소리 · 산조 · 잡가를 창작 · 발전시켰다.

1 고대 삼국의 교육기관에 대한 설명으로 옳지 않은 것은?

① 고구려는 수도에는 태학을 지방에는 경당을 설립하였다.

② 백제에는 5경박사, 역박사, 의박사 등이 존재했던 걸로 보아 교육기관도 존재했음을 추측할 수 있다.

③ 신라에서는 청년들이 유교경전을 공부하였다.

④ 통일신라는 주자감이라는 교육기관을 통해 유학을 보급하였다.

- -

TIP ④ 주자감은 왕족과 귀족을 대상으로 하는 발해의 교육기관이다.

2 다음 중 통일신라의 문화에 대한 내용으로 옳은 것은?

① 원효는 불교 이해의 기준을 확립하였다.

② 최치원은 「화랑세기」 등을 통해 독자적 작품경향을 나타내었다.

③ 풍수지리사상의 유행으로 신라 정부의 권위는 강화되었다.

④ 도교와 노장사상의 유행으로 귀족들은 더욱 향락적인 생활을 하였다.

- -

TIP 통일신라의 문화
① 원효는 「금강삼매경론」, 「대승기신론소」, 「십문화쟁론」 등의 저서를 통해 불교의 사상적 이해 기준을 확립하였다.
② 「화랑세기」의 저자는 김대문이고, 최치원의 작품으로는 「계원필경」, 「사산비명」이 대표적이다.
③ 풍수지리사상의 유행으로 신라 정부의 권위는 약화되었다.
④ 도교와 노장사상은 신라말기에 불교의 퇴폐적인 풍조에 반항하는 은둔적 사상이었다.

Answer 1.④ 2.①

3 다음의 문화재들을 학습탐구대상으로 할 때 공통적인 주제가 될 수 있는 것은?

> • 고구려 강서고분의 벽화
> • 백제 무령왕릉의 지석
> • 발해 정효공주의 묘지

① 유교의 전래과정
② 불교가 고대 문화에 끼친 영향
③ 샤머니즘이 고분 문화에 끼친 영향
④ 도교가 고대 지배 계층에 끼친 영향

TIP 강서고분의 사신도, 무령왕릉 지석의 매지권에 관한 기록, 정효공주의 묘지 기록들에는 도교사상 또는 노장사상이 반영되어 있다.

4 다음은 한 비석에 적힌 내용의 일부이다. 이와 관련된 설명으로 옳은 것은?

> 임신년 6월 16일 두 사람이 함께 맹세하여 기록한다. 하느님 앞에 맹세한다. …… 만일 나라가 편안하지 않고, 세상이 크게 어지러워지면 모름지기 충성을 행할 것을 맹세한다. 「시경」, 「상서」, 「예기」, 「좌전」을 차례로 습득하기를 맹세하되 3년으로 하였다.
>
> 〈임신서기석〉

① 초기에 신라는 유학 교육기관으로 국학을 설립하여 유교경전을 가르쳤다.
② 이 비석은 신라의 화랑도들이 유교 경전을 공부했음을 알려준다.
③ 비슷한 예로 사택지적비문과 광개토대왕비가 있다.
④ 이 시기에 신라는 박사와 조교를 두고 유학의 보급과 윤리를 국가적으로 강조하였다.

TIP 임신서기석
① 유학교육기관이 설립된 것은 통일신라 신문왕 시기이다.
③ 광개토대왕비는 영토의 확장을 보여주는 유물이다.
④ 통일신라 신문왕은 국학을 설치하였다.

Answer 3.④ 4.②

5 다음은 불교문화의 발전을 위해 노력한 인물들이다. 옳지 않은 것은?

① 원광 – 새로운 사회윤리와 국가정신을 확립하였다.
② 원효 – 화쟁사상을 주장하여 여러 종파를 융합하려 하였다.
③ 혜초 – 「왕오천축국전」을 지어 신라 불교의 교단을 조직 · 정비하였다.
④ 의상 – 신라 화엄종을 창설하여 중국과 다른 불교사상을 발전시켰다.

··

TIP ③ 신라 불교의 교단을 정비한 것은 진흥왕 때의 일로 진흥왕은 승려 혜량을 맞아 국통으로 삼고, 그 아래 주통 · 군통을 두어 교단을 조직 · 정비하였다.

6 다음은 신라시대 두 승려가 주장한 사상이다. 승려 ㈎, ㈏에 대한 설명으로 옳은 것은?

> ㈎ 법성은 원융하니 두 모습이 없으니 모든 불법은 부동하여 본래 고요하다. …… 하나 안에 일체이며, 모두 안에 하나이다. 하나가 곧 일체이며 모두가 곧 하나이다. 하나의 작은 먼지 안에 모든 방향을 포함하고 일세의 먼지 안에 역시 이와 같다.
> ㈏ …… 열면 헬 수 없고 가없는 뜻이 대종(大宗)이 되고, 합하면 이문(二門) 일심(一心)의 법이 그 요차가 되어 있다. 그 이문 속에 만 가지 뜻이 다 포용되어 조금도 혼란됨이 없으며 가없는 뜻이 일심과 하나가 되어 혼용된다.

① ㈎ – 정토교를 보급하여 불교의 대중화에 기여하였다.
② ㈎ – 현세에서 고난을 구제받고자 하는 관음사상을 이끌었다.
③ ㈏ – '화엄일승법계도'를 저술해 화엄사상을 정립하였다.
④ ㈎는 교종, ㈏는 선종승려이다.

··

TIP ㈎ 화엄사상을 이야기 하는 것으로 의상과 관련된 내용이다.
㈏ 화쟁논리에 의한 일심(一心) 사상을 강조한 원효와 관련된 내용이다.
① 정토교를 보급하여 대중화에 기여한 이는 원효이다.
③ 의상에 대한 내용이다.
④ 의상과 원효 모두 교종승려이다.

Answer 5.③ 6.②

7 다음의 설명과 관계 깊은 승려가 남긴 업적을 모두 고르면?

> • 화쟁사상 주장
> • 정토종의 보급
> • 「금강삼매경론」, 「대승기신론소」 저술

> ㉠ 불교를 이해하는 기준의 확립
> ㉡ 화엄 종단에서 관음사상 주도
> ㉢ 귀족 중심의 불교 사상체계 수립
> ㉣ 일심사상을 통해 종파 간의 분파의식 극복 노력

① ㉠, ㉣　　　　　　　　　　　② ㉡, ㉣
③ ㉡, ㉢　　　　　　　　　　　④ ㉢, ㉣

TIP 설명에서 말하는 승려는 원효이다. 원효는 「금강삼매경론」, 「대승기신론소」와 같은 명저를 남겨 불교를 이해하는 기준을 확립하였으며, 일심사상을 바탕으로 다른 종파들과의 사상적 대립을 조화시키고 분파의식을 극복하려는 「십문화쟁론」을 지었다.

8 다음 사건이 발생할 당시 만들어진 문화재는?

> 진성여왕 3년, 나라 안에 여러 주·군에서 공부를 바치지 않으니, 국고가 고갈되어 국용이 궁핍해졌다. 이에 왕이 사자를 보내 독촉하니, 도둑이 들고 일어났다. 이 때 원종과 애노 등이 사벌주를 근거지로 하여 반란을 일으켰다.

① 쌍봉사 철감선사승탑　　　　② 안학궁
③ 황룡사 9층 목탑　　　　　　④ 분황사탑

TIP 제시된 사료는 신라 하대의 원종과 애노의 난에 대한 내용이다.
　　②는 고구려의 문화재 ③, ④는 신라 상대의 문화재이다.

Answer 7.① 8.①

9 고려시대에 활동한 다음 인물들의 공통점을 바르게 설명한 것은?

> 최언위, 최승로, 김심언, 최량

① 자주적이고 주체적인 유학을 발전시켰다.
② 집권세력의 안전을 도모하는 보수적 경향이 강하였다.
③ 종래의 훈고학적 유학을 철학적인 유학으로 발전시켰다.
④ 유교적인 역사의식에 입각하여 고대의 역사를 정리하였다.

....

TIP 최언위, 최승로, 김심언, 최량 등은 6두품 출신의 유학자로 자주적이고 주체적인 유학을 발전시켰다.

10 다음에 해당하는 유학이 고려에 수용된 후 나타난 문화 현상으로 옳지 않은 것은?

> • 우주의 근원과 인간의 심성문제를 철학적으로 규명하려는 학문이다.
> • 불교의 선종사상을 유학에 접목한 것으로, 5경보다는 사서를 중시한 학문이다.

① 소학과 주자가례에 대한 인식이 새롭게 강조되었다.
② 훈고학적인 유학이 철학적인 유학으로 바뀌게 되었다.
③ 가묘의 건립과 유교의식을 보급하려는 노력이 행해졌다.
④ 선종을 중심으로 교종을 통합하려는 움직임이 나타나게 되었다.

....

TIP ④ 제시된 내용은 성리학에 관한 것이며, 성리학의 영향으로 불교는 인륜에 어긋나는 도라 하여 배척당하였다.

Answer 9.① 10.④

11 (가)와 (나)에 들어갈 역사서에 대한 설명으로 옳은 것은?

> • (가)는(은) 현존하는 우리나라의 가장 오래된 역사서로 고려 인종때 편찬되었다. 본기 28권, 연표 3권, 지 9권, 열전 10권 등 총 50권으로 구성되어 있다.
> • (나)는(은) 충렬왕 때 한 승려가 일정한 역사 서술 체계에 구애받지 않고 자유로운 형식으로 저술한 역사서이다. 총 5권으로 구성되었으며, 민간 설화와 불교에 관한 내용들이 많이 수록되어 있다.

① (가) – 고조선의 역사를 중시하였다.
② (가) – 고구려 계승의식을 강조 하였다.
③ (나) – 민족적 자주의식을 고양하였다.
④ (나) – 도덕적 합리주의를 표방하였다.

··

TIP (가)는 인종 때 김부식에 의해 저술된「삼국사기」이며, (나)는 충렬왕 때 일연에 의해 저술된「삼국유사」이다.
「삼국사기」는 신라 계승의식을 강조하였으며,「삼국유사」는 단군조선을 계승한 자주의식에 입각하여 서술되었다.

12 다음은 고려시대 어느 승려의 사상을 요약해 놓은 것이다. 이 승려에 관한 설명으로 옳은 것은?

> • 선(禪)은 부처의 마음이요, 교(敎)는 부처의 말씀이다.
> • 깨닫는 것(悟)과 수련하는 것(修)은 분리될 수 없으며, 정(定)과 혜(慧) 또한 같이 닦아야 한다.

① 교종의 입장에서 선·교의 일치를 도모하였다.
② 선·교의 일치를 강조하는 중국 불교의 전통을 따랐다.
③ 당시 정권에 비협조적인 태도로 일관하여 집권세력과 심각한 갈등을 빚었다.
④ 신앙결사운동을 전개하였고, 그의 문하에서 유·불 사상의 일치설이 나왔다.

··

TIP 제시된 내용은 정혜쌍수와 돈오점수에 대한 설명으로 지눌에 의한 주장이다. 지눌은 이를 통해 선종의 사상에 중점을 두면서 교종과 선종의 조화를 이루어 선·교 일치의 완성된 철학체계를 이룩하였다.

Answer 11.③ 12.④

13 다음에 나타난 사상에 대한 설명으로 옳지 않은 것은?

> 신(臣)들이 서경의 임원역 지세를 관찰하니, 이곳이 곧 음양가들이 말하는 매우 좋은 터입니다. 만약 궁궐을 지어서 거처하면 천하를 병합할 수 있고, 금나라가 폐백을 가지고와 스스로 항복할 것이며 36국이 모두 신하가 될 것입니다.

① 서경 천도 운동의 배경이 되었다.
② 문종 때 남경 설치의 배경이 되었다.
③ 하늘에 제사 지내는 초제의 사상적 근거가 되었다.
④ 공민왕과 우왕 때 한양 천도 주장의 근거가 되었다.

··

TIP 제시문은 묘청의 풍수지리 사상에 따라 서경 천도를 주장하는 내용이다.
③ 초제의 사상적 근거는 도교이다.

14 밑줄 친 '나'에 대한 설명으로 옳지 않은 것은?

> 나는 도(道)를 구하는 데 뜻을 두어 덕이 높은 스승을 두루 찾아다녔다. 그러다가 진수대법사 문하에서 교관(教觀)을 대강 배웠다. 법사께서는 강의하다가 쉬는 시간에도 늘 "관(觀)도 배우지 않을 수 없고, 경(經)도 배우지 않을 수 없다."라고 제자들에게 훈시하였다. 내가 교관에 마음을 다 쏟는 까닭은 이 말에 깊이 감복하였기 때문이다.

① 해동 천태종을 창시하였다.
② 이론과 실천의 양면을 강조하였다.
③ 교종의 입장에서 선종을 통합하였다.
④ 정혜쌍수로 대표되는 결사운동을 일으켰다.

··

TIP 교관겸수(教觀兼修)는 고려 대각국사 의천의 주장으로 불교에서 교리체계인 교(教)와 실천수행법인 지관을 함께 닦아야 한다는 사상이다.
④ 정혜쌍수는 고려 보조국사 지눌이 주장하였다.

Answer 13.③ 14.④

15 다음은 어느 시대 예술의 경향에 관한 것이다. 이 시기의 예술품에 해당하는 설명이 아닌 것은?

> 예술의 주인공이었던 문벌귀족이 몰락하고, 불교에 있어서도 선종이 성행함으로써 예술은 퇴보의 길을 걷게 되었다. 그러나 이러한 추세에도 불구하고 이 때에는 불교 종풍의 변화와 함께 원 예술의 영향을 받아 조형미술의 형태와 양식에서 특색있는 작품들이 제작되었다.

① 높은 기단 위에 3층 석탑을 세웠는데, 각 층의 폭과 높이를 과감하게 줄여 독특한 입체미를 나타내었다.

② 기둥 위에만 공포를 짜 올리는 주심포 양식과 기둥 사이에도 공포를 짜 올리는 다포 양식의 건축이 모두 나타났다.

③ 호복을 입은 기마 인물이 말을 힘차게 몰아가는 장면과 원대의 북종화적인 잡목이 짙은 채색으로 그려졌다.

④ 물방울 같은 후광을 배경으로 오른손에 버들가지를 들고 서 있는 관음보살의 우아한 몸매에 투명한 옷자락과 호화 장식이 능란하게 묘사되어 있다.

··

TIP 제시된 내용은 고려 후기의 예술 경향에 대한 설명이다.
　　① 높은 기단의 3층 석탑은 신라시대의 예술품이다.

16 다음 중 각각의 공통점으로 옳지 않은 설명은?

① 정토종, 보현십원가 – 불교의 대중화에 공헌하였다.

② 동동, 대동강 – 우리나라 고유 음악인 향악곡으로 유명하다.

③ 초조대장경, 팔만대장경 – 부처의 힘으로 국난을 극복하고자 만든 것이다.

④ 한림별곡, 청산별곡 – 신진사대부의 생활상을 반영한 향가 형식의 경기체가이다.

··

TIP ④ 한림별곡 · 관동별곡 · 죽계별곡 등은 경기체가이고, 청산별곡 · 쌍화점 등은 민요문학인 장가(속요)이다.

Answer 15.① 16.④

17 다음의 내용이 지적하고 있는 정치세력에 대한 설명 중 가장 옳은 것은?

> • 성종의 인재 등용 정책에 편승하여 정계에 진출하였다.
> • 고려 왕실에 절의를 지켜 조선 왕조의 개창에 불참하였다.

① 성학보나는 사상을 중시하였다.

② 성리학보다는 훈고학을 중시하였다.

③ 왕도 정치보다는 패도 정치를 중시하였다.

④ 물질 문화보다는 정신 문화를 중시하였다.

TIP 제시된 내용은 사림파와 관련된 사실이다.
①, ③ 조선시대 훈구파와 관련된 사실이다.
② 고려시대의 문벌귀족, 권문세족과 관련된 사실이다.

18 다음과 관계 깊은 역사의식이 끼친 영향으로 옳은 것은?

> • 「동국통감」을 비판하고 통사를 새로 개찬하여 「동사찬요」, 「표제음주」, 「동국사략」 등을 저술하였다.
> • 단군보다는 기자를 더 높이 숭상하여 기자조선에 대한 연구를 심화하였는데, 「기자실기」는 그 대표적인 저술이다.

① 국사를 민족사로 인식하는 주체적 사관을 성립시켰다.

② 왕실과 국가의 위신을 높였으며, 문화 향상에 기여하였다.

③ 국제정세의 변동에 융통성 있게 대처하는 능력을 키웠다.

④ 중국을 제외한 주변 민족의 침략에 적극적으로 저항하는 애국심을 높여 주었다.

TIP 제시된 내용은 사림파의 존화주의적, 왕도주의적 역사·문화의식이 반영된 저서들로 사림파 집권기에는 우리 민족이 문화민족이라는 자부심을 가지고 문화의식을 반영하는 사서가 편찬되어 중국을 제외한 주변 민족의 침략에 저항하는 애국심을 고취시켰다. 그러나 국제 정세의 변동에 대처하는 면에서는 뒤떨어지기도 하였다.

Answer 17.④ 18.④

19 세종 7년 2월 2일, 왕이 예조를 통해 각 도에 공문을 보내 다음의 내용을 조사하여 춘추관으로 보내도록 지시하였다. 이러한 지시사항들을 토대로 편찬되었으리라고 추정되는 것은?

> • 여러 섬의 수륙교통의 원근과 인물 및 농토의 유무
> • 영(營), 진(鎭)을 설치한 곳과 군정(軍丁), 전함(戰艦)의 수
> • 온천, 얼음굴, 동굴, 염전(소금밭), 철광, 목장, 양마의 유무
> • 각 도·읍의 역대 명칭과 연혁, 주·부·군·현·향·부곡·소의 설치와 이합에 관한 사실

① 택리지   ② 동국여지승람
③ 조선방역지도   ④ 동국지리지

TIP ② 「동국여지승람」은 세종 때 편찬된 최초의 인문지리서인 「팔도지리지」에 인문에 관한 내용을 자세히 추가한 현존하는 최초의 인문지리서이다.

20 다음의 미술품들이 제작되었던 시대의 역사관을 골라 바르게 짝지은 것은?

> (개) 안견의 몽유도원도   (내) 신사임당의 수박도
> (대) 김홍도의 씨름도   (래) 공민왕의 천산대렵도

> ㉠ 고증사학의 토대 확립
> ㉡ 존화주의적·왕도주의적 역사 서술
> ㉢ 정통과 명분을 중시하는 성리학적 사관의 대두
> ㉣ 근대 계몽사학의 성립
> ㉤ 단군을 시조로 하는 통사의 편찬

① (개) - ㉤, (내) - ㉣   ② (개) - ㉠, (대) - ㉡
③ (개) - ㉤, (래) - ㉢   ④ (대) - ㉢, (래) - ㉡

TIP (개) 15세기 - ㉤ (내) 16세기 - ㉡ (대) 18세기 - ㉠ (래) 14세기 - ㉢

Answer 19.② 20.③

21 조선전기에 편찬된 역사서에 대한 설명 중 옳은 것은?

① 고려사절요 – 고려의 시대사를 본기, 연표, 지, 열전 등으로 나누어 서술하였다.
② 동국통감 – 고조선에서 고려 말까지의 역사를 시대순으로 정리한 통사이다.
③ 고려사 – 고려의 시대사를 성리학적 명분론에 입각하여 재정리하였다.
④ 고려국사 – 고려시대의 역사를 있었던 그대로 서술하였다.

....

TIP ② 「동국통감」은 고조선부터 고려 말까지의 역사를 정리한 편년체 통사이다.

22 조선 시대 과학기술의 발전에 대한 다음의 설명 중 옳지 않은 것은?

① 조선 초기 농업기술의 발전성과를 반영한 영농의 기본 지침서는 세종대 편찬된 「농가집성」이었다.
② 세종대 해와 달 그리고 별을 관측하기 위해 간의대(簡儀臺)라는 천문대를 운영하였다.
③ 세종대 동양 의학에 관한 서적과 이론을 집대성한 의학 백과사전인 「의방유취」가 편찬되었다.
④ 문종대 개발된 화차(火車)는 신기전이라는 화살 100개를 설치하고 심지에 불을 붙이는 일종의 로켓포였다.

....

TIP ① 세종 대 농업기술의 발전성과를 반영한 영농의 기본 지침서는 「농사직설(農事直說)」이고 「농가집성(農歌集成)」은 1655년(효종 6)에 신속이 편술한 농서(農書)이다.

23 다음 중 15세기 문화에 대한 설명으로 옳은 것은?

① 사림의 진출과 함께 서원의 건축이 활발해졌다.
② 청자에 백토의 분을 칠한 것으로 백색의 분과 안료로써 무늬를 만들어 장식한 분청사기가 유행하였다.
③ 박연이 악기 개량을 통해 아악을 정리하였다.
④ 산수화와 군자화가 유행하였다.

....

TIP ③은 15세기 세종 때의 음악에 대한 설명이며 ①②④는 16세기 문화에 대한 설명이다.

Answer 21.② 22.① 23.③

24 다음 중 조선 초기에 불교에 대한 정책으로 옳은 것은?

① 태조 때 도첩제를 실시하여 승려를 양산했다.

② 중종 때 승과를 실시하였다.

③ 세종 때 교단을 정리하고 선종과 교종 모두 36개의 절만 인정하였다.

④ 성종 때 도첩제를 유지하고 출가는 금지 시켰다.

TIP ① 태조 때 도첩제를 실시하여 승려로의 출가를 제한하였다.
　② 중종 때 승과를 폐지하였다.
　④ 성종 때 도첩제를 폐지하고 출가를 금지하였다.

25 다음 중 조선 후기 실학자와 그들이 주장하는 바에 대한 설명이다. 옳지 않은 것을 모두 고른 것은?

㉠ 정약용 : 농업 중심 개혁론의 선구자로 균전론을 제시하였다.
㉡ 홍대용 : 무역선을 파견하여 청에서 행해지는 국제무역에도 참여해야 한다고 주장하였다.
㉢ 유수원 : 우서를 저술하여 상공업의 진흥을 위한 사농공상의 직업적 평등과 전문화를 주장하였다.
㉣ 유형원 : 자영농 육성을 위한 토지제의 개혁뿐만 아니라 양반문벌제도, 과거제, 노비제의 모순도 지적하였다.

---

① ㉠, ㉡

② ㉠, ㉢

③ ㉡, ㉢

④ ㉡, ㉣

TIP 조선 후기 실학자
　㉠ 정약용은 여전론(閭田論)과 정전론(井田論)을 주장하였고 균전론을 주장한 사람은 유형원이다.
　㉡ 박제가가 「북학의(北學議)」에서 주장한 내용이다.

26 다음 중 양명학에 대한 설명으로 옳지 않은 것은?

① 북학파에 영향을 미쳤다.

② 정제두에 이르러 학파가 형성되었다.

③ 성리학의 현실적 한계성 때문에 수용되었다.

④ 18세기 초 성리학을 비판하는 입장에서 양명학을 연구했다.

TIP ③ 양명학은 중국의 고증학은 실사구시(實事求是)를 내세워 학문연구에서 실증적 방법을 강조하였고, 이것은 조선의 실학파에 영향을 주었다.

27 다음의 사상과 관련된 것으로 옳지 않은 것은?

> 인간의 마음이 곧 이(理)라는 심즉리(心卽理)를 바탕으로, 인간이 상하 존비의 차별 없이 타고난 천리로서의 양지를 실현하여 사물을 바로잡을 수 있다는 치양지설(致良知說), 앎은 행함을 통해서 성립한다는 지행합일설(知行合一說)등을 근간으로 하고 있다.

① 정제두는 연구와 제자 양성에 힘써 강화 학파라는 하나의 학파를 이루었다.

② 성리학의 교조화와 형식화를 비판하였으며 실천을 강조하였다.

③ 일반민을 도덕 실천의 주체로 보고 양반 신분제 폐지를 주장하기도 하였다.

④ 기술의 혁신과 문벌 제도 철폐 및 성리학의 극복을 주장하였다.

TIP 제시된 글은 양명학에 대한 설명이다. 양명학은 중종 때에 전래되어 명과의 교류가 활발해지면서 주로 서경덕 학파와 종친들 사이에서 확산되었다.
④ 북학파 홍대용의 주장이다.

Answer 26.③ 27.④

28 다음은 어느 실학자의 글의 일부이다. 이와 같은 입장을 가진 실학자들의 개혁사상으로 옳지 않은 것은?

> 지금 우리나라의 큰 폐단은 가난입니다. 어떻게 해야 가난을 면할 수 있는가 하면, 중국과 통상하는 길 밖에 없습니다. 지금 당장 중국으로 사신을 보내어 통상하기를 요청하면, 중국 사람들은 반드시 아침에 청한 것을 저녁에 허락할 것입니다.

① 화폐유통의 필요성을 강조하였다.
② 사·농·공·상의 직업적 평등화와 전문화를 주장하였다.
③ 소비를 권장하여 생산을 자극시킬 필요성을 주장하였다.
④ 농병일치의 군사조직과 사농일치의 교육제도를 확립해야 한다고 믿었다.

TIP 중국과의 교역을 주장하고 있는 위 글은 중상주의 입장으로 박제가의 글이다.
④ 중농주의 입장인 유형원의 주장이다.

29 다음과 같은 작품이 유행하던 시기의 문학에 대한 설명으로 옳지 않은 것은?

> 두터비 파리를 물고 두엄 위에 치다란 앉아
> 건넌산 바라보니 백송골이 떠 있거늘 가슴이 끔찍하여 풀쩍 뛰어 내리 닫다가 두험아래 자빠졌구나
> 모쳐라, 날낸 나이기에 망정이지 에헐질 번 하괘라.

① 한글로 된 소설작품이 많이 창작되었다.
② 시조는 서민생활, 남녀의 사랑 등을 읊었고 사설시조의 형태가 많아졌다.
③ 홍길동전은 당시 시대 상황에 순응하는 인물을 그린 소설이다.
④ 한문체에서는 옛 틀에서 벗어난 자유로운 문체를 개발하면서 문체의 혁신을 시도하기도 하였다.

TIP 제시된 지문은 조선 후기 작자 미상의 사설 시조로서 격식에 얽매이지 않음을 알 수 있다.
③ 최초의 한글소설인 허균의 「홍길동전」은 서얼차별의 철폐와 탐관오리에 대한 응징을 주장하는 등 시대상황을 날카롭게 비판하였다.

30 다음과 같이 주장한 조선 후기의 실학자에 대한 설명으로 옳은 것은?

> 천체가 운행하는 것이나 지구가 자전하는 것은 그 세가 동일하니, 분리해서 설명할 필요가 없다. 생각 건대 9만리의 둘레를 한 바퀴 도는데 이처럼 빠르며, 저 별들과 지구와의 거리는 겨우 반경(半徑)밖에 되지 않는데도 오히려 몇 천만 억의 별들이 있는지 알 수가 없다. 하물며 은하계 밖에도 또 다른 별들 이 있지 않겠는가!

① 「북학의」에서 소비를 권장하여 생산을 촉진하자고 주장하였다.
② 「임하경륜」에서 성인남자에게 2결의 토지를 나누어 주자고 주장하였다.
③ 「반계수록」에서 신분에 따라 토지를 차등 있게 재분배하자고 주장하였다.
④ 「우서」에서 상업적 경영을 통해 농업 생산성을 높여야 한다고 주장하였다.

TIP 제시문은 지전설과 함께 홍대용이 주장한 무한우주론에 대한 설명이다. 홍대용은 「임하경륜」에서 성인 남자에게 2결의 토지를 나 누어 주자는 균전제를 주장하였다.
① 박제가
③ 유형원
④ 유수원

31 조선 후기 농업의 기술과 그 영향에 대한 설명이 옳지 않은 것은?

① 견종법의 보급 – 이랑과 이랑 사이의 간격이 넓어졌다.
② 이앙법의 보급 – 노동력의 절감과 생산량의 증대에 기여하였다.
③ 쟁기 기능의 개선 – 초벌 갈이로서의 가을갈이가 보편화되었다.
④ 수리 관개 시설의 발달 – 밭을 논으로 바꾸는 현상이 활발해졌다.

TIP ① 조선 후기에 이랑과 이랑사이의 간격이 좁아지고, 깊이갈이로 이랑과 고랑의 높이 차이를 크게 한 것은 소를 이용한 쟁기기 능의 개선 때문이다.

Answer 30.② 31.①

32 다음 중 실학의 등장배경으로 옳은 것은?

> ㉠ 조선 후기 신분질서의 붕괴
> ㉡ 지배이념으로 성리학의 기능 상실
> ㉢ 왕조의 정통성에 대학 명분확립
> ㉣ 농민들의 경제력 향상

① ㉠, ㉡

② ㉠, ㉣

③ ㉡, ㉢

④ ㉢, ㉣

TIP 실학의 태동 … 성리학의 사회적 기능 상실로 인해 현실문제에 대한 고민으로 등장하였다.
　㉢ 조선은 건국초기에 정부에서 주도한 편찬사업의 배경이다.
　㉣ 조선 후기에는 왜란과 호란의 영향으로 농민들의 생활은 더욱 궁핍해졌다.

chapter 07 근현대사의 흐름

1 개화와 자주운동

(1) 조선말기의 국내 정세

① **조선사회의 위기** … 세도정치의 폐단이 나타나고, 일본과 서양 열강의 침략적 접근이 일어나고 있었다.

② **흥선대원군의 집권** … 실추된 왕권을 회복하고 국가적 위기를 극복하기 위하여 노력하였다.
  ㉠ 내정개혁 : 고른 인재 등용, 경복궁 중건, 서원 정리, 삼정 개혁(양전사업 실시, 호포법 실시, 환곡제를 사창제로 개혁), 비변사 폐지(의정부와 삼군부 기능 회복), 법전(대전회통, 육전조례)을 정비, 국방력을 강화하였다.
  ㉡ 대외정책 … 국방력 강화, 통상수교요구 거절, 천주교 탄압, 척화비를 건립하였다.

(2) 개항과 개화정책

① **개항** … 일본과 강화도조약을 체결(1876)하였는데, 이것은 우리나라 최초의 근대적 조약이었으며, 치외법권과 해안측량권을 규정한 불평등 조약이었다. 미국과 조·미수호통상조약 등 여러 나라와 외교관계를 수립하였지만, 대부분 치외법권을 인정하고 최혜국 대우를 약속한 불평등 조약이었다.

② **개화정책의 추진** … 개화파 인물 등용, 통리기무아문 설치, 별기군 창설, 일본과 청에 수신사, 신사유람단(조선시찰단), 영선사 파견 등을 추진하였다.

③ **위정척사운동**
  ㉠ 성리학의 화이론에 기반을 둔 반침략, 반외세 운동으로, 항일의병운동으로 계승되었다.
  ㉡ 1806년대 통상반대운동 : 이항로, 기정진 등은 척화주전론을 내세워 흥선대원군의 통상수교 거부정책을 뒷받침 하였다.
  ㉢ 1870년대 개항 반대 운동 : 신미양요가 일어나고 강화도 조약을 맺게 되자 최익현, 유인석 등은 개항불가론을 주장하고 왜양일체론을 내세워 개항반대운동을 전개하였다.
  ㉣ 1980년대 개화 반대 운동 : 강화도 조양 이후 급격한 개화정책과 김홍집이 가져온 조선책략의 유포에 반발하여 이만손, 홍재학 등은 영남만인소를 올렸다.

ⓜ 1890년대 **의병투쟁**: 을미사변과 단발령으로 유인석, 이소응 등은 무장봉기를 하였고, 이는 개항 이후 최초의 의병으로, 항일의병운동으로 계승된다.

④ **임오군란(1882)**

　ⓐ 원인: 개화파와 보수파의 대립, 구식 군대와의 차별 대우에 대한 불만이 원인이 되었다.

　ⓑ 영향
- 흥선대원군이 재집권하면서 통리기무아문을 폐지하고 5군영을 부활시켰다.
- 일본과 제물포 조약을 체결하였다.
- 청나라는 조선의 내정을 간섭하고 청나라 상인의 통상특권을 허용하는 조청상민수륙무역장정을 체결하였다.
- 민씨 일파가 재집권하게 되고 친청정책이 강화되어 개화정책은 후퇴하였다.

　ⓒ 온건개화파와 급진개화파

구분	온건개화파	급진개화파
주요인물	김홍집, 김윤식	박영효, 홍영식, 김옥균
개혁방안	청의 양무운동을 바탕으로 한 동도서기론을 통해 점진적 개혁 추구	일본의 메이지유신을 바탕으로 한 문명개화론을 통해 급진적 개혁 추구
활동	친청세력을 민씨 정권과 결탁하여 청과의 관계 중요시	청에 대한 사대 정책을 비판하고 후에 갑신정변의 주도 세력

⑤ **갑신정변(1884)**

　ⓐ 급진개화파가 주도하였으며, 청에 대한 사대관계 폐지·인민평등권의 확립·지조법 개혁·모든 재정의 호조 관리·경찰 제도 실시·내각중심 정치의 실시 등을 주장하였다.

　ⓑ 삼일천하로 끝이 났으며, 한성조약과 톈진조약이 체결되었다.

　ⓒ 봉건적 신분제도를 타파하려 하였고, 근대국가 수립을 목표로 하는 최초의 정치개혁운동이었다.

(3) 동학농민운동의 전개

① **배경** … 농민에 대한 수탈이 심화되고, 농촌경제가 파탄에 이르러 농민들 사이에 사회 변혁의 욕구가 높아졌다.

② **경과**

　ⓐ 고부 군수 조병갑의 횡포에 전봉준이 고부봉기(1894)를 일으켰다.

　ⓑ 안핵사가 봉기 관련자를 역적으로 탄압하자 전봉준 등은 재봉기를 하여 전주성을 점령(1894)하였고, 정부의 요청으로 청군이 들어오자 톈진조약을 근거로 일본군도 들어왔다.

　ⓒ 동학농민군은 외국 군대 철수와 폐정개혁안을 조건으로 정부와 전주화약을 체결하였고, 전라도 각 고을에 집강소를 설치하였다.

　ⓓ 일본이 경복궁을 점령하고 내정간섭을 강요하자 다시 봉기를 했으나 공주 우금치에서 패퇴하고 전봉준 등 동학지도자는 체포되었다.

③ **의의** … 아래로부터의 반봉건적·반침략적 민족운동이었으며, 동학농민의 요구는 갑오개혁이 일부 반영되었고, 잔여세력은 항일의병항쟁에 가담하였다.

(4) 근대적 개혁의 추진

① **갑오개혁**(1894) … 군국기무처를 설치하고, 홍범14조를 반포하였다.

② **을미개혁**(1895) … 을미사변 이후 을미개혁과 단발령이 시행되었다.

③ **을미의병** … 명성왕후 시해와 단발령이 계기가 되었으며, 유생층이 주도하였으나 농민과 동학농민군의 잔여세력이 가담하였다. 아관파천(1896) 이후 단발령이 철회되고, 고종의 해산권고로 을미의병은 자진 해산하였다.

❷ 주권수호운동의 전개

(1) 독립협회와 대한제국

① **독립협회**(1896)
- ㉠ **주요 활동**: 서재필에 의해 창립되어 자주국권, 자유민권, 자강개혁 사상을 바탕으로 활동하였고, 독립신문 발간과 독립문 건립을 하였다. 만민공동회와 관민공동회를 개최하여 헌의 6조를 결의하였다.
- ㉡ **해산**: 서구식 입헌군주제의 실현을 추구였으므로 보수세력은 황국협회를 이용하여 독립협회를 탄압하였고, 결국 3년만에 해산되었다.

② **대한제국**(1897) … 고종은 환궁 후 대한제국을 선포하고 연호를 광무라 하였다.
- ㉠ **개혁**: 구본신참을 시정방향으로 제시, 전제군주 체제를 강화, 양전사업을 실시, 상공업진흥책을 추진하고 북간도에 간도관리사(이병윤)를 파견하였다.
- ㉡ **한계**: 집권층의 보수성과 열강의 간섭으로 실패로 돌아갔다.

(2) 항일의병운동

① **을사조약**(1905) **반대운동** … 민영환은 자결로써 항거하였고 나철, 오기호 등은 5적 암살단을 조직하여 5적의 집을 불사르고 일진회 사무실을 습격하였다. 장지연의 '시일야방성대곡'이 황성신문에 게재되고 고종은 '을사조약 부인친서'를 대한매일신보에 발표하고, 헤이그에 특사를 파견하였다.

② **을사의병**(1905) … 민종식, 최익현, 홍범도, 신돌석(평민 의병장)이 활약하였고, 을사조약의 폐기와 친일내각 타도를 주장하였다.

③ **정미의병**(1907) … 고종의 강제 퇴위로 군대가 해산되자, 해산군인들이 의병에 합류하였다.

④ **서울진공작전**(1908) … 13도 창의군은 양주로 진결하여 작전을 펼쳤으나 실패하였다.

(3) 애국계몽운동의 전개

① 초기 … 보안회, 헌정연구회가 활동하였다.

② 1905년 이후 … 국권 회복을 위한 애국계몽운동을 전개하였다.

   ㉠ 대한자강회 : 교육과 산업을 진흥시켜 독립의 기초를 만들 것을 목적으로 국권 회복을 위한 실력양성운동을 전개하였으나 고종의 강제퇴위반대운동으로 해산되었다.

   ㉡ 대한협회 : 교육의 보급, 산업 개발 및 민권 신장 등을 강령으로 내걸고 실력양성운동을 전개하였다.

   ㉢ 신민회 : 비밀결사조직으로 국권 회복과 공화정체의 국민국가 건설을 목표로 하였으며, 105인 사건으로 해체되었다.

❸ 민족의 수난과 항일독립운동

(1) 국권의 피탈과 민족의 수난

① 국권의 피탈 … 한·일 의정서(1904) → 한·일 협정서(1904) → 을사조약(1905) → 정미 7조약(1907) → 기유각서(1909) → 헌병경찰파견(1910) → 한·일 병합조약(1910) : 총독부 설치, 국권 피탈

② 무단 통치(1910~1919)

   ㉠ 조선총독부는 입법·사법·행정·군 통수권을 장악하고, 자문기구인 중추원을 두었다.

   ㉡ 식민지교육(관리나 교사가 제복을 입고 칼을 착용, 제1차 조선 교육령, 우민화 교육, 사립학교령을 제정), 헌병 경찰 제도(즉결 처분권, 조선 태형령), 언론·출판·집회·결사의 자유를 박탈(한글 신문을 폐간, 신민회 해체)

③ 문화 통치(민족분열통치, 1919~1931)

   ㉠ 3·1운동 이후 민족 운동의 분열과 친일파 양성을 목표로 하였다.

   ㉡ 보통 경찰제 실시, 언론·출판·집회·결사의 자유를 보장(동아일보와 조선일보 등이 창간, 검열·정간·삭제 등으로 언론이 제 역할을 할 수 없었다), 제2차 조선 교육령 실시(유상 교육, 초급·기술 교육 실시), 치안 유지법 제정(독립운동가 탄압)

④ 민족 말살 통치(1931~1945)

   ㉠ 대공황을 계기로 본토와 조선을 하나의 경제 블록으로 만들었다. 이후 만주사변(1931)을 시작으로 중·일 전쟁(1937), 태평양 전쟁(1941)을 일으키며 조선을 병참기지화하여 인적·물적 자원을 수탈하였다.

   ㉡ 황국신민화 정책(황국신민서사 암송, 신사참배·궁성요배 의무화, 내선일체와 일선동조론, 우리말과 글의 사용 금지, 창씨개명), 제3, 4차 조선 교육령(3차 : 조선어를 선택 과목으로 변경, 소학교→초등학교로 변경, 4차 : 조선어와 조선사 완전 폐지), 병참기지화 정책(남면북양 정책, 농촌 진흥 운동), 국가 총동원법(1938, 강제 징병, 2차 산미 증식계획·가축 증식 계획 실시, 물적 자원 수탈)

(2) 3 · 1운동

민족자결주의와 2 · 8독립선언의 영향을 받아 기미 독립 선언문을 발표하고 거족적 만세시위를 전개하였고 이는 지방도시 및 전국의 농촌으로 파급되었다.

(3) 대한민국임시정부

① 수립(1919) … 중국 상하이에 대한민국임시정부를 수립하였다

② 임시정부의 활동 … 비밀행정조직망인 연통제와 교통국의 설치, 외교활동(독립 요구서 제출), 독립신문 간행, 한인애국단(1931)과 한국광복군(1940)을 통한 무장투쟁 등의 활동을 하였다.

(4) 국내의 민족운동

① 6 · 10만세운동(1926) … 순종의 서거와 식민지교육에 대한 반발로 일어났고, 신간회의 결성에 영향을 끼쳤다.

② 광주학생항일운동(1929) … 신간회의 지원이 있었고, 전국 규모의 항일 투쟁으로 확대되었다.

③ 무장항일투쟁 : 보합단(평북 동암산), 천마산대(평북 천마산), 구월산대(황해도 구월산) 등이 활동하였다.

(5) 무장 독립 투쟁

① 독립군 부대의 출현 … (국내) 천마산대, 보합단, 구월산대 등이 활동, 대한인 노인 동맹단 소속 강우규가 조선 총독의 마차에 폭탄을 투척, (서간도) 신흥무관학교, 대한독립단, 광복군총영, (북간도) 북로군정서, 대한독립군이 활동하였다.

② 1920년대 무장 독립 투쟁 … 봉오동 전투(1920) → 훈춘 사건 → 청산리 대첩(1920) → 간도 참변 → 대한독립군단 조직 → 자유시 참변(흑하사변, 1921) → 3부의 성립 → 미쓰야 협정(1925) → 3부 통합 운동

② 1930년대 무장 독립 투쟁 … 만주사변 → 한 · 중연합작전 → 민족연합전선 → 공산주의계 무장독립투쟁

③ 1940년대 건국 준비 활동 … 한국독립당(1940) , 한국광복군(1940), 조선독립동맹(1942), 조선의용군, 조선건국동맹(1944)

④ 의열단(1919) … 김원봉, 윤세주 등이 만주 길림에서 조직한 비밀결사로, 개인 폭력투쟁을 통해 독립을 쟁취하려 하였다. 신채호가 작성한 조선혁명선언은 의열단의 활동 지침이 되었다.

⑤ 한인애국단(1931) … 김구가 조직한 단체로, 이봉창이 도쿄에서 일왕 히로히토에게 투탄(실패), 일본군 사령부 투탄, 총독 암살 시도 등의 활동을 하였다. 윤봉길 의거 이후 중국 정부가 대한민국임시정부를 지원하게 되었고, 중국 영토 내 무장 독립투쟁이 승인되었다.

❹ 대한민국의 수립

(1) 8 · 15 광복과 국내 정세

① 8 · 15 광복(1945)

    ㉠ 카이로 회담(1943) : 한국의 독립을 최초로 언급하였다.

    ㉡ 얄타 회담(1945.2) : 38도선을 기준으로 미소 양군이 진주할 것을 제안하였고, 미국이 신탁 통치를 최초로 제안하였다.

    ㉢ 포츠담 회담(1945.7) : 카이로 회담의 내용을 재확인, 일본에 항복을 권고하였다.

    ㉣ 1945년 8월 15일, 일본은 무조건 항복을 선언하였다.

② 조선건국준비위원회(1945) … 조선 인민 공화국을 선포하고 지방에 인민위원회를 조직하였으나, 우익 인사들의 대거 탈퇴로 해체되었다.

③ 미 · 소 군정 실시 … 38도선을 기준으로 이남은 미군이, 이북은 소련이 통치하였다.

④ 단독정부수립에 대해 한국민주당은 수립을 지지하였고, 김구의 한국 독립당은 반대하였다.

(2) 모스크바 3국 외상회의와 좌우합작운동

① 모스크바 3국 외상 회의(1945) … 미 · 소 공동위원회를 설치하고, 최대 5년간 미 · 영 · 중 · 소가 신탁통치할 것을 결의하였다.

② 제1차 미 · 소 공동위원회(1946) … 미국과 소련의 의견 차이로 위원회는 결렬되었다.

③ 단독정부수립론 … 이승만이 정읍 연설에서 남한 단독 정부 수립을 주장하였다.

④ 좌우 합작 운동 … 좌 · 우 합작 위원회를 결성하여 좌 · 우 합작 7원칙을 발표하였다.

⑤ 제2차 미 · 소 공동위원회(1947) … 의견 차이로 다시 결렬되었고, 미국이 한국 문제를 UN에 상정하였다.

(3) 대한민국 정부의 수립

① 한국 문제 UN 상정 … 한국을 신탁통치 없이 독립시키는 것에 결의→소련과 북한의 반대→UN 소총회 결의(1948) : 선거 가능 지역에 한해 총선거를 실시할 것을 결의하였다.

② 제주 4 · 3 사건 … 미군의 발포로 제주도민이 사망한 것을 배경으로 '남한 단독 선거 반대' 구호로 무장 봉기하자 미군정은 이를 무력 탄압하였다.

③ 남북협상(전조선 제정당 사회단체 지도자 협의회) … 김구와 김규식은 단독 정부 수립에 반대하고, 미 · 소 양군의 동시 철수와 통일 정부 수립을 내용으로 하는 공동 성명을 발표하였다.

④ 대한민국 정부 수립

  ㉠ 5 · 10 총선거 : 남한 단독 총선거로, 최초의 민주적 총선거이다.

  ㉡ 제헌 헌법 제정 : 국호를 대한민국으로, 삼권 분립 체제를 채택한 헌법을 제정하였다.

  ㉢ 정부 수립 : 대통령 이승만, 부통령 이시영을 선출하여 대한민국이 수립되었다.

⑤ 여수 · 순천 10 · 19 사건 … 좌익 세력을 진압하기 위해 이승만 정부는 계엄령을 선포, 미군의 지원을 받았다. 국가보안법을 세정하는 계기가 되었으며, 군대 내 숙군사업을 실시하였고, 반란군 잔당은 빨치산 활동을 시작하였다.

(4) 대한민국 정부의 활동

① 반민족 행위 처벌법, 반민족 행위 특별 조사 위원회를 실시 · 구성하였다.

② 농지 개혁(1949)과 귀속 재산 처리를 실시하였다.

(5) 6 · 25 전쟁(1950~1953)

① 배경 … 중국의 공산화, 소련의 북한 지원, 애치슨 선언, 주한 미군 철수

② 전개 … 북한의 남침 → 국군과 UN군의 반격 : 인천상륙작전의 성공으로 평양점령, 압록강 유역까지 진출 → 중국군의 개입 : 1 · 4후퇴, 흥남철수 → 서울 재탈환, 전쟁 교착상태 → 휴전협정 체결

③ 결과 … 남북한 독재 강화, 한 · 미 상호 방위 조약 체결, 분단의 고착화 등의 결과를 낳았다.

❺ 민주주의의 시련과 발전

(1) 이승만 정권(제1공화국, 1948~1960)

① 장기 집권 시도 … 국회 프락치 사건(1949), 부산 정치 파동(1952), 1차 개헌(발췌 개헌) : 대통력 직선제, 임기 4년, 1차 중임 허용, 2차 개헌(사사오입 개헌, 1954), 진보당 사건(1958), 2 · 4 정치 파동 : 신국가보안법

② 4 · 19혁명

  ㉠ 3 · 15 부정선거로 인해 마산에서 시위가 발생하여 전국으로 확대되었다.

  ㉡ 이승만 대통령은 하야하고, 허정과도정부가 수립되었다. 이는 독재 정권을 무너뜨린 아시아 최초의 민주 혁명으로, 이후 민주화 운동의 밑거름이 되었다.

③ 경제 … 정경유착이 발생하였고, 미국의 원조로 삼백산업(제분, 제당, 면방직)이 발달하였다.

(2) 장면 내각(제2공화국, 1960~1961)

① **3차 개헌**(1960) ··· 간선제로 대통령에 윤보선이 선출되고, 윤보선은 장면을 총리로 지명하였다.

② **4차 개헌** ··· 3·15 부정선거 관련자 및 4·19 발포 책임자 등의 처벌을 위한 소급 입법 특별법을 제정하였으나, 적용하지 못하고 정권이 붕괴되었다.

(3) 박정희 정권(1961~1979)

① **국개 재건 최고 회의**(1961~1963)

　㉠ **5·16 군사정변**(1961) : 군사 쿠데타로 정권을 장악하고, 국가재건최고회의와 중앙정보부를 설치, 군정을 실시하였다.

　㉡ 반공을 국시로 하고 부정 축재자를 처벌, 언론을 탄압했으며 구 정치인의 정치활동을 금지시켰다.

　㉢ **5차 개헌** : 대통령 중심제(직선제), 국회 단원제로 개헌하였다.

② **제3공화국**(1963~1972)

　㉠ **한·일 국교 정상화**(1965) : 이에 반대하는 시민과 학생들이 6·3 시위를 주도하자 정부는 계엄령을 선포하였다. 한·일 협정을 체결하여 무상·유상 차관을 받았으나, 침략에 대한 배상을 받지 못하였다.

　㉡ **인민 혁명당 사건**(1964) : 혁신계 인사들이 인민 혁명당을 만들어 북한에 동조하려 했다는 혐의로 탄압하였다.

　㉢ **6차 개헌**(1969) : 대통령 3선을 허용하는 개헌을 통과시켰다.

　㉣ **베트남 파병**(1964~1973) : 미국의 요청으로 국군을 파병하였고, 그 대가로 브라운 각서를 받았다.

　㉤ **경제** : 1·2차 경제개발 5개년 계획, 8·3 경제 조치(1972), 사회 간접 자본 확충, 포항제철 착공

③ **유신체제**(제4공화국, 1972~1979)

　㉠ **7차 개헌**(유신헌법, 1972) : 10월 유신을 단행, 대통령의 임기는 6년이며 중임 제한 폐지, 간선제로 대통령이 선출, 대통령에게 국회의원 1/3의 임명권 부여 및 법관인사권·국회해산권·긴급조치발동권을 부여

　㉡ **유신 반대 운동** : 유신반대운동에 앞장 선 김대중을 납치(1973), 개헌 청원 100만인 서명운동(긴급조치로 탄압), 3·1 민주 구국 선언(1976), 언론 자유 수호 투쟁, 부마민주항쟁(1979)

　㉢ **10·26 사태** : 1979년 10월 26일, 중앙정보부 부장 김재규에 의해 박정희가 사망하였다.

　㉣ **경제** : 3·4차 경제개발 5개년 계획, 석유 파동으로 경제적 위기, 수출액 100억 달러 달성으로 '한강의 기적'이라는 평가를 받았다.

(4) 최규하 정부(1979~1980)

① **신군부의 등장**

　㉠ **12·12사태**(1979) : 전두환·노태우 등 신군부 세력이 정권을 장악

　㉡ **서울의 봄**(1980) : 유신 철폐, 신군부 퇴진, 계엄 철폐 등을 주장하는 대규모 시위가 전개되었고, 이후 비상계엄이 전국으로 확대되었다.

② 5·18 민주화운동(1980) ··· 학생·시민의 시위를 진압하기 위해 정부는 공수부대를 투입하여 무력 진압하였다. 이는 1980년대 민주화 운동의 밑거름이 되었고, 반미 운동의 배경이 되었으며, 5·18 민주화 운동 기록물은 유네스코 세계 기록유산에 등재되었다.

③ 신군부는 국가 보위 비상대책 위원회를 설치하였고, 통일 주체 국민회의에서 전두환이 대통령으로 선출되었다.

(5) 전두환 정권(제5공화국, 1980~1988)

① **8차 개헌**(1980) ··· 7년 단임 간선제, 특별조치법, 언론기본법, 중앙정보부법, 국가보안법 개정안

② **강압정책** ··· 언론 통제 강화, 삼청 교육대 설치

③ **유화 정책** ··· 국풍 81 개최, 3S정책, 교복 및 두발 자유화, 야간 통행금지 해제, 해외여행 자유화

④ **6월 민주 항쟁**(1987)
　　㉠ 박종철 고문 치사 사건을 배경으로 발생하였다.
　　㉡ 4·13 호헌 조치 : 정부는 대통령 직선제 개헌과 민주화 요구를 거부하는 조치를 발표하였다.
　　㉢ 6·10 국민대회 : 호헌 철폐, 독재타도를 외치는 국민 대회가 개최되었고, 이 과정에서 이한열이 최루탄을 맞고 사망하였다.
　　㉣ 결과 : 6·29 민주화 선언(5년 단임 직선제)을 발표하였다.

⑤ **9차 개헌** ··· 5년 단임 직선제를 내용으로 개헌하였다. 야당의 후보 단일화 실패로 노태우가 당선되었다.

⑥ **경제** ··· 3저 호황(저금리, 저유가, 저환율)을 통해 경제가 성장하였다.

(6) 노태우 정권(제6공화국, 1988~1992)

① **3당 합당** ··· 여소야대 국회가 형성, 3당 합장을 추진하여 민주자유당을 출범하였다.

② **정책** ··· 5공 청문회로 5·18 진상규명 시도, 지방 자치제를 부분적으로 실시, 언론 기본법 폐지, 서울 올림픽 개최, 남북한 동시 UN 가입하였다.

(7) 김영삼 정부(문민 정부, 1993~1997)

① **정책** ··· 전두환 노태우 등의 세력 구속, 금융 실명제 실시, 공직자 윤리법 개정, 지방 자치제 전면 시행, 공기업을 민영화, 경제협력개발기구(OECD)에 가입하였다.

② **외환위기** ··· 국제통화기금(IMF)으로부터 구제 금융을 받았다.

⑻ 김대중 정부(국민의 정부, 1998~2002)

① 금모으기 운동 등으로 IMF 지원금 조기 상환하여 외환 위기를 극복하였다.

② 대북 햇볕 정책 추진, 최초 남북 정상회담을 통해 6 · 15 남북공동선언을 발표, 노벨 평화상 수상하였다.

⑼ 노무현 정부(참여 정부, 2003~2007)

친일파와 독재에 대한 청산을 시도하고, 제2차 남북 정삼회담을 통해 10 · 4 남북공동선언을 발표하였다.

⑽ 이명박 정부(2007~2013)

기업 활동의 규제를 완화하고 한미 FTA를 체결하였다. G20 정상 회의를 개최하였으며 호주제를 폐지하였다.

⑾ 통일을 위한 노력

① 이승만 정부 ⋯ 북진 · 멸공 통일을 주장

② 장면 내각 ⋯ 북진 통일론 계승, 남북학생회담 '가자 북으로, 오라 남으로', '이남 전기, 이북 쌀'을 주장했으나 실현되지 못하였다.

③ 박정희 정부 ⋯ '승공 통일', '선 걸설 후 통일'을 주장, 1 · 21 사태 이후 대북관계가 악화, 남북 적십자 회담이 제의, 7 · 4 남북 공동성명(1972), 6 · 23 평화 통일 외교 정책 선언(1973)

④ 전두환 정부 ⋯ 남북 적십자 회담(1985)으로 최초로 이산가족의 고향 방문이 이루어졌다.

⑤ 노태우 정부 ⋯ 7 · 7선언(1988), 한민족 공동체 통일 방안(1989), 남북 고위급 회담(1990~1992)

⑥ 김영삼 정부 ⋯ 한민족 공동체 건설을 위한 3단계 통일 방안(1994), 민족 공동체 통일 방안, 북한에 쌀 무상 지원, 북한이 핵 확산 금지 조약 탈퇴

⑦ 김대중 정부 ⋯ 제1차 남북 정상회담(2000), 6 · 15 남북 공동 선언, 경의선 복원 착공, 개성 공단 건설, 금강산 관광 시작

⑧ 노무현 정부 ⋯ 제2차 남북 정상회담(2007), 10 · 4 남북 공동선언

⑨ 이명박 정부 ⋯ 대북 강경책 고수, 천안함 침몰 사건으로 대북 관계 악화

① 열강의 경제침투와 경제적 구국운동

(1) 열강의 경제적 침탈

① **일본의 경제침탈** … 은행·세관·화폐정리업무를 통해 금융을 지배하였다.

② **열강의 이권침탈** … 열강이 광산채굴권, 철도부설권, 삼림채벌권을 차지하였다.

(2) 경제적 침탈에 대한 저항

① **경제적 자주권 수호노력** … 방곡령을 시행, 상권수호운동과 이권수호운동을 전개하였다.

② **회사 설립** … 초기에는 상회사(대동상회·장통상회)를 설립하고, 상공업진흥정책이 실시된 이후에는 주식회사도 나타났다.

③ **국채보상운동** … 일본의 재정적 예속정책에 대한 저항으로 국채보상기성회를 조직하여 모금운동을 벌였으나, 일제 통감부의 탄압을 받아 좌절되었다.

② 일제하 민족경제의 변화

(1) 식민지 수탈경제

① **토지조사사업(1910 ~ 1918)** … 기한부 신고제로 미신고 토지를 약탈하였다. 그 결과 농민은 토지를 상실하고 소작농으로 전락하였다.

② **산미증식계획(1920 ~ 1934)** … 각종 비용을 농민에게 전가하고, 쌀 생산을 강요, 쌀을 수탈하였다.

③ **산업의 침탈**
  ㉠ 화폐정리사업으로 통감부시기에 민족자본의 축적이 와해되었다.
  ㉡ 회사령을 공포하여 한국인의 회사 설립과 경영을 통제하여 일본인이 한국 공업을 주도하게 되었으며, 광업령, 임야조사사업, 어업령을 통해 우리 자원을 약탈하였다.
  ㉢ 일본의 군수공업화 정책으로 전기, 제철, 중화학 공장을 설립하여 병참기지화되었다.
  ㉣ 식량배급제도와 각종 물자의 공출제도를 강행하였다.

(2) 경제적 민족운동

① 소작쟁의 … 소작료 인하와 소작권 박탈 반대를 요구하였다(암태도 소작쟁의).

② 민족기업의 성장 … 직포공장, 메리야스공장, 고무신공장, 경성방직주식회사 등이 설립되었다.

③ 물산장려운동 … 민족기업 지원, 민족경제의 자립을 목적으로 하였다.

④ 노동쟁의 … 노동조건 개선과 임금인상을 주장하였다(원산 노동자 총파업).

❸ 현대의 경제 발전

(1) 경제개발 5개년 계획

① 경과 … 1·2차 경제개발 5개년 계획(기간산업 육성, 경공업 발전 주력), 3·4차 경제개발 5개년 계획(경공업 중심→중화학 공업중심)을 추진하였고, 사회간접시설 확충, 식량생산이 증대되었다.

② 결과 … 수출이 비약적으로 증대하고, 국내자본의 축적으로 자본구조가 개선되었다.

(2) 노동운동
노동관계법 개정, 새로운 노사문화 정착, 노동환경 개선을 목적으로 하였다.

section 3 근현대의 사회 변동

❶ 평등사회로의 변화

(1) 동학농민군의 사회개혁운동
폐정개혁안을 제시하여 탐관오리·횡포한 부호·양반유생의 정벌, 노비문서 소각, 천인들에 대한 처우개선, 과부의 재가허용, 모든 무명 잡세의 폐지, 문벌과 지벌의 타파, 토지의 평균분작 등을 주장하고 집강소를 설치하였다.

(2) 갑오개혁과 신분제의 폐지
반상과 귀천을 초월한 평등주의적 사회질서를 수립하고, 노비 및 천민층의 해방이 이루어졌으며, 여성의 대우가 향상되고 혼인풍습이 개선되었다.

(3) 민권운동의 전개(독립협회활동)

① 독립협회의 운동 … 인권확대운동 · 참정권실현운동을 전개했으며, 관민공동회를 개최하였다.(헌의 6조 – 입헌군주제 지향)

② 독립협회의 기본사상 … 자주국권사상, 자유민권사상, 자강개혁 사상이었다.

❷ 민족독립운동기의 사회 변화

(1) 한인의 국외 이주와 독립운동

① 만주 … 20세기 초반 일제의 탄압을 피하고 항일운동을 위해 이주하였다.

② 연해주 … 한민회를 설치하고 대한광복군 정부를 수립하여 무장투쟁의 기반을 마련하였다.

③ 미국 … 신민회, 한인협성회와 공립협회(국민회), 흥사단을 조직하여 활동하였다.

④ 일본 … 조선청년독립단을 구성하여 2 · 8독립선언을 발표, 3 · 1운동의 도화선을 제공하였다.

(2) 사회주의 운동의 대두와 신간회 운동

① 사회주의 운동의 대두 … 1920년대 러시아와 중국에서 활동하고 있던 독립운동가들이 처음으로 받아들였다. 노동운동, 농민운동, 청년운동, 학생운동 등이 전개되었다.

② 신간회 운동 … 민족주의 진영과 사회주의 진영은 민족유일당, 민족협동전선이라는 표어 아래 이상재, 안재홍 등을 중심으로 신간회를 결성하였다. 민중대회 및 전국 순회강연을 열었고, 광주학생항일운동을 지원하였다.

(3) 농민운동과 노동운동

① 농민운동 … 고율의 소작료와 소작권의 이전을 반대하는 시위가 많았으나, 농민조합이 소작쟁의를 주도하여 항일민족운동으로 변모하게 되었다.

② 노동운동 … 노동자의 생존권 투쟁에서 점차 항일적 성격을 띤 운동으로 변모하게 되었다(영흥 노동자 총파업(1927), 원산 노동자 총파업(1929)).

(4) 여성운동과 학생운동

① 여성운동 … 계몽운동으로 발전하였고 후에 사회주의 운동과 결합하였다.

② 근우회 … 신간회 창립을 계기로 조직되어서, 여성해방에 대한 인식의 확산과 사회운동에 적극적으로 개입하였고, 1931년 신간회의 해소와 함께 해체되었다.

③ **학생운동** ⋯ 동맹휴학 형태로 전개되어 식민지 노예교육의 철폐, 조선역사의 교육, 교내 조선어 사용 등을 요구하였다. 광주학생항일운동(1929)이 대표적인 예이다.

section **4** 근현대 문화의 흐름

❶ 근대 문화의 발달

(1) 근대 문명의 수용

① **근대 문물의 도입** ⋯ 19세기 후반부터 개화파는 동도서기론을 개창하였고, 정부는 과학기술을 비롯한 서양의 근대 문물을 도입하여 개화정책을 추진하였다.

② **근대 시설의 수용**
  ㉠ 통신시설 : 전신·전화를 가설하였고, 우정국을 운영하여 근대적 우편제도를 실시하였다.
  ㉡ 교통시설 : 전차를 운행하였으며, 경인선과 경부선의 철도가 부설되었다.

③ **근대 의료시설** ⋯ 광혜원, 경성의학교, 세브란스병원이 설립되었다.

④ **건축** ⋯ 명동성당, 덕수궁 석조전 등 서양식 건물이 세워졌다.

(2) 근대 교육과 학문의 보급

① **근대 교육의 시작** ⋯ 원산학사, 육영공원, 동문학에서 시작되었다.

② **개신교 선도사** ⋯ 배재학당, 이화학당 등을 설립하였다.

③ **갑오개혁기** ⋯ 근대적 교육제도가 마련되어 관립학교·사립학교가 설립되었다.

④ **애국계몽운동기** ⋯ 사립학교를 중심으로 구국교육운동을 전개하고 민족의식을 고취시켰다.

⑤ **국학운동** ⋯ 민족의식과 애국심을 고취하기 위해 신채호·박은식 등은 구국위인들의 전기를 써서 보급(국사연구), 지석영과 주시경은 국어 연구에 공헌하였다.

(3) 문예와 종교의 새 경향

① **문학의 새 경향** ⋯ 이인직의 혈의 누, 이해조의 자유종 등의 신소설은 계몽문학의 구실을 하였고, 최남선의 해에게서 소년에게는 근대시의 형식을 개척하였다.

② **예술계의 변화**
  ㉠ 음악 : 애국가, 권학가, 독립가와 같은 창가가 유행하였다.

ⓛ 연극 : 원각사(서양식 극장)의 설립, 은세계, 치악산 등의 작품의 공연되고 민중 사이에서는 전통적인 민속가면극이 성행하였다.

ⓒ 미술 : 서양식 유화가 도입되고 김정희 계통의 문인화가들이 한국 전통회화를 발전시켰다.

③ 종교운동의 변화 … 천주교가 자유롭게 선교활동을 벌였고, 개신교가 수용되었다. 동학은 천도교로 개칭(손병희)되었고, 불교의 혁신운동(한용운)이 일어났으며, 대종교가 창시되었다.

② 민족문화수호운동

(1) 민족문화수호운동의 전개

① 한글보급운동

  ㉠ 조선어연구회 : 잡지(한글)간행, 가갸날(한글날)을 제정하였다.

  ㉡ 조선어학회 : 한글맞춤법통일안과 표준어를 제정하였으며, 우리말큰사전의 편찬에 착수하였으나 일제의 방해로 성공하지 못하였다.

② 한국사의 연구

  ㉠ 민족주의 사학 : 박은식은 민족정신을 혼으로 파악하여 혼이 담긴 민족사를, 신채호는 낭가사상을, 정인보는 얼사상을, 문일평은 조선심 또는 조선사상을 강조하였다.

  ㉡ 사회경제 사학 : 백남운은 식민사관의 정체성론을 비판하였다.

  ㉢ 실증 사학 : 이윤재, 이병도, 손진태, 조윤제 등이 진단학회를 조직하고 한국학 연구에 힘썼다.

  ㉣ 신민족주의 사학 : 손진태, 안재홍, 홍이섭 등이 중심인물로, 문헌고증을 토대로 사회경제사학의 세계사적 발전버ㅂ칙을 수용하여 민족주의 사학을 계승, 발전시켰다.

(2) 민족교육진흥운동

① 조선교육회 … 한규설과 이상재는 민립대학 설립운동을 전개하여 모금운동을 벌였으나, 일제의 방해로 실패하였다.

② 조선 여자 교육회 … 차미리사를 중심으로 창립되어 조선어와 산술 등을 가르치고, 여성 계몽에 힘썼다.

③ 문맹 퇴치와 농촌계몽운동 … 언론계와 청년 학생을 중심으로 전개되었고, 동아일보는 브나로드 운동을 전개하였다.

(3) 일제강점기의 종교활동

① 천도교 … 제2의 3 · 1운동을 계획, 자유독립선언문을 발표하였다.

② 개신교 … 민중 계몽과 문화사업을 전개하였다.

③ 천주교 ··· 사회사업과 민중 계몽에 이바지하고, 만주에서 항일운동에 나서기로 하였다.

④ 대종교 ··· 무장 항일투쟁단체(중광단)를 조직하고, 3·1운동 이후 북로군정서로 개편하여 청산리 대첩에 참여하였다.

⑤ 불교 ··· 일제의 불교 통합정책을 저항하였다.

⑥ 원불교 ··· 개간사업과 저축운동을 전개하였다.

❸ 현대 문화의 동향

(1) 현대의 교육

① 광복 이후 ··· 홍익인간의 교육이념을 채택하였다.

② 이승만 정부 ··· 초·중등학교와 대학의 증설로 교육이 양적으로 확대되었으나 6·25전쟁으로 인하여 교육 환경은 매우 열악해졌다.

③ 4·19혁명 이후 ··· 교육의 정치적 중립의 확보 및 학원 민주화운동이 일어났으나 5·16군사정변으로 좌절되었다.

④ 박정희 정부 ··· 1968년에 발표한 국민교육헌장은 이 시기 교육의 방향을 제시한 것으로 반공교육의 강화, 기능양성교육에 치중, 교육의 중앙집권화와 관료적 통제가 강화되었다.

⑤ 1980년대 ··· 국민정신교육의 강조, 통일안보교육, 경제교육, 새마을교육의 실시, 입시과외의 폐해를 줄이기 위한 조치를 취하였다.

⑥ 1990년대 ··· 창의력 신장과 시민의식을 육성하기 위한 교육개혁을 추진하였다.

(2) 현대의 사상과 종교

① 사상
  ㉠ 광복 이후 : 민족주의·민주주의·반공이념이 혼재하고 있었다.
  ㉡ 1960~1970년대 : 민족주의와 민주주의가 정착되어 민주화에 진전을 보였다.
  ㉢ 1980년대 : 5·18민주화운동·6월민주항쟁으로 민주주의가 뿌리 내리게 되었다.
  ㉣ 1980년대 말 이후 : 냉전체제가 해체되고, 남북관계에도 진전을 가져오게 되었다.

② 종교 ··· 1970년대 이후 종교계는 민주화운동에 크게 기여하였다.

(3) 현대의 문화활동과 과학기술의 발전

① **문화활동** … 대중화가 이루어졌고, 대중문화가 확산되었으며, 포스트모더니즘이 나타났다.

② **과학기술** … 유학을 갔던 인재들이 한국과학기술연구소(KIST)로 돌아오면서 현대 과학기술이 발전할 수 있는 기반이 마련되었다.

③ **전통문화** … 대중화·서양화에 밀려 자리를 잃어가고 있다. 이는 민족문화의 발전과 세계적 문화 창출이라는 과제를 낳았다.

출제예상문제

1 다음 사건이 일어난 왕의 재위 기간에 있었던 사실로 옳은 것은?

> 그들 조선군은 비상한 용기를 가지고 응전하면서 성벽에 올라 미군에게 돌을 던졌다. 창칼로 상대하는데 창칼이 없는 병사들은 맨손으로 흙을 쥐어 적군 눈에 뿌렸다. 모든 것을 각오하고 한 걸음 한 걸음 다가드는 적군에게 죽기로 싸우다 마침내 총에 맞아 죽거나 물에 빠져 죽었다.

① 군포에 대한 양반들의 면세특권이 폐지되었다.
② 금난전권을 제한하려는 통공정책이 시작되었다.
③ 결작세가 신설되면서 지주들의 부담이 증가하였다.
④ 영정법이 제정되어 복잡한 전세 방식이 일원화 되었다.

....

TIP 해당 사건은 조선 후기 고종 대에 미국이 제너럴셔먼호 사건을 빌미로 강화도를 공략한 신미양요(1871)이다. 당시 고종의 아버지인 흥선대원군이 서구 열강의 접근에 대해 대외적으로는 쇄국정책을 추진하였고, 대내적으로는 왕권강화를 위하여 서원철폐, 비변사 혁파, 경복궁 중건 등의 정책을 시행하였다. 동시에 삼정의 문란을 시정하여 민생 안정을 도모하였는데 전정에 대한 개혁으로는 양전사업을 시행하여 은결을 색출하였고, 군정에 대해서는 호포제를 시행하여 양반에게도 군포를 징수하였다. 또한 환곡에 대한 개혁으로 사창을 시행하였다.
② 조선 정조 때 시행되었다.(1791)
③ 조선 영조 때 시행된 균역법이다.(1751)
④ 영정법은 조선 인조 때 시행되었다.(1635)

2 다음 중 광무개혁이 추진된 시기에 일어난 사건과 관련된 것을 고르면?

① 상공업의 육성과 양전사업

② 물산장려운동과 민립대학설립운동

③ 모스크바 3국외상회의

④ 가쓰라 · 태프트밀약

TIP 광무개혁은 1896년 아관파천 직후부터 1904년 러일전쟁 발발까지 주로 보수파에 의해 추진된 제도 개혁이다.

② 물산장려운동은 1920년 평양에서 시작되어 1923년 전국으로 확산되었다.

③ 미 · 영 · 소의 3국 외상들은 1945년 12월 모스크바에 모여 한반도의 전후 문제를 상의하였다.

④ 1905년 7월 29일 일본 총리 가쓰라와 미국 육군장관 W.H. 태프트 사이에 맺어진 비밀협약이다.

※ 광무개혁 … 대한제국이 근대화 시책으로 구본신참과 민국건설의 국가통치이념으로 교전소, 사례소 등을 설치하여 개혁작업을 실행하였으며 군주로의 권력집중을 통한 정책추진을 기본으로 국방력, 재정력, 상공업 육성 및 양전사업, 금본위화폐금융제도의 개혁 등을 시도하였다.

㉠ 정치 : 전제 왕권의 강화, 군제개혁 및 군대확충

㉡ 경제 : 지계발행의 양전사업, 산업진흥을 위한 식산흥업정책 추진

㉢ 사회 : 상공업학교, 공장, 재판소, 전보사, 국립병원 등 설치

㉣ 교육 : 실용교육과 관리양성교육에 중점을 둔 상공학교, 광무학교, 전무학교, 우무학교, 모범양잠소 등 설치

3 갑신정변을 추진한 정치세력에 대한 설명으로 옳은 것을 고르면?

> ㉠ 입헌군주제와 토지의 재분배를 추구하였다.
> ㉡ 청의 내정간섭과 민씨정권의 보수화에 반발하였다.
> ㉢ 청의 양무운동을 본받아 점진적인 개혁을 추구하였다.
> ㉣ 일본의 메이지유신을 본받아 급진적인 개혁을 추구하였다.
> ㉤ 민중을 개화운동과 결합하여 일본의 정치적 · 경제적 침략을 저지하려 하였다.

① ㉠, ㉡

② ㉠, ㉢, ㉣

③ ㉡, ㉣

④ ㉡, ㉢, ㉤

TIP 갑신정변은 급진개화파로 이루어진 개화당이 일으켰다. 이들은 국내 민중의 지지기반 없이 일본에 의존하여 개혁을 추진했기 때문에 실패했으며, 또한 지주 출신이 대부분이었기 때문에 토지의 재분배를 추진하지 않았다.

Answer 2.① 3.③

4 다음 내용에 관한 역사적 사건 후의 영향으로 바른 것은?

> • 지조법을 개혁하여 관리의 부정을 막고 백성을 보호하며, 국가 재정을 넉넉히 한다.
> • 4영을 합하여 1영으로 하되, 영 중에 장정을 선발하여 근위대를 급히 설치한다.
> • 의정부, 6조 이외의 모든 불필요한 기관을 없앤다.

① 청나라 군대가 우리나라에 주둔하게 되었다.
② 개화운동의 흐름이 약화되었다.
③ 상민수륙무역장정이 체결되고 군국기무처가 설치되었다.
④ 비변사가 강화되어 왕권이 유명무실화되었다.

TIP 제시된 내용은 갑신정변 때의 14개조 정강의 일부이다. 갑신정변의 결과 조선은 일본의 강요로 배상금 지불과 공사관 신축비 부담 등을 내용으로 하는 한성조약을, 청·일 양국은 양국군의 철수와 조선에 파병할 경우에 상대방에 미리 알릴 것 등을 내용으로 하는 텐진조약을 체결하였다. 또한 청의 내정간섭이 더욱 강화되고 보수세력의 장기집권이 가능하게 되었으며, 개화세력이 도태되어 상당기간 동안 개화운동의 흐름이 단절되었다. 이런 점에서 갑신정변은 조선의 자주와 개화에 오히려 부정적인 영향을 끼치기도 하였다.

5 (가), (나) 자료에 나타난 사건 사이에 있었던 사실로 옳지 않은 것은?

> (가) 우리 국모의 원수를 생각하며 이미 이를 갈았는데, 참혹한 일이 더하여 우리 부모에게서 받은 머리털을 풀 베듯이 베어 버리니 이 무슨 변고란 말인가.
> (나) 군사장 허위는 미리 군비를 신속히 정돈하여 철통과 같이 함에 한 방울의 물도 샐 틈이 없는지라. 이에 전군에 전령하여 일제히 진군을 재촉하여 동대문 밖으로 진격하였다.

① 외교권이 박탈되고 통감부가 설치되었다.
② 고종이 강제로 퇴위되고 군대가 해산되었다.
③ 안중근이 하얼빈에서 이토 히로부미를 저격하였다.
④ 헤이그에 이상설, 이준, 이위종을 특사로 파견하였다.

TIP (가)는 을미사변과 단발령에 반발하여 발생한 을미의병(1895)이고 (나)는 1908년 13도 창의군의 서울진공작전에 대한 내용이다. 안중근이 하얼빈에서 이토 히로부미를 저격한 것은 1909년 이다.
① 을사늑약(1905)
②, ④ 헤이그 특사 파견이 발각된 이후 일제는 고종의 강제 퇴위와 군대를 강제 해산 (1907)

Answer 4.② 5.③

6 독립협회에서 주최했던 관민공동회에서 결의한 헌의 6조의 내용에 나타난 주장이라고 볼 수 없는 것은?

ⓒ 외국인에게 아부하지 말 것

ⓒ 외국과의 이권에 관한 계약과 조약은 각 대신과 중추원 의장이 합동 날인하여 시행할 것

ⓒ 국가재정은 탁지부에서 전관하고, 예산과 결산을 국민에게 공포할 것

ⓒ 중대 범죄를 공판하되, 피고의 인권을 손중할 것

ⓒ 칙임관을 임명할 때는 정부에 그 뜻을 물어서 중의를 따를 것

ⓒ 정해진 규정을 실천할 것

---

① 공화정치의 실현

② 권력의 독점방지

③ 국민의 기본권 확보

④ 자강 개혁 운동의 실천

TIP ① 독립협회가 추구한 정치형태는 입헌군주제였고, 공화정치의 실현을 추구한 최초의 단체는 신민회였다.

7 다음 연설문이 들어갈 시기로 적절한 곳은?

나는 통일된 조국을 건설하려다가 38선을 베고 쓰러질지언정 일신의 구차한 안일을 취하여 단독정부를 세우는 데는 협력하지 아니하겠다 ……

– 김구의 삼천만 동포에게 울면서 간절히 고함(1948. 2) –

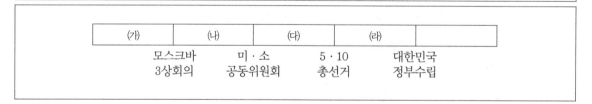

(개)	(내)	(대)	(래)	
모스크바 3상회의	미 · 소 공동위원회	5 · 10 총선거	대한민국 정부수립	

---

① (개)

② (내)

③ (대)

④ (래)

TIP (개) 모스크바 3상회의(1945. 12) → (내) 미 · 소공동위원회(1946. 3) → (대) 5 · 10총선거(1948. 5) → (래) 대한민국정부 수립(1948. 8. 15)

8 3·1운동을 일으키게 된 시대적 배경이 될 수 없는 것은?

① 동경 유학생들의 2·8선언
② 중화민국의 대일본 선전포고
③ 해외에서의 항일 민족운동
④ 윌슨 미국 대통령의 민족 자결 주의

TIP ② 3·1운동의 배경에는 윌슨의 민족자결주의, 파리강화회의에 대표 파견, 국내외의 독립운동 준비, 2·8독립선언, 고종의 독살설 등이 있다.

9 (가)와 (나)가 발표될 시기에 있었던 사실을 보기에서 알맞게 고른 것은?

> (가) 1. 통일은 외세에 의존하거나 외세의 간섭을 받지 않고 자주적으로 해결해야 한다.
> 2. 통일은 상대를 반대하는 무력행사에 의거하지 않고 평화적인 방법으로 실현해야한다.
> 3. 사상과 이념, 제도의 차이를 초월하여 하나의 민족으로서 민족적 대단결을 도모하여야 한다.
> (나) 1. 남과 북은 나라의 통일 문제를 서로 힘을 합쳐 자주적으로 해결해 나가기로 하였다.
> 2. 남과 북은 나라의 통일을 위한 남측의 연합제와 북측의 낮은 단계의 연방제 안이 공통성이 있다고 인정하고 이 방향에서 통일을 지향시켜 나가기로 하였다.
> 3. 남과 북은 인도적인 문제를 조속히 풀어가기로 하였다.
> 4. 남과 북은 민족경제를 균형적으로 발전시키고 여러 분야에서의 교류와 협력을 활성화 하여 서로의 신뢰를 다져나가기로 하였다.

① (가) 한민족 공동체 통일 방안   (나) 3·1 민주 구국 선언
② (가) 국풍 81   (나) 언론 기본법 폐지
③ (가) 베트남 파병   (나) 외환 위기 극복
④ (가) 한민족 공동체 통일 방안   (나) 언론 기본법 폐지

TIP (가)는 박정희 정부의 7·4 남북 공동선언, (나)는 김대중 정부의 6·15 남북 공동 선언이다.
- 베트남 파병 : 박정희 정부 때 일이다.
- 외환위기 극복 : 김대중 정부 때 일이다.
- 한민족 공동체 통일방안 : 노태우 정부에서 자주·평화·민주의 원칙을 설정하여, 남북 연합을 구성하여 총선거를 실시하자고 제안하였다.
- 3·1 민주 구국 선언 : 유신에 반대하여 문익환, 김대중 등이 명동 성당에서 민주 구국 선언을 낭독하였다.
- 국풍 81 : 전두환 정부의 유화정책 중 하나로 여의도에서 열린 대규모 예술제이다.
- 언론기본법 폐지 : 노태우 정부 때 일이다.

Answer   8.②   9.③

10 다음 자료와 관련된 정책에 대한 설명으로 옳지 않은 것은?

> 1. 소유권의 주장은 신고주의를 원칙으로 한다.
> 2. 불복자에 대해서는 증거주의를 채택한다.
> 3. 토지의 지주가 조선 총독이 정하는 기간 내에, 그 주소, 씨 명 또는 명칭 및 소유지의 소재, 지목, 자번호, 사표, 등급, 지적 결수를 임시 토지조사 국장에게 신고한다.
> 4. 사정(査定)에 대해 불복하는 자는 공시 기간 만료 후 60일 이내에 고등 토지조사위에 신고하여 재결을 구할 수 있다.

① 미신고 토지, 황실 소유지, 마을 및 문중의 공유지 등 전 국토의 약 40%가 총독부로 귀속되었다.
② 약탈한 토지를 동양척식주식회사를 통해 일본인에게 헐값으로 넘기며 일본인의 조선 이주 작업을 도왔다.
③ 조선 농민들은 관습상 경작권을 상실하고 기한부 계약제 소작농으로 전락하였다.
④ 시행 결과 소작농으로 전락한 조선 농민들의 불만을 잠재우기 위해 일제는 농촌진흥운동을 전개하였다.

TIP 1조의 신고주의 원칙과 3조의 기간 내 신고 등이 언급되어 있기 때문에 주어진 자료는 토지 조사령이다.
④ 농촌진흥운동은 1930년대 농민운동을 탄압하기 위해 실시되었다.

11 일제의 통치 정책 중의 일부이다. 이와 같은 내용을 모두 포괄하는 일제의 식민 통치 방법은?

> • 일본식 성명의 강요   • 신사참배의 강요
> • 징병 · 징용제도의 실시   • 부녀자의 정신대 징발

① 문화 통치   ② 헌병경찰 통치
③ 민족말살 통치   ④ 병참기지화 정책

TIP 일제는 태평양전쟁 도발 후, 한국의 인적 · 물적 자원의 수탈뿐 아니라 민족문화와 전통을 완전히 말살시키려 하였다. 우민화정책과 병참기지화정책도 민족말살통치의 하나이다.

Answer 10.④ 11.③

12 밑줄 친 '운동'에 대한 설명으로 옳은 것은?

> 조선 사람은 조선 사람이 만든 물건만 쓰고 살자고 하는 <u>운동</u>이 일어나고 있다. 그렇게 하면 조선인 자본가의 공업이 일어난다고 한다. …(중략)… 이 <u>운동</u>이 잘 되면 조선인 공업이 발전해야 하지만 아직 그렇지 않다. …(중략)… 이 <u>운동</u>을 위해 곧 발행된다는 잡지에 회사를 만들라고 호소하지만 말고 기업을 하는 방법 같은 것을 소개해야 한다.
>
> 「개벽」

① 조선총독부가 회사령을 폐지하는 계기가 되었다.
② 원산총파업을 계기로 조직적으로 전개될 수 있었다.
③ 조만식 등에 의해 평양에서 시작되어 전국으로 확산되었다.
④ 조선노농총동맹의 적극적 참여로 대중적인 기반이 확충되었다.

TIP 밑줄 친 '운동'은 물산장려운동(1922)이다. 물산장려운동은 3·1운동 후 개화한 근대 지식인층 및 대지주들이 중심이 되어 물자 아껴 쓰기 및 우리 산업 경제를 육성시켜 민족경제의 자립을 달성하는 것을 목표로 하였다.

13 1915~1918년 사이에 일본의 경제는 수출이 7억 8천만엔에서 19억엔으로 비약적으로 증가하여 호황을 누렸다. 그러나 1920년부터는 심각한 경제공황을 겪어 많은 기업이 도산하였으며, 쌀값이 폭등하였다. 이 때 일본이 취한 대책을 다음에서 고른다면?

> ㉠ 조선에서 회사령을 실시하여 기업의 설립을 억제하였다.
> ㉡ 중국 대륙으로 진출을 서둘러 1931년에 만주를 점령하였다.
> ㉢ 토지조사사업을 실시하여 일본의 빈민을 조선에 이주시켰다.
> ㉣ 조선에서 산미 증식계획을 실시하여 식량난을 해결하고자 하였다.
> ㉤ 일본 국내의 산업구조를 경공업에서 석유화학공업으로 변경시켰다.

① ㉠, ㉢
② ㉠, ㉣
③ ㉡, ㉣
④ ㉡, ㉤

TIP 1920년대 이후 일본의 식민지 경제정책은 병참기지화정책, 산미증식계획 등으로 추진되었다.

Answer 12.③ 13.③

14 다음은 1970년대 우리 사회에 나타난 현상이다. 이러한 문제점을 해결하기 위해 정부가 취했던 정책은?

> 성장 위주의 경제정책으로 빈부의 격차가 커지자 상대적으로 빈곤감을 느끼는 계층들의 불만이 표출되었다. 해외시장에서의 가격경쟁력을 유지하기 위하여 근로자에 대한 저임금정책이 상당 기간 계속됨으로써 생산 증가와 실질임금 사이에 큰 격차가 발생하였다. 뿐만 아니라 장시간의 근로조건과 열악한 노동환경으로 인하여 사용자와 근로자 사이의 관계는 악화되지 않을 수 없었다.

① 노동 쟁의 운동을 불법화시켰다.
② 노동조합의 설립을 적극 지원하였다.
③ 근로자의 임금인상을 적극적으로 유도하였다.
④ 환경문제에 관심을 갖고 많은 공해업소를 폐쇄시켰다.

TIP ① 성장 위주의 경제정책은 노동자 계층의 불만을 야기시켰고, 이에 노동운동이 점차 활발해지자 정부는 그 대응책으로 노동 쟁의 운동을 불법화시켰다.

15 다음은 한국 현대사에 발생한 사건들이다. 시기적으로 ㉠과 ㉡ 사이에 들어갈 수 있는 사실은?

> ㉠ 박정희를 중심으로 한 군부 세력은 사회혼란을 구실로 군사정변을 일으켜 정권을 잡았다.
> ㉡ 10월 유신이 단행되어 대통령에게 강력한 통치권을 부여하는 권위주의 통치체제가 구축되었다.

① 자유당의 독재와 부정선거를 규탄하는 대규모 시위가 일어났다.
② 내각 책임제와 양원제 국회의 권력구조로 헌법을 개정하였다.
③ 베트남으로 국군이 파병되었으며 한일협정이 체결되었다.
④ 7년 단임의 대통령을 간접선거로 선출하는 헌법이 공포되었다.

TIP ㉠은 1961년 5월, ㉡은 1972년 10월에 일어난 사건이므로 박정희를 중심으로 한 제3공화국의 해당 내용을 찾으면 된다.
① 제1공화국
② 제2공화국
③ 베트남 국군 파병은 1965년 7월의 사건으로 제3공화국 시기에 해당한다.
④ 제5공화국의 탄생이 일어나는 제8차 개헌이다.

Answer 14.① 15.③

16 다음은 일제가 우리나라에서 실시하였던 경제정책을 나열한 것이다. 이에 대한 설명으로 옳은 것을 모두 고르면?

> (가) 토지조사령을 발표하여 전국적인 토지조사사업을 벌였다.
> (나) 회사령을 제정하여, 기업의 설립을 총독의 허가제로 하였다.
> (다) 발전소를 건립하고 군수산업 중심의 중화학공업을 일으켰다.

> ㉠ (가)의 결과로 우리 농민이 종래 보유하고 있던 경작권이 근대적 소유권으로 전환되었다.
> ㉡ (나)의 목적은 우리의 민족자본을 억압하기 위한 것이었다.
> ㉢ (가), (나)의 정책이 추진되었던 시기에는 주로 소비재 중심의 경공업이 발달하였다.
> ㉣ (다)의 시설은 북동부 해안지방에 편중되어 남북간의 공업 발달에 심한 불균형을 초래하였다.

① ㉠, ㉡, ㉢   ② ㉠, ㉡, ㉣
③ ㉡, ㉢, ㉣   ④ ㉠, ㉡, ㉢, ㉣

TIP ㉠ 종래 우리나라의 농민은 토지의 소유권과 함께 경작권도 보유하고 있었는데, 토지조사사업으로 많은 농민이 기한부 계약에 의한 소작농으로 전락하고 말았다.

17 일제에 의한 수난기에 우리 민족이 행하였던 저항이 시기적으로 맞게 설명된 것은?

① 1910년대 – 무장독립전쟁, 신간회 활동
② 1920년대 – 조선교육회 설립, 해외독립운동기지 건설
③ 1930년대 – 비밀결사운동, 조선어학회 사건
④ 1940년대 – 광복군의 활동, 신사참배 거부운동

TIP 일제에 대한 저항
① 1910년대 : 해외독립운동기지 건설, 비밀결사운동
② 1920년대 : 신간회 활동, 무장독립전쟁, 조선교육회 설립
③ 1930년대 : 조선어학회의 활발한 활동, 해체는 1942년
④ 1940년대 : 광복군의 활동, 신사참배 거부운동

Answer   16.③ 17.④

18 다음의 내용과 관련된 조직을 바르게 나열한 것은?

> 동일한 목적, 동일한 성공을 위하여 운동하고 투쟁하는 혁명가들은 반드시 하나의 기치 아래 모이고, 하나의 호령 아래 모여야만 비로소 상당한 효과를 얻을 수 있음은 더 말할 나위가 없다.

① 물산장려회 조직
② 조선어학회와 진단학회 조직
③ 신간회와 조선어학회 조직
④ 신간회와 근우회의 조직

TIP 1920년대에 들어와 사회주의 사상이 유입되면서 민족의 독립운동에 이념적인 갈등이 초래되었다. 이러한 문제를 해결하기 위해 민족주의계와 사회주의계의 통합이 논의되었고, 그 결과 결성된 단체가 신간회와 근우회였다.

19 갑신정변과 동학농민운동의 공통점으로 옳지 않은 것은?

① 평등사회를 추구하였다.
② 외세의 개입이 결정적인 실패원인이었다.
③ 민중들의 광범위한 지지를 받았다.
④ 양반 중심의 지배질서가 동요되는 가운데 전개되었다.

TIP ③ 갑신정변 당시의 민중들은 개화당의 개혁의지를 이해하지 못하였고, 오히려 이들을 적대시하였다.

20 간도와 연해주에서의 독립운동에 대한 설명으로 옳지 않은 것은?

① 2·8독립선언을 발표하여 3·1운동의 도화선을 제공하였다.
② 한국독립군은 중국군과 연합하여 항일전을 전개하였다.
③ 대부분의 독립운동단체들은 경제 및 교육단체를 표방하였다.
④ 대한광복군 정부가 수립되어 무장투쟁의 기반이 마련되었다.

TIP ① 1919년 일본에 유학하고 있던 유학생들이 도쿄에 모여 독립을 요구하는 2·8독립선언문을 선포하고 이를 일본정부에 통고한 뒤 시위를 전개하였다. 이는 3·1운동의 도화선이 되었다.

Answer 18.④ 19.③ 20.①

21 다음과 관련된 단체에 대한 설명으로 옳지 않은 것은?

> 강령
> 우리는 정치적 · 경제적 각성을 촉진한다.
> 우리는 단결을 공고히 한다.
> 우리는 기회주의를 일체 부인한다.

① 민족유일당 운동의 일환으로써 결성된 단체이다.
② 일제강점기 가장 큰 규모의 단체였다.
③ 애국계몽운동을 위한 비밀결사 단체였다.
④ 광주 학생 항일운동을 지원하였다.

TIP 지문의 내용은 신간회 강령이다. 신간회는 1920년대 이후 일제가 허용하는 범위 내에서 자치권을 획득하자는 '자치 운동'이 생겨나자, 이에 반대하여 1927년 비타협적 민족주의와 사회주의권이 연합하여 신간회를 결성했다. 1928년까지 국내외에 148개 지부, 3만 9천여 명의 회원을 확보하여 일제강점기 가장 큰 규모의 단체였다. 신간회는 민중의식 고취를 위해 민중대회 및 전국 순회 강연을 열었고 광주 학생 항일운동 당시 학생운동을 지원하기도 했다.
③ 애국계몽운동을 위한 비밀결사 단체는 신민회이다.

22 1930년대에 전개된 소작쟁의에 대한 설명으로 옳은 것은?

① 산미증식계획의 추진으로 감소되었다.
② 소작료 인하가 소작쟁의의 주된 쟁점이었다.
③ 신민회의 적극적인 지도하에 전국으로 확산되었다.
④ 일제의 식민지 지배에 저항하는 민족운동의 성격이 보다 강화되었다.

TIP ④ 1930년대의 소작쟁의는 일제의 수탈에 저항하는 민족운동의 성격을 띠면서 더욱 격렬해져 갔다.

Answer 21.③ 22.④

23 〈보기〉의 독립운동단체 결성 시기를 순서대로 바르게 나열한 것은?

〈보기〉

ⓐ 조선의용대   ⓑ 의열단
ⓒ 참의부   ⓓ 대한광복회
ⓔ 근우회

① ⓐ - ⓑ - ⓒ - ⓓ - ⓔ   ② ⓑ - ⓒ - ⓔ - ⓐ - ⓓ
③ ⓒ - ⓓ - ⓔ - ⓑ - ⓐ   ④ ⓓ - ⓑ - ⓒ - ⓔ - ⓐ

TIP ⓓ 대한광복회(1915) : 박상진과 김좌진을 중심으로 결성된 단체로 공화정을 추구하며 친일파를 처단하고 군자금 모금활동을 전개
하였다.
ⓑ 의열단(1919) : 김원봉을 중심으로 결성된 무장단체로 김상옥, 나석주 등으로 하여금 식민통치기관을 파괴하는 활동을 전개하
였다. 신채호는 의열단 선언문인 〈조선혁명선언〉을 작성하기도 하였다.
ⓒ 참의부(1923) : 대한민국 임시정부의 직할부대이다.
ⓔ 근우회(1927) : 민족유일당 운동으로 사회주의와 민족주의 계열 간 통합이 이루어지면서 신간회가 창립되었고, 그 자매단체로
여성 인권운동을 위한 근우회가 설립되었다.
ⓐ 조선의용대(1938) : 김원봉이 중심이 되어 조직된 군대로 중국 관내에서 조직된 최초의 한인 무장부대였다. 이후 충칭 임시정
부 산하 한국광복군에 합류하였다.

24 다음 글에서 설명하고 있는 문화유산은?

이곳은 원래 성종의 형인 월산대군(月山大君)의 집이 있던 곳으로, 선조가 임진왜란 뒤 임시 거처로 사
용하면서 정릉동 행궁으로 불리었고, 광해군 때는 경운궁이라 하였다. 아관파천 후 고종이 이곳에 머
물렀다. 주요 건물로는 중화전, 함녕전, 석조전 등이 있다.

① 경복궁   ② 경희궁
③ 창덕궁   ④ 덕수궁

TIP 덕수궁에 관한 설명이다. 이전의 명칭은 경운궁으로 아관파천으로 러시아 공사관에 피신했던 고종이 다시 돌아온 곳이기도 하
며, 이후 대한제국을 선포하였다.
덕수궁 석조전은 1910년에 완성된 대한제국의 대표적인 서양식 건물이다.

25 다음에 나타난 공통적인 의의와 목표는?

> • 신채호는 「독사신론」을 지어 민족주의 사학의 방향을 제시하였다.
> • 역사상 외국의 침략에 대항하여 승리한 전쟁영웅들의 이야기나, 외국의 건국 또는 망국의 역사를 번역하여 소개하였다.
> • 최남선과 박은식은 조선광문회를 조직하였다.
> • 지석영과 주시경 등은 국문연구소를 설립하였다.

① 성리학적 정통성을 계승하고자 하였다.
② 민족의식을 고취하여 국권을 회복하고자 하였다.
③ 서양의 선진문물을 수용하여 근대화를 앞당기고자 하였다.
④ 서양의 민권의식을 바탕으로 민주운동을 전개하고자 하였다.

TIP 계몽사학, 민족주의 사학, 민족 고전의 정리 및 발간, 한글연구의 공통적 목표는 일본 침략에 대항한 국권회복이었다.

26 다음과 같은 성격을 지니고 있었던 한말의 종교는?

> 나철 · 오기호가 창시하였으며 보수적 성격을 지니고 있었으나, 민족적 입장을 강조하는 종교활동을 벌였고, 특히 간도 · 연해주 등지에서 항일운동과 밀접한 관련을 가지면서 성장하였다.

① 천주교   ② 대종교
③ 동학   ④ 불교

TIP 단군신앙을 바탕으로 한 대종교는 독립운동을 펼치기도 하였는데, 중광단이나 청산리대첩에서 승리한 북로군정서는 이와 관련이 깊다.

27 일제하에 다음과 같은 민족운동을 전개하게 된 배경이 아닌 것은?

> • 조선교육회의 민립대학설립운동
> • 조선일보의 문자보급운동
> • 동아일보의 브나로드운동
> • 빌명협회의 과학내중화운통

① 일제는 각급 학교에서의 국어 교육과 국사 교육을 폐지하였다.
② 일제는 사립학교, 서당, 야학 등 민족교육기관을 억압하였다.
③ 일제는 식민지 통치에 유용한 하급기술인력의 양성에 힘썼다.
④ 일제는 정규 학교에서의 한국인을 위한 민족교육을 금지시켰다.

TIP 제시된 글은 문화통치시기(1919~1931)의 사건들인데, ①은 민족말살통치시기(1937~1945)에 일어난 일이므로 배경이 될 수 없다.

28 다음 내용을 뒷받침하기에 적절한 역사적 사실로 옳지 않은 것은?

> 일제는 식민지 지배체제의 영속화를 위해 우민화 교육을 통한 한국인의 황국신민화를 꾀하는 한편, 우리말과 우리 역사교육을 금지시키고 우리 민족사를 왜곡하기까지 했다. 이에 맞서 애국지사들은 민족문화수호운동과 민족교육운동을 전개하였다.

① 민립 대학 설립 운동
② 조선어학회의 결성
③ 조선어연구회의 결성
④ 청구학회의 한국학 연구 활동

TIP ④ 청구학회는 일본 어용 학자들의 단체로서, 극동문화 연구를 위해 조직되었다.

Answer 27.① 28.④

29 다음은 어떤 단체의 설립목적을 제시한 것이다. 이 단체와 관련이 있는 사실은?

⊙ 교육기관을 설치하고 청소년의 교육을 진흥할 것
ⓒ 동지를 발견하고 단합하여 국민운동의 역량을 축적할 것
ⓒ 각종 상공업 기관을 만들어 단체의 재정과 국민의 부력을 증진할 것

---

① 삼원보와 같은 해외 독립운동 기지를 건설하였다.
② 원산학사를 세워 근대 학문을 가르쳤다.
③ 물산장려운동을 전개하였다.
④ 비밀행정조직인 연통제를 조직하였다.

....

TIP 신민회는 안창호·양기탁 등이 조직한 비밀결사단체로 민족교육의 추진(대성학교, 오산학교), 민족산업의 육성(자기회사), 민족문화의 계발, 독립운동기지 건설(서간도의 삼원보) 등 각 방면에서 진흥운동을 전개한 단체였다.

30 일제 시대 각 종교 단체의 활동으로 옳지 않은 것은?

① 천주교 – 1880년대부터 선교활동을 시작해 교육·언론·사회사업 등에 공헌하였다.
② 천도교 – 제2의 3·1운동을 계획하여 자주독립선언문을 발표하였다.
③ 대종교 – 만주에서 의민단을 조직하여 무장 항일투쟁에 적극 참여했다.
④ 개신교 – 신사참배를 거부하여 탄압을 받았다.

....

TIP ③ 의민단은 천주교인이 중심이 되어 조직한 무장독립단체이다.

① 한자의 기초

(1) 한자의 구조

① 한자의 3요소

ㄱ 모양(形) : 상형(象形), 지사(指事) – 형체(形體)의 구조

ㄴ 뜻(義) : 회의(會意), 형성(形聲) – 자의(字義)의 구조

ㄷ 소리(音) : 전주(轉注), 가차(假借) – 자의(字義), 음운(音韻)의 운용

② 육서(六書)

ㄱ 상형(象形) : 사물(象)의 모양(形)을 본뜬(象) 글자

⊙ → 日(해 일)

米 → 木(나무 목)

예 山, 魚, 馬, 月, 川, 火, 鳥, 門

ㄴ 지사(指事) : 추상적인 의미(事)를 가리키는(指) 글자

•— → 上

—• → 下

예 本, 末, 天, 一, 二, 中, 大

ㄷ 회의(會意) : 둘 이상의 한자의 뜻(意)을 합쳐서(會) 만든 글자

• 日 + 月 → 明(밝다 명)
• 人 + 言 → 信(믿다 신)

ㄹ 형성(形聲) : 한자의 뜻(形)과 소리(聲)를 합쳐서 만든 글자

• 氵(水, 形부) + 靑(聲부) → 淸(맑다 청)
• 日(形부) + 靑(聲부) → 晴(날씨가 개다 청)

예 江, 頭, 銅, 梅, 聞, 悲, 問, 露, 洋, 味

ⓜ 전주(轉注) : 글자의 뜻을 굴리고(轉) 끌어대어(注) 사용하는 글자

> • 道(도) : 길, 도리
> • 長(장) : 나이가 많다, 우두머리

예 老, 樂, 惡, 說, 考

ⓑ 가차(假借) : 주로 외래어를 표기하기 위해 한자의 형태나 음을 임시로(假) 빌어(借) 쓰는 글자

> • 燕(제비 연) → 宴(잔치 연)
> • 羅馬(Rome)
> • 弗($, 달러)

예 獨逸, 亞細亞, 可思莫思(cosmos), 林肯(Lincoln), 華盛頓(Washington)

(2) 한자의 부수

① 부수의 분류(分類)

㉠ 변(邊, ▐) : 글자의 왼쪽 부분을 이루는 부수

예 • 亻(人 인변) : 休, 依
> • 忄(心 마음심변) : 怜, 情
> • 衤(衣 옷의변) : 袖, 複

㉡ 방(傍, ▐) : 글자의 오른쪽 부분을 이루는 부수

예 • 卩(已 병부절방) : 印
> • 阝(邑 고을읍방) : 郎, 部
> • 隹(새추방) : 雄

㉢ 머리(頭, ▀) : 글자의 위쪽 부분을 이루는 부수

예 • 宀(갓머리) : 守, 家
> • 艹(艸 초두머리) : 草, 花
> • 雨(비우머리) : 雲, 雪

㉣ 받침(▄, ▙) : 글자의 아래쪽 또는 왼쪽에서 아래쪽으로 걸치는 부분을 이루는 부수

예 • 皿(그릇명받침) : 益, 盟
> • 辶(辵, 책받침) : 近, 道
> • 廴(민책받침) : 廷, 建

㉤ 몸(▣) : 글자의 주위에 둘러 있는 부수

예 • 囗(큰입구몸) : 國
> • 門(문문몸) : 間
> • 行(다닐행몸) : 衝

㉥ 엄호(▙) : 머리로부터 변의 위치에 걸쳐 있는 부수

예 • 疒(병질엄) : 疾, 病
> • 尸(주검시엄) : 屍
> • 广(엄호) : 床

⊙ **기타** : 갈래가 불분명하거나 이름을 붙이기가 곤란한 부수들은 그 글자의 뜻과 음을 부수의 이름으로 쓴다.

　예 一(한일), 門(문문), 又(또우), 心(마음심), 行(다닐행), 小(작을소)

② **부수의 변형**

원형	변형	원형	변형	원형	변형	원형	변형
人	亻(사람인변)	手	扌(손수변)	艸	艹(초두변)	足	(발족) 跰
心	忄, 㣺(마음심변)	犬	犭(개사슴록변)	玉	王(구슬옥변)	火	灬(불화받침)
水	氵(삼수변)	衣	衤(옷의변)	刀	刂(칼도방)	老	耂(늙을로)
肉	月(육달월변)	邑	阝(언덕부변)	阜	阝(고을읍방)	辵	辶(책받침)

③ **제부수한자**

二, 小, 斗, 文, 用, 立, 耳, 臣, 老, 皮, 生, 父, 田, 舟, 行, 衣, 車, 金, 辰, 長, 非, 面,
音, 風, 飛, 首, 香, 馬, 高, 鬼, 魚, 鳥, 鹿, 麥, 麻, 黃, 黑, 鼎, 鼠, 鼻, 齊, 齒, 龍, 龜

④ **찾기 어려운 부수**

부수	글자	부수	글자
一	丈, 不, 世, 丘	二	干, 五, 互, 井, 亞
丨	中	刂(刀)	分, 初, 券, 劃
亅	了, 事, 子	手	承, 拜
丶	丸, 丹, 主	幺	幾
丿	乃, 久, 之, 乘	玄	率
人	以, 來, 今	气	氣
八	共, 兼, 公, 六, 其	行	街
水(氵)	氷, 求, 泰, 泉, 渾	内	离
入	內, 全, 兩	立	競
夕	夢, 夜	廾	弄
十	午, 卑, 南, 半, 卒, 卍, 卅	旡	旣
口	史, 吉, 吏, 各, 句, 同, 命, 合, 喧, 商, 哀, 嘗, 喪	老(耂)	考
又	及, 反, 受, 叛	儿	免, 光,
火	然, 燕	舛	舞
爪	爲	厶	去
羊	美, 義	亠	亡
氏	民	田	甲, 申, 由, 男, 畫
巛	巡, 巢	月(肉)	望, 脚, 能, 肯

工	巨	止	正, 此, 武, 歸, 步
臼	與, 興, 舊	干	年, 辛, 幹
曰	更 曲 曳	衣	表, 衰, 衷
木	果, 東, 條, 業, 栽	乙	也

② 한자의 실제

(1) 두 가지 이상의 음을 가진 한자

한자	음과 뜻		예	한자	음과 뜻		예
降	내릴	강	降雨(강우), 下降(하강)	更	다시	갱	更生(갱생), 更新(갱신)
	항복할	항	降伏(항복), 投降(투항)		고칠	경	更張(경장), 更正(경정)
車	수레	거	車馬(거마), 人力車(인력거)	見	볼	견	見聞(견문), 見利(견리)
	수레	차	自動車(자동차), 商用車(상용차)		나타날	현	謁見(알현)
宅	집안	댁	宅內(댁내)	茶	차	다	茶菓(다과), 茶道(다도)
	집	택	宅地(택지), 住宅(주택)		차	차	茶禮(차례), 紅茶(홍차)
度	법도	도	程度(정도), 尺度(척도)	分	나눌	분	分裂(분열), 部分(부분)
	헤아릴	탁	忖度(촌탁), 度計(탁계)		단위	푼	分錢(푼전)
不	아니	불	不可(불가), 不屈(불굴)	寺	절	사	寺刹(사찰)
	아니	부	不當(부당), 不正(부정)		내관	시	奉常寺(봉상시, 관아 이름)
殺	죽일	살	殺人(살인), 抹殺(말살)	參	석	삼	參萬(삼만)
	감할	쇄	相殺(상쇄), 殺到(쇄도)		참여할	참	參加(참가)
狀	형상	상	狀況(상황), 實狀(실상)	索	찾을	색	索引(색인), 搜索(수색)
	문서	장	信任狀(신임장), 訴狀(소장)		노	삭	索道(삭도), 大索(대삭)
塞	변방	새	要塞(요새), 險塞(험새)	省	살필	성	省察(성찰), 反省(반성)
	막을	색	閉塞(폐색), 語塞(어색)		덜	생	省略(생략), 省減(생감)
屬	무리	속	附屬(부속), 貴金屬(귀금속)	率	거느릴	솔	率先(솔선), 統率(통솔)
	이을	촉	屬望(촉망), 屬託(촉탁)		비율	률	比率(비율), 能率(능률)
衰	쇠할	쇠	衰弱(쇠약), 盛衰(성쇠)	帥	장수	수	帥長(수장), 元帥(원수)
	상복	최	齊衰(제최)		거느릴	솔	統帥(통솔), 帥先(솔선)
宿	묵을	숙	宿泊(숙박), 投宿(투숙)	食	먹을	식	食用(식용), 斷食(단식)
	성수	수	星宿(성수)		밥	사	簞食瓢飮(단사표음)

則	곧	즉	어조사	沈	성	심	沈氏(심씨)
	법칙	칙	沈沒(침몰), 沈潛(침잠)		잠길	침	沈沒(침몰), 沈潛(침잠)
拓	베낄	탁	拓本(탁본)	跛	절름발이	파	跛行(파행)
	열	척	開拓(개척)		비스듬할	피	跛倚(피의)
暴	ㅏ타낼	폭	暴露(폭로)	讀	읽을	독	讀書(독서), 朗讀(낭독)
	사나울	포	暴惡(포악)		구절	두	吏讀(이두), 句讀(구두)
洞	마을	동	洞里(동리), 洞窟(동굴)	屯	진칠	둔	駐屯(주둔), 屯田兵(둔전병)
	통할	통	洞察(통찰), 洞達(통달)		어려울	준	屯險(준험), 屯困(준곤)
反	거스릴	반	違反(위반), 反亂(반란)	便	오줌	변	小便(소변)
	뒤집을	번	反沓(번답), 反田(번전)		편할	편	郵便(우편)
復	회복할	복	復歸(복귀), 恢復(회복)	識	알	식	博識(박식), 有識(유식)
	다시	부	復活(부활), 復興(부흥)		기록할	지	標識(표지)
惡	악할	악	善惡(선악), 惡德(악덕)	若	만일	약	萬若(만약)
	미워할	오	憎惡(증오), 惡心(오심)		반야	야	般若經(반야경)
易	바꿀	역	交易(교역), 貿易(무역)	咽	목구멍	인	咽喉(인후)
	쉬울	이	平易(평이), 難易(난이)		목멜	열	嗚咽(오열)
抵	막을	저	抵抗(저항)	著	나타날	저	著明(저명), 顯著(현저)
	칠	지	抵掌(지장)		입을	착	附著(附着, 부착), 著服(着服, 착복)
切	온통	체	一切(일체)	提	끌	제	提起(제기), 提携(제휴)
	끊을	절	切開(절개), 切迫(절박)		떼지어날	시	提提(시시)
辰	별	진	日辰(일진)	斟	헤아릴	짐	斟酌(짐작)
	때	신	日月星辰(일월성신)		술칠	침	斟量(침량)
差	틀릴	차	差異(차이), 時差(시차)	推	옮을	추	推移(추이), 推進(추진)
	들쭉날쭉할	치	差參(치참), 差輕(치경)		밀	퇴	推敲(퇴고)
皮	가죽	피	外皮(외피), 皮革(피혁)	畫	그림	화	畫家(화가), 漫畫(만화)
	가죽	비	鹿皮(녹비)		그을	획	計劃(계획), 一畫(일획)
行	갈	행	同行(동행), 旅行(여행)	廓	클	확	廓大(확대), 廓正(확정)
	항렬	항	行列(항렬), 配行(배행)		외성	곽	輪廓(윤곽)

陝	좁을	협	陝隘(협애)	滑	미끄러울	활	滑降(활강), 滑空(활공)
	땅이름	합	陝川(합천)		익살	골	滑稽(골계)
龜	이름	구	龜浦(구포), 龜山(구산)	說	말씀	설	說話(설화), 異說(이설)
	거북	귀	龜鑑(귀감), 龜船(귀선)		달랠	세	遊說(유세), 誘說(유세)
	터질	균	龜裂(균열), 龜坼(균탁)		기뻐할	열	說樂(열락), 說喜(열희)
數	셈할	수	數學(수학), 複數(복수)	布	베	포	布衣(포의)
	자주	삭	數白(삭백), 頻數(빈삭)		펼	포	布告(포고)
	촘촘할	촉	數罟(촉고)		베풀	보	布施(보시)
否	아니	부	否決(부결), 可否(가부)	北	북녘	북	北進(북진), 南北(남북)
	악할	비	否運(비운)		패배할	배	敗北(패배)
	막힐	비	否塞(비색)		저버릴	배	反北(반배)
樂	풍류	악	器樂(기악), 樂曲(악곡)	刺	찌를	자	刺戟(자극), 刺繡(자수)
	즐길	락	苦樂(고락), 快樂(쾌락)		찌를	척	刺殺(척살), 刺候(척후)
	좋아할	요	樂山樂水(요산요수)		수라	라	水刺(수라, 임금의 진지)
徵	부를	징	徵收(징수)				
	거둘	징	明徵(명징)				
	음률이름	치	宮商角徵羽(궁상각치우)				

(2) 주의해야 할 한자독음

苛斂(가렴)	降下(강하)	譴責(견책)	鞏固(공고)	膠着(교착)	糾合(규합)
恪別(각별)	醵出(각출·거출)	更張(경장)	過剩(과잉)	口腔(구강)	龜裂(균열)
恪守(각수)	概括(개괄)	更迭(경질)	誇示(과시)	句讀(구두)	琴瑟(금슬)
艱難(간난)	凱旋(개선)	輕蔑(경멸)	刮目(괄목)	救恤(구휼)	矜持(긍지)
看做(간주)	改悛(개전)	驚愕(경악)	乖離(괴리)	軌道(궤도)	旗幟(기치)
間歇(간헐)	車馬(거마)	膏肓(고황)	攪亂(교란)	詭辯(궤변)	嗜好(기호)
減殺(감쇄)	揭示(게시)	滑稽(골계)	教唆(교사)	龜鑑(귀감)	喫煙(끽연)

ㄴ

懦弱(나약)　懶怠(나태)　難澁(난삽)　濫觴(남상)　賂物(뇌물)　訥辯(눌변)
內人(나인)　拿捕(나포)　捺印(날인)　鹵獲(노획)　漏泄(누설)　凜凜(늠름)
懶惰(나타)　烙印(낙인)　捏造(날조)　鹿皮(녹비)　陋醜(누추)　稜線(능선)

ㄷ

簞食(단사)　遝至(답지)　對峙(대치)　陶冶(도야)　淘汰(도태)　鈍濁(둔탁)
踏襲(답습)　撞着(당착)　島嶼(도서)　挑戰(도전)　瀆職(독직)　登攀(등반)

ㅁ

莫逆(막역)　煤煙(매연)　蔑視(멸시)　冒瀆(모독)　夢寐(몽매)　拇印(무인)
罵倒(매도)　邁進(매진)　明澄(명징)　牡丹(모란)　巫覡(무격)　紊亂(문란)
魅力(매력)　驀進(맥진)　木瓜(모과)　木鐸(목탁)　毋論(무론)　未洽(미흡)

ㅂ

剝奪(박탈)　發穗(발수)　併呑(병탄)　補塡(보전)　不朽(불후)　譬喻(비유)
反駁(반박)　拔萃(발췌)　兵站(병참)　敷衍(부연)　崩壞(붕괴)　瀕死(빈사)
反芻(반추)　勃興(발흥)　菩提(보리)　復興(부흥)　飛騰(비등)　頻數(빈삭)
頒布(반포)　幇助(방조)　菩薩(보살)　分析(분석)　否塞(비색)　嚬蹙(빈축)
反哺(반포)　拜謁(배알)　報酬(보수)　粉碎(분쇄)　匕首(비수)　憑藉(빙자)
潑剌(발랄)　排泄(배설)　布施(보시)　焚香(분향)　飛躍(비약)　聘父(빙부)

ㅅ

娑婆(사바)　撒水(살수)　逝去(서거)　遡及(소급)　蒐集(수집)　示唆(시사)
些少(사소)　撒布(살포)　棲息(서식)　甦生(소생)　收穫(수확)　諡號(시호)
使嗾(사주)　三昧(삼매)　羨望(선망)　騷擾(소요)　數爻(수효)　辛辣(신랄)
奢侈(사치)　相剋(상극)　先塋(선영)　贖罪(속죄)　馴致(순치)　神祕(신비)
索莫(삭막)　相殺(상쇄)　殲滅(섬멸)　悚懼(송구)　拾得(습득)　迅速(신속)
數數(삭삭)　索引(색인)　星宿(성수)　殺到(쇄도)　昇遐(승하)　呻吟(신음)
索然(삭연)　省略(생략)　洗滌(세척)　戍樓(수루)　猜忌(시기)　失踪(실종)

阿諂(아첨)	掠奪(약탈)	永劫(영겁)	渦中(와중)	蹂躪(유린)	離合(이합)
惡辣(악랄)	語彙(어휘)	領袖(영수)	緩衝(완충)	遊說(유세)	匿名(익명)
軋轢(알력)	掩蔽(엄폐)	囹圄(영어)	枉臨(왕림)	隱匿(은닉)	溺死(익사)
斡旋(알선)	濾過(여과)	傲氣(오기)	歪曲(왜곡)	吟味(음미)	湮滅(인멸)
謁見(알현)	閭閻(여염)	懊惱(오뇌)	猥濫(외람)	凝視(응시)	一括(일괄)
隘路(애로)	轢死(역사)	誤謬(오류)	要塞(요새)	義捐(의연)	一切(일체)
曖昧(애매)	役割(역할)	嗚咽(오열)	夭折(요절)	吏讀(이두)	逸脫(일탈)
哀愁(애수)	涅槃(열반)	惡寒(오한)	凹凸(요철)	移徙(이사)	剩餘(잉여)
惹起(야기)	厭惡(염오)	訛傳(와전)	紐帶(유대)	弛緩(이완)	孕胎(잉태)

自矜(자긍)	這間(저간)	正鵠(정곡)	措置(조치)	櫛比(즐비)	叱責(질책)
恣意(자의)	詛呪(저주)	精謐(정밀)	慫慂(종용)	憎惡(증오)	嫉妬(질투)
自暴(자포)	沮止(저지)	切斷(절단)	綢繆(주무)	遲滯(지체)	斟酌(짐작)
箴言(잠언)	傳播(전파)	裁斷(재단)	躊躇(주저)	眞僞(진위)	執拗(집요)
將帥(장수)	戰慄(전율)	詔書(조서)	浚渫(준설)	眞摯(진지)	懲戒(징계)
障碍(장애)	截然(절연)	造詣(조예)	遵守(준수)	桎梏(질곡)	懲兆(징조)

茶禮(차례)	懺悔(참회)	天稟(천품)	寵愛(총애)	秋波(추파)	穉心(치심)
搾取(착취)	猖獗(창궐)	尖端(첨단)	撮影(촬영)	秋毫(추호)	熾烈(치열)
刹那(찰나)	蒼氓(창맹)	捷徑(첩경)	推戴(추대)	築臺(축대)	恥辱(치욕)
讒訴(참소)	刺殺(척살)	諦念(체념)	追悼(추도)	衷心(충심)	輜重(치중)
斬新(참신)	闡明(천명)	涕淚(체루)	酋長(추장)	詭言(궤언)	蟄居(칩거)
參酌(참작)	喘息(천식)	憔悴(초췌)	醜態(추태)	脆弱(취약)	稱頌(칭송)
參差(참치)	穿鑿(천착)	忖度(촌탁)	推薦(추천)	就學(취학)	稱頉(칭탈)

琢磨(탁마)	綻露(탄로)	搨本(탑본)	洞燭(통촉)	堆積(퇴적)	鬪技(투기)
拓本(탁본)	誕辰(탄신)	攄得(터득)	推敲(퇴고)	頹廢(퇴폐)	投機(투기)
度支(탁지)	耽溺(탐닉)	洞察(통찰)	頹落(퇴락)	妬忌(투기)	投擲(투척)

破綻(파탄)	敗北(패배)	貶下(폄하)	包括(포괄)	褒賞(포상)	稟議(품의)
覇權(패권)	澎湃(팽배)	平坦(평탄)	抛棄(포기)	捕捉(포착)	諷刺(풍자)
悖倫(패륜)	膨脹(팽창)	廢棄(폐기)	鋪道(포도)	暴虐(포학)	逼迫(핍박)
稗說(패설)	便便(편편)	閉塞(폐색)	捕縛(포박)	標識(표지)	沛然(패연)

遐壤(하양)	諧謔(해학)	荊棘(형극)	廓淸(확청)	橫暴(횡포)	恤兵(휼병)
虐待(학대)	行狀(행장)	螢雪(형설)	幻滅(환멸)	嚆矢(효시)	痕迹(흔적)
割引(할인)	享樂(향락)	好惡(호오)	宦海(환해)	嗅覺(후각)	欣快(흔쾌)
肛門(항문)	絢爛(현란)	豪宕(호탕)	恍惚(황홀)	後裔(후예)	欽慕(흠모)
行列(항렬)	孑孑(혈혈)	忽然(홀연)	賄賂(회뢰)	萱堂(훤당)	恰似(흡사)
偕老(해로)	嫌惡(혐오)	花卉(화훼)	膾炙(회자)	毁損(훼손)	犧牲(희생)
解弛(해이)	嫌疑(혐의)	廓然(확연)	獲得(획득)	携帶(휴대)	詰難(힐난)

❸ 반의어

可決(가결) − 否決(부결)   高潔(고결) − 低俗(저속)   獨創(독창) − 模倣(모방)

架空(가공) − 實際(실제)   供給(공급) − 需要(수요)   忘却(망각) − 記憶(기억)

却下(각하) − 接受(접수)   屈辱(굴욕) − 雪辱(설욕)   模糊(모호) − 分明(분명)

減少(감소) − 增加(증가)   歸納(귀납) − 演繹(연역)   物質(물질) − 精神(정신)

感情(감정) − 理性(이성)   勤勉(근면) − 懶怠(나태)   敏感(민감) − 鈍感(둔감)

拒絶(거절) − 承諾(승낙)   緊密(긴밀) − 疏遠(소원)   密接(밀접) − 疏遠(소원)

建設(건설) ─ 破壞(파괴)	內包(내포) ─ 外延(외연)	發達(발달) ─ 退步(퇴보)
謙遜(겸손) ─ 傲慢(오만)	訥辯(눌변) ─ 能辯(능변)	潑剌(발랄) ─ 萎縮(위축)
輕視(경시) ─ 重視(중시)	唐慌(당황) ─ 沈着(침착)	普遍(보편) ─ 特殊(특수)
敷衍(부연) ─ 省略(생략)	永劫(영겁) ─ 刹那(찰나)	創造(창조) ─ 模倣(모방)
否認(부인) ─ 是認(시인)	榮轉(영전) ─ 左遷(좌천)	添加(첨가) ─ 削減(삭감)
否定(부정) ─ 肯定(긍정)	銳敏(예민) ─ 愚鈍(우둔)	抽象(추상) ─ 具象(구상)
分離(분리) ─ 統合(통합)	偶然(우연) ─ 必然(필연)	稚拙(치졸) ─ 洗鍊(세련)
分析(분석) ─ 綜合(종합)	優越(우월) ─ 劣等(열등)	閉鎖(폐쇄) ─ 開放(개방)
卑近(비근) ─ 深遠(심원)	輪廓(윤곽) ─ 核心(핵심)	暴露(폭로) ─ 隱蔽(은폐)
悲運(비운) ─ 幸運(행운)	理想(이상) ─ 現實(현실)	合理(합리) ─ 矛盾(모순)
奢侈(사치) ─ 儉素(검소)	低俗(저속) ─ 高尚(고상)	擴大(확대) ─ 縮小(축소)
所得(소득) ─ 損失(손실)	詛呪(저주) ─ 祝福(축복)	許多(허다) ─ 稀少(희소)
愼重(신중) ─ 輕率(경솔)	漸進(점진) ─ 急進(급진)	狹義(협의) ─ 廣義(광의)
實質(실질) ─ 形式(형식)	拙作(졸작) ─ 傑作(걸작)	厚待(후대) ─ 薄待(박대)
曖昧(애매) ─ 明瞭(명료)	遲延(지연) ─ 促成(촉성)	當番(당번) ─ 非番(비번)
逆境(역경) ─ 順境(순경)	斬新(참신) ─ 陳腐(진부)	脫退(탈퇴) ─ 加入(가입)

❹ 숙어 및 고사성어

- **街談巷説**(가담항설) : 길거리나 항간에 떠도는 소문
  [유사어] 道聽塗說(도청도설) : 길거리에서 듣고 말하는 소문
  街談巷語(가담항어), 風說(풍설)

- **苛斂誅求**(가렴주구) : 세금을 혹독하게 징수하고 강제로 재물을 빼앗다.
  [유사어] 民生塗炭(민생도탄) : 백성의 생활이 아주 어려움에 처하다.
  苛政猛於虎(가정맹어호) : 가혹한 정치는 호랑이보다 무섭다.

- **刻骨難忘**(각골난망) : 은혜가 뼈에 새겨져 잊을 수 없다.
  [유사어] 結草報恩(결초보은) : 풀을 맺어 은혜를 갚는다.
  白骨難忘(백골난망) : 죽어서도 은혜를 잊지 못한다.

- **刻舟求劍**(각주구검) : 배에서 칼을 떨어뜨리고 떨어진 자리에 표를 했다가 배가 정박한 다음에 찾으려 한다. 미련하고 변통성이 없다.

  > 유사어 守株待兎(수주대토) : 나무 그루터기를 지키고 앉아 토끼가 부딪혀 죽기를 기다린다.
  > 膠柱鼓瑟(교주고슬) : 거문고의 안족(雁足, 기러기발)을 아교풀로 붙여 놓고 거문고를 탄다.
  > 尾生之信(미생지신) : 융통성이 없이 약속만 지킨다. 신의가 굳다.

- **渴而穿井**(갈이천정) : 목마른 자가 우물을 판다. 평소에 준비 없이 있다가 일이 급해져서야 당황한다.

- **甘言利說**(감언이설) : 남의 비위에 맞도록 꾸민 달콤한 말과 이로운 조건을 내세워 꼬드기는 말

- **甘吞苦吐**(감탄고토) : 달면 삼키고 쓰면 뱉는다. 사리의 옳고 그름을 따지지 않고, 자기에게 이로우면 좋아하고 맞지 않으면 싫어한다.

  > 유사어 兎死狗烹(토사구팽) : 토끼가 죽으면 뒤쫓던 사냥개를 삶는다.
  > 炎凉世態(염량세태) : 세력이 성하면 가까이 하고, 세력이 쇠해지면 멀어지는 경박한 세상인심

- **甲男乙女**(갑남을녀) : 평범한 사람들

  > 유사어 張三李四(장삼이사) : 중국에 장씨와 이씨가 많은데, 그 장씨의 셋째 아들과 이씨의 넷째 아들, 이름이 드러나지 않는 평범한 사람
  > 樵童汲婦(초동급부) : 땔나무를 하는 아이와 물을 긷는 아낙네
  > 凡夫凡婦(범부범부), 善男善女(선남선녀), 愚夫愚婦(우부우부), 匹夫匹婦(필부필부)

- **甲論乙駁**(갑론을박) : 서로 의결이 엇갈리어 논박한다.

- **康衢煙月**(강구연월) : 큰 거리의 평화스러운 풍경, 태평성대(太平聖代)

  > 유사어 比屋可封(비옥가봉) : 사람들이 어질고 착해서 제후에 봉할 만한 집들이 즐비하다.
  > 含哺鼓腹(함포고복) : 입에 먹을 것을 머금고 배를 두드린다.

  > 반의어 麥秀之嘆(맥수지탄) : 나라가 망하거나 쇠약해짐을 탄식한다.
  > 江湖煙波(강호연파) : 대자연의 아름다운 풍경
  > 改過遷善(개과천선) : 나쁜 잘못을 바로 고치어 착하게 된다.
  > 去頭截尾(거두절미) : 머리와 꼬리를 잘라 버린다. 앞뒤를 생략한다.

- **擧案齊眉**(거안제미) : 밥상을 눈썹과 가지런하도록 공손히 들어 남편 앞에 바친다. 남편을 깍듯이 공경한다.

  > 유사어 女必從夫(여필종부)

- **乾坤一擲**(건곤일척) : 운명이나 흥망을 걸고 단판걸이로 승패를 겨룬다.

- **格物致知**(격물치지) : 사물의 이치를 연구하여 지식을 확실히 한다.

- **牽强附會**(견강부회) : 말을 억지로 끌어다 붙여 자신이 주장하는 조건에 맞게 만든다.

- **見利思義**(견리사의) : 이로운 점을 보거든 의로운 일인가 아닌가 따져 본다.

- **犬馬之勞**(견마지로) : 임금이나 나라에 대하여 자신의 수고를 낮추어 부르는 말

- **見物生心**(견물생심) : 재물을 보면 욕심이 생긴다.

- **見危致命**(견위치명) : 나라가 위급해지면 목숨을 나라에 바친다.

- **結草報恩**(결초보은) : 죽어서 은혜를 잊지 않고 갚는다〔白骨難忘(백골난망)〕.

- **頃頃刻刻**(경경각각) : 아주 짧은 시간

- **耿耿孤枕**(경경고침) : 근심에 싸여 있는 외로운 잠자리

- 傾國之色(경국지색) : 임금이 혹하여 국정을 게을리 함으로써 나라를 위태롭게 할 정도로 뛰어난 미인
  > **유사어** 傾城之色(경성지색) : 성이 망해도 모를 정도의 미인〔傾城之美(경성지미)〕
  > 丹脣皓齒(단순호치) : 붉은 입술과 흰 이
  > 花容月態(화용월태) : 꽃 같은 용모와 달 같은 자태의 미인
  > 沈魚落雁(침어낙안) : 물고기가 물에 잠기고 기러기가 떨어질 정도의 미인

- 敬而遠之(경이원지) : 존경하기는 하되 가까이 하지는 않는다. 겉으로는 공경하는 척하면서 속으로는 멀리
한다.

- 敬天勤民(경천근민) : 하늘을 공경하고 백성을 다스리기에 부지런하다.

- 驚天動地(경천동지) : 하늘을 놀래키고 땅을 뒤흔든다. 세상을 몹시 놀라게 한다.

- 鷄肋(계륵) : 닭의 갈비는 먹을 만한 살은 없으나 그냥 버리기도 아깝다. 그다지 가치는 없으나 버리기가 아
까운 사물을 두고 하는 말

- 鷄鳴狗盜(계명구도) : 제나라 맹상군의 고사에서 유래한 말로, 행세하는 사람이 배워서는 아니될 천한 기능
또는 그런 기능을 가진 사람을 일컫는 말

- 呱呱之聲(고고지성) : 아이가 세상에 나오면서 내는 울음소리, 무슨 일의 첫 시작의 신호

- 股肱之臣(고굉지신) : 팔다리와 같이 임금이 가장 믿고 중히 여기는 신하

- 膏粱珍味(고량진미) : 기름진 고기와 좋은 곡식으로 만든 맛있는 음식
  > **유사어** 山海珍味(산해진미)

- 高麗公事三日(고려공사삼일) : 고려의 정책이나 법령은 사흘간격으로 바뀐다. 시작한 일이 오래 가지 못한다.
  > **유사어** 作心三日(작심삼일) : 한 번 먹은 마음이 사흘을 넘기지 못한다.
  > 朝令暮改(조령모개) : 아침에 법령을 정하고서 저녁에 다시 고친다.
  > 朝變夕改(조변석개) : 아침저녁으로 자주 변한다〔潮汐之變(조석지변)〕
  > 變化無雙(변화무쌍), 變化難測(변화난측)
  > **반의어** 初志一貫(초지일관) : 처음 지닌 뜻이 변함없이 한결같다.
  > 始終一貫(시종일관), 始終如一(시종여일)

- 姑息之計(고식지계) : 임시방편적인 계책, 미봉책
  > **유사어** 凍足放尿(동족방뇨) : 언 발에 오줌 누기
  > 下石上臺(하석상대) : 아랫돌 빼서 윗돌 괴기
  > 臨機應變(임기응변), 彌縫策(미봉책), 姑息之策(고식지책), 臨時變通(임시변통)

- 苦肉之策(고육지책) : 적을 속이거나 어려운 사태에서 벗어나기 위한 수단으로서 제 몸을 괴롭히면서까지 쓰
는 계책

- 孤掌難鳴(고장난명) : 한 손바닥으로는 소리를 내지 못한다. 세상일은 상대가 있어야 이루어진다.
  > **유사어** 獨不將軍(독불장군) : 군사가 없이 혼자서는 장군이 될 수 없다.
  > 獨木不成林(독목불성림) : 나무 한 그루로는 숲을 이루지 못한다.

- 苦盡甘來(고진감래) : 고생이 다하면 즐거움이 온다.
  > **반의어** 興盡悲來(흥진비래)

- 古稀(고희) : 70세를 일컫는 두보의 말, 두보(杜甫)의 시「曲江(곡강)」中「人生七十古來稀(인생칠십고래희)」
의 준말

- 曲學阿世(곡학아세) : 정도(正道)를 벗어난 학문으로 세상사람들에게 아첨을 한다.

- 骨肉相爭(골육상쟁) : 동족끼리의 싸움
  - **유사어** 同族相殘(동족상잔)

- 過猶不及(과유불급) : 지나침은 오히려 미치지 않는 것보다 못하다.

- 管見窺天(관견규천) : 대롱구멍으로 하늘을 본다. 소견이 매우 좁다.
  - **유사어** 管中之天(관중지천) : 대롱 속의 하늘
    坐井觀天(좌정관천) : 우물 안에 앉아서 하늘을 본다.
    井底之蛙(정저지와) : 우물 안 개구리

- 管鮑之交(관포지교) : 제(齊)나라 관중(官中)과 포숙(鮑叔)의 사귐이 매우 친밀했다는 고사에서 유래한 말로, 친구끼리의 매우 두터운 사귐을 이른다.
  - **유사어** 竹馬故友(죽마고우) : 죽마를 함께 타고 놀던 어린 시절의 친구〔竹馬之友(죽마지우)〕
    金蘭之契(금란지계) : 쇠처럼 굳고 난처럼 향기로운 우정(二人同心 其利斷金 同心之言 其臭如蘭)
    斷金之交(단금지교) : 쇠를 끊을 만한 굳은 우정
    刎頸之交(문경지교) : 목이 대신 잘려 죽어도 여한이 없는 우정, 재상 인상여와 장수 염파가 맺은 우정
    水魚之交(수어지교) : 물과 고기의 관계처럼 굳은 우정이나 군신관계로, 유비와 제갈량의 고사에서 유래한다.
    知己之友(지기지우) : 자기를 알아주는 친구
    肝膽相照(간담상조) : 간과 쓸개를 서로 내보인다. 즉 속마음을 터놓고 지내는 친구
    知音(지음) : 초나라 때 종자기가 백아가 타는 거문고소리만 듣고도 백아의 생각하는 바를 알았다는 고사에서 유래된 것으로, 마음을 알아주는 벗

- 刮目相對(괄목상대) : 눈을 비비고 볼 정도로 발전의 속도가 놀랍다.
  - **유사어** 日就月將(일취월장) : 날마다 나아가고 달마다 발전한다.
    日新又日新(일신우일신) : 날마다 새로워진다.

- 矯角殺牛(교각살우) : 소의 뿔을 바로 잡으려다 소를 죽인다. 결점이나 흠을 고치려다가 수단이 지나쳐서 도리어 일을 그르친다.
  - **유사어** 小貪大失(소탐대실)

- 巧言令色(교언영색) : 교묘한 말과 보기 좋게 꾸민 낯빛

- 矯枉過正(교왕과정) : 잘못된 것을 바로잡으려다 오히려 지나쳐 더 잘못된다.
  - **유사어** 矯枉過直(교왕과직)

- 教外別傳(교외별전) : 선종(禪宗)에서 석가가 말이나 문자를 쓰지 않고 마음으로써 심오한 뜻을 전하여 준 일을 이른다.
  - **유사어** 以心傳心(이심전심) : 마음으로써 마음 또는 가르침을 전한다. 마음과 마음이 서로 통한다.
    心心相印(심심상인), 不立文字(불립문자), 言外言(언외언)
    拈華示衆(염화시중), 拈華微笑(염화미소)

- 九牛一毛(구우일모) : 매우 많은 양 중에서 극히 적은 양
  - **유사어** 鳥足之血(조족지혈) : 새발의 피
    滄海一粟(창해일속) : 푸른 바다에 좁쌀 하나

- 九折羊腸(구절양장) : 양의 창자처럼 구부러진 험한 산길

- 群鷄一鶴(군계일학) : 닭의 무리 속에 있는 한 마리의 학이라는 뜻으로, 많은 평범한 사람 가운데 뛰어난 한 사람
  - **유사어** 間世之材(간세지재) : 세상을 둘로 나눠 가질 만한 인재
    囊中之錐(낭중지추) : 주머니 속의 못
    泰山北斗(태산북두) : 태산처럼 높고 북두성처럼 뚜렷한 인재
    白眉(백미), 出衆(출중), 泰斗(태두), 拔群(발군)

- 捲土重來(권토중래) : 흙먼지를 일으키며 다시 온다. 한 번 패했다가 세력을 회복해서 다시 쳐들어온다.

- 錦上添花(금상첨화) : 비단옷 위에 꽃을 더한다. 좋은 일에 또 좋은 일이 더해진다.

- 今昔之感(금석지감) : 현재와 옛날을 비교할 때 그 차이가 심함을 보고 느끼는 감정

- 金枝玉葉(금지옥엽) : 귀여운 손자, 임금의 자손이나 집안

- 杞憂(기우) : 장래의 일에 대한 쓸데없는 걱정

- 南柯一夢(남가일몽) : 꿈과 같은 한 때의 부귀영화
  > 유사어 一場春夢(일장춘몽) : 하룻밤의 봄꿈
  > 老生之夢(노생지몽), 呂翁之枕(여옹지침), 一炊之夢(일취지몽), 邯鄲之夢(한단지몽)

- 難兄難弟(난형난제) : 형이라 하기도 어렵고 아우라 하기도 어렵다. 능력이나 재주의 우열을 가리기 어려울 정도로 엇비슷하다.
  > 유사어 伯仲之勢(백중지세) : 맏형과 둘째형 정도의 형세
  > 莫上莫下(막상막하) : 위도 아니고 아래도 아니다.
  > 大同小異(대동소이) : 거의 같고 약간 다르다.
  > 五十步百步(오십보백보) : 싸우다 후퇴했을 때 오십보를 물러서나 백보를 물러서나 별반 차이가 없다.
  > 반의어 天壤之差(천양지차) : 하늘과 땅 차이
  > 雲泥之差(운니지차) : 구름과 진흙의 차이

- 南橘北枳(남귤북지) : 강남(江南)의 귤을 추운 강북(江北)에 옮겨 심으면 탱자가 된다는 말로 사람이나 문화 등이 환경에 따라 달라진다.
  > 유사어 麻中之蓬(마중지봉) : 삼밭 가운데의 쑥. 쑥이 삼밭에서 자라게 되면 삼대의 영향으로 받쳐 주지 않아도 곧게 자란다(좋은 영향).
  > 近墨者黑 近朱者赤(근묵자흑 근주자적) : 먹을 가까이 하는 사람은 검어지고, 붉은 것을 가까이 하는 사람은 붉어진다(좋지 않은 영향).

- 南男北女(남남북녀) : 우리나라에서 남쪽 지방은 남자가 잘나고, 북쪽 지방은 여자가 아름답다.

- 男負女戴(남부여대) : 가난한 사람이 살 곳을 찾아 떠돌아다닌다.
  > 유사어 東家食西家宿(동가식서가숙) : 동쪽 동네에서 밥을 먹고 서쪽 동네에서 잠을 잔다.
  > 三旬九食(삼순구식) : 한 달에 아홉 끼밖에 먹지 못할 정도의 가난
  > 釜中生魚(부중생어) : 오래도록 밥을 짓지 못하여 솥 안에 물고기가 생긴다. 극빈(極貧)을 비유하여 이르는 말

- 濫觴(남상) : 큰 강물도 그 시초는 한 잔에 넘칠 정도의 물이라는 뜻에서, 사물의 처음, 시작을 말한다.

- 勞心焦思(노심초사) : 매우 애쓰며 속을 태운다.

- 弄假成眞(농가성진) : 농담삼아 한 것이 진심으로 한 것과 같이 된다.

- 弄瓦之慶(농와지경) : 딸을 낳은 경사
  > 유사어 弄瓦之喜(농와지희)

- 弄璋之慶(농장지경) : 아들을 낳은 경사
  > 유사어 弄璋之喜(농장지희)

- **累卵之勢**(누란지세) : 달걀이 쌓여 있는 형세처럼 매우 위태로운 상황

  [유사어] 累卵之危(누란지위) : 계란을 쌓아 놓은 듯이 위급하다.
  風前燈火(풍전등화) : 바람 앞의 등불
  百尺竿頭(백척간두) : 아주 높은 장대 끝에 매달려 있는 형세
  命在頃刻(명재경각) : 운명이 아주 짧은 순간에 달려 있다.
  焦眉之急(초미지급) : 눈썹에 불이 붙은 형세

- **多岐亡羊**(다기망양) : 달아난 양을 찾아가다 길이 여러 갈래로 갈려 양을 잃어버린다. 학문의 방향이 여러 갈래이면 진리에 도달하기 어렵다. 방법이 여러 가지이면 도리어 실행하기가 어렵다.

- **多多益善**(다다익선) : 많으면 많을수록 더 좋다.

- **多聞博識**(다문박식) : 견문이 많고 지식이 넓다.

- **斷機之戒**(단기지계) : 맹자가 수학 도중에 귀향했을 때 그의 어머니가 베틀의 실을 끊어 훈계했다는 데서 유래되었다. 학문을 중도에서 그만 둠을 경계한다.

- **丹脣皓齒**(단순호치) : 붉은 입술과 흰 이, 아름다운 여자

- **簞瓢陋巷**(단표누항) : 소박한 시골살림, 시골생활

  [유사어] 安貧樂道(안빈낙도), 貧而無怨(빈이무원)

- **堂狗風月**(당구풍월) : 서당개 삼년이면 풍월을 읊는다〔堂狗三年吠風月(당구삼년폐풍월)〕. 무식한 사람도 유식한 사람과 같이 있으면 영향을 받는다.

- **螳螂拒轍**(당랑거철) : 제 분수를 모르고 강적에게 대항한다(하룻강아지 범 무서운 줄 모른다).

- **大器晚成**(대기만성) : 큰 그릇은 늦게 이루어진다.

- **讀書百遍義自見**(독서백편의자현) : 같은 내용을 반복해서 읽으면 뜻이 드러난다.

- **讀書三到**(독서삼도) : 바른 독서법, 입으로는 다른 말을 하지 아니하고(口到) 마음을 하나로 가다듬어(心到) 되풀이하여 읽으면 본의를 깨닫게 된다.

- **同價紅裳**(동가홍상) : 같은 값이면 다홍치마, 같은 값이면 품질이 좋은 것을 택한다(이왕이면 창덕궁).

- **讀書三餘**(독서삼여) : 독서하기에 좋은 세 가지 경우(겨울·밤·비올 때)

- **同病相憐**(동병상련) : 같은 병을 앓고 있는 사람은 서로 불쌍히 여긴다.

- **東奔西走**(동분서주) : 매우 빠르다.

- **同床異夢**(동상이몽) : 같은 침상에 누워 서로 다른 꿈을 꾼다. 함께 있으면서 생각(목적)은 서로 다르다.

- **同性異俗**(동성이속) : 사람의 본성은 한 가지인데, 습관과 풍속에 따라 서로 달라진다.

- **凍足放尿**(동족방뇨) : 언 발에 오줌 누기, 임시방편, 지속적인 효과가 없다.

- 同舟相救(동주상구) : 이해관계를 같이 하는 사람은 서로 아는 사이거나 모르는 사이거나 간에 자연히 서로 돕게 된다.

  유사어 吳越同舟(오월동주)

- 杜門不出(두문불출) : 문을 닫고 세상에 나가지 아니한다.

- 登高自卑(등고자비) : 높은 곳에 오르려면 낮은 곳에서 시작하는 것처럼 일에는 순서와 절차가 있다(천릿길도 한 걸음부터).

- 登龍門(등용문) : 급류를 뛰어오른 잉어만이 용이 된다. 입신출세할 수 있는 기회를 잡거나 혹은 그 지위

- 得隴望蜀(득롱망촉) : 한 가지 소원을 이룬 다음 다시 다른 소원을 이루고자 한다. 사람의 욕망은 끝이 없다.

  유사어 騎馬欲率奴(기마욕솔노) : 말 타면 노비를 거느리고 싶다.

- 燈下不明(등하불명) : 등잔 밑이 어둡다. 가까이 있는 것이 도리어 알아내기 어렵다.

- 燈火可親(등화가친) : 가을밤은 등불을 가까이 하여 독서하기에 좋다.

- 馬耳東風(마이동풍) : 남의 말을 귀담아 듣지 않고 곧 흘려버린다.

  유사어 牛耳讀經(우이독경), 牛耳誦經(우이송경)

- 馬行處牛亦去(마행처우역거) : 말이 가는 곳이면 소도 또한 갈 수 있다. 한 사람이 할 수 있는 일이면 다른 사람도 할 수 있다.

- **晚時之歎(만시지탄) : 기회를 놓치고 나서의 후회**

  유사어 死後藥方文(사후약방문) : 죽은 뒤에 약처방을 한다.
  亡羊補牢(망양보뢰) : 양 잃고 외양간 고친다.
  十日之菊(십일지국) : 국화는 9월 9일이 절정기인데 10일의 국화란 뜻, 절정기를 지나다.

- 望雲之情(망운지정) : 자식이 객지에서 부모를 그리워하는 마음

- 亡子計齒(망자계치) : 죽은 자식 나이 세기, 쓸데없는 일로 슬퍼한다.

- 麥秀之嘆(맥수지탄) : 보리목이 팬 것을 보고 탄식한다. 나라의 멸망을 탄식한다.

- 孟母三遷(맹모삼천) : 孟母三遷之敎(맹모삼천지교)의 준말, 맹자의 어머니가 맹자의 교육을 위하여 세 번 이사했다.

- 面從腹背(면종복배) : 앞에서는 복종하나 뒤에서는 배반한다.

  유사어 面從後言(면종후언) : 얼굴을 마주 대할 때는 따르고 뒤로 돌아서서는 욕을 한다.
  口蜜腹劍(구밀복검) : 입으로는 달콤하게 말을 하면서 뱃속에는 칼을 감추고 있다.
  表裏不同(표리부동) : 겉과 속이 다르다.

- 明鏡止水(명경지수) : 밝은 거울과 고여 있는 맑은 물, 사념이 없이 고요한 마음

- 明若觀火(명약관화) : 불을 보는 것처럼 명백하다.

- 命在頃刻(명재경각) : 금방 숨이 끊어질 정도에 이르다.
  - 유사어 風前燈火(풍전등화)
- 矛盾(모순) : 말이나 행동의 전후가 서로 맞지 않다.
  - 유사어 自家撞着(자가당착)
- 目不識丁(목불식정) : 정(丁)자도 모른다. 낫 놓고 기역자도 모른다.
  - 유사어 一字無識(일자무식) : 한 자도 모른다.
    魚魯不辨(어로불변) : 고기 어(漁)자와 노나라 노(魯)자를 분별하지 못한다.
    盲者丹青(맹자단청) : 장님 단청 보기
    文盲(문맹), 門外漢(문외한)
  - 반의어 博學多識(박학다식) : 널리 배워 많이 안다.
- 滅私奉公(멸사봉공) : 사(私)를 버리고 공(公)을 위하여 힘쓴다.
  - 유사어 先公後私(선공후사) : 공적인 일을 먼저 생각하고 사적인 일은 나중에 생각한다.
    先憂後樂(선우후락) : 백성의 근심을 먼저 걱정하고 백성들이 모두 즐거워하면 자신도 즐거워한다.
  - 반의어 憑公營私(빙공영사) : 공적인 일을 빙자하여 개인의 이익을 도모한다.
- 無念無想(무념무상) : 무아(無我)의 경지에 이르러 일체의 상념이 없다.
  - 유사어 物我一體(물아일체), 無障無礙(무장무애), 物心一如(물심일여), 無我之境(무아지경)
- 武陵桃源(무릉도원) : 신선이 살았다는 전설적인 곳
  - 유사어 別天地(별천지), 無何有之鄉(무하유지향), 無何有(무하유)
  - 반의어 紅塵(홍진), 風塵(풍진)
- 無不通知(무불통지) : 무슨 일이든지 다 통하여 환히 안다.
- 文房四友(문방사우) : 종이, 붓, 벼루, 먹
- 門外漢(문외한) : 어떤 일에 전혀 관계가 없거나 서투른 사람(손방)
- 聞一知十(문일지십) : 한 가지를 듣고 열 가지를 한다.
- 物心一如(물심일여) : 자연과 인간이 하나로 조화를 이룬다.
- 未曾有(미증유) : 지금까지 아직 한 번도 있어 본 일이 없다.
  - 유사어 前代未聞(전대미문)

- 班衣之戲(반의지희) : 초나라 때 노래를 잘한 사람이 늙어서도 부모님을 즐겁게 해드리기 위해 색동저고리를 입고 기어다니며 재롱을 부린 데서 유래되었다. 지극한 효성
  - 유사어 反哺之孝(반포지효) : 까마귀 새끼가 자라면 먹이를 물어와서 어미새를 먹인다는 데서 유래되었다.
    昏定晨省(혼정신성) : 저녁에는 잠자리를 정리해드리고 새벽에는 부모님의 안색을 살핀다.
    冬溫夏凊(동온하청) : 겨울에는 따뜻하게, 여름에는 시원하게 정성을 다해 모신다.
    出庫反面(출고반면) : 나갈 때는 목적지를 알리고 들어와서는 얼굴을 보인다. 항상 자신이 어디에 있는지 부모님이
    　　　　　　　　　　알도록 하여 근심하지 않게 한다.
  - 반의어 風樹之嘆(풍수지탄), 北山之感(북산지감) - 불효의 한탄

- 白骨難忘(백골난망) : 죽어서도 은혜를 잊지 못한다.
  - **유사어** 刻骨銘心(각골명심)

- 百年之客(백년지객) : 아무 스스럼이 없어져도 끝까지 예의를 갖추어야 하는 손님(사위).

- 百年河淸(백년하청) : 중국 황하(黃河)는 늘 흐려 있다가 천년만에야 한 번 맑다. 오랜 시일이 지나도 이루어지기 어렵다.
  - **유사어** 千年一淸(천년일청), 何待明年(하대명년)

- 百樂一顧(백락일고) : 남이 자기의 재능을 인정해서 잘 대우해준다.

- 白面書生(백면서생) : 공부만 하여 세상물정에 어두운 사람
  - **유사어** 册床退物(책상퇴물)

- 伯牙絶絃(백아절현) : 거문고를 잘 타는 백아가 자신의 거문고소리를 들을 줄 알았던 종자기가 죽은 뒤 절망해서 거문고줄을 끊었다는 데서 유래한다. 친한 친구의 죽음을 진심으로 슬퍼한다.

- 百尺竿頭(백척간두) : 백 자나 되는 높은 장대 끝, 매우 위험한 상태

- 覆轍之戒(복철지계) : 앞의 수레가 엎어지는 것을 보고 뒤의 수레가 미리 경계한다.

- 夫唱婦隨(부창부수) : 남편이 부르면 아내가 이에 따른다. 부부가 화합을 이룬다.

- 附和雷同(부화뇌동) : 일정한 주관이 없이 남의 의견에 덩달아 따른다.

- 不俱戴天(불구대천) : 하늘을 함께 일 수 없다는 뜻으로 이 세상에서 함께 살 수 없을 만큼 큰 원한을 비유하는 말
  - **유사어** 氷炭之間(빙탄지간) : 얼음과 숯불의 사이
    犬猿之間(견원지간) : 개와 원숭이의 사이

- 不問可知(불문가지) : 묻지 않아도 알 수 있다.

- 不問曲直(불문곡직) : 일의 옳고 그름을 묻지 아니한다.

- 不事二君(불사이군) : 한 사람이 두 임금을 섬기지 아니한다.

- 不搖不屈(불요불굴) : 어떤 어려움에도 굽히거나 꺾이지 아니한다.

- 不撤晝夜(불철주야) : 밤낮을 가리지 않고 강행한다.

- 不恥下問(불치하문) : 아랫사람에게 묻는 것을 부끄럽게 여기지 않는다.

- 鵬程萬里(붕정만리) : 바다가 지극히 넓다. 사람의 앞길이 극히 넓고도 멀다.

- 髀肉之嘆(비육지탄) : 영웅이 말을 타고 전장에 나가지 못하여 넙적다리에 살만 찌는 것을 한탄한다. 재능을 발휘할 기회를 얻지 못하고 세월만 헛되이 보내는 일을 탄식한다.

- 非一非再(비일비재) : 같은 일이 한두 번이 아니다.

- 貧而無怨(빈이무원) : 가난하면서도 남을 원망하지 않는다.

- 憑公營私(빙공영사) : 공공의 일을 빙자하여 개인의 이익을 얻는다.

- 氷姿玉質(빙자옥질) : 얼음같이 맑고 깨끗한 살결과 구슬같이 아름다운 자질, 매화의 아름다움

- 四顧無親(사고무친) : 사방을 둘러보아도 친한 사람이 없다〔孤立無援(고립무원)〕.
- 四面楚歌(사면초가) : 사면이 적으로 둘러싸여 완전히 고립된 상태
- 似而非(사이비) : 겉은 같으나 사실은 같지 않다.
- 蛇足(사족) : 畫蛇添足(화사첨족)의 준말, 쓸데없는 군일로 도리어 일을 망친다. 또는 군더더기
- 事必歸正(사필귀정) : 처음에는 그릇된 곳으로 나아가던 일이 결국에는 바른 곳으로 돌아간다.
- 山紫水明(산자수명) : 산수가 매우 아름답다.
- 山海珍味(산해진미) : 산과 바다의 산물을 갖추어 썩 잘 차린 진지한 음식
- 殺身成仁(살신성인) : 자기 몸을 희생하여 인(仁)을 이룬다.
- 三綱五倫(삼강오륜) : 삼강(三綱)은 도덕에 있어서 바탕이 되는 세 가지 벼리〔君爲臣綱(군위신강)·父爲子綱(부위자강)·夫爲婦綱(부위부강)〕, 오륜(五倫)은 父子有親(부자유친)·君臣有義(군신유의)·夫婦有別(부부유별)·長幼有序(장유유서)·朋友有信(붕우유신)
- 三顧草廬(삼고초려) : 숨어 사는 사람을 세 번이나 임금이 방문한다는 뜻으로, 인재를 얻기 위하여 끈기있게 노력한다. 유비가 남양땅에 있는 제갈량의 집을 세 번 찾아가서 그를 청하여 군사(軍師)로 삼았다는 고사에서 유래한다.
- 三昧(삼매) : 잡념이 없이 오직 한 가지 일에만 정신을 쏟는 일심불란(一心不亂)의 경지

  오사이 三昧境(삼매경)
- 三人成虎(삼인성호) : 세 사람이 짜면 범이 거리에 나왔다는 거짓말도 할 수 있다. 근거 없는 말이라도 여러 사람이 하면 곧이 듣는다.

  오사이 衆口鑠金(중구삭금)
- 三從之道(삼종지도) : 여자의 세 가지 도리를 말하는 것으로 어려서는 아버지, 출가 후에는 남편, 남편 사후에는 아들에게 순종해야 한다.
- 桑田碧海(상전벽해) : 뽕나무밭이 푸른 바다로 변한다. 세상의 모든 일이 덧없이 변함을 가리킨다.
- 塞翁之馬(새옹지마) : 세상의 길흉화복은 항상 바뀌어 예측할 수 없다.
- 先憂後樂(선우후락) : 백성보다 먼저 근심하고 백성이 즐거운 후에 즐거워한다.
- 雪上加霜(설상가상) : 눈 위에 또 서리가 덮힌 격으로 불행 위에 또 불행이 겹친다.
- 歲寒孤節(세한고절) : 겨울철에도 홀로 푸른 대나무
- 歲寒三友(세한삼우) : 겨울철 관상용의 세 가지 나무인 소나무(松), 대나무(竹), 매화(梅)를 일컫는다.

- 小株密植(소주밀식) : 작은 그루는 **빽빽**하게 심다.

- 小貪大失(소탐대실) : 작은 것을 탐내다가 큰 것을 잃다.

- 束手無策(속수무책) : 손을 묶인 듯이 어찌할 방책이 없이 꼼짝하지 못한다. 어찌할 도리가 없다.

- 送舊迎新(송구영신) : 묵은 해를 보내고 새해를 맞이한다.

- 松都三絶(송도삼절) : 개성의 세 가지 뛰어난 존재를 말하는 것으로 서화담, 황진이, 박연폭포

- 松茂栢悅(송무백열) : 소나무가 무성하면 잣나무가 기뻐한다. 남이 잘 되는 것을 기뻐한다.

- 首邱初心(수구초심) : 여우가 죽을 때는 자기가 살던 언덕쪽으로 머리를 향한 데서 근본을 잊지 않음 또는 고향을 그리워하는 마음을 비유하는 말이다.
  > **유사어** 狐死首丘(호사수구), 思鄕之心(사향지심)

- 手不釋卷(수불석권) : 손에서 책을 놓지 않는다. 열심히 공부한다.

- 首鼠兩端(수서양단) : 구멍에서 머리만 내밀고 이리저리 엿보는 쥐, 어찌할 바를 모르고 머뭇거리며 살피기만 하는 상태

- 袖手傍觀(수수방관) : 팔짱을 끼고 곁에서 보기만 한다. 마땅히 해야 할 일에 그저 보고만 있다.

- 水魚之交(수어지교) : 물고기가 물을 떠나 살 수 없듯이 떨어질 수 없는 아주 가까운 사이, 부부가 화목한다. 임금과 신하 사이의 두터운 교분, 유비가 '내게 제갈공명이 있는 것은 물고기가 물을 얻은 것이나 다름 없다'고 한 고사에서 유래한다.

- 羞惡之心(수오지심) : 불의를 부끄러워하고 남의 착하지 못함을 미워하는 마음

- 熟讀詳美(숙독상미) : 익숙하도록 읽어 자세히 안다.

- 菽麥不辨(숙맥불변) : 콩과 보리를 분별하지 못할 만큼 어리석다.

- 宿虎衝鼻(숙호충비) : 자는 범 코침 주기, 해로운 일을 자초한다.

- 脣亡齒寒(순망치한) : 입술이 없으면 이가 시리다. 가깝고 이해관계가 깊은 둘 중에 한쪽이 망하면 다른 한쪽도 위험하게 된다.
  > **유사어** 脣齒之國(순치지국)

- 尸位素餐(시위소찬) : 직책을 다하지 못하면서 한갓 자리만 차지하고 녹만 받아 먹는다.

- 始終一貫(시종일관) : 처음부터 끝까지 변함이 없다.

- 食少事煩(식소사번) : 먹을 것은 없고 일만 번거롭다.

- 食言(식언) : 거짓말을 하는 것

- 識字憂患(식자우환) : 학식이 있는 것이 도리어 근심을 사게 된다.

- 食前方丈(식전방장) : 사방 한 길 넓이에 잘 차린 음식, 호사스런 음식

- 信賞必罰(신상필벌) : 상을 줄 만한 공이 있는 사람에게는 반드시 상을 주고 벌을 줄 만한 죄가 있는 사람에게는 반드시 벌을 준다. 상벌을 공정하게 행한다.
- 身言書判(신언서판) : 인물을 선택하는 표준으로 삼던 네 가지 조건, 즉 신수와 말씨와 글씨와 판단력
- 神出鬼沒(신출귀몰) : 귀신이 출몰하듯 자유자재(自由自在)로 나타났다 숨었다 한다.
- 身土不二(신토불이) : 신체와 토양은 둘이 아니다. 사람은 자기 땅에서 생산된 것을 먹어야 한다.
- 深思熟考(심사숙고) : 깊이 잘 생각하다.

  유사어 深思熟廬(심사숙려)
- 十干(십간) : 간지에서 갑(甲), 을(乙), 병(丙), 정(丁), 무(戊), 기(己), 경(庚), 신(辛), 임(壬), 계(癸)를 통틀어 일컫는 말
- 十二支(십이지) : 열두 개의 지지, 자(子), 축(丑), 인(寅), 묘(卯), 진(辰), 사(巳), 오(午), 미(未), 신(申), 유(酉), 술(戌), 해(亥)
- 十匙一飯(십시일반) : 열 사람이 한 술씩 보태면 밥 한 그릇이 이루어진다. 여러 사람이 조금씩 힘을 모아 도움을 주면 한 사람을 쉽게 구조할 수 있다.

- 我田引水(아전인수) : 내 논에 물 대기, 자기에게만 이롭게 한다.

  반의어 易地思之(역지사지)
- 雅致高節(아치고절) : 우아한 풍취와 고고한 절개, 매화의 절개
- 安分知足(안분지족) : 편안한 마음으로 제 분수를 지키며 만족할 줄 안다.
- 安貧樂道(안빈낙도) : 구차하고 가난한 중에서도 편안한 마음으로 도를 즐긴다.
- 哀而不傷(애이불상) : 슬프나 겉으로 슬픔을 나타내지 않는다.
- 弱冠(약관) : 남자나이 20세

  유사어 弱年(약년)
- 羊頭狗肉(양두구육) : 양머리를 내걸고 개고기를 판다. 겉과 속이 다름을 일컫는 말
- 漁父之利(어부지리) : 쌍방이 다투는 틈에 제삼자가 애쓰지 않고 이익을 가로챈다.
- 於異阿異(어이아이) : 어 다르고 아 다르다.
- 語不成說(어불성설) : 말이 조금도 사리에 맞지 않는다.
- 與民同樂(여민동락) : 백성과 더불어 함께 즐긴다.
- 如反掌(여반장) : 손바닥을 뒤집는 것과 같이 아주 쉽다.
- 與世推移(여세추이) : 세상이 변하는 대로 따라서 변한다.

- 女必從夫(여필종부) : 아내는 반드시 남편을 따라야 한다.

- 易地思之(역지사지) : 처지를 바꾸어서 생각한다.

- 緣木求魚(연목구어) : 나무 위에 올라가서 물고기를 구한다. 당치 않은 일을 하여 이루어지기가 불가능하다.
  유사어 乾木水生(건목수생)

- 煙霞一輝(연하일휘) : 아름다운 자연의 경치

- 炎涼世態(염량세태) : 권세가 있을 때는 아첨하여 좇고 권세가 없어지면 푸대접하는 세속의 인심

- 拈華微笑(염화미소) : 말 없는 가운데 마음과 마음으로 뜻이 서로 통한다.

- 五里霧中(오리무중) : 오 리에 걸친 깊은 안개 속이라는 뜻으로 내용이 어떻게 되었는지 짐작할 길이 없음을 이른다.

- 寤寐不忘(오매불망) : 자나깨나 잊지 못한다.

- 吾不關焉(오불관언) : 상관하지 않거나 또는 그런 태도
  유사어 袖手傍觀(수수방관)

- 吾鼻三尺(오비삼척) : 내 코가 석자, 곤경에 처하여 자기 일도 감당할 수 없는데 어찌 남을 도울 수 있겠는가.

- 烏飛梨落(오비이락) : 까마귀 날자 배 떨어진다. 우연한 행동이 남의 혐의를 받는다.

- 傲霜孤節(오상고절) : 서릿발 속에서도 피는 국화의 절개

- 五十步百步(오십보백보) : 조금 낮고 못한 정도의 차이는 있으나 근본적으로는 차이가 없다. 양나라 혜왕이 정치에 관해 맹자에게 물었을 때 맹자가 전쟁에서 패하여 오십보 도망한 것이나 백보 도망한 것이나 도망한 것에는 다름이 없다고 대답한 말에서 유래되었다.

- 吳越同舟(오월동주) : 오나라 사람과 월나라 사람이 함께 배를 탄다. 서로 사이가 나쁜 사람들이 같은 처지에 놓이거나 한 자리에 있게 되면 사이가 나쁘더라도 필요한 경우에는 협력한다. 춘추전국시대에 오나라와 월나라는 서로 오랫동안 싸우는 사이였는데, 두 나라 사람이 한 배를 타고 가다가 바람이 불자 서로 협력하였다는 고사에서 유래한다.

- 吳下阿夢(오하아몽) : 학문의 진보가 없는 사람

- 烏合之卒(오합지졸) : 까마귀떼가 모인 것처럼 질서가 없는 무리, 갑자기 모아들인 훈련 없는 군사, 규칙도 통일성도 없이 모여든 군중

- 屋上加屋(옥상가옥) : 지붕 위에 거듭 지붕을 얹는다. 있는 위에 무익하게 거듭한다.

- 玉石俱焚(옥석구분) : 옥과 돌이 모두 타 버린다. 선인이나 악인 모두 망한다.

- 溫故知新(온고지신) : 옛 것을 익히고 그것으로 미루어 새 것을 안다.

- 臥薪嘗膽(와신상담) : 섶에 누워 자고 쓴 쓸개를 맛본다. 원수를 갚으려고 괴롭고 어려운 일을 참고 견딘다. 춘추전국시대 오왕 부차가 아버지의 원수인 월나라 구천에게 복수하기 위하여 섶나무 위에서 자고, 구천도 쓸개를 핥으면서 부차에게 복수할 것을 잊지 않았다는 고사에서 유래한다.

오사어 切齒腐心(절치부심) : 일을 이루기 위해 이를 갈고 속을 썩인다.
含憤蓄怨(함분축원) : 분함을 머금고 원한을 쌓는다.

- 外柔內剛(외유내강) : 겉으로는 부드럽게 보이나 속은 강하다.

- 樂山樂水(요산요수) : 산수의 경치를 좋아한다.

- 龍蛇飛騰(용사비등) : 용과 뱀이 하늘로 날아오르다. 생동감 있고 아주 힘찬 필력

- 勇往邁進(용왕매진) : 거리낌없이 용감하게 나아가다.

- 牛耳讀經(우이독경) : 쇠귀에 경 읽기, 말을 귀담아 듣지 않는다.
  오사어 牛耳誦經(우이송경)

- 羽化登仙(우화등선) : 사람이 날개가 돋쳐 신선이 되어 올라간다.

- 遠禍召福(원화소복) : 화를 물리치고 복을 불러들인다.

- 越鳥巢南枝(월조소남지) : 고향을 그리워한다〔胡馬依北風(호마의북풍)〕.

- 月下氷人(월하빙인) : 부부의 인연을 맺어 주는 사람, 중매쟁이
  오사어 月下老人(월하노인)

- 危機一髮(위기일발) : 조금도 여유가 없이 아슬아슬한 위기

- 韋編三絶(위편삼절) : 책을 맨 가죽끈이 세 번이나 끊어질 정도로 책을 많이 읽는다.

- 有口無言(유구무언) : 입은 있으나 변명할 말이 없다.

- 流芳百世(유방백세) : 빛나는 이름이 후세에 오래 남는다.
  변와어 遺臭萬年(유취만년)

- 有備無患(유비무환) : 어떤 일에 미리 준비가 있어야 근심이 없다.
  오사어 居安思危(거안사위)

- 有名無實(유명무실) : 이름만 있고 실상은 없다.

- 有耶無耶(유야무야) : 있는지 없는지 모르게 흐리멍텅한 모양

- 類類相從(유유상종) : 동류끼리 서로 내왕하며 사귄다(가재는 게편이다).

- 悠悠自適(유유자적) : 속세를 떠나 아무 것에도 속박되지 아니하고, 자기 하고 싶은 대로 조용하고 편안히 생활한다.

- 遺臭萬年(유취만년) : 더러운 이름은 오래도록 남는다.

- 以心傳心(이심전심) : 말과 글에 의하지 않고 마음에서 마음으로 전한다.

- 以熱治熱(이열치열) : 열은 열로써 다스린다.

- 二律背反(이율배반) : 서로 모순되는 두 개의 명제가 동등한 권리로 주장된다.

- 泥田鬪狗(이전투구) : 진탕에서 싸우는 개, 강인한 성격의 함경도 사람을 평한 말, 명분이 서지 않는 일로 몰골 사납게 싸운다.

- 耳懸鈴鼻懸鈴(이현령비현령) : 귀에 걸면 귀걸이, 코에 걸면 코걸이

- 因果應報(인과응보) : 원인에 따라 결과가 생긴다.

- 仁者無敵(인자무적) : 어진 사람은 모든 사람을 사랑하므로 천하에 적이 없다.

- 人之常情(인지상정) : 사람이 보통 가질 수 있는 인정

- 一擧兩得(일거양득) : 한 가지 일을 하여 두 가지 이득을 얻다.
  유사어 一石二鳥(일석이조)

- 日久月心(일구월심) : 날이 오래고 달이 깊어진다. 골똘히 바란다.

- 一騎當千(일기당천) : 한 사람이 천 사람을 당한다. 무예가 아주 뛰어나다.

- 一刀兩斷(일도양단) : 칼로 쳐서 두 도막을 내듯이 사물을 선뜻 결정한다.
  유사어 一刀割斷(일도할단)

- 一望無涯(일망무애) : 끝없이 멀고 넓어서 눈을 가리는 것이 없다.

- 一面如舊(일면여구) : 서로 모르는 사람이 한 번 만나 보고서 옛 벗처럼 친밀하다.

- 一目瞭然(일목요연) : 한 번 보고 곧 환하게 알 수 있다.

- 一絲不亂(일사불란) : 질서가 정연하여 조금도 어지러움이 없다.

- 一瀉千里(일사천리) : 강물의 수세가 빨라 한 번 흘러 천 리 밖에 다다른다. 사물이 거침없이 진행되다. 문장, 구변이 거침없다.

- 一魚濁水(일어탁수) : 한 마리의 물고기가 물을 흐린다. 한 사람의 잘못으로 여러 사람이 그 해를 입게 된다.

- 一切唯心造(일체유심조) : 세상 모든 것은 마음에 의해 달라진다.

- 日就月將(일취월장) : 나날이 다달이 진전하다. 계속 진취되어 가다.
  유사어 日新又日新(일신우일신)

- 一筆揮之(일필휘지) : 한숨에 흥취있고 줄기차게 글씨를 써내린다.

- 一攫千金(일확천금) : 단번에 많은 재물을 얻는다.

- 臨渴掘井(임갈굴정) : 목이 말라야 우물을 판다. 준비가 없이 일을 당하고야 허둥지둥하는 태도

- 自家撞着(자가당착) : 자신의 언동이 앞뒤가 어긋나 모순이 된다.
  유사어 矛盾(모순)

- 自强不息(자강불식) : 스스로 힘쓰며 쉬지 아니한다.

- 自激之心(자격지심) : 자기가 한 일에 대하여 제 스스로 미흡하게 여기는 마음

- 自繩自縛(자승자박) : 자기가 만든 줄에 제 몸을 옭아 묶는다. 자신이 한 말이나 행동 때문에 자기가 얽매이게 된다.

- 自業自得(자업자득) : 자신이 저지른 일의 과보를 자신이 얻는다.

- 自暴自棄(자포자기) : 마음에 불만이 있어 스스로 자기를 돌보지 않고 마구 행동한다.

- 自畵自讚(자화자찬) : 자기가 그린 그림을 자기 스스로 칭찬한다. 제 일을 스스로 자랑한다.

- 作心三日(작심삼일) : 결심이 사흘을 가지 못한다.

- 張三李四(장삼이사) : 장씨의 삼남과 이씨의 사남, 평범한 사람들

- 賊反荷杖(적반하장) : 도둑이 도리어 매를 든다. 잘못한 사람이 도리어 상대방을 나무란다.

- 電光石火(전광석화) : 아주 짧은 시간, 매우 빠른 동작

- 前代未聞(전대미문) : 지금까지 들어본 적이 없다. 매우 놀라운 일이나 새로운 것
  - **유사어** 未曾有(미증유), 前古未聞(전고미문)

- 戰戰兢兢(전전긍긍) : 몹시 두려워 벌벌 떨면서 조심한다.

- 輾轉反側(전전반측) : 근심이 있어 이리저리 뒤척이며 잠을 이루지 못한다.

- 轉禍爲福(전화위복) : 화가 바뀌어 복이 된다.

- 切磋琢磨(절차탁마) : 옥이나 돌 등을 갈고 닦아 빛을 낸다. 학문이나 덕행을 부지런히 닦는다.

- 漸入佳境(점입가경) : 차차 재미있는 경지로 들어간다.

- 頂門一鍼(정문일침) : 정수리에 침을 놓다. 따끔한 비판이나 충고

- 井底之蛙(정저지와) : 우물 안 개구리, 보고 들은 견문이 적은 사람

- 糟糠之妻(조강지처) : 술지게미나 쌀겨 따위로 연명하며 같이 고생한 아내, 어려울 때 고생을 같이 한 아내, 본처

- 朝三暮四(조삼모사) : 옛날 중국 송나라 저공의 고사에서 유래한 말이다(저공이 원숭이에게 아침에 열매를 세 개 주고 저녁에 네 개 준다고 하니 원숭이들이 노했다. 이에 아침에 네 개, 저녁에 세 개를 준다고 하니 여러 원숭이들이 좋아했다). 간사한 꾀로 사람을 속여 희롱한다.

- 坐不安席(좌불안석) : 불안하거나 걱정스러워 한군데 오래 앉아 있지 못한다.

- 坐井觀天(좌정관천) : 우물 속에 앉아서 하늘을 본다. 견문이 좁고 편견이 심하다.

- 主客顚倒(주객전도) : 주인과 손님이 뒤바뀌다. 주되는 것과 종되는 것의 위치가 뒤바뀌다.

- 晝耕夜讀(주경야독) : 낮에는 밭을 갈고 밤에는 글을 읽는다. 바쁜 틈을 타서 어렵게 공부를 한다.

- 走馬加鞭(주마가편) : 달리는 말에 채찍질하기, 잘하는 사람을 더욱 격려한다.

- 走馬看山(주마간산) : 달리는 말 위에서 산천을 구경한다. 천천히 살펴볼 여유없이 바쁘게 대강 보고 지나간다(수박 겉 핥기).

- 竹馬故友(죽마고우) : 죽마를 같이 타던 옛 벗, 어릴 때의 친구
  > **유사어** 竹馬之友(죽마지우)

- 竹杖芒鞋(죽장망혜) : 대지팡이와 짚신, 먼 길을 떠날 때의 간편한 차림

- 衆寡不敵(중과부적) : 적은 수로 많은 수를 대적할 수 없다.
  > **유사어** 寡不敵衆(과불적중)

- 衆口難防(중구난방) : 여러 사람의 입은 막기 어렵다. 뭇사람의 말은 실로 막기가 어렵다.

- 重言復言(중언부언) : 반복하여 말한다.

- 指鹿爲馬(지록위마) : 사슴을 가리켜 말이라고 한다. 윗사람을 농락하여 권세를 마음대로 하거나 또는 모순된 것을 끝까지 우겨 남을 속이려 한다. 진나라의 조고가 이세황제의 권력을 농락하려고 일부러 사슴을 말이라고 속여서 바쳤다는 고사에서 유래한다.

- 芝蘭之交(지란지교) : 벗 사이의 고상한 교제

- 指呼之間(지호지간) : 손짓해 부를 만큼 가까운 거리

- 盡人事待天命(진인사대천명) : 사람으로서 할 수 있는 일을 다하고 천명을 기다린다.

- 盡忠報國(진충보국) : 충성을 다하여 나라를 구한다.

- 進退兩難(진퇴양난) : 이러지도 저러지도 못하는 어려움
  > **유사어** 進退維谷(진퇴유곡), 四面楚歌(사면초가)

- 滄海一粟(창해일속) : 넓은 바다의 한 알의 좁쌀, 광대한 것 속의 극히 작은 물건

- 剔抉(척결) : 살을 긁어내고 뼈를 발라낸다. 부정을 파헤쳐내다.

- 千慮一失(천려일실) : 천 가지의 생각 가운데 실수가 있을 수 있다. 현명한 사람도 많은 일 중에 실수가 있을 수 있다.

- 天方地軸(천방지축) : 너무 바빠서 허둥지둥 내닫는 모양, 분별없이 함부로 덤빈다.

- 天崩之痛(천붕지통) : 하늘이 무너지는 듯한 슬픔, 임금이나 아버지의 상을 당한 슬픔

- 泉石膏肓(천석고황) : 자연을 사랑하는 마음이 매우 깊다.
  > **유사어** 煙霞痼疾(연하고질)

- 天壤之差(천양지차) : 하늘과 땅의 차이, 차이가 매우 큼을 일컫는 말

- 天佑神助(천우신조) : 하늘이 돕고 신이 돕다.

- 天衣無縫(천의무봉) : 천사의 옷은 꿰맨 자국이 없다. 시나 문장이 꾸민 흔적이 없이 아주 자연스럽다. 사물이 완전무결하다.

- 千紫萬紅(천자만홍) : 여러 가지 꽃의 울긋불긋한 모양

- 千載一遇(천재일우) : 천년에 한 번 만나다. 좀처럼 만나기 어려운 좋은 기회

- 天地開闢(천지개벽) : 천지가 처음으로 열린다. 자연이나 사회의 큰 변동을 비유하여 이르는 말

- 徹頭徹尾(철두철미) : 처음부터 끝까지 철저하다.

- 靑雲之志(청운지지) : 입신출세의 큰 뜻

- 靑天霹靂(청천벽력) : 맑게 갠 하늘의 날벼락, 뜻밖에 일어나는 변고

- 靑出於藍(청출어람) : 쪽에서 나온 물감이 오히려 쪽풀보다 더 푸르다. 흔히 제자가 스승보다 더 뛰어남을 일컫는 말이다.

- 淸風明月(청풍명월) : 맑은 바람과 밝은 달, 아름다운 자연

- 草露人生(초로인생) : 풀잎에 맺힌 이슬처럼 덧없는 인생

- 草綠同色(초록동색) : 풀과 녹색은 같은 빛이다. 같은 처지나 같은 유의 사람들은 그들끼리 함께 행동한다 (가재는 게편).

- 焦眉之急(초미지급) : 눈썹에 불이 붙은 것처럼 아주 급한 지경

- 初志一貫(초지일관) : 처음에 먹은 마음을 끝까지 관철한다.

- 寸鐵殺人(촌철살인) : 조그만 쇠붙이로 사람을 죽인다. 간단한 경구로 급소를 찔러 사람을 감동시킨다.
    유사어 頂門一鍼(정문일침)

- 取捨選擇(취사선택) : 취할 것은 취하고 버릴 것은 버려서 골라잡다.

- 春秋筆法(춘추필법) : 대의명분을 밝히는 논조

- 醉生夢死(취생몽사) : 술에 취한 듯 꿈을 꾸는 듯 흐리멍텅하게 살아가다.

- 七顚八起(칠전팔기) : 일곱 번 넘어져도 여덟 번 일어난다. 수없이 실패해도 굽히지 않는다.

- 七縱七擒(칠종칠금) : 잡고 놓아줌을 자유자재로 한다. 상대방을 마음대로 하는 비상한 재주를 이르는 말이다.

- 針小棒大(침소봉대) : 바늘 만한 것을 몽둥이만 하다고 한다. 작은 일을 크게 과장해서 말한다.

- 快刀亂麻(쾌도난마) : 시원스럽게 어지러운 일들을 잘 처리한다.

- 快人快事(쾌인쾌사) : 시원시원한 사람의 시원스런 행동

- 他山之石(타산지석) : 다른 산에서 나는 하찮은 돌도 자기의 옥을 가는데 쓴다. 他山之石可以攻玉(타산지석 가이공옥)의 준말로, 다른 사람의 하찮은 언행도 자기의 지덕을 연마하는데 도움이 된다

- 卓上空論(탁상공론) : 실현성이 없는 헛된 이론

- 坦坦大路(탄탄대로) : 평평하고 넓은 길, 장래가 아무 어려움이나 괴로움이 없이 수월하다.

- 貪官汚吏(탐관오리) : 탐욕이 가득한 관리

- 泰斗(태두) : 泰山北斗(태산북두)의 준말로 태산과 북두성, 세상사람으로부터 가장 존경을 받는 사람

- 泰山不壤土壤(태산불양토양) : 대인(大人)은 도량이 넓어서 뭇사람을 다 포용한다.

- 土美養禾(토미양화) : 흙이 고우면 벼를 기를 수 있다. 어진 임금은 인재를 잘 기른다.

- 推敲(퇴고) : 시문의 자구(字句)를 고치는 것

- 破邪顯正(파사현정) : 그릇된 생각을 깨뜨리고 바른 도리를 나타낸다.

- 破竹之勢(파죽지세) : 대를 쪼개는 것처럼 강한 세력으로 거침없이 쳐들어가는 모양

- 平沙落雁(평사낙안) : 모래펄에 내려앉은 기러기, 단정하고 맵시 있는 글씨를 비유한 말

- 布衣寒士(포의한사) : 벼슬이 없는 가난한 선비

- 表裏不同(표리부동) : 겉과 속이 다르다.

- 風樹之嘆(풍수지탄) : 효도를 다하지 못하고 어버이를 여읜 자식의 슬픔, 樹欲靜而風不止子欲養而親不得(수욕정이풍부지자욕양이친부득)에서 유래한다.

- 風月主人(풍월주인) : 맑은 바람, 밝은 달 등 자연을 즐기는 사람

- 風前燈火(풍전등화) : 바람 앞의 등불처럼 위급한 일이 곧 닥침을 가리키는 말이다.

- 風餐露宿(풍찬노숙) : 바람과 이슬을 무릅쓰고 밖에서 먹고 자다. 모진 고생을 겪다.

- 鶴首苦待(학수고대) : 학처럼 목을 빼고 기다린다. 몹시 기다리다.

- 邯鄲之夢(한단지몽) : 세상의 부귀영화가 한바탕 꿈처럼 허무하다.

유사어 逸趣之夢(일취지몽), 黃粱夢(황량몽), 呂翁枕(여옹침)

- 汗牛充棟(한우충동) : 소에 실으면 소가 땀을 흘리고, 방에 쌓으면 들보에까지 가득 찰 정도로 많은 책
- 含哺鼓腹(함포고복) : 잔뜩 먹고 배를 두드리며 즐긴다.
- 咸興差使(함흥차사) : 한번 간 사람이 돌아오지 않거나 소식이 없다.
- 虛張聲勢(허장성세) : 실속 없이 허세만 떠벌린다.
- 懸河之辯(현하지변) : 흐르는 물과 같이 말을 잘하다.
  - 유사어 靑山流水(청산유수)
- 螢雪之功(형설지공) : 갖은 고생을 하며 학문을 하여 이룩한 공
- 狐假虎威(호가호위) : 높은 사람의 권세를 등에 업고 위세를 부린다.
- 縞衣玄裳(호의현상) : 흰 저고리와 검은 치마, 학을 이르는 말
- 昏定晨省(혼정신성) : 저녁에는 이부자리를 보고 아침에는 안색을 살핀다. 부모님을 아침저녁으로 보살펴 드리고 안부인사를 한다.
- 畵龍點睛(화룡점정) : 용의 그림에서 마지막 눈동자를 찍다. 어떤 일에서 가장 마지막의 중요한 부분을 보탬으로써 그 일을 완성시킨다.
- 畵中之餠(화중지병) : 그림의 떡, 보기만 할 뿐 실제로 얻을 수는 없다.
- 煥腐作新(환부작신) : 낡은 것을 바꾸어서 새로운 것으로 만들다.
- 宦海風波(환해풍파) : 벼슬살이에서 겪은 온갖 풍파
- 膾炙(회자) : 회와 구운 고기, 널리 여러 사람의 입에 오르내리다.
- 嚆矢(효시) : 소리나는 화살, 우는 살, 중국에서 개전의 신호로 우는 살을 먼저 쏘았다는 데서 사물의 제일 처음을 비유한 말이다.
- 後生可畏(후생가외) : 젊은이란 장차 얼마나 큰 역량을 나타낼지 헤아리기 어려운 존재이므로 존중하며 소중히 다루어야 한다.
- 厚顔無恥(후안무치) : 뻔뻔스러워서 부끄러워할 줄을 모른다.
- 興盡悲來(흥진비래) : 즐거운 일이 다하면 슬픈 일이 닥쳐온다.

⑤ 속담과 풀이

- 가는 말이 고와야 오는 말이 곱다. (去言美來言美 來語不美去語何美 : 거언미래언미 내어불미거어하미)
  - ☞내가 상대방에게 잘하면 상대방도 나에게 잘한다.
- 간다고 간 게 형방의 집 (偶然去刑房處 : 우연거형방처)
  - ☞죄를 지으면 피할 수 없다.

- 같은 값이면 다홍치마 (同價紅裳 : 동가홍상)
  - ☞ 같은 값이면 좋고 예쁜 것을 취한다.
- 까마귀 날자 배 떨어진다. (烏飛梨落 : 오비이락)
  - ☞ 어떤 일이 공교롭게 동시에 일어나 남의 오해를 받게 된다.
- 검둥개 미역 감기기 (黑狗沐浴 : 흑구목욕)
  - ☞ 효과가 드러나지 않는 일
- 고래싸움에 새우등 터진다. (鯨戰蝦死 : 경전하사)
  - ☞ 남의 싸움에 공연한 피해를 본다.
- 고양이 목에 방울 달기 (猫頭縣鈴 : 묘두현령)
  - ☞ 실현가능성이 없는 일을 계속한다.
- 고운 놈 미운 데 없고 미운 놈 고운 데 없다. (愛之無可憎 憎之無可愛 : 애지무가증 증지무가애)
  - ☞ 한 번 좋게 보면 모든 것이 좋게 보이고 언짢게 보면 모든 것이 밉게 보인다.
- 공든 탑이 무너지랴. (積功之塔不墮 : 적공지탑불휴)
  - ☞ 공들여 하는 일은 실패로 돌아가지 않는다.
- 꼬리가 길면 밟힌다(새도 오래 머물면 화살을 맞는다). (鳥久止 必帶矢 : 조구지 필대시)
  - ☞ 편하고 이로운 곳에 오래 있으면 마침내 화를 입는다.
- 귀 막고 방울 도둑질한다. (掩耳盜鈴 : 엄이도령)
  - ☞ 눈 가리고 아웅한다.
- 귀에 걸면 귀걸이 코에 걸면 코걸이 (耳懸鈴鼻懸鈴 : 이현령비현령)
  - ☞ 이렇게 저렇게 둘러대기에 달렸다.
- 귀에 속삭이는 말은 듣지 말고 소문낼까 두려워하는 말은 말하지 말라. (附耳之言勿聽焉 戒洩之焉勿言焉 : 부이지 언물청언 계설지언물언청)
  - ☞ 정당하지 못한 말은 귀담아 듣지 말고 소문이 날까 두려워하는 말은 절대로 말해서는 안된다.
- 그 사람을 알지 못하거든 그 벗을 보라. (不知其人 視其友 : 부지기인 시기우)
  - ☞ 뜻이 같은 사람끼리 벗이 된다.
- 급히 먹는 밥이 목이 멘다. (忙食咽喉 : 망식열후)
  - ☞ 일을 서두르면 그르치기 쉽다.
- 나라가 흥하려면 백성에게 듣고 망하려면 귀신에게 듣는다. (國將興聽於民 將亡聽於神 : 국장흥청어민 장망청어신)
  - ☞ 흥하는 나라는 국민의 여론을 존중하고 망하는 나라는 미신에 의지한다.
- 남의 잔치에 배 놓아라 감 놓아라 한다. (他人之宴曰梨曰枾 : 타인지연왈리왈시)
  - ☞ 자기가 나설 자리가 아닌데 나서서 간섭한다.
- 낮말은 새가 듣고 밤말은 쥐가 듣는다. (晝言雀聽夜言鼠聆 : 주언작청 야언서령)
  - ☞ 말조심을 해야 한다.
- 내리사랑은 있어도 치사랑은 없다. (下愛有上愛無 : 하애유 상애무)
  - ☞ 윗사람이 아랫사람을 관대하게 대해야 한다.
- 내 배가 부르면 종의 배고픔을 살피지 못한다. (我腹旣飽 不察奴飢 : 아복기포 불찰노기)
  - ☞ 생활이 편안해지면 가난한 사람의 어려움을 이해하지 못한다.
- 내 코가 석자 (吾鼻三尺 : 오비삼척)
  - ☞ 내 사정이 급해서 남을 돌볼 여유가 없다.

- 네 쇠뿔이 아니면 내 담이 무너지랴? (非汝牛角 豈毀我牆 : 비여우각 기훼아장)
  - ☞ 너 때문에 내가 실패했다.
- 농부는 굶어 죽더라도 씨앗을 베고 죽는다. (農夫餓死 枕厥種子 : 농부아사 침궐종자)
  - ☞ 농부에게 씨앗은 생명보다 소중하다.
- 누울 자리 보고 발 뻗는다. (量吾被置吾足 : 양오피치오족)
  - ☞ 처한 환경을 잘 헤아려 행동하라.
- 달면 심키고 쓰면 뱉는다. (甘呑苦吐 : 감탄고토)
  - ☞ 신의를 돌보지 않고 자기의 이익만 꾀한다.
- 달아나는 노루 보다 얻은 토끼 놓친다. (奔獐顧放獲兎 : 분장고방획토)
  - ☞ 큰 것을 노리다가 작은 것마저 잃는다.
- 도둑은 뒤로 잡지 앞으로 잡지 않는다. (盜以後捉不以前捉 : 도이후착불이전착)
  - ☞ 확증을 가지고 잡아야지 혐의만 가지고서는 안 된다. 정면에서 잡으려 들면 해를 입기 쉬우므로 도망갈 때 잡는다.
- 돌로 치면 돌로 치고 떡으로 치면 떡으로 친다. (投石石來 擲餠餠回 : 투석석래 척병병회)
  - ☞ 내가 하는데 따라서 갚음이 되돌아온다.
- 돈이 있으면 가히 산 호랑이의 눈썹도 살 수 있다. (有錢可買活虎眉 : 유전가매활호미)
  - ☞ 돈이 있으면 어떠한 어려운 일도 할 수 있다.
- 되로 주고 말로 받는다. (始用升授 酒以斗受 : 시용승수 내이두수)
  - ☞ 조금 주고 몇 갑절로 대가를 받는다.
- 들으면 병, 안 들으면 약 (聞則疾 不聞藥 : 문즉질 불문약)
  - ☞ 들어서 고통받는 것보다 차라리 듣지 않는 것이 낫다.
- 등잔 밑이 어둡다. (燈下不明 : 등하불명)
  - ☞ 가까이 있는 것을 도리어 알기 어렵다.
- 말을 볼 적에 여윈 데에서 놓치고 선비를 볼 때에 가난한 데서 놓친다. (相馬失之瘦 相士失之貧 : 상마실지수 상사실지빈)
  - ☞ 겉모습만으로 속에 지닌 덕을 알지는 못한다.
- 말 타면 견마 잡히고 싶다. (騎馬欲率奴 : 기마욕솔노)
  - ☞ 말을 타면 종을 거느려 말을 끌게 하고 싶다. 사람의 욕심은 끝이 없다.
- 먼 일가는 이웃만 못하다. (遠族不如近隣 : 원족불여근린)
  - ☞ 아무리 가까운 친척도 멀리 살면 위급할 때 도움이 되지 못하지만 가까이 사는 이웃은 도와줄 수 있으므로 오히려 더 친숙할 수 있다.
- 멧돼지 잡으려다 집돼지 잃어버린다. (獲山猪失家猪 : 획산저실가저)
  - ☞ 하찮은 것을 탐내다가 오히려 더 소중한 것을 잃어버린다.
- 목마른 놈이 우물 판다. (臨渴掘井 : 임갈굴정)
  - ☞ 급히 필요한 사람이 서둘러 시작한다.
- 묵은 원수 갚으려다 새 원수 생겨난다. (欲報舊讐新讐出 : 욕보구수신수출)
  - ☞ 보복하려고 하는데 또 새로운 원한이 생긴다.
- 문 열고 도적을 들여 놓는다. (開門納賊 : 개문납적)
  - ☞ 스스로 화를 만든다.

- 물이 너무 맑으면 고기가 없고 사람이 너무 살피면 무리가 없다. (水至淸則無魚 人至察卽無徒 : 수지청즉무어 인지찰즉무도)
  - ☞ 사리를 지나치게 따지고 덕이 없으면 추종자가 없어 외롭다.
- 미꾸라지 한 마리가 온 도랑을 흐린다. (一魚混全川 : 일어혼전천)
  - ☞ 한 사람의 해독이 뭇사람에게 미침을 말한다.
- 미운 아이 먼저 안아준다. (予所憎兒先抱之懷 : 여소증아선포지회)
  - ☞ 미워하는 아이는 미워할수록 더욱 미워지므로 마음을 돌려 예쁘게 보면 사랑스런 마음이 솟아난다.
- 바늘 도둑이 소 도둑 된다. (針賊大牛賊 : 침적대우적)
  - ☞ 처음에는 하찮은 것을 훔치다가 나중에는 큰 것을 도둑질하게 된다.
- 발 없는 말이 천 리 간다. (無足之言飛千里 : 무족지언비천리)
  - ☞ 말조심을 해야 한다.
- 밤새도록 울다가 누가 죽었느냐 묻는다. (旣終夜哭問誰不祿 : 기종야곡문수불록)
  - ☞ 무슨 일인지도 모르고 어떤 일에 참여하는 어리석음을 뜻하는 말이다.
- 백 리 가는 나그네는 구십 리가 절반이다. (行百里者半於九十 : 행백리자반어구십)
  - ☞ 일은 시작하기보다 마무리가 중요하다.
- 범 없는 골에 토끼가 스승이다. (谷無虎先生兎 : 곡무호선생토)
  - ☞ 장군이 죽으면 그 아래 졸개가 판을 친다.
- 복숭아나무와 오얏나무는 말하지 않으나, 아래에 저절로 길이 이루어진다. (桃李不言下自成蹊 : 도이불언하자성혜)
  - ☞ 나에게 아름다움이 있으면 사람들이 스스로 와서 구하기 마련이다.
- 불면 날까 쥐면 꺼질까. (吹之恐飛 執之恐陷 : 취지공비 집지공함)
  - ☞ 어린 자녀를 몹시 귀여워한다.
- 빚 주고 뺨 맞는다. (債旣給逢批頰 : 채기급봉비협)
  - ☞ 남에게 후하게 하고 오히려 모욕을 당하는 경우
- 사흘 길을 하루에 가고 열흘 누워 쉰다. (三日之程一日 往十日臥 : 삼일지정일일 왕십일와)
  - ☞ 빨리 하려다 목적도 이루지 못하고 도리어 그것으로 인하여 해를 입는다.
- 산에 들어가 호랑이를 피하라. (入山忌虎 : 입산기호)
  - ☞ 당연히 있는 어려움을 꺼려 한다.
- 살아서는 남에게 유익함이 있고 죽어서는 남에게 해로움이 없다. (生有益於人 死不害於人 : 생유익어인 사불해어인)
  - ☞ 살아서 생전에 유익한 일을 하면 사후에도 남에게 해를 끼치지 않는다.
- 삼정승 사귀지 말고 내 몸조심하라. (莫交三公 愼吾身 : 막교삼공 신오신)
  - ☞ 권세에 아부하여 벼슬을 구하려 하지말고 제 몸을 조심하여 화를 당하지 않게 하라.
- 새도 가지를 가려 앉는다. (良禽擇木 : 양금택목)
  - ☞ 환경을 잘 선택해야 한다.
- 새발의 피 (鳥足之血 : 조족지혈)
  - ☞ 극히 적은 분량
- 새벽달 보려고 초저녁부터 나앉는다. (待曉月坐黃昏 : 대효월좌황혼)
  - ☞ 미리 서두른다.
- 선비는 자기를 아는 자를 위해 죽고 여자는 자기를 좋아하는 자를 위해 얼굴을 꾸민다. (士爲知己者死 女爲悅己者容 : 사위지기자사 여위열기자용)
  - ☞ 선비는 의리를 존중하고 여자는 겉치장에 신경을 쓴다.

- 성문에 실수하여 불이 나면 재앙이 연못에 있는 물고기에 미친다. (城門失火 殃及池魚 : 성문실화 앙급지어)
  - ☞ 까닭없이 화를 입는다.
- 세 살 버릇이 여든까지 간다. (三歲之習至于八十 : 삼세지습지우팔십)
  - ☞ 어릴 때의 나쁜 버릇은 늙어서도 고쳐지지 않는다.
- 소 잃고 외양간 고친다. (亡羊補牢 : 망양보뢰)
  - ☞ 일을 그르친 후에 뉘우쳐도 소용없다.
- 손바닥도 마주쳐야 소리가 난다. (孤掌難鳴 : 고장난명)
  - ☞ 혼자서 하기 어려운 일
- 쇠귀에 경 읽기 (牛耳讀經 : 우이독경)
  - ☞ 아무리 이야기해야 소용없다.
- 수박을 겉만 핥으면 속맛을 알지 못한다. (西瓜外舐 不識內美 : 서과외지 불식내미)
  - ☞ 사물의 겉만 대충 살핀다.
- 십년 세도 없고 열흘 붉은 꽃 없다. (權不十年 花無十日紅 : 권불십년 화무십일홍)
  - ☞ 부귀영화는 오래 지속하지 못한다.
- 아닌 땐 굴뚝에 연기 날까. (突不燃不生煙 : 돌불연불생연)
  - ☞ 원인이 없는 결과가 없다.
- 안 되는 놈은 뒤로 자빠져도 코가 깨진다. (窮人之事飜亦破鼻 : 궁인지사번역파비)
  - ☞ 운이 없는 사람은 기회가 오더라도 뜻대로 되지 않는다.
- 양손에 떡 (兩手執餠 : 양수집병)
  - ☞ 버릴 수도 취할 수도 없다.
- 어 다르고 아 다르다. (於異阿異 : 어이아이)
  - ☞ 같은 말이라도 잘 골라 써야 한다.
- 어린 아이 말이라도 귀담아 들어라. (兒孩云言宜納耳門 : 아해운언의납이문)
  - ☞ 어린 아이의 말도 때로는 쓸 말이 있으니 잘 들어야 한다.
- 언 발에 오줌 누기 (凍足放尿 : 동족방뇨)
  - ☞ 효력이 곧 없어지는 일
- 여자가 원한을 품으면 오뉴월에도 서리가 내린다. (一婦含怨 五月飛霜 : 일부함원 오월비상)
  - ☞ 여자의 저주는 무서운 것이다.
- 열 그릇의 밥에 한 술씩이면 한 그릇 밥을 이룬다. (十飯一匙 還成一飯 : 십반일시 환성일반)
  - ☞ 여럿의 조그만 도움이 한 사람에게 큰 힘이 된다.
- 열 길 물속은 알아도 한 길 사람 속은 모른다. (水深可知人心難知 : 수심가지인심난지)
  - ☞ 물의 깊이는 쉽게 알 수 있어도 사람의 마음은 알기가 어렵다.
- 열 번 찍어 안 넘어가는 나무가 없다. (十伐之木 : 십벌지목)
  - ☞ 노력해서 안 되는 일은 없다.
- 열 사람이 지켜도 한 놈의 도둑을 못 막는다. (十人守之不得察一賊 : 십인수지부득찰일적)
  - ☞ 지키는 사람이 많아도 틈을 엿보아 도둑질하려는 사람은 막을 길이 없다.
- 오를 수 없는 나무는 쳐다보지도 말라. (難上之木勿仰 : 난상지목물앙)
  - ☞ 자기 능력이 미치지 못할 일은 처음부터 손대지 말라.
- 옷은 새 것이 좋고 사람은 오랜 친구가 좋다. (衣以新爲好 人以舊爲好 : 의이신위호 인이구위호)
  - ☞ 옷은 새 옷이 좋고 사람은 오래 사귀어 마음을 아는 친구가 좋다.

- 우물 안 개구리 (井底之蛙 : 정저지와)
  - ☞ 세상형편을 모르는 사람
- 웃는 낯에 침 뱉으랴. (對笑顔唾亦難 : 대소안타역난)
  - ☞ 사람이 웃는 얼굴로 다가오면 그가 비록 밉더라도 물리쳐 버릴 수가 없다.
- 자는 범 코침 주기 (宿虎衝鼻 : 숙호충비)
  - ☞ 가만히 두면 아무 일도 없을 것을 공연히 건드려서 위험을 산다.
- 음지가 양지되고 양지가 음지된다. (陰地轉陽地變 : 음지전양지변)
  - ☞ 역경에 있던 사람도 때가 되면 행운을 만날 수 있다.
- 장님 단청 구경하기 (盲玩丹青 : 맹완단청)
  - ☞ 알지 못하고 아는 체한다.
- 정수리에 부은 물을 반드시 발바닥에까지 흘러내린다. (灌頂之水 必流足底 : 관정지수 필류족저)
  - ☞ 그 일의 근원이 나쁘면 결과도 반드시 나쁘다.
- 제사 덕에 쌀밥 먹는다. (祭德稻飯 : 제덕도반)
  - ☞ 남의 덕으로 잘 먹게 되다.
- 제사 돕는 자는 맛보고 싸움을 돕는 자는 상한다. (佐祭者嘗 佐鬪者傷 : 좌제자상 좌투자상)
  - ☞ 선한 일을 돕는 자는 복을 받고 악한 일을 돕는 자는 해를 받는다.
- 죽은 자식 나이 세기 (亡子計齒 : 망자계치)
  - ☞ 이미 그릇된 일은 생각해도 쓸데없다.
- 차라리 닭의 입이 될지언정 소의 꼬리가 되지 않는다. (寧爲鷄口 勿爲牛後 : 영위계구 물위우후)
  - ☞ 큰 인물을 추종하느니보다 작으나마 우두머리가 되는 것이 낫다.
- 천금으로 집을 사고 팔백금으로 이웃을 사라. (千金買宅 八百買隣 : 천금매택 팔백매린)
  - ☞ 이웃이 나쁘면 아무리 좋은 집이라도 살 수 없다(이웃의 중요함).
- 천인의 손가락질을 받으면 병 없이도 죽는다. (千人所指 無病而死 : 천인소지 무병이사)
  - ☞ 많은 사람들의 미워하는 바가 되면 재앙이 저절로 미친다.
- 친구 따라 강남 간다. (隨友適江南 : 수우적강남)
  - ☞ 벗이 좋아 먼 길이라도 싫어하지 않고 따라 나선다.
- 콩 심은 데 콩 나고 팥 심은 데 팥 난다. (種瓜得瓜 種豆得豆 : 종과득과 종두득두)
  - ☞ 원인에 따른 결과가 나타난다.
- 하룻밤을 자도 만리성을 쌓는다. (一夜之宿長城或築 : 일야지숙 장성혹축)
  - ☞ 잠시 만난 사람끼리도 정이 깊다.
- 하룻강아지 범 무서운 줄 모른다. (一日之狗不知畏虎 : 일일지구 부지외호)
  - ☞ 멋 모르고 덤비는 사람을 비웃는 말
- 한 자 깊이도 짧은 데가 있고 한 치 길이도 긴 데가 있다. (尺有所短 寸有所長 : 척유소단 촌유소장)
  - ☞ 지혜로운 자라도 할 수 없는 일이 있고 어리석은 자라도 감당할 수 있는 일이 있다.
- 행랑 빌면 안방까지 든다. (旣借堂 又借房 : 기차당 우차방)
  - ☞ 인정을 베풀면 염치없는 요구를 자꾸만 하게 된다.

❻ 가족의 호칭

구분	자기		타인	
	산 사람	죽은 사람	산 사람	죽은 사람
어머니	자친(慈親), 모주(母主), 가자(家慈)	선비(先妣), 선자(先慈)	자당(慈堂), 대부인(大夫人), 모당(母堂), 훤당(萱堂), 모부인(母夫人)	선대부인(先大夫人), 선부인(先夫人)
아버지	가친(家親), 엄친(嚴親), 부조(父主)	선친(先親), 선고(先考), 선부군(先父君)	춘부장(春府丈), 춘장(椿丈), 춘당(春堂)	선대인(先大人), 선고장(先考丈), 선장(先丈)
할아버지	조부(祖父), 왕부(王父)	조고(祖考), 왕고(王考)	왕존장(王尊丈), 왕대인(王大人)	선조부장(先組父丈), 선왕고장(先王考丈)
할머니	조모(祖母), 왕모(王母)	조비(祖妣)	왕대부인(王大夫人), 존조모(尊祖母)	선왕대부인(先王大夫人), 선조비(先組妣)
아들	가아(家兒), 가돈(家豚), 돈아(豚兒), 미돈(迷豚)	망아(亡兒)	영랑(令郞), 영식(令息), 영윤(令胤)	–
딸	여식(女息), 식비(息鄙)	–	영애(令愛), 영교(令嬌), 영양(令孃)	–

❼ 절기와 풍속

(1) 간지

① 십이지(十二支)

12지	자(子)	축(丑)	인(寅)	묘(卯)	진(辰)	사(巳)	오(午)	미(未)	신(申)	유(酉)	술(戌)	해(亥)
동물	쥐	소	범	토끼	용	뱀	말	양	원숭이	닭	개	돼지
음력월	11	12	1(정월)	2	3	4	5	6	7	8	9	10
방위	북	북 동		동	동 남		남	남 서		서	서 북	
시각	23 ~ 1	1 ~ 3	3 ~ 5	5 ~ 7	7 ~ 9	9 ~ 11	11 ~ 13	13 ~ 15	15 ~ 17	17 ~ 19	19 ~ 21	21 ~ 23

② **십간(十干)** : 갑(甲), 을(乙), 병(丙), 정(丁), 무(戊), 기(己), 경(庚), 신(辛), 임(壬), 계(癸)

③ **육십갑자(六十甲子, 십간을 축으로 십이지를 순서대로 돌린다)**

순서	육십갑자	순서	육십갑자	순서	육십갑자	순서	육십갑자	순서	육십갑자	순서	육십갑자
1	갑자(甲子)	11	갑술(甲戌)	21	갑신(甲申)	31	갑오(甲午)	41	갑진(甲辰)	51	갑인(甲寅)
2	을축(乙丑)	12	을해(乙亥)	22	을유(乙酉)	32	을미(乙未)	42	을사(乙巳)	52	을묘(乙卯)
3	병인(丙寅)	13	병자(丙子)	23	병술(丙戌)	33	병신(丙申)	43	병오(丙午)	53	병진(丙辰)
4	정묘(丁卯)	14	정축(丁丑)	24	정해(丁亥)	34	정유(丁酉)	44	정미(丁未)	54	정사(丁巳)
5	무진(戊辰)	15	무인(戊寅)	25	무자(戊子)	35	무술(戊戌)	45	무신(戊申)	55	무오(戊午)
6	기사(己巳)	16	기묘(己卯)	26	기축(己丑)	36	기해(己亥)	46	기유(己酉)	56	기미(己未)
7	경오(庚午)	17	경진(庚辰)	27	경인(庚寅)	37	경자(更子)	47	경술(庚戌)	57	경신(庚申)
8	신미(辛未)	18	신사(辛巳)	28	신묘(辛卯)	38	신축(辛丑)	48	신해(辛亥)	58	신유(辛酉)
9	임신(壬申)	19	임오(壬午)	29	임진(壬辰)	39	임인(壬寅)	49	임자(壬子)	59	임술(壬戌)
10	계유(癸酉)	20	계미(癸未)	30	계사(癸巳)	40	계묘(癸卯)	50	계축(癸丑)	60	계해(癸亥)

(2) 이십사절기

월	절기	양력일	월	절기	양력일	월	절기	양력일
정월	입춘(立春)	2월 4일	오월	망종(亡種)	6월 6일	구월	한로(寒露)	10월 9일
	우수(雨水)	2월 19일		하지(夏至)	6월 22일		상강(霜降)	10월 24일
이월	경칩(驚蟄)	3월 6일	유월	소서(小暑)	7월 8일	시월	입동(立冬)	11월 8일
	춘분(春分)	3월 21일		대서(大暑)	7월 23일		소설(小雪)	11월 23일
삼월	청명(淸明)	4월 5일	칠월	입추(立秋)	8월 8일	십일월	대설(大雪)	12월 8일
	곡우(穀雨)	4월 21일		처서(處暑)	8월 24일		동지(冬至)	12월 22일
사월	입하(立夏)	5월 6일	팔월	백로(白露)	9월 8일	십이월	소한(小寒)	1월 6일
	소만(小滿)	5월 22일		추분(秋分)	9월 23일		대한(大寒)	1월 21일

(3) 시간

구분	오후			오전						오후		
단위	7~9	9~11	11~1	1~3	3~5	5~7	7~9	9~11	11~1	1~3	3~5	5~7
天干	甲夜	乙夜	丙夜	丁夜	戊夜							
地支	戌時	亥時	子時	丑時	寅時	卯時	辰時	巳時	午時	未時	申時	酉時
밤	初更	二更	三更	四更	五更							

참고만 날짜 … 초하루 – 朔(삭), 열흘 – 旬(순), 보름 – 望(망), 스므날 – 念(념), 그믐 – 晦(회)

❽ 나이를 나타내는 말

나이	명칭	나이	명칭	나이	명칭
10세	沖年(충년)	15세	志學(지학)	20세	弱冠(약관)
30세	而立(이립)	40세	不惑(불혹)	50세	知天命(지천명)
60세	耳順(이순)	61세	還甲(환갑), 華甲(화갑), 回甲(회갑)	70세	古稀(고희), 從心(종심)
77세	喜壽(희수)	80세	傘壽(산수)	88세	米壽(미수)
90세	卒壽(졸수)	99세	白壽(백수)	100세	上壽(상수), 期願之壽(기원지수)

❾ 상용한자

(1) ㄱ

可 옳을 가	加 더할 가	佳 아름다울 가	架 시렁 가	家 집 가
假 거짓 가	街 거리 가	暇 겨를 가	歌 노래 가	價 값 가
伽 절 가	柯 자루 가	軻 굴대 가	賈 값가, 앉은장사 고	迦 막을 가
各 각각 각	角 뿔 각	却 물리칠 각	刻 새길 각	脚 다리 각
閣 문설주 각	覺 깨달을 각	珏 쌍옥 각	干 방패 간	刊 책펴낼 간
肝 간 간	看 볼 간	姦 간사할 간	間 閒의 俗字	幹 줄기간
懇 정성 간	簡 대쪽 간	杆 나무이름 간	艮 어긋날 간	渴 목마를 갈
葛 칡 갈	鞨 말갈 갈	甘 달 감	減 덜 감	敢 감히 감
感 느낄 감	監 볼 감	憾 한할 감	鑑 거울 감	邯 땅이름 감(고을 이름 한)
甲 첫째 천간 갑	岬 산허리 갑	鉀 갑옷 갑	江 강 강	降 항복할 강(내릴 항)
剛 굳셀 강	康 편안할 강	强 굳셀 강	綱 벼리 강	鋼 강철 강
講 익힐 강	姜 성 강	彊 굳셀 강	疆 지경 강	岡 산등성이 강
崗 岡의 俗字	介 끼일 개	改 고칠 개	皆 다 개	個 낱 개
開 열 개	蓋 덮을 개	慨 분개할 개	概 평미레 개	价 착할 개
塏 높고 건조할 개	客 손 객	更 다시 갱	坑 구덩이 갱	去 갈 거
巨 클 거	車 수레 거	居 있을 거	拒 막을 거	距 떨어질 거
據 의거할 거	擧 들 거	件 사건 건	建 세울 건	健 튼튼할 건
乾 하늘 건	鍵 열쇠 건	乞 빌 걸	傑 뛰어날 걸	杰 傑의 俗字
桀 홰 걸	儉 검소할 검	劍 칼 검	檢 봉함 검	揭 들 게
憩 쉴 게	格 바로잡을 격	隔 사이 뜰 격	激 물결 부딪쳐 흐를 격	擊 부딪칠 격
犬 개 견	見 볼 견	肩 어깨 견	牽 끌 견	堅 굳을 견
遣 보낼 견	絹 명주 견	甄 질그릇 견	決 터질 결	缺 이지러질 결

結	맺을 결	潔	깨끗할 결	兼	겸할 겸	謙	겸손할 겸	京	서울 경
庚	일곱째 천간 경	徑	지름길 경	耕	밭갈 경	竟	다할 경	頃	밭넓이 단위 경
景	볕 경	卿	벼슬 경	硬	굳을 경	敬	공경할 경	傾	기울 경
經	날 경	境	지경 경	輕	가벼울 경	慶	경사 경	警	경계할 경
鏡	거울 경	競	겨룰 경	驚	놀랄 경	炅	빛날 경	儆	경계할 경
璟	영과 同字	瓊	옥 경	系	이을 계	戒	경계할 계	季	끝 계
界	지경 계	癸	열째 천간 계	契	맺을 계	係	걸릴 계	計	꾀 계
桂	계수나무 계	啓	열 계	械	형틀 계	階	섬돌 계	溪	시내 계
繫	맬 계	繼	이을 계	鷄	닭 계	古	옛 고	考	상고할 고
告	알릴 고	固	굳을 고	苦	쓸 고	姑	시어미 고	孤	외로울 고
枯	마를 고	故	옛 고	高	높을 고	庫	곳집 고	雇	품살 고(새 이름 호)
鼓	북 고	稿	볏짚 고	顧	돌아볼 고	皐	부르는 소리 고	曲	굽을 곡
谷	골 곡	哭	울 곡	穀	곡의 俗字	困	괴로울 곤	坤	땅 곤
骨	뼈 골	工	장인 공	公	공변될 공	孔	구멍 공	功	공 공
共	함께 공	攻	칠 공	空	빌 공	供	이바지할 공	恭	공손할 공
貢	바칠 공	恐	두려울 공	串	익힐 관	戈	창 과	瓜	오이 과
果	실과 과	科	과정 과	過	지날 과	誇	자랑할 과	寡	적을 과
課	매길 과	菓	과일 과	郭	성곽 곽	官	벼슬 관	冠	갓 관
貫	꿸 관	款	정성 관	寬	너그러울 관	管	피리 관	慣	버릇 관
館	객사 관	關	빗장 관	觀	볼 관	琯	옥피리 관	光	빛 광
狂	미칠 광	廣	넓을 광	鑛	쇳돌 광	掛	걸 괘	怪	기이할 괴
傀	클 괴	塊	흙덩이 괴	愧	부끄러워 할 괴	壞	무너질 괴	槐	홰나무 괴
巧	공교할 교	交	사귈 교	郊	성 밖 교	校	학교 교	敎	가르침 교
絞	목맬 교	較	견줄 교	僑	높을 교	膠	아교 교	橋	다리 교

矯 바로잡을 교	九 아홉 구	口 입 구	久 오랠 구	丘 언덕 구
句 글귀 구	求 구할 구	究 궁구할 구	具 갖출 구	苟 진실로 구
拘 잡을 구	狗 개 구	俱 함께 구	區 지경 구	球 공 구
救 건질 구	邱 땅 이름 구	玖 옥돌 구	構 얽을 구	歐 토할 구
舊 예 구	購 살 구	懼 두려워할 구	驅 몰 구	鷗 갈매기 구
龜 나라이름 귀/거북 귀/틀 균	局 판 국	菊 국화 국	國 나라 국	鞠 공 국
君 임금 군	軍 군사 군	郡 고을 군	群 군의 俗字	屈 굽을 굴
掘 팔 굴	窟 굴 굴	弓 활 궁	宮 집 궁	窮 다할 궁
券 문서 권	卷 쇠뇌 권	拳 주먹 권	圈 우리 권	勸 권할 권
權 저울추 권	厥 그 궐	闕 대궐 궐	軌 길 궤	鬼 귀신 귀
貴 귀할 귀	歸 돌아갈 귀	叫 부르짖을 규	糾 꼴 규	規 법 규
閨 도장방 규	圭 홀 규	奎 별 이름 규	揆 헤아릴 규	珪 홀 규
均 고를 균	菌 버섯 균	克 이길 극	極 다할 극	劇 심할 극
斤 도끼 근	近 가까울 근	根 뿌리 근	筋 힘줄 근	僅 겨우 근
勤 부지런할 근	謹 삼갈 근	槿 무궁화나무 근	瑾 아름다운 옥 근	今 이제 금
金 쇠 금	禽 날짐승 금	琴 거문고 금	禁 금할 금	錦 비단 금
及 미칠 급	急 급할 급	級 등급 급	給 넉넉할 급	肯 옳이 여길 긍
兢 삼갈 긍	己 자기 기	企 꾀할 기	忌 꺼릴 기	技 재주 기
汽 김 기	奇 기이할 기	其 그 기	祈 빌 기	紀 벼리 기
氣 기운 기	豈 어찌 기	起 일어날 기	記 기록할 기	飢 주릴 기
基 터 기	寄 부칠 기	旣 이미 기	棄 버릴 기	幾 기미 기
棋 바둑 기	欺 속일 기	期 기약할 기	旗 기 기	畿 경기 기
器 그릇 기	機 틀 기	騎 말탈 기	冀 바랄 기	岐 갈림길 기
淇 강 이름 기	琦 옥 이름 기	琪 옥 기	璣 구슬 기	箕 키 기

耆 늙은이 기	騏 털총이 기	麒 기린 기	沂 물이름 기	驥 천리마 기
緊 굳게 얽을 긴	吉 길할 길			

(2) ㄴ

那 어찌 나	諾 대답할 낙	暖 따뜻할 난	難 어려울 난	男 사내 남
南 남녘 남	納 바칠 납	娘 아가씨 낭(랑)	乃 이에 내	內 안 내
奈 어찌 내	耐 견딜 내	女 계집 녀(여)	年 해 년	念 생각할 념(염)
寧 편안할 녕(영)	奴 종 노	努 힘쓸 노	怒 성낼 노	農 농사 농
濃 짙을 농	惱 괴로와할 뇌	腦 뇌 뇌	尿 오줌 뇨	能 능할 능
尼 중 니(이)	泥 진흙 니(이)	溺 빠질 닉		

(3) ㄷ

多 많을 다	茶 차 다	丹 붉을 내원음(原音);단, 란]	旦 아침 단	但 다만 단
段 구분 단	單 홑 단	短 짧을 단	團 둥글 단	端 바를 단
壇 단 단	檀 박달나무 단	斷 끊을 단	鍛 쇠 불릴 단	湍 여울 단
達 통달할 달	淡 묽을 담	潭 깊을 담	談 말씀 담	擔 멜 담
膽 쓸개 담	畓 논 답	答 팥 답	踏 밟을 답	唐 당나라 당
堂 집 당	當 당할 당	糖 사탕 당	黨 무리 당	塘 못 당
大 큰 대	代 대신할 대	坮 터 대	待 기다릴 대	帶 띠 대
貸 빌릴 대	隊 대 대	臺 돈대 대	對 대답할 대	戴 일 대
德 덕 덕	悳 덕 덕	刀 칼 도	到 이를 도	度 법도 도
挑 휠 도	逃 달아날 도	島 섬 도	倒 넘어질 도	徒 무리 도
途 길 도	桃 복숭아나무 도	悼 슬퍼할 도	陶 질그릇 도	盜 훔칠 도
渡 건널 도	道 길 도	都 도읍 도	塗 진흙 도	跳 뛸 도

圖 그림 도	稻 벼 도	導 이끌 도	燾 비출 도	毒 독 독
督 살펴볼 독	篤 도타울 독	獨 홀로 독	讀 읽을 독	豚 돼지 돈
敦 도타울 돈	惇 도타울 돈	燉 이글거릴 돈	頓 조아릴 돈	突 갑자기 돌
乭 이름 돌	冬 겨울 동	同 한가지 동	東 동녘 동	洞 골 동
凍 얼 동	桐 오동나무 동	動 움직일 동	童 아이 동	棟 용마루 동
銅 구리 동	董 동독할 동	斗 말 두	豆 콩 두	頭 머리 두
杜 팥배나무 두	屯 진칠 둔	鈍 무딜 둔	得 얻을 득	登 오를 등
等 가지런할 등	燈 등잔 등	謄 베낄 등	騰 오를 등	藤 등나무 등
鄧 나라 이름 등				

(4) ㄹ

裸 벌거벗을 라(나)	羅 새그물 라(나)	洛 강 이름 락(낙)	落 떨어질 락	絡 헌솜 락
樂 즐길 락풍류 악, 좋아할 요)	卵 알 란(난)	亂 어지러울 란(난)	蘭 난초 란(난)	欄 난간 란(난)
爛 문드러질 란	藍 쪽 람(남)	濫 퍼질 람(남)	覽 볼 람(남)	拉 꺾을 랍(납)
浪 물결 랑(낭)	郎 사나이 랑(낭)	朗 밝을 랑(낭)	廊 복도 랑(낭)	來 올 래(내)
萊 명아주 래(내)	冷 찰 랭(냉)	略 다스릴 략(약)	掠 노략질할 략약)	良 좋을 량(양)
兩 두 량(양)	凉 량의 俗字	梁 들보 량(양)	量 헤아릴 량(양)	諒 믿을 량(양)
糧 양식 량(양)	輛 수레 량(양)	亮 밝을 량(양)	樑 들보 량(양)	旅 군사 려(여)
慮 생각할 려(여)	勵 힘쓸 려(여)	麗 고울 려(여)	呂 음률 려(여)	廬 오두막집 려(여)
驪 가라말 려(여)	礪 거친 숫돌 려(여)	力 힘 력(역)	歷 지낼 력(역)	曆 책력 력(역)
連 잇닿을 련(연)	蓮 연밥 련(연)	煉 불릴 련(연)	憐 불쌍히 여길 련(연)	練 익힐 련(연)
聯 잇달 련(연)	鍊 불릴 련(연)	漣 물놀이 연(련)	戀 사모할 련(연)	劣 못할 렬(열)
列 줄 렬(열)	烈 세찰 열(렬)	裂 찢을 열(렬)	廉 청렴할 렴(염)	濂 내 이름 렴(염)
獵 사냥 렵(엽)	令 영 령(영)	零 조용히 오는 비 령(영)	領 옷깃 령(영)	嶺 재 령(영)

靈	신령 령(영)	玲	옥 소리 령(영)	例	법식 례(예)	禮	예도 례(예)	醴	단술 례(예)
老	늙은이 로(노)	勞	일할 로(노)	路	길 로(노)	露	이슬 로(노)	爐	화로 로(노)
魯	노둔할 로(노)	盧	밥그릇 로(노)	蘆	갈대 로(노)	鷺	해오라기 로(노)	鹿	사슴 록(녹)
祿	복 록(녹)	綠	초록빛 록(녹)	錄	기록할 록(녹)	論	말할 론(논)	弄	희롱할 롱(농)
籠	대그릇 롱(농)	雷	우뢰 뢰(뇌)	賴	힘입을 뢰(뇌)	了	마칠 료(요)	料	되질할 료(요)
僚	동료 료(요)	療	병 고칠 료(요)	遼	멀 료(요)	龍	용 룡(용)	累	묶을 루(누)
淚	눈물 루(누)	屢	창 루(누)	漏	샐 루(누)	樓	다락 루(누)	柳	버들 류(유)
留	머무를 류(유)	流	흐를 류(유)	硫	유황 류(유)	類	무리 류(유)	謬	그릇될 류(유)
劉	죽일 류(유)	六	여섯 륙(육)	陸	뭍 륙(육)	倫	인륜 륜(윤)	輪	바퀴 륜(윤)
崙	산 이름 륜(윤)	律	법 률(율)	栗	밤나무 률(율)	率	헤아릴 률율 거느릴 솔 쟝수 쉬	隆	클 륭(융)
陵	큰 언덕 릉(능)	楞	모 릉(능)	里	마을 리	理	다스릴 리	利	날카로울 리(이)
離	떼놓을 리(이)	裏	속 리(이)	梨	배나무 리(이)	履	신 리(이)	李	오얏 리(이)
吏	벼슬아치 리(이)	隣	린의 俗字	麟	기린 린(인)	林	수풀 림(임)	臨	임할 림(임)
立	설 립(입)								

(5) ㅁ

馬	말 마	麻	삼 마	摩	갈 마	磨	갈 마	魔	마귀 마
痲	저릴 마	莫	없을 막저물 모, 고요할 맥)	幕	막 막	漠	사막 막	膜	막 막
萬	일만 만	晚	저물 만	滿	찰 만	慢	게으를 만	漫	질펀할 만
灣	물굽이 만	蠻	오랑캐 만	娩	해산할 만	末	끝 말	韈	버선 말
亡	망할 망	妄	허망할 망	忙	바쁠 망	忘	잊을 망	罔	그물 망
茫	아득할 망	望	바랄 망	網	그물 망	每	매양 매	妹	누이 매
埋	묻을 매	買	살 매	梅	매화나무 매	媒	중매 매	賣	팔 매
魅	도깨비 매	枚	줄기 매	脈	맥 맥	麥	보리 맥	貊	북방 종족 맥

盲 소경 맹	孟 맏 맹	猛 사나울 맹	盟 맹세할 맹	覓 찾을 멱
免 면할 면	面 낯 면	眠 잠잘 면	勉 힘쓸 면	綿 이어질 면
冕 면류관 면	沔 물 흐를 면[머리 감을 목]	勉 힘쓸 면	滅 멸망할 멸	蔑 업신여길 멸
名 이름 명	命 목숨 명	明 밝을 명	冥 어두울 명	鳴 울 명
銘 새길 명	毛 털 모	母 어미 모	矛 창 모	某 아무 모
侮 업신여길 모	慕 모을 모	帽 모자 모	慕 그리워할 모	暮 저물 모
模 법 모	貌 얼굴 모	謀 꾀할 모	牟 소 우는 소리 모	茅 띠 모
謨 꾀 모	木 나무 목	目 눈 목	沐 머리감을 목	牧 칠 목
睦 화목할 목	穆 화목할 목	夢 꿈 몽	蒙 입을 몽	卯 네째 지지 묘
妙 묘할 묘	苗 모 묘	墓 무덤 묘	廟 사당 묘	昴 별자리 이름 묘
戊 다섯째 천간 무	茂 우거질 무	武 굳셀 무	務 일 무	無 없을 무
貿 바꿀 무	舞 춤출 무	霧 안개 무	墨 먹 묵	默 묵묵할 묵
文 무늬 문	門 문 문	問 물을 문	聞 들을 문	紊 어지러울 문
汶 내 이름 문	勿 말 물	物 만물 물	未 아닐 미	米 쌀 미
尾 꼬리 미	味 맛 미	美 아름다울 미	眉 눈썹 미	迷 미혹할 미
微 작을 미	彌 두루 미	民 백성 민	敏 재빠를 민	憫 근심할 민
旻 하늘 민	旼 화락할 민	玟 옥돌 민	珉 옥돌 민	閔 위문할 민
密 빽빽할 밀	蜜 꿀 밀			

(6) ㅂ

朴 후박나무 박	泊 배 댈 박	拍 칠 박	迫 닥칠 박	博 넓을 박
薄 엷을 박	舶 큰 배 박	反 되돌릴 반	半 반 반	伴 짝 반
返 돌아올 반	叛 배반할 반	班 나눌 반	般 돌 반	飯 밥 반
搬 옮길 반	盤 소반 반	磻 강 이름 반	潘 뜨물 반	拔 뺄 발

發 쏠 발	髮 터럭 발	鉢 바리때 발	渤 바다 이름 발	方 모 방
芳 꽃다울 방	妨 방해할 방	防 둑 방	邦 나라 방	房 방 방
放 놓을 방	倣 본뜰 방	紡 자을 방	訪 찾을 방	傍 곁 방
旁 두루 방	龐 클 방	杯 잔 배	拜 절 배	背 등 배
倍 곱 배	俳 광대 배	配 아내 배	培 북돋울 배	排 밀칠 배
輩 무리 배	賠 물어줄 배	裵 裴의 本字	白 흰 백	百 일백 백
伯 맏 백	栢 柏의 俗字	番 갈마들 번	煩 괴로와할 번	繁 많을 번
翻 뒤칠 번	伐 칠 벌	罰 죄 벌	閥 공훈 벌	筏 떼 벌
凡 무릇 범	犯 범할 범	汎 뜰 범	範 법 범	范 풀 이름 범
法 법 법	碧 푸를 벽	僻 후미질 벽	壁 벽 벽	辨 분별할 변
邊 가 변	辯 말잘할 변	變 변할 변	卞 조급할 변	弁 고깔 변
別 나눌 별	丙 남녁 병	兵 군사 병	屏 병풍 병	竝 아우를 병
病 병 병	倂 아우를 병	昞 밝을 병	昺 昞과 同字	柄 자루 병
炳 밝을 병	秉 잡을 병	步 걸음 보	保 지킬 보	普 널리 보
補 기울 보	報 갚을 보	譜 계보 보	寶 보배 보	甫 클 보
潽 끓을 보	輔 덧방나무 보	卜 점 복	伏 엎드릴 복	服 옷 복
復 돌아올 복	腹 배 복	福 복 복	複 겹옷 복	覆 뒤집힐 복
馥 향기 복	本 밑 본	奉 받들 봉	封 봉할 봉	峯 봉우리 봉
俸 녹 봉	逢 만날 봉	蜂 벌 봉	鳳 봉새 봉	縫 꿰맬 봉
蓬 쑥 봉	夫 지아비 부	父 아비 부	付 줄 부	否 아닐 부
扶 도울 부	府 곳집 부	附 붙을 부	負 질 부	赴 나아갈 부
浮 뜰 부	符 부신 부	婦 며느리 부	部 거느릴 부	副 버금 부
富 가멸 부	腐 썩을 부	膚 살갗 부	賦 구실 부	簿 장부 부
敷 펼 부	阜 언덕 부	釜 가마 부	傅 스승 부	北 북녁 북

分 나눌 분	奔 달릴 분	粉 가루 분	紛 어지러워질 분	憤 결낼 분
墳 무덤 분	奮 떨칠 분	芬 향기로울 분	不 아닐 불	弗 아닐 불
佛 부처 불	拂 떨 불	朋 벗 붕	崩 무너질 붕	鵬 대붕새 붕
比 견줄 비	妃 왕비 비	批 칠 비	非 아닐 비	肥 살찔 비
卑 낮을 비	飛 날 비	匪 대상자 비	비 귀신 비	悲 슬플 비
費 쓸 비	備 갖출 비	婢 여자종 비	鼻 코 비	碑 돌기둥 비
丕 클 비	毘 毗와 同字	毖 삼갈 비	貧 가난할 빈	賓 손 빈
頻 자주 빈	彬 빛날 빈	氷 얼음 빙	聘 찾아갈 빙	

(7) ㅅ

士 선비 사	巳 여섯째 지지 사	四 넉 사	史 역사 사	司 맡을 사
仕 벼슬할 사	寺 절 사	死 죽을 사	似 같을 사	沙 모래 사
邪 간사할 사	私 사사 사	舍 집 사	事 일 사	使 하여금 사
社 토지의 신 사	祀 제사 사	査 사실할 사	思 생각할 사	唆 부추길 사
師 스승 사	射 궁술 사	捨 버릴 사	蛇 뱀 사	斜 비낄 사
赦 용서할 사	絲 실 사	詐 속일 사	詞 말씀 사	斯 이 사
飼 먹일 사	寫 베낄 사	賜 줄 사	謝 사례할 사	辭 말 사
泗 물이름 사	削 깎을 삭	朔 초하루 삭	山 뫼 산	産 낳을 산
傘 우산 산	散 흩을 산	算 셀 산	酸 초 산	殺 죽일 살
三 석 삼	森 나무 빽빽할 삼	蔘 인삼 삼	插 꽂을 삽	上 위 상
床 牀의 俗字 상 상	尙 오히려 상	狀 형상 상	相 서로 상	桑 뽕나무 상
商 헤아릴 상	常 항상 상	祥 상서로울 상	喪 죽을 상	象 코끼리 상
想 생각할 상	傷 상처 상	詳 자세할 상	裳 치마 상	嘗 맛볼 상
像 형상 상	賞 상줄 상	霜 서리 상	償 갚을 상	箱 상자 상

庠	학교 상	雙	쌍 쌍	塞	막힐 색(변방 새)	色	빛 색	索	찾을 색(동아줄 색)
生	날 생	西	서녘 서	序	차례 서	書	쓸 서	恕	용서할 서
徐	천천할 서	庶	여러 서	敍	차례 서	暑	더울 서	署	관청 서
瑞	상서 서	誓	맹세할 서	緒	실마리 서	舒	펼 서	夕	저녁 석
石	돌 석	昔	예 석	析	가를 석	席	자리 석	惜	아낄 석
碩	클 석	釋	풀 석	奭	클 석	晳	밝을 석	錫	주석 석
仙	신선 선	先	먼저 선	宣	베풀 선	旋	돌 선	船	배 선
善	착할 선	選	가릴 선	線	줄 선	禪	봉선 선	鮮	고울 선
繕	기울 선	瑄	도리옥 선	璇	아름다운 옥 선	璿	아름다운 옥 선	舌	혀 설
雪	눈 설	設	베풀 설	說	말씀 설	卨	사람 이름 설	薛	맑은 대쑥 설
纖	가늘 섬	陝	고을 이름 섬	蟾	두꺼비 섬	暹	해 돋을 섬	涉	건널 섭
攝	당길 섭	燮	불꽃 섭	成	이룰 성	性	성품 성	姓	성 성
省	살필 성	星	별 성	城	성 성	盛	담을 성	聖	성스러울 성
誠	정성 성	聲	소리 성	晟	밝을 성	世	대 세	洗	씻을 세
細	가늘 세	稅	세	歲	해 세	勢	기세 세	貰	세낼 세
小	작을 소	少	적을 소	召	부를 소	所	바 소	昭	밝을 소
素	흴 소	笑	웃을 소	消	사라질 소	掃	쓸 소	紹	이을 소
疎	疏와 同字	訴	하소연 할 소	蔬	푸성귀 소	燒	사를 소	蘇	차조기 소
騷	떠들 소	巢	집 소	沼	늪 소	邵	고을 이름 소	束	묶을 속
俗	풍속 속	速	빠를 속	粟	조 속	屬	엮을 속(이을 촉)	續	이을 속
孫	손자 손	損	덜 손	松	소나무 송	送	보낼 송	訟	송사할 송
頌	기릴 송	誦	욀 송	宋	송나라 송	刷	쓸 쇄	鎖	쇠사슬 쇄
衰	쇠할 쇠	水	물 수	手	손 수	囚	가둘 수	守	지킬 수
收	거둘 수	秀	빼어날 수	受	받을 수	垂	드리울 수	首	머리 수

帥 장수 수	修 닦을 수	殊 죽일 수	授 줄 수	搜 찾을 수
須 모름지기 수	遂 이를 수	愁 시름 수	睡 잘 수	需 구할 수
壽 목숨 수	隨 따를 수	誰 누구 수	數 셀 수	樹 나무 수
輸 나를 수	雖 비록 수	獸 짐승 수	洙 강 이름 수	銖 무게 단위 수
隋 수나라 쉬제사 끄기 나머지 타	叔 아재비 숙	宿 묵을 숙	淑 맑을 숙	孰 누구 숙
肅 엄숙할 숙	熟 익을 숙	旬 열흘 순	巡 돌 순	盾 방패 순
殉 따라 죽을 순	純 생사 순	脣 입술 순	順 순할 순	循 좇을 순
瞬 눈 깜작일 순	洵 참으로 순	淳 순박할 순	珣 옥 이름 순	舜 순임금 순
荀 풀 이름 순	戌 개 술	述 지을 술	術 꾀 술	崇 높을 숭
瑟 큰 거문고 슬	拾 주울 습	習 익힐 습	濕 축축할 습	襲 엄습할 습
升 되 승	承 받들 승	昇 오를 승	乘 탈 승	勝 이길 승
僧 중 승	繩 줄 승	市 저자 시	示 보일 시	矢 화살 시
侍 모실 시	始 처음 시	是 옳을 시	屍 주검 시	施 베풀시
時 때 시	視 볼 시	詩 시 시	試 시험할 시	柴 섶 시
湜 물 맑을 식	氏 각시 씨	式 법 식	食 밥 식	息 숨쉴 식
植 심을 식	殖 번성할 식	飾 꾸밀 식	識 알 식	軾 수레 앞턱 가로나무 식
申 아홉째 지지 신	臣 신하 신	辛 매울 신	身 몸 신	伸 펼 신
信 믿을 신	神 귀신 신	晨 새벽 신	腎 콩팥 신	愼 삼갈 신
新 새 신	紳 큰 띠 신	失 잃을 실	室 집 실	實 열매 실
心 마음 심	甚 심할 심	深 깊을 심	尋 찾을 심	審 살필 심
瀋 즙 심	十 열 십			

(8) ㅇ

| 牙 어금니 아 | 芽 싹 아 | 我 나 아 | 亞 버금 아 | 兒 아이 아 |

阿 언덕 아	雅 메까마귀 아	餓 주릴 아	岳 큰 산 악	惡 악할 악
握 쥘 악	安 편안할 안	岸 언덕 안	謁 아뢸 알	眼 눈 안
雁 기러기 안	顔 얼굴 안	謁 아뢸 알	閼 가로막을 알	岩 巖의 俗字 암의 俗字
暗 어두울 암	癌 암 암	押 누를 압	壓 누를 압	鴨 오리 압
央 가운데 앙	仰 우러를 앙	殃 재앙 앙	哀 슬플 애	涯 물가 애
愛 사랑 애	碍 애의 俗字	埃 티끌 애	艾 쑥 애	厄 액 액
液 진 액	額 이마 액	也 어조사 야	夜 밤 야	耶 어조사 야
野 든 야	惹 이끌 야	倻 땅 이름 야	若 같을 약	約 묶을 약
弱 약할 약	藥 약 약	躍 뛸 약	羊 양 양	洋 바다 양
揚 오를 양	陽 볕 양	楊 버들 양	養 기를 양	樣 모양 양
壤 흙 양	孃 계집애 양	讓 사양할 양	襄 도울 양	於 어조사 어
魚 고기 어	御 어거할 어	漁 고기 잡을 어	語 말씀 어	抑 누를 억
億 억 억	憶 생각할 억	言 말씀 언	焉 어찌 언	彦 선비 언
嚴 엄할 엄	業 업 업	予 나 여	汝 너 여	如 같을 여
余 나 여	與 줄 여	餘 남을 여	輿 수레 여	亦 또 역
役 부릴 역	易 바꿀 역	逆 거스를 역	疫 염병 역	域 지경 역
譯 통변할 역	驛 역참 역	延 끌 연	沿 따를 연	宴 잔치 연
軟 연의 俗字	硏 갈 연	然 그러할 연	硯 벼루 연	煙 연기 연
鉛 납 연	演 멀리 흐를 연	燃 사를 연	緣 가선 연	燕 제비 연
姸 고울 연	淵 못 연	衍 넘칠 연	悅 기쁠 열	閱 검열할 열
熱 더울 열	炎 불탈 염	染 물들일 염	厭 싫을 염	鹽 소금 염
閻 이문 염	葉 잎 엽	燁 빛날 엽	永 길 영	迎 맞이할 영
英 꽃부리 영	泳 헤엄칠 영	映 비출 영	詠 읊을 영	榮 꽃 영
影 그림자 영	營 경영할 영	暎 映의 俗字	瑛 옥빛 영	盈 찰 영

塋 무덤 영	預 미리 예	銳 날카로울 예	豫 미리 예	藝 심을 예
譽 기릴 예	芮 풀 뾰족뾰족 날 예	睿 깊고 밝을 예	濊 깊을 예(물 많은 모양 회, 막힐 활)	芸 향초 이름 운
午 일곱째 지지 오	五 다섯 오	汚 더러울 오	吾 나 오	烏 까마귀 오
悟 깨달을 오	娛 즐거워할 오	梧 벽오동나무 오	嗚 탄식소리 오	傲 거만할 오
誤 그릇할 오	吳 나라 이름 오	塢 물가 오	玉 옥 옥	屋 집 옥
獄 옥 옥	沃 물 댈 옥	鈺 보배 옥	溫 따뜻할 온	穩 평온할 온
翁 늙은이 옹	擁 안을 옹	邕 화할 옹	雍 누그러질 옹	甕 독 옹
瓦 기와 와	臥 엎드릴 와	完 완전할 완	緩 느릴 완	莞 왕골 완
曰 가로 왈	王 임금 왕	往 갈 왕	旺 성할 왕	汪 넓을 왕
歪 비뚤 왜(외)	倭 왜국 왜(순한 모양 위)	外 밖 외	畏 두려워할 외	妖 아리따울 요
要 구할 요	搖 흔들릴 요	遙 멀 요	腰 허리 요	謠 노래 요
曜 빛날 요	堯 요임금 요	姚 예쁠 요	耀 빛날 요	辱 욕되게 할 욕
浴 목욕할 욕	欲 하고자 할 욕	慾 욕심 욕	用 쓸 용	勇 날쌜 용
容 얼굴 용	庸 쓸 용	熔 鎔의 俗字	傭 품팔이 용	溶 질펀히 흐를 용
瑢 패옥 소리 용	鎔 녹일 용	鏞 종 용	又 또 우	于 어조사 우
友 벗 우	尤 더욱 우	牛 소 우	右 오른쪽 우	宇 집 우
羽 깃 우	雨 비 우	偶 짝 우	遇 만날 우	愚 어리석을 우
郵 역참 우	憂 근심할 우	優 넉넉할 우	佑 도울 우	祐 도울 우
禹 하우씨 우	旭 아침 해 욱	項 삼갈 욱	昱 빛날 욱	煜 빛날 욱
郁 성할 욱	云 이를 운	雲 구름 운	運 돌 운	韻 운 운
鬱 막힐 울	雄 수컷 웅	熊 곰 웅	元 으뜸 원	苑 나라 동산 원
怨 원망할 원	原 근원 원	員 수효 원	院 담 원	援 당길 원
圓 둥글 원	園 동산 원	源 근원 원	遠 멀 원	願 원할 원
媛 미인 원	瑗 도리옥 원	袁 옷길 원	月 달 월	越 넘을 월

危	위태할 위	位	자리 위	委	맡길 위	胃	밥통 위	威	위엄 위
偉	훌륭할 위	尉	벼슬 위	爲	할 위	圍	둘레 위	違	어길 위
僞	거짓 위	慰	위로할 위	緯	씨 위	謂	이를 위	衛	지킬 위
蔚	풀 이름 울/성할 위	渭	강 이름 위	韋	다룸가죽 위	魏	나라 이름 위	由	말미암을 유
幼	어릴 유	有	있을 유	酉	닭 유	乳	젖 유	油	기름 유
柔	부드러울 유	幽	그윽할 유	悠	멀 유	唯	오직 유	惟	생각할 유
猶	오히려 유	裕	넉넉할 유	遊	놀 유	愈	나을 유	維	바 유
誘	꾈 유	遺	끼칠 유	儒	선비 유	庾	곳집 유	兪	점점 유
楡	느릅나무 유	踰	넘을 유	肉	고기 육	育	기를 육	閏	윤달 윤
潤	젖을 윤	允	진실로 윤	尹	다스릴 윤	胤	이을 윤	鈗	병기 윤
融	화할 융	恩	은혜 은	銀	은 은	隱	숨길 은	殷	성할 은
垠	끝 은	誾	온화할 은	乙	새 을	吟	읊을 음	音	소리 음
淫	음란할 음	陰	응달 음	飮	마실 음	邑	고을 읍	泣	울 읍
凝	엉길 응	應	응할 응	鷹	매 응	衣	옷 의	矣	어조사 의
宜	마땅할 의	依	의지할 의	意	뜻 의	義	옳을 의	疑	의심할 의
儀	거동 의	醫	의원 의	議	의논할 의	二	두 이	己	이미 이
以	써 이	而	말 이을 이	耳	귀 이	夷	오랑캐 이	異	다를 이
移	옮길 이	貳	두 이	伊	저 이	珥	귀엣고리 이	怡	기쁠 이
益	더할 익	翼	날개 익	翊	도울 익	人	사람 인	刃	칼날 인
仁	어질 인	引	끌 인	因	인할 인	印	도장 인	忍	참을 인
姻	혼인 인	寅	세째 지지 인	認	알 인	一	한 일	日	해 일
逸	달아날 일	壹	한 일	鎰	중량 일	佾	춤 일	壬	아홉째 천간 임
任	맡길 임	賃	품팔이 임	妊	아이 밸 임	入	들 입		

(9) ㅈ

子 아들 자	字 글자 자	自 스스로 자	姊 姉의 俗字	刺 찌를 자
者 놈 자	玆 이 자	姿 맵시 자	恣 방자할 자	紫 자주빛 자
慈 사랑할 자	資 재물 자	磁 자석 자	雌 암컷 자	諮 물을 자
滋 불을 자	作 지을 작	昨 어제 작	酌 따를 작	爵 잔 작
殘 해칠 잔	暫 잠시 잠	潛 자맥질 할 잠	蠶 누에 잠	雜 섞일 잡
丈 어른 장	壯 씩씩할 장	長 길 장	莊 풀 성할 장	章 글 장
帳 휘장 장	張 베풀 장	將 장차 장	掌 손바닥 장	葬 장사지낼 장
場 마당 장	粧 단장할 장	裝 꾸밀 장	腸 창자 장	奬 권면할 장
障 가로막을 장	藏 감출 장	臟 오장 장	墻 牆과 同字	庄 농막 장
樟 녹나무 장	璋 반쪽 홀 장	蔣 줄 장	才 재주 재	在 있을 재
再 두 재	災 재앙 재	材 재목 재	哉 어조사 재	宰 재상 재
栽 심을 재	財 재물 재	裁 마를 재	載 실을 재	爭 다툴 쟁
低 밑 저	底 밑 저	抵 거스를 저	沮 막을 저	著 분명할 저
貯 쌓을 저	赤 붉을 적	的 과녁 적	寂 고요할 적	笛 피리 적
跡 자취 적	賊 도둑 적	滴 물방울 적	摘 딸 적	適 갈 적
敵 원수 적	積 쌓을 적	績 실 낳을 적	蹟 자취 적	籍 서적 적
田 밭 전	全 온전할 전	典 법 전	前 앞 전	展 펼 전
專 오로지 전	電 번개 전	傳 전할 전	殿 큰 집 전	錢 돈 전
戰 싸울 전	轉 구를 전	甸 경기 전	切 끊을 절	折 꺾을 절
竊 훔칠 절	絶 끊을 절	節 마디 절	占 차지할 점	店 가게 점
漸 점점 점	點 점 점	接 사귈 접	蝶 나비 접	丁 네째천간 정
井 우물 정	正 바를 정	呈 드릴 정	廷 조정 정	定 정할 정
征 칠 정	亭 정자 정	貞 곧을 정	政 정사 정	訂 바로 잡을 정
庭 뜰 정	頂 정수리 정	停 머무를 정	偵 정탐할 정	情 뜻 정

淨	깨끗할 정	程	단위 정	精	쓿은 쌀 정	整	가지런할 정	靜	고요할 정
艇	거룻배 정	鄭	나라 이름 정	晶	밝을 정	珽	옥홀 정	旌	기 정
楨	광나무 정	汀	물가 정	禎	상서 정	鼎	솥 정	弟	아우 제
制	마를 제	帝	임금 제	除	섬돌 제	第	차례 제	祭	제사 제
堤	방죽 제	提	끌 제	齊	가지런할 제	製	지을 제	際	사이 제
諸	모든 제	劑	약지을 제	濟	건널 제	題	표제 제	弔	조상할 조
早	새벽 조	兆	조짐 조	助	도울 조	造	지을 조	祖	조상 조
租	구실 조	鳥	새 조	措	둘 조	條	가지 조	組	끈 조
釣	낚시 조	彫	새길 조	朝	아침 조	照	비출 조	潮	조수 조
調	고를 조	操	잡을 조	燥	마를 조	趙	나라 조	曹	성 조
祚	복 조	足	발 족	族	겨레 족	存	있을 존	尊	높을 존
卒	군사 졸	拙	졸할 졸	宗	마루 종	從	좇을 종	終	끝날 종
種	씨 종	綜	잉아 종	縱	늘어질 종	鐘	종 종	琮	옥홀 종
左	왼 좌	坐	앉을 좌	佐	도울 좌	座	자리 좌	罪	허물 죄
主	주인 주	朱	붉을 주	舟	배 주	州	고을 주	走	달릴 주
住	살 주	周	두루 주	宙	집 주	注	물댈 주	洲	섬 주
柱	기둥 주	奏	아뢸 주	酒	술 주	株	그루 주	珠	구슬 주
晝	낮 주	週	돌 주	鑄	쇠 부어 만들 주	疇	밭두둑 주	竹	대 죽
俊	준걸 준	准	승인할 준	準	수준기 준	遵	좇을 준	埈	준과 同字
峻	높을 준	晙	밝을 준	浚	깊을 준	濬	칠 준	駿	준마 준
中	가운데 중	仲	버금 중	重	무거울 중	衆	무리 중	卽	곧 즉
症	증세 증	曾	일찍 증	蒸	찔 증	增	불을 증	憎	미워할 증
證	증거 증	贈	보낼 증	之	갈 지	止	발 지	支	가를 지
只	다만 지	至	이를 지	旨	맛있을 지	枝	가지 지	池	못 지

地 땅 지	志 뜻 지	知 알 지	持 가질 지	指 손가락 지
脂 기름 지	紙 종이 지	智 슬기 지	誌 기록할 지	遲 늦을 지
址 터 지	芝 지초 지	直 곧을 직	職 벼슬 직	織 짤 직
稙 일찍 심은 벼 직	稷 기장 직	辰 지지 진	珍 보배 진	津 나루 진
眞 참 진	振 떨칠 진	陣 줄 진	陳 늘어놓을 진	進 나아갈 진
診 볼 진	塵 티끌 진	盡 다될 진	震 벼락 진	鎭 진압할 진
秦 벼 이름 진	晋 晉의 俗字	姪 조카 질	疾 병 질	秩 차례 질
窒 막을 질	執 잡을 집	集 모일 집	輯 모을 집	徵 부를 징
懲 혼날 징				

(10) ㅊ

且 또 차	次 버금 차	此 이 차	差 어긋날 차	借 빌 차
遮 막을 차	捉 잡을 착	着 붙을 착(저)	錯 섞일 착	餐 먹을 찬
贊 도울 찬	讚 기릴 찬	燦 빛날 찬	鑽 끌 찬	璨 빛날 찬
瓚 제기 찬	札 패 찰	刹 절 찰	察 살필 찰	參 간여할 참
慘 참혹할 참	慙 부끄러울 참	斬 벨 참	昌 창성할 창	倉 곳집 창
窓 창 창	唱 노래 창	創 비롯할 창	蒼 푸를 창	滄 찰 창
暢 펼 창	彰 밝을 창	敞 높을 창	昶 밝을 창	菜 나물 채
採 캘 채	彩 무늬 채	采 캘 채	埰 영지 채	蔡 거북 채
債 빚 채	冊 책 책	責 꾸짖을 책	策 채찍 책	妻 아내 처
處 살 처	悽 슬퍼할 처	尺 자 척	斥 물리칠 척	拓 주울 척
戚 겨레 척	隻 새 한 마리 척	陟 오를 척	千 일천 천	川 내 천
天 하늘 천	泉 샘 천	淺 얕을 천	踐 밟을 천	賤 천할 천
遷 옮길 천	薦 천거할 천	釧 팔찌 천	哲 밝을 철	撤 거둘 철

徹	통할 철	鐵	쇠 철	喆	哲과 同字	澈	물 맑을 철	尖	뾰족할 첨
添	더할 첨	瞻	볼 첨	妾	첩 첩	諜	염탐할 첩	靑	푸를 청
淸	맑을 청	晴	갤 청	請	청할 청	聽	들을 청	廳	관청 청
逮	미칠 체	替	쇠퇴할 체	遞	갈마들 체	滯	막힐 체	體	몸 체
締	맺을 체	肖	닮을 초	抄	노략질할 초	初	처음 초	招	부를 초
草	풀 초	秒	초 초(까끄라기 묘)	哨	망볼 초	焦	그을릴 초	超	넘을 초
礎	주춧돌 초	楚	모형 초	促	재촉할 촉	燭	촛불 촉	觸	닿을 촉
蜀	나라 이름 촉	寸	마디 촌	村	마을 촌	銃	총 총	聰	귀 밝을 총
總	거느릴 총	最	가장 최	催	재촉할 최	崔	높을 최	抽	뺄 추
秋	가을 추	追	쫓을 추	推	옮을 추	趨	달릴 추	醜	추할 추
楸	개오동나무 추	鄒	나라 이름 추	丑	소 축	畜	쌓을 축	祝	빌 축
逐	쫓을 축	軸	굴대 축	蓄	쌓을 축	築	쌓을 축	縮	다스릴 축
蹴	찰 축	春	봄 춘	椿	참죽나무 춘	出	날 출	充	찰 충
忠	충성 충	衷	속마음 충	衝	찌를 충	蟲	벌레 충	冲	沖의 俗字
吹	불 취	取	취할 취	臭	냄새 취	就	이룰 취	醉	취할 취
趣	달릴 취	炊	불땔 취	聚	모일 취	側	곁 측	測	잴 측
層	층 층	治	다스릴 치	値	값 치	恥	부끄러워할 치	致	보낼 치
置	둘 치	稚	어릴 치	齒	이 치	峙	우뚝 솟을 치	雉	꿩 치
則	법칙 칙(곧 즉, 본받을 측)	親	친할 친	七	일곱 칠	漆	옻 칠	沈	가라앉을 침
枕	베개 침	侵	침노할 침	浸	담글 침	針	바늘 침	寢	잠잘 침
稱	일컬을 칭								

(11) ㅋ

快	쾌할 쾌

(12) ㅌ

他 다를 타	打 칠 타	妥 온당할 타	墮 떨어질 타	托 밀 탁
卓 높을 탁	託 부탁할 탁	琢 쫄 탁	濁 흐릴 탁	濯 씻을 탁
炭 숯 탄	誕 태어날 탄	彈 탄알 탄	歎 읊을 탄	灘 여울 탄
脫 벗을 탈	奪 빼앗을 탈	貪 탐할 탐	探 찾을 탐	耽 즐길 탐
塔 탑 탑	湯 넘어질 탕	太 클 태	怠 게으름 태	殆 위태할 태
胎 아이 밸 태	泰 클 태	態 모양 태	颱 태풍 태	兌 바꿀 태
台 별 태(나 이)	宅 집 택	澤 못 택	擇 가릴 택	土 흙 토
吐 토할 토	兎 토의 俗字	討 칠 토	通 통할 통	痛 아플 통
統 큰 줄기 통	退 물러날 퇴	投 던질 투	透 통할 투	鬪 싸움 투
特 수컷 특				

(13) ㅍ

波 물결 파	派 물갈래 파	破 깨뜨릴 파	頗 자못 파	罷 방면할 파
播 뿌릴 파	把 잡을 파	坡 고개 파	判 판가름할 판	板 널빤지 판
版 널 판	販 팔 판	阪 비탈 판	八 여덟 팔	貝 조개 패
敗 깨뜨릴 패	覇 패의 俗字	彭 성 팽	片 조각 편	便 편할 편
偏 치우칠 편	遍 두루 편	篇 책 편	編 엮을 편	扁 넓적할 편
平 평평할 평	坪 평평할 평	評 끓을 평	肺 허파 폐	閉 닫을 폐
廢 폐할 폐	蔽 덮을 폐	弊 해질 폐	幣 비단 폐	布 베 포
包 쌀 포	抛 던질 포	抱 안을 포	怖 두려워할 포	胞 태보 포
浦 개 포	捕 사로잡을 포	砲 돌쇠뇌 포	飽 물릴 포	鋪 펼 포
葡 포도 포	鮑 절인 어물 포	幅 폭 폭	暴 사나울 포	爆 터질 폭
表 겉 표	票 불똥 튈 표	漂 떠돌 표	標 우듬지 표	杓 자루 표
品 물건 품	風 바람 풍	楓 단풍나무 풍	豊 풍성할 풍(굽 높은 그릇 례)	馮 성 풍(탈 빙)

皮 가죽 피　彼 저 피　疲 지칠 피　被 이불 피　避 피할 피

匹 필 필　必 반드시 필　畢 마칠 필　筆 붓 필　弼 도울 필

泌 샘물 흐르는 모양 필(비)

(14) ㅎ

下 아래 하　何 어찌 하　河 강 이름 하　夏 여름 하　荷 연 하

賀 하례 하　虐 사나울 학　學 배울 학　鶴 학 학　汗 땀 한

旱 가물 한　恨 한할 한　限 한계 한　寒 찰 한　閑 막을 한

漢 한수 한　翰 날개 한　韓 나라 이름 한　割 나눌 할　含 머금을 함

咸 다 함　陷 빠질 함　艦 싸움배 함　合 합할 합　陜 땅이름 합(좁을 협)

抗 막을 항　巷 거리 항　恒 항상 항　航 배 항　港 항구 항

項 목 항　亢 목 항　沆 넓을 항　亥 돼지 해　害 해칠 해

奚 어찌 해　海 바다 해　該 그 해　解 풀 해　核 씨 핵

行 갈 행　幸 다행 행　杏 살구나무 행　向 향할 향　享 누릴 향

香 향기 향　鄕 시골 향　響 울림 향　許 허락할 허　虛 빌 허

軒 추녀 헌　憲 법 헌　獻 바칠 헌　險 험할 험　驗 증험할 험

革 가죽 혁　赫 붉을 혁　爀 붉을 혁　玄 검을 현　弦 시위 현

現 나타날 현　絃 악기 줄 현　賢 어질 현　縣 매달 현　懸 매달 현

顯 나타날 현　峴 재 현　炫 빛날 현　鉉 솥귀 현　穴 구멍 혈

血 피 혈　嫌 싫어할 혐　協 맞을 협　脅 옆구리 협　峽 골짜기 협

兄 맏 형　刑 형벌 형　亨 형통할 형　形 모양 형　型 거푸집 형

螢 개똥벌레 형　衡 저울대 형　瀅 맑을 형　炯 빛날 형　邢 나라 이름 형

馨 향기 형　兮 어조사 혜　惠 은혜 혜　慧 슬기로울 혜　戶 지게 호

互 서로 호　乎 인가 호　好 좋을 호　虎 범 호　呼 부를 호

胡 턱밑살 호	浩 클 호	毫 가는 털 호	湖 호수 호	號 부르짖을 호
豪 호걸 호	濠 해자 호	護 보호할 호	昊 하늘 호	晧 밝을 호
皓 흴 호	澔 浩와 同字	壕 해자 호	扈 뒤따를 호	鎬 호경 호
祜 복 호	或 혹 혹	惑 미혹할 혹	酷 독할 혹	昏 어두울 혼
混 섞을 혼	婚 혼인할 혼	魂 넋 혼	忽 소홀히 할 홀	弘 넓을 홍
洪 큰물 홍	紅 붉을 홍	鴻 큰 기러기 홍	泓 깊을 홍	火 불 화
化 될 화	禾 벼 화	花 꽃 화	和 화할 화	華 꽃 화
貨 재화 화	畵 그림 화	靴 신 화	禍 재화 화	嬅 여자 이름 화
樺 자작나무 화	確 굳을 확	擴 넓힐 확	穫 벼 벨 확	丸 알 환
幻 변할 환	患 근심 환	換 바꿀 환	還 돌아올 환	環 고리 환
歡 기뻐할 환	桓 푯말 환	煥 불꽃 환	活 살 활	滑 미끄러울 활
況 하물며 황	皇 임금 황	荒 거칠 황	黃 누를 황	晃 밝을 황
滉 물 깊고 넓을 황	灰 재 회	回 돌 회	廻 돌 회	悔 뉘우칠 회
會 모일 회	懷 품을 회	檜 노송나무 회	淮 강 이름 회	劃 그을 획
獲 얻을 획	橫 가로 횡	孝 효도 효	效 본받을 효	曉 새벽 효
厚 두터울 후	侯 과녁 후	後 뒤 후	喉 목구멍 후	候 물을 후
后 임금 후	訓 가르칠 훈	勳 공 훈	熏 연기 낄 훈	壎 질나팔 훈
薰 향풀 훈	毁 헐 훼	揮 휘두를 휘	輝 빛날 휘	徽 아름다울 휘
休 쉴 휴	烋 경사로울 휴/거들거릴 효	凶 흉할 흉	胸 가슴 흉	匈 오랑캐 흉
黑 검을 흑	欽 공경할 흠	吸 숨 들이쉴 흡	興 일 흥	希 바랄 희
喜 기쁠 희	稀 드물 희	熙 빛날 희	噫 탄식할 희	戱 희의 俗字
姬 성 희	嬉 즐길 희	熹 성할 희	憙 기뻐할 희	禧 복 희
羲 숨 희				

출제예상문제

1 다음 중 한자의 구성원리가 다른 것은?

① 明
② 摸
③ 館
④ 濺

TIP ① 밝을 명 ② 댈 접 ③ 집 관 ④ 물흐를 천
①은 회의자, ②③④는 형성자이다.
※ **한자의 구성원리**
　㉠ **상형(象形)**: 모양을 본뜬 글자
　㉡ **지사(指事)**: 사물의 성질, 추상적인 의미를 가리키는 글자
　㉢ **회의(會意)**: 둘 이상의 한자의 뜻을 합쳐서 만든 글자
　㉣ **형성(形聲)**: 한자의 뜻과 소리를 합쳐서 만든 글자
　㉤ **전주(轉注)**: 다른 뜻으로 전용(轉用)하여 사용하는 글자
　㉥ **가차(假借)**: 외래어를 표기하기 위해 한자의 형태나 음을 임시로 빌어쓰는 글자

2 다음 한자(漢子)의 독음(讀音)으로 옳지 않은 것은?

① 序詞 – 서사
② 段階 – 단결
③ 號外 – 호외
④ 分別 – 분별

TIP ② 단계(段階)

3 다음 중 한자의 독음으로 옳지 않은 것은?

① 葛藤(갈등)
② 役割(역할)
③ 叱責(질책)
④ 謁見(알견)

TIP ④ 알현(謁見)

Answer 1.① 2.② 3.④

4 다음 중 '이치에 닿지 않는 말을 억지로 끌어다 붙여 맞춘다'는 뜻의 한자 성어는?

① 犬馬之勞   ② 牽强附會

③ 切磋琢磨   ④ 姑息之計

TIP ① **견마지로** : 자신이 애쓰고 노력함을 낮추어 이르는 말이다.

      ③ **절차탁마** : 학문과 덕행을 갈고 닦음을 가리키는 말이다.

      ④ **고식지계** : 당장 눈앞의 안일함 만을 취하는 계책을 이르는 말이다.

5 다음 글을 읽고 ( ) 안에 들어갈 옳은 한자는?

> 이 대장이 방에 들어와도 허생은 자리에서 일어서지 않았다. 이 대장은 몸 둘 곳을 몰라하며 나라에서 어진 인재를 구하는 뜻을 설명하자, 허생은 손을 저으며 막았다.

坐不安( )

① 夕   ② 席

③ 石   ④ 昔

TIP **좌불안석**(坐不安席) … 마음이 불안하거나 걱정스러워 한 군데에 가만히 오래 앉아 있지 못함을 이르는 말이다.

6 한자성어와 내포적 의미가 올바르게 연결되지 않은 것은?

① 行百里者 半於九十 – 일을 할 때 시작의 중요성

② 往者不諫 來者可追 – 미래의 일에 충실할 필요성

③ 江南種橘 江北爲枳 – 인생에서 성장 환경의 중요성

④ 己所不欲 勿施於人 – 상대방의 입장을 고려할 필요성

TIP ① 行百里者 半於九十(행백리자 반어구십) … 백리를 가는 사람은 구 십리에 이르렀을 때 반 왔다고 여긴다는 말로 시작은 쉽지만 완성하기는 어렵다는 뜻이다. 즉, 일을 마무리하는 중요성을 내포하고 있다.

Answer   4.②   5.②   6.①

7 다음 중 '十匙一飯'과 비슷한 의미의 속담은?

① 어제 보던 손님

② 티끌 모아 태산

③ 호박에 침주기

④ 범 그리려다 고양이 그린다.

TIP ① 낯익은 사람, 뜻이 맞아 금방 친해진 사람을 뜻한다.

③ 매우 손쉬운 일이라는 의미이다.

④ 사실의 왜곡을 나타내는 말이다.

8 다음 밑줄 친 한자어의 독음이 모두 옳게 짝지어진 것은?

> 아아, 新天地(신천지)가 眼前(안전)에 展開(전개)되도다. 威力(위력)의 時代(시대)가 去(거)하고 道義(도의)의 時代(시대)가 來(내)하도다. 過去(과거) 全世紀(전세기)에 鍊磨長養(연마 장양)된 人道的(인도적) 精神(정신)이 바야흐로 新文明(신문명)의 曙光(서광)을 人類(인류)의 歷史(역사)에 投射(투사)하기 始(시)하도다. 新春(신춘)이 世界(세계)에 來(내)하야 萬物(만물)의 回蘇(회소)를 催促(최촉)하는도다. 凍氷寒雪(동빙 한설)에 呼吸(호흡)을 ㉠閉蟄한 것이 彼一時(피 일시)의 勢(세) ㅣ라 하면 和風暖陽(화풍 난양)에 氣脈(기맥)을 ㉡振舒함은 此一時(차 일시)의 勢(세) ㅣ니, 天地(천지)의 ㉢復運에 際(제)하고 世界(세계)의 變潮(변조)를 乘(승)한 吾人(오인)은 아모 ㉣躊躇할 것 업스며, 아모 ㉤忌憚할 것 업도다. 我(아)의 固有(고유)한 自由權(자유권)을 護全(호전)하야 生旺(생왕)의 樂(낙)을 飽享(포향)할 것이며, 我(아)의 自足(자족)한 獨創力(독창력)을 發揮(발휘)하야 春滿(춘만)한 大界(대계)에 民族的(민족적) 精華(정화)를 結紐(결뉴)할지로다.

① 폐쇄 - 진서 - 부운 - 주저 - 개탄

② 폐칩 - 진서 - 복운 - 주저 - 기탄

③ 폐쇄 - 진사 - 복운 - 주착 - 기탄

④ 폐칩 - 진사 - 부운 - 주저 - 개탄

TIP ㉠ 閉蟄(폐칩): 갇혀서 꼼짝 못하고 움츠려 있음

㉡ 振舒(진서): 위세나 명예를 떨쳐서 폄

㉢ 復運(복운): 회복되는 운세

㉣ 躊躇(주저): 머뭇거리며 망설임

㉤ 忌憚(기탄): 어렵게 여기어 꺼림

Answer 7.② 8.②

9 다음 중 한자의 독음이 바른 것은?

① 先親(선신) ② 角逐(각수)
③ 可憐(가린) ④ 羞恥(수치)

....

TIP ① 先親(선친) ② 角逐(각축) ③ 可憐(가련)

10 다음 중 한자 성어의 풀이가 잘못된 것은?

① 風樹之歎 – 효도를 다하지 못한 채 어버이를 여읜 자식의 슬픔을 이르는 말
② 吉凶禍福 – 길흉과 화복을 아울러 이르는 말
③ 刮目相對 – 자식이 아침저녁으로 부모의 안부를 물어 살핌을 이르는 말
④ 磨斧作針 – 도끼를 갈아서 바늘을 만든다는 뜻으로, 아무리 어려운 일이라도 끊임없이 노력하면 반드시 이룰 수 있음을 이르는

....

TIP ① 풍수지탄(風樹之嘆)
② 길흉화복(吉凶禍福)
③ 괄목상대(刮目相對) : 남의 학식이나 재주가 놀랄 만큼 부쩍 늚을 이르는 말
④ 마부작침(磨斧作針)

11 다음 중 한자 숙어의 뜻으로 옳지 않은 것은?

① 鼎足之勢 : 두 세력이 맞서 대립한 형세
② 繁文縟禮 : 규칙이나 예절이 지나치게 형식적이어서 번거롭고 까다로움
③ 斯文亂賊 : 교리에 어긋나는 언동으로 유교를 어지럽히는 사람
④ 膠柱鼓瑟 : 고지식하여 융통성이 없음.

....

TIP ① 정족지세는 솥발처럼 셋이 맞서 대립한 형세를 이르는 말이다.
② 번문욕례 ③ 사문란적 ④ 교주고슬

Answer 9.④ 10.③ 11.①

12 다음 한자어의 독음이 옳지 않은 것은?

① 敗北 – 패배

② 橫暴 – 횡포

③ 叱責 – 힐책

④ 覇權 – 패권

TIP ③ 叱責(꾸짖을 질, 꾸짖을 책)

13 한자와 발음이 옳게 연결되지 않은 것은?

① 隱匿 – 은닉

② 膏肓 – 고망

③ 歡聲 – 환성

④ 重疊 – 중첩

TIP ② 膏肓(고황)은 심장과 횡경막 사이를 이르는 말로, 사람 몸의 가장 깊은 곳을 말한다.

14 다음 중 밑줄 친 부분의 한자 표기가 옳은 것은?

나는 우리 사회에 <u>만연</u>한 부정과 <u>부패</u>를 척결하고 맑고 깨끗한 우리 나라를 만들기 위해 다음과 같이 선언하고 서명합니다.
1. 촌지, 청탁, <u>뇌물</u>을 주지도 받지도 않겠습니다.
2. 부정과 부패의 현장을 목격하였을 때에는 이를 고발하여 해당자의 처벌과 재발 방지를 위해 노력하겠습니다.
3. 부정 부패 없는 나라의 출발은 '나'로부터라는 생각으로 부정 부패 <u>척결</u>에 앞장서겠습니다.

– 반부패 실천 국민선언 –

① 만연(萬緣)

② 부패(膚敗)

③ 뇌물(惱物)

④ 척결(剔抉)

TIP ① 만연(蔓延) ② 부패(腐敗) ③ 뇌물(賂物)

15 다음 괄호 안에 알맞은 한자 성어는?

> 언어의 의미는 변한다. 그럼에도 불구하고 어떤 사람은 원래의 뜻을 곧이곧대로 받아들여 (   )의 어리석음을 범하기도 한다.

① 각주구검(刻舟求劍)　　　　　　② 우공이산(愚公移山)

③ 연목구어(緣木求魚)　　　　　　④ 언어도단(言語道斷)

TIP ① 각주구검(刻舟求劍) : 배에서 칼을 떨어뜨리고 떨어진 자리에 표시를 하였다가 배가 정박한 뒤에 칼을 찾는다는 뜻으로, 미련하고 융통성이 없음을 비유한 말이다.
② 우공이산(愚公移山) : 끊임없이 노력하면 큰 일도 반드시 이룰 수 있다는 말이다.
③ 연목구어(緣木求魚) : 나무에 올라가서 물고기를 구하듯 도저히 불가능한 일을 하려 한다는 의미이다.
④ 언어도단(言語道斷) : 너무 어이가 없어 말문이 막힌다는 말이다.

16 다음 중 한자어가 옳게 표기된 것은?

① 幼稚園　　　　　　　　　　② 比益鳥

③ 事必歸定　　　　　　　　　④ 免死求烹

TIP ① 유치원(幼稚園)　② 비익조(比翼鳥)　③ 사필귀정(事必歸正)　④ 토사구팽(兎死狗烹)

17 다음 중 태평성대를 나타내는 한자 성어가 아닌 것은?

① 昏定晨省　　　　　　　　　② 比屋可封

③ 鼓腹擊壤　　　　　　　　　④ 康衢煙月

TIP ① 혼정신성(昏定晨省) : 조석으로 부모의 안부를 물어서 살핀다는 뜻으로 효(孝)와 관련된 한자 성어이다.
② 비옥가봉(比屋可封) : 충신 · 효자 · 열녀가 많은 까닭에 벼슬에 봉할 만한 집들이 줄지어 있을 정도로 세상이 평안하다.
③ 고복격양(鼓腹擊壤) : 배를 두드리고 흙덩이를 친다는 뜻으로, 태평세월을 일컫는 말이다.
④ 강구연월(康衢煙月) : 태평한 시대의 큰 길 거리의 평화로운 풍경이다.

Answer　15.① 16.① 17.①

18 다음 밑줄 친 한자의 표기가 옳지 않은 것은?

> 舊時代(구시대)의 遺物(유물)인 侵略主義(침략주의), 强權主義(강권주의)의 ㉠희생을 作(작)하야 有史以來(유사 이래) 累千年(누천 년)에 처음으로 異民族(이민족) ㉡겸제의 痛苦(통고)를 嘗(상)한 지 처음으로 十年(십 년)을 過(과)한지라, 我(아) 生存權(생존권)의 ㉢박상됨이 무릇 幾何(기하) l 며 心靈上(심령 싱) 發展(발전)의 장에됨이 무릇 幾何(기하) l 며, 民族的(민족저) 尊榮(존영)의 毀損(훼손)됨이 무릇 幾何(기하) l 며, ㉣신예와 獨創(독창)으로써 世界文化(세계 문화)의 大潮流(대조류)에 寄與補裨(기여 보비)할 機緣(기연)을 遺失(유실)함이 무릇 幾何(기하) l 뇨.

① ㉠ 犧牲   ② ㉡ 鉗制
③ ㉢ 剝喪   ④ ㉣ 新藝

TIP ㉣ 신예(新銳), 그 분야에 새로 나타나서 만만찮은 실력이나 기세를 보이는 일, 또는 그런 존재를 의미한다.

19 다음 한자 성어 중 나머지 셋과 의미상 거리가 먼 것은?

① 敎外別傳   ② 心心相印
③ 不立文字   ④ 刎頸之友

TIP ① 교외별전(敎外別傳) : 선종(禪宗)에서 불교의 경전이나 설법 등 문자나 언어에 의하지 않고 마음에서 마음으로 진리를 전하는 일을 말한다.
② 심심상인(心心相印) : 마음과 마음으로 서로 뜻이 통한다는 말이다.
③ 불립문자(不立文字) : 불도의 깨달음은 마음에서 마음으로 전하는 것이므로 따로 언어나 문자로써 설명하지 않는다는 말이다.
④ 문경지우(刎頸之友) : 벗을 위해서라면 목이 잘려도 한이 없을 만큼 친밀한 사이를 말한다.

20 다음 중 구조가 다른 하나는?

① 空理空論(공리공론)   ② 遠禍召福(원화소복)
③ 勸善懲惡(권선징악)   ④ 樂山樂水(요산요수)

21 다음 한자에서 살아 계신 남의 어머니를 지칭하는 말은?

① 春堂(춘당)

② 慈堂(자당)

③ 先妣(선비)

④ 先夫人(선부인)

22 다음 중 한자의 독음이 옳지 않은 것은?

① 現況(현황)

② 詰責(힐책)

③ 吏讀(이독)

④ 猜忌(시기)

23 다음 중 형성자끼리 바르게 묶인 것은?

① 江, 聞, 霜

② 人, 雨, 鳥

③ 好, 男, 東

④ 林, 明, 信

Answer 21.② 22.③ 23.①

24 다음 중 한자의 구성 원리가 다른 것은?

① 中

② 老

③ 信

④ 森

TIP ① 中은 지사 문자(指事文字)로 추상적인 생각이나 뜻을 점이나 선으로 나타낸 글자이다.
②③④ 회의 문자

25 다음 중 융합 관계에 해당하는 한자어는?

① 季節

② 父母

③ 讀書

④ 光陰

TIP ④ 光陰(광음)은 해와 달이라는 뜻으로 '세월'을 뜻하는 융합어이다.

26 다음 중 서로 반대의 뜻을 가진 한자는?

① 非, 常

② 可, 觀

③ 見, 去

④ 優, 劣

TIP ④ 優(뛰어날 우) ↔ 劣(못할 렬)

27 다음 중 한자어의 구성이 다른 것은?

① 勸學

② 植樹

③ 落花

④ 愛國

TIP ①②④ 술목 관계 ③ 수식 관계

Answer   24.① 25.④ 26.④ 27.③

28 다음 중 한자의 음이 잘못된 것은?

① 改悛 − 개준   ② 一括 − 일괄

③ 醵出 − 갹출   ④ 模倣 − 모방

 TIP ① 改悛(개전) : 행실이나 태도의 잘못을 뉘우치고 마음을 바르게 고쳐먹음

29 다음 괄호 안에 알맞은 한자는?

국장으로부터 決( )를 받았다.

① 載   ② 裁

③ 財   ④ 栽

 TIP ② 決裁(결재) : 결정할 권한이 있는 상관이 부하가 제출한 안건을 검토하여 허가하거나 승인함

    ① 실을 재 ③ 재료 재 ④ 심을 재

30 다음 한자의 음이 모두 옳은 것은?

① 膏肓(고망), 分別(분별)   ② 錯誤(착오), 誘惑(수혹)

③ 暴惡(포악), 看過(간고)   ④ 傀儡(괴뢰), 遝至(답지)

 TIP ① 膏肓(고황) ② 誘惑(유혹) ③ 看過(간과)

31 다음 중 호칭이 옳지 않은 것은?

① 仁兄 − 벗을 높이어 부를 때 ② 萱堂 − 살아 계신 자기 어머니

③ 家親 − 살아 계신 자기 아버지 ④ 春府丈 − 살아 계신 남의 아버지

 TIP ① 仁兄(인형) ③ 家親(가친) ④ 春府丈(춘부장)

    ② 萱堂(훤당) : 살아계신 남의 어머니를 높여 부르는 말이다.

Answer 28.① 29.② 30.④ 31.②

PART

02

우편상식

① 우편사업 개요

(1) 우편의 의의

① 우편의 의미
- ㉠ **좁은 의미** : 우정사업본부가 책임지고 서신 등의 의사를 전달하는 문서나 통화 그 밖의 물건을 나라 안팎으로 보내는 업무
- ㉡ **넓은 의미** : 우편관서가 문서나 물품을 전달하거나 이에 덧붙여 제공하는 업무를 통틀어 이르는 말

② 우편은 국민이 일상생활에서 평균적인 삶을 꾸릴 수 있도록 국가가 제공하는 기본적인 사회 서비스 가운데 하나. 이에 따라 우리나라뿐만 아니라 많은 나라에서 의무적으로 보편적 우편 서비스를 제공할 것을 법령에 규정하고 있다.

③ 우편은 주요 통신수단의 하나로 정치·경제·사회·문화·행정 등의 모든 분야에서 정보를 전달하는 중추 신경과 같은 임무를 수행한다.

④ 다만, 서신이나 물건 등의 실체를 전달한다는 점에서 전기적인 방법으로 정보를 전달하는 전기통신과는 구별된다.

(2) 우편사업의 특성

① 우편사업은 「정부기업예산법」에 따라 정부기업으로 정해져 있다. 구성원이 국가공무원일 뿐만 아니라 사업의 전반을 법령으로 정하고 있기 때문에 경영상 제약이 많지만, 적자가 났을 때에는 다른 회계에서 지원을 받을 수 있다.

* 정보기업 : 국민의 이익을 추구하기 위해 정부가 출자·관리·경영하는 기업

② 우편사업의 회계 제도는 경영 합리성과 사업운영 효율성을 확보하고 예산을 신축적으로 사용하기 위해 특별회계로서 독립채산제를 채택하고 있다. 우편사업은 정부기업으로서의 공익성과 회계상의 기업성을 다 가지고 있으므로 이 두면의 조화가 과제이다.

③ 우편사업은 콜린 클라크(Colin Clark)의 산업분류에 의하면 제3차 산업에 속한다. 우편사업은 제3차 산업 중에서도 노동집약적 성격이 강한 산업이다. 많은 인력이 필요한 사업 성격 때문에 인건비는 사업경영에 있어서 큰 부담이 되고 있다.

(3) 우편의 이용관계

① 개념

　　㉠ 우편 이용관계는 이용자가 우편 서비스 제공을 목적으로 마련된 인적·물적 시설을 이용하는 관계이다.

　　㉡ 우편 이용자와 우편관서 간의 우편물 송달 계약을 내용으로 하는 사법(私法)상의 계약 관계(통설)이다.
다만, 우편사업 경영 주체가 국가이며 공익적 성격을 띠고 있으므로 이용관계에서 다소 권위적인 면이
있다.

② 우편 이용관계자 … 우편 이용관계는 우편관서, 발송인, 수취인이다.

③ 우편 송달 계약의 권리와 의무 … 우편관서는 우편물 송달의 의무, 요금·수수료 징수권 등, 발송인은 송달
요구권, 우편물 반환청구권 등, 수취인은 우편물 수취권, 수취거부권 등 권리와 의무관계를 가진다.

④ 우편이용계약의 성립시기

　　㉠ 우체국 창구에서 직원이 접수한 때나 우체통에 넣은 때를 계약의 성립시기로 본다.

　　㉡ 방문 접수와 집배원이 접수한 경우에는 영수증을 교부한 때가 계약 성립시기가 된다.

(4) 우편사업 경영주체 및 관계법률

① 경영주체

　　㉠ 우편사업은 국가가 경영하며, 과학기술정보통신부장관이 관장한다. 다만, 과학기술정보통신부장관은 우
편사업의 일부를 개인, 법인 또는 단체 등으로 하여금 경영하게 할 수 있으며, 그에 관한 사항은 따로
법률로 정한다(「우편법」 제2조 제1항). "관장"이라 함은 관리와 장악을 말하는데 경영주체와 소유주체를
의미한다.

　　㉡ 전국에 체계적인 조직을 갖춰 적정한 요금의 우편 서비스를 신속하고 정확하게 제공하기 위해서 국가가
직접 경영한다.

② 우편에 관한 법률

　　㉠ 경영 주체는 과학기술정보통신부장관이며, 전국에 체계적인 조직을 갖춰 적정한 요금의 우편 서비스를
신속하고 정확하게 제공하기 위해서 국가가 직접 경영한다.

　　㉡ 우편법 : 우편법은 사실상의 우편에 관한 기본법으로서 우편사업 경영 형태·우편 특권·우편 서비스의
종류·이용 조건·손해 배상·벌칙 등 기본적인 사항을 규정하고 있다.

　　　※ 최초제정 : 법률 제542호(1960.2.1.), 최근 개정 법률 제16753호(2019. 12. 10.)

　　㉢ 우체국창구업무의 위탁에 관한 법률 : 이 법은 개인이 우편창구 업무를 위임받아 운영하는 우편취급국의
업무, 이용자보호, 물품 보급 등에 대한 사항을 규정한 법령이다. 우편취급국은 국민의 우체국 이용 수
요를 맞추기 위해 일반인에게 우편창구의 업무를 위탁하여 운영하게 한 사업소이다.

　　　※ 최초제정 : 법률 제3601호 (1982.12.31.), 최근 개정 법률 제14839호(2017. 7. 26.)

ㄹ **우정사업 운영에 관한 특례법**: 우정사업의 경영 합리성과 우정 서비스의 품질을 높이기 위한 특례 규정이다. 사업범위는 우편·우편환·우편대체·우체국예금·우체국 보험에 관한 사업 및 이에 딸린 사업이다. 조직·인사·예산·경영평가, 요금 및 수수료 결정, 우정재산의 활용 등을 규정하고 있다.

   ※ 최초제정 : 법률 제5216호(1996.12.30.), 최근 개정 법률 제17219호(2020. 4. 7.)

ㅁ **별정우체국법**: 이 법은 개인이 국가의 위임을 받아 운영하는 별정우체국의 업무, 직원 복무·급여 등에 대한 사항을 규정한 법령이다.

   * **별정우체국** : 우체국이 없는 지역의 주민 불편을 없애기 위해, 국가에서 위임을 받은 일반인이 건물과 시설을 마련하여 운영하는 우체국이다.
   ※ 최초제정 : 법률 제683호 (1961.8.17.), 최근 개정 법률 제17347호(2020. 6. 9.)

ㅂ **국제법규**

   ㉮ UPU 조약
   - 만국우편연합헌장(조약 제197호 1966. 5. 20. 공포)
   - 만국우편연합헌장 제9추가의정서(2018. 1. 1.)
   - 만국우편연합총칙 제1추가의정서(2018. 1. 1.)
   - 만국우편협약 및 최종의정서
   - 우편지급업무약정
   - 만국우편협약 통상우편규칙 및 최종의정서
   - 만국우편협약 소포우편규칙 및 최종의정서
   - 우편지급업무약정규칙

   ㉯ 아시아·태평양우편연합(APPU) 조약 : 1962년 4월 1일 창설된 APPU(아시아·태평양 우편연합, 종전 아시아·대양주 우편연합의 개칭)는 아시아와 태평양 지역에 있는 우정청간에 광범위한 협력관계를 설정하고 이를 발전시킬 것을 목적으로 한다. 이 조약은 회원국간의 조약으로 회원국 상호간의 우편물의 원활한 교환과 우편사업 발전을 위한 협력증진을 목적으로 하고 있다.

   ㉰ 표준다자간 협정 또는 양자협정 : 국제특급우편(EMS)을 교환하기 위하여 우리나라와 해당 국가(들) 사이에 맺는 표준 다자간 협정 또는 양자협정(쌍무협정)이 있다.

   * 양해각서(Memorandum of Understanding; MOU) : 우리나라와 상대국 사이에 이루어지는 문서로 된 합의

(5) 우편사업의 보호규정

우편사업은 성격상 국민생활에 많은 영향을 미친다. 그래서 공공의 이익과 국민의 권리를 보호하고 안정적인 우편 서비스를 제공하기 위하여 법률로 보호 규정을 두고 있다.

① **서신독점권**

ㄱ 우편법 제2조 제2항에서 "누구든지 제1항과 제5항의 경우 외에는 타인을 위한 서신의 송달 행위를 업(業)으로 하지 못하며, 자기의 조직이나 계통을 이용하여 타인의 서신을 전달하는 행위를 하여서는 아니 된다."라고 규정함으로써 서신독점권이 국가에 있음을 분명히 하고 있다.

ㄴ 독점권의 대상은 서신이다. "서신"이라 함은 의사전달을 위하여 특정인이나 특정 주소로 송부하는 것으로서 문자·기호·부호 또는 그림 등으로 표시한 유형의 문서 또는 전단을 말한다(우편법 제1조의2 제7호). 다만, 다음에 해당하는 경우에는 예외로 한다(「우편법 시행령」 제3조).

㉮ 「신문 등의 진흥에 관한 법률」 제2조 제1호에 따른 신문

㉯ 「잡지 등 정기간행물의 진흥에 관한 법률」 제2조 제1호 가목에 따른 정기간행물

㉰ 다음 각 목의 요건을 모두 충족하는 서적
- 표지를 제외한 48쪽 이상인 책자의 형태로 인쇄·제본되었을 것
- 발행인·출판사나 인쇄소의 명칭 중 어느 하나가 표시되어 발행되었을 것
- 쪽수가 표시되어 발행되었을 것

㉱ 상품의 가격·기능·특성 등을 문자·사진·그림으로 인쇄한 16쪽 이상(표지를 포함한다)인 책자 형태의 상품안내서

㉲ 화물에 첨부하는 봉하지 아니한 첨부서류 또는 송장

㉳ 외국과 주고받는 국제서류

㉴ 국내에서 회사(「공공기관의 운영에 관한 법률」에 따른 공공기관을 포함한다)의 본점과 지점 간 또는 지점 상호 간에 수발하는 우편물로써 발송 후 12시간 이내에 배달이 요구되는 상업용 서류

㉵ 「여신전문금융업법」 제2조 제3호에 해당하는 신용카드

㉢ "타인"이라 함은 자기 이외의 자를 말하며, 자연인이거나 법인임을 불문하며, 자기의 서신을 자기가 송달하는 행위는 금지되지 아니한다.

㉣ "업"이라 함은 일정한 행위를 계속적이고 반복적으로 하면서 유무형의 이익을 얻는 것을 말한다.

㉤ "조직" 또는 "계통"이라 함은 일정한 목적을 실현시키기 위하여 두 사람 이상이 의식적으로 결합한 활동체를 의미하며, 신문사, 통신사, 운송기관, 각종 판매조직 등 조직규모의 대소를 불문한다.

㉥ 조직 또는 계통을 이용하여 타인의 서신을 송달할 경우에는 서신송달의 정부독점권을 침해할 가능성이 많으므로 단 1회의 송달을 하는 것도 금지한다.

㉦ 타인을 위한 서신의 송달행위를 업(業)으로 하거나 자기의 조직 또는 계통을 이용하여 타인의 서신을 전달하는 행위가 금지됨은 물론 그러한 행위를 하는 자에게 서신의 송달을 위탁하는 행위도 금지된다. 단, 중량이 350그램을 넘거나 기본통상우편요금의 10배를 넘는 서신은 위탁이 가능하지만 국가기관이나 지방자치단체에서 발송하는 등기취급 서신은 위탁이 불가하다.

㉧ 서신송달의 "위탁"이라 함은 당사자의 일방이 서신송달을 요청하고 상대방이 이를 승낙하므로써 성립되는 계약이며, 보수 기타의 반대급부를 조건으로 하는가의 여부를 불문한다.

② **우편물 운송요구건** … 우편관서는 철도, 궤도, 자동차, 선박, 항공기 등의 경영자에게 운송요구권을 가진다. 이 경우 우편물을 운송한 자에 대하여 정당한 보상을 한다.

* 요구대상 : 철도·궤도사업 경영자 및 자동차·선박·항공기 운송사업 경영자

③ **운송원 등의 조력청구권** … 우편업무를 집행 중인 우편운송원, 우편집배원과 우편물을 운송중인 항공기, 차량, 선박 등이 사고를 당하였을 때에는 주위에 조력을 청구할 수 있으며, 조력의 요구를 받은 자는 정당한 사유 없이 이를 거부할 수 없다. 이 경우 우편관서는 도움을 준 자의 청구에 따라 적절한 보수를 지급하여야 한다.

④ **운송원 등의 통행권** … 우편운송원, 우편집배원과 우편물을 운송중인 항공기, 차량, 선박 등은 도로의 장애로 통행이 곤란할 경우에는 담장이나 울타리 없는 택지, 전답, 그 밖의 장소를 통행할 수 있다. 이 경우 우편관서는 피해자의 청구에 따라 손실을 보상하여야 한다.

⑤ **운송원 등의 통행료 면제** … 우편물 운송 중인 우편운송원, 우편집배원은 언제든지 도선장의 도선을 요구할 수 있으며(법 제5조 제3항), 우편업무 집행중에 있는 운송원 등에 대하여는 도선장, 운하, 도로, 교량 기타의 장소에 있어서 통행요금을 지급하지 아니하고 통행할 수 있다(법 제5조 제2항). 그러나, 청구권자의 청구가 있을 때에는 우편관서는 정당한 보상을 하여야 한다.

⑥ **우편업무 전용 물건의 압류 금지와 부과면제**
  ㉠ **우편업무 전용 물건의 압류 금지** : 우편업무를 위해서만 사용하는 물건과 우편업무를 위해 사용 중인 물건은 압류 금지
  ㉡ **우편업무 전용 물건의 부과면제** : 우편업무를 위해서만 사용하는 물건(우편에 관한 서류를 포함)에 대해서는 국세·지방세 등의 제세공과금을 매기지 않는다.

⑦ **공동 해상 손해 부담의 면제** … 공동해상 손해부담이라 함은 선박이 위험에 직면하였을 때 선장은 적하되어 있는 물건을 처분할 수 있으나, 이때의 손해에 대하여는 그 선박의 화주전원이 적재화물비례로 공동 분담하는 것을 말하며(상법) 이 경우에도 우편물에 대하여는 이를 분담시킬 수 없다.

⑧ **우편물의 압류거부권** … 우편관서에서 운송 중이거나 발송 준비를 마친 우편물에 대해서는 압류를 거부할 수 있는 권리이다.

⑨ **우편물의 우선검역권** … 우편물이 전염병의 유행지에서 발송되거나 유행지를 통과할 때 등에는 검역법에 의한 검역을 최우선으로 받을 수 있다.

⑩ **제한능력자의 행위에 대한 법률적 판단** … 우편물의 발송·수취나 그 밖에 우편 이용에 관하여 제한능력자의 행위라도 능력자가 행한 것으로 간주된다. 이에 따라 제한능력자의 행위임을 이유로 우편관서에 대하여 임의로 이용관계의 무효 또는 취소를 주장할 수 없다. 다만, 법률행위에 하자가 발생한 경우에는 관련 규정에 따른다. 제한능력자라 함은 민법상의 제한능력자를 말하며, 행위제한능력자(미성년자, 피한정후견인, 피성년후견인)와 의사제한능력자(만취자, 광인 등)를 모두 포함한다.

❷ 우편서비스 종류와 이용조건

(1) 우편서비스의 구분 및 배달기한

① **우편서비스의 구분** … 우편서비스는 보편적 우편서비스와 선택적 우편서비스로 구분한다.

② **보편적 우편서비스**

　㉠ 국가가 국민에게 제공하여야 할 가장 기본적인 보편적 통신서비스

　㉡ 전국에 걸쳐 효율적인 우편송달에 관한 체계적인 조직을 갖추어 모든 국민이 공평하게 적정한 요금으로 보내고 받을 수 있는 기본 우편 서비스 제공

　㉢ 서비스 대상

　　㉮ 2kg 이하의 통상우편물

　　㉯ 20kg 이하의 소포우편물

　　㉰ 위 ㉮㉯의 우편물의 기록취급 등 특수취급우편물

　　㉱ 그 밖에 대통령령으로 정하는 우편물

③ **선택적 우편서비스**

　㉠ 보편적 우편서비스에 부가하거나 부수하여 제공하는 서비스로 이용자가 선택적으로 이용할 수 있는 서비스

　㉡ 서비스 대상

　　㉮ 2kg을 초과하는 통상우편물

　　㉯ 20kg을 초과하는 소포우편물

　　㉰ 위 ㉮㉯의 우편물의 기록취급 등 특수취급우편물

　　㉱ 우편과 다른 기술 또는 서비스가 결합된 서비스 : 전자우편, 모사전송(FAX)우편, 우편물 방문접수 등

　　㉲ 우편시설, 우표, 우편엽서, 우편요금 표시 인영이 인쇄된 봉투 또는 우편차량장비 등을 이용하는 서비스

　　㉳ 우편 이용과 관련된 용품의 제조 및 판매

　　㉴ 그 밖에 우편서비스에 부가하거나 부수하여 제공하는 서비스

④ **배달기한**

　㉠ 우정사업본부가 약속한 우편물 배달에 걸리는 기간

　㉡ 우편물 배달기한

구분	송달기준	비고
통상우편물(등기포함) 일반소포	접수한 다음날부터 3일 이내	
익일특급	접수한 다음날	※ 제주선편 : D+2일
등기소포		(D : 우편물 접수한 날)
당일특급	접수한 당일 20:00 이내	

ⓒ 도서·산간 오지 등의 배달기한
  ㉮ 교통 여건 등으로 인해 우편물 운송이 특별히 어려운 곳은 관할 지방우정청장이 별도로 배달 기한을 정하여 공고한다.
  ㉯ 일반적인 배달기한 적용이 어려운 지역 선정 기준
    • 접수 우편물 기준 : 접수한 그날에 관할 집중국으로 운송하기 어려운 지역
    • 배달 우편물 기준 : 관할 집중국에서 배달국의 당일 배달 우편물 준비 시간 안에 운송하기 어려운 지역
  ㉰ 운송 곤란 지역의 배달 기한 계산 방법
    • 접수·배달 우편물의 운송이 모두 어려운 곳은 각각의 필요 일수를 배달기한에 합하여 계산
    • 다른 지방우정청에서 다르게 적용하도록 공고한 지역이 있는 경우에도 각각의 필요 일수를 합하여 계산
ⓓ 배달 기한 적용의 예외
  ㉮ 예외 규정 : 일반우편물을 다음날까지 배달하도록 정한 규정
  ㉯ 예외 대상 : 「신문 등의 진흥에 관한 법률」 제9조에 따라 주5회 발행하는 일간신문, 관부규정에 따른 관보

(2) 통상우편물

① 개념
  ㉠ 서신 등 의사전달물, 통화(송금통지서 포함), 소형포장우편물
    • 서신 : 의사전달을 위하여 특정인이나 특정 주소로 송부하는 것으로서 문자·기호·부호 또는 그림 등으로 표시한 유형의 문서 또는 전단을 말한다. 다만, 신문, 정기간행물, 서적, 상품안내서 등 대통령령으로 정하는 것은 제외된다.
    • 의사전달물 : 의사 전달이 목적이지만 서신의 조건을 갖추지 못한 것과, 대통령령에서 정하여 서신에서 제외한 통상우편물(「우편법」 제1조의2 제7호, 동법 시행령 제3조 관련)
    • 통화 : 유통 수단이나 지불 수단으로 기능하는 화폐, 보조 화폐, 은행권 등
    • 소형포장우편물 : 우편물의 용적, 무게와 포장방법 고시 규격에 맞는 작은 물건을 말한다.

② 발송요건
  ㉠ 통상우편물은 봉투에 넣어 봉합하여 발송하는 것을 원칙으로 한다.
    • 다만, 봉투에 넣어 봉합하기가 적절하지 않은 우편물은 우정사업분부장이 정하여 고시한 기준에 적합하도록 포장하여 발송할 수 있다.
    • 예외적으로 우정사업본부장이 발행하는 우편엽서와 사제엽서 제조요건에 적합하게 제조한 사제엽서 및 전자우편물은 그 특성상 봉합하지 아니하고 발송할 수 있다.
    • 우편물 정기발송계약을 맺은 정기간행물은 고시에서 정하는 바에 따라 띠종이 등으로 묶어서 발송할 수 있다.
  ㉡ 우편이용자는 우편물 접수 시 우편물의 외부에 다음 각 호의 사항을 표시하여 발송하여야 한다.
    • 발송인 및 수취인의 주소, 성명과 우편번호
    • 우편요금의 납부표시

③ 통상우편물의 규격요건 및 외부표시(기재) 사항

　㉠ 봉투에 넣어 봉합하거나 포장하여 발송하는 우편물의 규격요건 및 외부표시(기재) 사항

　　　　　　　　　　　　　　　　　　　　　　　　　　　　　※ 위반 시 규격외 취급

요건		내용
① 크기	세로(D)	최소 90㎜, 최대 130㎜ (허용 오차 ±5㎜)
	가로(W)	최소 140㎜, 최대 235㎜ (허용 오차 ±5㎜)
	두께(T)	최소 0.16㎜, 최대 5㎜ (누르지 않은 자연 상태)
② 모양		직사각형 형태
③ 무게		최소 3g, 최대 50g
④ 재질		종이(창문봉투의 경우 다른 소재로 투명하게 창문 제작)
⑤ 우편번호 기재		수취인 주소와 우편번호(국가기초구역 체계로 개편된 5자리 우편번호)를 정확히 기재해야 하며, 일체의 가려짐 및 겹침이 없어야 함 수취인 우편번호 여백 규격 및 위치 • 여백규격 : 상·하 좌·우에 4㎜ 이상 여백 • 위치 : ⑦의 공백 공간 밖, 주소·성명 등 기재사항 보다 아래쪽 및 수취인 기재영역 좌우 너비 안쪽의 범위에 위치 ※ 해당 영역에는 우편번호 외에 다른 사항 표시 불가 　우편번호 작성란을 인쇄하는 경우에는 5개의 칸으로 구성하여야 함 ※ 단, 여섯자리 우편번호 작성란이 인쇄(2019년 10월 이전)된 봉투를 이용한 통상우편물은 우편번호 숫자를 왼쪽 칸부터 한 칸에 하나씩 차례대로 기입하고 마지막 칸은 공란으로 두어야 함
⑥ 표면 및 내용물		• 문자·도안 표시에 발광·형광·인광물질 사용 및 기계판독률을 떨어뜨릴 수 있는 배경 인쇄 불가 • 봉할 때는 풀, 접착제 사용(스테이플, 핀, 리벳 등 도드라진 것 사용불가) • 우편물의 앞 뒤, 상·하·좌·우는 완전히 봉해야 함(접착식 우편물 포함) • 특정부분 튀어나옴·눌러찍기·돋아내기·구멍뚫기 등이 없이 균일해야 함 ※ 종이·수입인지 등을 완전히 밀착하여 붙인 경우나 점자 기록은 허용
⑦ 기계 처리를 위한 공백 공간 * 허용오차±5㎜		앞면 : 오른쪽 끝에서 140㎜ × 밑면에서 17㎜, 우편번호 오른쪽 끝에서 20㎜ 뒷면 : 왼쪽 끝에서 140㎜ × 밑면에서 17㎜

ⓒ 우정사업본부에서 발행하는 우편엽서의 규격 요건

※ 위반 시 규격외 취급

요건		내용
① 크기	세로(D)	최소 90mm, 최대 120mm (허용 오차 ±5mm)
	가로(W)	최소 140mm, 최대 170mm (허용 오차 ±5mm)
② 모양		직사각형 형태 별도 봉투로 봉함하지 않은 형태
③ 무게		최소 2g, 최대 5g(다만, 세로 크기가 110mm를 넘거나 가로 크기가 153mm를 넘는 경우에는 최소 4g, 최대 5g)
④ 재질		종이
⑤ 우편번호 기재		수취인 주소와 우편번호(국가기초구역 체계로 개편된 5자리 우편번호)를 정확히 기재해야 하며, 일체의 가려짐 및 겹침이 없어야 함) 수취인 우편번호 여백규격 및 위치 • 규격 : 상 하 좌 우에 4mm 이상 여백 • 위치 : ⑦의 공백 공간 밖, 주소·성명 등의 기재사항의 아래쪽, 수취인 기재영역 좌우 너비 안 ※ 해당 영역에는 우편번호 외에 다른 사항 표시 불가 　 우편번호 작성란을 인쇄하는 경우에는 5개의 칸으로 구성하여야 함 ※ 단, 여섯자리 우편번호 작성란이 인쇄(2019년 10월 이전)된 봉투를 이용한 통상우편물은 우편번호 숫자를 왼쪽 칸부터 한 칸에 하나씩 차례대로 기입하고 마지막 칸은 공란으로 두어야 함
⑥ 표면 및 내용물		문자·도안 표시에 발광·형광·인광물질 사용 및 기계판독률을 떨어뜨릴 수 있는 배경 인쇄 불가 특정부분 튀어나옴·눌러찍기·돋아내기·구멍 뚫기 등이 없이 균일해야 함 ※ 종이·수입인지 등을 완전히 밀착하여 붙인 경우나 점자 기록은 허용
⑦ 기계 처리를 위한 공백 공간 * 허용오차±5mm		앞면 : 오른쪽 끝에서 140mm × 밑면에서 17mm, 우편번호 오른쪽 끝에서 20mm

ⓒ 사제하는 우편엽서 : 우정사업본부에서 발행하는 우편엽서의 규격요건 및 외부표시(기록)사항 충족
　※ 50g까지 규격의 엽서는 400원(규격봉투 25~50g) 요금을 적용

ⓓ 권장요건
　• 색상은 70% 이상 반사율을 가진 흰 색이나 밝은 색
　• 지질(재질)은 70g/㎡ 이상, 불투명도 75% 이상, 창봉투 창문은 불투명도 20% 이하
　• 정해진 위치에 우표를 붙이거나 우편요금납부 표시
　• 봉투 뒷면, 우편엽서 기재란, 띠종이 앞면의 윗부분 1/2과 뒷면 전체 등 허락된 공간에만 원하는 사항을 표시할 수 있음
　• 우편물의 뒷면과 우편엽서의 허락된 부분에는 광고 기재 가능
　• 우편엽서의 경우 평판(오프셋)으로 인쇄, 다만 사제엽서는 예외

- 정기간행물 등을 묶어 발송하는 띠종이의 요건

띠종이의 크기	• 신문형태 정기간행물용 : 세로(70㎜ 이상)×가로(최소 90㎜~최대 235㎜) • 다른 형태 정기간행물용 : 우편물을 전부 덮는 크기
그 밖의 사항	• 우편물 아랫부분에 고정하여 움직이지 않게 밀착 • 신문형태의 경우 발송인 주소·성명·우편번호는 뒷면 기재 • 신문형태가 아닌 정기간행물 크기가 A4(297㎜×210㎜) 이하인 경우 우편물 원형 그대로 띠종이 사용. 다만, 접어둔 상태가 편편하고 균일한 것은 접어서 발송 가능

④ 통상우편물의 규격외 취급 대상
- 위의 ③. ㉠. 항을 위반한 경우 통상우편물의 규격외 취급
- 위의 ③. ㉡. 항을 위반한 경우 우편엽서의 규격외 취급

⑤ 우편물의 외부표시(기재) 사항
- ㉠ 우편번호는 우편물 구분을 편리하게 할 수 있도록 만든 일종의 코드로사, 문자로 기재된 수취인의 주소정보를 일정한 기준에 따라 숫자로 변환한 것
  - 우편번호는 국가기초구역 도입에 따라 지형지물을 경계로 구역을 설정한 5자리 국가기초구역번호로 구성

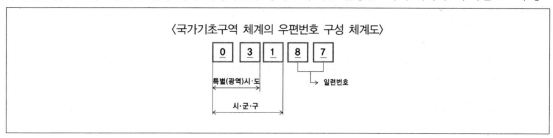

〈국가기초구역 체계의 우편번호 구성 체계도〉

- ㉡ 집배코드는 우편물의 구분·운송·배달에 필요한 구분정보를 가독성이 높은 단순한 문자와 숫자로 표기한 것
  - 집배코드는 총 9자리로 도착집중국의 2자리, 배달국 3자리, 집배팀 2자리, 집배구 2자리로 구성

〈집배코드 구성 체계〉

- ㉢ 외부기재사항 표시
  - 우편물에는 집배코드를 기재할 수 있음
  - 통상우편물 감액을 받기 위해서는 집배코드별로 구분하여 제출하여야 함

⑥ 우편물의 외부표시(기재) 금지사항

　㉠ 우체국과 협의되지 않은 우편요금표시인영은 표시 불가

　㉡ 공공의 안녕질서나 미풍양속을 저해하는 것으로 인정되는 사항은 기재 불가

　　• 인간의 존엄성, 국가 안전, 사회 공공질서를 해치는 내용

　　• 폭력, 마약 등 반사회적 · 반인륜적인 행태를 조장하는 내용

　　• 건전한 성도덕을 해치는 음란하고 퇴폐적 내용

　　• 청소년의 정신적, 신체적 건강에 해를 끼칠 우려가 있는 내용

　㉢ 개인정보보호법령에 따른 주민등록번호 등 고유식별정보는 기재 불가

　㉣ 그 밖에 우편법령이나 다른 법령에서 금지하는 사항

⑦ 제한용적 및 중량

　㉠ 최대용적

　　• 서신 등 의사전달물 및 통화

　　–가로 · 세로 및 두께를 합하여 90cm

　　–원통형은 "지름의 2배"와 길이를 합하여 1m

　　–다만, 어느 길이나 60cm를 초과할 수 없음

　　• 소형포장우편물

　　–가로 · 세로 및 두께를 합하여 35cm 미만 (서적 · 달력 · 다이어리 : 90cm)

　　–원통형은 "지름의 2배"와 길이를 합하여 35cm 미만 (단, 서적 · 달력 · 다이어리 우편물은 1m까지 허용)

　㉡ **최소용적** : 평면의 크기가 길이 14cm, 너비 9cm 이상, 원통형으로 된 것은 직경의 2배와 길이를 합하여 23cm (다만, 길이는 14cm 이상이어야 한다)

　㉢ 제한중량

　　• 최소 2g~최대 6,000g

　　• 단, 정기간행물과 서적 · 달력 · 다이어리로서 요금감액을 받는 우편물은 1,200g, 요금감액을 받지 않는 서적 · 달력 · 다이어리는 800g, 국내특급은 30kg이 최대 중량임

(3) 소포우편물

① 개념

　㉠ 소포우편물은 통상우편물 외의 물건을 포장한 우편물을 말한다.

　㉡ **보편적 우편서비스** : 20kg 이하의 소포우편물(기록 취급되는 특수취급우편물 포함)

　㉢ **선택적 우편서비스** : 20kg을 초과하는 소포우편물(기록 취급되는 특수취급우편물 포함)

　㉣ "우체국택배(KPS)"는 방문서비스의 브랜드명이다.

② 취급대상

　㉠ 서신 등 의사전달물, 통화 이외의 물건을 포장한 우편물

　　※ 백지노트 등 의사 전달 기능이 없는 물건은 소포로 취급해야 함

ⓒ 우편물 크기에 따라서 소형포장우편물과 소포우편물로 나뉘고, 소형포장 우편물은 통상우편물로 구분하여 취급

ⓒ 소포우편물에는 원칙적으로 서신을 넣을 수 없으나 물건과 관련이 있는 납품서, 영수증, 설명서, 감사인사 메모 등은 함께 보낼 수 있음

※ 예 우체국쇼핑 상품설명서, 선물로 보내는 소포와 함께 보내는 감사인사 메모

③ 제한중량 및 용적

㉠ 최대 중량 : 30kg

㉡ 최대 용적 : 가로, 세로, 높이를 합하여 160cm 이내(다만, 어느 길이도 1m를 초과할 수 없다)

㉢ 최소 용적
- 가로·세로·높이 세 변을 합하여 35cm(단, 가로는 17cm 이상, 세로는 12cm 이상)
- 원통형은 "지름의 2배"와 길이를 합하여 35cm(단, 지름은 3.5cm 이상, 길이는 17cm 이상)

④ 소포우편물의 접수

㉠ 접수검사
- 내용품 문의
  - 폭발물·인화물질·마약류 등의 우편금지물품의 포함 여부
  - 다른 우편물을 훼손시키거나 침습을 초래할 가능성 여부
- 의심우편물의 개피 요구
  - 내용품에 대하여 발송인이 허위로 진술한다고 의심이 가는 경우에는 개피를 요구하고 내용품을 확인
  - 발송인이 개피를 거부할 때에는 접수 거절
- 우편물의 포장상태 검사
  - 내용품의 성질, 모양, 용적, 중량 및 송달거리 등에 따라 송달 중에 파손되지 않고 다른 우편물에 손상을 주지 않으며 질긴 종이 등으로 튼튼하게 포장하였는지를 확인

㉡ 요금납부
- 등기소포는 우편물의 운송수단, 배달지역, 중량, 부피 등에 해당하는 금액을 현금, 우표, 우편요금을 표시하는 증표, 「여신전문금융업법」에 따른 신용카드 또는 정보통신망을 이용한 전자화폐·전자결제 등으로 즉납 또는 후납으로 납부할 수 있다.
- 또한 우표로도 납부가 가능하며, 납부방법은 우표를 창구에 제출하거나 우편물 표면에 첨부한다.
- 착불소포는 우편물 수취인에게 우편요금(수수료 포함)을 수납하여 세입 처리한다.

㉢ 수기접수 시 표시인 날인
- 소포우편물의 표면 왼쪽 중간에는 "소포" 표시를 한다.
- 소포우편물의 내용에 대하여 발송인에게 문의하여 확인한 후에는 우편물 표면 왼쪽 중간부분에 "내용문의 끝냄"을 표시한다.

㉣ 소포번호 부여 및 바코드 라벨, 기타 안내스티커 부착
- 소포번호 부여는 우편물류시스템으로 접수국 일련번호로 자동으로 부여됨

- 소포번호의 표시는 등기번호, 접구국명, 중량 및 요금을 표시한 등기번호 바코드 라벨을 우편물의 표면 왼쪽 하단에 부착한다.
- 요금별후납 등기소포는 우편물의 표면 오른쪽 윗부분에 요금별 후납 표시인을 날인하고 접수번호, 접수우체국 및 중량을 기재 한다.
- 부가서비스 안내 스티커는 우편물의 품위를 유지하면서 잘 보이는 곳에 깨끗하게 부착한다.

④ 등기소포와 일반소포와의 차이

구분	등기소포	일반소포
취급방법	접수에서 배달까지의 송달과정에 대해 기록	기록하지 않음
요금납부 방법	현금, 우표첩부, 우표납부, 신용카드 결제 등	현금, 우표첩부, 신용카드 결제 등
손해배상	망실·훼손, 지연배달 시 손해배상청구 가능	없음
반송료	반송시 반송수수료(등기통상취급수수료) 징수	없음
부가특수서비스취급	가능	불가능

※ 보통소포(×) – 일반소포(○) / 일반등기통상(×) – 등기통상(○)

(4) 방문접수소포(우체국택배)

① 우체국택배 개요
ㄱ 우체국택배는 소포우편물 방문접수의 브랜드로 업무표장이다.
　※ 영문표기 : KPS(Korea Parcel Service)
ㄴ 소포우편물 방문접수의 공식 브랜드 및 업무표장으로서 소포 우편물 방문접수를 나타냄
ㄷ 소포우편물 방문접수와 관련한 모든 업무를 대표할 수 있는 명칭으로 사용 가능

② 우체국택배 종류
ㄱ 개별택배 : 개인고객의 방문접수 신청 시 해당 우체국에서 픽업
ㄴ 계약택배 : 우체국과 사전 계약을 통해 별도의 요금을 적용하고 주기적(또는 필요시)으로 픽업

③ 방문접수지역
ㄱ 4급 또는 5급 우체국이 설치되어 있는 시·군의 시내 배달구(시내지역)
ㄴ 그 외 관할 우체국장이 방문접수를 실시하는 지역

④ 이용방법
ㄱ 우체국에 전화 : 전국 국번 없이 1588—1300번
ㄴ 인터넷우체국(www.epost.kr)을 통하여 방문접수 신청을 하면 방문접수를 실시
ㄷ 소포우편물을 자주 발송하는 경우에는 정기·부정기 이용계약을 체결하여 별도의 전화 없이도 정해진 시간에 방문접수
ㄹ 요금수취인부담(요금착불)도 가능

❸ 우편물의 접수

(1) 우편물의 접수 검사

① 우편물 접수 시 검사사항

    ㉠ 우편물 접수할 때에는 발송인·수취인 등 기재사항이 제대로 적혀져 있는지 먼저 확인해야 한다.

    ㉡ 검사 결과 규정에 위반된 것을 발견하였을 때에는 발송인이 보완하여 제출해야 하며, 불응할 때에는 접수를 거부할 수 있다. 다만 이때에는 이유를 자세히 설명해야 한다.

② 우편금지물품

    ㉠ 다음과 같은 우편물은 접수 불가 : 폭발성 물질, 화약류, 폭약류, 화공품류, 발화성 물질, 인화성 물질, 유독성 물질, 강산류, 방사성 물질

    ㉡ 다음과 같은 경우에는 예외로 한다.

- 독약류 : 독약 및 극약으로 관공서(학교 및 군대를 포함), 의사(군의관 포함), 치과의사, 한의사, 수의사, 약사, 제약업자, 약종상 또는 한약종상의 면허 또는 허가를 받은 자가 등기우편으로 발송하는 것은 예외로 한다.
- 병균류 : 살아있는 병균 또는 이를 함유하거나 부착되어 있다고 인정되는 물건으로 관공서 방역연구소, 세균검사소, 의사(군의관 포함), 치과의사, 수의사 또는 약사의 면허를 받은 자가 등기우편으로 발송하는 것은 예외로 한다.
- 공안방해와 그 밖의 위험성의 물질 : 음란한 문서, 도화 그 밖의 사회질서에 해가 되는 물건으로서 법령으로 이동, 판매, 반포를 금하는 것으로 법적·행정적 목적으로 공공기관에서 등기우편으로 발송하는 것은 예외로 한다.

(2) 우편물의 포장

① 우편물의 포장검사 사항

    ㉠ 내용물 성질상 송달 중에 파손되거나 다른 우편물에 손상을 입히지 않을 것인가

    ㉡ 띠종이로 묶어서 발송하는 정기간행물의 경우 포장용 띠종이 크기는 발송 요건에 적합한가

    ㉢ 칼, 기타 위험한 물건은 취급도중 위험하지 않도록 포장한 것인가

    ㉣ 액체, 액화하기 쉬운 물건, 냄새나는 물건, 썩기 쉬운 물건은 적정한 용기를 사용하여 내용물이 새지 않도록 포장한 것인가

    ㉤ 독·극물 또는 생병원체를 넣은 것은 전호와 같이 포장을 하고 우편물 표면에 품명 및 "위험물"이라고 표시하고 발송인의 자격 및 성명을 기재한 것인가

    ㉥ 독·극물은 두가지 종류를 함께 포장한 것이 아닌가

    ㉦ 혐오성이 없는 산동물은 튼튼한 상자 또는 기타 적당한 용기에 넣어 완전히 그 탈출 및 배출물의 누출을 방지할 수 있는 포장을 한 것인가

② 물품에 따른 포장방법

구분	포장방법
칼 · 기타 이에 유사한 것	적당한 칼집에 넣거나 싸서 상자에 넣는 등의 방법으로 포장할 것
액체 · 액화하기 쉬운 물건	안전누출방지용기에 넣어 내용물이 새어나지 않도록 봉하고 외부의 압력에 견딜 수 있는 튼튼한 상자에 넣고, 만일 용기가 부서지더라도 완전히 누출물을 흡수할 수 있도록 솜, 톱밥 기타 부드러운 것으로 충분히 싸고 고루 다져 넣을 것
독약 · 극약 · 독물 및 극물과 생병원체 및 생병원체를 포유하거나 생병원체가 부착한 것으로 인정되는 것	• 전호의 규정에 의한 포장을 하고 우편물 표면 보기 쉬운 곳에 품명 및 "위험물"이라고 표시할 것 • 우편물 외부에 발송인의 자격 및 성명을 기재할 것 • 독약 · 극약 · 독물 및 극물은 이를 2가지 종류로 함께 포장하지 말 것
산꿀벌 등 일반적으로 혐오성이 없는 살아 있는 동물	튼튼한 병, 상자, 기타 적당한 용기에 넣어 완전히 그 탈출 및 배설물의 누출을 방지할 장치를 할 것

(3) 우편물의 제한 부피 및 무게

① 통상우편물
  ㉠ 최대부피
    ㉮ 서신 등 의사전달물 및 통화
      • 가로 · 세로 및 두께를 합하여 90cm
      • 원통형은 "지름의 2배"와 길이를 합하여 1m
      • 다만, 어느 길이나 60cm를 초과할 수 없음
    ㉯ 소형포장우편물
      • 가로 · 세로 및 두께를 합하여 35cm 미만(다만, 서적 · 달력 · 다이어리 우편물은 90cm까지 허용
      • 원통형은 "지름의 2배"와 길이를 합하여 35cm 미만(다만, 서적 · 달력 · 다이어리 우편물은 1m까지 허용)
  ㉡ 최소부피
    ㉮ 평면의 길이 14cm, 너비 9cm
    ㉯ 원통형은 "지름의 2배"와 길이를 합하여 23cm (단, 길이는 14cm 이상)
  ㉢ 최대무게
    ㉮ 최소 2g ~ 최대 6,000g
    ㉯ 단, 정기간행물, 서적, 달력, 다이어리로서 요금감액을 받는 우편물은 1,200g, 요금감액을 받지 않는 서적과 달력, 다이어리는 800g, 국내특급은 30kg이 최대 무게임

② 소포우편물
  ㉠ 최대부피
    ㉮ 가로 · 세로 · 높이 세 변을 합하여 160cm
    ㉯ 다만, 어느 변이나 1m를 초과할 수 없음

ⓒ 최소부피
   ㉮ 가로·세로·높이 세 변을 합하여 35cm (단, 가로는 17cm 이상, 세로는 12cm 이상)
   ㉯ 원통형은 "지름의 2배"와 길이를 합하여 35cm (단, 지름은 3.5cm 이상, 길이는 17cm 이상)
ⓓ 무게 : 30kg 이내이어야 함
ⓔ 기타사항 : 우편관서의 장과 발송인과의 사전계약에 따라 발송인이 방문하여 접수하는 경우에는 그 계약으로 달리 정할 수 있음

❹ 국내우편물의 부가서비스

(1) 등기취급

① 등기취급제도의 의의
  ㉠ 개념
    • 우편물의 접수번호 기록에 따라 접수에서부터 받는 사람에게 배달되기까지의 모든 취급과정을 기록하며 만일 우편물이 취급 도중에 망실되거나 훼손된 경우에는 그 손해를 배상하는 제도로서 우편물 부가취급의 기본이 되는 서비스
    • 다른 여러 특수취급을 위해서는 기본적으로 등기취급이 되어야만 한다.
    • 2kg 이하의 통상우편물과 20kg 이하의 소포우편물에 대한 등기취급을 보편적 우편 서비스로 정함으로써 국민의 권리를 더욱 폭넓게 보장할 수 있는 기반을 조성
  ㉡ 특징
    • 등기취급은 각 우편물의 접수번호 기록에 따라 접수에서 배달에 이르는 모든 과정을 기록 취급함으로써 취급과정을 명확하게 추적할 수 있음
    • 보험취급이나 내용증명, 배달증명, 특급취급, 그 밖의 부가취급우편물 등 고가의 물품을 송달하거나 공적증명을 요구하는 물품 송달에 유리
    • 잃어버리거나 훼손하면 이용자의 불만이 많고 손해배상의 문제가 생기는 유가물이나 주관적 가치가 있다고 인정되는 신용카드나 중요서류 등은 접수검사할 때 내용품에 적합한 보험취급으로 발송하게 하고 이에 응하지 않을 때는 접수 거절할 수 있음
    • 우편물 취급과정에서 망실, 훼손 등의 사고가 일어날 경우에는 등기취급우편물과 보험등기우편물의 손해 배상액이 서로 다르므로 이용자에게 사전에 반드시 고지하여 발송인이 선택하도록 조치
  ㉢ 등기취급의 대상 : 등기로 취급할 수 있는 경우는 고객이 우편물의 취급과정을 기록할 필요가 있다고 판단한 우편물과 우편물의 내용이 통화, 귀중품이나 주관적으로 가치가 있다고 신고하는 것

② 계약등기 우편제도
  ㉠ 개념 : 등기취급을 전제로 우체국장과 발송인이 별도의 계약에 따라 접수한 통상우편물을 배달하고, 그 배달결과를 발송인에게 전자적 방법 등으로 알려주는 부가취급제도

ⓛ 종류와 취급대상

  ㉮ 일반형 계약등기

- 등기취급을 전제로 부가취급서비스를 선택적으로 포함하여 계약함으로써, 고객이 원하는 우편서비스를 제공하는 상품
- 한 발송인이 1회에 500통 이상, 월 10,000통 이상(두 요건 모두 충족) 발송하는 등기통상 우편물

  ㉯ 맞춤형 계약등기

- 등기취급을 전제로 신분증류 등 배달시 특별한 관리나 서비스가 필요한 우편물로 표준요금을 적용하는 상품
- 1회, 월 발송물량 제한 없음
- 취급상품과 요금에 대해 과학기술정보통신부장관이 고시

ⓒ 계약업무

  ㉮ 계약체결관서

- 우편집중국, 5급 이상 공무원이 우체국장으로 배치된 우체국
- 맞춤형계약등기는 소속국(별정국, 우편취급국 제외)도 접수관서로 계약 가능

  ㉯ 계약 기간 : 1년(1년 단위로 자동연장 가능)

  ㉰ 제공서비스

- 일반 계약등기 : 등기취급을 전제로 부가취급서비스를 선택적으로 포함하여 계약함으로써 고객이 원하는 우편서비스 제공
- 맞춤형 계약등기 : 등기취급을 전제로 신분증류 등 배달 시 특별한 관리나 서비스가 필요한 우편물로 표준요금을 적용

ⓔ 부가취급 서비스

  ㉮ 착불배달

- 계약등기 우편물의 요금을 배달할 때 수취인에게서 받는 부가취급 제도
- 우편요금 등을 수취인이 지불하기로 발송인이 수취인의 승낙을 얻은 계약등기 우편물이어야 함
- 발송인이 우편요금을 납부하지 않고, 우편요금(등기취급수수료 포함)과 착불배달 수수료를 수취인에게서 받음
- 수취인에게 배달하지 못하고, 발송인에게 반송된 착불배달 계약등기 우편물은 발송인에게 우편물을 반환하고, 발송인에게서 착불요금을 제외한 우편요금(등기취급수수료 포함)과 반송수수료를 징수하되 맞춤형은 착불요금을 제외한 우편요금(등기취급수수료 포함)만 징수

  ㉯ 회신우편

- 등기취급을 전제로 우체국과 발송인이 별도의 계약에 따라 수취인을 직접 만나서 우편물을 배달하면서 서명이나 도장을 받는 등 응답이 필요한 사항을 받거나 서류를 넘겨받아 발송인이나 발송인이 지정하는 자에게 회신하는 부가취급제도
- 발송인이 사전에 배달과 회신에 대한 상세한 사항을 계약관서와 협의하여 정한 계약등기 우편물
- 수취인을 직접 만나서 우편물을 배달하고, 회송통지서(개인정보활용동의서 등)에 필요한 서명, 날인을 받거나 수취인이 넘겨주는 서류를 인계받아 발송인 또는 발송인이 지정한 자에게 회신

⒟ 본인지정배달

- 등기취급을 전제로 우편물을 수취인 본인에게만 배달하여 주는 부가취급제도
- 수취인이 개인정보 누출이나 재산상의 피해를 예방하기 위하여 발송인이 수취인 본인에게 배달하도록 지정한 계약등기 우편물
- 수취인 본인에게만 배달

⒭ 우편주소 정보제공

- 등기취급을 전제로 이사 등 거주지 이전으로 우편주소가 바뀐 경우 우편물을 바뀐 우편주소로 배달하고, 수취인의 동의를 받아 발송인에게 바뀐 우편주소정보를 제공하는 부가취급제도
- 이용조건 : 발송인이 계약관서와 미리 서비스에 대해 이용과 요금후납이 계약되어 있고, 수취인의 바뀐 주소정보를 발송인에게 알려주기 위해 배달할 때 수취인의 동의를 받은 우편물
- 취급방법 : 우편주소 변경사유(이사감, 주소불명, 수취인 미거주 등)가 생긴 때 해당 우편물을 바뀐 수취인의 주소지로 전송해 주고 수취인의 동의를 받아 발송인에게 바뀐 우편주소 정보를 제공

⒨ 반환취급 사전납무

- 대상 : 일반형 계약등기 우편물
- 납부방법 : 우편물 접수 시 우편요금 반환율을 적용한 반환취급수수료를 합산하여 납부
- 반환율 산정
- 최초 적용 기준 : 최초 1년 간은 등기우편물 반환율에 0.5%를 가산하여 적용
- 등기우편물 반환율 적용시에는 계약하고자 하는 등기우편물과 동일한 종류의 등기우편물 반환율, 계약하고자 하는 등기우편물과 가장 유사한 종류의 등기우편물 반환율, 전체 등기우편물 반환율 순으로 적용
- 재산정 적용 기준 : 계약 우편물의 최근 1년간 반환율 산정 적용

⒨ 요금 체계

⒢ 일반형 계약등기 : 통상요금 + 등기취급수수료 + 부가취급수수료

  * 통상 우편요금 : 현행 무게별 요금체계 적용

⒣ 맞춤형 계약등기 : 표준요금 + 중량 구간별 요금 + 부가취급수수료

- 표준요금 : 상품별 서비스 수준에 맞추어 과학기술정보통신부장관 고시로 정한 요금
- 중량 구간별 요금 적용
- 100g까지는 취급상품별 표준요금 적용
- 100g부터 초과 100g마다 240원씩 추가 (통상우편 초과 100g마다 추가요금 기준)
- 부가취급수수료

부가취급서비스	수수료	비고
회신우편	1,500원	일반 및 맞춤형 계약등기
본인지정배달	1,000원	
착불배달	500원	
우편주소 정보제공	1,000원	
반환취급 사전납부	반환취급수수료 × 반환율	일반형 계약등기

ⓗ 일반형 계약등기의 반환취급 수수료 일부 면제
- 대상 : 우편법 시행령 제3조 제8호에 의거 서신 제외 대상인 신용카드 우편물
- 면제조건 : 면제적용 월 직전 3개월의 평균물량이 10만 통 이상이고, 해당 월 접수물량이 10만 통 이상인 경우
  ※ 월 단위 산정은 매월 1일에서 말일까지로 함
- 면제비율 : 월 접수물량의 1~3%
  −10만 통 이상 20만 통 미만 : 1% 이내
  −20만 통 이상 30만 통 미만 : 2% 이내
  −30만 통 이상 : 3% 이내
- 징수방법 : 매월 면제비율에 의해 반환수수료의 일부를 면제하여 정산 후 우편요금과 동일하게 후납으로 징수

③ 선납 라벨 서비스
ⓐ 선납 등기 라벨
- 개념 : 등기번호 및 발행번호가 부여된 선납라벨을 우체국 창구 등에서 구매하여 첨부하면 창구 외(우체통, 무인 접수기)에서도 등기우편물을 접수할 수 있도록 하는 서비스
- 대상 : 등기통상 우편물
- 접수채널 : 전 관서 우편창구 및 우체통 투함, 무인우체국
- 판매가격 : 중량별 차등 적용되는 등기통상우편물의 요금
  −기본 : 중량별 통상우편요금 + 등기취급 수수료
  −선택 : 익일특급 수수료, 배달증명 수수료
- 등기우편물로서 효력발생시점
  −창구접수 : 우체국 창구 접수 시
  −우체국 투함 : 수거 후 우체국 창구 접수 시
  −무인접수기 이용 : 무인우편접수기 접수 완료 시

ⓑ 선납 준등기 라벨
- 개념 : 준등기 번호 및 발행번호가 부여된 선납라벨을 우체국 창구 등에서 구매하여 첨부하면 창구 외(우체통, 무인접수기)에서도 준등기 우편물을 접수할 수 있도록 하는 서비스
- 대상 : 준등기 우편물
- 접수채널 : 전 관서 우편창구 및 우체통 투함, 무인우체국
- 판매가격 : 200g까지 1,500원(정액(단일)요금)
- 준등기우편물로 취급 시점
  −창구접수 : 우체국 창구 접수 시
  −우체통 투함 : 수거 후 우체국 창구 접수 시
  −무인접수기 이용 : 무인우편접수기 접수 완료 시

ⓒ 선납 일반통상 라벨
- 개념 : 우편요금과 발행번호가 부여된 선납라벨을 우체국 창구에서 구매 후 일반통상우편물에 우표 대신 첨부하여 우편물을 접수할 수 있도록 하는 서비스

- 대상 : 일반통상 우편물(우표와 동일하게 사용하므로, 등기우편물에도 부착 가능)
- 접수채널 : 전 관서 우편창구 및 우체통 투함, 무인우체국
- 판매가격 : 중량별 일반통상 우편요금

② 공통사항

- 판매채널 : 전국 우체국 우편창구(별정우체국, 우편취급국 포함)
- 유효기간 : 구입 후 1년 이내 사용
- 유효기간 경과로 인쇄상태가 불량하거나 라벨지 일부 훼손 등으로 사용이 어려운 경우 동일한 발행번호와 금액으로 재출력(교환) 가능
- 선납라벨 훼손 정도가 심각하여 판매정보(발행번호, 바코드 등)의 식별이 불가능한 경우에는 재출력(교환) 불가
- 선납라벨로 접수된 우편물 취소 시, 선납라벨 재출력 후 교부
- 선납라벨 구매 고객이 취소를 요청하는 경우 구매 당일에 한해 판매우체국에서만 환불 처리 가능(우표류 판매취소 프로세스 적용)
- 우편물 접수 시 우편요금보다 라벨금액이 많은 경우 잉여금액에 대한 환불은 불가
- 미사용 선납일반통상라벨에 한해 2매 이상으로 라벨 분할을 요구할 경우 라벨가액 범위에서 분할발행 가능

(2) 보험취급

① 보험취급 우편물의 종류

- **보험통상** : 통화등기, 물품등기, 유가증권등기, 외화등기
- **보험소포** : 안심소포

② 보험통상

⊙ 통화등기

㉮ 개념
- 우편으로 현금을 직접 수취인에게 배달하는 제도로서 취급 중에 망실된 경우에 통화등기 금액 전액을 변상하여 주는 보험취급의 일종
- 주소지까지 직접 현금이 배달되기 때문에 우편환이나 수표처럼 해당 관서를 방문할 필요가 없어 방문시간이 절약되고 번잡한 수속절차를 생략할 수 있으므로 소액 송금제도로 많이 이용

㉯ 취급조건
- 취급대상 : 강제 통용력이 있는 국내통화에 한정
  ※ 다음의 것은 통화등기로 취급할 수 없음
    -현재 사용할 수 없는 옛날 통화
    -마모·오염·손상의 정도가 심하여 통용하기가 곤란한 화폐
    -외국화폐
- 통화등기 취급의 한도액 : 100만 원 이하의 국내통화로서 10원 미만의 단수는 붙일 수 없다.
- 통화등기우편물은 등기취급우편물로 발송하여야 한다.

- ㉡ 물품등기
  - ㉮ 개념 : 귀금속, 보석, 옥석, 그 밖의 귀중품이나 주관적으로 가치가 있다고 신고하는 것을 보험등기 봉투에 넣어 수취인에게 직접 송달하고 취급 도중 망실되거나 훼손한 경우 표기금액을 배상하는 보험취급 제도의 하나로 통상우편물에 한정함
  - ㉯ 취급대상
    - 귀금속 : 금, 은, 백금 및 이들을 재료로 한 제품
    - 보석류 : 다이아몬드, 진주, 자수정 등 희소가치를 가진 것
    - 주관적 가치가 있다고 신고 되는 것 : 응시원서, 여권, 신용카드류 등
  - ㉰ 취급가액
    - 신고가액 10원 이상 300만 원 이하의 물건에 한해 취급하며, 10원 미만의 단수를 붙일 수 없다.
  - ㉱ 취급조건
    - 물품 가액은 발송인이 정하며, 취급 담당자는 가액 판단에 관여할 필요가 없다.
    - 물품등기우편물은 등기취급우편물로 발송하여야 한다.
- ㉢ 유가증권등기
  - ㉮ 개념 : 현금과 교환할 수 있는 우편환증서나 수표 따위의 유가증권을 보험등기봉투에 넣어 직접 수취인에게 송달하는 서비스이다. 망실되거나 훼손한 경우 봉투 표면에 기록된 금액을 배상하는 보험취급제 도의 일종이다.
  - ㉯ 취급대상 및 한도액 : 액면 또는 권면가액이 2천만 원 이하의 송금수표, 국고수표, 우편환증서, 자기앞수 표, 상품권, 선하증권, 창고증권, 화물상환증, 주권, 어음 등의 유가증권이 취급 가능하다.

    다만, 10원 미만의 단수를 붙일 수 없다.

    ※ 사용된 유가증권류, 기프트카드 등에 대하여 보험취급을 원할 경우 유가증권등기로 취급할 수 없으나 물품등기로는 접수 가능
  - ㉰ 등기취급우편물로 발송하여야 한다.
- ㉣ 외화등기
  - ㉮ 우체국과 금융기관과의 계약을 통해 외국통화(현물)를 고객에게 직접 배달하는 맞춤형 우편서비스
  - ㉯ 맞춤형 계약등기(보험취급 + 본인지정 + 익일특급)
  - ㉰ 이용방법 : 금융기관과의 계약을 통하여 외화현금을 접수·배달
    - 접수우체국 : 계약에 따라 지정된 우체국
    - 배달우체국 : 전국 우체국(익일특급 배달 불가능 지역은 제외함)
  - ㉱ 취급통화 : 계약기관별로 계약에 따라 지정된 외화
  - ㉲ 취급금액 : 최소 10만 원 이상 150만 원 이하 (원화 환산 시 기준, 지폐만 가능)
  - ㉳ 적용요금 : 표준요금 통당 10,000원
    ※ 중량구간별 요금 미적용, 과금에 의한 반송 등을 모두 포함한 금액
- ③ 보험소포 : 안심소포
  - ㉠ 고가의 상품 등 등기소포우편물을 대상으로 하며, 손해가 생기면 해당 보험가액을 배상하여 주는 부가 취급제도

ⓛ 취급조건

ⓐ 취급 대상

- 등기소포를 전제로 보험가액 300만 원 이하의 고가품, 귀중품 등 사회통념상 크기에 비하여 가격이 높다고 발송인이 신고한 것으로서 그 취급에 특히 유의할 필요가 있는 물품과 파손, 변질 등의 우려가 있는 물품
- 귀금속, 보석류 등의 소형포장우편물은 물품등기로 접수하도록 안내
- 부패하기 쉬운 냉동·냉장 물품은 이튿날까지 도착이 가능한 지역이어야 함
  * 우편물 배달기한 내에 배달하기 곤란한 지역으로 가는 물품은 접수 제외
- 등기소포 안의 내용물은 발송인이 참관하여 반드시 확인

ⓑ 취급가액

- 안심소포의 가액은 300만 원 이하의 물건에 한정하여 취급하며 10원 미만의 단수를 붙일 수 없음
- 신고가액은 발송인이 정하는 가격으로 하며 취급담당자는 상품가액의 판단에 관여할 필요가 없음

(3) 증명취급

① 내용증명

ⓖ 개념

ⓐ 발송인이 수취인에게 어떤 내용의 문서를 언제 발송하였다는 사실을 우편관서가 공적으로 증명하는 우편서비스이다.

ⓑ 내용증명제도는 개인끼리 채권·채무의 이행 등 권리의무의 득실 변경에 관하여 발송되는 우편물의 문서내용을 후일의 증거로 남길 필요가 있을 경우와 채무자에게 채무의 이행 등을 최고(催告)하기 위하여 주로 이용되는 제도이다.

ⓒ 우편관서는 내용과 발송 사실만을 증명할 뿐, 그 사실만으로 법적효력이 발생되는 것은 아님에 주의해야 한다.

ⓛ 접수할 때 유의할 사항

ⓐ 문서의 내용

- 내용문서는 한글이나 한자 또는 그 밖의 외국어로 자획을 명확하게 기록한 문서에 한정하여 취급하며, 숫자, 괄호, 구두점이나 그 밖에 일반적으로 사용하는 단위 등의 기호를 함께 적을 수 있음
- 공공의 질서, 선량한 풍속에 반하는 내용이 아니어야 하며 내용문서의 원본과 등본이 같은 내용임이 쉽게 식별되어야 함
- 내용증명의 대상은 문서에 한정하며 문서 이외의 물건(우표류, 유가증권, 사진, 설계도 등)은 그 자체 단독으로 내용증명의 취급대상이 될 수 없음
- 내용문서의 원본과 관계없는 물건을 함께 봉입할 수 없음

ⓑ 내용문서의 원본 및 등본

- 내용증명의 발송인은 내용문서의 원본과 그 등본 2통을 제출하여야 함 : 발송인에게 등본이 필요하지 않은 경우에는 등본 1통만 제출 가능, 우체국 보관 등본여백에 "발송인 등본교부 않음"이라고 표시

- 동문내용증명 우편물(문서의 내용은 같으나 2인 이상의 각기 다른 수취인에게 발송하는 내용증명우편물)인 경우에는 각 수취인의 주소와 이름을 전부 기록한 등본 2통과 각 수취인 앞으로 발송할 내용문서의 원본을 함께 제출하여야 함
- 내용문서의 원본이나 등본의 문자나 기호를 정정·삽입·삭제한 경우에는 정정·삽입·삭제한 문자와 정정·삽입·삭제한 글자 수를 난외나 끝부분 빈 곳에 적고 그곳에 발송인의 인장 또는 지장을 찍거나 서명을 하여야 하며 이 경우, 고치거나 삭제한 문자나 기호는 명료하게 알아볼 수 있도록 하여야 함
- 내용증명우편물의 내용문서의 원본과 등본에 기록한 발송인과 수취인의 주소·성명은 우편물의 봉투에 기록한 것과 같아야 함. 다만, 동문내용증명 우편물인 경우 각 수취인의 주소·성명을 전부 기록한 등본은 예외
- 다수인이 연명으로 발송하는 내용문서의 경우 그 발송인들 중 1인의 이름, 주소만을 우편물의 봉투에 기록

ⓓ **내용증명우편물 취급수수료의 계산**
- 내용증명 취급수수료는 글자 수나 행 수와는 관계없이 A4 용지 규격을 기준으로 내용문서(첨부물 포함)의 매수에 따라 계산
- 내용문서의 원본과 등본의 작성은 양면을 사용하여 작성할 수 있으며, 양면에 내용을 기록한 경우에는 2매로 계산
- 내용문서의 크기가 A4 용지 규격보다 큰 것은 A4 용지의 크기로 접어서 총 매수를 계산하고, A4 용지보다 작은 것은 이를 A4 용지로 보아 매수를 계산
- 내용문서의 매수가 2매 이상일 경우에는 2매부터 최초 1매의 반값으로 계산
- 동문내용증명의 경우 수취인 수 1명 초과마다 내용문서 매수와 관계없이 내용문서 최초 1매의 금액으로 계산

ⓔ **취급요령**
- 내용문서의 원본이나 등본의 장수가 2장 이상일 때에는 함께 묶은 그 곳에 우편날짜도장으로 간인하거나, 내용문서의 원본 및 등본의 글자를 훼손하지 않도록 빈 곳에 천공기로 간인하여야 함
  ※ 발송인의 인장이나 지장으로 간인하지 않음에 주의
- 수취인에게 발송할 내용문서의 원본, 우체국에서 보관할 등본, 발송인에게 교부할 등본에는 우편날짜도장으로 이어지게 계인함. 다만, 동문내용증명인 때에는 우체국에서 보관하는 등본에 기록된 수취인의 주소·성명 아래쪽에 걸치도록 우편날짜도장으로 계인
- 내용증명 취급수수료에 해당하는 우표는 우체국에 보관하는 등본의 빈곳에 붙이고 우편날짜도장으로 소인. 다만, 즉납으로 출력된 요금증지를 첨부하거나 날짜가 표시되어 있는 후납인을 날인하는 경우 소인을 생략하며, 후납인 아래에 취급수수료 금액을 표시하여야 함

ⓒ **내용증명의 재증명과 열람 청구**
  ㉮ **개념** : 내용증명 발송인 또는 수취인이 내용증명 문서의 등본(수취인인 경우는 원본)을 망실하였거나 새로 등본이 필요할 때 우체국의 등본 보관기간인 3년에 한정하여 발송인·수취인이나 발송인·수취인으로부터 위임을 받은 사람의 재증명 청구에 응하거나 열람 청구에 응하는 것을 말함
  ㉯ **재증명 청구기간** : 내용증명 우편물을 접수한 다음 날부터 3년 이내
  ㉰ **청구국** : 전국우체국(우편취급국 포함) 및 인터넷 우체국

⑭ 청구인 : 내용증명 우편물의 발송인 또는 수취인, 발송인이나 수취인에게서 위임을 받은 사람

⑮ 재증명 취급수수료의 징수 : 재증명 당시 내용증명 취급수수료의 반액을 재증명 문서 1통마다 각각 징수

⑯ 재증명 취급수수료의 계산시점 : 재증명을 요청한 때

⑰ 열람 수수료의 징수 : 열람 당시의 내용증명 취급수수료의 반액에 해당하는 수수료를 징수

⑱ 열람방법 : 반드시 취급당무자가 보는 앞에서 열람(보고 옮겨 쓰는 것 포함)하도록 함

⑲ 타국접수 내용증명 재증명 절차

• 내용증명 등본보관국(타국) 외 재증명 청구

  −청구인 본인(또는 대리인) 확인 후, 발송 후 내용증명으로 신청

  −등본보관국 외에 신청하는 경우에는 우편(규격외, 익일특급) 발송

  −등본보관국에서는 D+1일 이내에 내용증명 등본 복사 후, 재증명하여 우편(익일특급+우편사무)으로 청구인에게 발송

• 등본보관국에서 확인하기 전까지는 취소 가능 : 등본보관국 확인 후에는 내용문서 복사로 인해 취소 불가능

• 내용증명 재증명 우편발송서비스 요금 : 내용증명 재증명 수수료(내용증명 수수료 1/2) + 우편요금(규격외 중량별 요금) + 등기취급수수료 + 익일특급수수료 + 복사비(장당 50원) + 대봉투(100원)

② 배달증명

  ㉠ 개념

    ⑦ 수취인에게 우편물을 배달하거나 교부한 경우 그 사실을 배달우체국에서 증명하여 발송인에게 통지하는 부가취급 우편서비스

    ⑭ 배달증명은 등기우편물을 발송할 때에 청구하는 발송 때의 배달증명과 등기우편물을 발송한 후에 필요에 따라 사후에 청구하는 발송 후의 배달증명으로 구분할 수 있음

  ㉡ 취급대상 : 등기우편물에 한정하여 취급

  ㉢ 요금체계

    • 통상우편물 배달증명을 접수할 때

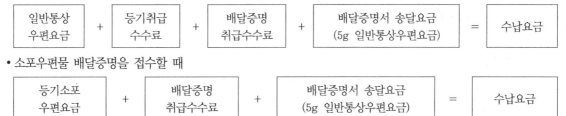

    • 소포우편물 배달증명을 접수할 때

  ㉣ 발송 후의 배달증명 청구

    • 개념 : 당초 등기우편물을 발송할 당시에는 배달증명을 함께 청구하지 않고 발송하였으나, 사후 그 등기우편물의 배달사실의 증명이 필요하게 된 경우에 발송인이나 수취인이 우체국에 청구

    • 처리절차 : 전국 우체국과 인터넷우체국에서 신청할 수 있으며, 청구 접수국은 정당한 발송인이나 수취인임을 확인한 후 발급

신청인	발송 후 배달증명 청구 → ← 배달증명서 출력·교부	접수우체국	데이터 전송 → ← 데이터 전송 결과	우정사업 정보센터

- 청구기간 : 발송한 다음 날부터 1년. 단, 내용증명우편물에 대한 배달증명 청구는 발송한 다음 날부터 3년

ⓑ 인터넷우체국 발송 후 배달증명 서비스

- 우체국을 방문하지 않고 인터넷으로 조회하여 프린터로 직접 인쇄하는 서비스
- 등기우편물의 발송인이나 수취인만 신청할 수 있음
- 배달완료일 D+2일부터 신청 가능
- 신청기한 : 등기우편물을 발송한 다음 날부터 1년 이내(다만, 내용증명은 3년)
- 이용요금 : 1건당 1,300원
- 인터넷우체국 회원만 신청 가능(회원전용 서비스)
- 결제 후 다음 날 24시까지 (재)출력이 가능

(4) 특급취급

① 국내특급

ㄱ 개념 : 등기취급을 전제로 국내특급우편 취급지역 상호간에 수발하는 긴급한 우편물을 통상의 송달 방법 보다 더 빠르게 송달하기 위하여 접수된 우편물을 약속한 시간 내에 신속히 배달하는 특수취급제도

ㄴ 특징

- 지정된 우체국에서만 접수 가능
- 일반우편물과 구별하여 운송
- 약속시간 내에 배달

ㄷ 종류 : 우편물의 접수에서 배달까지 걸리는 시간을 기준으로 구분

- 당일특급
- –접수시간 : 행선지별로 고시된 접수마감시간
- –배달기한 : 접수한 날 20시 이내
- 익일특급
- –접수시간 : 접수우체국의 그날 발송 우편물 마감시간
- –배달시한 : 접수한 다음 날 까지

ㄹ 취급조건

㉮ 등기 취급하는 우편물에 한해 취급한다.

㉯ 통상우편물 및 소포우편물의 제한 무게는 30kg 까지 이다. (단, 당일특급 소포우편물은 20kg)

㉰ 우편물의 접수

- 익일특급 우편물 : 전국 모든 우체국
- 당일특급 우편물 : 관할 지방우정청장이 지정하여 고시하는 우체국
  ※ 취급지역·우체국·시간과 그 밖에 필요한 사항은 관할 지방우정청장이 고시

㉱ **접수마감시각 및 배달시간** : 관할 지방우정청장의 별도 고시에 따름

㉲ **국내특급 취급지역**

- 익일특급
  - 전국을 취급지역으로 하되, 접수 다음 날까지 배달이 곤란한 지역에 대해서는 별도의 추가 날수와 사유 등을 고시
  - 익일특급의 배달기한에 토요일과 공휴일(일요일)은 포함하지 않음

※ 익일특급은 금요일에 접수하더라도 토요일 배달대상 우편물에서 제외되므로 다음 영업일에 배달됨을 이용자에게 설명

- 당일특급
  - 서울시와 각 지방 주요도시 및 지방 주요 도시를 기점으로 한 지방 도시에서 지역 내로 가는 우편물로서 관할 지방우정청장이 지정 고시하는 지역에 한정함
  - 다만, 행정자치부의 시 · 군 통합에 따라 기존 국내특급우편 취급지역 중 광역시의 군지역과 도농복합형태 시의 읍 · 면 지역은 배달이 불가능하여 취급 제한

(5) 그 밖의 부가취급

① 특별송달

㉠ **개념** : 특별송달은 다른 법령에 따라 「민사소송법」이 정하는 방법으로 송달하여야 하는 서류를 내용으로 하는 등기통상우편물을 송달하고 그 송달의 사실을 우편송달통지서로 발송인에게 알려주는 부가취급 서비스

㉡ **취급조건** : 등기 취급하는 통상우편물에 한하여 취급

㉢ **취급대상** : 특별송달우편물의 취급대상은 「민사소송법」 제187조에 따라 송달하여야 한다는 뜻을 명시하고 있는 서류에 한정하여 취급할 수 있음

- 법원에서 발송하는 것
- 특허청에서 발송하는 것
- 「군사법원법」에 따라 발송하는 군사재판절차에 관한 사유
- 국제심판소, 소청심사위원회 등 준사법기관에서 관계규정에 의하여 발송하는 재결절차에 관한 서류
- 공증인이 「공증인법」에 따라 발송하는 공정증서의 송달(「공증인법」 제56조의5)서류
- 병무청에서 「민사소송법」 제187조에 따라 송달하도록 명시한 서류
- 선관위에서 「민사소송법」 제187조에 따라 송달하도록 명시한 서류
- 검찰청에서 「민사소송법」 제187조에 따라 송달하도록 명시한 서류
- 그 밖의 다른 법령에서 특별송달로 하도록 명시된 서류

㉣ **요금체계**

- 송달통지서가 1통인 소송서류를 발송하는 경우

일반통상 우편요금	+	등기취급 수수료	+	특별송달 취급수수료	+	(회송) 일반통상 기본우편요금	=	수납금액

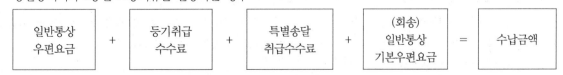

• 송달통지서가 2통 첨부된 소송서류를 발송하는 경우

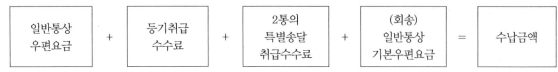

| 일반통상 우편요금 | + | 등기취급 수수료 | + | 2통의 특별송달 취급수수료 | + | (회송) 일반통상 기본우편요금 | = | 수납금액 |

• 특별송달우편물에 첨부된 우편송달통지서 용지의 무게는 우편물의 무게에 합산함
• 기본우편요금은 25g 규격 우편물을 기준으로 함

② 민원우편

㉠ 개념 : 민원우편이란 국민들의 일상생활에 필요한 각종 민원서류를 관계기관에 직접 나가서 발급받는 대신 우편이나 인터넷으로 신청하고 그에 따라 발급된 민원서류를 등기취급하여 민원우편 봉투에 넣어 일반우편물보다 우선하여 송달하는 부가취급서비스이다.

㉡ 제도의 특징
　㉮ 민원우편의 송달에 필요한 왕복우편요금과 민원우편 부가취급수수료를 접수(발송)할 때 미리 받음
　㉯ 우정사업본부 발행 민원우편 취급용봉투(발송용, 회송용) 사용
　㉰ 민원발급 수수료와 회송할 때의 민원발급 수수료 잔액을 현금으로 우편물에 봉입 발송 허용
　㉱ 민원발급수수료의 송금액을 5,000원으로 제한(민원발급 수수료가 건당 5,000원을 초과하는 경우는 예외)
　㉲ 민원우편의 송달은 익일특급에 따라 신속히 송달
　㉳ 우정사업본부장이 정하여 고시하는 민원서류에 한정하여 취급

㉢ 요금 : 발송할 때의 취급요금(우편요금 + 등기취급수수료 + 부가취급수수료)과 회송할 때의 취급요금(50g 규격요금 + 등기취급수수료 + 익일특급수수료)을 합하여 미리 받음

㉣ 회송용 봉투의 요금선납 날짜도장 날인 : 민원우편 회송용 봉투에 날인하는 요금선납 날짜도장은 최초의 발송 민원우편 접수우체국의 접수한 날의 우편날짜도장으로 날인하는 것이며 회송민원우편 접수우체국에서 날인하는 것이 아님에 주의하여야 함

㉤ 발송용 봉투의 봉함 : 발송인이 봉인할 때는 인장(지장) 또는 서명(자필로 서명)으로도 가능

㉥ 회송용 봉투의 봉함 : 회송민원 우편물의 봉함은 민원발급기관의 취급담당자(우체국 취급 담당자가 아님)가 인장(지장) 및 서명(자필)을 날인하여 봉함하여야 하며 수수료 잔액 등 내용품 확인에 대하여는 우체국 담당자는 참관하지 않음

③ 착불배달 우편물

㉠ 등기취급 소포우편물과 계약등기우편물 등의 요금을 발송인이 신청할 때 납부하지 않고 우편물을 배달받은 수취인이 납부하는 제도

㉡ 수취인이 우편요금 등을 지불하기로 발송인이 수취인의 승낙을 얻은 등기우편물

㉢ 발송인이 수취인의 승낙을 얻은 경우 착불배달우편물로 접수할 수 있음

㉣ 착불배달은 우편물이 수취인 불명, 수취거절 등으로 반송되는 경우 발송인에게 우편요금 및 반송수수료를 징수. 다만, 맞춤형 계약등기는 우편요금(표준요금+무게구간별 요금)만 징수

※ 접수담당자는 발송인에게 위 사항을 반드시 설명

❺ 그 밖의 우편서비스

(1) 우체국쇼핑

① 개념 … 전국 각 지역에서 생산되는 특산품과 중소기업 우수 제품을 우편망을 이용해 주문자나 제삼자에게 직접 공급하여 주는 서비스

구분	주요 내용
특산물	검증된 우수한 품질의 농·수·축산물을 전국 우편망을 이용해 생산자와 소비자를 연결해주는 서비스
제철식품	출하시기의 농수산 신선식품, 소포장 가공식품, 친환경 식품 등을 적기에 판매하는 서비스
생활마트	중소기업의 공산품을 개인에게 판매하는 오픈마켓 형태 서비스
B2B	우수 중소기업상품의 판로를 확보하고 기업의 구매비용 절감과 투명성을 높이기 위하여 기업과 기업 간의 거래환경을 제공하는 서비스
꽃배달	우체국이나 인터넷을 이용하여 꽃배달 신청을 할 경우 전국의 업체에서 지정한 시간에 수취인에게 직접 배달하는 서비스
전통시장	대형 유통업체의 상권 확대로 어려워진 전통시장 소상인들의 판로확보를 위해 전국의 전통시장 상품을 인터넷몰에서 판매하는 서비스
창구판매	창구에서 우체국쇼핑상품을 즉시 판매하는 서비스

② 손실·망실 등에 따른 반품우편물의 처리
  ㉠ 반품요청 접수관서 : 우체국쇼핑 상품의 우편물이 운송 중 손실·망실·내용품 훼손 등으로 수취인이 수취를 거절하는 경우에는 반품우편물의 교환, 환불 요구의 여부를 확인하고 우편물류시스템 반품관리에 등록한 후 우편물을 회수하여 반송 처리
  ㉡ 공급우체국 : 우체국쇼핑 상품의 반품우편물이 도착하면 우편물류시스템의 반품확인관리에서 '반품확인' 처리하고, 지정된 우체국 공급계좌에 환불요금 입금 여부를 수시로 확인하여 환불요금이 입금되는 즉시 등록된 입금계좌로 환불요금을 송금처리하고 우편물류시스템 환불관리에서 '환불처리'로 등록하여야 하며 신용카드로 결제한 경우에는 '신용카드결제 취소' 처리

③ 꽃배달 서비스
  ㉠ 주문 및 환불 : 특산품과 동일
  ㉡ 상품배달
    ㉮ 공급업체에서는 상품주문내용(주문 상품, 수취인, 배달날짜, 시간, 리본 표시사항 등) 확인과 발송상품을 제작
      * 상품 발송할 때 반드시 우체국 꽃배달 태그를 동봉
    ㉯ 주문자가 지정한 시간에 수취인에게 상품을 배달
  ㉢ 배달결과 입력 : 업체에서 직접 입력
    * 입력과 동시에 주문자에게 SMS와 E-mail로 자동통보 처리됨

ⓔ 상품배상
　　　　㉮ 상품을 수취인에게 배달하는 중에 공급업체의 잘못으로 상품에 결함이 생기면 모든 비용은 공급업체에서 부담하고, 소비자가 교환이나 환불을 요구할 때에는 아래 사항과 같이 즉시 보상해야 함
　　　　㉯ 전액 환불 조치
　　　　　　•상품을 정시에 배달하지 못한 경우
　　　　　　•신청인이 배달 하루 전 주문을 취소할 경우
　　　　　　•상품하자(상품의 수량·규격 부족, 변질, 훼손 등)가 발생할 경우
　　　　　　•주문과 다른 상품이 배달된 경우
　　　　㉰ 상품 교환 조치 : 상품의 훼손, 꽃송이의 부족 등으로 교환을 요구할 경우
　　　　㉱ 일부 환불 조치 : 주소오기 등 주문자의 실수로 잘못 배달되거나 수취인이 수취를 거부할 경우 주문자가 환불을 요구하면 꽃은 30%, 화분은 50%를 환불

(2) 전자우편 서비스

① 종류와 이용조건

　　ⓖ 개념 : 고객(정부, 지자체, 기업체, 개인 등)이 우편물의 내용문과 발송인·수신인 정보(주소·성명 등)를 전산매체에 저장하여 우체국에 접수하거나 인터넷우체국(www.epost.kr)을 이용하여 신청하면 내용문 출력과 봉투제작 등 우편물 제작에서 배달까지 전 과정을 우체국이 대신하여 주는 서비스로서, 편지, 안내문, DM우편물을 빠르고 편리하게 보낼 수 있는 서비스

② 종류

(단위 : 원)

구분		주요 내용	이용 수수료(장당)			
			흑백		칼라	
봉함식	소형	편지, 안내문, 고지서 등의 안내문(최대 6장)을 편지형태로 인쇄하여 규격봉투에 넣어 발송하는 우편 서비스	90		280	
			추가 1장당 30		추가 1장당 180	
	대형	다량의 편지 등 내용문(최대 150장)을 A4용지에 인쇄하여 대형봉투에 넣어 발송하는 우편 서비스	130		340	
			추가 1장당 30		추가 1장당 180	
접착식		주차위반과태료, 교통범칙금, 통지서 등을 봉투 없이 제작 발송하는 우편 서비스	단면	양면	단면	양면
			60	80	220	370
그림엽서		동창회 모임안내 등 내용문을 간략하게 그림엽서에 인쇄하여 발송하는 우편 서비스	40		–	

③ 부가 서비스

부가서비스 명	서비스 내용	제작 수수료
내용증명	전자우편을 이용하여 다량의 내용증명을 제작·발송	기존 제작수수료와 같음
계약등기	전자우편을 이용하여 우편물을 제작하고 계약등기로 배달	

④ 기타 서비스

    ㉠ **동봉서비스** : 동봉서비스는 봉합식(소형봉투와 대형봉투) 전자우편을 이용할 때 내용문 외에 다른 인쇄물을 추가로 동봉하여 보낼 수 있는 서비스. 이를 이용할 때 별도의 수수료를 내야하며, 우체국 창구에서 신청할 때만 이용 가능함

        ※ 인터넷우체국은 동봉서비스 이용불가

    ㉡ **맞춤형 서비스** : 다량으로 발송할 때 봉투 표면(앞면 · 뒷면) 또는 그림엽서에 발송인이 원하는 로고나 광고문안(이미지)을 인쇄하여 발송할 수 있는 서비스

(3) 기타 부가서비스

① **월요일 배달 일간신문**

    ㉠ 토요일 자 발행 조간신문과 금요일 자 발행 석간신문(주3회, 5회 발행)을 토요일이 아닌 다음주 월요일에 배달(월요일이 공휴일인 경우 다음 영업일)하는 일간신문

    ㉡ 신문사가 토요일 자 신문을 월요일 자 신문과 함께 봉함하여 발송하려 할 때에 봉함을 허용하고 요금은 각각 적용

② **모사전송(팩스)우편 서비스**

    ㉠ 개념 : 우체국에서 신서, 서류 등의 통신문을 접수하여 전자적 수단(Facsimile)으로 수취인 모사전송기기(팩스)에 직접 전송하는 제도

    ㉡ 이용수수료

       • 시내, 시외 모두 동일한 요금을 적용함

       • 최초 1매 500원, 추가 1매 당 200원, 복사비 1장 당 50원

    ㉢ 취급조건

       ㉮ 취급대상은 서신, 서류, 도화 등을 내용으로 한 통상우편물이어야 함

       ㉯ 통신문 용지의 규격은 A4규격(210㎜×297㎜)에 통신내용을 기록, 인쇄한 것으로 함

       ㉰ 통신문은 몹시 치밀하여 판독이 어려워서는 안 되고, 선명하여야 하며 검은 색이나 진한 파란색으로 표시한 것이어야 한다. 다만, 발신 · 수신시 원형 그대로 재생이 곤란한 칼라통신문은 취급은 하지만 그에 따른 불이익은 의뢰인이 부담함

       ㉱ 우정사업본부장이 지정 고시하는 우체국에서만 취급할 수 있음

          • 우편취급국은 제외

          • 군부대 내에 소재하는 우체국은 우정사업본부장이 지정, 고시하는 우체국만 가능

③ **광고우편엽서**

    ㉠ 개념

       ㉮ 우정사업본부에서 발행하는 우편엽서에 광고내용을 인쇄하여 광고주가 원하는 지역에서 판매하는 제도

       ㉯ 광고주 측에서는 싼 비용으로 공신력 있는 기관을 이용하여 광고를 할 수 있고, 우편관서에서는 수익원이 될 수 있는 우편엽서 제도

ⓛ 접수창구 : 전국 우체국

ⓒ 접수요건

　㉮ 발행량과 판매지역

　　• 전국판 : 최저 20만장 이상 300만장까지 발행하며 특별시, 광역시 · 도 중 4개 이상의 광역지방자치단체 지역에서 동시에 판매

　　• 지방판 : 최저 5만장 이상 20만장 미만으로 발행하여 특별시, 광역시 · 도 중 3개 이하의 광역지방자치단 체에서 판매

　　　* 다만, 1개 구역의 발행 신청량은 5만장 이상으로 함

　　• 광고주가 구입 요청을 한 경우에만 판매구역에 관계없이 광고주가 지정하는 우체국에서 판매(최소 구매량 1,000장)

　㉯ 신청요건

　　• 발행일 50일 전에 광고디자인 설명서, 광고디자인 자료(필름, CD, 그 밖에 전자매체 자료 등)를 함께 접수

　　　* 발행일 50일 : 광고우편엽서 발행 최소 소요일

　　• 광고디자인의 크기 : 가로 60mm × 35mm 이내

　　• 광고디자인 조건 : 5색 이내

④ 나만의 우표

　㉠ 개념 : 개인의 사진, 기업의 로고 · 광고 등 고객이 원하는 내용을 신청받아 우표를 인쇄할 때 비워놓은 여백에 컬러복사를 하거나 인쇄하여 신청고객에게 판매하는 IT기술을 활용한 신개념의 우표서비스

　ⓛ 종류 : 기본형, 홍보형, 시트형

　ⓒ 접수방법

　　㉮ 전국 우체국(별정우체국, 우편취급국 포함), 인터넷우체국, 모바일 앱에서 접수

　　㉯ (재)한국우편사업진흥원 및 접수위탁기관에서 접수

　ⓔ 접수시 유의사항

　　㉮ 나만의 우표를 신청하는 사람은 사진 등의 자료를 사용할 수 있는 권한이 있어야 하며, 자료의 내용이 초상권, 저작권 등 다른 사람의 권리를 침해하면 이에 대한 법적 책임이 있다는 것을 설명

　　㉯ 접수할 때 신청 자료의 내용이 다른 사람의 초상권, 저작권 등을 침해한 것으로 확인된 경우에는 신청고객이 해당 권리자에게서 받은 사용허가서나 그 밖의 사용권한을 증명할 수 있는 서류를 제출하도록 안내

　　　* 서류 보관기간 : 접수한 날부터 5년(이미지 : 3개월)

　　㉰ 접수자는 선명도가 낮은 사진 등에 대해서는 우표품질이 떨어진다는 사실을 설명한 후 신청자가 원하는 경우에만 접수하고, 그렇지 않은 경우에는 보완하여 제출하게 함

　　㉱ 접수자는 사진 등 관련 자료는 명함판(반명함판)이 적정하나 제출한 사진자료의 크기가 너무 크거나 작을 경우에는 축소 또는 확대 복사, 인쇄에 따라 선명도가 낮아질 수 있음을 설명

　　㉲ 나만의 우표를 우편물에 붙인 경우 고객의 사진부분에 우편날짜도장이 날인될 수 있음을 사전에 설명

　　㉳ 접수된 이미지나 자료는 우표 제작이 완료된 후에 신청고객이 반환을 요구하는 경우에만 반환하고 반환하지 않은 이미지는 제작기관에서 일정기간 보관 후 폐기한다는 것을 설명

⑷ 영원우표가 아닌 구 권종(300원, 270원, 250원권 등)은 판매 중지

⑤ 고객맞춤형 엽서

    ㉠ 개념 : 우편엽서에 고객이 원하는 그림·통신문과 함께 발송인과 수취인의 주소·성명, 통신문 등을 인쇄하여 발송까지 대행해 주는 서비스이다.

    ㉡ 종류

        ㉮ 기본형

          • 우편엽서의 앞면 왼쪽이나 뒷면 한 곳에 고객이 원하는 내용을 인쇄하여 신청고객에게 판매하는 서비스

          • 앞면 왼쪽에 고객이 원하는 내용을 인쇄하는 경우에는 희망 고객에 한하여 발송인이나 수취인 주소·성명을 함께 인쇄

        ㉯ 부가형

          • 우편엽서의 앞면 왼쪽과 뒷면에 고객이 원하는 내용을 인쇄하여 신청 고객에게 판매하는 서비스

          • 희망하는 고객에게만 발송인·수취인의 주소·성명, 통신문까지 함께 인쇄하여 신청고객이 지정한 수취인에게 발송까지 대행

⑥ 우체국축하카드

    ㉠ 개념 : 축하·감사의 뜻이 담긴 축하카드를 한국우편사업진흥원(위탁 제작처) 또는 배달우체국에서 만들어 수취인에게 배달하는 서비스

    ㉡ 접수 : 우체국 창구, 인터넷우체국(epost.kr), 우편고객만족센터(1588-1300)

          단, 현품 판매의 경우 우편집중국 및 우편취급국 제외

    ㉢ 부가할 수 있는 서비스

        ㉮ 등기통상, 당일특급, 익일특급, 배달증명 서비스

        ㉯ 상품권 동봉서비스 : 경조카드와 함께 20만원 한도 내에서 문화상품권을 함께 발송 가능

        ㉰ 예약배달 서비스 : 예약신청한 배달일에 배달

          • 예약배달일은 접수한 날부터 영업일 기준 3일 이후부터 13개월 이내

          • 당일특급·익일특급·배달증명은 예약배달서비스가 되지 않음

⑦ 인터넷우표

    ㉠ 개념

        ㉮ 고객이 인터넷우체국을 이용하여 발송 우편물에 해당하는 우편요금을 지불하고 본인의 프린터에서 직접 우표를 출력하여 사용하는 서비스

        ㉯ 인터넷우표는 고객편의 제고와 위조·변조를 방지하기 위하여 단독으로 사용할 수 없으며 수취인 주소가 함께 있어야 함

    ㉡ 종류

        ㉮ '일반통상'과 '등기통상' 두 종류가 있으며, 등기통상은 익일특급도 가능

        ㉯ 국제우편물과 소포는 대상이 아님

    ㉢ 결제 : 신용카드, 즉시계좌이체, 전자지갑, 휴대폰, 간편 결제 등

  ㉣ 구매취소

   ㉮ 구매한 후 출력하지 않은 인터넷우표에 한정하여 구매취소 가능

   ㉯ 요금을 결제한 우표 중 일부 출력우표가 있는 경우에는 구매취소 불가

    * 1회에 10장을 구입하기 위하여 결제하였으나, 1장만 출력한 경우 구매 취소 불가

   ㉰ 결제 취소는 결제일 다음날 24시까지 가능

    * 다만, 휴대폰 결제인 경우 당월 말까지 취소 가능

  ㉤ 재출력 대상

   ㉮ 인터넷우표 출력 도중 비정상 출력된 우표

   ㉯ 요금은 지불하였으나, 고객 컴퓨터의 시스템 장애로 출력하지 못한 우표

   ㉰ 정상 발행되었으나 유효기간이 경과한 우표

   ㉱ 그 밖에 다시 출력할 필요가 있다고 인정되는 우표

  ㉥ 우표류 교환

   ㉮ 정가 판매한 인터넷우표는 우표류 교환 대상에서 제외

   ㉯ 인터넷우표는 장기간 보유하지 않으며, 수취인주소가 기록되어 있어 다른 이용자에게 판매를 할 수 없기에 우표류 교환 대상에서 제외

  ㉦ 유효기간

   ㉮ 인터넷우표는 국가기관이 아닌 개별 고객의 프린터에서 출력하여 사용하기 때문에 우표의 품질이 일정하지 않으며, 또 장기간 보관에 따른 우표의 오염이나 훼손 우려가 있어 출력일 포함 10일 이내에 사용하도록 하였음

   ㉯ 유효기간이 경과한 인터넷우표를 사용하려 할 경우에는 유효기간 경과 후 30일 이내에 재출력 신청하여야 사용이 가능함

⑧ 준등기 우편

 ㉠ 개념 : 우편물의 접수에서 배달 전(前)단계까지는 등기우편으로 취급하고 수취함에 투함하여 배달을 완료하는 제도로 등기우편으로 취급되는 단계까지만 손해배상을 하는 서비스

 ㉡ 대상 : 200g 이하의 국내 통상우편물

 ㉢ 요금 : 1,500원(정액요금)

  * 전자우편 제작수수료 별도

 ㉣ 접수채널 : 전국 우체국(우편집중국, 별정우체국 및 우편취급국 포함)

 ㉤ 부가역무 : 전자우편(우편창구 및 연계 접수에 한함)

 ㉥ 우편물의 처리

  ㉮ 송달일수 : 접수한 다음날부터 3일 이내 배달

  ㉯ 전송 : 준등기 우편물로 처리(수수료 없음)

  ㉰ 반송 : 일반 우편물로 처리(수수료 없음)

  ㉱ 반환 : 일반우편물로 처리. 우편집중국 발송 전 반환청구 수수료는 무료이며, 우편집중국 발송 후 반환청구 수수료는 통상우편 기본요금을 적용

ⓢ 번호체계 : 앞자리를 "5"로 시작하는 13자리 번호 체계로 구성

◎ 알림서비스

㉮ 발송인은 준등기 우편서비스의 배달결과를 문자 또는 전자우편(e-mail)으로 통지받을 수 있다.

㉯ 다만, 우편물 접수 시에 발송인이 연락처 정보를 제공하지 않은 경우 등에는 배달결과 서비스를 받지 못함을 발송인에게 안내 후 준등기 우편으로 접수하여야 한다.

㉰ 집배원이 배달결과를 PDA에 등록하면 배달결과 알림 문자 등이 자동으로 발송인에게 통보되며, 접수 시 발송인이 '통합알림'을 요청한 경우에는 배달완료일 다음날(최대 D+4)에 발송인에게 배달결과를 1회 통보한다.

ⓩ 종적조회 : 접수 시부터 수취함 투함 등 배달완료까지 배달결과에 대한 종적조회가 가능(전송우편 포함)하다. 다만, 반송시(배달중 생성)에는 결과값이 반송우편물로만 조회가능하고 발송인에게 도착되는 취급 과정의 종적 정보는 제공되지 않는다.

ⓩ 손해배상 : 손·망실에 한하여 우체국 접수 시부터 배달국에서 배달 중 생성 시까지만 최대 5만원까지 손해배상을 제공하며, 배달완료(수취함 등) 후에 발생된 손·망실은 손해배상 제공대상에서 제외된다.

❻ 우편에 관한 요금

(1) 우편요금 별납우편물

① 개념

㉠ 동일인이 우편물의 종류, 중량, 우편요금 등이 동일한 우편물을 다량으로 발송할 경우에 개개의 우편물에 우표를 첨부하여 요금을 납부하는 대신 우편물 표면에 "요금별납"의 표시만을 하고 요금은 일괄하여 현금(신용카드 결제 등 포함)으로 별도 납부하는 제도로서 관할 지방우정청장이 지정하는 우체국(우편취급국 포함)에서만 취급이 가능하다.

㉡ 발송인이 개개의 우편물에 우표를 붙이는 일과 우체국의 우표 소인을 생략할 수 있어 발송인 및 우체국 모두에게 편리한 제도이다.

② 취급조건

㉠ 우편물의 종별, 중량, 우편요금 등이 같고 동일인이 동시에 발송

㉡ 취급기준 통수

㉮ 10통 이상의 통상우편물 또는 소포우편물

㉯ 동일한 10통 이상의 우편물에 중량이 다른 1통의 우편물이 추가되는 경우에도 별납으로 접수 가능

㉢ 발송인이 우편물 표면에 '요금별납'을 표시

㉣ 관할 지방우정청장이 별납우편물을 접수할 수 있도록 정한 우체국이나 우편취급국에서 이용

③ 접수요령
  ㉠ 발송인이 요금별납표시를 하지 않은 경우 라벨증지를 출력하여 붙이거나, 우체국에 보관된 요금별납 고무인을 사용하여 표시
  ㉡ 요금별납 고무인은 책임자(5급 이상 관서 : 과장, 6급 이하 관서 : 국장)가 수량을 정확히 파악해서 보관·관리하며 필요할 때마다 받아서 사용
  ㉢ 책임자가 보는 앞에서 별납우편물을 접수하고, 발송신청서 해당 칸에 접수담당자와 책임자가 각각 날인
  ㉣ 요금별납우편물에는 우편날짜도장 생략
  ㉤ 창구업무 시간 내 접수하는 것이 원칙
  ㉥ 창구에서 접수하는 것이 원칙

(2) 우편요금 후납우편물
① 개념
  ㉠ 우편물의 요금(부가취급수수료 포함)을 우편물을 발송할 때에 납부하지 않고 1개월간 발송예정 우편물의 요금액의 2배에 해당하는 금액을 담보금으로 제공하고 1개월간의 요금을 다음달 20일까지 납부하는 제도
  ㉡ 이 제도는 우편물을 자주 발송하는 공공기관, 은행, 회사 등이 요금납부를 위한 회계절차상의 번잡함을 줄이고 동시에 우체국은 우표의 소인절차를 생략할 수 있는 편리한 제도

② 취급대상
  ㉠ 대상우편물
    ㉮ 한 사람이 매월 100통 이상 보내는 통상·소포우편물
    ㉯ 모사전송(팩스) 우편물, 전자우편
    ㉰ 우편요금표시기 사용 우편물
    ㉱ 우편요금 수취인부담 우편물
    ㉲ 반환우편물 중에서 요금후납으로 발송한 등기우편물
    ㉳ 발송우체국장이 정한 조건에 맞는 국가 또는 지방자치단체의 우편물
    ㉴ 우체통에서 발견된 습득물 중 우편물에서 이탈된 것으로 인정되지 않는 주민등록증
  ㉡ 이용 가능 우체국
    ㉮ 우편물을 발송할 우체국이나 배달할 우체국
    ㉯ 우편취급국은 총괄우체국장의 사전 승인을 받은 후 이용 가능

③ 요금후납 계약을 위한 담보금
  ㉠ 담보의 제공
    ㉮ **담보금액** : 1개월분의 우편요금 등을 개략적으로 추산한 금액의 2배 이상
    ㉯ **제공방법** : 보증금, 본부장이 지정하는 이행보증보험증권이나 지급보증서
    ㉰ **금액조정** : 담보금액이 추산액의 2배에 미달하거나 초과하는 경우 조정 가능

ⓛ 담보금 면제대상

  ㉮ 1/2 면제 대상 : 최초 계약한 날부터 체납하지 않고 2년간 성실히 납부한 사람

  ㉯ 전액 면제 대상

  - 국가, 지방자치단체, 공공기관, 「은행법」에 따른 금융기관과 특별법에 따라 설립된 공공기관
  - 최초 후납계약일부터 체납하지 않고 4년간 성실히 납부한 사람
  - 우체국장이 신청자의 재무상태 등을 조사하여 건실하다고 판단한 사람
  - 1개월간 납부하는 요금이 100만 원 이하인 사람
  - 신용카드사 회원으로 등록하고, 그 카드로 우편요금을 결제하는 사람
  - 우체국택배 및 국제특급(EMS) 계약자 면제
  - 우편관서 물류창고 입점업체로서 담보금 수준의 물품을 담보로 제공하는 사람
  - 최근 2년간 체납하지 않은 사람
  - 신용보증 및 신용조사 전문기관의 신용평가 결과가 B등급 이상인 사람

  ㉰ 우편요금을 체납한 때 담보금 제공 면제 취소

  - 담보금 제공을 면제받은 후 2년 안에 요금납부를 2회 체납한 경우
  - 담보금 1/2 면제 대상 : 담보금제공 면제 취소
  - 담보금 전액 면제 대상 : 담보금제공 1/2 면제
  - 담보금 제공을 면제받은 후 2년 안에 요금납부를 3회 이상 체납한 경우
  - 담보금 전액 면제 대상 : 담보금 제고 면제 취소
  - 우체국택배 및 국제특급(EMS) 계약자인 경우
  - 신용보증 및 신용조사 전문기관의 평가 결과가 B등급 미만으로 떨어진 경우
  - 면제 받은 후 납부기준일부터 요금을 1개월 이상 체납한 경우
  - 면제 받은 후 연속 2회 이상 체납하거나, 최근 1년 안에 3회 이상 체납한 경우
  - 계약우체국장은 체납을 이유로 면제 취소를 받은 사람에 대해서 담보금 면제 혜택을 2년간 금지할 수 있음

④ 요금후납 계약국 변경 신청 제도

  ㉠ 개념 : 계약자가 다른 우체국으로 계약국을 변경하는 제도

  ㉡ 신청 대상 : 모든 우편요금후납 계약

  ㉢ 처리 절차

  ㉮ 이용자의 후납계약국에 변경신청서 제출

  ㉯ 접수국은 인수하는 우체국이 업무처리가 가능한지 검토

    ※ 고려해야 할 사항
    - 인수하는 우체국의 운송 여력과 운송시간표
    - 인수하는 우체국의 업무량 수준
    - 고객 불편이 예상되는 경우 사전 안내하여 변경 신청 여부를 다시 확인

  ⓙ 계약국 변경이 가능한 경우 계약국, 이관국, 이용자에게 변경사항을 알리고 우편요금후납 계약서류와 담보금을 이관국으로 송부

   * 이행보증증권(피보험자=계약우체국장)인 경우 계약국 변경 시 보증증권 재발행 필요

  ⓘ 인수국은 계약 사항을 우편물류시스템에 입력한 후 해당 계약 업무 시작

(3) 요금수취인부담

① 개념

 〖 배달우체국장(계약등기와 등기소포는 접수우체국장)과의 계약을 통해 그 우편요금을 발송인에게 부담시키지 않고 수취인 자신이 부담하는 제도를 말한다.

 〗 통상우편물은 주로 "우편요금수취인부담"의 표시를 한 사제엽서 또는 봉투 등을 조제하여 이를 배부하고 배부를 받은 자는 우표를 붙이지 않고 그대로 발송하여 그 요금은 우편물을 배달할 때에 또는 우체국의 창구에서 교부받을 때는 수취인이 취급수수료와 함께 지불하거나 요금후납계약을 체결하여 일괄 납부하는 형태이다.

 〘 일반통상우편물은 통신판매 등을 하는 상품제조회사가 주문을 받기 위한 경우 또는 자기회사의 판매제품에 관한 소비자의 의견을 알아보기 위한 경우 등에 많이 이용되고 있다.

② 취급조건

 〖 취급대상은 통상우편물, 등기소포우편물, 계약등기이며 각 우편물에 부가서비스도 취급할 수 있다.

 〗 발송유효기간은 2년 이내 배달우체국장과 이용자와의 계약으로 정한다. 단, 국가기관, 지방자치단체 또는 공공기관에 있어서는 발송유효기간을 제한하지 아니할 수 있다.

(4) 우편요금 감액

① 개요 … 우편이용의 편의와 우편물의 원활한 송달을 확보할 수 있는 방법으로 발송하는 다량의 우편물에 대하여 그 요금 등의 일부를 감액할 수 있다〈법 제26조의2〉.

② 우편요금 감액대상

 〖 서적우편물 : 표지를 제외한 쪽수가 48쪽 이상인 책자의 형태로 인쇄·제본되어 발행인·출판사 또는 인쇄소의 명칭 중 어느 하나와 쪽수가 각각 표시되어 발행된 종류와 규격이 같은 서적으로서 우편요금 감액요건을 갖춰 접수하는 요금별납 또는 요금후납 일반우편물

  ⓦ 공중이 이용할 수 있도록 가격정보(출판물에 가격이 표시된) 또는 국제표준도서번호(International Standard Book Number ; ISBN), 국제표준일련간행물번호(Internaational Standard Serial Number ; ISSN)가 인쇄된 출판물에 대해 감액을 적용함

  ⓧ 비정기적으로 발간되는 출판물에 대해서만 감액을 적용

  ⓨ 우편물의 표면 왼쪽 중간 부분에 '서적'이라고 표기해야 함

  ⓩ 우편엽서, 빈 봉투, 지로용지, 발행인(발송인) 명함은 각각 1장만 동봉 가능하고, 이를 본지 및 부록과 함께 제본할 때는 수량의 제한이 없음

⑩ 우편물에는 본지의 게재내용과 관련된 물건(이하 '부록'이라 함)을 첨부하거나 제본할 수 있음
- 부록은 본지에는 부록이 첨부되었음을 표시하고, 부록의 표지에는 '부록'이라고 표기해야 함
- 부록을 본지와 별도로 발송하거나 부록임을 판단하기 어려운 경우에는 감액을 받을 수 없음

⑪ 본지, 부록 등을 포함한 우편물 1통의 총 무게는 1,200g을 초과할 수 없으며, 본지 외 내용물(부록, 기타 동봉물)의 무게는 본지의 무게를 초과해서는 안 됨

⑫ 서신성 인사말, 안내서, 소개서, 보험안내장을 본지(부록 포함)에 제본하거나 동봉하는 우편물은 감액을 받을 수 없음

⑬ 다만 상품의 선전 및 광고가 전지면의 10%를 초과하는 것은 감액대상에서 제외함

ⓒ 다량우편물 : 우편물의 종류, 무게 및 규격이 같고, 우편요금 감액요건을 갖추어 접수하는 요금별납 또는 요금후납 일반우편물

ⓒ 상품광고우편물

㉮ 상품의 광고에 관한 우편물로서 종류와 규격이 같고, 우편요금 가액요건을 갖춰 접수하는 요금별납 또는 요금후납 일반우편물

㉯ 부동산을 제외한 유형상품에 대한 광고를 수록한 인쇄물(별도 쿠폰 동봉) 또는 CD(DVD 포함)에 대해서만 감액을 적용함

ⓔ 정기간행물

㉮ 「신문 등의 진흥에 관한 법률(이하 '신문법'이라 함)」 제2조 제1호에 따른 신문(관련된 회외 · 부록 또는 증간을 포함)과 「잡지 등 정기간행물의 진흥에 관한 법률(이하 '잡지법'이라 함)」 제2조 제1호 가목 · 나목 및 라목의 정기간행물(관련된 호외 · 부록 또는 증간을 포함)

- 발행주기를 일간 · 주간 또는 월간으로 하여 월 1회 이상 정기적으로 발송해야 함
- 요금별납 또는 요금후납 일반우편물로서 무게와 규격이 같아야 함

㉯ 다음에 해당하는 우편물은 우편요금 감액우편물에서 제외함

- 신문법 제9조에 따라 등록하지 않은 신문과 잡지법 제15조, 16조에 따라 등록 또는 신고하지 않은 정기간행물, 잡지법 제16조에 따라 신고한 정보간행물 및 기타간행물 중 상품의 선전 및 그에 관한 광고가 앞 · 뒤표지 포함 전지면의 60%를 초과하는 정기간행물
- 우편물의 내용 중 받는 사람에 관한 정보나 서신 성격의 안내문이 포함되어 있는 경우

ⓜ 비영리민간단체우편물 : 「비영리민간단체지원법」 제4조에 따라 등록된 비영리민간단체가 공익활동을 위하여 발송하는 요금별납 또는 요금후납 일반우편물로 공익활동을 위한 직접적인 내용이어야 함

ⓗ 국회의원의정활동보고서

㉮ 국회의원이 의정활동을 당해지역구 주민에게 알리기 위하여 연간 3회의 범위에서 1회 5,000통 이상 발송하는 요금별납 또는 요금후납 일반우편물

㉯ 2개 이상의 행정구역으로 구성되어 있는 복합선거구에서의 발송 시 복합선거구 내 소재 4급 또는 5급 우체국이 둘 이상 있는 경우에 접수우체국별로 각각 연간 3회 범위 내에서 감액을 적용함

ⓐ 상품안내서(카탈로그) 우편물

　　㉮ 각각의 파렛에 적재되는 중량·규격이 같은 16면 이상(표지 포함)의 책자형태로서 상품의 판매를 위해 가격·기능·특성 등을 문자·사진·그림으로 인쇄한 요금후납 일반우편물

　　㉯ 상품안내서(카탈로그) 한 면의 크기는 최소 120mm × 190mm 이상, 최대 255mm × 350mm 이하, 두께는 20mm 이하로 함

　　㉰ 상품안내서(카탈로그) 중 최대·최소 규격의 범위를 벗어나는 내용물이 전지면의 10%를 초과하지 못함

　　㉱ 책자 형태에 포함되지 않은 추가 동봉물은 8매까지 인정함

　　㉲ 우편물 1통의 무게는 1,200g을 초과할 수 없으며, 추가 동봉물은 상품안내서(카탈로그)의 무게를 초과하지 못함

　　㉳ 봉함된 우편물 전체의 내용은 광고가 80% 이상이어야 함

③ 창구접수 및 방문접수 소포우편물의 감액

　㉠ 감액대상 : 창구접수(등기소포)·방문접수 우편요금(부가취급수수료 제외)

　　※ 기표지 상 동일 발송인 및 접수정보 연계 접수 시에 한함

　㉡ 감액접수 대상관서 : 전국 모든 우편관서(우편취급국 포함)

　㉢ 요금감액 범위

구분		5%	10%	15%
창구접수	요금즉납	3개 이상	10개 이상	50개 이상
	요금후납	70개 이상	100개 이상	130개 이상
방문접수	접수정보 사전연계	개당 500원 감액(접수정보 입력, 사전결제, 픽업장소 지정 시)		

* 창구접수 감액은 인터넷우체국 사전접수를 통해 접수정보 연계시에만 적용

(5) 우편요금 등의 반환청구

① 개념

　㉠ 우편요금은 과학기술정보통신부가 제공하는 우편의 서비스에 대한 대가로 납부하는 것이기 때문에 이 서비스를 제공하지 않은 경우에는 채무불이행으로 요금을 발송인에게 반환해야 하며, 또 발송인이 요금을 초과 납부한 경우에는 부당이득이 되므로 발송인에게 반환하여야 함

　㉡ 그러나 이 모든 경우에 요금을 반환하면 반환사유의 인정이 극히 곤란한 경우가 있을 뿐만 아니라, 이의 해결을 위해 시간이 걸리므로 우편업무의 신속성을 해칠 염려가 있어 한 번 납부한 요금이나 초과 납부한 요금은 원칙적으로 반환하지 않으나, 대통령령으로 정한 경우에만 납부한 사람의 청구에 따라 요금을 반환하고 있음

② 우편요금 등의 반환사유, 반환범위 및 반환청구기간

　㉠ 우편요금 등의 반환사유, 반환범위, 반환기간〈「우편법 시행령」 제35조〉

반환사유 및 반환범위	근거규정	반환청구우체국	청구기간
과다 징수한 우편요금 등 우편관서의 잘못으로 너무 많이 징수한 우편요금 등	영 제36조 제1항 제1호	해당우편요금 등을 납부한 우체국	해당우편요금 등을 납부한 날부터 60일
• 부가취급을 하지 아니한 경우의 그 부가취급수수료 • 우편관서에서 우편물의 부가취급의 수수료를 받은 후 우편관서의 잘못으로 부가취급을 하지 아니한 경우의 그 부가취급수수료	영 제36조 제1항 제2호		
• 사설우체통 사용계약을 해지하거나 해지시킨 경우의 납부수수료 잔액 • 사설우체통의 사용계약을 해지한 날 이후의 납부수수료 잔액	영 제36조 제1항 제3호		해지한 날부터 30일
납부인이 우편물을 접수한 후 우편관서에서 발송이 완료되지 아니한 우편물의 접수를 취소한 경우	영 제36조 제1항 제4호		우편물 접수 당일

　㉡ 우편요금 반환 청구서의 접수 : 청구인의 반환청구를 검토하여 지급하기로 결정한 때에는 우편요금반환청구서에 해당사항을 적은 후에 봉투 등의 증거자료를 첨부하여 제출하도록 한다.

　㉢ 우편요금 등의 반환

　　㉮ 우표로 반환하는 경우 : 우표로 반환할 때에는 우선 창구에서 보관 중인 우표로 반환 금액에 상당하는 우표를 청구인에게 교부하고 영수증을 받음

　　㉯ 현금으로 반환하는 경우 : 현금으로 반환할 때에는 지출관이 반환금 등에서 반환 후 청구인에게서 영수증을 받음

---

❼ 손해배상 및 손실보상

(1) 국내우편물의 손해배상제도

① 개념 및 성격

　㉠ 개념 : 우편관서의 고의나 잘못으로 취급 중인 국내우편물에 끼친 재산적 손해에 대해 물어주는 제도

　㉡ 성격

　　㉮ 손해배상은 위법한 행위에 대한 보전을 말하는 것

　　㉯ 적법한 행위 때문에 생긴 손실을 보전하는 손실보상과 재산적인 손해와 상관없이 일정 금액을 지급하는 이용자실비지급제도와는 성격상 차이가 있음

② 손해배상의 범위 및 금액

구분		손실, 분실 (최고)	지연배달
통상	일반	없음	없음
	준등기	5만원	
	능기취급	10만원	D+5일 배달분부터 : 우편요금과 등기취급수수료
	국내특급 당일특급	10만원	D+1일 0시~20시까지 배달분 : 국내특급수수료 D+1일 20시 이후 배달분 : 우편요금과 국내특급수수료
	국내특급 익일특급	10만원	D+3일 배달분부터 : 우편요금 및 국내특급수수료
소포	일반	없음	없음
	등기취급	50만원	D+3일 배달분부터 : 우편요금 및 등기취급수수료
	국내특급 당일특급	50만원	D+1일 0시~20시까지 배달분 : 국내특급수수료 D+1일 20시 이후 배달분 : 우편요금과 국내특급수수료

㉮ 파손·훼손·분실로 손해배상을 하는 경우 '손실·분실'에 해당하는 금액을 한도로 하여 배상. 다만, 실제 손해액이 최고 배상금액보다 적을 때는 실제 손해액으로 배상

㉯ 등기 취급하지 않은 우편물은 손해배상하지 않음

㉰ 'D'는 우편물을 접수한 날을 말하며, 공휴일과 우정사업본부장이 배달하지 않기로 정한 날은 배달기한에서 제외

㉱ 다음과 같은 경우 지연 배달로 보지 않음
- 설·추석 등 특수한 기간에 우편물이 대량으로 늘어나 늦게 배달되는 경우
- 우편번호 잘못 표시, 수취인 부재 등 발송인이나 수취인의 책임으로 지연배달된 경우
- 천재지변 등 불가항력적인 이유로 지연배달 되는 경우

③ 손해배상 청구권

㉠ 우편물의 발송인

㉡ 우편물 발송인의 승인을 얻은 수취인

④ 손해배상 제한 사유

㉠ 발송인 또는 수취인의 잘못으로 손해가 생긴 경우

㉡ 우편물의 성질, 결함 또는 불가항력적인 이유로 손해가 생긴 경우

㉢ 우편물을 배달(교부)할 때 외부에 파손 흔적이 없고, 무게도 차이가 없을 경우

㉣ 수취인이 우편물을 정당하게 받았을 경우

⑤ 청구절차

㉠ 우편물 수취거부와 손해 신고 접수

㉮ 발송인이나 수취인이 우편물에 이상이 있다고 주장하는 경우, 우편물을 수취거부하고 신고하도록 안내

ⓑ 신고를 받은 직원은 업무 담당자에게 전달하고, 업무 담당자는 우편물류시스템에 '사고접수내역'을 등록한 후 배달우체국에 검사(검사자 : 집배원 또는 책임자)를 요청
ⓒ 신고 사실의 검사 : 배달우체국에서는 손해사실의 신고를 받았을 때에는 집배원 또는 책임직이 수취거부 우편물의 외장 또는 무게의 이상유무, 직원의 고의나 잘못이 있는지 등을 검사하여야 함
ⓓ 손해검사조서 작성 및 등록 : 손해가 있다고 인정될 때는 우편물 수취를 거부한 다음 날부터 15일 안에 수취 거부자(신고인)에게 손해 검사에 참관하도록 연락해야 함
ⓔ 손해배상 결정
　　㉮ 손해가 있는 것으로 판단되면 배상 청구를 심사한다. 심사할 사항은 다음과 같다.
　　　• 우편물을 발송한 날로부터 1년 내에 청구한 것인지
　　　• 원인이 발송인이나 수취인에게 있거나 불가항력적이었던 것은 아닌지
　　　• 우편물의 외부에 파손 흔적이 없고, 무게 차이도 없는지
　　　• 우편물을 정상적으로 수취한 다음에 신고한 것은 아닌지
　　　• 청구자가 수취인이라면 발송인의 승인을 얻은 것인지
　　㉯ 청구 심사가 끝나면 적정한 감정기관의 의견이나 증빙자료를 바탕으로 배상 금액을 결정하고 손해배상 결정서를 청구인에게 보낸다. 청구인은 금융창구를 통해 배상액을 청구할 수 있다.
ⓕ 우편물의 처리
　　㉮ 손해를 배상한 우편물은 배상한 우체국에서 반송불능우편물 처리방법에 따라서 처리한다. 다만, 수리 비용 등 일부 손해를 배상한 경우에는 우편물을 내어줄 수 있다.
　　㉯ 검사결과 손해가 없는 것으로 드러나는 경우, 손해검사조서서 1통은 우편물과 함께 수취거부자에게 보내고 1통은 해당 우체국에서 보관한다.
　　㉰ 손해가 있다고 신고한 우편물을 우체국에서 보관하거나 총괄우체국 으로 보내는 경우, 우편물 상태를 책임자가 정확하게 확인하고 주고 받아야 하며 손해 상태가 달라지지 않도록 취급해야 한다.
ⓖ 기타 법적 사항
　　㉮ 손해배상 청구권은 우편물을 발송한 날부터 1년이다. 다만, 손해배상 결정서를 받은 청구인은 우편물을 받은 날부터 5년 안에 배상액을 청구할 수 있다. 그 이후에는 시효로 인해 권리가 소멸된다.
　　㉯ 손해배상에 이의가 있을 때는 결정 통지를 받은 날부터 3개월 안에 민사소송을 제기할 수 있다.
　　㉰ 해당 손해배상에 대해 공무원의 고의 또는 중대한 잘못이 있는 경우, 배상책임을 물을 수 있다.

(2) 손실보상제도

① 손실보상 등의 범위

　㉠ 우편업무를 수행중인 운송원·집배원과 항공기·차량·선박 등이 통행료를 내지 않고 도로나 다리를 지나간 경우
　㉡ 우편업무를 수행 중에 도로 장애로 담장 없는 집터, 논밭이나 그 밖의 장소를 통행하여 생긴 손실에 대한 보상을 피해자가 청구하는 경우
　㉢ 운송원이 도움을 받은 경우 도와준 사람에게 보상

② 손실보상 청구

　㉠ 도와준 사람에게 줄 보수나 손실보상을 청구할 때에는 청구인의 주소, 성명, 청구사유, 청구금액을 적은 청구서를 운송원 등이 소속하고 있는 우체국장을 거쳐 관할 지방우정청장에게 제출하여야 한다. 이때에 소속우체국장은 손실보상의 청구내용에 대한 의견서를 첨부하여야 한다.

　㉡ 청구서와 의견서를 받은 지방우정청장은 그 내용을 심사하여 청구내용이 정당하지 아니하다고 인정하는 때에는 그 사유서를 청구인에게 보내고, 청구내용이 정당하다고 인정하는 때에는 청구한 보수나 손실보상금을 청구인에게 지급하여야 한다.

　㉢ 지방우정청장은 필요하다고 인정하는 경우에는 청구인의 출석을 요구하여 질문하거나 관계자료를 제출하도록 할 수 있다.

　㉣ 그 사실이 있었던 날부터 1년 이내에 청구하여야 한다.

③ 보수 및 손실보상금액의 산정

　㉠ 보수 및 손실보상금액은 청구인이 입은 희생 및 조력의 정도에 따라 다음 기준에 의하여 판단한 금액으로 결정

　　㉮ 우편법 제4조 제1항에 의한 조력자의 경우에는 일반노무비, 교통비, 도움에 소요된 실비

　　㉯ 우편법 제5조의 택지나 전답을 통행한 경우에는 그 보수비나 피해를 입은 당시의 곡식 등의 가액

　　㉰ 도선이나 유료 도로 등을 통행한 경우에는 그 도선료나 통행료

　　㉱ 운송의 편의를 위하여 시설을 제공한 경우에는 그 보관료나 주차료 등

　㉡ 보수와 손실보상금액은 현금으로 일시불 지급

④ 손실보상 등 결정에 대한 불복 … 보수 또는 손실보상의 결정에 대하여 불복하는 사람은 그 통지를 받은 날부터 3개월 이내에 소송을 제기할 수 있음

(3) 이용자 실비지급제도

① 의의

　㉠ 우정사업본부장이 공표한 기준에 맞는 우편서비스를 제공하지 못할 경우에 예산의 범위에서 교통비 등 실비의 전부나 일부를 지급하는 제도이다.

　㉡ 부가취급 여부·재산적 손해 유무를 요건으로 하지 않고 실비를 보전하는 점에서 손해배상과 성질상 차이가 있다.

② 지급조건 및 지급액

　㉠ 사유가 발생한 날부터 15일 이내에 해당 우체국에 신고해야 한다.

　㉡ 지급 여부 결정 : 이용자가 불친절한 안내 때문에 2회 이상 우체국을 방문하였다고 문서, 구두, 전화, e-mail 등으로 신고한 경우에는 해당부서 책임자가 신고내용을 민원처리부 등을 참고하여 신속히 지급 여부 결정(무기명 신고자는 제외)

　㉢ 실비지급 제한 : 우편서비스 제공과 관계없이 스스로 우체국을 방문한 때

ㄹ 이용자 실비지급제도의 범위와 지급액

구분	지급사유	실비 지급액
모든 우편	우체국직원의 잘못이나 불친절한 응대 등으로 2회 이상 우체국을 방문하였음을 신고한 경우	1만 원 상당의 문화상품권 등 지급
EMS	종 · 추적조사 및 손해배상을 청구한 때 3일 이상 지연 응대한 경우	무료발송권(1회 3만 원권)
	한 발송인에게 월 2회 이상 손 · 망실 발생 시	무료발송권(1회 10kg까지) ※ 보험가입여부와 관계없이 월 2회 이상 손 · 망실이 생긴 때

❽ 그 밖의 청구와 계약

(1) 국내우편물 수취인의 주소 · 성명 변경청구 및 우편물의 반환청구

① 개념

ㄱ 수취인의 주소 · 성명의 변경청구 : 우편물이 배달되기 전에 발송인이나 수취인이 수취인의 주소 · 성명을 바꾸려고 하는 경우 우편관서에 요청하는 청구(단, 수취인은 주소 변경만 청구 가능)

ㄴ 우편물의 반환 청구 : 발송인이 우편물을 보낸 후, 그 우편물이 배달되지 않아야 하는 이유가 생겼을 때 우편관서에 요청하는 청구

② 처리요령

ㄱ 청구의 수리여부 검토

㉮ 청구인의 정당 여부 확인
- 발송인 : 증명서, 신분증, 영수증 등
- 수취인 : 증명서, 신분증, 배달안내 문자 또는 우편물 도착통지서

㉯ 청구가능 우편물 여부 확인
- 발송인이 수취인의 주소나 성명을 변경청구한 경우 내용증명 우편물이 아닌지 확인
  - 내용증명의 수취인 주소 · 성명을 변경할 경우 우편물을 반환한 뒤 새로운 내용물로 다시 작성하여 발송하거나, 봉투와 원본 · 등본의 내용을 모두 같게 고친 후 발송하여야 함
- 수취인의 주소 변경청구인 경우, 배달우체국에 도착한 등기우편물 중 관련 고시에서 제외하고 있는 특별송달, 내용증명, 선거우편, 냉장 · 냉동 보관이 필요한 우편물이 아닌지 확인

㉰ 우편물이 이미 배달(교부) 되었거나 배달준비가 완료된 것은 아닌지 확인한다.

㉱ 우편물이 이미 발송되었거나 발송준비가 완료가 된 경우 우편물 배달 전에 배달국에 알릴 수 있는 상황인지 확인한다.

㉲ 우편물 배달기한을 생각할 때 청구가 실효성이 있을지 확인한다.

㉳ 그 밖에 발송인의 청구를 받아들여도 업무상 지장이 없는지 확인한다.

ⓛ 청구서의 접수 : 수리를 결정한 때에는 청구서를 교부하여 접수하고 수수료를 받는다.

※ 취급수수료

구분	서비스 이용 구간	수수료
발송인 청구에 의한 성명·주소 변경 및 우편물 반환	우편집중국으로 발송 전	무료
	우편집중국으로 발송 후	• 일반우편물 : 기본통상우편요금 • 등기우편물 : 등기취급수수료[*]
수취인 청구에 의한 주소변경		등기취급수수료^{**}

* 수취인 성명 변경 및 동일 총괄우체국 내 주소 변경 시 기본통상우편요금
** 동일 총괄우체국 내 변경 청구 시 무료

ⓒ 우편물의 처리

㉮ 발송준비 완료 전이나 자국 배달 전
- 수취인의 주소·성명 변경 청구 : 변경 전의 사항은 검은 선을 두 줄 그어 지우고, 그 밑에 새로운 사항 기록
- 우편물 반환 청구 : 접수 취소로 처리(우편물·수납요금 반환, 라벨·증지 회수)하거나 반환청구에 준해서 처리(라벨·증지 회수 불필요. 우편물만 반환하고 요금은 미반환)

㉯ 배달 완료 전이나 배달준비 완료 전인 경우
- 수취인의 주소·성명 변경 청구 : 변경 전의 사항은 검은 선을 두 줄 그어 지우고, 그 밑에 새로운 사항 기록
- 우편물 반환 청구 : 우편물에 반환사유를 적은 쪽지를 붙여 발송인에게 반송

(2) 국내우편물 보관우편물의 보관국 변경청구 및 배달청구

① 개념

㉠ 보관우편물이란 '우체국 보관' 표시가 있는 우편물과 교통 불편 등의 이유로 일반적인 방법으로 접근하기 어려운 지역으로 배달하는 우편물로서, 배달우체국의 창구에서 보관한 후 수취인에게 내어주는 우편물을 말함

ⓛ 해당 개념에 포함되지 않는 보관우편물

㉮ 수취인 부재 등의 이유로 우체국에서 보관하고 있는 우편물
㉯ 우편함 설치대상 건축물(「우편법」 제37조의2)인데도 이를 설치하지 않아 배달우체국에서 보관·교부하는 우편물(「우편법 시행령」 제51조 제2항)

ⓒ 보관우체국이 변경된 경우에는 보관기간이 다시 시작됨

② 처리요령

㉠ 요청한 고객이 정당한 수취인인지? (정당한 수취인만 가능)
ⓛ 보관국 변경청구인 경우, 이미 다른 우체국을 보관국으로 변경 청구한 것은 아닌지? (1회만 가능)
ⓒ 해당 우편물을 수취인이 수령하지 않았는지? (수령 전 우편물만 가능)
ⓔ 특히, 청구인이 수취인이 아닌 경우에는 정당하게 위임을 받은 사람인지 제출한 서류를 근거로 주의해서 확인하여야 함

㉮ 일반적인 경우
- 위임장과 위임인(수취인)의 인감증명서, 대리인의 신분증 확인한다.
- 인감증명서는 본인발급분이나 대리발급분 모두 가능하며, '본인서명 사실확인서'도 가능하다.
- 위임하는 사람이 법인의 대표인 경우에는 대표자의 위임장과 법인인감증명서, 대리인 신분증을 확인한다.

㉯ 정당한 청구권자가 특별한 상황인 경우
- 수감자 : 위임장과 교도소장의 위임사실 확인(명판과 직인 날인), 대리인 신분증을 확인한다.
- 군복무자 : 위임장과 부대장(대대장 이상)의 위임사실 확인(명판과 직인 날인), 대리인 신분증을 확인한다.

(3) 우편사서함 사용계약

① 개요 … 우편사서함이란 신청인이 우체국장과 계약을 하여 우체국에 설치된 우편함에서 우편물을 직접 찾아 가는 서비스이다. 우편물을 다량으로 받는 고객이 우편물을 수시로 찾아갈 수 있으며, 수취인 주거지나 주소변경에 관계없이 이용할 수 있는 장점이 있다.

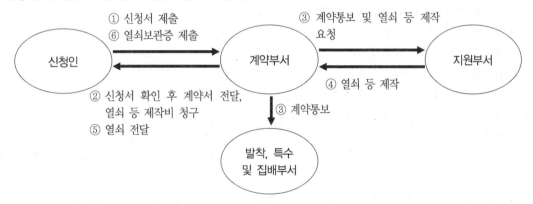

② 사용계약

㉠ 신청서 접수

㉮ 우편사서함의 사용계약을 하려는 사람은 주소·성명 등을 기록한 계약신청서와 등기우편물 수령을 위하여 본인과 대리수령인의 서명표를 사서함 시설이 갖춰진 우체국에 제출한다.
- 우편물 수령을 위한 서명표를 받고 우체국에 우편물 수령인으로 신고한 사람의 인적사항과 서명이미지를 우편물류시스템에 등록하고 관리해야 한다.
- 법인, 공공기관 등 단체의 우편물 수령인은 5명까지 등록 가능하며 신규 개설할 때나 대리수령인이 바뀐 때는, 미리 신고할 경우에만 가능하다.

㉯ 사용인과 신청인의 일치 여부는 주민등록증의 확인으로 하되, 대리인이 신청하는 경우에는 위임장, 대리인의 신분증 등을 확인하고 접수해야 한다.

㉰ 사서함 신청을 받은 우체국장은 국가기관, 지방자치단체, 일일배달 예정 물량이 100통 이상인 다량이용자, 우편물배달 주소지가 사서함 설치 우체국의 관할구역인 신청자 순서로 우선 계약을 할 수 있다.

㉱ 사서함은 2인 이상이 공동으로 사용할 수 없다.

⑰ 사서함 관리를 위해 필요한 경우 신청인(사서함 사용 중인 사람 포함)의 주소, 사무소나 사업소의 소재지를 확인할 수 있다.

③ 신고사항의 처리
　⊙ 사서함 사용자는 다음 각 호의 경우에는 즉시 계약 우체국장에게 알려야 한다.
　　㉮ 사서함이 훼손된 경우
　　㉯ 사서함의 열쇠를 망실한 경우
　　㉰ 사서함 사용자의 주소 또는 명의가 변경된 경우
　　㉱ 사서함 우편물 대리수령인이 바뀐 경우
　　　※ 사서함 사용자의 주소 이전 여부를 파악하기 위하여, 수시로 연락하거나 그 밖의 통지사항을 사용자 주소지에 무료우편물로 보내는 방법으로 사용자 거주 여부를 확인하여야 함
　⊙ 신고사항 처리절차
　　㉮ 변경신고서 접수
　　　• 사서함 사용자에게서 변경사항에 대한 신고서를 접수
　　　• 변경사항의 확인이 필요한 경우에는 증빙서류를 제출하도록 안내
　　　• 기록사항을 원부와 대조 확인
　　㉯ 원부정리
　　　• 원부의 변경사항을 정정하거나 해지사항을 기록
　　　• 우편물 대리수령인이 바뀐 경우 인적사항과 서명표를 재작성
　　㉰ 통보
　　　• 인적사항과 서명표를 다시 작성하였을 때에는 사서함 우편물 교부 담당자에게 인적사항과 서명표를 통보하고 송부
　　　• 주소, 상호, 명의변경, 대리수령인변경 등은 변경신고서를 공람하게 하고 당무자에게 통보

④ **사용계약의 해지**
　⊙ 사서함 사용계약 우체국장은 다음의 경우 사서함 사용계약을 해지할 수 있다.
　　㉮ 사서함에 배달된 우편물을 정당한 사유 없이 30일 이상 수령하지 않을 경우
　　㉯ 최근 3개월간 계속하여 사서함에 배달된 우편물의 총통수가 월 30통에 미달한 경우
　　㉰ 우편관계 법령을 위반한 때
　　㉱ 공공의 질서나 선량한 풍속에 반하여 사서함을 사용한 때
　⊙ 사서함 사용자가 사서함의 사용을 해지하려 할 때에는 해지예정일 10일 전까지 해지예정일 및 계약을 해지한 후의 우편물 수취장소 등을 기록하여 계약우체국에 통보해야 한다.
　⊙ 사서함 사용계약을 해지한 경우 원부, 대리수령인 인적사항, 서명표를 정리해야 한다.
　　※ 해지 사유가 생긴 때에는 사용자에게 충분한 설명을 하여, 사용자의 의사와 관계없이 일방적으로 취소하는 일이 없도록 해야 함
　⊙ 열쇠의 반납은 불필요

⑤ **사서함의 관리** … 사서함을 운영하고 있는 관서의 우체국장은 연 2회 이상 운영 실태를 점검하고 사용계약 해지 대상자 등을 정비하여야 한다.

❾ 우편물류

(1) 우체국 물류의 흐름

① 우편물의 처리과정 … 우편물의 일반취급은 우편물의 접수부터 배달까지의 전반적인 처리과정을 말한다. 우편물의 흐름과정을 살펴보면 다음과 같다.

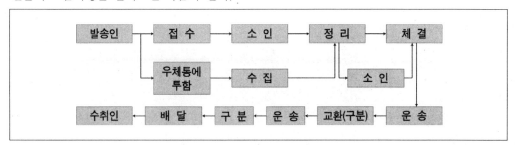

② 우편물의 발송

　ㄱ 발송기준

　　㉮ 발송·도착 구분 작업이 끝난 우편물은 운송방법 지정서에 지정된 운송편으로 발송한다.

　　㉯ 우편물의 발송순서는 특급우편물, 일반등기우편물, 일반우편물 순으로 발송한다.

　　㉰ 우편물 발송 시 운송확인서를 운전자와 확인하고 교환하여 발송한다.

　ㄴ 일반우편물

　　㉮ 일반우편물을 담은 운송용기는 운송송달증을 등록한 뒤에 발송한다.

　　㉯ 우편물은 형태별로 분류하여 해당 우편상자에 담는다. 다만, 우편물량이 적을 경우에는 형태별로 묶어 담고 운송용기 국명표는 혼재 표시된 국명표를 사용한다.

　ㄷ 부가취급우편물

　　㉮ 부가취급우편물을 운송용기에 담을 때에는 책임자나 책임자가 지정하는 사람이 참관하여 우편물류시스템으로 부가취급우편물 송달증을 생성하고 송달증과 현품 수량을 대조 확인한 후 발송한다. 다만, 관리 작업이 끝난 우편물을 발송할 때 부가취급우편물 송달증은 전산 송부한다.(e-송달증시스템)

　　㉯ 덮개가 있는 우편상자에 담아 덮개에 운송용기 국명표를 부착하고 묶음끈을 사용하여 반드시 봉함한 후 발송한다.

　　㉰ 당일특급우편물은 국내특급우편자루를 사용하고 다른 우편물과 구별하여 해당 배달국이나 집중국으로 별도로 묶어서 발송한다.

　ㄹ 운반차의 우편물 적재

　　㉮ 분류 및 구분한 우편물은 섞이지 않게 운송용기에 담아야 한다.

　　㉯ 여러 형태의 우편물을 함께 넣을 때에는 작업을 쉽게 하기 위하여 일반소포→등기소포→일반통상→등기통상→중계우편물의 순으로 담는다.

　　㉰ 소포우편물을 적재할 때에는 가벼운 소포와 취약한 소포를 위에 적재하여 우편물이 파손되지 않게 주의한다.

ⓑ 우편물의 교환 : 행선지별로 구분한 우편물을 효율적으로 운송하기 위하여 운송거점에서 운송용기(우편자루, 우편상자, 운반차 등)를 서로 교환하거나 중계하는 작업

③ 우편물의 운송

　　㉠ 개념 : 우편물(운송용기)을 발송국에서 도착국까지 운반하는 것

　　㉡ 우편물 운송의 우선순위 : 운송할 우편 물량이 많아 차량, 선박, 항공기, 열차 등의 운송수단으로 운송할 수 없는 경우에는 다음 순위에 따라 처리한다.

　　　㉮ 1순위 : 당일특급우편물, EMS우편물

　　　㉯ 2순위 : 익일특급우편물, 등기소포우편물(택배포함), 보통등기 및 준등기우편물, 국제항공우편물

　　　㉰ 3순위 : 일반소포우편물, 일반통상우편물, 국제선편우편물

　　㉢ 운송의 종류

　　　㉮ 정기운송 : 우편물의 안정적인 운송을 위하여 관할 지방우정청장이 정한 우편물운송방법지정서에 의해 시행되는 운송이다. 운송구간, 수수국, 수수시각, 차량톤수 등이 지정되어 있다.

　　　㉯ 임시운송 : 물량의 증감에 따라 정기운송편 이외 방법으로 운송하는 것을 말한다.

　　　㉰ 특별운송

　　　　• 우편물의 일시적인 폭주와 교통의 장애 등 그 밖의 특별한 사정이 있다고 인정되는 경우에는 우편물의 원활한 송달을 위하여 전세차량 · 선박 · 항공기 등을 이용하여 운송

　　　　• 우편물 정시송달이 가능하도록 최선편에 운송하고 운송료는 사후에 정산

(2) 우편물 배달

① 집배의 정의 … 집배국에서 근무하는 집배원이 우체통에 투입된 우편물을 지정한 시간에 수집하고, 우편물에 표기된 수취인(반송하는 경우에는 발송인)의 주소지로 배달하는 우편서비스를 말한다.

② 우편물 배달 흐름도

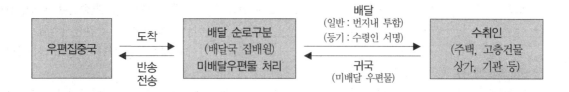

(3) 우편물 배달의 원칙

① 배달의 일반원칙

　　㉠ 우편물은 그 표면에 기재된 곳에 배달한다.

　　㉡ 2인 이상을 수취인으로 하는 경우는 그 중 1인에게 배달한다.

　　㉢ 우편사서함번호를 기록한 우편물은 당해 사서함에 배달한다.

② 취급과정을 기록하는 우편물은 정당 수령인으로부터 그 수령사실의 확인(서명(전자서명 포함) 또는 날인)을 받고 배달하여야 한다.

② 우편물 배달 기준
　㉠ 모든 지역의 일반우편물의 배달은 우편물이 도착한 날 순로 구분을 하여 다음날에 배달한다. 단, 집배 순로구분기 설치국에 오후 시간대에 도착한 우편물은 도착한 다음날 순로 구분을 하여, 순로 구분한 다음날에 배달한다.
　㉡ 시한성 우편물, 특급(당일, 익일)우편물, 등기소포는 도착 당일 구분하여 당일 배달한다.

③ 배달의 우선순위
　㉠ 제1순위 : 기록취급우편물, 국제항공우편물
　㉡ 제2순위 : 준등기우편물, 일반통상우편물(국제선편통상우편물 중 서장 및 엽서 포함)
　㉢ 제3순위 : 제1순위, 제2순위 이외의 우편물
　㉣ 제1순위부터 제3순위까지 우편물 중 한 번에 배달하지 못하고 잔량이 있을 때에는 다음편에 우선 배달한다.

(4) 배달의 특례(우편법 시행령 제43조)

① 동일건물 내의 일괄배달
　㉠ 같은 건축물이나 같은 구내의 수취인에게 배달할 우편물은 그 건축물이나 구내의 관리사무소, 접수처, 관리인에게 배달이 가능하다.
　　※ 예 : 공공기관, 단체, 학교, 병원, 회사, 법인 등
　㉡ 관리사무소, 접수처, 관리인 등이 없는 경우에는 일반우편물은 우편함에 배달하고 우편함에 넣을 수 없는 우편물(소포 · 대형 · 다량우편물)과 부가취급우편물, 요금수취인부담우편물을 수취인에게 직접 배달한다.

② 우편물의 사서함 교부
　㉠ 사서함우편물 교부방법
　　㉮ 우편사서함에 교부하는 우편물은 운송편이나 수집편이 도착할 때마다 구분하여 즉시 사서함에 투입
　　㉯ 등기우편물, 요금수취인부담, 요금미납부족우편물과 용적이 크거나 수량이 많아 사서함에 투입할 수 없는 우편물은 이를 따로 보관하고, 우편물을 따로 보관하고 있다는 내용(사용자가 외국인인 경우에는 'Please, Contact the counter for your mail')의 표찰을 투입
　　㉰ 사서함 이용자가 사서함에서 안내 표찰을 꺼내 창구에 제출하면 담당자는 따로 보관하고 있는 우편물을 내어줌
　　㉱ 등기우편물을 내줄 때는 주민등록증 등 신분증으로 정당한 수령인(본인이나 대리수령인)인지 반드시 확인
　　㉲ 전자서명방식(개인휴대용단말기(PDA), 펜패드(PENPAD) 등)으로 수령인의 서명을 받고 배달결과를 우편물류시스템에 등록

- ⓛ 사서함번호만 기록한 우편물 : 해당 사서함에 정확하게 넣고 수취인에게 우편물 도착사실을 알려주며, 생물 등 변질이 우려되는 소포는 냉동·냉장고에 보관하였다가 수취인에게 내어줌
- ⓒ 사서함번호와 주소가 함께 기록된 우편물 : 우편물을 사서함에 넣을 수 있으며 당일특급, 특별송달, 보험취급, 맞춤형 계약등기 우편물은 주소지에 배달
- ⓔ 사서함번호를 기록하지 않은 우편물 : 우편사서함 번호를 기록하지 않은 우편물이라도 우편사서함 사용자에게 가는 우편물이 확실할 때에는 우편사서함에 투입 가능. 다만 당일특급, 특별송달, 보험취급, 맞춤형 계약등기, 등기소포 우편물은 사서함에 넣지 않고 주소지에 배달

③ 보관우편물 교부
- ㉠ 자국에서 보관 교부할 우편물이 도착하였을 때에는 해당 우편물에 도착날짜도장을 날인하고 따로 보관한다.
- ㉡ 종이배달증의 처리 : 등기취급한 보관우편물은 배달증의 적요란에 '보관'이라고 적은 후 수취인에게 내어줄 때까지 보관한다.
- ㉢ 우편물 교부
  - ㉮ '우체국보관'의 표시가 있는 우편물은 그 우체국 창구에서 수취인에게 우편물을 내어줌. 이때, 등기우편물은 정당한 수취인인지 확인한 후 수령인의 서명(전자서명 포함)을 받고 우편물을 내어주고 우편물류시스템에 배달결과를 등록한다.
  - ㉯ ㉮의 따른 보관기간은 우편물이 도착한 다음 날부터 계산하여 10일로 함. 다만, 교통이 불편하거나 그 밖의 사유로 수취인이 10일 이내에 우편물을 교부받을 수 없다고 인정될 때에는 20일 이내로 교부기간을 연장할 수 있다.

④ 수취인 청구에 의한 창구교부
- ㉠ 집배원 배달 전이나 배달하지 못해 반송하기 전 보관하고 있는 우편물은 수취인의 청구에 의해서 창구교부한다.
- ㉡ 선박이나 등대로 가는 우편물에 대해서도 창구에서 교부한다.

⑤ 공동우편함 배달 … 교통이 불편한 도서·농어촌 지역, 공동생활 지역 등 정상적인 우편물의 배달이 어려울 경우 마을공동수취함을 설치하여 배달한다.

⑥ 수취인 신고에 의한 등기우편물 대리수령인 배달
- ㉠ 장기간 집을 비우는 경우나 많은 세대가 사는 아파트 같은 경우 수취인과 대리수령인의 신고를 통해서 등기우편물 대리수령인으로 지정할 수 있다.
- ㉡ 일반우편물은 원래 주소지에 배달하고 등기우편물은 1차 배달이 안 되었을 경우 대리수령인에게 배달한다.

⑦ 수취인 장기부재 시 우편물 배달 … 휴가 등으로 수취인이 장기간 집을 비울 때 등기우편물은 다음과 같이 배달할 수 있다.
- ㉠ 주소지에 동거인이 있는 경우에는 그 동거인에게 배달

ⓛ 수취인 장기부재신고서에 돌아올 날짜를 미리 신고한 경우
- ㉮ 15일 이내 : 돌아올 날짜의 다음날에 배달
- ㉯ 15일 이후 : "수취인장기부재" 표시하여 반송

⑧ 무인우편물보관함 배달
- ㉠ 수취인이 없어 무인우편물 보관함에 배달할 때에는 수취인의 동의를 받은 후 배달하여야 한다. 다만 사전에 무인우편물 보관함 배달을 신청한 경우에는 수취인을 방문하지 않고 배달할 수 있다.
- ㉡ 특별송달, 보험취급 등 수취인의 직접 수령한 사실 확인이 필요한 우편물은 무인우편물 보관함에 배달할 수 없다.

⑨ 주거이전 우편물의 전송 … 주거를 이전한 우편물의 수취인이 주거이전 우편물 전송서비스를 신청한 경우 서비스 기간 동안 표면에 구주소지가 기재된 우편물을 이전한 주소지로 전송

⑩ 수취인의 배달장소 변경 … 우편물 표기 주소지에서 우편물 수령이 어려운 등기우편물의 수취인이 배달장소 변경을 신청한 경우 수취인이 지정한 수령지로 배달

(5) 등기취급 우편물의 배달

① 정당 수령인
- ㉠ 우편물 표면에 기재된 주소지의 수취인이나 동거인(같은 직장 근무자 포함)
- ㉡ 같은 건축물 및 같은 구내의 관리사무소, 접수처, 관리인
- ㉢ 대리수령인으로 지정되어 우편관서에 등록된 사람
- ㉣ 수취인과 같은 집배구에 있고 수취인의 배달동의를 받은 무인우편물 보관함

② 수령인의 확인
- ㉠ 등기로 취급하는 우편물을 수취인이나 그 대리인에게 배달(교부)할 때에는 수령인에게 확인(전자서명 포함)을 받아야 함
- ㉡ 수령인의 확인 방법은 수령인이 인장을 날인하거나 수령인 성명을 직접 자필로 기록하게 하며(외국인 포함), 수령인이 본인이 아닌 경우에는 수취인과의 관계를 정확히 기록하여야 하고, 실제 우편물을 수령한 수령인을 반드시 입력
- ㉢ 수령인이 한글 해독 불가능자 또는 기타의 사유로 서명이 불가능한 경우에는 우편물 여백에 인장이나 지장을 날인하게 한 후 PDA에 장착된 카메라로 촬영하여 수령 확인
- ㉣ '무인우편물 보관함'에 배달하는 경우에는 '무인우편물 보관함'에서 제공하는 배달확인이 가능한 증명자료(영수증 또는 배달완료 모니터 화면)를 PDA(개인휴대용단말기)에 장착된 카메라로 촬영하여 수령사실을 갈음할 수 있음

③ 우편물 도착 안내 … 등기우편물을 수취인 부재 등의 사유로 배달하지 못한 경우와 대리수령인에게 배달한 경우에는 "우편물 도착안내서"를 수취인이 잘 보이는 장소에 부착하거나 메시지 서비스(문자 메시지, 포스트톡)를 통해 수취인에게 우편물 도착사실을 알림

④ 종류별 배달방법

   ㉠ 당일특급, 특별송달 : 3회 배달 후 보관하지 않고 반송

   ㉡ 맞춤형 계약등기 : 3회 배달, 2일 보관 후 반송

   ㉢ 기타 등기통상 및 등기소포 : 2회 배달, 2일 보관 후 반송

⑤ 보험취급 우편물의 배달

   ㉠ 통화등기우편물 취급 시 유의사항

     ㉮ 통화등기 송금통지서와 현금 교환업무 취급 시 반드시 참관자를 선정하여 서로 확인하고 봉투의 표면에 처리자와 참관자가 확인 날인

     ㉯ 국내특급으로 취급된 통화등기 우편물이 현금출납업무 마감시간 이후(또는 공휴일·토요일·일요일)에 도착하였을 때에는 시간외 현금 중에서 대체하여 배달하고, 시간외 현금이 없으면 다음 날 현금출납업무 시작 즉시 처리

     ㉰ 통화등기 우편물을 배달할 때에는 수취인으로 하여금 집배원이 보는 앞에서 그 우편물을 확인하게 하여 내용금액을 표기금액과 서로 비교 확인

   ㉡ 통화등기 우편물의 반송 및 전송

     ㉮ 반송 또는 전송하는 곳을 관할하는 집배국 앞으로 송금통지서 및 원부를 발행하여 우편물에 넣어 반송 또는 전송

     ㉯ 송금통지서 및 원부의 금액란 말미와 송금액 수수부 비고 란에는 "반송" 또는 "○○국 전송"이라 표시

   ㉢ 물품등기 우편물 배달 시 유의사항

     ㉮ 우편물을 확인하지 않고, 수취인에게 봉투와 포장상태의 이상 유무만 확인

     ㉯ 이후 사고발생으로 인한 민원발생 및 우편서비스 품질이 저하되는 사례가 없도록 유의

   ㉣ 유가증권등기 우편물 배달 시 유의사항

     ㉮ 수취인에게 겉봉을 열어 확인하게 한 후 표기된 유가증권 증서류명, 금액, 내용을 서로 비교 확인

     ㉯ 관공서, 회사 등 다량의 등기우편물 배달 시 유가증권 등기우편물이 포함된 사실을 모르고 상호 대조 확인없이 일괄 배달하는 사례가 없도록 유의

(6) 특급취급 우편물의 배달

① 배달기한

   ㉠ 당일특급

     ㉮ 가장 빠른 배달 편에 의하여 접수 당일 20:00까지 수취인에게 배달

     ㉯ 오후 특급 편에 도착한 당일특급 우편물은 당일에 전량 배달

     ㉰ 국제특급(EMS) 우편물은 당일특급에 준하여 배달처리

   ㉡ 익일특급

     ㉮ 접수한 다음 날까지 수취인에게 배달

     ㉯ 취급지역은 관할 지방우정청장(규칙 제61조 제6항)이 고시하되, 접수한 날의 다음 날까지 배달이 곤란한 지역에 대해서는 별도로 추가일수를 더하여 고시

ⓑ 우체국 축하카드 및 온라인환은 익일특급과 같이 처리

② 당일특급 우편물 배달할 때의 유의사항
  ㉠ 배달 중에 수령인의 서명(전자서명 포함) 및 배달시각을 함께 확인
  ㉡ 특급구, 특구 담당 집배원 등이 배달자료를 생성하여 배달

③ 재배달 · 전송 · 반송 처리
  ㉠ 재배달할 우편물은 2회째에는 가장 빠른 방법으로 배달하고 3회째에는 통상적인 배달 예에 의함(단, 익일특급 우편물은 제외)
  ㉡ 수취인 부재 시에는 재방문 예정시각을 기재한 '우편물 도착안내서'를 주소지에 부착(2회째까지)하고 수취인이 전화 등으로 재배달을 요구할 경우 재배달
  ㉢ 특급우편물(익일특급 포함)을 전송하거나 반송하는 경우에는 전송 또는 반송하는 날의 다음 근무일까지 배달

출제예상문제

1 우편의 의의에 대한 것 중 옳지 않은 것은?

① 국가가 국민을 위해 제공하는 기본적인 사회서비스 이다.

② 우정사업본부가 책임지고 서신이나 물건을 나라 안팎으로 보내는 것이다.

③ 전기적인 방법으로 정보를 전달하는 전기통신도 포함한다.

④ 정치·경제·사회·문화·행정 등 모든 분야에서 정보를 전달한다.

TIP 우편은 서신이나 물건 등 실체를 전달하는 것으로 전기적 방법으로 정보를 전달하는 전기통신과는 구별된다.

2 다음 중 우편사업의 보호규정이 아닌 것은?

① 서신의 송달 행위는 국가가 독점한다.

② 우편업무 중 주변에 조력을 요청해도 이를 거부할 수 있다.

③ 우편관서는 철도, 항공기, 차량 등의 경영자에게 운송을 요구할 수 있다.

④ 우편업무을 위해 사용하는 물건은 압류할 수 없다.

TIP 우편사업의 보호규정에는 운송원 등의 조력청구권이 있다. 이는 우편업무를 집행 중인 우편운송원, 우편집배원과 우편물을 운송 중인 항공기, 차량, 선박 등이 사고를 당하였을 때 주위에 조력을 청구할 수 있으며, 조력의 요청을 받은 자는 정당한 사유 없이 이를 거부할 수 없다는 내용이다.

Answer 1.③ 2.②

3 다음 중 우편물의 외부표시 금지사항이 아닌 것은?

① 우편물의 구분 · 운송 · 배달에 필요한 집배코드
② 사회 공공질서를 해치는 내용
③ 주민등록번호 등의 고유식별정보
④ 우체국과 협의되지 않은 우편요금표시인영

TIP ① 우편물의 외부표시 사항으로는 5자리의 우편번호와 우편물의 구분 · 운송 · 배달에 필요한 집배코드이다.

4 다음 중 우편법에 대한 설명으로 옳은 것은?

① 우체국이 없는 지역에 별정우체국을 설치 · 운영하여 국민에게 편의를 제공하고, 직원의 퇴직과 사망에 대하여 적절한 급여제도를 확립함으로써 직원과 그 유족의 경제적 생활 안정과 복리 향상에 이바지함을 그 목적으로 한다.
② 우체국창구업무의 일부를 일정한 자에게 위탁하여 이용 창구를 확대하고, 사업을 효율적으로 운영함으로써 국민편의 증진과 우정사업의 발전에 이바지함을 목적으로 한다.
③ 우정사업의 조직, 인사, 예산 및 운영 등에 관한 특례를 규정함으로써 우정사업의 경영합리화를 도모하여 우정서비스의 품질을 향상시키고 국가경제의 발전에 이바지함을 목적으로 한다.
④ 우편 이용에 관한 기본적인 사항을 정하여 공평하고 적정한 우편 역무를 제공함으로써 공공의 복지증진에 이바지함을 목적으로 한다.

TIP ① 별정우체국법
② 우체국창구업무의 위탁에 관한 법률
③ 우정사업 운영에 관한 특례법
④ 우편법

Answer 3.① 4.④

5 다음에서 설명하는 것은 무엇인가?

> 항해 중 침몰을 피하기 위해 화물을 버려야하는 경우에도 우편물과 우편업무에 필요한 물건에 대해서는 부담을 면제받는 권리이다.

① 공동 해상 손해 부담의 면제   ② 우편물 운송요구권

③ 조력청구권   ④ 통행권

TIP ② 우편관서가 운송사업 경영자에게 우편물 운송을 요구할 수 있는 권리를 말한다.

③ 우편업무를 수행 중인 운송원·집배원이나 우편물을 운송중인 항공기·차량·선박 등이 사고를 당했을 때 주위에 도움을 요청할 수 있는 권리이다.

④ 우편업무 수행 중에 도로 장애로 통행이 어려울 경우 담장 없는 집터, 논밭이나 그밖의 장소를 통행할 수 있는 권리를 말한다.

6 다음 중 UPU 조약에 해당하지 않는 것은?

① 만국우편협약 통상우편규칙 및 최종의정서

② 우편지급업무약정

③ 아시아·태평양우편연합 조약

④ 만국우편연합헌장

TIP ③ 아시아와 태평약 지역의 우정청들의 폭넓은 협력관계를 위해 회원국들 간의 조약을 체결했다. 이 조약에는 원활한 우편물 교환과 우편사업 발전 협력에 대한 사항이 담겨 있다.

7 다음 중 우편엽서의 발행방법에 해당하지 않는 것은?

① 기계판독률을 떨어뜨릴 수 있는 배경은 인쇄할 수 없다.

② 모든 우편엽서는 오프셋만으로 인쇄하여야 한다.

③ 표면은 편편하고 균일하여야 한다.

④ 색상은 흰색이나 밝은 색으로 70% 이상의 반사율을 가져야 한다.

TIP ② 우편엽서의 경우 평판(오프셋)으로 인쇄하여야 하지만 사제엽서는 예외이다.

Answer   5.①   6.③   7.②

8 등기소포와 일반소포의 차이에 대한 설명으로 옳지 않은 것은?

① 등기소포와 일반소포는 신용카드 결제로도 요금납부를 할 수 있다.

② 등기소포는 반송시 반송수수료를 징수하지만 일반소포는 징수하지 않는다.

③ 등기소포는 부가취급서비스가 가능하지만 일반소포는 불가능하다.

④ 등기소포는 접수에서 배달까지의 송달과정에 대해 기록하지 않지만 일반소포는 기록한다.

TIP ④ 등기소포는 접수에서 배달까지의 송달과정에 대해 기록하지만 일반소포는 기록하지 않는다.

9 등기취급제도에 대한 설명으로 옳지 않은 것은?

① 통화, 귀중품, 유가증권 등이 취급의 대상이 된다.

② 우편물의 접수에서부터 받는 사람에게 배달되기까지의 전 취급과정을 특정 접수번호로 기록하는 서비스이다.

③ 2kg 이하의 통상우편물과 20kg 이하의 소포우편물에 대한 등기취급을 보편적 우편서비스로 규정하고 있다.

④ 등기취급된 우편물은 손해배상의 대상이 될 수 없다.

TIP ④ 등기취급이 된 우편물만이 손해배상의 대상이 될 수 있다.

10 발송인이 수취인에게 어떤 내용의 문서를 언제 발송하였다는 사실을 우편관서가 공적으로 증명하는 제도는 무엇인가?

① 통화등기　　　　　　　　　　② 내용증명

③ 특별송달　　　　　　　　　　④ 배달증명

TIP ① 등기취급을 전제로 우정사업본부장이 발행하는 보험등기 취급용 봉투를 이용하여 현금을 배달하는 특수취급제도
③ 등기취급을 전제로 「민사소송법」 제176조의 규정에 의한 방법으로 송달하는 우편물로서 배달우체국에서 배달결과를 발송인에게 통지하는 특수취급제도
④ 등기취급을 전제로 우편물의 배달일자 및 수취인을 배달우체국에서 증명하여 발송인에게 통지하는 특수취급제도

Answer 8.④ 9.④ 10.②

11 우편물 손해배상에 대한 설명으로 옳지 않은 것은?

① 우편관서의 고의 또는 과실이 있어야 한다.

② 우편물의 손해가 발송인 또는 수취인의 과오로 인한 것이거나 당해 우편물의 성질, 결함 및 불가항력으로 인하여 발생한 것일 때에는 그 손해를 배상하지 않는다.

③ 우편물 교부 시 외부 파손흔적이 있거나 중량에 차이가 있는 경우에는 손해가 없는 것으로 간주한다.

④ 수취인이 우편물을 정당 수취하였을 때에는 그 손해를 배상하지 않는다.

TIP ③ 우편물 교부 시 외부에 파손의 흔적이 있거나 또는 중량에 차이가 있어야 손해배상을 청구할 수 있다. 외부파손의 흔적이 없거나 중량에 차이가 없을 때에는 손해가 없는 것으로 본다.

12 요금후납에 대한 설명으로 옳지 않은 것은?

① 우편물의 요금을 우편물을 발송할 때 납부하지 않고 1개월간 발송예정 우편물의 요금액의 2배에 해당하는 금액을 담보금으로 제공하고 1개월간의 요금을 다음달 20일까지 납부하는 제도이다.

② 우편물을 자주 발송하는 공공기관, 은행, 회사 등이 요금납부를 위한 회계절차상의 번잡함을 줄이고 동시에 우체국은 우표의 소인절차를 생략할 수 있는 제도이다.

③ 통상우편물과 소포우편물 모두 접수할 수 있으며 10통 이상이 되어야만 한다.

④ 국가나 지방자치단체에서 발송하는 우편물은 발송 우체국장이 정하는 조건에 적합해야 한다.

TIP ③ 요금별납에 대한 설명이다.

요금별납 … 한 사람이 우편물의 종류, 무게, 우편요금 등이 같은 우편물을 한번에 다량으로 발송할 경우에 개개의 우편물에 우표를 첩부하여 요금을 납부하는 대신 우편물 표면에 '요금별납'의 표시만을 하고 요금은 일괄하여 현금(신용카드결제 등 포함)으로 별도 납부하는 제도로서 관할 지방우정청장이 지정하는 우체국(취급국 포함)에서만 취급이 가능하다.

13 손해배상의 청구에 대한 설명으로 옳지 않은 것은?

① 발송인이나 수취인이 우편물에 이상이 있다고 주장하는 경우, 우편물을 수취거부하고 신고하도록 안내한다.

② 배달우체국에서는 손해사실의 신고를 받았을 때에는 집배원 또는 책임직이 수취거부 우편물의 외장 또는 무게의 이상유무, 직원의 고의나 잘못이 있는지 등을 검사하여야 한다.

③ 손해를 배상한 우편물은 배상한 우체국에서 반송불능우편물 처리방법에 따라서 처리한다.

④ 손해배상 청구권은 우편물을 발송한 날부터 2년이며, 손해배상 결정서를 받은 청구인은 우편물을 받을 날부터 5년 안에 배상액을 청구할 수 있다.

TIP ④ 손해배상 청구권은 우편물을 발송한 날부터 1년이다. 다만, 손해배상 결정서를 받은 청구인은 우편물을 받을 날부터 5년 안에 배상액을 청구할 수 있다.

14 다음 중 손해배상 제한사유가 아닌 것은?

① 우편물의 손해가 발송인의 과오로 인한 것일 때

② 우편물의 결함 및 불가항력으로 인하여 발생한 손해일 때

③ 우편물이 직원의 잘못으로 정당한 수취인이 받지 못했을 때

④ 우편물 교부시 외부에 파손의 흔적이 없고 무게에 차이가 없을 때

TIP 손해배상 제한사유
ⓐ 발송인이나 수취인의 잘못으로 손해가 생긴 경우
ⓑ 우편물의 성질·결함 또는 불가항력적인 이유로 손해가 생긴 경우
ⓒ 우편물을 배달(교부)할 때 외부에 파손 흔적이 없고, 무게도 차이가 없는 경우
ⓓ 수취인이 우편물을 정당하게 받았을 경우

Answer 13.④ 14.③

15 손실보상은 손실보상이 있는 사실을 안 날부터 몇 년 안에 청구하여야 하는가?

① 1년
② 2년
③ 3년
④ 4년

TIP 손실보상이 있는 사실을 안 날부터 1년 안에 청구하여야 한다.

16 우편물의 발송에 대한 설명으로 옳지 않은 것은?

① 발송·도착구분 작업이 끝난 우편물은 운송방법지정서에 지정된 운송편으로 발송한다.
② 우편물의 발송순서는 일반등기우편물, 일반우편물, 특급우편물 순으로 발송한다.
③ 우편물 발송시 운송확인서를 운전자와 교환하여 발송한다.
④ 일반우편물을 담은 운송용기는 운송송달증을 등록한 뒤에 발송한다.

TIP 우편물의 발송순서는 특급우편물, 일반등기우편물, 일반우편물 순으로 발송한다.

17 운송의 종류에 해당하지 않는 것은?

① 정기운송
② 임시운송
③ 특별운송
④ 휴일운송

TIP 운송의 종류 … 정기운송, 임시운송, 특별운송

Answer 15.① 16.② 17.④

18 다음 중 이용자 실비지급제도에 대한 설명으로 틀린 것은?

① 우체국직원의 잘못이나 불친절한 응대 등으로 2회 이상 우체국을 방문하였음을 신고할 경우 10,000원 상당의 문화상품권을 지급하여야 한다.

② 동일 발송인의 월 2회 이상 손·망실 발생 시 무료발송권을 지급하여야 한다.

③ 사유가 발생한 날부터 15일 이내에 해당 우체국에 신고해야 한다.

④ EMS 종·추적조사 및 손해배상 청구 응대 시 3일 이상 지연한 경우 십만 원 상당의 문화상품권을 지급하여야 한다.

TIP ④ EMS 종·추적조사 및 손해배상 청구 응대 시 3일 이상 지연한 경우 1회 3만 원 상당의 무료발송권을 지급하여야 한다.

19 다음 중 선택적 우편서비스에 해당하지 않는 것은?

① 2kg을 초과하는 통상우편물

② 20kg을 초과하는 소포우편물

③ 우편과 다른 기술이 결합된 역무

④ 우편요금이 인쇄되지 않은 우편엽서를 이용하는 역무

TIP 선택적 우편서비스의 대상
ⓐ 2킬로그램을 초과하는 통상우편물
ⓑ 20킬로그램을 초과하는 소포우편물
ⓒ ⓐ 또는 ⓑ의 우편물의 기록취급 등 특수취급우편물
ⓓ 우편과 다른 기술 또는 역무가 결합된 역무
ⓔ 우편시설, 우표, 우편엽서, 우편요금 표시 인영이 인쇄된 봉투 또는 우편차량장비 등을 이용하는 역무
ⓕ 우편 이용과 관련된 용품의 제조 및 판매
ⓖ 그 밖에 우편서비스에 부가하거나 부수하여 제공하는 역무

Answer 18.④ 19.④

20 다음 중 배달기한이 가장 먼 것은?

① 통상우편물

② 등기소포

③ 당일특급

④ 익일특급

TIP ① 접수한 다음 날부터 3일 이내
②④ 접수한 다음 날
③ 접수 당일 20 : 00 이내

21 다음 설명 중 옳지 않은 것은?

① 일반소포의 배달기한은 접수한 다음 날부터 3일 이내이다.

② 교통여건으로 인해 운송이 어려운 곳은 관할 지방우정청장이 별도로 배달기한을 정하여 공고한다.

③ 「신문 등의 진흥에 관한 법률」 제9조에 따라 등록된 일간신문(주 5회 이상 발행되는 신문으로 한정한다) 및 관보를 우편물정기발송계약에 따라 발송할 때에는 등기소포로 접수한 경우에만 접수한 날의 다음 날까지 이를 송달할 수 있다.

④ 배달기한은 우정사업본부가 약속한 우편물 배달에 걸리는 기간을 말한다.

TIP ③ 「신문 등의 진흥에 관한 법률」 제9조에 따라 등록된 일간신문(주 5회 이상 발행되는 신문으로 한정한다) 및 관보를 발송할 때에는 일반우편물로 접수한 경우에도 접수한 날의 다음 날까지 이를 송달할 수 있다.

22 통상우편물의 발송에 대한 설명으로 옳지 않은 것은?

① 통상우편물은 봉투에 넣어 봉함하여 발송하여야 한다.

② 봉함하기가 적절하지 않은 우편물은 우정사업본부장이 고시한 기준에 적합하도록 포장하여 발송할 수 있다.

③ 이용자는 발송인 및 수취인의 주소, 성명과 우편번호, 우편요금 납부표시 등을 표시하여 발송하여야 한다.

④ 우편엽서, 사제엽서, 전자우편물 등은 내용이 보이지 않게 봉함하거나 포장하여 발송하여야 한다.

TIP 우정사업본부장이 발행하는 우편엽서, 사제엽서, 전자우편물은 그 특성상 봉함하거나 포장하지 아니하고 발송할 수 있다.

Answer 20.① 21.③ 22.④

23 소포우편물의 접수검사에 대한 설명으로 틀린 것은?

① 내용품을 문의하고 폭발물, 인화물질, 마약류 등의 포함여부 우려가 있으면 우편물의 개피를 요구할 수 있다.

② 내용품의 성질, 모양, 용적 등에 따라 송달 중 파손되지 않고 다른 우편물에 손상을 주지 않으며 질긴 종이에 튼튼하게 포장하였는지 확인한다.

③ 다른 우편물을 훼손시킬 우려가 있어 개피를 요구하였을 경우 발송인이 개피를 거부하여도 요금을 징수하였으면 접수를 해야 한다.

④ 내용품에 대하여 발송인이 허위로 진술한다고 의심이 가는 경우 개피를 요구할 수 있으며 내용품을 확인하여야 한다.

TIP ③ 발송인이 개피를 거부할 때에는 접수를 거절한다.

24 손해배상 청구심사의 사항으로 볼 수 없는 것은?

① 우편물을 발송한 날로부터 3년 내에 청구한 것인가?

② 원인이 발송인이나 수취인에게 있거나 불가항력적이었던 것은 아닌가?

③ 우편물의 외부에 파손 흔적이 없고, 무게 차이도 없는가?

④ 우편물을 정상적으로 수취한 다음에 신고한 것은 아닌가?

TIP 손해배상 청구심사사항
　㉠ 우편물을 발송한 날로부터 1년 내에 청구한 것인지
　㉡ 원인이 발송인이나 수취인에게 있거나 불가항력적이었던 것은 아닌지
　㉢ 우편물의 외부에 파손 흔적이 없고, 무게 차이도 없는지
　㉣ 우편물을 정상적으로 수취한 다음에 신고한 것은 아닌지
　㉤ 청구자가 수취인이라면 발송인의 승인을 얻은 것인지

Answer 23.③ 24.①

25 다음 용어의 설명이 바르게 연결되지 않은 것은?

① 물품등기 – 귀금속, 보석, 옥석, 그 밖의 귀중품이나 주관적으로 가치가 있다고 신고하는 것을 보험등기 봉투에 넣어 수취인에게 직접 송달하는 것
② 전자우편 – 고객이 우편물의 내용과 발송인 수신인 정보를 전산매체에 저장하여 접수하면 우편물 제작에서 배달까지 전 과정을 우체국이 대신하는 서비스
③ 교부통지 – 수취인에게 우편물을 배달하거나 교부한 경우 그 사실을 배달우체국에서 증명하여 발송인에게 통지하는 부가취급 우편서비스
④ 내용증명 – 발송인이 수취인에게 어떤 내용의 문서를 언제 발송했다는 사실을 우편관서가 공적으로 증명해 주는 우편서비스

TIP ③ 수취인에게 우편물을 배달하거나 교부한 경우 그 사실을 배달우체국에서 증명하여 발송인에게 통지하는 부가취급 우편서비스는 배달증명이다.

26 다음 중 등기소포와 관련이 없는 것은?

① 접수에서 배달까지 모든 송달과정을 기록취급한다.
② 망실 · 훼손, 지연배달 시 손해배상의 청구가 불가능하다.
③ 반송 시 반송수수료를 징수하여야 한다.
④ 현금 및 신용카드 결제가 가능하다.

TIP 등기소포의 경우 망실 · 훼손, 지연배달 시 손해배상의 청구가 가능하나 일반 소포의 경우에는 불가능하다.

27 다음 중 보험취급에 해당하지 않는 것은?

① 통화등기   ② 유가증권등기
③ 대금교환   ④ 물품등기

TIP 보험취급의 종류에는 통화등기, 물품등기, 유가증권등기, 외화등기, 안심소포가 있다.

Answer 25.③ 26.② 27.③

28 등기취급을 전제로 우체국장과 발송인과의 별도의 계약에 따라 접수한 통상우편물을 배달하고 그 배달 결과를 발송인에게 전자적 방법 등으로 통지하는 제도를 무엇이라고 하는가?

① 착불배달   ② 계약등기

③ 회신우편   ④ 본인지정배달

> **TIP** ① 등기우편물에 대하여 그 요금을 배달 시 수취인으로부터 수납하는 특수취급제도이다.
> ③ 등기취급을 전제로 우체국과 발송인과의 별도의 계약에 따라 수취인을 직접 대면하여 우편물을 배달하면서 서명이나 도장을 받는 등 응답을 필요로 하는 사항을 받거나 서류를 인수받아 발송인이나 발송인이 지정하는 자에게 회신하는 특수취급제도이다.
> ④ 등기취급을 전제로 우편물을 수취인 본인에게만 배달하여 주는 특수취급제도이다.

29 우편물 운송 시 운송할 물량이 많아 고속, 선박 또는 항공기 등의 운송수단으로 운송할 수 없는 경우 우선순위가 가장 높은 것은?

① 일반소포우편물   ② 등기통상우편물

③ EMS우편물   ④ 익일특급우편물

> **TIP** 우편물 운송의 우선순위
> ㉠ 1순위 : 당일특급우편물, EMS우편물
> ㉡ 2순위 : 익일특급우편물, 등기소포우편물(택배포함), 등기통상우편물, 국제항공우편물
> ㉢ 3순위 : 일반소포우편물, 일반통상우편물, 국제선편우편물

30 우편물 배달 원칙에 대한 설명으로 옳지 않은 것은?

① 모든 지역의 일반우편물의 배달은 우편물이 도착한 다음 날 순로 구분하여 그 다음 날 배달한다.

② 시한성 우편물, 특급우편물, 등기소포는 도착 당일 구분하여 당일 배달한다.

③ 우편사서함 번호를 기록한 우편물은 당해 사서함에 배달한다.

④ 우편물은 그 표면에 기재된 곳에 배달한다.

> **TIP** 모든 지역의 일반우편물의 배달은 우편물이 도착한 날 순로 구분하여 다음 날 배달한다.

Answer 28.② 29.③ 30.①

31 국내특급에 대한 설명으로 옳지 않은 것은?

① 통상의 송달방법보다 더 빠르게 약속한 시간 내에 배달하는 특수취급제도이다.

② 등기 취급하는 우편물에 한해 취급한다.

③ 통상우편물 및 소포우편물의 제한 무게는 30kg 까지이다.

④ 익일특급은 접수한 날 20시 이내에 배달된다.

TIP ④ 익일특급은 접수한 다음 날까지 배달된다.

32 우편물을 배달할 때 수취인이 장기부재일 경우 "수취인장기부재" 표기를 하여 반송하여야 하는 경우에 해당하는 것은?

① 수취인 주소지에 있는 동거인에게 배달할 때

② 수취인의 장기부재신고서에 돌아올 날짜를 미리 신고한 때

③ 수취인에게 15일 이내 돌아올 것을 고지받은 때

④ 수취인에게 15일 이후에 돌아올 것을 고지받은 때

TIP 수취인 장기부재시 우편물 배달
㉠ 주소지에 동거인이 있는 경우에는 그 동거인에게 배달
㉡ 수취인 장기부재신고서에 돌아올 날짜를 미리 신고한 경우
• 15일 이내 : 돌아올 날짜의 다음 날에 배달
• 15일 이후 : "수취인장기부재" 표시하여 반송

33 배달의 특례에 대한 설명으로 옳지 않은 것은?

① 동일 건축물이나 구내의 수취인에게 배달할 우편물은 관리사무소, 접수처 또는 관리인에게 배달할 수 있다.

② 우편사서함에 교부하는 우편물은 운송편이나 수집편이 도착할 때마다 구분하여 즉시 사서함에 투입한다.

③ 보관우편물의 보관기간은 도착한 다음 날로부터 15일로 한다.

④ 집배원 배달 전이나 배달하지 못해 반송하기 전 보관하고 있는 우편물은 수취인의 청구에 의해서 창구 교부한다.

Answer 31.④ 32.④ 33.③

34 다음 중 우편물 포장검사에 대한 설명으로 옳지 않은 것은?

① 송달도중 파손되거나, 다른 우편물에 손상을 주지 않도록 포장되어 있는지 확인해야 한다.

② 검사 결과 포장이 적당하지 않는 경우에는 포장을 다시 요구할 수 있으며, 불응할 때에는 접수를 거부할 수 있다.

③ 산 꿀벌등 일반적으로 혐오성이 없는 살아 있는 동물의 경우 튼튼한 병, 상자 기타 적당한 용기에 넣어 완전히 그 탈출 및 배설물의 누출을 방지할 장치를 하여야 한다.

④ 액체 · 액화하기 쉬운 물건은 포장을 하고 우편물 표면 보기 쉬운 곳에 품명 및 "액화물"이라고 표시하여야 한다.

35 우편사서함 사용계약에 대한 설명으로 옳지 않은 것은?

① 우편사서함이란 신청인이 우체국장과 계약을 하여 우체국에 설치된 우편함에서 우편물을 직접 찾아가는 서비스를 말한다.

② 사용인과 신청인의 일치 여부는 주민등록증의 확인으로 하되, 대리인이 신청하는 경우에는 위임장, 대리인의 신분증 등을 확인하고 접수해야 한다.

③ 사서함을 2인 이상이 공동으로 사용할 수 있다.

④ 사서함 관리를 위해 필요한 경우 신청인(사서함 사용 중인 사람 포함)의 주소, 사무소나 사업소의 소재지를 확인할 수 있다.

Answer 34.④ 35.③

36 통상우편물의 최대 부피에 대한 연결이 잘못된 것은?

① 소형포장우편물 – 가로 · 세로 및 높이를 합하여 35cm 미만

② 서신 – 가로 · 세로 및 두께를 합하여 90cm

③ 통화 – 원통형의 경우 지름의 2배와 길이를 합하여 1m

④ 달력 – 어느 길이나 60cm를 초과할 수 없음

TIP 서적 · 달력 · 다이어리 우편물은 90cm까지 허용되며, 원통형의 경우 1m까지 허용된다.

37 통화등기에 대한 설명으로 옳지 않은 것은?

① 우편을 이용해서 현금을 직접 수취인에게 배달하는 제도로서 만일 취급하는 중에 잃어버린 경우에는 통화등기 금액 전액을 변상하여 주는 보험취급의 일종이다.

② 주소지까지 현금이 직접 배달되므로 우편환이나 수표와 같이 해당관서를 방문해야하는 번거로움이 없어 방문시간이 절약되고 번잡한 수속절차를 생략할 수 있다.

③ 통화등기우편물은 등기취급우편물로 발송하여야 한다.

④ 통화등기 취급의 한도액은 300만 원 이하의 국내통화이다.

TIP ④ 통화등기 취급의 한도액은 100만 원 이하의 국내통화로서 10원 미만의 단수는 붙일 수 없다.

38 다음 중 물품등기의 취급대상에 해당하지 않는 것은?

① 백금　　　　　　　　　　　② 응시원서

③ 어음　　　　　　　　　　　④ 여권

TIP 물품등기 취급대상
　　㉠ 귀금속 : 금, 은, 백금 및 이들을 재료로 한 제품
　　㉡ 보석류 : 다이아몬드, 진주, 자수정, 루비, 비취, 사파이어, 에메랄드, 오팔, 가닛 등 희소가치를 가진 것
　　㉢ 주관적 가치가 있다고 신고되는 것 : 응시원서, 여권, 신용카드류 등

Answer　36.④　37.④　38.③

39 사서함우편물의 교부에 대한 설명으로 옳지 않은 것은?

① 우편사서함에 교부하는 우편물은 운송편이나 수집편이 도착할 때마다 구분하여 즉시 사서함에 투입한다.

② 사서함 이용자가 사서함에서 안내표찰을 꺼내 창구에 제출하면 담당자는 따로 보관하고 있는 우편물을 내어준다.

③ 우편사서함 번호를 기록하지 않은 우편물이라도 우편사서함 사용자에게 가는 우편물이 확실할 때에는 우편사서함에 투입 가능하다.

④ 사서함번호와 주소가 함께 기록된 특별송달, 국내특급 우편물을 사서함에 넣을 수 있다.

TIP ④ 사서함번호와 주소가 함께 기록된 우편물을 사서함에 넣을 수 있으며 국내특급(익일특급 제외), 특별송달, 보험등기, 맞춤형 계약등기 우편물은 주소지에 배달한다.

40 수취인의 청구에 의한 창구교부에 대한 설명으로 옳지 않은 것은?

① 교통이 불편한 도서·농어촌 지역, 공동생활 지역 등 정상으로 배달할 수 없는 경우 마을공동수취함을 설치하여 배달한다.

② 집배원 배달 전이나 배달하지 못해 반송하기 전 보관하고 있는 우편물은 대리인의 청구에 의해서 창구 교부한다.

③ 장기간 집을 비우는 경우나 많은 세대가 사는 아파트 같은 경우 수취인과 대리수령인의 신고를 통해서 등기우편물 대리수령인으로 지정할 수 있다.

④ 휴가 등으로 수취인이 장기간 집을 비울 때 등기우편물은 주소지의 그 동거인에게 배달할 수 있다.

TIP ② 집배원 배달 전이나 배달하지 못해 반송하기 전 보관하고 있는 우편물을 수취인의 청구에 의해서 창구교부 한다.

Answer 39.④ 40.②

02 국제우편

① 국제우편 총설

(1) 국제우편의 의의

① 국제우편은 국가 또는 그 관할 영토의 경계선을 넘어 상호 간에 의사나 사상을 전달, 매개하거나 물건을 송달하는 제도이며 이 같은 목적으로 취급되는 우편물을 국제우편물이라 한다.

② 초창기에는 개별 당사국 간의 조약에 의하여 국제우편물을 교환하였으나 운송수단의 발달, 교역의 확대 등에 따른 우편수요의 증가와 이용조건 및 취급방법의 상이함에서 오는 불편 등을 해소하기 위하여 범세계적인 국제우편기구인 만국우편연합(UPU)을 창설하였다.

③ 국제우편은 나라(지역)와 나라(지역) 사이의 우편 교환이기 때문에 요금의 결정방법, 우편물의 통관, 우정청 간의 요금 및 운송료의 정산 등 국내우편과 비교해 볼 때 차별되고 독특한 취급내용과 취급절차가 있다.

(2) 우편에 관한 국제기구

① 만국우편연합(UPU ; Universal Postal Union)

   ㉠ UPU의 창설

      ㉮ 1868년 북부 독일연방의 우정청장인 하인리히 본 스테판이 문명국가 간의 우편연합구성을 제안

      ㉯ 1874년 스위스 베른에서 독일 · 미국 · 러시아 등 22개국의 전권대표들이 회합을 하여 스테판이 기초한 조약안을 검토하여 같은 해 10월 9일에 서명함으로써 국제우편 서비스를 관장하는 최초의 국제협약인 '1874 베른 조약(1874 Treaty of Bern)'이 채택됨.

      ㉰ 이에 따라 일반우편연합(General Postal Union)이 창설되었으며 1875년 7월 1일에 이 조약이 발효되었고, 1878년의 제2차 파리총회에서 만국우편연합(Universal Postal Union)이라 개명됨.

   ㉡ UPU의 임무 : 전 세계 사람들 사이의 통신을 증진하기 위하여 다음과 같이 효율적이고 편리한 보편적 우편서비스의 지속적인 발전을 촉진

      ㉮ 상호 연결된 단일 우편 영역에서 우편물의 자유로운 교환을 보장

      ㉯ 공정하고 공통된 표준을 채택하고, 기술 이용을 촉진

      ㉰ 이해관계자들 간의 협력과 상호작용의 보장

      ㉱ 효과적인 기술협력 증진

      ㉲ 고객의 변화하는 요구에 대한 충족을 보장

ⓒ UPU의 조직

㉮ **총회(Congress)** : 연합의 최고 의결기관으로서 매 4년마다 개최되며 전 회원국의 전권대표로 구성되며, 전 세계 우편사업의 기본 발전방향을 설정한다.

㉯ **연합의 상설기관**

- 관리이사회(CA ; Council of Administration) : 우편에 관한 정부정책 및 감사 등과 관련된 사안을 담당한다.
- 우편운영이사회(POC ; Postal Operations Council) : 우편업무에 관한 운영적, 상업적, 기술적, 경제적 사안을 담당한다.
- 국제사무국(IB ; International Bureau) : 연합업무의 수행, 지원, 연락, 통보 및 협의기관으로 기능한다.

ⓓ UPU에 관한 기타 사항

㉮ **기준화폐** : SDR(Special Draw Rights)

㉯ **공용어** : 공용어는 프랑스어이지만 국제사무국 내 업무용 언어로 프랑스어 및 영어를 사용함(단, 조약문의 해석상 문제가 있을 때에는 프랑스어 기준). 그러나 전 세계 우정을 아우르는 UPU에서 1개 언어만을 사용하면 현실적으로 불편이 많으므로 각종 회의와 문서 발간을 위하여 프랑스어, 영어, 아랍어, 스페인어, 러시아어, 중국어, 독일어, 포르투갈어를 함께 사용함.

ⓔ 우리나라와 UPU와의 관계

㉮ 우리나라는 1897년 제5차 워싱턴 총회에 참석하여 가입신청서를 제출하였으며 1900년 1월 1일에 '대한제국(Empire of Korea)'국호로 정식가입. 1922년 일본이 '조선(Choseon)'으로 개칭하였으나 1949년 '대한민국(Republic of Korea)'국호로 회원국 자격을 회복하였다.

　※ 북한은 1974년 6월 6일에 로잔느 총회에서 가입

㉯ 1952년 제13차 UPU 브뤼셀총회 때부터 대표를 계속 파견해왔으며 1989년 UPU 워싱턴총회에서 집행이사회(EC) 이사국으로 선출되었다. 또한 EC의 10개 위원회 중 우편금융위원회 의장직을 5년간 수행했다.

㉰ 1994년 8월 22일부터 9월 14일까지 제21차 UPU 총회를 서울에서 성공리에 개최하고 서울총회 개최국으로서 1995년부터 1999년까지 관리이사회(CA) 의장국으로 활동했으며, 우편운영이사회(POC) 이사국으로 선출되어 2012년까지 활동하고, 이후 2016년 관리이사회 이사국으로 선출되어 활동했다.

② 아시아·태평양우편연합(APPU ; Asian-Pacific Postal Union)

㉠ 개요

㉮ 한국과 필리핀이 공동 제의하여 1961년 1월 23일 마닐라에서 한국, 태국, 대만, 필리핀 4개국이 협약에 서명함으로써 창설되었다. 이에 따라 서명된 아시아·태평양 우편협약이 1962년 4월 1일에 발효되었으며 이후 지역 내 상호 협력과 기술 협조에 기여했다.

㉯ 대만은 UN 및 UPU의 회원 자격이 중국으로 대체됨에 따라 1974년 연합의 회원자격도 중국으로 대체되었다.

㉰ 사무국은 태국 방콕에 소재하고 있으며 현재 회원국은 32개국이다.

○ 설립 목적

㉮ 지역우편연합의 구성을 허용하고 있는 UPU 헌장 제8조에 따라, 지역 내 각 회원국 간의 우편관계를 확장·촉진·개선하고 우편업무 분야에서 국제협력을 증진하는 것이 목적이다.

㉯ 구체적 실현 방법으로 우편업무의 발전과 개선에 관한 연구를 목적으로 우정 직원을 서로 교환하거나 독자적으로 파견하기 위한 협정을 체결할 수 있다.

㉰ 공용어는 영어를 활용 한다.

ⓒ 기관

㉮ 총회(Congress) : 연합의 최고 기관으로 4년마다 개최되는 비상설기구로 회원국의 전권대표로 구성되며 APPU 헌장 및 총칙을 수정하거나 공동 관심사 토의를 위해 소집된다. 제9차 총회는 2005년에 한국의 서울에서, 제10차 총회는 2009년에 뉴질랜드의 오클랜드에서, 제11차 총회는 2013년에 인도의 뉴델리에서 개최되었다.

㉯ 집행이사회(Executive Council) : 총회와 총회 사이에 연합 업무의 계속성을 유지하기 위하여 원칙적으로 매년 1회 개최한다. 총회의 결정에 따라 부여받은 임무를 수행하고 연합의 연차 예산을 검토·승인한다.

※ 우리나라는 제9차 APPU 총회를 2005년에 개최하여 2006년부터 2009년까지 집행이사회 의장국으로 활동했다.

㉰ 아시아·태평양우정대학(APPC ; Asian-Pacific Postal College)

• 아시아·태평양지역의 우편업무 개선·발전을 위한 우정직원 훈련이 목적으로 1970년 9월 10일에 4개국(우리나라, 태국, 필리핀, 대만)이 유엔개발계획(UNDP)의 지원을 받아 창설된 지역훈련센터로, 태국방콕에 소재하고 있다.

※ 설립 당시 명칭 : 아시아·태평양 우정연수소(APPTC ; Asian-Pacific Postal Training Center)

• 우리나라는 연수소의 창설국인 동시에 관리이사국(GB)으로서 초대 교수부장을 비롯한 교수요원과 자문관을 파견했으며, 교과과목으로는 우편관리자과정(PMC)을 비롯한 20여 과목으로, 1971년부터 매년 연수생 약 15명을 파견하고 있다.

㉱ 사무국(Bureau) : 태국 방콕에 소재한 사무국은 집행이사회의 감독 아래 회원국을 위한 연락, 통보, 문의에 대하여 중간 역할을 한다.

③ 우정사업분야 국제협력 확대

㉠ 만국우편연합 활동 참여로 한국우정 위상 제고

㉮ 한국은 UPU 우편운영이사회(POC) 및 관리이사회(CA), 고위급 포럼 등에 대표단을 지속적으로 파견하고 있고, UPU 지역회의를 후원하며, 전자상거래 회의, IT 회의, 통관회의 등에 참가하여 UPU와의 협력활동을 계속하고 있다.

㉯ 현재, 관리이사회(CA) 회원국으로서 UPU 국제사무국 감사 활동에 참여하고 우편제도, 규제분야 개혁 활동에 참여하고 있으며, 1990년부터 한국정부는 UPU 국제사무국에 전문가를 파견하여 UPU 활동에 기여하는 동시에 국제우편 전문가를 양성하고 있다.

ⓛ 아시아 · 태평양우편연합(APPU) 활동 참여

㉮ 한국은 2005년 제9차 APPU 총회 주최국으로서 총회 이후 집행이사회 의장직을 수행하고, 2009년 3월
9일부터 13일까지 진행된 뉴질랜드 오클랜드의 APPU 총회에서 다음 의장 · 부의장의 선출을 끝으로
4년간의 집행이사회 의장직을 성공적으로 마무리 하였다.

㉯ 4년간 APPU 집행의사회 의장국으로서 인터넷 및 IT 확산 등 우편 환경 변화에 대응하기 위한 공동
활동과 EMS 등 우편 서비스의 경쟁력 강화로 APPU 소속 각 우정청의 품질개선에 이바지하였다.

㉰ APPU 총회 기간 중 한국 우정IT 홍보와 함께 회원국 대표들과의 협력 관계를 더욱 공고히 하였으며
앞으로도 아시아 · 태평양지역 내 우편발전을 선도할 예정이다.

❷ 국제우편물의 종류

(1) 국제우편물의 개요

① 개념 … 국제우편물은 국제통상우편물, 국제소포우편물, 국제특급우편물 등으로 구분한다.

② 종류

㉠ **국제통상우편물** : 만국우편협약 제13조에 따라 통상우편물은 취급 속도나 내용물에 근거하여 분류하며,
이는 각 국가의 우정당국이 자유롭게 선택하여 발송우편물의 종류 및 취급 방법을 적용한다.

㉮ 우편물의 내용물을 근거로 하여 구분(우리나라 구분방식)
- 서장(Letters), 소형포장물(Small packet) : 무게 한계 2kg
- 인쇄물(Printed papers) : 무게 한계 5kg
- 시각장애인용 우편물(Items for the blind) : 무게 한계 7kg
- 우편자루 배달인쇄물(M bag) : 10kg~30kg
- 기타 : 항공서간(Aerogramme), 우편엽서(Postcard)

㉯ 취급 속도에 따라 우선취급우편물(Priority items)과 비우선취급우편물(Non-priority items)로 구분
한다. (일부국가 구분방식)
- 우선취급우편물 : 우선적 취급을 받으며 최선편(항공 또는 선편)으로 운송되는 우편물(무게 한계 2kg)
- 비우선취급우편물 : 우선취급 우편물보다 상대적으로 송달이 늦고 요금도 상대적으로 싼 우편물(무게 한
계 2kg)

㉡ **국제소포우편물**

㉮ 「만국우편연합 소포우편규칙」에 규정된 바에 따라 우정당국 간에 교환하는 소포

㉯ 국제소포는 모두 기록 취급하는 우편물로 발송 수단에 따라 항공소포와 선편소포로 구분한다.

㉢ **K-Packet** : 2kg 이하 소형물품의 해외배송에 적합한 우편서비스로 우체국과의 계약을 통해 이용하는 전
자상거래용 국제우편서비스

㉮ 인터넷우체국을 통해 우편물 접수를 신청하면 우체국에서 방문 접수

ⓝ 주소와 세관신고서를 한 장의 운송장으로 통합할 수 있도록 정보시스템과 운송장을 제공하며 다량 이용자등에 대하여 요금감액 혜택 제공

② 국제특급우편물(EMS ; Express Mail Service)

  ㉮ 서류와 상품의 속달서비스로서 실물 수단에 따른 가장 신속한 우편업무

  ㉯ 「만국우편협약」 제16조에 근거, 국가 간 표준 다자간 협정이나 양자협정으로 합의한 내용에 따라 취급한다.

  ㉰ 다른 우편물보다 우선 취급하며 통신문, 서류, 물품을 매우 짧은 시간 내에 수집·발송·배달한다.

    • 서류용 특급우편물 : 세관검사가 필요 없는 편지, 유학 서류, 각종 서류 등을 발송할 때 이용. 서류용 운송장 사용

    • 비서류용 특급우편물 : 서류용 특급우편물 이외의 우편물. 세관검사를 거쳐야 하는 상품 견본과 물품 등의 내용품을 발송할 때 이용. 비서류용 운송장 사용

⑩ 한·중 해상특송서비스(POST Sea Express) : 30kg 이하 물품의 해외 다량발송에 적합한 서비스로서 우체국과 계약하여 이용하는 전자상거래 전용 국제우편서비스이다.

⑪ 그 밖의 운송편에 따른 구분 : 운송편에 따라 항공우편물(Airmail), 선편우편물(Surface mail)로 구분

📢 TIP 국제우편물의 종류

국제통상우편물	내용물에 따른 구분	LC*	서장(Letters)	우리나라 구분방식
			우편엽서(Postcard)	
			항공서간(Aerogramme)	
		AO**	인쇄물(Printed papers)	
			소형포장물(Small packet)	
			시각장애인용 우편물(Items for the blind)	
			우편자루 배달인쇄물(M bag)	
	취급 속도에 따른 구분	우선취급(Priority) 우편물		일부국가 구분방식
		비우선취급(Non-priority) 우편물		
국제소포우편물	「만국우편연합 소포우편규칙」에 규정된 바에 따라 우정당국 간에 교환하는 소포			
K-Packet	계약고객이 온라인으로 접수하는 2kg 이하의 소형물품(우체국과 계약 후 이용)			
국제특급우편물 (EMS)	서류	세관검사가 필요 없는 서류 등을 발송할 때 이용하며, 번호가 주로 EE로 시작하는 운송장을 이용(서류기준 : 종이로 된 문서 형식의 편지류, 계약서, 입학서류, 서류와 함께 보내는 팸플릿 등 홍보용 첨부물) ※ 서적, CD, 달력 등은 비서류 취급		
	비서류	세관검사를 거쳐야 하는 서류 이외의 우편물을 발송할 때 이용하며, 일반적으로 번호가 EM 또는 ES로 시작하는 운송장을 사용		
해상특송 우편물	온라인으로 접수되는 30kg 이하의 전자상거래 물품 전용 서비스(우체국과 계약 후 이용)			

*LC ; Letters et Cartes = 편지와 우편엽서
**AO ; Autres Objets = 그 외 다른 물품

(2) 국제통상우편물의 종별 세부내용

① 서장(Letters)

  ㉠ 개념 : 특정인에게 보내는 통신문(Correspondence)을 기록한 우편물(타자한 것을 포함)

  ㉡ 국제우편에 있어 다음의 우편물도 포함된다.

    ㉮ 서장 이외의 종류로 정해진 조건을 충족시키지 못한(타종에 속하지 않는)우편물

    ㉯ 멸실성 생물학적 물질(Perishable biological substance)이 들어있는 서장

    ㉰ 방사성 물질이 들어있는 우편물

  ㉢ 서장에 관한 요건

    ㉮ 서장은 규격 우편물과 우편물의 포장에 관련된 규정을 따름

    ㉯ 봉투에 넣은 우편물은 취급 중 어려움이 없도록 직사각형 형태일 것

    ㉰ 우편엽서와 모양은 다르지만 지질이 같은 우편물도 직사각형 봉투에 넣어야 함

    ㉱ 물량이나 포장 상태를 보아 할인 요금을 미리 낸 우편물과 혼동할 수 있는 우편물인 경우에는 우편물의
       주소 면에 서장임을 표시하는 'Letter'라는 단어를 추가

  ㉣ 서장 취급 예시

    ㉮ 법규 위반 엽서

    ㉯ 법규 위반 항공 서간

② 우편엽서(Postcard)

  ㉠ 개념

    ㉮ 우편엽서는 조약에 규정된 조건에 따라 정부가 발행하는 것(관제엽서)과 정부 이외의 사람이 조제하는
       것(사제엽서)으로 구분되며, 관제엽서는 우편요금을 표시하는 증표 인쇄가 가능하다.

    ㉯ 사제엽서는 관제엽서에 준하여 조제하되 우편요금을 표시하는 증표를 인쇄할 수 없다.

  ㉡ 요건

    ㉮ 우편엽서는 직사각형이어야 하고 우편물 취급에 어려움이 없도록 튼튼한 판지나 견고한 종이로 제조하
       여야 하며, 튀어나오거나 도드라진 양각 부분이 없어야 한다.

    ㉯ 앞면 윗부분에 우편엽서를 뜻하는 영어나 프랑스어로 표시한다(Postcard 또는 Carte postale). 다만
       그림엽서의 경우에는 꼭 영어나 프랑스어로 표시해야 하는 것은 아니다.

    ㉰ 엽서는 봉함하지 않은 상태로 발송한다.

    ㉱ 적어도 앞면의 오른쪽 반은 수취인의 주소와 성명 · 요금납부표시, 업무지시나 업무 표지를 위하여 사용
       할 수 있도록 통신문을 기록하지 않고 남겨두어야 한다.

    ㉲ 엽서에 관한 규정을 따르지 아니한 우편엽서는 서장으로 취급하되, 뒷면에 요금납부표시를 한 엽서는
       서장으로 취급하지 않고 미납으로 간주하여 처리한다.

③ 항공서간(Aerogramme)
　　㉠ 개념 : 항공통상우편물로서 세계 어느 지역이나 단일 요금으로 보낼 수 있는 국제우편 특유의 우편물 종류이다. 항공서간은 종이 한 장으로 되어 있으며 편지지와 봉투를 겸한 봉함엽서의 형태로 되어 있어 간편하고 편리할 뿐 아니라 요금이 저렴하다.
　　㉡ 요건
　　　　㉮ 직사각형이어야 하며, 우편물 취급에 지장이 없도록 제작한다.
　　　　㉯ 항공서간에는 외부에 'Aerogramme' 표시
　　㉢ 종류
　　　　㉮ 정부에서 발행하는 항공서간과 사제항공서간으로 구분한다.
　　　　㉯ 정부발행 항공서간에는 우편 요금을 표시하는 증표를 인쇄할 수 있으나 사제항공서간에는 우편 요금을 표시하는 증표를 인쇄할 수 없다.
　　㉣ 주요 발송 조건
　　　　㉮ 원형을 변경하여 사용할 수 없으며 등기로 발송 가능하다.
　　　　㉯ 항공서간에는 우표 이외의 물품을 붙이지 못하며 어떠한 것도 넣을 수 없다.
④ 인쇄물(Printed papers)
　　㉠ 개념 : 종이, 판지나 일반적으로 인쇄에 사용되는 다른 재료에 접수국가 우정청이 인정한 방법에 따라 여러 개의 동일한 사본으로 생산된 복사물
　　㉡ 요건
　　　　㉮ 허용된 물질(종이, 판지나 일반적으로 인쇄에 사용되는 재료 등)에 2부 이상을 생산한 복사물일 것
　　　　㉯ 인쇄물에는 굵은 글자로 주소 면(가급적 왼쪽 윗부분, 발송인의 주소 · 성명이 있을 경우 그 아래)에 인쇄물의 표시인 'Printed papers' 또는 'Imprimé'를 표시할 것
　　　　㉰ 인쇄물은 신속하고 간편하게 검사를 받을 수 있으면서도 그 내용품이 충분히 보호받을 수 있도록 포장하여야 한다.
　　㉢ 인쇄물 접수 물품
　　　　㉮ 접수 가능 물품 : 서적, 정기간행물, 홍보용 팸플릿, 잡지, 상업광고물, 달력, 사진, 명함, 도면 등
　　　　㉯ 접수 불가 물품 : CD, 비디오테이프, OCR, 포장박스, 봉인한 서류
　　　　　　※ 종이, 판지 등의 인쇄물 형태로 정보 전달의 내용이 포함된 인쇄물에 한함
　　㉣ 인쇄물의 요건을 갖추지 않은 것 중 인쇄물로 취급하는 것
　　　　㉮ 관계 학교의 교장을 통하여 발송하는 것으로 학교의 학생끼리 교환하는 서장이나 엽서
　　　　㉯ 학교에서 학생들에게 보낸 통신강의록, 학생들의 과제 원본과 채점답안(단, 성적과 직접 관계되지 않는 사항은 기록할 수 없다)
　　　　㉰ 소설이나 신문의 원고
　　　　㉱ 필사한 악보
　　　　㉲ 인쇄한 사진
　　　　㉳ 동시에 여러 통을 발송하는 타자기로 치거나 컴퓨터 프린터로 출력한 인쇄물

ⓜ 인쇄물에 기록할 수 있는 사항

㉮ 발송인과 수취인의 주소 · 성명(신분, 직업, 상호 기록 가능)

㉯ 우편물의 발송 장소와 일자

㉰ 우편물과 관련되는 일련번호와 등기번호

㉱ 인쇄물 본문 내용의 단어나 일정 부분을 삭제하거나 기호를 붙이거나 밑줄을 친 것

㉲ 인쇄의 오류를 정정하는 것

㉳ 간행물, 서적, 팸플릿, 신문, 조각 및 악보에 관한 주문서, 예약신청서 또는 판매서에는 주문하거나 주문받은 물건과 그 수량, 물건의 가격과 가격의 주요 명세를 표시한 기록, 지불 방법, 판, 저자 발행자명, 목록 번호와 'paper-backed', 'stiff-backed' 또는 'bound'의 표시

㉴ 도서관의 대출 업무에 사용되는 용지에는 간행물명, 신청 · 송부 부수, 저자, 발행자명, 목록 번호, 대출 일수, 대출 희망자의 성명

㉵ 인쇄한 문학작품이나 예술 작품에는 간단한 관례적 증정 인사말

㉶ 신문이나 정기간행물에서 오려낸 것에는 이를 게재한 간행물의 제목, 발행 일자, 발행사

㉷ 인쇄용 교정본에는 교정, 편집, 인쇄에 관한 변경 · 추가 및 'Passed for press', 'Read-passed for press'와 같은 기록 또는 발행과 관련된 이와 비슷한 표시. 여백이 없을 경우, 별지에 추가 기록 가능

㉸ 주소변경 통지서에는 신 · 구 주소와 변경 일자

ⓑ 인쇄물의 첨부물

㉮ 우편물 발송인의 주소나 원래의 우편물의 접수국가나 배달국가내의 대리인의 주소를 인쇄한 카드, 봉투, 포장재는 첨부가 가능하며, 이 첨부물에는 반송을 위하여 원래 우편물 배달국가의 우표나 우편요금 선납인, 우편요금선납도장으로 요금 선납이 가능하다.

㉯ 인쇄된 문학작품과 예술적 작품의 관련 송장(송장 사본, 대체 용지)

㉰ 패션 간행물에 대하여는 그 간행물의 일부를 이루는 도려낸 옷본

⑤ 소형포장물(Small packet)

㉠ 개념 : 소형으로 무게가 가벼운 상품이나 선물 등 물품을 그 내용으로 하는 것으로서 성질상으로는 그 내용품이 소포우편물과 같은 것이나 일정한 조건에서 간편하게 취급할 수 있도록 통상우편물의 한 종류로 정한다.

㉡ 소형포장물의 특색

㉮ 소형포장물은 「만국우편협약」에 따라 정하여진 우편물 종류로서 소포우편물과는 달리 이용 조건 등에 각 국 공통점이 많아 이용이 편리하다.

㉯ 발송 절차가 소포에 비해 간단하고 송장이 필요 없으며 내용품의 가격이 300SDR 이하인 경우에는 기록 요령이 간단한 세관표지(CN22)를, 내용품의 가격이 300SDR을 초과하는 경우에는 세관신고서(CN23)를 첨부한다.

※ 1SDR = 1,673원(2021년 12월 10일 기준)

ⓒ 발송 요건

㉮ 주소기록이면 좌측 상단이나 발송인 주소·성명 기록란 아래에 굵은 글씨로 소형포장물을 나타내는 'Small packet' 또는 'Petit paquet'를 표시

㉯ 현실적이고 개인적인 통신문과 같은 성질의 그 밖의 서류 동봉이 가능하다. 다만, 그러한 서류는 해당 소형포장물의 발송인이 아닌 다른 발송인이 작성하거나 다른 수취인 앞으로 주소를 쓸 수 없다.

㉰ 소형포장물을 봉할 때에 특별 조건이 필요한 것은 아니나, 내용품 검사를 위하여 이를 쉽게 열어볼 수 있도록 해야 한다.

ⓔ 소형포장물의 첨부물 등 기타 사항

㉮ 소형포장물의 내부나 외부에 송장(Invoice) 첨부 가능

㉯ 우편물의 내부나 외부에 다음 사항 기록 가능

• 상거래용 지시 사항
• 수취인과 발송인의 주소·성명
• 제조회사의 마크나 상표
• 발송인과 수취인 사이에 교환되는 통신문에 관한 참고 사항
• 물품의 제조업자 또는 공급자에 관한 간단한 메모, 일련번호나 등기번호, 가격·무게·수량·규격에 관한 사항, 상품의 성질, 출처에 관한 사항

⑥ 시각장애인용 우편물(Items for the blind)

㉠ 개념 : 시각장애인이나 공인된 시각장애인기관에서 발송하거나 수신하는 경우에 해당하며, 녹음물, 서장, 시각장애인용 활자가 표시된 금속판을 포함한다.

㉡ 요금의 면제 : 항공부가요금을 제외한 모든 요금이 면제된다. 즉, 선편으로 접수할 때에는 무료로 취급하며 항공 등기로 접수할 때에는 등기요금은 무료, 항공부가요금만 징수한다.

㉢ 발송요건

㉮ 시각장애인용 우편물은 신속하고 간편하게 확인을 받을 수 있으면서도 그 내용물을 보호할 수 있도록 포장되어야 한다.

㉯ 봉함하지 않고 보내며 시각장애인용 문자를 포함하고 있는 서장과 시각장애인용 활자가 표시된 금속판을 포함해 발송한다.

※ 위의 우편물에는 어떠한 내용도 적을 수 없다.

㉰ 소인 여부를 떠나 우표나 요금인영증지나 금전적 가치를 나타내는 어떠한 증서도 포함할 수 없다.

㉱ 시각장애인용 점자우편물의 수취인 주소가 있는 면에 아래의 상징이 그려진 흰색 표지 부착

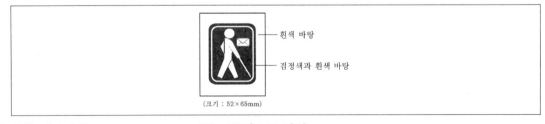

㉲ 봉투 겉표지에 Items for the blind를 고무인으로 날인

⑦ 우편자루배달 인쇄물(M bag)

  ㉠ 개념

    ㉮ 동일인이 동일수취인에게 한꺼번에 다량으로 발송하고자 하는 인쇄물 등을 넣은 우편자루를 한 개의 우편물로 취급

    ㉯ 보낼 수 있는 우편자루배달인쇄물의 내용물은 다음과 같다.

      • 인쇄물에 동봉하거나 첨부하여 발송하는 물품 : 디스크, 테이프, 카세트, 제조업자나 판매자가 선적하는 상품 견본, 또는 관세가 부과되지 않는 그 밖의 상업용 물품이나 재판매 목적이 아닌 정보 자료

        ※ 물품의 무게는 2kg를 초과할 수 없다.

      • 인쇄물과 함께 발송되는 인쇄물 관련 물품

    ㉰ 인쇄물을 넣은 우편자루 하나를 하나의 우편물로 취급하는 것이며 제한무게는 10kg 이상 30kg까지

  ㉡ 접수우체국 : 전국의 모든 우체국 (우편취급국은 제외)

  ㉢ 취급 조건

    ㉮ 10kg 이상 인쇄물에 한하여 접수, kg 단위로 요금 계산

    ㉯ 일반으로는 어느 나라든지 보낼 수 있으나, 등기는 취급하는 나라가 제한된다.

    ㉰ 부가취급 가능

    ㉱ 내용품의 가격이 300SDR 이하인 경우에는 세관표지(CN22)를, 내용품의 가격이 300SDR을 초과하는 경우에는 세관신고서(CN23)를 첨부한다.

    ㉲ M bag에 담긴 인쇄물의 각 묶음에 수취인의 주소를 표시하여 동일주소의 동일 수취인에게 발송

    ㉳ M bag에는 발송인의 수취인에 관한 모든 정보를 기록한 직사각형 운송장을 첨부해야 하며, 운송장은 다음과 같아야 한다.

      • 충분히 견고한 천, 튼튼한 판지, 플라스틱, 양피지나 나무에 접착한 종이로 만들어진 것이어야 하며, 구멍이 있을 것

      • 우편자루에 매달 수 있도록 끈으로 연결되어 있을 것

      • 90×140mm 이상일 것(허용 오차 2mm)

(3) 국제소포우편물

① **개념** … 서장(letters)과 통화 이외의 물건을 포장한 만국우편연합 회원국 또는 지역 상호 간에 교환하는 우편물

② **종류** … 기록취급하며 항공, 배달 통지 등의 부가취급이 가능한 국제소포는 서비스 적용에 따라 다음과 같이 분류한다.

  ㉠ **보험소포**(Insured parcel) : 내용품을 보험에 가입하여 만일 내용품의 전부나 일부가 분실 · 도난 · 훼손이 된 경우에는 보험가액 한도 내에서 실제로 발생된 손해액을 배상하는 소포

  ㉡ **우편사무소포**(Postal Service parcel) : 우편업무와 관련하여 만국우편협약 제7조 제1.1항에서 정한 기관 사이에서 교환하는 소포로써 모든 우편 요금이 면제되며 그 종류는 다음과 같다.

    ㉮ UPU 국제사무국에서 우정청과 지역우편연합에 발송하는 소포

ⓐ 회원국 우정청(우체국)끼리 또는 국제사무국과 교환하는 소포

ⓒ 전쟁 포로 및 민간인 피억류자 소포(Prisoner-of-war and civilian internee parcel) : 전쟁 포로에게 보내거나 전쟁 포로가 발송하는 우편소포 및 「전쟁 포로의 대우에 관한 1949년 8월 12일의 제네바협약」 에서 규정한 민간인 피억류자에게 보내거나 민간인 피억류자가 발송하는 우편소포이다.

⟨㉮⟩ 전쟁 포로에게 보내거나 전쟁 포로가 발송하는 통상우편물, 우편소포, 우편 금융 업무에 관한 우편물은 항공부가요금을 제외한 모든 우편 요금이 면제된다(「만국우편협약」 제7조 제2.1항).

⟨㉯⟩ 「전시에 있어서의 민간인 보호에 관한 1949년 8월 12일의 제네바협약」에서 규정한 민간인 피억류자에게 보내거나 민간인 피억류자가 발송하는 우편물, 우편소포, 우편 금융 업무에 관한 우편물에도 항공부가요금을 제외한 모든 우편 요금을 면제한다.

⟨㉰⟩ 소포는 무게 5kg까지 우편 요금이 면제되지만, 다음의 경우에는 10kg까지 발송 가능하다.
  • 내용물을 분할할 수 없는 소포
  • 포로에게 분배하기 위하여 수용소나 포로 대표자에게 발송되는 소포

⟨㉱⟩ 이외 속달소포, 대금교환소포 등(다만, 우리나라에서는 취급하지 않음)

(4) K-Packet

① 개념 및 명칭

ⓐ 「국제우편규정」 제3조, 제9조에 따라 과학기술정보통신부장관이 고시한 전자상거래용 국제우편서비스

ⓑ 우리나라를 상징하는 의미를 담아 "Korea"를 뜻하는 K-Packet으로 정함

※ 해외 전자상거래용 우편서비스
  중국 : e-Packet, 일본 : e-small packet, 싱가포르 : e-pak, 홍콩 : e-express

② 특징

ⓐ EMS와 같은 경쟁서비스이며 고객맞춤형 국제우편 서비스로서 평균 송달기간은 7~10일이다.

ⓑ 우체국과 계약하여 이용(최소 계약물량 제한 없음)

ⓒ 온라인으로 판매되는 소형물품의 해외배송에 적합한 국제우편 서비스

ⓓ 월 이용금액에 따라 이용 요금 감액

ⓔ 지방우정청, 총괄우체국 및 6급 이하 우체국(별정국 포함)에서 계약가능하며 우편취급국은 총괄우체국이 접수국으로 지정한 경우 가능

ⓕ 무료 방문접수서비스 제공 및 전국의 모든 우체국에서 접수 가능

※ 월 발송물량이 50통 미만 및 6급 이하 우체국은 방문접수를 제공하지 않음
※ 계약관서의 인력·차량 사정에 따라 방문접수 또는 별도의 접수장소를 상호 협의하여 결정

ⓖ 국내에서 K-Packet을 등기소형포장물보다 우선 취급

ⓗ 2kg 이하 소형물품을 인터넷우체국이 제공하는 API 시스템을 통해 온라인으로 접수

※ API(Application Program Interface)시스템 : 이용자의 정보시스템과 인터넷우체국 사업자포털시스템 간 우편번호, 종추적정보, 접수정보 등을 교환할 수 있도록 제공하는 IT서비스

③ 취급조건

    ㉠ 제한무게 : 2kg, 제한규격 : 최대길이 60cm, 가로+세로+높이≤90cm

    ㉡ 우선취급 발송

    ㉢ 1회 배달 성공률 향상을 위해 해외우정과 제휴하여 배달국가에서 수취인 서명 없이 배달

    ㉣ 손해배상

        ㉮ 발송우정청 책임

        ㉯ 손해배상 처리절차는 기존 국제등기우편과 동일. 단, 인터넷으로 종추적 배달결과가 없는 경우에 한하여 행방조사 청구가 가능

        ※ 배상액 : 기존 국제등기우편물 손해배상 지급기준과 동일

(5) 국제특급우편(EMS)

① 개념 및 명칭

    ㉠ 만국우편협약 제16조에 근거하여 다른 우편물보다 최우선으로 취급하는 가장 신속한 우편 업무이다.

    ㉡ 국가 간 EMS 표준다자간 협정이나 양자 협정으로 합의한 내용에 따라 취급한다(국가별 상세한 취급 사항은 EMS 운영 가이드에 따름).

        ※ EMS 운영 가이드(EMS Operational Guide) : UPU 산하 EMS 협동조합(Cooperative)에서 각 국의 EMS 취급 조건을 모아서 웹사이트에 게시

    ㉢ EMS에 대하여 만국우편협약에서 정한 공통로고가 있지만, 그 명칭은 나라마다 다르다.

        ㉮ 우리나라 : EMS 국제특급우편

        ㉯ 일본 : EMS 국제스피드우편

        ㉰ 미국 : Express Mail International

        ㉱ 호주 : Express Post International

        ※ 우리나라는 UPU에서 정한 공통 로고 규정에 맞춰 다음과 같은 EMS 브랜드 공공디자인을 개발하여 사용

② 특성

    ㉠ 신속성 · 신뢰성 · 정기성 · 안전성 보장

    ㉡ 모든 우체국과 우편취급국에서 발송 가능

    ㉢ 각 접수우체국마다 그날 업무마감시간이 제한되어 있어, 마감시간 이후 분은 다음 날 국외 발송 승인 후 접수

    ㉣ 행방조사 결과 우체국의 잘못으로 송달예정기간보다 48시간 이상 늦어진 것으로 판정된 경우 납부한 우편 요금 환불(다만, 배달을 시도했으나 수취인이 부재한 경우와 공휴일 및 통관 소요일은 송달예정 기간에서 제외)

        ※ 단, EMS 배달보장서비스 적용 우편물의 경우, 송달예정일보다 늦어진 경우 우편요금 반환

    ㉤ 외국에서 국내 배달우체국에 도착한 국제특급우편물은 국내당일특급 우편물의 예에 따라 배달

③ 종류

    ㉠ 계약국제특급우편 (Contracted EMS)

    ㉡ 수시국제특급우편 (On demand EMS)

④ 국제특급우편으로 보낼 수 있는 물품과 금지물품

접수 가능 물품	접수 금지 물품

① 업무용 서류(Business Documents)
② 상업용 서류(Commercial papers)
③ 컴퓨터 데이터(Computer data)
④ 상품 견본(Business samples)
⑤ 마그네틱테이프(Magnetic tape)
⑥ 마이크로필름(Microfilm)
⑦ 상품(Merchandise) : 나라에 따라 취급을 금지하는 경우도 있음
	① 동전, 화폐(Coins, Bank notes)
	② 송금환(Money remittances)
	③ 유가증권류(Negotiable articles)
	④ 금융기관 간 교환 수표(Check clearance)
	⑤ UPU일반우편금지물품(Prohibited articles)
	   ㉠ 취급상 위험하거나 다른 우편물을 더럽히거나 깨뜨릴 우려가 있는 것
	   ㉡ 마약류 및 향정신성 물질
	   ㉢ 폭발성, 가연성 또는 위험한 물질
	   ㉣ 외설적이거나 비도덕적인 물품 등
	⑥ 가공 또는 비가공의 금,은, 백금과 귀금속, 보석 등 귀중품
	⑦ 상대국가에서 수입을 금하는 물품
	⑧ 여권을 포함한 신분증

※ 국가별 통관 규정이나 국내 법규 등에 따라 수시로 변경되므로, 반드시 포스트넷(내부망) 발송조건 또는 인터넷우체국(외부망)을 확인하여 접수

⑤ 배달국가와 우편물 접수 관서

    ㉠ 배달(교환) 국가 : 홍콩, 일본과 1979년 7월 1일 업무 개시 이후 계속 배달(교환) 국가를 확대. 우리나라와 EMS 우편물의 교환을 위한 표준다자간협정 및 양자협정을 맺은 국가는 143개국

    ※ 항공편 사정, 천재지변, 상대국 통관, 배달 상황 등에 따라 배달(취급) 중지되는 경우가 있으므로 EMS 우편물 접수할 때 취급 가능한 국가를 반드시 국제우편물 발송조건(포스트넷 또는 인터넷우체국)에서 확인해야 한다.

    ㉡ 접수 관서 : 전국의 모든 우체국 및 우편취급국

⑥ 주요 부가취급의 종류(EMS는 항공 및 등기를 기본으로 취급)

    ㉠ 배달통지

    ㉡ 보험취급

    ㉢ EMS프리미엄

    ㉣ 배달보장서비스

(6) 한·중 해상특송서비스(POST Sea Express)

① 개념 ⋯ 30kg 이하 물품의 해외 다량발송에 적합한 서비스로서 우체국과 계약하여 이용하는 전자상거래 전용 국제우편서비스

    ㉠ e-Shipping을 이용하는 고객에 한하여 이용 가능

    ㉡ 운송수단 : 인천-위해(威海, Weihai)간 운항하는 여객선 및 화물선

② 특징

    ㉠ EMS와 같은 경쟁서비스이며 고객맞춤형 국제우편 서비스로서 표준송달기간은 평균적으로 중국 6일, 한국 4일

    ㉡ 온라인으로 판매되는 물품의 중국배송에 적합한 국제우편 서비스

    ㉢ 월 발송물량에 따라 이용 요금 감액

    ㉣ 지방우정청, 총괄우체국에서 이용계약 가능하며 6급 이하 우체국(별정국, 우편취급국 포함)은 총괄우체국장의 승인을 받은 경우에 한함

❸ 국제우편물 종별 접수요령

(1) 국제우편물의 접수

① 개요

    ㉠ 우편물이 접수된 때부터 우편이용관계가 발생하며, 우편관서와 발송인 사이에 우편물송달계약이 성립된다. 따라서 우편관서에서는 접수한 우편물을 도착국가로 안전하게 송달하여야 할 의무가 있으며 발송인은 국제우편 이용관계에 따른 각종 청구권을 갖는 등 권리의무가 성립된다.

    ㉡ 국내우편물과 마찬가지로 우편물을 우체통에 넣거나 우체국에서 접수한다(단, EMS는 발송인의 요청에 따라 발송인을 방문하여 접수 가능).

        ㉮ 다음의 우편물은 창구에서 접수

         • 소포우편물, 국제특급우편(EMS), 해상특송우편물

         • 부가취급(항공취급은 제외)을 요하는 우편물

         • 소형포장물, K-Packet

         • 통관검사를 받아야 할 물품이 들어있는 우편물

         • 요금별납, 요금후납, 요금계기별납으로 하는 우편물

         • 공취급으로 하는 점자우편물

         • 「만국우편협약」에서 정한 우편요금감면대상 우편물

ⓑ 용적이 크기 때문에 우체통에 넣을 수 없는 우편물과 한꺼번에 여러통을 발송하는 우편물의 경우, 이를 우체국 창구에 제출 가능하다(「국제우편규정」 제20조 제2항).

ⓒ 통상우편물은 우편물에 붙인 우표 소인. 다만, 통신사무우편물, 요금별납, 요금후납, 요금계기별납에 따른 우편물은 날짜도장을 날인하지 않는다.

ⓓ 국제우편물의 소인, 그 밖의 업무취급에는 국제날짜도장 사용

② 일반 사항

　㉠ 접수우편물의 점검

　　㉮ 통상우편물 접수(창구접수, 수집)할 때 주요 확인할 사항

- 도착국가는 어디인지
- 통상우편물로 발송할 수 있는 내용인가. 내용품은 우편 금지물품이 아닌지
- 종별은 무엇인지
- 부가취급 요청은 없는지
- 부가취급은 이를 상대 국가에서 취급을 허용하는 것인지
- 용적·무게 및 규격의 제한에 어긋나는 것은 아닌지
- 포장은 적절한지
- 투명창문봉투를 사용하고 있는 우편물은 창문을 통하여 주소를 쉽게 읽을 수 있는지
- 봉투 전부가 투명한 창문으로 된 것을 사용하고 있는지
- 외부 기록 사항은 적당한지
- 각종 표시는 어떠한지
- 첨부 서류는 어떠한지

　　㉯ 검사 결과 규정 위반이 발견된 때, 발송인에게 보완하여 제출하도록 요구하고, 이를 거부할 때는 그 이유를 상세히 설명하고 접수 거절

　㉡ 수집 우편물의 처리 : 국제특급과 항공우편물은 따로 가려내어 가장 빠른 운송편으로 송달

　㉢ 통관검사대상우편물의 처리

　　㉮ 통상우편물 중 통관에 회부하여야 할 우편물

- 소형포장물
- 세관표지(CN22) 및 세관신고서(CN23)가 붙어있는 통상우편물
- 통관우체국장이나 세관장이 특히 통관검사에 부칠 필요가 있다고 인정하는 그 밖의 통상우편물

　　㉯ 세관검사에 회부하는 우편물은 반드시 그 표면에 녹색의 세관표지(CN22)를 부착하고, 발송인이 표시한 내용품의 가격이 300SDR을 초과하거나 발송인이 원할 때에는 세관신고서(CN23)를 첨부한다.

※ 국제소포, K-Packet 및 국제특급(비서류용) 운송장에 CN23 내용이 포함되어 있음

※ 국제특급(서류용)은 CN22 포함

(2) 종류별 접수방법

① 주요 통상우편물의 접수

　㉠ 우편자루배달인쇄물(M bag)의 접수

　　㉮ 등기취급의 경우에는 도착국가가 등기로 발송 가능한 나라인지를 국제우편요금, 발송 조건표, 우편물류시스템을 이용하여 확인(보통의 경우는 모든 나라에 발송 가능)

　　㉯ 접수할 때에는 하나의 통상우편물로 취급

　　㉰ 국제우편자루에 우편물을 넣도록 하되, 접수우체국에서 국제우편자루 미확보 등 부득이한 경우에는 국내우편자루를 활용하고, 국제우편물류센터에서 국제우편자루로 다시 묶을 수 있음

　　㉱ 주소기록용 꼬리표(90×140mm, 두꺼운 종이 또는 플라스틱이나 나무에 붙인 종이 등으로 만들고, 두 개의 구멍이 있어야 함)를 2장 작성하여, 1장은 우편물에 붙이고 1장은 우편자루 목에 묶어 봉인

　　㉲ 요금은 우표나 우편요금인영증지를 주소기록용 꼬리표(우편자루 목에 붙인 꼬리표) 뒷면이나 우편물 표면(꼬리표를 달기 어려울 때)에 부착

　　㉳ 통관대상물품이 들어 있는 경우에는 세관표지(CN22)를 작성하여 붙이고 내용품의 가액이 300SDR을 초과할 때에는 세관신고서(CN23)를 작성하여 붙임

　　㉴ 통관절차대행수수료 4,000원 징수(우편요금과 별도로 징수)

　　㉵ 우편물을 넣은 국제우편자루(M bag)를 다시 국내용 우편자루에 넣어 교환우체국으로 발송하되, 국명표와 송달증에 'M' 표시

　　　• 항공편일 경우에는 국제우편물류센터로 발송

　　　• 선편일 경우에는 부산국제우체국으로 발송

　㉡ 시각장애인용 우편물의 접수

　　㉮ 시각장애인용우편물 취급 요건 충족 여부

　　㉯ 봉투 표면에 'Items for the blind' 표시

　　㉰ 항공으로 발송할 때에는 항공부가요금에 해당하는 요금을 수납

　　㉱ 등기를 접수할 때 등기료는 무료

　　㉲ 'AIRMAIL' 또는 'SURFACE MAIL' 고무인

　　㉳ 국제날짜도장으로 소인

　㉢ 항공서간 등 : 항공서간 취급 요건 충족 여부 확인, 국제날짜도장 소인

② 소포우편물의 접수

　㉠ 보통소포우편물의 접수

　　㉮ 접수 검사

　　　• 도착국가와 우리나라의 소포 교환 여부, 접수 중지 여부

　　　• 금지물품 여부, 포장상태

　　　• 용적과 중량제한(국제우편요금, 발송조건표, 우편물류시스템 참조)

　　　• 운송장 기록 사항

　　　－내용품의 영문 표기 및 수량과 가격 표기

- 잘못을 발견하였을 때에는 발송인에게 보완 요구, 불응하면 접수 거절
  - ㉯ **국제소포우편물 운송장의 작성과 첨부**
    - 발송인으로 하여금 국제소포우편물 운송장을 작성하게 하여 소포우편물 외부에 떨어지지 않도록 부착
    - 국제소포우편물 운송장은 다음과 같이 6연식으로 되어 있으며, 별도의 복사지 없이도 제1면의 기록 내용이 제6면까지 복사됨
    - 제1면 : 운송장
    - 제2면 : 접수 원부(접수우체국용)
    - 제3면 : 접수증(발송인용)
    - 제4면 : 송장(도착우체국용)
    - ※ 인쇄일자에 따라 제4면이 없는 운송장도 있음
    - 제5, 6면 : 세관신고서(도착국가세관용)
    - 국제소포우편물 운송장에는 도착국가에서 필요한 서식(송장·세관신고서)이 포함되어 있으므로 별도 작성할 필요가 없다. 다만, 발송인이 필요하다고 인정하는 경우, 우리나라와 도착국가에서의 통관수속에 필요한 모든 서류(상업송장, 수출허가서, 수입허가서, 원산지증명서, 건강증명서 등)를 첨부 가능하다.
    - 발송인이 운송장에 기록할 때 왼쪽 아랫부분의 지시사항란을 반드시 기록. 이 지시사항(Sender's instruction)은 도착국가에서 배달이 불가능 할 때 명확하게 처리하기 위해 필요할 뿐 아니라 특히 소포우편물이 반송되는 경우에 발송인에게 반송도착료를 징수하는 근거가 됨
    - 소포우편물이 배달 불능일 경우에 적용하여야 할 취급 방법을 발송인이 주소 운송장에 표시할 때에는 다음 중 하나를 택하여 해당란의 □ 속에 × 표시(발송인에게 즉시 반송 / 포기)
    - 반송이나 전송의 경우에는 반드시 선편이나 항공편 중 하나를 택하여 ×표시
    - 발송인이 작성 제출한 운송장에는 우편물의 총중량과 요금, 접수우체국명, 접수 일자 등을 접수담당자가 명확히 기재
    - 이 경우 100g 미만의 단수는 100g 단위로 절상
    - 예 소포우편물 중량이 5kg 740g인 경우 5,800g으로 기록
    - 운송장의 소포우편물 중량과 요금은 고쳐 쓸 수 없으므로 잘못 적지 않도록 각별히 주의
  - ㉰ **기타**
    - 요금납부방법 : 현금, 신용카드(체크카드 포함), 우표, 우편 요금을 표시하는 증표, 정보통신망을 이용한 전자화폐(전자결제)
    - 접수된 우편물은 발송전에 처리부서 책임자가 반드시 정당 요금 징수여부를 검사하고 국제소포우편물 운송장, 국제발송소포우편물송달증, 별·후납 취급기록, 우편요금즉납서 등과 철저히 대조 확인
- ㉡ 보험소포우편물의 접수
  - ㉮ 접수검사
    - 보험소포우편물은 특히 포장을 튼튼히 한 후 뜯지 못하도록 봉함했는지 확인
    - 통관검사를 위하여 개봉한 후에는 통관우체국에서 가능한 한 원상태에 가깝도록 다시 봉함
    - 그 밖의 사항은 보통소포우편물의 접수 검사 절차와 동일

㉯ 국제보험소포우편물 운송장의 작성 및 첨부
- 국제보험소포우편물 운송장의 구성, 통관에 필요한 첨부서류 추가, 배달이 불가능할 때의 처리 방법에 관한 지시사항 표시 등에 관하여는 앞에 서술한 보통소포우편물 접수 예와 같음
- 보험소포우편물의 중량은 10g 단위로 표시, 10g 미만의 단수는 10g으로 절상
  예 중량이 7kg 542g인 경우 7,550g 으로 기록
- 보험 가액을 기록할 때의 유의 사항
- 내용품은 반드시 객관적인 가치가 있는 물품이어야 함
- 보험가액은 소포우편물 내용물의 실제 가격을 초과할 수 없지만 소포우편물 가격의 일부만을 보험에 가입하는 것은 허용
- 보험가액은 원(Won)화로 표시, 발송인이 운송장 해당란에 로마문자와 아라비아숫자로 기록해야 하며 보험가액은 잘못 적은 경우 지우거나 고쳐 치지 말고 운송장을 다시 작성하도록 발송인에게 요구
- 발송우체국은 발송인이 원(Won)화로 기록한 보험가액을 SDR로 환산하여 운송장의 해당란에 기록하며 환산할 때에는 소수점 둘째자리 미만은 올려서 소수점 둘째자리까지 기록함. 이 가액은 어떠한 경우에도 고쳐 쓸 수 없음(보험 가액 최고한도액 : 4,000SDR)
- 소포우편물 내용물의 실제 가격보다 높은 가액을 보험가액으로 할 수 없으며 이러한 경우 사기보험으로 간주
㉰ 그 밖의 사항 : 보통소포우편물의 경우에 준하여 처리

③ K-Packet 접수
㉠ 일반사항
㉮ 내용품이 파손되거나 이탈되지 않도록 단단하게 포장하되 사각형태의 상자에 포장하고 액체는 내용물이 새지 않도록 봉하여 외부 압력에 견딜 수 있는 용기에 넣어 포장
   ※ 2개 이상의 포장물품을 테이프, 끈 등으로 묶어 K-Packet 하나로 발송 금지
㉯ 라벨기표지 작성
- K-Packet을 발송할 경우 인터넷 접수시스템으로 발송인과 수취인의 주소, 내용품명, 내용품가액 등 필수 입력사항을 영문으로 입력
- 운송장을 작성할 때에는 요금을 올바르게 계산하기 위해 반드시 규격 및 무게를 정확히 기재
- 표시한 무게와 실제 우편물 무게가 달라 요금에 차이가 발생한 경우 즉시 이용 고객에게 알림
- K-Packet 운송장의 발송인 란에는 통관, 손해배상, 반송 등의 업무처리를 위하여 반드시 한 명의 주소·성명을 기재
㉡ 우편물의 접수 장소 : 계약 관서의 장은 인력과 차량의 사정에 따라 K-Packet을 방문접수할지 별도의 장소에서 접수할지를 협의하여 결정하고 이를 계약사항에 표시할 수 있음
㉢ 접수제한 물품 : 「만국우편협약」과 「우편법」 제17조(우편금지물품) 제1항에서 정한 폭발성 물질, 발화성 물질, 인화성물질, 유독성물질, 공공안전의 위해를 끼칠 수 있는 물질, 그 밖의 위험성 물질 등

④ 국제특급우편물(EMS)의 접수

　㉠ 공통 사항

　　㉮ 무게 제한, 금지물품 확인

　　㉯ EMS 운송장을 이용자(계약고객, 수시이용고객)에게 교부하여 작성 요청

　　　※ 운송장은 내용품에 따라 서류용과 비서류용의 2가지로 구분

　　㉰ 접수 담당자는 국제특급우편물 운송장(EMS 운송장)의 해당란에 접수일시, 무게(10g 단위), 요금 등 기록

　㉡ 수시 국제특급우편물(EMS)의 접수

　　㉮ EMS 운송장을 이용자(고객)에게 교부하여 작성 요청

　　㉯ 요금은 우표, 현금 또는 「여신전문금융업법」에 따른 신용카드로 납부

　　㉰ EMS운송장(발송인 보관용)을 접수증으로 영수증과 함께 발송인에게 교부

　㉢ 계약 국제특급우편물(EMS)의 접수

　　㉮ EMS 운송장 서식을 용도에 따라 구분하여 미리 교부하고 교부 매수를 명확히 기록 유지하며 결번이 생기지 않도록 이용 고객에게 미리 알림

　　㉯ 우편물의 수집은 계약서에서 정한 주소지 수집을 원칙으로 하되 계약 우체국의 사정을 감안하여 창구접수도 가능

　　㉰ 수집하는 우체국에서는 수집한 우편물의 무게 등을 검사하고 해당 우편물에 표시된 무게와 실제 무게가 달라서 요금에 차이가 생긴 때에는 이를 즉시 이용자에게 통지

　　㉱ 요금은 요금납부고지서에 의하여 납부

　㉣ EMS 운송장 기록 요령

　　㉮ 접수 우체국 기록 사항

　　　• 무게 : 10g 단위로 기록

　　　• 우편요금 : 원화 가격을 아라비아 숫자로 기록

　　　• 배달보장서비스 : 해당 국가(카할라 우정 연합체 해당 국가)에 한정하여 포스트넷(내부망) 조회 결과 일자를 기록

　　　• 보험 이용 여부와 보험가액 : 10만 원 이상의 물품일 경우 반드시 고객에게 보험 이용 여부를 문의한 후 이용할 때는 해당 칸에 표시(보험가액은 원화로 기록)

　　㉯ 발송인 기록 사항 : 우체국(취급국)은 기록 사항의 이상 유무를 확인한 후에 우편물을 접수한다.

　　　• 보내는 사람과 받는 사람의 전화번호 : 보내는 사람뿐만 아니라 받는 사람의 전화번호까지 기록 권장(일부 국가의 경우에는 전화번호를 적지 않으면 배달지연 요소로 작용)

　　　• 보내는 사람과 받는 사람의 주소·성명 : 보내는 사람의 주소·성명도 영문으로 기록(상대국에서 배달할 때나 행방을 조사할 때 사용)

　　　• 우편번호(Postal code) : 신속한 통관과 정확한 배달을 위하여 필요하므로 반드시 기록

　　　• 세관표지(CN22)(내용물이 서류인 EE운송장 경우) : 내용품명, 개수, 가격 등을 해당란에 정확히 기록하고 내용품 구분(서류, 인쇄물)란의 해당 칸에 표시

　　　※ 운송장 가격의 화폐 단위는 US$(United States dollar)임을 인지하고 기록하되, 다른 화폐 단위인 경우 반드시 표기하여야 통관할 때 지연되지 않음에 유의

- 세관신고서(CN23)(내용물이 물품인 경우는 EM운송장) : 내용품명, 원산지, 개수, 순 무게, 가격 등을 품목별로 정확히 기록하고, 상품 견본, 선물, 상품 중 해당되는 칸(□안)에 × 표시
- 발송인 서명 : 주소·성명, 전화번호, 세관표지 또는 세관신고서 기록내용에 틀림이 없음을 확인하는 것이므로 반드시 발송인이 직접 서명

ⓜ EMS의 보험취급

㉮ 보험취급한도액과 수수료

보험취급 한도액	보험취급 수수료
4,000SDR(약 7백만 원) ※ EMS프리미엄 : 50백만 원	보험가액 최초 65.34SDR 또는 최초 114,300원까지 : 2,800원 보험가액 65.34SDR 또는 114,300원 추가마다 : 550원 추가

㉯ 우리나라와 EMS를 교환하는 모든 나라로 발송하는 EMS에 대하여 보험취급이 가능하다(상대국의 보험취급 여부에 관계없이 취급).

㉰ 보험가액의 기록
- 보험가액은 내용품의 실제 가치를 초과할 수 없으며, 이를 속여 기록 한 경우 우정청은 책임이 없다.
- 내용품의 가치는 주관적인 가치가 아니고 객관적인 가치가 있는 것을 말한다.
- 보험가액은 운송장 보험가액란에 'ㅇㅇㅇ원'으로 기록하고 보험취급 수수료는 별도 기록 없이 요금에 포함하여 기록한다.

㉱ 그 밖의 사항에 대하여는 보험소포우편물의 취급 요령에 준하여 처리한다.

(3) 기타 특수취급우편물의 접수

① 항공 ··· 우편물을 항공운송수단을 이용하여 운송하는 등 송달과정에서 우선적 취급을 하는 제도이다. 선편으로 운송되는 국제선편통상우편물 및 국제선편소포우편물과 구분하기 위하여 항공으로 취급되는 통상우편물 및 소포우편물에 대해서는 각각 국제항공통상우편물 또는 국제항공소포우편물로 부른다.

② 등기(Registered)
㉠ 우편물마다 접수번호를 부여하고 접수한 때로부터 배달되기까지의 취급과정을 그 번호에 의하여 기록취급하여 우편물취급 및 송달의 확실성을 보장하기 위한 제도로서, 망실·도난·파손의 경우에는 손해배상을 해주는 제도이다.
㉡ 대상 : 모든 통상우편물은 등기로 발송 가능하다.
㉢ 도착국의 국내법이 허용하는 경우 봉함된 등기서장에 각종 지참인불유가증권, 여행자수표, 백금, 금, 은, 가공 또는 비가공의 보석 및 기타 귀중품을 넣을 수 있다.(국내 관련 법규에서 허용하는 범위 내에서만 취급)
㉣ 국제등기번호표 CN04를 우편물 앞면의 적정한 위치에 붙인다.

③ 배달통지(Advice of delivery) ··· 우편물 접수 시 발송인의 청구에 따라 우편물을 수취인에게 배달하고 수취인으로부터 수령 확인을 받아 발송인에게 통지하여 주는 제도, 배달통지(A.R)는 국내우편의 배달증명과 유사하며 기록 취급하는 우편물에 한하여 청구 가능하다.

④ 보험서장(Insured letters)
　　㉠ 개념 : 은행권, 수표 등의 유가증권, 금전적 가치가 있는 서류나 귀중품 등이 들어있는 서장우편물을 발송인이 신고한 가액에 따라 보험취급하여 교환하고, 망실·도난 또는 파손된 경우 보험가액의 범위 내에서 실제로 발생된 손해액을 배상하는 제도(발생가능 국가는 접수 시 확인)이다.
　　㉡ 보험가액(범위)
　　　㉮ 건당 최고한도액 : 4,000SDR(약 7,000,000원)
　　　㉯ 내용품의 일부가치만을 보험 취급하는 것도 가능
　　㉢ 보험서장으로 발송할 수 있는 물건
　　　㉮ 은행권, 수표, 지참인불 유가증권
　　　㉯ 우표, 복권표, 기차표 등과 같은 금전적 가치가 있는 서류
　　　㉰ 귀금속 및 보석류
　　　㉱ 고급시계, 만년필 등 귀중품
　　　㉲ 수출입관련 법령(대외무역법 등)에서 허용하는 범위 내에서 취급

❹ 국제우편요금

(1) 개요

① 국제우편요금의 결정
　　㉠ 만국우편협약에서 정한 범위 안에서 과학기술정보통신부장관이 정한다.
　　㉡ 국제우편요금이 결정되면 고시하여야 한다.

② 국제우편 요금체계
　　㉠ 운송편별에 따라 선편요금과 항공요금으로 구분
　　㉡ 우편물 종별에 따라 통상우편물요금, 소포우편물요금, 국제특급우편요금, K-Packet, 한중해상특송의 요금으로 구분하며, 부가취급에 따른 부가취급 수수료가 있음
　　㉢ 구성내용에 따라 국내취급비, 도착국까지의 운송요금과 도착국내에서의 취급비로 구분

(2) 국제우편요금의 별납

① 정의 … 한 사람이 한 번에 같은 우편물(동일무게)을 보낼 때에 우편물 외부에 요금별납(POSTAGE PAID) 표시를 하여 발송하고 우편요금은 별도로 즉납하는 제도
② 취급우체국 … 모든 우체국(우편취급국 제외)
③ 취급요건
　　㉠ 통상우편물 : 10통 이상
　　　※ 우편물의 종별, 무게, 우편요금 등이 같고 한사람이 한 번에 발송하는 우편물

ⓛ 국제특급우편물과 소포우편물의 우편요금은 현금과 신용카드(혹은 체크카드)로 결제하므로 별납취급에 특별한 요건이 없다.

④ 취급요령

　㉠ 발송인이 적어 제출한 별납신청서를 접수한다(별납신청서는 전산으로 출력).

　ⓛ 접수검사 : 신청서 기록사항이 현물과 다른 점은 없는지 확인한다.

　ⓒ 외부 기록사항 확인

　　㉮ 우편물 앞면의 오른쪽 윗부분에 요금별납표시가 날인 · 인쇄되어 있는지 확인한다.

　　㉯ 발송인이 표시를 하지 아니한 경우에는 우체국에서 요금별납인을 날인한다.

　ⓔ 접수와 참관

　　㉮ 요금별납우편물의 접수담당자는 접수담당책임자(6급 이하 관서의 경우에는 국장)가 보는 앞에서 확인 · 접수한다.

　　㉯ 접수와 입회 확인 절차는 국내우편요금별납의 취급 예에 따른다.

　ⓜ 요금별납우편물에는 우편날짜도장의 날인은 생략한다.

　ⓗ 접수된 우편물은 국제우체국 앞으로 별도우편자루 체결 · 발송을 원칙으로 한다. 단, 물량이 적을 경우에는 단단히 묶어서 다른 우편물과 함께 발송한다.

(3) 국제우편요금의 후납

① 정의 … 국제우편물의 요금(특수취급수수료 포함)을 우편물을 접수할 때에 납부하지 않고 발송우체국의 승인을 얻어 1개월 간 발송예정 우편물 요금액의 2배에 해당하는 금액을 담보금으로 제공하고 1개월간의 요금을 다음 달 20일까지 납부하는 제도

② 취급대상물(발송기준 통수) … 동일인이 매월 100통 이상 발송하는 국제 통상우편 및 국제 소포우편물

③ 취급우체국 … 모든 우체국

④ 취급요령

　㉠ 우편물 및 발송표의 제출 : 우편물의 발송인은 국제우편요금후납우편물 발송신청서를 작성하여 우편물과 함께 요금후납 계약우체국에 제출한다.

　ⓛ 우편물 및 발송신청서의 검사

　　㉮ 우편물의 검사

　　　• 요금후납우편물이 우리나라를 발송국으로 하는지 확인

　　　• 우편물의 오른쪽 윗부분에는 요금별(후)납(Postage Paid)의 표시 확인

- 발송인이 표시를 하지 아니한 경우에는 우체국 보관 요금별(후)납인 날인
  - ㉙ 발송신청서의 검사
    - 요금후납우편물 발송표 기록사항이 발송하는 우편물과 다름없는지 확인
    - 발송표의 그 밖의 기록사항 확인
  - ㉢ 접수 및 입회 확인
    - ㉮ 요금후납우편물의 접수담당자는 접수담당책임자(6급 이하 관서의 경우에는 국장)가 보는 앞에서 확인·접수
    - ㉯ 요금후납우편물 발송신청서는 요금별납우편물 접수 및 입회확인방법에 준하여 상호 확인인을 날인
  - ㉣ 날짜도장 날인 : 요금후납우편물에는 우편날짜도장 날인 생략

(4) 국제우편요금 수취인부담(IBRS ; International Business Reply Service)

① **개념** … 우편물을 외국으로 발송하는 자가 국내 배달우체국과 계약을 체결하여 회신요금을 자신이 부담할 수 있도록 하는 제도

② **취급우체국** … 집배우체국에 한하여 취급

③ **취급 대상 우편물**
- ㉠ **종류** : 인쇄물(봉투)과 엽서에 한함
- ㉡ **최대중량** : 50g

④ **요금징수**
- ㉠ 수취인이 우편물을 받을 때 납부하며 후납 취급도 가능
- ㉡ 인쇄물(봉투) : 1,100원 / 엽서 : 500원

⑤ **이용계약**
- ㉠ IBRS의 이용계약을 체결하려는 자는 신청서와 수취할 우편물의 견본 2매를 배달우체국에 제출
- ㉡ 계약체결 후 우편물을 발송하는 자는 우편물 표시사항과 배달우체국장이 부여한 계약번호를 수취할 봉투 또는 엽서에 인쇄한 견본 2매를 배달우체국에 제출

⑥ **IBRS 접수 우체국의 취급**
- ㉠ IBRS 우편물은 발송유효기간에 한정하여 발송. 발송유효기간이 끝난 다음에 발송한 IBRS 우편물은 발송인에게 돌려보냄
- ㉡ IBRS 우편물에는 날짜도장을 날인하지 않음
- ㉢ IBRS 우편물은 모두 항공 취급하며, 그 밖의 부가취급 불가
- ㉣ 유효기간 등이 정상적으로 표시된 IBRS 우편물은 접수시스템에 별도로 입력하지 않고 국제항공우편물과 같이 국제우편물류센터로 보냄

⑦ **외국에서 도착된 IBRS 우편물의 취급** … 국내우편요금 수취인부담 우편물의 배달 예에 준해 배달하고 요금징수

(5) 해외 전자상거래용 반품서비스(IBRS EMS)

① 개념 … 인터넷쇼핑몰 등을 이용하는 온라인 해외거래 물량 증가에 따라 늘어나는 반품 요구를 충족하기 위해 기존의 국제우편요금수취인부담 제도를 활용하여 반품을 수월하게 하는 제도

② 서비스 개요

　　㉠ 취급우체국과 발송가능국가

　　　　㉮ 취급우체국 : 계약국제특급 이용우체국(집배국)에 한정함

　　　　㉯ 발송가능국가 : 일본

　　㉡ 취급대상 우편물

　　　　㉮ 종류 : EMS에 한정함(최대 무게 2kg)

　　　　㉯ 우편물의 규격 : 국가별 EMS 발송 조건의 규격과 같음

　　　　㉰ 구매자가 반품을 요청할 경우 반품서비스 이용계약을 체결한 판매자는 전자적인 방법으로 아래 서식의 반품서비스라벨을 구매자에게 전송, 구매자는 해당 우편물 표면에 반품서비스 라벨을 부착하여 접수 (라벨의 규격 : 최소 90×140mm, 최대 140×235mm)

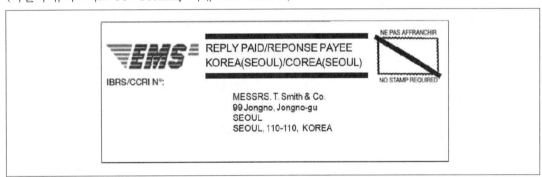

　　㉢ 부가취급 : EMS 우편물로 취급, 그 밖의 부가취급은 할 수 없음

　　㉣ 요금의 징수

　　　　㉮ IBRS EMS 우편물의 요금은 수취인이 우편물을 받을 때 납부하게 하며 후납 취급도 가능

　　　　㉯ 수취인으로부터 징수할 IBRS EMS우편물의 요금은 통당 10,000원

(6) 국제반신우표권(International Reply Coupons)

① 개요

　　㉠ 국제반신우표권은 수취인에게 회신요금의 부담을 지우지 아니하고 외국으로부터 회답을 받는 편리한 제도

　　㉡ 만국우편연합 국제사무국에서 발행하며 각 회원국에서 판매. 국제반신우표권 1장은 그 나라의 외국 발송 항공보통서장 최저 요금의 우표와 교환

② 판매

　　㉠ 우리나라에서 1매당 1,450원에 판매

　　㉡ 판매할 때에는 국제반신우표권의 왼쪽 해당란에 날짜도장을 날인

ⓒ 국제반신우표권의 수급을 원활하게 조절하고, 통신목적 이외의 용역·물품대금 지급수단으로 이용하거나 환투기 목적의 사용을 방지하기 위하여, 다음과 같이 판매수량을 제한
  ㉮ 판매제한내용 : 20장 이하는 자유 판매, 초과하여 구매하려는 경우 구체적인 사용목적을 확인한 후 판매하는 등 판매수량을 합리적으로 제한
  ㉯ 다량 판매를 요구할 때의 판매방법 : 신청서에는 최소한 신청인의 주소·성명과 사용 용도를 기록하도록 함

③ 교환
  ㉠ 외국에서 판매한 국제반신우표권은 우리나라에서 외국으로 발송되는 항공 보통서장의 4지역 20g 요금(850원)에 해당하는 우표류와 교환
  ㉡ 우리나라에서 판매된 국제반신우표권은 우리나라에서 교환할 수 없음
  ㉢ 국제반신우표권을 교환하여 줄 때에는 반드시 진위 여부를 검사(UPU의 문자가 선명하게 인쇄되었는지 등)하여야 하며, 오른쪽 해당란에 국제날짜도장을 날인(유효기간이 경과한 국제반신우표권은 교환 불가능)

④ 기타사항
  ㉠ 반신권은 우표류에 속하나 할인판매가 불가능
  ㉡ 다량의 반신권 판매 요구 시에는 정당사용 여부를 확인 후 판매 : 한 사람이 하루에 20매를 초과하여 구입 요구 시 별도의 신청서 필요
  ㉢ 우표류와 교환 시 위조여부를 반드시 확인

[국제반신우표권(CN01) 사양]

[신청서]

국제반신우표권 구입신청서

신청인	성명	
	주소	
	연락처	
구매수량	장	* 20장 이상 다량구매의 경우 아래 사항 필수 확인
사용목적		

O 아래의 경우 판매가 제한됩니다.
 * 현재 필요하지 않으면서 한꺼번에 구매하는 경우
 * 외국에 서적대금 지불 수단 등으로 사용하는 경우
 * 외국의 우표를 다량 구입할 수단으로 구매 요청하는 경우

다량 구매한 때의 확인사항

1. 구입한 국제반신우표권은 수취인의 우편물 회신요금 외에 다른 용도로 사용치 않음을 확인합니다.
2. 국제반신우표권을 구입한 후 제1항과 관련 없는 곳에 통 우표권이 사용되어 일어난 일련의 사고에 대해서는 판매 우체국에 책임을 묻지 않겠습니다.

신청인　　서명 또는 (인)

우체국장 귀하

주의사항

1. 우리나라에서 판매된 국제반신우표권은 우리나라에서 교환할 수 없습니다.
2. 국제반신우표권의 유효기간을 반드시 확인하시기 바랍니다.
3. 국제반신우표권은 현금으로 교환 불가능합니다.

❺ 국제특급우편(EMS) 주요 부가서비스 및 제도

(1) EMS 배달보장 서비스

① 개념

    ㉠ 최상의 EMS 배송서비스를 제공하는 고품질 서비스로서 EMS배달보장일 계산 프로그램에 따라 발송지(접수 우체국)와 수취인의 우편번호를 입력하면 상대국 공휴일, 근무일, 항공스케줄을 참고하여 배달보장날짜를 알려주는데 만약 알려준 배달예정일보다 늦게 배달되면 지연사실 확인 즉시 우편요금을 배상해 주는 보장성 서비스

    ㉡ 우편취급국을 포함한 모든 우체국에서 위 국가로 발송하는 EMS 우편물에 대하여 배달보장일 제공 가능

        ※ EMS 접수 시 수취인의 우편번호를 PostNet에 입력하는 경우에 한하여 배달 보장일이 제공됨에 유의하여야 함

        ※ 통관 보류나 수취인 부재 등의 사유로 인한 미배달은 배달완료로 간주

② 대상국(11개국) … 한국, 일본, 미국, 중국, 호주, 홍콩, 영국, 스페인, 프랑스, 태국, 캐나다 간에 운영되며, 별도 취급 수수료는 없다.

    ※ 해당국가 사정에 따라 중지 될 수 있음

③ 서비스 최초 시행일 … 2005. 7. 25.

④ 서비스 요약

구분	주요내용
대상지역	11개 국가 우정당국간 공동시행 -11개 우정당국이 모든 지역에 대해 EMS 배달보장서비스 제공
배달기한	배달보장일 계산프로그램 활용 -배달보장일 계산프로그램에서 안내되는 배달보장일자가 EMS 배달보장서비스 배달기한이 됨 -아시아지역 : 접수 + 2일 이내 배달보장 -미국, 호주, 유럽 : 접수 + 3일이내 배달보장
배달기한보다 지연될 경우 손해배상	책임우정당국 책임과 배상
우정당국 정산방법	우정당국간 상호정산 -책임소재를 확인한 후 발송국가우정당국 변상 또는 사후 우정당국간 정산

(2) EMS 프리미엄 서비스(민간 국제특송사 제휴서비스)

① 배경 및 의의

    ㉠ 배경 : 민간 국제특송서비스를 제공하여 상품의 다양화를 도모하기 위해 2001년 세계적 물류회사인 TNT와의 전략적 제휴로 만들어졌으며 이후 2012년 제안서 공모 및 평가를 통해 UPS(국제 화물 운송을 주로 취급하는 미국기업)를 제휴 사업자로 선정하여 운영

ⓛ 의의 : EMS 프리미엄 서비스는 공익성을 추구하는 공기업과 이윤추구를 목적으로 하는 사기업의 제휴를 통한 시너지 제고

② 서비스 개요

　　㉠ 접수가능 우체국 : 전국 모든 우체국

　　ⓛ 업무흐름

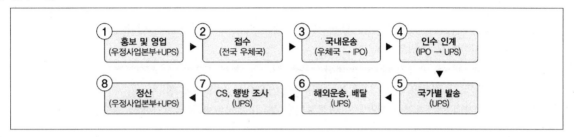

　　ⓒ 서비스 내역

　　　㉮ 지역 및 대상 구분 : 1~5지역 및 서류와 비서류로 구분

　　　㉯ 부피제한 : 우편물의 길이와 둘레의 합이 419cm 초과 불가(최대 길이 270cm 이하)

　　　㉰ 무게 산정 : 중량과 체적중량 중 무거운 중량 적용

　　　※ 체적중량 : 가로cm×세로cm×높이cm/6,000＝○○Kg

　　㉣ EMS 미 취급 국가를 비롯한 국제특송우편물의 해외 송달

　　㉤ 국가별 EMS 제한무게를 초과하는 고중량 국제특송우편물 송달

　　ⓗ SMS 배달안내, Export/Import 수취인 요금부담, 통관대행 등 다양한 부가 서비스 제공

③ EMS프리미엄 접수

　　㉠ EMS프리미엄 접수

　　　㉮ EMS프리미엄 접수는 우체국에서, 해외운송은 UPS가 수행

　　　㉯ 원칙적인 EMS프리미엄 접수번호체계 : UP 000 000 000 KR

　　　• PostNet용 : UP 000 000 001 KR ~ UP 700 000 000 KR

　　　• 고객참여창구용 : UP 700 000 001 KR ~ UP 750 000 000 KR

　　　• ePOST 개인용 : UP 750 000 001 KR ~ UP 800 000 000 KR

　　　• 외부연계고객용 : UP 800 000 001 KR ~ UP 900 000 000 KR

　　　• 사업자포털용 : UP 900 000 001 KR ~ UP 999 999 999 KR

　　　※ 전산 상황에 따라 변동될 수 있음

　　　㉰ 서류 접수 : 종이로 된 문서형식의 편지류, 계약서, 선적ㆍ입학서류

　　　㉱ 비서류 접수 : 취급한도 70Kg

　　　• 체적무게와 실제 무게의 구분 : 부피가 큰 우편물에 대해서는 실제무게에 비해 체적무게가 적용됨

　　　※ 체적무게(부피요금) 계산방법 : 체적무게는 우편물의 부피를 기준으로 계산하는 방법이며, 산출 공식은 가로(㎝)×세로(㎝)×높이(㎝)÷6,000임. 계산결과는 kg단위로 표시. 체적무게가 실제무게를 초과하는 경우에는 체적무게를 적용하여 접수하고 실제무게가 큰 경우에는 실제 무게를 적용함

예 무게가 6kg이고, 가로가 30cm, 세로가 50cm, 높이가 40cm인 우편물 ⇒ 체적무게 30×50×40÷6,000 = 10kg 이므로 요금은 10kg 요금을 적용

※ 실제무게가 70kg 초과될 경우에는 EMS 프리미엄으로 발송할 수 없지만, 체적무게가 70kg 초과될 경우에는 기표지를 2장으로 하여 발송 가능하다.

- 우편물 사이즈 제한
- 우편물의 길이와 둘레의 합이 419cm를 초과 할 수 없음
- 길이와 둘레의 합 계산 방법 : (가로+세로)×2+높이(가장 긴 변을 높이로 간주함) 단위는 cm로 표시
- 비서류 요금입력 : 전산에 입력할때 '종별란'에서 반드시 '비서류'를 선택하여 요금을 입력
- 세관신고서 작성 방법(Invoice)
- 상업용 비서류 발송할 때는 Invoice 3부를 반드시 첨부
- 내용품명, 물건 개수, 물품가격을 정확하게 영문으로 기록해야 함
- 상업송장의 물품가격이 2백만 원(미화 약2천 불)이 초과하거나 운송장에 수출이라고 표시한 경우 정식으로 수출 신고를 한 후 발송
- 주요 발송 불가 품목

금지품목	
알코올 첨가된 음료	• 향수나 알코올이 포함된 스킨도 금지
음식 및 의약품	• 김치, 육포 등 건어물, 젓갈, 주류, 신선식품(육류, 야채, 어패류, 냉동품), 가정에서 만든 음식 등 • 위급 환자의 전문 의약품, 처방전 없이 구매할 수 있는 약품 또는 개방된 약품 불가
담배나 담배제품	• 전자담배포함
탄약	• 화약, 총알 등 폭발성이 있다고 분류된 물품은 국제적으로 발송금지
소형화기 및 무기, 모형총기	• 장난감 무기, 총기 포함
드라이아이스	• 위험물품으로 간주
가공되지 않은 동물성 생산품 (Animal Products -Non-domesticated)	• 암소, 염소, 양, 돼지는 가축으로, 그 외 다른 동물들은 가공되지 않은 동물들로 여겨지며, 이들에게서 나온 아이템이나 제품들은 발송금지 • 가공되지 않은 동물들에게서 나온 제품은 옷(신발, 벨트, 지갑, 핸드백), 장식품(보석, 실내장식)이나 그 외 부산물(by-products)이며, 다음과 같은 아이템 등으로 만든 것들임 - 양서류, 조류, 갑각류, 어류, 산호, 조개류, 동물성 해면스펀지, 뿔, 발톱, 발굽, 손톱, 상아, 치아, 부리, 거북딱지, 고래수염(이 제품들의 가루 및 폐기물을 포함)
화기성 제품	• 메탄올, 아세톤, 매니큐어, 초, 성냥 등도 발송 불가

칼	• 신체적 위해를 가할 목적의 무기용 칼은 금지 • 일반적으로 음식준비에 쓰이는 칼, 만능칼, 주머니칼은 발송 가능하며, 무기용 칼, 스위치블레이드(칼날이 튀어나오는 나이프), 도검, 총검은 금지 ※ 각국의 금지 제한물품을 참고 　(예 : 중국은 버터나이프를 제외한 모든 종류의 칼을 금지)
위험물 · 위험물품	• 가스, 방사성물질, 소화기, 스프레이 등도 발송 불가
발전기	• 대부분의 발전기는 가솔린으로 테스트 되는데, 탱크 가스를 다 뺐냈다 하더라도 잔여물이 남게 되고 이로 인해 불이 날 수 있으므로 금지
주류, 알코올 성분이 함유된 화장품	
가격측정이 어려운 물품	• 동전, 화폐, 우표, 유가증권, 우편환, 세팅되지 않은 보석류, 산업용 다이아몬드, 사람의 유해
현금 및 양도성 물품	• 고가의 우표, 유가증권 불가
시체	• 사람의 유해 등 유골을 포함한 사람과 동물의 시체
상아 · 상아제품, 모피류	
살아있는 동식물	• 종자류, 채소, 야채 포함
특별용품	• 예술품, 골동품, 보석, 금, 은 등

• 화학약품이나 원료를 발송할 때는 제품의 MSDS 반드시 첨부

예 잉크, 페인트, 액상 모기약, 렌즈 클리너, 본드, 화장품 원료, 의약품 원료, 합성수지(Resin) 등

※ MSDS(Meterial Safety Data Sheet) : 화학물질을 안전하게 사용 · 관리하기 위해 필요한 정보(제조자명, 제품명, 성분과 성질, 취급상 주의사항, 사고가 생겼을 때 응급처치방법 등)를 기록한 서류

• 사서함 PO BOX 발송

– 사서함 배달주소 발송 동의서 반드시 첨부

– 중동, 아프리카, 일부 섬나라 등 사서함 PO BOX 주소가 일반적인 국가를 제외하고는 도시명, 거리명 등 최소한의 주소와 수취인 연락처 반드시 기재

– EMS 프리미엄 홈페이지(www.emspremium.com) 자료실을 통해 첨부서류 양식 출력 가능

※ 첨부서류 : 사서함(PO Box) 배달주소 발송 동의서, 물품 파손에 관한 배상관계 승인서, 관세와 제반비용에 대한 확약서, 중고 휴대전화 발송 사유서

• 그 밖의 유의사항

– 파손될 우려가 크거나 고가의 물품인 경우에는 보험가입을 권유

– 모든 물품은 정상적으로 단단히 포장이 되어야 하며, 파손되기 쉬운 물품이나 전자제품은 완충재로 충분히 보호한 후 나무로 포장

ⓒ EMS 프리미엄 주요 부가서비스 종류

㉮ 고중량서비스

• 30kg 초과 70kg 이하의 고중량우편물을 해외로 배송하는 서비스

• 접수관서 : 전국 총괄국(5급 이상)

• 대상고객 : 모든 고객(개인 및 EMS 계약고객)

- 고중량 우편물의 개인, 계약고객에 대한 방문접수는 5급 이상 총괄우체국에서 수행(부득이한 경우 UPS 지점이나 대리점에서 방문접수 가능)
- UPS에서는 재포장이나 특수포장으로 인하여 무게가 추가되거나 포장비용이 추가로 들어갈 경우에는 발송인의 동의를 얻어 실비로 재포장하고, 보완처리에 소요되는 시간과 재포장비, 추가운송요금을 발송인과 총괄국에 알림
- 고중량우편물 인수인계 장소 : 5급 이상 총괄국
- 부득이한 경우 우체국 자체 운송망으로 연결하여 서울국제우편물류센터에서 인수할 수 있으며 이 경우 UPS와 정산 시 건당 1만 원 차감정산

㉯ 보험취급
- 우편물의 분실이나 파손에 대비하여 최고 5천만 원까지 내용품 가액에 대한 보험을 들어두는 서비스
- 취급국가 : 전 국가
- 접수관서 : 전국 우체국
- 대상고객 : 모든 고객(개인 및 EMS 계약고객)
- 보험가입한도 : 5천만 원
- 부가요금 : 최초 114,300원까지 2,800원(114,300원 초과마다 550원)
- 내용품 가액이 고가품일 경우에는 우편물을 접수할 때 보험가입을 안내하고 우편요금과 함께 부가요금을 수납하여 세입처리

㉰ 통관대행
- 접수우편물의 수출통관을 UPS에서 대행하는 서비스
- 취급국가 : 전 국가
- 접수관서 : 전국 우체국
- 대상고객 : 모든 고객(개인 및 EMS 계약고객)

㉱ 수출신고서 발급대행
- 접수우편물을 수출통관할 때 관세사무소의 수출신고서 발급을 대행하는 서비스
- 취급국가 : 전 국가
- 접수관서 : 전국 우체국
- 대상고객 : 모든 고객

㉲ Export 수취인 요금부담
- 우편물을 발송할 때의 요금을 도착국의 수취인이 지불하는 서비스(발송인과 수취인의 UPS 고객번호를 기재하여야 함)
- 취급국가 : 180여 개국
- 접수관서 : 전국 총괄국
- 대상고객 : EMS 계약고객(요금납부방법이 후납인 경우), 수집대행 제외

- 접수제한
 - 수취인이 개인인 경우
 - 수취인의 주소가 PO BOX일 경우
 - 수취인의 전화번호나 담당자 이름 미기록
 - 수취인의 주소가 호텔이나 전시회장 등 일시적인 경우
 - 선물용 물품인 경우
- 운송장의 '받는 사람'란에 수취인의 고객번호 기록
- 운송장의 '보내는 사람'란에 발송인의 고객번호 기록
- Export 수취인 요금부담 지불확약서를 작성한 후 UPS로 팩스 송부

㉕ Import 수취인 요금부담
- 외국에서 한국행 수입물품에 대해 수취인이 발송요금을 지불하는 서비스
- 취급국가 : 180여 개국
- 접수관서 : 전국 총괄국
- 대상고객 : EMS 계약고객(요금납부방법이 후납인 경우), 수집대행 제외
- Import 수취인 요금부담 서비스 계약서를 3부 작성하여 UPS로 팩스 송부

㉖ 발송인 관세와 세금부담
- 발송한 우편물의 도착국가에서 발생한 관세와 부가세 등 모든 비용을 발송인이 지불하는 서비스
- 취급국가 : 170여 개국
- 접수관서 : 전국 총괄 우체국(5급 이상)
- 대상고객 : EMS 계약고객(요금납부방법이 후납인 경우), 수집대행 제외
- 부가요금 : 25,000원
- 관세 및 제반비용 지불확약서 3부를 작성하여 UPS로 팩스 송부

㉗ 고중량특송 서비스
- 70kg 초과 고중량화물을 팔레트 단위로 Door to Door 방식으로 배송하는 전문 특송 서비스
- 취급국가 : 40여 개국(항공발송일+1~5일 이내 배송)
- 취급무게 : 71kg~2,000kg (체적무게 적용)
- 취급규격 : 국가별 규격은 EMS 프리미엄 업무처리지침 참조
- 접수관서 : 전국 우체국
- 대상고객 : 모든 고객(개인 및 EMS 계약고객)
- 팔레트 포장대행 : 고객이 팔레트 포장을 요청할 경우 UPS 지정업체에서 팔레트 포장을 대행한 후 실비 청구
- 견적요청 : 국가명, 도시명, 우편번호, 팔레트 사이즈, 총무게, 품명 등 발송정보를 파악한 후 UPS 영업 부에 발송가능 여부와 요금문의
- 국내운송 : UPS가 지정한 위탁운송업체(대신화물)을 통해 인천공항 UPS 발송센터까지 운송

(3) 수출우편물 발송확인 서비스

① **개요** … 외국으로 발송하는 국제우편물 중 수출신고 대상물품이 들어 있는 경우 우체국에서 해당우편물의 발송 사실을 세관에 확인하여 주는 서비스

② **절차** … 사후증빙 또는 관세 환급 심사를 위하여 수출하고자 하는 물품을 세관에 수출 신고한 후 필요한 검사를 거쳐 수출 신고를 받아 물품을 외국무역선에 적재하기까지의 절차

③ **대상 우편물** … 발송인이 사전에 세관에 수출신고를 하여 수리된 물품이 들어 있는 우편물로 수리일로부터 30일내에 선(기)적 하여야 하며, 기일 내 선(기)적하지 아니한 경우에는 과태료 부과와 수출신고 수리가 취소됨

(4) 국제우편 요금의 주요 감액 제도

① **계약국제특급우편 요금 감액**

　㉠ 계약 국제특급우편 이용자가 발송하는 EMS 우편물의 요금과 취급수수료는 다음의 조건에 따라 감액

　　㉮ 요금을 감액할 때에는 계약 이용자(요금후납 이용자)의 월간 EMS 발송요금을 확인하여 감액조건에 따른 기준 이상일 경우 해당 감액률 적용(감액 대상금액에 보험취급수수료 등 부가취급수수료는 제외)

　　㉯ 감액률에 따른 감액요금은 다음과 같이 산정
　　　• 감액요금 = 월간 이용금액 × 해당 감액률
　　　• 납부할 요금 = 월간 이용금 − 감액요금
　　　(10원 미만 절사, 「국고금관리법」 제47조)

　㉡ 계약국제특급우편 요금 감액대상

　　㉮ 우체국과 발송인과의 EMS 이용계약에 따라 국제특급우편물(EMS)을 발송하는 이용자로, 계약 EMS 이용자와 일괄계약 EMS 이용자가 있음

　　㉯ 계약 EMS 이용자(1:1 계약)

　　㉰ 일괄계약 EMS 이용자(1:N 계약) : 본사의 전체 EMS 이용 금액을 기준으로 모든 지사에 동일한 감액률을 적용하는 제도

　　　※ 예시 : 본사-지사, 무역협회, 다문화가정, 중소기업 지원 등

　㉢ 감액요건과 감액범위

　　㉮ **계약 국제특급우편**　　　　　　　　　　　　　　　　　　　　　　　　　　(단위 : 1개월, 만 원)

이용금액	50초과~150	150초과~500	500초과~1,000	1,000초과~2,000	2,000초과~5,000	5,000초과~10,000	10,000초과~20,000	20,000초과
감액률	4%	6%	8%	10%	12%	14%	16%	18%

　　※ 단, 18% 이상 감액률은 해당 지방우정청이 승인한 후 적용
　　※ 감액할 때 기준금액은 고시된 요금(EMS 프리미엄은 요금표)기준이며, 수수료는 제외

ⓐ 일괄계약 국제특급우편 (단위 : 1개월, 만 원)

이용금액	50초과 ~500	500초과 ~1,000	1,000초과 ~2,000	2,000초과 ~5,000	5,000초과 ~10,000	10,000초과 ~20,000	20,000 초과
감액률	2%	3%	4%	5%	6%	7%	8%

※ 감액할 때 기준금액은 고시된 요금(EMS 프리미엄은 요금표) 기준이며, 수수료는 제외

② 수시 국제특급우편(EMS) 요금 감액

ⓐ 수시 국제특급우편(EMS) 이용자가 발송하는 요금과 취급수수료는 다음과 같음

ⓐ 요금을 감액할 때에는 이용자의 1회 EMS 발송요금을 확인하여 감액조건에 따른 기준 이상일 경우 해당 감액률을 적용(감액 대상금액에 보험취급수수료 등 부가취급수수료는 제외)

ⓑ 감액률에 따른 감액요금은 다음과 같이 산정(10원 미만 절사, 「국고금관리법」 제47조)
- 감액요금 = 1회 이용금액 × 해당 감액률
- 납부할 요금 = 1회 이용금액 – 감액요금

ⓑ 수시국제특급우편 요금 감액대상 : 우체국과 별도의 EMS 이용계약을 맺지 않고 1회에 30만원을 초과하여 국제특급우편물(EMS)을 발송하는 이용자

ⓒ 감액요건과 감액범위 (단위 : 1개월, 만 원)

이용금액별	30초과~50까지	50초과
감액률	3%	계약국제특급우편 감액률을 준용

※ 감액할 때 기준금액은 고시된 요금(EMS프리미엄은 요금표) 기준이며, 수수료는 제외

③ 국제특급우편(EMS) 요금의 주요 특별 감액

ⓐ 감액 적용 대상

ⓐ EMS 계약업무 처리지침 개정일(2015.8.30.) 이후 계약한 고객

ⓑ 변경된 감액고시를 적용받고자 하는 고객은 재계약 후 이용 가능

ⓑ 장기이용 계약고객 감액

ⓐ 계약기간이 1년을 초과하고 직전 계약기간 이용 금액이 6백만 원 이상인 경우, 1%p 추가 감액(요금감액에 추가 적용)

ⓑ 계약기간이 3년을 초과하고 직전 계약기간 이용 금액이 100백만 원 이상인 경우, 2%p 추가 감액(요금감액에 추가 적용)

※ 감액조건의 금액은 고시된 요금(EMS 프리미엄은 요금표) 기준이며, 일괄계약 고객 및 환적프로세스 이용고객은 제외

ⓒ 접수비용 절감 감액

ⓐ 인터넷 접수시스템(e-Shipping)을 통해 접수한 경우, 5%p 추가 감액

ⓑ e-Shipping으로 수출우편물 정보 또는 수출신고번호를 제공한 경우, 2%p 추가 감액(요금감액에 추가 적용)

ⓒ e-Shipping으로 제공하는 국가명, 중량 등 수출관련 정보가 허위로 작성된 경우는 감액을 적용하지 않음

ⓔ 정부정책 부응 감액 : 전자상거래 플랫폼(쇼핑몰 등)을 통해 고객의 주문을 받은 상품을 발송하는 업체의 경우, 3%p 추가 감액(요금감액에 추가 적용)

  ※ 감액조건의 금액은 고시된 요금(EMS 프리미엄은 요금표) 기준이며, 환적프로세스 이용고객은 제외

ⓜ 이용 활성화 감액

  ㉮ 감액요건
    • 우정사업본부가 이용 활성화를 위하여 지정한 일정 기간에 국제특급우편을 이용하는 경우
    • 신규 상품 또는 서비스 도입 등을 위해 시범운영을 하는 경우
  ㉯ 감액률 : 0.5%~50% 사이에서 별도 계획에 따라 실시

④ 한·중 해상특송서비스(Sea Express) 요금 감액 (단위 : 1개월, 만 원)

이용금액	50초과 ~150	150초과 ~500	500초과 ~1,000	1,000초과 ~2,000	2,000초과 ~5,000	5,000초과 ~10,000	10,000 초과
감액률	4%	6%	8%	10%	12%	14%	16%

※ 감액할 때 기준금액은 고시된 요금이며, 수수료는 제외

⑤ K-Packet, 등기소형포장물 요금 감액 (단위 : 1개월, 만 원)

이용금액	50초과 ~100	100초과 ~200	200초과 ~300	300초과 ~400	400초과 ~500	500초과 ~1,000	1,000초과 ~3,000	3,000초과 ~5,000	5,000초과 ~10,000	10,000 초과
감액률	5%	6%	7%	8%	9%	10%	12%	13%	14%	15%

※ 감액할 때 기준금액은 고시된 요금이며, 수수료는 제외
※ 등기소형포장물 감액은 계약고객에 한한다.
※ 감액조건은 각종 고시 및 내부 규정에 따라 수시로 변경될 수 있음

❻ 각종 청구제도

(1) 행방조사청구제도

① 행방조사의 개념 … 발송인이나 수취인의 청구에 따라 국제우편물의 행방을 추적 조사하고 그 결과를 청구자에게 알려주는 제도로서 조사결과 우편관서에서 취급하던 중 일어난 사고로 판명되고 해당 우편물이 손해배상의 대상이 되는 경우에는 발송인이나 수취인의 청구에 따라 손해배상을 실시한다. 행방조사청구제도는 손해배상문제와 직결되는 업무이므로 정확하고 신속히 처리한다.

② 주요 내용
  ㉠ 청구대상우편물 : 등기우편물, 소포우편물, 국제특급우편물
  ㉡ 청구기한 : 우편물을 발송한 다음 날부터 계산하여 6개월 (다만, 국제특급우편물의 경우에는 4개월 이내)
    ※ EMS프리미엄의 청구기한은 발송한 날부터 3개월, 배달보장서비스는 30일 이내
  ㉢ 종류 : 우편을 이용하는 행방조사, 모사전송(팩스)을 이용하는 행방조사, 전자우편·전자전송방식(인터넷)을 이용하는 행방조사

② 청구권자 : 발송인이나 수취인

　　　　　㉮ 분실된 경우 : 발송인

　　　　　㉯ 파손된 경우 : 발송인이나 수취인

　　　　　　※ 많은 국가에서 발송인 청구 위주로 행방조회를 진행함(미국, 독일, 프랑스 등)

　　　⑩ 발송국가와 도착국가(배달국가)는 물론이고 제3국에서도 청구 가능

　　　⑪ 행방조사청구 요금

　　　　　㉮ 항공우편에 의한 청구 : 무료

　　　　　㉯ 모사전송(팩스)에 의한 청구 : 해당 모사전송(팩스) 요금

　　　　　㉰ 국제특급우편에 의한 청구 : 해당 국제특급우편요금(청구요금은 우표로 받아 청구서 뒷면에 붙이고 소인 처리)

　　　　　㉱ 처음에 배달통지청구우편물로 발송한 우편물의 배달통지서(CN07)가 통상적인 기간 안에 회송되어 오지 아니한 경우에 청구하는 행방조사 청구는 이른바 '무료행방조사청구'로서 청구료를 징수하지 아니한다.

(2) 국제우편 손해배상제도

① 개요 … 행방조사 결과 우편물의 분실 및 파손 등으로 발송인 또는 수취인이 재산상으로 손해를 입은 것으로 확정 되었을 때 일정한 조건과 규정에 따라 손해를 보전하는 제도

② 손해배상 청구권자

　　㉠ 청구권자 : 발송인 또는 수취인

　　㉡ 원칙적으로 수취인에게 배달되기 전까지는 발송인이 되며, 배달된 후에는 수취인에게 청구 권한이 있음

③ 손해배상금의 부담

　　㉠ 우편물의 분실, 파손 또는 도난 등의 사고에 대한 책임이 있는 우정청

　　㉡ 국제특급의 경우 지급된 배상금은 원칙적으로 발송우정청이 부담하고 있으나 상대국에 따라 책임우정청이 배상하는 경우도 있음

④ 손해배상의 면책

　　㉠ 화재, 천재지변 등 불가항력에 의해 발생한 경우

　　㉡ 발송인 귀책사유에 의한 경우 : 포장부실, 내용품의 성질상 훼손된 경우 등

　　㉢ 도착국가의 국내법에 따라 압수 및 금지물품 등에 해당되어 몰수, 폐기된 경우

　　㉣ 내용품의 실제가격을 초과 사기하여 보험에 든 경우 등

⑤ 손해배상의 요건

　　㉠ 우편물에 실질적인 손해가 발생하여야 한다.

　　㉡ 우편관서의 과실이 있어야 한다.

　　㉢ 행방조사청구가 기한 내에 이루어져야 한다.

⑥ 국제우편물 유형별 손해배상액

종류별	손해배상의 범위	배상금액
등기우편물	• 분실, 전부 도난 또는 전부 훼손된 경우 • 일부 도난 또는 일부 훼손된 경우	• 52,500원 범위 내의 실손해액과 납부한 우편요금(등기료 제외) • 52,500원 범위 내의 실손해액
등기우편낭 배날 인쇄물	• 분실, 전부 도난 또는 전부 훼손된 경우 • 일부 도난 또는 일부 훼손된 경우	• 262,350원과 납부한 우편요금(등기료 제외) • 262,350원 범위 내의 실손해액
보통소포우편물	• 분실, 전부 도난 또는 전부 훼손된 경우 • 일부 분실·도난 또는 일부 훼손된 경우	• 70,000원에 1kg당 7,870원을 합산한 금액범위 내의 실손해액과 납부한 우편요금 • 70,000원에 1kg당 7,870원을 합산한 금액범위 내의 실손해액
보험서장 및 보험소포우편물	• 분실, 전부 도난 또는 전부 훼손된 경우 • 일부 분실·도난 또는 일부 훼손된 경우	• 보험가액 범위 내의 실손해액과 납부한 우편요금(보험취급수수료 제외) • 보험가액 범위 내의 실손해액
국제특급우편물 (EMS)	• 내용품이 서류인 국제특급우편물이 분실된 경우 • 내용품이 서류인 국제특급우편물이 일부 도난 또는 훼손된 경우 • 내용품이 서류가 아닌 국제특급우편물이 분실·도난 또는 훼손된 경우 • 보험취급한 국제특급우편물이 분실·도난 또는 훼손된 경우 • 배달예정일보다 48시간 이상 지연 배달된 경우 (단, EMS 배달보장서비스는 배달예정일보다 지연배달의 경우)	• 52,500원 범위 내의 실손해액과 납부한 국제특급우편요금 • 52,500원 범위 내의 실손해액과 납부한 국제특급우편요금 • 70,000원에 1kg당 7,870원을 합산한 금액 범위 내의 실손해액과 납부한 국제특급우편요금 • 보험가액 범위 내의 실손해액과 납부한 국제특급우편요금(보험취급수수료 제외) • 납부한 국제특급우편요금(보험취급수수료 제외)

※ 지연배달 등으로 인한 간접손실 또는 수익의 손실은 배상하지 않도록 규정함

❼ 국제우편물 및 국제우편요금의 반환

(1) 국제우편물의 반환

① 외부 기재사항에 대한 변경(정정) 청구 및 우편물 반환

  ㉠ 외부 기재사항에 대한 변경 및 정정 청구 요건

    ㉮ 외부기재사항을 잘못 기재하여 발송한 경우

    ㉯ 발송 후 수취인의 주소가 변경된 것을 알게 된 경우

  ㉡ 우편물 반환 청구 요건 : 수취인에게 보낼 필요가 없게 된 경우

② 청구 개요

  ㉠ 청구시한 : 우편물이 수취인에게 배달되기 전 청구서가 해당우체국에 도착되어 적절하게 조치할 수 있는 시점

  ㉡ 청구권자 : 발송인

  ㉢ 대상우편물 : 등기, 소포, 특급우편 및 보통통상 등 모든 국제우편물이 해당 되나 청구서 접수 시 청구의 수리 가능 여부를 검토하여 접수

[수취인 주소 · 성명 변경청구와 우편물 반환청구 수수료]

구분	청구 수수료	비고
접수우체국 발송 전	무료	
접수우체국 발송 후	국내등기취급수수료	2018. 1. 2.기준

[외국 발송 전 국제우편물의 국내 반송취급료]

우편물 종류	반송취급료	비고
등기통상/K-Packet/EMS(서류)	국내등기통상우편요금	
국제소포/EMS(비서류)/한 · 중 해상특송	국내등기소포요금	

  ㉣ 외국으로 발송할 준비를 완료하였거나 이미 발송한 경우, 청구서 접수우체국의 업무처리절차

    ㉮ 발송준비 완료 후인 경우에는 다음 우편물에 한정하여 청구할 수 있음

      • 도착국가가 청구를 허용하는 경우

      • 도착국가의 법령에 따라 몰수되거나 폐기처분되지 아니한 경우(금지물품이 들어 있지 않은 경우 등)

      • 해당 우편물이 수취인에게 배달되지 않은 경우

    ㉯ 청구인이 해당 우편물의 발송인이 맞는지 확인(기록취급우편물인 경우에는 접수증 등으로 확인)

    ㉰ 청구인에게 국제우편물 반환 및 주소변경 · 정정청구서(CN17)를 로마문자 활자체와 아라비아 숫자로 정확하게 적도록 해야 하며 한 발송인이 같은 수취인 앞으로 한 우체국에서 한꺼번에 부친 여러 개의 우편물에 대하여는 하나의 서식을 사용하게 할 수 있음

(2) 국제우편요금의 반환청구

① 청구 개요
  ㉠ 납부한 국제우편요금에 상응하는 역무를 이용자에게 제공하지 아니하였을 때 제한된 범위 내에서 청구에 의해 요금을 환불하는 것
  ㉡ 청구기한 : 우편물을 발송한 다음 날로부터 기산하여 1년 이내

② 요금 반환 요건
  ㉠ 우편관서의 과실로 과다 징수한 경우 : 과다 징수한 국제우편요금 등
  ㉡ 부가취급 국제우편물의 국제우편요금 등을 받은 후 우편관서의 과실로 부가취급을 하지 아니한 경우 : 부가취급 수수료
  ㉢ 항공서간을 선편으로 발송한 경우 : 항공서간 요금과 해당 지역의 선편 보통서신 최저요금의 차액
  ㉣ 등기우편물 · 소포우편물 또는 보험취급 된 등기우편물 · 소포우편물의 분실 · 전부도난 또는 완전파손 등의 경우 : 납부한 국제우편요금 등 (등기 · 보험취급수수료 제외)
  ㉤ 특급우편물 또는 보험취급 된 특급우편물의 분실 · 도난 또는 파손 등의 경우 : 납부한 국제우편요금 등 (보험취급 수수료 제외)
  ㉥ 행방조사청구에 따른 조사결과 우편물의 분실 등이 우편관서의 과실로 발생하였음이 확인된 경우 : 행방조사 청구료
  ㉦ 수취인의 주소 · 성명이 정확하게 기재된 우편물을 우편관서의 과실로 발송인에게 반환한 경우 : 납부한 국제우편요금 등
  ㉧ 외국으로 발송하는 부가취급 되지 아니한 통상우편물이 우편관서의 취급과정에서 파손된 경우 : 납부한 국제우편요금 등
  ㉨ 다른 법령에 따른 수출금지 대상이거나 그 밖의 부득이한 사유로 발송인에게 반환된 경우 : 납부한 국제우편요금 등 (우편물의 반환에 따른 국내우편요금 및 수수료 공제)
    ※ 발송인의 고의 또는 중대한 과실이 있는 경우 반환하지 아니함
  ㉩ 다른 법령 또는 상대국의 규정에 따라 압수되는 등의 사유로 반환되지 아니하는 우편물에 대한 국제우편요금 등은 반환 불가

출제예상문제

1 다음은 어떤 조직의 기원이다. 이 조직의 약어로 옳은 것은?

> 1868년 하인리히 본 스테판이 제안한 문명국가간 우편연합

① SDR

② APPC

③ APPU

④ UPU

···

TIP 위 내용은 일반우편연합(General Postal Union)에 대한 내용으로 만국우편연합(UPU ; Universal Postal Union)의 기원이다.
  ① 국제준비통화
  ② 아시아 · 태평양 우정대학
  ③ 아시아 · 태평양 우정연합
  ④ 만국우편연합

2 만국우편연합에 대한 것으로 옳지 않은 것은?

① 공용어가 영어이며, 조약문의 해석상 문제가 있을 때는 영어를 기준으로 한다.

② 우리나라는 1900년 1월 1일 '대한제국' 국호로 정식가입 하였다.

③ 4년마다 총회가 열린다.

④ 기준화폐는 SDR이다.

···

TIP 만국우편연합의 공용어는 프랑스어로 조약문의 해석상 문제가 있다면 프랑스어를 기준으로 한다.

Answer 1.④ 2.①

3 다음 설명하는 국제우편물의 종류는?

> 30kg 이하 물품의 해외 다량 발송에 적합한 전자상거래 전용 국제우편서비스로 e-Shipping을 이용하는 고객에 한하여 이용 가능하다.

① 국제특급우편물
② K-Packet
③ 국제소포우편물
④ 한·중 해상특송서비스

TIP 한·중 해상특송서비스는 30kg 이하 물품의 해외 다량 발송에 적합한 서비스로서 우체국과 계약하여 이용하는 전자상거래 전용 국제우편서비스 이다. e-Shipping을 이용하는 고객에 한하여 인천-위해간 운항하는 여객선 및 화물선으로 배송한다.

4 다음 중 우편엽서의 요건으로 맞지 않는 것은?

① 앞면 윗부분에 우편엽서를 뜻하는 영어나 프랑스어 'Printed papers' 또는 'Imprimé'를 표시해야 한다.
② 엽서는 봉함하지 않은 상태로 발송한다.
③ 튼튼한 판지나 견고한 종이로 제조해야 한다.
④ 사제엽서는 우편요금을 표시하는 증표를 인쇄 할 수 없다.

TIP 'Printed papers', 'Imprimé'는 인쇄물(Printed papers)에 표시해야 하며, 우편엽서에는 'Postcard' 또는 'Carte postale'을 표시해야 한다.

5 EMS 배달보장서비스에 대한 내용으로 옳은 것은?

① 대상국은 9개(한국, 미국, 일본, 호주, 홍콩, 영국, 스페인, 프랑스, 태국)이다.
② 국가별 EMS 제한무게를 초과하는 고중량 국제특송우편물을 송달한다.
③ SMS 배달안내 등 다양한 부가서비스를 진행한다.
④ 배달예정일 보다 늦게 도착하면 즉시 우편요금을 배상해 준다.

TIP ① 배달보장서비스의 대상국은 10개(중국포함)이다.
②③ EMS 프리미엄 서비스에 대한 내용이다.

Answer 3.④ 4.① 5.④

6 다음 중 국제우편물의 종류에 해당하지 않는 것은?

① 국제통상우편물
② 국제소포우편물
③ 국제특급우편물
④ 국제등기우편물

TIP 국제우편물의 종류는 국제통상우편물, 국제소포우편물, 국제특급우편물로 한다(「국제우편규정」제11조 제1항).

7 다음 중 국제통상우편물의 분류기준은 무엇인가?

① 취급속도 및 내용물
② 중량과 내용물
③ 발송수단과 내용물
④ 지역과 내용물

TIP 「만국우편협약」규정에 따라 통상우편물은 취급속도나 내용물에 근거하여 분류한다.

8 국제우편에 대한 설명으로 옳지 않은 것은?

① 국가 또는 그 관할 영토의 경계선을 넘어 물건을 송달하는 제도이다.
② 국제우편물의 종류에는 익일특급, 인쇄물, 항공서간, 소형포장물 등이 있다.
③ 교역의 확대에 따른 우편수요의 증가로 범세계적인 국제우편기구인 만국우편연합이 창설되었다.
④ 국제우편은 나라와 나라 사이의 우편 교환이기 때문에 독특한 취급내용과 절차를 갖고 있다.

TIP 국제우편물의 종류
　ⓐ 국제통상우편물
　　• 취급속도에 따른 구분 : 우선취급우편물, 비우선취급우편물
　　• 내용물에 따른 구분 : 서장, 우편엽서, 항공서간, 인쇄물, 소형포장물, 시각장애인용우편물, 우편자루배달인쇄물
　ⓑ 국제소포우편물 : 각국 우정당국 간에 교환하는 소포
　ⓒ K-Packet : 2kg 이하 소형물품을 우체국과의 계약으로 해외 배송하는 서비스
　ⓓ 국제특급우편물(EMS) : 서류, 비서류
　ⓔ 한·중 해상특송우편물 : 계약고객이 온라인으로 접수하는 30kg 이하의 전자상거래 물품전용 서비스

Answer 6.④ 7.① 8.②

9 다음에서 설명하고 있는 UPU의 기관은?

> 우편업무에 관한 운영적, 상업적, 기술적, 경제적 사안을 담당한다.

① 총회
② 관리이사회
③ 우편운영이사회
④ 국제사무국

TIP ① 연합의 최고 의결기관으로서 매 4년마다 개최되며, 전 회원국의 전권대표로 구성된다. 전 세계 우편사업의 기본 발전방향을 설정한다.
② 우편에 관한 정부정책 및 감사 등과 관련된 사안을 담당한다.
④ 연합업무의 수행, 지원, 연락, 통보 및 협의기관으로 기능한다.

10 국제소포우편물 접수 시 우편물의 검사내용이 아닌 것은?

① 도착국가와 우리나라 간 소포 교환 여부와 접수 중지 여부
② 용적과 중량제한
③ 금지물품의 여부와 포장상태
④ 우편물의 가격 및 수수료 확인

TIP 국제소포우편물 접수 검사
- 도착국가와 우리나라의 소포 교환 여부, 접수 중지 여부
- 금지물품 여부, 포장상태
- 용적과 중량제한(국제우편요금, 발송조건표, 우편물류시스템 참조)
- 운송장 기록 사항
  - 내용품의 영문 표기 및 수량과 가격 표기
  - 잘못을 발견하였을 때에는 발송인에게 보완 요구, 불응하면 접수 거절

Answer 9.③ 10.④

11 국제소포우편물 운송장의 작성방법에 대한 설명으로 옳지 않은 것은?

① 발송인으로 하여금 국제소포우편물 운송장을 작성하게 하여 소포우편물 외부에 떨어지지 않도록 붙인다.

② 국제소포우편물 운송장에는 도착국가에서 필요한 서식을 별도 작성하여 첨부하여야 한다.

③ 발송인이 운송장을 기재할 때에는 왼쪽 아래 부분의 지시사항란을 반드시 기록하여야 한다.

④ 발송인이 작성 제출한 운송장에는 우편물의 총중량과 요금, 접수우체국명, 접수일자 등을 접수 담당자가 명확하게 기재한다.

TIP ② 국제소포우편물 운송장에는 도착국가에서 필요한 서식(송장, 세관신고서)이 포함되어 있으므로 이러한 서식을 별도 작성하여 첨부할 필요가 없다. 다만, 발송인이 필요하다고 인정하는 경우에는 우리나라와 도착국가에서의 통관 수속에 필요한 모든 서류 (상업송장, 수출허가서, 수입허가서, 원산지증명서, 건강증명서 등)를 첨부할 수 있다.

12 국제보험소포우편물 접수요령에 대한 설명 중 틀린 것은?

① 보험소포우편물은 특히 포장을 튼튼히 한 후 쉽게 뜯지 못하도록 봉함하였는지 확인해야 한다.

② 통관검사를 위하여 개봉한 후에는 통관우체국에서 가능한 한 원상태에 가깝도록 다시 봉해야 한다.

③ 통관절차대행수수료 4,000원을 징수한다.

④ 운송장의 구성, 통관에 필요한 서류 추가 등에 관하여는 보통소포우편물 접수와 동일하다.

TIP ③ 우편자루배달인쇄물(M bag)에 대한 내용이다.

※ 국제보험소포우편물 접수요령
- 보험소포우편물은 특히 포장을 튼튼히 한 후 뜯지 못하도록 봉함했는지 확인
- 통관검사를 위하여 개봉한 후에는 통관우체국에서 가능한 한 원상태에 가깝도록 다시 봉함
- 그 밖의 사항은 보통소포우편물의 접수 검사 절차와 동일

Answer 11.② 12.③

13 다음 중 국제우편물 손해배상제도에 대한 설명으로 옳지 않은 것은?

① 우편물이 분실 또는 파손되어 발송인 또는 수취인이 재산상 손해를 입었을 때 우정청이 이를 보전해 주는 제도이다.

② 국제특급의 경우 지급된 배상금은 원칙적으로 발송우정청이 부담하고 있으나 상대국에 따라 책임우정청이 배상하는 경우도 있다.

③ 손해배상 청구권자는 수취인에게 배달되기 전까지는 발송인이 되며, 배달된 후에는 수취인이 된다.

④ 발송인의 포장부실로 인하여 파손된 우편물의 경우 우정청이 손해배상금을 부담한다.

TIP ④ 발송인의 귀책사유인 포장부실로 인하여 파손된 우편물, 내용품의 성질로 인하여 훼손된 우편물의 경우에는 손해배상의 면책사유에 해당한다.

14 다음 중 EMS로 보낼 수 있는 물품에 해당하는 것은?

① 여권

② 유가증권류

③ 보석류

④ 컴퓨터 데이터

TIP EMS로 보낼 수 있는 물품
업무용·상업용 서류, 컴퓨터 데이터, 상품견본, 마그네틱 테이프, 마이크로 필름, 상품(국가에 따라 차이가 있음)

15 국제우편요금의 반환청구에 대한 설명으로 옳지 않은 것은?

① 납부한 국제우편요금에 상응하는 역무를 이용자에게 제공하지 아니하였을 때 제한된 범위 내에서 청구에 의해 요금을 환불하는 것이다.

② 우편물을 발송한 다음 날로부터 기산하여 1년 이내에 청구하여야 한다.

③ 다른 법령에 따른 수출금지 대상이거나 그 밖의 부득이한 사유로 발송인에게 반환된 경우 요금 반환이 불가능하다.

④ 우편관서의 과실로 우편요금을 과다 징수한 경우 과다 징수된 국제우편요금은 반환된다.

TIP ③ 발송인의 고의, 중대한 과실이 없다면 납부한 국제우편요금을 반환받을 수 있다.

Answer 13.④ 14.④ 15.③

16 다음 중 국제통상우편물을 취급속도에 따라 구분한 것은?

① 우편엽서
② 소형포장물
③ 우선취급우편물
④ 우편자루배달인쇄물

> **TIP** 국제통상우편물의 분류
> ㉠ 취급속도에 따른 분류 : 우선취급 및 비우선취급우편물
> ㉡ 내용물에 따른 분류 : 서장, 우편엽서, 항공서간, 인쇄물, 소형포장물, 시각장애인용우편물, 우편자루배달인쇄물

17 K-Packet에 대한 설명으로 옳지 않은 것은?

① 2kg이하 소형물품을 우체국과의 계약을 통해 이용하는 전자상거래용 국제우편서비스이다.
② 평균 송달기간은 7~10일이다.
③ e-Shipping을 이용하는 고객에 한하여 이용이 가능하다.
④ 월 이용금액에 따라 이용금액을 감액 해준다.

> **TIP** ③ 한·중 해상특송서비스(POST Sea express)에 관한 내용이다.

18 아시아·태평양우편연합에 대한 설명으로 옳지 않은 것은?

① 집행이사회는 매 4년마다 개최한다.
② 사무국은 태국의 방콕에 있다.
③ 총회, 집행이사회, 아시아·태평양우정대학, 사무국의 기관으로 구분할 수 있다.
④ 지역 내 각 회원국 간의 우편관계를 확장, 촉진 및 개선하고 우편업무분야에 있어서 국제 협력을 증진하는데 그 설립 목적이 있다.

> **TIP** ① 집행이사회는 매년 1회 개최한다.

Answer 16.③ 17.③ 18.①

19 우편엽서에 대한 설명으로 옳지 않은 것은?

① 조약에 규정된 조건에 따라 정부가 발행하는 관제엽서와 정부 이외의 자가 조제하는 사제엽서로 구분한다.
② 사제엽서는 우편요금표시 증표 인쇄를 할 수 있다.
③ 앞면위쪽에 "Postcard" 또는 "Carte postale"표시가 있어야 한다.
④ 사제엽서는 관제엽서에 준하여 조제한다.

TIP ② 사제엽서는 우편요금표시 증표 인쇄를 할 수 없다.

20 항공서간에 대한 설명으로 옳지 않은 것은?

① 외부에 'Aerogramme'를 표시해야 한다.
② 정부에서 발행하는 항공서간과 사제 항공서간으로 나뉜다.
③ 정부에서 발행하는 항공서간과 사제 항공서간에는 우편요금을 표시하는 증표를 인쇄할 수 있다.
④ 세계 어느 지역이나 단일 요금으로 보낼 수 있다.

TIP ③ 정부에서 발행하는 항공서간은 가능하나, 사제 항공서간에는 증표를 인쇄할 수 없다.

21 다음 중 보험서장으로 발송할 수 있는 물건이 아닌 것은?

① 수표   ② 우표
③ 복권표   ④ 화공품류

TIP 보험서장으로 발송할 수 있는 물건
  ㉠ 은행권, 수표, 지참인불 유가증권
  ㉡ 우표, 복권표, 기차표 등과 같은 금전적 가치가 있는 서류
  ㉢ 귀금속 및 보석류
  ㉣ 고급시계, 만년필 등 귀중품
  ㉤ 수출입관련 법령에서 허용하는 범위 내에서 취급

Answer 19.② 20.③ 21.④

22 국제우편요금에 대한 설명으로 틀린 것은?

① 국제우편요금은 만국우편협약에서 정한 범위 내에서 과학기술정보통신부장관이 정한다.

② 운송편별에 따라 선편요금과 항공요금으로 구분할 수 있다.

③ 우편물 종별에 따라 통상우편물요금, 소포우편물요금, 국제특급우편요금 등으로 구분한다.

④ 구성내용에 따라 통상우편물취급비, 소포우편물취급비로 구분한다.

> **TIP** 국제우편요금은 구성내용에 따라 국내취급비, 도착국까지의 운송요금과 도착국내에서의 취급비로 구분한다.

23 국제우편요금별납에 대한 내용으로 옳지 않은 것은?

① 한사람이 한 번에 같은 우편물을 발송할 때 우편물 외부에 요금별납 표시를 하여 발송하고 우편 요금은 별도로 즉납하는 제도이다.

② 통상우편물 10통 이상을 취급요건으로 한다.

③ 우편물 앞면의 왼쪽 윗부분에 요금별납표시를 한다.

④ 접수된 우편물은 국제우체국 앞으로 별도우편자루를 체결·발송함을 원칙으로 한다.

> **TIP** 외부기재사항
> ㉠ 우편물 앞면의 오른쪽 윗부분에 요금별납표시를 확인한다.
> ㉡ 발송인이 표시를 하지 아니한 경우 우체국 보관 요금별납인을 날인한다.

24 국제우편물의 요금을 우편물을 접수할 때에 납부하지 않고 발송우체국의 승인을 얻어 1개월 간 발송예정 우편물 요금액의 2배에 해당하는 금액을 담보금으로 제공하고 1개월 간의 요금을 다음달 20일까지 납부하는 제도는?

① 국제우편요금의 별납　　　　　② 국제우편요금의 일시납

③ 국제우편요금의 후납　　　　　④ 국제우편요금 수취인부담

> **TIP** ① 동일인이 동시에 동일한 우편물을 발송할 때에 우편물 외부에 요금별납 표시를 하여 발송하고 우편요금은 별도로 즉납하는 제도
> ④ 우편물을 외국으로 발송하는 자가 국내 배달우체국과 계약을 체결하여 회신요금을 자신이 부담할 수 있도록 하는 제도

Answer 22.④ 23.③ 24.③

25 인쇄물의 요건을 갖추지 아니하고도 인쇄물로 취급할 수 있는 물품이 있다. 다음 중 인쇄물로 취급하는 것이 아닌 것은?

① 소설의 원고

② 신문원고

③ 학교에서 학생들에게 보낸 통신강의록

④ 악보 원본

TIP 인쇄물의 요건을 갖추지 않은 것 중 인쇄물로 취급되는 것의 종류
　　㉠ 관계 학교의 교장을 통하여 발송하는 것으로 학교의 학생끼리 교환하는 서장이나 엽서
　　㉡ 학교에서 학생들에게 보낸 통신강의록 및 학생들의 과제원본과 채점답안. 다만, 성적과 직접 관계되지 않는 사항은 기록할 수 없다.
　　㉢ 소설 또는 신문원고
　　㉣ 필서한 악보
　　㉤ 인쇄한 사진
　　㉥ 동시에 여러 통을 발송하는 타자기로 치거나 컴퓨터로 출력한 인쇄물

26 다음 중 시각장애인용 우편물에 대한 내용으로 옳지 않은 것은?

① 녹음물, 서장, 시각장애인용 활자가 표시된 금속판을 포함한다.

② 모든 요금이 면제된다.

③ 수취인 주소가 있는 면에 특별한 상징이 그려진 표지를 부착해야 한다.

④ 신속하고 간편하게 확인 받을 수 있으면서도 내용물을 보호할 수 있도록 포장해야 한다.

TIP ② 시각장애인용 우편물은 항공부가요금을 제외한 모든 요금이 면제 된다. 따라서 항공 등기로 접수할 때는 요금이 징수된다.

27 다음 중 특수취급우편물에 해당하지 않는 것은?

① 국제항공우편물　　　　　　　② 보험서장

③ 배달통지　　　　　　　　　　④ 점자우편물

TIP 특수취급우편물의 종류 … 항공, 등기, 배달통지, 보험서장

Answer 25.④ 26.② 27.④

28 다음에서 설명하는 것은 무엇인가?

우편물을 항공운송수단을 이용하여 운송하는 등 송달과정에서 우선적 취급을 하는 제도

① 배달통지   ② 항공

③ 보험서장   ④ 등기

TIP ① 우편물 접수 시 발송인의 청구에 따라 우편물을 수취인에게 배달하고 수취인으로부터 수령 확인을 받아 발송인에게 통지하여 주는 제도

      ③ 은행권, 수표 등의 유가증권, 금전적 가치가 있는 서류나 귀중품 등이 들어있는 서장우편물을 발송인이 신고한 가액에 따라 보험취급하여 교환하고, 망실·도난 또는 파손된 경우 보험가액의 범위 내에서 실제로 발생된 손해액을 배상하는 제도

      ④ 우편물마다 접수번호를 부여하고 접수한 때로부터 배달되기까지의 취급과정을 그 번호에 의하여 기록취급하여 우편물취급 및 송달의 확실성을 보장하기 위한 제도로서, 망실·도난·파손의 경우에는 손해배상을 하여주는 제도

29 국제특급우편(EMS)에 대한 설명으로 옳지 않은 것은?

① 다른 우편물 보다 최우선으로 취급하는 가장 신속한 우편 업무이다.

② 계약국제특급우편과 수시국제특급우편으로 나뉜다.

③ 외국에서 국내에 도착한 EMS는 국내당일특급 우편물 취급하여 배달한다.

④ 자성을 띠는 마그네틱테이프는 접수 할 수 없다.

TIP EMS로 보낼 수 있는 물품

      ㉠ 업무용 서류

      ㉡ 상업용 서류

      ㉢ 컴퓨터데이터

      ㉣ 상품 견본

      ㉤ 마그네틱테이프

      ㉥ 마이크로 필름

      ㉦ 상품(취급을 금지하는 나라도 있음)

Answer 28.② 29.④

30 국제반신우표권에 대한 설명으로 옳지 않은 것은?

① 수취인에게 회신요금의 부담을 지우지 아니하고 외국으로부터 회답을 받는 제도이다.
② 만국우편연합 국제사무국에서 발행하여 각 회원국에서 판매한다.
③ 우리나라에서는 1매당 1,450원에 판매한다.
④ 우리나라에서 판매된 국제반신우표권은 우리나라에서 교환할 수 있다.

TIP 우리나라에서 판매된 국제반신우표권은 우리나라에서 교환할 수 없다.

31 국제특급우편 부가서비스 중 EMS 배달보장 서비스 대상국에 해당하지 않는 나라는?

① 한국   ② 태국
③ 미국   ④ 이탈리아

TIP EMS 배달보장 서비스 대상국 … 한국, 일본, 미국, 중국, 호주, 홍콩, 영국, 스페인, 프랑스, 태국

32 다음 중 국제특급우편에 부가할 수 있는 부가취급의 종류로 옳지 않은 것은?

① 배달통지   ② 보험취급
③ 국제송달   ④ EMS프리미엄

TIP 항공 및 등기를 기본으로 취급하며, 배달통지, 보험취급, EMS프리미엄, 배달보장서비스가 있다.

Answer 30.④ 31.④ 32.③

33 다음 중 서장에 대한 설명으로 옳지 않은 것은?

① 중량제한은 5g 이내이다.
② 특정인에게 보내는 통신문을 기록한 우편물이다.
③ 우편물 주소 면에 'Letter'라는 단어를 써야 한다.
④ 법규위반엽서, 법규위반 항공서간이 대표적인 서장취급 우편물이다.

TIP 서장의 중량제한은 2kg까지 가능하다.

34 다음 중 EMS 프리미엄 서비스에 대한 설명이 아닌 것은?

① 분실, 파손에 대비해 5천만 원까지 보험을 적용할 수 있다.
② 전국 모든 우체국에서 접수가 가능하다.
③ SMS 배달안내, Export/Import 수취인 요금부담, 통관대행 등 다양한 부가서비스를 제공한다.
④ 국가별 EMS 제한무게를 초과하는 고중량 국제특송우편물을 송달하며 100kg까지 접수가 가능하다.

TIP ④ 70kg까지 접수가 가능하다.

35 다음 중 EMS에 관한 사항을 고시하는 자는?

① 과학기술정보통신부장관   ② 국토교통부장관
③ 행정자치부장관   ④ 대통령

TIP 과학기술정보통신부장관은 EMS에 관한 업무협정 또는 양해각서, 취급지역 및 취급관서 등에 관한 사항을 고시한다(「국제특급우편취급규칙」 제3조).

Answer   33.①   34.④   35.①

36 다음 중 EMS운송장 기록사항에 대한 것으로 옳지 않은 것은?

① 100g 단위로 무게를 기록한다.

② 10만 원 이상의 물품일 경우 반드시 고객에게 보험이용 여부를 문의한다.

③ 신속한 통관과 배달을 위해 반드시 우편번호를 기록한다.

④ 보내는 사람과 받는 사람의 주소·성명을 영문으로 기록한다.

> **TIP** EMS운송장에는 10g 단위로 무게를 기록해야 한다.

37 다음에서 설명하는 서비스는?

> 외국으로 발송하는 국제우편물 중 수출신고 대상물품이 들어있는 경우 우체국에서 해당 우편물의 발송 사실을 세관에 확인하여 주는 서비스

① 수출우편물 발송확인 서비스

② 수출신고서 발급대행 서비스

③ 통관대행 서비스

④ 내용증명 서비스

> **TIP** ② EMS프리미엄의 부가서비스로 접수우편물을 수출통관할 때 관세사무소의 수출신고서 발급을 대행하는 서비스
> ③ EMS프리미엄의 부가서비스로 접수우편물의 수출통관을 UPS에서 대행하는 서비스
> ④ 발송인이 수취인에게 어떤 내용의 문서를 언제 발송했다는 사실을 우편관서가 공적으로 증명해 주는 국내 우편서비스

38 EMS 프리미엄 부가서비스에 대한 내용으로 옳지 않은 것은?

① 고중량서비스   ② 보험취급

③ 통관대행   ④ 광고우편엽서

> **TIP** ④ 국내전자우편서비스의 부가서비스 이다.

Answer 36.① 37.① 38.④

39 우리나라에서 취급하는 국제소포우편물이 아닌 것은?

① 속달소포
② 전쟁포로 및 민간인 피억류자 소포
③ 우편사무소포
④ 보험소포

TIP 속달소포와 대금교환소포는 우리나라에서 취급하지 않는다.

40 국제통상우편물 중 통관에 회부해야 할 우편물이 아닌 것은?

① 접수우편물을 검사결과 규정 위반이 발견될 때
② 통관우체국장이나 세관장이 특히 통관검사에 부칠 필요가 있다고 인정하는 그 밖의 통상우편물
③ 소형포장물
④ 세관표지 및 세관신고서가 붙어있는 통상우편물

TIP 규정 위반이 발견된 우편물은 발송인에게 보완하여 제출하도록 요구하고 이를 거부할 시 이유를 상세히 설명하고 접수를 거절해야 한다.

41 보험소포우편물의 보험가액을 기록할 때의 유의사항으로 옳지 않은 것은?

① 보험가액은 원화로 표시한다.
② 내용품은 반드시 객관적 가치가 있어야 한다.
③ 내용물 보다 최대 2배 높은 가액을 보험가액으로 할 수 있다.
④ 발송 우체국은 원화로 기록된 보험가액을 SDR로 환산하여 운송장에 기록해야 한다.

TIP 소포우편물 내용물의 실제 가격보다 높은 가격을 보험가액으로 할 수 없으며 이 경우 사기보험으로 간주된다.

Answer 39.① 40.① 41.③

42 국제우편물 중 보험서장으로 발송할 수 있는 물건이 아닌 것은?

① 귀금속 및 보석류
② 고급시계 만년필 등의 귀중품
③ 여권 등의 신분증
④ 우표, 복권표 등의 금전적 가치가 있는 서류

TIP 보험서장으로 발송할 수 있는 물건
  ㉠ 은행권, 수표, 지참인불 유가증권
  ㉡ 우표, 복권표, 기차표 등과 같은 금전적 가치가 있는 서류
  ㉢ 귀금속 및 보석류
  ㉣ 고급시계, 만년필 등 귀중품
  ㉤ 수출입관련 법령(대외무역법 등)에서 허용하는 범위 내에서 취급

43 다음 내용이 설명하는 제도는 무엇인가?

> 우편물을 외국으로 발송하는 자가 국내 배달우체국과 계약을 체결하여 회신요금을 자신이 부담할 수 있도록 하는 제도

① EMS 배달보장제도
② 국제반신우표권제도
③ 국제우편요금 수취인부담제도
④ 수출우편물 발송확인제도

TIP 국제우편요금 수취인부담제도는 50g 미만의 인쇄물과 엽서에 한하여 회신요금을 자신이 부담할 수 있는 제도로서 수취인이 우편물을 받을 때 납부하며 후납 취급도 가능하다.

44 다음에서 설명하는 제도의 내용으로 옳지 않은 것은?

> 발송인이나 수취인의 청구에 따라 국제우편물의 행방을 추적 조사하고 그 결과를 청구자에게 알려주는 제도

① 청구대상 우편물은 국제통상우편물, 국제소포우편물, 국제특급우편물이다.
② 일반적으로 우편물을 발송한 다음 날부터 계산하여 6개월간 청구 할 수 있다.
③ 많은 국가에서 발송인 청구 위주로 행방조사를 진행한다.
④ 발송국가, 배송국가 뿐만 아니라 제 3국에서도 청구가 가능하다.

TIP 청구대상우편물은 등기우편물, 소포우편물, 국제특급우편물이다.

45 국제우편 손해배상제도 면책사유가 아닌 것은?

① 도착국가의 국내법에 따라 압수, 폐기된 경우
② 행방조사 결과 우편물의 분실, 파손의 책임이 발송 우정청에 있을 때
③ 내용물의 실제가격을 초과 사기하여 보험에 든 경우
④ 화재, 천재지변 등 불가항력에 의해 발생한 경우

TIP 국제우편 손해배상제도의 면책사유
• 화재, 천재지변 등 불가항력에 의해 발생한 경우
• 발송인 귀책사유에 의한 경우 : 포장부실, 내용품의 성질상 훼손된 경우 등
• 도착국가의 국내법에 따라 압수 및 금지물품 등에 해당되어 몰수, 폐기된 경우
• 내용물의 실제가격을 초과 사기하여 보험에 든 경우

금융상식

❶ 금융경제 일반

(1) 국민경제의 순환과 금융의 역할

① **경제의 정의** … 인간이 물질생활을 유지하기 위한 활동을 의미하며 이러한 활동에는 활동의 주체(경제주체)가 존재하고 활동주체에 의한 일정한 흐름의 현상(순환)이 나타난다.

   ㉠ **경제주체**(Economic Subjects) : 가계, 기업, 정부, 해외로 구분

      ㉮ **가계** : 생산요소의 공급주체로서 생산요소(노동, 자본, 토지)를 제공하고 그 결과로 얻은 소득을 소비하거나 저축한다.

      ㉯ **기업** : 생산의 주체로서 생산요소(노동, 자본, 토지)를 투입하여 재화와 용역(서비스)을 생산하며, 그 결과로 이윤을 얻는다.

      ㉰ **정부** : 규율과 정책의 주체로서 가계와 기업의 경제행위 방식을 규율하고, 정책을 수립·집행하며 그에 필요한 자금을 세금 등으로 징수하거나 지출한다.

      ㉱ **해외** : 국외자로서 국내부문의 과부족을 수출입을 통하여 해결해준다.

   ㉡ **생산**(Production) : 기업은 생산을 위해 생산요소를 투입

      ㉮ 인적요소(노동)와 물적요소(자본, 토지)로 나뉜다.

      ㉯ 생산과정에 투입된 후에도 소멸되지 않고 다음 생산에 재투입될 수 있다(비소멸성).

      ㉰ 노동, 토지는 원래 존재하는 본원적 생산요소이며 자본은 생산된 생산요소이다.

      ㉱ 생산요소가 투입되면 이를 초과하는 생산량이 산출되며, 이 생산량은 부가가치(Added value)가 되어 소득으로 분배된다.

      ㉲ 기업가의 경영행위 또한 생산요소의 하나로 기업가는 그 대가로 이윤을 획득한다.

   ㉢ **지출**(Consumption, Expenditure) : 생산요소를 투입하여 생산된 결과물이 한 경제에서 모두 소비되는 것으로 가정하면 소비를 위한 지출은 가계는 소비지출로, 기업은 투자지출로, 정부는 재정지출로, 해외는 수출의 모습으로 이행된다.

   ㉣ **분배**(Distribution) : 소득이 누구에게 나뉘는가의 문제로 생산물이 판매(소비)되어야 이를 바탕으로 생긴 소득을 각 경제주체에게 분배할 수 있으므로 분배와 소비는 동전의 양면과 같다.

     ※ 생산자가 소득을 분배하고 남은 금액은 생산자(기업가)의 몫(이윤)이 된다.

ⓜ 순환과정(Circulation)

    ㉮ 경제행위는 산출(생산단계), 소비(소비단계), 분배(분배단계)가 경제주체들 간에 유동적으로 흘러가는 순환과정이다.

    ㉯ 경제의 순환은 국내뿐만 아니라 해외부문에서도 일어난다.

    ㉰ 국민소득 3면 등가의 법칙(equivalence of three approaches) : 1년간의 국민총생산량(생산국민소득) = 지출국민소득 = 분배국민소득

ⓑ 국민경제와 금융의 연결

    ㉮ 금융이란 자금이 부족하거나 여유가 있는 사람과 금융회사 간에 돈을 융통하는 행위이다.

    ㉯ 금융활동의 주체는 가계, 기업, 정부, 금융회사이다.

    ㉰ 경제의 순환은 금융을 매개로 이루어지며, 현대사회는 수많은 거래, 지급, 결제가 금융을 통하지 않고는 완료될 수 없다.

    ㉱ 금융회사는 다른 금융주체간 중개기능을 수행한다.

[자금의 상업적 유통과 금융적 유통]

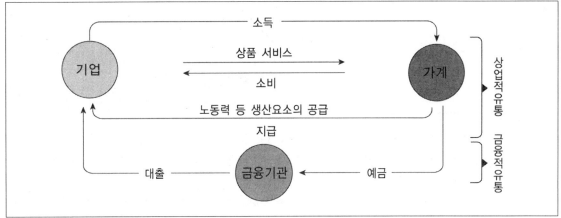

② **금융의 역할** … 경제활동이 원활하게 일어나도록 윤활유 역할을 하며, 금융상품을 통해 자금의 수요·공급이 이루어진다. 다양한 경로를 통해 이루어지는 금융은 각 경제주체들에게 아래와 같은 기능을 제공한다.

    ㉠ **개인 간 자금거래 중개** : 여윳돈을 모아 필요한 사람에게 이전해주는 중개기능을 수행한다.

    ㉡ **거래비용의 절감** : 신용카드, 인터넷 뱅킹 등 안전하고 편리한 지급·결제 시스템을 구축하여 원활한 거래를 지원한다.

    ㉢ **가계에 대한 자산관리수단 제공** : 소득 변동성으로 인한 소득과 지출의 차이를 금융을 통해 해소할 수 있다.

    ㉣ **자금의 효율적인 배분** : 금리(이자율)를 조정하여 자금의 효율적인 배분을 주도한다.

    ㉤ **금융위험 관리수단 제공** : 변동성, 불확실성 같은 위험(risk)을 적절히 분산시키거나 해소할 수 있는 수단을 제공한다.

(2) 주요 금융경제지표

① 금리(이자율) … 돈을 빌려 사용할 때 드는 대가를 이자라고 하며 기간 당 원금에 대한 이자의 비율을 금리 (이자율)이라고 한다. 또 금융거래 이후 일정기간이 지나야 발생하므로 돈의 시간가치라고도 한다.

※ 보통 연간 이자액의 원금에 대한 비율을 이자율이라 한다.

㉠ 금리의 결정

㉮ 돈의 가격인 금리는 금융시장에서 자금의 수요와 공급에 의해 결정된다.

㉯ 자금수요는 주로 가계소비, 기업투자 등에 영향을 받고 자금공급은 가계의 저축, 한국은행의 통화정책 등에 영향을 받는다.

[금리의 결정]

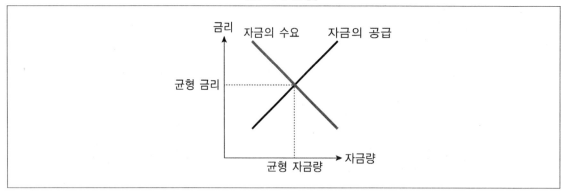

㉡ 금리변동의 영향

㉮ 가계소비와 기업투자, 물가, 국가 간 자금이동 등 큰 영향을 미친다.

㉯ 금리는 국가 간의 자금흐름에도 신호 역할을 하기 때문에 각국 중앙은행은 기준금리 조정을 통해 경제 흐름을 안정화 시킨다.

※ 국내금리보다 해외금리가 높아지면 더 높은 수익을 좇아 국내자금이 외국으로 유출되거나 외국으로부터의 자금유입이 줄어들기 때문, 반대의 경우도 있다.

㉢ 금리의 종류

㉮ 단리와 복리

- 단리 : 단순히 원금에 대한 이자를 계산
- 복리 : 이자에 대한 이자도 함께 감안하여 계산

㉯ 표면금리와 실효금리

- 표면금리 : 겉으로 나타난 금리
- 실효금리 : 실제로 지급받거나 부담하는 금리(이자계산 방법이나 이자에 대한 세금의 부과여부 등에 따라 달라짐)

㉰ 수익률과 할인율

- 수익률 : 이자금액을 투자원금으로 나눈 비율(100만 원에 이자 10만 원을 받는다면 수익률은 10%)
- 할인율 : 할인금액을 투자원금으로 나눈 비율(100만 원의 수익을 위해 90만 원에 사고 이자로 10만 원을 받는다면 할인율은 10%)

④ 기준금리
- 한국은행이 경제흐름을 종합적으로 고려하여 시중에 풀린 돈의 양을 조절하기 위해 금융통화위원회(금통위)의 의결을 거쳐 인위적으로 결정하는 정책금리이다.
- 경기가 과열되면 기준금리를 인상하고, 침체되면 인하한다.
- 금융시장에서 거래되는 금리는 기준금리를 기준으로 한다.
- 기준금리의 변경은 예금 및 대출 금리, 자산의 가격 등에 영향을 줌으로써 실물경제 및 물가를 변동시키는 원인이 된다.

⑤ 시장금리
- 단기금리 : 만기 1년 이내의 이자율로 콜금리, 환매조건부채권금리, 기업어음금리, 무기명인 양도성예금증서의 금리 등이 있다.
- 장기금리 : 만기가 1년을 초과하는 이자율로 국공채, 회사채, 금융채 등 수익률이 있다.
  ※ 채권시장에서 형성되는 금리는 채권수익률 이라고 하는데 채권수익률은 채권 가격의 변동과 반대방향으로 움직인다.
- 일반적으로 장기금리보다 단기금리가 높다.
- 경제주체의 신용도에 따라서 금리가 다르게 적용된다. : 돈을 빌리는 사람의 신용도가 높으면 금리가 낮지만 신용도가 낮으면 금리가 높다.
  ※ 주요 신용평가회사 : Moody's, S&P, Fitch IBCA, NICE신용평가, 한국기업평가, KCB(코리아크레딧뷰로)

⑥ 명목금리와 실질금리 : 물가 변동 고려 여부에 따라 명목금리와 실질 금리로 나뉜다.
- 명목금리 : 물가상승에 따른 구매력의 변화를 감안하지 않은 금리, 돈을 빌리거나 빌려줄 때 보통 명목금리로 계산한다.
- 실질금리 : 명목금리에서 물가상승률을 뺀 금리, 실제로 기업이 투자를 하거나 개인이 예금을 할 때는 실질금리에 관심을 갖는다.

② 환율
㉠ 환율 : 외국과 거래할 때는 국제통화인 미 달러화 등으로 바꿔 거래해야 한다. 이때 각 나라 화폐 간 교환비율을 결정하는데 이를 환율이라고 한다.(원화와 외화의 교환비율)
㉡ 환율의 결정과 변동
  ㉮ 외화의 수요와 공급에 따라 자유롭게 결정된다.
  ㉯ 환율이 상승하면 원가 가치가 하락하고, 환율이 하락하면 원가 가치가 상승한다.
  ㉰ 수출과 수입, 자본의 유입과 유출, 외국인의 국내투자나 자국민의 해외투자 등 우리나라와 다른 국가 간 돈의 흐름에 따라 결정된다.
㉢ 고정환율제도와 변동환율제도
  ㉮ 고정환율제도 : 정부나 중앙은행이 외환시장에 개입하여 환율을 일정한 수준으로 유지시키는 제도
  ㉯ 변동환율제도 : 환율이 외환시장에서의 수요와 공급에 따라 결정, 국제수지에 불균형 발생 시 고정환율제도보다 더 빠르게 조정된다.
    ※ 시장에 의한 환율 결정을 원칙으로 하지만, 급격한 변동으로 경제에 충격이 발생할 때는 정부가 외환시장에 개입하여 변동 속도를 조정하기도 한다.
  ㉰ 우리나라는 IMF 이후 변동환율제도를 채택하고 있다.

ⓔ 환율의 영향

㉮ 환율이 상승하면 우리나라 수출품의 가격이 하락해 국제시장에서 가격 경쟁력이 높아지지만, 원자재, 부품 같은 수입품의 가격이 올라 물가상승의 원인이 되기도 한다(반대의 경우도 있음).

㉯ 환율이 오르고 내리는 폭인 환율변동성이 높아지는 것은 경제에 부정적인 영향을 주므로 정책당국은 외환보유고를 이용해 외환시장을 진정시킨다.

③ 주가

㉠ 주식과 주식시장

㉮ 주식 : 기업이 필요한 자본을 조달하기 위해 발행하는 증권

㉯ 주식시장 : 기업공개(IPO ; Initial Public Offering)나 유상증자(기업이 새로 주식을 발행하여 자금을 조달하는 것)를 통해 주식이 발행되는 발행시장과 발행된 주식이 거래되는 유통시장으로 나뉜다.

㉰ 우리나라 유통시장은 장내유통시장(유가증권시장, 코스닥시장, 코넥스시장)과 장외유통시장(K-OTC시장)으로 구분된다.

㉡ 주가지수와 경기변동

㉮ 주가지수는 주식시장의 전체적인 등락을 파악하기 위한 평균적 지표(index)이다.

> 주가지수 = 비교시점 시가총액 / 기준시점 시가총액 × 100

㉯ 특정 시점의 경제상황을 판단하고 미래 경제전망 예측에도 활용할 수 있는 대표적인 지수이다.

㉰ 주식투자성과를 평가하는 기준이 된다.

• 수익률이 종합주가지수보다 낮다면, 좋은 투자 결과라고 보기 어렵다.

• 경제활동이 활발하여 경제에 대한 신뢰도가 높으면 주가지수가 상승하고 불경기나 경제 신뢰도가 떨어지면 주가는 하락한다.

㉢ 우리나라의 주가지수

㉮ 코스피지수(KOSPI ; Korea Composite Stock Price Index) : 유가증권시장에 상장되어 있는 종목을 대상으로 산출되는 대표적 종합주가지수로, 1980년 1월 4일의 주가지수를 100으로 하고(기준시점) 개별종목 주가에 상장주식수를 가중한 기준시점의 시가총액과 비교시점의 시가총액을 비교하여 산출하는 시가총액방식 주가지수이다.

㉯ 코스닥지수(KOSDAQ Index) : 코스닥지수는 코스닥시장에 상장되어 있는 종목을 대상으로 산출하는 종합지수로 코스닥시장의 대표지수이며, 코스피지수와 동일한 시가총액방식으로 산출된다.

㉰ 코스피200지수(KOSPI 200 ; Korea Stock Price Index 200) : 유가증권시장에 상장된 주식 중 시장대표성, 업종대표성, 유동성 등을 감안하여 선정되는 200개 종목을 대상으로 최대주주지분, 자기주식, 정부지분 등을 제외한 유동주식만의 시가총액을 합산하여 계산하는 주가지수이다.

㉱ KRX100지수(Korea Exchange 100) : 유가증권시장(90개)과 코스닥시장(10개)의 우량종목 100개로 구성된 통합주가지수이다.

⑩ 코스닥스타지수(KOSTAR Index) : 코스닥시장에 상장된 주식들 중 유동성, 경영투명성, 재무안정성 등을 감안하여 선정되는 30개 우량종목을 대상으로 산출되는 지수이다.

ⓔ 글로벌 주요 주가지수 : 국제금융시장의 자유화·개방화 추세에 따른 해외주식·파생상품 등 다양한 투자수단을 위한 기준지표로서 MSCI지수, FTSE지수 등이 있다.

ⓜ 주요 국가의 주가지수 : 미국의 다우존스 산업평균지수, NASDAQ지수, S&P500지수, 일본의 니케이지수, 홍콩의 항셍지수, 중국의 상하이종합지수, 대만의 자이취엔지수 등이 대표적이다.

ⓗ 거래량과 거래금액

㉮ 일반적으로 주가가 변동하기 전에 일반적으로 거래량이 먼저 변동한다.

㉯ 거래량이 증가하면 주가가 상승하고 거래량이 감소하면 주가가 하락한다.

📢 TIP Bull Market과 Bear Market

Bull Market	Bear Market
실업률이 낮고 물가가 안정되어 경제상황이 좋을 때 주식시장이 장기적으로 호황을 보이는 시장(강세장)	주식시장이 침체되어 주가가 하락 추세를 보이는 경우(약세장)

(3) 금융시장

① **금융시장의 의미** ··· 자금공급자와 자금수요자간에 금융거래가 조직적으로 이루어지는 장소

㉠ 자금수요자는 주로 기업이며 자금공급자는 주로 개인들이다.

㉡ 금융거래를 하기위한 금융 수단을 금융자산, 금융상품이라고 하며 예금증서, 어음, 채권 등이 있다.

㉢ 금융거래는 자금공급자로부터 자금수요자로 이동하는 형태에 따라 직접금융과 간접금융으로 나뉜다.

㉮ **직접금융**(Direct finance) : 차입자가 대출자에게 주식이나 사채 등을 직접적으로 발행함으로써 자금을 조달하는 방식이다. 경제주체 중 금융기관 이외의 차입자가 발행하는 금융자산을 본원적 증권(Primary security)이라고 하며, 국채·주식·사채·어음·채무증서 등이 이에 해당한다.

㉯ **간접금융**(Indirect finance) : 금융중개기관이 대출자와 차입자간에 자금융통을 매개하는 방식을 말한다. 은행 등 금융회사가 자금공급자의 예금을 받아 자금수요자에게 대출해주는 방식으로 자금공급자가 금융회사에 자금을 맡길 때 예금증서 등을 교부하고, 금융회사가 자금수요자에게 자금을 제공하고 차용증서를 교부 받는다. 이때 금융회사는 차입자의 본원적 증권 발행의 한계 비용을 인하하고 대출자가 보유하는 금융자산의 한계효용을 높여 저축과 투자를 활발하게 하여 효율적인 자금배분을 실현한다.

[금융시장과 자금흐름]

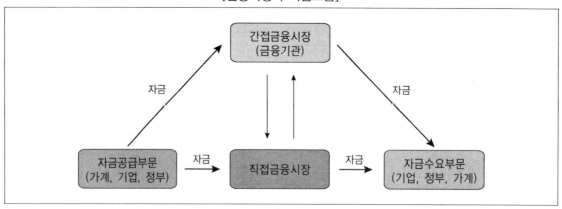

② 금융시장의 기능

 ㉠ **자원배분기능** : 가계부문의 여유자금을 투자수익성이 높은 기업을 중심으로 이전시킴으로써 국민경제의 생산력을 향상시킨다.

 ㉡ **위험분산기능** : 다양한 금융상품을 제공하여 투자자가 분산투자를 통해 투자위험을 줄일 수 있도록 한다.

 ㉢ **금융자산의 환금성(유동성)** : 투자자는 환금성이 떨어지는 금융자산을 매입할 때 손실에 대한 일정한 보상(유동성 프리미엄)을 요구하는데, 금융시장이 발달하면 금융자산의 환금성이 높아지고 유동성 프리미엄이 낮아짐으로써 자금수요자의 차입비용이 줄어든다.

 ㉣ **금융거래에 필요한 비용과 시간 절감** : 차입자의 신용에 관한 정보가 주식의 가격이나 회사채의 금리 등에 반영되어 있으므로 투자자가 투자정보를 취득하는데 따르는 비용과 시간을 크게 절감할 수 있다.

 ㉤ **시장규율 기능** : 시장참가자는 차입자가 발행한 주식, 채권가격 등의 시장신호를 활용해 감시할 수 있는데 이를 통해 차입자의 건전성을 확인할 수 있다.

③ 금융시장의 유형

 ㉠ **단기금융시장(자금시장)과 장기금융시장(자본시장)** : 금융거래의 만기에 따라 구분

  ㉮ **단기금융시장(money market)**

   • 만기 1년 이내의 금융자산이 거래되는 시장

   • 금융기관, 기업, 개인 등이 일시적인 자금수급의 불균형을 조정하는데 활용

   • 콜시장, 기업어음시장, 양도성예금증서시장, 환매조건부채권매매시장, 표지어음시장, 통화안정증권시장 등이 해당된다.

   －콜거래 : 콜시장에서 이루어지는 거래로 초단기 자금거래가 이루어지며 최장 90일 만기이나 거래물량의 대부분을 익일물이 차지함

   －기업어음 : 기업 등 발행자가 자기 신용을 이용하여 어음을 발행, 간단한 절차를 통해 단기자금을 조달하는 수단

   －양도성예금증서 : 정기예금에 양도성을 부여한 예금증서. 할인방식으로 발행되며 발행금리는 발행금액 및 기간, 발행 금융회사의 신용도, 시장금리 등을 감안하여 결정됨

ⓝ 장기금융시장(capital market)

- 만기 1년 이상의 채권이나 만기가 없는 주식이 거래되는 시장
- 금리변동에 따른 가격변동 위험이 크다.
- 미래의 자금지출에 대한 불확실성이 낮은 금융기관, 연기금 및 개인 등이 장기적인 관점에서 투자하는 경우가 많다.
- 위험을 회피하기 위해 선물, 옵션, 스왑 등 파생금융상품에 대한 투자를 병행하는 경우가 대부분이다.
- 통화정책 외 여러 요인의 영향을 받기 때문에 통화정책과의 관계가 단기금융시장에 비해 간접적이고 복잡하다.

ⓛ 채무증서시장과 주식시장 : 금융수단의 성격에 따라 구분

ⓐ 채무증서시장(debt market)

- 차입자가 만기까지 일정한 이자를 정기적으로 지급할 것을 약속하고 발행한 채무증서가 거래되는 시장
- 채무증서의 만기 : 단기(1년 이내), 중기(1~10년), 장기(10년 이상)
- 기업어음시장, 양도성예금시장, 표지어음시장, 통화안정증권시장, 국채·회사채·금융채 등의 채권시장이 채무증서시장에 해당한다.

ⓑ 주식시장(equity market)

- 회사의 재산에 대한 지분을 나타내는 주식이 거래되는 시장
- 주식으로 조달된 자금에 대해서는 원리금 상환의무가 없다.
- 주주는 기업 순이익에 대한 배당청구권을 갖는다.
- 유가증권 시장, 코스닥시장, 코넥스시장, K-OTC시장 등이 있다.
- 채권은 우선변제권을 행사할 수 있으나 주식은 채무를 변제한 잔여재산에 대해 지분권을 행사한다(주식은 채권보다 기업부도 발생에 따른 위험이 더 크다).
- 채무증서 소유자는 이자, 원금 등 고정된 소득을 받게 되므로 안정적이나, 주주의 경우는 기업의 자산가치, 손익의 변동에 따라 이익을 볼 수도 있고 손해를 입을 수도 있다(자산가치의 변동성이 큼).

ⓒ 발행시장과 유통시장 : 금융거래의 단계에 따라 구분

ⓐ 발행시장(primary market)

- 단기금융상품이나 채권·주식 등 장기금융상품이 신규로 발행되는 시장
- 기업이 직접 발행하는 직접발행과 인수기관이 발행하는 간접발행으로 구분

ⓑ 유통시장(secondary market)

- 이미 발행된 장·단기금융상품이 거래되는 시장
- 투자자가 보유한 회사채, 주식을 쉽게 현금화 할 수 있다.→금융상품의 유동성이 높아진다.
- 금융상품의 발행가격을 결정하는 발행시장에 영향을 미쳐 자금수요자의 자금조달비용에 영향을 준다.
- 유통시장에서 거래가 원활하지 않은 증권은 발행시장에서 인기가 없고, 이로 인해 규모가 작아지면 유통시장에서도 인기가 없게 되므로 발행시장과 유통시장은 서로 밀접한 관계를 가지고 있다.

ⓔ 거래소시장과 장외시장 : 금융거래의 장소에 따라 구분

⑦ 거래소시장(exchange)
- 금융상품에 대한 매수·매도가 거래소에 집중되어 있기 때문에 장내시장이라고도 하며 표준화된 거래 규칙에 따라 처리한다.
- 시장참가자 간의 거래관계가 다면적이고 거래소에 집중된 매수·매도 주문의 상호작용에 의해 가격이 결정되므로 거래정보가 투명하다.
- 거래 정보가 누구에게나 잘 알려지고, 거래의 익명성이 보장된다.
- 한국거래소가 증권과 파생상품의 원활한 거래와 가격형성을 담당하고 있으며, 증권회사와 선물회사 등이 회원으로 가입해 있다.
- 한국거래소에서는 주식, 채권, 상장지수펀드(ETF), 상장지수증권(ETN) 및 파생상품 등을 모두 거래하고 있다.

⑭ 장외시장
- 특정한 규칙 없이 거래소 이외의 장소에서 당사자 간 금융상품의 거래가 이루어지는 시장을 말한다.
- 직접거래시장과 점두시장(딜러·브로커 등이 거래를 중개하는 시장)으로 구분된다.
  - 직접거래시장 : 매매 당사자 간의 개별적 접촉에 의해 거래가 이루어지므로 동일 시간에 동일 상품의 가격이 다르게 결정되는 등 비효율적인 면이 있다.
  - 점두시장 : 딜러·브로커 간 시장과 대고객 시장으로 구분되며, 거래 정보의 투명성이나 거래 상대방의 익명성이 낮다.
- 우리나라의 경우 대부분의 채권이 거래되고 있으며 콜, 양도성예금증서, 기업어음 등 단기금융상품은 물론 외환 및 외환파생상품, 금리 및 통화 스왑 등의 파생금융상품 등도 대부분 장외시장에서 거래된다.
- 주로 증권회사를 매개로 거래가 이루어지며 증권회사는 매도나 매수를 원하는 투자자와 반대거래를 원하는 상대방을 연결시켜 거래를 중개한다.

❷ 금융회사와 금융상품

(1) 금융회사

금융회사는 금융시장에서 자금수요자와 공급자 사이에 자금을 중개해주는 역할을 하는 회사이며 취급하는 금융서비스의 성격에 따라 은행, 비은행 금융회사, 보험회사, 금융투자회사, 금융지주회사, 금융유관기관 등으로 구분할 수 있다.

① 은행
  ㉠ 개념 : 예금, 채무증서 등을 통해 자금을 조달하고 기업, 가계 등에 대출하는 금융회사로 「은행법」에 의해 설립되어 운영되는 일반은행, 개별 특수은행법에 의해 설립되어 운영되는 특수은행으로 구분된다.
  ㉡ 주요업무
    ⑦ 고유업무 : 예적금 수입, 유가증권 또는 채무증서 발행, 자금의 대출, 어음할인 및 내·외국환 등

ⓘ **부수업무** : 채무보증, 어음인수, 상호부금, 보호예수 등 (고유업무에 부수하는 업무)

ⓓ **겸영업무** : 「자본시장법」상의 집합투자업, 집합투자증권에 대한 투자매매·중개업 및 투자자문업, 신탁업, 「여신전문금융업법」상의 신용카드업, 「근로자퇴직급여보장법」상의 퇴직연금사업 등 (다른 업종의 업무 중에서 은행이 영위할 수 있는 업무)

ⓒ 영업지역을 기준으로 전국을 영업대상으로 하는 시중은행과 특정지역을 기반으로 하는 지방은행으로 나눌 수 있으며, 2017년부터 오프라인 채널 없이 온라인으로만 운영하는 인터넷전문은행도 있다.

ⓔ 설립목적에 따라 일반은행과 특수은행으로 구분할 수 있는데, 개별적인 특별법에 의해 설립된 특수목적은행으로는 한국산업은행, 한국수출입은행, 중소기업은행, 농협은행, 수협은행 등이 있다.

② 비은행 금융회사

ⓐ 상호저축은행

ⓘ **개념** : 지역서민들과 중소기업을 대상으로 여·수신업무를 수행

※ 여신(금융회사에서 고객에게 돈을 빌려줌), 수신(금융회사가 고객에게서 돈을 받아 예치함)

ⓓ 신용도가 낮은 개인이나 기업을 대상으로 해서 대출금리가 은행보다 높은 대신 예금금리도 은행보다 높다.

ⓒ 상호신용금고법의 제정으로 설립되었으며, 총여신의 일정 비율 이상을 영업구역 내 개인 및 중소기업에 운용해야 한다.

ⓔ 직장·지역단위의 신용협동조합, 지역단위의 새마을금고, 농·수협 단위조합, 산림조합 등은 조합원에 대한 여·수신을 통해 조합원간 상부상조를 목적으로 운영된다(상호금융).

ⓑ 고객으로부터 예금을 수취하지 않고 자체적으로 자금을 조달하여 빌려주는 금융회사

ⓘ **리스회사** : 건물, 자동차, 기계 등을 구입, 시설대여를 통해 사용료를 받음

ⓓ **할부금융** : 상품을 구입할 때 할부금융회사가 미리 돈을 지불하고 소비자가 일정기간 동안 나누어 갚음

- 상품 구매액을 초과하는 자금을 대출할 수 없다.
- 자금을 소비자에게 대출하지 않고 판매자에게 직접 지급하도록 되어있다.

ⓒ **신용카드 회사** : 소비자가 구입하는 상품의 가격을 미리 지불하고 결제일에 한꺼번에 금액을 받거나(일시불) 나누어서 갚게 하고(할부) 해당기간 동안 발생하는 이자소득이나 사용수수료로 수입을 만들어 낸다.

③ 보험회사

ⓐ **개념** : 다수의 계약자로부터 보험료를 받아 자금을 운용하여 계약자의 노후, 사망, 질병, 사고발생 시에 보험금을 지급하는 업무를 수행하는 금융회사

ⓑ **종류** : 생명보험회사, 손해보험회사, 우체국보험, 공제기관, 한국무역보험공사 등이 있다.

ⓘ **생명보험회사** : 사람의 생존, 또는 사망사건이 발생했을 때 약정 보험금을 지급하는 보장기능을 주로 하는 금융회사이며 과거엔 사망보험의 비중이 높았으나 2001년 변액보험제도 이후 자산운용수단으로 인식되어 변액보험의 비중이 증가하는 추세이다.

ⓓ **손해보험회사** : 자동차사고 등 각종 사고에 대비한 보험을 취급하는 금융회사이며 사고로 발생하는 재산상의 손해에 대처하는 상호 보장적 기능을 한다.

④ 금융투자회사
  ㉠ 개요 : 6가지 금융투자업 중 전부 또는 일부를 담당하는 회사
  ㉡ 자본시장법상 금융투자업의 종류

종류	내용	예
투자매매업	금융회사가 자기자금으로 금융투자상품을 매도·매수하거나 증권을 발행·인수 또는 권유·청약·승낙하는 것	증권회사 선물회사
투자중개업	금융회사가 고객으로 하여금 금융투자상품을 매도·매수하거나 증권을 발행·인수 또는 권유·청약·승낙하는 것	증권회사 선물회사
집합투자업	2인 이상에게 투자를 권유하여 모은 금전 등을 투자자 등으로부터 일상적인 운영지시를 받지 않으면서 운용하고 그 결과를 투자자에게 배분하여 귀속시키는 것을 영업으로 하는 것	자산운용회사
신탁업	자본시장법에 따라 신탁을 영업으로 수행하는 것	신탁회사 증권회사 보험회사
투자자문업	금융투자상품의 가치 또는 투자판단에 관하여 자문을 하는 것을 영업으로 하는 것	투자자문회사 증권회사 자산운용회사
투자일임업	투자자로부터 금융상품에 대한 투자판단의 전부 또는 일부를 일임받아 투자자별로 구분하여 자산을 취득·처분, 그 밖의 방법으로 운용하는 것을 영업으로 하는 것	투자일임회사 증권회사 자산운용회사

  ㉢ 대표적인 금융투자회사
    ㉮ 증권회사 : 주식, 채권 등 유가증권의 발행을 주선하고 발행된 유가증권의 매매를 중개하는 회사
    ㉯ 자산운용회사 : 펀드매니저가 투자자로부터 모은 돈을 채권, 주식 매매 등을 통해 운용한 후 결과를 배분해 주는 회사
    ㉰ 투자자문회사 : 투자자로부터 금융투자상품 등에 대한 투자일임업이나 투자자문업을 주로 하는 금융회사

⑤ 금융유관기관 … 금융제도의 원활한 작동에 필요한 여건을 제공하는 기관으로 한국은행, 금융감독원, 예금보험공사 등이 포함된다.
  ㉠ 한국은행
    ㉮ 화폐를 독점적으로 발행하는 발권은행
    ㉯ 물가안정을 위해 통화신용정책을 수립·집행(통화정책 운영체제로 물가안정목표제를 채택)
    ㉰ 한국은행에는 기준금리(정책금리)를 정하고 통화신용정책에 대한 주요 사항을 심의·의결하는 정책기구인 금융통화위원회(금통위)가 있다.
    ㉱ 금융회사로부터 예금을 받아 금융회사 고객의 예금인출에 대비한 지급준비금으로 이용하고 금융회사에도 대출을 해주는 등 은행의 은행역할을 수행한다.
    ㉲ 세금 등의 정부수입을 국고금으로 받아두었다가 필요할 때 내어주는 정부의 은행역할을 수행한다.

ⓛ 금융감독원

㉮ 금융산업의 선진화, 금융시장의 안정성 도모, 건전한 신용질서, 공정한 금융거래관행 확립과 금융수요 자를 보호함으로써 국민경제에 기여하기 위한 기관이다.

㉯ 정치적 압력이나 행정부의 영향력에 의해 자율성을 잃지 않고 중립적이고 전문적인 금융감독기능을 구현하기 위해 정부조직과는 독립된 특수법인으로 되어있다.

㉰ 역할
- 금융회사에 대한 감독업무(금융감독) : 임점검사, 상시검사 병행
- 시스템 감독 : 금융혼란에 대비하여 금융시스템의 안정성을 확보하는 데 주력하는 것으로, 건전성 및 영업행위 감독보다 넓은 개념
- 건전성 감독 : 개별 금융회사의 건전성을 감독
- 영업행위 감독 : 금융회사가 소비자와의 거래에서 공시(公示), 정직, 성실 및 공정한 영업 관행을 유지하고 있는지 감독, 소비자 보호 측면에 중점
- 이들 회사의 업무 및 재산 상황에 대한 검사와 그 결과에 따른 제재업무
- 금융 분쟁의 조정
- 금융소비자 보호

ⓒ 예금보험공사

㉮ 금융회사가 파산 등으로 예금을 지급할 수 없을 때 예금지급을 보장함으로써 예금자를 보호하고 금융제도의 안정성을 유지하는 기관이다.

㉯ 기금의 손실을 최소화하기 위해 금융회사의 경영분석 등을 통해 부실 가능성을 조기에 파악하고 있으며, 부실금융회사에 대한 구조조정을 추진하여 금융시스템을 안정화 하는 역할을 한다.

㉰ 공사에서 보호하는 금융회사에는 은행, 증권투자매매·중개업을 인가받은 회사(증권사, 선물사, 자산운용사 등), 보험회사, 상호저축은행, 종합금융회사 등이 있다.

㉱ 정부, 지방자치단체, 한국은행, 금융감독원, 예금보험공사 및 부보금융회사의 예금은 보호대상에서 제외된다.

(2) 금융상품

① 저축상품

㉠ 입출금이 자유로운 상품

㉮ 보통예금 및 저축예금
- 거래대상, 예치금액. 예치기간 입출금 횟수 등에 아무런 제한 없이 누구나 자유롭게 입출금 할 수 있다.
- 보통예금은 이자율이 매우 낮아 은행은 저금리로 자금을 조달할 수 있는 재원이 되며 저축예금은 이보다 조금 더 높아 가계의 여유자금을 초단기로 예치하여 운용하기에 적합하다.

㉯ 가계당좌예금
- 가계수표를 발행할 수 있는 개인용 당좌예금
- 무이자인 일반당좌예금과 달리 이자가 지급되는 가계우대성 요구불예금
- 신용상태가 양호한 개인, 자영업자가 모든 은행에 걸쳐 1인 1계좌만 거래할 수 있다.

ⓒ 시장금리부 수시입출금식예금(MMDA ; Money Market Deposit Account)
 • 우체국이나 은행에 맡긴 자금을 단기금융상품에 투자해 얻은 이익을 이자로 지급하는 구조
 • 시장실세금리에 의한 고금리가 적용되며 입출금이 자유롭고 이체 및 결제기능이 가능
 • 통상 500만 원 이상의 목돈을 1개월 이내의 초단기로 운용할 때 유리하다.
ⓓ 단기금융상품펀드(MMF ; Money Market Fund)
 • 모은 자금을 기업어음(CP), 양도성예금증서(CD), 환매조건부채권(RP), 콜(call) 자금이나 잔존 만기 1년 이하의 안정적인 국공채로 운용하는 실적배당상품
 • 일시적 자금예치기능을 수행할 수 있도록 운용가능한 채권의 신용등급을 AA등급 이상(기업어음은 A2 이상)으로 제한하여 운용자산의 위험을 최소화하고, 운용자산 전체 가중평균 잔존 만기를 90일 이내로 제한하여 유동성 위험을 최소화 하고 있다.
 • 자산운용회사가 운용하며 은행, 증권사, 보험사 등에서 판매한다.
 • 입출금이 자유롭고 실적에 따라 수익이 발생하지만 계좌를 통해 이체, 결제할 수 없고 예금자보호의 대상이 되지 않는다.
ⓔ 어음관리계좌(CMA ; Cash Management Account)
 • 종합금융회사나 증권회사가 예탁금을 어음, 국공채 등 단기금융상품에 직접 투자하여 운용한 후 그 수익을 고객에게 돌려주는 단기금융상품
 • 종합금융회사의 CMA는 예금자보호 대상이지만 증권회사는 대상이 아님
 • 예탁금에 제한이 없고 수시 입출금이 허용되면서도 실세금리 수준의 수익을 올릴 수 있다.
 • 실물이 아닌 '어음관리계좌' 통장으로만 거래된다.

상품명	취급금융회사	예금자보호	이율	이체 및 결제
MMDA	은행	보호	확정금리(차등)	가능
MMF	은행, 증권사	비보호	실적배당	불가능
CMA	종금사, 증권사	종금사만 보호	실적배당	가능

ⓛ 적립식 예금
 ⓐ 정기적금
  • 계약금액과 계약기간을 정하고 일정 금액을 정기적으로 납입하면 만기에 계약금액을 지급하는 예금으로 목돈을 마련하는데 적합한 장기 금융상품이다.
  • 필요 시 적금을 담보로 적금잔액의 일정범위(통상 95%) 이내에서 대출을 받을 수 있다.
  • 예치기간이 정해져 있어 보통예금보다 이자가 많지만 유동성은 낮다.
  • 만기 이전에 해약하면 약정한 이자보다 훨씬 낮은 이자를 받거나 없을 수 있으며 만기 이후에는 적용금리가 약정이율의 1/2이하로 크게 낮아지는데 유의해야 한다.
 ⓑ 자유적금
  • 가입자가 자금여유가 있을 때 금액, 입금 횟수에 제한 없이 입금할 수 있는 상품
  • 원칙적으로 저축한도의 제한은 없으나, 자금 및 금리 리스크 때문에 입금금액을 제한하여 운용하는 것이 일반적이다.

ⓒ 거치식 예금
  ㉮ 정기예금
    • 예금자가 이자수취를 목적으로 예치기간을 사전에 약정하여 일정금액을 예입하는 장기 저축성 기한부예금
    • 약정기간이 길수록 높은 확정이자가 보장되므로 장기간 안정적으로 운용하기 좋음
    • 우리나라 전체 예금 잔고 가운데 50%이상을 차지하는 대표적인 예금
  ㉯ 정기예탁금
    • 상호금융, 새마을금고, 신용협동조합 등 신용협동기구들이 취급하는 상품
    • 조합원 · 준조합원 또는 회원 등이 가입할 수 있다.
    • 은행권보다 상대적으로 높은 금리를 지급하므로 목돈 운용에 적합하다.
  ㉰ 실세금리연동형 정기예금
    • 일정기간마다 시장실세에 금리를 반영하여 적용금리를 변경하는 정기예금으로 은행에서 취급한다.
    • 금리상승기에 실세금리따라 목돈을 운용하는데 적합한 상품
  ㉱ 주가지수연동 정기예금(ELD ; Equity Linked Deposit)
    • 원금을 안전한 자산에 운용하여 만기 시 원금은 보장되고 장래에 지급할 이자의 일부 혹은 전부를 주가지수의 움직임에 맞춘 파생상품에 투자하여 고수익을 추구하는 상품
    • 주가지수 전망에 따라 상승형, 하락형, 횡보형 등 다양한 구조의 상품이 있다.
    • 은행에서 취급하면 예금자보호 대상이다.
  ㉲ 양도성예금증서(CD ; Certificate of Deposit)
    • 정기예금에 양도성을 부여한 금융상품 은행이 무기명 할인 식으로 발행하여 거액의 부동자금을 운용하는 수단으로 활용
    • 예치기간 동안의 이자를 액면금액에서 차감(할인)하여 발행한 후 만기 시 증서소지인에게 액면금액을 지급
    • 1,000만 원 이상의 목돈을 3~6개월 정도 운용하는데 적합하다.
    • 은행에서 발행된 증서를 직접 살 수 있고, 증권회사에서 유통되는 양도성예금증서를 살 수도 있다.
  ㉳ 환매조건부채권(RP ; Re-purchase Paper)
    • 금융회사가 보유하고 있는 국채, 지방채, 특수채, 상장법인 및 등록법인이 발행하는 채권 등을 고객이 매입하면 일정 기간 후 이자를 가산하여 다시 고객으로부터 매입하겠다는 조건으로 운용되는 단기금융상품
    • 투자금액과 기간을 자유롭게 선택할 수 있는 시장금리연동형 확정금리상품
    • 비교적 수익률이 높으며 단기여유자금을 운용할 때 유리하다.
    • 예금자보호 대상은 아니지만 국채, 지방채 등 우량 채권을 대상으로 투자되므로 안정성이 높으며, 만기 이후에는 별도의 이자를 가산해 주지 않는다.
ⓓ 주택청약종합저축(특수목적부 상품)
  ㉮ 신규분양 아파트 청약에 필요한 저축
  ㉯ 전체 은행을 통해 1인 1계좌만 개설 가능
  ㉰ 가입은 누구나 가능하나 청약자격은 만 19세 이상이며 미만일 경우는 세대주만 가능
  ㉱ 수도권의 경우 가입 후 1년이 지나면 1순위가 되며 이외 지역은 6~12개월 범위에서 시 · 도지사가 정하는 기간이 지나면 1순위가 된다.
  ㉲ 납입방식은 일정액 적립식과 예치식을 병행한다.

ⓑ 국민주택의 경우 해당 지역에 거주하는 무주택 세대의 구성원으로서 1세대 당 1주택, 민영주택의 경우 지역별 청약가능 예치금을 기준으로 1인당 1주택 청약이 가능하다.

ⓢ 총 급여 7천만 원 이하 무주택 근로소득자 세대주는 최대 연 240만원의 40%인 96만원까지 소득공제 혜택이 주어진다.

② 투자 상품

㉠ 펀드(Fund)

㉮ 여러 사람의 돈을 모아 수익이 예상되는 곳에 투자하여 돈을 번 후 그 수익금을 투자한 금액에 비례하여 나누어 돌려주는 금융상품(집합투자증권)

㉯ 구조 : 자산운용회사의 투자전문가가 운용전략을 세워 관리하며 은행 등 펀드판매회사는 투자계약을 체결하며 수익증권을 판매한 대금은 자산운용회사가 아닌 보관회사가 별도로 관리하고(펀드에 투자한 자금은 보호받을 수 있다), 이로 인한 사무업무는 별도의 일반사무수탁회사에서 담당한다.

[펀드의 구조]

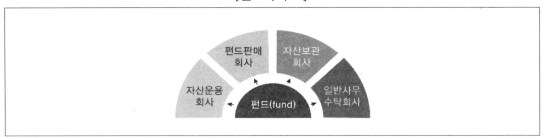

㉰ 펀드투자 비용 : 투자자가 펀드를 관리·운용해주는 금융회사에게 지급하는 각종 수수료나 보수로서 펀드 자산의 일정 비율로 지급하게 된다. 또한 펀드 가입 후 3~6개월이 지나지 않고 펀드를 해지하면 투자 운용전략의 지장이 생기기 때문에 이에 따른 페널티로 환매수수료가 발생한다.

㉱ 펀드투자의 장점
  • 소액으로 분산투자가 가능하다(리스크의 최소화).
  • 전문가에 의해 투자되고 관리·운영된다.
  • 규모의 경제로 인한 비용절감(개인이 자금을 관리하는데 소요되는 시간과 노력으로 인한 기회비용의 감소)

㉲ 펀드의 유형
  • 기본적 유형

기준		펀드의 종류와 유형
환매여부	개방형펀드	환매가 가능한 펀드로, 운용 후에도 추가로 투자자금을 모집하는 것이 가능하다.
	폐쇄형펀드	환매가 원칙적으로 불가능한 펀드로, 첫 모집 당시에만 자금을 모집한다. 기간이 끝나면 전 자산을 정산해서 상환이 이루어진다.
추가불입여부	단위형펀드	추가입금이 불가능하고 기간이 정해져 있다.
	추가형펀드	수시로 추가입금이 가능하다.
자금모집방법	공모형펀드	불특정 다수의 투자자로부터 자금을 모집한다.
	사모형펀드	49인 이하의 투자자들로부터 자금을 모집한다.

• 투자대상에 따른 유형

종류		내용
주식형 (주식에 60% 이상 투자)	성장형펀드	상승유망종목을 찾아서 높은 수익을 추구하는 펀드
	가치주형펀드	시장에서 저평가되는 주식을 발굴하여 투자하는 펀드
	배당주형펀드	배당금을 많이 주는 기업에 투자하는 펀드
	섹터형펀드	업종의 대표기업에 집중투자하여 운용하는 펀드
	인덱스펀드	KOSPI 200지수와 같은 지표를 따라가도록 설계한 펀드
채권형 (채권에 60% 이상 투자)	하이일드펀드	BB+이하인 투자기등급채권과 B+이하인 기업어음에 투자하는 펀드
	회사채펀드	BBB-이상인 우량기업의 회사채에 투자하는 펀드
	국공채펀드	국공채에 투자하는 펀드
	MMF펀드	단기금융상품(양도성예금증서, 기업어음, 국공채, 환매조건부채권 등)에 투자하여 시장이율 변동이 반영되도록 한 펀드
혼합형		주식과 채권에 각각 60% 미만으로 투자한 펀드

• 종류형펀드

종류	내용
A클래스	가입 시 선취판매수수료가 부과되며 환매가능성이 있지만 장기투자에 적합
B클래스	일정기간 내에 환매 시 후취수수료가 부과, 판매가능성이 낮은 장기투자에 적합
C클래스	선취, 후취 판매수수료가 없으나 연간 보수가 높은 펀드, 단기투자에 적합
D클래스	선취, 후취 판매수수료가 모두 부과되는 펀드
E클래스	인터넷 전용펀드
F클래스	금융기관 등 전무투자자 펀드
H클래스	장기주택마련저축 펀드
I클래스	법인 또는 거액개인고객 전용 펀드
W클래스	WRAP전용 펀드
S클래스	펀드슈퍼마켓에서 투자가능한 클래스로 후취수수료가 있는 펀드
P클래스	연금저축펀드(5년 이상 유지 시 55세 이후 연금을 받을 수 있는 펀드)
T클래스	소득공제장기펀드(5년 이상 유지 시 납입금액의 40%를 소득공제해주는 펀드)

- 상장지수펀드(ETF ; Exchange Traded Funds) : 지수에 연동되어 수익률이 결정된다는 점에서 인덱스펀드와 유사하지만 증권시장에 상장되어 주식처럼 실시간 매매가 가능하다.

구분	ETF	인덱스펀드
특징	주식시장 인덱스를 추종하여 주식처럼 유가증권시장에 상장되어 거래	특정 인덱스를 추종하는 펀드임. ETF처럼 상장되어 거래되지 않고 일반펀드와 가입과정이 동일
투자비용	액티브펀드보다 낮은 비용이 발생하며 ETF 거래를 위해 거래세 및 수수료 지불	대부분 ETF보다 높은 보수를 책정하고 있으나 액티브펀드보다는 낮은 수준
거래	일반 주식처럼 장중 거래 가능하며 환금성이 뛰어남. 주식과 같은 거래비용 발생	일반펀드와 마찬가지로 순자산에 의해 수익률이 하루에 한번 결정되며 일반펀드와 같은 가입·환매체계를 거침
운용	운용자는 환매 등에 신경을 쓰지 않으며 인덱스와의 추적오차를 줄이기 위해 최선을 다함	환매요청 시 포트폴리오 매각과정에서 추적오차가 발생할 수 있음. 펀드규모가 너무 작을 경우 포트폴리오 구성에 문제 발생 가능

- 주가지수연계펀드(ELF ; Equity Linked Funds) : 펀드재산의 대부분을 국공채나 우량 회사채에 투자하여 만기 시 원금을 확보하고 나머지 잔여 재산을 증권회사에서 발행하는 권리 증서를 편입해 펀드 수익률이 주가에 연동되도록 한 상품

[ELD, ELS, ELF 비교]

구분	ELD	ELS	ELF
운용회사	은행	투자매매업자	집합투자업자(자산운용사)
판매회사	은행 (운용사=판매사)	투자매매업자 또는 투자중개업자 (운용사=판매사)	투자매매업자, 투자중개업자
상품성격	예금	유가증권	펀드
투자형태	정기예금 가입	유가증권 매입	펀드 가입
만기수익	지수에 따라 사전에 정한 수익금 지급	지수에 따라 사전에 정한 수익 지급	운용성과에 따라 실적 배당
중도해지 및 환매여부	중도해지 가능 (해지 시 원금손실 발생 가능)	제한적 (거래소 상장이나 판매사를 통한 현금화가 제한적)	중도환매 가능 (환매 시 수수료 지불)
상품 다양성	100% 원금보존의 보수적인 상품만 존재	위험별로 다양한 상품개발 가능	ELS와 유사

- 부동산투자신탁(REITs ; Real Estate Investment Trusts) : 투자자금을 모아 부동산 등에 투자한 후 이익을 배당하는 금융상품으로 소액 개인투자자도 전문가를 통해 부동산 투자를 간접적으로 할 수 있다.

- 재간접펀드(Fund of funds) : 다른 펀드에 투자하는 펀드로서 여러 펀드에 분산투자가 가능하며 일반투자자가 접근하기 어려운 펀드에 대해서도 분산투자가 가능하다. 그러나 판매보수와 운용보수를 이중으로 지급하는 등 비용부담이 일반펀드에 비해 높다.

ⓑ 펀드 투자 시 유의사항
- 예금자보호대상이 아니기 때문에 원금손실에 이를 수도 있다.
- 섹터, 테마, 지역, 운용회사 등에 따라 분산투자 하는 것이 바람직하다.
- 수수료 및 보수 체계가 다양하고 환매조건이 다르기 때문에 계약조건을 꼼꼼히 따져봐야 한다.
- 과거의 수익률을 과신해선 안 된다.
- '고수익 고위험(high risk return)'의 원칙이 적용된다.

> **TIP** 시간분산투자법(적립식 투자)
> - 리스크 관리라는 측면에서 투자시점을 나누어 분산투자하는 시간분산도 중요한 방법이 된다.
> - 정보 비대칭의 상태를 극복하기 위한 방안의 하나이다.
> - 몇 개의 시점으로 나누어 금융투자상품을 매수·매입함으로써 가격이 급등락하는 상황에서도 매수가격이나 매도가격을 평균화(averaging)하는 것이다.
> - 특히 일정한 기간별로 고정된 금액을 계속 투자하는 정액분할투자법(cost average method)이 널리 활용된다. : 대표적인 예로 매월 일정액을 펀드에 투자하는 적립식 펀드가 있다. 금액은 일정하더라도 자동적으로 주가가 높은 달에는 주식을 적게, 주가가 낮은 달에는 주식을 많이 매입하게 되어 평균 매입단가가 낮아진다.

ⓛ **장내파생상품** : 기초자산의 가치 변동에 따라 가격이 결정되는 파생상품 중 거래소에서 거래되는 선물, 옵션과 같은 상품이다. 불확실한 미래의 가격변동으로 인한 리스크를 줄이려는 헤징(hedging)이 원래 목적이지만, 이를 예상하고 레버리지를 이용한 투기적 목적으로도 활용된다.

㉮ **선물계약**
- 개념 : 장래의 일정 시점을 인수·인도일로 정해 일정한 품질과 수량의 물건 또는 금융상품을 사전에 정한 가격에 사고팔기로 약속하는 계약
- 기능
  - 가격변동 리스크를 줄이는 헤징(hedging)기능으로 현물의 투자위험이 감소되는 결과를 가져온다.
  - 장래의 가격정보를 제공하여 미래의 현물가격을 예상 할 수 있는 가격예시 기능을 가진다.
  - 선물과 현물 간 가격 차이를 이용한 차익거래처럼 새로운 투자수단을 제공한다.

> **TIP** 헤징(Hedging) … 환율, 금리 또는 다른 자산에 대한 투자 등을 통해 보유하고 있는 위험자산의 가격변동을 제거하는 것을 말하며, 확정되지 않은 자산을 확정된 자산으로 편입하는 과정이라 할 수 있다. 주로 선물 옵션과 같은 파생상품을 이용한다. 이를 통해 가격변동에 대한 리스크를 줄일 수 있다.

- 종류
  - 상품선물 : 기초자산이 실물상품인 선물
  - 금융선물 : 기초자산이 금리에 의해 가격이 결정되는 장단기 채권인 금리선물, 주식을 대상으로 하는 주식관련선물, 주요국의 통화를 대상으로 하는 통화선물이 있다.

- 선도계약과의 차이 : 장래의 일정 시점에 일정 품질의 물품 또는 금융상품을 일정 가격에 인수·인도하기로 계약한다는 점에서 동일하지만, 선물계약은 선도계약 중 거래가 표준화되고 거래소를 통해 이루어지는 보다 좁은 범위의 계약을 지칭한다.
  - 선도계약 : 거래당사자들이 자유롭게 계약내용을 정하고 장소에 구애받지 않고 거래할 수 있다.
  - 선물계약 : 계약내용이 표준화되어 있고 공식적인 거래소를 통해 거래가 이루어진다.
- ㉯ 옵션계약
  - 개념 : 미래 일정 시점에 특정 기초자산을 정한 가격에 팔거나 살 수 있는 권리로써 선물계약이 쌍방이 계약이행의 의무가 있는 반면, 옵션계약은 계약의 상대방만이 의무를 지게 된다.
  - 기능
  - 다양한 투자수단 제공
  - 미래에 가격이 불리한 방향으로 움직이는 것에 대비한 보호수단이 되며 유리한 방향으로 움직일 때는 이익을 취할 수 있게 해준다.
  - 선물시장과 마찬가지로 투기거래가 존재하는데, 옵션투자는 적은 비용으로 레버리지가 매우 높은 투자손익이 발생한다.
- ㉰ 옵션의 종류
  - 선택권 보유자에 따라
  - 콜옵션(call option) : 기초자산을 매입하기로 한 측이 옵션보유가자 되는 경우로, 콜옵션의 매입자는 장래의 일정시점 또는 일정기간 내에 특정 기초자산을 정해진 가격으로 매입할 수 있는 선택권을 가진다.
  - 풋옵션(put option) : 기초자산을 매도하기로 한 측이 옵션보유자가 되는 경우로, 풋옵션의 매입자는 장래의 일정시점 또는 일정기간 내에 특정 기초자산을 정해진 가격으로 매도할 수 있는 권리를 가진다.
  - 권리행사시기에 따라
  - 유럽식 옵션(European option) : 옵션의 만기일에만(on expiration date) 권리를 행사할 수 있는 형태의 옵션
  - 미국식 옵션(American option) : 옵션의 만기일이 될 때까지(by expiration date) 언제라도 권리를 행사할 수 있는 형태의 옵션
  - 기초자산에 따라
  - 주식옵션(stock option) : 옵션 중 가장 흔한 형태로 개별 주식이 되는 기초자산이 되는 옵션
  - 주가지수옵션(stock index option) : 주가지수 자체가 기초자산이 되는 옵션
  - 통화옵션(currency option) : 외국통화가 기초자산이 되는 옵션
  - 금리옵션(Interest Rate Option) : 국채, 회사채, CD 등 금리변동과 연계되는 금융상품이 기초자산이 되는 옵션
  - 선물옵션(options on futures) : 지금까지의 옵션계약의 기초자산이 모두 현물이었던 데 반해 선물옵션은 이들 현물을 기초자산으로 하는 선물계약 자체를 기초자산으로 하는 옵션

㉱ 선물과 옵션의 비교

구분	주가지수선물	주가지수옵션
정의	미래 일정 시점(만기일)에 특정주가지수를 매매하는 계약	미래 일정 시점(만기일)에 특정 주가지수를 매매할 수 있는 권리를 매매
가격	현물지수의 움직임에 연동	일정 범위에서는 현물지수의 움직임에 연동하나 그 범위 밖에서는 연동하지 않음
증거금	매수, 매도자 모두 필요	매도자만 필요
권리 및 의무	매수, 매도자 모두 계약이행의 권리와 의무를 지님	매수자는 권리만 가지고 매도자는 계약이행의 의무를 지님
결제방법	반대매매, 최종결제, 현금결제	반대매매, 권리행사 또는 권리 포기, 현금결제
이익과 손실	매도자, 매수자의 이익과 손실이 무한정임	매수자 : 손실은 프리미엄에 한정, 이익은 무한정 매도자 : 이익은 프리미엄에 한정되나 손실은 무한정

ⓒ 구조화상품

　㉮ 개념 : 예금, 주식, 옵션 등의 기초자산을 가공, 혼합하여 만든 상품

　㉯ 특징 : 기초자산의 다양한 수익과 리스크를 혼합하여 완화하거나 증폭시킨 것이기 때문에 기대수익률에 앞서 기초자산, 상품구조와 유동성 등에 대한 이해가 선행 되어야 한다.

　㉰ 대표적 구조화상품으로 주식이나 채권, 파생상품을 혼합하여 만든 주가연계증권(ELS ; Equity Linked Securities)이 있다.

③ 기타상품

㉠ 신탁상품

　㉮ 금전신탁 : 금전으로 신탁을 설정하고 종료 시 금전 또는 운용재산을 수익자에게 그대로 교부하는 신탁

　㉯ 재산신탁 : 금전 외 재산인 금전채권, 유가증권, 부동산 등을 관리·운용·처분한 후 종료 시 운용재산을 그대로 교부하는 신탁

　㉰ 종합재산신탁 : 금전 및 금전 외 재산을 하나의 계약으로 포괄적으로 설정하는 신탁으로 모든 재산권을 종합적으로 관리·운용·처분하여 주는 신탁

㉡ 랩어카운트(wrap account) : 주식, 채권, 금융상품 등의 자금을 한꺼번에 싸서 투자자문업자로부터 운용 서비스 및 그에 따른 부대서비스를 포괄적으로 받는 계약

㉢ 외화예금 관련 금융상품 : 외국통화로 가입할 수 있는 예금 (달러, 엔, 유로화 등 10여개 통화로 예치 가능하다.

　㉮ 외화보통예금 : 보통예금처럼 자유로운 외화예금으로 해외송금을 자주 하는 기업이나 개인들이 이용하고 원화로 외화를 매입하여 예금할 수도 있으며 환율에 따라 차익이나 차손이 발생할 수 있다.

　㉯ 외화정기예금 : 외화로 예금하고 인출하는 정기예금으로 약정기간이 길수록 확정이자가 보장되므로 여유자금을 장기간 안정적으로 운용하기 좋다.

　㉰ 외화적립식예금 : 외화를 매월 일정액 또는 자유롭게 적립하여 예치기간별로 금리를 적용받는 상품으로 정기적금과 비슷하다.

3 저축과 금융투자에 대한 이해

(1) 저축의 기초

① **저축과 이자** … 기간이 1년인 경우 이자금액은 단순히 원금에 이자율을 곱하여 나온 값으로 계산한다. 기간이 1년 이상인 경우에는 이자율을 곱하는 원금을 어떻게 평가하느냐에 따라 단리(單利)와 복리(複利)로 구분할 수 있다.

ㅤ㉠ 단리 : 일정한 기간에 오직 원금에 대해서만 미리 정한 이자율을 적용하여 이자를 계산하기 때문에 이자에 대한 이자가 발생하지 않는다.

$$FV = PV \times [1 + (r \times n)]$$
$$[FV = 미래가치, \ PV = 현재가치, \ r = 수익률(연이율), \ n = 투자기간(연단위)]$$

ㅤ㉡ 복리 : 원금뿐 아니라 발생한 이자도 재투자됨을 가정해 이자에도 이자가 붙는 계산방식

$$FV = PV \times (1 + r)^n$$
$$[FV = 미래가치, \ PV = 현재가치, \ r = 수익률(연이율), \ n = 투자기간(연단위)]$$

ㅤ㉢ 72의 법칙 : 저축기간과 금리와의 관계를 설명하는 법칙이다. 복리로 계산하여 원금이 두 배가 되는 시기를 쉽게 알 수 있는 공식으로 목표수익률이나 자금운용기간을 정할 때에도 사용할 수 있다.

$$(72의 \ 법칙) \ 72 \div 금리 = 원금이 \ 두 \ 배가 \ 되는 \ 시기(년)$$

② **저축과 인플레이션(Inflation)**

ㅤ㉠ 인플레이션 : 지속적으로 물가가 상승하는 현상으로 똑같은 돈으로 구입할 수 있는 물건이 줄어들기 때문에 화폐 가치가 하락한다.

ㅤ㉡ 저축의 실제 가치는 인플레이션에 따라 달라진다.

③ **저축과 세금**

ㅤ㉠ 원칙적으로 금융상품에 가입하거나 매매할 때는 세금이 부과된다.

ㅤ㉡ 이자 또는 배당에 대해 과세되지 않는 비과세 상품이나 낮은 세율이 적용되는 세금 우대상품도 있으나 제한적이다.

(2) 투자의 기초

① 투자 vs 투기

  ㉠ 투자

  ㉮ 미래에 긍정적인 이익이 발생하기를 바라면서 경제적 가치가 있는 자산을 운용하고 활용하는 일종의 금융적 도구

  ㉯ 개인의 합리적인 투자는 자금이 필요한 곳에 적절히 공급하는 역할을 하므로 경제 및 사회의 발전에도 도움이 된다.

  ㉡ 투기

  ㉮ 과도한 이익을 추구하면서 비합리적으로 자금을 운용하는 것

  ㉯ 과도한 위험을 떠안으면서 단기간에 부당한 이득을 취하는 것으로 개인 및 가계의 재정을 위험에 빠뜨리고 경제와 사회에 큰 해를 끼친다.

  ㉰ 정상적인 자금흐름을 방해하고 많은 경제 분야에 가격 거품을 형성함으로써 사회의 경제적 안전성을 해칠 수 있다.

② 수익 vs 투자수익률

  ㉠ 수익 : 투자한 양과 회수될 양과의 차이

  ㉡ 투자수익률 : 투자량과 회수량과의 비율

  > 투자수익률 = (기말의 투자가치 − 투자원금) ÷ 투자원금 × 100

  ※ 기말의 투자가치 : 투자기간 중 발생하는 이자금액이나 배당금, 재투자 등이 포함된 개념

  ㉮ 보유기간수익률 : 투자금액 규모의 차이를 감안해 비교하기위해 산출한 것

  ㉯ 보유기간수익률은 투자기간이 서로 다르면 비교가 불가능하기 때문에 투자수익률은 통상 1년을 기준으로 표준화(연율화)하여 표시한다(연간 보유기간수익률).

  ㉢ 수익률 계산 시 고려할 비용

  ㉮ 거래비용 : 증권을 거래할 때의 거래수수료, 부동산거래를 할 때의 중개수수료

  ㉯ 세금 : 저축이나 투자를 통해 발생한 수익에 대한 과세

  ㉰ 암묵적 비용 : 기회비용, 정보수집 비용 등

③ 투자의 위험(risk)

  ㉠ 투자수익률과 리스크

  ㉮ 위험(risk) : 미래에 받게 되는 수익이 불확실성에 노출되는 정도를 의미하며, 부정적 상황 외에 긍정적 가능성도 내포한다.

  ㉯ 불확실성으로 인해 투자는 필연적으로 리스크가 수반되며 보통 위험이 클수록 높은 수익이 난다(고수익고위험).

ⓓ **기대수익률**(expected return) : 투자 시 평균적으로 예상되는 수익률로 실제 실현 수익률을 의미하진 않는다. 따라서 기대수익률은 리스크가 전혀 없는 상태의 수익률인 '무위험수익률'과 리스크에 대한 보상으로 증가하는 수익률인 '리스크 프리미엄'을 합한 값과 같다.

ⓛ **분산투자** : 투자위험을 줄이기 위한 대표적 방법으로 개별 자산을 나누어 여러 가지 자산을 구성(포트폴리오)하면 개별적으로는 투자 리스크가 커도 전체 포트폴리오의 리스크는 감소한다.

[분산투자와 투자위험]

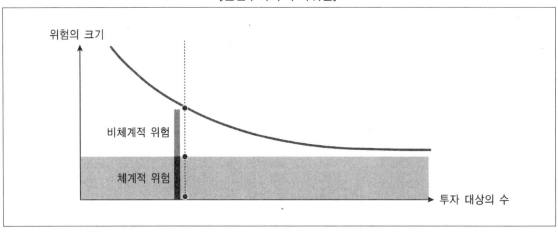

※ 체계적 위험 : 분산투자로 줄일 수 없는 위험(천재지변, 전쟁 등)
　비체계적 위험 : 분산투자를 통해 줄일 수 있는 위험(산업재해, 파업 등)

ⓒ **레버리지 효과** : 기대수익률을 높이기 위해 투자위험을 오히려 확대

ⓐ **개념** : 실제 가격변동률보다 몇 배 많은 투자수익률을 발생하는 현상으로 손익의 규모를 확대시키기 위해 투자액의 일부를 자신의 자본이 아닌 부채로 조달한다.

ⓑ 투자의 레버리지는 총 투자액 중 부채의 비중이 커지면 증가하지만, 리스크도 커진다.

> 투자 레버리지 = 총 투자액 / 자기자본

④ **자본시장과 금융투자업에 관한 법률** … 전문성이 부족한 투자자를 보호하기 위한 법률

㉠ **금융투자상품** : 원금의 손실 가능성(투자성)이 있는 금융상품을 의미하며, 투자원금까지를 한도로 손실이 발생할 가능성이 있는 것은 증권, 원금을 초과한 손실이 발생할 가능성이 있는 것은 파생상품으로 분류된다(원금의 손실 가능성이 없는 상품 : 비금융투자상품, 은행의 예금이 대표적인 예이다).

ⓛ 표준투자권유준칙 : 금융회사가 꼭 지켜야할 금융상품 판매기준과 절차

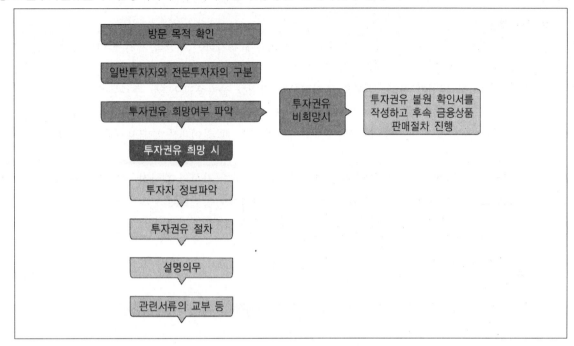

ⓒ 투자자보호제도

[금융투자업자의 투자자 보호장치]

규제 명칭	주요 내용
신의성실의무	• 신의성실 원칙에 따라 공정하게 금융업을 수행해야 함
투자자의 구분	• 투자자를 일반투자자와 전문투자자로 구분
고객알기제도	• 투자자의 특성(투자목적 · 재산상태 등)을 면담 · 질문 등을 통하여 파악한 후 서면 등으로 확인 받아야 함
적합성원칙	• 투자권유는 투자자의 투자목적 · 재산상태 · 투자경험 등에 적합해야 함
적정성원칙	• 파생상품 등이 일반투자자에게 적정한 지 여부 판단
설명의무	• 투자권유 시 금융상품의 내용 · 위험에 대하여 설명하고 이해했음을 서면 등으로 확인받도록 함 • 설명의무 미이행으로 손해발생 시 금융투자회사에게 배상책임을 부과하고 원본손실액을 배상액으로 추정
부당권유 규제	• 손실부담의 약속 금지 및 이익보장 약속 금지 • 투자자가 원하는 경우를 제외하고 방문 · 전화 등에 의한 투자권유 금지(unsolicited call 규제)
약관 규제	• 약관의 제정 · 변경 시 금융위원회 보고 및 공시 의무화
광고 규제	• 금융투자회사가 아닌 자의 투자광고 금지 • 금융상품의 위험 등 투자광고 필수 포함내용 규정

(3) 주식투자

① 주식의 개념

　㉠ 주식 : 주식회사의 자본을 구성하는 단위로, 주식회사에 투자하는 재산적 가치가 있는 유가증권을 말한다.

　㉡ 주식회사는 법률상 반드시 의사결정기관인 주주총회, 업무집행의 대표기관인 이사회 및 대표이사, 감독
기관인 감사를 두어야 한다. 주식은 주식회사가 발행한 출자증권으로서 주주들에게 돈을 받아 그 대가
로 주식을 발행한다. 주주는 주식 보유수에 따라 회사의 순이익과 순자산에 대한 지분 청구권을 가지
며, 회사 순이익에 대한 이익배당청구권, 회사가 망했을 때 잔여재산 분배청구권을 가진다.

　㉢ 자익권 vs 공익권

　　㉮ 자익권 : 이익배당청구권, 잔여재산 분배청구권 등 주주 자신의 재산적 이익을 위해 인정되는 권리

　　㉯ 공익권 : 주주총회에서 의결에 참여하는 의결권, 회계장부와 관련된 주요 정보의 열람을 청구할 수 있는
회계장부 열람청구권, 이사해임청구권, 주주총회 소집요구권 등 회사 전체의 이익과 관련된 권리

　㉣ 주식투자의 특성

　　㉮ 높은 수익을 기대할 수 있음 : 자본이득, 배당금

　　㉯ 뛰어난 환금성

　　㉰ 소액주주의 상장주식 매매차익에 대해 양도소득세가 없음(배당소득세는 부과)

　　㉱ 인플레이션 헤지(hedge) 기능

② 주식의 발행

　㉠ 기업이 성장하고 보다 많은 자금이 필요해지면 최초기업공개(IPO ; Intial Public Offering)를 하고 거래
소에 상장된다. 이후 주식의 발행은 아래와 같은 형태로 이루어진다.

　　㉮ 기업공개 : 신규발행 주식을 다수의 투자자로부터 모집하거나 이미 발행된 대주주의 소유 주식을 매출
하여 주식을 분산시키는 것

　　㉯ 유 · 무상증자

　　　•유상증자 : 기업이 새로운 주식(신주)을 발행하여 자본금을 증가시키는 것

　　　•무상증자 : 준비금이나 자산재평가적립금 등을 자본에 전입하고 전입한 만큼 발행한 신주를 기존주주에
게 무상으로 교부하는 것

　　㉰ 주식배당 : 현금대신 주식으로 주주들에게 배당하여 이익을 자본으로 전입하는 것

　　㉱ 주식분할과 주식병합

　　　•주식분할 : 주가가 높은 경우 주식의 시장가격을 낮추기 위해 기존의 주식을 쪼개는 것

　　　•주식병합 : 주가가 낮은 경우 주식의 시장가격을 올리기 위해 기존의 주식을 합하는 것

③ 주식의 종류

　㉠ 보통주 : 자익권과 공익권 등 일반적인 성격의 주식, 각 주식은 평등한 권리내용을 가진다.

　㉡ 우선주 : 사채권자에 비해 우선순위가 낮고 보통주 주주에 비해 우선권이 있는 주식으로 사채와 보통주
의 성격이 복합된 증권이다.

ⓒ **성장주와 가치주** : 성장주는 기업의 실적이나 수익이 높을 것으로 기대되는 주식으로 수익을 기업내부에 유보(재투자)하여 높은 성장률과 기업가치 증대에 주력한다. 가치주는 주식이 저평가되어 있을 때 앞으로 가격이 오를 것으로 예상하는 주식이다.

ⓔ **경기순환주와 경기방어주** : 경기순환주는 경제 활동수준에 따라 수익의 기복이 심한 주식이며 경기방어주는 경제 활동수준의 변화에 덜 민감하여 안정적인 주식이다.

ⓜ **대형주 · 중형주 · 소형주** : 시가총액에 따라 1~100위까지의 기업을 대형주, 101~300위를 중형주, 301위 이하를 소형주로 나눈다.

ⓗ **주식예탁증서** : 주식을 외국에서 거래하는 경우 원활한 유통을 위해 외국의 예탁기관으로 하여금 현지에서 증권을 발행하게 함으로서 본래 주식과 상호 전환이 가능하도록 한 주식대체증서

④ **주식유통시장**

ⓐ 발행된 주식의 거래가 이루어지는 시장

ⓑ **우리나라 주식유통시장의 종류**

㉠ **유가증권시장** : 한국거래소(KRX)가 개설 · 운영하는 시장으로 상장 요건을 충족하는 주식이 거래되는 시장

㉡ **코스닥시장** : 중소기업이나 벤처기업의 주식이 많은 장내시장

㉢ **코넥스(KONEX)** : 창업초기의 중소기업을 위한 주식유통시장

㉣ **한국장외시장(K-OTC)** : 위의 시장에서 거래되지 못하는 비상장주식 가운데 일정 요건을 갖추어 지정된 주식의 매매를 위해 한국금융투자협회가 개설 · 운영하는 제도화 · 조직화된 장외시장

⑤ **주식거래방법**

ⓐ **매매체결방법** : 매수주문의 경우 가장 높은 가격을, 매도주문의 경우 가장 낮은 가격을 우선적으로 체결하고(가격우선원칙) 동일한 가격일 때는 먼저 접수된 주문을 체결함(시간우선원칙)

ⓑ **주문방법**

㉠ **지정가주문** : 원하는 매수나 매도 가격을 지정해 주문하는 것으로 대부분의 주식거래가 지정가주문에 의해 이루어진다.

㉡ **시장가주문** : 주문시점에서 가장 유리한 가격에 우선적으로 거래될 수 있도록 주문

ⓒ **거래비용** : 배당금은 금융소득으로 간주되어 소득세가 부과되고, 주식 매매 시 중개기관인 증권회사에 거래수수료를 지급하는 비용이 발생한다(2020년 세법개정으로 2023년부터 자본이득에 대한 금융투자소득세 부과).

(4) 채권투자

① **채권의 개념** … 정부, 지방자치단체, 공공기관, 특수법인 또는 주식회사가 불특정 다수의 투자자를 대상으로 장기간 대규모 자금을 조달하기 위해 발행하는 유가증권으로 유통시장에서 자유롭게 매매할 수 있다.

② 채권의 특성
  ㉠ 확정이자부증권 : 발행자의 영업실적과 무관하게 발행 시에 확정된, 약정이자와 만기 시 상환해야 할 금액을 상환해야 한다.
  ㉡ 기한부증권 : 채권은 이자의 상환기간이 발행할 때 정해지는 기한부증권이다.
  ㉢ 장기증권 : 발행자는 장기적으로 안정적인 자금을 조달할 수 있다.

③ 채권의 기본용어
  ㉠ 액면 : 채권 1장마다 권면 위에 표시되어 있는 금액
  ㉡ 매매단가 : 유통시장에서 매매할 때 적용되는 가격, 액면 10,000원당 적용 수익률로 계산
  ㉢ 표면이자율 : 액면금액에 대해 1년 동안 지급하는 이자금액의 비율로 채권을 발행할 때 결정된다.
  ㉣ 만기와 잔존기간 : 발행일부터 상환일 까지 기간을 만기(원금상환기간)이라고 하며, 채권이 일정기간 지났을 때 그때부터 만기일까지 남은 기간을 잔존기간이라고 한다.
  ㉤ 수익률 : 투자원본금액에 대한 수익의 비율로 보통 1년을 단위로 계산한다.

④ 채권투자의 특징
  ㉠ 수익성 : 투자자가 얻을 수 있는 수익, 이자소득세가 과세되는 이자소득과 과세되지 않는 자본소득이 있다.
  ㉡ 안전성 : 채권은 정부, 지방자치단체 등 신용도가 높은 곳에서 발행해서 채무 불이행 위험이 낮고, 차입자가 파산 하더라도 주주권에 우선하여 변제받을 수 있기 때문에 원금의 손실가능성이 매우 낮아 복리효과를 이용한 장기투자에 적합하다.
  ㉢ 환금성(유동성) : 유통(증권)시장을 통해 비교적 쉽게 현금화 할 수 있다.

⑤ 채권의 종류
  ㉠ 발행주체별
    ㉮ 국채 : 국회의 의결을 거쳐 국가가 재정정책의 일환으로 발행
    ㉯ 지방채 : 지방정부가 지방자치법과 지방재정법에 의해 특수목적 달성에 필요한 자금을 조달하기 위해 발행하는 채권
    ㉰ 특수채 : 특별한 법률에 의해 설립된 기관이 특별법에 의해 발행하는 채권, 공채와 사채의 성격을 모두 지니고 있다.
    ㉱ 금융채 : 특별법에 의해 설립된 금융회사가 발행하는 채권, 금융회사의 중요한 자금조달수단이다.
    ㉲ 회사채 : 상법상의 주식회사가 발행하는 채권
  ㉡ 만기유형별
    ㉮ 단기채 : 통상적으로 상환기간이 1년 이하인 채권(금융채, 통화안정증권 등)
    ㉯ 중기채 : 상환기간이 1년 초과 5년 이하인 채권(회사채, 금융채)
    ㉰ 장기채 : 상환기간이 5년 초과인 채권(국채)
    ※ 시간이 지나면서 장기채 → 단기채권 으로 바뀌게 되며 채권가격의 변동성이 감소한다.

© 이자 지급방법별

㉮ **이표채** : 채권의 권면에 이표(coupon)가 붙어있어 이자지급일에 이표를 떼어 이자를 받는 채권 우리나라는 보통 3개월 단위로 지급한다.

㉯ **할인채** : 표면상 이자가 지급되지 않지만, 액면금액에서 상환 일까지의 이자를 공제한 금액으로 이자가 선급되는 효과가 있다.

㉰ **복리채** : 정기적으로 이자가 지급되는 대신에 복리로 재투자 되어 만기상환 시 원금과 이자를 동시에 지급하는 채권

② 발행유형별

㉮ **보증채** : 원리금의 상환을 다른 제3자가 보증하는 채권으로 정부가 보증하는 정부보증채와 그 외의 일반 보증채로 구분된다.

㉯ **무보증채** : 제3자의 보증 없이 발행회사의 신용에 의해 발행·유통되는 채권

㉰ **담보부채권** : 원리금 지급불능 시 발행주체의 특정 재산에 대한 법적 청구권을 가지는 채권

㉱ **무담보부채권** : 발행주체의 신용을 바탕으로 발행하는 채권

㉲ **후순위채권** : 발행주체의 이익과 자신에 대한 청구권을 가지나 다른 무담보사채보다 우선권이 없는 채권

⑩ 특수한 형태의 채권

㉮ **전환사채(CB)** : 일정기간 이후 보유자의 청구에 의해 발행회사의 주식으로 전환될 수 있는 권리가 부여된 사채, 주식과 채권의 중간적 성격

㉯ **신주인수권부사채(BW)** : 일정기간 이후 일정한 가격으로 발행회사의 일정 수의 신주를 인수할 수 있는 권리(신주인수권)가 부여된 사채

㉰ **교환사채(EB)** : 일정기간 이후 보유자의 청구에 의해 발행회사가 보유 중인 다른 주식으로의 교환을 청구할 수 있는 권리가 부여된 사채

㉱ **옵션부사채** : 발행당시 제시된 일정한 조건이 성립되면 만기 전이라도 발행회사가 채권자에게 채권의 매도를 청구할 수 있는 권리(조기상환권)나, 채권자가 발행회사에게 채권의 매입을 요구할 수 있는 권리(조기변제요구권)가 부여된 사채

㉲ **변동금리부채권(FRN)** : 지급이자율(지급이자율 = 기준금리 + 가산금리)이 시장금리에 연동하여 매 이자지급 기간마다 재조정되는 채권

㉳ **자산유동화증권(ABS)** : 금융회사가 보유중인 자산을 집합(Pooling)하여 증권을 발행한 후 유동화자산으로부터 발생하는 현금흐름으로 원리금을 상환하는 증권

㉴ **주가지수연계채권(ELN)** : 채권의 이자나 만기상환액이 주가나 주가지수에 연동되어 있는 채권

㉵ **물가연동채권(KTBi)** : 정부가 발행하는 국채로 원금 및 이자지급액을 물가에 연동시켜 물가상승에 따른 실질구매력을 보장하는 채권

㉶ **신종자본증권** : 일정 수준 이상의 자본요건을 충족할 경우 자본으로 인정되는 채무증권 채권과 주식의 중간적 성격으로 하이브리드채권으로 불리기도 한다.

ⓗ 소액채권거래제도

  ㉮ 정부는 첨가소화채권 같은 의무매입국공채의 환금성을 높여서 채권시장의 공신력을 높이고 대다수 국민의 채권시장에 대한 신뢰도를 높이기 위해 소액국공채거래제도를 운용함.

  ㉯ 첨가소화채권 : 일반인이 주택이나 자동차를 구입하거나 금융회사에서 부동산을 담보로 대출을 받을 때 법률에 의해 의무적으로 구입해야 하는 소액채권으로 보통 매입과 동시에 현장에서 매도된다.

  ㉰ 이 외에도 제1종 국민주택채권, 서울도시철도채권 등이 소액국공채 매매거래제도를 적용받는다.

⑥ 주식과 채권의 비교

  ㉠ 전통적인 구분

구분	주식	채권
발행자	주식회사	정부, 지자체, 특수법인, 주식회사
자본조달 방법	자기자본	타인자본
증권소유자의 지위	주주	채권자
소유로부터의 권리	결산 시 사업이익금에 따른 배당을 받을 권리	확정이자 수령 권리
증권 존속기간	발행회사와 존속을 같이하는 영구증권	기한부증권(영구채권 제외)
원금상환	없음	만기시 상환
가격변동위험	크다	작다

  ㉡ 최근에는 주식과 채권이 혼합된 증권(전환사채, 교환사채 등)이 많이 발행됨

📢TIP 우선주와 채권의 비교

유사점	차이점
• 정해진 현금흐름의 정기적 지급 　(채권의 이자, 우선주의 배당금) • 회사경영에 대한 의결권 미부여 • 회사 순이익을 공유하지 않음 • 조기상환(채권) or 상환(우선주) 가능 • 감채기금 적립 가능 • 발행주체의 파신시 보통주보다 우선	• 우선주 배당금 지급시 법인 비용처리 불가 • 우선주 배당금의 일부는 기관투자자에게 익금불산입 • 우선주 투자자에게 배당금 미지급시에도 발행주체는 파산하지 않음 • 회계처리가 다름 • 우선주는 보통주로 전환 가능한 경우 있음 • 우선주 배당금은 회계기간 종료 후 지급, 채권의 이자는 3개월 마다 지급

(5) 증권분석

① 증권의 투자가치 분석 … 증권의 가격은 매수·매도를 통해 결정되는데 여러 가지 정보를 토대로 가격의 적정성이나 미래 가격예측에 대해 판단을 하는 것을 증권분석이라 하며 크게 기본적 분석과 기술적 분석이 있다.

  ㉠ 기본적 분석 : 시장가격과 증권의 내재가치가 동일하지 않다고 보고 증권의 내재가치를 중점적으로 분석하는 방법으로 내재가치 추정 이후 시장가격과 비교하고 과소·과대평가 된 증권을 매입·매도하여 초과수익을 추구한다. 기본적 분석에는 환경적 분석(경제분석, 산업분석, 기업분석)과 재무적 분석(기업의 재무상태, 경영성과 평가)이 포함된다.

㉮ 하향식(Top-down) 분석 : 일반 경제에서 시작하여 최종적으로 기업자체를 검토하는 분석 방법

㉯ 상향식(Bottom-up) 분석 : 투자 가망회사에 초점을 두고 사업, 재무, 가치 등을 분석해 기업을 선택한 후 산업과 시장에 대해 그 기업을 비교하는 분석 방법

ⓒ 기술적 분석 : 과거의 증권가격 등 여러 정보를 이용하여 미래 증권가격의 움직임을 예측하는 분석기법으로 증권시장의 시장동향을 미리 포착하여 초과수익을 얻는 데 초점을 둔다.

② 기업정보 ⋯ 개별 증권가격에 영향을 미치는 가장 중요한 요인은 기업에 대한 정보로서 공시정보, 경영실적 정보, 지배구조 및 경영권 등의 기업정보는 주가에 반영된다.

㉠ 기업공시정보 : 증권시장 내의 정보 불균형을 해소하고 공정성을 확보하기 위해 상장기업은 반드시 기업정보를 공시하도록 되어있다.

※ 전자공시시스템(DART ; Data Analysis, Retrieval and Transfer System) : 금융감독원에서 운영하며, 상장법인 등이 공시서류를 인터넷에 제출하면 투자자 등 누구나 인터넷을 통해 관련 정보를 조회할 수 있도록 마련된 종합적 기업공시시스템

㉡ 경영실적정보 : 주식시장에서 가장 중요한 정보는 기업의 실적이며 일반적으로 분기별로 중요한 재무정보를 발효하도록 되어있다.

※ 실적 발표를 통해 전문가들은 사전에 주요 기업의 실적을 예측하여 발표하게 되고, 실적 예측치가 어느 정도 주가에 미리 반영되기 때문에 실제로 발표일의 주가는 절대적인 실적의 증감보다는 예상을 상회 또는 하회하는 지에 따라 변동하게 된다.
  • 예상을 크게 상회하는 경우, '어닝 서프라이즈(earning surprise)'라고 하여 주가가 크게 상승하고,
  • 예상에 크게 못 미칠 경우, '어닝 쇼크(earning shock)'라고 하며 주가가 폭락하는 경우도 있다.

㉢ 지배구조 및 경영권정보 : 기업 가치를 평가할 때는 기업이 영위하는 사업뿐 아니라 관계회사, 자회사의 가치정보 등을 함께 고려해야 한다.

㉣ 유행성정보 : 갑자기 출현한 이슈에 따라 주가가 급등락 하는 경우가 있다. 특히 비슷한 이슈를 가진 주가가 동반 상승하는 '테마주'를 형성하기도 하는데 집단적 심리현상으로 거품(Bubble)을 형성하기도 한다.

③ 재무비율 분석

㉠ 개념 : 기업의 재무 상태와 경영성과를 파악할 수 있는 재무제표에서 중요한 정보만 정리하여 간결한 수치로 나타낸 재무비율 지표를 분석하는 것

㉡ 종류

㉮ 레버리지비율 : 기업이 소유한 총자산 대비 총부채로 측정하는 비율로 부채의 레버리지효과는 기업이익을 증폭시키지만, 파산 가능성을 높이게 된다.

부채비율 = 총부채 ÷ 자기자본
이자보상배율 = 영업이익 ÷ 이자비용

㉯ 유동성지표 : 1년 이내에 만기가 돌아오는 유동부채 대비 현금성이 있는 유동자산의 비율로 기업이 단기 부채를 상환할 수 있는 능력을 가지고 있는지 알려준다.

유동비율 = 유동자산 ÷ 유동부채
당좌비율 = (유동자산 - 재고자산) ÷ 유동부채

ⓓ **활동성지표** : 총자산 대비 매출액으로 측정하는 비율로 기업이 보유자산을 얼마나 잘 활용하고 있는지 (자산회전율)를 보여준다.

$$자산회전율 = 매출액 \div 총자산$$
$$평균회사기간 = (매출채권 \times 365일) \div 매출액$$
$$재고자산회전율 = 매출액 \div 재고자산$$

ⓔ **수익성지표** : 기업의 경영성과를 나타내는 가장 중요한 재무비율지표이다.

$$매출액순이익률 = 당기순이익 \div 매출액$$
$$매출액영업이익률 = 영업이익 \div 매출액$$
$$총자산이익률(ROA) = 순이익 \div 총자산$$
$$자기자본이익률(ROE) = 순이익 \div 자기자본$$

ⓒ **한계** : 주가는 미래의 가능성을 반영하지만 재무제표는 기업의 과거 결과만을 정리한 것이며 기술개발력, 브랜드 가치 등 질적 정보를 고려하지 못하므로 해설과 활용에 신중할 필요가 있다.

④ **주가배수 평가**

ㄱ **개념** : 기업의 내재가치와 현재 주가를 비교하여 저평가된 주식을 매입하고 고평가된 주식을 매도하기 위해 기업의 가치와 주가를 비교하는 방법

ㄴ **종류**

ⓐ **주가이익비율(PER)** : 주식가격을 1주당 순이익(EPS)으로 나눈 값(PER = 주가 ÷ 주당순이익(EPS))으로 기업이 버는 주당이익에 대해 증권시장 투자자들이 어느 정도의 가격을 지불하고 있는지를 뜻한다.

ⓑ **주가장부가치비율(PBR)** : 주가를 주당순자산(BPS)으로 나눈 비율(PBR = 주가 ÷ 주당순자산(BPS) = 주당시장가격 ÷ 주당장부가치)이며 시장가격과 장부가치의 괴리 정도를 평가하는 지표이다.

❹ 예금업무 일반사항

(1) 예금거래의 성질

① 예금계약의 법적 성질

ㄱ **소비임치계약**

ⓐ 소비임치계약이란 수취인이 보관을 위탁받은 목적물의 소유권을 취득하여 이를 소비한 후 그와 같은 종류·품질 및 수량으로 반환할 수 있는 특약이 붙어 있는 것을 내용으로 하는 계약을 말한다.

ⓑ 예금계약은 예금자가 금전의 보관을 위탁하고 금융기관이 이를 승낙하여 자유롭게 운용하다가 같은 금액의 금전을 반환하면 되는 소비임치계약이다.

ⓒ 당좌예금은 위임계약과 소비임치계약이 혼합된 계약이다.

ⓛ 상사계약

㉮ 금융기관은 상인이므로 금융기관과 체결한 예금계약은 상사임치계약이다.

㉯ 예금의 소멸시효는 5년의 소멸시효에 걸린다.

㉰ 민사임치의 경우와는 달리 금융기관은 임치물에 대하여 주의의무가 가중되어 선량한 관리자의 주의의무를 부담한다.

> 📢 TIP **선량한 관리자의 주의의무** … 그 사람이 종사하는 직업 및 그가 속하는 사회적인 지위 등에 따라 일반적으로 요구되는 주의의무를 말한다.

㉱ 예금업무를 처리함에 있어서 금융기관 종사자에게 일반적으로 요구되는 정도의 상당한 주의를 다해야만 면책된다.

ⓒ 부합계약

㉮ 계약당사자의 일방이 미리 작성하여 정형화 시켜 놓은 일반거래약관에 따라 체결되는 계약을 부합계약이라 한다.

㉯ 예금계약은 금융기관이 예금거래기본약관 등을 제정하고 이를 예금계약의 내용으로 삼는다는 점에서 부합계약에 해당한다.

㉰ 예금거래기본약관은 그 내용이 공정하여야 하며, 거래처와 계약을 체결함에 있어 금융기관은 약관의 내용을 명시하고 중요내용을 설명하여야만 예금계약이 성립한다.

② 각종 예금계약의 법적구조

㉠ 보통예금 · 저축예금

㉮ 보통예금 · 저축예금은 반환기간이 정해지지 않아 언제든지 입출금이 자유로우며 질권 설정이 금지되어 있다는데 그 특징이 있다.

㉯ 금융기관이 승낙하면 양도는 가능하나 최종의 입금 또는 출금이 있으면 그 잔액에 대하여 하나의 새로운 예금채권이 성립하므로 그 예금채권의 소멸시효는 입금 또는 출금이 있는 때부터 새롭게 진행된다.

㉡ 정기예금

㉮ 예치기간이 약정된 금전소비임치계약으로 기한이 도래하지 않음으로써 그 기간동안 당사자가 받는 이익을 기한의 이익이라고 한다.

㉯ 거치식예금약관 제2조에서 정기예금은 약정한 만기일 이후 거래처가 청구한 때에 지급한다고 규정하여 기한의 이익이 금융기관에 있음을 명확히 하고 있다.

㉰ 예금주는 원칙적으로 만기일 전에 예금의 반환을 청구할 수 없으나 거래처에게 부득이한 사유가 있는 때에는 만기 전이라도 지급할 수 있다.

㉢ 별단예금 : 각종 금융거래에 수반하여 발생하는 미정리예금 · 미결제예금 · 기타 다른 예금종목으로 처리가 곤란한 일시적인 보관금 등을 처리하는 예금계정으로, 각각의 대전별로 그 법적성격이 다르다.

㉣ 정기적금 : 월부금을 정해진 회차에 따라 납입하면 만기일에 금융기관이 계약액을 지급하겠다는 계약이므로 가입자는 월부금을 납입할 의무가 없다.

ⓜ 상호부금

㉮ 일정기간을 정하여 부금을 납입하게 하고 기간의 중도 또는 만료 시에 부금자에게 일정한 금전을 급부할 것을 내용으로 하는 약정이다.

㉯ 종래 실무계에서는 거래처가 부금을 납입할 의무를 부담하고 금융기관은 중도 또는 만기시에 일정한 급부를 하여야 하는 쌍무계약의 성질을 지닌 것으로 보아왔다.

㉰ 그러나 상호부금의 예금적 성격을 강조하여 정기적금과 동일하게 편무계약으로 보아야 한다는 견해도 현재 유력하게 주장되고 있다.

ⓑ 당좌예금

㉮ 어음·수표의 지급사무처리의 위임을 목적으로 하는 위임계약과 금전소비임치계약이 혼합된 계약이다.

㉯ 당좌거래계약에 있어서 무엇보다 중요한 것은 지급사무에 관하여 위임을 받은 금융기관은 당좌수표나 어음금의 지급 시 선량한 관리자의 주의의무를 다하여야 한다는데 있다.

(2) 예금계약의 성립

① 현금에 의한 입금

㉠ 창구입금의 경우

㉮ 예금계약을 요물소비임치계약으로 보는 견해에 의하면 예금의사의 합치와 요물성의 충족이 있으면 예금계약이 성립한다고 한다.

㉯ 예금의사의 합치란 막연히 예금을 한다는 합의와 금전의 인도가 있었던 것으로는 부족하고, 어떤 종류·어떤 이율·어떤 기간으로 예금을 하겠다는 의사의 합치가 있는 경우를 말한다.

㉰ 예금자가 예금계약의 의사를 표시하면 금융기관에 금전을 제공하고, 금융기관이 그 의사에 따라서 그 금전을 받아서 확인하면 요물성이 충족된 것으로 본다. 예금거래기본약관도 현금입금의 경우, 예금계약은 금융기관이 금원을 받아 확인한 때에 성립하는 것으로 규정하고 있다.

㉱ 다만, 예금계약은 금융기관과 거래처와의 예금을 하기로 하는 합의에 의해 성립하며, 반드시 입금자원의 입금이 있어야 하는 것이 아니라는 낙성계약설에 의하면 위와 같은 예금의 성립시기 문제를 예금반환청구권의 성립시기 문제로 다루게 된다는 점에 유의하여야 한다.

㉡ 점외수금의 경우

㉮ 그 수금직원이 영업점으로 돌아와 수납직원에게 금전을 넘겨주고 그 수납직원이 이를 확인한 때에 예금계약이 성립하는 것으로 보아야 한다.

㉯ 그러나 영업점 이외에서 예금을 수령할 수 있는 대리권을 가진 자, 예컨대 지점장(우체국장) 또는 대리권을 수여받은 자 등이 금전을 수령하고 이를 확인한 때에는 즉시 예금 계약이 성립하는 것으로 보아야 한다.

㉢ ATM에 의한 입금의 경우

㉮ ATM(Automated Teller Machine)이란 현금자동입출금기를 말한다.

㉯ 고객이 ATM의 예입버튼을 누르면 예금신청이 있다고 보고, 예금자가 ATM의 현금투입박스에 현금을 투입한 때에 현금의 점유이전이 있다고 보아야 하며, ATM이 현금계산을 종료하여 그 금액이 표시된 때에 예금계약이 성립한다고 보아야 할 것이다.

④ ATM의 조작은 예금주 자신에 의하여 이루어지고 최종적으로 그 현금이 금융기관에 인도되는 것은 예금주가 확인버튼을 누른 때인 것이므로, 예금계약이 성립하는 시기는 고객이 확인버튼을 누른 때라고 보는 것이 통설이다.

② 증권류에 의한 입금

　㉠ 타점권 입금의 경우

　　㉮ 타점권 입금에 의한 예금계약의 성립시기

　　　• 추심위임설 : 타점권의 입금과 동시에 그 타점권이 미결제통보와 부도실물이 반환되지 않는 것을 정지조건으로 하여 예금계약이 성립한다.

　　　• 양도설 : 타점권의 입금과 동시에 예금계약이 성립하고 다만 그 타점권이 부도반환되는 경우에는 소급하여 예금계약이 해제되는 것으로 본다.

　　　• 예금거래기본약관 : 추심위임설의 입장을 취하여 증권으로 입금했을 때 은행이 그 증권을 교환에 돌려 부도반환시한이 지나고 결제를 확인했을 때에 예금계약이 성립한다고 규정하고 있다.

　　㉯ 타점발행의 자기앞수표로 입금할 경우에는 발행은행에 사고신고된 사실이 없고 결제될 것이 틀림없음을 확인하여 예금원장에 입금기장을 마친 때에도 예금계약은 성립한다.

　㉡ 자점권입금의 경우

　　㉮ 자점권으로 당해 점포가 지급인으로 된 증권의 경우에는 발행인이 당좌예금잔고를 확인하여 당좌예금계좌에서 액면금 상당을 인출한 다음 예입자의 계좌에 입금처리하면 예금계약이 성립한다.

　　㉯ 실무상 잔고를 확인하지 않고 일단 입금기장하고 잔고를 나중에 처리할 경우에도 발행인의 잔고에서 수표액면금액이 현실로 인출되어 예입자의 계좌에 입금되지 않으면 예금계약이 성립하지 않는다.

　　㉰ 예금거래기본약관 또한 개설점에서 지급하여야 할 증권은 그 날 안에 결제를 확인했을 경우에 예금이 된다고 규정하고 있으며, 자점 발행의 자기앞수표의 경우에는 입금 즉시 예금계약이 성립한다.

③ 계좌송금

　㉠ 계좌송금은 계좌송금신청인의 수탁영업점에 대한 송금신청, 수탁영업점의 수취인의 예금거래영업점에 대한 입금의뢰, 수취인의 예금거래영업점의 입금처리 형식으로 업무처리 과정이 진행된다.

　㉡ 현금에 의한 계좌송금의 경우에는 예금원장에 입금기장을 마친 때에 예금계약이 성립하며, 증권류에 의한 계좌송금의 경우에는 증권류의 입금과 같은 시기에 예금계약이 성립한다.

(3) 예금거래약관

① 약관일반

　㉠ 약관의 기본적 이해

　　㉮ 약관이 계약당사자에게 구속력을 갖게 되는 근거는 계약당사자가 이를 계약의 내용으로 하기로 하는 명시적 또는 묵시적 합의가 있기 때문이다.

　　㉯ 약관은 기업에게는 계약체결에 소요되는 시간 · 노력 · 비용을 절약할 수 있고 그 내용을 완벽하게 구성할 수 있다는 장점이 있는 반면, 고객에게는 일방적으로 불리한 경우가 많다는 단점을 가지고 있다.

④ 일반거래약관의 양면성을 고려하여 기업거래의 효율화 및 소비자의 권익을 보호한다는 차원에서 우리 나라는 1984. 10. 20. 「독점규제 및 공정거래보호한한 법률」을 제정하고, 1986. 12. 31. 「약관의 규제에 관한 법률」을 제정하여 약관의 공정성을 기하도록 제도화하였다.

ⓒ 약관의 계약편입 요건

㉮ 약관을 계약의 내용으로 하기로 하는 합의가 있어야 한다.

㉯ 약관의 내용을 명시하여야 하며, 명시의 정도는 고객이 인지할 가능성을 부여하면 족하므로 사업자의 영업소에서 계약을 체결하는 경우 사업자는 약관을 쉽게 보이는 장소에 게시하고, 고객에게 약관을 교부하거나 고객이 원할 경우 집어갈 수 있어야 한다.

㉰ 중요한 내용을 고객에게 설명하여야 한다. 여기서 중요한 내용이란 계약의 해지·기업의 면책사항·고객의 계약위반시의 책임가중 등 계약체결여부에 영향을 미치는 사항을 말하며, 약관 외에 설명문 예컨대 통장에 인쇄된 예금거래 유의사항에 의해 성실하게 설명한 경우에는 중요내용의 설명의무를 다한 것으로 본다. 다만 계약의 성질상 대량·신속하게 업무를 처리하여야 하는 경우 등 설명이 현저히 곤란한 때에는 설명의무를 생략할 수 있다.

㉱ 고객의 요구가 있는 경우에는 약관사본을 교부하여야 한다.

㉲ 계약내용이 공정하여야 한다. 「약관의 규제에 관한 법률」은 불공정약관조항 여부를 판단하는 일반원칙으로서 신의성실의 원칙에 반하여 공정을 잃은 약관조항은 무효라고 선언하고 공정을 잃은 약관조항의 판단기준으로 고객에 대하여 부당하게 불리한 조항, 고객이 계약의 거래행태 등 제반사정에 비추어 예상하기 어려운 조항, 계약의 목적을 달성할 수 없을 정도로 계약에 따르는 본질적 권리를 제한하는 조항을 구체적으로 규정하여 이에 해당하는 약관조항을 불공정한 약관으로 추정하고 있다.

ⓒ 약관의 해석원칙

㉮ 객관적·통일적 해석의 원칙 : 약관은 해석자의 주관이 아니라 객관적 합리성에 입각하여 해석되어야 하며 시간, 장소, 거래상대방에 따라 달리 해석되어서는 안된다는 원칙이다.

㉯ 작성자불이익의 원칙 : 약관의 의미가 불명확한 때에는 작성자의 기업측에 불이익이 되고 고객에게는 유리하게 해석되어야 한다는 원칙이다.

㉰ 개별약정우선의 원칙 : 기업과 고객이 약관에서 정하고 있는 사항에 대하여 명시적 또는 묵시적으로 약관의 내용과 다르게 합의한 사항이 있는 경우에는 당해 합의사항을 약관에 우선하여 적용하여야 한다는 원칙이다.

② 예금거래약관

⊙ 예금거래약관의 개요

㉮ 예금거래도 금융기관과 고객간의 계약이므로 계약자유의 원칙이 지배한다.

㉯ 계약 당사자의 일방이 미리 작성하여 정형화 시켜 놓은 계약조항을 일반거래약관이라고 부르고, 이러한 일반거래약관에 따라 체결되는 계약을 부합계약이라고 부른다.

㉰ 금융기관의 예금계약은 대부분 부합계약의 형식을 가지며, 금융기관과 거래처 사이에 법률분쟁이 발생한 경우에, 그 해결은 예금거래약관의 해석에서 비롯된다.

ⓛ 우리나라 예금거래약관의 체계

㉮ 모든 금융기관의 통일적인 약관체계 : 각 금융기관이 독자적인 약관을 운영함으로써 거래처가 혼란에 빠지는 것을 방지하기 위하여 대한민국 내의 모든 은행은 동일한 약관체계를 가지고 있다(단, 우체국의 경우 시중은행과의 근거법 및 제도운영상 차이로 인하여 일부분에 있어 차이가 존재한다). 다만 금융자율화의 진전으로 각행이 독립적인 상품을 개발함으로써 그 상품에 특유한 독자적인 약관을 보유하고 있다.

㉯ 단계별 약관체계 : 현행 예금거래약관은 모든 예금에 공통적으로 적용될 기본적인 사항을 통합 정리하여 규정한 예금거래기본약관과 각 예금종류별로 약관체계를 이원화하였다는 점에서 단계별 약관체계를 구성하고 있다고 할 것이다.

㉰ 약관의 이원적 체계 : 예금계약에 대해서는 당해 예금상품의 약관이 우선적으로 적용되고 그 약관에 규정이 없는 경우에는 예금별 약관, 예금거래기본약관의 내용이 차례로 적용된다.

(4) 예금거래의 상대방

① 자연인과의 거래

㉠ 권리·의무 주체로서의 자연인 : 사람은 살아있는 동안 권리·의무의 주체가 되므로 개인과 예금거래를 함에 있어서 특별한 제한이 없는 것이 원칙이고, 단지 예금의 종류에 따라서 그 가입자격에 제한이 있는 경우가 있다.

㉡ 제한능력자와의 거래

㉮ 제한능력자 : 단독으로 유효한 법률행위를 하는 것이 제한되는 자로서 이에는 미성년자·피성년후견인·피한정후견인이 있다.

- 미성년자 : 만19세 미만의 자로서, 원칙적으로 행위능력이 없다. 따라서 법정대리인의 동의를 얻어 직접 법률행위를 하거나 법정대리인이 미성년자를 대리하여 그 행위를 할 수 있다. 미성년자가 법정대리인의 동의 없이 법률행위를 한 때에는 법정대리인은 미성년자의 법률행위를 취소할 수 있다.

- 피성년후견인 : 질병, 장애, 노령 등의 사유로 인한 정신적 제약으로 사무를 처리할 능력이 지속적으로 결여되어 성년후견개시의 심판을 받은 자로서, 원칙적으로 행위능력이 없다. 따라서 법정대리인인 후견인은 피성년후견인을 대리하여 법률행위를 할 수 있고, 피성년후견인이 직접한 법률행위를 취소할 수 있다. 다만 가정법원이 정한 범위 또는 일상생활에 필요하고 대가가 과도하지 않는 법률행위는 취소할 수 없다(일용품 구입 등 일상 행위 가능).

- 피한정후견인 : 질병, 장애, 노령 등의 사유로 인한 정신적 제약으로 사무를 처리할 능력이 부족하여 한정후견개시의 심판을 받은 자로서, 원칙적으로 행위능력이 있다. 다만 가정법원이 범위를 정하여 동의를 유보할 수 있는 바(가정법원이 정한 행위에만 후견인의 동의가 필요), 이 경우에 후견인의 동의없이 한 법률행위는 취소할 수 있다. 한편 법정대리인인 후견인이 대리권을 행사하려면 법원의 대리권 수여가 필요하다.

ⓘ 금융기관이 피성년후견인과 예금계약을 체결하거나, 법정대리인의 동의 없이 미성년자 또는 피한정후견인과 예금계약을 맺은 경우 법정대리인이 예금계약을 취소한다 할지라도 원금을 반환하면 족하고, 금융기관이 예금을 지급한 후에는 법정대리인이 예금계약을 취소하려 하여도 취소의 대상이 없으므로 금융기관이 손해를 입을 염려는 없다.

ⓒ 미성년자의 경우 그 법정대리인이 범위를 정하여 처분을 허락한 재산과 피성년후견인의 경우 일상생활에 필요하고 대가가 과도하지 않는 범위 내에서의 재산 및 피한정후견인의 경우 가정법원이 결정한 동의유보의 범위에 포함되지 않은 재산은 자유로이 처분할 수 있으므로 이들이 용돈·학비 등을 가지고 예금을 하는 경우에는 전혀 문제가 없다.

ⓓ 당좌예금거래는 어음·수표의 지급사무를 위임하는 계약이므로 제한능력자의 단독거래는 허용하지 않는 것이 원칙이다.

ⓒ 대리인과의 거래

㉮ 대리제도
- 대리란 타인이 본인의 이름으로 법률행위를 하거나 의사표시를 수령함으로써 그 법률효과가 직접 본인에 관하여 생기는 제도이다.
- 대리권의 발생원인으로는 본인의 수권행위에 의하여 생기는 임의대리와 법률의 규정에 의하여 생기는 법정대리가 있다.

㉯ 대리인과의 거래 시 유의사항
- 금융기관이 대리인과 예금거래계약을 체결함에 있어서 대리인이라고 칭하는 자가 진정한 대리인인지 여부 및 그 대리행위가 대리권의 범위에 속하는지 여부를 확인하여야 한다.
- 예금을 수입하는 경우에는 금융기관이 대리인의 권한 등을 확인하지 않았다 하더라도 금융기관이 손해를 볼 염려가 없으므로 대리권의 존부 등을 확인할 필요는 거의 없다. 그러나 예금을 지급할 경우에는 이중지급의 위험이 있으므로 정당한 대리권자인지 여부를 확인하여야 한다.
- 임의대리의 경우 : 통장상의 인감이 날인되거나 인감증명서 또는 본인서명사실확인서가 붙어있는 본인의 위임장 및 대리인의 주민등록증에 의하여 진정한 대리인인지 여부 및 대리권의 범위를 확인하여야 한다.
- 법정대리의 경우 대리관계의 확인

구분	대리인	확인서류
미성년자의 경우	친권자, 후견인	가족관계등록부
피성년후견인 및 피한정후견인의 경우	후견인	후견등기부
부재자의 경우	부재자 재산관리인	법원의 선임심판서
사망한 경우	유언집행자, 상속재산관리인	사망자의 유언, 법원의 선임심판서

- 예금의 중도해지와 예금담보대출의 경우 : 예금의 중도해지나 예금담보 대출의 경우에는 예금약관상의 면책규정이나 채권의 준점유자에 대한 변제규정이 적용되지 아니하거나 적용된다 하더라도 주의의무가 가중된다 할 것이므로 위임장 이외에도 예금주 본인의 의사를 반드시 확인하여야 한다.

② 외국인과의 거래

㉮ 외국인과의 예금거래의 성립과 효력은 당사자 간에 준거법에 관한 합의가 없으면 행위지의 법률에 따른다.

㉯ 예금거래에 관하여 외국법에 따르기로 합의하는 일은 거의 없으므로 결국 우리나라법이 적용된다. 따라서 원칙적으로 내국인과의 예금거래와 다른 점이 없다.

㉰ 외국환거래법상의 외국인은 거주자와 비거주자를 구분하여 제한하고 있으나, 외국인이라도 거주자이면 금융기관과의 원화예금거래는 자유이다.

㉱ 비거주자라도 외국환은행과 일부 예금거래는 가능하다.

② 법인과의 거래

㉠ 법인

㉮ 법인은 자연인이 아니면서 법에 의하여 권리능력이 부여되어 있는 사단 또는 재단을 말한다.

㉯ 자연인은 출생과 동시에 당연히 권리의무의 주체가 되는데 반하여, 법인은 법률의 규정에 의함이 아니면 성립하지 못한다.

㉰ 법인과의 예금거래는 그 대표자 또는 그로부터 대리권을 수여받은 대리인과 하여야 한다.

㉱ 법인과 예금거래를 하려면, 진정한 대표자인지 여부와 대리인의 대리권의 존부나 대리권의 범위 등을 확인하여야 한다.

㉡ 회사와의 거래

㉮ 거래의 특징

• 회사의 대표권은 주식회사와 유한회사의 경우는 대표이사, 합명회사와 합자회사의 경우에는 업무집행사원이 회사를 대표하고 업무집행권을 가진다.

• 당좌거래와 같이 회사의 신용상태와 행위능력 등이 특히 문제되는 경우에는 등기부등본과 인감증명 등을 징구하며 법인의 존재 여부와 대표자를 엄격하게 확인할 필요가 있다.

㉯ 공동대표이사제도를 채택하고 있는 경우의 거래

• 공동대표이사 제도는 회사의 대표자가 독단 또는 전횡으로 권한을 남용하는 것을 방지하기 위하여 여러 사람의 대표자가 공동으로써만 대표권을 행사할 수 있도록 하는 제도이다. 따라서 예금거래도 공동으로 하는 것이 원칙이다.

㉰ 외국회사와의 거래

• 외국회사란 외국법에 의하여 설립된 법인을 말하며, 외국법에 의하여 설립된 회사라 할지라도 국내에 본점을 두거나 대한민국 내에서 영업을 하는 것을 주목적으로 하는 회사는 내국회사와 동일한 규제에 따라야 한다.

• 외국회사가 국내에서 영업을 하고자 하는 경우에는 한국에서의 대표자를 정하고 영업소를 설치하여야 하며, 회사설립의 준거법·한국에서의 대표자·회사명 등을 등기하여야 한다.

• 외국회사의 대표자로 등기된 자는 회사의 영업에 관하여 재판상·재판 외의 권한을 행사할 수 있으므로 법인등기부등본을 징구하여 한국 내의 예금자와 예금거래를 하면 된다.

• 등기가 이루어지지 않은 외국회사는 계속적 거래는 할 수 없으므로, 계속적 거래를 전제로 하는 당좌계좌 개설은 허용되지 않는다.

ⓒ 국가·자치단체와의 거래

⑦ 공법인의 개념을 가장 넓게 해석할 경우에는 국가까지 포함하는 것으로 보며, 가장 좁은 의미로 볼 경우에는 국가나 지방자치단체를 제외한 공공단체만을 의미하기도 한다.

⑭ 국가나 지방자치단체와의 예금 거래행위의 법적성질을 통설은 사법관계로 본다.

⑮ 국고금은 법령 규정이 인정하는 예외적인 경우를 제외하고는 한국은행에 예탁하여야 하며, 국고대리점 또는 국고수납대리점 업무를 취급하는 일반은행에서도 이를 수납할 수 있다.

⑯ 지방자치단체는 그 재정을 지방재정법이 정하는 바에 따라 규율하며, 그 재정의 출납사무는 지방자치단체의 장 또는 그의 위임을 받은 공무원이 임명한 출납원이 담당한다.

⑰ 국가·지방자치단체 등과 예금거래를 할 때 예금주명의는 공공단체로 하되, 예금거래 입출금과 관련해서는 출납원을 거래상대방으로 거래하는 것이 타당하다.

③ 법인격 없는 단체와의 거래

㉠ 법인격 없는 사단

⑦ 법인격 없는 사단이란 아파트입주자대표회의·아파트부녀회·학교·교회·종중·동문회·노동조합 등 법인으로서의 실체를 가지고 있으면서도 주무관청의 허가를 받지 않아 법인격을 취득하지 않은 단체를 말하며, 「민법」은 법인격 없는 사단의 소유관계를 총유(법인이 아니 사단의 사원이 집합체로서 물건을 소유하는 공동소유의 형태)로 본다.

⑭ 법인격 없는 사단과 거래시 부가가치법에 의한 고유번호를 부여받은 경우에는 그 대표자와 예금거래를 하면 되고, 위와 같이 개설된 예금은 대표자 개인의 예금이 아니라 법인격 없는 사단에 총유적으로 귀속된다.

⑮ 고유번호를 부여받지 못한 경우에는 대표자 개인의 성명 및 주민등록번호에 의하여 거래를 하되 단체명을 부기할 수 있으나 위와 같이 개설된 예금은 개인예금으로 처리되므로 사전에 고객에게 이를 고지, 설명해주는 것이 바람직하다.

㉡ 법인격 없는 재단

⑦ 법인격 없는 재단이란 장학재단이나 종교재단 등과 같이 「민법」상 재단법인의 실체 즉 일정한 목적을 위해서 출연된 재산의 집단이되, 민법상 절차에 따라 법인격을 취득하지 아니한 것을 말한다.

⑭ 법인격 없는 재단은 권리능력이 없고, 법인격 없는 사단과 같은 구성원도 없으므로 그 예금의 귀속관계는 준총유나 준합유의 관계가 될 수 없다.

⑮ 이론상 법인격 없는 재단에 대해서도 등기에 관한 사항을 빼고는 재단법인에 관한 규정을 유추 적용할 수 있는 바, 대표자나 관리자와 예금거래를 할 수 있다.

⑯ 법인격 없는 재단은 그 실체파악이 어려운 점, 「금융실명거래 및 비밀보장에 관한 법률」상 실명확인방법을 구체적으로 정하지 않은 점 등을 고려하면 대표자 개인명의로 거래할 수 밖에 없다.

㉢ 조합

⑦ 조합이란 2인 이상의 특정인이 서로 출자하여 공동의 사업을 영위함을 목적으로 결합된 단체를 말한다. 그런데 민법은 조합에 대하여는 법인격을 인정하지 않고 구성원 사이의 계약관계로 보고 있다.

④ 금융기관이 이러한 조합과 예금거래를 하기 위해서는 조합원 전원의 이름으로 하는 것이 원칙이나 각 조합원의 위임을 받은 조합대표자와 거래를 할 수 있고 그 예금의 귀속관계는 조합원 전원의 준합유에 속하게 된다.

(5) 예금의 입금업무

① 현금입금

㉠ 금액의 확인

㉮ 금융회사는 현금을 수납함에 있어서 입금자의 면전에서 확인해야 한다.

㉯ 그렇지 못한 경우에는 입금자에게 나중에 확인절차를 거쳐 확인된 금액으로 수납 처리 하겠다는 것을 분명히 밝혀두어야 한다.

㉡ 과다입금

㉮ 금융회사가 받은 금액보다 과다한 금액으로 통장 등을 발행할 경우 입금한 금액에 한해 예금계약이 성립되고 초과된 부분은 성립하지 않으므로 예금주의 계좌에서 초과입금액을 인출하면 된다.

㉯ 예금주가 과다입금 사실을 알면서 돈을 인출하였다면 부당이득으로 반환해야 한다.

㉰ 제3자가 과다입금 사실을 모르고 예금에 대해 질권을 취득하고 금전을 대부해 주거나 압류·전부명령을 받은 경우 전부명령신청 등 절차를 취하는 과정에서 발생한 비용은 금융회사가 배상해야 한다.

㉢ 계좌상위입금

㉮ 직원의 실수로 착오계좌에 입금하고 정당계좌에 자금부족이 발생한 경우 금융회사의 과실에 의한 채무불이행으로 되어 손해를 배상해야 한다.

㉯ 잘못된 입금은 착오에 기인한 것으로 착오계좌 예금주의 동의 없이 취소하여 정당계좌에 입금할 수 있다.

㉰ 잘못된 입금을 취소하기 전 예금주가 인출하였다면 부당이득이므로 반환해야 한다.

② 증권류의 입금

㉠ 타점권 입금의 법적 성격 : 금융회사는 선량한 관리자로서 주의를 가지고 타점권 입금업무를 처리해야 하기 때문에 다음과 같은 사항을 확인해야 한다.

㉮ 어음의 경우

- 입금 받은 어음을 지급제시기간 내에 제시할 수 있는지 확인
- 어음요건을 완전히 충족하고 있는지를 확인

㉯ 수표의 경우

- 지급제시기간 내에 수표가 제시될 수 있는지 확인
- 선일자 수표인지의 여부 확인
- 수표요건을 구비하였는지 확인
- 일반 횡선수표인 경우 입금인이 우체국과 계속적인 거래가 있는 거래처인지 여부 확인
- 특정 횡선수표인 경우 특정된 금융회사가 우체국인지 여부 확인

ⓛ 선관주의의무를 위반한 경우 금융회사의 책임

　　　ⓐ 금융회사가 선량한 관리자로서의 주의의무를 다하지 못했을 경우 입금인에게 손해를 배상해야 한다.

　　　　• 금융회사의 과실로 지급제시기일에 제시하지 못한 경우
　　　　• 교환 회부할 수 없는 증권을 입금 받아 입금인이 소구권을 상실한 경우
　　　　• 파출수납 시 증권류의 교환회부를 부탁받고 당일에 교환에 회부하지 않아 입금인에게 손해가 발생한 경우
　　　　• 부도사실을 추심의뢰인에게 상당한 기일이 지나도록 통지하지 않은 경우

　　　ⓑ 입금인은 증권을 입금시키고자 하는 경우 백지를 보충해야 하며 금융회사는 백지보충의무를 부담하지 않는다.

③ 계좌송금

　ⓐ 계좌송금의 의의

　　ⓐ 예금주가 개설점 이외에서 자기의 계좌에 입금하거나 제3자가 개설점·다른 영업점 또는 다른 금융회사에서 예금주의 계좌에 입금하는 것을 말한다.

　　ⓑ 계좌송금은 입금의뢰인이 수납 금융회사에 송금할 금액을 입금하면서 예금주에게 입금하여 줄 것을 위탁하고 수납 금융회사가 이를 승낙함으로써 성립하는 위임계약이다.

　　ⓒ 금융실명거래 및 비밀보장에 관한 법률에 의해 계좌송금의 경우 실명확인을 해야 한다.

　　ⓓ 법적 성질이 위임이므로 위임사무가 종료한 때에 위임인에게 처리결과를 통지해야 하므로 반드시 입금의뢰인의 주소, 전화번호 등을 기재해 놓아야 한다.

　ⓛ 계좌송금의 철회·취소

　　ⓐ 입금의뢰인은 금융회사가 위임사무를 종료하기 전 언제든지 위임계약을 해지하고 계좌송금 철회를 할 수 있다.

　　ⓑ 현금 계좌송금의 경우 입금기장을 마친 시점에서, 타점권 계좌송금의 경우 부도반환시한이 지나고 결제를 확인한 시점에서 예금계약은 성립하고 위임계약은 종료되므로 이후 입금의뢰인은 입금의 취소를 주장할 수 없다.

　　ⓒ 금융회사가 실수로 다른 계좌에 입금하였다면 금융회사는 위임사무를 종료한 것으로 볼 수 없고 착오임이 명백하므로 입금을 취소할 수 있다.

　ⓒ 착오송금 시 법률관계

　　ⓐ 착오송금이란 송금인의 착오로 인해 이체된 거래로서 착오송금액은 법적으로 수취인의 예금이기 때문에 수취인의 동의 없이는 자금을 돌려받을 수 없다.

　　ⓑ 법적으로 자금이체의 원인인 법률관계가 없으므로 수취인은 송금인에게 금전을 돌려줄 반환의무가, 송금인은 수취인에 대해 부당이득반환청구권을 가진다.

　　ⓒ 금융회사는 자금 중개 기능을 담당할 뿐 이득을 얻은 바가 없으므로 부당이득반환의 대상이 되지 않는다.

　ⓔ 통장·증서의 교부

　　ⓐ 예금통장이나 예금증서는 단순한 증거증권이기 때문에 소지하고 있다는 사실만으로 소지인이 금융회사에 예금의 반환을 청구할 수 없다.

㉯ 금융회사가 과실 없이 예금통장이나 증서 소지자에게 예금을 지급한 경우 채권의 준점유자에 대한 변제에 해당되어 면책이 된다.

㉰ 예금통장이나 증서를 소지하고 있지 않아도 실질적 권리자임을 입증한 경우 예금의 반환을 청구할 수 있다.

㉱ 양도성예금증서나 표지어음 등은 성격이 유가증권이므로 원칙적으로 증서 소지자에게만 발행대전을 지급할 수 있다.

(6) 예금의 지급업무

① 예금지급의 법적 성질

㉠ 예금주의 청구에 의하여 금융기관이 예금을 지급함으로써 예금계약이 소멸한다.

㉡ 예금주가 금융기관에 대하여 예금의 지급을 청구하는 행위는 의사의 통지라는 것이 통설이고, 이에 따라 금융기관이 예금을 지급하는 행위는 채무의 변제인 것이므로 변제에 의하여 예금채무는 소멸한다.

㉢ 기타 예금의 소멸원인으로는 변제공탁·상계·소멸시효의 완성 등이 있다.

② 예금의 지급장소

㉠ 지명채권은 원칙적으로 채무자가 채권자의 주소지에서 변제하는 지참채무가 원칙이나 예금채권은 예금주가 금융기관에 나와서 이를 수령한다는 점에서 추심채무이다.

㉡ 예금거래기본약관에서 거래처는 예금계좌를 개설한 영업점에서 모든 예금거래를 한다고 규정하여 예금채무가 추심채무임을 규정하고 있다.

㉢ 무기명채권은 변제 장소의 정함이 없으면 채무자의 현영업소를 지급장소로 하며, 영업장소가 여러 곳인 때에는 거래를 한 영업소가 지급장소가 되므로 무기명예금을 지급하여야 할 장소는 원칙적으로 계좌개설 영업점이다.

③ 예금의 지급시기

㉠ 보통예금이나 당좌예금과 같이 기한의 정함이 없는 예금에 대하여는 예금주는 금융기관 영업시간 내에는 언제라도 예금을 청구할 수 있고 금융기관이 이에 응하지 않을 경우에는 채무불이행이 된다.

㉡ 금전채권의 성질상 채무자인 금융기관은 원칙적으로 불가항력을 주장할 수도 없다.

㉢ 정기예금 등과 같이 기한의 정함이 있는 예금은 약정한 지급기일에 지급을 하여야 하나 기한의 정함이 있는 예금도 추심채무이므로 예금의 기일이 도래하고 예금주의 청구가 있는 때에만 채무불이행으로 인한 책임을 부담한다.

④ 예금의 지급과 면책

㉠ 면책의 근거

㉮ 면책의 일반적인 근거
- 예금채권은 원칙적으로 지명채권이기 때문에 진정한 예금주에게 변제한 때에 한하여 금융기관은 예금채무를 면하게 되는 것이 원칙이다.

- 예금계약은 소비임치계약이므로 수취인 금융기관은 예금의 선량한 관리자로서의 주의의무를 다하여 임치물을 보관하였다가 이를 반환해야 하기 때문에 금융기관은 예금을 지급할 때마다 그 청구자가 진정한 예금주인지 또는 예금을 청구할 정당한 권리나 권한을 가지고 있는지를 면밀히 조사해야 한다.
- 양도성예금증서(CD)와 같은 유가증권은 그 증권의 점유자에게 지급하면 그 소지인이 정당한 권리자인지 여부에 관계없이 금융기관은 면책된다.
- 금융기관이 채권의 준점유자에 대한 변제, 영수증 소지자에 대한 변제, 상관습, 예금거래기본약관의 면책의 요건을 구비한 자에게 예금을 지급한 경우에는 이를 수령한 자가 진정한 권리자인지 여부에 관계없이 그 지급이 유효하고 금융기관은 면책되는 것으로 규정하고 있다.
- ㉯ 민법상 채권의 준점유자에 대한 변제
  - 채권의 준점유자에 대한 변제는 변제자가 선의이며 과실이 없는 때에 효력이 있다.
  - 채권의 준점유자란 거래의 관념상 진정한 채권자라고 믿게 할 만한 외관을 갖춘 자이며, 예금거래에서는 예금통장을 소지하고 그에 찍힌 인영과 같은 인장 및 신고된 비밀번호에 의하여 예금을 청구하는 자를 말한다.
  - 금융기관이 이러한 예금채권의 준점유자에 대하여 선의·무과실로 예금을 지급한 경우에는 설령 그 청구자가 무권리자라 하더라도 그 지급은 유효한 것으로 된다.
- ㉰ 약관상의 면책규정 : 예금거래기본약관 제16조는 채권의 준점유자에 대한 변제에 관한 민법의 이론을 구체화하여 예금통장·증서를 소지하고 인감 또는 서명이 일치하며 비밀번호가 일치하면, 금융기관이 선의·무과실인 한 책임을 면하는 것으로 규정하고 있다.
- ㉡ 면책요건 : 「민법」과 약관상의 면책규정을 하나의 면책규정으로 본다면 금융기관이 예금지급에 관하여 면책을 주장하기 위해서는 다음과 같은 요건을 모두 갖추어야 한다.
  - ㉮ 채권의 준점유자에 대한 변제일 것
    - 채권의 준점유자가 되기 위해서는 예금통장이나 증서 등을 소지하고 있어야하나 표현상속인이나, 전부채권자 또는 추심채권자는 예금통장·증서를 소지하고 있지 않더라도 금융기관이 선의·무과실이면 면책된다.
    - 예금통장·증서를 소지하고 신고인감 등을 절취하여 예금주의 대리인임을 주장하며 예금을 지급받은 자도 채권의 준점유자에 대한 변제규정의 취지가 선의의 변제자를 보호하기 위한 규정이므로 채권의 준점유자로 볼 수 있다.
  - ㉯ 인감 또는 서명이 일치할 것
    - 인감 또는 서명은 육안으로 상당한 주의를 하여 일치한다고 인정되면 족하다.
    - 인감대조의 정도는 필적감정가 수준보다는 낮고 일반인보다는 높은 수준을 말한다고 볼 수 있으나 서명대조 시 요구되는 금융기관 종사자의 주의의무는 실무경험이 없는 금융기관 종사자가 육안으로 외형상 전체적으로 유사여부를 평면대조하면 족하다.
    - 서명이란 동일인이라 하더라도 경우에 따라서는 상당한 차이가 있기 때문에 서명대조의 정도는 인감대조의 정도보다는 약간 낮은 주의의무를 요구하고 있는 것으로 보이나, 실거래 상으로는 본임임을 확인하고 거래하는 것이 통상적인 예이다.
  - ㉰ 비밀번호가 일치할 것

  ㉱ 금융기관의 선의 · 무과실일 것
- 선의란 채권의 준점유자에게 변제수령의 권한이 없음을 알지 못한다는 것만으로는 부족하며, 적극적으로 채권의 준점유자에게 수령권한이 있다고 믿었어야 한다.
- 무과실이란 선의인데 과실이 없음을 뜻한다.
- 예금의 준점유자로서 청구서상의 인감 또는 서명이 일치한다 하더라도, 금융기관이 예금에 관하여 분쟁이 발생한 사실을 알고 있거나 예금주 회사에 경영권분쟁이 있음을 알면서 예금을 지급한 때에는 주의의무를 다한 것으로 볼 수 없다.

 ㉢ 유의사항

  ㉮ 정당한 예금주에 의한 청구인지 여부
- 예금의 귀속에 관하여 다툼이 있는 경우에는 진정한 예금주가 누구인지에 관하여 소송의 결과 등을 통하여 확인한 후 지급하여야 한다.
- 예금주 본인에게만 지급하겠다는 특약이 있는 예금을 제3자에게 지급할 경우 인감이나 비밀번호가 일치한다 할지라도 금융기관이 면책될 수 없으므로 주의를 요한다.

  ㉯ 예금청구서가 정정된 경우 : 예금청구서는 영수증의 역할을 하는 것이므로 예금청구서의 금액 · 비밀번호 · 청구일자 등이 정정된 경우에는 반드시 정정인을 받든가 또는 새로운 전표를 작성하도록 하여야 한다.

  ㉰ 기한부예금의 중도해지의 경우 : 기한부예금이나 적금을 중도해지 하는 경우 이는 금융기관이 이익을 포기하여 중도해지청구에 응하는 것이고, 예금주로서는 만기까지 통장이나 인감보관, 그 상실의 경우 금융기관에 대한 신고에 있어 보통예금이나 기한도래후의 정기예금에 비하여 소홀히 할 가능성이 있으므로 금융기관의 예금주 본인, 당사자 또는 대리인에 대한 확인의 주의의무가 가중되므로 반드시 본인의 의사를 확인해야 한다.

  ㉱ 사고신고 여부 등을 확인 : 전산등록 되므로 별 문제가 없으나 사고신고를 지연하여 예금주에게 손해를 입혔다면 그 손해를 배상하여야 한다.

  ㉲ 폰뱅킹에 의한 자금이체신청의 경우
- 판례는 자금이체가 기계에 의하여 순간적으로 이루어지는 폰뱅킹에 의한 자금이 채권의 준점유자에 대한 변제로서 금융기관의 주의의무를 다하였는지를 판단함에 있어서는 자금이체시의 사정만을 고려할 것이 아니라 그 이전의 폰뱅킹 등록을 할 당시에 예금주의 주민등록증의 진정여부, 부착된 사진과 실물을 대조하고 본인이 폰뱅킹의 비밀번호를 직접 등록하였는지 여부의 확인과 같은 폰뱅킹 등록 당시의 제반사정을 고려하여야 한다고 판시한다.
- 금융기관이 폰뱅킹신청 등록시 거래상대방의 본인여부를 확인하는 때 그 상대방이 거래명의인의 주민등록증을 소지하고 있는지 여부를 확인하는 것만으로는 부족하고, 그 직무수행상 필요로 하는 충분한 주의를 다하여 주민등록증의 진정여부 등을 확인함과 아울러 그에 부착된 사진과 실물을 대조하여야 한다.

 ㉣ 편의지급

  ㉮ 편의지급이란 무통장 지급 · 무인감지급 등과 같이 약관이 정하는 예금지급절차를 따르지 않은 지급을 말한다.

㉯ 예금주에게 지급한 경우에는 변제의 효과가 발생하나, 종업원 등과 같은 예금주 아닌 제3자에게 지급한 경우에는 면책될 수 없다.

　　　㉰ 실무상 부득이 편의 취급할 경우에는 예금주에 한해서 취급하고, 평소 예금거래를 대신하는 종업원 등이 편의취급을 요구할 경우에도 본인의 의사를 확인하여야 한다.

　　㉤ 과다지급

　　　㉮ 금융기관 직원의 착오 또는 실수로 예금주가 청구한 것보다 많은 금액을 지급하게 되면 금융기관우 부당이득의 법리에 따라 과다 지급된 금액에 대하여 예금주에게 부당이득반환 청구권을 행사하여 잘못 지급된 금액의 반환을 청구할 수 있다.

　　　㉯ 거래처가 과다 지급된 사실을 부인하면서 지급에 응하지 않는 경우에는 금융기관은 부당이득반환청구 소송을 통해서 동 금원은 물론 지연배상금까지 회수할 수 있음을 고지시키고, 형사적으로도 과다 지급된 금원을 부당수령하게 되는 경우 점유이탈물 횡령죄에 해당할 수 있어 형사상 문제로 비화될 수 있음을 주지시키면서 즉시 반환하도록 설득시켜야 한다.

(7) 예금의 관리

① 예금주의 사망

　㉠ 상속

　　㉮ 사망한 사람의 재산이 생존하고 있는 사람에게 승계되는 것

　　㉯ 예금상속은 재산권의 일종인 예금채권이 그 귀속주체인 예금주가 사망함에 따라 상속인에게 승계되는 것을 말한다.

　　㉰ 사망한 시점에서 개시되며 피상속인의 권리·의무가 포괄적으로 상속인에게 상속된다.

　　㉱ 상속인은 사망한 자의 유언에 따라 결정되며(유언상속), 유언이 없을 경우 법률에 정해진 바에 따라 상속인이 결정된다(법정상속).

　　㉲ 「민법」은 법정상속을 원칙으로 하고 유언상속은 유증의 형태로 인정하고 있다.

　㉡ 법정상속

　　㉮ 혈족상속인 : 자연혈족 뿐만 아니라 법정혈족도 포함하여 혈연상의 근친에 따라 순위가 정해지고 선순위 상속권자가 1인이라도 있으면 후순위 상속권자는 상속권을 가지지 못한다.

　　　• 제1순위 : 피상속인의 직계비속
　　　• 제2순위 : 피상속인의 직계존속
　　　• 제3순위 : 피상속인의 형제자매
　　　• 제4순위 : 피상속인의 4촌 이내의 방계혈족

　　㉯ 배우자 : 피상속인의 직계비속 또는 직계존속과 동순위로 상속권자가 된다.

　　㉰ 대습상속 : 상속인이 될 직계비속 또는 형제자매가 상속개시 전에 사망하거나 결격자가 된 경우에 그 직계비속이 있을 때, 그 직계비속이 사망하거나 결격된 자의 지위를 순위에 갈음하여 상속권자가 되며 배우자 상호간에도 대습상속이 인정된다.

⑭ **공동상속과 상속분** : 같은 순위의 상속인이 여러 사람인 경우 최근친을 선순위로 보며 같은 순위의 상속인이 두 사람 이상인 경우 공동상속을 한다.

⑮ **상속재산 공유의 성질**

- 공동상속인은 각자의 상속분에 응하여 피상속인의 권리와 의무를 승계하나, 분할을 할 때까지는 상속재산을 공유로 한다.
- 상속재산 공유의 성질은 공유설과 합유설이 있다.
- 공유설 : 공동상속인이 상속분에 따라 각자의 지분을 가져 지분만큼 자유로이 처분할 수 있다는 견해
- 합유설 : 공동상속인이 상속분에 따라 각자의 지분을 가지나, 분할하기 전에는 공동상속인 전원의 동의를 얻어야 처분할 수 한다는 견해
- 은행(우체국)의 입장으로는 합유설에 따라 지급하는 것이 합리적이나, 법원의 실무처리인 공유설에 따라 상속인의 범위와 자격을 확인한 뒤 예금을 지급하였다면 문제가 없다.

ⓒ **유언상속(유증)**

㉮ **개념** : 유언에 따른 증여행위이며 상속재산의 전부 또는 일정비율로 자산과 부채를 함께 유증하는 포괄유증과 상속재산 가운데 특정한 재산을 지정하여 유증하는 특정유증이 있다.

㉯ **유언의 확인** : 수증자가 유언에 의하여 예금지급을 청구할 경우에는 유언의 형식 및 내용을 확인하여야 한다. 공정증서, 구수증서에 의한 것이 아닐 경우 가정법원의 유언검인심판서를 징구하여 유언의 적법성 여부를 확인해야 한다.

㉰ **유언집행자의 확인** : 유언집행자가 선임되어 있는 경우 상속재산에 대한 관리권이 유언집행자에 있으므로 그 유무를 확인하고 예금 지급 시 유언집행자의 청구에 의해 지급해야 한다.

㉱ **수증자의 예금청구가 있는 경우**

- 포괄유증을 받은 자는 재산상속인과 동일한 권리의무가 있으므로, 적극재산뿐만 아니라 소극재산인 채무까지도 승계한다.
- 특정유증을 받는 자는 수증자가 상속인의 채권적 청구권만 가지므로 은행(우체국)은 예금을 상속인에게 지급해야 한다.
- 수증자가 직접 지급하여 줄 것을 요구하는 경우 법정상속인으로부터 유증을 원인으로 하는 명의변경신청서를 징구하여 예금주의 명의를 수증자로 변경한 후에 예금을 지급해야 한다.

ⓓ **상속인 확인방법** : 예금주가 유언 없이 사망한 경우 법정상속이 이루어지게 되며 가족관계등록사항별 증명서를 요구하여 상속인을 확인해야 하고, 유언상속의 경우 유언서의 내용을 확인하되 자필증서·녹음·비밀증서에 의한 경우 법원의 유언검인심판서를 받아야 한다.

ⓔ **상속과 관련된 특수문제**

㉮ **상속인이 행방불명인 경우** : 합유설에 따르면 행방불명인 자의 지분을 제외한 나머지 부분도 지급할 수 없으나, 공유설을 취할 경우 행방불명인 자의 상속분을 제외한 나머지는 지급할 수 있다.

㉯ **상속인이 부존재하는 경우** : 이해관계인 및 검사의 청구에 의해 상속재산관리인을 선임하고 채권신고기간을 정하여 공고하고 상속재산을 청산하는 절차를 밟는다. 이후 2년간의 상속인 수색절차를 거쳐 상속인이 없으면 특별연고권자에게, 이마저도 없으면 국고에 귀속된다.

㉓ 피상속인이 외국인인 경우 : 만기가 도래한 예금은 채권자의 지급청구가 있으면 변제자가 과실 없이 채권자를 알 수 없는 경우를 사유로 변제 공탁해야 하고, 만기가 도래하지 않으면 변제공탁을 할 수 없으므로 주한 해당국 공관의 확인을 받고 내국인의 보증 이후 지급해야 한다.

㉣ 상속재산 분할방법

- 유언에 의한 분할 : 피상속인은 유언으로 상속재산의 분할방법을 정하거나 제3자에게 위탁할 수 있다.
- 협의분할 : 공동상속인 간의 협의에 의한 분할로 상속인의 범위를 확정하고 상속재산분할협의서·공동상속인의 인감증명서·손해담보각서 등을 징구한 후 지급하면 된다.
- 심판분할 : 공동상속인 간 협의가 이루어지지 않아 가정법원의 심판에 의해 상속재산을 분할하는 방법

㉤ 상속포기, 한정상속 : 상속인은 상속의 개시를 안 날로부터 3개월 내에 상속을 포기할 수 있으며 법원의 심판서를 징구하여 확인해야 한다. 한정승인이란 상속으로 인해 취득할 재산 범위 내에서 채무를 변제할 것을 조건으로 상속을 승인하는 것이다.

㉥ 은행(우체국)이 예금주 사망사실을 모르고 예금을 지급한 경우 : 은행(우체국)이 선의로 통장이나 증서를 소지한 자에게 신고된 인감과 비밀번호에 의해 예금을 지급한 경우 준점유자에 대한 변제로서 면책된다. 그러나 주의의무를 다하지 않거나 과실이 있는 경우까지 면책되는 것은 아니다.

ⓑ 상속예금의 지급

㉮ 상속예금의 지급절차

- 상속인들로부터 가족관계등록사항별 증명서·유언장 등을 징구하여 상속인을 확인
- 상속인의 지분에 영향을 미치는 상속의 포기·한정승인·유류분의 청구 등이 있는지 확인
- 각종증빙서류가 적법한지 확인
- 상속재산관리인 선임여부 확인
- 상속재산의 분할여부 확인
- 상속예금지급 시 상속인 전원의 동의서 및 손해담보약정을 받는 것이 바람직하다.

㉯ 당좌계정의 처리 : 당좌거래는 법적성질이 위임계약이고 당사자 일방의 사망으로 계약관계가 종료되므로 당좌거래계약을 해지하고 상속인으로부터 미사용 어음·수표를 회수해야 한다.

㉰ 정기적금의 처리 : 예금주가 사망한 경우 상속인이 예금주의 지위를 승계하므로, 일반 상속재산의 지급절차에 의하면 된다.

② 예금채권의 양도와 질권설정

㉠ 예금채권의 양도

㉮ 예금채권의 양도성 : 예금채권의 양도란 예금주가 예금채권을 다른 사람에게 양도하는 것을 말함, 원칙적으로 양도성이 인정되나 양도금지특약으로 양도성을 배제할 수 있다.

㉯ 양도금지특약 : 대량적·반복적 지급거래를 수반하는 예금거래에 있어 은행(우체국)이 정당한 양도인지 확인하기 어렵기 때문에 사전에 은행에 통지하고 동의를 받지 않으면 양도할 수 없다.

㉰ 양도금지특약의 효력 : 예금주가 양도금지 특약을 위반하여 예금을 다른 사람에게 양도한 경우 그 양도는 무효이다.

④ 예금의 양도방법

- 양도인과 양수인 사이 양도계약 및 은행(우체국)의 승낙이 있어야 한다.
- 제3자에게 예금양도로서 대항하기 위해서는 은행(우체국)의 승낙서에 확정일자를 받아 두어야 한다.
- 예금의 양도가 유효하면 예금은 동일성을 유지한 채로 양수인에게로 이전되므로 예금주의 명의를 양수인으로 변경해야 한다.

⑤ 은행(우체국)실무처리 시 유의사항

- 양도인인 예금주의 양도의사를 확인한다. 이때 예금 중에는 그 성질상 예금양도가 금지되는 경우와 근로자장기저축 등 법령상 양도가 금지되는 예금이 있음에 유의하여야 한다.
- 예금양도승낙신청서를 징구한다. 이때 예금양도승낙신청서에는 양도인과 양수인 연서로 하며 제3자에게 대항하기 위해 확정일자를 득한 것을 징구하는 것이 바람직하다. 또한 승낙서는 2부를 작성하여 1부는 교부하고 1부는 은행(우체국)이 보관하여 향후 분쟁에 대비해야 한다.
- 당해 예금에 가압류·압류 등이 있는지 확인한다.
- 예금주에 대해 대출금채권 등을 가지고 있는 경우에는 상계권행사를 유보하고 승낙할지 여부를 결정한다.
- 명의변경과 개인(改印)절차를 밟으며 실명확인절차 또한 거쳐야 한다.

ⓒ 예금채권의 질권설정

㉮ 예금을 받은 은행(우체국)이 질권 설정하는 경우에는 자기가 받은 예금에 질권설정 하는 것이므로 승낙이라는 절차를 거치치 않아도 된다.

㉯ 제3자가 질권설정 하는 경우에는 질권설정금지특약에 의해 은행(우체국)의 승낙을 필요로 한다.

㉰ 예금에 대한 질권의 효력

- 채권의 직접청구 : 질권자는 질권의 목적이 된 채권을 직접 청구할 수 있고, 채권이 목적이 금전인 때는 자기의 채권액에 해당하는 부분을 직접 청구해서 자기 채권의 우선변제에 충당할 수 있다.
- 이자에 대한 효력 : 예금 채권에 대한 질권의 효력은 그 예금의 이자에도 미친다.
- 질권 설정된 예금을 기한 갱신 하는 경우 : 이전 예금과 신규 예금 간 동일성이 인정되므로 종전 예금 채권에 설정한 담보권은 새로 성립하는 예금 채권에도 미친다.
- 질권 설정된 예금을 다른 종목의 예금으로 바꾼 경우 : 동일성이 인정되지 않으므로 종전 예금 채권에 설정된 담보권은 새로이 성립하는 예금 채권에 미치지 않는다.

㉱ 질권 설정된 예금의 지급

- 예금주에 대한 지급 : 질권은 지급금지의 효력이 있으므로 피담보채권이 변제 등의 사유로 소멸하여 질권자로부터 질권해지의 통지를 받은 경우에는 그 예금을 예금주에게 지급할 수 있다.
- 질권자에 대한 지급 : 질권 설정된 예금과 피담보채권의 변제기가 도래하여 질권자의 직접청구가 있는 경우 제3채무자인 은행(우체국)은 예금주에게 질권자에 대한 지급에 이의가 있는지의 여부를 조회하고, 승낙문헌을 기재한 질권설정승낙의뢰서, 피담보채권에 관한 입증서류, 피담보채권액에 관한 입증서류, 예금증서 및 질권자의 지급청구서 등을 징구한 후 지급해야 한다.

ⓜ 실무상 유의사항
- 피담보채권의 변제기보다 예금의 변제기가 먼저 도래한 경우 : 은행(우체국)이 예금주를 위해 그 예금을 새로 갱신하는 경우가 있다. 이때 같은 종류의 예금으로 갱신해야 한다. 기한갱신을 한 경우 새로운 통장이나 증서에도 질권설정의 뜻을 표시하고 예금거래신청서 및 전산원장에도 역시 같은 뜻의 표시를 해야 한다.
- 예금의 변제기보다 피담보채권의 변제기가 먼저 도래한 경우 : 질권자가 피담보채권의 변제기가 이르렀음을 이유로 예금을 중도 해지하여 지급청구 하는 경우가 있다. 이러한 경우 질권자는 중도해지권이 없기 때문에 예금주의 동의가 있어야 한다.

③ 예금에 대한 압류
ⓐ 예금에 대한 (가)압류 명령이 송달된 경우의 실무처리절차
  ㉮ 압류명령의 송달연월일 및 접수시각을 명확히 기록하고, 송달보고서에 기재된 시각을 확인한다.
  ㉯ 어떤 종류의 명령인지 명백히 파악한다.
  ㉰ 피압류채권에 해당되는 예금의 유무를 조사하고 피압류채권의 표시가 예금을 특정할 정도로 유효하게 기재되어 있는지 확인한다.
  ㉱ 압류명령상의 표시에 하자가 있는 경우에는 경정결정을 받아오도록 한다.
  ㉲ 압류된 예금에 대하여는 즉시 ON-LINE에 주의사고 등록을 하고 원장 등에 압류사실을 기재하여 지급금지조치를 취한다.
  ㉳ 해당예금에 대한 질권설정의 유무 및 예금주에 대한 대출금의 유무를 조사하고 대출채권이 있는 경우 상계권 행사여부를 검토한다.
  ㉴ 해당예금에 대한 압류경합여부를 확인하고, 공탁의 여부를 검토한다.
  ㉵ 예금주, 질권자 등에게 압류사실을 통지한다.
  ㉶ 압류명령에 진술최고서가 첨부된 경우에는 송달일로부터 1주일 이내에 진술서를 작성하여 법원에 제출한다.
ⓑ 압류명령의 접수
  ㉮ 압류의 효력발생시기
    - 압류명령의 효력이 발생하는 시기는 결정문이 제3채무자인 은행(우체국)에 송달된 때이다.
    - 압류명령을 접수한 본점은 신속하게 소관 영업점에 통지하여 예금이 지급되지 않도록 해야 한다.
  ㉯ 접수시각의 기록 및 송달 보고서에 기재된 시각의 확인 : 은행(우체국)은 압류결정문의 송달연월일·접수시각을 정확히 기록하고, 송달보고서에 기재된 시각을 확인해야 한다.
  ㉰ 예금주 등에 대한 통지의 필요
    - 보통예금이나 당좌예금과 같이 운전자금이 필요한 경우 미리 예금주가 계획을 세울 수 있도록 알려줄 필요가 있다.
    - 예금에 대해 질권이 설정되어 있는 경우 질권자에게도 통지할 필요가 있다.

ⓒ **피압류예금의 특정** : 압류를 신청할 때 압류할 채권이 다른 채권과 구별하여 특정할 수 있도록 예금종류와 피압류예금액을 명시해야 한다.

　㉮ **예금장소의 특정** : 통상 소관 ○○지점이라고 표시되며 이 경우 특정성이 인정된다.

　㉯ **예금계좌의 특정** : 예금주에게 한 종류의 예금 1개 계좌만 있을 때는 예금의 종류와 계좌를 명시하지 않더라도 특정된다고 본다.

　㉰ **특정성에 관하여 의문이 있는 경우의 실무상 처리방법** : 압류가 유효한 것으로 취급하여 지급정지 조치를 취한 후 예금주가 그 특정성을 인정하든가 또는 경정결정에 의하여 예금채권이 특정된 경우에 한하여 압류채권자에게 지급하되, 그렇지 않은 경우에는 소송의 결과에 따라 지급여부를 결정한다.

ⓔ **압류된 예금의 지급** : 예금채권의 압류만으로써는 압류채권자의 집행채권에 만족을 줄 수 없으므로 압류채권자는 자기 채권의 만족을 위해 압류한 예금채권을 환가할 필요가 있으며 환가방법으로는 추심명령과 전부명령이 이용된다.

　㉮ **추심명령의 경우**
- 집행채무자(예금주)가 제3채무자(우체국)에 대해 가지는 예금채권의 추심권을 압류채권자에게 부여하여 그가 직접 제3채무자에게 이행의 청구를 할 수 있도록 하는 집행법원의 명령을 말한다.
- 추심명령은 전부명령의 경우와 달리 제3채무자에 대한 송달로서 그 효력이 생긴다.
- 추심채권자에게 지급함에 있어서는 확정여부의 확인이 필요 없다.

　㉯ **전부명령의 경우**
- 집행채무자가 제3채무자에 대해 가지는 예금채권을 집행채권과 집행비용청구권에 갈음하여 압류채권자에게 이전시키는 법원의 명령을 말한다.
- 즉시항고 없이 법정기간이 지나거나 즉시항고가 각하 또는 기각되어야 즉시항고는 확정되고 전부명령은 그 효력이 생긴다.
- 전부채권자에게 지급하려면 전부명령이 확정되었음을 법원에서 발급한 확정증명원으로 확인해야 한다.

　㉰ **전부채권자·추심채권자의 본인확인** : 전부명령이 있는 때 전부채권자는 종전채권자(집행채무자)에 갈음해서 새로운 채권자가 되고, 추심채권자는 집행법원에 갈음해서 추심권을 가지므로 은행(우체국)이 그 지급조건이 충족되었을 때 전부명령 또는 추심명령서로써 권리자를 확인하고, 주민등록증 등으로 수령권한을 확인한 후 영수증을 징구하고 전부채권자나 추심채권자에게 지급하여야 한다.

ⓜ **예금에 대한 체납처분압류**

　㉮ **체납처분에 의한 압류의 의의** : 세금체납처분의 1단계로서 세금체납자가 독촉을 받고서도 기한까지 세금을 완납하지 않을 경우 체납자의 재산처분을 금하고 체납자를 대위하여 추심할 수 있는 행정기관의 명령을 말하는 것으로 세금의 강제징수방법이다.

　㉯ **체납처분압류의 절차와 효력**
- 세무서장이 체납자가 은행(우체국)에 대하여 가지고 있는 예금채권을 압류할 때는 제3채무자인 은행(우체국)에 압류통지서를 우편 또는 세무공무원편으로 송달한다.
- 압류의 효력 발생 시기는 압류통지서가 은행(우체국)에 송달된 때로 체납처분압류는 압류목적채권의 지급금지·처분금지 및 추심권의 효력까지 있다.

㉡ 체납처분압류와 민사집행법상 강제집행의 경합 : 대법원 판례에 의해 국세징수법상 체납처분절차와 민사집행법의 압류가 경합한 경우 체납처분절차가 우선할 수 없다.

구분	공탁 가능여부	업무기준
민사집행법 압류 vs 국세징수법 압류	집행공탁 가능	집행공탁(우선권 없음)
민사집행법 압류 vs 준용기관 압류	집행공탁 가능	집행공탁(우선권 없음)
국세징수법 압류 vs 국세징수법 압류	집행공탁 불가	압류 선착주의
국세징수법 압류 vs 준용기관 압류	집행공탁 불가	국세청 지급(국세우선원칙)
준용기관 압류 vs 준용기관 압류	집행공탁 불가	기관간 협의처리

㉣ 체납처분에 의한 압류예금의 지급절차
- 징수직원이 은행(우체국)에 나와 금전을 수령해 가도록 하며 신분증명서에 의해 수령인의 권한을 확인하고 처분청장의 위임장·현금영수증 등을 받고 지급에 응하면 된다.
- 압류통지서에 처분청의 예금계좌를 지정하고 입금을 요청하는 경우 지시에 따라 입금한다.
- 연금·건강보험료 등을 체납하면 연금관리공단이나 국민건강보험공단 등은 자신의 권한으로 체납자의 재산을 압류할 수 있다. 이 경우 조세의 체납처분압류에 준하여 하면 된다.

❺ 전자금융

(1) 전자금융의 의의

① 전자금융의 이해
㉠ 금융 업무에 IT기술을 적용하여 자동화, 전산화를 구현한 것
㉡ 금융기관 업무를 자동화함으로써 입출금, 송금 등 기본적인 금융서비스 처리 속도를 향상시키는 한편, 다양한 공동망 구축을 통하여 금융기관 간 거래의 투명성, 효율성 등을 확보
㉢ 금융기관 직원의 개입 없이 계좌 간, 금융기간 간 거래가 자동화되었으며 실시간 거래도 가능해졌다.
㉣ 은행들은 온라인 뱅킹, 지로 등 고객 대상 전자금융서비스를 제공할 수 있고 고객들은 영업점을 방문하지 않아도 PC, 전화 등 정보통신기기를 사용해서 금융거래가 가능

② 전자적 장치-전달 채널
㉠ IT 인프라 구축으로 신용카드, 현금카드 등 전자지급수단이 등장하게 되었으며 구매자의 대금이 판매자에게 지불되는 전 과정이 전산화 되었다.
㉡ 스마트폰의 등장으로 다양한 직불 및 선불 전자지급수단이 출시되고 금융기관을 중심으로 모바일금융서비스 제공이 확산되고 있다.
㉢ 전자금융거래에서 이용되고 있는 전자적 장치는 전화, 현금자동 입출금기(CD/ATM ; Cash Dispenser/Automated Teller Machine) 등 전통적인 전자매체에서부터 PC, 스마트폰 등 새로운 전자매체에 이르기 까지 매우 다양하다.

② 새로운 접근장치의 등장으로 인터넷, 모바일을 통한 온라인 쇼핑 대금의 지불, 전자인증, 소액지급서비스, 개인 간 송금 등 다양한 금융서비스 제공이 가능해졌다.

③ 접근 매체-거래의 진정성 확보 수단
   ㉠ 접근 매체 : 전자금융거래에서 거래지시를 하거나 거래내용의 진실성과 정확성을 확보하기 위해 사용되는 수단, 정보
   ㉡ 전자식 카드, 전자적 정보, 「전자서명법」상의 인증서, 금융회사 또는 전자금융업자에 등록된 이용자 번호, 이용자의 생체정보, 비밀번호 등 「전자금융거래법」에서 정하고 있는 것을 말한다.

④ 스마트 금융(Smart Finance)
   ㉠ 개인 고객의 특성에 적합한 금융서비스를 적시에 제공
   ㉡ IT기술의 융합이 가속화되면서 IT업체들의 전자금융산업 참여를 가능하게 함
   ㉢ 최근 금융과 기술의 융합인 핀테크(Fintech)가 등장하는 등 관련 산업 환경이 변화하면서 비금융기업들의 참여가 활발해지고 있다.

(2) 전자금융의 특징

① 금융서비스 이용편의 증대 … 비대면·비서면 으로 언제든지 어디서나 금융 거래가 가능해졌기 때문에 고객은 시간과 공간의 제약을 받지 않으면서 편리하고 빠르게 금융 거래를 이용할 수 있게 되었다.

② 금융기관 수익성 제고
   ㉠ 종이 사용량이 크게 감소하여 관리비용과 거래건당 처리비용을 크게 낮출 수 있다.
   ㉡ 다양한 전자금융 전용 상품 및 서비스의 개발로 높은 부가가치 창출이 가능해졌다.
   ㉢ 고객의 영업점 방문 횟수를 감소시켜 효율적인 창구운영의 기회를 제공한다.
   ㉣ 영업점 창구의 모습을 금융상품 판매와 전문화된 금융서비스 제공에 집중할 수 있는 분위기로 전환시켜 수익성과 생산성을 높일 수 있는 영업점으로 변화되었다.

③ 전자금융의 이면
   ㉠ 전산화된 금융서비스는 IT시스템 문제(전산장애, 운영자의 실수)로 운영이 중단될 수 있어 안정적인 환경과 장애에 대비한 업무지속계획을 수립해 준수해야 한다.
   ㉡ 해킹 등 악의적인 접근으로 금융정보유출, 부정거래 발생 빈도가 높아져 내부직원에 대한 정보보호, 윤리 교육 등으로 정보유출 사고를 예방해야 한다.

(3) 전자금융의 발전 과정

① 1단계 : PC기반 금융업무 자동화
   ㉠ 1970년대 은행에서 본점-지점 간 온라인망 구축으로 수작업으로 처리하던 업무를 전산으로 처리할 수 있게 되어 업무전산화가 본격적으로 시작되었다.
   ㉡ CD/ATM 및 지로 등을 도입하여 장표처리를 자동화 하여 창구업무의 효율화를 도모하였다.

ⓒ 1980년대 국가정보화사업의 하나였던 은행 공동의 전산망 구축으로 확대되어 다양한 전자금융서비스를 제공할 수 있는 기반이 되었다.

② 2단계 : 네트워크 기반 금융전산 공동망화
  ⊙ 1980년대 금융네트워크(금융공동망)를 형성하여 개별 금융기관에서만 처리하던 금융거래를 공동망에서 편리하고 신속하게 이용할 수 있게 되었다.
  ① 거래은행에 관계없이 CD/ATM, 전화기를 이용한 전자금융거래가 가능해져 창구거래 위주의 금융거래가 전자금융으로 확대되기 시작했다.
  ⓒ 자금의 수수도 현금이나 어음·수표 등 장표기반의 지급수단을 직접 주고받는 대신에 자동이체, 신용카드와 같은 전자지급수단을 이용해 전자금융거래가 대중화되는 계기가 되었다.

③ 3단계 : 인터넷 기반 금융서비스 다양화
  ⊙ 1990년대 중반 이후 인터넷과 컴퓨터 보급의 확산으로 고객들의 PC 이용률이 증가하자 은행은 CD/ATM, 전화에 의존하던 전자금융서비스 채널을 컴퓨터로 확대시켰다.
  ① 인터넷 공간에서 실시간으로 업무를 수행함으로서 편의성과 효율성이 크게 향상되었다.
  ⓒ 전자상거래의 발달로 PG(Payment Gateway)서비스, 결제대금예치서비스, 각종 대금을 조회하고 납부할 수 있는 EBPP(Electronic Bill Presentation and Payment)서비스와 같은 새로운 전자금융서비스가 등장
  ② 전자어음, 전자외상매출채권과 같은 기업 고객을 위한 전자지급수단이 개발
  ⑩ 서비스 전달 채널이 더욱 다양해져 휴대폰 PDA, TV를 통해서도 전자금융거래를 할 수 있게 되었다.
  ⑪ 각종 보안사고와 전문화된 해킹으로 전자금융 사기피해가 증가하면서 안전성에 대한 경각심이 부각되었다.

④ 4단계 : 모바일 기반 디지털금융 혁신화
  ⊙ 2000년대 후반 스마트폰의 확산으로 은행, 증권, 카드업계에서 스마트 기기를 활용한 스마트 금융서비스 시대가 시작되었다.
  ① 모바일뱅킹, 모바일증권, 모바일카드 등 모바일기반 디지털 금융서비스를 통해 언제 어디서나 편리하게 금융거래가 가능해졌다.
  ⓒ 전자상거래 활성화로 해외 전자금융서비스 이용 규모도 증가했다.

⑤ 5단계 : 신기술 기반 금융IT 융합화
  ⊙ 인터넷과 모바일 금융서비스의 발전은 스타트업, 대형 IT기업 등을 중심으로 비금융기업들의 금융서비스 진출이라는 변화를 가져왔다.
  ① 글로벌 IT기업들은 많은 고객층과 간편결제를 바탕으로 국내 전자상거래 시장 진출을 시도하고 있다.
  ⓒ 정부와 금융당국은 전자금융의 관리 감독을 법제화한 「전자금융거래법」에 금융소비자 편의성과 효율성 제고 필요에 따른 공인인증서 의무사용 폐지, Active X 제거, 국제 웹 표준 적용 등의 규제를 완화하고 핀테크 산업 육성을 위해 노력하고 있다.

⑥ 전자금융과 미래 전망

　㉠ 금융기관들은 점포를 두지 않은 채 인터넷·모바일뱅킹 서비스만을 전문으로 제공하는 인터넷 전문은행도 성업 중이며 우리나라도 2017년부터 케이뱅크와 카카오뱅크가 출범하여 영업 중이다.

　㉡ 전자금융의 신속성 및 편리성, 저비용 등을 감안할 때 앞으로 전자서명 등을 통한 안정성 강화와 함께 인터넷·모바일금융은 더욱 활성화 될 것이다.

　㉢ IT기술의 발달로 인터넷을 통한 기업-은행 간, 개인-은행 간 쌍방향 거래가 용이하게 이루어지게 되어 전자금융을 통해 고객별로 차별화된 상품이나 맞춤형 상품도 취급할 수 있게 될 것이다.

　㉣ 고도화된 금융보안사고 대책마련과 자율과 책임이 따르는 금융서비스를 위한 금융업계의 노력이 요구된다.

(4) 인터넷뱅킹 서비스

① 인터넷뱅킹의 개요 … 1990년대 개인용 컴퓨터의 보급과 네트워크 인프라 확충에 따라 인터넷이라는 새로운 전달 채널을 통해 금융서비스 제공이 가능해 졌다. 전자금융의 가장 대표적인 서비스라 할 수 있는 인터넷뱅킹은 고객이 인터넷을 통해 각종 은행 업무를 원격지에서 편리하게 처리할 수 있는 금융서비스이다.

② 인터넷 뱅킹의 의의 … 은행은 인터넷 뱅킹을 도입함으로써 비용을 절감하고 고객 관계 강화를 위한 노력에 집중할 수 있게 되었다.

③ PC뱅킹과 인터넷뱅킹

　㉠ PC뱅킹 : 고객이 VAN사업자나 은행이 제공하는 전용소프트웨어를 이용하여 자신의 PC를 은행의 호스트 컴퓨터와 연결하여 금융서비스를 제공받는 방식으로 이용자를 기준으로 기업이 이용하면 펌뱅킹, 개인이 이용하면 홈뱅킹이라고 한다.

　㉡ 인터넷뱅킹

　　㉮ 인터넷을 통하여 고객의 PC와 은행의 호스트컴퓨터를 연결하여 금융서비스를 제공하는 시스템을 지칭한다.

　　㉯ 스마트기기를 이용하는 모바일뱅킹도 전용 앱이나 웹브라우저를 통해 금융서비스가 전달되기 때문에 넓은 의미에서 인터넷뱅킹의 범주에 포함된다.

④ 인터넷뱅킹의 특징

　㉠ 지역적·시간적 제약을 뛰어넘은 금융거래가 가능해져 금융서비스의 범세계화와 금융거래의 비용을 절감할 수 있다.

　㉡ 인터넷을 통해 금융상품 및 서비스에 대해 비교가 가능해지고 저렴한 수수료, 인터넷예금과 대출 시 우대금리 제공, 환율우대, 각종 공과금의 인터넷납부, 사고신고 및 고객정보 변경, 계좌관리 등 고객중심의 신속하고 편리한 서비스를 제공한다.

　㉢ 점포 등 공간 확보에 따른 비용과 인건비가 감소되어 서비스 제공비용을 대폭 절감할 수 있다.

　㉣ 해킹 등으로 인해 안전성에 문제가 생길 가능성이 높아 고수준의 암호문과 방화벽, 공인인증서 등 다양한 인증수단을 통해 보안성과 안전성을 높이는 등 철저한 보안대책이 필요하다.

⑤ 인터넷뱅킹의 이용
  ㉠ 이용신청 및 등록
    ㉮ 인터넷뱅킹은 개인고객과 기업고객(법인, 개인사업자)으로 구분된다.
    ㉯ 개인고객은 금융실명거래 확인을 위한 신분증을 지참하고 금융기관을 방문하여 신청하거나 비대면 으로 신청할 수 있다.
    ㉰ 기업고객은 사업자등록증, 대표자 신분증 등 관련 서류를 지참하여 금융기관에 방문하여 신청해야 한다.
    ㉱ 인터넷뱅킹 신청 고객에게 보안매체(보안카드, OTP 등)를 지급해주며 비대면의 경우 인터넷뱅킹 보안센터에서 타 금융기관 OTP를 등록하거나, 금융기관 앱에서 디지털 OTP를 발급받을 수 있다.
    ㉲ 고객은 인터넷뱅킹의 인증센터에 접속하여 공인인증서를 발급받고 최초 거래 시 이체비밀번호를 등록해야 한다(조회서비스만 이용할 고객은 공인인증서 발급 없이도 서비스를 이용할 수 있음).
  ㉡ 인터넷뱅킹 제공서비스 : 대부분 예금조회, 이체, 대출 등의 기본적 금융서비스 외에도 계좌통합서비스, 기업 간 전자상거래(B2B) 결제서비스 등의 금융서비스도 제공하고 있다.
  ㉢ 이용시간 및 수수료 : 대부분 24시간 연중무휴지만, 일부 서비스의 경우 00:00부터 07:00까지는 금융기관별로 제한이 있으며 대고객업무 중 환율안내는 09:30부터 23:55까지로 하고 있다. 인터넷뱅킹의 경우 자행이체의 수수료는 대부분 면제지만 타행이체의 경우 500원 내외의 수수료를 적용하고 있다.
  ㉣ 디지털 신원인증
    ㉮ 디지털 공간에서 본인을 증명하는 행위로 인터넷 서비스, 특히 금융서비스를 디지털 공간에서 이용하기 위해 필수적으로 거쳐야 한다.
    ㉯ 2020년 「전자서명법」 개정 전까지는 공인인증서를 디지털 신원인증 방법으로 사용하였다(2020년, 전자서명법 개정 : 공인인증서 → 공동인증서).

    📢 **TIP** 공인인증서 … 1999년부터 도입된 정부에서 인정한 공인인증기관이 발행하는 인증서로 인터넷에서 일어나는 각종 계약·신청 등에 사용하는 인증서이다. 공인인증서를 사용하면 거래사실을 법적으로 증빙하는 인감을 날인한 것과 같은 효력이 생긴다. 공인인증서는 거래금융기관의 인터넷 뱅킹 홈페이지에서 발급받을 수 있으며, 전자금융거래용, 범용공인인증서 중 하나를 선택하여 발급받을 수 있다.

    ㉰ 개정 이후 여러 민간기관에서 발행하는 디지털 신원인증을 사용할 수 있다.
  ㉤ 보안매체 : 전자금융거래 시 기존의 비밀번호 이외에 보안용 비밀번호를 추가 입력하는 보안수단으로 금융거래 사고를 예방하며 보안카드와 OTP로 구분된다.
    ㉮ 보안카드
      • 보안용 비밀번호를 추가로 사용하기 위한 카드
      • 30개 또는 50개의 코드번호와 해당 비밀번호가 수록되어 거래할 때마다 무작위로 임의의 코드번호에 해당하는 비밀번호를 입력한다.
    ㉯ OTP(One Time Password) : 일회용 비밀번호 생성 보안매체로 실물형 OTP와 전자형 OTP로 나뉜다.
      • 실물형 OTP : 1분마다 자동 변경되는 6자리 숫자를 고객이 전자금융 이용 시 입력하는 보안매체로 OTP 1개로 모든 금융기관에서 전자금융서비스 이용이 가능하며 다른 금융기관에서 사용하기 위해서는 신분증을 가지고 해당 금융기관을 방문해 OTP 사용신청을 하면 된다.

- 전자형 OTP : 금융기관 앱에서 발급이 가능하며, 전자금융 거래 시 금융기관 앱에 접속하여 사용자가 지정한 비밀번호를 통해 생성된 OTP번호를 자동으로 인증한다. PC와 휴대폰을 연결한 2채널 인증이며 발급 받은 금융기관에서만 사용이 가능하다.
  - ⓗ **업무처리 절차** : 인터넷뱅킹을 이용하여 계좌이체를 하기 위해 고객은 인터넷뱅킹 신청 시 발급받은 공인인증서를 제출하는 등 보안절차를 완료해야 한다. 그리고 출금계좌와 입금계좌를 입력한 후 이체내역을 확인함으로써 거래가 완료된다.

⑥ 인터넷 공과금 납부
  - ㉠ 의미 : 공과금 납부를 위해 영업점 방문 없이 인터넷뱅킹을 통해 납부하는 서비스
  - ㉡ 납부 가능한 공과금의 종류
    - ㉮ 금융결제원에서 승인한 지로요금
    - ㉯ 서울시를 포함한 지방세(100여개 지방자치단체)
    - ㉰ 국세, 관세, 각종기금을 포함한 국고금(재정 EBPP)
    - ㉱ 전화요금, 아파트관리비, 상하수도 요금 등 생활요금
    - ㉲ 국민연금, 고용보험료, 산재보험료 등
    - ㉳ 경찰청 교통범칙금, 검찰청 벌과금
    - ㉴ 대학등록금

(5) 모바일뱅킹 서비스

① **모바일뱅킹의 개요** … 이동통신시장의 성장과 휴대폰 기능의 진화를 배경으로 등장한 모바일뱅킹 서비스는 고객이 휴대전화나 스마트기기 등을 수단으로 무선인터넷을 이용해 금융서비스를 받는 전자금융서비스로 인터넷뱅킹 서비스에 포함되는 것으로 보이지만 공간적 제약과 이동성 면에서 큰 차이가 있다.

② **모바일뱅킹의 의의**
  - ㉠ 금융과 통신의 대표적인 서비스 융합 사례로서 CD/ATM, 인터넷뱅킹과 달리 장소의 제약을 받지 않고 자유롭게 이용할 수 있다는 점에서 U-Banking(Ubiquitous Banking)시대의 시작을 알리는 전자금융서비스로 인식되었다.
  - ㉡ IC칩 기반의 모바일뱅킹에서 IC칩이 필요 없는 VM모바일 뱅킹으로 전환되었으며, 2009년 말 이후 스마트폰의 보급으로 모든 시중은행들이 자체 앱을 통해 스마트폰뱅킹서비스를 제공하고 있다.
  - ㉢ 스마트폰뱅킹은 휴대성, 이동성, 개인화라는 특성을 살려 부동산담보대출 등의 고관여 업무까지 범위를 확장하는 등 비대면업무의 한계를 극복하고 있다.
  - ㉣ 2016년 말 스마트폰뱅킹을 제외한 모든 모바일뱅킹서비스는 종료되었다.

③ **모바일뱅킹의 이용**
  - ㉠ 모바일뱅킹 제공서비스 : 예금조회, 거래명세조회, 계좌이체, 현금서비스, 대출신청, 예금 및 펀드 가입, 환율조회, 사고신고 등이 있다.
  - ㉡ 이용시간 및 수수료 : 이용가능 시간은 인터넷뱅킹과 동일하며, 조회 및 자행이체 서비스는 무료, 타행이체의 경우 건당 수수료를 부과하는 것이 일반적이다.

© 이용방법 및 유의사항 : 모바일뱅킹 서비스는 거래 금융기관에 방문하여 인터넷뱅킹과 모바일뱅킹을 가입하고 모바일뱅킹 앱을 다운로드해 서비스를 이용하거나, 모바일뱅킹 앱에서 비대면 전자금융서비스 신청을 통해 이용한다.

(6) 텔레뱅킹 서비스

① 텔레뱅킹의 개요 … 고객이 전화기를 통해 자동응답서비스나 은행직원과 통화함으로서 자금이체, 조회, 분실신고 및 팩스통지 등을 할 수 있는 금융서비스로 단순한 텔레뱅킹 제공에서 나아가 고객에 대한 1:1마케팅 영업이 새로운 소매금융 영업 전략이 되고 있다. 전화를 이용한 마케팅은 CTI(Computer Telephony Integration)기술을 도입한 콜센터의 구축이 필수적인데 우리나라에선 이미 대부분의 은행이 이러한 콜센터를 운영 중이다.

② 텔레뱅킹의 이용

　　㉠ 이용신청 및 등록

　　　㉮ 실명확인증표가 있는 개인(외국인, 재외교포 포함) 및 기업(법인의 경우 사업자등록증 등)이면 누구나 금융기관 영업점에 신청가능하며 본인의 수시입출식 예금계좌(보통, 저축, 기업자유, 가계당좌, 당좌예금)가 있어 출금계좌로 지정할 수 있어야 한다.

　　　㉯ 영업점에서 이용자번호 등록과 보안카드를 수령 후 각 은행별 텔레뱅킹 접속번호에 접속하여 서비스를 이용해야 한다.

　　　㉰ 텔레뱅킹 서비스 신청 후 3영업일 이내(금융기관별로 상이) 비밀번호를 등록하지 않거나 일정횟수 이상 잘못 입력하면 서비스가 제한되며 은행(우체국)창구에서 확인 절차를 거쳐야 다시 이용할 수 있다.

[본인확인절차]

구분	징구서류	본인 확인 방법
신규고객	주민등록증	• 주민등록증의 홀로그램, 사진, 성명 등 확인 • ARS 또는 인터넷으로 주민등록증 진위여부 확인[1]
	주민등록증 이외의 실명확인이 가능한 신분증	• 신분증의 사진, 성명 등 확인 • ARS 또는 인터넷으로 주민등록증 진위여부 확인
기존고객	주민등록증	• 주민등록증의 사진, 성명 등 확인 • ARS 또는 인터넷으로 주민등록증 진위여부 확인 • 기존 전산등록 되어 있는 정보와 대조
	주민등록증 이외의 신분증	• 신분증의 사진, 성명 등 확인 • ARS 또는 인터넷으로 주민등록증 진위여부 확인 • 기존 전산등록 되어 있는 정보와 대조

1) 주민등록증 진위확인 서비스
　-ARS 확인 : 국번 없이 '1382'(행정안전부)에서 확인
　-인터넷 확인 : 대한민국 전자정부 홈페이지(http://www.egov.go.kr 접속→민원서비스)에서 확인
　-ARS와 인터넷 장애 시 주민센터에서 유선으로 확인

ⓛ 이용시간 및 수수료

㉮ 대부분 24시간 연중무휴 이용이 가능하나, 일부서비스의 경우 통상적으로 00:00~07:00사이에 제한이 있다.

㉯ 타행이체의 경우 건당 500원 내외의 수수료가 부과된다.

㉰ 상담원을 이용한 상담 및 이체의 경우 주말 및 공휴일에는 일반적으로 제공하지 않는다.

ⓒ 업무처리 절차

㉮ 자동응답시스템(ARS)과 상담원을 통해 이용이 가능하다.

㉯ 자동응답시스템의 경우 전화기를 이용해 은행의 주전산기에 접속하게 된다.

㉰ 상담원을 이용할 경우 통화내용이 녹취되는 장치가 필요하다.

㉱ 불만처리 등의 업무를 위해 고객정보호출시스템 등을 설치하여 전화하는 고객에 대한 정보를 상담원이 볼 수 있도록 한다.

㉲ 텔레뱅킹을 통한 업무는 금융결제원의 전자금융공동망을 이용해 처리된다.

ⓔ 안전거래를 위한 보안조치

㉮ 도청 등의 보안상 취약점을 방지하기 위해 각 금융기관은 도·감청 보안솔루션을 도입하고 있다.

㉯ 지정된 전화번호 이외 번호는 텔레뱅킹 서비스 이용을 제한하는 금융기관도 있다.

㉰ 계좌이체 시 이용자 비밀번호 이외에 보안카드 비밀번호와 출금계좌의 비밀번호를 요구하기도 한다.

㉱ 최종거래일부터 6개월 이상 이용실적이 없는 경우 이용을 제한하고 있으며 본인이 거래금융기관에 직접 방문하여 제한을 해제하면 바로 이용이 가능하다.

(7) CD/ATM 서비스

① CD/ATM 서비스의 개요 … 현금자동 입출금기를 이용하는 금융서비스로 고객은 통장과 도장이 없더라도 현금카드, 신용·체크카드 등을 지참하고 CD/ATM기기를 이용하여 손쉽게 서비스를 이용할 수 있다. 이는 금융기관의 무인점포영업이 조기에 도입되는 계기가 되었다.

② CD/ATM 이용매체

ⓐ 칩 내장 휴대폰 이용

㉮ 모바일뱅킹용 금융 IC칩이 내장된 휴대폰으로 RF수신기가 부착되어 있는 CD/ATM에서 무선주파수방식으로 현금인출, 계좌이체 등의 업무를 처리할 수 있다.

㉯ 고객이 서비스를 신청하면 고객의 휴대폰으로 Callback URL이 있는 SMS가 발송되고 고객은 URL에 접속하여 자신의 카드번호를 대체한 바코드를 전송 받는데 이를 CD/ATM에 접촉하여 금융서비스를 이용할 수 있다.

ⓑ 생체인식으로 본인인증

㉮ ID, 비밀번호 등의 도용에 따른 금융 사고를 예방하기 위해 본인 확인수단으로 생체인식기술이 이용된다.

㉯ 고객의 지문, 홍채, 정맥 등 생체정보를 금융기관에 등록해 놓고 고객이 CD/ATM을 이용할 때 생체정보와 비교하여 일치하면 이용권한을 부여한다.

ⓓ 최근에는 손바닥·손가락 정맥 등 종류가 다양화 되고 있으며, 2개 이상의 복합정보를 적용한 스마트 키오스크 및 스마트ATM이 보급되고 있다.

ⓔ 접촉식 수단으로 지문, 손가락 정맥이 있으며, 비접촉식 수단으로 홍채, 손바닥 정맥이 있다.

ⓒ 무매체거래

ⓐ 사전에 금융기관에 신청하여 무매체거래용 고유승인번호를 부여받은 뒤 CD/ATM에서 주민등록번호, 계좌번호, 계좌비밀번호, 고유승인번호를 입력하여 금융서비스를 이용하는 거래이다.

ⓑ 카드나 통장을 지니고 다녀야 하는 불편함과 분실의 위험을 해소하고 창구 대기시간을 단축하기 위해 개발된 서비스이나, 타인에 의한 부정인출 가능성이 있으며 다른 은행의 CD/ATM에서는 이용할 수 없다는 단점이 있다.

③ CD/ATM 제공 서비스

㉠ 현금 입출금 : 고객이 예금 잔액 범위 내에서 현금을 인출하거나 자신의 계좌에 입금하는 서비스로 최근 보이스피싱 사건 피해를 최소화하기 위해 1회 인출한도 및 1일 인출한도를 정하여 운영하고 있다.

㉡ 현금서비스(단기카드대출) : 고객이 CD/ATM을 통해 신용카드 현금서비스를 받을 수 있는 금융서비스로 거래은행과 상관없이 개별고객의 신용도에 따라 정해진 이용한도 내에서 현금을 인출 할 수 있다.

㉢ 계좌이체 : 고객이 CD/ATM을 이용하여 계좌이체를 할 수 있는 서비스이다. 금융위원회의 전자금융감독 규정에 의해 1회 이체가능금액 및 1일 이체가능금액이 정해져 있으며 보이스피싱 피해방지를 위해 100만 원 이상 이체금액에 대해 CD/ATM 인출 시 30분 후 이체가 가능해지는 지연인출제도가 시행되고 있다.

④ 기타 CD/ATM 서비스

㉠ 제2금융권 연계서비스

ⓐ 은행은 CD/ATM을 통해 제2금융권과 연계하여 카드, 증권, 보험관련서비스를 제공하고 있다.

ⓑ 현금서비스 제공을 위한 전업계 카드사의 은행 CD/ATM 연계를 시작으로 이후 은행의 CD/ATM을 이용한 증권사 자산관리계좌의 관리가 일반화되고, 보험사의 대출원금 및 이자상환이나, 분할보험금·배당금·중도보험금 등의 입출금 서비스도 가능하게 되었다.

ⓒ 공과금납부, 티켓발행, 화상상담, 기업광고 등 다양한 서비스로 확대되어 은행은 CD/ATM서비스를 통해 수익 창출의 기회를 얻게 되었다.

ⓓ 기차나 버스터미널의 CD/ATM에서 차표 발권·발매 서비스를 제공하는 등 설치된 장소의 특성을 고려하여 특화된 부가서비스를 제공하기도 한다.

㉡ CD/ATM 기능의 진화

ⓐ 1990년대 초반부터 금융자동화기기 제조업체의 기술진보로 CD/ATM은 키오스크 기능과 접목되어 정보검색, 티켓 발권, 서류발급 및 출력까지 할 수 있는 다기는 기기로 발전

ⓑ 노인, 외국인, 장애인 등 이용이 어려운 사람의 편의를 도모하고 있다.

구분	인터넷뱅킹	모바일뱅킹	텔레뱅킹	CD/ATM
매체	PC, 인터넷	휴대전화, 스마트기기	전화	CD/ATM
취급가능 정보	문자, 화상, 음성	문자	음성	문자, 화상, 음성
이용가능 장소	가정과 직장 등	제약없음	제약없음	영업점 및 번화가
시각성	화면이 커서 보기 쉬움	화면이 작아 정보표시에 한계	–	화면이 커서 보기 쉬움
통신료부담	고객	고객	금융기관(수신자부담)	금융기관

(8) 신용카드, 직불카드, 체크카드, 선불카드

① 신용카드(Credit Card)

㉠ 신용카드의 개요

㉮ 신용카드업자가 카드 신청인의 신용상태나 미래소득을 근거로 상품이나 용역을 신용구매하거나 현금서비스, 카드론 등의 융자를 받을 수 있도록 발급하는 지급수단

㉯ 현금, 어음 · 수표에 이어 제3의 화폐라고도 불린다.

㉰ 우리나라의 경우 민간소비지출에서 신용카드 결제가 차지하는 비중이 70.3%(2017년 기준)에 해당할 만큼 주요 결제수단이 되었다.

㉡ 신용카드의 특징

㉮ 현금 및 수표를 대체하는 지급수단이다.

㉯ 개인의 경제 현황에 따라 발급되는 카드등급이 다르므로 사회적 지위를 나타낸다.

㉰ 회원에게는 대금 결제일 까지 이용대금 납부를 유예하므로 신용제공의 기능도 있다.

㉱ 소지하기 편리하고 현금이 없어도 신용을 담보로 일정 시점 후에 결제가 가능해 이용이 증가하고 있다.

㉲ 정부는 1999년부터 신용카드 사용금액에 대한 소득 · 세액공제 등 신용카드 활성화 정책을 실시하여 이용이 증가했다.

㉳ 무분별한 신용카드 발급과 현금서비스 위주의 무분별한 확장영업으로 신용불량자 양산과 같은 사회경제적 문제를 초래했다.

㉢ 신용카드 서비스 제공기관

㉮ 1969년 신세계백화점이 최초의 판매점 카드를 발행하였으며 1978년 외환은행이 비자카드를 발급한 이후 은행계 카드가 카드시장을 주도하게 되었다.

㉯ 1980년대 후반부터 전문 신용카드 회사가 설립되고 1990년대부터 신용카드에 대한 규제가 완화됨에 따라 카드산업이 크게 성장했다.

㉰ 국내 신용카드는 해외에서의 이용을 위해 국제적 서비스 망을 갖춘 VISA, Master card 등과 제휴하고 있다.

② 신용카드 제공서비스
  ㉮ 1968년 BC카드가 최초로 현금카드 기능을 추가했고 금융위원회가 정한 최고 한도 범위 내에서 현금서비스, 카드론 등의 대출서비스도 제공되고 있다.
  ㉯ 최근에는 물품구매 및 현금서비스 외에 통신판매, 항공권 예약, 보험가입 등 유통서비스 부문을 중심으로 부수업무를 확대함과 아울러 기업체와 연계한 제휴카드를 발급하는 등 서비스가 다양해지고 있다.
⑩ 신용카드 회원
  ㉮ 카드회사와의 계약에 따라 신용카드를 발급받은 자를 뜻한다.
  ㉯ 개인회원과 기업회원으로 구분된다.
    • 개인회원 : 별도로 정한 심사 기준에 의해 신용카드 회원으로 입회가 허락된 실명의 개인으로서 본인회원과 가족회원으로 나뉜다.
    • 기업회원 : 기업카드 신용평가 기준에 따라 신용카드 회원으로 가입한 기업체로 기업 또는 법인 임직원 누구든지 사용 가능한 기업공용카드(무기명식 기업카드)와 기업회원이 특정 이용자를 지정한 기업개별카드(사용자 지정카드)가 있다.
⑭ 이용수수료
  ㉮ 가맹점이 부담하는 가맹점 수수료와 이용고객이 부담하는 서비스 수수료가 있다.
  ㉯ 신용카드로 현금서비스나 카드론을 받을 경우 그에 따른 수수료를 지급해야 한다.
㉠ 신용카드 이용방법
  ㉮ 가입신청서, 신분증, 자격확인 서류 등을 구비하여 은행 및 카드사 앞으로 신청하면 심사절차를 거쳐 발급된다.
  ㉯ 결제 방식으로는 일시불, 할부, 리볼빙 등이 있다.
    • 일시불결제 : 결제 약정일에 카드사용 대금 전액을 결제하는 방식으로 고객입장에서는 수수료 부담이 없지만 일시 상환에 따른 자금 부담이 있을 수 있다.
    • 할부결제 : 이용대금을 할부로 2개월 이상 분할하여 1개월 단위로 희망하는 기간 동안 이자를 부담하여 결제하는 방식으로 여유로운 자금 운용이 가능하나 할부수수료의 부담이 있다.
    • 리볼빙결제 : 이용대금 중 사전에 정해져 있는 일정금액 이상의 건별 이용금액에 대해 일정비율을 결제하면 나머지 이용 잔액은 다음 결제대상으로 연장되며, 카드는 잔여 이용한도 내에서 계속 사용할 수 있는 결제 방식으로 이용고객의 경제여건에 따라 결제를 조절할 수 있지만 높은 리볼빙 수수료를 부담해야 한다.

② 직불카드
  ㉠ 고객이 카드를 이용함과 동시에 고객의 신용한도가 아닌 예금계좌의 잔액 범위 내에서 카드결제대금이 바로 인출되는 카드이다.
  ㉡ 즉시 카드결제대금이 인출되고 CD/ATM을 이용하여 즉시 자금을 인출할 수 있기 때문에 현금카드라고도 한다.
  ㉢ 1970년대 중반부터 사용하기 시작하여 1996년 2월에 은행 공동의 직불카드가 도입되었다.
  ㉣ 신용카드는 신용공여에 기반을 둔 후불결제방식이지만 직불카드는 예금계좌를 기반으로 한 즉시결제방식이다.

ⓜ 예금계좌가 개설되어 있는 은행에서 발급받으며 직불카드 취급가맹점 어디에서나 사용할 수 있다.

③ 체크카드
　㉠ 체크카드의 개요
　　㉮ 지불결제기능을 가진 카드로서 카드거래 대금은 체크카드와 연계된 고객의 예금계좌 범위 내에서 즉시 인출된다.
　　㉯ 체크카드는 신용공여 기능이 없어 할부서비스나 현금서비스를 이용할 수 없지만 최근에는 고객의 신용등급에 따라 소액의 신용공여(30만 원 한도)가 부여된 하이브리드형 카드가 있다.
　　㉰ 가맹점 이용과 이용시간에 제약을 받는 직불카드에 비해 체크카드는 은행, 또는 카드사가 제휴한 은행에 입출금 자유로운 통장을 소지한 개인 및 기업회원을 대상으로 발급 가능하다.
　　㉱ 최근에는 증권사나 종금사의 CMA를 결제계좌로 하는 체크카드의 발급도 활발하다.
　㉡ 체크카드의 특징
　　㉮ 발급가능 연령, 신용상태, 국적 여부에 따라 제한사항을 두기도 하지만 기본적으로 신용공여기능이 없어 별도의 결제능력을 심사하지 않는다.
　　㉯ 카드사나 은행 영업점에서 즉시 발급하는 경우가 많다.
　　㉰ 금융기관 전산점검시간을 제외하면 이용시간에 제한이 없고 신용카드 가맹점이면 이용이 가능하다는 장점이 있다.
　　㉱ Visa, Master 등 해외사용 브랜드로 발급된 경우 해외에서 물품거래 및 현지통화로 예금인출도 가능하다.
　　㉲ 외국환거래규정상 외국인 거주자인 경우 별도의 등록거래를 통해 연간 미화 5만 불 한도 내에서 해외예금인출 및 해외직불가맹점 이용이 가능하다.
　　㉳ 이용 한도는 1회, 1일, 월간으로 정할 수 있으며 하이브리드 체크카드를 제외한 모든 체크카드는 별도의 신용한도가 부여되지 않는다.
　　㉴ 이용 명세는 별도의 이용내역서 통지 혹은 이메일로도 통지 가능하다.
　　㉵ 신용카드 프로세스를 그대로 적용할 수 있어 전국의 신용카드 가맹점 망을 이용할 수 있다.
　　㉶ 신용카드 대비 높은 세액공제 제공, 소액 신용한도가 부여된 체크카드의 등장, 신용카드 대비 낮은 가맹점 수수료율, 체크카드 가맹점 수수료의 지속적 인해 등으로 체크카드는 계속 활성화 될 전망이다.
　㉢ 하이브리드 카드
　　㉮ 하이브리드 체크카드
　　　• 계좌 잔액범위 내에서는 체크카드로 결제되고 잔액이 소진되면 소액 범위 내에서 신용카드로 결제
　　　• 계좌 잔액이 부족한 상태에서 잔액을 초과하여 승인 신청이 되면 신청금액 전액이 신용카드로 결제되며, 부여 가능 최대한도는 30만 원
　　㉯ 하이브리드 신용카드
　　　• 회원이 지정한 일정금액 이하의 거래는 체크카드로 결제되고, 초과 거래는 신용카드로 결제
　　　• 기존의 신용카드 회원에게 체크결제서비스를 부가하는 형태

④ 선불카드

　㉠ 선불카드의 개요 및 특징

　　㉮ 카드사에 미리 대금을 결제하고 카드를 구입한 후 저장된 금액 내에서만 이용할 수 있는 카드로 기프트 카드가 대표적이다.

　　㉯ 선불카드 구매 시 현금, 체크카드 및 신용카드를 사용하며 유효기간은 대부분 발행일로부터 5년이며 연회비는 없다.

　　㉰ 개인 신용카드로 구매 및 충전할 수 있는 이용한도는 1인당 월 최대 100만 원(선불카드 금액과 상품권 금액 합산)이다.

　　㉱ 원칙적으로 신용카드 가맹점에서 이용 가능하지만 일부 백화점 및 대형할인점 등에서는 사용하지 못하는 경우도 있다.

　　㉲ 온라인으로 사용할 수 있지만 본인확인용 비밀번호를 등록해야 한다.

　　㉳ 선불카드 환불은 천재지변으로 사용하기 곤란한 경우, 선불카드의 물리적 결함, 선불카드 발행 권면금액 또는 충전액의 60%(1만 원 이하의 경우 80%) 이상 사용한 경우 가능하며 기명식 선불카드의 경우 본인여부와 실명을, 무기명식 선불카드의 경우 선불카드 소지자의 실명 등을 확인한다.

　㉡ 선불카드의 종류

　　㉮ 기명식 선불카드 : 카드 실물에 회원의 성명이 인쇄되어 있거나 전산에 회원으로서 정보가 존재하여 발급 이후 양도가 불가능하고 최고 500만원까지 충전할 수 있다.

　　㉯ 무기명식 선불카드 : 카드 실물에 성명이 인쇄되어 있지 않고, 전산에 회원으로서 정보가 없으므로 양도가 가능하다. 무기명식 선불카드는 뇌물 등의 악용을 방지하기 위해 충전금액 한도를 최고 50만원으로 제한하고 있다.

❻ 우체국금융 일반현황

(1) 우체국금융

① 연혁

　㉠ 1905년 우편저금과 우편환, 1929년 우편보험을 실시한 이후 전국 각지에 고루 분포되어 있는 우체국을 금융창구로 활용하여 국민들에게 각종 금융서비스를 제공하고 있다.

　㉡ 과거 우체국 금융은 우편사업의 부대업무로 운영되며 적자 누적과 전문성 부재 논란이 이어져 사업을 중단하고 1977년 농업협동조합으로 이관하였으나, 우편사업의 재정지원과 금융의 대중화 실현을 위해 1982년 12월 제정된 「우체국예금·보험에 관한 법률」에 의해 1983년 1월부터 금융사업의 재개와 함께 현재의 국영금융기관으로서의 역할을 수행하고 있다.

　㉢ 1990년 6월 전국 우체국 온라인망이 구축되었고 1995년에는 은행전산망과 연결되어 전국을 연결하는 편리한 우체국 금융서비스를 제공할 수 있게 되었다.

ⓔ 2000년 7월부터 과학기술정보통신부 산하에 우정사업본부를 설치하여 우정사업을 총괄하고 있으며, 2007년 우체국금융의 책임경영 강화를 위해 우체국 예금과 보험의 조직을 분리하여 운영하고 「우정사업운영에 관한 특례법」에 의해 통신사업특별회계를 우편사업, 예금사업, 보험사업 특별회계로 분리하여 투명성과 전문화를 도모했다.

ⓜ 2011년부터 우체국 독자 체크카드 사업과 2012년 스마트금융 시스템 오픈과 함께 국민들이 편리한 금융서비스를 제공 받을 수 있게 하였다.

ⓗ 2018년에는 농어촌 등 금융소외 지역 국민들의 편익증진을 위해 대국민 우체국 펀드판매를 실시하는 등 금융사업의 다각화와 전문화를 통해 국민금융을 제공하는 국내 유일의 소매금융 중심의 국영금융기관이 되었다.

② 업무범위

㉠ 우체국금융 일반

㉮ 우체국의 금융 업무는 「우정사업운영에 관한 특례법」에서 고시하는 우체국예금, 우체국보험, 우편환·대체, 외국환업무, 체크카드, 펀드판매, 전자금융서비스 등이 있다.

㉯ 우체국금융은 경영주체가 국가이므로 사업의 영리만이 목적이 아니며, 우체국예금의원금과 이자, 우체국보험의 보험금 등은 국가가 법으로 전액 지급을 보장한다.

㉰ 우체국금융은 우체국예금·보험에 관한 법률 등 소관 특별법에 이해 운영되는 국영금융기관으로 대출, 신탁 신용카드 등 일부 금융 업무에 제한을 받고 있다.

[국내 예금취급기관의 예금자보호 비교]

구분	주요내용
우체국예금	우체국예금·보험에 관한 법률에 의해 국가가 전액 지급 보장
은행, 저축은행	예금자보호법에 따라 1인당 최고 5천만 원(세전)까지 지급 보장
상호금융 (농·축협, 신협, 새마을금고 등)	소관 법률 내 예금자보호준비금을 통하여 5천만 원까지 보장 -제2금융권은 각각 영업점이 독립 법인체로 운영되므로 거래하는 각 사업체별로 예금자보호 적용 -각 지역 본점은 각각 5천만 원까지 보호되며, 해당 지역 본점과 지점의 예금은 합산하여 5천만 원까지 보호

㉡ 우체국예금

㉮ 우체국예금은 우체국예금·보험에 관한 법률에 따라 우체국에서 취급하는 예금을 말하며 누구나 간편하게 저축수단을 이용하게 함으로써 국민의 저축의욕을 북돋우고 일상생활의 안정을 도모한다.

㉯ 예금상품의 종류 및 가입대상, 금리 등은 과학기술정보통신부장관이 정하여 고시하고 있다.

㉰ 「민법」, 「상법」에 의해 취급되는 타 금융기관 예금과는 달리 우체국예금은 「소관법」에 의해 취급되어 여러 차이점이 있다.

• 주식 발행이 없으므로 자기자본에 자본금 및 주식발행 초과금이 없다.

• 타인자본에는 예금을 통한 예수부채만 있고, 은행채의 발행 등을 통한 차입 혹은 금융기관 등으로부터의 차입을 통한 차입부채는 없다.

- 우편대체 계좌대월 등 일부 특수한 경우를 제외하고는 여신이 없다. 단, 환매조건부채권매도 등을 통한 차입부채는 있을 수 있다.
- ㉢ 우체국보험
  - ㉮ 「우체국예금·보험에 관한 법률」에 따라 우체국에서 피보험자의 생명·신체의 상해를 보험사고로 하여 취급하는 보험을 말하며 보험의 보편화를 통해 재해의 위험에 공동으로 대처하게 함으로써 국민의 경제생활 안정과 공공복리의 증진에 이바지함을 목적으로 한다.
  - ㉯ 우체국보험은 「우체국예금·보험에 관한 법률」에 따라 계약 보험금 한도액이 보험종류별로 피보험자 1인당 4천만 원으로 제한되어 있다.
  - ㉰ 우체국보험의 종류는 보장성보험, 저축성보험, 연금보험이 있으며 각 보험의 종류에 따른 상품별 명칭, 특약, 보험기간, 보험료납입기간, 가입연령, 보장내용 등은 우정사업본부장이 정하여 고시한다.
- ㉣ 기타 금융업무
  - ㉮ 이 외에도 우편환, 우편대체, 체크카드, 집합투자증권(펀드)판매, 외국환, 전자금융 업무가 있다.
  - ㉯ 전국 우체국 금융창구를 업무제휴를 통해 민영금융기관에 개방하여 신용카드 발급, 증권계좌 개설, 결제대금 수납, 은행 입출금서비스 제공 등 민영금융기관의 창구망 역할을 대행하고 있다.
  - ㉰ 최근 민영금융기관의 영업점이 줄어들고 있는 추세를 감안하여 우체국은 농·어촌지역에도 도시지역과 동일한 수준의 금융서비스를 제공하여 도시·농어촌간 금융서비스 격차를 해소하는데 기여하고 있다.

③ **역할**
- ㉠ **보편적 금융서비스의 제공** : 우체국금융은 수익성과 관계없이 전국적으로 고르게 분포되어 있고 민영금융기관과의 다양한 제휴를 통해 시중은행 수준의 금융서비스를 제공함으로서 국민들에게 지역차별 없는 금융접근성을 제공하고 있다.
- ㉡ **우편사업의 안정적 운영 지원** : 우체국금융에서 발생한 수익의 일부로 저렴한 우편서비스의 안정적인 운영에 이바지 하고 있다.
- ㉢ **국가 재정 및 산업육성에 기여** : 우체국금융에서 발생하는 수익을 통해 일반회계전출(국가 재정으로의 이익금 귀속)과 공적자금 상환기금 등을 지원하고 있다. IMF 외환 위기인 1998년부터 현재까지 이익금 일부를 국가 재정으로 귀속하는 등 국가재정 및 경제회복 지원을 위한 국영금융기관으로서의 역할을 수행하고 있다.
- ㉣ **서민경제 활성화 지원** : 기초생활보호대상자, 장애인, 소년소녀가장, 다문화 가정 등 사회 취약계층과 서민·소상공인을 대상 보험료 부담 경감, 금융수수료 면제, 사회공헌 활동을 통해 공익적 역할을 수행한다. 또한 1995년부터 각 사업단에서 추진 중이던 공익사업을 이어받아 2013년 우체국공익재단을 설립하여 여러 공익사업을 수행 중에 있다.

④ 소관법률

법률	대통령령	부령
우정사업운영에 관한 특례법	우정사업운영에 관한 특례법 시행령	–
우체국예금 · 보험에 관한 법률	우체국예금 · 보험에 관한 법률 시행령	우체국예금 · 보험에 관한 법률 시행규칙
우체국보험특별회계법	우체국보험특별회계법 시행령	우체국보험특별회계법 시행규칙
우체국창구업무의 위탁에 관한 법률	우체국창구업무의 위탁에 관한 법률 시행령	우체국창구업무의 위탁에 관한 법률 시행규칙
우편환법	–	우편환법 시행규칙 국제환 규칙
우편대체법	–	우편대체법 시행규칙
–	우체국어음교환소 참가규정	
–	체신관서 현금수불 규정	체신관서의 국채 · 공채매도등에 관한 규칙

❼ 우체국금융 상품

(1) 요구불예금(입출금이 자유로운 예금)

① 보통예금 … 예입과 지급에 있어서 특별한 조건을 붙이지 않고 입출금이 자유로운 예금

② 저축예금 … 개인고객을 대상으로 하여 입출금이 자유로운 예금

③ 듬뿍우대저축예금(MMDA ; Money Market Deposit Account) … 개인을 대상으로 예치 금액별로 차등 금리를 적용하는 개인 MMDA상품으로 입출금이 자유로운 예금

④ e-Postbank예금 … 인터넷뱅킹, 스마트뱅킹 또는 우체국 창구를 통해 가입하고 별도의 통장 발행 없이 전자금융 채널(인터넷뱅킹, 스마트뱅킹, 폰뱅킹, 자동화기기)을 통해 거래하는 입출금이 자유로운 예금

⑤ 기업든든 MMDA통장 … 법인, 고유번호증을 부여받은 단체, 사업자등록증을 가진 개인사업자 등을 대상으로 예치금액별로 차등 금리를 적용하는 기업 MMDA 상품으로 입출금이 자유로운 예금

⑥ 우체국 행복지킴이통장 … 저소득층 생활안정 및 경제활동 지원 도모를 목적으로 기초생활보장, 기초(노령)연금, 장애인연금, 장애(아동)수당 등의 기초생활 수급권 보호를 위한 압류방지 전용 통장으로 관련 법령에 따라 압류방지 수급금에 한해 입금이 가능한 예금

가입대상	아래에서 정하는 실명의 개인 ① 「국민기초생활보장법」에서 정하는 기초생활 수급자 ② 「기초연금법」에서 정하는 기초(노령)연금 수급자 ③ 「장애인연금법」에서 정하는 장애인연금 수급자 ④ 「장애인복지법」에서 정하는 장애수당, 장애아동수당 수급자 ⑤ 「한부모가족지원법」에서 정하는 한부모가족지원 보호대상자 ⑥ 「국민건강보험법」에서 정하는 요양비등 보험급여 수급자 ⑦ 「긴급복지지원법」에서 정하는 긴급지원 수급자 ⑧ 「어선원 및 어선 재해보상보험법」에서 정하는 어선원보험의 보험급여 지급대상자 ⑨ 「노인장기요양보험법」에서 정하는 특별현금급여비 수급자 ⑩ 「건설근로자의 고용개선 등에 관한 법률」에서 정하는 건설근로자 퇴직공제금 수급자 ⑪ 「아동수당법」에서 정하는 아동수당 수급자 ⑫ 「중소기업협동조합법」에서 정하는 소기업·소상공인 공제금 수급자 ⑬ 「아동복지법」에서 정하는 자립수당 수급자 ⑭ 「재난적의료비 지원에 관한 법률」에서 정하는 재난적의료비 지원금액 수급자

⑦ **우체국 국민연금안심통장** … 국민연금 수급권자의 연금수급 권리를 보호하기 위한 압류방지 전용 통장으로 관련 법령에 따라 국민연금공단에서 입금하는 국민연금 급여에 한하여 입금이 가능한 예금

⑧ **우체국 Young利한 통장** … 만 18세 이상에서 만 35세 이하의 개인을 대상으로 전자금융 타행이체, 자동화기기 인출 및 이체 등 수수료 면제 등 젊은 층의 금융이용 욕구를 반영한 서비스를 제공하는 입출금이 자유로운 예금

⑨ **우체국 선거비관리통장** … 선거관리위원회에서 관리·운영하는 선거 입후보자의 선거비용과 선거관리위원회의 선거경비 관리를 위한 입출금 통장으로 선거기간을 전후로 일정기간 동안 거래 수수료 면제 서비스를 제공하는 입출금이 자유로운 예금

⑩ **우체국 하도급지킴이통장** … 조달청에서 운영하는 '정부계약 하도급관리시스템'을 통해 발주한 공사대금 및 입금이 하도급자와 근로자에게 기간 내 집행될 수 있도록 관리, 감독하기 위한 전용통장이며 예금 출금은 '정부계약 하도급관리시스템'의 이체요청을 통해서만 가능하며 우체국창구, 전자금융, 자동화기기 등을 통한 출금은 불가

⑪ **우체국 다드림통장** … 예금, 보험, 우편 등 우체국 이용고객 모두에게 혜택을 제공하는 상품으로 거래 실적별 포인트제공과 패키지별 우대금리 및 수수료 면제 등 다양한 우대서비스를 제공하는 우체국 대표 입출금이 자유로운 예금

패키지	주니어	직장인	사업자	실버	베이직
가입대상자	만 19세 미만 실명의 개인	실명의 개인	개인사업자, 법인, 단체 (금융기관 제외)	만 50세 이상 실명의 개인	개인, 개인사업자, 법인, 단체 (금융기관 제외)

⑫ 우체국 공무원연금평생안심통장 ··· 공무원연금, 별정우체국연금 수급권자의 연금수급 권리를 보호하기 위한 압류방지 전용 통장으로 관련 법령에 따라 공무원연금공단, 별정우체국연금관리단에서 입금하는 수급금에 한하여 입금이 가능한 예금

⑬ 우체국 호국보훈지킴이통장 ··· 독립 · 국가유공자의 보훈급여금 등 수급 권리를 보호하기 위한 압류방지 전용 통장으로 관련 법령에 따라 가입자에게 지급되는 보훈급여금, 참전명예수당, 고엽제수당 등 정기 급여에 한하여 입금이 가능한 예금

⑭ 우체국 생활든든통장 ··· 금융소외계층 중 하나인 만 50세 이상 시니어 고객의 기초연금, 급여, 용돈 수령 및 체크카드 이용 시 금융 수수료 면제, 우체국 보험료 자동이체 또는 공과금 자동이체 시 캐시백, 창구소포 할인쿠폰 등 다양한 서비스를 제공하는 시니어 특화 입출금이 자유로운 예금

⑮ 우체국 페이든든통장 ··· 우체국예금 모바일 어플리케이션인 Postpay를 통한 간편결제 · 간편송금 이용 실적에 따라 우대혜택 및 소상공인 · 소기업에게 우대금리를 제공하는 입출금이 자유로운 예금

⑯ 우체국 정부보관금통장 ··· 출납공무원이 배치된 국가기관을 대상으로 정부보관금의 효율적인 자금관리를 위한 입출금이 자유로운 예금

⑰ 우체국 청년미래든든통장 ··· 대학생 · 취업준비생 · 사회초년생의 안정적인 사회 진출 지원을 위해 금리우대, 수수료 면제, 창구소포 할인쿠폰 등 다양한 혜택을 제공하는 입출금이 자유로운 예금

⑱ 우체국 희망지킴이통장 ··· 산업재해 보험급여 수급권자의 보험급여에 한해 입금이 가능하며, 관련 법령에 따라 압류 대상에서 제외하는 압류방지 전용 통장

⑲ 우체국 건설하나로 통장 ··· 건설업에 종사하는 '우체국 하나로 전자카드' 이용고객을 우대하는 전용통장으로 우대금리 혜택과 금융수수료 면제서비스를 제공하는 입출금이 자유로운 예금

(2) 거치식 예금 (목돈 굴리기 예금)

① 정기예금 ··· 일정의 약정기간을 정하여 그 기간 내에는 지급청구를 하지 않고 기간 만료 시에 지급하는 조건으로 일정금액을 일시에 예입하는 거치식 예금의 기본 상품

② 챔피언정기예금 ··· 가입기간(연, 월, 일 단위 가입) 및 이자지급방식(만기일시지급식, 월이자지급식)을 자유롭게 선택할 수 있는 고객맞춤형 정기예금

③ 실버우대정기예금 ··· 고령화 사회에 대응하여 만 50세 이상 실버 고객의 노후 생활 자금 마련을 위한 전용 정기예금

④ 이웃사랑정기예금 ··· 국민기초생활수급자, 장애인, 한부모가족, 소년소녀가정, 조손가정, 다문화가정 등 사회 소외계층과 장기기증희망등록자, 골수기증희망등록자, 헌혈자, 입양자 등 사랑나눔 실천자 및 농어촌 지역(읍 · 면 단위 지역 거주자) 주민의 경제생활 지원을 위한 공익형 정기예금

⑤ 우체국 퇴직연금 정기예금 … 「근로자퇴직급여보장법」에서 정한 자산관리업무를 수행하는 퇴직연금사업자를 위한 전용 정기예금으로 우정사업본부와 퇴직연금사업자의 사전 협약에 의해 가입이 가능하며, 우정사업본부가 정한 우체국에 한해 취급이 가능한 상품이다.

⑥ e-Postbank정기예금 … 인터넷뱅킹, 스마트뱅킹으로 가입이 가능한 온라인 전용상품으로 온라인 예ㆍ적금 가입, 자동이체약정, 체크카드 이용실적에 따라 우대금리를 제공하는 정기예금

⑦ 2040$^{+\alpha}$정기예금 … 20~40대 직장인과 카드 가맹점, 법인 등의 안정적 자금운용을 위해 급여이체 실적, 신용카드 가맹점 결제계좌 약정 고객, 우체국예금, 보험, 우편 우수고객 등 일정 조건에 해당하는 경우 우대금리를 제공하는 정기예금

⑧ 우체국 ISA(개인종합자산관리계좌)정기예금 … 「조세특례제한법」에서 정한 개인종합자산관리계좌(ISA ; Individual Savings Account) 판매자격을 갖춘 신탁업자 및 금융투자업자 등 ISA 취급 금융기관을 대상으로 ISA 편입자산을 운용을 위한 전용 정기예금

⑨ 우체국 소상공인정기예금 … 소상공인ㆍ소기업 대표자를 대상으로 노란우산공제에 가입하거나 우체국 수시입출식예금 평균 잔고 실적에 따라 우대금리를 제공하는 서민자산 형성 지원을 위한 공익형 정기예금

⑩ 우체국 파트너든든정기예금 … 회전주기(1개월, 3개월, 6개월) 적용을 통해 고객의 탄력적인 목돈운용이 가능하며 우편 계약 고객(우체국택배, EMS, 우체국쇼핑 공급업체) 및 예금 거래 고객을 우대하는 정기예금

⑪ 우체국 편리한 e정기예금 … 보너스입금, 비상금 출금, 자동 재예치, 만기 자동해지 서비스로 편리한 목돈 활용이 가능한 디지털 정기예금

(3) 적립식 예금(목돈마련 예금)

① 정기적금 … 일정기간 후에 약정금액을 지급할 것을 조건으로 하여 예금자가 일정금액을 일정일에 예입 하는 적립식 예금

② 2040$^{+\alpha}$자유적금 … 20~40대 직장인과 카드 가맹점 등의 자유로운 목돈 마련을 위해 급여이체 및 신용카드 가맹점 결제계좌 이용고객, 인터넷뱅킹 가입 고객 등의 조건에 해당하는 경우 우대금리를 제공하는 적립식 예금

③ 우체국 새출발자유적금 … 사회 소외계층 및 농어촌 고객의 생활 안정과 사랑 나눔실천(헌혈자, 장기기증자 등) 국민 행복 실현을 위해 우대금리 등의 금융혜택을 적극 지원하는 공익형 적립식 예금

패키지	새출발 희망	새출발 행복
가입대상자	기초생활수급자, 근로장려금수급자, 장애인 연금ㆍ장애수당ㆍ장애아동수당수급자, 한부모가족지원보호대상자, 소년소녀가장, 북한이탈주민, 결혼이민자	헌혈자, 입양자, 장기ㆍ골수기증자, 다자녀가정, 부모봉양자, 농어촌 읍면단위 거주자, 신용등급 7등급 이하 개인, 협동조합종사자, 소상공인

④ 우체국 다드림적금 … 주거래 고객 확보 및 혜택 제공을 목적으로 각종 이체 실적 보유 고객, 우체국예금 우수고객, 장기거래 등 주거래 이용 실적이 많을수록 우대 혜택이 커지는 자유적립식 예금

⑤ 우체국 아이LOVE적금

   ⊙ 만 19세 미만의 어린이 · 청소년의 목돈 마련을 위해 사회소외계층, 단체가입, 가족 거래 실적 등에 따라 우대금리를 제공하는 적립식 예금

   ⓒ 가입 고객을 대상으로 우체국 주니어보험 무료가입, 캐릭터통장 및 통장 명 자유선정, 자동 재예치 서비스 등의 부가서비스 제공

   ⓒ 우체국 수시입출식 예금의 자투리 금액(1만 원 미만 잔액)을 매월 이 적금으로 자동 저축하는 서비스인 자투리 저축 서비스 제공

⑥ 우체국 마미든든 적금

   ⊙ 일하는 기혼 여성 및 다자녀 가정 등 워킹맘을 우대하고, 다문화 · 한부모 가정 등 목돈마련 지원과 금융거래 실적 해당 시 우대혜택이 커지는 적립식 예금

   ⓒ 우체국 수시입출식 예금에서 이 적금으로 월 30만 원 이상 자동이체약정 시 부가서비스로 우체국쇼핑 할인쿠폰을 제공

⑦ 우체국 가치모아적금

   ⊙ 여행자금, 모임회비 등 목돈 마련을 위해 여럿이 함께 저축 할수록 우대혜택이 커지고 다양한 우대 서비스를 제공하는 적립식 예금

   ⓒ 예금주에게 매월 자동이체 저축현황을 알려주는 자동이체 알림 서비스, 모임추천번호에 등록한 인원 현황을 알려주는 모임적금 알림 서비스, 고객이 통장명칭을 자유로이 선정할 수 있는 통장별칭서비스 등 다양한 우대서비스 제공

⑧ 우체국 장병내일준비적금

   ⊙ 국군병사의 군복무 중 목돈 마련을 지원하고, 금융실적에 따라 우대금리, 부가서비스를 제공하는 적립식 예금

   ⓒ 가입대상은 현역병, 상근예비역, 사회복무요원, 전환복무자(의무경찰, 해양의무경찰, 의무소방대원)등 병역의무 수행자로 만기일은 전역(또는 소집해제) 예정일로 한정

   ⓒ 이 예금의 저축한도는 매월 20만원 범위 내에서 적립 가능하며, 장병내일준비적금 상품을 판매하는 모든 취급기관을 합산하여 고객의 최대 저축 한도는 월 40만 원까지 가능

   ※ 취급기관 : 14개(우체국, 국민, 기업, 신한, 우리, 하나, 농협, 수협, 대구, 부산, 광주, 전북, 경남, 제주은행)

⑨ 우체국 매일모아 e적금 … 매일 저축 및 매주 알림저축 서비스를 통해 소액으로 쉽고 편리하게 목돈 모으기가 가능한 디지털전용 적립식 예금

(4) 기타

① 국고예금 … 정부의 관서운영경비를 지급하는 관서운영경비 출납공무원이 교부받은 자금을 예치 · 사용하기 위해 개설하는 일종의 보통예금

② 환매조건부채권(RP) … 기간별 약정 이율을 차등 지급하여 단기 여유자금 운용에 유리하며 일정기간 경과 후 약정가격에 의해 매입할 것을 조건으로 판매하는 환매조건부 상품

③ **공익형 예금상품** … 국영금융기관으로서의 공적인 역할 수행을 위한 예금으로서 정부정책 지원 및 금융소외계층, 사회적 약자를 지원하기 위한 예금으로 우체국은 총 10종의 예금상품을 통해 금융소외계층의 기초생활 보장을 위한 수급금 압류방지 통장과 서민·소상공인 등 금융소외계층의 자산형성을 지원하기 위한 특별 우대이율을 제공 중에 있다.

[공익형 예금상품의 종류]

구분	요구불예금	적립식 예금	거치식 예금
10종	행복지킴이통장, 국민연금안심통장, 공무원연금평생안심통장, 호국보훈지킴이통장, 청년미래든든통장, 희망지킴이통장	새출발자유적금, 장병내일준비적금	이웃사랑정기예금, 소상공인정기예금

(5) 카드상품 (체크카드)

① 사용한도 및 발급대상

㉠ 우체국 체크카드 사용한도

구분		기본 한도		최대 한도	
		일한도	월한도	일한도	월한도
개인	만 12세 이상	3만 원	30만 원	3만 원	30만 원
	만 14세 이상	6백만 원	2천만 원	5천만 원	5천만 원
법인		6백만 원	2천만 원	1억 원	3억 원

※ 미성년자(만 12세~만 13세)는 만 14세 이상이 되는 시점에 자동으로 한도상향이 되지 않으며 우체국창구, 우체국예금보험 홈페이지 모바일뱅킹(PostPay)을 통하여 한도 상향 신청 필요

㉡ 우체국 체크카드 발급대상

구분		발급대상
개인카드	일반	만 12세 이상 -단, 학생증 체크카드는 만 14세 이상 우체국 요구불예금 가입자로서 우체국체크카드를 학생증으로 사용하기로 한 대학교(원)생에 한하며, 학생신분 확인을 위해 학교 측에서 학적사항을 우체국에 제출한 경우에만 발급 가능
	하이브리드	만 18세 이상 -단, 만 18세 미성년자의 경우 후불교통기능만 가능
	후불하이패스	하이브리드(Hybrid)카드 소지자
	가족카드	본인회원의 배우자, 자녀, 자녀의 배우자, 부모, 조부모, 형제자매, 손자, 본인회원, 배우자의 보모, 배우자의 형제자매 등 가족회원 대상
개인카드	복지카드	우정사업본부 직원으로서 복지 포인트 부여 대상자
법인카드		법인, 개인사업자, 고유번호 또는 납세번호가 있는 단체

1) '본인회원'이란 우체국 요구불성예금 계좌를 소지한 자로 우체국이 정한 입회절차에 따라 체크카드를 신청하여 카드를 발급받은 자
2) '가족회원'이란 본인회원의 가족으로서 대금 지급 등 카드 이용에 관한 모든 책임을 본인회원이 부담하는 것을 조건으로 체크카드를 발급받은 자
3) 학생증(또는 복지)체크카드는 기존 우체국 체크카드에 학생증(또는 복지카드) 기능을 추가한 카드

② 우체국 체크카드 상품 및 특징 … 2020년 9월 기준 개인 15종, 법인 4종의 상품이 있다.

구분	카드명	주요 특징
개인	영리한	패스트푸드, 커피, 영화, 어학원 10% 캐시백 등 젊은 층의 선호와 자기계발 노력에 중심적인 부가 혜택을 부여한 카드
	행복한	병·의원, 약국, 학원, 마트, 문화 10% 캐시백, 우편서비스 12% 할인 등 의료 및 의료혜택 중심의 카드
	다드림	전 가맹점 이용액 0.3%, 우체국 알뜰폰 통신료 10%, 우체국서비스 5%가 우체국 포인트로 적립되는 체크카드
	나눔	전 가맹점 0.4%, 구세군자선냄비 기부금(카드결제)의 30% 캐시백 혜택을 제공하는 나눔 카드
	우리동네PLUS	전국 가맹점 뿐만 아니라 지역별 가맹점을 포함한 지역 별 추가 캐시백 혜택을 제공하는 특화 카드
	아이행복	보육료, 유아학비 통합 바우처, 육아교육, 의료, 온라인쇼핑, 우체국 서비스 5% 캐시백을 제공하는 카드
	국민행복	정부의 임신출산 진료비 지원 바우처인 구 고운맘카드와 아이행복카드의 기능 및 서비스를 기본으로 선호 생활 서비스 중심으로 A, B, C 세 타입의 선택적인 혜택 제공이 가능한 카드
	하이브리드여행	신용과 체크결제를 동시에 이용 가능한 하이브리드 카드 주요업종(교통, 숙박, 면세점 등 여행관련) 및 우편서비스 10% 할인, 기타업종 포인트 적립, 그린서비스 등 여행업종 특화혜택
	후불하이패스	현금결제와 충전이 필요 없는 후불 하이패스 카드 평일 출퇴근 시간대 통행료 20~50% 자동 할인
	어디서나	쇼핑부터 음식점, 커피, 문화, 통신료, 주요까지 다양한 혜택을 하나의 카드로 받을 수 있는 체크카드
	포미	편의점, 간편결제, 쇼핑, 배달앱 등에서 캐시백 할인이 되는 싱글족 맞춤혜택 특화 카드
	e-나라도움 (개인형)	국고보조금을 교부받는 개인에게 발급하는 전용카드
	드림플러스 아시아나	아시아나 항공 마일리지 적립과 국내 주요 가맹점 5% 캐시백 적립을 동시에 할 수 있는 마일리지 적립용 체크카드
	라이프플러스	쇼핑, 레저/스포츠, 반려동물 업종 국내 주요 가맹점 10% 캐시백 혜택을 제공하는 카드
	하나로 전자카드	건설업에 종사하는 건설근로자 특화카드
법인	성공파트너	주유시 리터당 60원 할인, 일식·한식, 인터넷몰 등 이용액 할인, 전 가맹점 0.3% 포인트 적립 등 법인 고객이 선호하는 사업장 할인 혜택이 강화 법인 전용 체크카드
	e-나라도움 (법인형)	국고보조금을 교부받는 사업자 및 보조사업자에게 발급하는 전용카드
	정부구매	정부기관 및 공공기관 전용 정부구매 체크카드
	Biz플러스	마트, 주유소, 신차구매 등 개인사업자 및 소상공인을 위한 맞춤형 혜택을 제공하는 카드

③ **상품별 기능** … 상품별 특성에 따라 다양한 기능이 추가 가능하며 일반적인 플라스틱 카드 외 모바일카드 (2012년 9월 시행), 점자카드(2013년 9월 시행) 등 다양한 형태로도 발급 가능하다.

구분	카드명	현금카드 가능	복지카드 가능	교통		가족카드	점자카드	해외겸용
				선불	후불			
개인	영리한	○	○	○	×	○	○	○
	행복한(green/하이브리드)	○	×	×	△[2]	○	○	○
	다드림(일반/하이브리드)	○	×	×	△[2]	○	○	○
	나눔	○	×	○	×	×	○	×
	우리동네PLUS(green)	○	×	○	×	×	○	×
	아이행복(green)	○	×	○	×	×	○	×
	국민행복(green)	○	×	○	×	×	○	×
	하이브리드여행(green/하이브리드)	○	×	×	○	×	○	×
	후불하이패스(하이브리드)	×	×	×	○	×	○	×
	어디서나(일반/하이브리드)	○	○	△[2]	△[2]	×	○	○
	포미(하이브리드)	○	○	×	○	×	×	○
	e-나라도움(개인형)	○	×	×	×	×	○	○
	드림플러스아시아나(일반/하이브리드)	○	○	×	△[2]	×	○	○
	라이프플러스	○	×	×	×	×	○	○
	하나로 전자카드	○	×	○	×	×	○	○
법인	성공파트너(일반/VISA)	△[3]	×	×	×	×	×	○
	e-나라도움(법인형)	△[3]	×	×	×	×	×	×
	정부구매	×	×	×	×	×	×	○
	Biz플러스	△[3]	×	×	×	×	○	○

1) 각 체크카드 상품 및 특징은 2020년 9월 우체국 판매상품 기준(판매중지 상품 제외)
2) 하이브리드 가능 체크카드의 교통기능은 체크카드일 경우 선불, 하이브리드카드는 후불 적용
3) 법인용 체크카드의 현금 입출금 기능은 개인사업자에 한하여 선택 가능
※ green(그린서비스) : 설악산 국립공원, N서울타워 등 지자체 시설 무료입장 및 할인, 에코머니 포인트적립

④ 효력의 발생과 상실

   ㉠ 우체국 체크카드는 회원이 가입신청서를 작성하여 카드 발급을 요청하면 우체국에서 이를 심사하여 등록하고, 카드를 교부함으로써 효력이 발생한다.

   ㉡ 위탁업체를 통해 발급받은 경우 본인이 ARS, 우체국 스마트뱅킹이나 직접 방문하여 사용등록을 해야 효력이 발생한다.

   ㉢ 카드 유효기간이 만료 되거나, 회원 본인의 사망 또는 피성년후견인/피한정후견인 등으로 우체국에 신고 등록한 경우 효력이 상실된다.

   ㉣ 법인 회원의 경우 폐업, 청산에 따라 우체국에 신고 등록하면 효력이 상실된다.

⑤ 카드 해지와 이용정지

   ㉠ 카드 유효기간 내 회원의 요청에 의해 해지되는 일반해지, 체크카드 결제계좌 해지에 따른 당연해지, 기존 우체국 체크카드를 동종의 복지카드로 전환 발급하거나, 본인 회원카드 해지 시 가족카드가 해지되는 자동해지가 있으며 해지 시 현금카드 기능도 함께 해지된다.

   ㉡ 체크카드 이용정지 및 일시 제한 사유

      ㉮ 미성년자의 경우 법정대리인이 거래 중단을 요청하는 경우

      ㉯ 예금에서 결제계좌의 지급정지 사유에 해당하는 경우

      ㉰ 카드의 부정사용·비정상적인 거래로 판단되거나, 해킹으로 인하여 회원에게 피해가 갈 것이 우려되는 경우

(6) 펀드상품

① 의의

   ㉠ 2016년 금융당국은 실물경제 지원을 위한 공모펀드 활성화 방안의 일환으로 집합투자증권업(펀드판매) 채널의 확대를 위해 우체국을 포함한 농협 등 중소서민금융 회사의 펀드판매를 허용하여 2018년 9월부터 우체국 펀드판매를 개시하였다.

   ㉡ 전국적인 네트워크망을 활용하여 금융소외지역 서민층의 펀드 정보 접근성을 강화하고 투자시장 활성화를 통해 서민의 자산형성 지원 및 실물경제의 활성화를 수행하는 국영금융기관이라는 의의를 가진다.

② 펀드 상품의 종류 및 특징

   ㉠ 2020년 9월 기준 우체국 펀드상품은 대부분 안정형 위주로 공모펀드 중 원금손실 위험도가 낮은 MMF 15종, 채권형펀드 10종, 주식 비중이 30% 이하인 채권혼합형펀드 11종 등 총 36개의 펀드상품을 우체국 창구 및 온라인을 통해 판매하고 있다.

   ㉡ 펀드는 원금과 이자, 보험금 등 전액을 보장하는 우체국예금·보험 상품과는 달리 운용실적에 따라 손익이 결정되는 실적배당 상품이기 때문에 원금 손실이 발생할 수도 있다.

ⓒ 종류

구분	펀드 상품명
단기금융펀드 (MMF)	• IBK그랑프리국공채MMF개인투자신탁제1호(국공채) • NH-Amundi개인MMF1호(국공채) • KB법인용-MMFI-2호(국공채) • KB스타개인용-MMFP-101호(국공채) • 힌회 골드법인MMF-KM3호(국공채) • 신한BNPPBEST국공채개인MMFⅡ5(국공채) • 미래에셋개인전용-MMF1호(국공채) • 교보악사프라임법인MMFJ-1호 • 삼성스마트MMF법인1호 • 한화개인MMF2호(국공채) • 멀티에셋국공채법인MMF투자신탁제1호(국공채) • 브이아이천하제일법인MMF1호 • 키움프런티어개인용-MMF제1호(국공채) • NH-Amundi법인MMF8호 • 삼성MMF법인제1호
증권펀드 (채권형)	• 키움단기국공채증권자투자신탁제1호(채권) • 한화단기국공채증권자투자신탁(채권) • 유진챔피언단기채증권자투자신탁(채권) • 우리단기채권증권투자신탁(채권) • NH-Amundi하나로단기채증권투자신탁(채권) • 한국투자크레딧포커스증권투자신탁1호(채권) • 흥국멀티플레이증권자투자신탁4호(채권) • 우리하이플러스단기우량채권증권자투자신탁1호(채권) • 한화코리아밸류채권증권자투자신탁(채권) • 유진챔피언중단기채증권자투자신탁(채권)
증권펀드 (혼합채권형)	• 키움장대트리플플러스증권투자신탁1호(채권혼합) • 흥국멀티플레이30공모주증권투자신탁(채권혼합) • NH-Amundi4차산업혁명30증권투자신탁(채권혼합) • 우리중소형고배당30증권투자신탁1호(채권혼합) • 브이아이공모주&배당주10증권투자신탁(채권혼합) • KB밸류포커스30증권투자신탁(채권혼합) • 한국밸류10년투자배당증권투자신탁(채권혼합) • 흥국공모주로우볼채움플러스증권투자신탁1호(채권혼합) • NH-AmundiAllset모아모아15증권투자신탁(채권혼합) • 신한BNPP삼성전자알파증권투자신탁제1호(채권혼합) • NH-AmundiAllset모아모아30증권투자신탁(채권혼합)

❽ 우체국금융 서비스

(1) 전자금융

① **인터넷뱅킹** … 고객이 우체국 창구에 직접 방문하지 않고 우체국예금보험 홈페이지(www.epostbank.go.kr)에 접속하여 신청에 따라 금융상품 정보획득, 각종 조회 및 이체, 예금·보험상품의 가입 등 우체국예금 및 우체국 보험에 대한 다양한 금융서비스를 이용 할 수 있는 전자금융서비스이다.

구분	주요 서비스
예금	• 예금상품, 조회, 이체(휴대폰송금 포함), 경조금배달, 비대면계좌개설 • 외환(환율조회, 인터넷환전, 해외송금), 공과금, 뱅킹정보관리 • 부가서비스(예금담보대월, 우편환/대체, 계좌이체지불, 에스크로, 가맹점 예치 각종 우대제도 소개 등)
보험	• 보험상품, 약관, 조회, 납입, 대출, 지급, 자동이체, 계약변경 등
카드	• 체크카드상품 소개, 발급, 이용안내, 정보조회, 포인트, 가맹점조회, 제휴카드 안내
펀드	• 자산현황 등 조회, 매수, 환매, 취소, 사고등록, 자동이체, 펀드소액투자서비스, 각종 펀드 관련 자료실
기타	• 공인인증서 발급, 사고신고, 각종 제휴 서비스(크라우드펀딩 포함) 소개 등 우체국금융소개

② **폰뱅킹** … 고객의 신청에 따라 우체국예금·보험 고객센터를 통해 가정이나 사무실 등에서 다양한 우체국예금·보험 서비스를 전화통화로 간편하게 처리할 수 있는 서비스이다.

구분	주요 서비스
예금	• (조회) 각종 분실신고 및 분실신고조회, 잔액 및 입출금 거래내역 조회 • (이체) 일반이체 및 경조금 서비스, 자동이체, 예약이체, 지로이체 • (기타) Fax, e-mail 서비스(입출금 거래명세, 계좌이체 확인서 등), 상담사 연결, 각종 정보 관리 및 비밀번호 변경
보험	• 보험해약, 만기, 연금, 배당금, 휴면보험금 조회 및 신청 • 보험료 납입, 보험료자동이체, 보험료 소득공제 및 기타 납입확인 • 보험환급금 대출, 상담사연결, ARS 청약 인증
기타	• (편한말 서비스) 잔액조회, 거래내역조회, 자행·타행 이체 • (빠른 서비스) 잔액조회, 거래내역조회, 자행·타행 이체, 경조금배달, 온라인환송금/조회, 각종 분실신고/조회, 지정전화번호 등록

③ **모바일뱅킹** … 스마트폰을 이용해 금융서비스를 제공받는 것으로 현재 스마트폰 어플리케이션을 기반으로 스마트뱅킹과 포스트페이 2가지 모바일뱅킹 서비스를 제공한다.

   ㉠ 스마트뱅킹

      ㉮ 스마트폰으로 우체국 금융서비스(가입, 조회, 이체 등)를 이용할 수 있는 스마트폰뱅킹 전용 어플리케이션

      ㉯ 우체국 창구 및 인터넷뱅킹 수준의 다양한 서비스 제공과 QR코드를 활용한 쉽고 편리한 지로/공과금 납부서비스를 제공한다.

ⓓ SMS, PUSH알림을 통한 입출금통지, 모바일 경조금 등 고객 편의를 위한 부가서비스 이용이 가능하다.

ⓔ 공인인증서, 지문인증, 얼굴인증, 패턴인증, PIN(Personal Identification Number)인증 등을 통해서 로그인이 가능하다.

ⓕ 우체국 인터넷뱅킹을 해지하면 스마트뱅킹은 자동 해지되지만, 스마트뱅킹을 해지하더라도 인터넷뱅킹 이용은 계속 유지된다.

구분	주요 서비스
상품가입	• 비대면 계좌개설 • 예 · 적금상품 가입 • 체크카드 발급
예금	• (계좌통합관리) 계좌조회, 예금상품 해지, 이체한도 감액, 예금수령계좌 변경 등 • (이체) 계좌이체, 전화번호이체, 자동이체 등록, 지연이체 신청, 기부금송금 등 • (결제) 제로페이(계좌이체 방식의 QR/바코드 결제) • (공과금) 통합공과금(지방세, 국세) 간편조회 및 납부, 지로(전기 · 통신요금 등) 조회 및 납부 • (환전 · 해외송금) 환율조회, 환전신청, 해외송금신청(Swift, 유로지로 등) 및 조회 · 변경 · 취소
체크카드	• 발급카드 사용등록, 카드 이용내역 조회, 포인트 관리, 이용한도 설정 등
펀드	• 펀드상품, 계좌조회, 펀드소액투자 서비스 신청 및 조회
경조금	• (더치페이) 지정한 금액을 다수의 대상자에게 전화번호로 지불 요청하는 서비스 • (ATM출금) 출금금액 지정 및 실행번호 생성 후 우체국 자동화기기에서 지정금액 출금 • (경조금송금) 경조금 우편배달을 신청하거나 모바일 경조카드와 함께 전화번호 송금 • (선물하기) 모바일 상품권을 계좌이체로 결제하여 구매 및 이용
기타	• (보험) 보험증권 및 납입내역 조회 • (보안인증센터) 간편인증 및 공인인증서 등록 및 관리, OTP 등록 및 관리, 전자금융사기 예방 서비스 등 • (고객센터) 사고신고, 일시정지 해제, 고객센터 연결 안내, 우체국금융 챗봇서비스 등

ⓛ 포스트페이(PostPay) : 우체국 특화서비스인 우편환기반 경조금 송금서비스와 핀테크를 접목시켜 간편결제, 간편송금 서비스를 제공하는 앱이다. 포스트페이 앱을 통해 휴대전화번호만 알면 경조카드와 함께 경조금을 보낼 수 있다.

구분		주요 서비스
상품가입		• 비대면 계좌개설
간편결재		• QR코드, 바코드를 활용한 간편결제, 결제 내역 조회
간편송금 (이체)	계좌번호 송금	별도 인증 없이 핀번호만으로 바로 송금
	전화번호 송금	수신자의 계좌번호를 몰라도 전화번호로 바로 송금
	경조 송금	전화번호 송금에 온라인 경조사 카드(결혼, 상조 등)와 메시지 첨부
		집배원이 직접 지정한 수신자에게 현물(현금, 현금증서)과 경조카드 배달
	더치페이	모임 등 목적으로 다수 대상자에게 송금 요청
체크카드		• 모바일에서 우체국 체크카드 및 모바일카드 신청 및 발급 • 보유카드 조회, 이용내역 조회, 사고신고 등 부가기능 제공

© 기타 우체국금융 모바일 어플리케이션

㉮ 우체국보험 : 우체국 방문 없이 보험가입·청구 등의 서비스를 이용할 수 있는 모바일 어플리케이션

구분	주요 서비스
계약 사항 조회·변경	• 기본계약사항, 부활보험료, 휴면보험금 조회 등 다양한 조회서비스 제공 • 자동이체관리, 가입금액 감액처리, 기간 변경, 연금변경 등 다양한 변경서비스 제공
보험	• 간편 계산 기능으로 생년월일/성별 입력만으로 보험료 계산 가능 • 모바일보험 가입
보험금 청구	• 보험사고 발생 시 모바일을 통해 청구할 수 있는 기능 제공
대출·상환	• 환급금대출, 보험료자동대출, 대출내역조회, 환급금대출 상환 등의 기능 제공
사용자 편의기능	• 고객센터, 상담예약신청, 이용 안내, ARS 안내, 사고예방 안내 등 사용자 편의를 위한 서비스 제공
부가 서비스	• 보험웹툰, 설문조사, 우체국 및 ATM 찾기 기능 제공
인증관리	• 공인인증서 가져오기 및 간편인증(생체인증, PIN 인증 등)

㉯ 우체국 미니앱 : 고객들이 가장 많이 사용하는 계좌조회, 이체 등의 기본메뉴로만 구성하여 빠르게 업무를 처리할 수 있도록 만들어진 어플리케이션

구분	주요 서비스
조회이체	• 계좌조회, 빠른이체, 즉시이체, 이체결과조회, 자주 쓰는 입금계좌 서비스
외환	• 환율조회, 환전신청, SWIFT 국제환 등 해외송금 서비스 제공
인증서비스	• 인증서 발급, 가져오기, 내보내기, 갱신, 폐기, 관리, 이용안내 등
고객센터	• 고객센터 연결, 공지사항, 이용안내, 알림설정, 알림내역, 서비스 해지, 언어설정 서비스

④ 전자금융을 이용한 자금이체 한도 … 이용 고객은 1회 및 1일 이체한도를 우체국이 정한 보안등급별 자금이체한도와 보안매체별 거래이용수단에 따라 계좌이체 한도를 지정할 수 있으며, 우체국과 별도 약정을 통해 우체국이 정한 한도를 초과하여 지정할 수 있다.

㉠ 전자금융 보안 등급별 자금이체 한도

구분			보안등급		
			안전등급	일반등급	기본등급
인터넷뱅킹	개인	1회	1억 원	1천만 원	3백만 원
		1일	5억 원	5천만 원	3백만 원
	법인	1회	10억 원	–	–
		1일	50억 원	–	–
	법인 (별도계약¹⁾)	1회	10억 원	–	–
		1일	무제한	–	–
모바일뱅킹	개인	1회	1억 원	1천만 원	1천만 원
		1일	5억 원	5천만 원	1천만 원

폰뱅킹	개인	1회	5천만 원	3백만 원	–
		1일	2억 5천만 원	5백만 원	–
	법인	1회	1억 원	–	–
		1일	5억 원	–	–

1) 법인 별도계약을 통해 한도 초과 약정을 하고자 할 경우 안전등급의 거래이용수단을 이용하고 관할 지방우정청장의 승인을 받아야 함
※ 인터넷·모바일의 1일 자금이체한도는 합산하여 처리됨
※ 인터넷뱅킹의 기본등급은 본인거래(본인 우체국계좌 거래, 공과금 납부 등)에 한하여 적용

ⓛ 전자금융 보안매체별 거래이용 수단

구분	서비스	거래이용수단
안전등급	인터넷뱅킹/모바일뱅킹	우체국이 정한 인증서[1] + OTP(디지털 OTP 포함)
		HSM[2]방식 공인인증서 + 보안카드
	폰뱅킹	OTP(디지털 OTP 포함) + 이체비밀번호
일반등급	인터넷뱅킹/모바일뱅킹	우체국이 정한 인증서[1] + 보안카드
	폰뱅킹	보안카드 + 이체비밀번호
기본등급	인터넷뱅킹/모바일뱅킹	우체국이 정한 인증서[1]

1) 우체국이 정한 인증서 : 우체국 간편인증서(PIN), 공인인증서 등
2) HSM(Hardware Security Module) : 공인인증서 복사방지를 위해 사용하는 보안성이 강화된 스마트카드 USB 저장장치
※ 보안등급에 따른 보안매체수단은 추후 변경 가능하며 추가 지정할 수 있음

⑤ 전자금융서비스 이용 제한

ⓐ 계좌 비밀번호, 보안카드 비밀번호, 폰뱅킹 이체비밀번호, 모바일 인증서에 등록한 PIN, 패턴, 디지털 OTP 인증번호 및 생체인증 정보 등을 연속 5회 이상 잘못 입력한 경우

ⓑ OTP의 경우 OTP를 발생시키는 전 금융기관을 통합하여 연속 10회 이상 잘못 입력한 경우

ⓒ 인터넷뱅킹 이용자가 서비스 신청일 포함 5일 이내에 전자적 장치를 통해 최초 서비스 이용등록을 하지 않은 경우

ⓓ 기타 예금거래 기본약관 등에서 정한 거래 제한 사유가 발생한 경우

⑥ 자동화기기

ⓐ 개념 : 우체국금융 자동화기기(CD 또는 ATM)을 이용하여 현금입출금, 잔액조회, 계좌이체 등을 통장 및 카드거래(현금 또는 체크) 또는 무통장/무카드 거래로 손쉽게 제공 받을 수 있는 서비스로 최근 보급이 확대되고 있는 지능형 자동화기기인 "우체국 스마트 ATM"에서는 화상인증(신분증 복사기능+얼굴사진 촬영) 및 지문·얼굴 등 생체인증을 통해 이용고객의 신원확인이 가능하여, 서비스 제공범위가 기존 자동화기기 서비스는 물론 우체국 창구에서만 처리 가능 하던 일부 업무(상품가입, 체크카드발급, 비밀번호 변경 등)까지 확대 되었다.

ⓛ 우체국 자동화기기 서비스

구분	주요 서비스
CD/ATM	예금입금 · 출금 · 조회, 계좌이체(송금)/해외송금, 통장/보험정리, 무통장/무카드거래, 휴대폰거래, 신용카드, 지로/공과금/대학등록금, 전자통장/T-money거래, 보험서비스 등
스마트ATM	기존 ATM 서비스(입출금 · 이체 · 조회) + 계좌개설, 체크카드발급, 보안매체발급, 비밀번호 및 고객정보 변경, 분실신고 및 해지 등

(2) 우편환 · 대체

① **우편환** … 「우편환법」에 따라 우편 또는 전자적 수단으로 전달되는 환증서(전자적 매체를 통해 표시되는 지급지시서 및 계좌입금 등을 포함)를 통한 송금수단으로 금융기관의 온라인망이 설치되어 있지 않은 지역에 대한 송금을 위해 이용된다. 우체국의 우편환 서비스는 크게 통상환, 온라인환 및 경조금배달서비스가 있다.

② **우편대체** … 우편대체는 우체국에 개설한 우편대체계좌를 통하여 자금 결제를 할 수 있는 제도로서 이를 통하여 세금 · 공과금 등 수납 등의 서비스가 제공된다.

(3) 외국환

① **해외송금**

ⓐ SWIFT(Society for Worldwide Interbank Financial Telecommunication) 해외송금

㉮ 국제은행 간의 금융통신망으로 은행 간 자금결제 및 메시지교환을 표준화된 양식에 의거 송수신함으로써 신속, 저렴, 안전하게 처리하기 위해 1973년 유럽 및 북미은행 중심으로 설립된 국제은행간 정보통신망 송금 서비스이다.

㉯ 우체국은 신한은행과 제휴를 통한 신한은행 SWIFT 망을 통해 전 세계금융기관을 대상으로 해외송금 서비스를 운영하고 있으며, 수취인의 해외은행계좌에 송금하는 당발송금과 해외은행으로부터 수취인의 한국 우체국계좌로 송금하는 타발송금 업무가 있다.

㉰ 매월 약정한 날짜에 송금인 명의의 우체국계좌에서 자금을 인출하여 해외의 수취인에게 자동으로 송금해주는 SWIFT 자동송금서비스도 제공하고 있다.

ⓑ Eurogiro 해외송금 : 유럽지역 우체국 금융기관이 주체가 되어 설립한 Eurogiro社의 네트워크를 사용하는 EDI(전자문서교환)방식의 국제금융 송금서비스로 우정사업자와 민간 금융기관이 회원으로 가입 후 회원 간 쌍무협정을 통해 해외송금을 거래한다. 계좌와 주소지 송금이 가능하다.

ⓒ MoneyGram 특급송금 : 미국 댈러스에 소재하고 있는 머니그램社와 제휴한 Agent 간 네트워크 상 정보에 의해 자금을 송금, 수취하는 무계좌 거래로 송금번호(REF.NO)만으로 송금 후 약 10분 만에 수취가 가능한 특급해외송금 서비스이다. 우체국은 신한은행 및 머니그램社와 제휴를 통해 계좌번호 없이 8자리 송금번호 및 수취인 영문명으로 해외로 자금을 송금 후 약 10분 뒤 수취인 지역 내 머니그램 Agent를 방문하여 수취 가능한 특급송금 서비스를 제공하고 있다.

ⓔ 우체국 해외송금 비교

구분	SWIFT 송금	유로지로	머니그램 특급송금
송금방식	SWIFT network	Eurogiro network	Moneygram network
소요시간	3~5영업일	3~5영업일	송금 후 10분
거래유형	계좌송금	주소지/계좌송금	수취인 방문 지급
중계·수취 은행수수료	약 15~25 USD	중계은행 수수료 : 없음 수취은행 수수료 : 3USD/2EUR	-
취급 국가	전 세계 약 214개국	태국, 필리핀, 스리랑카, 일본, 베트남, 몽골	약 200개 국가

* 2020년 9월 기준

② 환전업무

ⓐ 외화환전 예약서비스

㉮ 우체국 방문, 인터넷·스마트뱅킹을 이용해 환전거래와 대금 지급을 완료하고, 원하는 수령일자 및 장소를 선택하여 지정한 날짜에 외화 실물을 직접 수령하는 서비스

㉯ 수령 장소는 고객이 지정한 일부 환전업무 취급 우체국 및 우정사업본부와 환전업무 관련 제휴 된 KEB 하나은행 지점(환전소)에서 수령할 수 있다.

㉰ 환전 가능금액은 건당 1백만 원 이내이고 환전가능 통화는 미국달러(USD), 유럽유로(EUR), 일본엔(JPY), 중국위안(CNY), 캐나다달러(CAD), 호주달러(AUD), 홍콩달러(HKD), 태국바트(THB), 싱가폴달러(SGD), 영국파운드(GBP) 등 총 10종이다.

ⓑ 외화배달 서비스

㉮ 우체국 인터넷뱅킹 또는 스마트뱅킹 등 비대면 채널을 통하여(우체국 창구 접수는 불가) 환전거래와 대금 지급을 완료하고, 고객이 직접 날짜와 장소를 지정하면 우편서비스를 이용하여 접수 된 외화 실물을 직접 배달해 주는 서비스

㉯ 외화 수령일 지정은 신청일로부터 3영업일에서 10영업일 이내로 지정 할 수 있으며, 외화 배달서비스 신청이 가능한 취급 통화는 미국달러(USD), 유럽유로(EUR), 일본엔(JPY), 중국위안(CNY) 총 4개 통화로 한정한다.

(4) 제휴서비스

① 개념 및 종류

ⓐ 개념 : 국민들에게 지역차별 없는 종합적이고 보편적인 금융서비스 제공을 위해 민간금융과의 다양한 제휴 서비스를 운영하고 있다. 우체국의 제휴 사업은 「우정사업 운영에 관한 특례법 시행령」 제2조 제4호에서 정한 우체국예금 사업의 부대되는 사업으로 다른 행정기관 또는 타인으로부터 위임 또는 위탁받은 업무를 근거로 추진한다.

ⓛ 종류

구분	분야	주요업무
창구망 개방	창구망 공동이용업무	• 창구공동망업무(자동화기기 포함) • 노란우산공제 판매대행 • SWIFT해외송금 • 환전서비스 • 특급해외송금(머니그램) • 우체국CMS 입금업무
창구망 개방	카드업무 대행 서비스	• 신용/체크카드 • 선불카드(T-Money카드)
창구망 개방	증권계좌 개설대행 서비스	• 증권계좌 개설 대행 • 증권제휴카드 발급 등
	소계	10개 업무
시스템 개방	결제자금 수납 대행	• 일괄배치 서비스 • 실시간 자동이체서비스 • 가상계좌 서비스 • 인터넷 지불결제 • 예금주실명조회서비스 • 금융결제원 지로/CMS
시스템 개방	자동화기기 이용업무	• 제휴CD업무 이용 • 현금서비스
시스템 개방	전자금융 서비스	• 신용정보서비스 • 공인인증서비스
	소계	10개 업무
합계		20개 업무

② 창구망 공동이용

　ⓐ 개념 … 우체국과 은행이 업무제휴를 맺고 양 기관의 전산시스템을 연결하여 제휴은행 고객이 우체국 창구에서 자행거래 방식으로 입출금 거래를 할 수 있다.

　ⓛ 제휴기관 및 이용가능 업무

구분	주요내용
제휴기관	• KDB산업은행, 한국씨티은행, IBK기업은행, 전북은행, KEB하나은행(자동화기기 한정) 등
이용가능업무	• (입금) 제휴은행 고객이 우체국 창구에서 제휴은행 고객계좌로 입금 • (지급) 제휴은행 고객이 우체국 창구에서 출금(통장에 의한 지급) • (조회) 무통거래내역, 계좌잔액, 처리결과, 수수료 조회 * 우체국 창구에서 제휴은행 통장 신규발행 및 해지는 불가

* 2020년 9월 기준

③ 노란우산공제 판매대행

 ㉠ 개념 : 소기업·소상공인이 폐업, 노령, 사망 등의 위험으로부터 생활안정을 기하고 사업재기 기회를 제공받을 수 있도록 「중소기업협동조합법」 제115조 규정에 따라 2007년 9월부터 비영리기관인 중소기업중앙회에서 운영하는 공적 공제제도로 2013년 7월부터 우체국금융창구를 통해 가입, 지급신청 등을 할 수 있다.

 ㉡ 우체국 노란우산 공제 대행업무

구분	주요내용
업무대행내용	• 청약 전 고객 상담 -기 가입자 또는 강제해지 후 1년 미경과 시에는 신규 및 (재)청약이 불가함으로 창약 전 기 가입여부 등 조회를 필수적으로 실시 • 청약서(철회서) 및 제반서류 접수 -단 무등록사업자의 신규청약 업무는 제외 • 부금 수납, 공제금/해약지급신청서 및 제반서류 접수

④ 우체국 CMS 업무

 ㉠ 개념 : 우체국은 카드·캐피탈社 등과의 개별 이용약정을 통해 전국 우체국에서 CMS 입금업무를 대행한다. CMS는 고객이 우체국에 개설된 제휴회사의 계좌로 무통장입금하고 그 입금 내역을 우체국금융 IT 운영을 담당하는 우정사업정보센터에서 입금회사로 실시간으로 전송하는 시스템이며, 입금 된 자금은 우정사업정보센터에서 회사의 정산계좌로 일괄 입금 처리한다.

 ※ CMS(Cash Management Service ; 자금관리서비스) : 입출금 자금에 대한 관리를 우체국 등 금융기관이 관리대행 해주는 서비스로서, 기업의 자금관리 담당자가 자금흐름을 한눈에 파악하여 자금관리 업무를 용이하게 수행할 수 있도록 지원하는 서비스

 ㉡ 우체국 CMS 업무분담 내역

구분	업무분담 내역
제휴회사	• 대금청구서 등 수납자료를 우체국 CMS 계좌번호와 함께 고객에게 통지 • 입금거래내역과 정산자금 대사확인 * 신한카드, 삼성카드, 현대카드, 다음다이렉트 자동차보험 등 7개 업체
고객	• 우체국창구에 무통입금을 의뢰하거나 인터넷뱅킹, 폰뱅킹, 자동화기기를 통한 CMS 이체를 함
우체국	• 고객이 우체국 창구에 입금을 의뢰하면 해당계좌에 CMS 번호와 함께 무통입금
우정사업 정보센터	• 입금거래내역을 해당회사로 실시간 전송하고 입금된 자금을 해당회사 정산계좌로 일괄 이체 • 익월 10일까지 해당회사에 수수료내역을 통보하고 20일에 해당회사 계좌에서 출금하여 수수료 정산함

⑤ 카드업무 대행 서비스

 ㉠ 개념 : 우체국은 신용카드사와의 업무제휴를 통해 우체국예금의 현금카드 또는 체크카드 기능이 결합 된 카드를 발급하거나 우체국의 현금카드 기능과 신용카드사의 신용카드 기능이 포함된 제휴 신용카드 상품을 출시함으로써 국민들의 카드이용 편의를 제공한다.

ⓛ 우체국 제휴 체크카드 및 신용카드 비교

구분	제휴 체크카드	제휴 신용카드
발급대상	• 개인 : 카드사 별 상이함 • 법인, 임의단체 : 카드사별 심사	• 개인 : 만 19세 이상 소득이 있는 자 • 법인, 임의단체 : 카드사별 심사
심사기준	• 자격기준 없음(신용불량자도 가입가능)	• 별도 자격기준 부여
이용범위	• 제휴카드사 가맹점에서 일시불만 이용(할부불가)	• 국내 · 외 가맹점 일시불/할부/현금서비스 이용
사용한도	• 우체국예금 결제계좌 잔액	• 개인별 신용한도액
연회비	• 연회비 없음	• 회원등급별 연회비 징수
제휴기관	• 삼성카드, 신한카드	• 우리카드, 국민카드, 신한카드, 하나카드

⑥ 증권계좌 개설 대행

ⓘ 개념 : 우체국은 증권 · 선물회사와 업무제휴 계약을 체결하고 전국 우체국 창구에서 고객의 증권 · 선물 계좌개설, 관련 제휴카드 발급, 이체서비스 등을 대행하고 있다.

ⓛ 제휴기관 및 이용가능 업무

구분	주요내용
제휴기관	• (증권) 한국투자, NH투자, 대신, 교보, KB, 하이투자, 삼성, 한화, SK, 미래에셋대우, 키움, 하나 대투, 신한금투, 유안타, 한국포스증권(舊 펀드온라인코리아) 등 • (선물) 삼성선물
이용가능 업무	• 우체국 고객의 증권/선물 계좌 개설 대행 　-위탁(주식) : 제휴증권사 전체(삼성선물 제외) 　-선물/옵션 : 제휴증권사 전체(한국포스증권 제외) 　-수익증권 : 한국투자, 삼성, 하이투자, 미래에셋대우, 키움, SK, 한국포스증권 　-CMA : 삼성증권, 하이투자증권 • 우체국과 증권/선물회사 간의 자금이체 • 우체국 및 증권/선물 회사 고객의 증권제휴카드 발급 • 증권/선물 계좌 비밀번호 변경

* 2020년 9월 기준

⑨ 내부통제 및 리스크관리

(1) 내부통제

① 의의

    ⑤ 내부통제란 조직이 효율적인 업무운영, 정확하고 신뢰성 있는 재무보고 체제의 유지, 관련법규 및 내부 징책·질서의 준수 등과 같은 목표를 달성하려는 합리적인 확신을 주기 위하여 조직 내부에서 자체적으로 마련하여 이사회, 경영진 및 직원 등 조직의 모든 구성원들이 지속적으로 실행·준수하도록 하는 일련의 통제과정이다.

    ⓒ 임직원 모두가 고객재산의 선량한 관리자로서 제반 법규뿐만 아니라 내규까지 철저하게 준수하도록 사전 또는 상시적으로 통제·감독하는 것을 말하며 조직의 자산보호, 회계자료의 정확성 및 신뢰성 체크, 조직운영의 효율적 증진, 경영방침의 준수를 위하여 채택한 조정수단 및 조치 등을 의미한다.

    ⓒ 내부통제제도는 조직이 추구하는 최종목표를 달성하기 위한 과정 또는 수단이고, 금융회사 내 모든 구성원에 의해 수행되는 일련의 통제활동이며, 특정한 목표를 달성하는데 합리적인 확신을 주는 것이다.

② 법적 근거 … 「금융회사의 지배구조에 관한 법률」에는 금융회사가 효과적인 내부통제제도를 구축·운영해야 하는 법적인 근거를 제시하고 있다. 「동법」 제24조에서는 "금융회사는 법령을 준수하고 경영을 건전하게 하며 주주 및 이해관계자 등을 보호하기 위하여 금융회사의 임직원이 직무를 수행할 때 준수하여야 할 기준 및 절차(내부통제기준)를 마련하여야 한다."고 되어 있다.

③ 필요성

    ⑤ 1997년 국내기업들의 경영투명성 결여, 회계정보의 신뢰성 부족, 경영감시기능 미흡으로 인한 독단적 경영 등이 IMF 경제위기의 주요한 원인으로 주목되면서 내부통제의 중요성이 강조되기 시작하자 1999년에는 정부와 금융당국에서도 내부통제 수단으로 사외이사와 감사위원회, 준법감시인 및 선진화된 리스크관리 제도 등을 도입하게 되었다.

    ⓒ 내부통제제도의 운영을 통해 금융회사는 자산을 보전하고 신뢰성 있는 재무보고체계의 유지, 법규 준수 등을 효과적으로 하면서 회사의 목표를 달성할 수 있다.

    ⓒ 영업활동 시 중요한 오류 및 일탈행위 가능성을 감소시키고 오류 등이 실제 발생하는 경우 시의적절하게 감지하여 시정조치를 할 수 있다.

④ 내부통제의 구성요소

    ⑤ **통제환경**: 내부통제에 적합한 조직구조, 효과적인 내부통제가 이루어지도록 유인하는 보상체계, 적절한 인사 및 연수정책, 이사회의 내부통제에 대한 관심 방향, 임직원의 성실성과 자질 등 환경적 요인이다. 조직 내 모든 구성원이 내부통제시스템의 중요성을 인식하고, 내부통제기준 및 절차를 준수하겠다는 통제문화의 형성이 중요하다.

    ⓒ **리스크평가**: 조직이 직면하고 있는 리스크를 종류별·업무별로 인식하고 측정, 분석하는 것이다. 효과적인 내부통제시스템 구축을 위해 조직의 목표달성에 부정적인 영향을 미칠 수 있는 리스크를 정확히 인식하고 평가한다.

ⓒ **통제활동** : 목표달성에 부정적인 영향을 미치는 리스크를 통제하기 위한 정책 및 절차 수립 등 제도의 구축과 운영을 말한다. 적절한 직무분리, 각종 한도 설정, 예외 적용시 특별승인절차 등의 방법이 있다.

　　ⓔ **정보와 의사소통** : 구성원이 본연의 책임과 역할을 적절히 수행하기 위해서는 적절한 정보가 수집·관리되고, 필요한 사람에게 신속하게 제공될 수 있는 시스템을 갖추어야 한다.

　　ⓜ **모니터링** : 내부통제의 모든 과정은 모니터링되고 지속적으로 수정 및 보완되어야 한다. 내부통제시스템을 상시 모니터링해야 하며, 중요한 리스크에 대한 모니터링은 내부감시기능에 의해 정기적으로 평가되고 일상적인 영업활동의 일부가 되어야 한다.

⑤ **내부통제의 수단** … 일반적인 내부통제 수단은 권한의 적절한 배분 및 제한, 회사 자산 및 각종 기록에의 접근제한, 직무분리 및 직무순환, 정기적인 점검 및 테스트, 불시 점검 및 테스트 등이 있다.

⑥ **내부통제기준에 포함되어야 하는 사항**

　　㉠ 업무의 분장 및 조직구조

　　㉡ 임직원이 업무를 수행할 때 준수하여야 하는 절차

　　㉢ 내부통제와 관련하여 이사회, 임원 및 준법감시인이 수행하여야 하는 열할

　　㉣ 내부통제와 관련하여 이를 수행하는 전문성을 갖춘 인력과 지원조직

　　㉤ 경영의사결정에 필요한 정보가 효율적으로 전달될 수 있는 체제의 구축

　　㉥ 임직원의 내부통제기준 준수 여부를 확인하는 절차·방법과 내부통제기준을 위한 임직원의 처리

　　㉦ 임직원의 금융관계법령 위반행위 등을 방지하기 위한 절차나 기준

　　㉧ 내부통제기준의 제정 또는 변경 절차

　　㉨ 준법감시인의 임면절차

　　㉩ 이해상충을 관리하는 방법 및 절차 등

　　㉪ 상품 또는 서비스에 대한 광고의 제작 및 내용과 관련한 준수사항

　　㉫ 「금융회사의 지배구조에 관한 법률」 제11조 제1항에 따른 임직원 겸직이 제11조 제4항 제4호 각 목의 요건을 충족하는지에 대한 평가·관리

　　㉬ 그 밖에 내부통제기준에서 정하여야 할 세부적인 사항으로서 금융위원회가 정하여 고시하는 사항

⑦ **준법감시인제도**

　　㉠ 준법감시(Compliance)란 법령, 기업윤리, 사내규범 등의 법규범을 철저히 준수해 사업운영을 완전하게 하기 위한 것으로, 법규범 위반을 조직적으로 사전에 방지하는 것이다

　　㉡ 준법감시인이란 내부통제기준의 준수 여부를 점검하고 내부통제기준을 위반하는 경우 이를 조사하는 등 내부통제 관련 업무를 총괄하는 자를 말한다.

　　㉢ 외환위기 이후 금융권 전 부문에 대한 규제완화, 구조조정 및 개방화가 진전되면서 금융회사의 내부통제 강화를 위한 선진국의 준법감시제도가 국내에 도입되는 분위기가 조성되었다.

ⓔ 「금융회사의 지배구조에 관한 법률」 제25조에서는 "금융회사는 내부통제기준의 준수 여부를 점검하고 내부통제기준을 위반하는 경우 이를 조사하는 등 내부통제 관련 업무를 총괄하는 사람(준법감시인)을 1명 이상 두어야 하며, 준법감시인이 필요하다고 판단되는 경우 조사결과를 감사위원회 또는 감사에게 보고할 수 있다."고 규정하고 있다.

(2) 금융실명거래 원칙 및 방법

① 의의 … 1993년 실명에 의한 금융거래를 실시하고 그 비밀을 보장하여 금융거래의 정상화를 꾀함으로써 경제 정의를 실현하고 국민경제의 건전한 발전을 도모할 목적으로 금융실명제가 실시되고 이를 바탕으로 1997년 금융실명제를 법규화한 「금융실명거래 및 비밀보장에 관한 법률(금융실명법)」이 제정되었다.

② 실명확인방법

    ㉠ 실명확인자 : 실명확인자는 실제로 고객의 실명을 확인한 금융회사의 직원으로 실명확인업무에 대한 권한·의무가 주어진 영업점 직원(계약직, 시간제, 도급직 포함)이다.

    ㉡ 실명확인증표

        ㉮ 실명확인은 성명, 주민등록번호와 첨부된 사진까지 확인하여 본인여부를 확인하는 것으로 제시받은 실명확인증표의 식별이 곤란한 경우 다른 실명확인증표를 보완적으로 사용 가능하다.

        ㉯ 개인의 경우 주민등록증이 원칙이나, 운전면허증, 여권, 청소년증 같은 성명, 주민등록번호가 기재되어 있고 부착된 사진에 의해 본인임을 확인할 수 있는 유효한 증표는 실명확인증표가 될 수 있다.

        ㉰ 법인의 경우 사업자등록증, 고유번호증, 사업자등록증명원이 실명확인증표가 되며, 사업자등록증 사본은 동일 금융회사 내부에서 원본을 대조·확인한 경우에 사용이 가능하다.

        ㉱ 임의단체의 경우 납세번호증, 고유번호증이 실명확인증표가 되며, 없는 경우 대표자 개인의 실명확인증표로 가능하다.

        ㉲ 외국인의 경우 외국인등록증, 여권, 신분증이 실명확인증표가 된다.

> **TIP** 계좌에 의한 실명확인 원칙
>
> ㉠ 계좌개설시(신규 및 재예치)마다 실명확인증표 원본에 의하여 실명을 확인하여 거래원장, 거래신청서, 계약서 등에 "실명확인필"을 표시하고 확인자가 날인 또는 서명 (동시에 다수의 계좌를 개설하는 경우 기실명확인 된 실명확인증표 재사용 가능)
>
> ㉡ 계좌개설시에는 실명확인증표 사본 등 실명확인에 필요한 관련 서류를 첨부·보관
>
>   ※ 실명확인할 의무가 있는 금융회사 직원이 금융회사가 통제·관리할 수 있는 스캐너 또는 디지털카메라에 의해 스캔(촬영) 후 파일을 별도 보관하거나 사본 출력 후 거래신청서 등에 첨부·보관도 가능 (기징구된 실명확인증표 사본 등 관련서류 재사용 금지)
>
> ㉢ 대리인을 통하여 계좌개설을 할 경우 인감증명서 징구
>
>   ※ 본인 및 대리인 모두의 실명확인증표와 본인의 인감증명서가 첨부된 위임장을 제시받아 실명확인함 (이 경우 본인의 실명확인증표는 사본으로도 가능)
>
> ㉣ 가족대리시 징구하는 주민등록등본, 가족관계증명서(가족관계등록부)의 유효기간은 발급일로부터 3개월이다.

ⓒ 비대면 실명확인

㉮ 비대면 실명확인은 거래자 본인 여부를 확인할 때 온라인 채널 등 대면 이외의 방식으로 실명확인 하는 것을 의미한다.

㉯ 비대면 실명확인 대상 금융거래는 계좌개설에 한정되는 것은 아니며 「금융실명법」상 실명확인 의무가 적용되는 모든 거래에 적용된다.

㉰ 비대면 실명확인 적용 대상자는 명의자 본인에 한정하고 대리인은 제외되며 인정 대상 실명확인증표는 주민등록증, 운전면허증 및 여권이다.

㉱ 비대면 실명확인의 적용 대상으로 개인뿐만 아니라 법인도 가능하지만, 법인의 경우 금융회사가 위임·대리 관계를 확인 할 수 있는 각종 서류(위임장 및 인감증명서 등)의 검증을 위해 대면 확인을 하는 것이 바람직하다.

> **📢 TIP 비대면 실명확인방식**(2가지 이상의 방식을 활용해야 한다)
> ㉠ 거래자의 실명확인증표 사본을 제출받아 확인
> ㉡ 거래자와의 영상통화를 통해 확인
> ㉢ 「전자금융거래법」 제2조 제10호에 따른 접근매체 전달업무 위탁기관 등을 통하여 실명확인증표 확인
> ㉣ 「금융실명법」상 실명확인을 거쳐 거래자 명의로 금융회사에 이미 개설된 계좌와의 거래를 통한 확인
> ㉤ 기타 ㉠~㉣에 준하는 새로운 방식을 통하여 확인
>   ※ 금융회사가 「금융실명법」상 실명확인을 거쳐 거래자의 동의를 받아 「전자금융거래법」 제2조 제10호 라목에 따른 생체정보를 직접 등록 받은 후 이와 대조하여 확인하는 방식도 ㉤에 해당

③ 실명확인 생략이 가능한 거래

㉠ 실명이 확인된 계좌에 의한 계속 거래 : 실명이 확인된 계좌에 의한 계속거래라 하는 것은 실명확인 된 계좌의 입출금, 해지 및 이체 등을 말한다. 재 예치 등 계좌가 새로 개설되는 경우는 계속거래가 아니다.

㉡ 각종 공과금 등의 수납

㉢ 100만 원 이하의 원화 또는 그에 상당하는 외국통화의 송금과 100만 원 이하에 상당하는 외국통화 매입·매각

㉮ 수표 및 어음 입금 시 금액 상관없이 실명확인 대상이며 수표·어음 뒷면에 입금계좌번호를 기재하는 것으로 실명확인에 갈음하고 무통장입금 의뢰서에 실명확인 날인

㉯ 동일 금융회사 등에서 본인 또는 그 대리인이 동일자 동일인에게 100만 원을 초과하는 금액을 분할 입금하는 것을 금융회사가 인지한 경우에는 그 초과금액에 대하여 실명확인

※ 실명확인 대상 외국환거래의 종류 : 외화예금, 환전(100만 원 초과), 해외로 외화송금, 해외로부터 외화송금 등

④ 불법·탈법 차명거래 금지

㉠ 금융실명거래 및 비밀보장에 관한 법률은 불법재산의 은닉, 자금세탁행위(조세포탈 등), 공중협박자금 조달행위, 강제집행의 면탈 또는 그 밖의 탈법행위를 목적으로 하는 차명거래를 금지하고 있다

㉡ 금융회사 종사자는 불법 차명거래를 알선·중개하는 행위를 금지하고, 금융회사 종사자에게 거래자를 대상으로 불법 차명거래가 금지된다는 사실을 설명해야 하며, 설명한 내용을 거래자가 이해하였음을 서명, 기명날인, 녹취 등의 방법으로 확인 받아야 한다.

(3) 금융거래에 대한 비밀보장

① 비밀보장제도

㉠ 「금융실명거래 및 비밀보장에 관한 법률」은 금융회사 종사자에게 명의인의 서면 상 요구 나 동의 없이는 금융거래정보 또는 자료를 타인에게 제공하거나 누설할 수 없도록 비밀보장의무를 규정하고 있다.

㉡ 비밀보장의 대상이 되는 금융거래정보 또는 자료란 특정인의 금융거래사실(누가 어느 금융회사 등, 어느 점포와 금융거래를 하고 있다는 사실)과 금융회사가 보유하고 있는 금융거래 내용을 기록·관리하고 있는 모든 장표·전산기록 등의 원본·사본(금융거래자료) 및 그 기록으로부터 알게 된 것(금융거래정보), 당해 정보만으로 명의인의 정보 등을 직접 알 수 없으나 다른 정보와 용이하게 결합하여 식별할 수 있는 것을 말한다.

② 금융거래 정보제공

㉠ 금융거래정보제공의 흐름

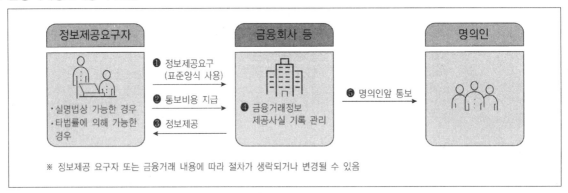

㉡ 금융거래 정보제공의 법률적 근거

㉮ 「금융실명거래 및 비밀보장에 관한 법률」은 금융회사 종사자로 하여금 명의인의 서면상 요구나 동의 등 법률상 일정한 사유가 있는 경우에만 금융거래정보를 제3자에게 제공할 수 있게 하고, 제공하는 경우에도 사용목적에 필요한 최소한의 범위 내에서 인적사항을 명시하는 등 법령이 정하는 방법 및 절차에 의하여 정보를 제공하도록 하고 있다.

㉯ 금융실명법상 정보제공이 가능한 경우
- 명의인의 서면상의 요구나 동의를 받은 경우
- 법원의 제출명령 또는 법관이 발부한 영장에 의한 경우
- 「조세에 관한 법률」의 규정에 의하여 소관관서장의 요구(상속·증여재산의 확인, 체납자의 재산조회 등)에 의한 거래정보 등을 제공하는 경우
- 동일 금융회사의 내부 또는 금융회사 상호간에 업무상 필요한 정보 등을 제공하는 경우

㉢ 정보제공 요구 방법

㉮ 금융위원회가 정하는 표준양식
- 명의인의 인적 사항(성명, 주민등록번호, 계좌번호, 수표·어음 등 유가증권의 증서번호 등 중 하나)
- 요구대상 거래기간

- 요구의 법적 근거
- 사용목적
- 요구하는 거래정보의 내용
- 요구하는 기관의 담당자 및 책임자의 성명과 직책

ⓗ 정보제공요구는 특정점포에 요구해야 하지만 다음의 경우 본점부서에서 일괄 조회요구를 할 수 있다.
- 명의인이 서면상의 요구나 동의에 의한 정보제공
- 제출명령 또는 법관이 발부한 영장에 의하여 거래정보를 요구하는 경우
- 부동산거래와 관련한 소득세 또는 법인세의 탈루혐의가 인정되는 자의 필요한 거래정보를 세무관서의 장이 요구하는 경우
- 체납액 1천만 원 이상인 체납자의 재산조회를 위하여 필요한 거래정보를 국세청장 등이 요구하는 경우
- 금융회사 내부 또는 금융회사 상호간에 업무상 필요한 정보를 요구하는 경우

ⓔ 정보제공 사실의 기록 · 관리 의무

ⓐ 금융회사가 명의인 이외의 자로부터 정보의 제공을 요구받았거나 명의인 이외의 자에게 정보 등을 제공하는 경우, 그 내용을 기록 · 관리하여야 한다.

ⓑ 과세자료의 제공, 금융회사 내부 또는 금융회사 상호간의 정보제공의 경우에는 기록 · 관리의무가 면제된다.

ⓒ 관련 서류의 보관기간은 정보제공일로부터 5년간이며 금융회사 등이 기록 · 관리하여야 하는 사항은 다음과 같다.
- 요구자의 인적사항, 요구하는 내용 및 요구일자
- 제공자의 인적사항 및 제공일자
- 제공된 거래정보 등의 내용
- 제공의 법적근거
- 명의인에게 통보된 날

ⓜ 명의인에 대한 정보 등의 제공사실 통보

ⓐ 금융회사가 금융거래정보 등을 제공한 경우에는 정보 등을 제공한 날로부터 10일 이내에 제공한 거래정보 등의 주요 내용, 사용 목적, 제공받은 자 및 제공일자 등을 명의인에게 서면으로 통보하여야 한다.

ⓑ 요구자가 통보 유예를 요청하는 경우 유예할 수 있으며 사유는 다음과 같다.
- 사람의 생명이나 신체의 안전을 위협할 우려가 있는 경우
- 증거인멸 · 증인위협 등 공정한 사법절차의 진행을 방해할 우려가 명백한 경우
- 질문 · 조사 등의 행정절차의 진행을 방해하거나 과도하게 지연시킬 우려가 있는 경우

ⓒ 통보유예기간이 종료되면 종료일로부터 10일 이내에 명의인에게 정보제공사실과 통보유예 사유 등을 통보해야 한다.

③ 금융실명거래 위반에 대한 처벌 및 제재

㉠ 「금융실명거래 및 비밀보장에 관한 법률」은 실명거래의무 위반행위, 불법 차명거래 알선 · 중개행위, 설명의무 위반행위, 금융거래 비밀보장의무 위반행위, 금융거래정보의 제공사실 통보의무 위반행위, 금융거래정보 제공 내용 기록 · 관리의무 위반행위에 대한 처벌로서 벌칙과 과태료에 대한 규정을 두고 있다.

ⓛ 금융회사의 직원이 불법 차명거래 알선·중개행위를 하거나 금융거래 비밀보장의무 위반행위를 한 경우에는 5년 이하의 징역 또는 5천만 원 이하의 벌금에 처하고, 실명거래의무 위반행위를 하거나 설명의무 위반행위, 금융거래정보의 제공사실 통보의무 위반행위, 금융거래 정보 제공 내용 기록·관리의무 위반행위를 한 경우에는 3천만 원 이하의 과태료를 부과하도록 규정하고 있다.

(4) 금융소비자보호

① 금융소비자보호법

ⓗ 2020년 3월 금융소비자의 권익 증진과 금융소비자 보호의 실효성을 높이고 금융상품판매업 및 금융상품자문업의 건전한 시장질서 구축을 위하여 금융상품판매업자 및 금융상품자문업자의 영업에 관한 준수사항과 금융소비자 권익 보호를 위한 금융소비자정책 및 금융분쟁조정절차 등에 관한 사항을 규정하는 「금융소비자보호에 관한 법률」이 제정

ⓛ 「금융소비자보호법」은 동일기능 동일규제 원칙아래 금융상품의 유형과 금융회사 등의 업종 구분 등을 정의하고 금융소비자의 권리와 책무, 국가와 금융상품 판매업자 등의 책무, 금융상품판매업자 등의 영업행위 준수사항, 금융소비자보호 감독 및 처분 등에 대하여 규정하고 있다.

ⓒ 금융소비자보호법 관련 개념

⑦ 금융상품의 유형

구분	개념	대상(예시)
예금성	은행법상 예금 및 이와 유사한 것으로서 대통령령으로 정하는 것	예·적금
대출성	은행법상 대출 및 이와 유사한 것으로서 대통령령으로 정하는 것	주택대출, 신용대출 등
투자성	「자본시장법」상 금융투자상품 및 이와 유사한 것으로서 대통령령으로 정하는 것	펀드, 신탁 등
보장성	「보험업법」상 보험상품 및 이와 유사한 것으로서 대통령령으로 정하는 것	생명보험, 손해보험 등

⑭ 금융회사등의 업종 구분

구분	개념	대상(예시)
직접 판매업자	자신이 직접 계약의 상대방으로서 금융상품에 관한 계약체결을 영업으로 하는자(투자중개업자 포함)	은행, 보험사, 증권사, 여전사, 저축은행 등
판매대리·중개업자	금융회사와 금융소비자의 중간에서 금융상품 판매를 중개하거나 금융회사의 위탁을 받아 판매를 대리하는 자	투자권유대행인, 보험설계·중개사, 보험대리점, 카드·대출모집인 등
자문업자	금융소비자가 본인에게 적합한 상품을 구매할 수 있도록 자문을 제공	투자자문업자

② 금융상품판매업자등의 영업행위 준수사항(금융상품 6대 판매원칙)

ⓗ 적합성의 원칙 : 소비자의 재산상황, 금융상품 취득·처분 경험 등의 정보를 파악하고 이에 비추어 부적합한 금융상품 계약 체결의 권유를 금지(예금성 상품의 경우 수익률 등 변동 가능성이 있는 상품에 한정)

ⓛ **적정성의 원칙** : 소비자가 자발적으로 구매하려는 금융상품이 소비자의 재산상황, 투자경험, 신용 및 변제계획 등에 비추어 부적정할 경우 이를 고지하고 확인

ⓒ **설명의무** : 계약 체결을 권유하거나 소비자가 설명을 요청하는 경우 상품의 중요사항을 설명

ⓔ **불공정영업행위 금지** : 판매업자등이 금융상품 판매 시 우월적 지위를 이용하여 소비자의 권익을 침해하는 행위 금지

ⓜ **부당권유행위 금지** : 금융상품 계약 체결 권유 시 소비자가 오인할 우려가 있는 허위 사실 등을 알리는 행위를 금지

ⓑ **허위 · 과장광고 금지** : 금융상품 또는 판매업자 등의 업무에 관한 광고 시 필수 포함사항 및 금지행위 등

③ **금융소비자보호를 위한 장치**

ⓖ 「금융소비자보호법」은 금융상품 판매원칙 위반과 관련 위법계약해지권, 징벌적 과징금 도입, 과태료부과, 판매제한명령, 손해배상 입증책임 전환 등 금융상품판매업자 등의 판매원칙 준수를 위한 다양한 실효성 확보 수단을 명시하고 위반 시 제재를 강화하였다. 특히 설명의무 위반에 따른 손해배상청구 소송 시 고의 · 과실에 대한 입증 책임을 소비자가 아닌 금융회사가 입증하도록 하였다.

ⓛ 금융소비자보호법을 제정함으로서 소비자의 선택권 확대, 피해 방지, 사후구제 강화 등을 위한 제도 또한 새롭게 도입하였다. 청약철회권을 도입하여 일정기간 내 소비자가 금융상품 계약을 철회하는 경우 금융상품 판매자는 이미 받은 금전 · 재화 등을 소비자에게 반환하여야 한다.

[금융상품 유형 별 청약 철회 숙려기간]

상품 구분	상품 유형 별 숙려 기간
보장성	보험증권 수령일로부터 15일과 청약일로부터 30일 중 먼저 도래하는 기간 이내
투자성 · 금융상품자문	계약서류 제공일 또는 계약체결일로부터 7일 이내
대출성	계약서류 제공일, 계약체결일 또는 계약에 따른 금전 · 재화 등 제공일로부터 14일 이내

ⓒ 금융회사와 소비자 간 분쟁조정 과정 중 금융회사의 소 제기 시 조정절차가 중지되는 점을 들어 금융회사는 불리한 결정이 예상되면 소송을 제기하는 사례가 다수 발생함에 따라 금융회사의 분쟁조정제도 무력화 방지 및 분쟁조정 · 소송 시 소비자의 정보접근 권한을 법으로 강화하였다.

• 분쟁조정이 신청된 사건에 대하여 소송이 진행 중일 경우 법원이 그 소송을 중지할 수 있도록 소송중지제도를 도입하였고

• 소비자가 신청한 소액분쟁(권리 · 이익의 가액이 2천만 원 이내)은 분쟁조정 완료 시까지 금융회사의 제소를 금지하는 조정이탈금지제도도 마련하였다.

• 소비자가 분쟁조정 · 소송 등 대응 목적으로 금융회사 등이 유지 · 관리하는 자료 열람을 요구 시 금융회사 등은 영업비밀의 현저한 침해 등의 경우가 아니라면 이를 수용할 의무를 법에서 명시하고 있다.

❿ 기타사항

(1) 예금자보호

① 예금보험의 구조

    ㉠ 예금 지급불능 사태 방지 : 금융회사가 영업정지나 파산 등으로 고객의 예금을 지급하지 못하게 될 경우 해당 예금자는 물론 전체 금융제도의 안정성도 큰 타격을 입게 되므로 이러한 사태를 방지하기 위하여 우리나라에서는 「예금자보호법」을 제정하여 고객들의 예금을 보호하는 예금보험제도를 시행하고 있다.

    ㉡ 보험의 원리를 이용하여 예금자 보호 : 「예금자보호법」에 의해 설립된 예금보험공사가 평소에 금융회사로부터 보험료(예금보험료)를 받아 기금(예금보험기금)을 적립한 후, 금융회사가 예금을 지급할 수 없게 되면 금융회사를 대신하여 예금(예금보험금)을 지급한다.

    ㉢ 법에 의해 운영되는 공적 보험 : 예금을 대신 지급할 재원이 금융회사가 납부한 예금 보험료만으로도 부족할 경우에는 예금보험공사가 직접 채권(예금보험기금채권)을 발행하는 등의 방법을 통해 재원을 조성하게 된다.

② 보호대상 금융회사

    ㉠ 은행, 보험회사(생명보험·손해보험회사), 투자매매업자·투자중개업자, 종합금융회사, 상호저축은행이다. 농협은행, 수협은행 및 외국은행 국내지점은 보호대상 금융회사이지만 농·수협 지역조합, 신용협동조합, 새마을금고는 현재 예금보험공사의 보호대상 금융회사는 아니며, 관련 법률에 따른 자체 기금에 의해 보호된다.

    ㉡ 우체국의 경우 예금보험공사의 보호대상 금융회사는 아니지만, 「우체국예금·보험에 관한 법률」 제4조(국가의 책임)에 의거하여 우체국예금(이자 포함)과 우체국보험 계약에 따른 보험금 등 전액에 대하여 국가에서 지급을 책임지고 있다.

③ 보호대상 금융상품

    ㉠ 예금보험공사는 예금보험 가입 금융회사가 취급하는 예금만 보호한다.

    ㉡ 정부, 지방자치단체(국·공립학교 포함), 한국은행, 금융감독원, 예금보험공사, 부보금융회사의 예금은 보호대상에서 제외한다.

    ㉢ 보호금융상품과 비보호금융상품

구분	보호금융상품	비보호금융상품
은행	• 요구불예금(보통예금, 기업자유예금, 당좌예금 등) • 저축성예금(정기예금, 주택청약예금, 표지어음 등) • 적립식예금(정기적금, 주택청약부금, 상호부금 등) • 외화예금 • 예금보호대상 금융상품으로 운용되는 확정기여형 퇴직연금제도 및 개인형퇴직연금제도의 적립금 • 개인종합자산관리계좌(ISA)에 편입된 금융상품 중 예금보호 대상으로 운용되는 금융상품 • 원본이 보전되는 금전신탁 등	• 양도성예금증서(CD) • 환매조건부채권(RP) • 금융투자상품 (수익증권, 뮤추얼펀드, MMF 등) • 특정금전신탁 등 실적배당형 신탁 • 은행 발행채권 • 주택청약저축, 주택청약종합저축 등

보험회사	• 개인이 가입한 보험계약
	• 퇴직보험
	• 변액보험계약 특약
	• 변액보험계약 최저사망보험금 · 최저연금적립금 · 최저중도
	  인출금 등 최저보증
	• 예금보호대상 금융상품으로 운용되는 확정기여형 퇴직
	  연금제도 및 개인형퇴직연금제도의 적립금
	• 개인종합자산관리계좌(ISA)에 편입된 금융상품 중 예금
	  보호 대상으로 운용되는 금융상품
	• 원본이 보전되는 금전신탁 등
		• 보험계약자 및 보험료납부자가 법인인 보
		  험계약
		• 보증보험계약
		• 재보험계약
		• 변액보험계약 주계약(최저사망보험금 · 최
		  저연금적립금 · 최저중도인출금 등 최저보
		  증 제외) 등

④ 보호한도

　㉠ 예금자보호제도는 다수의 소액예금자를 우선 보호하고 부실 금융회사를 선택한 예금자도 일정 부분 책임을 분담한다는 차원에서 예금의 전액을 보호하지 않고 일정액만을 보호하고 있다.

　㉡ 원금과 소정이자를 합하여 1인(법인도 대상)당 5천만 원까지만 보호되며 초과금액은 보호되지 않는다.

　㉢ 예금의 지급이 정지되거나 파산한 금융회사의 예금자가 해당 금융회사에 대출이 있는 경우에는 예금에서 대출금을 먼저 상환(상계)시키고 남은 예금을 기준으로 보호한다.

(2) 금융소득 종합과세

① 개요 … 금융실명제 실시에 따른 후속조치로 1996년부터 실시되었으며 1998년부터 일시 유보되었다가 2001년부터 다시 실시되고 있다. 현재 실시되고 있는 내용을 보면 개인별 연간금융소득(이자 · 배당 소득)이 2천만 원 이하일 경우에는 원천징수하고, 2천만 원을 초과하는 금융소득은 2천만 원에 대하여는 원천징수세율을 적용하고 2천만 원을 초과하는 금액은 다른 종합소득(근로소득 · 사업소득 · 연금소득 등)과 합산하여 누진세율을 적용하여 종합과세 한다.

② 소득의 종류와 과세방법

　㉠ 「소득세법」상 소득의 종류

　　㉮ 종합소득 : 해당과세기간에 발생하는 이자소득, 배당소득, 사업소득, 근로소득, 연금소득, 기타소득으로 개인별로 합산하여 종합소득세율에 의해 신고 · 납부 원칙

　　㉯ 퇴직소득 : 근로자가 퇴직함으로 인하여 지급받는 퇴직금

　　㉰ 양도소득 : 자산을 양도함으로 인하여 발생하는 소득(2010년부터 부동산 임대 소득은 종합소득 중 사업소득에 포함하여 과세

　㉡ 과세방법

　　㉮ 종합과세 : 이자소득 등 종합소득 중 비과세소득과 분리과세소득을 제외한 소득을 합산하여 누진세율을 적용하는 방법을 말한다.

　　㉯ 분리과세 : 타소득과 합산되지 아니하고 분리과세 대상소득이 발생할 때에 건별로 단일세율에 의하여 원천징수의무자가 원천징수함으로써 당해 소득자는 납세의무가 종결되는 과세방식을 말한다.

③ 금융소득에 대한 이해

ㄱ 금융소득이란 금융자산의 저축이나 투자에 대한 대가를 말하며, 이자소득과 배당소득을 합한 것이다.

ㄴ 현행 「소득세법」 체계는 종합소득에 대해 종합과세하는 것이 원칙이나, 조세정책적 목적으로 금융소득에 대해서는 다양한 분리과세제도를 운용하고 있다.

ㄷ 「소득세법」에서는 이자소득과 배당소득 둘 다 유형별 포괄주의에 의하여 과세범위를 규정하고 있다.

 ㉮ 이자소득 : 금전을 대여하고 받은 대가인 이자소득은 총수입금액이 되며 비과세되는 이자소득은 포함하지 않는다(이자소득금액 = 이자소득 총수입금액).

 ㉯ 배당소득 : 주주로서 분배받은 배당금인 배당소득은 총수입금액이 되며 비과세되는 배당소득은 포함하지 않으나 배당소득이 종합소득에 합산되는 경우 법인단계에서 부담한 것으로 간주되는 귀속법인세를 배당소득 총수입금액에 가산하여 Gross-up제도를 적용한다(배당소득금액 = 배당소득 총수입금액 + 귀속법인세(Gross-up 금액)).

④ 금융소득 종합과세 체계

① 금융소득(이자소득+배당소득)

(−) ② 비과세 금융소득	• 공익신탁의 이익, 장기저축성보험차익 • 장기주택마련저축 이자 · 배당, 개인연금저축 이자 · 배당, 비과세종합저축 이자 · 배당(1인당 5천만 원 이하), 농 · 어민 조합 예탁금 이자, 농어가 목돈 마련저축 이자, 녹색예금 · 채권 이자, 재형저축에 대한 이자 · 배당, 경과규정에 따른 국민주택채권 이자 • 우리사주조합원이 지급받는 배당, 조합 등 예탁금의 이자 및 출자금에 대한 배당, 영농 · 영어조합법인 배당, 재외동포 전용 투자신탁(1억 원 이하) 등으로부터 받는 배당, 녹색투자신탁 등 배당, 저축지원을 위한 조특법에 따른 저축에서 발생하는 배당, 개인종합재산관리계좌(ISA)에서 발생하는 금융소득의 합계액 중 200만 원 또는 400만 원까지
(−) ③ 분리과세 금융소득	• 장기채권이자 분리과세 신청(30%), 비실명금융소득(42.9%), 직장공제회 초과반환금(기본세율) • 7년(15년) 이상 사회기반시설채권이자(14%), 영농 · 영어 조합법인(1천 2백만 원 초과분)으로부터 받는 배당(5%), 농업회사법인 출자 거주자의 식량작물재배업소득 외의 소득에서 발생한 배당(14%), 사회가반시설투융자집합투자기구의 배당(5%, 14%), 세금우대종합저축 이자 · 배당(9%), 개인종합자산관리계좌(ISA)에서 발생하는 금융소득의 비과세 한도(200만 원, 400만 원)를 초과하는 금액 등
(=) ④ 종합과세 금융소득	1) ①−(②+③)의 금액 중 2천만 원을 초과하는 금액이 종합과세됨 2) ①−(②+③)의 금액이 2천만 원 이하인 경우 • 국내외 금융소득으로서 국내에서 원천징수되지 아니한 소득에 대해서는 종합과세 • 그 외 금융소득은 원천징수로 분리과세

⑤ 종합과세 되는 금융소득

　㉠ 종합과세 제외 금융소득(비과세 되는 금융소득 + 분리과세 되는 금융소득)

　　㉮ 비과세 되는 금융소득은 과세대상이 아니며, 분리과세 되는 금융소득은 원천징수로 납세의무가 종결되므로 금융소득종합과세 대상에서 제외된다.

　　㉯ 「소득세법」에 의한 비과세 금융소득

　　　• 「신탁법」에 의한 공익신탁의 이익

　　　• 장기저축성보험의 보험차익

　　㉰ 「조세특례제한법」에 의한 비과세 금융소득

　　　• 개인연금저축의 이자 · 배당

　　　• 장기주택마련저축의 이자 · 배당

　　　• 비과세종합저축의 이자 · 배당 (1명당 저축원금 5천만 원 이하)

　　　• 조합 등 예탁금의 이자 및 출자금에 대한 배당

　　　• 재형저축에 대한 이자 · 배당

　　　• 농어가목돈마련저축의 이자

　　　• 우리사주조합원이 지급 받는 배당

　　　• 농업협동조합근로자의 자사출자지분 배당

　　　• 영농 · 영어조합법인의 배당

　　　• 농업회사법인 출자금의 배당

　　　• 재외동포전용 투자신탁 등의 배당 (1억 원 이하)

　　　• 녹색예금, 녹색채권의 이자와 녹색투자신탁 등의 배당

　　　• 경과규정에 의한 국민주택 등 이자

　　　• 개인종합자산관리계좌(ISA)에서 발생하는 금융소득의 합계액 중 200만 원 또는 400만 원 까지

　　㉱ 「소득세법」에 의한 분리과세 금융소득

　　　• 부동산 경매입찰을 위하여 법원에 납부한 보증금 및 경락대금에서 발생하는 이자 (14%)

　　　• 실지명의가 확인되지 아니하는 이자 (42%)

　　　• 2017. 12. 31. 이전에 가입한 10년 이상 장기채권(3년 이상 계속하여 보유)으로 분리과세를 신청한 이자와 할인액 (30%)

　　　• 직장공제회 초과반환금 (기본세율)

　　　• 수익을 구성원에게 배분하지 아니하는 개인으로 보는 법인격 없는 단체로서 단체명을 표기하여 금융거래를 하는 단체가 금융회사 등으로부터 받는 이자 배당 (14%)

　　　• 금융소득(비과세 또는 분리과세분 제외)이 개인별로 연간 2천만 원(종합과세기준 금액)이하인 경우 (14% 또는 25%)

　　㉲ 「조세특례제한법」에 의한 분리과세 금융소득

　　　• 발행일부터 최종 상환 일까지의 기간이 7년 이상인 사회기반시설에 대한 「민간투자법」 제58조 제1항의 규정에 의한 사회기반시설채권으로서 2014년말 까지 발행된 채권의 이자 (14%)

　　　※ 2010. 1. 1. 이후 발행하는 사회기반시설채권은 최종 상환 일까지의 기간이 7년 이상(15년→7년)으로 변경 되었으며, 2010년부터 수해방지채권은 분리과세 대상에서 제외되었음

- 영농 · 영어조합법인의 배당 (5%)
- 세금우대종합저축의 이자 · 배당 (9%)
- 재외동포전용투자신탁 등의 배당 (5%)
- 집합투자증권의 배당소득에 대한 과세특례 (5%, 14%)
- 고위험고수익투자신탁 등에 대한 이자 배당 (14%)
- 개인종합자산관리계좌(ISA)에서 발생하는 금융소득(이자소득과 배당소득)의 비과세 한도(200만 원, 400만원)를 초과하는 금액 (9%)
  ※ 조건부 과세 대상
    - 2016. 1. 1. 이후 선박투자회사로부터 받은 배당소득
    - 2017. 1. 1. 이후 해외자원개발투자회사 · 해외자원개발투자전문회사로부터 받은 배당소득

ⓑ 「금융실명거래 및 비밀보장에 관한 법률」에 의한 분리과세
- 비실명금융자산으로서 금융회사 등을 통해 지급되는 이자 · 배당 (90%)
- 「금융실명거래 및 비밀보장에 관한 법률」에 의하여 발행된 비실명채권에서 발생된 이자(2000. 12. 31. 까지 20%, 2001. 1. 1. 이후 15%)

ⓛ 종합과세 되는 금융소득

㉮ 금융소득이 2천만 원(종합과세기준금액)을 초과하는 경우 금융소득 전체를 종합과세 한다. 단 종합과세 기준금액을 기점으로 한 급격한 세부담 증가 문제를 보완하고 금융소득 종합과세 시 최소한 원천징수 세율(14%)이상의 세부담이 되도록 하기 위해 2천만 원을 초과하는 금융소득만 다른 종합소득과 합산하여 산출세액을 계산하고 2천만 원 이하 금액은 원천징수세율(14%)을 적용하여 산출세액을 계산한다.

㉯ 산출세액 계산 시 「소득세법」제62조의 규정에 따라 기준금액을 초과하는 금융소득을 다른 종합소득과 합산하여 계산하는 종합과세방식과 금융소득과 다른 종합소득을 구분하여 계산하는 분리과세방식에 의해 계산된 금액 중 큰 금액을 산출세액으로 한다.

㉰ 종합과세기준금액(2천만 원)의 초과여부를 계산함에 있어서 배당소득에 대해 배당가산(Gross-up)하지 않은 금액으로 한다.
  ※ 금융소득이 2천만 원을 초과하는 경우로서 기준금액 이하 금액은 형식적으로 종합과세 되나 원천징수세율에 의해 산출세액을 계산하므로 실질적으로는 분리과세 되는 것과 동일함

㉱ 금융소득이 2천만 원을 초과하는 경우에는 배당가산(Gross-up)한 금액을 종합과세 금융소득으로 한다.

㉲ 예외적으로 출자공동사업자로부터 받는 배당(원천징수세율 25%)은 종합과세기준금액(2천만 원)을 초과하지 않더라도 종합과세 한다.

ⓒ 국내에서 원천징수 되지 않는 금융소득

㉮ 국내에서 원천징수 되지 않은 국외에서 받는 금융소득

㉯ 국내에서 받는 2천만 원 이하의 금융소득으로서 「소득세법」제127조에 따라 원천징수 되지 않은 금융 소득
  ※ 2천만 원(종합과세기준금액) 초과여부 판단 시 국내에서 원천징수 되지 않은 금융소득도 합산한다.

⑥ 금융소득의 세액계산 방법

㉠ 금융소득 중 2천만 원까지는 원천징수세율(14%)을 적용하여 계산한 세액과 2천만 원을 초과하는 금융소득에는 기본세율(6~42%)을 적용하여 계산한 세액을 합계하여 산출세액으로 한다.
  ※ 산출세액 = (금융소득 2천만 원 × 14%) + (종합소득 과세표준 × 기본세율)

ⓛ 금융소득 전체 금액에 대하여 원천징수 된 세액 전부를 기납부세액(2천만 원에 대한 원천징수세액을 포함)으로 공제하여 납부할 세액을 계산한다.

※ 따라서 전체 금융소득 중 2천만 원까지는 원천징수세율로 납세의무가 종결되는 분리과세와 같은 결과가 된다.

ⓒ 종합소득세 기본세율

과세표준(2018년 이후~)	세율	누진공제액
1,200만 원 이하	과세표준 × 6%	–
1,200만 원 초과~4,600만 원 이하	72만 원 + 1,200만 원 초과 금액의 15%	108만 원
4,600만 원 초과~8,800만 원 이하	582만 원 + 4,600만 원 초과 금액의 24%	522만 원
8,800만 원 초과~1억5천만 원 이하	1,590만 원 + 8,800만 원 초과 금액의 35%	1,490만 원
1억5천만 원 초과~3억 원 이하	3,760만 원 + 1억 5천만 원 초과 금액의 38%	1,940만 원
3억 원 초과~5억 원 이하	9,460만 원 + 3억 원 초과 금액의 40%	2,540만 원
5억 원 초과	1억 7,460만 원 + 5억 원 초과 금액의 42%	3,540만 원

⑦ 신고와 납부 … 종합과세대상 금융소득이 발생한 경우(1년간 금융소득이 2천만 원을 초과한 경우 또는 국내에서 원천징수 되지 않는 금융소득이 있는 경우) 발생년도 다음 해 5월 1일부터 5월 31일까지 주소지 관할 세무서에 종합소득세 확정 신고·납부하여야 하며, 만약 5월 31일까지 신고하지 않거나 불성실하게 신고하는 경우에는 신고불성실 가산세 또는 납부불성실 가산세를 부담하게 된다.

(3) 자금세탁방지제도

① 개요

ⓐ 자금세탁방지제도란 국내·국제적으로 이루어지는 불법자금의 세탁을 적발·예방하기 위한 법적·제도적 장치로서 사법제도, 금융제도, 국제협력을 연계하는 종합관리시스템을 의미 한다.

ⓑ 자금세탁(Money Laundering)의 개념은 일반적으로 자금의 위법한 출처를 숨겨 적법한 것처럼 위장하는 과정을 의미 한다.

ⓒ 우리나라의 경우 불법재산의 취득·처분사실을 가장하거나 그 재산을 은닉하는 행위 및 외국환거래 등을 이용한 탈세목적으로 재산의 취득·처분사실을 가장하거나 그 재산을 은닉하는 행위"로 규정하고 있다.

[자금세탁방지제도 체계]

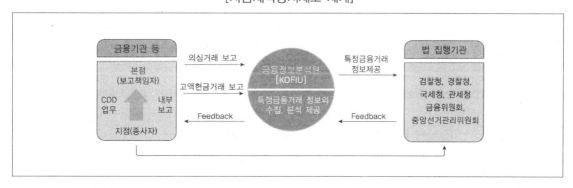

② **금융정보분석기구**(FIU ; Financial Intelligence Unit)

　　㉠ 금융기관으로부터 자금세탁 관련 의심거래보고 등 금융정보를 수집·분석하여, 이를 법집행기관에 제공하는 단일의 중앙 국가기관이다.

　　㉡ 우리나라의 금융정보분석기구는「특정금융거래정보의 보고 및 이용에 관한 법률」에 의해 설립된 금융정보분석원(KoFIU)이다.

　　㉢ 금융정보분석원은 법무부·금융위원회·국세청·관세청·경찰청·한국은행·금융감독원 등 관계기관의 전문 인력으로 구성되어 있으며, 금융기관 등으로부터 자금세탁관련 의심거래를 수집·분석하여 불법거래, 자금세탁행위 또는 공중협박자금조달행위와 관련된다고 판단되는 금융거래 자료를 법 집행기관 (검찰청·경찰청·국세청·관세청·금융위·중앙선관위 등) 제공하는 업무를 주 업무로 하고, 금융기관 등의 의심거래 보고업무에 대한 감독 및 검사, 외국의 FIU와의 협조 및 정보교류 등을 담당하고 있다.

③ **의심거래보고제도**(STR ; Suspicious Transaction Report)

　　㉠ 정의 : 금융거래(카지노에서의 칩 교환 포함)와 관련하여 수수한 재산이 불법재산이라고 의심되는 합당한 근거가 있거나 금융거래의 상대방이 자금세탁 행위를 하고 있다고 의심되는 합당한 근거가 있는 경우 이를 금융정보분석원장에게 보고하는 제도이다. 불법재산 또는 자금세탁행위를 하고 있다고 의심되는 합당한 근거의 판단주체는 금융회사 종사자이며, 그들의 주관적 판단에 의존하는 제도라는 특성이 있다.

　　㉡ 보고대상

　　　㉮ 금융회사 등은 금융거래와 관련하여 수수한 재산이 불법재산이라고 의심되는 합당한 근거가 있거나 금융거래의 상대방이 자금세탁행위나 공중협박자금조달행위를 하고 있다고 의심되는 합당한 근거가 있는 경우에는 지체 없이 의무적으로 금융정보분석원에 의심거래보고를 하여야 한다.

　　　㉯ 의심거래보고를 하지 않는 경우에는 관련 임직원에 대한 징계 및 기관에 대한 시정명령과 과태료 부과 등 제재처분이 가능하다.

　　　㉰ 금융회사가 금융거래의 상대방과 공모하여 의심거래보고를 하지 않거나 허위보고를 하는 경우에는 6개월의 범위 내에서 영업정지처분도 가능하다.

　　　㉱ 의심거래보고건수는 2010년 6월 30일부터 의심거래보고 기준금액이 2천만 원에서 1천만 원으로 하향 조정되고, 2013년 8월 13일부터 의심거래 보고 기준금액이 삭제됨에 따라 크게 증가되고 있는 추세이다.

　　㉢ 보고 방법 및 절차

　　　㉮ 금융기관 영업점 직원은 업무지식과 전문성, 경험을 바탕으로 고객의 평소 거래상황, 직업, 사업내용 등을 고려하여 취급한 금융거래가 혐의거래로 의심되면 그 내용을 보고책임자에게 보고하며, 고객확인 의무 이행을 요청하는 정보에 대해 고객이 제공을 거부하거나 수집한 정보의 검토 결과 고객의 금융거래가 정상적이지 못하다고 판단하는 경우 의심스러운 거래로 보고한다.

　　　㉯ 보고책임자는 특정금융 거래정보보고 및 감독규정의 별지 서식에 의한 의심스러운 거래보고서에 보고기관, 거래상대방, 의심스러운 거래내용, 의심스러운 합당한 근거, 보존하는 자료의 종류 등을 기재하여 온라인으로 보고하거나 문서 또는 저장 매체로 제출하되, 긴급한 경우에는 우선 전화나 FAX로 보고하고 추후 보완할 수 있다.

② 의심거래보고 정보의 법집행기관에 대한 제공 : 금융기관 등 보고기관이 의심스러운 거래의 내용에 대해 금융정보분석원(KoFIU)에 보고하면 보고된 의심거래 내용과 외환 전산망 자료 등을 종합·분석 후 불법거래 또는 자금세탁행위와 관련된 거래라고 판단되는 때에는 해당 금융거래자료를 검찰청·경찰청·국세청·관세청·금융위원회·선거관리위원회 등 법집행기관에 제공하고, 법집행기관은 거래내용을 조사·수사하여 기소 등의 의법 조치를 하게 된다.

④ 고객현금거래보고(CTR ; Currency Transaction Report)

㉠ 개념

㉮ 일정금액 이상의 현금거래를 KoFIU에 보고하는 제도

㉯ 1거래일 동안 1천만 원 이상의 현금을 입금하거나 출금한 경우 거래자의 신원과 거래일시, 거래금액 등 객관적 사실을 전산으로 자동 보고하게 되어있다.

㉰ 2006년에 이 제도를 처음 도입하였으며 도입당시 기준금액은 5천만 원 이었으나, 2019년 7월부터 1천만 원으로 내려 운영하고 있다.

㉡ 도입 목적

㉮ 불법자금의 유출입 또는 자금세탁혐의가 있는 비정상적 금융거래를 효율적으로 차단하려는데 목적이 있다.

㉯ 대부분의 자금세탁거래가 고액의 현금거래를 수반하고 금융기관 직원의 주관적 판단에 의존하는 의심거래보고제도(STR)만으로는 불법자금을 적발하기 불가능하다는 문제점을 해결하기 위해 도입되었다.

㉰ 우리나라는 금융거래에서 현금거래 비중이 높은 점 때문에 자금세탁방지의 중요한 장치로서 도입 필요성이 강하게 제기되어 왔으며 FATF(Financial Action Task Force on Money Laundering) 등 자금세탁방지 관련 국제기구는 각국이 이러한 제도를 도입할 것을 권고하고 있다.

㉢ 보고기준

㉮ 고액현금거래보고의 보고 기준금액은 「특정금융정보법」 제4조2에서 정한 금액으로 동일인(「금융실명법」 제2조 제4호의 실지명의가 동일한 경우-주민등록표상의 명의 등) 기준 1거래일동안 지급받거나 영수한 현금액을 각각 합산하여 산정한다. 고객이 고액현금거래보고를 회피할 목적으로 금액을 분할하여 금융거래를 하고 있다고 의심되는 합당한 근거가 있는 경우에는 의심스러운 거래(STR)로 보고해야 한다.

㉯ 기준금액 : 2019년 7월 기준 1천만 원

㉰ 기준금액 산정 시 제외 거래

- 1백만 원 이하의 원화송금(무통장입금 포함) 금액
- 1백만 원 이하에 해당하는 외국통화 매입·매각 금액
- 「금융실명법」상 실명확인 생략 가능한 각종 공과금의 수납·지출 금액
- 법원공탁금, 정부보관금, 송달료를 지출한 금액
- 은행지로장표에 의하여 수납한 금액
- 1백만 원 이하의 선불카드 금액

ⓡ 외국 사례

㉮ 미국을 시작으로 주요 선진국과 대만, 과테말라 등으로 확대되고 있다.

㉯ 기준금액은 나라별로 다르지만 미국, 호주 등 주요국에서는 1만 달러(자국화폐 기준)를 기준금액으로 하고 있다.

㉰ 분할거래를 통해 회피하는 것을 방지하기 위해 일정기간 동안의 다중거래는 단일거래로 판단하고 있다.

㉱ 자금세탁위험이 상대적으로 낮은 정부기관 또는 금융기관 등과 거래는 금융회사 스스로 판단하여 보고 대상에서 제외하는 보고면제제도를 운영하고 있다.

㉲ 우리나라는 고객현금거래 보고 면제대상기관을 「특정금융정보법 시행령」에 명시하고 이 대상기관의 현금거래는 고액현금거래보고를 면제토록 하는 '면제대상 법정 지정방식'을 채택하고 있다.

⑤ 고객확인제도(CDD ; Customer Due Diligence)

㉠ 개념

㉮ 금융회사가 고객의 실명, 주소, 연락처 등을 추가로 확인하고 자금세탁행위 등의 우려가 있는 경우 실제 당사자 여부 및 금융거래 목적을 확인하는 제도이며 우리나라 법률에서는 이를 합당한 주의로서 행해야 하는 의무사항으로 규정하고 있다.

㉯ 관련서류의 제출을 거부하는 경우 금융거래를 거절할 수 있다.

㉰ 1993년부터 시행하고 있는 금융실명제는 CDD의 기초에 해당한다.

㉱ 고객확인제도는 금융회사 입장에서 자신의 고객이 누구인지 정확하게 알고 범죄자에게는 금융서비스를 제공하지 않도록 하는 정책이라 하여 고객알기정책(Know Your Customer Policy)이라고도 한다.

㉡ 실명확인제도와 고객확인 제도의 비교

「금융실명법」	「특정금융정보법」상 고객확인제도(CDD)	
	(2006. 1월 도입)	고위험고객 : 강화된 고객확인(EDD*)
성명, 주민번호	성명, 주민번호 + 주소, 연락처 + 실제소유자에 관한 사항 (2016. 1. 1.부터 시행)	성명, 주민번호, 주소, 연락처 + 실제소유자에 관한 사항, 거래목적, 거래자금의 원천

* EDD(Enhanced Due Diligence)

㉢ 고객확인 대상

㉮ 계좌의 신규 개설 : 고객이 예금계좌, 위탁매매계좌 등을 개설하고 금융기관과 계속적인 금융거래를 개시할 목적으로 계약을 체결하는 것을 말한다.

※ 계좌 신규개설의 경우 거래금액에 상관없이 고객확인의무를 수행해야 한다.

㉯ 1천 5백만 원(미화 1만불 상당) 이상의 일회성 금융거래 : 무통장입금(송금), 외화송금·환전, 자기앞수표 발행, 어음·수표의 지급, 선불카드 매매 등이 해당한다.

㉰ 금융거래의 실제 당사자 여부가 의심되는 등 자금세탁행위나 공중협박자금조달 행위를 할 우려가 있는 경우

ⓔ 고객확인 면제 대상

　　㉮ 「금융실명법」상 실명확인 생략 가능한 각종 공과금의 수납, 100만 원 이하의 원화 송금(무통장입금 포함), 100만 원 이하에 상당하는 외국통화의 매입·매각

　　㉯ 「금융실명법」 제3조 제2항 제3호에서 정한 특정채권의 거래

　　㉰ 법원공탁금, 정부·법원 보관금, 송달료를 지출한 금액

　　㉱ 보험기간의 만료 시 보험계약자, 피보험자 또는 보험수익자에 대하여 만기환급금이 발생 하지 않는 보험계약

ⓜ 고객확인 내용

　　㉮ 고객별 신원확인사항

구분	신원확인사항(「시행령」 제10조의4)
개인	실지명의(「금융실명법」 제2조 제4호의 실지명의), 주소, 연락
영리법인	실지명의, 업종, 본점 및 사업장 소재지, 연락처, 대표자, 실지명의
비영리법인 및 기타 단체	실지명의, 설립목적, 주된 사무소 소재지, 연락처, 대표자 실지명의
외국인 및 외국단체	위의 분류에 의한 각각의 해당사항, 국적, 국내 거소 또는 사무소 소재지

　　㉯ 고객이 자금세탁행위를 할 우려가 있는 경우 : 고객별 신원확인 외에 고객의 실제 당사자 여부 및 금융거래 목적까지 확인해야 한다.

ⓗ 강화된 고객확인의무(EDD ; Enhanced Due Diligence)

　　㉮ 고객별·상품별 자금세탁 위험도를 분류하고 자금세탁위험이 큰 경우 실제당사자 여부와 거래목적, 거래자금 등의 원천 등을 확인하는 제도이다.

　　㉯ 2016년부터 강화된 FATF 국제기준을 반영하여 금융회사는 고객확인 시 실제소유자(해당금융거래를 통하여 궁극적으로 혜택을 보는 개인) 여부를 확인하는 사항이 추가되었고, 거부하는 고객에 대해 거래 거절 및 종료가 의무화 되도록 했다.

ⓢ 개인고객에 대한 확인과정

　　㉮ 타인을 위한 거래를 하고 있다고 의심되거나 고객이 실제소유자가 따로 존재한다고 밝힌 경우에만 실제소유자(이 경우 계좌 명의인으로 간주)를 새로 파악

　　㉯ 파악된 실제소유자의 실지명의(성명, 주민등록번호)를 확인하고 기재

ⓞ 법인 또는 단체고객에 대한 확인과정

　　㉮ 투명성이 보장되거나 정보가 공개된 국가·지자체·공공단체·금융회사 및 사업보고서 제출대상법인의 경우 확인의무 면제 가능

④ 3단계로 실제소유자 파악

> (1단계) 100분의 25 이상의 지분증권을 소유한 사람

⇓ (1단계에서 확인할 수 없는 경우)

> (2단계) ①, ②, ③ 중 택일
> ① 대표자 또는 임원·업무집행사원의 과반수를 선임한 주주(자연인)
> ② 최대 지분증권을 소유한 사람
> ③ ①·②외에 법인·단체를 사실상 지배하는 사람
> * 단, 최대 지분증권 소유자가 법인 또는 단체인 경우, 금융회사는 3단계로 바로 가지 않고 최종적으로 지배하는 사람을 추적하는 것을 선택할 수 있음

⇓ (2단계에서 확인할 수 없는 경우)

> (3단계) 법인 또는 단체의 대표자

* 금융회사는 주주, 대표자, 임원 등을 법인등기사항전부증명서, 주주명부 등을 통해 확인 가능

⑤ 파악된 실제소유자의 성명, 생년월일을 확인하고 기재

(4) 금융정보 자동교환 협정

① 금융정보자동교환을 위한 국제 협정… 조세조약에 따른 국가 간 금융정보자동교환을 위하여 국내 금융회사들은 매년 정기적으로 상대국 거주자 보유 계좌정보를 국세청에 제출하고 있다.

[국가 간 자동 정보교환 방식]

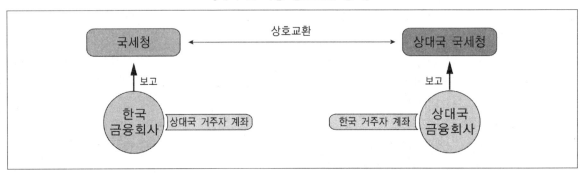

㉠ 한-미간 국제 납세의무 준수 촉진을 위한 협정(FATCA협정)

㉮ 2010년 3월 미국은 해외금융회사에 대해 자국 납세자의 금융정보 보고를 의무화하는 조항을 신설하고 동 정보교환을 위해 2012년부터 다른 나라 정부간 협정 체결을 추진하였다.

㉯ 우리나라는 2012년 4월 한미 재무장관 회의에서 상호교환 방식으로 금융정보자동교환 협정을 체결하기로 하고 협상을 진행하여 2014년 3월 협정문에 합의하였으며 2015년 6월 양국 간 정식 서명하였다.

㉰ 협정은 2016년 9월 국회 비준에 따라 발효되었으며, 국세청은 2016년 11월 국내 금융회사로부터 미국 거주자 등 미국 납세의무자에 대한 금융정보를 수집하여 미국 과세당국과 금융정보를 상호교환 하고 있다.

ⓛ 다자 간 금융정보자동교환 협정(MCAA협정)

    ㉮ 미국이 양자 간 금융정보자동교환을 추진한 이후, OECD 및 G20을 중심으로 각 국에 납세 의무가 있는 고객의 금융정보를 교환하기 위한 다자 간 금융정보자동교환 협정(MCAA ; Multilateral Competent Authority Agreement on Automatic Exchange of Financial Account Information)이 추진되었다.

    ㉯ 2014년 10월 독일 베를린에서 우리나라를 포함한 총 51개국이 동 협정에 서명했고 현재 100개국 이상이 참여하고 있다. 각국은 OECD가 마련한 공통보고기준(CRS ; Common Reporting Standard)을 기반으로 금융정보자동교환 관련 의무를 이행하고 있다.

② 금융정보자동교환을 위한 국내 규정

    ㉠ 「국제조세조정에 관한 법률」 제31조, 제31조의2, 제37조의3, 제37조의4 : 정기적인 금융정보 교환을 위한 금융회사의 금융정보 제출 의무, 정보보안의무, 금융거래 상대방에게 자료 제출 요구 근거, 과태료와 벌칙 등 규정

    ㉡ 「국제조세조정에 관한 법률 시행령」 제47조 : 금융정보 제출 방법, 금융거래 상대방에게 요청할 수 있는 인적사항의 종류, 제출된 정보의 시정요구 및 오류시정 절차 등 규정

    ㉢ 정보교환협정에 따른 금융정보자동교환 이행규정(기획재정부 고시) : 「국제조세조정에 관한 법률」에서 위임을 받아 금융회사가 금융거래 상대방의 인정사항 등을 확인하기 위한 실사절차, 자료제출방법, 비보고 금융회사와 제외계좌 등 규정

③ 금융회사의 의무

    ㉠ 실사의 의무

        ㉮ 개념 : 금융정보 자동교환을 위한 국제 협정을 이행하기 위하여 국내 금융회사는 관리하고 있는 금융계좌 중 계좌보유자가 보고대상 해외 납세의무자에 해당하는지 여부를 확인하는 실사 절차를 수행해야한다.

        ㉯ 실사 일반사항

구분			주요내용
개인	기존계좌	소액	• 거주지 주소확인(미국 제외) • 전산기록 검토를 통해 추정정보 확인
		고액	• 고액계좌 : 미화 100만 달러 초과 계좌 • 전산·문서기록 검토 통해 추정정보 확인 • 고객담당자 확인
	신규계좌		본인확인서
단체	기존계좌		규제목적상 또는 고객관리 목적상 관리되는 정보 확인
	신규계좌		본인확인서

ⓛ 정보수집 및 보고의 의무

㉮ 개념 : 금융회사는 보고대상 금융계좌에 대한 정보를 수집하여 해당 정보를 국세청에 보고하여야 한다.

㉯ 보고대상 금융계좌의 종류(이행규정 제11조 ~ 제18조)

구분	개요
예금계좌	금융기관이 은행업에 따른 은행업무 또는 이와 유사한 업무를 운영하는 과정에서 관리하는 예금 · 적금 · 부금 등 계좌, 예금증서 또는 이와 유사한 증서로 증명되는 계좌
수탁계좌	타인의 이익을 위해 투자 목적으로 금융상품을 보유하거나 금융계약을 체결하기 위해 개설된 계좌(보험계약 또는 연금계약인 경우에는 수탁계좌로 보지 않음)
자본지분 채무지분	금융회사에 의해 보유되는 금융회사 소유의 자본 및 채무 지분 그리고 그와 동등한 조합 및 신탁의 지분
현금가치 보험계약*	사망, 징병, 사고, 법적 책임, 현금성 자산위험에 대한 보험계약 및 기대수명에 의해 전적 또는 부분적으로 결정되는 기간 동안 보험료를 납부해야 하는 계약
연금계약	발행인이 1인 이상인 개인의 기대수명 전부 또는 일부에 기초하여 일정기간 동안 금전 또는 그 밖의 급여를 지급할 것을 약정하는 계약

* 현금가치보험계약에서 제외되는 보험계약(이행규정 제17조) : ① 보험업감독규정 제1~2조 제11호에 따른 일반손해보험계약, ② 제1호에 해당하지 않는 보험계약 중 순보험료가 위험보험료만으로 구성되는 보험계약, ③ 두 보험회사 간의 보장성 재보험계약

㉰ 제외계좌 : 생명보험계약, 연금계좌 같이 계좌가 세제혜택 대상이고 계좌 정보가 과세당국에 보고되는 등 조세회피 등에 사용될 위험이 낮은 것으로 판단되는 특정 금융계좌이다. 금융계좌라 하더라도 제외계좌에 해당하는 계좌들은 보고, 실사절차, 계좌잔액 합산 대상 금융계좌에서도 제외된다.

1 다음 빈칸에 들어갈 단어로 알맞은 것은?

> ___㉠___ 은(는) 인간이 물질생활을 유지하기 위한 활동을 의미하며, 그러한 물질적인 활동에는 ___㉡___ 이 (가) 존재하고 ___㉡___ 에 의한 일정한 흐름의 현상(순환)이 나타난다.

㉠	㉡
① 사회	기업
② 경제	경제주체
③ 문화	금융기관
④ 기업	소비자

> **TIP** 지문의 내용은 경제에 대한 정의이다. 경제는 인간이 물질생활을 유지하기 위한 활동을 의미하며, 그러한 물질적인 활동에는 경제주체(활동의 주체)가 존재하고 경제주체에 의한 일정한 흐름의 현상(순환)이 나타난다.

2 생산요소의 특징으로 옳지 않은 것은?

① 인적요소인 노동과 물적요소인 토지, 자본으로 나누어진다.
② 생산과정에 투입되고 나면 소멸된다는 특성을 가진다.
③ 노동, 토지는 원래 존재하던 생산요소로 본원적 생산요소이다.
④ 자본의 일부는 소비되지 않고 다시 생산과정에 투입되어 부가가치를 생산한다.

> **TIP** 생산요소(Factors of Production)는 기업이 생산을 위해 투입하는 것으로 인적요소인 노동과 물적요소인 토지, 자본이 있다. 생산요소는 생산과정에 투입되어도 소멸하지 않고 다음 회차의 생산과정에 다시 투입될 수 있다(비소멸성)는 점에서 원재료, 중간재와는 다르다. 노동, 토지 같이 본원적 생산요소가 있으며, 자본은 생산으로 산출되지만 일부는 소비되지 않고 재투입되어 부가가치를 생산한다.

Answer 1.② 2.②

3 다음 내용이 설명하는 것은 무엇인가?

> 중앙은행인 한국은행이 경기상황이나 물가수준, 금융·외환시장 상황, 세계경제 흐름 등을 종합적으로 고려하여 시중의 풀린 돈의 양을 조절하기 위해 금융통화위원회 의결을 거쳐 인위적으로 결정하는 정책 금리

① 실질금리   ② 명목금리
③ 기준금리   ④ 시장금리

TIP 지문의 내용은 기준금리의 내용이다. 모든 금리의 출발점이자 나침반 역할을 하는 기준금리는 금융통화위원회의 의결을 거쳐 결정되는 정책금리이다. 일반적으로 기준금리를 내리면 시중에 돈이 풀려 침체된 경기가 회복되고 물가가 상승하며, 기준금리를 올리면 시중에 돈이 말라 과열된 경기가 진정되고 물가가 하락한다.

4 금리의 종류에 대한 설명으로 옳지 않은 것은?

① 명목금리는 물가상승에 따른 구매력의 변화를 반영한 금리이다.
② 실질금리는 명목금리에서 물가상승률을 뺀 금리이다.
③ 단기금리는 만기 1년 이내의 이자율로 콜금리, 환매조건부채권금리, 양도성예금증서의 금리 등이 있다.
④ 장기금리는 만기가 1년을 초과하는 이자율로 국공채, 회사채, 금융채 등이 있다.

TIP 명목금리는 물가상승에 따른 구매력의 변화를 감안하지 않은 금리로서 돈을 빌리거나 빌려줄 때 보통 명목금리로 이자를 계산한다.

Answer 3.③ 4.①

5 주식에 대한 설명으로 옳지 않은 것은 무엇인가?

① 기업이 필요한 자본을 조달하기 위해 발행하는 증권을 주식이라 한다.

② 주식시장은 기업공개나 유상증자를 통해 주식이 발행되는 주가시장과 주식이 거래되는 유통시장으로 나뉜다.

③ 주식시장 전체적인 등락을 파악하기 위한 지표를 주가지수라고 한다.

④ 주가지수를 통해 특정 시점의 경제상황을 판단하고 미래 경제전망 예측에도 활용할 수 있다.

TIP 주식시장은 기업공개나 유상증자를 통해 주식이 발행되는 발행시장과 주식이 거래되는 유통시장으로 나뉜다.

6 다음 지문에서 설명하는 것에 포함되지 않는 것은?

> 다수의 계약자로부터 보험료를 받아 자금을 운용하여 계약자의 노후, 사망, 질병, 사고발생 시에 보험금을 지급하는 업무를 수행하는 금융회사

① 공제기관

② 한국무역보험공사

③ 생명보험회사

④ 예금보험공사

TIP 지문에서 설명하는 것은 보험회사에 대한 내용이다. 보험회사에는 생명보험회사, 손해보험회사, 공제기관, 한국무역보험공사 등이 있다.
④ 예금보험공사는 금융회사가 예금을 지급할 수 없을 때 예금지급을 보장하는 금융유관기관이다.

7 금융시장의 기능이 아닌 것은?

① 금융자산의 환금성

② 위험분산기능

③ 자원배분기능

④ 인플레이션의 지연기능

TIP 금융시장의 기능
㉠ 자원배분기능
㉡ 위험분산기능
㉢ 금융자산의 환금성
㉣ 금융거래의 필요한 비용과 시간 절감
㉤ 시장규율기능

Answer 5.② 6.④ 7.④

8 다음 지문이 설명하고 있는 우리나라 주가지수는 무엇인가?

> 코스닥시장에 상장된 주식들 중 유동성, 경영투명성, 재무안정성 등을 감안하여 선정되는 30개 우량종목을 대상으로 산출되는 지수

① KRX100지수　　　　　　　　　　② 코스피지수
③ 코스닥지수　　　　　　　　　　　④ 코스닥스타지수

TIP ① KRX100지수는 유가증권시장에서 90개, 코스닥시장에서 10개의 우량종목 총 100개로 구성된 통합주가지수이다.
② 코스피지수는 유가증권시장에 상장되어있는 종목을 대상으로 산출되는 대표적인 종합주가지수로 시가총액방식의 주가지수이다.
③ 코스닥시장에 상장되어 있는 동목을 대상으로 산출하는 종합지수로 시가총액방식의 주가지수이다.

9 다음 지문이 설명하는 저축상품은?

> • 우체국이나 은행에 맡긴 자금을 단기금융상품에 투자해 얻은 이익을 이자로 지급하는 구조
> • 시장실세금리에 의한 고금리가 적용되며 자유로운 입출금과 이체, 결제가 가능
> • 통상 500만 원 이상의 목돈을 1개월 이내의 초단기로 운용할 때 유리

① 단기금융상품펀드
② 가계당좌예금
③ 어음관리계좌
④ 시장금리부 수시입출금식예금

TIP 해당 지문은 시장금리부 수시입출금식예금(MMDA)에 대한 내용이다.
단기금융상품펀드(MMF) : 모은 자금을 잔존만기 1년 이하의 안정적 국공채로 운용하는 실적배당상품
가계당좌예금 : 가계수표를 발행할 수 있는 개인용 당좌예금
어음관리계좌(CMA) : 종합금융회사나 증권회사가 예탁금을 어음 등의 단기금융상품에 투자하여 수익을 고객에게 돌려주는 상품

10 상호저축은행에 대한 설명으로 옳지 않은 것은?

① 한국산업은행, 한국수출입은행, 농협, 수협 등이 있다.

② 일정 비율 이상의 자금을 영업구역 내 개인 및 중소기업에 운용해야 한다.

③ 지역서민들과 중소기업을 대상으로 여신, 수신업무를 수행한다.

④ 신용도가 낮은 개인이나 기업을 대상으로 하는 금융회사로 대출금리가 높은 편이다.

> **TIP** 상호저축은행은 비은행 금융회사이다. 신용도가 낮은 개인이나 기업을 대상으로 여신·수신 업무를 수행하며 대출금리와 예금금리 모두 일반 은행보다 높다. 「상호신용금고법」의 제정으로 설립되어 일정 비율 이상의 자금을 영업구역 내 개인, 중소기업에 운용해야 한다.
> ① 한국산업은행, 한국수출입은행, 중소기업은행, 농협, 수협 등은 개별적인 특별법에 의해 설립된 특수목적은행으로 은행에 대한 설명이다.

11 다음 지문이 뜻하는 단어는?

> 환율, 금리 또는 다른 자산에 대한 투자 등을 통해 보유하고 있는 위험자산의 가격변동을 제거하는 것을 말하며, 확정되지 않은 자산을 확정된 자산으로 편입하는 과정이라 할 수 있다. 주로 선물 옵션과 같은 파생상품을 이용한다. 이를 통해 가격변동에 대한 리스크를 줄일 수 있다.

① 레버리지   ② 랩어카운트

③ 풀링   ④ 헤징

> **TIP** ① 타인의 자본을 빌려 자기 자본의 이익률을 높이는 것
> ② 주식, 채권 등의 자금을 한꺼번에 싸서 투자전문가에게 운용서비스 및 부대서비스를 포괄적으로 받는 계약
> ③ 금융회사가 여러 투자자로부터 자산을 모아 집합시키는 일

12 서원이는 연이율이 10% 단리로 적용되는 적금에 10,000원을 넣었다. 3년 후 원리금은 얼마인가?

① 13,000원

② 13,310원

③ 13,440원

④ 13,450원

TIP 단리는 원금에 대해서만 미리 정한 이자율을 적용하여 이자를 계산한다.

현재가치 × [1 + (수익률 × 투자 연수)] = 미래가치

$10000 \times [1 + (\frac{10}{100} \times 3)] = 13000$

원금과 이자를 합친 원리금은 13,000원이다.

13 소정이는 연이율이 10% 복리로 적용되는 적금에 10,000원을 넣었다. 3년 후 원리금은 얼마인가?

① 12,305원

② 12,848원

③ 13,310원

④ 14,341원

TIP 복리는 원금뿐 아니라 발생한 이자도 재투자됨을 가정해 이자에도 이자가 붙는 계산방식이다.

현재가치 × (1 + 수익률)투자 연수 = 미래 가치

$10000 \times (1 + \frac{10}{100})^3 = 13310$

원금과 이자를 합친 원리금은 13,310원이다.

14 다음 중 외국인과의 예금거래에 대한 설명으로 옳지 않은 것은?

① 비거주자는 외국환은행과 예금거래가 불가능하다.

② 외국환거래법상 외국인이라도 거주자이면 금융기관과의 원화예금거래는 자유이다.

③ 외국인과의 예금거래의 성립과 효력은 당사자 간에 준거법에 관한 합의가 없으면 행위지의 법률에 따른다.

④ 외국인의 예금거래에 대해서도 우리나라 법이 적용되므로 내국인과의 예금거래와 다른 점이 없다.

TIP 비거주자라도 외국환은행과 일부 예금거래는 가능하다.

Answer 12.① 13.③ 14.①

15 금융기관의 예금지급 중 편의지급에 대한 설명으로 옳지 않은 것은?

① 실무상 부득이 편의 취급할 경우 예금주에 한해서 취급해야 한다.
② 예금주에게 지급한 경우에는 변제의 효과가 발생하나, 종업원 등과 같은 제3자에게 지급한 경우 면책될 수 없다.
③ 금융기관 직원의 착오 또는 실수로 예금주가 청구한 것보다 많은 금액을 지급하게 되면 부당이득반환 청구권을 행사 한다.
④ 무통장 지급, 무인감 지급 등과 같이 약관이 정하는 예금지급절차를 따르지 않은 지급을 말한다.

TIP ③ 과다지급에 대한 내용이다.

16 상속예금의 지급절차가 올바르게 나열된 것은?

> ㉠ 상속예금지급 시 상속인 전원의 동의서 및 손해담보약정 체결
> ㉡ 상속재산관리인 선임여부 확인
> ㉢ 상속인의 지분에 영향을 미치는 상속포기, 한정승인 등이 있는지 확인
> ㉣ 상속인들로부터 가족관계증명서, 유언장 등을 징구
> ㉤ 각종 증빙서류가 적법한지 확인
> ㉥ 상속재산의 분할여부 확인

① ㉠ - ㉡ - ㉢ - ㉣ - ㉤ - ㉥
② ㉡ - ㉢ - ㉣ - ㉠ - ㉥ - ㉤
③ ㉢ - ㉥ - ㉣ - ㉡ - ㉤ - ㉠
④ ㉣ - ㉢ - ㉤ - ㉡ - ㉥ - ㉠

TIP 상속예금의 지급절차
㉣ 상속인들로부터 가족관계등록사항별 증명서·유언장 등을 징구하여 상속인을 확인한다.
㉢ 상속인의 지분에 영향을 미치는 상속의 포기·한정승인·유류분의 청구 등이 있는지 확인 한다.
㉤ 각종 증빙서류가 적법한 것인지를 확인한다(유언검인심판서·한정승인심판서 등).
㉡ 상속재산관리인 선임여부를 확인한다.
㉥ 상속재산의 분할여부를 확인한다.
㉠ 상속예금지급 시 상속인 전원의 동의서 및 손해담보약정 체결

Answer 15.③ 16.④

17 인터넷 뱅킹의 특징으로 옳지 않은 것은?

① 지역적 시간적 제약을 받지 않고 금융거래가 가능해졌다.

② 인터넷 예금, 인터넷 납부 등 고객중심의 신속하고 편리한 서비스가 가능해졌다.

③ 해킹 등으로 인해 안전선에 문제가 생길 가능성이 높아져 철저한 보안대책이 필요해졌다.

④ 간단한 서비스를 제공하는 점포가 많이 늘어나 서비스 비용이 줄어들었다.

> **TIP** 인터넷 뱅킹의 등장으로 점포 등 공간 확보에 따른 비용과 인건비가 감소되어 서비스 제공비용이 대폭 절감되었다.

18 스마트 금융에 대한 설명으로 옳지 않은 것은?

① 금융과 기술의 융합인 핀테크가 등장했다.

② IT기술의 융합이 가속화 되면서 IT업체들의 전자금융산업 참여가 가능해졌다.

③ 금융기업들의 전문화가 요구되어 비금융기업들의 참여가 어려워지고 있다.

④ 개인 고객의 특성에 적합한 금융서비스를 적시에 제공할 수 있다.

> **TIP** 스마트 금융으로 금융과 기술이 융합되면서 비금융기업들의 참여가 활발해지고 있다.

19 전자금융의 발전 과정으로 옳지 않은 것은?

① 1970년대 금융네트워크(금융공동망)을 형성하여 수작업으로 처리하던 업무를 전산으로 처리할 수 있게 되었다.

② 1980년대 전화기를 이용한 전자금융거래가 가능해졌다.

③ 1990년대 중반 이후 인터넷과 컴퓨터 보급이 확산되어 인터넷 공간에서 실시간으로 업무를 수행할 수 있게 되었다.

④ 2000년대 후반 스마트폰 확산으로 스마트 금융서비스 시대가 시작되었다.

> **TIP** 금융네트워크 망을 형성하여 개별금융기관에서만 처리하던 금융거래를 공동망에서 할 수 있게 된 것은 1980년대이다.

Answer 17.④ 18.③ 19.①

20 텔레뱅킹의 보안조치로 옳지 않은 것은?

① 각 금융기관은 보안상 취약점을 방지하기 위해 도청, 감청 보안솔루션을 도입하고 있다.

② 지정된 전화번호 이외 번호는 텔레뱅킹 서비스 이용을 제한하기도 한다.

③ 계좌이체 시 이용자 비밀번호 이외에 보안카드 비밀번호와 출금계좌의 비밀번호를 요구하기도 한다.

④ 최종거래일부터 1년 이상 이용실적이 없는 경우 이용이 제한된다.

TIP 전화기의 자동응답서비스나 직원과의 통화로 금융서비스를 받는 텔레뱅킹은 최종거래일로부터 6개월 이상 이용실적이 없는 경우 이용이 제한되며 거래금융기관에 직접 방문하여 제한을 해제하면 바로 다시 이용가능하다.

21 다음 지문이 설명하는 것은?

> • 지불결제기능을 가진 카드로서 카드거래 대금은 고객의 예금계좌 범위 내에서 인출된다.
> • 신용공여 기능이 있어 30만 원 한도 내에서 현금서비스를 이용할 수 있다.

① 신용카드　　　　　　　　② 체크카드

③ 직불카드　　　　　　　　④ 하이브리드 카드

TIP 본래 체크카드는 지불결제기능을 가진 카드로서 신용공여 기능이 없어 할부서비스나 현금서비스를 이용할 수 없지만 최근에는 고객의 신용등급에 따라 소액의 신용공여(30만 원 한도)가 부여된 하이브리드 카드가 있다.

22 선불카드에 대한 내용으로 옳지 않은 것은?

① 기명식 선불카드는 최대 500만 원까지 충전할 수 있으며 양도가 가능하다.

② 온라인으로 사용할 수 있지만 본인확인용 비밀번호를 등록해야 한다.

③ 기프트카드가 대표적이다.

④ 일부 백화점 및 대형할인점 등에서 사용하지 못하는 경우도 있다.

TIP 기명식 선불카드는 카드 실물에 회원의 성명이 인쇄되어 있거나 전산에 회원으로서 정보가 존재하여 발급 이후에 양도가 불가능하다. 양도가 가능한 선불카드는 무기명식 선불카드이다.

Answer　20.④　21.④　22.①

23 다음 지문이 설명하는 신용카드 결제 방식은 무엇인가?

> 이용대금 중 사전에 정해져 있는 일정금액이상의 건별 이용금액에 대해 일정비율을 결제하면 나머지 이용 잔액은 다음 결제대상으로 연장되며, 카드는 잔여 이용한도 내에서 계속 사용할 수 있는 결제방식

① 일시불결제
② 리볼빙결제
③ 할부결제
④ 이월결제

TIP 지문이 설명하고 있는 신용카드 결제 방식은 리볼빙결제로 고객의 경제 여건에 따라 결제를 조절할 수 있지만 높은 리볼빙 수수료를 부담해야 한다.

24 다음 중 우체국금융의 역할로 옳지 않은 것은?

① 전국적으로 고르게 분포되어 기존 은행과는 다른 우체국만의 특수한 금융서비스를 국민들에게 제공하고 있다.
② 우체국 금융에서 발생하는 수익을 국가 재정으로 귀속하는 등 국영금융기관으로서의 역할을 수행하고 있다.
③ 기초생활보호대상자 같은 취약계층에 보험료 부담 경감, 수수료 면제 등 공익적 역할을 한다.
④ 우체국금융에서 발생한 수익의 일부로 저렴한 우편서비스 운영에 기여한다.

TIP 우체국금융은 수익성과 관계없이 전국적으로 고르게 분포되어 있으며 민영금융기관과의 다양한 제휴를 통해 시중은행 수준의 금융서비스를 제공하고 있다.

Answer 23.② 24.①

25 우체국예금에 대한 설명으로 옳지 않은 것은?

① 국민의 저축의욕을 북돋고 일상생활의 안정을 도모하는 것이 목표이다.

② 민법과 상법에 의해 취급된다.

③ 주식발행이 없으므로 자기자본에 자본금 및 주식발행 초과금이 없다.

④ 예금상품의 종류 및 가입대상, 금리 등은 과학기술정보통신부장관이 정하여 고시한다.

TIP 우체국예금은 「우체국예금 · 보험에 관한 법률」에 의해 취급되기 때문에 타 금융기관 예금과는 여러 차이점이 있다.

26 다음 우체국금융상품 중 요구불예금을 모두 고르면?

㉠ 듬뿍 우대 저축예금	㉡ e-Postbank예금
㉢ 우체국 행복지킴이통장	㉣ 챔피언정기예금
㉤ 우체국 파트너든든정기예금	㉥ 2040자유적금

① ㉠㉡㉢

② ㉡㉣㉥

③ ㉢㉣㉥

④ ㉣㉤㉥

TIP 일반 예금 및 통장은 입출금이 자유로운 요구불예금 상품이며, 정기예금은 목돈을 굴리기 위한 거치식 예금이고, 적금은 목돈마련을 위한 적립식 예금이다. 따라서 ㉠㉡㉢이 요구불예금 상품이다.

27 우체국 체크카드 발급대상으로 옳은 것은?

① 후불하이패스 카드는 일반 체크카드 소유자 모두 발급받을 수 있다.

② 하이브리드 카드는 만 12세 이상부터 발급받을 수 있다.

③ 학생증 체크카드는 만 12세 이상 학생이면 누구나 별도의 절차 없이 발급할 수 있다.

④ 복지카드는 우정사업본부 직원으로서 복지포인트 부여 대상자가 발급받을 수 있다.

TIP ① 후불하이패스 카드는 하이브리드카드 소지자만이 발급받을 수 있다.

② 하이브리드카드는 만 18세 이상부터 가능하다.

③ 학생증체크카드는 만 14세 이상 우체국 요구불예금 가입자로서 학생신분 확인을 위해 학교 측에서 학적사항을 우체국에 제출한 경우에만 발급 가능하다.

Answer　25.②　26.①　27.④

28 우체국 펀드상품에 대한 설명으로 옳은 것은?

① 고수익을 얻기 위해 리스크가 큰 상품이 대부분이다.

② 전액 원금 보장이 가능한 상품이다.

③ 운용실적에 따라 손익이 결정되는 실적배당 상품이다.

④ 우체국 창구에서만 판매하고 있다.

TIP 우체국 펀드는 2018년 9월부터 시작되었으며 투자시장 활성화와 서민 자산형성 지원 및 실물경제 활력을 제고하기 위해 개시되었다. 대부분 안정형 위주의 공모펀드로 원금손실위험이 낮으며 운용실적에 따라 손익이 결정되는 실적배당상품이므로 원금손실이 발생할 수도 있으나 우체국이 이를 보장하지는 않는다.

29 다음 지문이 설명하는 것은?

> 우체국 특화서비스인 우편환기반 경조금 송금서비스와 핀테크를 접목시켜 앱을 통해 경조카드와 경조금을 간편하게 보낼 수 있는 서비스

① 우체국 미니앱 　　　　　　　② 폰뱅킹

③ 포스트페이 　　　　　　　　④ 에스크로

TIP 포스트페이는 우체국 특화서비스인 우편환기반 경조금 송금서비스와 핀테크를 접목시켜 간편결제, 간편송금 서비스를 제공하는 앱이다. 포스트페이 앱을 통해 휴대전화번호만 알면 경조카드와 함께 경조금을 보낼 수 있다.

30 내부통제의 수단으로 적절하지 않은 것은?

① 권한의 적절한 배분과 제한 　　　② 회사 자산 및 기록의 투명한 공개

③ 직무분리 및 직무순환 　　　　　④ 정기적인 점검

TIP 내부통제의 수단으로는 권한의 적절한 배분 및 제한, 회사 자산 및 각종 기록에의 접근제한, 직무분리 및 직무순환, 정기적인 점검 및 테스트, 불시 점검 및 테스트 등이 있다.

Answer 28.③ 29.③ 30.②

31 다음 지문이 설명하는 것은?

> 우편 또는 전자적 수단으로 전달되는 환증서를 통한 송금수단으로 금융기관의 온라인망이 설치되어 있지 않은 지역에 대한 송금을 위해 이용된다.

① 우편대체   ② SWIFT
③ MoneyGram   ④ 우편환

> **TIP** 해당 내용은 우편환에 대한 내용이다 우편환은 「우편환법」에 따라 우편 또는 전자적 수단으로 전달되는 환증서(전자적 매체를 통해 표시되는 지급지시서 및 계좌입금 등을 포함)를 통한 송금수단으로 금융기관의 온라인망이 설치되어 있지 않은 지역에 대한 송금을 위해 이용된다. 우체국의 우편환 서비스는 크게 통상환, 온라인환 및 경조금배달서비스가 있다.

32 지문에서 설명하는 우체국 제휴서비스는 무엇인가?

> 우체국과 은행이 업무제휴를 맺고 양 기관의 전산시스템을 연결하여 제휴은행 고객이 우체국에서 자행거래 방식으로 입출금 거래를 할 수 있는 서비스

① 노란우산공제 판매대행   ② 카드업무 대행 서비스
③ 창구망 공동이용   ④ 우체국 CMS 업무

> **TIP** ① 소기업·소상공인이 폐업, 노령, 사망 등의 위험으로부터 생활안정을 기하고 사업재기 기회를 제공받을 수 있도록 「중소기업협동조합법」 제115조 규정에 따라 2007년 9월부터 비영리기관인 중소기업중앙회에서 운영하는 공적 공제제도
> ② 신용카드사와의 업무제휴를 통해 우체국예금의 현금카드 또는 체크카드 기능이 결합 된 카드를 발급하거나 우체국의 현금카드 기능과 신용카드사의 신용카드 기능이 포함된 제휴 신용카드 상품을 출시해 카드이용 편의를 제공하는 서비스
> ④ 카드·캐피탈社 등과의 개별 이용약정을 통해 전국 우체국에서 CMS(자금관리서비스) 입금업무를 대행한다.

Answer 31.④ 32.③

33 다음 밑줄에 들어갈 단어로 올바른 것은?

> 1993년 실명에 의한 금융거래를 실시하고 그 비밀을 보장하여 금융거래의 정상화를 꾀함으로써 _____가 실시 되었다.

① 실명확인제
② 금융실명거래 및 비밀보장에 관한 법률
③ 준법감시인제
④ 금융실명제

TIP 1993년 경제정의를 실현하고 국민경제의 건전한 발전을 위해 금융실명제가 실시되었으며 이후 1997년 금융실명제를 법규화한 「금융실명거래 및 비밀보장에 관한 법률(금융실명법)」이 제정되었다.

34 금융실명법상 정보제공이 가능한 경우가 아닌 것은?

① 명의인의 서면상의 요구나 동의를 받은 경우
② 법원의 제출명령 또는 법관이 발부한 영장에 의한 경우
③ 부가서비스 목적으로 비금융회사가 요청한 경우
④ 동일 금융회사의 내부 또는 타 금융회사 간에 업무상 필요한 정보 등을 제공하는 경우

TIP 금융회사 상호간에 업무상 필요한 정보는 제공할 수 있지만 비금융회사는 그렇지 않다.

35 다음 중 예금자보호 금융상품이 아닌 것은?

① 적립식예금
② 주택청약저축
③ 저축성예금
④ 외화예금

TIP 은행에서 판매하는 주택청약저축과 주택청약종합저축은 비보호 금융상품이다.

Answer 33.④ 34.③ 35.④

36 다음 중 금융상품판매업자 등의 영업행위 준수사항이 아닌 것은?

> ㉠ 허위 과장광고 금지   ㉡ 설명의무
> ㉢ 실명확인의 원칙   ㉣ 적합성의 원칙
> ㉤ 부당권유행위 금지   ㉥ 불공정영업행위 금지
> ㉦ 적정성의 원칙   ㉧ 소비자보호의 원칙

① ㉠㉡   ② ㉢㉣

③ ㉦㉧   ④ ㉢㉧

TIP 금융상품판매업자 등의 영업행위 준수사항
- 적합성의 원칙 : 소비자의 재산상황, 금융상품 취득·처분 경험 등의 정보를 파악하고 이에 비추어 부적합한 금융상품 계약 체결의 권유를 금지
- 적정성의 원칙 : 소비자가 자발적으로 구매하려는 금융상품이 소비자의 재산상황, 투자경험, 신용 및 변제계획 등에 비추어 부적정할 경우 이를 고지하고 확인
- 설명의무 : 계약 체결을 권유하거나 소비자가 설명을 요청하는 경우 상품의 중요사항을 설명
- 불공정영업행위 금지 : 판매업자 등이 금융상품 판매 시 우월적 지위를 이용하여 소비자의 권익을 침해하는 행위 금지
- 부당권유행위 금지 : 금융상품 계약 체결 권유 시 소비자가 오인할 우려가 있는 허위 사실 등을 알리는 행위를 금지
- 허위·과장광고 금지 : 금융상품 또는 판매업자등의 업무에 관한 광고 시 필수 포함사항 및 금지행위 등

37 예금자 보호제도에 대한 내용으로 옳은 것은?

① 예금의 전액을 보호해 준다.

② 원리금을 합하여 1인당 5천만 원까지 보장되며 초과금액은 심사를 통해 추가 보호된다.

③ 예금의 지급이 정지되거나 파산한 금융회사의 예금자가 해당 금융회사에 대출이 있는 경우 예금에서 매출금을 먼저 상환시키고 남은 예금을 기준으로 보호한다.

④ 보험회사의 상품은 보장하지 않는다.

TIP ① 부실금융회사를 선택한 예금자도 책임을 분담한다는 차원에서 일정액만 보호한다.
② 초과금액은 보호되지 않는다.
④ 퇴직보험이나 변액보험계약 특약처럼 보호되는 보험회사금융상품도 있다.

38 금융정보분석기구에 대한 내용으로 옳지 않은 것은?

① 금융기관으로부터 자금세탁 관련 정보를 수집, 분석하여 법집행기관에 제공하는 국가기관이다.

② 법무부, 국세청, 관세청, 한국은행 등 관계기관의 전문 인력으로 구성되어 있다.

③ 금융기관 등의 의심거래 보고업무에 대한 감독 및 검사, 외국 금융정보분석기구와 협업을 담당하고 있다.

④ 우리나라의 금융정보분석기구는 금융감독원이다.

> **TIP** 우리나라 금융정보분석기구는 금융정보분석원(KoFIU)이다.

39 의심거래보고제도에 대한 설명으로 옳지 않은 것은?

① 금융회사가 불법재산, 자금세탁행위 등 불법이라고 의심되는 경우 금융기관 내부회의를 거쳐 금융정보분석원에 보고해야 한다.

② 의심거래보고를 하지 않은 경우 시정명령과 과태료 부과 등 제재처분이 가능하다.

③ 금융회사가 상대방과 공모하여 의심거래보고를 하지 않거나 허위보고 하는 경우 6개월 범위 내에서 영업정지처분도 가능하다.

④ 2010년 6월 30일부터 기준금액이 1천만 원으로 하향조정 되었다.

> **TIP** 금융회사는 불법이 의심되는 경우 즉시 금융정보분석원에 보고해야한다.

Answer 38.④ 39.①

40 고객확인제도에 대한 설명으로 옳지 않은 것은?

① 금융회사가 자금세탁행위 등의 우려가 있는 경우 실제 당사자 여부 및 금융거래 목적을 확인하는 제도이다.

② 계좌의 신규 개설시 거래금액에 상관없이 고객확인의무를 수행해야 한다.

③ 관련서류의 제출을 거부하는 경우 즉시 금융정보분석원에 보고된다.

④ 고객알기정책이라고도 한다.

TIP 관련서류의 제출을 거부하는 경우 따로 보고되진 않으며 금융거래를 거절할 수 있다.

Answer 40.③

02 보험

❶ 보험일반 이론

(1) 위험관리와 보험

① 보험의 정의
- ㉠ 생애주기 동안 수많은 위험에 대비해 경제적 손실을 보전하기위한 제도
- ㉡ 장래 손실이 발생할 경우 그 손실을 회복하기 위한 비용을 같은 위험에 노출되어 있는 여러 사람들이 공동으로 부담하는 제도적 장치
- ㉢ 보험자(보험회사)에게 손실발생과 관련된 불확실성을 전가함으로써 계약자의 예기치 못한 손실을 집단화하여 분배하는 것
- ㉣ 즉, 보험이란 피보험자(보험대상자)가 불의의 사고를 당했을 경우 보험회사가 그 손실에 상응하는 금전적 보상을 한다는 계약을 통해 보험회사에게 전가된 피보험자(보험대상자) 위험의 집합체이다.

② 보험의 목적과 특성
- ㉠ 예상치 못한 손실의 집단화 : 손실을 한데 모아 개별위험을 손실집단으로 전환시킴으로써 개인이 부담해야 할 실제 손실을 위험그룹의 평균손실로 대체하는 것으로 불확실한 손실을 확정손실로 전환하고 손실을 개인으로부터 그룹 전체로 분산할 수 있다.
- ㉡ 위험의 분산 : 개별적으로 감당하기 힘든 손실 위험을 집단화 하여 서로 분담(risk sharing)하며 이러한 상호부조적 관계가 당사자 간의 자율적 시장거래를 통해 달성된다.
- ㉢ 위험의 전가 : 손실의 빈도는 낮지만 규모가 커서 스스로 부담하기 어려운 위험을 보험회사에 보험료 납부를 통해 전가함으로써 개인이나 기업이 위험에 대해 효과적으로 대응할 수 있게 해주는 사회적 장치이다.
- ㉣ 실제손실에 대한 보상(실손 보상의 원리)
  - ㉮ 보험금지급 사유 발생 시 실제 발생한 손실을 원상회복, 교체할 수 있는 금액으로 한정하므로 이론상 보험보상을 통해 이익을 볼 수 없다.
  - ㉯ 손실금액을 확정할 수 없는 손실(신체적 손해, 미술품의 파손 등)이 발생할 경우 사전에 결정한 금액을 보상할 수 있다.
  - ㉰ 보험으로 보상을 받기 위해서는 손실을 화폐가치로 환산할 수 있어야 하기 때문에 정서적 가치 훼손, 정신적 괴로움과 같은 경우 대체적으로 보호받을 수 없다.

ⓜ 대수의 법칙 적용

㉮ 대수의 법칙 : 표본이 많을수록 결과가 점점 예측된 확률에 가까워진다는 법칙

㉯ 동질의 위험에 대한 다수의 보험계약자를 확보함으로써 손실의 예측능력을 확보할 수 있다.

③ 위험의 구분

㉠ 순수위험 · 투기적 위험 : 사건발생에 연동되는 결과에 따라서 구분

㉮ 순수위험 : 조기사망, 교통사고 등과 같이 손실이 발생하거나 손실이 발생하지 않는 불확실성에 대한 리스크이다. 원칙적으로 보험상품의 대상이 되는 위험은 순수위험에 국한된다.

㉯ 투기적 위험 : 주식투자, 도박 등과 같이 경우에 따라 손실이 발생하거나, 이익이 발생하는 불확실성에 대한 리스크이다.

㉡ 정태적 위험 · 동태적 위험 : 위험의 발생상황에 따라서 구분

㉮ 정태적 위험(개인적 위험) : 사회 · 경제적 변화와 관계없이 발생하는 자연재해, 화재, 방화 등의 개인적인 위험으로 손실만 발생시키는 순수위험적 성격을 가지고 있다. 개별적 사건 발생은 우연적이고 불규칙적이나, 집단적으로 관찰시 일정한 확률을 가지므로 예측이 가능하며 대부분 보험의 대상이 된다.

㉯ 동태적 위험(사회적 위험) : 산업구조 변화, 물가변동, 정치적 요인 등 사회의 동적변화에 따라 발생할 수 있는 불확실성이다. 위험의 영향이 광범위하기 때문에 발생 확률을 측정하기 어렵고 정태적 위험과 달리 경제적 손실 가능성과 동시에 이익을 창출할 가능성을 가지기 때문에 보험의 대상이 되기 어렵다.

④ 보험의 대상이 되는 불확실성(위험)의 조건

㉠ 다수의 동질적 위험단위 : 자동차사고처럼 유사한 속성(발생빈도 및 손실규모)의 위험이 독립적으로 다수 존재해야 하며, 대수의 법칙을 적용하여 손실을 예측할 수 있고 보험료를 계산할 수 있어야 한다.

㉡ 우연적이고 고의성 없는 위험 : 손실사고 발생에 인위적이거나 의도가 개입되지 않으며 예측할 수 없이 무작위로 발생하는 손실이어야 한다.

㉢ 한정적 측정가능 손실 : 피해를 명확히 식별하고 손실금액을 측정할 수 있어야 하며 이를 위한 객관적 자료 수집과 처리를 통해 정확하게 보험금 산정 및 지급이 가능해야 한다.

㉣ 측정 가능한 손실확률 : 손실사건 발생확률을 추정할 수 있는 위험이어야 한다.

㉤ 비재난적 손실 : 보험회사가 보상이 가능한 규모의 손실이어야 한다. (천재지변, 전쟁, 대량실업 등의 재난적 손실은 보험회사가 감당하지 못하므로 일반적으로 보상이 불가능)

㉥ 경제적으로 부담 가능한 보험료 수준 : 위험에 따른 보험료가 매우 높게 산정된 경우 가입자가 경제적으로 부담이 불가능해 시장성이 없어져 계약이 되지 않는다.

(2) 보험의 기능

① 보험의 긍정적 기능

㉠ 사회보장제도 보완

㉮ 3층 보장론 : 정부 사회보장제도의 부족함을 보완하기 위한 복지사회 구현

- 사회보장 : 정부가 최저수준의 국민생활을 보장

> **[사회보장제도]**
>
> 국가가 국민 최저생활을 보장해 주기 위해 실사하는 제도를 총칭하며, 우리나라의 경우 사회보험, 공공부조, 사회복지서비스 등으로 구성되어 있다.
> - 사회보험 : 국민의 경제적 생활을 보장하기 위해 생활에 위협을 가져오는 사고가 발생할 경우 보험의 원리를 응용해 생활을 보장하고자 하는 사회보장 정책
>   - 예 국민건강보험(장기요양보험), 국민연금, 산재보험, 고용보험 등 4대 보험
> - 공공부조 : 국가 및 지방자치단체의 비용부담으로 생활유지능력이 없거나 생활이 어려운 국민에게 최저생활을 보장하고 자립을 촉진하는 경제적 보호제도
>   - 예 기초생활보장(생계급여, 주거급여, 의료급여, 교육급여, 해산급여, 장제급여, 자활급여)
> - 사회서비스 : '삶의 질' 향상을 위해 사회적으로 꼭 필요하지만 저수익성으로 민간 참여가 부진하기 때문에 정부·지자체 등이 함께 제공하는 복지서비스
>   - 예 노인복지, 장애인복지, 아동복지, 건강복지

- 기업보장 : 기업이 퇴직 후 생활을 보장
- 개인보장 : 개인별 노후를 위한 보장

ⓑ 3층 보장론의 측면에서 볼 때 정부의 사회보험과 민영보험은 상호보완적이자 경쟁관계라는 양면성을 가진다.

ⓛ 손해 감소 동기부여 : 보험은 사고 발생 예방이 목적이 아니지만, 사고발생에 따른 보상책임 부담을 줄이기 위해 면책제도, 보험료할인제도 등을 통해 사고예방에 대한 노력을 하고 있다.

ⓒ 기업의 자본효율성 향상 : 보험이 있으면 기업이 위험에 대비해 거액의 자금을 준비금으로 두지 않아도 되므로 기업의 자본효율성을 제고할 수 있다.

ⓡ 국가경제 발전에 기여

ⓐ 보험금을 운용하여 이익금이 발생할 경우 배당을 하는 등 일부 금융기능을 담당하고 있다.

ⓑ 국가기간산업에 적립금을 투자하여 국가경제 발전에 기여한다.

ⓒ 우발적 사고로 인한 국민의 생활 보호를 위한 국가의 재정 부담을 보험회사가 보상하여 국가 재정 부담을 감소시킬 수 있다.

② **보험의 부정적 영향**

ⓠ 보험회사 측면

ⓐ 보험회사는 이익추구를 위해 피보험 목적물 가액을 과대평가하여 도박과 같은 보험계약을 유발시킬 수 있다.

ⓑ 보험금 지급을 위한 준비금을 적립하는 대신 자금을 부당하게 사용하여 피보험자에게 손해를 끼치고 사회에 악영향을 줄 수 있다.

ⓛ 보험가입자 측면

ⓐ 보험사고 발생 시 보험금을 지급받게 되므로 우발적 위험에 대비한 저축이나 사고발생을 예방하기 위한 노력에 소홀하게 된다.

ⓑ 보험금을 사취하기 위해 고의적 사고를 일으키거나, 사건 발생을 가장·위증하는 등 사회질서를 해치는 행위를 유발한다.

(3) 보험의 종류

① 상법상 손해보험과 인보험으로 분류된다.

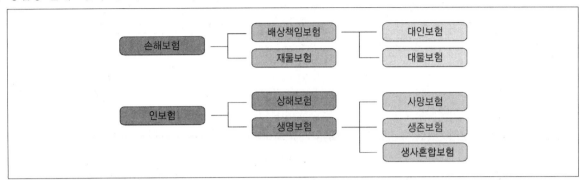

ㄱ 손해보험 : 계약자가 신체상 손해나 재물 손해가 났을 때 보험자가 그 손해를 배상
  ㉮ 배상책임보험 : 계약자가 타인의 신체(대인)나 재물(대물)에 손해를 끼침으로써 법률상 책임을 졌을 때 그 손해를 배상
  ㉯ 재물보험 : 계약자(개인 또는 법인) 소유의 건물, 건축물, 전자기기, 기계 등이 화재 등에 의해 직접손해, 폭발 및 파열손해 등이 발생했을 때 그 손해를 배상
ㄴ 인보험 : 계약자의 생명이나 신체를 위협하는 사고가 발생한 경우 보험자가 일정한 금액 또는 기타의 급여를 지급
  ㉮ 상해보험 : 계약자가 우발적 사고로 상해를 입으면 보험금을 지급하는 보험
  ㉯ 생명보험 : 계약자의 사망 또는 일정 연령까지 생존 시 약정한 보험금을 지급하는 보험, 노후의 생활비, 사망 후 유가족의 생활보호를 위한 자금 등을 마련하기 위해 이용

② 보험실무상 손해보험과 생명보험

    ㉠ **손해보험** : 지정된 유형에 따른 보험사고 발생 시 약정된 보험금 지급

        ㉮ **화재보험** : 화재나 번개로 인하여 재산상의 손해가 발생한 경우(상품에 따라 태풍, 도난 등과 같은 손인들이 포함됨)

        ㉯ **해상보험** : 항해에 따르는 사고로 인해 발생하는 많은 위험을 종합적으로 담보

        ㉰ **자동차보험** : 계약자가 자동차를 소유, 운행, 관리하는 동안 발생하는 사고로 인한 피해에 대해 보험금 지급

        ㉱ **보증보험** : 각종 거래에서 발생하는 신용위험을 감소시키기 위한 보증제도로 보증보험회사가 일정한 대가를 받고 계약상의 채무이행 또는 법령상 의무이행을 보증

        ㉲ **장기(손해)보험** : 일반적으로 3년 이상의 기간을 가지며 보장기능 외에 저축이 포함된 상품으로 만기 도달 시 환급금을 돌려주는 저축기능이 부과되어 있음

        ㉳ **특종보험** : 위의 보험을 제외한 모든 형태의 보험으로 항공보험, 도난보험 등 기타 보험이 해당됨

    ㉡ **생명보험**

        ㉮ **개인보험** : 위험선택의 단위가 개인으로, 개인의 책임 하에 임의로 보험금액·보험금수령인 등을 결정할 수 있고 연령·성별 등에 따라 다른 보험료를 각출하는 보험

        ㉯ **연금보험** : 피보험자의 종신 또는 일정 기간 동안 해마다 일정 금액을 지불할 것을 약속하는 생명보험

        ㉰ **단체보험** : 일정 단체에 소속되어 있는 사람 전체를 대상으로 하는 보험상품으로 평균보험료율이 적용되며 보험금액 등의 선택에도 상당한 제약이 존재하지만 보험료 측면에서 개인보험대비 저렴하다.

(4) 생명보험의 역사

① **고대시대** … 집단생활을 하며 구성원의 손실비용을 공동부담

    ㉠ **에라노이(Eranoi)** : 기원전 3세기경의 종교적 공제단체로 구성원이 사망하거나 어려운 일이 생길 때를 대비하여 서로 도움을 주었다.

    ㉡ **콜레기아(Collegia Tenuiorum)** : 로마제정시대의 상호부조조합으로 사회적 약자나 소외계층 등 하층민들이 서로 돕기 위해 회비를 낸 후 추후에 구성원의 사망 장례금, 유가족 지원금 등으로 지급하였다.

② **중세시대** … 과학·경제·금융의 발달과 함께 생명보험의 초기형태가 등장

    ㉠ **길드(Guild)** : 13~14세기경 교역의 발달에서 파생된 상호구제제도로 해상교역 중에 발생하는 손해를 공동으로 부담하고 구성원의 사망 등의 재해도 구제해 주었다.

    ㉡ 길드의 상호구제 기능은 영국의 우애조합(Friendly Society), 독일의 구제금고(Hilfskasse) 등의 형태로 발전

③ **근대시대** … 현대 생명보험 형태의 토대가 만들어짐

    ㉠ **톤틴연금** : 17세기 말 이탈리아 은행가 톤티(Lorenzo Tonti)가 고안한 연금제도로 루이 14세에 의해 시행되었다. 대중의 출자로 대량의 자금을 만들어 연령별로 결정된 금액을 국가에 납부하고 이를 생존자 간에 분배하는 일종의 종신연금이다.

    ㉡ 1787년 프랑스에서 제국보험회사(Compaie Rayale d' Assurance)가 설립되었다.

ⓒ 1762년 영국에서 세계 최초의 근대적 생명보험회사 에퀴터블(Equitable)이 설립되었다. 최초로 수학적 예측을 통해 인간의 예상 수명을 보험에 적용하는 등 현대 생명보험 운영의 토대가 되는 각종 근대적인 제도를 도입하였다.

(5) 우리나라 생명보험의 역사

① 계와 보

ㄱ 계(契) : 삼한시대부터 시작된 상호협동조직으로 친목도모, 관혼상제 공동부담 등 지금까지도 목돈 마련을 위해 대중적으로 활용되는 수단이다.

ㄴ 보(寶) : 신라시대 불교의 '삼보'에서 비롯된 일종의 재단으로 특정 공공사업을 수행할 목적으로 기본자산을 마련한 뒤 그 기금을 운용해 생기는 이자로 경비를 충당하거나 자선에 활용하는 제도이다. 고려시대 당시에는 국가 공공목적 수행을 위한 재원 확보책이었으나 시간이 지날수록 고리대(高利貸)의 성격이 짙어졌다.

② 근대적 생명보험

ㄱ 1876년 강화도조약 체결 후 서양 열강의 보험회사들이 진출

ㄴ 일본은 1891년 부산에 테이코쿠생명이 대리점을 냈고 이후 쿄사이생명, 니혼생명, 치요타생명 등이 인천·목포 등 항구도시를 중심으로 대리점을 개설하였다.

ㄷ 우리나라 최초의 생명보험사는 1921년 한상룡씨가 설립한 '조선생명보험주식회사'이며 1922년 최초의 손해보험회사인 '조선화재해상보험주식회사'가 설립된다.

ㄹ 광복 이후 일본 생명보험사들이 보험료를 환급하지 않아 보험에 대한 불신풍조가 오랫동안 지속되었다.

ㅁ 1940년대부터 50년대 말에는 대한생명, 협동생명, 고려생명, 흥국생명, 제일생명(현 알리안츠), 동방생명(현 삼성생명), 대한교육보험(현 교보생명) 등이 설립되었다.

ㅂ 1960년대 정부의 경제개발계획 추진으로 생명보험회사가 국민저축기관으로 지정되었으며 1970~1980년대 경제성장과 함께 생명보험도 개인보험 위주로 고도성장을 이루었다.

ㅅ 1990년대 보험시장 개방, 금융자율화 정책 등으로 생명보험 시장 내에서도 본격적인 경쟁이 시작되어 규모위주 성장전략에 따른 과다한 실효해약 등으로 경영부실이 확대되고 1997년 IMF 외환위기로 1998년 4개 생명보험회사의 허가가 취소되는 등 대규모 구조조정이 이루어진다.

ㅇ 2000년대 이후 생명보험산업의 주요 연혁

연도	주요 내용
2000년대	방카슈랑스(은행이 고객을 대상으로 보험판매) 제도 도입 홈쇼핑, T/M , C/M, 대형마트 등 판매채널 다양화
2013년	인터넷 전문 생명보험사 출범 온라인 채널 확대 가속화
2015년	생명·손해보험협회, '온라인 보험 슈퍼마켓(보험다모아)' 서비스 개설
2017년	생명·손해보험협회, 보험가입내역과 숨은보험금을 조회할 수 있는 '내보험찾아줌(ZOOM)' 서비스 운영 실시

❷ 생명보험 이론

(1) 생명보험 계약

① 생명보험계약의 관계자

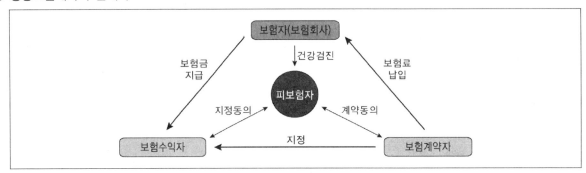

- ㉠ **보험자** : 위험을 인수하는 보험회사
  - ㉮ 보험자는 보험계약 당사자로서 보험계약자와 보험계약을 체결
  - ㉯ 보험금 지급사유 발생 시 보험금을 지급할 의무가 있음
  - ㉰ 다수의 보험계약자로부터 위험을 인수하여 관리해야 하므로 보험사업을 하려면 금융위원회의 사업허가가 필요하다.
- ㉡ **보험계약자** : 보험회사와 보험계약을 체결하는 보험계약당사자
  - ㉮ 보험계약에 대한 여러 의무와 보험금 청구 권리를 가짐

    > 📢TIP **보험계약자의 주된 의무**
    >
    > | | |
    > |---|---|
    > | • 보험료 납입의무 | • 보험계약 시 고지의무 |
    > | • 주소변경 통지의무 | • 보험금 지급사유발생 통지의무 |

  - ㉯ 보험계약자의 자격에는 제한이 없어 자연인·법인 또는 1인·다수 등 상관없이 보험계약자가 될 수 있다.
  - ㉰ 만 19세 미만의 경우 친권자나 법정대리인의 동의가 필요하다.
    > ※ 보험계약자의 자격에는 제한이 없으나 미성년자·피한정후견인, 피성년후견인의 경우, 법정대리인의 동의가 필요하다.
- ㉢ **피보험자** : 보험사고가 발생해 손해를 입는 사람
  - ㉮ 피보험자와 보험계약자가 동일할 경우 '자기의 생명보험', 다를 경우 '타인의 생명보험'이라고 한다.
  - ㉯ 타인의 생명보험일 경우 반드시 타인의 서면동의(또는 전자서명, 공인전자서명 등)를 받아야 하는 제한이 있다.
- ㉣ **보험수익자** : 보험자에게 보험금지급을 청구·수령할 수 있는 권리를 가진 사람
  - ㉮ 보험수익자와 보험계약자가 동일한 경우 '자기를 위한 보험', 다를 경우 '타인을 위한 보험'이라 한다.
  - ㉯ 보험수익자가 여러 명일 경우 대표자를 지정해야 하며 보험수익자의 지정과 변경권은 보험계약자에게 있다.
  - ㉰ 타인의 생명보험일 경우 보험수익자 지정 또는 변경 시 피보험자의 동의가 필요하다.

📢 **TIP** 보험금을 받는 자를 지정하지 않은 경우

계약자가 보험계약 시 보험수익자를 지정하지 않은 경우 보험사고별 종류에 따라 보험수익자가 결정

보험사고별 종류	보험수익자
사망보험금	피보험자의 상속인
생존보험금	보험계약자
장해 · 입원 · 수술 · 통원급부금 등	피보험자

◦ **기타** : 계약자와 보험자간의 계약체결을 위해 중간에서 도와주는 보조자

㉮ **보험설계사** : 보험회사, 대리점, 중개사에 소속되어 보험체결을 중개하는 사람

㉯ **보험대리점** : 보험자를 위해 보험계약 체결을 대리

㉰ **보험중개사** : 독립적으로 보험계약 체결을 중개

※ 보험대리점은 계약체결권, 고지 수령권, 보험료 수령권의 권한을 가지지만 보험중개사는 권한이 없다.

② **보험계약의 요소**

㉠ **보험목적물**(보험 대상)

㉮ 보험사고 발생의 객체로 보험자가 배상해야 할 범위와 한계를 정해준다.

㉯ 생명보험에서는 피보험자의 생명 또는 신체를 말한다.

㉡ **보험사고**(보험금 지급사유)

㉮ 보험에 담보된 재산 · 생명 · 신체에 대해 보험자가 보험금 지급을 약속한 사고

㉯ 생명보험의 경우 피보험자의 사망 · 생존, 장해, 입원, 진단 · 수술, 만기 등이 지급사유이다.

㉢ **보험기간**(위험기간, 책임기간)

㉮ 보험에 의한 보장이 제공되는 기간

㉯ 상법에서는 보험자의 책임을 최초의 보험료를 지급받은 때부터 개시한다고 규정한다.

㉣ **보험금**

㉮ 보험사고 발생 시 보험자가 지급해야 하는 금액

㉯ 보험계약 체결 시 보험자와 보험계약자 간 합의에 의해 설정할 수 있다.

㉤ **보험료** : 보장을 받기위해 보험계약자가 보험자에게 지급해야 할 금액으로 납부하지 않는다면 계약은 해제되거나 해지된다.

㉥ **보험료 납입기간**

㉮ **전기납**(全期納)**보험** : 보험기간의 전 기간에 걸쳐 납부하는 보험

㉯ **단기납**(短期納)**보험** : 납입기간이 보험기간보다 짧은 기간에 종료되는 보험

(2) 생명보험의 기본원리

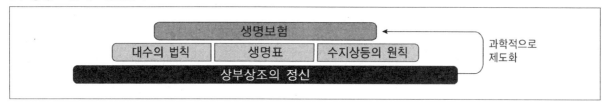

① 상부상조의 정신

  ㉠ 언제 일어날지 모르는 사고에 대비해 공동준비재산을 마련하고 예기치 못한 불행을 당한 사람에게 미리 약정된 금액을 지급함으로써 서로를 돕는 것

  ㉡ 상부상조의 정신을 과학적이고 합리적 방법으로 제도화 한 것이 생명보험이다.

  ㉢ 생명보험의 기초가 되는 것으로 대수의 법칙, 생명표, 수지상등의 원칙 등이 있다.

② 대수의 법칙

  ㉠ 측정대상의 숫자나 측정횟수가 많아질수록 예상치가 실제치에 근접한다는 원칙

  ㉡ 특정인의 우연한 사고 발생 가능성 및 발생 시기 등은 불확실하지만 많은 사람을 대상으로 관찰하면 통계적인 사고 발생확률이 산출된다.

  ㉢ 생명보험은 다수의 보험계약자로 구성된 동일한 성질의 위험을 가진 보험집단이 존재해야 하며, 보험계약자가 많을수록 통계적 정확성이 높아져 정확한 보험요율을 산정하고 미래 손실의 빈도와 강도에 대해 정확히 예측할 수 있다.

③ 생명표 … 대수의 법칙에 각 연령대별 생사잔존상태를 나타낸 표

  ㉠ **국민생명표** : 국민 또는 특정지역의 인구를 대상으로 인구 통계에 의해 사망상황을 작성한 생명표

  ㉡ **경험생명표** : 생명보험회사, 공제조합 등의 가입자에 대한 실제 사망 경험을 근거로 작성한 생명표

  ㉢ **우체국보험생명표** : 우체국보험 가입자의 실제 사망현황을 감안하여 작성한 생명표

   ※ 사람의 사망률은 의료기술 발달 등에 따라 낮아지는 특성이 있어 사망상황을 측정하는 방법 및 연도에 따라 생명표를 분류하기도 한다.

④ 수지상등의 원칙

  ㉠ 보험계약자가 납입하는 보험료 총액과 보험자가 지급하는 보험금 및 사업비 등 지출비용의 총액이 동일하도록 하는 것을 뜻함

  ㉡ 보험계약자 1인당 보험료 × 가입자 수 = 1회 지급 보험금 × 보험집단의 사고발생건수

  ㉢ 보험회사는 대수의 법칙을 통한 보험사고 발생확률과 평균 손실금액을 산정하여 총 지급보험금을 예측하고 이에 따라 보험료를 징수하여 총 보험료와 사업비 등을 포함한 총 보험금 간의 균형이 이루어지도록 해야 한다.

(3) 보험료 계산의 기초 (3이원방식, 현금흐름방식)

① 3이원방식 … 수지상등원칙에 의거 예정사망률, 예정이율, 예정사업비율의 3대 예정률을 기초로 계산

   ⊙ 예정사망률(예정위험률)

      ㉮ 특정 개인의 수명을 대수의 법칙에 의해 예측하여 보험료 계산에 적용하는 것

      ㉯ 예정사망률이 낮아지면 사망보험의 보험료는 내려가고 생존보험의 보험료는 올라간다.

   ⊙ 예정이율

      ㉮ 보험자는 보험계약자가 납입한 보험료를 적립·운용하여 수익을 내는데 이 수익을 사전에 예상하여 일정 비율로 보험료를 할인해주는 할인율이다.

      ㉯ 예정이율이 낮아지면 보험료는 올라가고 예정이율이 높아지면 보험료는 내려간다.

   ⊙ 예정사업비율

      ㉮ 보험자가 보험계약을 유지·관리해나가기 위해 발생하는 비용으로 보험자는 이 비용을 미리 예상하고 보험료에 포함한다.

      ㉯ 예정사업비율이 낮아지면 보험료는 내려가고 예정사업비율이 높아지면 보험료는 올라간다.

② 현금흐름방식

   ⊙ 기존의 3이원방식 가격요소와 함께 계약유지율, 판매량, 투자수익률 등 다양한 가격요소를 반영하여 보험료를 산출하는 방식

   ⊙ 다양한 기초율을 가정하여 미래 현금흐름을 예측하고, 이에 따른 목표 수익률을 만족시키는 영업보험료를 역으로 산출하는 방식이다.

   ⊙ 보험회사는 상품개발의 유연성을 재고하고 보험소비자는 상품선택의 폭을 확대할 수 있다.

📢 TIP 3이원방식과 현금흐름방식의 비교

구분	3이원방식	현금흐름방식
기초율 가정	• 3이원 (위험률, 이자율, 사업비율)	• 3이원 포함 다양한 기초율 예 경제적 가정 : 투자수익율, 할인율, 적립이율 등 예 계리적 가정 : 위험률, 해지율, 손해율, 사업비용 등
기초율 가정적용	• 보수적 표준기초율 일괄 가정 • 기대이익 내재	• 각 보험회사별 최적가정 • 기대이익 별도 구분
장점	• 보험료 산출이 비교적 간단 • 기초율 예측 부담 경감	• 상품개발 시 수익성 분석을 동시에 할 수 있으며 상품개발 후 리스크 관리 용이 • 새로운 가격요소 적용으로 정교한 보험료 산출 가능
단점	• 상품개발 시 별도의 수익성 분석 필요 • 상품개발 후 리스크 관리 어려움	• 정교한 기초율 예측 부담 • 산출방법이 복잡하고, 전산시스템 관련 비용이 많음

(4) 영업보험료

① 정의 … 영업보험료(총 보험료)는 보험계약자가 실제로 보험회사에 납입하는 보험료를 뜻한다.

② 구성

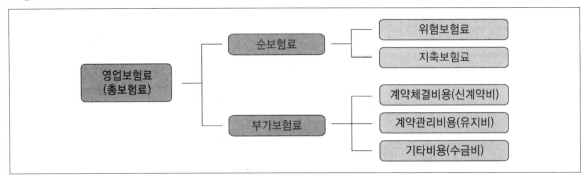

ㄱ 순보험료 : 장래의 보험금 지급의 재원이 되는 보험료

    ㉮ 위험보험료 : 사망보험금, 장해급여금 등 보험사고 발생 시 보험금 지급 재원이 되는 보험료

    ㉯ 저축보험료 : 만기보험금, 중도급부금 등의 지급 재원이 되는 보험료

ㄴ 부가보험료 : 보험회사가 보험계약을 체결, 유지, 관리하기 위한 경비에 사용되는 보험료

    ㉮ 계약체결비용(신계약비) : 보상금 및 수당, 보험증서 발행 등 신계약과 관련한 비용에 사용되는 보험료

    ㉯ 계약관리비용(유지비) : 보험계약의 유지 및 자산운용 등에 필요한 경비로 사용되는 보험료

    ㉰ 기타비용(수금비) : 보험료 수금에 필요한 경비로 사용되는 보험료

③ 보험료의 산정

ㄱ 일시납보험료

    ㉮ 보험계약 및 유지에 필요한 모든 보험료를 한 번에 납입하는 방식

    ㉯ 미래에 예상되는 모든 보험금지급비용 충당에 필요한 금액을 일시금으로 납입한다.

ㄴ 자연보험료

    ㉮ 매년 납입 순보험료 전액이 그 해 지급되는 보험금 총액과 일치하도록 계산하는 방식

    ㉯ 나이가 들수록 사망률이 높아짐에 따라 보험금지급이 증가하므로 보험료가 매년 높아진다.

ㄷ 평준보험료

    ㉮ 정해진 시기에 매번 납입하는 보험료의 액수가 동일한 산정방식

    ㉯ 사망률이 낮은 계약 전반기 동안 납입된 평준보험료는 보험금 및 지급분에 비해 크며 이렇게 남은 보험료에 이자가 붙어 기금이 조성된다.

    ㉰ 계약 후반기 늘어나는 보험금 지급에 대비하여 전반기에 미리 기금을 조성해 놓는 방식

ㄹ 유동적보험료 : 기본적으로 보험계약자는 보험기간 중에 보험회사가 정한 납입보험료의 최저 · 최고치 규정에 따라 본인이 원하는 만큼의 보험료를 납입할 수 있다.

④ 배당
 ㉠ 배당의 의의 : 유배당보험의 경우 보험회사는 계약에 대해 잉여금이 발생할 경우 잉여금의 일정비율을 계약자배당준비금으로 적립하여 이를 보험계약자에게 배당금으로 지급한다.

> **TIP** 잉여금
>
> 보험료 산출 시 사용되는 3대 예정률(예정이율, 예정위험률, 예정사업비율)은 적정수준의 안전성을 가정하므로 수지계산에 있어 일반적으로 과잉분을 낳는다. 이러한 과잉금에 따른 잉여금은 일반적으로 계약자에게 정산환원 되어야 하는데 이를 계약자배당이라 한다.

 ㉡ 배당금의 지급 : 보험업감독규정에 의해 보험회사의 경영성과에 따라 아래의 방법 중 계약자가 선택하는 방법으로 배당된다.
  ㉮ 현금지급 : 배당금 발생 시 계약자에게 현금으로 지급
  ㉯ 보험료 상계 : 계약자가 납입해야 하는 보험료를 배당금으로 대납(상계)
  ㉰ 보험금 또는 제환급금 지급 시 가산 : 계약이 소멸할 때까지 혹은 보험계약자의 청구가 있을 때까지 발생한 배당금을 보험회사가 적립하여 보험금 또는 각종 환급금 지급 시 가산
 ㉢ 보험안내자료상 배당에 대한 예산의 기재금지 및 예외사항
  ㉮ 보험모집 시 미래 불확실한 배당을 과장되게 기재함으로써 발생할 수 있는 과당경쟁 및 고객과의 마찰 등을 방지하기위해 배당에 대한 예산을 기재할 수 없다.
  ㉯ 유배당 연금보험의 경우 직전 5개년도 실적을 근거로 장래계약자배당을 예시할 수 있지만, 보험계약자가 오해하지 않도록 실제 배당금액과 차이가 발생할 수 있음을 명시해야 한다.

(5) 언더라이팅과 클레임

① 언더라이팅의 의미
 ㉠ 보험회사 입장에서 보험가입을 원하는 피보험자의 위험을 각 위험집단으로 분류하여 보험 가입 여부를 결정 하는 과정(계약심사)
 ㉡ 언더라이팅을 위해 피보험자의 환경·신체·재정·도덕적 위험 등 전반에 걸친 위험평가가 이루어진다.
 ㉢ 언더라이팅 결과에 따라 보험계약청약에 대한 승낙여부와 보험료 및 보험금 한도를 설정할 수 있다.
 ㉣ 언더라이팅은 위험평가 과정을 통해 우량 피보험자 선택, 보험사기와 같은 역선택 위험을 방지하는 등 보험사업의 핵심적인 업무에 해당한다.

> **TIP** 역선택 위험
>
> 보험계약자 스스로 위험도가 높은 상황임을 알고 있으나, 보험금 수령을 목적으로 위험 사실을 의도적으로 은폐하여 보험을 가입하는 행위로 언더라이팅을 통해 이러한 계약을 사전에 차단하여 선의의 계약자를 보호할 수 있다.

② 언더라이팅의 필요성

　㉠ 보험회사는 보험계약자를 공평하게 대우해야 하고, 보험계약자는 자신의 위험도에 대한 적절한 보험료를 납부해야 쌍방 간 공평성이 유지된다.

　㉡ 보험회사가 지나치게 높은 수준의 위험까지 인수할 경우 : 보험금 지급액이 증가하여 정상적인 사업운영이 어려워진다.

　㉢ 보험회사가 지나치게 낮은 수준의 위험만 인수할 경우 : 가입자가 줄어 회사의 경쟁력이 상실된다.

　㉣ 보험회사는 피보험자 및 보험계약자의 위험 수준을 적절하게 유지해야 하며, 위험수준에 부합하는 보험료를 보험계약자에게 부담시켜야 한다.

　㉤ 언더라이팅을 통한 위험분석 및 선별 능력이 좋은 보험회사는 영업적인 측면에서 경쟁력 우위를 가지고 효율적인 보험리스크 관리를 통해 안정적인 수익창출과 고객보호에도 기여할 수 있다.

③ 언더라이터의 의미와 역할

　㉠ 언더라이터(계약심사업무담당자) : 보험계약의 위험을 평가하고 선택하며 위험인수기준과 처리절차(계약인수 · 계약거절 · 조건부인수)를 결정하는 직무를 수행한다.

　㉡ 언더라이터의 역할

　　㉮ 보험설계사를 통해 접수된 청약서를 검토하고 보험가입의 승인 여부, 또는 특별한 조건으로 조건부인수를 할 것인지 결정한다.

　　㉯ 피보험자의 위험수준에 따른 적절한 보험료 및 보장한도를 결정한다.

> 📢 **TIP** 이상적인 언더라이터의 조건
> - 모든 계약을 합리적이고 객관적으로 인수
> - 논리적이며 유연한 사고를 바탕으로 법과 규정 등을 준수

④ 언더라이팅의 대상

　㉠ 환경적 언더라이팅

　　㉮ 피보험자의 직업, 운전습관, 흡연, 음주, 취미생활 등이 있다.

　　㉯ 업계 표준직업분류 및 등급표에 따라 위험등급을 비위험직 · 위험직 1~5등급으로 구분하며 등급별 보장범위 및 가입한도 등을 설정하여 운영한다.

　　㉰ 위험등급별 보장범위를 초과하는 경우 일반적으로 계약을 거절한다.

　㉡ 신체적 언더라이팅

　　㉮ 연령, 성별, 체격, 가족력 등에 따른 사망 또는 발병 가능성이 포함된다.

　　㉯ 세부평가를 위해 피보험자에 대한 전문의의 진단결과나 기타자료를 참고한다.

　㉢ 도덕적 언더라이팅

　　㉮ 도덕적 위험은 고의적 · 악의적으로 보험을 역이용하려는 행위와 결과를 의미한다.

　　㉯ 도덕적 위험은 자기 자신을 이용한 위험(피보험자가 자신)과 타인을 이용한 위험(피보험자가 타인)으로 구분된다.

ⓓ 피보험자를 대상으로 고액보험 가입 후 고의적인 보험사고 유발 및 부실고지 등을 통해 보험회사를 의도적으로 속이는 행위를 차단하기 위해 도덕적 위험평가를 실시한다.

> **TIP 도덕적 위험의 영향**
> • 도덕적 위험 발생증가 → 손해율 증가 및 보험회사 경영수지 악화 → 보험료 인상
> • 보험과 보험회사 이미지 악화, 보험에 대한 불신풍조로 사회적 피해 증가

ⓔ 재정적 언더라이팅

　　ⓐ 보험계약자의 가입 상품의 보장내용이 청약자의 생활환경·소득수준에 적합한지 여부를 확인

　　ⓑ 보험을 투기의 목적으로 가입하는 것을 예방하고 피보험자가 적정 수준의 보장을 받도록 하기 위함이다.

⑤ 언더라이팅의 절차

㉠ 1단계 : 모집조직에 의한 선택

　　ⓐ 보험설계사는 피보험자의 건강상태, 생활환경 등에 대해 파악하고 1차 위험 선택의 기능을 수행한다.

　　ⓑ 보험설계사는 피보험자와 계약자에게 언더라이팅 판단자료와 계약조건 결정에 필수적인 기본 정보를 고객에게 정확히 고지하고 안내해야 한다.

　　ⓒ 향후 보험분쟁의 발생을 예방하기 위해 상품에 대한 충분한 설명과 계약상의 중요한 사실을 계약자와 피보험자에게 알려야 하고 보험료 수령 등이 정확히 이행될 수 있도록 해야 한다.

　　ⓓ 보험설계사는 상품 및 약관 등 기초서류에 대한 정확한 지식이 필요하며 언더라이팅을 위한 과정에서 피보험자와의 불만을 야기하지 않고 정보를 수집할 수 있어야 한다.

　　ⓔ 최근에는 모집조직에 의한 선택과정을 차별화 하는 '무심사 보험'과 '간편심사 보험'의 개발이 활발해지고 있다.

　　　• 무심사 보험 : 고령자의 경우 일반 고객과 동일한 계약 기준으로 인수가 불가능하기 때문에 보험료를 일반보험에 비해 할증하여 보험계약을 인수하는 보험상품이다.

　　　• 간편심사 보험(유병자보험) : 과거 병력 또는 현재 만성질환을 가지고 있는 고객이나 고령자를 대상으로 계약심사과정과 서류를 간소화한 보험상품으로 가입절차는 간편하나 보험료는 비교적 높게 책정된다.

㉡ 2단계 : 건강진단에 의한 선택

　　ⓐ 계약인수 과정에서 건강진단은 보험회사가 보다 객관적인 입장에서 피보험자의 중요 고지내용에 대한 확인 또는 중요 고지내용의 추가 등을 수행하기 위한 선택과정이다.

　　ⓑ 병원진단, 서류진단, 방문진단이 실시되고 있다.

㉢ 3단계 : 언더라이팅 부서에 의한 선택

　　ⓐ 언더라이터가 1단계, 2단계 선택과정에서 수집한 정보를 토대로 피보험자의 위험을 평가하여 청약의 승낙 여부를 결정하고 계약내용과 조건 보험료, 보험금액 등을 최종 결정하는 과정

ⓐ 언더라이팅 부서의 주요 역할
- 영업적 역할 : 언더라이팅 과정에서 영업력을 축소시키지 않아야 함
- 관리적 역할 : 효율적인 언더라이팅을 통해 관리 부담 축소 및 비용 측면의 효율성 확보
- 공익적 역할 : 모든 피보험자(보험대상자)에 대해 공정하게 언더라이팅 실시

ⓑ 언더라이터가 활용하는 주요 수집정보
- 청약서 상의 계약 전 알릴 의무사항과 보험설계사의 모집보고서
- 의석신난보고서(병원신단 또는 서류)
- 계약적부확인에 의한 조사보고서 등

② 4단계 : 계약적부확인

㉮ 3단계 선택과정에서 보험금액이 과도하게 크거나 피보험자의 잠재적 위험이 높은 것으로 의심되는 경우, 또는 계약 성립 이후라도 역선택 가능성이 높다고 의심되거나 사후분쟁의 여지가 있는 계약에 대해 보험회사 직원이나 계약적부확인 전문회사 직원이 피보험자의 체질 및 환경 등 계약 선택 상 필요한 모든 사항을 직접 면담·확인하는 것

㉯ 계약적부확인은 계약 선택의 합리성을 제고하고, 고객의 고지의무사항 위반 계약을 조기에 발견함으로써 양질의 계약을 확보하고 역선택 방지 및 보험사고 발생 시 분쟁을 최소화하며 보험금을 신속하게 지급하는 데 목적이 있다.

㉰ 계약적부조사 과정에서 다음과 같은 사항이 위반되면 계약을 감액하거나 해지, 무효, 취소 처리할 수 있다.
- 청약서에 피보험자의 자필서명이 누락된 경우
- 피보험자가 보험가입에 동의하지 않은 경우
- 피보험자가 청약서상 고지사항에 대해 고지하지 않거나 병력을 축소 고지한 경우
- 피보험자의 직업·운전·취미 등의 위험이 청약서에 고지한 내용보다 높은 경우
※ 표준약관에는 피보험자의 고지의무 위반사실을 안 날로부터 1개월 이내, 계약체결일로부터 3년 이내에 해지할 수 있도록 규정되어 있다.

㉱ 5단계 : 사고 및 사망조사 : 보험계약 체결 이후 보험사고 발생으로 보험계약자가 보험금 지급을 신청한 경우 고지의무와 관련하여 의심 가는 사항이 있는 계약에 대해 실시하는 사후적 심사과정이며 이를 통해 역선택에 따른 보험금지급을 최소화할 수 있다.

⑥ 표준미달체/우량체의 인수

㉠ 국내 보험업계의 언더라이팅은 표준체(통상의 보험요율이 적용되는 생명보험의 표준적인 피보험체) 중심으로 되어있다.

㉡ 표준미달체 : 언더라이팅 결과가 표준체 기준 위험보다 높은 경우 보험료 할증, 보험금 삭감, 부담보 등의 형태로 계약을 인수한다.

㉮ 보험료 할증 : 표준미달체의 위험 수준이 시간 흐름에 따라 증가하는 체증성의 경우와 일정한 상태를 유지하는 항상성의 경우 주로 적용

ⓑ 보험금 삭감 : 보험가입 후 시간 흐름에 따라 위험 수준이 감소하는 체감성 위험에 대해 적용하며 보험 가입 후 일정기간 내 보험사고 발생 시 미리 정해진 비율로 보험금을 감액하여 지급

ⓒ 부담보 : 보험 가입 기간 중 특정 신체 부위 및 특정 질환에 대해 일정 기간 또는 전 기간 동안 질병으로 인한 수술 및 입원 등의 각종 보장을 제외하는 조건부 계약의 형태

ⓒ 우량체 : 언더라이팅 결과가 표준체 기준 위험보다 낮은 경우 보험료 할인혜택이 부여된다.

⑦ 언더라이팅의 실무

㉠ 청약서 작성 시 주의사항

ⓐ 청약서를 작성할 때 계약 전 알릴 의무사항에 고지사항을 적고, 성명·서명란과 신용정보의 제공·활용에 대한 동의란에 반드시 보험계약자와 피보험자의 자필서명을 기입해야 한다.

ⓑ 피보험자가 과거 또는 현재 병력이 있을 경우 계약 전 알릴 의무사항의 고지사항을 피보험자가 작성해야 하며 질병명(진단명), 치료내용, 치료시기 및 기간, 현재 상태 등 병력정보에 대해서도 정확하게 기재하도록 설명해야 한다.

ⓒ 청약서 기재사항은 원칙적으로 보험설계사가 임의대로 수정할 수 없으며, 변경이나 수정이 필요한 경우 새로운 청약서 발행이 필요하다.

ⓓ 보험계약자와 피보험자가 동일하지 않은 경우 피보험자와의 관계와 함께 근무처, 직위, 수행업무 등 직업과 관련된 사항, 그리고 집과 직장 주소 모두 상세하고 정확하게 기재하도록 설명해야 한다.

ⓔ 피보험자의 체격, 흡연, 음주관련 정보의 경우 언더라이팅 측면에서 중요한 정보 이므로 피보험자가 직접 작성하도록 안내해야 하며 운전, 취미 등 기타사항과 타 보험사 가입 보험상품, 해외출국 예정여부에 대해서도 정확하게 고지하도록 설명해야 한다.

㉡ 보험가입한도

ⓐ 고위험군 피보험자의 위험부담이 저위험군 피보험자에게 전이되지 않도록 언더라이터가 보험계약을 인수하기로 최종 승인하기 이전에 일정한 가입한도에 대한 선택이 이루어진다.

ⓑ 일반적으로 가입한도 운영기준에는 직업(업종) 위험등급과 운전 위험등급이 있다.

ⓒ 위험등급은 업계 전체의 경험사망률을 기반으로 설정되나, 해당 등급별 가입한도는 보험회사별 운영기준에 따라 상이할 수 있어 청약서 뒷면에 가입한도를 표기함으로써 계약자 및 피보험자에게 이를 고지한다.

ⓓ 대부분의 국내 보험회사는 청약서 상에 사망보험금, 장해보험금, 입원보험금의 가입한도를 명시하고 있다. 또한 업종별 위험등급을 크게 5등급 체계로 분류하여 같은 위험등급일 경우 그 위험의 실제 난이도와 관계없이 가입한도를 동일하게 적용하는 것이 일반적이다.

㉢ 건강진단 가입한도(건강진단결과에 따른 가입한도 설정이 필요한 경우)

ⓐ 보험회사에서 정한 건강진단 범위를 초과하여 가입하는 경우

ⓑ 피보험자가 과거 또는 현재 병력이 있는 경우

ⓒ 언더라이터의 건강진단 지시

ⓔ 특이계약

   ㉮ 외국인

- 외국인등록증, 국내거소신고증을 통해 실명확인
- 체류목적 및 체류예정기간에 따라 위험을 평가해 보험계약 인수여부 결정
- 일반적으로 단기체류의 경우 인수를 거절하고, 방문동거, 거주, 재외동포, 영주의 경우 큰 제한 없이 인수한다.

   ㉯ 해외체류자

- 거주지역의 위험도 및 거주목적을 기반으로 위험을 평가
- 다음의 경우 계약인수가 거절된다.
  - 이민 또는 귀화 목적으로 거주하는 경우
  - 열대·한대·동란 및 전쟁지역 등의 지역을 목적지로 하는 경우
  - 해외 노무자·탐험대·등반대의 경우
- 해외 체류기간이 일정기간을 초과하는 경우 인수될 수도 있으나 일반적으로는 거절한다.

⑧ 클레임 업무

  ㉠ 클레임 업무의 정의와 분류

   ㉮ 보험금 청구에서 지급까지 일련의 업무

   ㉯ 보험금 청구 접수, 사고조사, 조사건 심사, 수익자 확정, 보험금 지급 등의 업무가 포함

   ㉰ 지급 청구에 대해 약관 규정상 지급사유에 해당되지 않는 경우 이에 대한 부지급처리 업무, 클레임 업무 과정에서 발생 가능한 민원업무 및 법원소송업무, 보험가입자의 채권자가 보험금액 등을 압류하는 경우에 발생하는 채권가압류 처리 등의 부수적인 업무가 포함된다.

   ㉱ 클레임은 보험사고의 분류와 동일하게 생존, 사망, 장해, 진단, 수술, 입원, 통원 등으로 구분할 수 있으며, 발생 원인이 사고 혹은 질병인지에 따라 재해와 질병으로 구분 할 수 있다.

  ㉡ 클레임 업무의 필요성

   ㉮ 클레임 업무는 잘못 처리될 경우 현실적으로 상당한 금액이 보험금으로 지출 되므로 회사의 경영수지에 큰 영향을 주고, 공정하지 못하게 보험금이 지급된다면 다수의 선의의 가입자에게 막대한 피해를 준다.

   ㉯ 선의의 가입자를 보호하고 보험경영의 건전성을 도모하기 위해서는 보험계약 체결단계의 언더라이팅 업무와 함께 보험금지급 단계의 클레임 업무 또한 매우 중요하며 업무의 전문성이 요구된다.

  ㉢ 클레임 업무 담당자에게 요구되는 요건

   ㉮ 조사경험 및 조사기법 : 사고조사 및 현장조사 등 다양한 조사업무를 경험해야 하며 이를 통한 조사 기법을 터득하고 현실적으로 적용할 수 있어야 한다.

   ㉯ 법률지식 : 보험관련 법규와 약관을 올바르게 해석하고 적용할 수 있어야 한다.

   ㉰ 의학지식 : 사고 및 현장 조사와 관련하여 의사와 면담이 필요할 경우 해당 건과 관련된 중요한 질문을 통해 업무처리에 필요한 답변을 얻어낼 수 있다.

(6) 생명보험 세제

① 생명보험의 세제혜택 부여 목적

  ㄱ. 사회보장 기능 강화 및 복지국가 실현

    ㉮ 국가에서 책임지고 시행하고 있는 사회보장제도는 국민 개개인의 위험 보장을 감당하기에 어려움이 있기 때문에 보험의 순기능을 통해 이를 보완하고 있다.

    ㉯ 국가는 국민 개개인의 미래보장을 보완하기 위해 생명보험의 긍정적 기능을 인정하여 다양한 세제혜택을 부여하고 있다.

  ㄴ. 산업자금 조달을 위한 저축 유인책 기능수행

    ㉮ 대부분 생명보험계약은 만기가 10년 이상으로 적립금 자산을 활용해 장기간 안정적으로 운용이 가능하다.

    ㉯ 국가경제발전에 필요한 역할을 수행할 수 있다.

- 사회간접자본 및 국가경제발전에 필요한 산업자금 지원역할 수행
- 투자확대를 통한 경제 활성화
- 일자리 창출 등

② 보험계약 세제

  ㄱ. 일반 보장성보험료의 세액공제 : 만기환급금이 납입보험료를 초과하지 않는 보험

    ㉮ 세액공제 사항 : 일용근로자를 제외한 근로소득자가 기본공제대상자를 피보험자로 하는 일반 보장성보험에 가입한 경우 과세 기간에 납입한 보험료(100만 원 한도)의 12%에 해당되는 금액을 종합소득산출세액에서 공제받을 수 있다.

    ㉯ 근로소득자 : 세액공제 대상을 근로소득자로 제한하고 있어 연금소득자 또는 개인사업자 등은 보장성보험에 가입하더라도 세액공제를 받을 수 없다.

      ※ 사장·임원·직원 등이며 일용자는 제외. 다만, 개인사업자에게 고용된 직원이 근로소득자일 경우에는 세액공제 가능하다.

    ㉰ 기본공제대상자 : 피보험자에 해당하는 기본공제대상자는 본인을 포함한 부양가족으로 근로소득자 본인에 대해서는 별도의 요건이 없으나, 배우자 및 부양가족 등은 근로소득자 본인이 보험료를 납입하더라도 소득 및 연령 요건 미충족 시 세액공제를 받을 수 없다. 다만, 기본공제대상자가 장애인일 경우 연령에 상관없이 소득금액 요건만 충족 시 세액공제가 가능하다.

보험료 납입인	피보험자	소득금액 요건	연령 요건	세액공제여부
본인	부모	연간 100만 원 이하	만 60세 이상	가능
본인	배우자	연간 100만 원 이하	특정 요건 없음	가능
본인	자녀	연간 100만 원 이하	만 20세 이하	가능
본인	형제자매	연간 100만 원 이하	만 20세 이하 또는 60세 이상	가능

    ㉱ 보장성보험 중도해지 시 세액공제 여부 : 과세기간 중 보장성보험을 해지할 경우 해지 시점까지 납입한 보험료에 대해 세액공제가 가능하며 이미 세액공제 받은 보험료에 대한 추징 또한 없다.

ⓛ 장애인전용보장성보험료의 세액공제 : 근로소득자가 기본공제대상자 중 장애인을 피보험자 또는 수익자로
하는 장애인전용보험(보험계약 또는 보험료 납입영수증에 장애인전용보험으로 표시) 및 장애인전용보험
전환특약을 부가한 보장성보험의 경우 과세기간 납입 보험료(1년 100만 원 한도)의 15%에 해당되는 금
액을 종합소득산출세액에서 공제받을 수 있다.

ⓒ 연금계좌의 세액공제
  ㉮ 연금저축계좌 : 금융회사와 체결한 계약에 따라 '연금저축'이라는 명칭으로 설정하는 계좌이며 연금저축
    보험, 연금저축신탁, 연금저축펀드가 이에 해당한다.
  ㉯ 퇴직연금계좌 : 퇴직연금을 지급받기 위해 가입하는 계좌로 확정급여형(DB형), 확정기여형(DC형), 개
    인형퇴직금(IRP) 등이 있다. 이 중 확정급여형(DB형)은 세액공제 대상에서 제외된다.
  ㉰ 세액공제사항

종합소득금액 (총급여액)	세액공제 대상 납입한도 (퇴직연금 합산 시)		공제율
	만 50세 미만	만 50세 이상 (금융소득 2천만 원 이하)	
4천만 원 이하(5천 500만 원 이하)	400만 원 (700만 원)	600만 원 (900만 원)	15%
1억 원 이하(1억 2천만 원 이하)			
1억원 초과(1억 2천만 원 초과)	300만 원 (700만 원)		12%

ⓔ 저축성보험의 보험차익 비과세 : 일반적으로 저축성보험의 보험차익은 「소득세법」상 과세대상이지만, 아
래의 조건 충족 시 이자소득세가 비과세 된다.
  ㉮ ㉯와 ㉰를 제외한 저축성 보험 : 최초 보험료 납입 시점부터 만기일 또는 중도해지일 까지 기간이 10년
    이상으로 계약자 1인당 납입 보험료가 1억 원 이하인 계약의 보험차익에 대해 비과세한다.
    ※ 단 최초납입일 10년 경과 이전에 연금형태로 분할하여 지급받은 경우 비과세 요건에서 제외된다.
  ㉯ 월 적립식 저축성 보험 : 최초 보험료 납입 시점부터 만기일 또는 중도해지일 까지 기간이 10년 이상으로
    아래 각 요건을 모두 충족하는 계약에 대해 보험차익을 비과세
    • 최초 납입일로부터 납입기간이 5년 이상인 월 적립식 보험계약
    • 최초 납입일로부터 매월 납입 기본보험료가 균등하고 기본보험료 선납기간이 6개월 이내
    • 계약자 1명당 매월 납입 보험료 합계액이 150만 원 이하(2017년 4월 1일부터 가입한 보험계약에 한해
      적용)
    • 월 적립식 보험료 합계액은 만기 환급금액이 납입보험료를 초과하지 않는 보험계약으로 아래 조건을 충
      족하는 순수보장성보험은 제외한다.
    －저축을 목적으로 하지 않고 피보험자의 사망·질병·부상 등 신체상의 상해나 자산의 멸실·손괴만을
      보장하는 보험계약
    －만기 또는 보험 계약기간 중 특정 시점에서의 생존을 보험사건으로 보험금을 지급하지 않는 보험계약

⑭ 종신형 연금보험 : 아래의 요건들을 갖출 종신형 연금보험
- 계약자가 보험료 납입기간 만료 후 만 55세 이후부터 사망 시까지 보험금 · 수익 등을 연금으로 지급받는 계약
- 연금 외의 형태로 보험금 · 수익 등이 지급되지 않는 계약
- 사망 시 보험계약 및 연금재원이 소멸하는 계약
- 계약자, 피보험자 및 수익자가 동일한 계약으로 최초 연금지급개시 이후 사망일 전에 중도 해지할 수 없는 계약
- 매년 수령 연금액이 아래의 계산식에 따른 금액 이내인 계약 : (연금수령 개시일 현재 연금계좌 평가액 ÷ 연금수령 개시일 현재 기대여명연수) × 3

⑭ 비과세 종합저축(보험)에 대한 과세특례 : 비과세종합저축은 만 65세 이상 또는 장애인 등을 가입대상으로 하며, 1인당 저축원금 5천만 원까지 납입 가능하다. 여기서 발생한 이자소득은 전액 비과세이며, 고령자, 장애인 등에 대한 복지강화와 생활안정 지원 등을 위해 한시적으로 운용되는 상품이기 때문에 2020년 12월 31일까지 가입이 가능하다.

㉮ 비과세종합저축 가입요건 : 아래 요건을 모두 갖춘 저축
- 「금융실명거래 및 비밀보장에 관한 법률」 제2조 제1호에 따른 금융회사 등 및 아래에 해당하는 공제회가 취급하는 저축(투자신탁 · 보험 · 공제 · 증권저축 · 채권저축 등 포함)
- 군인공제회, 한국교직원공제회, 대한지방행정공제회, 경찰공제회, 대한소방공제회, 과학기술인공제회
- 가입 당시 저축자가 비과세 적용을 신청할 것

㉯ 비과세종합저축 가입대상 한정
- 만 65세 이상 거주자 또는 「장애인복지법」 제32조에 따라 등록한 장애인
- 「독립유공자 예우에 관한 법률」 제6조에 따라 등록한 독립유공자와 그 유족 또는 가족
- 「국가유공자 등 예우 및 지운에 관한 법률」 제6조에 따라 등록한 상이자
- 「국민기초생활보장법」 제2조 제2호에 해당되는 수급자
- 「고엽제후유의증 환자지원 등에 관한 법률」 제2조와 제3조에 따른 고엽제후유의증환자
- 「5 · 18민주유공자 예우에 관한 법률」 제4조 제2호에 따른 5 · 18민주화운동 부상자

❸ 보험윤리와 소비자보호

(1) 보험회사 영업행위 윤리준칙

① 보험영업활동 기본원칙
- ㉠ 보험회사는 보험상품을 판매하고 서비스를 제공하는 일련의 과정에서 보험소비자의 권익이 침해되는 일이 발생하지 않도록 노력해야 한다.
- ㉡ 모집종사자는 금융인으로서 사명감과 윤리의식을 가지고, 보험소비자의 권익 보호를 최우선 가치로 삼고 영업활동을 수행해야 한다.

ⓒ 보험회사는 모집종사자의 도입·양성·교육·관리 등에 있어서 법령을 준수하고 건전한 금융거래질서가 유지될 수 있도록 노력해야 한다.

ⓔ 보험회사 및 모집종사자는 부당한 모집행위나 과당경쟁을 하지 않고 합리적이고 공정한 영업풍토를 조성함으로써 모집질서를 확립하고 보험계약자의 권익보호에 최선을 다해야 한다.

ⓜ 보험회사 및 모집종사자는 보험상품 판매에 관한 보험관계 법규 등을 철저히 준수해야 하며, 법령 등에서 정하고 있지 않은 사항은 사회적 규범과 시장의 일관된 원칙 등을 고려하여 선의의 판단에 따라 윤리적으로 행동해야 한다.

② 보험상품 판매 전·후 보험소비자와의 정보 불균형 해소

㉠ 신의성실의 원칙 준수

㉮ 보험회사 및 모집종사자는 보험소비자의 권익을 보호하기 위해 보험영업활동 시 합리적으로 행동하고 적절하게 판단해야 하며, 보험소비자가 합리적인 선택을 할 수 있도록 지원해야 한다.

㉯ 보험회사는 보험상품 판매과정에서 보험소비자에게 피해가 생긴 경우에는 신속한 피해구제를 위해 노력해야 한다.

㉰ 모집종사자는 보험소비자와의 신뢰관계를 성실하게 유지해야 하며, 이를 위해 정직, 신용, 성실 및 전문 직업의식을 가지고 보험영업활동을 수행해야 한다.

㉡ 보험소비자에게 적합한 상품 권유 : 보험회사 및 모집종사자는 보험소비자의 연령, 보험가입목적, 보험상품 가입경험 및 이해수준 등에 대한 충분한 정보를 파악하고, 보험상품에 대한 합리적 정보를 제공함으로써 불완전판매가 발생하지 않도록 노력해야 한다.

㉢ 부당한 영업행위 금지

㉮ 보험소비자의 보험가입 니즈와 구매 의사에 반하는 다른 보험상품의 구매를 강요하는 행위를 금지한다.

㉯ 새로운 보험상품을 판매하기 위해 보험소비자가 가입한 기존 상품을 해지하도록 유도하는 행위를 금지한다.

㉰ 보험회사로부터 승인을 받지 않은 보험안내자료나 상품광고 등을 영업에 활용하는 행위를 금지한다.

㉱ 보험소비자에게 객관적이고 올바른 정보를 제공하지 않아 보험소비자가 합리적인 선택을 불가능하게 하는 행위를 금지한다.

㉲ 보험회사의 대출, 용역 등 서비스 제공과 관련하여 보험소비자의 의사에 반하는 보험상품의 구매를 강요하는 행위를 금지한다.

㉳ 보험소비자가 보험상품의 중요한 사항을 보험회사에 알리는 것을 방해하거나 알리지 아니할 것을 권유하는 행위를 금지한다.

㉴ 실제 명의인이 아닌 자의 보험계약을 모집하거나 실제 명의인의 동의가 없는 보험계약을 모집하는 행위를 금지한다.

㉵ 보험소비자의 자필서명을 받지 아니하고 서명을 대신하는 행위를 금지한다.

② 보험상품 권유 시 충실한 설명의무 이행

㉮ 보험회사 및 모집종사자는 보험상품을 권유할 때 보험소비자가 보험상품의 종류 및 특징, 유의사항 등을 제대로 이해할 수 있도록 충분히 설명하여야 한다.

㉯ 보험회사는 보험계약 체결 시부터 보험금 지급 시까지의 주요 과정을 보험업법령에서 정하는 바에 따라 보험소비자에게 충분히 설명하여야 한다.

㉰ 보험회사는 중도해지 시 불이익, 보장이 제한되는 경우 등 보험소비자의 권익에 관한 중요사항은 반드시 설명하고, 상품설명서 등 관련 정보를 보험소비자에게 제공해야 한다.

㉱ 보험회사 및 모집종사자는 보험상품의 기능을 왜곡하여 설명하는 등 보험계약자의 이익과 필요에 어긋나는 설명 행위를 해서는 안 된다.

⑩ 보험계약 유지관리 강화 : 보험회사는 보험소비자에게 보험료 납입안내, 보험금 청구절차 안내 등 보험계약 유지관리서비스를 강화하여 보험소비자의 만족도를 제고하도록 노력해야 한다.

③ 보험소비자에 대한 정보 제공

㉠ 정보의 적정성 확보

㉮ 모집종사자는 보험회사가 제작하여 승인된 보험안내자료만 사용해야 하며, 승인되지 않은 보험안내 자료를 임의로 제작하거나 사용할 수 없다

㉯ 보험회사는 보험상품 안내장, 약관, 광고, 홈페이지 등 보험소비자에게 정보를 제공하는 수단에 대하여 부정확한 정보나 과대광고로 보험소비자가 피해를 입는 일이 없도록 해야 한다.

㉰ 보험회사는 보험상품에 대한 판매광고 시, 보험협회의 상품광고 사전심의 대상이 되는 보험상품에 대해서는 보험협회로부터 심의필을 받아야 하며, 공정한 거래질서를 해치거나 보험소비자의 윤리적·정서적 감정을 훼손하는 내용을 제외해야 한다.

㉱ 보험소비자에게 제공하는 정보는 보험소비자가 알기 쉽도록 간단·명료하게 작성되어야 하며, 객관적인 사실에 근거하여 보험소비자가 오해할 우려가 있는 정보를 배제해야 한다.

㉡ 정보의 시의성 확보

㉮ 보험소비자에 대한 정보제공은 제공시기 및 내용을 보험소비자의 관점에서 고려하고, 정보제공이 시의 적절하게 이루어질 수 있도록 운영해야 한다.

㉯ 보험회사는 공시자료 내용에 변경이 생긴 경우 특별한 사유가 없는 한 지체 없이 자료를 수정함으로써 보험소비자에게 정확한 정보를 제공해야 한다.

㉢ 계약체결·유지 단계의 정보 제공

㉮ 모집종사자는 보험소비자에게 보험계약 체결 권유 단계에 상품설명서를 제공해야 하며, 보험계약청약 단계에 보험계약청약서 부본 및 보험약관을 제공해야 한다.

㉯ 모집종사자는 보험소비자에게 제공하는 보험안내자료상의 예상수치는 실제 적용되는 이율이나 수익률 등과 다를 수 있다는 점을 분명하게 설명해야 한다.

㉰ 보험회사는 1년 이상 유지된 계약에 대해 보험계약관리내용을 연 1회 이상 보험소비자에게 제공해야 하며, 변액보험에 대해서는 분기별 1회 이상 제공해야 한다.

⑭ 보험회사는 저축성보험에 대해 판매시점의 공시이율을 적용한 경과기간별 해지환급금을 보험소비자에게 안내하고, 해지환급금 및 적립금을 공시기준에 따라 공시해야 한다.

⑮ 보험회사는 미가입 시 과태료 부과 등 행정조치가 취해지는 의무보험에 대해서는 보험기간이 만료되기 일정 기간 이전에 보험만기 도래 사실 및 계약 갱신 절차 등을 보험소비자에게 안내해야한다.

④ 모집질서 개선을 통한 보험소비자 보호

㉠ 완전판매 문화 정착 및 건전한 보험시장 질서 확립

⑦ 보험회사는 보험소비자 보호 강화를 위해 완전판매 문화가 정착되도록 노력해야 하며 모집종사자의 모집관리지표를 측정·관리하고 그 결과에 따라 완전판매 교육체계를 마련해야 한다.

㉯ 불완전판매 등 모집종사자의 부실모집 행위에 대하여 양정기준을 운영함으로써 모집종사자의 불완전판매 재발을 방지해야 한다.

㉰ 보험회사는 대출을 위한 조건으로 보험가입을 강요하는 구속성보험계약의 체결을 요구해서는 안 된다.

㉡ 보험회사와 모집종사자의 불공정행위 금지

⑦ 보험회사 및 모집종사자는 위탁계약서의 내용을 충실히 이행해야 하며, 위탁계약서에 명시된 것 이외의 항목에 대해서는 부당하게 지원 및 요구를 하지 않아야 한다.

㉯ 보험회사는 정당한 사유 없이 모집종사자에게 지급되어야 할 수수료의 일부 또는 전부를 지급하지 않거나 지급을 지연해서는 안 된다. 또한 기지급된 수수료에 대해 정당한 사유 없이 환수해서는 안 된다.

㉰ 보험회사는 보험설계사에게 보험료 대납 등 불법모집행위를 강요하는 행위를 하여서는 안 된다.

㉢ 모집종사자의 전문성 제고

⑦ 모집종사자는 판매하는 상품에 대한 모집자격을 갖추어야 하며, 판매하는 상품에 대한 충분한 지식을 갖추어야 한다.

㉯ 보험회사는 보험설계사의 전문성 제고를 위한 교육프로그램을 운영하여 보험설계사가 종합적인 재무·위험전문 컨설턴트로서 보험소비자에게 최고의 서비스를 제공할 수 있도록 지원해야 한다.

㉰ 보험회사는 협회에서 시행하는 우수인증 설계사에 대한 우대방안을 마련하여 불완전판매가 없는 장기근속 우수한 설계사 양성을 도모해야 한다.

⑤ 개인정보의 보호

㉠ 개인정보의 수집 및 이용 : 보험회사는 보험상품 판매를 위해 개인정보의 수집 및 이용이 필요할 경우 명확한 동의절차를 밟아야 하며 그 목적에 부합하는 최소한의 정보만 수집·이용해야 한다.

㉡ 개인정보의 보호 및 파기

⑦ 보험회사는 수집한 개인정보를 고객의 동의 없이 제3자에게 제공해서는 아니 되며, 개인정보가 외부에 유출되지 않도록 기술적·관리적 조치를 취해야 한다.

㉯ 보험회사는 수집한 개인정보를 당해 목적이외에는 사용하지 아니하며, 그 목적이 달성되었을 때에는 수집한 정보를 파기해야 한다.

⑥ 판매관련 보상체계

ㄱ) 보험회사는 보험상품을 판매하는 과정에서 판매담당 직원과 보험소비자의 이해상충이 발생하지 않도록 판매담당 직원 및 단위조직(이하 '판매담당 직원 등'이라 한다)에 대한 평가 및 보상체계를 설계해야 한다.

※ 판매담당 직원 등의 범위 : 보험소비자에게 금융상품을 직접 판매하는 직원과 이러한 직원들의 판매실적에 따라 주로 평가 받는 직원 및 영업 단위조직으로 보험설계사와 보험대리점은 포함되지 않음

ㄴ) 보험회사는 판매담당 직원 등에 대한 평가 및 보상체계에 판매실적 이외에도 불완전판매건수, 고객수익률, 소비자만족도 조사결과, 계약관련 서류의 충실성, 판매프로세스 적정성 점검결과 등 관련 요소들을 충분히 반영하여 평가결과에 실질적인 차별화가 있도록 운영해야 한다. 다만, 구체적인 반영항목 및 기준은 각 보험회사가 합리적으로 마련하여 운영할 수 있다.

ㄷ) 보험소비자들이 판매담당 직원의 불건전영업행위, 불완전판매 등으로 금융거래를 철회·해지하는 경우 보험회사는 판매담당 직원에게 이미 제공된 금전적 보상을 환수할 수 있으며, 이를 위해 보상의 일정부분은 소비자에게 상품 및 서비스가 제공되는 기간에 걸쳐 분할 또는 연기하여 제공할 수 있다.

ㄹ) 판매담당 직원 등에 대한 성과·보상 체계 설정 부서, 성과평가 부서, 상품 개발·영업 관련 부서, 준법감시 부서 등이 불완전판매 등 관련 정보를 수집·공유하고 특정 보험상품에 대한 판매 목표량과 판매실적 가중치 부여의 적정 여부, 부가상품 판매에 따른 불완전판매 발생 사례 및 발생 가능성 등에 대해 정기적으로 협의·검토해야 한다.

⑦ 분쟁 방지 및 민원 처리

ㄱ) 불완전판매 등에 대한 관리

㉮ 보험회사는 보험상품 판매 과정에서 불완전판매가 발생하지 않도록 보험소비자보호 관점에서 지속적으로 관리해야 한다.

㉯ 보험회사는 상품 및 서비스와 관련한 주요 보험소비자 불만사항에 대해 그 불만내용과 피해에 대한 분석을 통해 불만의 주요원인을 파악하고 이를 관련부서와 협의하여 개선해야 한다.

ㄴ) 민원관리시스템 구축

㉮ 보험회사는 독립적이고 공정한 민원처리와 구제절차를 마련하여 운영해야 하며, 보험소비자가 시의적절하고 효율적으로 이용할 수 있도록 해야 한다.

㉯ 보험회사는 보험소비자가 다양한 민원접수 채널을 통해 민원을 제기할 수 있도록 해야 하고, 해당민원을 One-Stop으로 처리할 수 있도록 전산화된 시스템을 구축해야 한다.

㉰ 보험회사는 민원관리시스템을 통한 민원처리 시 접수사실 및 사실관계 조사현황 등을 보험소비자에게 고지해야 하며, 민원인의 의견을 검토하여 민원예방에 노력해야 한다.

ㄷ) 분쟁방지 및 효율적 처리방안 마련

㉮ 보험회사는 보험소비자와의 분쟁을 해결하는 부서를 지정하고, 분쟁이 발생하지 않도록 분쟁예방대책을 마련해야 한다.

㉯ 보험회사는 분쟁발생시 조기에 분쟁이 해소될 수 있도록 노력해야 하며, 분쟁과 관련하여 정당한 사유 없이 보험소비자의 피해가 발생하지 않아야 한다.

㉰ 보험회사는 분쟁발생시 보험소비자에게 분쟁 해결에 관한 내부 절차를 알려야 한다.

㉑ 보험회사는 보험소비자가 분쟁 처리 결과에 이의가 있는 경우, 이의제기 방법 또는 객관적인 제3자를 통한 분쟁해결 방법에 대해 안내해야 한다.

⑧ 내부 신고제도 운영
  ㉠ 보험회사는 금융 사고를 미연에 방지하고 사고발생시 피해를 최소화하기 위해 내부 신고 제도를 운영한다.
  ㉡ 신고대상 행위는 아래와 같다.
    ㉮ 횡령, 배임, 공갈, 절도, 뇌물수수 등 범죄 혐의가 있는 행위
    ㉯ 업무와 관련하여 금품, 향응 등을 요구하거나 수수하는 행위
    ㉰ 업무와 관련된 상사의 위법 또는 부당한 지시행위
    ㉱ 기타 위법 또는 부당한 업무처리로 판단되는 일체의 행위

(2) 보험범죄 방지활동

① 보험범죄의 정의 … 보험계약을 악용하여 보험 원리상 지급받을 수 없는 보험금을 수령하거나 실제 손해액 대비 많은 보험금을 청구하는 행위 또는 보험 가입 시 실제 위험수준 대비 낮은 보험료를 납입할 목적으로 행하는 일체의 불법행위
  ㉠ 연성사기(Soft fraud)
    ㉮ 우연히 발생한 보험사고의 피해를 부풀려 실제 손해 이상의 과다한 보험금을 청구하는 행위
    ㉯ 경미한 질병·상해에도 장기간 입원하거나 보험료 절감을 위해 보험회사에 허위 정보를 제공하는 행위(고지의무 위반) 등이 있다.
  ㉡ 경성사기(Hard fraud)
    ㉮ 보험계약에서 담보하는 손실을 의도적으로 각색·조작하는 행위
    ㉯ 피보험자의 신체에 상해를 입히거나 해치는 행위, 생존자를 사망한 것으로 위장하는 행위 등이 속한다.
    ㉰ 사기행위를 통해 보험금을 부정편취 하는 과정에서 추가적인 피해자가 발생한다.

> 📢 **TIP** 보험범죄와 구별되는 유형(정보의 불균형으로 인해 발생)
> • **도덕적 해이** : 경우에 따라서 보험범죄로 규정하기는 어려우나, 보험사고의 발생가능성을 높이거나 손해를 증대시킬 수 있는 보험계약자 또는 피보험자의 고의 또는 불성실에 의한 행동으로 보험계약자 또는 피보험자가 직접적으로 보험제도를 악용·남용하는 행우에 의해 야기되는 내적 도덕적 해이와 피보험자와 관계있는 의사, 병원, 변호사 등이 간접적으로 보험을 악용·남용하는 행위에 의해 위험을 야기하는 외적 도덕적 해이로 구분할 수 있다.
> • **역선택** : 보험계약에 있어 역선택이란 특정군의 특성에 기초하여 계산된 위험보다 높은 위험을 가진 집단이 동일 위험군으로 분류되어 보험계약을 체결함으로써 그 동일 위험군의 사고발생률을 증가시키는 현상이다. 보험에 가입하고자 하는 자가 지금까지 걸렸던 질병이나 외상 등 현재에 이르기까지의 병력이 있었다고 하더라도 그 병력으로 인한 보험금 수령 사실이 없을 경우 보험회사로서는 보험계약 당시 이러한 병력에 대한 여부를 확인하기가 매우 어렵다.

② 보험범죄의 특성

  ⊙ 관련 · 후속 범죄 유발 : 보험금을 부정편취하기 위해 피보험자를 해하거나 살해하는 경우 또는 진단서 등의 문서위조, 건물 방화 등 다른 범죄가 함께 발생하는 경우가 많다.

  ⊙ 범죄입증의 어려움 : 보험사고의 과실이나 고의를 구분하는 것이 어렵고 생명보험의 경우 사고발생 후 상당기간 경과한 후 보험금을 청구하는 경우가 많아 입증이 더욱 어렵다.

  ⊙ 수법의 다양화 · 지능화 · 조직화 : 보험금 편취를 위해 치밀하고 다양한 형태의 수법이 사용되고 있으며 개인의 단독 범행 뿐 아니라 가족, 조직폭력배, 전문 브로커 등에 의한 조직적 · 계획적 보험사기가 증가하고 있다.

③ 보험범죄의 유형

  ⊙ 사기적 보험계약 체결 : 보험계약자가 보험계약 시 자신의 건강 · 직업 등의 정보를 허위로 알리거나 타인에게 자신을 대신해 건강진단을 받게 하는 행위 등을 통해 중요한 사실을 숨기는 행위가 이에 속한다.

  ⊙ 보험사고 위장 또는 허위사고 : 보험사고 자체를 위장하거나 보험사고가 아닌 것을 보험사고로 조작하는 행위이다.

  ⊙ 보험금 과다청구 : 보험사고에 따른 실제 피해보다 과다한 보험금을 지급받기 위해 병원과 공모하여 부상 정도나 장해등급을 상향, 또는 통원치료를 하였음에도 입원치료를 받은 것으로 서류를 조작하는 행위 등 사기적으로 보험금을 과다 청구하는 행위이다.

  ⊙ 고의적인 보험사고 유발 : 보험금을 부정 편취하기 위해 고의적인 살인 · 방화 · 자해 등으로 사고를 유발하는 가장 악의적인 보험범죄 유형으로 최근에는 가족 또는 지인들과 사전 공모하여 고의로 사고를 일으키는 등 계획적 · 조직적 보험범죄 양상을 보이고 있다.

④ 보험범죄 방지활동

  ⊙ 정부 및 유관기관의 방지활동

    ㉮ 금융감독원, 보험협회 등 유관기업이 보험사기 적발 및 예방을 위한 대책과 방지활동을 강화하고 있다.

    ㉯ 검찰 · 경찰과 유관기관이 함께 참여하는 '보험범죄전담합동대책반'을 검찰에 설치 · 운용하고 있으며 지방검찰청에 보험범죄 전담검사를 지정 · 배치하여 운영하고 있다.

    ㉰ 보험회사에서는 자체적으로 보험심사시스템을 구축하는 등 언더라이팅을 강화하여 역선택을 방지하고 보험사기특별조사반을 설치하여 금융감독원의 보험사기대응단 및 생 · 손보협회의 보험범죄방지부서와 유기적인 협조체제를 갖추고 보험범죄에 대처하고 있다.

  ⊙ 보험모집 종사자의 방지활동 : 보험설계사 등 모집종사자는 보험계약자 등과 1차적 접점관계에 있으므로 보험계약 모집이나 보험금 지급 신청 시 보험계약자의 보험범죄 유발 가능성 등을 파악하고 범죄예방활동에 참여해야 한다.

(3) 보험모집 준수사항

① 보험모집의 개요와 자격

ㄱ) 개요 : 보험모집이란 보험회사와 보험에 가입하려는 소비자 사이에서 보험계약의 체결을 중개·대리하는 행위로 일반적으로는 소비자를 대상으로 보험상품을 판매하는 행위로 정의할 수 있다.

ㄴ) 자격 : 보험업법 상 보험을 모집할 수 있는 자격은 아래와 같이 제한된다.

㉮ **보험설계사** : 보험회사, 보험대리점 또는 보험중개사에 소속되어 보험계약 체결을 중개하는 자

㉯ **보험대리점** : 보험회사를 위하여 보험계약의 체결을 대리하는 자

㉰ **보험중개사** : 독립적으로 보험계약의 체결을 중개하는 자

㉱ 보험회사의 임직원(단, 대표이사, 사외이사, 감사 및 감사위원은 제외)

② 보험모집 관련 준수사항

ㄱ) 「보험업법」상 준수사항 주요내용

㉮ **보험안내자료(제95조)** : 보험모집을 위해 사용하는 보험안내자료는 보험회사의 상호나 명칭 또는 보험설계사, 보험대리점 또는 보험중개사의 이름·상호나 명칭, 보험 가입에 따른 권리·의무에 관한 주요사항, 보험약관으로 정하는 보장에 관한 사항, 보험금 지급제한 조건에 관한 사항, 해약환급금에 관한 사항, 「예금자보호법」에 따른 예금자보호와 관련된 사항 등을 명백하고 알기 쉽게 적어야 한다.

㉯ **설명의무(제95조의2)**

• 보험회사 또는 보험의 모집에 종사하는 자는 일반보험계약자에게 보험계약 체결을 권유하는 경우에는 보험료, 보장범위, 보험금 지급제한 사유 등 보험계약의 중요 사항을 일반보험계약자가 이해할 수 있도록 설명해야 하며, 이를 일반보험계약자가 이해하였음을 서명, 기명날인, 녹취 등으로 확인받아야 한다.

• 보험회사는 보험계약의 체결 시부터 보험금 지급 시까지의 주요 과정을 일반보험계약자에게 설명하여야 한다. 다만, 일반보험계약자가 설명을 거부하는 경우에는 설명하지 않아도 된다.

• 보험회사는 일반보험계약자가 보험금 지급을 요청하는 경우 「보험업법 시행령」 제42조의 2(설명의무의 중요사항 등)에 따른 보험금 지급절차 및 지급내역 등을 설명해야 하며, 보험금을 감액하거나 지급하지 않는 경우 그 사유에 대해 설명해야 한다.

㉰ **중복계약 체결 확인 의무(제95조의4)** : 보험회사 또는 보험의 모집에 종사하는 자는 실손의료보험계약을 모집하기 전에 보험계약자가 되려는 자의 동의를 얻어 모집하고자 하는 보험계약과 동일한 위험을 보장하는 보험계약을 체결하고 있는지를 확인하여야 하며 확인한 내용을 보험계약자가 되려는 자에게 즉시 알려야 한다.

㉱ **통신수단을 이용한 모집관련 준수사항(제96조)** : 전화·우편·컴퓨터통신 등 통신수단을 이용하여 모집을 하는 자는 「보험업법」상 보험모집을 할 수 있는 자이어야 하며, 사전에 통신수단을 이용한 모집에 동의한 자를 대상으로 해야 한다. 또한 통신수단을 이용해 보험계약을 청약한 경우 청약의 내용 확인 및 정정, 청약 철회 및 계약 해지도 통신수단을 이용할 수 있도록 해야 한다.

㉲ **보험계약 체결 또는 모집에 관한 금지행위(제97조)**

• 보험계약자나 피보험자에게 보험상품의 내용을 사실과 다르게 알리거나 그 내용의 중요한 사항을 알리지 아니하는 행위

- 보험계약자나 피보험자에게 보험상품 내용의 일부에 대하여 비교의 대상 및 기준을 분명하게 밝히지 아니하거나 객관적인 근거 없이 다른 보험상품과 비교하여 그 보험상품이 우수하거나 유리하다고 알리는 행위
- 보험계약자나 피보험자가 중요한 사항을 보험회사에 알리는 것을 방해하거나 알리지 아니할 것을 권유하는 행위
- 보험계약자나 피보험자가 중요한 사항에 대하여 부실한 사항을 보험회사에 알릴 것을 권유하는 행위
- 보험계약자 또는 피보험자로 하여금 이미 성립된 보험계약을 부당하게 소멸시킴으로써 새로운 보험계약을 청약하게 하거나 새로운 보험계약을 청약하게 함으로써 기존보험계약을 부당하게 소멸시키거나 그 밖에 부당하게 보험계약을 청약하게 하거나 이러한 것을 권유하는 행위
- 실제 명의인이 아닌 자의 보험계약을 모집하거나 실제 명의인의 동의가 없는 보험계약을 모집하는 행위
- 보험계약자 또는 피보험자의 자필서명이 필요한 경우에 보험계약자 또는 피보험자로부터 자필서명을 받지 아니하고 서명을 대신하거나 다른 사람으로 하여금 서명하게 하는 행위
- 다른 모집 종사자의 명의를 이용하여 보험계약을 모집하는 행위
- 보험계약자 또는 피보험자와의 금전대차의 관계를 이용하여 보험계약자 또는 피보험자로 하여금 보험계약을 청약하게 하거나 이러한 것을 요구하는 행위
- 정당한 이유 없이 「장애인차별금지 및 권리구제 등에 관한 법률」 제2조에 따른 장애인의 보험가입을 거부하는 행위
- 보험계약의 청약철회 또는 계약해지를 방해하는 행위

ⓑ **특별이익제공 금지(제98조)** : 보험계약의 체결 또는 모집에 종사하는 자는 그 체결 또는 모집과 관련하여 보험계약자나 피보험자에게 금품, 기초서류에서 정한 사유에 근거하지 아니한 보험료의 할인 또는 수수료의 지급, 기초서류에서 정한 보험금액보다 많은 보험금액의 지급 약속, 보험료 대납, 보험회사로부터 받은 대출금에 대한 이자의 대납, 보험료로 받은 수표 또는 어음에 대한 이자 상당액의 대납, 「상법」 제682조에 따른 제3자에 대한 청구권대위행사의 포기 등의 특별이익을 제공하거나 제공하기로 약속하여서는 아니된다.

ⓢ **수수료 지급 등의 금지(제99조)** : 보험회사는 「보험업법」상 보험을 모집할 수 있는 자 이외의 자에게 모집을 위탁하거나 모집에 관하여 수수료, 보수, 그 밖의 대가를 지급하지 못한다.

ⓛ 「생명보험 공정경쟁질서 유지에 관한 협정」에서 정한 준수사항

㉮ **무자격자 모집 금지** : 보험회사는 보험업법상 보험모집을 할 수 없거나 보험모집 등에 관한 부당한 행위로 보험모집을 할 수 없게 된 자에게 보험모집을 위탁하여서는 아니된다.

㉯ **특별이익제공 금지** : 보험회사는 모집종사자가 보험계약자에게 보험료의 할인 기타 특별한 이익을 제공하거나 이를 약속하는 행위를 하지 못하도록 하여야 하며 회사 또한 동일한 행위를 하여서는 아니된다.

㉰ **작성계약 금지** : 보험회사는 보험계약자의 청약이 없음에도 모집종사자가 계약자 또는 피보험자의 명의를 가명·도명·차명으로 보험계약 청약서를 임의로 작성하여 성립시키는 계약을 하지 못하도록 하여야 한다.

㉱ **경유계약 금지** : 보험회사는 모집종사자 본인이 모집한 계약을 타인의 명의로 처리하지 못하도록 하여야 한다.

ⓜ 허위사실 유포 금지 : 보험회사는 모집종사자가 다른 회사를 모함하거나 허위사실을 유포하는 행위를 하지 못하도록 하여야 하며, 회사 또한 동일한 행위를 하여서는 아니된다.

(4) 보험소비자 보호

① 보험소비자 보호제도

㉠ 「예금자보호법」 : 보험회사의 인가취소나 해산 또는 파산 시 보험계약자 등은 「예금자보호법」에 따라 예금보험공사로부터 보험금을 지급받을 수 있다.

구분	주요 내용
지급사유	• 보험금 지급정지, 보험회사의 인가취소 · 해산 · 파산 · 제3자 계약이전 시 계약이전에서 제외된 경우
보호대상	• 예금자(개인 및 법인 포함)
보장금액	• 1인당 최고 5,000만 원(원금 및 소정의 이자 합산) • 동일한 금융기관 내에서 보호받을 수 있는 총 합산 금액임
산출기준	• 해지환급금(사고보험금, 만기보험금)과 기타 제지급금의 합산금액 • 대출 채무가 있는 겨우 이를 먼저 상환하고 남은 금액
보험상품별 보호여부	• 보호상품 : 개인이 가입한 보험계약, 퇴직보험, 변액보험계약 특약 및 최저보증금, 예금자보호대상 금융상품으로 운용되는 확정기여형 퇴직연금제도 및 개인형 퇴직연금제도의 적립금 등 • 비보호상품 : 보험계약자 및 보험료납부자가 법인인 보험계약, 보증보험계약, 재보험계약, 변액보험계약 주계약

㉡ 금융분쟁조정위원회

㉮ 금융회사, 예금자 등 금융수요자 및 기타 이해관계자는 금융 관련 분쟁 발생 시 금융감독원에 분쟁의 조정을 신청할 수 있다.

㉯ 금융감독원은 분쟁 관계당사자에게 내용을 통지하고 합의를 권고할 수 있으며, 분쟁조정 신청일 이후 30일 이내로 합의가 이루어지지 않는 경우 금융감독원장은 지체 없이 이를 금융분쟁조정위원회로 회부해야 한다.

㉰ 금융분쟁조정위원회는 조정 회부로부터 60일 이내 이를 심의하여 조정안을 마련해야 하며 금융감독원장은 신청인과 관계당사자에게 이를 제시하고 수락을 권고할 수 있다.

㉱ 관계당사자가 조정안을 수락한 경우 해당 조정안은 재판상 화해와 동일한 효력을 갖는다.

ⓒ 고객상담창구 및 보험가입조회

㉮ 금융감독원·생명보험협회·보험회사는 보험관련 소비자 상담 등을 위해 고객상담창구를 설치 및 운영하고 있으며 생명보험협회의 경우 생존자 및 사망자에 대한 보험가입조회제도를 운영하고 있다.

㉯ 보험가입 내역은 생명보험과 손해보험에 대해 확인이 가능하나 우체국, 새마을금고 등 공제보험의 가입 내역은 조회할 수 없다(우체국보험의 경우 우체국보험 홈페이지의 보험간편서비스를 통해 확인 가능).

② 보험금 대리청구인 지정제도

㉠ 보험계약자와 피보험자, 그리고 보험수익자가 동일한 본인을 위한 보험상품 가입 시 보험금을 수령하기 위해서는 본인이 직접 보험금을 청구해야 한다.

㉡ 치매 등 보험사고 발생으로 본인이 의식불명상태 등 스스로 보험금 청구가 현실적으로 어려운 상황일 경우 보험금 대리청구인을 미리 지정해두어 대리청구인이 계약자를 대신하여 보험금을 청구할 수 있다.

③ 생명보험 광고심의제도

㉠ 생명보험업계는 보험소비자 보호 및 보험업 이미지 제고를 위해 2005년 생명보험광고·선전에 관한규정을 제정하고 생명보험 광고에 대한 심의제도를 운영하고 있다.

㉡ 우체국보험을 포함한 우정사업본부의 광고는 「정부기관 및 공공법인 등의 광고시행에 관한 법률」에 따라 기본계획을 수립하고, 광고를 「동법 시행령」 제6조(업무의 위탁)에 따라 정부광고 업무를 수탁한 한국언론진흥재단의 정부광고통합시스템에 의뢰하며 해당 시스템을 통해 소요경비를 지출한다.

④ 보험민원

㉠ 보험민원의 정의 : 보험회사가 계약에 따른 의무를 이행하지 않거나 보험상품 및 서비스가 고객 입장에서 기대에 미치지 못했을 때 고객이 보험회사에 대해 이의신청·진정·건의·질의 및 기타 특정한 행위를 요하는 의사표시이다.

㉡ 보험민원의 특징

㉮ 보험회사의 상품개발, 판매정책, 불완전판매 등 다양한 민원이 존재하며 악성민원의 경우 선량한 소비자의 정당한 민원·분쟁처리가 지연될 수 있다.

㉯ 보험회사는 정확한 사실관계 확인을 바탕으로 관련 법규 및 기준에 근거하여 민원을 객관적·합리적으로 처리해야 한다.

㉢ 현장에서의 보험민원 주요 유형

주요 유형	세부 유형
불완전판매	• 약관 및 청약서 부본 미교부 • 고객불만 야기 및 부적절한 고객불만 처리 • 고객의 니즈에 부합하지 않는 상품을 변칙 판매

부당행위	• 자필서명 미이행 • 적합성원칙 등 계약권유준칙 미이행 • 약관상 중요 내용에 대한 설명 불충분 및 설명의무 위반 • 고객의 계약 전 알릴 의무 방해 및 위반 유도 • 대리진단 유도 및 묵인 • 약관과 다른 내용의 보험안내자료 제작 및 사용 • 특별이익 제공 또는 제공을 약속 • 보험료, 보험금 등을 횡령 및 유용 • 개인신용정보관리 및 보호 관련 중요사항 위반 • 보험료 대납, 무자격자 모집 또는 경유계약
보험금지급	• 보험금 지급처리 지연 • 보험금 부지급 또는 지급 처리과정에서의 불친절 • 최초 안내(기대)된 보험금 대비 적은 금액을 지급
계약인수	• 계약인수 과정에서 조건부 가입에 대한 불만 • 계약적부심사 이후 계약해지 처리 불만 • 장애인 계약 인수과정에서 차별로 오인함에 따른 불만 • 계약 전 알릴 의무 위반사항과 인과관계 여부에 대한 불만

❹ 생명보험과 제3보험

(1) 생명보험 개요

① **생명보험의 의의** … 일상생활에는 예측하기 힘들고 우연발생적인 사고의 가능성이 항상 존재하는데 이로 인해 발생하는 경제적 손실을 보전하고 우리 주변을 둘러싸고 있는 여러 가지 위험으로부터 안정적인 생활을 영위할 필요에 따라 만들어진 제도이다.

② **생명보험의 개요** … 생명보험은 주로 사람의 생사(生死)에 관련된 불의의 사고에 대한 경제적 손실을 보전하며 많은 사람이모여 합리적으로 계산된 소액의 분담금(보험료)을 모아서 공동준비재산을 조성하고 불의의 사고가 발생했을 경우에 약정된 금액(보험금)을 지급하는 것이 생명보험이다.

(2) 생명보험 상품

① 생명보험 상품의 특성
  ㉠ 무형의 상품 : 생명보험은 형태가 없으므로 타 상품과 성능을 비교 검증하기 힘들기 때문에 보험가입자의 정확한 이해가 중요하다. 따라서 상품 권유단계부터 가입자에게 충분한 설명이 필요하다.
  ㉡ 미래지향적 · 장기효용성 상품 : 생명보험은 미래지향적 상품으로 가입과 효용이 동시에 발생하지 않는다.
  ㉢ 장기계약 · 비자발적 상품 : 생명보험은 짧게는 수년에서 길게는 종신동안 계약의 효력이 지속되고, 대부분의 경우 보험판매자의 권유와 설득에 의해 가입하는 비자발적 상품이다.

② 생명보험 상품의 구성

㉠ 생명보험상품 = 주계약 + 특약

㉡ **주계약**(기본보장계약) : 보험계약에 있어서 기본이 되는 중심적인 보장내용이다.

㉢ **특약**(추가보장계약) : 여러 보험계약자들의 다양한 욕구를 모두 충족시키기 위해 별도의 보장을 주계약에 부가하는 계약

TIP 특약의 분류

구분		내용
독립성에 따라	독립특약	별도의 독립된 상품으로 개발되어 어떤 상품에든지 부가될 수 있는 특약
	종속특약	특정상품에만 부가할 목적으로 개발되어 다른 상품에는 부가하지 못하는 특약
필수가입 여부에 따라	고정부가특약	계약자 선택과 무관하게 주계약에 고정시켜 판매되는 특약
	선택부가특약	계약자가 선택하는 경우에만 부가되는 특약

③ 생명보험 상품의 종류

⊙ **사망보험** : 피보험자가 보험기간 중 사망하였을 때 보험금이 지급되는 보험

   ㉮ **정기보험** : 보험기간을 미리 정해놓고 피보험자가 그 기간 내에 사망했을 때 보험금이 지급되는 보험

   ㉯ **종신보험** : 보험기간을 정하지 않고 피보험자가 일생을 통하여 언제든지 사망했을 때 보험금을 지급하는 보험

ⓛ **생존보험** : 피보험자가 보험기간이 끝날 때까지 생존했을 때에만 보험금이 지급되는 보험으로서 저축기능이 강한 대신 보장기능이 약하다. 그러나 만기보험금을 매년 연금형식으로 받을 수 있는 등 노후대비에 좋다.

ⓒ **생사혼합보험(양로보험)** : 사망보험의 보장기능과 생존보험의 저축기능을 결합한 보험으로 요즘 판매 되는 대부분의 생명보험 상품은 암, 성인병, 어린이 관련 등 고객 성향에 맞춰 특화된 생사혼합보험이다.

ⓔ **저축성보험** : 생명보험 고유의 기능인 위험보장보다는 생존 시에 보험금이 지급되는 저축 기능을 강화한 보험으로 목돈 마련에 유리한 고수익 상품이다.

   ㉮ **보장부분** : 위험보험료를 예정이율로 부리 하여 피보험자가 사망 또는 장해를 당했을 때 보험금을 지급하는 부분

   ㉯ **적립부분** : 저축보험료를 일정 이율로 부리 하여 만기 또는 중도 생존 시 적립된 금액을 지급하는 부분

ⓜ **보장성보험** : 주로 사망, 질병, 재해 등 각종 위험보장에 중점을 둔 보험으로, 보장성보험은 만기 시 환급되는 금액이 없거나 기 납입 보험료보다 적거나 같다.

ⓗ **교육보험** : 자녀의 교육자금을 종합적으로 마련할 수 있도록 설계된 보험으로, 부모 생존 시 뿐만 아니라 사망 시에도 양육자금을 지급해주는 특징이 있다. 즉, 교육보험은 일정시점에서 계약자와 피보험자가 동시에 생존했을 때 생존급여금을 지급하고, 계약자가 사망하고 피보험자가 생존하였을 때 유자녀 학자금을 지급하는 형태를 가진다.

ⓢ **연금보험** : 소득의 일부를 일정기간 적립했다가 노후에 연금을 수령하여 일정수준의 소득을 계속 유지함으로써 노후의 생활능력을 보호하기 위한 보험이다. 연금은 가입자가 원할 경우 지급기간을 확정하여 받거나 종신토록 받을 수 있다.

ⓞ **변액보험** : 계약자가 납입한 보험료를 특별계정을 통하여 기금을 조성한 후 주식, 채권 등에 투자하여 발생한 이익을 보험금 또는 배당으로 지급하는 상품으로 변액종신보험, 변액연금보험, 변액유니버셜보험 등이 있다.

ⓩ **CI(Critical Illness)보험** : 중대한 질병이며 치료비가 고액인 암, 심근경색, 뇌출혈 등에 대한 급부를 중점적으로 보장하여 주는 보험으로 생존 시 고액의 치료비, 장해에 따른 간병비, 사망 시 유족들에게 사망보험금 등을 지급해주는 상품이다.

(3) 제3보험의 개요

① **제3보험의 의의** … 위험보장을 목적으로 사람의 질병·상해 또는 이에 따른 간병에 관하여 금전 및 그 밖의 급여를 지급할 것을 약속하고 대가를 수수하는 계약

  ⊙ 생명보험의 약정된 정액 보상적 특성과 손해보험의 실손 보상적 특성을 모두 가진다.

ⓛ 생명보험영역과 손해보험영역 모두 포함하는 제3의 보험은 Gray Zone 보험이라고도 한다.

ⓒ 우리나라는 2003년 8월「보험업법」개정을 통해서 최초로 제3보험이 제정되었다.

📢**TIP** 생명보험, 손해보험, 제3보험 구분

구분	생명보험	손해보험	제3보험
보험사고대상(조건)	사람의 생존 또는 사망	피보험자 재산상의 손해	신체의 상해, 질병, 간병
보험기간	장기	단기	단기, 장기 모두 존재
피보험이익	원칙적으로 불인정	인정	원칙적으로 불인정
피보험자(보험대상자)	보험사고 대상	손해에 대한 보상받을 권리를 가진 자	보험사고 대상
보상방법	정액보상	실손보상	정액보상, 실손보상

② **제3보험의 종목** … 보험업감독규정에 따라 3가지로 구분된다.

㉠ **상해보험** : 우연한 사고로 인한 신체에 입은 상해에 대한 치료 등에 소요되는 비용 보장

ⓛ **질병보험** : 질병 또는 질병으로 인한 입원·수술 등에 소요되는 비용 보장

ⓒ **간병보험** : 치매 또는 일상생활장해 등으로 타인의 간병이 필요한 상태로 진단받거나 그와 관련된 비용을 보장

③ **재3보험의 특성** … 생명보험과 손해보험의 특성 모두를 가진다.

㉠ 생명보험으로서 제3보험

㋐ 피보험자의 동의 필요

㋑ 피보험이익 평가불가

㋒ 보험자 대위 금지

㋓ 15세미만 계약 허용

㋔ 중과실 담보

ⓛ 손해보험으로서 제3보험

㋐ 실손 보상의 원칙

㋑ 보험사고 발생 불확정성

④ 제3보험 관련 법규

㉠ 「상법」상의 분류 : 「상법」에서 제3보험에 대한 분류는 없지만, 제3보험과 관련된 생명보험, 상해보험, 질병보험 등의 법규를 준용하게 된다.

> 제2절 생명보험
> 제730조(생명보험자의 책임) 생명보험계약의 보험자는 피보험자의 사망, 생존, 사망과 생존에 관한 보험사고가 발생할 경우에 약정한 보험금을 지급할 책임이 있다.
> 제731조(타인의 생명의 보험) ① 타인의 사망을 보험사고로 하는 보험계약에는 보험계약 체결 시에 그 타인의 서면(「전자서명법」) 제2조 제2호에 따른 전자서명이 있는 경우로서 대통령령으로 정하는 바에 따라 본인 확인 및 위조·변조 방지에 대한 신뢰성을 갖춘 전자문서를 포함한다)에 의한 동의를 얻어야 한다.

> **제3절 상해보험**
> **제737조(상해보험자의 책임)** 상해보험계약의 보험자는 신체의 상해에 관한 보험사고가 생길 경우에 보험금액 기타의 급여를 할 책임이 있다.
> **제739조(준용규정)** 상해보험에 관하여는 제732조를 제외하고 생명보험에 관한 규정을 준용한다.
>
> **제4절 질병보험**
> **제739조의2(질병보험자의 책임)** 질병보험계약의 보험자는 피보험자의 질병에 관한 보험사고가 발생할 경우 보험금이나 그 밖의 급여를 지급할 책임이 있다.
> **제739조의3(질병보험에 대한 준용규정)** 질병보험에 관하여는 그 성질에 반하지 아니하는 범위에서 생명보험 및 상해보험에 관한 규정을 준용한다.

ⓒ 「보험업법」상의 분류 : 제3보험의 정의와 독립된 보험업임을 명시하고 있다.

> **제2조(정의) 제1호 다목 제3보험상품** : 위험보장을 목적으로 사람의 질병·상해 또는 이에 따른 간병에 관하여 금전 및 그 밖의 급여를 지급할 것을 약속하고 대가를 수수하는 계약으로서 대통령령으로 정하는 계약
>
> **제4조(보험업의 허가)**
> ① 보험업을 경영하려는 자는 다음 각 호에서 정하는 보험종목별로 금융위원회의 허가를 받아야 한다.
>   1. 생명보험업의 보험종목
>   2. 손해보험업의 보험종목
>   3. 제3보험업의 보험종목
>   가. 상해보험
>   나. 질병보험
>   다. 간병보험
>   라. 그 밖에 대통령령으로 정하는 보험종목

⑤ 제3보험의 겸영
  ⊙ 「보험업법」은 서로 다른 성격인 생명보험업과 손해보험업의 겸영을 금지하고 있지만, 보험회사가 생명보험업이나 손해보험업에 해당하는 전 종목에 대해 허가를 받았을 때는 제3보험업에 대해서도 허가를 받은 것으로 본다.
  ⓒ 생명보험회사나 손해보험회사는 질병보험 주계약에 각종 특약을 부가하여 보장을 확대한 보험상품을 판매하고 있다. 다만, 손해보험회사에서 판매하는 질병사망 특약의 보험기간은 80세 만기, 보험금액 한도는 개인당 2억 원 이내로 부가할 수 있으며, 만기 시 지급하는 환급금이 납입보험료 합계액 범위 내일 경우 겸영이 가능하다.

📢**TIP** 제3보험(질병사망)의 특약에 따른 겸영가능 요건

구분	생명보험	손해보험
보험만기		80세 이하
보험금액	제한없음	개인당 2억 원 이내
만기환급금		납입보험료 합계액 범위내

(4) 제3보험상품

① 상해보험

　㉠ 정의

　　㉮ 상해보험은 갑작스럽고 우연한 외래 사고로 인해 사람의 신체에 입은 상해에 대하여 발생한 비용을 보상하는 상품이다.

　　㉯ 외부로부터의 급작스러운 사고로 인한 상해인정 여부가 중요한 조건이 되며, 피보험자의 책임으로 타인에게 상해 등을 입힌 경우는 보장하지 않는다.

　㉡ 상해사고의 요건

　　㉮ 급격성 : 사고가 피할 수 없을 정도로 급박한 상태에서 발생한 것을 의미한다. 시간이 흐르는 질병 등의 경우에는 상해보험의 보험사고에 충족되지 않는다.

　　㉯ 우연성 : 피보험자가 보험사고의 원인 또는 결과의 발생을 예견할 수 없는 사고를 말한다.

　　㉰ 외래성 : 사고의 원인이 피보험자 신체 외부적 요인에 기인하는 것을 말한다. 따라서 피보험자가 의도하거나 예상할 수 있는 자살, 싸움 등에 의한 사고는 상해보험의 보험사고가 아니다.

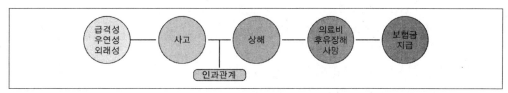

TIP 상해요건과 보험금지급 단계

　㉢ 보상 제외사항 : 질병에 의해 발생되는 상해사고는 보상이 제외되지만 상해로 인한 질병은 보상이 된다.

　㉣ 상해보험의 종류

　　㉮ 생명보험의 재해보험 : 특정 재해분류표 등을 이용하여 담보위험을 열거 및 보장해주는 상품

　　㉯ 손해보험의 상해보험 : 특정 상해사고를 보상하는 특별약관으로 보장하는 상품

　㉤ 상해보험의 보장내용

구분	내용
상해입원급부금	보험기간 중 상해로 인해 직접치료를 목적으로 입원하였을 경우
상해수술급부금	보험기간 중 상해로 인해 직접치료를 목적으로 수술을 받았을 때
상해장해급부금	보험기간 중 상해로 인해 장해분류표에서 정한 각 장해지급률에 해당하는 장해상태가 되었을 경우
상해사망보험금	보험기간 중에 상해의 직접적인 원인으로 사망하였을 경우
만기환급금	보험기간이 끝날 때까지 피보험자가 살아있는 경우

　㉥ 알릴 의무 관련 유의사항

　　㉮ 직업변경 시 : 상해보험은 직업의 성격에 따라 보험요율을 구분하여 산출하기 때문에 직업이 변경되면 계약자의 납입보험료도 그에 따라 달라진다.

　　㉯ 위험한 직업으로 변경 시 보험회사에 고지 : 추후 분쟁방지를 위해 서면 등으로 변경 통지하고 보험증권에 확인을 받아두어야 한다.

② 질병보험

　㉠ 질병보험의 정의

　　㉮ 암, 성인병 등의 각종 질병으로 인한 진단, 입원, 수술 시 보험금을 지급하는 상품

　　㉯ 질병으로 인한 사망은 제외된다.

　　㉰ 건강보험이라고도 하며 종류로는 진단보험, 암보험, CI보험, 실손의료보험 등이 있다.

　㉡ 질병보험 시장의 변화

　　㉮ 급속한 인구 노령화의 진행 : 의료기술의 발전으로 평균수명이 연장되어 노인인구가 급증하고 있기 때문에 각종 노인성 질환이 증가하고 질병에 대한 치료기간도 길어지게 되었다.

　　㉯ 질병형태의 변화 : 생활양식의 서구화 등으로 질병형태가 변화하고 있다.

　　㉰ 새로운 상품 개발 : IMF 이후 종신보험 시장이 포화됨에 따라 새롭게 CI보험, 장기간병보험 등 다양한 상품이 개발 판매되고 있다.

　　㉱ 고액 의료비용 발생 : 중대한 질병에 걸려도 과거와 달리 완치율이 높아서 의료비 외에 각종 비용이 추가적으로 발생하게 되어 경제적 부담이 가중되었다.

　㉢ 질병보험의 특성

　　㉮ 질병 보상한도의 설정 : 진단비, 수술비에는 1회 보상한도 금액을 설정하고 있으며 입원의 경우 120일, 180일 등으로 한도를 정하고 있다.

　　㉯ 질병의 진단에 대한 판정기준 : 새로운 질병이 지속적으로 증가하고 있어 약관에 판정기준 및 용어의 정의를 정확히 규정하고 있다.

　　㉰ 보험나이에 따른 보험료 계산 : 연령별로 보험료가 차이가 있으며 고령일수록 보험료가 증가한다.

　　㉱ 면책 질병 및 개시일

　　　• 선천성 질병, 정신질환, 알코올중독 등의 질병은 면책 질병으로 분류된다.

　　　• 질병보험의 개시일은 보험계약일이지만 일부 질병담보의 경우 보험계약일(당일포함)로부터 일정기간의 면책기간을 둔다.

　　㉲ 부담보조건 인수로 보험가입대상 확대

　　　• 계약 전 알릴의무에 해당하는 질병으로 피보험자가 과거에 의료기관에서 진단 또는 치료를 받은 경우 부담보 조건의 계약을 인수하고 가입이후 해당 질병으로 보험금 지급사유가 발생하여도 보험금을 지급하지 않는다.

　　　• 그 외의 질병에 대해서는 보상하도록 하여 보험가입 대상을 확대할 수 있도록 하고 있다.

　㉣ 질병보험의 일반적 가입 조건

　　㉮ 0세부터 가입이 가능하다.

　　㉯ 사망보장의 경우 만 15세 이상부터 가능하다.

　　㉰ 고령이거나 건강상태에 따라 가입이 제한될 수 있다.

　　㉱ 연령이 증가할수록 보험료가 높아진다.

　　㉲ 보험금의 지급사유가 발생하기 전에 사망한 경우 보험계약은 소멸하며 보험금 대신 책임준비금을 지급하게 된다.

ⓜ 질병보험의 종류

　㉮ **진단비 보장보험** : 뇌출혈, 급성심근경색증, 말기신부전증, 말기간경화 등의 질병으로 진단받을 경우 진단보험금으로 보장해준다.

　㉯ **암보험**

　　• 암보험의 종류 : 만기환급금에 따라 순수보장형과 만기환급형으로 구분되며 특정암만을 집중적으로 보장하는 형태의 상품도 있다.

　　• 암보험금의 종류

　　－암 진단보험금 : 피보험자가 보장개시일 이후 암으로 진단 확정되면 보험금을 지급

　　－암 수술보험금 : 피보험자가 보장개시일 이후 암 치료를 목적으로 수술을 받은 경우 지급

　　－암 직접치료 입원보험금 : 피보험자가 직접적인 치료를 목적으로 입원치료를 받는 경우 입원 1일당 약정 보험금을 지급

　　－암 직접치료 통원보험금 : 피보험자가 직접적인 치료를 목적으로 통원할 경우 통원 1회당 약정 보험금을 지급

　　－암 사망보험금 : 피보험자가 암으로 사망할 시 보험금을 지급

　　－방사선 약물치료비 : 피보험자가 치료를 목적으로 항암방사선치료나 항암약물치료를 받는 경우 지급

　　• 암보험의 일반적 가입 조건

　　－보험기간은 10년 이상으로 가입 가능연령은 0세 이상(사망보장의 경우 만 15세 이상)이다.

　　－연령이 증가할수록 보험료도 증가하며 갱신 시 보험료가 변동될 수 있다.

　　－도덕적 해이 방지를 위해 일정기간 이후부터 보장이 개시되며 가입 후 일정시점(보통 1년)을 기준으로 보험금이 차등 책정된다.

　㉰ **실손의료보험**

　　• 상품개요 : 피보험자가 질병·상해로 입원이나 통원치료를 할 경우 실제 부담하게 되는 의료비(국민건강보험 급여 항목 중 본인부담액 + 비급여 항목의 합계액)의 일부를 보험회사가 보상하는 상품

　　• 가입 전 주의사항 : 가입자가 다수의 실손의료보험을 가입해도 초과이익 금지를 위해 본인부담 치료비를 상품별로 비례보상하게 되므로 치료비가 가입 상품 수만큼 지급되는 것은 아니다. 따라서 보험계약 전 중복가입 여부를 반드시 확인해야 한다.

　　• 단체－개인실손보험 간 연계제도

　　－퇴직자의 단체실손보험 해지에 따른 보장공백을 해소하고 단체·개인실손 보험의 중복가입자에 대한 보험료 이중부담을 해소하기 위해 단체－개인실손보험간 연계제도가 운영 중이다.

　　－단체실손보험에 5년 이상 가입한 사람이 퇴직할 경우 1개월 이내 개인실손으로 전환하여 가입할 수 있으며, 개인실손보험에 1년 이상 가입한 사람이 취직 등으로 회사의 단체실손보험에 가입 시, 기존에 가입한 개인실손보험의 보험료 납입 및 보장을 중지한 후 퇴직 후 1개월 이내 중지했던 개인실손보험을 재개할 수 있다.

③ 간병보험

    ⊙ 간병보험의 정의 : 피보험자가 보험기간 중 상해 또는 질병으로 장기요양상태가 되거나 중증치매 등으로 일상생활이 어려워졌을 때 간병을 필요로 하게 되면 약관에 의거 보험금을 지급하는 상품

        ㉮ 장기요양상태 : 거동이 불편하여 장기요양이 필요하다고 판단될 경우, 노인장기요양보험법에 따라 건강보험공단의 장기요양등급 판정위원회에서 장기요양 1등급 또는 2등급을 판정받은 경우

        ㉯ 중증치매 : 각종 상해 또는 질병 등으로 인지기능 장애가 발생한 산태

    ⓒ 간병보험의 특성

        ㉮ 보험금 지급사유 : 중증치매상태와 일상생활에서 행동의 제한이 있는 상태에 있을 때 보험금을 지급하는 것으로, 기존 진단, 수술, 입원 등의 사유로 보험금을 지급하는 질병보험과는 다르다.

        ㉯ 노인장기요양보험의 장기요양등급 적용 : 노인장기요양보험제도의 도입이후로 기존 일상생활기본동작제한 장해평가표(ADLs)를 기준으로 적용하는 방식과 정부의 장기요양등급을 기준으로 적용하는 상품으로 적용되어 판매되고 있다.

    ⓒ 간병보험의 종류

        ㉮ 장기간병보험(공적) : 노인장기요양보험

          • 2008년 7월 1일부터 노인장기요양보험제도 시행으로 고령 및 노인성 질병 등으로 인한 장기간의 간병·요양문제를 국가와 사회가 책임을 분담하게 되었다.

          • 만 65세 이상의 노인 및 노인성질병(치매, 뇌혈관성질환, 파킨슨병 등)을 가진 만 65세 미만의 자를 대상으로 한다.

          • 심신의 기능상태에 따라 장기요양 인정점수로 등급을 판정하고, 등급에 따라 노인요양시설 등과 계약을 체결하여 요양서비스를 제공받게 되며 해당 비용을 지원받게 된다.

        ㉯ 장기간병보험(민영)

          • 2003년 8월부터 판매되기 시작했다.

          • 보험금 지급방식에 따라 정액보상형과 실손보상형으로 구분된다.

          • 상품구조에 따라 연금형, 종신보장형, 정기보장형과 특약형태로 구분되며 갱신형, 비갱신형으로 구분된다.

    ⓔ 보험금 지급사유

        ㉮ 보험기간 중 장기요양상태가 되거나, 보장개시일 이후에 장기요양상태가 될 때 최초 1회에 한해 지급

        ㉯ 보험기간이 끝날 때 까지 살아 있을 때는 건강관리자금으로 구분하여 지급

        ㉰ 보험기간 중 일상생활장해상태나 중증치매상태가 되는 경우 약관에 따라 보험금을 지급하는 상품도 있다.

        ㉱ 공적 요양보험의 장기요양 등급판정을 받으면 지급하는 상품도 있다. 이 경우 만 65세 이상이거나 노인성 질병환자가 지급대상이다.

❺ 보험계약법(인보험편)

(1) 보험계약의 의의

① **의의** … 보험계약자가 약정한 보험료를 납부하고, 보험자가 재산 또는 생명이나 신체의 불확정한 사고가 생길 경우 일정한 보험금액 기타의 급여를 지급할 의무를 부담하는 계약을 말하며 법률효과로서 보험자와 보험계약자 또는 피보험자나 보험수익자 사이에 보험사고가 발생 할 경우 보험금지급, 보험료지급에 관한 권리의무관계인 보험관계가 형성된다.

② **관련 법령**

> 「상법」 제638조(보험계약의 의의) 보험계약은 당사자 일방이 약정한 보험료를 지급하고 재산 또는 생명이나 신체에 불확정한 사고가 발생할 경우에 상대방이 일정한 보험금이나 그 밖의 급여를 지급할 것을 약정함으로써 효력이 생긴다.
>
> 「상법」 제730조(생명보험자의 책임) 생명보험계약의 보험자는 피보험자의 사망, 생존, 사망과 생존에 관한 보험사고가 발생할 경우에 약정한 보험금을 지급할 책임이 있다.

(2) 보험계약의 법적성질

① **낙성계약** … 보험계약자의 청약과 동시에 최초보험료를 미리 납부하는 것이 관행이라 요물계약처럼 운용되지만 본질적으로 당사자끼리의 합의만으로 계약이 성립되는 낙성계약이므로 보험료 선납이 없어도 보험계약은 성립한다. 그러나 최초보험료 납부 없이는 보험자의 책임이 개시되지 않는다.

② **불요식계약** … 보험계약은 계약에 대해 특별한 방식을 요구하지 않는 불요식계약이다. 따라서 서면으로 체결되지 않아도 효력이 있다. 그러나 실제 보험실무에서는 정형화된 보험계약 청약서가 이용되고 있다.

③ **쌍무계약** … 보험계약자는 보험료 납부의무를, 보험자는 보험사고 발생 시 보험금 지급의무를 부담하므로 보험계약자와 보험자는 상호의무관계인 쌍무계약관계이며 대가관계의 유상계약이다.

④ **부합계약성** … 보험계약은 다수인을 상대로 체결되고 보험의 기술성과 단체성으로 인해 정형성이 요구되므로 계약의 내용이 보험자에 의해 정해져 있고, 계약자는 이에 따르는 부합계약에 속한다. 일반적으로 보험회사가 미리 작성한 보통보험약관을 매개로 체결되는데 보험계약자는 약관을 승인하거나 거절하는 형식을 취하므로 약관 해석 시 작성자 불이익의 원칙을 두고 있다.

⑤ **상행위성** … 영리보험에 있어서 보험계약은 상행위성이 인정되며 이를 영업으로 하는 보험자가 상인이 된다. 따라서 보험계약에도 상행위에 관한 규정이 적용되나 그 특수성으로 인해 많은 제약을 받는다.

⑥ **사행계약성** … 보험범죄나 인위적 사고의 유발과 같은 도덕적위험이 내재되어 있기 때문에 이를 규제하기 위한 피보험이익, 실손 보상원칙, 최대선의 원칙 등의 제도적 장치가 있다.

⑦ **최대선의성과 윤리성** … 일반적으로 보험계약은 보험자의 보험금지급책임이 우연한 사고의 발생에 발생하는 소위 사행성계약이므로 보험계약자 측의 선의가 반드시 요청된다.

⑧ **계속계약성** … 보험기간 동안에 보험관계가 지속되는 계속계약의 성질을 지니며, 「상법」상 독립한 계약이다. 따라서 보험계약자 등은 보험료를 모두 납부한 후에도 보험자에 대한 통지 의무와 같은 보험 계약상의 의무를 진다.

(3) 보험계약의 특성

① **사익조정성(영리성)** … 보험자의 입장에서 보험의 인수는 영리 추구를 위한 수단으로 사용되므로 보험계약법은 사보험관계에 적용되는 법이다.
  ㉠ **보험공법의 의의** : 「보험업법」 등 보험사업에 대한 감독과 규제에 관한 법
  ㉡ **보험사법의 의의** : 「보험계약법」 등 보험계약을 둘러싼 법률관계로, 어느 당사자가 어떠한 의무를 지고 권리를 갖는가에 대한 관계를 규율하는 것

② **단체성** … 보험계약자는 보험자와 개인적으로 계약을 체결하지만 보험계약의 배후에는 수많은 보험계약자로 구성된 보험단체 또는 위험단체의 관념이 존재한다.

③ **기술성** … 보험자는 대수의 법칙과 수지상등의 원칙에 따라 보험사업을 영위해야 한다. 이를 뒷받침하기 위해 「보험계약법」은 기술적인 성격을 가지게 된다.

④ **사회성과 공공성** … 보험제도는 다수의 가입자로부터 거둔 보험료를 기초로 하여 가입자의 경제적 안정 도모를 목적으로 하기 때문에 사회성과 공공성이 특히 강조된다.

⑤ **상대적 강행법성** … 계약자는 보험자에 비하여 법적·경제적 열세를 보이고 있기 때문에 「보험계약법」은 상대적 강행법규를 많이 정해두어 약자인 보험계약자를 보호하도록 이루어져 있다.

(4) 보험계약의 요소

① **보험대상자와 보험목적물**
  ㉠ 피보험자의 생명 또는 신체를 지칭
  ㉡ 보험계약에서의 목적물은 보험사고 발생 후 보험자가 배상하여야 할 범위와 한계를 정해준다.

② **보험사고** … 보험금 지급사유라고도 하며 보험금이 지급되는 구체적인 조건을 뜻한다. 보험사고는 보험상품에 따라 다르지만 생명보험은 대개 생존, 사망, 장해 등을 보험사고로 본다.

③ **보험료와 보험금**
  ㉠ **보험료** : 보험계약자가 보험자에게 내는 금액
  ㉡ **보험금** : 보험사고가 발생할 경우 보험자가 지급하는 금액
  ㉢ 보험금의 지급책임은 보험계약자로부터 최초의 보험료를 받은 때부터 생긴다.

④ 보험기간과 보험료 납입기간

    ㉠ **보험기간** : 보험에 의한 보장이 제공되는 기간으로 최초의 보험료를 지급 받은 때부터 보험금 지급책임이 존속하는 기간이다.

    ㉡ **보험료 납입기간** : 보험계약자가 보험자에게 보험료를 납입해야 할 기간

(5) 보험계약의 성립과 체결

① **보험계약의 성립과 거절**

    ㉠ 보험자는 청약일로부터 30일 이내에 계약을 승낙 또는 거절해야 하며, 30일 이내 통지 하지 않으면 계약은 승낙된 것으로 본다.

    ㉡ 보험계약은 보험계약자의 청약과 보험자의 승낙으로 성립된다.

    ㉢ 보험자는 계약자의 청약에 대해 피보험자가 계약에 적합하지 않은 경우 계약을 거절할 수 있으며 이 경우 보험료를 받은 기간에 대해 일정 이자를 보험료에 더하여 돌려줘야 한다.

② **보험계약의 체결** … 불요식의 낙성계약이므로 계약자의 청약에 대해 보험자가 승낙한 때 성립한다. 보험회사는 별도의 승낙 의사표시를 하지 않고 보험증권을 교부하므로 승낙절차와 보험증서의 교부절차는 통합되어 이루어진다.

③ **승낙의제**

    ㉠ 보험계약자가 보험계약 청약 시 보험료 상당액을 납부하면 보험자는 30일 이내에 승낙의 통지를 발송해야 하고, 이를 해태한 때에는 승낙한 것으로 본다.

    ㉡ 인보험계약의 피보험자가 신체검사를 받아야 하는 경우 승낙 통지기간은 신체검사를 받은 날부터 기산한다.

④ **승낙 전 사고담보** … 보험자가 청약을 승낙하기 전에 보험사고가 생긴 때에는 고지의무위반, 건강진단 불응 등 해당 청약을 거절할 사유가 없는 한 보험자는 보험계약상의 책임을 진다.

⑤ **보험증서(보험증권)의 교부** … 계약이 성립하면 보험자는 계약자에게 보험증서를 교부한다. 단 보험증서는 계약 성립에 대한 내용을 나타낼 뿐 계약 성립 요건은 아니므로 보험계약자에게 보험증서가 도달되지 못한 경우에도 보험계약은 유효하게 성립한 것이다.

(6) 보험계약의 철회, 무효, 취소, 실효

① **보험계약의 철회** … 보험계약자는 보험가입증서(보험증권)를 받은 날부터 15일 이내에 청약을 철회할 수 있다(받은 날은 세지 않고 다음 날부터 계산). 단 진단계약이나 보험기간이 1년 미만인 계약 또는 전문보험계약자가 체결한 계약과 청약일로부터 30일이 초과한 계약은 청약철회가 불가능하다.

② **보험계약의 무효와 취소**

    ㉠ **계약의 무효** : 계약의 법률상 효력이 처음부터 발생하지 않은 것

    ㉡ **계약의 취소** : 계약이 처음에는 성립하나 취소사유 발생으로 계약의 법률상 효력이 계약시점으로 소급되어 없어지는 것

ⓒ 보험계약의 무효와 취소 사유

구분	보험계약 무효	보험계약 취소
요건	• 사기에 의한 초과, 중복보험 • 기 발생 사고 • 피보험자의 자격미달(사망보험의 경우)	• 보험자의 법률 위반이 존재할 때 • '3대기본지키기'를 미이행 했을 때 1) 고객 자필 서명 2) 청약서 부본 전달 3) 약관 설명 및 교부
효력	• 보험금 지급사유가 발생하더라도 보험금 지급을 하지 않음	• 보험자는 납입한 보험료에 일정 이자를 합한 금액을 계약자에게 반환

③ 보험계약의 실효

　ⓐ 정의 : 특정 원인의 발생으로 계약의 효력이 장래 소멸되는 것을 뜻한다.

　ⓑ 보험계약의 실효 사유

구분	내용
당연 실효	• 보험회사가 파산선고를 받고 3개월이 경과하였을 때 • 감독당국으로부터 허가취소를 받았을 때 • 법원으로부터 해산명령을 받고 3개월이 경과하였을 때
임의해지	• 보험계약자가 보험사고 발생 전에 계약의 전부 또는 일부를 해지할 때 ※ 타인을 위한 계약의 경우 타인의 동의를 얻지 못하면 해지할 수 없다.
해지권 행사	• 보험자는 계속보험료 미지급, 고지의무 위반, 통지의무 위반 등의 경우 보험계약에 대한 해지권을 행사하였을 때 ※ 타인을 위한 계약의 경우 보험계약자가 납입을 지체하여도 보험회사가 상당기간 보험료 납입을 최고한 후가 아니면 계약을 해지할 수 없다.

(7) 고지의무

① 고지의무의 정의와 예시

　ⓐ 정의 … 보험계약자 또는 피보험자는 청약 시 청약서에서 질문한 사항에 대해 보험자에게 사실대로 알려야 하는데, 이를 고지의무라 한다. 고지의무는 계약 청약 시 뿐 아니라 부활 시에도 이행하여야 한다.

　ⓑ 고지의무 예시(세부사항은 보험업감독업무시행세칙 표준사업방법서 부표1. 계약 전 알릴 의무사항 참고)

구분	질문항목(요약)
현재 및 과거의 질병 (6개 항목)	• 최근 3개월 이내에 의사로부터 진단, 치료, 입원, 수술, 투약 등 의료행위를 받은 사실 여부 • 최근 3개월 이내에 특정약물 복용 여부 • 최근 1년 이내에 의사로부터 진찰 또는 검사를 통하여 추가검사 여부 • 최근 5년 이내 입원, 수술, 7일 이상 치료 또는 30일 이상 투약 여부 등
외부환경 (10개 항목)	• 직업, 운전여부, 위험이 높은 취미(암벽등반 등) 등 • 부업(계절업무 종사), 해외위험지역 출국계획, 음주, 흡연, 체격, 타보험 가입현황 등

② 고지의무 당사자

    ㉠ **고지의무자** : 보험계약법상 고지할 의무를 부담하는 보험계약자, 피보험자 및 이들의 대리인(보험수익자에게는 고지의 의무가 부여되지 않음)

    ㉡ **고지수령권자** : 보험자 또는 보험자로부터 고지 수령권을 받은 자

③ 고지의무위반의 요건

    ㉠ **고의** : 보험계약자가 중요한 사실을 알면서 고지하지 않거나 허위로 고지하는 것

    ㉡ **중대한 과실** : 보험계약자가 주의를 다하지 않아 중요한 사실을 알리지 않거나(불고지), 사실과 다르게 말하는 것(부실고지)

④ 고지의무위반의 효과

    ㉠ 피보험자가 고의 또는 중대한 과실로 인하여 보험금 지급사유 발생에 영향을 미치는 고지의무를 위반한 때에는 보험금 지급사유 발생여부와 관계없이 보험자는 계약을 해지할 수 있다.

    ㉡ 피보험자가 직종에 대한 고지의무를 위반하여 초과 청약한 경우 초과 청약액에 대해서만 계약을 해지하고 초과 보험료는 반환하며 승낙거절 직종에 대해서는 계약 전부를 해지한다.

    ㉢ 고지의무위반으로 계약이 해지되면 보험자는 해약환급금을 지급한다.

    ㉣ 고지의무를 위반한 사실이 보험금지급사유 발생에 영향을 미쳤음을 보험자가 증명하지 못하는 경우 해당 보험금을 지급한다.

⑤ 고지의무위반에 대해 해지할 수 없는 경우

    ㉠ 보험자가 계약 당시에 고지의무 위반사실을 알았거나 과실로 알지 못한 경우

    ㉡ 보험자가 고지의무 위반사실을 안 날로부터 1개월 이상 지났거나 보장개시일 부터 보험금 지급사유가 발생하지 않고 2년 이상 지났을 때

    ㉢ 계약을 체결한 날부터 3년이 지났을 때

    ㉣ 보험을 모집한 자가 계약자 또는 피보험자에게 고지할 기회를 주지 않았어가 계약자 또는 피보험자가 사실대로 고지하는 것을 방해한 경우, 계약자 또는 피보험자에게 사실대로 고지하지 않게 하였거나 부실한 고지를 권유한 경우

    ※ 다만 모집자 등의 행위가 없었다 하더라도 계약자 또는 피보험자가 사실대로 고지하지 않거나 부실한 고지를 했다고 인정되는 경우에는 계약을 해지하거나 보장을 제한할 수 있음

(8) 보험계약의 효과

① 보험자의 의무

    ㉠ **보험증서(보험증권) 교부의무** : 보험계약이 성립하면 보험자는 지체 없이 보험증서를 교부할 의무가 있으며 계약자는 보험자에 대해 보험증서 교부청구권을 가진다.

    ㉡ **보험금지급의무** : 보험자는 보험기간 내에 보험사고가 생긴 때 피보험자(손해보험) 또는 보험수익자(인보험)에게 보험금을 지급할 의무를 진다.

📢 **TIP** 보험금 지급사유

구분	내용
중도보험금/장해보험금/입원보험금	보험기간 중 피보험자가 생존해 있을 때 계약서에 정한 조건에 부합하여 지급하는 경우
만기보험금	보험기간이 끝날 때 피보험자가 생존해 있을 경우
사망보험금	보험기간 중 피보험자가 사망한 경우

② **보험자의 보험료 반환의무**
   ㉠ 보험계약의 일부 또는 전부가 무효인 경우 보험계약자와 피보험자가 선의이며 중대한 과실이 없다면 보험자는 납입보험료의 일부 또는 전부를 반환할 의무를 진다.
   ㉡ 보험계약자가 보험사고의 발생 전에 보험계약의 전부 또는 일부를 해지한 경우 보험자는 다른 약정이 없으면 미경과 보험료를 반환하여야 할 의무를 진다.
   ㉢ 생명보험의 경우 보험자는 보험계약이 해지되었거나 보험금지급이 면책된 경우에는 소위 보험료적립금을 반환할 의무가 있다.

③ **보험자의 보험금 지급 면책사유**
   ㉠ 법정 면책사유 중 도덕적 위험
      ㉮ 보험사고가 보험계약자, 피보험자, 보험수익자 등 보험계약자 측의 고의 또는 중과실로 생긴 경우 보험자는 보험금지급책임을 면한다.
      ㉯ 도덕적 위험에 대한 면책사유의 입증책임은 보험자에게 있으며 보험계약자나 피보험자 또는 보험수익자 중의 어느 한 사람의 고의나 중과실이 있으면 성립한다.
   ㉡ 법정 면책사유 중 전쟁위험 : 보험사고가 전쟁, 기타의 변란으로 인하여 생긴 때에는 당사자 간에 다른 약정이 없으면 보험자는 보험금을 지급할 책임이 없다

④ **보험계약자 등의 의무**
   ㉠ 보험료 납부의무와 그 성질
      ㉮ 보험계약자의 가장 중요한 의무로 계약이 성립되면 보험자에게 보험료를 납부할 의무를 진다.
      ㉯ 보험료는 보험금에 대한 대가관계에 있는 것으로 보험료의 지급은 보험자의 책임발생의 전제가 되는 것이다.
      ㉰ 보험료지급은 원칙적으로 지참채무이지만 당사자의 합의나 보험모집인의 관행을 통하여 추심채무로 될 수 있다.
      ㉱ 은행 등의 창구에서 보험료를 납입하거나 온라인과 지로청구에 의한 보험료납입도 지참채무로 볼 수 있다.
   ㉡ 보험료의 납부시기
      ㉮ 원칙적으로 보험계약자는 계약체결 후 지체 없이 보험료의 전부 또는 제1회 보험료를 납부하여야 한다.
      ㉯ 실제 실무에서는 보험계약청약 시 보험료의 전부 또는 제1회 보험료를 선납부하는 관행이 행해지고 있다.
      ㉰ 분할지급의 경우 제2회 이후의 계속보험료는 약정한 납입기일에 납부해야 한다.

ⓒ 보험료 납입지체의 효과

㉮ 보험계약의 체결 후 보험계약자가 보험료의 전부 또는 제1회 보험료를 납입하여야 함에도 불구하고, 납입하지 아니하는 경우에 다른 약정이 없는 한 계약 성립 후 2개월이 경과하면 그 계약은 해제된 것으로 본다.

㉯ 계속보험료가 약정되어 있는 시기에 납부되지 아니할 경우 보험자는 '상당한' 기간을 정하여 보험료 납입을 최고하고, 해당 기간 내에 보험계약자가 보험료의 납입을 지체한 경우 별도의 해지통보를 통해 계약을 해지할 수 있다.

ⓔ 위험변경 증가의 통지의무

㉮ 보험기간 중에 보험계약자 또는 피보험자가 사고발생의 위험이 현저하게 변경 또는 증가된 사실을 안 때에는 지체 없이 이를 보험자에게 통지하여야 한다.

㉯ 위험의 변경 또는 증가의 원인은 객관적이어야 하므로 보험계약자 또는 피보험자의 행위로 인한 것이 아니어야 한다. 보험계약자 또는 피보험자가 이를 해태한 때에는 보험자는 그 사실을 안 날로부터 1개월 내에 계약을 해지할 수 있다.

ⓜ 보험사고 발생의 통지의무

㉮ 보험자에 대한 보험사고의 통지는 보험자로 하여금 그 사고가 보험사고에 해당하는지 여부 등과 면책사유가 존재하는지 여부를 확정하는 전제가 되므로 보험계약자 또는 피보험자가 계약에서 정한 보험사고의 발생을 안 때에는 지체 없이 이를 보험자에게 통지해야 한다.

㉯ 보험계약자 등의 통지 해태로 인해 손해가 증가된 때에는 그 증가된 손해를 보상할 책임이 없다.

(9) 부활

① 부활의 의미

㉠ 보험계약자가 계속 보험료를 체납해서 해지 또는 실효된 계약에 대해 일정기간 내에 연체보험료에 약정이자를 붙여 보험자에게 지급하면 부활(효력회복)을 청구 할 수 있는 제도

㉡ 부활의 목적은 계약의 해지로 인해 보험계약자가 새로운 보험계약을 체결해야 하는 불이익을 막는데 있다. 특히 생명보험은 연령증가에 따른 보험료의 인상과 보험료적립금, 해지환급금의 지급 상 불이익이 초래되므로 부활을 통해 이를 방지할 수 있다.

② 부활의 요건

㉠ 부활계약 청구 시에도 계약자는 중요사항에 대한 고지의무가 발생한다.

㉡ 보험계약자가 제2회 이후의 계속보험료를 납부하지 않아, 해지되거나 실효된 보험계약의 해지환급금이 지급되지 않았어야 한다.

㉢ 부활 가능한 일정 기간 내에 연체된 보험료에 약정이자를 붙여 보험자에게 납부하고 부활을 청구한 뒤 보험자가 이를 승낙해야 한다.

㉣ 보험자가 약정이자와 연체보험료를 받은 후 30일이 지나도록 낙부통지하지 않으면 승낙처리 되어 해당 보험계약은 부활한다.

③ 부활의 효과

    ㉠ 실효되기 이전의 보험계약과 동일한 내용의 보험계약을 계속 유지한다.

    ㉡ 실효시기부터 부활시기까지 발생한 보험사고에 대해서는 보험자가 책임지지 않는다.

    ㉢ 계약자가 약정이자를 포함한 연체보험료를 지급하고 부활을 청구한 때부터 보험자가 승낙하기 전에 보험사고 발생 시 보험자는 거절할 사유가 없는 한 보상책임을 진다.

❻ 우체국보험 일반현황

(1) 우체국보험 연혁

① 근대 우체국보험의 역사

    ㉠ 1929년 5월 제정된 「조선간이생명보험령」에 따라 1929년 10월에 조선총독부 체신국에서 종신보험과 양로보험을 판매하기 시작한 것이 시초이다.

    ㉡ 1952년 12월 「국민생명보험법」 및 「우편연금법」을 제정함에 따라 국민생명보험으로 개칭하고 생명보험 4종, 연금보험 4종으로 보험사업을 확대하였다.

    ㉢ 1977년 1월 당시 국민생명보험사업 분야를 농협으로 모두 이관조치 하였으나, 1982년 12월 31일 「체신예금 · 보험에 관한 법률 및 체신보험특별회계법」을 제정하였고 1983년부터 본격적인 보험사업을 재개했다.

② 현재의 우체국 보험

    ㉠ 2007년 11월 보험사업단을 신설하고 2013년에는 '국가가 보장하는 착한보험 우체국보험' 이라는 슬로건을 선포하였다.

    ㉡ 이후 서민을 위한 보편적 보험서비스 제공을 위해 우체국통합건강보험 등 다양한 보험상품을 출시하였다.

    ㉢ 우체국보험은 국영보험으로 사회적 책임과 역할을 체계적, 효율적으로 수행하기 위해 2013년 9월 우체국공익재단을 설립하고 국영보험으로서 다양한 사회공헌 활동과 공익사업을 추진하고 있다.

(2) 우체국보험의 업무범위

① 우체국 보험의 목적

    ㉠ 국가가 간편하고 신용 있는 보험사업을 운영함으로써 보험의 보편화 달성

    ㉡ 질병과 재해의 위험에 공동으로 대처하여 국민의 경제생활 안정과 공공복리 증진에 기여

    ㉢ 우체국 우편사업의 운영 · 유지에 필요한 비용을 마련

② 우체국보험의 업무범위

    ㉠ 4천만 원 이하의 소액보험(생명 · 신체 · 상해 · 연금 등)의 개발, 판매, 운영

    ㉡ 기타 보험사업에 부대되는 환급금대출과 증권의 매매 및 대여

    ㉢ 부동산의 취득 · 처분과 임대서비스

③ 우체국 보험의 특징 … 국영보험으로서 민영보험과 구별되는 특징을 가진다.

　ⓐ 소액 서민 보험서비스 : 무진단·단순한 상품구조를 바탕으로 서민들을 위한 저렴한 소액 보험상품을 취급하고 있다.

　ⓑ 보편적 보험서비스 : 전국적으로 널리 분포된 우체국 조직을 이용하므로 보험료가 저렴하고 가입절차가 간편하여 보험의 보편화에 기여하고 있다.

　ⓒ 공적 역할 : 사익을 추구하지 않는 국영보험으로 장애인, 취약계층 등과 관련된 보험상품을 확대 보급하고 있다.

　ⓓ 운영 주체 : 국가가 경영하고 과학기술정보통신부 장관이 관장하며 감사원의 감사와 국회의 국정감사를 받고 있다.

　ⓔ 회계 특성 : 우체국보험은 국가가 운영함에 따라 정부예산회계 관계법령의 적용을 받고 외부 회계법인의 검사를 받고 있다.

　ⓕ 인력 및 조직 : 「정부조직법」, 「국가공무원법」 등의 통제를 받고 있다.

　ⓖ 예산·결산 : 우체국보험사업의 필요경비는 기획재정부와 협의, 국회의 심의를 거쳐 정부예산으로 편성되고 집행 내역 및 결과를 국회 및 감사원에 보고한다.

④ 우체국보험과 타기관보험의 비교

　ⓐ 우체국보험과 공영보험(건강보험, 국민연금, 고용보험, 산재보험 등)

구분	우체국보험	공영보험
가입의무	• 자유가입	• 의무가입
납입료 대비 수혜 비례성	• 비례함(수익자 부담)	• 비례성 약함(소득재분배 및 사회 정책적 기능)

　ⓑ 우체국보험과 민영보험

구분	우체국보험	민영보험
보험료	• 상대적 소액이다	• 상대적 고액이다
가입 한도액	• (사망) 4,000만 원 • (연금) 연 900만 원	• 제한 없음
지급보장	• 국가 전액 보장	• 동일 금융기관내에서 1인당 최고 5천만 원 (예금보험공사 보증)
운영방법	• 농어촌·서민 위주 전 국민 대상	• 도시 위주 전 국민 대상
사익추구	• 주주이익 없음(국영사업)	• 주주이익 추구
취급제한	• 변액보험, 퇴직연금, 손해보험 불가	• 제한 없음
감독기관	• 과학기술정보통신부, 감사원, 국회, 금융위원회 등	• 금융위원회, 금융감독원
적용법률	• 「우체국예금·보험에 관한 법률」, 「우체국보험특별회계법」 • 「보험업법(일부)」, 「상법(보험 분야)」	• 「보험업법」 • 「상법(보험 분야)」

(3) 소관법률 및 근거

① 우체국보험 관련 법률
    ㉠ 법률 : 「우체국예금 · 보험에 관한 법률」, 「우체국보험특별회계법」
    ㉡ 대통령령 : 「우체국예금 · 보험에 관한 법률 시행령」, 「우체국보험특별회계법 시행령」
    ㉢ 부령 : 「우체국예금 · 보험에 관한 법률 시행규칙」, 「우체국보험특별회계법 시행규칙」

② 보험적립금 관련 주요내용
    ㉠ 근거 및 목적
        ㉮ 근거 : 「우체국보험특별회계법」 제4조
        ㉯ 목적 : 보험금, 환급금 등 보험급여의 지급을 위한 책임준비금에 충당하기 위해 우체국보험특별회계의
            세입 · 세출 외에 별도 우체국보험적립금을 설치하고 운영한다.
    ㉡ 재원 조달 및 운용
        ㉮ 우체국보험적립금은 순보험료, 운용수익 및 우체국보험특별회계 세입 · 세출의 결산상 잉여금으로 조
            성한다.
        ㉯ 조성된 적립금은 주로 보험금 지급에 충당하고, 여유자금은 유가증권 매입 또는 금융기관에 예치하여
            수익성을 제고하는 한편, 공공자금관리기금 및 금융기관을 통한 산업자금 지원과 지방경제 활성화를
            위한 지방은행에의 자금예치 및 보험계약자를 위한 대출제도 운영에 사용된다.

(4) 역할(사회공헌)

① 개요 … 1995년 소년소녀가장 장학금 지원 사업을 시작으로 공공복지의 사각지대에 있는 사회소외계층(아동,
    노인, 장애인 등)에 대한 다양한 지원을 통해 국가기관으로서 사회적 책임과 사회안전망기능을 강화하였다.

② 추진경과
    ㉠ 1995년 휴면보험금으로 소년소녀가장에게 장학금을 지원하는 공익사업 시작
    ㉡ 2000년 들어서 교통안전보험 재원을 활용하여 본격적인 공익사업 추진
    ㉢ 2013년 9월 우체국공익재단을 설립하여 현재까지 다양한 공적역할을 수행

③ 재원(공익준비금)
    ㉠ 교통안전보험 수입보험료의 1%
    ㉡ 전 회계연도 적립금 이익잉여금의 5% 이내
    ㉢ 그린보너스 저축보험 전년도 책임준비금의 0.05% 이내

④ 공익재단 출연 기준 … 공익재단 출연을 위해서 공익자금 조성액의 기중처분은 전 회계연도 이익잉여금을
    기준으로 조성하되, 전년 및 당해 연도(추정) 당기순이익과 적립금 재무건전성을 고려하여 조성한다.

⑤ 사회공헌 관련 세부사업

분야	세부사업
우체국 자원과 네트워크를 활용한 민관 협력	• 지역협력 거버넌스 구축사업 • 우체국 행복나눔 봉사단 운영 • 지역사회 불우이웃 지원(예금위탁)

미래창의세대 육성 기반조성	• 우체국 청소년꿈보험 지원 • 장애부모가정 아동 성장 멘토링(예금위탁) • 음악을 통한 탈북 및 다문화 청소년 정서지원
의료복지 인프라 기반조성	• 무의탁환자 야간간병 지원(예금위탁) • 우체국 흰사랑의집을 통한 소아암 환자 · 가족 지원 • 저소득 장애인 우체국 암보험 지원 • 전국 휠체어 농구대회 지원
친환경사업을 통한 미래 생태 조성 기여	• 환경성질환 숲캠프 지원 • 우체국 도시숲 조성 사업

❼ 우체국보험 상품

(1) 우체국보험 개요

① 보험의 종류

　㉠ 보장성보험 : 생존 시 지급되는 보험금의 합계액이 이미 납입한 보험료를 초과하지 아니하는 보험

　㉡ 저축성보험 : 생존 시 지급되는 보험금의 합계액이 이미 납입한 보험료를 초과하는 보험

　㉢ 연금보험 : 일정 연령 이후에 생존하는 경우 연금의 지급을 주된 보장으로 하는 보험

　※ 우체국보험의 계약보험금 한도액은 보험종류별로 피보험자 1인당 4천만 원이다(단, 연금보험의 최초 연금액은 1인당 1년에 900만 원 이하이다).

② 보험상품의 개발

　㉠ 보험상품 개발 시 우정사업본부장은 예정이율 · 예정사업비율 및 예정사망률 등을 기초로 하여 보험료를 산정하고, 우체국보험의 재무건전성, 계약자보호 및 사회공익 등을 고려하여 사업방법서, 보험약관, 보험료 및 책임준비금 산출방법서 등 기초서류를 합리적으로 작성하여야 한다.

　㉡ 보험약관 기재사항

구분	내용
1	보험금의 지급사유
2	보험계약의 변경
3	보험계약의 무효사유
4	보험자의 면책사유
5	보험자의 의무의 한계
6	보험계약자 또는 피보험자가 그 의무를 이행하지 아니한 경우에 받는 손실
7	보험계약자 전부 또는 일부의 해지사유와 해지한 경우의 당사자의 권리 · 의무
8	보험계약자 또는 보험수익자가 이익금 또는 잉여금을 배당받을 권리가 있는 경우 그 범위
9	그 밖에 보험계약에 관하여 필요한 사항

③ 판매중인 상품(2020년 9월 1일 기준)

보험종류		시행일(고시일)
보장성 보험 (28종)	무배당 우체국든든한종신보험	2020. 9. 1.
	무배당 우체국건강클리닉보험(갱신형)	2020. 9. 1.
	무배당 우체국100세건강보험	2020. 9. 1.
	무배당 우체국하나로OK보험	2020. 9. 1.
	무배당 우체국실속정기보험	2020. 9. 1.
	무배당 우리가족암보험	2020. 9. 1.
	무배당 우체국자녀지킴이보험	2020. 9. 1.
	무배당 어깨동무보험	2020. 9. 1.
	무배당 에버리치상해보험	2020. 9. 1.
	무배당 우체국예금제휴보험	2020. 9. 1.
	무배당 우체국단체보장보험	2020. 9. 1.
	무배당 우체국안전벨트보험	2020. 9. 1.
	무배당 우체국착한안전보험	2020. 9. 1.
	무배당 우체국실손의료비보험(갱신형)	2020. 9. 1.
	무배당 우체국실손의료비보험(계약전환용)(갱신형)	2020. 9. 1.
	무배당 우체국노후실손의료비보험(갱신형)	2020. 9. 1.
	무배당 우체국간편실손의료비보험(갱신형)	2020. 9. 1.
	무배당 만원의행복보험	2020. 9. 1.
	무배당 우체국통합건강보험	2020. 9. 1.
	무배당 우체국간편가입건강보험(갱신형)	2020. 9. 1.
	무배당 우체국치아보험(갱신형)	2020. 9. 1.
	무배당 우체국치매간병보험	2020. 9. 1.
	무배당 우체국요양보험	2020. 9. 1.
	무배당 우체국온라인어린이보험	2020. 9. 1.
	무배당 우체국온라인암보험	2020. 9. 1.
	무배당 우체국나르미안전보험	2020. 9. 1.
	무배당 win-win단체플랜보험	2020. 9. 1.
	무배당 내가만든희망보험	2020. 9. 1.

보험종류		시행일(고시일)
저축성 보험 (5종)	무배당 청소년꿈보험	2020. 9. 1.
	무배당 그린보너스저축보험	2020. 9. 1.
	무배당 파워적립보험	2020. 9. 1.
	무배당 우체국온라인저축보험	2020. 9. 1.
	무배당 알찬전환특약	2020. 9. 1.
연금보험 (6종)	무배당 우체국연금보험	2020. 9. 1.
	우체국연금저축보험	2020. 9. 1.
	무배당 우체국연금저축보험(이전형)	2020. 9. 1.
	무배당 우체국온라인연금저축보험	2020. 9. 1.
	무배당 우체국개인연금보험(이전형)	2020. 9. 1.
	어깨동무연금보험	2020. 9. 1.

(2) 보장성 상품

① 무배당 우체국든든한종신보험

㉠ 특징

- 해약환급금 50% 지급형 선택 시 동일한 보장혜택을 제공하고, 표준형 대비 저렴한 보험료로 고객 부담 완화
- 주계약에서 3대질병 진단 시 사망보험금 일부를 선지급하여 치료자금 지원
- 주계약 및 일부 특약을 비갱신형으로 설계하여 보험료 상승 부담없이 동일한 보험료로 보장
- 다양한 특약 부가로 사망 및 생존(진단, 입원, 수술 등) 보상 등 고객맞춤형 보장 설계
- 주요질환(3대질병) 보장 강화 : 특약부가로 3대질병(암, 뇌출혈, 급성심근경색증) 발병 시 치료비 추가보장 및 고액암 보장 강화
- 납입면제 : 보험료 납입 면제로 부담을 낮추고 안정적인 보장 제공
- 세제혜택 : 근로소득자는 납입보험료(연간 100만 원 한도)에 대하여 12% 세액공제

㉡ 가입요건

㉮ 주계약 [1종(해약환급금 50%지급형), 2종(표준형)]

가입나이	보험기간	납입기간	납입주기	보험가입금액
만 15~50세	종신	5, 10, 15, 20, 30년납	월납	1,000만 원~4,000만 원 (500만 원 단위)
만 51~60세		5, 10, 15, 20년납		
만 61~65세		5, 10, 15년납		
만 66~70세		5, 10년납		

④ 특약
- 무배당 재해치료보장특약Ⅱ

가입나이, 보험기간, 납입기간, 납입주기	보험가입금액
주계약과 동일	1,000만 원~4,000만 원 (주계약 보험가입금액 이내에서 500만 원 단위)

- 무배당 소득보상특약

가입나이	보험기간	납입기간	납입주기	보험가입금액
만 15~50세	80세 만기	5, 10, 15, 20, 30년납	월납	1,000만 원~4,000만 원 (주계약 보험가입금액 이내에서 500만 원 단위)
만 51~60세		5, 10, 15, 20년납		
만 61~65세		5, 10, 15년납		
만 66~70세		5, 10년납		

- 무배당 입원보장특약(갱신형), 무배당 특정질병입원특약(갱신형)
무배당 수술보장특약(갱신형), 무배당 암치료특약Ⅱ(갱신형)
무배당 뇌출혈진단특약, 무배당 급성심근경색증진단특약(갱신형)

구분	가입나이	보험기간	납입기간	납입주기	보험가입금액
최초계약	만15~70세	10면 (종신갱신형)	전기납	월납	1,000만 원 (500만 원 단위)
갱신계약	만25 이상				

- 무배당 요양병원암입원특약Ⅱ(갱신형)

구분	가입나이	보험기간	납입기간	납입주기	보험가입금액
최초계약	만15~70세	10면 (갱신형)	전기납	월납	1,000만 원 (500만 원 단위)
갱신계약	만25~70세				

- 이륜자동차 운전 및 탑승 중 재해 부담보 특약, 지정대리청구서비스특약, 장애인전용보험전환특약

© 보험료 할인에 관한 사항 : 고액 할인

주계약 보험가입금액	2천만 원 이상~3천만 원 미만	3천만 원 이상~4천만 원 미만	4천만 원
할인율	1.0%	2.0%	3.0%

② 해약환급금 50%지급형 상품에 관한 사항(주계약에 한해 적용)

1. 1종(해약환급금 50% 지급형)은 보험료 납입기간 중 계약이 해지될 경우 2종(표준형)의 해약환급금 대비 적은 해약환급금을 지급하는 대신 2종(표준형)보다 저렴한 보험료로 보험을 가입할 수 있도록 한 상품임

2. 1종(해약환급금 50% 지급형)의 해약환급금을 계산할 때 기준이 되는 2종(표준형)의 예정해약환급금은 "보험료 및 책임준비금 산출방법서"에서 정한 방법에 따라 산출된 금액으로 해지율을 적용하지 않고 계산함

3. 1종(해약환급금 50% 지급형)의 계약이 보험료 납입기간 중 해지될 경우의 해약환급금은 2종(표준형) 예정해약환급금의 50%에 해당하는 금액에 플러스적립금을 더한 금액으로 함. 다만 보험료 납입기간이 완료된 이후 계약이 해지되는 경우에는 2종(표준형)의 예정해약환급금과 동일한 금액에 플러스적립금을 더한 금액을 지급함

ⓜ 특약의 갱신에 관한 사항

갱신절차	• 보험기간 만료일 30일 전까지 계약자에게 서면 또는 전화(음성녹음) 안내(보험료 등 변경내용) → 보험기간 만료일 15일 전까지 계약자의 별도 의사표시가 없으면 자동갱신 　※ (무)요양병원입원특약Ⅱ(갱신형)(2종 10년갱신형)의 경우, 피보험자 나이 70세를 초과하는 경우에는 이 특약 　　을 갱신할 수 없음 → 계약자가 갱신 거절의사를 통지하면 계약 종료
갱신계약 보험료	• 갱신계약의 보험료는 각각의 특약상품에 따라 나이의 증가, 적용기초율의 변동 등의 사유로 인상 가능

ⓑ 보장내용

㉮ 주계약

지급구분	지급사유	
사망보험금	사망하였을 때	3대질병 진단보험금 지급사유가 발생하지 않은 경우
		3대질병 진단보험금 지급사유가 발생한 경우
3대질병 진단보험금	암보장개시일 이후에 최초의 암(갑상선암, 기타피부암, 대장점막내암, 제자리암 및 경계성 종양 제외)으로 진단이 확정되었거나, 보험기간 중 최초의 뇌출혈 또는 급성심근경색증으 로 진단이 확정되었을 때(단, 암, 뇌출혈 또는 급성심근경색증 중 최초 1회에 한함)	

주1) 암보장개시일은 계약일(부활일)부터 그 날을 포함하여 90일이 지난날의 다음 날로 함

㉯ 특약

• 무배당 재해치료보장특약Ⅱ

지급구분	지급사유
교통재해사망보험금	교통재해를 직접적인 원인으로 사망하였을 때
일반재해사망보험금	일반재해를 직접적인 원인으로 사망하였을 때
교통재해장해급부금	교통재해를 직접적인 원인으로 장해분류표에서 정한 각 장해지급률에 해당하는 장해상 태가 되었을 때
일반재해장해급부금	일반재해를 직접적인 원인으로 장해분류표에서 정한 각 장해지급률에 해당하는 장해상 태가 되었을 때
외모수술자금	재해로 인하여 외모상해의 직접적인 치료를 목적으로 외모수술을 받았들 때(수술 1회당)
골절치료자금	재해로 인하여 골절상태가 되었을 때(사고 1회당)
깁스치료자금	재해로 인하여 그 직접적인 치료를 목적으로 깁스(Cast)치료를 받았을 때(사고 1회당)

• 무배당 소득보상특약

지급구분	지급사유
장해연금	장해분류표 중 동일한 재해로 여러 신체부위의 합산 장해지급률이 50% 이상인 장해상 태가 되었을 때
암생활자금	암보장개시일 이후에 최초의 암으로 진단이 확정되었을 때(단, 최초 1회에 한함)

주1) 암보장개시일은 계약일(부활일)부터 그 날을 포함하여 90일이 지난날의 다음 날로 함

• 무배당 입원보장특약(갱신형)

지급구분	지급사유
입원급부금	질병 또는 재해로 인하여 그 직접적인 치료를 목적으로 4일 이상 입원하였을 때 (3일 초과 입원일수 1일당, 120일 한도)
건강관리자금	보험기간(10년)이 끝날 때까지 살아 있을 때

• 무배당 특정질병입원특약(갱신형)

지급구분	지급사유
암직접치료 입원급부금	암보장개시일 이후 암의 직접적인 치료를 목적으로 4일 이상 입원(단, 요양병원 제외)하였을 때(3일 초과 입원일수 1일당, 120일 한도)
	갑상선암, 기타피부암, 대장점막내암, 제자리암 또는 경계성 종양의 직접적인 치료를 목적으로 4일 이상 입원(단, 요양병원 제외)하였을 때(3일 초과 입원일수 1일당, 120일 한도)
2대질병 입원급부금	뇌출혈 또는 급성심근경색증으로 인하여 그 직접적인 치료를 목적으로 4일 이상 입원하였을 때(3일 초과 입원일 수 1일당, 120일 한도)
주요성인질환 입원급부금	주요성인질환으로 인하여 그 직접적인 치료를 목적으로 4일 이상 입원하였을 때 (3일 초과 입원일 수 1일당, 120일 한도)
건강관리자금	보험기간(10년)이 끝날 때까지 살아 있을 때

주1) 암보장개시일은 계약일(부활일)부터 그 날을 포함하여 90일이 지난날의 다음 날로 함

• 무배당 요양병원암입원특약 II (갱신형)

지급구분	지급사유
요양병원 암입원급부금	암보장개시일 이후 암으로 진단이 확정되고 그 치료를 목적으로 4일 이상 요양병원에 입원하였거나, 보험기간 중 갑상선암, 기타피부암, 대장점막내암, 제자리암 또는 경계성 종양으로 진단이 확정되고 그 치료를 목적으로 4일 이상 요양병원에 입원하였을 때(3일 초과 입원일수 1일당 60일 한도)
건강관리자금	보험기간(10년)이 끝날 때까지 살아 있을 때

주1) 암보장개시일은 계약일(부활일)부터 그 날을 포함하여 90일이 지난날의 다음 날로 함

• 무배당 수술보장특약(갱신형)

지급구분	지급사유
수술급부금	질병 또는 재해로 인하여 그 직접적인 치료를 목적으로 수술·신생물 근치 방사선 조사 분류표에서 정한 수술을 받았을 때(수술 1회당)
암수술급부금	암보장개시일 이후 암으로 인하여 그 직접적인 치료를 목적으로 암수술을 받았거나, 보험기간 중 갑상선암, 기타피부암, 대장점막내암, 제자리암 또는 경계성 종양으로 인하여 그 직접적인 치료를 목적으로 암수술을 받았을 때(수술 1회당)
2대질병 수술급부금	뇌출혈 또는 급성심근경색증으로 인하여 그 직접적인 치료를 목적으로 2대질병수술을 받았을 때(수술 1회당)
주요성인질환 수술급부금	주요성인질환으로 인하여 그 직접적인 치료를 목적으로 주요성인질환수술을 받았을 때 (수술 1회당)
건강관리자금	보험기간(10년)이 끝날 때까지 살아 있을 때

주1) 암보장개시일은 계약일(부활일)부터 그 날을 포함하여 90일이 지난날의 다음 날로 함

• 무배당 암치료특약Ⅱ(갱신형)

지급구분	지급사유
암치료보험금	암보장개시일 이후에 최초의 암으로 진단이 확정되었을 때(단, 최초 1회에 한함)
	보험기간 중 최초의 갑상선암, 기타피부암, 대장점막내암, 제자리암 또는 경계성 종양으로 진단이 확정되었을 때(단, 갑상선암, 기타피부암, 대장점막내암, 제자리암 및 경계성 종양 각각 최초 1회에 한함)
건강관리자금	보험기간(10년)이 끝날 때까지 살아 있을 때

주1) 암보장개시일은 계약일(부활일)부터 그 날을 포함하여 90일이 지난날의 다음 날로 함

• 무배당 뇌출혈진단특약(갱신형)

지급구분	지급사유
뇌출혈치료보험금	보험기간 중 최초의 뇌출혈로 진단이 확정되었을 때(단, 최초 1회에 한함)
건강관리자금	보험기간(10년)이 끝날 때까지 살아 있을 때

• 무배당 급성심근경색증진단특약(갱신형)

지급구분	지급사유
급성심근경색증 치료보험금	보험기간 중 최초의 급성심근경색증으로 진단이 확정되었을 때(단, 최초 1회에 한함)
건강관리자금	보험기간(10년)이 끝날 때까지 살아 있을 때

• 이륜자동차 운전 및 탑승 중 재해부담보특약

가입대상	이륜자동차 운전자(소유 및 관리하는 경우 포함)
부담보 범위	이륜자동차 운전(탑승 포함) 중에 발생한 재해로 인하여 주계약 및 특약에서 정한 보험금 지급사유가 발생한 경우에 보험금 부지급

주1) 상품별 이륜자동차 운전 및 탑승 중 재해부담보특약사항 동일(이하 생략)

• 지정대리청구서비스특약

대상계약	• 계약자, 피보험자 및 수익자(사망 시 수익자 제외)가 모두 동일한 계약
지정대리 청구인 지정	• 보험금을 직접 청구할 수 없는 특별한 사정이 있을 경우 대리청구인 지정
지정대리 청구인	• 피보험자와 동거하거나 피보험자와 생계를 같이 하고 있는 피보험자의 가족관계등록부상의 배우자 또는 3촌 이내의 친족
보험금 지급 등의 절차	• 보험수익자가 보험금을 직접 청구할 수 없는 특별한 사정이 있음을 증명하는 서류 제출 • 보험수익자의 대리인으로서 해당 보험금(사망보험금 제외)을 청구하고 수령 • 보험금을 지정대리청구인에게 지급한 경우, 그 이후 보험금 청구를 받더라도 체신관서는 이를 지급하지 않음

주1) 상품별 지정대리청구서비스특약 동일(이하 생략)

- 장애인전용보험전환특약

대상계약	• 피보험자 또는 수익자가 소득세법상 장애인인 계약
장애인전용 보험으로 전환	• 계약자가 증빙서류(장애인증명서, 국가유공자 확인서, 장애인등록증 등)를 제출하고, 특약 가입 신청 • 장애인전용보험으로 전환된 이후 납입된 보험료부터 장애인전용 보장성보험료로 처리

주1) 상품별 장애인전용보험전환특약 동일(이하 생략)

② 무배당 우체국건강클리닉보험(갱신형)

㉠ 주요 특징

- 각종 질병, 사고 및 주요성인질환 종합 보장
- 3대빌병 진단(최대 3,000만 원), 중증수술(최대 500만 원) 및 중증장해(최대 5,000만 원) 고액 보장
- 0세부터 65세까지 가입 가능한 건강보험
- 10년 만기 생존 시마다 건강관리자금 지급
- "국민체력100" 체력 인증시 보험료 지원혜택 제공
- 세제혜택 : 근로소득자는 납입한 보험료(연간 100만 원 한도)에 대하여 12% 세액공제

㉡ 가입요건

㉮ 주계약

구분	가입나이	보험기간	납입기간(납입주기)	보험가입금액(구좌수)
최초계약	0~65세	10년 만기 (종신갱신형)	전기납 (월납)	1구좌 (0.5구좌 단위)
갱신계약	10세 이상			

주1) 피보험자 가입 당시 60세를 초과할 경우 보험가입금액(구좌수)은 0.5구좌 고정

㉯ 특약

- 무배당 요양병원암입원특약(갱신형)(2종 10년갱신형)

구분	가입나이	보험기간	납입기간 (납입주기)	보험가입금액 (구좌수)
최초계약	0~65세	10년 만기 (갱신형)	전기납 (월납)	1구좌(주계약 보험가입금액(구좌수) 이내에서 0.5구좌 단위)
갱신계약	10~70세			

주1) 피보험자 가입 당시 60세를 초과할 경우 보험가입금액(구좌수)은 0.5구좌 고정

- 무배당 정기특약(갱신형)

구분	가입나이	보험기간	납입기간 (납입주기)	보험가입금액 (구좌수)
최초계약	만15~65세	10년 만기 (갱신형)	전기납 (월납)	1구좌(주계약 보험가입금액(구좌수) 이내에서 0.5구좌 단위)
갱신계약	만25~70세			
	만71~79세	80세 만기		

주1) 피보험자 가입 당시 60세를 초과할 경우 보험가입금액(구좌수)은 0.5구좌 고정

- 이륜자동차 운전 및 탑승 중 재해부담보특약 지정대리청구서비스특약, 장애인전용보험전환특약

ⓒ 계약의 갱신에 관한 사항

갱신절차	보험기간 만료일 30일 전까지 계약자에게 서면 또는 전화(음성녹음) 안내 (보험료 등 변경내용) → 보험기간 만료일 15일 전까지 계약자의 별도 의사표시가 없으면 자동갱신 ※ (무)요양병원암입원특약(갱신형)(2종 10년갱신형)의 경우, 피보험자 나이 70세를 초과하는 경우에는 이 특약을 갱신할 수 없음 ※ (무)정기특약(갱신형)의 경우, 갱신시점의 피보험자 나이가 80세 이상인 경우에는 이 특약을 갱신할 수 없으며, 갱신시점의 피보험자 나이가 71세에서 79세인 경우에는 보험기간을 80세만기로 갱신함 → 계약자가 갱신 거절의사를 통지하면 계약 종료
갱신계약 보험료	갱신계약의 보험료는 나이의 증가, 적용기초율의 변동 등의 사유로 인상될 수 있음

ⓔ 피보험자의 건강관리 노력에 따른 보험료 납입 일부 지원

㉮ 사전적 건강관리서비스를 위하여 "국민체력 100" 체력인증 시 보험료 지원

㉯ 국민체력100(국민체육진흥공단) : 국민의 체력 및 건강 증진에 목적을 두고 체력상태를 과학적 방법에 의해 측정·평가를 하여 운동 상담 및 처방을 해주는 대국민 스포츠 복지 서비스

ⓜ 보장내용

㉮ 주계약

지급구분	지급사유
건강관리자금	만기 생존 시
3대질병 치료보험금	암보장개시일 이후에 최초의 암으로 진단이 확정되었거나, 보험기간 중 최초의 갑상선암, 기타피부암, 대장점막내암, 제자리암, 경계성 종양, 뇌출혈 또는 급성심근경색증으로 진단 확정시(각각 최초 1회한)
신생아뇌출혈 치료보험금	보험기간 중 최초의 신생아 뇌출혈로 진단이 확정 되었을 때(최초 1회한)
암직접치료 입원급부금	암보장개시일 이후에 암의 직접적인 치료를 목적으로 4일 이상 입원(단, 요양병원 제외)하였거나, 보험기간 중 갑상선암, 기타피부암, 대장점막내암, 제자리암 또는 경계성 종양의 직접적인 치료를 목적으로 4일 이상 입원(단, 요양병원 제외)하였을 때(3일 초과 입원일수 1일당, 120일 한도)
주요성인질환 입원급부금	주요성인질환으로 인하여 그 직접적인 치료를 목적으로 4일 이상 입원하였을 때 (3일 초과 입원일수 1일당, 120일 한도)
암수술급부금	암보장개시일 이후에 암으로 인하여 그 직접적인 치료를 목적으로 암수술을 받았거나, 보험기간 중 갑상선암, 기타피부암, 대장점막내암, 제자리암 또는 경계성 종양으로 인하여 그 직접적인 치료를 목적으로 암수술을 받았을 때(수술 1회당)
주요성인질환 수술급부금	주요성인질환으로 인하여 그 직접적인 치료를 목적으로 주요성인질환수술을 받았을 때 (수술 1회당)
입원급부금	질병 또는 재해로 인하여 그 직접적인 치료를 목적으로 4일 이상 입원 시 (3일 초과 입원일수 1일당, 120일 한도)
수술급부금	질병 또는 재해로 인하여 그 직접적인 치료를 목적으로 수술 시(수술 1회당)

장해연금	동일한 재해로 장해지급률 50% 이상 장해 시
장해급부금	재해로 장해지급률 중 3% 이상 50% 미만 장해 시
골절치료자금	출산손상 또는 재해로 골절 시 (사고 1회당)

주1) 암보장개시일은 계약일(부활일)부터 그 날을 포함하여 90일이 지난날의 다음 날로 함(피보험자 나이가 15세 미만인 경우 암보장개시일은 계약일(부활일)로 함)

④ 특약

- 무배당 요양병원암입원특약(갱신형)(2종 10년 갱신형)

지급구분	지급사유
요양병원 암입원급부금	암보장개시일 이후 암으로 진단이 확정되고 그 치료를 목적으로 4일 이상 요양병원에 입원하였거나, 보험기간 중 갑상선암, 기타피부암, 대장점막내암, 제자리암 또는 경계성 종양으로 진단이 확정되고 그 치료를 목적으로 4일 이상 요양병원에 입원하였을 때(3일 초과 입원일수 1일당, 60일 한도)
건강관리자금	보험기간(10년)이 끝날 때까지 살아 있을 때

주1) 암보장개시일은 계약일(부활일)부터 그 날을 포함하여 90일이 지난날의 다음 날로 함(피보험자 나이가 15세 미만인 경우 암보장개시일은 계약일(부활일)로 함)

- 무배당 정기특약(갱신형)

지급구분	지급사유
사망보험금	보험기간 중 사망하였을 때
건강관리자금	보험기간(10년)이 끝날 때까지 살아 있을 때

③ 무배당 우체국100세건강보험

㉠ 주요 특징

- 뇌·심장질환의 보장을 경증질환(뇌혈관질환, 허혈성심장질환)까지 확대하고 비갱신형으로 설계하여, 보험료 인상없이 100세까지 집중 보장(주계약)
- 해약환급금 미지급형 선택 시 표준형보다 저렴한 보험료로, 표준형과 동일한 보장혜택 제공
- 다양한 소비자 필요에 따라 특약을 갱신 및 비갱신으로 선택하여 가입 가능
- 암, 만성·중증질환의 진단 및 입원·수술·골절·깁스·응급실내원 등 생존치료비 종합 보장
- 납입면제 : 보험료 납입 면제로 부담을 낮추고 안정적인 보장제공
- "국민체력100" 체력 인증 시 보험료 지원혜택 제공
- 세제혜택 : 근로소득자는 납입보험료(연간 100만 원 한도)에 대하여 12% 세액공제

㉡ 가입요건

㉮ 주계약[1종(해약환급금 미지급형), 2종(표준형)]

가입나이	보험기간	납입기간	납입주기	보험가입금액
15~50세	100세 만기	5, 10, 15, 20, 30년납	월납	1,000만 원 (500만 원 단위)
51~60세		5, 10, 15, 20년납		
61~54세		5, 10, 15년납		

주1) 피보험자가 가입 당시 60세를 초과할 경우 보험가입금액 500만 원 고정

④ 특약

• 무배당 암치료특약Ⅲ, 무배당 중대질병치료특약Ⅱ
  무배당 중기이상질병치료특약, 무배당 입원보장특약Ⅱ
  무배당 수술보장특약Ⅱ 무배당 치료보장특약

−1종(갱신형)

구분	가입나이	보험기간	납입기간	납입주기	보험가입금액
최초계약	15~65세	10년	전기납	월납	1,000만 원 (주계약 보험가입금액 이내에서 500만 원 단위)
갱신계약	25~90세	10년			
	91~99세	100세 만기			

주1) 피보험자가 가입 당시 60세를 초과할 경우 보험가입금액 500만 원 고정

−2종(비갱신형)

가입나이	보험기간	납입기간	납입주기	보험가입금액
주계약과 동일				1,000만 원 (주계약 보험가입금액 이내에서 500만 원 단위)

주1) 피보험자가 가입 당시 60세를 초과할 경우 보험가입금액 500만 원 고정

• 무배당 정기특약

가입나이	보험기간	납입기간	납입주기	보험가입금액
15~50세	80세 만기	5, 10, 15, 20, 30년납	월납	1,000만 원 (주계약 보험가입금액 이내에서 500만 원 단위)
51~60세		5, 10, 15, 20년납		
61~65세		5, 10, 15년납		

주1) 피보험자가 가입 당시 60세를 초과할 경우 보험가입금액 500만 원 고정

• 지정대리청구서비스특약, 장애인전용보험전환특약

㉠ 해약환급금 미지급형 상품에 관한 사항

1. 1종(해약환급금 미지급형)은 보험료 납입기간 중 계약이 해지될 경우 해약환급금을 지급하지 않는 대신 2종(표준형)보다 저렴한 보험료로 보험을 가입할 수 있도록 한 상품임

2. 2종(표준형)의 해약환급금은 "보험료 및 책임준비금 산출방법서"에서 정한 방법에 따라 산출된 금액으로 해지율을 적용하지 않고 계산함

3. 1종(해약환급금 미지급형)의 계약이 보험료 납입기간 중 해지될 경우 해약환급금을 지급하지 않으며, 보험료 납입기간이 완료된 이후 계약이 해지되는 경우에는 2종(표준형)의 해약환급금과 동일한 금액을 지급함

4. "1" 및 "3"에서 "보험료 납입기간"이란 계약일로부터 보험료 납입기간이 경과하여 최초로 도래하는 계약해당일의 전일까지의 기간을 말함. 다만, 보험료의 납입이 연체된 경우 보험료 총액의 납입이 완료된 기간까지를 보험료 납입기간으로 봄

주1) 해약환급금 미지급형 상품에 관한 사항은 주계약에 한해 적용

ㄹ 특약의 갱신에 관한 사항

갱신절차	• 보험기간 만료일 30일 전까지 계약자에게 서면 또는 전화(음성녹음) 안내(보험료 등 변경내용) → 보험기간 만료일 15일 전까지 계약자의 별도 의사표시가 없으면 자동갱신 ※ 특약 1종(갱신형)의 경우, 피보험자의 99세 계약해당일까지 갱신가능하며, 피보험자의 나이 91세 이후에 도래하는 자동계약의 보험기간 만료일은 피보험자의 100세 계약해당일까지로 함 → 계약자가 갱신 거절의사를 통지하면 계약 종료
갱신계약 보험료	• 갱신계약의 보험료는 각각의 특약상품에 따라 나이의 증가, 적용기초율의 변동 등의 사유로 인상 가능

주1) 특약의 갱신에 관한 사항은 특약 1종(갱신형)에 한해 적용

ㅁ 피보험자의 건강관리 노력에 따른 보험료 납입 일부 지원 : 사전적 건강관리 서비스를 위하여 "국민체력 100" 체력인증 시 보험료 지원

ㅂ 보장내용

㉮ 주계약

지급구분	지급사유
뇌출혈 치료보험금	보험기간 중 최초의 뇌출혈로 진단이 확정되었을 때(단, 최초 1회에 한함)
뇌경색증 치료보험금	보험기간 중 최초의 뇌경색증으로 진단이 확정되었을 때(단, 최초 1회에 한함)
뇌혈관질환 치료보험금	보험기간 중 최초의 뇌혈관질환으로 진단이 확정되었을 때(단, 최초 1회에 한함)
급성심금경색증 치료보험금	보험기간 중 최초의 급성심근경색증으로 진단이 확정되었을 때(단, 최초 1회에 한함)
허혈성심장질환 치료보험금	보험기간 중 최초의 허혈성심장질환으로 진단이 확정되었을 때(단, 최초 1회에 한함)

㉯ 특약

• 무배당 암치료특약Ⅲ

지급구분	지급사유
암치료보험금	암보장개시일 이후에 최초의 암으로 진단이 확정되었을 때(단, 최초 1회에 한함)
	보험기간 중 최초의 갑상선암, 기타피부암, 대장점막내암, 제자리암 또는 경계성 종양으로 진단이 확정되었을 때(단, 갑상선암, 기타피부암, 대장점막내암, 제자리암 또는 경계성 종양 각각 최초 1회에 한함)
건강관리자금	보험기간(10년)이 끝날 때까지 살아 있을 때(단, 1종(갱신형)에 한함)

주1) 암보장개시일은 계약일(부활일)부터 그 날을 포함하여 90일이 지난날의 다음 날로 함

• 무배당 중대질병치료특약Ⅱ

지급구분	지급사유
중대질병 치료보험금	보험기간 중 최초의 중대질병으로 진단이 확정 되었을 때(단, 최초 1회에 한함)
건강관리자금	보험기간(10년)이 끝날 때까지 살아 있을 때(단, 1종(갱신형)에 한함)

• 무배당 중기이상질병치료특약

지급구분	지급사유
중기이상질병 치료보험금	보험기간 중 최초의 중기이상질병으로 진단이 확정 되었을 때(단, 최초 1회에 한함)
건강관리자금	보험기간(10년)이 끝날 때까지 살아 있을 때(단, 1종(갱신형)에 한함)

• 무배당 입원보장특약 II

지급구분	지급사유
입원급부금	질병 또는 재해로 인하여 그 직접적인 치료를 목적으로 4일 이상 입원하였을 때 (3일 초과 입원일수 1일당, 120일 한도)
상급종합병원 입원급부금	질병 또는 재해로 인하여 그 직접적인 치료를 목적으로 4일 이상 상급종합병원에 입원하였을 때(3일 초과 입원일수 1일당, 120일 한도)
중환자실 입원급부금	질병 또는 재해로 인하여 그 직접적인 치료를 목적으로 중환자실에 입원하였을 때 (3일 초과 입원일수 1일당, 60일 한도)
5대질병 입원급부금	5대질병으로 인하여 그 직접적인 치료를 목적으로 4일 이상 입원하였을 때 (3일 초과 입원일수 1일당, 120일 한도)
12대성인질환 입원급부금	12대성인질환으로 인하여 그 직접적인 치료를 목적으로 4일 이상 입원하였을 때 (3일 초과 입원일수 1일당, 120일 한도)
건강관리자금	보험기간(10년)이 끝날 때까지 살아 있을 때(단, 1종(갱신형)에 한함)

• 무배당 수술보장특약 II

지급구분	지급사유
수술급부금	질병 또는 재해로 인하여 그 직접적인 치료를 목적으로 수술·신생물 근치 방사선 조사 분류표에서 정한 수술을 받았을 때(수술 1회당)
암수술급부금	암보장개시일 이후 암으로 인하여 그 직접적인 치료를 목적으로 암수술을 받았거나, 보험기간 중 갑상선암, 기타피부암, 대장점막내암, 제자리암 또는 경계성 종양으로 인하여 그 직접적인 치료를 목적으로 암수술을 받았을 때(수술 1회당)
5대질병 수술급부금	5대질병으로 인하여 그 직접적인 치료를 목적으로 5대질병수술을 받았을 때(수술 1회당)
12대성인질환 수술급부금	12대성인질환으로 인하여 그 직접적인 치료를 목적으로 12대성인질환수술을 받았을 때(수술 1회당)
건강관리자금	보험기간(10년)이 끝날 때까지 살아 있을 때(단, 1종(갱신형)에 한함)

주1) 암보장개시일은 계약일(부활일)부터 그 날을 포함하여 90일이 지난날의 다음 날로 함

• 무배당 치료보장특약

지급구분	지급사유
골절치료자금	재해로 인하여 골절상태가 되었을 때(사고 1회당)
깁스치료자금	재해로 인하여 그 직접적인 치료를 목적으로 깁스(Cast)치료를 받았을 때(사고 1회당)
응급실내원급부금	응급실 내원 진료비 대상자에 해당하였을 때(내원 1회당)
건강관리지금	보험기간(10년)이 끝날 때까지 살아 있을 때(단, 1종(갱신형)에 한함)

• 무배당 정기특약

지급구분	지급사유
사망보험금	보험기간 중 사망하였을 때

④ 무배당 우체국하나로OK보험

㉠ 주요 특징

- 주계약 사망보험금을 통한 유족보장과 특약 가입을 통한 건강, 상해, 중대질병·수술, 3대질병 보장
- 다수의 특약 중 필요한 보장을 선택하여 가입 가능
- 부담없는 보험료로 각종 질병, 사고 및 고액치료비 보장
- 한번 가입으로 평생 보장되는 종신보험(일부 특약 제외)
- 세제혜택 : 근로소득자는 납입한 보험료(연간 100만 원 한도)에 대하여 12% 세액공제

㉡ 가입요건

㉮ 주계약

가입나이	보험기간	납입기간	납입주기	보험가입금액
만15~45세	종신	5, 10, 15, 20, 30년납	월납	1,000만 원~4,000만 원 (500만 원 단위)
만46~55세		5, 10, 15, 20년납		
만56~60세		5, 10, 15년납		
만61~65세		5, 10년납		

㉯ 특약

- 무배당 건강클리닉특약(갱신형), 무배당 상해클리닉특약(갱신형)
- 무배당 중대질병치료특약(갱신형), 무배당 중대수술특약(갱신형)
- 무배당 암치료특약Ⅱ(갱신형), 무배당 뇌출혈진단특약(갱신형)
- 무배당 급성심근경색증진단특약(갱신형)

구분	가입나이	보험기간	납입기간	납입주기	보험가입금액
최초계약	만15~65세	10년 만기 (종신갱신형)	전기납	월납	1,000만 원 (500만 원 단위)
갱신계약	만25세 이상				

- 무배당 요양병원입원특약Ⅱ(갱신형)

구분	가입나이	보험기간	납입기간	납입주기	보험가입금액
최초계약	만15~65세	10년 (갱신형)	전기납	월납	1,000만 원 (500만 원 단위)
갱신계약	만25~70세				

- 이륜자동차 운전 및 탑승 중 재해 부담보특약, 지정대리청구서비스특약, 장애인전용보험전환특약

ⓒ 보험료 할인에 관한 사항(고액 할인)

주계약 보험가입금액	2천만 원 이상~3천 만원 미만	3천만 원 이상~4천 만원 미만	4천 만원
할인율	1.0%	2.0%	3.0%

주1) 고액 할인은 주계약 보험료(특약보험료 제외)에 한해 적용

ⓓ 특약의 갱신에 관한 사항

갱신절차	• 보험기간 만료일 30일 전까지 계약자에게 서면 또는 전화(음성녹음) 안내(보험료 등 변경내용) → 보험기간 만료일 15일 전까지 계약자의 별도 의사표시가 없으면 자동갱신 → 계약자가 갱신 거절의사를 통지하면 계약 종료 • (무)요양병원암입원특약Ⅱ(갱신형)의 경우, 갱신계약의 피보험자 나이가 70세를 초과하는 경우에는 이 특약을 갱신할 수 없음
갱신계약 보험료	• 갱신계약의 보험료는 나이의 증가, 적용기초율의 변도 등의 사유로 인상 가능

ⓔ 보장내용

㉮ 주계약

지급구분	지급사유
교통재해사망보험금	교통재해로 사망 시
일반재해사망보험금	일반재해로 사망 시
일반사망보험금	재해 이외의 원인으로 사망 시
교통재해장해급부금	교통재해로 장해 시
일반재해장해급부금	일반재해로 장해 시

㉯ 특약

- 무배당 상해클리닉특약(갱신형)

지급구분	지급사유
장해연금	동일한 재해로 여러 신체부위의 합산 장해지급률이 50% 이상 장해 시
재해입원급부금	재해로 인하여 그 직접적인 치료를 목적으로 4일 이상 입원 시(3일 초과 입원일수 1일당, 120일 한도)
재해수술급부금	재해로 인하여 그 직접적인 치료를 목적으로 수술 시(수술 1회당)
외모수술급부금	재해로 인하여 외모상해의 직접적인 치료를 목적으로 외모수술 시(수술 1회당)
골절치료자금	재해로 골절 시(사고 1회당)
건강관리자금	보험기간이 끝날 때까지 생존 시

• 무배당 건강클리닉특약(갱신형)

지급구분	지급사유
질병입원급부금	질병으로 인하여 그 직접적인 치료를 목적으로 4일 이상 입원 시 (3일 초과 입원일수 1일당, 120일 한도)
질병수술급부금	질병으로 인하여 그 직접적인 치료를 목적으로 수술 시(수술 1회당)
암직접치료 입원급부금	암보장개시일 이후 암의 직접적인 치료를 목적으로 4일 이상 입원(단, 요양병원 제외) 시 또는 보험기간 중 갑상선암, 기타피부암, 대장점막내암, 제자리암 또는 경계성 종양의 직 접적인 치료를 목적으로 4일 이상 입원(단, 요양병원 제외) 시(3일 초과 입원일수 1일당, 120일 한도)
주요성인질환 입원급부금	주요성인질환으로 인하여 그 직접적인 치료를 목적으로 4일 이상 입원 시 (3일 초과 입원일수 1일당, 120일 한도)
암수술급부금	암보장개시일 이후 암으로 인하여 직접적인 치료를 목적으로 암수술 시 또는 보험기간 중 갑상선암, 기타피부암, 대장점막내암, 제자리암 또는 경계성 종양의 직접적인 치료를 목적으로 암수술 시(수술 1회당)
주요성인질환 수술급부금	주요성인질환으로 인하여 그 직접적인 치료를 목적으로 주요성인질환수술 시(수술 1회당)
건강관리자금	보험기간이 끝날 때까지 생존 시

주1) 암보장개시일은 계약일(부활일)부터 그 날을 포함하여 90일이 지난날의 다음 날로 함

• 무배당 중대질병치료특약(갱신형)

지급구분	지급사유
중대질병 치료보험금	중대질병으로 진단 확정 시(단, 최초 1회에 한함)
건강관리자금	보험기간이 끝날 때까지 생존 시

• 무배당 중대수술특약(갱신형)

지급구분	지급사유
중대수술보험금	중대한 수술 시(단, 최초 1회에 한함)
건강관리자금	보험기간이 끝날 때까지 생존 시

• 무배당 암치료특약Ⅱ(갱신형)

지급구분	지급사유
암치료보험금	암보장개시일 이후에 최초의 암으로 진단 확정 시(단, 최초 1회에 한함) 보험기간 중 최초의 갑상선암, 기타피부암, 대장점막내암, 제자리암 또는 경계성 종 양으로 진단 확정 시(단, 갑상선암, 기타피부암, 대장점막내암, 제자리암 또는 경계 성 종양 각각 최초 1회에 한함)
건강관리자금	보험기간이 끝날 때까지 생존 시

주1) 암보장개시일은 계약일(부활일)부터 그 날을 포함하여 90일이 지난날의 다음 날로 함

• 무배당 뇌출혈진단특약(갱신형)

지급구분	지급사유
뇌출혈치료보험금	보험기간 중 최초의 뇌출혈로 진단 확정 시(단, 최초 1회에 한함)
건강관리자금	보험기간이 끝날 때까지 생존 시

• 무배당 급성심근경색증진단특약(갱신형)

지급구분	지급사유
급성심근경색증 치료보험금	보험기간 중 최초의 급성심근경색증으로 진단 확정 시(단, 최초 1회에 한함)
건강관리자금	보험기간이 끝날 때까지 생존 시

• 무배당 요양병원암입원특약 II (갱신형)

지급구분	지급사유
요양병원 암입원급부금	암보장개시일 이후 암으로 진단이 확정되고 그 치료를 목적으로 4일 이상 요양병원에 입원 시 또는 보험기간 중 갑상선암, 기타피부암, 대장점막내암, 제자리암 또는 경계성 종양으로 진단이 확정되고 그 치료를 목적으로 4일 이상 요양병원에 입원 시 (3일 초과 입원일수 1일당, 60일 한도)
건강관리자금	보험기간이 끝날 때까지 생존 시

주1) 암보장개시일은 계약일(부활일)부터 그 날을 포함하여 90일이 지난날의 다음 날로 함

⑤ 무배당 우체국실속정기보험

㉠ 주요 특징

• 비갱신형 보험료로 사망과 50% 이상 중증장해 보장
• 특약 선택시 일상생활 재해 및 암, 뇌출혈, 급성심근경색증 추가 보장
• 고객 형편 및 목적에 맞게 순수형 또는 환급형 선택 가능
• 병이 있어도 3가지(건강관련) 간편고지로 간편하게 가입 (2종(간편가입))
• 세제혜택 : 근로소득자는 납입한 보험료(연간 100만 원 한도)에 대하여 12% 세액공제

㉡ 가입요건

㉮ 주계약

구분		가입나이	보험기간	납입기간	납입주기	보험가입금액
1종 (일반가입)	순수형	만15~최대 70세	60, 70, 80, 90세 만기	5, 10, 15, 20, 30년납	월납	1,000만 원~4,000만 원
	환급형					
2종 (간편가입)	순수형	만35세~최대 70세				1,000만 원~2,000만 원
	환급형					

주1) 보험가입금액은 500만 원 단위로 가입 가능
주2) 1종(일반가입)과 2종(간편가입)의 중복가입은 불가하며, 다만, 순수형 및 환급형의 중복가입은 가입금액 이내에서 가능

ⓘ 특약
- 무배당 재해사망특약, 무배당생활재해보장특약, 무배당 3대질병진단특약

특약명	가입나이, 보험기간, 보험료 납입기간	보험가입금액
무배당 재해사망특약	주계약과 동일	1,000만 원~4,000만 원 (주계약 보험가입금액 이내에서 500만 원 단위)
무배당 생활재해보장특약		
무배당 3대질병진단특약		

주1) 상기 특약의 경우 1종(일반가입)에 한하여 부가 가능

- 이륜자동차 운전 및 탑승 중 재해 부담보특약, 지정대리청구서비스특약, 장애인전용보험전환특약

ⓒ 간편고지에 관한사항[2종(간편가입)에 한함]

- 이 상품은 "간편고지" 상품으로 유병력자 등 일반심사보험에 가입하기 어려운 피보험자를 대상으로 함
- 간편고지란 보험시장에서 소외되고 있는 유병력자나 고연령자 등이 보험에 가입할 수 있도록 간소화된 계약전 고지의무 사항을 활용하여 계약심사 과정을 간소화함을 의미함
- 간편고지 상품은 일반심사보험에 가입하기 어려운 피보험자를 대상으로 하므로, 일반심사보험보다 보험료가 다소 높으며, 일반심사를 할 경우 이 보험보다 저렴한 일반심사보험에 가입할 수 있음(다만, 일반심사보험의 경우 건강 상태나 가입나이에 따라 가입이 제한될 수 있으며 보장하는 담보에는 차이가 있을 수 있음)
- 이 상품 가입시 간편고지상품과 일반심사보험의 보험료 수준을 비교하여 설명하고, 이에 대한 계약자 확인을 받아야 함
- 이 상품 가입 후 계약일부터 3개월 이내에 일반심사보험 가입을 희망하는 경우, 일반계약 심사를 통하여 일반심사보험 (무)우체국실속정기보험 1종(일반가입)에 청약할 수 있음. 다만, 본 계약의 보험금이 이미 지급되었거나 청구서류를 접수한 경우에는 그러하지 않음. 일반심사보험 (무)우체국실속정기보험 1종(일반가입)에 가입하는 경우에는 본 계약을 무효로 하며 이미 납입한 보험료를 보험계약자에게 돌려드림

ⓔ 보장내용

㉮ 주계약

지급구분	지급사유
만기급부금	보험기간이 끝날 때까지 살아 있을 때(환급형에 한함)
사망보험금	보험기간 중 사망하였을 때
후유장해보험금	보험기간 중 장해분류표 중 동일한 재해 또는 재해 이외의 동일한 원인으로 여러 신체부위의 합산 장해지급률이 50% 이상인 장해상태가 되었을 때(보험기간 중 최초 1회에 한하여 지급함)

※ 플러스보험기간(약관에서 정한 플러스보험기간이 적용되는 경우에 한함)

지급구분	지급사유
플러스사망보험금	플러스보험기간 중 사망하였을 때
플러스후유장해보험금	플러스보험기간 중 장해분류표 중 동일한 재해 또는 재해 이외의 동일한 원인으로 여러 신체부위의 합산 장해지급률이 50% 이상인 장해상태가 되었을 때(플러스보험기간 중 최초 1회에 한하여 지급함)

주1) 플러스보험기간이란 보험기간이 만료되는 시점에 플러스적립금이 발생하는 경우, 보험기간 만료 후부터 10년 동안 자동으로 연장되어 추가적인 보장을 받는 기간

④ 특약
- 무배당 재해사망특약

지급구분	지급사유
교통재해사망보험금	보험기간 중 교통재해를 직접적인 원인으로 사망하였을 때
일반재해사망보험금	보험기간 중 일반재해를 직접적인 원인으로 사망하였을 때

- 무배당 생활재해보장특약

지급구분	지급사유
재해장해급부금	보험기간 중 재해를 직접적인 원인으로 장해분류표에서 정한 각 장해지급률에 해당하는 장해상태가 되었을 때
재해입원급부금	보험기간 중 재해로 인하여 그 직접적인 치료를 목적으로 4일 이상 입원하였을 때 (3일 초과 입원일수 1일당, 120일 한도)
골절치료자금	보험기간 중 재해로 인하여 골절상태가 되었을 때(사고 1회당)
깁스치료자금	보험기간 중 재해로 인하여 그 직접적인 치료를 목적으로 깁스(Gast)치료를 받았을 때 (사고 1회당)

- 무배당 3대질병진단특약

지급구분	지급사유
3대 질병 치료보험금	보험기간 중 암보장개시일 이후에 최초의 암으로 진단이 확정되었거나, 보험기간 중 최초의 갑상선암, 기타피부암, 대장점막내암, 제자리암, 경계성종양, 뇌출혈 또는 급성심근경색증으로 진단이 확정 되었을 때(다만, 암, 갑상선암, 기타피부암, 대장점막내암, 제자리암, 경계성종양, 뇌출혈 또는 급성심근경색증 각각 최초 1회에 한하여 지급함)

주1) 암보장개시일은 계약일(부활일)부터 그 날을 포함하여 90일이 지난날의 다음 날로 함

⑥ 무배당 우리가족암보험

㉠ 주요 특징

- 보험료가 저렴하며 암 진단 시 3,000만 원까지 지급
- 고액암(백혈병, 뇌종양, 골종양, 췌장암, 식도암 등) 진단 시 6,000만 원까지 지급
- 한번 가입으로 평생 보장 가능(종신갱신형 혹은 100세 만기 중 선택)
- 고객의 필요에 따라 일반형 주계약 및 특약을 갱신(1종)·비갱신(2종) 선택형으로 가입 가능
- 실버형(3종)은 고연령이나 만성질환(고혈압 및 당뇨병질환자)이 있어도 가입 가능
- (이차암보장특약 가입) 두 번째 암 진단시 보장
- (이차암보장특약 가입) 암 진단시 종신까지 보험료 납입면제
- (암진단생활비특약 가입) 암 진단시 소득상실을 보전하기 위해 암진단생활비를 매월 최고 50만 원씩 5년간 지급(1구좌 기준)
- 세제혜택 : 근로소득자는 납입보험료(연간 100만 원 한도)에 대하여 12% 세액공제

ⓛ 가입조건

㉮ 주계약

• 일반형[1종(갱신형)]

구분	가입나이	보험기간	납입기간	가입한도액 (구좌수)
최초계약	0~65세	10년 만기 (종신갱신형)	전기납 (월납)	1구좌 (0.5구좌 단위)
갱신계약	10세 이상			

• 일반형[2종(비갱신형), 순수형/중도환급형]

가입나이	보험기간	납입기간	납입주기	가입한도액 (구좌수)
0~50세		5, 10, 15, 20, 30년납		
51~60세	100세 만기	5, 10, 15, 20년납	월납	1구좌 (0.5구좌 단위)
61~65세		5, 10, 15년납		

• 실버형[3종(갱신형)]

가입나이	가입나이	보험기간	납입기간	가입한도액 (구좌수)
최초계약	61~80세	10면 만기 (종신갱신형)	전기납 (월납)	1구좌 (0.5구좌 단위)
갱신계약	71세 이상			

㉯ 특약

• 무배당 이차암보장특약, 무배당 암진단생활비특약

−1종(갱신형)

가입나이	가입나이	보험기간	납입기간	가입한도액 (구좌수)
최초계약	0~65세	10면 만기 (종신갱신형)	전기납 (월납)	주계약 보험가입금액 내에서 1구좌(0.5구좌 단위)
갱신계약	10세 이상			

−2종(비갱신형)

가입나이	보험기간	납입기간	납입주기	가입한도액 (구좌수)
0~50세		5, 10, 15, 20, 30년납		
51~60세	100세 만기	5, 10, 15, 20년납	월납	주계약 보험가입금액 내에서 1구좌 (0.5구좌 단위)
61~65세		5, 10, 15년납		

※ 특약의 경우, [1종(갱신형)]은 주계약 일반형[1종(갱신형)]에만 부가 가능하고, [2종(비갱신형)]은 주계약 일반형[2종(비갱신형)]에만 부가 가능

• 지정대리청구서비스특약, 장애인전용보험전환특약

ⓒ 갱신에 관한 사항(갱신형에 한함)

갱신절차	• 보험기간 만료일 30일 전까지 계약자에게 서면 또는 전화(음성녹음)안내 (보험료 등 변경내용) → 보험기간 만료일 15일 전까지 계약자의 별도 의사표시가 없으면 자동갱신 → 계약자가 갱신 거절의사를 통지하면 계약 종료 • 일반형[1종(갱신형)] 또는 실버형[3종(갱신형)]의 경우, 피보험자에게 암치료보험금(갑상선암, 기타 피부암, 대장점막내암, 제자리암 및 경계성 종양 제외) 지급사유가 발생한 경우에는 계약을 갱신하지 않음 • (무)이차암보장특약[1종(갱신형)]의 경우, 피보험자가 암보장개시일 이후에 첫 번째 암(갑상선암, 기타피부암, 대장점막내암, 제자리암 및 경계성 종양 제외)으로 진단이 확정되었을 때에는 이 특약은 더 이상 갱신되지 않으며, 이 특약의 보험기간을 피보험자 종신까지로 함 • (무)암진단생활비특약[1종(갱신형)]의 경우, 피보험자에게 암진단생활비 지급사유가 발생한 경우에는 특약을 갱신하지 않음
갱신계약 보험료	• 갱신계약의 보험료는 나이의 증가, 적용기초율의 변동 등의 사유로 인상될 수 있음

ⓔ 보험료 할인에 관한 사항

㉮ 피보험자가 B형 간염 항체 보유 시 항체보유 사실을 증명할 수 있는 서류를 제출하고 체신관서가 확인 시에는 서류제출시점 이후의 차회보험료부터 영업보험료(갱신계약 영업보험료 포함)의 3%를 할인하여 영수함. 다만, 제1회 보험료는 할인에서 제외

㉯ 3종(실버형)의 경우, 체신관서는 계약자 또는 피보험자가 계약일부터 보험기간 이내에 피보험자의 건강검진결과(건강검진결과 제출일 직전 1년 이내의 검진결과)를 제출하여 다음의 요건을 모두 충족하는 경우 건강검진결과 제출일 이후 차회보험료부터 보험기간 만료일까지 영업보험료의 5%를 할인하여 이를 영수함. 다만, 제1회 보험료는 할인에서 제외되며, 갱신계약의 경우도 갱신 일을 계약일로 하여 위 내용을 동일하게 적용함

• 고혈압(수축기혈압이 140mmHg이상이거나 이완기혈압이 90mmHg이상 또는 고혈압 약물을 복용하고 있는 경우)이 없을 것

• 당뇨병(공복혈당이 126mg/dL이상이거나 의사진단을 받았거나 혈당강하제복용 또는 인슐린 주사를 투여 받는 경우)이 없을 것

㉰ 3종(실버형)의 경우, ㉮ 및 ㉯의 할인이 동시에 해당되는 경우에는 중복할인이 적용되지 않고 ㉯의 할인을 적용함

ⓜ 보장내용
㉮ 주계약
- 일반형[1종(갱신형)]

지급구분	지급사유
암치료보험금	암보장개시일 이후에 최초의 암으로 진단이 확정되었을 때 (단, 최초 1회에 한함)
	보험기간 중 최초의 갑상선암, 기타피부암, 대장점막내암, 제자리암 또는 경계성 종양으로 진단이 확정되었을 때 (단, 각각 최초 1회에 한함)
건강관리자금	보험기간이 끝날 때까지 살아 있을 때

주1) 암보장개시일은 계약일(부활일)부터 그 날을 포함하여 90일이 지난날의 다음 날로 함(피보험자 나이가 15세 미만인 경우 암보장개시일은 계약일(부활일)로 함)

- 일반형[2종(비갱신형)]
-순수형

지급구분	지급사유
암치료보험금	암보장개시일 이후에 최초의 암으로 진단이 확정되었을 때 (단, 최초 1회에 한함)
	보험기간 중 최초의 갑상선암, 기타피부암, 대장점막내암, 제자리암 또는 경계성 종양으로 진단이 확정되었을 때 (단, 각각 최초 1회에 한함)

주1) 암보장개시일은 계약일(부활일)부터 그 날을 포함하여 90일이 지난날의 다음 날로 함(피보험자 나이가 15세 미만인 경우 암보장개시일은 계약일(부활일)로 함)

-중도환급형

지급구분	지급사유
암치료보험금	암보장개시일 이후에 최초의 암으로 진단이 확정되었을 때 (단, 최초 1회에 한함)
	보험기간 중 최초의 갑상선암, 기타피부암, 대장점막내암, 제자리암 또는 경계성 종양으로 진단이 확정되었을 때 (단, 각각 최초 1회에 한함)
건강관리자금	보험기간 80세 계약해당일에 살아 있을 때

주1) 암보장개시일은 계약일(부활일)부터 그 날을 포함하여 90일이 지난날의 다음 날로 함(피보험자 나이가 15세 미만인 경우 암보장개시일은 계약일(부활일)로 함)

- 실버형[3종(갱신형)]

지급구분	지급사유
암치료보험금	암보장개시일 이후에 최초의 암으로 진단이 확정되었을 때 (단, 최초 1회에 한함)
	보험기간 중 최초의 갑상선암, 기타피부암, 대장점막내암, 제자리암 또는 경계성 종양으로 진단이 확정되었을 때 (단, 각각 최초 1회에 한함)
건강관리자금	보험기간이 끝날 때까지 살아 있을 때

주1) 암보장개시일은 계약일(부활일)부터 그 날을 포함하여 90일이 지난날의 다음 날로 함

④ 특약
- 무배당 이차암보장특약
-1종(갱신형)

지급구분	지급사유
이차암치료보험금	이차암보장개시일 이후에 이차암으로 진단이 확정되었을 때 (단, 최초 1회에 한함)
건강관리자금	보험기간이 끝날 때까지 살아 있을 때

주1) 암보장개시일은 계약일(부활일)부터 그 날을 포함하여 90일이 지난날의 다음 날로 함(피보험자 나이가 15세 미만인 경우 암보장개시일은 계약일(부활일)로 함)

-2종(비갱신형)

지급구분	지급사유
이차암치료보험금	이차암보장개시일 이후에 이차암으로 진단이 확정되었을 때 (단, 최초 1회에 한함)

주1) 암보장개시일은 계약일(부활일)부터 그 날을 포함하여 90일이 지난날의 다음 날로 함(피보험자 나이가 15세 미만인 경우 암보장개시일은 계약일(부활일)로 함)

- 무배당 암진단생활비특약
-1종(갱신형)

지급구분	지급사유
암진단생활비	암보장개시일 이후에 최초의 암으로 진단이 확정되었을 때 (단, 최초 1회에 한함)
건강관리자금	보험기간이 끝날 때까지 살아 있을 때

주1) 암보장개시일은 계약일(부활일)부터 그 날을 포함하여 90일이 지난날의 다음 날로 함(피보험자 나이가 15세 미만인 경우 암보장개시일은 계약일(부활일)로 함)

-2종(비갱신형)

지급구분	지급사유
암진단생활비	암보장개시일 이후에 최초의 암으로 진단이 확정되었을 때 (단, 최초 1회에 한함)

주1) 암보장개시일은 계약일(부활일)부터 그 날을 포함하여 90일이 지난날의 다음 날로 함(피보험자 나이가 15세 미만인 경우 암보장개시일은 계약일(부활일)로 함)

⑦ 무배당 우체국자녀지킴이보험

㉠ 주요 특징

- 자녀 출생 시부터 성인이 될 때까지 필요한 보장 설계
- 태아 가입 시 자녀와 산모 동시 보장 가능 (해당 특약 가입 시)
- 어린이 종합보험 : 진단, 장해, 입원, 수술, 통원(3대질병, 응급실), 골절, 깁스치료 등 일상생활 위험까지 포괄적 보장
- 암, 뇌출혈, 급성심근경색증, 중대질병진단수술(말기신부전증, 조혈모세포이식수술, 5대 장기이식수술) 중증질환 고액보장
- 납입면제 : 보험료 납입 면제로 부담을 낮추고 안정적인 보장 제공
- 만기시 만기급부금 지급으로 자녀의 독립자금 지원
- 세제 혜택 : 근로소득자는 납입한 보험료(연간 100만원 한도)에 대하여 12% 세액공제

ⓒ 가입요건

㉮ 주계약

가입나이	보험기간	납입기간	납입주기	보험가입금액
0~15세	30세 만기 20년 만기	전기납	월납	1,000만 원~2,000만 원 (1,000만 원 단위)

주1) 임신 사실이 확인된 태아도 가입 가능함

㉯ 특약

특약명	가입나이	보험기간	납입기간	가입한도액	부가방법
무배당 선천이상특약II	임신 23주 이내 태아	3년	전기납	1,000만 원 (고정)	고정부가
무배당 신생아보장특약		1년			
무배당 산모보장특약	17~45세 (임신 23주 이내 산모)	1년(단, 분만 후 42일까지)			선택
지정대리청구서비스특약		—			
장애인전용보험전환특약					

ⓒ 보장내용

㉮ 주계약

지급구분	지급사유
만기급부금	만기 생존 시
암치료보험금	최초의 암 진단 확정 시(최초 1회에 한함)
	최초의 갑상선암, 기타피부암, 대장점막내암, 제자리암 또는 경계성 종양 진단 확정 시(각각 최초 1회에 한함)
소아암치료보험금	최초의 소아암 진단 확정 시 (최초 1회에 한함)
신생아뇌출혈 치료보험금	최초의 신생아 뇌출혈 진단 확정 시 (최초 1회에 한함)
뇌출혈치료보험금	최초의 뇌출혈 진단 확정 시 (최초 1회에 한함)
급성심근경색증 치료보험금	최초의 급성심근경색증 진단 확정 시 (최초 1회에 한함)
재활보험금	재해로 장해지급률 중 3% 이상 100% 이하 장해 시
입원급부금	질병 또는 재해로 인하여 그 직접적인 치료를 목적으로 4일 이상 입원 시 (3일 초과 입원 1일당, 120일 한도)
상급종합병원 입원급부금	질병 또는 재해로 인하여 그 직접적인 치료를 목적으로 4일 이상 상급종합병원 입원 시(3일 초과 입원 1일당, 120일 한도)
어린이다발성질병 입원급부금	어린이 다발성질병으로 진단이 확정되고, 그 직접적인 치료를 목적으로 4일 이상 입원 시 (3일 초과 입원 1일당, 120일 한도)
응급실내원급부금	"응급실 내원 진료비 대상자" 해당 시 (내원 1회당)
3대질병통원급부금	암, 갑상선암, 기타피부암, 대장점막내암, 제자리암, 경계성 종양, 뇌출혈 또는 급성심근경색증으로 진단이 확정되고, 그 직접적인 치료를 목적으로 통원 시 (통원 1회당)

수술급부금	질병 또는 재해로 인하여 그 직접적인 치료를 목적으로 수술 시 (수술 1회당)
어린이개흉심장 수술급부금	최초의 어린이개흉심장수술 시 (최초 1회에 한함)
중대질병진단 수술급부금	최초의 말기신부전증 진단 확정 시, 최초의 조혈모세포이식수술 또는 5대장기 이식수술 시 (각각 최초 1회에 한함)
골절치료자금	출산손상 또는 재해로 골절 시 (사고 1회당)
깁스치료자금	재해로 인하여 그 직접적인 치료를 목적으로 깁스(Cast)치료 시 (사고 1회당)

④ 특약

• 무배당 선천이상특약 Ⅱ

지급구분	지급사유
선천이상입원급부금	선천이상으로 진단이 확정되고, 그 직접적인 치료를 목적으로 4일 이상 입원 시(3일 초과 입원 1일당, 120일 한도)
선천이상수술급부금	선천이상으로 진단이 확정되고, 그 직접적인 치료를 목적으로 수술 시 (수술 1회당)

• 무배당 신생아보장특약

지급구분	지급사유
저체중아출생보험금	출생시 체중이 2.0kg 미만 시(최초 1회에 한함)
저체중아입원급부금	출생시 체중이 2.0kg 미만이고, 저체중질병의 직접적인 치료를 목적으로 3일 이상 입원 시(2일 초과 입원 1일당, 60일 한도)
3대주요선천이상 진단보험금	최초의 3대주요선천이상 진단 확정 시(최초 1회에 한함)
구순구개열진단보험금	최초의 구순구개열(언청이) 진단 확정 시(최초 1회에 한함)
다지증진단보험금	최초의 다지증 진단 확정 시(최초 1회에 한함)
주산기질환입원급부금	주산기질환으로 진단이 확정되고, 그 직접적인 치료를 목적으로 4일 이상 입원 시 (3일 초과 입원 1일당, 120일 한도)
주산기질환수술급부금	주산기질환으로 진단이 확정되고, 그 직접적인 치료를 목적으로 수술 시(수술 1회당)

• 무배당 산모보장특약

지급구분	지급사유
유산입원급부금	유산으로 진단이 확정되고, 그 직접적인 치료를 목적으로 4일 이상 입원 시(3일 초과 입원 1일당, 120일 한도)
유산수술급부금	유산으로 진단이 확정되고, 그 직접적인 치료를 목적으로 수술 시(수술 1회당)
임신·출산질환 입원급부금	임신·출산질환으로 진단이 확정되고, 그 직접적인 치료를 목적으로 4일 이상 입원 시(3일 초과 입원 1일당, 120일 한도)
임신·출산질환 수술급부금	임신·출산질환으로 진단이 확정되고, 그 직접적인 치료를 목적으로 수술 시(수술 1회당)

⑧ 무배당 어깨동무보험

⊙ 주요특징

- 가입자 선택의 폭 확대 : 부양자 사망 시 장애인에게 생활안정자금을 지급하는 '생활보장형', 장애인의 암 발병 시에 치료비용을 지급하는 '암보장형', 장애인의 재해사고 시 사망은 물론 각종 치료비를 보장하는 '상해보장형' 중, 여건에 맞게 가입
- 장애인에게 적용되는 가입 장벽 완화 : 보험가입시 장애인에게 적용되는 고지사항을 생략하거나 최대한 완화하여 가입 용이
- 장애인전용보험만의 세제 혜택 : 근로소득자는 납입한 보험료(연간 100만 원 한도)에 대하여 15% 세액공제, 증여세 면제(보험수익자가 장애인인 경우 연간 4,000만 원 한도) 등
- 가입나이 확대 : 어린이와 고령자도 가입 가능
- 장애로 인한 추가지출이 많은 장애인 가구의 경제적 여건을 고려한 저렴한 보험료
- 건강진단자금 지급 : 상해보장형의 경우, 매 2년마다 건강진단자금 지급으로 각종 질환 조기진단 및 사전예방 자금으로 활용

⊙ 가입요건

㉮ 주계약

보험종류	보험기간	가입나이		납입기간	납입주기
1종(생활보장형)	10년 만기 20년 만기 80세 만기	주피보험자	만15~60세	일시납 5년납 10년납 20년납	일시납 월납
		장애인	0~70세		
2종(암보장형)		0~70세			
3종(상해보장형)	10년 만기	만15~70세		5년납	월납

보험종류	가입한도액	
1종(생활보장형)	4,000만 원	
2종(암보장형)	3,000만 원	(500만 원 단위)
3종(상해보장형)	1,000만 원	

㉯ 특약 : 지정대리청구서비스특약

⊙ 보장내용

㉮ 1종(생활보장형)

지급구분	지급사유
생활안정자금	주피보험자가 사망하고 장애인 생존 시
장해급부금	주피보험자가 재해로 장해상태가 되고 장애인 생존 시
만기급부금	장애인 만기 생존 시

④ 2종(암보장형)

지급구분	지급사유
암치료보험금	암보장개시일 이후에 최초로 암 진단 확정 시(최초 1회에 한함)
	보험기간 중 최초로 갑상선암, 기타피부암, 대장점막내암, 제자리암 또는 경계성 종양으로 진단 확정 시(각각 최초 1회에 한함)
만기급부금	만기 생존 시

주1) 암보장개시일은 계약일(부활일)부터 그 날을 포함하여 90일이 지난날의 다음 날로 함(피보험자 나이가 15세 미만인 경우 암보장개시

④ 3종(상해보장형)

지급구분	지급사유
재해사망보험금	재해로 사망 시
재해수술급부금	재해로 수술 시 (수술 1회당)
재해골절치료자금	재해로 골절 시 (사고 1회당)
건강진단자금	가입 후 매 2년마다 계약해당일에 살아 있을 때

ⓔ 가입자의 자격요건 등

⑦ 장애인의 범위 : 「장애인복지법」 제32조에 의하여 등록한 「장애인 및 국가유공자 등 예우 및 지원에 관한법률」 제6조에 의하여 등록한 상이자

④ 청약시 구비서류 : 장애인등록증, 장애인복지카드 또는 국가유공자증 사본

※ 상이자의 경우, 국가유공자증에 기재된 상이등급(1~7급)으로 확인

④ 1종(생활보장형)의 경우, 계약자 = 주피보험자

④ 1종(생활보장형) "장애인생활안정자금"의 보험수익자는 장애인으로 한정되며, 변경 불가

⑨ 무배당 에버리치상해보험

㉠ 주요 특징

- 교통사고나 각종 재해로 인한 장해, 수술 또는 골절 시 치료비용 체계적으로 보장
- 한번 가입으로 80세까지 보장 및 휴일재해 사망보장 강화
- 세제 혜택 : 근로소득자는 납입한 보험료(연간 100만원 한도)에 대하여 12% 세액공제

㉡ 가입요건

⑦ 주계약

보험기간	가입나이	납입기간	가입한도액
80세 만기	만15~50세	10, 15, 20, 30년납	만15~60세 : 1,000만 원(고정) 61~70세 : 500만 원(고정)
	51~60세	10, 15, 20년납	
	61~65세	10, 15년납	
	66~70세	10년납	

ⓝ 특약
 • 이륜자동차 운전 및 탑승 중 재해 부담보특약 지정대리청구서비스특약, 장애인전용보험전환특약
ⓒ 주계약 보장내용

지급구분	지급사유
사망보험금	교통재해로 사망 시
	일반재해로 사상 시
장해연금	동일한 재해로 여러 신체부위의 합산 장해지급률이 50% 이상 장해 시
장해급부금	재해로 장해지급률 중 3% 이상 50% 미만 장해 시
재해입원급부금	재해로 4일 이상 입원 시 (3일 초과 입원일수 1일당, 120일 한도)
수술급부금	재해로 수술 시 (수술 1회당)
골절치료자금	재해로 골절 시 (사고 1회당)
만기급부금	만기 생존 시

⑩ 무배당 우체국예금제휴보험
 ㉠ 주요 특징
 • 1종 (휴일재해보장형) : '우체국 장병내일준비적금' 가입시 무료로 가입
 • 2종 (주니어보장형) : '우체국 아이LOVE적금' 가입시 무료로 가입
 • 3종 (청년우대형) : 우체국예금 신규가입 고객 중 가입기준을 충족할 경우 무료로 가입 가능
 ㉡ 가입요건

보험종류	보험기간	가입나이	보험료 납입기간	보험료 납입주기	가입한도액
1종(휴일재해보장형)		만 15세 이상			1구좌
2종(주니어보장형)	1년 만기	0~19세	1년납	연납	1구좌
3종(청년우대형)		20~34세			1구좌

 ㉢ 보장내용
  ㉮ 1종(휴일재해보장형)

지급구분	지급사유
휴일재해사망보험금	휴일에 재해로 사망하였거나 장해지급률이 80%이상인 장해상태가 되었을 때

⑭ 2종(주니어보장형)

지급구분	지급사유
소아암치료보험금	암보장개시일 이후에 최초의 소아암으로 진단이 확정되었을 때 (단, 최초 1회에 한함)
재해장해급부금	재해로 인하여 장해분류표에서 정한 각 장해지급률에 해당하는 장해상태가 되었을 때
화상치료자금	재해로 인하여 화상으로 진단이 확정되었을 때 (사고 1회당)
식중독치료자금	식중독으로 진단이 확정되고, 그 직접적인 치료를 목적으로 4일 이상 입원하였을 때 (3일 초과 입원일수 1일당, 120일 한도)
외모수술자금	재해로 인하여 외모상해의 직접적인 치료를 목적으로 외모수술을 받았을 때(수술 1회당)

　　　주) 암보장개시일은 계약일(부활일)부터 그 날을 포함하여 90일이 지난날의 다음 날로 함(피보험자 나이가 15세 미만인 경우 암보장개시일은
　　　　계약일(부활일)로 함)

　　⑮ 3종(청년우대형)

지급구분	지급사유
재해수술급부금	재해로 인하여 그 직접적인 치료를 목적으로 수술을 받았을 때 (수술 1회당)
교통재해장해급부금	교통재해로 인하여 장해분류표에서 정한 각 장해지급률에 해당하는 장해상태가 되었을 때
교통재해깁스 치료자금	교통재해로 인하여 그 직접적인 치료를 목적으로 깁스(Cast)치료를 받았을 때 (사고 1회당)
교통재해응급실 통원급부금	교통재해로 인하여 응급실 내원 진료비 대상자가 되었을 때 (통원 1회당)
식중독치료자금	식중독으로 진단이 확정되고, 그 직접적인 치료를 목적으로 4일 이상 입원하였을 때 (3일 초과 입원일수 1일당, 120일 한도)
결핵치료보험금	최초의 결핵으로 진단 확정되었을 때 (단, 최초 1회에 한함)

　⑪ 무배당 우체국단체보장보험

　　㉠ 주요 특징

　　　• 과학기술정보통신부 소속 공무원 및 산하기관 직원을 대상으로 한 단체보험

　　㉡ 가입요건

　　　㉮ 주계약

보험기간	가입나이	보험료 납입기간	보험료 납입주기	가입한도액
1년 만기	만 15세 이상	1년납	연납	10,000만 원

　　　※ 가입대상 : 과학기술정보통신부 소속 공무원 및 산하기관 직원

ⓑ 특약

구분	가입나이	보험기간	납입주기	가입한도액
무배당 단체재해사망특약	만15세 이상	1년 만기	연납	20,000만 원
무배당 단체질병사망특약				10,000만 원
무배당 단체입원의료비보장특약				1,000만 원
무배당 단체통원의료비보장특약				1,000만 원

주1) 주계약, 무배당 단체재해사망특약 및 무배당 단체질병사망특약의 가입한도는 과학기술정보통신부 산하기관의 경우 4,000만 원으로 함

ⓒ 보장내용

㉮ 주계약

지급구분	지급사유
사망보험금	사망 또는 80% 이상 장해 발생 시
장해급부금	재해로 장해지급률 3~80% 미만 발생 시

㉯ 특약

• 무배당 단체재해사망특약

지급구분	지급사유
재해사망보험금	재해로 사망 또는 80%이상 장해 발생 시

• 무배당 단체질병사망특약

지급구분	지급사유
질병사망보험금	질병으로 사망 또는 80%이상 장해 발생 시

• 무배당 단체입원치료비보장특약

지급구분	지급사유
입원의료비	상해 또는 질병으로 병원에 입원하여 치료를 받은 경우 (1천만 원 한도)

• 무배당 단체통원의료비보장특약

지급구분		지급사유
통원의료비	외래의료비	상해 또는 질병으로 병원에 통원하여 치료를 받은 경우(1회당 20만 원 한도, 연간 180회 한도)
	처방조제비	상해 또는 질병으로 병원에서 처방조제를 받은 경우(1건당 10만 원 한도, 연간 180건 한도)

⑫ 무배당 우체국안전벨트보험

㉠ 주요 특징

- 교통사고 종합 보장 : 교통재해로 인한 사망, 장해 및 각종 의료비 종합 보장
- 성별에 따른 차이는 있으나 나이에 관계없이 동일한 보험료
- 교통재해 사망 시 최고 2억 원 보장, 교통재해 장해 시 최고 1억 원 보장
- 교통재해로 인한 입원, 수술, 골절, 외모수술 및 깁스치료까지 각종 치료비를 종합적으로 보장, 휴일교통재해 사망 보장 강화
- 세제 혜택 : 근로소득자는 납입한 보험료(연간 100만원 한도)에 대하여 12% 세액공제

㉡ 가입요건

㉮ 주계약

보험기간	가입나이	납입기간	가입한도액
20년 만기	만15~70세	20년납	1,000만 원(고정)

㉯ 특약

- 이륜자동차 운전 및 탑승 중 재해 부담보특약 지정대리청구서비스특약, 장애인전용보험전환특약

㉢ 주계약 보장내용

지급구분	지급사유
휴일교통재해사망보험금	휴일에 발생한 교통재해를 직접적인 원인으로 사망하였을 때
평일교통재해사망보험금	평일에 발생한 교통재해를 직접적인 원인으로 사망하였을 때
교통재해재활치료자금	교통재해로 인하여 장해분류표에서 정한 각 장해지급률에 해당하는 장해상태가 되었을 때
입원급부금	교통재해로 인하여 그 직접적인 치료를 목적으로 4일 이상 입원하였을 때 (3일 초과 입원일수 1일당, 120일 한도)
수술급부금	교통재해로 인하여 그 직접적인 치료를 목적으로 수술·신생물 근치 방사선 조사 분류표에서 정한 수술을 받았을 때(수술 1회당)
외모수술자금	교통재해로 인하여 외모상해의 직접적인 치료를 목적으로 외모수술을 받았을 때(수술 1회당)
골절치료자금	교통재해로 인하여 골절상태가 되었을 때(사고 1회당)
깁스치료자금	교통재해로 인하여 그 직접적인 치료를 목적으로 깁스(Cast)치료를 받았을 때(사고 1회당)

⑬ 무배당 우체국착한안전보험

㉠ 주요 특징

- 교통사고 및 재해사고 위주의 보장으로 우체국 최저가 보험료 설계
- 성별에 따른 차이는 있으나 나이에 관계없이 동일한 보험료
- 재해로 인한 사망 및 장해와 교통사고에 대한 의료비(중환자실 입원 등) 집중 보장
- 특약을 통해 재해로 인한 사망, 입원, 수술 등 보장 가능
- 세제 혜택 : 근로소득자는 납입한 보험료(연간 100만원 한도)에 대하여 12% 세액공제

㉡ 가입요건

㉮ 주계약

보험기간	가입나이	납입기간	납입주기	가입한도액
20년 만기	만15~70세	전기납	월납	1,000만 원~2,000만 원 (1,000만 원 단위)
30년 만기	만15~60세			

㉯ 특약

- 무배당 재해사망보장특약

보험기간, 가입나이, 납입기간, 납입주기	가입한도액
주계약과 동일	1,000만 원~2,000만 원 (주계약 보험가입금액 이내에서 1,000만 원 단위)

- 무배당 재해입원보장특약, 무배당 재해수술보장특약

보험기간	가입나이	납입기간	납입주기	가입한도액
20년 만기	만15~60세	전기납	월납	1,000만 원~2,000만 원 (주계약 보험가입금액 이내에서 1,000만 원 단위)
30년 만기	만15~50세			

- 이륜자동차 운전 및 탑승 중 재해 부담보특약, 지정대리청구서비스특약, 장애인전용보험전환특약

㉢ 보장내용

㉮ 주계약

지급구분	지급사유
대중교통재해사망보험금	'대중교통 이용 중 교통재해'를 직접적인 원인으로 사망하였을 때
일반교통재해사망보험금	일반교통재해를 직접적인 원인으로 사망하였을 때
일반재해사망보험금	일반재해를 직접적인 원인으로 사망하였을 때
대중교통재해장해급부금	'대중교통 이용 중 교통재해'로 인하여 장해분류표에서 정한 각 장해지급률에 해당하는 장해상태가 되었을 때
일반교통재해장해급부금	일반교통재해로 인하여 장해분류표에서 정한 각 장해지급률에 해당하는 장해상태가 되었을 때

일반재해장해급부금	일반재해로 인하여 장해분류표에서 정한 각 장해지급률에 해당하는 장해상태가 되었을 때
교통재해중환자실입원급부금	교통재해로 인하여 그 직접적인 치료를 목적으로 중환자실에 입원하였을 때 (1일이상 입원일수 1일당, 60일 한도)
교통재해중대수술급부금	교통재해로 인하여 그 직접적인 치료를 목적으로 중대한 수술을 받았을 때 (수술 1회당)
교통재해응급실내원급부금	교통재해로 인하여 응급실 내원 진료비 대상자가 되었을 때 (내원 1회당)
교통재해골절치료자금	교통재해로 인하여 골절상태가 되었을 때 (사고 1회당)

주1) 일반재해란 "재해"에서 "교통재해"를 제외한 재해를 말함
주2) 일반교통재해란 "교통재해"에서 "대중교통 이용 중 교통재해"를 제외한 재해를 말함
주3) "중대한 수술"이라 함은 약관에서 정한 수술 중 개두수술, 개흉수술 또는 개복수술을 말함

㉮ 특약

• 무배당 재해사망보장특약

지급구분	지급사유
재해사망보험금	재해를 직접적인 원인으로 사망하였을 때

• 무배당 재해입원보장특약

지급구분	지급사유
재해입원급부금	재해로 인하여 그 직접적인 치료를 목적으로 4일 이상 입원하였을 때 (3일 초과 입원일수 1일당, 120일 한도)

• 무배당 재해수술보장특약

지급구분	지급사유
재해수술급부금	재해로 인하여 그 직접적인 치료를 목적으로 수술·신생물 근치 방사선 조사 분류표에서 정한 수술을 받았을 때(수술 1회당)

⑭ 무배당 우체국실손의료비보험(갱신형)

㉠ 주요 특징

• 입원 최대 5천만 원, 통원 최대 30만 원 보장
• 비급여 일부보장 특약화로 필요에 맞게 선택가능
 ※ 비급여 도수치료·체외충격파치료·증식치료, 비급여 주사료, 비급여 MRI/MRA
• 보험금 지급실적이 없는 경우 보험료 할인혜택
• 고객필요에 따라 [기본선택형(종합형, 질병형, 상해형)], [기본표준형(종합형, 질병형, 상해형)] 중 선택
• 세제혜택 : 근로소득자 납입 보험료(연간 100만원 한도) 12% 세액공제

ⓛ 가입조건

㉮ 주계약

- 기본선택형(종합형, 질병형, 상해형)
- 기본표준형(종합형, 질병형, 상해형)

구분	가입나이	보험기간	납입기간	가입금액(구좌수)
최초계약	0~60세			
갱신계약	1세~	1년	전기납	1구좌 고정
재가입	15세~			

주1) 임신 23주 이내의 태아도 가입 가능
주2) 보장내용 변경주기 : 15년
주3) 재가입 종료 나이 : 종신
주4) 종합형, 질병형, 상해형 중 한 가지 형태를 계약자가 선택하여 가입 가능

구분	판매형태	보장종목
기본선택형 기본표준형	질병형	질병입원 + 질병통원
	상해형	상해입원 + 상해통원
	종합형	질병입원 + 질병통원 + 상해입원 + 상해통원

㉯ 특약

- 무배당 비급여도수 · 체외충격파 · 증식치료실손특약(갱신형)
- 무배당 비급여주사료실손특약(갱신형)
- 무배당 비급여MRI/MRA실손특약(갱신형)

구분	가입나이	보험기간	납입기간	가입금액(구좌수)
주계약과 동일				

- 지정대리청구서비스특약, 장애인전용보험전환특약

ⓒ 보험금 지급 실적이 없는 경우 보험료 할인에 관한 사항

갱신(또는 재가입) 직전 보험기간 2년 동안 보험금 지급 실적[급여 의료비 중 본인부담금 및 4대 중증질환으로 인한 비급여 의료비에 대한 보험금은 제외]이 없는 경우, 갱신일(또는 재가입일)부터 차기 보험기간 1년 동안 보험료의 10%를 할인

※ "4대 중증질환"이라 함은 「본인일부부담금 산정특례에 관한 기준(보건복지부 고시)」에서 정한 산정특례 대상이 되는 "암, 뇌혈관질환, 심장질환, 희귀난치성질환"을 말함. 다만, 관련 법령 등의 개정에 따라 "4대 중증질환"의 세부 대상이 변경된 경우에는 변경된 기준을 적용함

② 자동갱신절차에 관한 사항

> 보험기간 만료일 30일 전까지 계약자에게 서면 또는 전화(음성녹음) 안내 (보험료 등 변경 내용)
> →보험기간 만료일 15일 전까지 계약자의 별도 의사표시가 없으면 자동갱신
>   ※ 최대 14회까지 갱신 가능
> →계약자가 갱신 거절의사를 통지하면 계약 종료

주1) 갱신 시 연령 증가 및 의료수가 인상, 적용기초율 변경 등으로 보험료는 인상될 수 있음

⑩ 재가입에 관한 사항

> 다음 각 호의 조건을 충족하고 계약자가 보장내용 변경주기 만료일 전일(비영업일인 경우 전 영업일)까지 재가입 의사를 표시한 때에는 재가입 시점에서 체신관서가 판매하는 실손의료보험 상품으로 재가입 가능
> ① 재가입일에 있어서 피보험자의 나이가 체신관서가 최초가입 당시 정한 나이의 범위 내일 것 (종신까지 재가입 가능)
> ② 재가입 전 계약의 보험료가 정상적으로 납입완료 되었을 것
>   ※ 계약자로부터 별도의 의사표시가 없을 때에는 계약종료

ⓑ 보장내용

⑦ 주계약

• 기본선택형

판매형태		보장종목		지급사유
종합형	질병형	질병입원	입원의료비	질병으로 인하여 병원에 입원하여 치료를 받은 경우 (하나의 질병당 5천만 원 한도)
		질병통원	통원의료비 외래	질병으로 인하여 병원에 통원하여 치료를 받은 경우 (1회당 20만 원 한도, 연간 180회 한도)
			통원의료비 처방조제비	질병으로 인하여 병원에 통원하여 처방조제를 받은 경우 (처방조제 건당 10만 원 한도, 연간 180건 한도)
	상해형	상해입원	입원의료비	상해로 인하여 병원에 입원하여 치료를 받은 경우 (하나의 상해당 5천만 원 한도)
		상해통원	통원의료비 외래	상해로 인하여 병원에 통원하여 치료를 받은 경우 (1회당 20만 원 한도, 연간 180회 한도)
			통원의료비 처방조제비	상해로 인하여 병원에 통원하여 처방조제를 받은 경우 (처방조제 건당 10만 원 한도, 연간 180건 한도)

주1) 도수치료·체외충격파치료·증식치료로 발생한 비급여의료비, 비급여 주사료 및 자기공명영상진단(MRI/MRA)으로 발생한 비급여의료비는 보상에서 제외

• 기본표준형

판매형태		보장종목		지급사유
종합형	질병형	질병입원	입원의료비	질병으로 인하여 병원에 입원하여 치료를 받은 경우 (하나의 질병당 5천만 원 한도)
		질병통원	통원의료비 / 외래	질병으로 인하여 병원에 통원하여 치료를 받은 경우 (1회당 20만 원 한도, 연간 180회 한도)
			처방조제비	질병으로 인하여 병원에 통원하여 처방조제를 받은 경우 (처방조제 건당 10만 원 한도, 연간 180건 한도)
	상해형	상해입원	입원의료비	상해로 인하여 병원에 입원하여 치료를 받은 경우 (하나의 상해당 5천만 원 한도)
		상해통원	통원의료비 / 외래	상해로 인하여 병원에 통원하여 치료를 받은 경우 (1회당 20만 원 한도, 연간 180회 한도)
			처방조제비	상해로 인하여 병원에 통원하여 처방조제를 받은 경우 (처방조제 건당 10만 원 한도, 연간 180건 한도)

주1) 도수치료·체외충격파치료·증식치료로 발생한 비급여의료비, 비급여 주사료 및 자기공명영상진단(MRI/MRA)으로 발생한 비급여의료비는 보상에서 제외

㉯ 특약
• 무배당 비급여도수·체외충격파·증식치료실손특약(갱신형)

지급구분	지급사유
의료비	상해 또는 질병의 치료목적으로 병원에 입원 또는 통원하여 비급여 도수치료·체외충격파치료·증식치료를 받은 경우 (연간 350만 원 이내에서 50회까지 보상)

주1) 50회 : 도수치료·체외충격파치료·증식치료의 각 횟수를 합산하여 50회

• 무배당 비급여주사료실손특약(갱신형)

지급구분	지급사유
의료비	상해 또는 질병의 치료목적으로 병원에 입원 또는 통원하여 비급여 주사치료를 받은 경우 (연간 250만 원 이내에서 입원과 통원을 합산하여 50회까지 보상)

주1) 항암제, 항생제, 희귀의약품을 위해 사용된 비급여 주사료는 주계약에서 보상

• 무배당 비급여MRI/MRA실손특약(갱신형)

지급구분	지급사유
의료비	상해 또는 질병의 치료목적으로 병원에 입원 또는 통원하여 비급여 자기공명영상진단을 받은 경우(연간 300만 원 한도)

⑮ 무배당 우체국실손의료비보험(계약전환 · 단체개인전환 · 개인중지재개용)(갱신형)

　　ㄱ 주요 특징

- 실손의료비보험 계약전환, 단체실손의료비보험 개인실손전환 및 개인실손의료비보험 중지 후 재개시 가입 가능한 실손의료비 상품
- 입원비 최대 5,000만 원 한도, 통원비 최대 30만 원 한도 보상
- 비급여 일부보장 특약화로 필요에 맞게 선택 가능
- 갱신(재가입) 직전 보험기간 2년 동안 보험금 지급 실적이 없는 경우 갱신일(재가입일)부터 차기 보험기간 1년 동안 보험료의 10% 할인
- 피보험자가 의료급여 수급권자인 경우 영업보험료의 5% 할인
- 세제혜택 : 근로소득자는 연말정산 시 납입한 보험료(연간 100만 원 한도)에 대하여 12% 세액공제

　　ㄴ 가입요건

　　　㉮ 주계약

- 기본선택형(종합형, 질병형, 상해형, 입원형, 통원형)
- 기본표준형(종합형, 질병형, 상해형, 입원형, 통원형)

구분	가입나이	보험기간	납입기간	가입금액(구좌수)
최초계약	0~99세			
갱신계약	1세~	1년	전기납	1구좌 고정
재가입	15세~			

주1) 보장내용 변경주기 : 15년
주2) 재가입 종료 나이 : 종신
주3) 종합형, 질병형, 상해형 중 한 가지 형태를 계약자가 선택하여 가입 가능

구분	판매형태	보장종목
기본선택형 기본표준형	질병형	질병입원 + 질병통원
	상해형	상해입원 + 상해통원
	입원형	질병입원 + 상해입원
	통원형	질병통원 + 상해통원
	종합형	질병입원 + 질병통원 + 상해입원 + 상해통원

　　　㉯ 특약

- 무배당 비급여도수 · 체외충격파 · 증식치료실손특약(계약전환 · 단체개인전환 · 개인중지재개용)(갱신형)
- 무배당 비급여주사료실손특약(계약전환 · 단체개인전환 · 개인중지재개용)(갱신형)
- 무배당 비급여MRI/MRA실손특약(계약전환 · 단체개인전환 · 개인중지재개용)(갱신형)

구분	가입나이	보험기간	납입기간	가입금액(구좌수)
주계약과 동일				

- 실손의료비보험 계약전환특약, 단체실손의료비보험 개인실손전환특약, 개인실손의료비보험 중지 및 재개특약
- 지정대리청구서비스특약, 장애인전용보험전환특약

ⓒ 보험금 지급 실적이 없는 경우 보험료 할인에 관한 사항

> 갱신(또는 재가입) 직전 보험기간 2년 동안 보험금 지급 실적[급여 의료비 중 본인부담금 및 4대 중증질환으로 인한 비급여 의료비에 대한 보험금은 제외]이 없는 경우, 갱신일(또는 재가입일)부터 차기 보험기간 1년 동안 보험료의 10%를 할인
> ※ "4대 중증질환"이라 함은 「본인일부부담금 산정특례에 관한 기준(보건복지부 고시)」에서 정한 산정특례 대상이 되는 "암, 뇌혈관질환, 심장질환, 희귀난치성질환"을 말함. 다만, 관련 법령 등의 개정에 따라 "4대 중증질환"의 세부 대상이 변경된 경우에는 변경된 기준을 적용함

ⓔ 자동갱신절차에 관한 사항

> 보험기간 만료일 30일 전까지 계약자에게 서면 또는 전화(음성녹음) 안내 (보험료 등 변경내용)
> → 보험기간 만료일 15일 전까지 계약자의 별도 의사표시가 없으면 자동갱신
>   ※ 최대 14회까지 갱신 가능
> → 계약자가 갱신 거절의사를 통지하면 계약종료

주1) 갱신 시 연령 증가 및 의료수가 인상, 적용기초율 변경 등으로 보험료는 인상될 수 있음

ⓜ 재가입에 관한 사항

> 다음 각 호의 조건을 충족하고 계약자가 보장내용 변경주기 만료일 전일(비영업일인 경우 전 영업일)까지 재가입 의사를 표시한 때에는 재가입 시점에서 체신관서가 판매하는 실손의료보험 상품으로 재가입 가능
> ① 재가입일에 있어서 피보험자의 나이가 체신관서가 최초가입 당시 정한 나이의 범위 내일 것 (종신까지 재가입 가능)
> ② 재가입 전 계약의 보험료가 정상적으로 납입완료 되었을 것
>   ※ 계약자로부터 별도의 의사표시가 없을 때에는 계약종료

ⓗ 보장내용

  ㉮ 주계약

- 기본선택형, 기본표준형

판매형태		보장종목		지급사유
종합형	질병형	질병입원	입원의료비	질병으로 인하여 병원에 입원하여 치료를 받은 경우 (하나의 질병당 5천만 원 한도)
		질병통원	통원의료비 외래	질병으로 인하여 병원에 통원하여 치료를 받은 경우 (1회당 20만 원 한도, 연간 180회 한도)
			통원의료비 처방조제비	질병으로 인하여 병원에 통원하여 처방조제를 받은 경우 (처방조제 건당 10만 원 한도, 연간 180건 한도)

상해형	상해입원	입원의료비		상해로 인하여 병원에 입원하여 치료를 받은 경우 (하나의 상해당 5천만 원 한도)
	상해통원	통원 의료비	외래	상해로 인하여 병원에 통원하여 치료를 받은 경우 (1회당 20만 원 한도, 연간 180회 한도)
			처방 조제비	상해로 인하여 병원에 통원하여 처방조제를 받은 경우 (처방조제 건당 10만 원 한도, 연간 180건 한도)

주1) 도수치료 · 체외충격파치료 · 증식치료로 발생한 비급여의료비, 비급여 주사료 및 자기공명영상진단(MRI/MRA)으로 발생한 비급여의료비는 보상에서 제외

ⓝ 특약

• 무배당 비급여도수 · 체외충격파 · 증식치료실손특약(계약전환 · 단체개인전환 · 개인중지재개용)(갱신형)

지급구분	지급사유
의료비	상해 또는 질병의 치료목적으로 병원에 입원 또는 통원하여 비급여 도수치료 · 체외충격파치료 · 증식치료를 받은 경우(연간 350만 원 이내에서 50회까지 보상)

주1) 50회 : 도수치료 · 체외충격파치료 · 증식치료의 각 횟수를 합산하여 50회

• 무배당 비급여주사료실손특약(계약전환 · 단체개인전환 · 개인중지재개용)(갱신형)

지급구분	지급사유
의료비	상해 또는 질병의 치료목적으로 병원에 입원 또는 통원하여 비급여 주사치료를 받은 경우(연간 250만 원 이내에서 입원과 통원을 합산하여 50회까지 보상)

주1) 항암제, 항생제, 희귀의약품을 위해 사용된 비급여 주사료는 주계약에서 보상

• 무배당 비급여MRI/MRA실손특약(계약전환 · 단체개인전환 · 개인중지재개용)(갱신형)

지급구분	지급사유
의료비	상해 또는 질병의 치료목적으로 병원에 입원 또는 통원하여 비급여 자기공명영상진단을 받은 경우(연간 300만 원 한도)

⑯ 무배당 우체국노후실손의료비보험(갱신형)

㉠ 주요 특징

• (의료비 전문 보험) 상해 및 질병 최고 1억 원, 통원 건당 최고 100만 원, 요양병원의료비 5천만 원, 상급병실료차액 2천만 원
• 최대 75세까지 가입이 가능한 실버 전용보험
• 필요에 따라 종합형 · 질병형 · 상해형 중 선택
• 세제혜택 : 근로소득자는 납입한 보험료(연간 100만 원 한도)에 대하여 12% 세액공제

ⓛ 가입조건

㉮ 주계약(종합형, 질병형, 상해형)

구분	가입나이	보험기간	납입기간	가입금액(구좌수)
최초계약	61~75세			
갱신계약	62세~	1년	전기납	1구좌 고정
재가입	64세~			

주1) 보장내용 변경주기 : 15년
주2) 재가입 종료 나이 : 종신
주3) 종합형, 질병형, 상해형 중 한 가지 형태를 계약자가 선택하여 가입 가능

㉯ 특약

- 무배당 요양병원의료비특약(갱신형), 무배당 상급병실료차액특약(갱신형), 지정대리 청구서비스특약, 장애인전용보험전환특약

ⓒ 자동갱신절차에 관한 사항

보험기간 만료일 30일 전까지 계약자에게 서면 또는 전화(음성녹음) 안내 (보험료 등 변경 내용)
→ 보험기간 만료일 15일 전까지 계약자의 별도 의사표시가 없으면 자동갱신
  ※ 최대 2회까지 갱신 가능
→ 계약자가 갱신 거절의사를 통지하면 계약 종료

주1) 갱신 시 연령 증가 및 의료수가 인상, 예정기초율 변경 등으로 보험료는 인상될 수 있음

ⓔ 재가입에 관한 사항

다음 각 호의 조건을 충족하고 계약자가 보장내용 변경주기 만료일 전일(비영업일인 경우 전 영업일)까지 재가입 의사를 표시한 때에는 재가입 시점에서 체신관서가 판매하는 노후실손의료보험 상품으로 재가입 가능
① 재가입일에 있어서 피보험자의 나이가 체신관서가 최초가입 당시 정한 나이의 범위 내일 것 (종신까지 재가입 가능)
② 재가입 전 계약의 보험료가 정상적으로 납입완료 되었을 것
  ※ 계약자로부터 별도의 의사표시가 없을 때에는 계약종료

ⓜ 보장내용

㉮ 주계약

판매형태		보장종목		지급사유
종합형	질병형	질병보장	질병의료비	질병으로 인하여 병원(요양병원 제외)에 입원 또는 통원하여 치료를 받거나 처방조제를 받은 경우(연간 1억 원 한도. 다만, 통원은 회(건)당 최고 100만 원 한도)
	상해형	상해보장	상해의료비	상해로 인하여 병원(요양병원 제외)에 입원 또는 통원하여 치료를 받거나 처방조제를 받은 경우(연간 1억 원 한도. 다만, 통원은 회(건)당 최고 100만 원 한도)

ⓝ 특약

• 무배당 요양병원의료비특약(갱신형)

지급구분	지급사유
요양병원의료비	상해 또는 질병으로 인하여 요양병원에 입원 또는 통원하여 치료를 받거나 처방조제를 받은 경우(상해 및 질병을 통합하여 연간 5천만 원 한도. 다만, 통원은 회(건)당 최고 100만 원 한도)

• 무배당 상급병실료차액특약(갱신형)

지급구분	지급사유
상급병실료차액보험금	상해 또는 질병으로 인하여 병원의 상급병실에 입원하여 치료를 받은 경우 (상해 및 질병을 통합하여 연간 2천만 원 한도, 1일당 평균금액 10만 원 한도)

⑰ 무배당 우체국간편실손의료비보험(갱신형)

㉠ 주요 특징

• 병이 있거나 나이가 많아도 3가지(건강관련) 간편고지로 간편하게 가입하는 실손보험
• 5세부터 70세까지 가입 가능
• 입원 최대 5천만 원, 통원 건당 20만 원(단, 처방조제비 제외) 보장
• 필요에 따라 종합형, 질병형, 상해형 중 선택
• 세제혜택 : 근로소득자 납입 보험료(연간 100만 원 한도) 12% 세액공제

㉡ 가입요건

㉮ 주계약(종합형, 질병형, 상해형)

구분	가입나이	보험기간	납입기간	가입금액(구좌수)
최초계약	5~70세			
갱신계약	6세~	1년	전기납	1구좌 고정
재가입	8세~			

주1) 보장내용 변경주기 : 3년
주2) 재가입 종료 나이 : 종신
주3) 종합형, 질병형, 상해형 중 한 가지 형태를 계약자가 선택하여 가입 가능

판매형태	보장종목
질병형	질병입원 + 질병통원
상해형	상해입원 + 상해통원
종합형	질병입원 + 질병통원 + 상해입원 + 상해통원

㉯ 특약

• 지정대리 청구서비스특약, 장애인전용보험전환특약

ⓒ 자동갱신절차에 관한 사항

> 보험기간 만료일 30일 전까지 계약자에게 서면 또는 전화(음성녹음) 안내 (보험료 등 변경 내용)
> → 보험기간 만료일 15일 전까지 계약자의 별도 의사표시가 없으면 자동갱신
> ※ 최대 2회까지 갱신 가능
> → 계약자가 갱신 거절의사를 통지하면 계약 종료

주1) 갱신 시 연령 증가 및 의료수가 인상, 적용기초율 변경 등으로 보험료 인상 가능

ⓔ 재가입에 관한 사항

> 다음 각 호의 조건을 충족하고 계약자가 보장내용 변경주기 만료일 전일(비영업일인 경우 전 영업일)까지 재가입 의사를 표시한 때에는 재가입 시점에서 체신관서가 판매하는 간편실손의료보험 상품으로 재가입 가능
> ① 재가입일에 있어서 피보험자의 나이가 체신관서가 최초가입 당시 정한 나이의 범위 내일 것 (종신까지 재가입 가능)
> ② 재가입 전 계약의 보험료가 정상적으로 납입완료 되었을 것
> ※ 계약자로부터 별도의 의사표시가 없을 때에는 계약종료

ⓜ 간편고지에 관한 사항

> • 이 상품은 "간편고지" 상품으로 유병력자 등 일반심사보험에 가입하기 어려운 피보험자를 대상으로 함
> • 이 상품은 일반심사보험에 비해 보험료가 할증되어 있으며 일반계약 심사를 할 경우 이 보험보다 저렴한 일반심사형 실손의료비보험에 가입할 수 있음. (다만, 일반심사보험의 경우 건강상태나 가입나이에 따라 가입이 제한될 수 있으며 보장하는 담보 및 내용에는 차이가 있을 수 있음)
> • 이 상품 가입 시 간편고지상품과 일반심사보험의 보험료 수준을 비교하여 설명하고, 이에 대한 계약자 확인을 받아야 함
> • 최초계약 청약일로부터 직전 3개월 이내에 표준체에 해당하는 일반심사형 상품으로 가입한 피보험자를 대상으로 청약하는 경우, 피보험자의 유병력자 여부를 추가로 심사함. 다만, 해당 일반심사형 계약의 보험금이 이미 지급되거나 청구서류를 접수한 경우에는 그러하지 않음
> ※ 피보험자가 유병력자임을 알 수 없을 경우, 간편실손의료비보험 계약의 청약을 거절함
> • 이 상품 가입 후 최초계약 계약일로부터 3개월이 지나지 않은 피보험자를 대상으로 표준체에 해당하는 일반심사형 상품에 청약한 경우, 해당 피보험자가 일반실손보험에 가입 가능한지 여부를 심사함. 다만, 본 계약의 보험금이 이미 지급되거나 청구서류를 접수한 경우에는 그러하지 않음
> ※ 일반실손보험에 가입이 가능한 경우에는 본 상품의 계약을 무효로 하며 이미 납입한 보험료를 보험계약자에게 돌려주고, 일반실손보험에 가입할 수 있음을 고객에게 안내함

ⓗ 주계약 보장내용

판매형태		보장종목		지급사유
종합형	질병형	질병입원	입원의료비	질병으로 인하여 병원에 입원하여 치료를 받은 경우 (하나의 질병당 5천만 원 한도)
		질병통원	통원의료비	질병으로 인하여 병원에 통원하여 치료를 받은 경우 (단, 처방조제비 제외, 1회당 20만 원 한도, 연간 180회 한도)
	상해형	상해입원	입원의료비	상해로 인하여 병원에 입원하여 치료를 받은 경우 (하나의 상해당 5천만 원 한도)
		상해통원	통원의료비	상해로 인하여 병원에 통원하여 치료를 받은 경우 (단, 처방조제비 제외, 1회당 20만 원 한도, 연간 180회 한도)

주1) 도수치료 · 체외충격파치료 · 증식치료로 발생한 비급여의료비, 비급여 주사료 및 자기공명영상진단(MRI/MRA)으로 발생한 비급여의료비는
보상에서 제외

⑱ 무배당 만원의행복보험

㉠ 주요 특징

- 차상위계층 이하 저소득층을 위한 공익형 상해보험
- 성별 · 나이에 상관없이 보험료 1만 원(1년 만기 기준), 1회 납입 1만 원(1년 만기 기준) 초과 보험료는 체신관
  서가 공익자금으로 지원
- 사고에 따른 유족보장과 재해입원 · 수술비 정액 보상
- 만기급부금(1년 만기 1만 원, 3년 만기 3만 원) 지급으로 납입보험료 100% 환급

㉡ 가입요건

㉮ 주계약

보험기간	가입나이	납입기간	가입금액(구좌수)
1년 만기, 3년 만기	만15~65세	일시납	1구좌 고정

주1) 보험계약자는 개별 보험계약자와 과학기술정보통신부장관을 공동 보험계약자로 하며, 개별 보험계약자를 대표자로 함

㉯ 특약

- 지정대리 청구서비스특약, 장애인전용보험전환특약

㉢ 피보험자 자격요건 : 「국민기초생활보장법」에서 정한 차상위계층 이하

㉣ 피보험자 확인서류 : 차상위계층 확인서 또는 수급자 증명서

㉤ 보험료 납입 : 개별 보험계약자는 1년 만기의 경우 1만 원, 3년 만기의 경우 3만 원의 보험료를 납입하
며, 나머지 보험료는 과학기술정보통신부장관이 납입

ⓗ 주계약 보장내용

지급구분	지급사유
만기급부금	보험기간이 끝날 때까지 살아 있을 때
유족위로금	재해를 직접적인 원인으로 사망하였을 때
재해입원급부금	재해로 인하여 그 직접적인 치료를 목적으로 4일 이상 입원하였을 때 (3일 초과 입원일수 1일당, 120일 한도)
재해수술급부금	재해로 인하여 그 직접적인 치료를 목적으로 수술을 받았을 때(수술 1회당)

⑲ 무배당 우체국통합건강보험

㉠ 주요 특징

- 사망부터 생존(진단, 입원, 수술 등)까지 종합적으로 보장하는 통합건강보험
- 대상포진 및 통풍 등 생활형 질병 보장
- 면역관련(다발경화증, 특정 류마티스관절염 등)질환 및 시니어수술(백내장·관절염·인공관절 치환 수술) 특화 보장
- 중증치매로 최종 진단 확정 시 평생 중증치매간병생활자금 지급
- 보험료 납입면제 및 고액계약 할인
- 첫날부터 입원비 보장(일반 입원 및 중환자실 입원)
- 세제혜택 : 근로소득자는 납입보험료(연간 100만 원 한도)에 대하여 12% 세액공제

㉡ 가입요건

㉮ 주계약

가입나이	보험기간	납입기간	납입주기	가입금액(구좌수)
만15세~50세	90, 95, 100세 만기	5,10,15,20,30년납	월납	1,000만 원~4,000만 원 (500만원 단위)
51세~60세		5,10,15,20년납		
61세~65세		5,10,15년납		

주1) 피보험자가 가입당시 61세 이상인 경우 보험가입금액 2,000만 원 한도

㉯ 특약

- 무배당 재해치료특약Ⅱ, 무배당 암보장특약, 무배당 뇌혈관질환보장특약, 무배당 심장질환보장특약, 무배당 시니어보장특약

가입나이	보험기간	납입기간	납입주기	가입금액(구좌수)
주계약과 동일				1,000만 원~2,000만 원 (주계약 가입금액 이내에서 500만원 단위)

주1) 피보험자가 가입당시 61세 이상인 경우 보험가입금액 1,000만원(고정) 한도

• 무배당 중증치매간병비특약 Ⅱ

가입나이	보험기간	납입기간	납입주기	가입금액(구좌수)
30세~50세	90, 95, 100세 만기	5,10,15,20,30년납	월납	1,000만 원~2,000만 원 (주계약 가입금액 이내에서 500만 원 단위)
51세~60세		5,10,15,20년납		
61세~65세		5,10,15년납		

주1) 피보험자가 가입당시 61세 이상인 경우 보험가입금액 1,000만 원(고정) 한도

• 무배당 대상포진보장특약(갱신형), 무배당 통풍보장특약(갱신형), 무배당 첫날부터 입원특약(갱신형), 무배당 수술특약(갱신형), 무배당 시니어수술특약(갱신형), 무배당 12대질병입원수술특약(갱신형)

구분	가입나이	보험기간	납입기간	납입주기	보험가입금액
최초계약	만15~65세	10년	전기납	월납	1,000만 원~2,000만 원 (주계약 가입금액 이내에서 500만 원 단위)
갱신계약	만25~(주계약 만기나이-1)세	1~10년			

주1) 피보험자가 가입당시 61세 이상인 경우 보험가입금액 1,000만원(고정) 한도

• 무배당 암입원수술특약(갱신형)

구분	가입나이	보험기간	납입기간	납입주기	보험가입금액
최초계약	만15~65세	10년	전기납	월납	500만 원~1,000만 원 (500만 원 단위)
갱신계약	만25~(주계약 만기나이-1)세	1~10년			

주1) 피보험자가 가입당시 61세 이상인 경우 보험가입금액 500만원(고정) 한도

• 무배당 요양병원암입원특약 Ⅲ(갱신형)

구분	가입나이	보험기간	납입기간	납입주기	보험가입금액
최초계약	만15~65세	10년만기 (갱신형)	전기납	월납	500만 원~1,000만 원 (500만 원 단위)
갱신계약	만25~70세				

주1) 피보험자가 가입당시 61세 이상인 경우 보험가입금액 500만 원(고정) 한도

• 이륜자동차 운전 및 탑승 중 재해 부담보특약, 지정대리청구서비스특약, 장애인전용 보험전환특약

ⓒ 보험료 할인에 관한 사항(고액 할인)

주계약 보험가입금액	2천만 원 이상~3천만 원 미만	3천만 원 이상~4천만 원 미만	4천만 원
할인율	1.0%	2.0%	3.0%

주1) 고액 할인은 주계약 보험료(특약보험료 제외)에 한하여 적용

ⓡ 특약의 갱신에 관한 사항

갱신절차	보험기간 만료일 30일 전까지 계약자에게 서면 또는 전화(음성녹음) 안내 (보험료 등 변경내용) → 보험기간 만료일 15일 전까지 계약자의 별도 의사표시가 없으면 자동갱신 　※ (무)대상포진보장특약(갱신형), (무)통풍보장특약(갱신형), (무)첫날부터입원특약(갱신형), (무)수술특약(갱신형), 　　(무)시니어수술특약(갱신형), (무)12대질병입원수술특약(갱신형), (무)암입원수술특약(갱신형)의 경우, 최대 주 　　계약 보험기간 만료일의 1년 전 계약해당일까지 갱신 가능하며, 최종 갱신계약의 보험기간 만료일은 주계약 보험 　　기간 만료일까지로 함 　※ (무)요양병원암입원특약Ⅲ(갱신형)의 경우, 피보험자 나이 70세를 초과하는 경우에는 이특약을 갱신할 수 없음 → 계약자가 갱신 거절의사를 통지하면 계약 종료
갱신계약보험료	갱신계약의 보험료는 각각의 특약상품에 따라 나이의 증가, 적용기초율의 변동 등의 사유로 인상 가능

ⓜ 보장내용

㉮ 주계약

지급구분	지급사유
사망보험금	보험기간 중 사망하였을 때

※ 플러스보험기간(약관에서 정한 플러스보험기간이 적용되는 경우에 한함)

지급구분	지급사유
플러스사망보험금	플러스보험기간 중 사망하였을 때

주1) 플러스보험기간이란 보험기간이 만료되는 시점에 플러스적립금이 발생하는 경우, 보험기간 만료 후부터 10년동안 자동으로 연장되어 추가적인 보장을 받는 기간

㉯ 특약

• 무배당 재해치료특약Ⅱ

지급구분	지급사유
장해급부금	재해로 인하여 장해분류표에서 정한 각 장해지급률에 해당하는 장해상태가 되었을 때
장해연금	장해분류표 중 동일한 재해로 여러 신체부위의 합산 장해지급률이 50% 이상인 장해상태가 되었을 때
외모수술자금	재해로 인하여 외모상해의 직접적인 치료를 목적으로 외모수술을 받았을 때 (수술 1회당)
화상치료자금	재해로 인하여 화상으로 진단이 확정되었을 때 (사고 1회당)
골절치료자금	재해로 인하여 골절상태가 되었을 때 (사고 1회당)
깁스치료자금	재해로 인하여 그 직접적인 치료를 목적으로 깁스(Cast)치료를 받았을 때 (사고 1회당)

• 무배당 암보장특약

지급구분	지급사유
암치료보험금	보험기간 중 암보장개시일 이후에 최초의 암으로 진단이 확정 되었을 때 (단, 최초 1회에 한함)
	보험기간 중 최초의 갑상선암, 기타피부암, 대장점막내암, 제자리암 또는 경계성 종양으로 진단이 확정되었을 때 (단, 각각 최초 1회에 한함)
고액암치료보험금	보험기간 중 암보장개시일 이후에 최초의 고액암으로 진단이 확정 되었을 때 (단, 최초 1회에 한함)
항암방사선 · 약물치료보험금	보험기간 중 암보장개시일 이후에 암으로 진단이 확정되고 그 암의 직접적인 치료를 목적으로 항암방사선치료 또는 항암약물치료를 받았을 때 (단, 항암방사선치료 또는 항암약물치료 둘 중 최초 1회에 한함)
	보험기간 중 갑상선암, 기타피부암, 대장점막내암, 제자리암 또는 경계성종양으로 진단이 확정되고 그 갑상선암, 기타피부암, 대장점막내암, 제자리암 또는 경계성종양의 직접적인 치료를 목적으로 항암방사선치료 또는 항암약물치료를 받았을 때 (단, 갑상선암, 기타피부암, 대장점막내암, 제자리암 및 경계성종양 각각 항암방사선치료 또는 항암약물치료 둘 중 최초 1회에 한함)

주1) 암보장개시일은 계약일(부활일)부터 그 날을 포함하여 90일이 지난날의 다음 날로 함

• 무배당 뇌혈관질환보장특약

지급구분	지급사유
뇌출혈치료보험금	보험기간 중 최초의 뇌출혈로 진단이 확정 되었을 때 (단, 최초 1회에 한함)
뇌경색증치료보험금	보험기간 중 최초의 뇌경색증으로 진단이 확정 되었을 때 (단, 최초 1회에 한함)
뇌혈관질환치료보험금	보험기간 중 최초의 뇌혈관질환으로 진단이 확정 되었을 때 (단, 최초 1회에 한함)

• 무배당 심장질환보장특약

지급구분	지급사유
급성심근경색증치료보험금	보험기간 중 최초의 급성심근경색증으로 진단이 확정 되었을 때(단, 최초 1회에 한함)
허혈성심장질환치료보험금	보험기간 중 최초의 허혈성심장질환으로 진단이 확정 되었을 때(단, 최초 1회에 한함)

• 무배당 시니어보장특약

지급구분	지급사유
특정파킨슨병진단보험금	보험기간 중 특정파킨슨병보장개시일 이후에 최초의 특정파킨슨병으로 최종 진단 확정되었을 때 (단, 최초 1회에 한함)
다발경화증진단보험금	보험기간 중 최초의 다발경화증으로 진단이 확정 되었을 때(단, 최초 1회에 한함)
중증재생불량성빈혈진단보험금	보험기간 중 최초의 중증재생불량성빈혈로 진단이 확정 되었을 때(단, 최초 1회에 한함)
특정류마티스관절염진단보험금	보험기간 중 최초의 특정류마티스관절염으로 진단이 확정 되었을 때(단, 최초 1회에 한함)

주1) 특정파킨슨병보장개시일은 계약일(부활일)부터 그 날을 포함하여 1년이 지난날의 다음 날로 함

• 무배당 중증치매간병비특약Ⅱ

지급구분	지급사유
중증치매간병생활자금	보험기간 중 치매보장개시일 이후에 "중증치매상태"로 진단 후 90일이 지난 이후에 "중증치매상태"로 최종 진단 확정 되고, 최종 진단 확정된 날을 최초로 하여 매년 최종 진단 확정일에 살아 있을 때 (단, 최초 1회의 최종 진단 확정에 한함)

주1) 치매보장개시일은 계약일(부활일)부터 그 날을 포함하여 1년이 지난날의 다음 날로 함. 다만, 질병으로 인한 "중증치매상태"가 없는 상태에서 재해로 인한 뇌의 손상을 직접적인 원인으로 "중증치매상태"가 발생한 경우 치매보장개시일은 계약일(부활일)로 함

• 무배당 대상포진보장특약(갱신형)

지급구분	지급사유
대상포진진단보험금	보험기간 중 최초의 대상포진으로 진단이 확정 되었을 때 (단, 최초 1회에 한함)
건강관리자금	보험기간(10년)이 끝날 때까지 살아 있을 때

• 무배당 통풍보장특약(갱신형)

지급구분	지급사유
통풍진단보험금	보험기간 중 최초의 통풍으로 진단이 확정 되었을 때 (단, 최초 1회에 한함)
건강관리자금	보험기간(10년)이 끝날 때까지 살아 있을 때

• 무배당 첫날부터 입원특약(갱신형)

지급구분	지급사유
입원급부금	보험기간 중 질병 또는 재해로 인하여 그 직접적인 치료를 목적으로 입원하였을 때 (1일 이상 입원일수 1일당, 120일 한도)
중환자실입원급부금	보험기간 중 질병 또는 재해로 인하여 그 직접적인 치료를 목적으로 중환자실에 입원하였을 때(1일 이상 입원일수 1일당, 60일 한도)
건강관리자금	보험기간(10년)이 끝날 때까지 살아 있을 때

• 무배당 수술특약(갱신형)

지급구분	지급사유
수술급부금	보험기간 중 질병 또는 재해로 인하여 그 직접적인 치료를 목적으로 수술을 받았을 때(수술 1회당)
건강관리자금	보험기간(10년)이 끝날 때까지 살아 있을 때

• 무배당 시니어수술특약(갱신형)

지급구분	지급사유
인공관절치환 수술급부금	보험기간 중 질병 또는 재해로 인하여 그 직접적인 치료를 목적으로 인공관절(견관절, 고관절, 슬관절) 치환수술을 받았을 때 (수술 1회당)
관절염수술급부금	보험기간 중 관절염으로 진단이 확정되고 그 직접적인 치료를 목적으로 수술을 받았을 때(수술 1회당)
백내장수술급부금	보험기간 중 백내장으로 진단이 확정되고 그 직접적인 치료를 목적으로 수술을 받았을 때(수술 1회당)
건강관리자금	보험기간(10년)이 끝날 때까지 살아 있을 때

• 무배당 12대질병입원수술특약(갱신형)

지급구분	지급사유
12대성인질환 입원급부금	보험기간 중 12대성인질환으로 인하여 그 직접적인 치료를 목적으로 4일이상 입원하였을 때 (3일 초과 입원일수 1일당, 120일 한도)
12대성인질환 수술급부금	보험기간 중 12대성인질환으로 인하여 그 직접적인 치료를 목적으로 수술을 받았을 때 (수술 1회당)
건강관리자금	보험기간(10년)이 끝날 때까지 살아 있을 때

• 무배당 암입원수술특약(갱신형)

지급구분	지급사유
암직접치료입원급부금	보험기간 중 암보장개시일 이후 암의 직접적인 치료를 목적으로 4일 이상 입원(단, 요양병원 제외)하였을 때(3일 초과 입원일수 1일당, 120일 한도)
	보험기간 중 갑상선암, 기타피부암, 대장점막내암, 제자리암 또는 경계성 종양의 직접적인 치료를 목적으로 4일 이상 입원(단, 요양병원 제외)하였을 때 (3일 초과 입원일수 1일당, 120일 한도)
암수술급부금	보험기간 중 암보장개시일 이후 암의 직접적인 치료를 목적으로 수술을 받았을 때 (수술 1회당)
	보험기간 중 갑상선암, 기타피부암, 대장점막내암, 제자리암 또는 경계성 종양의 직접적인 치료를 목적으로 수술을 받았을 때 (수술 1회당)
건강관리자금	보험기간(10년)이 끝날 때까지 살아 있을 때

주1) 암보장개시일은 계약일(부활일)부터 그 날을 포함하여 90일이 지난날의 다음 날로 함
• 무배당 요양병원암입원특약Ⅲ(갱신형)

지급구분	지급사유
요양병원암입원급부금	보험기간 중 암보장개시일 이후 암으로 진단이 확정되고 그 치료를 목적으로 4일 이상 요양병원에 입원하였거나, 보험기간 중 갑상선암, 기타피부암, 대장점막내암, 제자리암 또는 경계성 종양으로 진단이 확정되고 그 치료를 목적으로 4일 이상 요양병원에 입원하였을 때(3일 초과 입원일수 1일당, 60일 한도)
건강관리자금	보험기간(10년)이 끝날 때까지 살아 있을 때

주1) 암보장개시일은 계약일(부활일)부터 그 날을 포함하여 90일이 지난날의 다음 날로 함

⑳ 무배당 우체국간편가입건강보험(갱신형)

　　㉠ 주요 특징

- 병이 있거나 고령이어도 3가지(건강관련) 간편고지로 간편하게 가입 가능
- 입원비·수술비 중심의 실질적인 치료비를 지급하며 다양한 특약 부가 가능
- 종신갱신형으로 종신토록 의료비 보장 가능 (다만, 사망보장은 최대 80세까지 보장)
- 10년 만기 생존 시마다 건강관리자금 지급(주계약)

　　㉡ 가입요건

　　　㉮ 주계약

구분	가입나이	보험기간	납입기간	납입주기	보험가입금액
최초계약	35~75세	10년 만기 (종신갱신형)	전기납	월납	1구좌 (0.5구좌 단위)
갱신계약	45세 이상				

　　　㉯ 특약

- 무배당 간편10대성인질환입원수술특약(갱신형), 무배당 간편3대질병진단특약(갱신형), 무배당 간편3대질병입원수술특약(갱신형)

구분	가입나이	보험기간	납입기간	납입주기	보험가입금액
최초계약	35~75세	10년 만기 (종신갱신형)	전기납	월납	1구좌 (주계약 보험가입금액(구좌수) 이내에서 0.5구좌 단위)
갱신계약	45세 이상				

- 무배당 간편사망보장특약(갱신형)

구분	가입나이	보험기간	납입기간	납입주기	보험가입금액
최초계약	35~70세	10년 만기(갱신형)	전기납	월납	1구좌 (주계약 보험가입금액(구좌수) 이내에서 0.5구좌 단위)
갱신계약	45~70세	10년 만기(갱신형)			
	71~79세	80세 만기			

주1) 갱신시점의 피보험자 나이가 80세 이상인 경우에는 이 특약 갱신 불가

• 이륜자동차 운전 및 탑승 중 재해 부담보특약, 지정대리청구서비스특약, 장애인전용보험전환특약

ⓒ 갱신에 관한 사항

갱신절차	보험기간 만료일 30일 전까지 계약자에게 서면 또는 전화(음성녹음) 안내(보험료 등 변경내용) → 보험기간 만료일 15일 전까지 계약자의 별도 의사표시가 없으면 자동갱신 　※ 무배당 간편사망보장특약(갱신형)의 경우, 갱신시점의 피보험자 나이가 80세 이상인 경우에는 이 특약을 갱신할 　　수 없으며, 갱신시점의 피보험자 나이가 71세에서 79세인 경우에는 보험기간을 80세만기로 갱신함 → 계약자가 갱신 거절의사를 통지하면 계약 종료
갱신계약 보험료	갱신계약의 보험료는 나이의 증가, 적용기초율의 변동 등의 사유로 인상 가능

② 간편고지에 관한 사항

• 이 상품은 "간편고지"상품으로 유병력자 등 일반심사보험에 가입하기 어려운 피보험자를 대상으로 함.
• 간편고지란 보험시장에서 소외되고 있는 유병력자나 고연령자 등이 보험에 가입할 수 있도록 간소화된 계약전 고지 의무사항을 활용하여 계약심사 과정을 간소화함을 의미함
• 간편고지 상품은 일반심사보험에 가입하기 어려운 피보험자를 대상으로 하므로, 일반심사보험보다 보험료가 다소 높으며, 일반심사를 할 경우 이 보험보다 저렴한 일반심사보험에 가입할 수 있음.(다만, 일반심사보험의 경우 건강상태나 가입나이에 따라 가입이 제한될 수 있으며 보장하는 담보에는 차이가 있을 수 있음)
• 이 상품 가입 시 간편고지상품과 일반심사보험의 보험료 수준을 비교하여 설명하고, 이에 대한 계약자 확인을 받음.
• 이 상품 가입 후 계약일부터 3개월 이내에 일반심사보험 가입을 희망하는 경우, 일반계약 심사를 통하여 일반심사 보험 (무)우체국건강클리닉보험(갱신형)에 청약할 수 있음. 다만, 본 계약의 보험금이 이미 지급되었거나 청구서류를 접수한 경우에는 그러하지 않음. 일반심사보험 (무)우체국건강클리닉보험(갱신형)에 가입하는 경우에는 본 계약을 무효로 하며 이미 납입한 보험료를 보험계약자에게 돌려드림.

ⓜ 보장내용

㉮ 주계약

지급구분	지급사유
건강관리자금	보험기간이 끝날 때까지 살아 있을 때
입원급부금	질병 또는 재해로 인하여 그 직접적인 치료를 목적으로 4일 이상 입원하였을 때 (3일 초과 입원일수 1일당, 120일 한도)
수술급부금	질병 또는 재해로 인하여 그 직접적인 치료를 목적으로 수술을 받았을 때 (수술 1회당)

ⓔ 특약
- 무배당 간편10대성인질환입원수술특약(갱신형)

지급구분	지급사유
암직접치료 입원급부금	암보장개시일 이후 암의 직접적인 치료를 목적으로 4일 이상 입원(단, 요양병원 제외)하였거나, 보험기간 중 갑상선암, 기타피부암, 대장점막내암, 제자리암 또는 경계성 종양의 직접적인 치료를 목적으로 4일 이상 입원(단, 요양병원 제외)하였을 때 (3일 초과 입원일수 1일당, 120일 한도)
주요성인질환 입원급부금	주요성인질환으로 인하여 그 직접적인 치료를 목적으로 4일 이상 입원하였을 때 (3일 초과 입원일수 1일당, 120일 한도)
암수술급부금	암보장개시일 이후 암으로 인하여 그 직접적인 치료를 목적으로 수술을 받았거나, 보험기간 중 갑상선암, 기타피부암, 대장점막내암, 제자리암 또는 경계성 종양으로 인하여 그 직접적인 치료를 목적으로 수술을 받았을 때(수술 1회당)
주요성인질환 수술급부금	주요성인질환으로 인하여 그 직접적인 치료를 목적으로 수술을 받았을 때(수술 1회당)

주1) 암보장개시일은 계약일(부활일)부터 그 날을 포함하여 90일이 지난날의 다음 날로 함

- 무배당 간편3대질병진단특약(갱신형)

지급구분	지급사유
3대질병 치료보험금	암보장개시일 이후에 최초의 암으로 진단이 확정되었거나, 보험기간 중 최초의 갑상선암, 기타피부암, 대장점막내암, 제자리암, 경계성 종양, 뇌출혈 또는 급성심근경색증으로 진단이 확정 되었을 때 (다만, 암, 갑상선암, 기타피부암, 대장점막내암, 제자리암, 경계성 종양, 뇌출혈 또는 급성심근경색증 각각 최초 1회에 한함)

주1) 암보장개시일은 계약일(부활일)부터 그 날을 포함하여 90일이 지난날의 다음 날로 함

- 무배당 간편3대질병입원수술특약(갱신형)

지급구분		지급사유
3대질병 입원급부금	2대질병 입원급부금	뇌출혈 또는 급성심근경색증으로 인하여 그 직접적인 치료를 목적으로 4일 이상 입원하였을 때 (3일 초과 입원일수 1일당, 120일 한도)
	암직접치료 입원급부금	암보장개시일 이후에 암의 직접적인 치료를 목적으로 4일 이상 입원(단, 요양병원 제외)하였을 때 (3일 초과 입원일수 1일당, 120일 한도)
		갑상선암, 기타피부암, 대장점막내암, 제자리암 또는 경계성 종양의 직접적인 치료를 목적으로 4일 이상 입원(단, 요양병원 제외)하였을 때 (3일 초과 입원일수 1일당, 120일 한도)
3대질병 수술급부금		암보장개시일 이후에 암으로 인하여 그 직접적인 치료를 목적으로 수술을 받았거나, 보험기간 중 뇌출혈 또는 급성심근경색증으로 인하여 그 직접적인 치료를 목적으로 수술을 받았을 때(수술 1회당)
		갑상선암, 기타피부암, 대장점막내암, 제자리암 또는 경계성 종양으로 인하여 그 직접적인 치료를 목적으로 수술을 받았을 때(수술 1회당)

주1) 암보장개시일은 계약일(부활일)부터 그 날을 포함하여 90일이 지난날의 다음 날로 함

- 무배당 간편사망보장특약(갱신형)

지급구분	지급사유
사망보험금	피보험자가 보험기간 중 사망하였을 때

㉑ 무배당 우체국치아보험(갱신형)

　㉠ 주요 특징

- 보철치료(임플란트, 브릿지, 틀니), 크라운치료, 충전치료, 치수치료, 영구치발거, 치석제거(스케일링), 구내 방사선·파노라마 촬영, 잇몸질환치료 및 재해로 인한 치과치료 등을 보장하는 치과치료 전문 종합보험
- 특약 가입시 임플란트(영구치 발거 1개당 최대 150만 원), 브릿지(영구치발거 1개당 최대 75만 원), 틀니(보철물 1개당 최대 150만 원) 치료자금 지급
- 충전(치아 치료 1개당 최대 15만 원(인레이·온레이 충전치료시)) 및 크라운(치아 치료 1개당 최대 30만 원) 치료자금 지급
- 근로소득자는 납입한 보험료(연간 100만 원 한도)에 대하여 12% 세액공제 혜택

　㉡ 가입요건

　　㉮ 주계약

구분	가입나이	보험기간	납입기간(납입주기)	보험가입금액
최초계약	15~65세	10년 만기(자동갱신형)	전기납 (월납)	1,000만 원 (500만 원 단위)
갱신계약	25~70세			
	71~79세	80세만기		

주1) 피보험자 가입 당시 60세를 초과할 경우 보험가입금액 500만 원 고정

　　㉯ 특약

- 무배당 보철치료보장특약(갱신형)

구분	가입나이	보험기간	납입기간(납입주기)	보험가입금액
주계약과 동일				1,000만 원 (주계약 보험가입금액 이내에서 500만 원 단위)

주1) 피보험자 가입 당시 60세를 초과할 경우 보험가입금액 500만 원 고정

- 지정대리청구서비스특약, 장애인전용 보험전환특약

　㉢ 계약의 갱신에 관한 사항

갱신절차	보험기간 만료일 30일 전까지 계약자에게 서면 또는 전화(음성녹음) 안내(보험료 등 변경내용) → 보험기간 만료일 15일 전까지 계약자의 별도 의사표시가 없으면 자동갱신 　※ 피보험자의 79세 계약해당일까지 갱신가능하며, 피보험자의 71세 이후에 도래하는 갱신계약의 보험기간 만료일은 피보험자의 80세 계약해당일까지로 함 → 계약자가 갱신 거절의사를 통지하면 계약 종료
갱신계약보험료	갱신계약의 보험료는 나이의 증가, 적용기초율의 변동 등의 사유로 인상될 수 있음

ㄹ 보장내용

㉮ 주계약

지급구분	지급사유
가철성의치 (틀니)치료자금	치과치료보장개시일 이후에 치아우식증(충치), 치주질환(잇몸질환) 또는 재해를 직접적인 원인으로 최초로 영구치 발거를 진단 확정 받고, 해당 영구치를 발거한 부위에 가철성의치(Denture) 치료를 받았을 때(보철물 1개당, 연간 1회한도)
임플란트치료자금	치과치료보장개시일 이후에 치아우식증(충치), 치주질환(잇몸질환) 또는 재해를 직접적인 원인으로 최초로 영구치 발거를 진단확정 받고, 해당 영구치를 발거한 부위에 임플란트(Implant) 치료를 받았을 때(영구치 발거 1개당, 연간 3개한도)
고정성가공의치 (브릿지)치료자금	치과치료보장개시일 이후에 치아우식증(충치), 치주질환(잇몸질환) 또는 재해를 직접적인 원인으로 최초로 영구치 발거를 진단확정 받고, 해당 영구치를 발거한 부위에 고정성가공의치(Bridge) 치료를 받았을 때(영구치 발거 1개당, 연간 3개한도)
크라운치료자금	치과치료보장개시일 이후에 치아우식증(충치), 치주질환(잇몸질환) 또는 재해를 직접적인 원인으로 최초로 치아에 크라운치료를 진단 확정 받고, 해당 치아에 대하여 크라운치료를 받았을 때(치아 치료 1개당, 연간 3개한도)
충전치료자금	치과치료보장개시일 이후에 치아우식증(충치), 치주질환(잇몸질환) 또는 재해를 직접적인 원인으로 최초로 치아에 충전치료를 진단 확정 받고, 해당 치아에 대하여 충전치료를 받았을 때(치아 치료 1개당)
치수치료자금	치과치료보장개시일 이후에 치아우식증(충치), 치주질환(잇몸질환) 또는 재해를 직접적인 원인으로 최초로 치아에 치수치료(신경치료)를 진단 확정 받고, 해당 치아에 대하여 치수치료(신경치료)를 받았을 때(치아 치료 1개당)
영구치발거치료자금	치과치료보장개시일 이후에 치아우식증(충치), 치주질환(잇몸질환) 또는 재해를 직접적인 원인으로 최초로 영구치 발거를 진단 확정 받고, 해당 영구치에 대하여 발거치료를 받았을 때 (영구치 치료 1개당)
치석제거치료자금	치과치료보장개시일 이후에 치석제거(스케일링)치료를 받았을 때(치료 1회당, 연간 1회한도)
구내방사선촬영자금	촬영보장개시일 이후에 구내 방사선촬영을 받았을 때(촬영 1회당)
파노라마촬영자금	촬영보장개시일 이후에 파노라마촬영을 받았을 때(촬영 1회당, 연간 1회한도)
치아관리자금	보험기간(10년)이 끝날 때까지 살아있을 때

주1) 치과치료보장개시일 및 촬영보장개시일은 계약일(부활일)부터 그 날을 포함하여 90일이 지난날의 다음 날로 함. 단, 재해를 직접적인 원인으로 치과치료, 구내 방사선촬영 또는 파노라마촬영을 받은 경우 치과치료보장개시일 및 촬영보장개시일은 계약일(부활일)로 함

⑭ 특약

• 무배당 보철치료보장특약(갱신형)

지급구분	지급사유
가철성의치 (틀니)치료자금	보철치료보장개시일 이후에 치아우식증(충치), 치주질환(잇몸질환) 또는 재해를 직접적인 원인으로 최초로 영구치 발거를 진단확정 받고, 해당 영구치를 발거한 부위에 가철성의치(Denture) 치료를 받았을 때(보철물 1개당, 연간 1회한도)
임플란트치료자금	보철치료보장개시일 이후에 치아우식증(충치), 치주질환(잇몸질환) 또는 재해를 직접적인 원인으로 최초로 영구치 발거를 진단확정 받고, 해당 영구치를 발거한 부위에 임플란트(Implant) 치료를 받았을 때(영구치 발거 1개당, 연간 3개한도)
고정성가공의치 (브릿지)치료자금	보철치료보장개시일 이후에 치아우식증(충치), 치주질환(잇몸질환) 또는 재해를 직접적인 원인으로 최초로 영구치 발거를 진단확정 받고, 해당 영구치를 발거한 부위에 고정성가공의치(Bridge) 치료를 받았을 때(영구치 발거 1개당, 연간 3개한도)

주1) 보철치료보장개시일은 계약일(부활일)부터 그 날을 포함하여 90일이 지난날의 다음 날로 함. 단, 재해를 직접적인 원인으로 보철치료를 받은 경우 보철치료보장개시일은 계약일(부활일)로 함

㉒ 무배당 우체국치매간병보험

㉠ 주요 특징

• 경증치매부터 중증치매까지 체계적으로 보장하는 치매전문보험
• 중증치매로 최종 진단 확정시 평생 중증치매간병생활자금 지급 및 보험료 납입 면제
• 치매 관련 특약부가 : 중증알츠하이머치매 및 특정파킨슨병 등 추가 보장
• 병이 있어도 간편심사로 가입 가능 (2종(간편심사))
• 80세 계약해당일에 생존 시 건강관리자금 지급(중증치매 미발생시)
• 세제혜택 : 근로소득자는 납입보험료(연간 100만 원 한도)에 대하여 12% 세액공제

㉡ 가입요건

㉮ 주계약

• 1종(일반심사)[표준형, 해약환급금 미지급형], 2종(간편심사)[표준형, 해약환급금 미지급형]

가입나이	보험기간	납입기간	납입주기	가입금액(구좌수)
30세~60세		10,15,20년납		1종 : 2,000만 원
61세~65세	90,95,100세 만기	10,15년납	월납	2종 : 1,000만 원
66세~70세		10년납		(500만 원 단위)

주1) 1종(일반심사)과 2종(간편심사)의 중복가입 불가
주2) 피보험자가 가입당시 66세 이상인 경우 보험가입금액 1,000만 원(2종은 500만 원) 한도

ᄂ 특약

- 무배당 중증치매간병비특약[1종(일반심사), 2종(간편심사)],
- 무배당 중증알츠하이머진단특약[1종(일반심사), 2종(간편심사)]
- 무배당 중증파킨슨병진단특약[1종(일반심사), 2종(간편심사)]

특약명	가입나이, 보험기간, 보험료 납입기간	보험가입금액
(무)중증치매간병비특약	주계약과 동일	1,000만 원 (주계약 가입금액 이내에서 500만 원 단위)
(무)중증알츠하이머진단특약		
(무)특정파킨슨병진단특약		

주1) 1종(일반심사)는 주계약 1종(일반심사)에 한하여 부가 가능하고, 2종(간편심사)는 주계약 2종(간편심사)에 한하여 부가 가능
주2) 피보험자가 가입당시 66세 이상인 경우 보험가입금액 500만원 한도

- 무배당 뇌출혈진단특약Ⅱ, 무배당 급성심근경색증진단특약Ⅱ, 무배당 정기사망특약

특약명	가입나이, 보험기간, 보험료 납입기간	보험가입금액
(무)뇌출혈진단특약Ⅱ	주계약과 동일	2,000만 원 (주계약 가입금액 이내에서 500만 원 단위)
(무)급성심근경색증진단특약Ⅱ		
(무)정기사망특약		

주1) 주계약 1종(일반심사)에 한하여 부가 가능
주2) 피보험자가 가입당시 66세 이상인 경우 보험가입금액 1,000만원 한도

- 이륜자동차 운전 및 탑승 중 재해 부담보특약, 장애인전용보험전환특약

ᄃ 해약환급금 미지급형 상품에 관한 사항

1. "해약환급금 미지급형"은 보험료 납입기간 중 계약이 해지될 경우 해약환급금을 지급하지 않는 대신 "표준형"보다 저렴한 보험료로 보험을 가입할 수 있도록 한 상품임.
2. "표준형"의 해약환급금은 "보험료 및 책임준비금 산출방법서"에서 정한 방법에 따라 산출된 금액으로 해지율을 적용하지 않고 계산함.
3. "해약환급금 미지급형"의 계약이 보험료 납입기간 중 해지될 경우 해약환급금을 지급하지 않으며, 보험료 납입기간이 완료된 이후 계약이 해지되는 경우에는 "표준형"의 해약환급금과 동일한 금액을 지급함.
4. "1" 및 "3"에서 "보험료 납입기간"이란 계약일부터 보험료 납입기간이 경과하여 최초로 도래하는 계약해당일의 전일까지의 기간을 말함. 다만, 보험료의 납입이 연체된 경우 보험료 총액의 납입이 완료된 기간까지를 보험료 납입기간으로 봄.

주1) 해약환급금 미지급형 상품에 관한 사항은 주계약에 한하여 적용함

ⓔ 간편심사 상품에 관한 사항[2종(간편심사)에 한함]

- 2종(간편심사)의 경우, "간편심사"상품으로 유병력자 등 일반심사보험에 가입하기 어려운 피보험자를 대상으로 함.
- 간편심사란 보험시장에서 소외되고 있는 유병력자나 고연령자 등이 보험에 가입할 수 있도록 간소화된 계약 전 고지의무사항을 활용하여 계약심사 과정을 간소화함을 의미함.
- 간편심사 상품은 일반심사보험에 가입하기 어려운 피보험자를 대상으로 하므로, 일반심사보험보다 보험료가 다소 높으며, 일반심사를 할 경우 이 보험보다 저렴한 일반심사보험에 가입할 수 있음.(다만, 일반심사보험의 경우 건강상태나 가입나이에 따라 가입이 제한될 수 있으며 보장하는 담보에는 차이가 있을 수 있음)
- 이 상품 가입 시 간편심사상품과 일반심사보험의 보험료 수준을 비교하여 설명하고, 이에 대한 계약자 확인을 받아야 함.
- 이 상품 가입 후 계약일부터 3개월 이내에 일반심사보험 가입을 희망하는 경우, 동일한 피보험자를 대상으로 일반계약 심사를 통하여 일반심사보험에 청약할 수 있는 기회를 제공함. 다만, 본 계약의 보험금이 이미 지급되었거나 청구서류를 접수한 경우에는 그러하지 않음. 일반심사보험에 가입하는 경우에는 본 계약을 무효로 하며 이미 납입한 보험료를 보험계약자에게 돌려드림.

ⓜ 지정대리청구인 지정에 관한 사항

계약자가 본인을 위한 계약(계약자, 피보험자 및 보험수익자가 모두 동일)을 체결할 경우, 체신관서는 지정대리청구서비스 신청서를 교부하고 지정대리청구인 지정에 관련된 내용을 설명하여야 함. 다만, 전화를 이용하여 계약을 체결하는 경우에는 음성 녹음함으로써 교부 및 설명한 것으로 봄.

① 계약자는 보험금을 직접 청구할 수 없는 특별한 사정이 있을 경우를 대비하여 계약을 체결할 때 또는 계약 체결 이후에 다음 각 호의 어느 하나에 해당하는 자 중 1명을 보험금의 대리청구인(이하 "지정대리 청구인"이라 합니다)으로 지정(변경 지정 포함)할 수 있음. 다만, 지정대리청구인은 보험금 청구 시에도 다음 각 호의 어느 하나에 해당하여야 함.
 1. 피보험자와 동거하거나 피보험자와 생계를 같이 하고 있는 피보험자의 가족관계등록부상의 배우자
 2. 피보험자와 동거하거나 피보험자와 생계를 같이 하고 있는 피보험자의 3촌 이내의 친족
② 제1항에도 불구하고 지정대리청구인이 지정된 이후에 보험수익자가 변경되는 경우에는 이미 지정된 지정대리청구인의 자격은 자동적으로 상실된 것으로 봄.

ⓑ 보장내용

㉮ 주계약

지급구분	지급사유
경도치매치료보험금	보험기간 중 치매보장개시일 이후에 "경도치매상태"로 진단되고 90일이 지난 이후에 "경도치매상태"로 최종 진단 확정 되었을 때 (단, 최초 1회에 한함)
중등도치매치료보험금	보험기간 중 치매보장개시일 이후에 "중등도치매상태"로 진단되고 90일이 지난 이후에 "중등도치매상태"로 최종 진단 확정 되었을 때 (단, 최초 1회에 한함)
중증치매치료보험금	보험기간 중 치매보장개시일 이후에 "중증치매상태"로 진단되고 90일이 지난 이후에 "중증치매상태"로 최종 진단 확정 되었을 때 (단, 최초 1회에 한함)
중증치매간병생활자금	보험기간 중 치매보장개시일 이후에 "중증치매상태"로 진단 후 90일이 지난 이후에 "중증치매상태"로 최종 진단 확정 되고, 최종 진단 확정된 날을 최초로 하여 매년 최종 진단 확정일에 살아 있을 때 (단, 최초 1회의 최종 진단 확정에 한함)
건강관리자금	보험기간 중 80세 계약해당일에 살아 있을 때 (단, 치매보장개시일 이후 80세 계약해당일 전일 이전에 "중증치매상태"로 최종 진단 확정 되었을 경우 지급하지 않음)

주1) 치매보장개시일은 계약일(부활일)부터 그 날을 포함하여 1년이 지난날의 다음 날로 함. 다만, 질병으로 인한 "경도치매상태", "중등도치매상태" 및 "중증치매상태"가 없는 상태에서 재해로 인한 뇌의 손상을 직접적인 원인으로 "경도치매상태", "중등도치매상태" 및 "중증치매상태"가 발생한 경우 치매보장개시일은 계약일(부활일)로 함

㉯ 특약

• 무배당 중증치매간병비특약

지급구분	지급사유
중증치매간병생활자금	보험기간 중 치매보장개시일 이후에 "중증치매상태"로 진단 후 90일이 지난 이후에 "중증치매상태"로 최종 진단 확정 되고, 최종 진단 확정된 날을 최초로 하여 매년 최종 진단 확정일에 살아 있을 때(단, 최초 1회의 최종 진단 확정에 한함)

주1) 치매보장개시일은 계약일(부활일)부터 그 날을 포함하여 1년이 지난날의 다음 날로 함. 다만, 질병으로 인한 "중증치매상태"가 없는 상태에서 재해로 인한 뇌의 손상을 직접적인 원인으로 "중증치매상태"가 발생한 경우 치매보장개시일은 계약일(부활일)로 함.

• 무배당 중증알츠하이머진단특약

지급구분	지급사유
중증알츠하이머 치매치료보험금	보험기간 중 치매보장개시일 이후에 "중증알츠하이머치매상태"로 진단되고 90일이 지난 이후에 "중증알츠하이머치매상태"로 최종 진단 확정 되었을 때 (단, 최초 1회에 한함)

주1) 치매보장개시일은 계약일(부활일)부터 그 날을 포함하여 1년이 지난날의 다음 날로 함. 다만, 질병으로 인한 "중증알츠하이머치매상태"가 없는 상태에서 재해로 인한 뇌의 손상을 직접적인 원인으로 "중증알츠하이머치매상태"가 발생한 경우 치매보장개시일은 계약일(부활일)로 함.

• 무배당 특정파킨슨병진단특약

지급구분	지급사유
특정파킨슨병 치료보험금	보험기간 중 특정파킨슨병보장개시일 이후에 최초의 "특정파킨슨병"으로 최종 진단 확정되었을 때 (단, 최초 1회에 한함)

주1) 특정파킨슨병보장개시일은 계약일(부활일)부터 그 날을 포함하여 1년이 지난날의 다음 날로 함

• 무배당 뇌출혈진단특약Ⅱ

지급구분	지급사유
뇌출혈치료보험금	보험기간 중 최초의 뇌출혈로 진단이 확정 되었을 때 (단, 최초 1회에 한함)

• 무배당 급성심근경색증진단특약Ⅱ

지급구분	지급사유
급성심근경색증 치료보험금	보험기간 중 최초의 급성심근경색증으로 진단이 확정 되었을 때(단, 최초 1회에 한함)

• 무배당 정기사망특약

지급구분	지급사유
사망보험금	보험기간 중 사망하였을 때

㉓ 무배당 우체국요양보험

　㉠ 주요 특징

- 장기요양(1~2등급) 진단 시 사망보험금 일부를 선지급하여 노후요양비 지원
- 비갱신형으로 설계하여 보험료 상승없이 동일한 보험료로 보험기간 만기까지 사망과 요양 보장
- 장기요양상태(1~2등급)로 간병자금 필요 시, 5년 동안 매년 생존할 경우 장기요양간병비 매월 지급 (장기요양간병비특약 가입 시, 최대 60개월 한도)
- 특약 가입 시, 장기요양 1등급부터 최대 5등급까지 진단자금을 원하는 대로 설계 가능
- 30세부터 70세까지 가입 가능
- 세제혜택 : 근로소득자는 납입한 보험료(연간 100만 원 한도)에 대하여 12% 세액공제

　㉡ 가입요건

　　㉮ 주계약

보험기간	납입기간	가입나이		납입주기	보험가입금액
		남자	여자		
85세만기 90세만기	10년납	30~70세	30~70세	월납	1,000만 원~4,000만 원 (500만 원 단위)
	15년납	30~65세	30~65세		
	20년납	30~60세	30~60세		
	30년납	30~50세	30~50세		
100세만기	10년납	30~65세	30~63세		
	15년납	30~60세	30~58세		
	20년납	30~56세	30~54세		
	30년납	30~47세	30~46세		

주1) 피보험자가 가입 당시 60세 초과인 경우 보험가입금액 2,000만 원 한도

④ 특약

특약명	보험기간, 납입기간, 가입나이	보험가입금액
(무)장기요양간병비특약	주계약과 동일	1,000만 원 (주계약 가입금액 이내에서 500만 원 단위)
(무)장기요양(1~3등급)특약		
(무)장기요양(1~4등급)특약		
(무)장기요양(1~5등급)특약		
장애인전용보험전환특약	–	

주1) 피보험자가 가입 당시 60세 초과인 경우 특약보험가입금액 500만 원 한도

ⓒ 지정대리청구인 지정에 관한 사항

계약자가 본인을 위한 계약(계약자, 피보험자 및 보험수익자가 모두 동일)을 체결할 경우, 체신관서는 지정대리청구서비스신청서를 교부하고 지정대리청구인 지정에 관련된 내용을 설명함. 다만, 전화를 이용하여 계약을 체결하는 경우에는 음성녹음함으로써 교부 및 설명한 것으로 봄.

① 계약자는 보험금을 직접 청구할 수 없는 특별한 사정이 있을 경우를 대비하여 계약을 체결할 때 또는 계약 체결 이후에 다음 각 호의 어느 하나에 해당하는 자 중 1명을 보험금의 대리청구인(이하 "지정대리청구인"이라 합니다)으로 지정(변경 지정 포함)할 수 있음. 다만, 지정대리청구인은 보험금 청구시에도 다음 각 호의 어느 하나에 해당하여야 함.

1. 피보험자와 동거하거나 피보험자와 생계를 같이 하고 있는 피보험자의 가족관계등록부상의 배우자
2. 피보험자와 동거하거나 피보험자와 생계를 같이 하고 있는 피보험자의 3촌 이내의 친족

② 제1항에도 불구하고 지정대리청구인이 지정된 이후에 보험수익자가 변경되는 경우에는 이미 지정된 지정 대리청구인의 자격은 자동적으로 상실된 것으로 봄.

ⓔ 보장내용

㉮ 주계약

지급구분	지급사유	
사망보험금	사망하였을 때	장기요양보험금(1~2등급) 지급사유 발생 전 사망한 경우
		장기요양보험금(1~2등급) 지급사유 발생 후 사망한 경우
장기요양보험금 (1~2등급)	장기요양상태 보장개시일 이후에 최초로 장기요양 1등급 또는 2등급으로 진단 확정되었을 때 (단, 최초 1회에 한함)	

주1) 장기요양상태 보장개시일은 계약일(부활일)부터 그 날을 포함하여 180일이 지난날의 다음 날로 함. 단, 재해를 직접적인 원인으로 장기요양상태가 발생한 경우 장기요양상태 보장개시일은 계약일(부활일)로 함.

④ 특약
- 무배당 장기요양간병비특약

지급구분	지급사유
장기요양간병비	장기요양상태 보장개시일 이후에 최초로 장기요양 1등급 또는 2등급으로 진단 확정되고, 진단 확정된 날을 최초로 하여 5년 동안 매년 진단 확정일에 살아있을 때 (단, 최초 1회의 진단 확정에 한함) ※ 최초 1년(12개월) 보증지급 ※ 5년(60개월)을 최고한도로 지급

주1) 장기요양상태 보장개시일은 계약일(부활일)부터 그 날을 포함하여 180일이 지난날의 다음 날로 함. 단, 재해를 직접적인 원인으로 장기요양상태가 발생한 경우 장기요양상태 보장개시일은 계약일(부활일)로 함.

- 무배당 장기요양(1~3등급)특약

지급구분	지급사유
장기요양보험금 (1~3등급)	장기요양상태 보장개시일 이후에 최초로 장기요양 1등급, 2등급 또는 3등급으로 진단 확정되었을 때(단, 최초 1회에 한함)

주1) 장기요양상태 보장개시일은 계약일(부활일)부터 그 날을 포함하여 180일이 지난날의 다음 날로 함. 단, 재해를 직접적인 원인으로 장기요양상태가 발생한 경우 장기요양상태 보장개시일은 계약일(부활일)로 함.

- 무배당 장기요양(1~4등급)특약

지급구분	지급사유
장기요양보험금 (1~4등급)	장기요양상태 보장개시일 이후에 최초로 장기요양 1등급, 2등급, 3등급 또는 4등급으로 진단 확정되었을 때(단, 최초 1회에 한함)

주1) 장기요양상태 보장개시일은 계약일(부활일)부터 그 날을 포함하여 180일이 지난날의 다음 날로 함. 단, 재해를 직접적인 원인으로 장기요양상태가 발생한 경우 장기요양상태 보장개시일은 계약일(부활일)로 함.

- 무배당 장기요양(1~5등급)특약

지급구분	지급사유
장기요양보험금 (1~5등급)	장기요양상태 보장개시일 이후에 최초로 장기요양 1등급, 2등급, 3등급, 4등급 또는 5등급으로 진단 확정되었을 때 (단, 최초 1회에 한함)

주1) 장기요양상태 보장개시일은 계약일(부활일)부터 그 날을 포함하여 180일이 지난날의 다음 날로 함. 단, 재해를 직접적인 원인으로 장기요양상태가 발생한 경우 장기요양상태 보장개시일은 계약일(부활일)로 함.

㉔ 무배당 우체국온라인어린이보험

　㉠ 주요 특징

- 암, 장해, 입원, 수술, 골절, 화상, 식중독 등의 각종 일상 생활 위험을 포괄적으로 보장하는 어린이 종합의료보험
- 중증질환(소아암, 중증장해 등) 고액 보장

　㉡ 가입요건

구분	가입나이	보험기간	보험료 납입기간	보험료 납입주기	가입한도액
주계약	0~15세	30세 만기	전기납	월납	1,000만 원(고정)
무배당선천이상특약Ⅱ	임신 23주 이내 태아	3년	3년	월납	1,000만 원(고정)

주1) 임신 사실이 확인된 태아도 가입 가능

　㉢ 보장내용

　　㉮ 주계약

지급구분	지급사유
만기축하금	보험기간이 끝날 때까지 살아 있을 때
암치료보험금	최초의 암으로 진단 확정 되었을 때 (단, 최초 1회에 한함)
	최초의 갑상선암, 기타피부암, 대장점막내암, 제자리암 또는 경계성 종양으로 진단 확정 되었을 때(단, 갑상선암, 기타피부암, 대장점막내암, 제자리암 및 경계성 종양 각각 최초 1회에 한함)
소아암치료보험금	최초의 소아암으로 진단 확정 되었을 때 (단, 최초 1회에 한함)
재활보험금	재해로 인하여 장해분류표에서 정한 각 장해지급률에 해당하는 장해상태가 되었을 때
입원급부금	질병 또는 재해로 인하여 그 직접적인 치료를 목적으로 4일 이상 입원하였을 때 (3일 초과 입원일수 1일당, 120일 한도)
수술급부금	질병 또는 재해로 인하여 그 직접적인 치료를 목적으로 수술을 받았을 때 (수술 1회당)
골절치료자금	출산손상 또는 재해로 인하여 골절상태가 되었을 때 (사고 1회당)
깁스치료자금	재해로 인하여 그 직접적인 치료를 목적으로 깁스(Cast)치료를 받았을 때 (사고 1회당)
화상치료자금	재해로 인하여 화상으로 진단이 확정되었을 때 (사고 1회당)
식중독치료자금	식중독으로 진단이 확정되고 그 직접적인 치료를 목적으로 4일 이상 입원하였을 때 (3일 초과 입원일수 1일당, 120일 한도)

　　㉯ 무배당 선천이상특약Ⅱ

지급구분	지급사유
선천이상입원급부금	선천이상으로 진단이 확정되고, 그 직접적인 치료를 목적으로 4일 이상 입원하였을 때 (3일 초과 입원일수 1일당, 120일 한도)
선천이상수술급부금	선천이상으로 진단이 확정되고, 그 직접적인 치료를 목적으로 수술을 받았을 때 (수술 1회당)

㉕ 무배당 우체국온라인암보험

　㉠ 주요 특징

- 저렴한 보험료, 일반암 진단시 최대 3,000만 원까지 지급 (3구좌 가입 시)
- 고액암(백혈병, 뇌종양, 골종양, 췌장암, 식도암 등) 진단 시 최대 6,000만 원까지 지급 (3구좌 가입 시)
- 암 진단 시 보험료 납입 면제
- 보험료 인상없이 처음과 동일한 보험료로 보험기간 동안 보장
- 세제혜택 : 근로소득자는 납입한 보험료(연간 100만 원 한도)에 대하여 12% 세액공제

　㉡ 가입요건

　　㉮ 주계약

가입나이	보험기간	보험료 납입기간	보험료 납입주기	가입한도액
20~50세	30년	전기납	월납	3구좌 (1구좌 단위)
20~60세	20년			

　　㉯ 특약

- 지정대리청구서비스특약, 장애인전용보험전환특약

　㉢ 주계약 보장내용

지급구분	지급사유
암치료보험금	암보장개시일 이후에 최초의 암으로 진단이 확정되었을 때 (단, 최초 1회에 한함)
	보험기간 중 최초의 갑상선암, 기타피부암, 대장점막내암, 제자리암, 또는 경계성 종양으로 진단이 확정되었을 때 (단, 갑상선암, 기타피부암, 대장점막내암, 제자리암 및 경계성 종양 각각 최초 1회에 한함)
고액암치료보험금	암보장개시일 이후에 최초의 고액암으로 진단이 확정되었을 때 (단, 최초 1회에 한함)
항암방사선 · 약물치료 보험금	암보장개시일 이후에 암으로 진단이 확정되고 그 암의 치료를 직접목적으로 항암방사선치료 또는 항암약물치료를 받았을 때 (단, 항암방사선치료 또는 항암약물치료 둘 중 최초 1회에 한함)
	보험기간 중 갑상선암, 기타피부암, 대장점막내암, 제자리암 또는 경계성 종양으로 진단이 확정되고 그 갑상선암, 기타피부암, 대장점막내암, 제자리암 또는 경계성 종양의 치료를 직접목적으로 항암방사선 또는 항암약물치료를 받았을 때 (단, 갑상선암, 기타피부암, 대장점막내암, 제자리암 및 경계성 종양 각각에 대하여 항암방사선치료 또는 항암약물치료 둘 중 최초 1회에 한함)

주1) 암보장개시일은 계약일(부활일)부터 그 날을 포함하여 90일이 지난날의 다음 날로 함

㉖ 무배당 우체국나르미안전보험

  ㉠ 주요 특징

- 운송업종사자 전용 공익형 교통상해보험
- 나이에 상관없이 성별에 따라 1회 보험료 납입으로 보장 가능 (1년 만기)
- 공익재원 지원대상자에 해당될 경우 보험료의 50% 지원
- 교통재해사고 종합 보장 : 교통재해로 인한 사망, 장해 및 교통사고에 대한 의료비(중환자실 입원 등) 보장

  ㉡ 가입요건

    ㉮ 주계약

보험기간	가입나이	납입주기	납입기간	가입금액
1년 만기	만19~60세	연납	전기납	1,000만 원 고정

    ㉯ 특약

- 이륜자동차 운전 및 탑승 중 재해 부담보특약, 지정대리청구서비스특약, 장애인전용보험전환특약

  ㉢ 피보험자 자격요건 : 업무상 이륜차운전자를 제외한 플랫폼 경제 운송업 종사자

    ※ 휴대전화 대리운전·배달대행·화물운송앱(App)등 디지털 플랫폼을 통해 일감을 받아 초단기 노동을 수행하는 종사자

  ㉣ 공익재원 지원대상자(보험료 50% 지원대상자) : 보건복지부가 고시하는 기준중위소득의 80% 이하인 자, 「국민기초생활보장법」에 의한 차상위계층 이하인 자 또는 여성가족부가 고시하는 한부모가족지원대상자

  ㉤ 보험료 납입에 관한 사항

> 이 보험의 보험료는 각 개별 보험계약자가 납입하는 것을 원칙으로 함. 단, 피보험자가 공익재원 지원대상자에 해당하는 경우 보험료의 50%를 과학기술정보통신부장관이 납입하며, 나머지 보험료는 개별 보험계약자가 납입함.

  ㉥ 주계약 보장내용

지급구분	지급사유
교통재해 사망보험금	교통재해를 직접적인 원인으로 사망하였을 때
교통재해 장해급부금	장해분류표 중 동일한 교통재해를 원인으로 여러 신체부위의 합산 장해지급률이 50%이상인 장해상태가 되었을 때 (단, 최초 1회에 한함)
교통재해 중환자실입원급부금	교통재해로 인하여 그 직접적인 치료를 목적으로 중환자실에 입원하였을 때 (1일이상 입원일수 1일당, 60일 한도)
교통재해 중대수술급부금	교통재해로 인하여 그 직접적인 치료를 목적으로 중대한 수술을 받았을 때 (수술 1회당)
교통재해 응급실내원급부금	교통재해로 인하여 응급실 내원진료비 대상자가 되었을 때 (내원 1회당)

㉗ 무배당 win-win단체플랜보험

　㉠ 주요 특징

　　• 단체에서 요구하는 보장내용 충족을 위해 다양한 특약을 구성하여 각종 사고에 대한 맞춤형 보장 설계
　　• 0세 및 어린이 단체도 가입 가능하고, 어린이 단체를 위한 화상, 식중독, 깁스 등 보장
　　• 종업원 사망보장, 복지 증진강화 및 불의의 사고에 대한 유가족의 안정적인 생활 보장을 위해 특약으로 재해 · 교통 재해사망보장 강화
　　• 세제 혜택 : 법인사업자는 근로자를 위해 납입한 보험료를 손금처리 가능

　㉡ 가입요건

　　㉮ 주계약

가입나이	보험기간	납입기간	납입주기	보험가입금액
0~70세	1년 만기	1년납	연납	1,000만 원~4,000만 원(1,000만 원 단위)

　　㉯ 특약

　　　• 무배당 단체재해사망보장특약, 무배당 단체교통재해사망보장특약

가입나이	보험기간, 납입기간, 납입주기	보험가입금액
만15~70세	주계약과 동일	1,000만 원~4,000만 원 (주계약 보험가입금액 이내에서 1,000만 원 단위)

　　　• 무배당 단체재해장해연금특약, 무배당 단체재해입원특약, 무배당 단체재해수술특약, 무배당 단체골절치료특약, 무배당 단체깁스치료특약

가입나이	보험기간, 납입기간, 납입주기	보험가입금액
0~70세	주계약과 동일	1,000만 원(고정)

　　　• 무배당 단체화상치료특약, 무배당 단체식중독치료특약

가입나이	보험기간, 납입기간, 납입주기	보험가입금액
0~10세	주계약과 동일	1,000만 원(고정)

　　　• 이륜자동차 운전 및 탑승 중 재해 부담보특약, 지정대리청구서비스특약

　㉢ 보험료 할인에 관한 사항

단체별 피보험자수에 따라 다음과 같이 보험료(특약보험료 포함) 할인 적용			
피보험자수	5인~20인	21인~100인	101인 이상
할인율	1%	1.5%	2.0%

② 중도추가가입에 관한 사항

- 단체 구성원의 입사 등의 사유로 피보험자의 변동이 있을 경우 보험계약자는 체신관서의 동의를 얻어 계약단체의 보험기간 중 피보험자를 추가할 수 있음. 이 경우 추가된 피보험자의 보험기간은 그 계약단체의 남은 보험기간으로 하며, 보험료 및 책임준비금 산출방법서에 의해 계산된 보험료를 적용함
- 피보험자가 가입하고자 하는 보험상품이 판매중지된 경우, 체신관서에서 인정하는 유사한 상품으로 계약을 체결할 수 있으며, 유사상품이 없는 경우에는 계약체결이 제한될 수 있음

⑤ 계약변경에 관한 사항

- 체신관서의 승낙을 얻어 보험계약자를 변경한 경우, 변경된 계약자에게 보험가입증서(보험증권) 및 약관을 교부하고 변경된 계약자가 요청하는 경우 약관의 중요한 내용을 설명함. 보험가입금액 감액(피보험자가 보험료의 일부를 부담하는 경우에는 피보험자의 동의를 받아야 합니다)시 환급금이 없을 수 있음
- 피보험자가 피보험단체로부터 탈퇴한 경우에 계약자는 지체없이 피보험자의 탈퇴년월일 및 사유를 체신관서에 알려야 하며, 피보험자가 피보험단체로부터 탈퇴한 경우에 이 계약은 해지된 것으로 보고 해지 시 지급금액을 지급함

⑭ 피보험자 변경에 관한 사항

- 보험계약자가 보험료를 전액 부담하는 경우(다만, 피보험자가 보험료의 일부를 부담하는 경우에는 피보험자의 동의를 받아야 함) 피보험자가 보험계약에서 보장하지 않는 사유로 사망하거나 피보험자가 퇴직 등으로 피보험단체에서 탈퇴하는 경우에는 보험계약자는 새로운 피보험자의 동의 및 체신관서의 승낙을 얻어 피보험자를 교체할 수 있음
- 피보험자 변경 시 "보험료 및 책임준비금 산출방법서"에서 정한 변경 전·후의 정산 차액을 추가납입하도록 하거나 보험계약자에게 지급함
- 변경 후 피보험자에 대한 계약 내용 및 체신관서의 승낙기준 등은 변경 전 피보험자와 동일하게 적용함. 체신관서는 새로운 피보험자가 계약에 적합하지 않은 경우 피보험자의 변경에 대한 승낙을 거절할 수 있음

⑭ 사망보험금 청구에 관한 사항

사망보험금의 보험수익자가 피보험자의 법정상속인 이외의 자(단체 또는 단체의 대표자 등)로 지정되는 계약은 사망보험금 청구시 피보험자의 법정상속인의 확인서가 필요

⊙ 보장내용

㉮ 주계약

지급구분	지급사유
재해장해급부금	재해로 인하여 장해분류표에서 정한 각 장해지급률에 해당하는 장해상태가 되었을 때

㉴ **특약**

• 무배당 단체재해사망보장특약

지급구분	지급사유
재해사망보험금	보험기간 중 재해를 직접적인 원인으로 사망하였을 때

• 무배당 단체교통재해사망보장특약

지급구분	지급사유
교통재해사망보험금	보험기간 중 교통재해를 직접적인 원인으로 사망하였을 때

• 무배당 단체재해장해연금특약

지급구분	지급사유
재해장해연금	장해분류표 중 동일한 재해로 여러 신체부위의 합산 장해지급률이 50%이상인 장해상태가 되었을 때

• 무배당 단체재해입원특약

지급구분	지급사유
재해입원급부금	보험기간 중 재해로 인하여 그 직접적인 치료를 목적으로 4일 이상 입원하였을 때 (3일 초과 입원일수 1일당, 120일 한도)

• 무배당 단체재해수술특약

지급구분	지급사유
재해수술급부금	보험기간 중 재해로 인하여 그 직접적인 치료를 목적으로 수술을 받았을 때 (수술 1회당)

• 무배당 단체골절치료특약

지급구분	지급사유
골절치료자금	보험기간 중 재해로 인하여 골절상태가 되었을 때 (사고 1회당)

• 무배당 단체화상치료특약

지급구분	지급사유
화상치료자금	보험기간 중 재해로 인하여 화상(심재성 2도 이상)으로 진단이 확정되었을 때 (사고 1회당)

• 무배당 단체식중독치료특약

지급구분	지급사유
식중독치료자금	보험기간 중 식중독으로 진단이 확정되고 그 직접적인 치료를 목적으로 4일 이상 입원하였을 때(3일 초과 입원일수 1일당, 120일 한도)

• 무배당 단체깁스치료특약

지급구분	지급사유
깁스치료자금	보험기간 중 재해로 인하여 그 직접적인 치료를 목적으로 깁스(Cast)치료를 받았을 때 (사고 1회당)

㉘ 무배당 내가만든희망보험

　㉠ 주요 특징

　　• 각종 질병과 사고 보장을 본인이 선택하여 설계 가능
　　• 3대질병 진단(최대 2,000만 원) 및 뇌경색증진단(최대 500만 원) 보장 (3대질병보장 가입 시)
　　• 12대성인질환 보장(생활보장 가입 시)
　　• 50% 장해 시 또는 3대질병 최초 진단 시 보험료 납입 면제 및 비갱신형 상품으로 보험료 변동없음(10, 20, 30년 만기)
　　• 20세부터 60세(30년 만기는 50세)까지 가입 가능한 건강보험
　　• 보험기간 중 매10년마다 생존 시 건강관리자금 지급
　　• 세제혜택 : 근로소득자는 납입한 보험료(연간 100만 원 한도)에 대하여 12% 세액공제

　㉡ 가입요건

　　㉮ 주계약

구분	보장종목	가입나이	보험기간	납입기간	보험가입금액
순수형 환급형	3대질병보장 생활보장 상해보장	20~50세	10,20,30년	전기납 (월납)	1,000만 원 (500만 원 단위)
		51~60세	10,20년		

주1) 3대질병보장, 생활보장, 상해보장 중 최소 1가지 이상(최대 3개)을 계약자가 선택하여 가입 가능, 순수형과 환급형의 중복가입은 불가

구분	판매형태	보장종목
환급형	질병	3대질병보장
	생활	생활보장
	상해	상해보장
	질병 · 생활	3대질병보장 + 생활보장
	질병 · 상해	3대질병보장 + 상해보장
	생활 · 상해	생활보장 + 상해보장
	질병 · 생활 · 상해	3대질병보장 + 생활보장 + 상해보장

　　㉯ 특약

　　　• 이륜자동차 운전 및 탑승 중 재해부담보특약, 지정대리청구서비스특약, 장애인전용보험전환특약

ⓒ 주계약 보장내용(계약자가 선택하여 가입한 보장에 한해 보험금 지급)

보장종목	지급구분	지급사유
3대 질병보장	3대질병 치료보험금	암보장개시일 이후에 최초의 암으로 진단이 확정되었거나, 보험기간 중 최초의 갑상선암, 기타피부암, 대장점막내암, 제자리암, 경계성 종양, 뇌출혈 또는 급성심근경색증으로 진단이 확정되었을 때(단, 암, 갑상선암, 기타피부암, 대장점막내암, 제자리암, 경계성 종양, 뇌출혈 또는 급성심근경색증 각각 최초 1회에 한하여 지급함)
	뇌경색증 치료보험금	보험기간 중 최초의 뇌경색증으로 진단이 확정되었을 때 (단, 최초 1회에 한하여 지급함)
	건강관리자금	가입 후 매10년마다 계약해당일에 살아 있을 때 (단, 보험기간 중에만 지급)(환급형에 한함)
생활보장	12대성인질환 수술급부금	12대성인질환으로 인하여 그 직접적인 치료를 목적으로 12대성인질환 수술을 받았을 때 (수술 1회당)
	12대성인질환 입원급부금	12대성인질환으로 인하여 그 직접적인 치료를 목적으로 4일 이상 입원하였을 때(3일 초과 입원일수 1일당, 120일 한도)
	골절치료자금	재해로 인하여 골절상태가 되었을 때(사고 1회당)
	깁스치료자금	재해로 인하여 그 직접적인 치료를 목적으로 깁스(Cast)치료를 받았을 때(사고 1회당)
	응급실내원급부금	응급실 내원 진료비 대상자에 해당하였을 때 (내원 1회당)
	화상치료자금	재해로 인하여 화상으로 진단이 확정되었을 때 (사고 1회당)
	결핵치료자금	보험기간 중 최초의 결핵으로 진단이 확정되었을 때 (단, 최초 1회에 한하여 지급함)
	건강관리자금	가입 후 매10년마다 계약해당일에 살아 있을 때 (단, 보험기간 중에만 지급)(환급형에 한함)
상해보장	재해장해급부금	재해로 인하여 장해분류표에서 정한 각 장해지급률에 해당하는 장해상태가 되었을 때
	재해장해연금	장해분류표 중 동일한 재해로 여러 신체부위의 합산 장해지급률이 50% 이상인 장해상태가 되었을 때
	재해입원급부금	재해로 인하여 그 직접적인 치료를 목적으로 4일 이상 입원하였을 때(3일 초과 입원일수 1일당, 120일 한도)
	재해수술급부금	재해로 인하여 그 직접적인 치료를 목적으로 수술을 받았을 때(수술 1회당)
	건강관리자금	가입 후 매10년마다 계약해당일에 살아 있을 때(단, 보험기간 중에만 지급)(환급형에 한함)

주1) 암보장개시일은 계약일(부활일)부터 그 날을 포함하여 90일이 지난날의 다음 날로 함

(3) 저축성 상품

① 무배당 청소년꿈보험

㉠ 주요 특징

- 공익보험으로 특정 피보험자 범위에 해당하는 청소년에게 무료로 보험가입 혜택을 주어 학자금을 지급하는 교육보험

㉡ 가입요건

보험기간	가입나이	보험료 납입기간	보험료 납입주기	가입한도액
5년만기	만6~17세	일시납	일시납	250만 원 (생존학자금 50만 원 기준)

주1) 보험계약자는 과학기술정보통신부장관으로 함

㉢ 피보험자 범위 : 이 보험의 피보험자는 가정위탁을 받는 청소년, 아동복지 시설의 수용자, 「북한이탈주민의 보호 및 정착 지원에 관한 법률」의 적용을 받는 탈북청소년 등 과학기술정보통신부장관이 별도로 정한 바에 따른다.

㉣ 보장내용

지급구분	직급사유
생존학자금	보험계약일부터 매년 계약해당일에 살아 있을 때
입원급부금	질병 또는 재해로 인하여 그 치료를 직접목적으로 4일 이상 입원하였을 때 (3일 초과 입원일수 1일당, 120일 한도)

② 무배당 그린보너스 저축보험

㉠ 주요 특징

- 실세금리 적용 : 적립부분 순보험료를 신공시이율Ⅳ로 부리 · 적립하며, 시중금리가 떨어지더라도 최저 1.0% 금리 보증
- 만기 유지 시 계약일부터 최초 1년간 보너스금리 추가 제공

3년 만기	5년 만기	10년 만기
0.3%	0.5%	1.0%

- 절세형 상품 : 관련 세법에서 정하는 요건에 부합하는 경우 일반형은 이자소득이 비과세되고 금융소득종합과세에서도 제외되며, 비과세종합저축은 「조세특례제한법」 제88조의2에서 정한 노인 및 장애인 등의 계약자에게 만기 뿐만 아니라 중도해약 시에도 이자소득 비과세
- 예치형, 적립형 및 보험기간(3년, 5년, 10년)에 따라 단기목돈 마련, 교육자금, 노후설계자금 등 다양한 목적의 재테크 수단으로 활용

ⓛ 가입요건

㉮ 주계약

보험종류		보험기간	가입나이	납입기간	납입주기
일반형	예치형	3년, 5년, 10년만기	0세 이상	일시납	일시납
	적립형	3년, 5년만기		전기납	월 납
		10년만기		5년납, 전기납	
비과세 종합저축	예치형	3년, 5년, 10년만기		일시납	일시납
	적립형	3년, 5년만기		전기납	월 납
		10년만기		5년납, 전기납	

주1) 비과세종합저축 계약자는 「조세특례제한법」 제88조의2 제1항에서 정한 요건을 충족해야 가능(직전 3개 과세기간 중 연속하여 「소득세법」 제14조 제3항 제6호에 따른 소득의 합계액이 연 2천만 원 이하인 자로 한정)

㉯ 특약 : 지정대리청구서비스특약

ⓒ 보험료 납입한도액

예치형	적립형		
	3년납	5년납	10년납
100만 원~4,000만 원	10만 원~100만 원	10만 원~60만 원	10만 원~30만 원

ⓔ 주계약 보장내용

지급구분	지급사유
만기보험금	보험기간이 끝날 때까지 살아 있을 때
장해급부금	재해로 인하여 장해상태가 되었을 때

③ 무배당 파워적립보험

㉠ 주요 특징

- 실세금리 적용 : 적립부분 순보험료를 신공시이율Ⅳ로 부리·적립하며, 시중금리가 떨어지더라도 최저 1.0% 금리 보증
- 중도에 긴급자금 필요 시 이자부담 없이 중도인출로 자금활용, 자유롭게 추가납입 가능
- 기본보험료 30만 원 초과금액에 대해 수수료를 인하함으로써 수익률 증대
- 단기납(3년, 5년)으로 납입기간 부담 완화
- 1종(만기목돈형), 2종(이자지급형) 및 보험기간(3년, 5년, 10년)에 따라 단기목돈마련, 교육자금, 노후설계자금 등 다양한 목적의 재테크 수단으로 활용
- 절세형상품 : 관련 세법에서 정하는 요건에 부합하는 경우 이자소득 비과세 혜택

ⓛ 가입요건

㉮ 주계약

보험종류	보험기간	가입나이	납입기간	납입주기
1종(만기목돈형)	3년, 5년	0세 이상	3년, 전기납	월납
	10년		5년, 전기납	
2종(이자지급형)	10년		5년	

㉯ 특약 : 지정대리청구서비스특약

ⓒ 기본보험료 납입한도액

구분	기본보험료 한도		
	3년납	5년납	10년납
1종(만기목돈형)	5만 원~100만 원	5만 원~50만 원	5만 원~30만 원
2종(이자지급형)	5만 원~50만 원		

ⓔ 추가납입보험료 한도액 : 보험기간 중 납입할 수 있는 1회 납입 가능한 추가납입보험료의 납입한도는 시중금리 등 금융환경에 따라 "기본보험료 × 200% × 해당년도 가입경과월수 − 해당년도 이미 납입한 추가납입보험료" 이내에서 체신관서가 정한 한도로 함. 단, 보험료 납입기간 후에는 추가납입 불가능

※ 해당년도 가입경과월수는 가입할 때(가입이후 다음연도부터는 매년 1월)를 1개월로 하고, 이후 해당 월 기본보험료를 납입할 때마다 1개월씩 증가(최대 12개월)

ⓜ 주계약보장내용

지급구분	지급사유
만기보험금	보험기간이 끝날 때까지 살아 있을 때
장해급부금	재해로 인하여 장해상태가 되었을 때

ⓗ 중도인출금에 대한 사항

㉮ 1종(만기목돈형)의 경우 계약일 이후 1년이 지난 후부터 보험기간 중에 보험년도 기준 연 12회에 한하여 적립금액의 일부를 인출할 수 있으며, 1회에 인출할 수 있는 최고 한도는 인출 당시 해약환급금의 80%를 초과할 수 없음. 또한 총 인출금액은 계약자가 실제 납입한 보험료 총액을 초과할 수 없음

㉯ 2종(이자지급형)의 경우 기본보험료의 납입을 완료하고 계약이 유효한 때에는 기본보험료 납입 완료 후 최초 도래하는 계약해당 일부터 매년 계약해당일 시점의 적립금액에서 해당 시점에서 계산한 만기 시점 기준 총 납입보험료의 현재가치(최저보증이율로 할인)를 제외한 금액을 매년 계약해당일의 신공시이율Ⅳ를 적용하여 잔여기간 동안 연단위로 분할하여 계산한 금액을 중도인출금으로 지급함

④ 무배당 우체국온라인저축보험

　㉠ 주요 특징

- 가입 1개월 유지 후 언제든지 해약해도 납입보험료의 100% 이상을 보장하는 신개념 저축보험
- 경과이자에 비례하여 사업비를 공제하므로, 신공시이율Ⅳ가 변동되면 사업비 공제금액(상한금액 설정)도 함께 변동
- "신공시이율Ⅳ"(최저보증이율 1.0%)로 부리 적립 등 실세금리 반영
- 중도에 긴급자금 필요 시 이자부담 없이 중도인출로 자금활용, 자유롭게 추가납입으로 고객편의 제공
- 관련 세법이 정한 바에 따라 보험차익 비과세 요건 충족 시 이자소득세가 전액 면제되고 금융소득종합과세 대상에서도 제외

　㉡ 가입요건

　　㉮ 주계약

가입나이	보험기간	기본보험료 납입기간	기본보험료 납입주기	추가납입보험료 납입주기
만19세~65세	1년	전기납	월납	수시납
	3년	전기납		
	5년	3년납, 전기납		
	10년	5년납, 전기납		

　　㉯ 특약 : 지정대리청구서비스특약

　㉢ 기본보험료 납입한도액

구분	기본보험료 한도			
	1년납	3년납	5년납	10년납
기본보험료	1만 원~300만 원	1만 원~100만 원	1만 원~50만 원	1만 원~30만 원

　㉣ 추가납입보험료 한도액

보험기간 중 납입할 수 있는 1회 납입 가능한 추가납입보험료의 납입한도는 시중금리 등 금융환경에 따라 "기본보험료 × 200% × 해당년도 가입경과월수 - 해당년도 이미 납입한 추가납입보험료" 이내에서 체신관서가 정한 한도로 함. 단, 보험료 납입기간 후에는 추가납입이 불가능

※ 해당년도 가입경과월수는 가입할 때(가입이후 다음연도부터는 매년 1월)를 1개월로 하고, 이후 해당 월 기본보험료를 납입할 때마다 1개월씩 증가(최대 12개월)

　㉤ 주계약 보장내용

지급구분	지급사유
만기보험금	보험기간이 끝날 때까지 살아 있을 때
장해급부금	재해로 인하여 장해상태가 되었을 때

ⓗ 중도인출금에 대한 사항 : 계약일 이후 1개월이 지난 후부터 보험기간 중에 보험년도 기준 연 12회에 한하여 적립금액의 일부를 인출할 수 있으며, 1회에 인출할 수 있는 최고 한도는 인출 당시 해약환급금의 80%를 초과할 수 없음. 또한 총 인출금액은 계약자가 실제 납입한 보험료 총액을 초과할 수 없음

⑤ 무배당 알찬전환특약

　㉠ 주요 특징

- 만기보험금 재예치로 알찬 수익 보장
- 적립부분 순보험료를 신공시이율Ⅳ로 부리하여 시중금리 하락과 관계없이 최저 1.0% 금리보증
- 보험기간을 2, 3, 4, 5, 7, 10년으로 다양화하여 학자금, 결혼비용, 주택마련자금, 사업자금 등 경제적 필요에 맞춰 자유롭게 선택 가능하며 다양한 목적의 재테크 수단으로 활용

　㉡ 가입가능계약 : 에버리치복지보험(일반형), 무배당 에버리치복지보험(일반형), 복지보험, 파워적립보험, 무배당 파워적립보험, 무배당 빅보너스저축보험 및 무배당 그린보너스저축보험(일반형) 중 유효계약으로 무배당 알찬전환특약을 신청한 계약

　㉢ 가입요건

보험기간	가입나이	납입기간	일시납보험료
2년 만기 3년 만기 4년 만기 5년 만기 7년 만기 10년 만기	0세 이상	일시납	전환전계약의 만기보험금과 배당금 합계액

　㉣ 가입신청일 : 전환 전 계약의 만기일 1개월 전 ~ 만기일 전일

　㉤ 보장내용

지급구분	지급사유
만기보험금	만기 생존 시
장해급부금	재해로 장해 시

(4) 연금보험

① 무배당 우체국연금보험

　㉠ 주요 특징

- 실세금리 등을 반영한 신공시이율Ⅳ로 적립되며, 시중금리가 하락하더라도 최저 1.0% (다만, 가입 후 10년 초과시 0.5%)의 금리 보장
- 다양한 목적의 재테크 기회로 활용
- 종신연금형 : 평생 연금수령을 통한 생활비 확보 가능, 조기 사망 시 20년 또는 100세까지 안정적인 연금 수령
- 상속연금형 / 확정기간연금형 : 연금개시 후에도 해지 가능하므로 다양한 목적자금으로 활용 가능
- 더블연금형 : 연금개시 후부터 80세 계약해당일 전일까지 암, 뇌출혈, 급성심근 경색증, 장기요양상태(2등급 이내) 중 최초 진단시 연금액 두배로 증가
- 관련 세법에서 정하는 요건에 부합하는 경우 이자소득 비과세 및 금융소득종합과세 제외
- 45세 이후부터 연금 지급 : 45세 이후부터 연금을 받을 수 있어 노후를 위한 준비

　㉡ 가입요건

　　㉮ 주계약

구분	연금개시나이(A)	가입나이	납입기간	납입주기
종신연금형 (20년 또는 100세 보증지급)	45~75세	0~(A-5)세	일시납 5,7,10,15,20년납	일시납 월납
상속연금형				
확정기간연금형 (5년, 10년, 15년, 20년)				
더블연금형	45~70세			

　　㉯ 특약 : 지정대리청구서비스특약

　㉢ 보험료 납입한도액

(단위 : 만 원)

가입나이	종신연금형, 상속연금형, 확정기간연금형			더블연금형		
	일시납	월납		일시납	월납	
		5년납 7년납	10년납 15년납 20년납		5년납 7년납	10년납 15년납 20년납
20세 미만	500~4,000	10~40	5~20	500~4,000	10~40	5~20
20~29세	500~6,000	10~60	5~30	500~6,000	10~60	5~25
30~39세	500~8,000	10~80	5~40	500~7,000	10~80	5~30
40~49세	500~10,000	10~100	5~50	500~7,500	10~90	5~35
50세 이상	500~10,000	10~120	5~50	500~8,500	10~100	5~40

ⓔ 주계약 보장내용

지급구분			지급사유	지급액	
제1보험기간	장해급부금		재해로 인하여 장해상태가 되었을 때	일시납	일시납 보험료의 20% × 해당 장해지급률
				월납	월납 보험료의 20배 × 해당 장해지급률
제2보험기간	생존연금	종신연금형	매년 계약해당일에 살아 있을 때	연금지급개시일의 적립금액을 기준으로 계산한 금액을 매년 지급(20년 또는 100세 보증지급)	
		상속연금형	매년 계약해당일에 살아 있을 때	연금지급개시일의 적립금액을 기준으로 계산한 이자 상당액(사업비 차감)을 매년 지급	
		확정기간 연금형	매년 계약해당일에 살아 있을 때	연금지급개시일의 적립금액을 기준으로 계약자가 선택한 연금지급기간 동안 나누어 계산한 금액을 연금지급기간 동안 매년 지급	
	더블연금	더블연금형 기본연금	연금지급기간(5년, 10년, 15년, 20년)의 매년 계약해당일	연금지급개시일의 적립금액을 기준으로 계산한 금액을 매년 지급(20년 보증지급)	
		더블연금형 더블연금	연금개시나이 계약해당일부터 80세 계약해당일 전일까지 암, 뇌출혈, 급성심근경색증, 장기요양상태(1~2등급) 중 최초로 진단이 확정되었을 때	진단확정 이후 최초 도래하는 기본연금 지급일부터 기본연금 연금연액의 100%를 매년 지급(20년 확정)	

② 우체국연금저축보험

㉠ 주요 특징

- 실세금리 등을 반영한 신공시이율Ⅳ로 적립되며, 시중금리가 하락하더라도 최저 1.0%(다만, 가입 후 10년 초과 시 0.5%)의 금리 보장
- 니즈에 맞는 연금지급형태 선택으로 종신(종신연금형) 또는 확정기간(확정기간연금형)동안 안정적인 연금 지급
- 관련 세법이 정한 바에 따라 납입한 보험료에 대하여 세액공제[종합소득금액이 1억 원(근로소득만 있는 경우에는 총급여액 1억 2천만 원) 이하인 경우 납입금액 중 연간 400만원 한도(단, 2022년 12월 31일까지는 금융소득금액 2천만 원을 초과하지 않는 만50세 이상 거주자의 경우 연간 600만 원 한도), 종합소득금액이 1억원(근로소득만 있는 경우에는 총급여액 1억 2천만 원) 초과인 경우 연간 300만 원 한도로 납입금액의 12% 또는 15%] 혜택을 제공
- 추가납입제도로 자유롭게 추가납입 가능
- 유배당 상품 : 배당상품으로 향후 운용이익금 발생 시 배당혜택 제공

ⓛ 가입요건

㉮ 주계약

연금개시 나이(A)	가입나이	기본보험료		추가납입보험료 납입주기
		납입기간	납입주기	
만55~80세	0~(A−5)세	5년~전기납	월 납	수시납

㉯ 특약 : 지정대리청구서비스특약

ⓒ 보험료 납입한도액

㉮ 기본보험료

납입한도액	
10년납 미만	10만 원~75만 원(1천 원 단위)
10년납 이상	5만 원~75만 원(1천 원 단위)

㉯ 추가납입보험료

- 추가납입보험료는 계약일 이후 1개월이 지난 후부터 (연금개시나이−1)세 계약 해당일 까지 납입 가능
- 추가납입보험료의 연간 납입한도는 연간 총 기본보험료의 2배 이내. 단, 추가납입보험료의 최고한도는 기본보험료 총액(기본보험료×12×기본보험료 납입기간)의 2배로 함

※ 단, 관련 법령에서 정한 한도를 초과하여 납입할 수 없음

ⓓ 주계약 보장내용

지급구분		지급사유	지급액
생존 연금	종신연금형	제2보험기간 중 매년 계약해당일에 살아 있을 때	연금지급개시일의 적립금액을 기준으로 계산한 금액을 매년 지급(20년 보증지급)
	확정기간 연금형	제2보험기간 중 연금지급기간(10년, 15년, 20년)의 매년 계약해당일	연금지급개시일의 적립금액을 기준으로 계약자가 선택한 연금 지급기간동안 나누어 계산한 금액을 연금지급기간 동안 매년 지급

주1) 제1보험기간 : 계약일~연금개시나이 계약해당일 전일
주2) 제2보험기간 : (종신연금형) 연금개시나이 계약해당일~종신
　　　　　　　　(확정기간연금형) 연금개시나이 계약해당일~최종연금 지급일

③ 무배당 우체국연금저축보험(이전형)

　㉠ 주요 특징

- 실세금리 등을 반영한 신공시이율Ⅳ로 적립되며, 시중금리가 하락하더라도 최저 1.0%(다만, 가입 후 10년 초과 시 0.5%)의 금리 보장
- 고객 니즈에 맞는 연금지급형태 선택으로 종신(종신연금형) 또는 확정기간(확정기간연금형)동안 안정적인 연금 지급
- 관련 세법이 정한 바에 따라 납입한 보험료에 대하여 세액공제 [종합소득금액이 1억원(근로소득만 있는 경우에는 총급여액 1억 2천만 원) 이하인 경우 납입금액 중 연간 400만 원 한도(단, 2022년 12월 31일까지는 금융소득금액 2천만 원을 초과하지 않는 만50세 이상 거주자의 경우 연간 600만 원 한도), 종합소득금액이 1억 원(근로소득만 있는 경우에는 총급여액 1억 2천만 원) 초과인 경우 연간 300만 원 한도로 납입금액의 12% 또는 15%] 혜택 제공
- 추가납입제도로 자유롭게 추가납입 가능

　㉡ 가입요건

　　㉮ 주계약

연금개시 나이(A)	가입나이	기본보험료		추가납입보험료 납입주기
		납입기간	납입주기	
만55~80세	0~(A)세	일시납	일시납	–
	0~(A-1)세	1년~전기납	월 납	수시납

주1) 무배당 우체국연금저축보험(이전형)으로의 가입은 「소득세법 시행령」에서 정하는 연금저축계좌 범위에 속하는 다른 금융기관의 연금저축을 이전받는 경우에 한함

　　㉯ 특약 : 지정대리청구서비스특약

　㉢ 보험료 납입한도액

　　㉮ 기본보험료

납입한도액		
일시납	한도 없음	
월납	10년납 미만	10만 원~75만 원(1천 원 단위)
	10년납 이상	5만 원~75만 원(1천 원 단위)

　　㉯ 추가납입보험료

- 추가납입보험료는 계약일 이후 1개월이 지난 후부터 (연금개시나이-1)세 계약 해당일 까지 납입가능하며, "월납계약"과 함께 가입할 경우에 한하여 납입 가능
- 추가납입보험료의 연간 납입한도는 연간 총 월납 기본보험료의 2배 이내. 단, 추가납입보험료의 최고 한도는 월납 기본보험료 총액(월납 기본보험료×12×월납 기본보험료 납입기간)의 2배로 함

※ 단, 관련 법령에서 정한 한도를 초과하여 납입할 수 없음

ⓔ 주계약 보장내용

지급구분		지급사유	지급액
생존 연금	종신연금형	제2보험기간 중 매년 계약해당일에 살아 있을 때	연금지급개시일의 적립금액을 기준으로 계산한 금액을 매년 지급 (20년 보증지급)
	확정기간 연금형	제2보험기간 중 연금지급기간(10년, 15년, 20년)의 매년 계약해당일	연금지급개시일의 적립금액을 기준으로 계약자가 선택한 연금 지급기간 동안 나누어 계산한 금액을 연금지급기간 동안 매년 지급

주1) 제1보험기간 : 계약일~연금개시나이 계약해당일 전일
주2) 제2보험기간 : (종신연금형) 연금개시나이 계약해당일~종신
　　　　　　　　　(확정기간연금형) 연금개시나이 계약해당일~최종연금 지급일

④ 무배당 우체국온라인연금저축보험

　㉠ 주요 특징

- 실세금리를 반영한 높은 금리로 부리 적립(가입 후 10년 이내 1.0%, 10년 초과 0.5% 최저보증)
- 만55세부터 80세까지 연금개시 나이 선택가능
- 다양한 연금형태 제공 : '종신연금형'과 '확정기간연금형' 중 여건에 맞는 연금형태 선택 가능
- 추가납입제도로 자유롭게 추가납입 가능

※ 관련 세법이 정한 바에 따라 납입한 보험료에 대하여 세액공제[종합소득금액이 1억 원(근로소득만 있는 경우에는 총급여액 1억 2천만 원) 이하인 경우 납입금액 중 연간 400만원 한도(단, 2022년 12월 31일까지는 금융소득금액 2천만 원을 초과하지 않는 만50세 이상 거주자의 경우 연간 600만원 한도), 종합소득금액이 1억 원(근로소득만 있는 경우에는 총급여액 1억 2천만 원) 초과인 경우 연간 300만원 한도로 납입금액의 12% 또는 15%] 혜택을 제공

　㉡ 가입요건

　　㉮ 주계약

연금개시 나이(A)	가입나이	기본보험료		추가납입보험료 납입주기
		납입기간	납입주기	
만55~80세	만19~(A-5)세	5년~전기납	월납	수시납

　　㉯ 특약 : 지정대리청구서비스특약

　㉢ 보험료 납입한도액

　　㉮ 기본보험료

	납입한도액	
월납	10년납 미만	10만 원~75만 원
	10년납 이상	5만 원~75만 원

　　㉯ 추가납입보험료

- 추가납입보험료는 계약일 이후 1개월이 지난 후부터 (연금개시나이-1)세 계약 해당일 까지 납입 가능
- 추가납입보험료의 연간 납입한도는 연간 총 기본보험료의 2배 이내로 하며, 최고 한도는 기본보험료 총액(기본보험료×12×기본보험료 납입기간)의 2배로 함

※ 단, 관련 법령에서 정한 한도를 초과하여 납입할 수 없음

ⓔ 주계약 보장내용

지급구분		지급사유	지급액
생존 연금	종신연금형	제2보험기간 중 매년 계약해당일에 살아 있을 때	연금지급개시일의 적립금액을 기준으로 계산한 금액을 매년 지급 (20년 보증지급)
	확정기간 연금형	제2보험기간 중 연금지급기간(10년, 15년, 20년)의 매년 계약해당일	연금지급개시일의 적립금액을 기준으로 계약자가 선택한 연금 지급기간 동안 나누어 계산한 금액을 연금지급기간 동안 매년 지급

주1) 제1보험기간 : 계약일~연금개시나이 계약해당일 전일

주1) 제2보험기간 : (종신연금형) 연금개시나이 계약해당일~종신

(확정기간연금형) 연금개시나이 계약해당일~최종연금 지급일

⑤ 무배당 우체국개인연금보험(이전형)

ⓐ 주요 특징

- 이 보험으로의 가입은 종전의 「조세특례제한법」에서 정한 바에 따라 다른 금융기관의 개인연금저축을 이전받는 경우에 한함
- 계약이전 받기 전 계약과 계약이전 받은 후 계약의 총 보험료 납입기간은 10년 이상이어야 함
- 계약이전 받기 전 이미 연금을 지급받고 있었던 계약을 이전한 경우 가입즉시부터 연금지급 개시함

ⓑ 가입요건

㉮ 주계약

연금개시 나이	가입나이	납입기간	납입주기
만55~80세	만20~80세	일시납	일시납

㉯ 특약 : 지정대리청구서비스특약

ⓒ 주계약 보장내용

지급구분		지급사유
제1보험기간	장해급부금	동일한 재해로 여러 신체부위의 합산 장해지급률이 50% 이상 장해 시
제2보험기간	생존연금	매년 계약해당일에 살아 있을 때 (20년 보증지급)

⑥ 어깨동무연금보험

ⓐ 주요 특징

- 장애인전용연금보험 : 일반연금보다 더 많은 연금을 받도록 설계, 장애인의 안정적인 노후생활 보장
- 실세금리 등을 반영한 신공시이율Ⅳ로 적립되며, 시중금리가 하락하더라도 최저 1.0%(다만, 가입후 10년 초과 시 0.5%)의 금리 보장
- 보증지급기간 다양화 : 고객니즈에 맞는 보증지급기간(20년 보증지급, 30년 보증지급, 100세 보증지급) 선택 가능
- 연금개시연령 확대 : 장애인 부모의 부양능력 약화 위험 및 장애아동을 고려, 20세부터 연금수급 가능
- 유배당 상품 : 배당상품으로 향후 운용이익금 발생 시 배당혜택 제공

ⓛ 가입요건

㉮ 주계약

구분	연금개시나이(A)	가입나이	납입기간	납입주기
20년보증지급, 100세보증지급	20~80세	0~(A-5)세	5, 10, 15, 20년납	월 납
30년보증지급	20~70세			

㉯ 특약 : 지정대리청구서비스특약

ⓒ 보험료 납입한도액

가입나이	납입한도액			
	5년납	10년납	15년납	20년납
20세 미만	50만원	30만원	20만원	15만원
20~29세	60만원	40만원	30만원	20만원
30~39세	80만원	50만원	30만원	30만원
40~49세	100만원	60만원	40만원	30만원
50세 이상	120만원	80만원	50만원	40만원

ⓔ 피보험자의 자격요건 등

㉮ **장애인의 범위** : 「장애인복지법」 제2조 제1호 및 제2호에 따른 장애인으로 동법 제32조 또는 제32조의2 규정에 따라 등록된 장애인 또는 「국가유공자 등 예우 및 지원에 관한법률」에 따라 등록한 상이자

㉯ **청약 시 구비서류** : 장애인등록증, 장애인복지카드 또는 국가유공자증 사본

※ 상이자의 경우, 국가유공자증에 기재된 상이등급(1~7급)으로 확인

㉰ 보험수익자는 피보험자(장애인)와 동일하며, 변경 불가

ⓜ 주계약 보장내용

지급구분	지급사유	지급액
생존연금	제2보험기간 중 매년 계약해당일에 살아있을 때	연금지급개시일의 적립금액을 기준으로 계산한 금액을 매년 지급 (20년 보증지급, 30년 보증지급, 100세 보증지급)

주1) 제1보험기간 : 보험계약일~연금개시나이 계약해당일 전일
주2) 제2보험기간 : 연금개시나이 계약해당일~종신

(5) 우체국보험 관련 세제

① 보장성보험 관련 세제

  ㉠ 개요 : 보장성보험 관련 세제로는 보장성보험료 세액공제가 있다. 이는 국민경제생활안정을 목적으로 보장성보험 가입을 유도하기 위하여 보장성보험 가입자가 납입하는 보험료에 대해 「소득세법」에 따라 종합소득산출세액에서 일정금액을 공제해 주는 제도이다.

  ㉡ 보상성보험료 세액공제 대상 보험상품(2020년 9월 1일 기준)

구분		상품 목록
판매중지	보험료전액	다보장 · 체신건강 · 암치료 · 우체국암치료 · 평생보장암 · 종합건강 · 어린이 · (무)꿈나무(보장형) · 교통안전 · 재해안심 · 의료비보장보험 · 우체국종신 · 직장인생활보장 · 우체국건강 · 하이커버건강 · 평생OK보험 · 하이로정기 · 우체국치아보험 · 우체국암보험 · (무)100세종합보장보험 · (무)우체국장제보험 · (무)꿈나무보험 · (무)우체국큰병큰보장보험 · (무)우체국여성암보험 · (무)우체국생애맞춤보험 및 부가특약
	보험료일부	장학 · (구)연금 · 알뜰적립 · 상록보험 · 파워적립보험 · (무)장기주택마련저축보험 · (무)꿈나무보험(저축형)
판매중	보험료전액	(무)에버리치상해 · 우체국안전벨트 · (무)우체국건강클리닉 · (무)만원의행복 · (무)우체국실손의료비 · (무)우체국노후실손의료비 · (무)우체국간편실손의료비 · (무)우체국치아 · (무)어깨동무 · (무)우체국하나로OK · (무)우체국요양 · (무)우리가족암 · (무)우체국간편가입건강 · (무)우체국온라인암 · (무)우체국든든한종신 · (무)우체국실속정기 · (무)우체국온라인어린이 · (무)우체국착한안전 · (무)우체국자녀지킴이 · (무)우체국100세건강 · (무)내가만든희망보험 · (무)win-win단체플랜 · (무)우체국치매간병 · (무)우체국통합건강 · (무)우체국나르미안전 및 각 보장성 특약

  ㉢ 세액공제 가능 대상자 및 공제한도액

구분	내용
대상자	근로소득자(사업소득자, 일용근로자 등은 제외)
세액공제 한도액	연간 납입보험료(100만 원 한도)의 12%(장애인전용보험은 15%)
계약요건	• 보장성보험(생존보험금 ≤ 총납입보험료)에 한함 • 실질적인 계약자 = 세액공제를 받고자하는 근로자 본인 • 피보험자 = 기본공제 대상자

주1) 실질적인 계약자 = 실제로 보험료를 납입하는 자

② 장애인전용보험 관련 세제

  ㉠ 개요 : 근로소득자가 기본공제대상자 중 장애인을 피보험자 또는 보험수익자로 하는 보험을 가입한 경우, 근로소득자가 실제로 납입한 보험료(연간 100만 원 한도)의 15%에 해당하는 금액을 해당 과세기간의 종합소득산출세액에서 공제받을 수 있는 제도이다.

ⓛ 장애인 전용보험 상품 및 세부요건

구분	내용
대상상품	(무)어깨동무보험(1종, 2종, 3종) 및 장애인전용보험전환특약을 부가한 보장성보험
세액공제 한도액	연간 납입보험료(100만원 한도)의 15%
계약요건	• 피보험자 또는 보험수익자 : 기본공제대상자로서 장애인일 것 ※ 장애인의 범위 : 「장애인 복지법」 제2조에 의한 장애인 및 「국가유공자 등 예우 및 지원에 관한 법률」 제6조에 의하여 등록한 상이자 • 계약자 : 근로소득자 본인 또는 소득이 없는 가족

③ 연금저축보험 관련 세제

㉠ 연금저축보험 세액공제

㉮ 개요 : 연금저축보험 관련 세제로는 연금저축보험료에 대한 세액공제가 있다. 이는 연금저축보험에 납입하는 보험료에 대해 종합소득산출세액에서 일정금액을 공제해주어 소득세 절세 효과를 주는 대신에 연금을 수령할 때 과세를 하는 제도이다.

㉯ 연금저축보험 상품 및 한도액

구분	내용
대상상품	우체국연금저축보험
대상자	종합소득이 있는 거주자로 연금저축 가입자
세액공제 한도액	연금저축 연간 납입보험료(400만 원(종합소득금액이 1억 원(근로소득만 있는 경우에는 총급여액 1억 2천만 원) 초과인 경우 300만 원) 한도(단, 2022년 12월 31일까지는 금융소득금액 2천만 원을 초과하지 않는 만 50세 이상 거주자의 경우 연간 600만 원 한도)의 12% 세액공제(종합소득금액 4천만 원 이하(근로소득만 있는 경우 총급여액 5천500만 원 이하)인 거주자는 15%)

㉰ 연금계좌 세액공제 납입 한도 및 공제율

종합소득금액 (총급여액)	세액공제 대상 납입한도 (퇴직연금 합산시)		공제율
	만 50세 미만	만 50세 이상 (금융소득 2천만 원 이하)	
4천만 원 이하 (5천 500만 원 이하)	400만 원 (700만 원)	600만 원 (900만 원)	15%
1억 원 이하 (1억 2천만 원 이하)			
1억 원 초과 (1억 2천만 원 초과)	300만 원 (700만 원)		12%

※ 괄호는 근로소득만 있는 경우이다.

      ㉐ 연금저축 세액공제 요건
- 취급 금융기관(「우체국예금 · 보험에 관한 법률」에 의한 체신관서)
- 연 1,800만 원 이내에서 납입할 것(체신관서는 월 75만 원 한도)
- 연금수령 개시 이후에는 보험료를 납입하지 않을 것

  ㉡ 연금저축보험 중도해지 또는 연금수령 시 세제
      ㉮ 연금저축보험을 중도 해지하는 경우 기타소득세(지방소득세 포함 16.5%)가 부과된다.
      ㉯ 아래와 같이 부득이한 사유로 인한 경우 연금소득세(지방소득세 포함 3.3% ~ 5.5%)를 부과한다.
- 천재지변
- 사망
- 가입자 또는 부양가족의 3개월 이상 요양이 필요한 질병 및 부상
- 연금취급자 영업정지, 인 · 허가 취소, 해산 결의, 파산선고
- 해외이주
- 가입자의 파산 또는 개인회생절차 개시

      ㉰ 아래 연금수령 요건에 부합하는 경우 연금소득세를 부과한다(단, 연간 연금액이 연금수령한도를 초과하는 경우, 그 초과금액은 연금 외 소득으로 간주하여 기타소득세를 부과).
- 가입자가 만 55세 이후 연금수령 개시를 신청한 후 인출할 것
- 연금계좌 가입일부터 5년이 경과된 후에 인출할 것
- 과세기간 개시일 이내에서 인출할 것

      ※ 연금수령 개시를 신청한 날이 속하는 과세기간에는 연금수령 개시를 신청한 날로 함
- 연금수령한도 내에서 인출할 것

$$\text{※ 연금수령한도} = \frac{\text{연금계좌의 평가액}}{11 - \text{연금수령연차}} \times \frac{120}{100}$$

      ※ **연금수령연차** : 최초로 연금수령 할 수 있는 날이 속하는 과세기간을 기산연차로 하여 그 다음 과세기간을 누적 합산한 연차를 말하며, 연금수령연차가 11년 이상이면 위 계산식 미적용

      ㉱ 연간 연금액이 1,200만 원 이하인 경우 분리과세 할 수 있고, 1,200만원을 초과하면 종합과세를 한다. 이때, 연금소득에 대한 세율은 아래의 연금소득 원천징수세율과 같다.

구분	세율	
	나이(연금수령일 현재)	세율(지방소득세 포함)
연금소득자의 나이에 따른 세율	만 70세 미만	5.5%
	만70세 이상 만 80세 미만	4.4%
	만 80세 이상	3.3%
종신연금형	4.4%(지방소득세 포함)	

주1) 연금소득 원천징수 세율 각 항목을 동시 충족하는 경우 낮은 세율을 적용

  ㉢ 연금소득 확정 · 신고 시 연금소득공제
      ㉮ 개요 : 연금소득의 종합소득 확정 신고 시 연금소득공제를 적용 받을 수 있다(단, 공제액이 900만 원을 초과하는 경우에는 900만 원을 공제한다.

④ 연금소득 공제금액

총 연금액	공제금액(900만 원 한도)
350만 원 이하	총 연금액
350만 원 초과 700만 원 이하	350만 원+(350만 원 초과금액)×40%
700만 원 초과 1,400만 원 이하	490만 원+(700만 원 초과금액)×20%
1,400만 원 초과	630만 원+(1,400만 원 초과금액)×10%

㉣ 개인연금저축 관련 세제

㉮ 2000년 12월 31일 이전에 가입된 세제적격 개인연금저축보험은 관련 세법에 의해 연간 납입보험료의 40%(72만원 한도)를 소득공제하며, 연금개시 이후 연금으로 수령 받는 연금소득에 대해 비과세가 적용된다.

㉯ 중도해지 시에는 보험차익에 대한 소득세(지방소득세 포함 15.4%)와 해지 추징세(5년 이내 해지 시, 4.4%)가 부과된다.

㉰ 개인연금저축 소득공제 요건

구분	내용
대상 상품	개인연금보험, 백년연금보험
소득공제 한도액	연간 납입액의 40% (72만 원 한도)

㉱ 천재지변, 사망, 퇴직 등 불가피한 사유로 인한 해지 시에는 보험차익에 대해 소득세를 부과하지 않는다.

※ 불가피한 사유 : 천재지변, 사망, 퇴직, 해외 이주, 직장폐업, 3개월 이상 장기간 입원치료·요양을 요하는 상해 및 질병 발생, 취급기관 영업정지, 인·허가 취소, 해산결의 또는 파산선고

㉤ 저축성보험 과세

㉮ 저축성 보험의 보험차익 비과세

• 보험차익이란 보험계약에 따라 만기에 받는 보험금·공제금 또는 계약기간 중도에 해당 보험계약이 해지됨에 따라 받는 환급금에서 납입보험료를 뺀 금액을 의미한다.

• 보험차익은 소득세법상 이자소득으로 분류되어 이자소득세(지방소득세 포함 15.4%)가 과세되지만, 아래의 요건을 충족할 경우 이자소득세가 비과세 된다.

〈저축성보험의 보험차익 비과세 요건〉

구분	내용
저축성보험 (아래 두가지에 해당하지 않는 저축성 보험)	최초로 보험료를 납입한 날부터 만기일 또는 중도해지일까지의 기간이 10년 이상으로서, 계약자 1명당 납입할 보험료 합계액이 아래 각 호의 구분에 따른 금액 이하인 저축성보험 1. 2017년 3월 31일까지 체결하는 보험계약의 경우 : 2억 원 2. 2017년 4월 1일부터 체결하는 보험계약의 경우 : 1억 원 ※ 다만, 최초납입일부터 만기일 또는 중도해지일까지의 기간은 10년 이상이지만 최초납입일부터 10년이 경과하기 전에 납입한 보험료를 확정된 기간동안 연금형태로 분할하여 지급받는 경우를 제외함

월 적립식 저축성보험	최초로 보험료를 납입한 날부터 만기일 또는 중도해지일까지의 기간이 10년 이상으로서, 아래 요건을 모두 충족하는 계약 1. 최초납입일부터 납입기간이 5년 이상인 월 적립식 계약일 것 2. 최초납입일부터 매월 납입하는 기본보험료가 균등(최초 계약한 기본보험료의 1배 이내로 기본보험료를 증액하는 경우를 포함한다)하고, 기본보험료의 선납기간이 6개월 이내일 것 3. 계약자 1명당 매월 납입하는 보험료 합계액[계약자가 가입한 모든 월 적립식 보험계약(만기에 환급되는 금액이 납입보험료를 초과하지 아니하는 보험계약으로서 기획재정부령으로 정하는 것은 제외한다)의 기본보험료, 추가로 납입하는 보험료 등 월별로 납입하는 보험료를 기획재정부령으로 정하는 방식에 따라 계산한 합계액을 말한다]이 150만 원 이하일 것 (2017년 4월 1일부터 체결하는 보험계약으로 한정한다)
종신형 연금보험	아래 요건을 모두 충족하는 계약 1. 계약자가 보험료 납입 계약기간 만료 후 55세 이후부터 사망 시까지 보험금·수익 등을 연금으로 지급받는 계약일 것 2. 연금 외의 형태로 보험금·수익 등을 지급하지 아니할 것 3. 사망 시[「통계법」 제18조에 따라 통계청장이 승인하여 고시하는 통계표에 따른 성별·연령별 기대여명연수(소수점이하는 버리며, 이하 이 조에서 "기대여명연수"라 한다)이내에서 보험금·수익 등을 연금으로 지급하기로 보증한 기간(이하 이 조에서 "보증기간"이라 한다)이 설정된 경우로서 계약자가 해당 보증기간 이내에 사망한 경우에는 해당 보증기간의 종료 시를 말한다] 보험계약 및 연금재원이 소멸할 것 4. 계약자와 피보험자 및 수익자가 동일하고 최초 연금지급개시 이후 사망일 전에 중도해지할 수 없을 것 5. 매년 수령하는 연금액[연금수령 개시 후에 금리변동에 따라 변동된 금액과 이연(移延)하여 수령하는 연금액은 포함하지 아니한다]이 다음의 계산식에 따라 계산한 금액을 초과하지 아니할 것 $$\frac{\text{연금수령 개시일 현재 연금계좌 평가액}}{\text{연금수령 개시일 현재 기대여명 연수}} \times 3$$

ⓗ 비과세종합저축(보험)에 대한 조세특례

* 노인 및 장애인 등을 대상으로 하는 비과세저축상품에 대해 아래 대상자는 1인당 저축원금 5,000만원 이내에서 비과세가 적용된다.

구분	내용
1	만 65세 이상인 거주자
2	「장애인복지법」 제32조에 따라 등록한 장애인
3	「독립유공자 예우에 관한 법률」 제6조에 따라 등록한 독립유공자와 그 유족 또는 가족
4	「국가유공자 등 예우 및 지원에 관한 법률」 제6조에 따라 등록한 상이자(傷痍者)
5	「국민기초생활보장법」 제2조 제2호에 따른 수급자
6	「고엽제후유의증 등 환자지원 및 단체설립에 관한 법률」 제2조 제3호에 따른 고엽제후유의증환자
7	「5·18민주유공자 예우에 관한 법률」 제4조 제2호에 따른 5·18민주화운동부상자

- 단, 2020년 12월 31일까지 가입하는 경우에 한하며 해당 저축에서 발생하는 이자소득 또는 배당소득에 대해서는 소득세를 부과하지 않으며, 중도 해지 시에도 비과세가 적용된다.
- 우체국보험 중 비과세종합저축에 해당하는 상품으로는 (무)그린보너스저축보험(비과세종합저축)이 있다.

ⓗ 상속세 관련 세제

㉮ 개요 : 상속세란 사망으로 그 재산이 가족이나 친족 등에게 무상으로 이전되는 경우에 당해 상속재산에 대하여 부과하는 세금을 의미하며 다음과 같은 순위로 상속권을 부여한다.

순위	상속인	법정 상속분	비고
1순위	직계비속과 배우자	배우자 : 1.5, 직계비속 : 1	
2순위	직계존속과 배우자	배우자 : 1.5, 직계존속 : 1	제1순위가 없는 경우
3순위	형제자매	균등분할	제1, 2순위가 없는 경우
4순위	4촌 이내의 방계혈족	균등분할	제1, 2, 3순위가 없는 경우

※ 배우자는 사망자의 직계비속이 있으면 직계비속, 없으면 직계존속과 공동상속인이 되며 직계비속과 직계존속이 없는 경우 단독상속인이 된다.

㉯ 금융재산상속공제

- 개념 : 상속재산가액 중 금융재산가액이 포함되어 있을 경우 이를 상속세 과세가액에서 공제해 주는 제도이다.
- 금융재산에는 예금, 적금, 부금, 계금, 출자금, 금융신탁재산, 보험금, 공제금, 주식, 채권, 수익증권, 출자지분, 어음 등의 금액 및 유가증권 등을 모두 포함한다.
- 금융재산 상속공제액

순금융재산금액	공제 금액	비고
2천만 원 초과	순금융재산가액의 20% 또는 2천만 원 중 큰 금액	한도 2억 원
2천만 원 이하	순금융재산가액	

ⓘ 증여세 관련 세제

㉮ 개요 : 증여는 증여자가 수증자에게 무상으로 재산을 양도하는 것으로 상속세에 준하는 세금이 부여된다.

㉯ 증여재산 공제금액

증여자	공제한도액(10년간)
배우자	6억 원
직계존속	5,000만 원(미성년자는 2,000만 원)
직계비속	5,000만 원
직계 존 · 비속 이외 6촌 이내의 혈족, 4촌 이내의 인척	1,000만 원

※ 증여와 양도의 차이 : 증여와 양도소득의 차이는 자산의 양도가 무상이냐, 유상이냐를 기준으로 구분된다. 대가를 받고 자산을 양도할 때는 양도소득세, 대가를 받지 않고 양도할 때는 증여세가 각각 부과된다.

㉰ 보험금의 증여의제
- 보험계약자와 보험수익자가 서로 다른 경우 계약자가 납부한 보험료 납부액에 대한 보험금 상당액을 증여재산으로 간주하여 증여세를 부과한다.
- 계약자와 보험수익자가 동일해도 보험기간동안 타인으로부터 증여받은 금액으로 보험료를 불입한 경우 보험금 상당액에서 보험료 불입액을 뺀 가액을 증여한 것으로 보아 증여세를 부과한다.

㉱ 장애인이 수령하는 보험금에 대한 증여세 비과세 : 장애인을 보험금수취인으로 하는 보험 가입 시, 장애인이 수령하는 보험금에 대해 연간 4,000만 원을 한도로 증여세가 비과세 된다.

◎ 상속 및 증여세율

과세표준	세율
1억 원 이하	과세표준의 10%
1억원 초과 5억원 이하	1천만 원 + (1억 원을 초과하는 금액의 20%)
5억 원 초과 10억 원 이하	9천만 원 + (5억 원을 초과하는 금액의 30%)
10억 원 초과 30억 원 이하	2억 4천만 원 + (10억 원을 초과하는 금액의 40%)
30억 원 초과	10억 4천만 원 + (30억 원을 초과하는 금액의 50%)

⑧ 우체국보험 모집 및 언더라이팅

(1) 우체국보험 모집 준수사항

① 보험모집 … 우체국과 보험계약이 체결될 수 있도록 중개하는 모든 행위를 의미한다. 우정사업본부장은 보험계약자의 권익보호를 위해 부당한 모집행위나 과당경쟁을 해서는 안 된다.

② 보험모집 안내자료

㉠ 보험안내자료 기재사항

구분	기재사항
1	보험가입에 따른 권리 · 의무에 관한 주요사항
2	보험약관에서 정하는 보장에 관한 주요내용
3	해약환급금에 관한 사항
4	보험금이 금리에 연동되는 보험상품의 경우 적용금리 및 보험금 변동에 관한 사항
5	보험금 지급제한 조건
6	보험안내자료의 제작기관명, 제작일, 승인번호
7	보험 상담 및 분쟁의 해결에 관한 사항
8	보험안내자료 사용기관의 명칭 또는 보험모집자의 성명이나 명칭 그 밖에 필요한 사항
9	그 밖에 보험계약자의 보호를 위하여 필요하다고 인정되는 사항

ⓛ 보험안내자료 준수사항

구분	준수사항
1	보험안내자료에 우체국보험의 자산과 부채를 기재하는 경우 우정사업본부장이 작성한 재무제표에 기재된 사항과 다른 내용의 것을 기재하지 못한다.
2	「독점규제 및 공정거래에 관한 법률」 제23조 제1항 각 호에서 규정하는 사항, 보험계약의 내용과 다른 사항, 보험계약자에게 유리한 내용만을 골라 안내하거나 다른 보험회사 상품과 비교한 사항, 확정되지 아니한 사항이나 사실에 근거하지 아니한 사항을 기초로 다른 보험회사 상품에 비하여 유리하게 비교한 사항을 기재하지 못한다.
3	보험안내자료에 우체국보험의 장래의 이익의 배당 또는 잉여금의 분배에 대한 예상에 관한 사항을 기재하지 못한다. 다만, 보험계약자의 이해를 돕기 위하여 필요하다고 인정하는 경우에는 그러하지 아니하다.

③ 보험모집 단계별 제공서류

구분		제공 서류
1단계	보험계약 체결 권유 단계	가입설계서, 상품설명서
2단계	보험계약 청약 단계	보험계약청약서 부본, 보험약관 * 청약서 부본의 경우 전화를 이용하여 청약하는 경우에는 보험업감독규정 제4-37조 제3호에서 정한 확인서 제공으로 이를 갈음 가능
3단계	보험계약 승낙 단계	보험가입증서(보험증권)

※ 단체보험의 경우 1단계를 적용하지 않는다.

④ 설명단계별 의무사항

㉠ 일반적인 보험의 경우

구분	설명 사항
1	주계약 및 특약별 보험료
2	주계약 및 특약별로 보장하는 사망, 질병, 상해 등 주요 위험 및 보험금
3	보험료 납입기간 및 보험기간
4	보험 상품의 종목 및 명칭
5	청약의 철회에 관한 사항
6	지급한도, 면책사항, 감액지급 사항 등 보험금 지급제한 조건
7	고지의무 위반의 효과
8	계약의 취소 및 무효에 관한 사항
9	해약환급금에 관한 사항
10	분쟁조정절차에 관한 사항
11	그 밖에 보험계약자 보호를 위하여 필요하다고 인정되는 사항

ⓛ 저축성보험 계약체결 권유 의무사항 : 10일 이내에 고객이 아래의 설명을 보험모집자로부터 받았음과 이해했음에 대한 확인을 통신수단을 통해 받아야 한다.

구분	설명 의무사항
1	납입보험료 중 사업비 등이 차감된 일부 금액이 적용이율로 부리된다는 내용
2	저축성보험(금리확정형보험은 제외) 계약의 경우 사업비 수준
3	저축성보험(금리확정형보험은 제외) 계약의 경우 해약환급금
4	기타 우정사업본부장이 정하는 사항

ⓒ 체결 시부터 보험금 지급 시까지의 주요과정 및 설명사항

구분	설명 사항
보험계약 체결단계	가. 보험의 모집에 종사하는 자의 성명, 연락처 및 소속 나. 보험의 모집에 종사하는 자가 보험계약의 체결을 대리할 수 있는지 여부 다. 보험의 모집에 종사하는 자가 보험료나 고지의무사항을 대신하여 수령 할 수 있는지 여부 라. 보험계약의 승낙절차 마. 보험계약 승낙거절 시 거절사유
보험금 청구단계	가. 담당 부서 및 연락처 나. 예상 심사기간 및 예상 지급일
보험금 지급단계	심사 지연 시 지연 사유

※ 보험계약자가 설명을 거부하는 경우 설명하지 않는다.

⑤ 통신수단을 이용하여 모집할 수 있는 대상자

구분	대상자
1	통신수단을 이용한 모집에 대하여 동의한 자
2	우체국보험계약을 체결한 실적이 있는 보험계약자 또는 피보험자(통신수단을 이용한 모집당시 보험계약이 유효한 자에 한함)
3	「신용정보의 이용 및 보호에 관한 법률」에 의한 개인정보제공·활용 동의 등 적법한 절차에 따라 개인정보를 제공받거나 개인정보의 활용에 관하여 동의를 받은 경우의 해당 개인

⑥ 보험계약의 체결 또는 모집에 관한 금지행위

ⓐ 보험계약 모집 종사자는 아래의 행위를 할 수 없다.

구분	금지 행위
1	보험계약자 또는 피보험자에게 보험계약의 내용을 사실과 다르게 알리거나 그 내용의 중요한 사항을 알리지 아니하는 행위
2	보험계약자 또는 피보험자에게 보험계약의 내용의 일부에 대하여 비교대상 및 기준을 명시하지 아니하거나 객관적인 근거 없이 다른 보험계약과 비교한 사항을 알리는 행위(「표시·광고의 공정화에 관한 법률」에 의하여 허용되는 경우를 제외한다)

3	보험계약자 또는 피보험자에 대하여 보험계약의 중요한 사항을 알리는 것을 방해하거나 알리지 아니할 것을 권유하는 행위
4	보험계약자 또는 피보험자가 체신관서에 대하여 중요한 사항에 관하여 부실한 사항을 알릴 것을 권유하는 행위
5	보험계약자 또는 피보험자로 하여금 이미 성립된 보험계약(이하 이 조에서 "기존보험계약"이라 한다)을 부당하게 소멸시킴으로써 새로운 보험계약(기존보험계약과 보장내용 등이 비슷한 경우)을 청약하게 하거나 새로운 보험계약을 청약하게 함으로써 기존보험계약을 부당하게 소멸시키거나 그 밖에 부당하게 보험계약을 청약하게 하거나 이러한 것을 권유하는 행위
6	모집할 자격이 없는 자로 하여금 모집을 하도록 하거나 이를 용인하는 행위
7	모집과 관련이 없는 금융거래를 통하여 취득한 개인정보를 미리 해당 개인의 동의를 받지 아니하고 모집에 이용하는 행위

ⓛ 아래의 행위를 한 자는 위의 금지행위 5호를 위반한 것으로 본다. 이 경우 보험계약자는 6개월 이내에 새로운 보험계약을 취소하고 소멸된 기존보험계약의 부활을 청구할 수 있으며 우정관서는 특별한 사유가 없다면 부활을 승낙해야 한다.

구분	기존계약 부당소멸 행위
가	기존보험계약이 소멸된 날부터 1개월 이내에 새로운 보험계약을 청약하게 하거나 새로운 보험계약을 청약하게 한 날부터 1개월 이내에 기존보험계약을 소멸하게 하는 행위(다만, 보험계약자가 기존 보험계약 소멸 후 새로운 보험계약 체결 시 손해가 발생할 가능성이 있다는 사실을 알고 있음을 본인의 의사에 따른 행위임이 명백히 증명되는 경우는 제외)
나	기존보험계약이 소멸된 날부터 6개월 이내에 새로운 보험계약을 청약하게 하거나 새로운 보험계약을 청약하게 한 날부터 6개월 이내에 기존보험계약을 소멸하게 하는 경우로서 해당 보험계약자 또는 피보험자에게 기존보험계약과 새로운 보험계약의 아래 6가지 중요한 사항을 비교하여 알리지 아니하는 행위 1. 보험료, 보험기간, 보험료 납입주기 및 납입기간 2. 보험가입금액 및 주요 보장 내용 3. 보험금액 및 환급금액 4. 예정 이자율 중 공시이율 5. 보험 목적 6. 우정관서의 면책사유 및 면책사항

⑦ 특별이익의 제공금지

구분	특별이익 제공금지 항목
1	3만 원을 초과하는 금품
2	기초서류에서 정한 사유에 근거하지 아니한 보험료의 할인 또는 수수료의 지급
3	기초서류에서 정한 보험금액보다 많은 보험금액의 지급의 약속
4	보험계약자 또는 피보험자를 위한 보험료의 대납
5	보험계약자 또는 피보험자가 체신관서로부터 받은 대출금에 대한 이자의 대납
6	보험료로 받은 수표 등에 대한 이자상당액의 대납

(2) 우체국보험 모집자

① 우체국 보험모집자

　　㉠ 우정사업본부 소속 공무원 · 별정우체국직원 · 상시집배원

　　㉡ 우체국 FC : 우체국으로부터 위탁을 받아 우체국보험의 모집 업무를 행하는 개인

　　㉢ 우체국 TMFC : 우체국장과 위촉계약을 체결하여 TCM(Tele-Cyber Marketing)을 통해 우체국 보험을 모집하는 개인

　　㉣ 우편취급국장 : 우체국창구업무의 일부를 수탁 받은 자

　　㉤ 그 밖에 우정사업본부장이 인정한 자

② 직원의 보험모집

　　㉠ 자격요건 : 아래 표 중 각 호의 어느 하나에 해당하는 자(우체국장은 비금융 업무담당자가 금융분야로 근무를 희망할 경우나 순환근무를 시행할 경우 아래 자격요건이 있는 직원을 우선적으로 금융분야에 배치하여야 한다)

구분	자격 요건
1	우정공무원교육원장(이하 "교육원장"이라 한다)이 실시하는 보험관련 교육을 3일 이상 이수한 자
2	교육원장이 실시하는 보험모집희망자 교육과정(사이버교육)을 이수하고 우정사업본부장, 지방우정청장 또는 우체국장이 실시하는 보험 관련 집합교육을 20시간 이상 이수한 자
3	교육훈련 인증제에 따른 금융분야 인증시험에 합격한 자
4	종합자산관리사(IFP), 재무설계사(AFPK), 국제재무설계사(CFP) 등 금융분야 자격증을 취득한 자

　　㉡ 보험모집 제한 : 다음에 해당하는 직원은 보험모집을 제한해야 한다.

구분	요건
1	신규임용일 또는 금융업무 미취급 관서(타부처 포함)에서 전입일 부터 3년 이하인 자 (단, 금융업무 담당자는 제외)
2	휴직자, 수술 또는 입원치료 중인 자
3	FC 조직관리 보상금을 지급 받는 자
4	관련 규정에 따라 보험모집 비희망을 신청한 자
5	관련 규정에 따른 우체국 FC 등록 제한자
6	전년도 보험 보수교육 의무이수시간 미달자
7	최근 1년간 보험모집 신계약 실적이 없는 자

　　㉢ 업무처리 방법

　　　　㉮ 보험모집자는 업무 절차 및 실무에 대해 우정사업본부장이 정하는 바에 따라 처리해야 한다.

　　　　㉯ 우체국장은 보험모집자가 원활한 보험모집 업무를 수행할 수 있도록 보험에 관한 기초지식, 관련 법규 및 실무, 보험약관, 보험상품 내용 등에 대해 지속적인 교육을 해야 한다.

③ FC의 보험모집

   ㉠ 자격요건

      ㉮ FC를 희망하는 자는 우체국FC 위촉계약 신청서를 우체국장에게 제출해야 한다.

      ㉯ 외국인의 경우 우리말을 바르게 이해하고 어휘를 정확하게 구사할 수 있어야 하며, 「출입국관리법」상 국내거주권(F-2), 재외동포(F-4), 영주자격(F-5)이 인정된 자이어야 한다.

   ㉡ 우체국 FC 등록 제한자

구분	등록제한 요건
1	민법상의 무능력자
2	파산자로서 복권되지 아니한 자
3	「우체국예금·보험에 관한 법률」 및 「보험업법」에 따라 벌금 이상의 형을 선고받고 그 집행이 종료되거나 집행이 면제된 날부터 2년이 경과되지 아니한 자
4	보험모집 등과 관련하여 법령, 규정 및 준수사항 등을 위반하여 보험모집 자격을 상실한 후 3년이 경과되지 아니한 자
5	「보험업법」에 따라 보험설계사·보험대리점 또는 보험중개사의 등록이 취소된 후 5년이 경과되지 아니한 자
6	FC 위촉계약 유지 최저기준에 미달하여 위촉계약이 해지된 후 6개월이 경과되지 아니한 자
7	보험회사, 금융회사, 선불식 할부거래회사 및 다단계 판매회사 등에 종사하는 자
8	우체국의 임시직 또는 경비용역 등에 종사하는 자

   ㉢ 업무 범위

구분	보험모집자
1	우체국보험 계약체결의 중개
2	계약유지를 위한 활동
3	상기 1, 2의 부대업무

(3) 보험계약의 청약

① 청약업무 개요

    ㉠ 보험계약을 체결하려는 자는 제1회 보험료와 함께 보험계약 청약서를 체신관서에 제출해야 한다.

    ㉡ 체신관서가 청약을 승낙함으로써 효력이 발생하며 청약을 거절할 경우 제1회 보험료(선납보험료 포함)를 청약자에게 반환해야 한다.

    ㉢ 체신관서가 계약을 승낙한 경우 다음의 기재사항이 포함된 보험가입증서를 작성하여 보험계약자에게 교부해야 한다.

종류	보험가입증서 기재사항
1	보험의 종류별 명칭
2	보험금액
3	보험료
4	보험계약자(보험계약자가 2인 이상인 경우에는 그 대표자를 말한다) · 피보험자 및 보험수익자의 성명 · 주소 및 생년월일
5	보험기간 및 보험료 납입기간
6	보험가입증서의 작성연월일 및 번호
7	그 밖에 우정사업본부장이 정하는 사항

② 청약업무 프로세스

단계	프로세스
1	고객면담(상품 설명 및 우체국보험 상담설계서 작성 등)
2	고객정보 입력
3	보험계약 청약서 발행
4	① 보험계약 청약서 및 상품설명서 등 작성 ② 약관의 주요내용 설명 ③ 약관 및 보험계약 청약서 부본, 상품설명서 등 교부
5	1회보험료 입금
6	청약서류 스캔(보험계약 청약서, 상품설명서 등 청약서류 기재사항 최종확인 등)
7	완전판매모니터링(3대 기본지키기 이행여부 재확인) 및 계약적부(대상계약에 한함) 실시
8	청약심사
9	청약심사 결과(성립/거절) 안내

※ 전자청약서비스, 스마트청약서비스는 별도의 프로세스를 적용

③ 전자청약서비스
　　㉠ 개념 : 고객이 보험모집자와의 사전 상담을 통해 설계한 청약내용을 우체국보험 홈페이지에 접속하여 필수정보 입력 후 공인인증을 통해 보험계약을 체결하는 서비스
　　㉡ 전자청약이 가능한 계약은 가입설계서를 발행한 계약으로 전자청약 전환을 신청한 계약에 한하며, 가입설계일로부터 10일(비영업일 포함)이내에 한하여 전자청약을 할 수 있다.
　　㉢ 타인계약(계약자와 피보험자가 다른 경우 또는 피보험자와 수익자가 다른 경우)과 미성년자 계약 등은 전자청약이 불가능하다.
　　㉣ 불완전판매 방지를 위해 보험모집자는 3대 기본 지키기를 이행해야 한다.
　　㉤ 전자청약을 이용하는 고객은 제2회 이후 보험료 자동이체 시 0.5%의 할인이 적용된다.

> **TIP** 3대 기본 지키기
> ㉠ 약관 및 청약서 부본 전달
> ㉡ 약관 주요 내용 설명
> ㉢ 계약자 및 피보험자의 자필서명

④ 스마트청약서비스
　　㉠ 개념 : 고객상담을 통해 설계한 내용을 기초로 모집자의 태블릿PC를 통해 필수정보를 입력하고, 제1회 보험료 입금까지 One-Stop으로 계약을 체결할 수 있는 서비스
　　㉡ 계약자가 성인이어야 이용 가능하다.
　　㉢ 불완전판매 방지를 위해 보험모집자는 3대 기본 지키기를 이행해야 한다.
　　㉣ 스마트청약을 이용하는 고객은 제2회 이후 보험료 자동이체 시 0.5%의 할인이 적용된다.

⑤ 우체국보험 가입대상과 보험나이
　　㉠ 우체국보험 계약체결 대상자는 국내 거주자가 원칙이다.
　　㉡ 외국인이더라도 국내에 거주 허가를 받은 사람은 우체국보험에 가입할 수 있지만, 내국인이어도 외국에 거주하는 사람은 가입할 수 없다.
　　㉢ 피보험자의 나이계산(보험나이)은 다음과 같다.

보험나이 계산방법
계약일 현재 피보험자의 실제 만 나이를 기준으로 6개월 미만의 끝수는 버리고 6개월 이상의 끝수는 1년으로 하여 계산하며, 이후 매년 계약 해당일에 나이가 증가하는 것으로 함 (다만, 계약의 무효 사유 중 만 15세 미만자의 해당하는 경우에는 실제 만 나이를 적용) 예 생년월일 : 1988년 10월 2일, 현재(계약일) : 2021년 4월 13일 　⇒ 2021년 4월 13일 - 1988년 10월 2일 = 32년 6월 11일 = 33세

(4) 언더라이팅(청약심사)

① 언더라이팅 개요

    ㉠ 체신관서는 보험계약에 대한 청약이 접수되면 피보험자의 신체적·환경적·도덕적 위험 등을 종합적으로 언더라이팅을 해야 한다.

    ㉡ 보험계약을 통해 이익을 얻기 위한 목적으로 자신의 건강상의 결함을 은닉하고 계약을 체결하는 역선택을 방지하기 위함이나.

② 계약 선택의 기준이 되는 세 가지 위험

    ㉠ 신체적 위험: 피보험자의 체격, 과거 병력, 현재의 건강상태 등의 차이에 의해 위험도가 달라지므로 사실 그대로를 체신관서에 알리는 것이 중요하다.

    ㉡ 환경적 위험: 피보험자의 직업이나 업무, 취미, 운전 등에 따라 위험도가 달라지기 때문에 직장명, 부서명, 직위, 하는 일 등 구체적인 내용을 파악해야 한다.

    ㉢ 도덕적 위험(재정적 위험): 피보험자의 생명, 신체를 고의로 손상시켜 보험금을 부당 수취하는 행위를 막기 위해 피보험자나 보험계약자의 수입, 지위, 나이 등에 비해 보험가입금액이 너무 크거나 보험금을 받는 사람이 제3자로 되어 있는 등 부자연스러운 점이 있을 때 그에 대한 이유를 충분히 조사해야 한다.

③ 1차 언더라이팅의 중요성

    ㉠ 보험모집자는 가장 먼저 고객을 만나 면담하는 사람이므로 피보험자의 위험을 1차적으로 선별하는 가장 중요한 1차적 언더라이터이다.

    ㉡ 1차 언더라이팅은 역선택 예방과 적절한 가입조건의 선택을 위해 가장 중요한 단계이므로 성실한 고지 이행 유도 및 고객에 대한 정확한 안내가 있어야 우체국보험 사업 안정성 강화에 기여할 수 있다.

④ 언더라이팅의 심사분류체계 … 우체국보험은 언더라이팅의 일반적 기준에 의한 심사분류체계를 수립하고, 이를 통해 다양한 피보험자의 위험정도에 따라 동일한 위험집단을 분류한다.

⑤ 언더라이팅 관련 제도

    ㉠ 계약적부조사

        ㉮ 적부조사자가 피보험자를 직접 면담하거나 전화를 활용해 적부 주요 확인사항을 중심으로 확인하는 것으로 계약적부조사서상에 주요 확인사항을 기재하고 피보험자가 최종 확인하는 제도이다.

        ㉯ 계약적부조사를 통해 피보험자의 위험에 대해 정확히 파악하고 고지의무위반의 조기발견과 부실계약의 예방을 할 수 있다.

        ㉰ 우체국보험은 연령, 보험종류, 직업 등 신체·환경·도덕적 기준에 의한 계약적부대상자 선정기준을 마련하여 조사를 실시하고 있다.

    ㉡ 특별조건부 계약

        ㉮ 피보험자의 위험을 측정한 결과 표준체로 인수가 불가능 할 경우 특별조건부 인수계약으로 계약할 수 있다.

ⓐ **특별조건의 종류 예시**

- **특정부위·질병 부담보** : 피보험자의 특정부위·질병에 일정기간 면책기간을 설정하여 인수하는 제도
- **특약해지** : 특정질병으로 인한 생존치료금 발생 가능성이 높을 경우 주계약에 부가된 선택특약 가입분을 해지(거절)처리 하여 보험금 지급사유를 사전에 차단하는 제도
- 보험료 할증
- 보험료 감액
- 보험금 삭감

ⓑ 우체국보험의 경우 특정부위·질병 부담보, 특약해지, 보험료 할증을 적용하고 있다.

ⓒ **환경적 언더라이팅** : 피보험자의 직업·취미·운전 등 환경적 위험등급에 따라 담보급부별 가입한도 차등화 등을 할 수 있다.

(5) 보험계약의 성립과 효력

① 계약의 승낙·거절과 청약의 철회

ⓐ 보험계약은 계약자의 청약과 체신관서의 승낙으로 이루어진다.

ⓑ 체신관서는 피보험자가 계약에 적합하지 않을 경우 계약을 거절하거나 별도의 조건을 부과하여 인수할 수 있다.

ⓒ 체신관서는 계약의 청약과 제1회 보험료를 받은 경우 청약일 부터 30일 이내에 승낙 또는 거절해야 한다.

ⓓ 계약을 승낙 할 경우 보험가입증서를 교부해야 한다(30일 이내에 통지하지 않으면 승낙된 것으로 본다).

ⓔ 계약자는 보험가입증서를 받은 날부터 15일 이내에 청약을 철회할 수 있다(전문보험계약자가 체결한 계약은 철회할 수 없다).

ⓕ 청약한 날부터 30일(단, 전화계약자 중 계약자의 나이가 만 65세 이상인 경우 45일)이 초과된 계약은 철회할 수 없다.

ⓖ 청약이 철회되면 체신관서는 청약 철회를 접수한 날부터 3일 이내에 납입한 보험료를 반환해야 한다.

② 보험계약의 효력

ⓐ **보험계약의 성립**

ⓐ 보장개시일은 보험자가 제1회 보험료를 받은 날부터이다.

ⓑ 자동이체납입의 경우 자동이체 신청에 필요한 정보를 제공한 때부터이다.

ⓑ **보험계약의 무효**

ⓐ 법률상 효력이 처음부터 발생하지 않은 것을 의미한다.

ⓑ 다음의 경우 보험계약을 무효로 하고 납입된 보험료를 반환한다.

종류	무효사유
1	타인의 사망을 보험금 지급사유로 하는 계약에서 계약을 체결할 때까지 피보험자의 서면에 의한 동의를 얻지 않은 경우(다만, 단체가 규약에 따라 구성원의 전부 또는 일부를 피보험자로 하는 계약을 체결하는 경우에는 이를 적용하지 않음. 이 때 단체보험의 보험수익자를 피보험자 또는 그 상속인이 아닌 자로 지정할 때에는 단체의 규약에서 명시적으로 정한 경우가 아니면 이를 적용함)
2	만 15세 미만자, 심신상실자 또는 심신박약자를 피보험자로하여 사망을 보험금 지급사유로 한 계약의 경우(다만, 심신박약자가 계약을 체결하거나 소속 단체의 규약에 따라 단체보험의 피보험자가 될 때에 의사능력이 있는 경우에는 계약이 유효함)
3	계약을 체결할 때 계약에서 정한 피보험자의 나이에 미달되었거나 초과되었을 경우(다만, 체신관서가 나이의 착오를 발견하였을 때 이미 계약나이에 도달한 경우에는 유효한 계약으로 보나, 제2호의 만 15세 미만자에 관한 예외가 인정되는 것은 아님)

ⓒ 보험계약의 취소

㉮ 계약은 성립되었으나 취소되어 그 법률 효과가 소급되어 없어짐을 의미한다.

㉯ 사기에 의한 계약에 해당하는 경우 체신관서는 계약에 대해 취소권을 행사할 수 있다.

보험계약 취소사유
피보험자가 청약일 이전에 암 또는 인간면역결핍바이러스(HIV) 감염의 진단 확정을 받은 후 계약자 또는 피보험자가 이를 숨기고 가입하는 등의 뚜렷한 사기의사에 의하여 계약이 성립되었음을 체신관서가 증명하는 경우에는 보장개시일부터 5년 이내(사기사실을 안 날부터는 1개월 이내)에 계약을 취소할 수 있음

㉰ 보험모집자가 청약 시 3대 기본 지키기 같은 의무를 이행하지 않을 경우 계약자는 계약 성립 3개월 이내에 취소권을 행사할 수 있으며 체신관서는 이미 납입한 보험료에 보험료를 받은 기간에 대하여 환급금대출이율을 연 단위 복리로 계산한 금액을 더하여 지급해야 한다.

❾ 우체국보험 계약유지 및 보험금지급

(1) 계약 유지업무

① 개요

㉠ 넓은 의미 : 생명보험계약의 성립 이후부터 소멸까지 전 보험기간에 생기는 모든 사무

㉡ 좁은 의미 : 청약업무와 보험금 지급업무를 제외한 즉시지급, 보험료수납, 계약사항 변경 및 정정, 납입 최고(실효예고안내) 등 일부사무

㉢ 생명보험의 보험기간은 장기적 이므로 고객에게 생기는 여러 가지 사정의 변경에 대해 보험회사가 적절히 대응하기 위해 계약유지업무가 필요하다.

② 보험료의 납입

　　㉠ 우체국보험은 고객의 보험료 납입편의를 위해 납입기간, 납입주기, 납입방법 및 할인제도 등을 다양하게 운영하고 있다.

　　㉡ 보험계약자는 제2회분 이후의 보험료를 약정한 납입방법으로 납입 해당 월의 납입기일까지 납입해야 한다.

　　㉢ 기간에 따라 전기납, 단기납으로 분류된다.

　　㉣ 체신관서는 보험료를 납입 받으면 영수증을 발행하여 교부해야 한다. 단, 금융기관을 통해 자동이체 하는 경우 해당기관에서 발행한 증빙서류(자동이체 기록 등)로 영수증을 대신할 수 있다.

　　㉤ 보험료 납입주기

종류	납입방법
연납	보험료를 매년 연1회 납입하는 방법
6월납	보험료를 매년 2회, 매 6개월마다 납입하는 방법
3월납	보험료를 매년 4회, 매 3개월마다 납입하는 방법
월납	보험료를 매월 납입하는 방법
일시납	보험료를 일시에 납입

③ 보험료의 납입방법

　　㉠ 창구수납 : 계약자가 우체국을 방문하여 보험료를 창구에 직접 납입하는 방법

　　㉡ 자동이체

　　　　㉮ 우체국계좌 또는 은행계좌에서 약정일 에 보험료를 자동으로 출금하여 이체 · 납입하는 제도

　　　　㉯ 자동이체 약정은 유지중인 계약에 한해서 처리가 가능하다.

　　　　㉰ 예금주 본인에게만 신청 · 변경 권한이 있다.

　　　　㉱ 자동이체 신청은 체신관서, 은행, 우체국보험고객센터, 전자금융(폰뱅킹, 인터넷뱅킹, 모바일앱)에서 신청 가능하다.

　　　　㉲ 우체국보험은 합산자동이체 제도를 운영하고 있다.

> 📢 TIP **합산자동이체** … 동일 계약자의 2건 이상의 보험계약이 동일계좌에서 같은 날에 자동이체 되는 경우, 증서별 보험료를 합산하여 1건으로 출금하는 제도

　　㉢ 전자금융에 의한 납입 : 인터넷 홈페이지(www.epostbank.go.kr), 폰뱅킹, 모바일(포스트페이앱 포함)을 통해 보험료를 납입할 수 있다.

　　㉣ 자동화기기(CD/ATM)에 의한 납입

　　　　㉮ 우체국에 설치된 자동화기기를 이용하여 우체국 계좌에서 자금을 인출해 보험료를 납입하는 방법

　　　　㉯ 우체국에서 발행한 우체국 현금카드(제휴카드 포함) 및 IC 카드를 이용해야 한다.

　　　　㉰ 우체국계좌에 납입하고자 하는 보험료 상당의 잔고가 있어야 한다.

　　　　㉱ 연체분이나 선납도 가능하다.

ⓜ 카드납입

㉮ TM, 온라인(인터넷, 모바일)을 통해 가입한 보장성 보험계약에 한해 카드납부가 가능하다.

㉯ 초회보험료(1회), 계속보험료(2회 이후)를 대상으로 하며 부활보험료는 제외한다.

> 📢 TIP **TM(Tele Marketing)** … 우체국 TMFC(Tele-Marketing Financial Consultant)를 통해 전화 등 통신수단을 활용하여 보험을 모집하는 영업활동

ⓗ 계속보험료 실시간이체

㉮ 고객요청 시 즉시 계약자의 계좌 또는 보험료 자동이체 계좌에서 현금을 인출하여 보험료를 납부하는 제도

㉯ 자동이체 약정여부에 관계없이 처리 가능하며, 계약상태가 정상인 계약만 가능하다.

④ **보험료 자동대출 납입제도**

㉠ 보험료 미납으로 실효(해지)될 상태에 있는 보험계약에 대해 계약자의 신청이 있는 경우 해약환급금 범위 내에서 자동으로 대출하여 보험료를 납입할 수 있다.

㉡ 환급금대출금과 환급금대출이자를 합산한 금액이 해약환급금을 초과하는 경우 보험료의 자동대출납입을 지속할 수 없다.

㉢ 기간은 최초 자동대출납입일 부터 1년을 한도로 하며 그 이후의 기간에 대해서는 재신청을 해야 한다.

⑤ **보험료의 할인** … 특정한 방법으로 보험료를 내는 경우 일부를 할인함으로써 가입자에게 이익을 제공하고 보험료 납입업무를 간소화하는 제도

㉠ **선납할인**

㉮ 향후의 보험료를 1개월분 이상 미리 납입하는 경우 적용되는 할인

㉯ 할인율은 해당상품 약관에서 정한 예정이율(2017. 5. 19. 이후 상품)로 계산한다.

㉡ **자동이체 할인**

㉮ 보험계약자가 보험료(최초보험료 제외)를 자동이체로 납입 할 경우 보험료의 2%에 해당하는 금액의 범위에서 보험료를 할인할 수 있다.

㉯ 우체국보험은 계약체결 시기, 이체 금융기관, 청약방법 등에 따라 약 0.1% ~ 1.5%의 할인율을 적용하고 있다.

㉢ **단체납입 할인**

㉮ 5명 이상의 단체를 구성하여 보험료의 단체납입을 청구할 수 있으며 이 경우 2%에 해당하는 금액의 범위에서 보험료를 할인할 수 있다.

㉯ 현재 단체계약 할인율은 우체국 자동이체납입 할인율과 동일하다.

㉰ 자동이체 할인과 중복이 불가능하다.

㉣ **다자녀 할인**

㉮ 두 자녀 이상을 둔 가구에 한해 보험료의 자동이체 납입 시 할인하는 제도

㉯ 할인은 자녀수에 따라 0.5% ~ 1.0%까지 차등적용 된다.

㉰ 자동이체 할인과 중복할인이 가능하다.

ⓜ 의료수급권자 할인

　㉮ 의료급여 수급권자에게 실손의료비보험의 보험료를 할인하는 제도

　㉯ 의료급여 수급권자로서 증명서류를 제출해야 하며, 영업 보험료의 5%를 할인하고 있다.

ⓑ 실손의료비보험 무사고 할인 : 갱신 직전 보험기간 동안 보험금이 지급되지 않은 경우 할인하는 제도로 갱신 후 영업보험료의 5~10%를 할인하고 있다.

ⓢ 우리가족암보험 보험료 할인 : 피보험자가 B형 간염 항체 보유 시 영업보험료의 3%를 할인해 주는 B형 간염 항체보유 할인과 고혈압과 당뇨병이 모두 없을 때 영업보험료의 5%가 할인되는 우리가족암보험 3종(실버형) 건강체 할인이 있다.

ⓞ 고액계약 보험료할인

　㉮ 경제적 부담이 큰 고액보험에 대해 보험가입금액 2천만 원 이상 가입 시 주계약 보험료에 대해 1~3% 보험료 할인혜택을 적용한다.

　㉯ 고액계약 보험료할인 대상상품 : 무배당 우체국하나로OK보험, 무배당 우체국든든한종신보험, 무배당 우체국통합건강보험, 무배당 온라인정기보험

　㉰ 보험가입금액 별 할인율

보험가입금액	2천~3천만 원 미만	3천~4천만 원 미만	4천만 원
할인률	1.0%	2.0%	3.0%

⑥ 보험료의 납입면제

　㉠ 보험의 종류에 따라 보험약관에서 정한 보험료의 납입 면제사유에 해당하는 경우 보험료의 납입이 면제된다.

　㉡ 보험계약자 또는 보험수익자는 의료기관에서 발행한 진단서를 체신관서에 제출해야 한다.

　㉢ 공익사업 등 별도의 목적으로 개발된 보험으로서 우정사업본부장이 정하는 보험은 제외한다.

(2) 보험계약의 효력 상실 및 부활

① 보험료의 납입유예

　㉠ 보험계약자가 보험료를 내지 않고 유예기간이 지난 때 보험계약은 효력을 잃는다.

　㉡ 납입 유예기간은 해당 월분 보험료의 납입기일부터 2개월 후 말일까지이다(마지막 날이 영업일이 아닌 경우 그 다음 날).

② 보험계약의 납입최고와 계약의 해지

　㉠ 계약자가 납입 연체중일 경우 체신관서는 납입최고(독촉)하고, 유예기간이 끝나는 날까지 납입이 되지 않으면 유예기간이 끝나는 다음 날에 계약은 해지된다.

　㉡ 체신관서의 납입최고는 유예기간이 끝나기 15일 이전까지 서면 등으로 이루어진다.

ⓒ 보험료 납입최고 안내사항

구분	안내사항
1	계약자(보험수익자와 계약자가 다른 경우 보험수익자를 포함)에게 유예기간 내에 연체보험료를 납입하여야 한다는 내용
2	유예기간이 끝나는 날까지 보험료를 납입하지 않을 경우 유예기간이 끝나는 날의 다음 날에 계약이 해지된다는 내용(이 경우 계약이 해지되는 때에는 즉시 해약환급금에서 환급금대출의 원금과 이자가 차감된다는 내용을 포함)

② 보험료 납입연체로 계약이 해지 되었을 때 보험계약자는 해약환급금을 청구하여 계약을 소멸시키거나, 부활절차를 밟고 체신관서의 승낙을 얻어 부활시킬 수 있다.

③ 보험계약의 부활

ⓐ 납입연체로 인한 해지계약이 해지환급금을 받지 않은 경우 계약자는 해지된 날부터 3년 이내에 체신관서가 정한 절차에 따라 부활을 청약할 수 있다.

ⓑ 체신관서가 부활을 승낙한 때에 계약자는 부활을 청약한 날까지의 연체된 보험료에 약관에서 정한 이자를 더하여 납입해야 한다.

(3) 보험계약의 변경 및 계약자의 임의해지

① 계약내용의 변경

ⓐ 계약자는 체신관서의 승낙을 얻어 보험료의 납입방법, 보험가입금액의 감액, 계약자, 기타계약의 내용(단, 보험종목 및 보험료 납입기간의 변경은 제외)을 변경할 수 있다.

ⓑ 보험가입금액 감액의 경우 감액된 부분은 해지된 것으로 보며, 해약환급금을 계약자에게 지급한다.

ⓒ 계약자는 보험수익자를 변경할 수 있으며 이 경우 체신관서의 승낙은 필요 없다. 단, 변경된 보험수익자가 체신관서에 권리를 대항하기 위해서는 계약자가 보험수익자가 변경되었음을 체신관서에 통지해야 한다.

ⓓ 보험수익자를 변경 할 때는 보험금의 지급사유가 발생하기 전 피보험자가 서면으로 동의해야한다.

② 계약자의 임의해지 및 피보험자의 서면동의 철회권

ⓐ 계약자는 계약 소멸 전 언제든지 계약을 해지할 수 있다.

ⓑ 계약이 해지될 경우 체신관서는 해당 상품의 약관에 따른 해약환급금을 계약자에게 지급해야 한다.

ⓒ 사망을 보험금 지급사유로 하는 계약에서 서면으로 동의를 한 피보험자는 계약의 효력이 유지되는 기간에는 언제든지 서면동의를 철회할 수 있다.

③ 중대사유로 인한 계약 해지 … 아래와 같은 사실이 있을 경우 체신관서는 그 사실을 안 날부터 1개월 이내에 계약을 해지할 수 있다. 이 경우 체신관서는 계약자에게 통지하고 약관에 따른 해약환급금을 지급한다.

구분	중대사유
1	계약자, 피보험자 또는 보험수익자가 고의로 보험금 지급사유를 발생시킨 경우
2	계약자, 피보험자 또는 보험수익자가 보험금 청구에 관한 서류에 고의로 사실과 다른 것을 기재하였거나 그 서류 또는 증거를 위조 또는 변조한 경우(다만, 이미 보험금 지급사유가 발생한 경우에는 보험금 지급에 영향을 미치지 않음)

(4) 고지의무

① 개요 … 계약자 또는 피보험자는 청약 시 청약서에서 질문한 사항에 대해 알고 있는 사실을 반드시 사실대로 알려야 한다.

② 고지의무 위반의 효과

　㉠ 체신관서는 계약자 또는 피보험자가 고지의무에도 불구하고 고의 또는 중대한 과실로 중요한 사항에 대해 사실과 다르게 알린 경우 계약을 해지하거나 보장을 제한할 수 있다.

　㉡ 고지의무 위반으로 인해 계약이 해지될 때는 해약환급금을 지급하며, 보장을 제한할 때는 보험료, 보험가입금액 등이 조정될 수 있다.

　㉢ 고지의무를 위반한 사실이 보험금 지급사유 발생에 영향을 미쳤음을 체신관서가 증명하지 못한 경우 계약의 해지 또는 보장을 제한하기 이전까지 발생한 해당 보험금을 지급한다.

　㉣ 다음의 경우 중 한 가지에 해당되는 때는 계약을 해지하거나 보장을 제한할 수 없다.

구분	해지(또는 보장제한) 불가사유
1	체신관서가 계약 당시에 그 사실을 알았거나 과실로 인하여 알지 못하였을 때
2	체신관서가 그 사실을 안 날부터 1개월 이상 지났거나 또는 보장개시일부터 보험금 지급사유가 발생하지 않고 2년이 지났을 때
3	계약을 체결한 날부터 3년이 지났을 때
4	보험을 모집한 자가 계약자 또는 피보험자에게 고지할 기회를 주지 않았거나 계약자 또는 피보험자가 사실대로 고지하는 것을 방해한 경우, 계약자 또는 피보험자에게 사실대로 고지하지 않게 하였거나 부실한 고지를 권유했을 때

(5) 환급금대출

① 환급금대출

　㉠ 개요 : 해약환급금의 범위 내에서 계약자의 요구에 따라 대출해주는 제도이다.

　㉡ 대출자격 : 유효한 보험계약을 보유하고 있는 우체국보험 계약자

　㉢ 순수보장성보험 등 보험상품의 종류에 따라 대출을 제한할 수 있다.

　㉣ 연금보험의 경우 연금개시 후에는 환급금대출을 제한한다. 단, 계약해지가 가능한 연금보험은 대출을 허용할 수 있다.

　㉤ 대출기간은 환급금대출 대상계약의 보험기간(연금보험의 경우 연금개시 전)이내이다.

ⓗ 보험종류별 대출금액

구분	대출금액
1	연금 보험을 포함한 저축성 보험은 해약환급금의 최대 95%이내 (즉시연금보험 및 우체국연금보험 1종은 최대 85%이내)
2	보장성 보험은 해약환급금의 최대 85%이내(실손보험 및 교육보험은 최대 80%이내)

② **불공정 대출금지** … 채신관서는 우체국보험대출을 취급함에 있어 다음 행위를 해서는 안 된다.

ⓐ 대출을 조건으로 차주의 의사에 반하여 추가로 보험가입을 강요하는 행위

ⓑ 부당하게 담보를 요구하거나 연대보증을 요구하는 행위

ⓒ 대출업무와 관련하여 부당한 편익을 제공받는 행위

ⓓ 우월적 지위를 이용하여 이용자의 권익을 부당하게 침해하는 행위

(6) 보험금 지급

① **개요**

ⓐ 보험금 지급 : 보험 본연의 목적이며 체신관서가 부담해야 하는 의무

ⓑ 법령 등이 정한 특정한 경우를 제외하고 보험사고 발생 시 빠른 시일 내에 보험금을 지급해야 한다.

ⓒ 계약자, 피보험자, 보험수익자는 약관에서 정한 보험사고 발생을 안 때는 지체 없이 체신관서에 알려야 한다.

② **보험금의 지급청구**

ⓐ 보험금 청구서류

㉮ 보험금의 지급청구를 할 때는 해당하는 서류를 제출하고 보험금 또는 보험료 납입면제를 청구해야 한다.

㉯ 보험금 청구서류

- 청구서(체신관서양식)
- 사고증명서(사망진단서, 장해진단서, 진단서, 입원확인서 등)
- 신분증(본인이 아닌 경우 본인의 인감증명서 또는 본인서명사실확인서 포함)
- 기타 보험수익자 또는 계약자가 보험금 수령 또는 납입면제 청구에 필요하여 제출하는 서류
※ 사고증명서는 국내의 병원이나 의원 또는 국외의 의료관련법에서 정한 의료기관에서 발급한 것이어야 한다.

ⓑ 즉시지급과 심사지급

㉮ 즉시지급 : 별도의 심사 또는 조사 없이 접수처리 즉시 보험금 등을 지급하는 것으로 생존보험금, 해약환급금, 연금, 학자금, 계약자 배당금 등이 있다.

㉯ 심사지급 : 보험금 지급청구 접수 시 사실증명 및 사고조사에 필요한 관계서류를 제출받아 보험금 지급의 적정여부를 심사한 후 약정한 보험금을 지급하는 것

ⓒ 보험금의 지급절차

㉮ 체신관서가 보험금 청구서류를 접수하면 접수증을 교부(휴대전화 문자 메시지, 전자우편 등으로도 송부)하고 3영업일 이내에 보험금을 지급하거나, 보험료 납입을 면제해야 한다.

㉯ 보험금지급 또는 면제사유의 조사나 확인이 필요한 때는 접수 후 10영업일 이내에 보험금을 지급한다.

㉰ 10영업일 이내에 보험금을 지급하지 못할 것으로 예상되는 경우 구체적 사유와 지급예정일 및 보험금 가지급제도에 대해 피보험자나 보험수익자에게 즉시 통지한다.

> 📢TIP **보험금 가지급제도** … 지급기한 내에 보험금이 지급되지 못할 것으로 판단될 경우 예상되는 보험금의 일부를 먼저 지급하는 제도

㉱ 아래의 보험금 지급예정일 30일 초과 사유에 해당하는 경우를 제외하고는 보험금 청구서류를 접수한 날부터 30영업일 이내에서 정한다.

구분	보험금 지급예정일 30일 초과 사유
1	소송제기
2	분쟁조정신청
3	수사기관의 조사
4	해외에서 발생한 보험사고에 대한 조사
5	체신관서의 조사요청에 대한 동의 거부 등 계약자, 피보험자 또는 보험수익자의 책임 있는 사유로 보험금 지급사유의 조사와 확인이 지연되는 경우
6	보험금 지급사유 등에 대해 제3자의 의견에 따르기로 한 경우

③ 보험금을 지급하지 않는 사유

㉠ 보험수익자나 계약자의 보험금 청구에도 불구하고 보험금 지급 면책사유 중 어느 한 가지라도 해당하는 경우 보험금을 지급하지 않거나 보험료 납입을 면제하지 않는다.

㉡ 보험금지급 면책사유

구분	면책사유
1	피보험자가 고의로 자신을 해친 경우 ※ 다음 중 어느 하나에 해당하면 보험금을 지급하거나 보험료 납입을 면제함 　가. 피보험자가 심신상실 등으로 자유로운 의사결정을 할 수 없는 상태에서 자신을 해친 경우 　나. 계약의 보장개시일(부활의 경우 부활청약일)부터 2년이 지난 후에 자살한 경우
2	보험수익자가 고의로 피보험자를 해친 경우 ※ 보험수익자가 보험금의 일부 보험수익자인 경우에는 다른 보험수익자에 대한 보험금은 지급함
3	계약자가 고의로 피보험자를 해친 경우

④ **사망보험금 선지급제도** … 선지급서비스특칙에 의해 보험기간 중에 종합병원의 전문의 자격을 가진 자가 피보험자의 남은 생존기간이 6개월 이내라고 판단한 경우 체신관서가 정한 방법에 따라 사망보험금액의 60%를 선지급 사망보험금으로 피보험자에게 지급하는 제도

⑤ **분쟁의 조정 등**
  ㉠ 계약에 관해 분쟁이 있는 경우 관계자들은 우체국보험 분쟁조정위원회의 심의조정을 받을 수 있다.
  ㉡ 약관해석 원칙
    ㉮ 신의성실의 원칙에 따라 공정하게 약관을 해석하여야 하며 계약자에 따라 다르게 해석하지 않음
    ㉯ 약관의 뜻이 명백하지 않은 경우에는 계약자에게 유리하게 해석함
    ㉰ 보험금을 지급하지 않는 사유 등 계약자나 피보험자에게 불리하거나 부담을 주는 내용은 확대하여 해석하지 않음

⑥ **소멸시효** … 보험금청구권, 보험료 반환청구권, 해약환급금청구권 및 책임준비금 반환청구권은 3년간 행사하지 않으면 소멸시효가 완성된다.

❿ 리스크관리 및 자금운용 등

(1) 리스크 관리

① 개요
  ㉠ 금융시장에서 리스크는 예측하지 못한 어떤 사실이나 행위가 자본 및 수익에 부정적인 영향을 끼칠 수 있는 잠재적인 가능성을 뜻한다.
  ㉡ 리스크는 리스크관리 활동을 통해 최소화함으로써 손실 관리를 할 수 있다.
  ㉢ 적절한 리스크관리를 수행하여 투자에 대한 불확실성 수준에 따른 수익을 보존할 수도 있다.

  📢TIP **리스크와 위험의 차이**

구분	내용
리스크 (Risk)	예측하지 못한 사실 또는 행위로 인해 자본 및 수익에 부정적인 영향이 발생할 수 있는 잠재적 가능성 • 수익의 불확실성 또는 손실발생 가능성 • 불확실성 정도에 따른 보상 존재 • 통계적 방법을 통해 관리 가능 예 주식투자, 건강관리 등
위험 (Danger)	수익에 관계없이 손실만을 발생시키는 사건 • 적절한 보상이 주어지지 않음 • 회피함으로써 제거하거나 전가하는 것이 최선 예 자연재해, 화재, 교통사고 등

② 리스크의 종류

　㉠ 주가, 금리와 같은 데이터를 활용해 산출 및 관리가 가능한 재무적 리스크와 비정형화된 리스크로서 산출 및 관리가 어려운 비재무적 리스크가 있다.

　㉡ 리스크의 상세종류

리스크 유형		내용
재무 리스크	시장리스크	금리, 주가, 환율 등 시장변수가 불리한 방향으로 변화하여 주식, 채권, 파생상품 등의 자산가치가 감소할 수 있는 리스크
	신용리스크	거래 상대방의 채무 불이행에 따라 발생할 수 있는 손실 가능성
	금리리스크	자산, 부채의 만기 및 금리조건 불일치로 인해 금리의 변동에 따라 순자산가치가 감소할 리스크
	유동성리스크	자금의 조달, 운영기간의 불일치, 예기치 않은 자금 유출 등으로 지급불능상태에 직면할 리스크
	보험리스크	보험료 산정에 필수적인 예정기초율(예정위험율, 예정이율, 예정사업비율)과 실제 발생율의 차이로 인한 손실 발생 가능성
비재무 리스크	운영리스크	부적절하거나 잘못된 내부의 업무 절차, 인력 및 시스템 또는 외부의 사건으로부터 초래될 수 있는 손실발생 가능성

③ 리스크 관리 필요성

　㉠ 과거에 비해 높아진 손실의 연쇄효과 : IT기술 및 금융공학의 발달, 새로운 유형의 투자 상품 개발, 전세계 금융시장의 연결, 대규모 인수합병을 통한 금융회사 규모의 거대화

　㉡ 국내 금융시장의 변화 : 은행 중심의 대형화 · 겸업화, 핀테크의 발전, 인터넷전문은행 등장

　㉢ 보험사의 업종 간 경쟁심화로 인한 지급여력비율 하락 등

(2) 우체국보험 재무건전성 관리

① 건전경영의 유지 … 우정사업본부장은 우체국보험의 보험금 지급능력과 재무건전성 확보를 위해 다음을 준수해야 한다.

　㉠ 자본의 적정성에 관한 사항

　㉡ 자산의 건전성에 관한 사항

　㉢ 그 밖에 경영의 건전성 확보를 위하여 필요한 사항

② 자본의 적정성

　㉠ 지급여력비율을 분기별로 산출 · 관리해야 한다.

　　📣TIP **지급여력비율**

　　지급여력금액 : 기본자본과 보완자본을 합산한 후 차감항목을 차감하여 산출

　　지급여력기준금액 : 보험사업에 내재된 다양한 리스크를 보험 · 금리 · 시장 · 신용 · 운영 리스크로 세분화하여 측정

　　지급여력비율 = 지급여력금액 ÷ 지급여력기준금액

ⓛ 지급여력비율은 100% 이상을 유지하도록 노력해야 한다.

③ 경영개선계획

　　㉠ 우정사업본부장은 우체국보험의 지급여력비율이 100% 미만이 되어 보험금을 지급하지 못할 우려가 있다고 판단되는 경우 경영개선계획을 수립·시행해야 한다.

　　㉡ 경영계선계획

　　　㉮ 인력 및 조직운영의 개선

　　　㉯ 사업비의 감축

　　　㉰ 재정투입의 요청

　　　㉱ 부실자산의 처분

　　　㉲ 고정자산에 대한 투자 제한

　　　㉳ 계약자배당의 제한

　　　㉴ 위험자산의 보유제한 및 자산의 처분

④ 자산의 건전성

　　㉠ 우정사업본부장은 자산건전성 분류 대상 자산에 대해 건전성을 '정상', '요주의', '고정', '회수의문', '추정손실'의 5단계로 분류해야 한다.

　　㉡ 회수의문, 추정손실로 분류된 자산(부실자산)을 조기에 헤아려 자산의 건전성을 확보해야 한다.

　　㉢ 자산건전성 분류 대상 자산

　　　㉮ 대출채권

　　　㉯ 유가증권

　　　㉰ 보험미수금

　　　㉱ 미수금·미수수익

　　　㉲ 그 밖에 건전성 분류가 필요하다고 인정하는 자산

(3) 우체국보험 자금운용 등

① 보험적립금 운용

　　㉠ 보험적립금을 운용할 때는 안정성·유동성·수익성·공익성이 확보되도록 해야 한다.

　　㉡ 보험적립금 운용방법

　　　㉮ 금융기관에의 예탁

　　　㉯ 「자본시장과 금융투자업에 관한 법률」에 따른 증권의 매매 및 대여

　　　㉰ 국가, 지방자치단체와 과학기술정보통신부령으로 정하는 공공기관에 대한 대출

　　　㉱ 보험계약자에 대한 대출

　　　㉲ 대통령령으로 정하는 업무용 부동산의 취득·처분 및 임대

　　　㉳ 「자본시장과 금융투자업에 관한 법률」 제5조에 따른 파생상품의 거래

　　　㉴ 「벤처기업육성에 관한 특별조치법」 제2조 제1항에 따른 벤처기업에의 투자

　　　㉵ 재정자금에의 예탁

ⓐ 「자본시장과 금융투자업에 관한 법률」 제355조에 따른 자금중개회사를 통한 금융기관에의 대여

ⓐ 그 밖에 대통령령으로 정하는 적립금 증식

② **적립금 운용계획의 수립 및 운용분석**

㉠ 우정사업본부장은 적립금의 효율적인 운용을 위해 연간 적립금 운용계획과 분기별 적립금 운용계획을 수립해야 한다.

㉡ 적립금 운용계획은 우체국보험적립금분과위원회의 심의를 받아야 한다.

㉢ 우정사업본부장은 적립금 운용상황 및 결과를 매월 분석하여야 하며, 분석결과는 우체국보험적립금운용분과위원회에 보고해야 한다.

③ **회계기준 및 재무제표**

㉠ 우체국보험의 회계처리 및 재무제표 작성은 「우체국보험회계법」, 「국가재정법」, 「국가회계법」, 같은 법 시행령 및 시행규칙에서 정하는 바에 따른다.

㉡ 관련 법령에서 정하지 않은 사항은 우체국보험 회계처리지침에 따르며 이 지침에도 정하지 않은 사항은 보험업 회계처리준칙을 준용한다.

㉢ 우체국보험적립금회계의 재무제표는 재무상태표, 손익계산서, 이익잉여금처분계산서 또는 결손금처리계산서, 현금흐름표로 한다.

※ 분기 결산 시에는 재무상태표와 손익계산서만 작성할 수 있다.

④ **결산**

㉠ 우정사업본부장은 해당 회계연도의 경영성과와 재무상태를 명확히 알 수 있도록 법령을 준수하여 결산서류를 명료하게 작성해야 한다.

㉡ 매 회계연도 마다 적립금의 결산서를 작성하고 외부 회계법인의 검사를 받아야 한다.

⑤ **경영공시**

㉠ 우정사업본부장은 경영의 투명성 확보를 위해 경영공시사항을 공시해야 한다.

㉡ 공시는 결산이 확정된 날부터 1개월 이내에 보험계약자 등 이해관계자가 알기 쉽도록 간단명료하게 작성해서 우정사업본부 인터넷 홈페이지 등에 게시해야 한다.

㉢ 우체국보험 경영공시 대상

구분	대상
1	조직 및 인력에 관한 사항
2	재무 및 손익에 관한 사항
3	자금조달·운용에 관한 사항
4	건전성·수익성·생산성 등을 나타내는 경영지표에 관한 사항
5	경영방침, 리스크관리 등 경영에 중요한 영향을 미치는 사항
6	관련법에 따라 금융위원회에 제출된 결산서류 및 기초서류에 대해 금융위원회의 의견 또는 권고에 관한 사항
7	그 밖에 이해관계자의 보호를 위하여 공시가 필요하다고 인정되는 사항

⑥ 상품공시

㉠ 우정사업본부장은 인터넷 홈페이지 상품공시란을 설정하여 보험계약자 등이 판매상품에 관한 상품공시 사항을 확인할 수 있도록 공시해야 한다.

㉡ 보험계약자는 우정사업본부장에게 기초서류에 대한 열람을 신청할 수 있으며, 우정사업본부장은 정당한 사유가 없는 한 이에 응해야 한다.

㉢ 우체국보험 상품공시 대상

구분	대상
1	보험안내서
2	판매상품별 상품요약서, 사업방법서 및 보험약관(변경 전 보험약관 및 판매중지 후 2년이 경과되지 아니한 보험약관을 포함함)
3	금리연동형 보험의 적용이율 및 환급금대출이율 등
4	계약자배당금 산출기준, 계약자배당율, 계약자배당준비금 부리이율
5	그 밖에 보험계약자의 보호를 위하여 필요하다고 인정되는 사항

1 다음 중 보험의 정의로 옳지 않은 것은?

① 보험자에게 손실발생과 관련된 불확실성을 전가하는 것
② 위험에 대비해 경제적 손실을 보전하기위한 제도
③ 계약자의 예기치 못한 손실을 집단화 하여 분배하는 것
④ 손실을 회복하는데 드는 비용을 보험자와 개인적으로 부담하는 것

TIP 보험은 장래 손실이 발생할 경우 그 손실을 회복하는데 드는 비용을 같은 위험에 노출되어 있는 여러 사람들이 공동으로 부담하는 제도적 장치이므로 개인적으로 보험자와 부담하는 것은 보험의 정의가 아니다.

2 다음 지문이 설명하는 것으로 옳은 것은?

> 각각의 사건은 우연에 의해 일어나지만, 같은 사건의 표본이 많을수록 결과는 점점 예측된 확률에 가까워진다.

① 확정의 법칙
② 동질성의 법칙
③ 대수의 법칙
④ 불확실성의 법칙

TIP 보험자가 손실을 화폐가치로 환산할 수 있는 대표적인 법칙으로 개개인의 사건은 언제, 어떻게, 얼마나 큰 손실이 일어날지 모르지만, 비슷한 사건을 많이 표본화 할수록 점점 예측이 가능해 진다. 보험회사는 동질의 위험에 대한 다수의 보험계약자를 확보함으로써 손실의 예측능력을 확보한다.

Answer 1.④ 2.③

3 보험의 대상이 되는 위험의 조건으로 옳지 않은 것은?

① 다수의 동질적 위험단위가 있어야 한다.

② 손실확률을 측정할 수 있어야 한다.

③ 우연적이고 고의성이 없는 위험이어야 한다.

④ 재난적 손실이어야 한다.

TIP 재난적 손실은 천재지변, 전쟁 등 보험회사가 감당하지 못하는 손실로서 일반적으로 보상이 불가능하다.
보험의 대상이 되는 불확실성(위험)의 조건
㉠ 다수의 동질적 위험단위
㉡ 우연적이고 고의성 없는 위험
㉢ 한정적 측정가능 손실
㉣ 측정 가능한 손실확률
㉤ 비재난적 손실
㉥ 경제적으로 부당 가능한 보험료 수준

4 정부의 사회보장제도가 아닌 것은?

① 개인보장   ② 사회보험

③ 사회복지서비스   ④ 공공부조

TIP 정부는 국민의 최저생활을 보장해주기 위해 사회보험, 공공부조, 사회복지서비스 등의 사회보장제도를 실시하고 있지만, 개개인의 기대에 부족하기 때문에 정부의 사회보장에 민영보험의 기업보장과 개인보장을 더해 상호보완적인 사회보장제도를 수행할 수 있으며 이를 3층 보장론 이라고 한다.

5 다음 지문이 설명하는 것은 무엇인가?

> 세계 최초의 근대적 생명보험회사로 수학적으로 인간의 예상 수명을 보험에 적용하는 등 현대 생명보험 운영의 토대가 되는 각종 근대적인 제도를 도입하였다.

① 제국보험회사   ② 톤틴연금

③ 길드   ④ 에퀴터블

Answer   3.④ 4.① 5.④

6 우리나라 생명보험의 역사 중 옳지 않은 것은?

① 강화도 조약 체결이후 서양 열강들의 보험회사들이 진출하기 시작했다.
② 삼한시대부터 시작된 계(契)는 상호협동조직으로 조선시대까지 유지 되었다.
③ 우리나라 최초의 생명보험사는 한상룡씨가 설립한 조선생명보험주식회사 이다.
④ 보(寶)는 신라시대 불교에서 비롯된 일종의 재단으로 특정 공공사업을 수행할 목적으로 기본자산을 마련하던 제도이다.

7 다음 중 생명보험의 기본원리가 아닌 것은?

① 생존 가능성
② 대수의 법칙
③ 수지상등의 원칙
④ 상부상조의 정신

Answer 6.② 7.①

8 3이원방식으로 보험료를 계산할 때 계산하는 예정률이 아닌 것은?

① 예정준비율

② 예정위험률

③ 예정사업비율

④ 예정이율

---

9 계약적부조사로 인해 계약을 해지, 무효, 취소 처리할 수 있는 경우가 아닌 것은?

① 피보험자의 위험이 청약서에 고지한 내용보다 높은 경우

② 청약서에 피보험자의 자필서명이 누락된 경우

③ 보험계약자와 피보험자가 일치하지 않는 경우

④ 피보험자가 고지사항에 대해 고지하지 않거나 병력을 축소 고지한 경우

---

10 건강진단결과에 따른 가입한도 설정이 필요한 경우가 아닌 것은?

① 언더라이터가 건강진단을 지시할 경우

② 위험한 업종에 종사하는 사람의 경우

③ 피보험자가 과거 또는 현재 병력이 있는 경우

④ 보험회사에서 정한 건강진단 범위를 초과하여 가입하는 경우

Answer 8.① 9.③ 10.②

11 보험 배당금에 대한 설명으로 옳지 않은 것은?

① 보험회사가 계약에 대해 잉여금이 발생할 경우 잉여금의 일정비율을 보험계약자에게 지급하는 것이다.

② 계약이 소멸할 때 까지 보험회사가 배당금을 적립하여 보험금이나 환급금 지급 시 가산해 줄 수 있다.

③ 보험 배당금을 직접 지급하는 대신 계약자가 납입해야 하는 보험료를 대납해 줄 수 있다.

④ 보험모집 시 배당금에 대한 내용을 기재하여 상품광고에 사용할 수 있다.

TIP 보험배당금은 보험회사가 잉여금을 보험계약자에게 일정비율 배당해 주는 것으로 유배당 보험상품 가입자에게 현금, 보험료 상계, 보험금이나 제환급금 지급 시 가산해 주는 방식으로 분배한다. 또한 보험모집 시 미래의 불확실한 배당을 과장되게 기재해서 발생하는 과당경쟁 및 마찰을 방지하기 위해 배당에 대한 예산을 기재할 수 없다. 그러나 연금보험의 경우 직전 5개년도 실적을 근거로 장래계약자배당을 예시할 수 있지만 실제 배당금액과 차이가 발생할 수 있음을 명시해야 한다.

12 다음 사례가 설명하는 것은 무엇인가?

> 고액보험에 가입한 A씨는 경미한 상해에도 즉시 병원을 찾아 고가의 물리치료와 장기간 입원하여 과다한 보험금을 청구한다.

① 도덕적 해이
② 연성사기
③ 역선택
④ 경성사기

TIP 사례는 보험범죄 중 연성사기(Soft fraud)에 해당하는 내용이다. 연성사기는 우연히 발생한 보험사고의 피해를 부풀려 실제 손해 이상의 과다한 보험금을 청구하는 행위로서 경미한 질병, 상해에도 장기간 입원하거나 보험료 절감을 위해 보험회사에 허위정보를 제공하는 행위 등이 있다.

Answer 11.④ 12.②

13 보험료 산출의 3대 예정률과 보험료의 관계에 대한 설명으로 옳은 것은?

① 예정위험률이 낮아지면 사망보험의 보험료는 올라간다.

② 예정사업비율이 낮아지면 보험료는 올라간다.

③ 예정사망률이 높아지면 생존보험의 보험료는 올라간다.

④ 예정이율이 낮아지면 보험료는 올라간다.

TIP 3대 예정률과 보험료의 관계
- 예정사망률(위험률)이 낮아지면 사망보험 보험료는 내려가고 생존보험 보험료는 올라가며 예정사망률이 높아지면 사망보험 보험료는 올라가고 생존보험 보험료는 내려간다.
- 예정이율이 낮아지면 보험료는 올라가고 예정이율이 높아지면 보험료는 내려간다.
- 예정사업비율이 낮아지면 보험료는 내려가고 예정사업비율이 높아지면 보험료는 올라간다.

14 보험업법 상 보험을 모집할 수 있는 자격이 없는 사람은?

① 보험회사의 대표이사   ② 보험대리점
③ 보험설계사   ④ 보험중개사

TIP 「보험업법」상 보험을 모집할 수 있는 사람은 보험설계사, 보험대리점, 보험중개사, 보험회사의 임직원이 있으나, 보험회사의 대표이사, 사외이사, 감사 및 감사위원은 제외된다.

15 금융 분쟁 조정 과정에 대한 내용으로 옳지 않은 것은?

① 금융 관련 분쟁 발생 시 금융감독원에 분쟁의 조정을 신청할 수 있다.

② 금융감독원의 분쟁조정 신청일 이후 30일 이내로 합의가 이루어지지 않으면 금융분쟁조정위원회로 회부된다.

③ 금융분쟁조정위원회는 조정 회부로부터 30일 이내 이를 심의하여 조정안을 마련해야 한다.

④ 관계당사자가 금융분쟁조정위원회의 조정안을 수락한 경우 재판상 화해와 동일한 효력을 갖는다.

TIP 금융 분쟁 발생 시 관계자들은 금융감독원의 분쟁조정을 신청할 수 있다. 금감원은 당사자끼리 합의를 권고할 수 있으나 30일 내로 합의가 이루어지지 않으면, 금감원장은 즉시 금융분쟁조정위원회로 회부해야 한다. 금융분쟁조정위원회는 조정 회부로부터 60일 이내에 심의하여 조정안을 마련해야 하며 이를 금감원장이 분쟁당사자들에게 수락을 권고한다. 관계당사자들이 조정안을 수락한 경우 해당 조정안은 재판상 화해와 동일한 효력을 가진다.

Answer 13.④ 14.① 15.③

16 다음 보험민원 중 불완전판매에 해당하는 민원이 아닌 것은?

① 자필서명 미이행
② 약관 및 청약서 부본 미교부
③ 고객 불만 야기 및 부적절한 고객 불만 처리
④ 고객의 니즈에 부합하지 않는 상품을 변칙판매

TIP 보험민원의 주요유형으로는 불완전판매, 부당행위, 보험금지급, 계약인수가 있으며 자필서명 미이행에 대한 건은 부당행위에 해당한다.

17 생명보험 상품의 특성으로 옳지 않은 것은?

① 자발적 가입상품이다.　　　　② 장기계약적인 상품이다.
③ 무형의 상품이다.　　　　　　④ 미래지향적인 상품이다.

TIP 생명보험 상품의 특성
　㉠ 무형의 상품 : 형태가 없는 상품이다.
　㉡ 미래지향적 · 장기효용성 상품 : 미래지향적이며 가입과 효용이 동시에 발생하지 않는다.
　㉢ 장기계약 · 비자발적 상품 : 짧게는 수년에서 길게는 종신동안 효력이 지속되고 대부분 보험판매자의 권유와 설득에 의해 가입하는 비자발적 상품이다.

18 다음 지문이 설명하는 생명보험 상품은 무엇인가?

> 위험보장 보다는 생존 시 보험금이 지급되는 것을 목적으로 만들어진 고수익 상품

① 생사혼합보험　　　　　　　② 생존보험
③ 저축성보험　　　　　　　　④ 보장성보험

TIP 저축성보험은 생명보험 고유의 기능인 위험보장 보다는 생존 시에 보험금이 지급되는 저축 기능을 강화한 보험으로 목돈 마련에 유리한 고수익 상품이다.

Answer 16.① 17.① 18.③

19 다음 중 CI 보험에 대한 설명으로 옳은 것은?

① 소득의 일부를 일정기간 적립했다가 노후에 연금을 수령하는 보험

② 피보험자가 보험기간 중 사망했을 때 보험금이 지급되는 보험

③ 사망보험의 보장기능과 생존보험의 저축기능을 결합한 보험

④ 중대한 질병을 중점적으로 보장해 주는 보험

TIP CI(Critical Illness)보험은 중대한 질병이며 치료비가 고액인 암, 심근경색, 뇌출혈 등에 대한 급부를 중점적으로 보장해 주는 보험으로 생존 시 고액의 치료비, 장해에 따른 간병비, 사망 시 유족들에게 사망보험금을 지급해주는 상품이다.
① 연금보험
② 사망보험
③ 생사혼합보험(양로보험)

20 제3보험의 종목이 아닌 것은?

① 질병보험   ② 상해보험

③ 생존보험   ④ 간병보험

TIP 생존보험은 피보험자가 보험기간이 끝날 때 보험금이 지급되는 생명보험으로 제3보험에 속하지 않는다.

21 제3보험의 특성 중 생명보험으로서의 특성이 아닌 것은?

① 보험자 대위 금지   ② 보험사고 발생 불확정성

③ 피보험자의 동의가 필요   ④ 중과실에 대한 담보

TIP 제3보험의 특성 중 실손 보상의 원칙과 보험사고 발생 불확정성은 손해보험으로서의 특성이다.

Answer 19.④ 20.③ 21.②

22 다음 중 상해 보험의 보장 보험금이 아닌 것은?

① 만기환급금
② 상해장해급부금
③ 상해질병급부금
④ 상해사망급부금

TIP 상해보험의 보장 보험금
㉠ 상해입원급부금 : 보험기간 중 상해로 인해 직접치료를 목적으로 입원했을 때
㉡ 상해수술급부금 : 보험기간 중 상해로 인해 직접치료를 목적으로 수술 받을 때
㉢ 상해장해급부금 : 보험기간 중 상해로 인해 장해분류표에서 정한 장해상태가 되었을 경우
㉣ 상해사망보험금 : 보험기간 중 상해의 직접적인 원인으로 사망했을 경우
㉤ 만기환급금 : 보험기간이 끝날 때까지 피보험자가 살아있는 경우

23 질병보험에 대한 설명으로 옳지 않은 것은?

① 암, 성인병 등의 각종 질병으로 인한 진단, 입원 수실 시 보험금을 지급하는 상품
② 질병으로 인한 사망 시에도 보험금이 지급된다.
③ 건강보험이라고도 한다.
④ 진단보험, 암보험, CI보험 등이 있다.

TIP 질병보험은 질병으로 인한 사망은 보장하지 않는다.

24 노인장기요양보험에 대한 내용으로 옳지 않은 것은?

① 만 65세 이상의 노인만을 대상으로 한다.
② 심신의 기능상태에 따라 장기요양 인정점수로 등급을 판정한다.
③ 등급에 따라 요양서비스를 제공받고 해당 비용을 지원받는다.
④ 장기간의 간병·요양문제를 국가와 사회가 책임을 분담하는 것이다.

TIP 노인장기요양보험의 가입대상은 만 65세 이상의 노인과 노인성질병(치매, 뇌혈관성질환, 파킨슨병 등)을 가진 만 65세 미만의 사람도 포함한다.

Answer 22.③ 23.② 24.①

25 다음 중 보험계약의 법적 성질로 옳지 않은 것은?

① 보험료 선납이 없어도 보험계약은 성립한다.
② 보험계약자는 보험금 납부의무를, 보험자는 보험사고 발생 시 보험료 지급의무가 있다.
③ 보험계약은 보험계약에 대해 특별한 방식을 요구하지 않는다.
④ 보험계약은 상행위성이 인정된다.

TIP 보험계약의 법적성질 중에 쌍무계약으로 보험계약자는 보험료 납부의무를, 보험자는 보험사고 발생 시 보험금 지급의무가 생긴다.

26 다음 중 보험계약 무효 사유가 아닌 것은?

① 사기에 의한 초과, 중복보험
② 기발생 사고
③ 3대 기본 지키기를 미이행 했을 때
④ 피보험자가 자격미달일 때

TIP 보험자가 3대 기본 지키기(고객 자필서명, 청약서 부본전달, 약관설명 및 교부)를 미이행 했을 때나 보험자의 법률 위반이 존재할 때 보험계약이 취소되며 보험자는 납입한 보험료에 일정 이자를 합한 금액을 계약자에게 반환해야 한다.

27 다음 중 보험사가 보험계약을 해지할 수 있는 경우는?

① 보험자가 계약 당시에 고지의무 위반사실을 알았거나 과실로 알지 못한 경우
② 보험자가 계약자의 고지의무위반사실을 안 날로부터 1개월이 지났을 때
③ 보장개시일 부터 보험금 지급사유가 발생하지 않고 1년이 지났을 때
④ 계약을 체결한 날부터 3년이 지났을 때

TIP 보장개시일 부터 보험금 지급사유가 발생하지 않고 2년 이상이 지나야 계약자의 고지의무위반에 대해 보험자가 보험계약을 해지할 수 없다.

Answer 25.② 26.③ 27.③

28 다음 중 계약 부활의 요건으로 옳지 않은 것은?

① 부활계약 청구 시에도 계약자는 중요사항에 대한 고지의무가 발생한다.

② 해지되거나 실효된 보험계약의 해지환급금을 반환해야한다.

③ 계약자는 부활 가능한 기간 내에 연체된 보험료에 약정이자를 붙여 납부해야 한다.

④ 보험자가 약정이자와 연체료를 받은 후 30일이 지나도록 통지하지 않으면 승낙처리 되어 해당 보험계약은 부활한다.

TIP 보험계약을 부활하려면 해지되거나 실효된 보험계약의 해지환급금이 지급되지 않아야 한다. 이미 해지환급금을 받았다면 반환을 통한 계약의 부활은 불가능하다.

29 다음 중 우체국보험의 특징으로 옳은 것을 모두 고른 것은?

> ⊙ 국가가 경영하고 우정사업본부장이 관장한다.
> ⓛ 서민들을 위한 저렴한 소액 보험상품을 취급 한다.
> ⓒ 전국적으로 널리 퍼진 우체국 조직을 이용한다.
> ⓔ 정부예산회계 관계법령의 적용을 받는다.
> ⓜ 사회적 약자를 위한 보험이므로 엄격한 심사를 통해 계약자를 선정한다.

① ⓛⓒ   ② ⓛⓔ

③ ⓛⓒⓔ   ④ ⓛⓒⓔⓜ

TIP ⊙ 우체국보험은 국가가 경영하고 과학기술정보통신부 장관이 관장하며 감사원의 감사와 국회의 국정감사를 받는다.
     ⓜ 서민들을 위해 무진단·단순한 상품구조를 바탕으로 소액보험상품을 취급한다.

Answer 28.② 29.③

30 다음 중 장애인 전용보험 대상상품인 것은?

① 무배당 어깨동무보험　　　　　　② 무배당 알찬전환특약

③ 무배당 그린보너스저축보험　　　④ 무배당 파워적립보험

TIP 상애인 선봉보험의 대상상품은 부배당 어깨농무보험(1종, 2종, 3종) 및 장애인전용보험전환특약을 부가한 보장성보험으로 ②③④
는 저축성보험상품이다.

31 다음 지문이 설명하는 것은?

> 우체국과 보험계약이 체결될 수 있도록 중개하는 모든 행위

① 보험중개　　　　　　　　　　　② 보험모집
③ 보험경쟁　　　　　　　　　　　④ 보험안내

TIP 보험모집은 우체국과 보험계약이 체결될 수 있도록 중개하는 모든 행위를 의미하며 우정사업본부장은 보험계약자의 권익보호를
위해 부당한 모집행위나 과당경쟁을 해서는 안 된다.

32 우체국 보험모집 시 제공이 금지되는 특별이익이 아닌 것은?

① 기초서류에서 정한 보험료의 할인

② 3만 원을 초과하는 금품

③ 기초서류에서 정한 보험금액보다 많은 보험금 지급약속

④ 보험계약자를 위한 보험료의 대납

TIP 특별이익 제공금지 항목
　　ⓐ 3만 원을 초과하는 금품
　　ⓑ 기초서류에서 정한 사유에 근거하지 아니한 보험료의 할인 또는 수수료 지급
　　ⓒ 기초서류에서 정한 보험금액보다 많은 보험금액의 지급약속
　　ⓓ 보험계약자 또는 피보험자를 위한 보험료의 대납
　　ⓔ 보험계약자 또는 피보험자가 체신관서로부터 받은 대출금에 대한 이자의 대납
　　ⓕ 보험료로 받은 수표 등에 대한 이자상당액의 대납

Answer 30.① 31.② 32.①

33 다음 보기 중 우체국보험모집이 가능한 사람을 모두 고르면?

> ㉠ 우체국 TMFC
> ㉡ 우체국창구업무의 일부를 수탁 받은 자
> ㉢ FC 조직관리 보상금을 지급 받는 자
> ㉣ 우정공무원교육원장이 실시하는 교육을 2일 동안 이수한 자
> ㉤ 신규임용일 부터 3년 이하인 자
> ㉥ 우정사업본부 소속 상시 집배원

① ㉠㉡㉢   ② ㉠㉡㉣
③ ㉠㉡㉥   ④ ㉡㉢㉥

TIP ㉢ FC 조직관리 보상금을 지급 받는 자는 보험모집 제한 직원이다.
㉣ 보험모집 자격을 얻으려면 3일 이상 이수해야 한다.
㉤ 신규임용일 또는 타 부처 전입일부터 3년 이하인 자는 보험모집 제한 직원이다.

34 보험모집자의 3대 기본 지키기에 대한 내용이 아닌 것은?

① 약관 및 청약서 부본 전달
② 약관 주요 내용 설명
③ 계약자 및 피보험자의 자필서명
④ 고지의무사항의 성실한 이행

TIP 고지의무사항은 자신의 병력, 직종 등 중요 고지사항을 거짓 없이 고지해야 하는 보험계약자의 의무사항으로 보험모집자의 3대 기본 지키기에 포함되지 않는다.

Answer 33.③ 34.④

35 우체국보험 스마트청약서비스에 대한 내용으로 옳지 않은 것은?

① 스마트청약을 이용하는 고객은 제2회 이후 보험료 자동이체 시 0.5%의 할인이 적용된다.

② 만 15세 이상부터 이용 가능하다.

③ 불완전판매 방지를 위해 보험모집자는 3대 기본 지키기를 이행해야 한다.

④ 고객 상담을 통해 설계한 내용을 태블릿 PC를 통해 필수정보를 입력하고 제1회 보험료 입금까지 One-Stop으로 계약을 체결할 수 있다.

TIP 스마트청약서비스는 계약자가 성인이어야 이용 가능하다.

36 우체국보험의 무효사유가 아닌 것은?

① 보험모집자가 청약 시 3대 기본 지키기 같은 의무를 이행하지 않을 경우

② 계약을 체결할 때 계약에서 정한 피보험자의 나이에 미달되었거나 초과되었을 경우

③ 타인의 사망을 보험금 지급사유로 하는 계약에서 계약을 체결할 때까지 피보험자의 서면에 의한 동의를 얻지 않은 경우

④ 만 15세 미만자, 심신상실자 또는 심신박약자를 피보험자로 하고 사망을 보험금 지급사유로 한 계약의 경우

TIP 보험모집자가 청약 시 3대 기본 지키기 같은 의무를 이행하지 않을 경우 계약자는 계약 성립 3개월 이내에 취소권을 행사할 수 있으며 체신관서는 이미 납입한 보험료에 보험료를 받은 기간에 대하여 환급금대출이율을 연 단위 복리로 계산한 금액을 더하여 지급해야 한다.

37 다음 중 재무리스크에 해당하지 않는 것은?

① 운영리스크   ② 보험리스크

③ 금리리스크   ④ 시장리스크

TIP 부적절하거나 잘못된 내부의 업무절차, 인력 및 시스템 또는 외부의 사건으로부터 초래될 수 있는 손실발생 가능성인 운영리스크는 비재무적 리스크에 속하며 산출 및 관리가 어렵다는 특징이 있다.

Answer 35.② 36.① 37.①

38 다음 지문이 설명하는 제도는 무엇인가?

> 우체국보험에서 동일계약자의 2건 이상의 보험계약이 동일계좌에서 같은 날에 자동이체 되는 경우, 증서별 보험료를 1건으로 뭉쳐 출금하는 제도

① 종합자동이체

② 기본자동이체

③ 합산자동이체

④ 부가자동이체

TIP 우체국 보험은 동일계약자의 2건 이상의 보험계약이 동일계좌에서 같은 날에 자동이체 되는 경우, 증서별 보험료를 합산해 1건으로 출금하는 합산자동이체로 효율적이고 간편하게 납부할 수 있다.

39 우체국보험 납입방법에 대한 설명으로 옳지 않은 것은?

① 우체국 창구에서 직접 납입할 수 있다.

② CD/ATM을 이용해 납입하려면 우체국에서 발행한 현금카드가 필요하다.

③ TM, 온라인을 통해 가입한 저축성보험계약에 한해 카드납부가 가능하다.

④ 인터넷, 모바일을 통해 보험료를 납입할 수 있다.

TIP 카드납부는 TM, 온라인을 통해 가입한 보장성보험계약에 한해 카드납부가 가능하다.

40 우체국보험의 자금을 운용할 때 유의사항이 아닌 것은?

① 보험계약자는 우정사업본부장에게 상품공시에 대한 기초서류에 대한 열람일 신청할 수 있다.

② 보험적립금을 안정성, 유동성, 수익성, 공익성이 확보되도록 운용해야 한다.

③ 우정사업본부장은 경영의 투명성 확보를 위해 경영공시사항을 공시해야 한다.

④ 우체국보험의 분기결산 시에는 재무상태표, 손익계산서, 이익잉여금처분계산서 또는 결손금처리계산서, 현금흐름표를 모두 작성해야 한다.

TIP 우체국보험적립금회계의 재무제표는 재무상태표, 손익계산서, 이익잉여금처분계산서 또는 결손금처리계산서, 현금흐름표로 해야 하지만, 분기결산 시에는 재무상태표와 손익계산서만 작성할 수 있다.

Answer 38.③ 39.③ 40.④

PART

04

컴퓨터 일반 및 기초영어

section **1** 정보사회와 컴퓨터

① 정보사회의 이해

(1) 정보의 뜻과 중요성

① 데이터(Data) … 현실 세계로부터 관찰, 측정을 통하여 수집된 사실(fact)이나 값(value)으로 정리되지 않은 자료(수치 또는 문자)를 말한다.

② 정보(Information) … 어떤 기준에 의해 정리되고 기록된 자료로서 의사결정을 위해 데이터를 처리 가공한 결과이다.

③ 정보처리 … 데이터의 수집, 처리 및 가공 등 컴퓨터가 수행하는 일련의 과정으로 데이터를 처리하여 정보를 만들어낸다(P : 정보처리, D : 데이터, I : 정보→P(D) = I).

④ 데이터와 정보의 관계

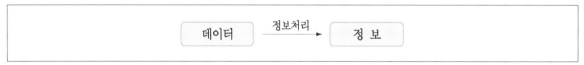

(2) 정보산업의 종류와 발달

① 정보산업의 특징

   ㉠ **정보산업** : 정보의 생산·가공·축적·유통·판매 등 활동을 위한 산업과 그에 필요한 여러 장치를 제조하는 산업이다.

   ㉡ **정보산업의 특징**

     • 정보산업은 하드웨어, 소프트웨어, 정보통신 부문으로 나누어져 있다.

     • 지식, 정보에 관계된 산업이 중심이다.

     • 제4차 산업 : 정보를 수집·가공·처리하여 산업사회 발전에 적용·활용하여 생산성과 능률을 높여준다.

② 정보산업의 분류

　㉠ 하드웨어(H/W)부문

　　• 컴퓨터 및 통신기기의 제조산업, 컴퓨터 구성(입·출력, 기억, 중앙처리)장치와 정보통신기기(모뎀, 교환대)

　　• 고도의 기술이 요구되고, 높은 부가가치가 창출된다.

　㉡ 소프트웨어(S/W)부문

　　• 소프트웨어 개발사업, 정보의 가공처리사업 및 정보서비스업, 회계관리, 고객관리, 재고관리, 문서작성 프로그램 개발, 전산화 자문업, 데이터베이스 구축·공급 등이 있다.

　　• H/W보다 상대적으로 발전이 늦은 분야이나 앞으로 많은 발전이 있을 것이다.

　㉢ **정보통신 부문** : 정보의 전달, 하드웨어 및 소프트웨어의 공동활용을 도모하는 산업이다.

　　• 컴퓨터의 기능 : 신속·정확한 정보획득

　　• 정보통신의 기능 : 시간·공간을 초월한 정보제공

　　• 정보획득의 용이 : 비용절감, 정보이용 효과의 증대

　　• 기간통신 사업자 : 한국통신, 데이콤 등

　　• 부가통신 사업자 : 많은 기업들이 참여(전자우편(E-mail), 전자정보교환, 메시지교환, 예약서비스, 영상회의 등 다양한 서비스 제공)

　　• 데이터베이스업 : 산업체, 연구소, 학교 등에서 필요한 과학, 기술, 경제정보 제공

　　• 광통신(광섬유와 레이저 기술 이용), 위성통신

(3) 정보사회에 대한 이해

① **정보사회의 개념** … 정보사회란 컴퓨터와 정보통신이 결합하여 정보의 수집·가공·유통능력이 획기적으로 증대되면서, 정보의 가치가 산업사회에서의 물질이나 에너지 못지않게 중요시되는 사회이다.

② **정보사회의 특징** … 자동화 현상, 정보의 상호교류 활발(네트워크, 통신망), 전문성 중심사회로 변화한다.

　㉠ **자동화사회** : 단순 반복적인 노동을 줄이고, 사람들이 보다 창조적인 업무에 종사할 수 있게된 사회를 말한다.

　　• 사무자동화(OA ; Office Automation) : 각종 정보기기를 도입하여 단순 반복적인 업무를 신속 정확하게 처리하여 창의적 업무에 시간투자를 할 수 있게 한다.

> 📣**TIP** 경영정보시스템(MIS ; Management Information System) … 경영정보를 수집, 분석하여 기업 경영자가 신속하고 합리적인 경영방침을 수립 할 수 있도록 도와주는 시스템이다.

　　• 공장자동화(FA ; Factory Automation) : 생산자동화(제품의 설계, 조립, 가동, 동정제어)와 유통체계의 합리화 (공장과 기업 내의 각 부서 및 관련 기업들이 정보통신으로 연결되어 제품의 주문, 생산, 공급, 재고관리 등)가 가능하며, 제조원가 절감, 비용절감, 원재료의 효율적 관리 등의 이점이 있다.

　　• 가정자동화(HA ; Home Automation) : 생활, 문화정보의 수집, 승차권 예약, 항공기 예약, 재택근무가 가능하다.

ⓒ 네트워크사회
- 산업사회: 상품운반을 위한 철도, 항만, 도로 등 기반설비가 중요하다.
- 정보사회: 재화생산을 위한 준비, 유통정보 등이 중요하다.
- 네트워크사회: 상품가격이 공개되어, 어디에서나 상품을 구입할 수 있고, 상품선택의 폭이 넓다. 특정인이 독점하기보다 교류와 공유를 통해 필요한 사람에게 개방된다. Network의 기반시설 비중이 크다.
ⓒ 전문성 중심의 사회: 조직 중심의 사회에서 전문성 중심의 사회로 변하하고 있다(정보의 상호교류, 재택근무 가능).

❷ 컴퓨터의 이해

(1) 컴퓨터의 개념

① 컴퓨터의 정의 … 컴퓨터는 기억장치에 담긴 명령어들에 의해 조작되며, 주어진 자료를 입력받아 정해진 과정에 따라 처리하여 그 결과를 생산하고 저장할 수 있도록 해주는 전자장치를 의미한다.

② 컴퓨터의 5가지 기능
  ⓐ 입력기능: 자료를 처리하기 위해서 필요한 자료를 받아들이는 기능이다.
  ⓑ 기억기능: 처리대상으로 입력된 자료와 처리결과로 출력된 정보를 기억하는 기능이다.
  ⓒ 연산기능: 주기억장치에 저장되어 있는 자료들에 대하여 산술 및 논리연산을 행하는 기능이다.
  ⓓ 제어기능: 주기억장치에 저장되어 있는 명령을 해독하여 필요한 장치에 신호를 보내어 자료처리가 이루어지도록 하는 기능이다.
  ⓔ 출력기능: 정보를 활용할 수 있도록 나타내 주는 기능이다.

> **TIP** 통신기능
> ⓐ 통신기능은 위와 같은 5가지 기본기능을 보완하는 기능으로서, 자료와 정보 또는 처리방법 등을 외부에 전달하거나 전달받도록 해 준다. 예컨대, 처리할 자료를 다른 컴퓨터로부터 입력받을 수도 있고, 다른 컴퓨터에서 자료를 처리하게 할 수도 있으며, 처리된 정보를 외부의 여러 컴퓨터로 전달하고 저장할 수 있도록 해 준다.
> ⓑ 통신기능은 컴퓨터의 기능을 크게 확장시켜 줄 수 있기 때문에 정보사회에서는 컴퓨터를 이용한 정보통신이 일반화되어 그 중요성이 한층 높아졌다.

③ 컴퓨터의 특징

　ㄱ 신속성 : 컴퓨터는 방대한 업무량을 순식간에 처리할 수 있는 특정을 지니고 있다. 즉, 판독, 연산, 기록 등을 하는데 μs(micro second), ns(nano second), ps(pico second)가 걸린다.

[컴퓨터의 처리속도 단위]

- ms (milli second) : 10^{-3} sec (1/1,000)
- μs (micro second) : 10^{-6} sec (1/1,000,000)
- ns (nano second) : 10^{-9} sec (1/1,000,000,000)
- ps (pico second) : 10^{-12} sec (1/1,000,000,000,000)
- fs (femto second) : 10^{-15} sec (1/1,000,000,000,000,000)
- as (atto second) : 10^{-18} sec (1/1,000,000,000,000,000,000)

　ㄴ 신뢰성 : 컴퓨터는 게으름을 피우거나 변덕을 부리지 않는다. 일을 처리하는 데 있어서 실수가 거의 없으며 신뢰도가 높은 결과를 산출한다.

　ㄷ 정확성 : 사용방법과 자료의 오류가 없는 한 컴퓨터의 처리결과는 정확하다.

　ㄹ 대용량성 : 컴퓨터가 기억할 수 있는 데이터나 정보의 양을 기억 용량이라고 하며 컴퓨터의 기종에 따라 차이가 있지만 대형의 범용인 경우에는 800만 바이트 이상을 기억할 수 있고 보조 기억 장치를 부착하면 그 용량은 훨씬 늘어날 수 있다.

[컴퓨터의 기억용량 단위]

- 킬로 바이트 (KB) : 2^{10} byte
- 메가 바이트 (MB) : 2^{20} byte (1024 KB)
- 기가 바이트 (GB) : 2^{30} byte (1024 MB)
- 테라 바이트 (TB) : 2^{40} byte (1024 GB)
- 페타 바이트 (PB) : 2^{50} byte (1024 TB)
- 엑사 바이트 (EB) : 2^{60} byte (1024 PB)
- 제타 바이트 (ZB) : 2^{70} byte (1024 EB)
- 요타 바이트 (YB) : 2^{80} byte (1024 ZB)

　ㅁ 공유성 : 통신망으로 연결된 컴퓨터는 시간과 공간의 제약을 초월하여 전 세계의 정보를 많은 사람들이 서로 공유하게 해 준다.

　ㅂ 범용성 : 컴퓨터는 다양한 분야의 작업에 사용할 수 있다.

　ㅅ 경제성 : 노동력, 시간, 비용 등 여러 면에서 경제적 이익을 가져다준다.

　ㅇ 호환성 : 특정 컴퓨터에서 사용한 프로그램이나 데이터를 다른 컴퓨터에서 사용해도 같은 결과를 얻을 수 있다.

(2) 컴퓨터의 역사

① 컴퓨터의 어제와 오늘

ㄱ 기본방향 : 소형화, 고성능화, 저렴화되어 간다.

ㄴ 기계식 계산기의 발전(수동식)

계산기 이름	고안자	특징	설명
승산기(1617)	네이퍼(스코틀랜드)	곱셈	대수표를 이용하여 연산
치차식 계산기(1642)	파스칼(프랑스)	최초의 기계식 계산기	톱니바퀴를 이용하여 가감산 계산
사칙 계산기(1673)	라이프니츠(독일)	탁상용 계산기의 시초	치차식 계산기를 보완하여 사칙연산 가능

ㄷ 전기식 계산기의 발전(수동식)

계산기 이름	고안자	특징	설명
차분기관(1823)	찰스 바베지(영국)	현대 컴퓨터의 원리와 비슷	현재의 컴퓨터와 같이 연산, 기억, 입·출력 장치를 갖춘 계산기
해석기관(1834)			
PCS(Punch card system)(1889)	홀러리스(미국)	일괄처리방식	천공카드 시스템 개발 미국국세조사 집계에서 사용
MARK-I(1944)	에이컨(미국)	최초의 전기기계식 자동계산기	전기신호에 의해 작동되는 릴레이를 이용 하여 전자적으로 제어

ㄹ 전자식 계산기의 발전

계산기 이름	고안자	특징	설명
ENIAC(1946)	에커트, 모컬리	최초의 전자계산기 (진공관 사용)	약 18,800개의 진공관과 1,500개의 계전기 사용, 외부 프로그램 방식, 10진법사용
EDSAC(1649)	모리스, 윌키스	최초 프로그램 내장방식 채택	최초 프로그램 내장방식 도입과 2진법을 처음으로 사용
EDVAC(1951)	폰 노이만	프로그램 내장방식	프로그램 내장방식의 완성과 2진법을 채택함.
UNIVAC-I(1951)	머클리, 에커트	최초의 상업용계산기	수치정보와 텍스트정보를 모두 처리 미국 국세청에 설치 보조기억장치로 자기테이프 사용

 프로그램 내장방식 … 1945년 폰노이만(Von Neumann, J)에 의해 개발되었다. 프로그램 데이터를 기억장치 안에 기억시켜 놓은 후 기억된 프로그램에 명령을 순서대로 해독하면서 실행하는 방식으로, 오늘날의 컴퓨터 모두에 적용되고 있는 방식이다.

ㅁ 오늘날의 컴퓨터 … 마이크로 컴퓨터(개인용, 소형, 중형, 대형, 슈퍼)

ㅂ 미래의 컴퓨터 … 양자화 컴퓨터, 유전자 컴퓨터, 병렬처리 컴퓨터

② 컴퓨터의 세대별 구분

구분	제1세대	제2세대	제3세대	제4세대	제5세대
연도	~1950년대 후반	1950년대 후반 ~1960년대 초반	1960년대 초반 ~1970년대 중반	1970년대 중반 ~1990년대 중반	1990년대 중반 이후
주요소자	진공관(Tube)	트랜지스터(TR)	집적회로(IC)	고밀도 집적회로 (LSI)	초고밀도 집적회로(VLSI) 광소자
연산속도	$ms10^{-3}$	$\mu s10^{-6}$	$ns10^{-9}$	$ps10^{-12}$	$fs10^{-15}$
주기억장치	자기드럼	자기코어	집적회로	고밀도 집적회로	초고밀도집적회로
보조기억장치	종이 천공카드	자기드럼 자기디스크	자기테이프 자기디스크	자기테이프 자기디스크	• 자기디스크 • 광디스크
사용언어	저급언어 기계어 어셈블리어	고급언어 Fortran Cobol Lisp, Algol	구조적언어 Pascal Basic C	문제중심언어 객체지향언어	자연어 인공지능언어(AI)
이용분야	과학기술계산	사무처리	예측의사결정	경영정보	인공지능
특징	하드웨어개발	소프트웨어개발	시분할 처리시스템 OCR, OMR MICR	개인용 컴퓨터 등장	음성인식 패턴인식 전문가시스템 퍼지이론

TIP 제6세대 컴퓨터(SGCS;Sixth Generation Computer System) ··· 제5세대 컴퓨터가 인간의 논리적인 판단 기능에 해당하는 왼쪽 뇌형의 컴퓨터를 목표로 한 것에 대해, 제6세대 컴퓨터는 도형 인식과 직감을 주관하는 오른쪽 뇌의 부분을 담당하는 컴퓨터로서 현재는 개발 단계이다.

❶ 수의 표현과 연산

(1) 수의 표현

① 수와 진법

    ㉠ 수의 체계 : 2진법, 8진법, 10진법, 16진법 등이 있다.

    ㉡ 2진수의 표현

- 컴퓨터는 수의 처리를 전기적 신호인 펄스(pulse)에 의하여 인식하고 처리한다(이것 때문에 2진법의 수의 체계를 가지게 됨).
- 2진법은 0과 1, 2개의 기호로 모든 수를 나타내며 2진법에 의하여 나타내는 수를 2진수라 한다.
- 진수의 표현방법

    $-N = a_nR^n + a_{n-1}R^{n-1} + \cdots + a_1R^1 + a_0R^0 (a_n : 정수, 0 < a_n < R)$

    −R은 밑수(진법에서 쓰이는 기호의 수)

    예 $(234)_{10} = 2 \times 10^2 + 3 \times 10^1 + 4 \times 10^0$

        $(1011)_2 = 1 \times 2^3 + 0 \times 2^2 + 1 \times 2^1 + 1 \times 2^0$

        $(234A)_{16} = 2 \times 16^3 + 3 \times 16^2 + 4 \times 16^1 + 10 \times 16^0$

- 각 진수에서의 수의 표현

일련번호	10진수	2진화 10진수	16진수	2진화 16진수
1	0	0000	0	0000
2	1	0001	1	0001
3	2	0010	2	0010
4	3	0011	3	0011
5	4	0100	4	0100
6	5	0101	5	0101
7	6	0110	6	0110
8	7	0111	7	0111
9	8	1000	8	1000
10	9	1001	9	1001
11			A(10)	1010
12			B(11)	1011
13			C(12)	1100

14			D(13)	1101
15			E(14)	1110
16			F(15)	1111

② 수의 변환

㉠ 2진수, 8진수, 16진수를 10진수로 변환

• 정수의 변환 : 진수의 표현방법을 사용하여, 각 자리에 가중치를 곱하여 그 값을 합한다.

예 $(10011)_2$을 10진수로 변환하여 보자.

$N = 1 \times 2^4 + 0 \times 2^3 + 0 \times 2^2 + 1 \times 2^1 + 1 \times 2^0$

$\quad = (19)_{10}$

예 $(320)_8$을 10진수로 변환하여 보자.

$N = 3 \times 8^2 + 2 \times 8^1 + 0 \times 8^0$

$\quad = (208)_{10}$

예 $(5B1)_{16}$을 10진수로 변환하여 보자.

$N = 5 \times 16^2 + 11 \times 16^1 + 1 \times 16^0$

$\quad = (1457)_{10}$

• 소수점이 있는 수의 변환

예 $(110.11)_2$를 10진수로 변환하여 보자.

$= 1 \times 2^2 + 1 \times 2^1 + 0 \times 2^0 + 1 \times 2^{-1} + 1 \times 2^{-2}$

$= (6.75)_{10}$

예 $(235.4)_8$을 10진수로 변환하여 보자.

$= 2 \times 8^2 + 3 \times 8^1 + 5 \times 8^0 + 4 \times 8^{-1}$

$= (157.5)_{10}$

예 $(A7.5)_{16}$을 10진수로 변환하여 보자.

$= 10 \times 16^1 + 7 \times 16^0 + 5 \times 16^{-1}$

$= (167.3125)_{10}$

㉡ 10진수를 2진수, 8진수, 16진수로 변환

• 정수의 변환 : 10진수를 변환하고자 하는 진수의 밑수로 나누어질 때까지 계속 나누어 나머지를 역순으로 조합하여 나타낸다.

예 $(12)_{10}$을 2진수로 변환하여 보자.

```
2 | 12
2 |  6  ······ 0
2 |  3  ······ 0
        1  ······ 1     (12)₁₀=(1100)₂
```

예 $(256)_{10}$을 8진수로 변환하여 보자.

```
8 | 256
8 |  32  ······ 0
         4  ······ 0     (256)₁₀=(400)₈
```

예 $(755)_{10}$을 16진수로 변환하여 보자.

```
16 | 755
16 |  47  ······ 3
          2  ······ F(15)     (755)₁₀=(2F3)₁₆
```

• 소수점이 있는 수의 변환 : 소수점 이상의 값은 정수의 변환으로 구하고 소수점 이하의 값은 0이 될 때까지 변환할 진수의 밑수를 곱하여 나오는 정수를 순서대로 조합하여 나타낸다.

예 $(25.5)_{10}$을 2진수로 변환하여 보자.

```
2 | 25
2 | 12  …… 1
2 |  6  …… 0
2 |  3  …… 0
       1  …… 1     (25)₁₀=(11001)₂
```

$$
\begin{array}{r}
0.5 \\
\times \quad 2 \\
\hline
1 \quad\text{……}\quad 1.0
\end{array}
\qquad (0.5)_{10}=(0.1)_2
$$

$$(25.5)_{10}=(11001.1)_2$$

예 $(10.5)_{10}$을 8진수로 변환하여 보자.

```
8 | 10
       1  …… 2     (10)₁₀=(12)₈
```

$$
\begin{array}{r}
0.5 \\
\times \quad 8 \\
\hline
4 \quad\text{……}\quad 4.0
\end{array}
\qquad (0.5)_{10}=(0.4)_8
$$

$$(10.5)_{10}=(12.4)_8$$

예 $(10.5)_{10}$을 16진수로 변환하여 보자.

```
16 | 10
        0  …… A(10)     (10)₁₀=(A)₁₆
```

$$
\begin{array}{r}
0.5 \\
\times \quad 16 \\
\hline
8 \quad\text{……}\quad 8.0
\end{array}
\qquad (0.5)_{10}=(0.8)_{16}
$$

$$(10.5)_{10}=(A.8)_{16}$$

ⓒ 2진수, 8진수의 상호변환 : 8진수의 밑수 8은 2^3이므로 2진수 3비트는 8진수 1자리와 대응된다. 그러므로, 2진수를 8진수로 변환할 때에는 소수점을 중심으로 왼쪽과 오른쪽으로 각각 3자리의 2진수로 묶어 1자리의 8진수로 표현하고, 반대로 8진수를 2진수로 변환할 때에는 8진수 1자리를 2진수 3자리로 나타낸다.

예 $(173.52)_8$을 2진수로 변환하여 보자.

```
 1    7    3  ·  5    2
 ↑    ↑    ↑     ↑    ↑
001  111  011   101  010
```

따라서 $(173.52)_8=(001111011.101010)_2$

예 2진수 010101011.100010을 8진수로 변환하여 보자.

```
0 1 0 1 0 1 0 1 1 · 1 0 0 0 1 0
   2     5     3     4     2
```

따라서 $(010101011.100010)_2=(253.42)_8$

ⓓ 2진수, 16진수의 상호 변환 : 16진수를 2진수로 변환할 때에는 16진수 1자리를 2진수 4자리로 나타내고, 2진수를 16진수로 바꿀 때에는 소수점을 중심으로 왼쪽과 오른쪽으로 가면서 2진수 4자리를 묶어 16진수 1자리로 나타낸다.

예 $(111010100.110)_2$를 16진수로 변환하여 보자.

```
   1 1 1 0 1 0 1 0 0 · 1 1 0
     1     D     4        C
```

소수부분은 맨 끝자리에 0을 하나 채운 뒤 16진수로 계산한다.
따라서 $(111010100.110)_2=(1D4.C)_{16}$

예 $(562)_8$을 16진수로 변환하여 보자.

먼저 $(562)_8$을 2진수로 변환 → $(101110010)_2$

$$\underbrace{1}_{1}\ \underbrace{0\ 1\ 1}_{7}\ \underbrace{1\ 0\ 0\ 1\ 0}_{2}$$

따라서 $(562)_8 = (172)_{16}$

📢TIP 16진법의 수 … 1, 2, 3, 4, 5, 6, 7, 8, 9, A(10), B(11), C(12), D(13), E(14), F(15)

(2) 수의 연산 – 보수(Complement)

① 1의 보수(1's complement) 구하기 … 0은 1로, 1은 0으로 변환한다.

예 2진수 $(1101001)_2$의 1의 보수는 $(0010110)_2$

② 2의 보수(2's complement) 구하기 … 1의 보수를 구한 다음 1의 보수 최하위 비트에 1을 더한다.

예 2진수 $(1101001)_2$의 1의 보수는 $(0010110)_2$이므로 1의 보수 $(0010110)_2$의 최하위 비트에 1을 더하게 되면 2의 보수가 구해진다. 따라서 2의 보수는 $(0010111)_2$이다.

📢TIP 보수 … 어떤 기준이 되는 수로부터 주어진 수를 뺀 나머지 수를 말한다.
10진수 4의 보수를 구할 경우
10의 보수 : 10 − 4 = 6
9의 보수 : 9 − 4 = 5

❷ 수치 · 문자 데이터

(1) 자료구성 및 표현

① 비트(Bit)

  ㉠ Binary Digit의 약자로 데이터(정보) 표현의 최소 단위이다.

  ㉡ 1비트는 0 또는 1의 값을 표현한다.

  ㉢ n개로 표현할 수 있는 데이터의 종료는 2^n개이다.

② 니블(Nibble)

  ㉠ 4Bit로 구성된 값으로 통신에서는 Quad Bit로 사용하기도 한다.

  ㉡ 16진수 1자리 크기이다.

③ 바이트(Byte)

  ㉠ 하나의 문자, 숫자, 기호의 단위로 8Bit의 모임이다.

  ㉡ 주소 · 문자표현의 최소 단위이다.

  ㉢ 1Byte = 8Bit, 영문자 1자 = 1Byte, 한글 1자 = 2Byte

④ 워드(Word) … CPU내부에서 명령을 처리하는 기본 단위로 연산의 기본 단위가 된다.

⑤ 필드(Field) … 항목(Item) 이라고도 하며, 하나의 수치 또는 일련의 문자열로 구성되는 자료처리의 최소단 위이다.

⑥ 레코드(Record) … 하나 이상의 필드가 모여 구성되는 프로그램 처리의 기본 단위이다.

   ㉠ 논리레코드(Logical Record) : 자료처리의 기본단위로서 하나 이상의 필드들이 모여 구성된다.

   ㉡ 물리레코드(Physical Record) : 하나 이상의 논리 레코드가 모여서 구성되며, 주기억장치와 입·출력장 치 사이에서 이동되는 입·출력 난위이다.

⑦ 파일(File)

   ㉠ 서로 연관된 레코드들의 집합이다.

   ㉡ 프로그램 구성의 기본 단위이다.

⑧ 데이터베이스(Database)

   ㉠ 파일들의 집합이다.

   ㉡ 자료의 중복을 배제하고 검색과 갱신이 효율적으로 구성된 토합 데이터의 집합이다.

(2) 수치 데이터

① 정수 데이터의 표현

   ㉠ 정수 : 소수점을 포함하지 않는 수를 말한다.

   ㉡ 고정 소수점 데이터 형식(Fixed Point Data Format)으로 표현한다(소수점이 맨 오른쪽에 고정되어 있 다는 것으로 가정한다).

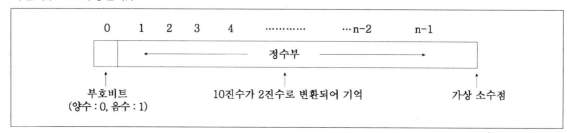

   ㉢ 정수의 표현

   • 양수 표현방법 : 부호비트에 0을 표시하고, 정수를 2진수로 변환하여 정수부에 오른쪽을 기준으로 저장한다.

   • 음수 표현방법

   -부호와 절댓값 표현방법 : 부호비트에 1을 표시하고 정수부의 표현은 양수 표현방법으로 표현한다.

   -1의 보수 표현법 : 부호비트에 1을 표시하고 정수부의 표현은 1의 보수로 변환하여 표현한다.

   -2의 보수 표현법 : 부호비트에 1을 표시하고 정수부의 표현은 2의 보수로 변환하여 표현한다.

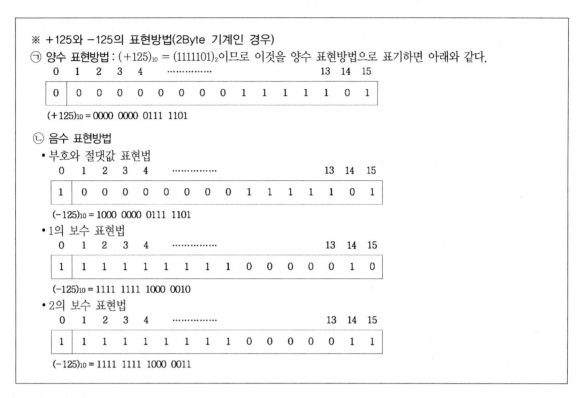

※ +125와 −125의 표현방법(2Byte 기계인 경우)

㉠ 양수 표현방법 : $(+125)_{10} = (1111101)_2$이므로 이것을 양수 표현방법으로 표기하면 아래와 같다.

| 0 | 1 | 2 | 3 | 4 | .... | 13 | 14 | 15 |

| 0 | 0 0 0 0 0 0 0 0 0 1 1 1 1 1 1 0 1 |

$(+125)_{10} = 0000\ 0000\ 0111\ 1101$

㉡ 음수 표현방법

• 부호와 절댓값 표현법

| 0 | 1 | 2 | 3 | 4 | .... | 13 | 14 | 15 |

| 1 | 0 0 0 0 0 0 0 0 0 1 1 1 1 1 1 0 1 |

$(-125)_{10} = 1000\ 0000\ 0111\ 1101$

• 1의 보수 표현법

| 0 | 1 | 2 | 3 | 4 | .... | 13 | 14 | 15 |

| 1 | 1 1 1 1 1 1 1 1 0 0 0 0 0 0 1 0 |

$(-125)_{10} = 1111\ 1111\ 1000\ 0010$

• 2의 보수 표현법

| 0 | 1 | 2 | 3 | 4 | .... | 13 | 14 | 15 |

| 1 | 1 1 1 1 1 1 1 1 0 0 0 0 0 0 1 1 |

$(-125)_{10} = 1111\ 1111\ 1000\ 0011$

② 실수 데이터의 표현

㉠ 실수 : 소수점을 포함하는 수를 말한다.

㉡ 형식 : 부동 소수점 데이터 형식(Floating Point Data Format)으로 표현한다.

• 고정 소수점 데이터 형식보다 복잡하고 연산속도가 느리다.

• 실수표현을 위하여 지수부와 가수부로 분리시키는 정규화(Normalization) 과정이 반드시 필요하다.

• 부호비트(Sign Bit), 지수부, 가수부로 구성된다.

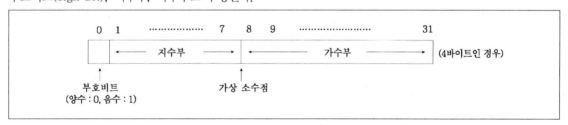

• 지수부에는 지수값에 항상 64를 더하여 2진수로 표현하고 가수부(정수부)는 2진수로 계산하여 가상 소수점을 기준으로 왼쪽에서 오른쪽으로 표현한다.

　예　+12.5를 부동 소수점 데이터 형식으로 표현해 보자.

• +12.5를 먼저 정규화(Normalize)한다.

$+12.5 = 0.125$(가수부)$\times 10^2$ ← 지수

• 지수부에는 지수값 2에 64를 더하여 만들어진 66을 2진수로 표현한다.

$(66)_{10} = (1000010)_2$

• 10진수 0.125는 2진수로 변환하여 표현한다.

$(0.125)_{10} = (0.001)_2$이다.

• 실수의 표현법대로 표현하면 아래와 같다.

0	1 2 .... 7 8 9	 31
0	1 0 0 0 0 1 0	0 0 1 0 0 0 0 0 0 0 0 0 0 0 0 0 0 0 0 0 0 0 0

POINT 정규화(Normalization) … 부동 소수점 데이터 형식으로 실수를 표현할 경우 소수점 바로 뒤에 0이 아닌 유효숫자가 오도록 소수점의 위치를 이동시키는 것을 말한다.

③ 고정 소수점 수의 표현

ㄱ 개념 : 10진수의 정수를 2진수로 변환하지 않고 10진수 상태로 표현하는 방법이다.

ㄴ 10진 데이터의 표현방법

• 팩 10진 형식(Packed decimal format) : 10진수 한 자리를 4비트로 표현하고 양수이면 맨 오른쪽 4비트에 C를, 음수이면 D를 기억시킨다.

예 +456을 팩10진 형식으로 표현해 보자.

0100	0101	0110	1100
4	5	6	C

• 언팩 10진 형식(Unpacked decimal format)
– 10진수 한 자리를 8비트로 표현하고 각 Byte의 처음 4비트는 존 비트(zone bit), 다음 4비트는 디짓 비트(digit bit)이다.
– 존 비트는 F로, 디짓 비트는 숫자를 표현하며, 맨 오른쪽 존 비트에는 부호(양수 : C, 음수 : D)를 나타낸다. 부호가 없으면 존 비트는 1111(F)이다.

예 -456을 비팩10진 형식으로 표현해 보자.

1111	0100	1111	0101	1101	0110
F	4	F	5	D	6

📢 **TIP** 데이터처리의 단위
ㄱ 비트(Bit ; Binary Digit) : 자료표현의 최소단위
ㄴ 바이트(Byte) : 컴퓨터가 처리하는 정보의 기본단위, 문자표현의 최소단위
ㄷ 워드(Word) : 바이트의 상위개념으로 컴퓨터 내부의 명령어단위. Half Word, Full Word, Double Word가 있음
ㄹ 필드(Field) : 자료처리의 최소단위, 파일구성의 최소단위
ㅁ 레코드(Record) : 컴퓨터에 의해 수집하거나 만들어낸 정보를 보관하는 단위
ㅂ 파일(File) : 공통적인 레코드의 집합
ㅅ 데이터베이스(Data Base) : 파일들을 모아 완전한 정보로 구성된 데이터 집단

(3) 문자 자료 표현(Character Data)

① BCD 코드(Binary coded decimal)
ㄱ 기본코드로 6비트를 사용한다.
ㄴ 6비트로 2^6(64)가지의 문자표현이 가능하다.(zone:2bit, digit:4bit)

ⓒ 영문자 대·소문자를 구별 못하는 문제점이 있다.

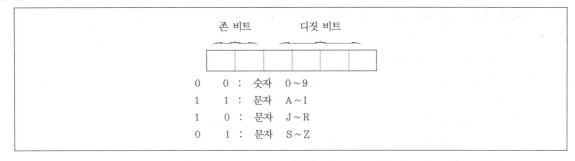

② ASCII 코드(American standard code for information interchange)

　ⓐ BCD코드와 EBCDIC코드의 중간 형태로 미국표준협회(ISO) 가 제안한 코드이다.

　ⓑ 7비트로 2^7(128)가지의 문자표현이 가능하다.(zone : 3bit, digit : 4bit)

　ⓐ 일반 PC용 및 데이터 통신용 코드이다.

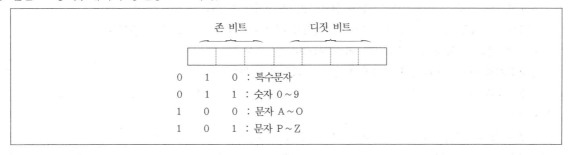

③ EBCDIC 코드(Extended Binary coded decimal interchange code)

　ⓐ BCD코드의 확장코드이다.

　ⓑ 8비트로 2^8(256)가지의 문자표현이 가능하다.(zone : 4bit, digit : 4bit)

　ⓒ 주로 대형 컴퓨터에서 사용되는 범용코드이다.

　ⓓ EBCDIC 코드는 바이트 단위 코드의 기본으로 하나의 문자 표현한다.

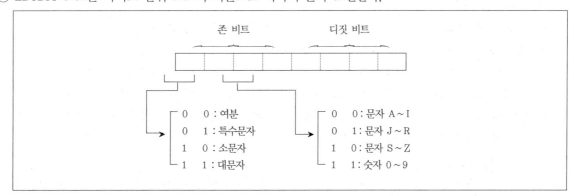

④ 기타 코드

　　㉠ **가중치 코드**(Weighted code) : 비트의 위치에 따라 고유한 값을 갖는 코드

　　　• 8421코드

　　　-10진수를 4비트 2진수로 표현한다.

　　　-왼쪽부터 8,4,2,1의 값을 갖는 가중치 코드이다.

　　　• 2421코드

　　　-자기보수화(Self-comflementing Property)의 특징을 갖고 있다.

　　　-왼쪽부터 2,4,2,1의 값을 갖는 가중치 코드이다.

　　　• 그 외 종류 : 5421, 바이퀴너리, 링카운터 코드등

　　㉡ **비가중치 코드**(Unweighted code) : 비트의 위치에 고유한 값이 없는 코드

　　　• 3초과 코드 : 8421코드에 3을 더한 코드이다.

　　　• 그레이 코드

　　　-한 숫자에서 다음 숫자로 변경 될 때 한 비트만이 변하는 특징을 가진다.

　　　-데이터의 전송, 입·출력장치, 아날로그-디지털 변환기 및 주변장치에 많이 사용한다.

　　　• 그 외 종류 : 5중2코드, 5중3코드, Shift counter 코드 등

　　㉢ **오류검출 코드** : 데이터의 오류발생 유무를 검사하기 위한 코드

　　　• 패리티비트

　　　• 해밍코드

　　　• 그 외 종류 : 바이퀴너리 코드, 5중 2코드, 5중3코드 등

　　㉣ **자기보수 코드** : 어떤 코드에 대한 1의 보수와 그 코드를 10진수로 표현하여 9의 보수로 만든 코드 같은 코드

　　　• 3초과 코드 : 8421코드에 3을 더한 코드이다.

　　　• 2421코드

　　　-자기보수화(Self-comflementing Property)의 특징을 갖고 있다.

　　　-왼쪽부터 2,4,2,1의 값을 갖는 가중치 코드이다.

　　　• 그 외 종류 : 4221코드 등

　　㉤ **패리티 비트**(Parity Bit) : 오류를 검출하기 위해 정보 비트에 첨가되는 비트.

　　㉥ **해밍 코드**(Hamming Code) : 오류 검출과 교정이 가능하다.

　　㉦ **버그**(Bug) : 소프트웨어나 하드웨어의 오류 또는 오동작. 원래 벌레를 의미하는 단어

　　㉧ **디버깅**(debugging) : 오류 수정 및 컴퓨터 프로그램의 잘못을 찾아내고 고치는 작업이다.

　　㉨ **덤프**(dump) : 프로그램의 오류 수정이나 데이터의 검사를 위해 기억 장치나 파일 내용의 전체 또는 일부를 행 인쇄기에 출력(copy)하는 것이다.

> **TIP** 자료의 표현
>
> 　㉠ 내부적 표현 : 수치 데이터(고정 소수점 데이터 형식, 부동 소수점 데이터 형식, 팩 10진 형식, 비팩 10진 형식 등)
>
> 　㉡ 외부적 표현 : 문자 데이터(BCD코드, ASCII코드, EBCDIC코드 등)

⑤ 자료의 표현방식

데이터	내부적 표현	정수	-----	10진수 : Pack 10진수, Unpack 10진수
				2진수(고정소수점표현) : 부호와 절대값, 1의보수, 2의보수
		실수	-----	2진수(부동소수점표현) : 부호부, 지수부, 가수부로 구성
		기타	-----	논리연산, 포인터연산
	외부적 표현	BCD 코드	-----	6비트로 구성
		ASCII 코드	-----	7비트로 구성
		EBCDIC 코드	-----	8비트로 구성

section 3 논리회로

❶ 불 대수와 논리함수

(1) 불 대수(Boolean Algebra)

① 불 대수
　㉠ 개념 : 두 가지의 요소에 대하여 하나를 택하는 것과 같은 연산을 수행하는 논리이다.
　㉡ 시초 : 영국의 수학자 불(G. Boolean)에 의해 창안되었다.
　㉢ 불 대수의 두 가지 요소 : 참과 거짓 또는 이것을 숫자로 바꾼 1과 0으로 연산을 하는데, 이것을 논리상수라 한다. 이들 값을 기억하는 변수는 논리변수 또는 2진 변수라 한다.
　　예 전기스위치의 ON과 OFF와 같이 두 가지 상태로만 형성되는 경우는 불 대수의 논리상수와 같다.
　㉣ 효용 : 불 대수를 사용하면 컴퓨터 내부의 회로에 대한 것을 연산식으로 나타내어 설계와 분석을 쉽게 할 수 있고, 그 결과를 회로에 대응시킬 수 있으므로 논리회로를 다루는 데 편리하다.

② 불 대수의 기본연산
　㉠ 불 대수의 연산 : 1과 0인 두 가지에 대한 택일형 연산이다.
　㉡ 기본연산 : 논리곱(AND), 논리합(OR), 논리부정(NOT), 배타적 논리합(XOR)이 있다.
　　• 논리곱(AND)
　　－두 가지 명제의 조건이 모두 참일 경우에만 결과는 참이 된다.

−표현방법

- AB
- A∧B
- A∩B
- A · B

−아래 표는 두 개의 변수 A와 B에 대하여 논리곱 연산의 결과를 보여준다

A	B	A · B
0	0	0
0	1	0
1	0	0
1	1	1

• 논리합(OR)

−두 가지 명제의 조건에서 둘 중 하나만 참이어도 결과는 참이 된다.

−A+B, A∨B, A∪B로 표현한다.

−아래 표는 두 변수 A와 B에 대하여 논리합 연산의 결과를 보여준다.

A	B	A+B
0	0	0
0	1	1
1	0	1
1	1	1

• 논리 부정(NOT)

−현재의 명제가 참인 경우 결과는 거짓이 된다.

−A', $\overline{A}$ 로 표현한다.

−아래 표는 변수 A에 대한 논리부정 연산의 결과를 보여준다.

A	$\overline{A}$
0	1
1	0

• 배타적 논리합

−두 개의 명제가 서로 반대되는 조건으로 논리합의 형태를 취하여 $\overline{A}B + A\overline{B}$와 같은 논리관계를 배타적 논리합(exclusive OR)이라 한다.

−A⊕B로 표현한다.

–아래 표는 두 개의 변수 A와 B에 대하여 배타적 논리합 연산의 결과를 보여준다.

A	B	A⊕B
0	0	0
0	1	1
1	0	1
1	1	0

–배타적 논리합은 대응되는 변수의 내용이 서로 다르면 결과가 1이고, 대응하는 내용이 같으면 결과는 0이다.

③ 불 대수의 기본원칙

　㉠ 불 대수는 1과 0의 두 가지의 값으로만 연산하고 그 결과도 두 가지 중의 하나가 되어야 하므로 독특한 성질을 가지고 있다.

　• 불 대수 공리(불 대수 식에서 존재하는 공리)

공리 1	$A \neq 0$이면 $A = 1$, $A = 1$이면 $\overline{A} = 0$ $A \neq 1$이면 $A = 0$, $A = 0$이면 $\overline{A} = 1$
공리 2	$0 \cdot 0 = 0$　　　$0 + 0 = 0$
공리 3	$1 \cdot 1 = 1$　　　$1 + 1 = 1$
공리 4	$0 \cdot 1 = 0$　　　$0 + 1 = 1$
공리 5	$\overline{1} = 0$　　　　$\overline{0} = 1$

　• 불 대수의 기본정리 : 불 대수의 특성에 의하여 어떤 변수는 두 가지 중 하나만 기억할 수 있으므로, 특정 조건에서의 결과가 이미 정해진 것과 같은 것을 기본정리라 한다.

정리 1 정리 2 정리 3 정리 4	(1) $A + 0 = A$ (1) $A + \overline{A} = 1$ (1) $A + A = A$ (1) $A + 1 = 1$	(2) $A \cdot 0 = 0$ (2) $A \cdot \overline{A} = 0$ (2) $A \cdot A = A$ (2) $A \cdot 1 = A$

　㉡ 교환, 분배, 결합법칙을 성립시키며, 정리가 있으므로 논리함수를 간소화시킬 수 있다.

　• 교환법칙 : 불 대수 식에서 연산순서를 바꾸어도 결과가 동일하게 되는 것. 논리곱이나 논리합이 연속될 때에는 연산순서에 관계없이 동일한 결과를 얻는다.

　–$A + B = B + A$

　–$A \cdot B = B \cdot A$

　• 결합법칙 : 괄호 내에서 먼저 결합된 것을 순서를 바꾸어 괄호 바깥의 것과 먼저 결합하여도 결과가 같게 된다.

　–$A + (B + C) = (A + B) + C$

　–$A \cdot (B \cdot C) = (A \cdot B) \cdot C$

　• 분배법칙 : 괄호로 동일한 연산을 묶은 것은 바깥의 요소가 내부의 요소에 공통적으로 할당되므로, 개별적으로 할당한 것을 괄호 내부의 연산으로 수행하여도 결과가 같게 된다.

$-A \cdot (B + C) = (A \cdot B) + (A \cdot C)$

$-A + (B \cdot C) = (A + B) \cdot (A + C)$

• 부정법칙 : 현재의 명제를 부정하는 것으로 부정을 다시 부정하면 긍정이 된다.

$-\overline{\overline{A}} = A$

$-A + \overline{A} = 1$

$-A \cdot \overline{A} = 0$

📢 **TIP** 드 모르간(De morgan) 정리 … 두 개 이상의 변수가 함께 부정으로 묶여 있을 때 이들을 개별적으로 분리하는 경우와 이것과 반대되는 경우에 대한 정리이며, 제1법칙과 제2법칙이 있다.
ㄱ 제1법칙 : $\overline{A + B} = \overline{A} \cdot \overline{B}$
ㄴ 제2법칙 : $\overline{A \cdot B} = \overline{A} + \overline{B}$

(2) 논리함수

① 논리식의 전개

ㄱ 의의 : 논리식은 각 변수의 조합에 따른 결과를 진리표(Truth Table)로 만든 후, 각 경우에서 결과가 발생하는 논리식을 유도하여 각종 법칙과 정리로 사용한다.

ㄴ 논리식의 유도 : 논리식에 나타날 각 변수들의 값과 조합관계에 따른 결과로 진리표를 만들고, 전체 결과를 위한 관계식으로 유도한다.

📢 **TIP** 불 함수 … 불 대수에 의하여 표현된 식으로 불 변수와 기본연산인 논리곱(AND), 논리합(OR), 논리부정(NOT)으로 표현한 식이다. 불 대수를 논리대수라고 하듯이 불 함수를 논리함수 또는 논리식이라고 한다.

② 논리함수의 간소화

ㄱ 의의 : 논리함수가 회로를 설계하기 위하여 입력변수와 조합에 따른 것을 불 대수식으로 표현하는 것이므로, 보다 간단한 회로를 설계할 수 있다는 것과 같은 의미가 된다.

ㄴ 정리 : 논리함수를 간소화하는 데는 일정한 규칙이 존재하지 않는다. 공리와 기본정리를 적절히 선택하여 항의 수를 줄여 나가면서 보다 간단한 함수를 얻는 방법이다.

예 다음은 불 대수의 기본정리를 이용한 간소화 원리를 보여주는 것이다.

• $Y = A + A \cdot B$
  $= A \cdot 1 + A \cdot B$ …… 정리 4 이용
  $= A(1 + B)$ …… 정리 4 이용
  $= A$

• $Y = A + \overline{A} \cdot B$
  $= (A + AB) + \overline{A} \cdot B$ …… ㄱ 이용
  $= A + B(A + \overline{A})$ …… 정리 2 이용
  $= A + B \cdot 1$ …… 정리 4 이용
  $= A + B$

• $Y = (A + B) \cdot (A + C)$
  $= AA + AC + AB + BC$ …… 정리 3 이용
  $= (A + AC) + AB + BC$ …… ㄱ 이용
  $= A + AB + BC$ …… ㄱ 이용
  $= A + BC$

TIP 흡수법칙

ㄱ $A \cdot (A + B) = A$

ㄴ $A + A \cdot B = A$

ㄷ $A + \overline{A} \cdot B = A + B$

ㄷ **카르노 맵**(Karnaugh map)

• 2변수 카르노 맵 : 두 변수로 결합되는 조합의 수는 $4(2^2)$가지이므로 4칸 짜리 카르노 도를 작성하여 교차되는 지점에 최소항을 표현한다.

B\A	0	1
0	$\overline{A} \cdot \overline{B}$	$A \cdot \overline{B}$
1	$\overline{A} \cdot B$	$A \cdot B$

예 그림은 논리식 $Y = \overline{A}\,\overline{B} + A\,\overline{B} + AB$를 카르노 도로 간소화시키는 것을 보여준다.

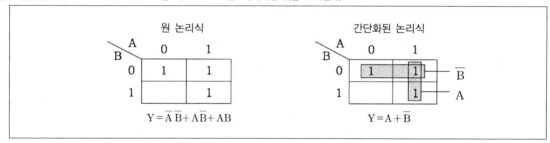

• 3변수 카르노 맵 : 세 변수로 결합되는 조합의 수는 $8(2^3)$가지이므로 여덟칸 짜리 카르노 도를 작성한다. 세 개의 변수 중 먼저 짝지어지는 두 개를 최소항으로 만들어 행에 위치시키고, 나머지 하나를 열에 위치시킨다. 이때, 두 개의 짝지어진 최소항은 그레이 코드 순서인 (00, 01, 11, 10)의 순서로 배열한다.

C\AB	00	01	11	10
0	$\overline{A}\,\overline{B}\,\overline{C}$	$\overline{A}\,B\,\overline{C}$	$AB\overline{C}$	$A\overline{B}\,\overline{C}$
1	$\overline{A}\,\overline{B}\,C$	$\overline{A}\,BC$	ABC	$A\overline{B}C$

예 그림은 논리식 $Y = \overline{A}\,\overline{B}\,\overline{C} + \overline{A}\,B\overline{C} + A\overline{B}\,\overline{C} + A\overline{B}C$를 카르노 도로 간소화시키는 것이다.

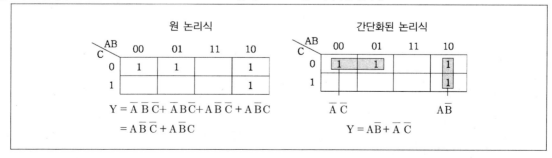

• 4변수 카르노 맵 : 네 개의 변수로 결합되는 조합의 수는 $16(2^4)$가지이므로, 16칸 짜리 카르노 도를 작성하여 교차되는 지점에 최소항을 표현한다. 네 개의 변수 중에서 앞의 두 개를 3변수 때의 경우와 같이 먼저 짝지어지는 두 개를 최소항으로 묶어서 행에 위치하고, 뒤의 두 개도 같은 방법으로 묶어서 열에 위치시킨다. 행과 열을 모두 그레이 코드의 순서 (00, 01, 11, 10)로 배열시킨다.

CD＼AB	00	01	11	10
00	$\overline{A}\,\overline{B}\,\overline{C}\,\overline{D}$	$\overline{A}B\overline{C}\,\overline{D}$	$AB\overline{C}\,\overline{D}$	$A\overline{B}\,\overline{C}\,\overline{D}$
01	$\overline{A}\,\overline{B}\,\overline{C}D$	$\overline{A}B\overline{C}D$	$AB\overline{C}D$	$A\overline{B}\,\overline{C}D$
11	$\overline{A}\,\overline{B}CD$	$\overline{A}BCD$	$ABCD$	$A\overline{B}CD$
10	$\overline{A}\,\overline{B}C\overline{D}$	$\overline{A}BC\overline{D}$	$ABC\overline{D}$	$A\overline{B}C\overline{D}$

예 $Y = \overline{A}\,\overline{B}\,\overline{C}\,\overline{D} + \overline{A}B\overline{C}\,\overline{D} + A\overline{B}\,\overline{C}\,\overline{D} + \overline{A}B\overline{C}D + AB\overline{C}D + A\overline{B}\,\overline{C}D + \overline{A}BCD + ABCD$를 카르노 도로 간소화시키는 것을 보여준다.

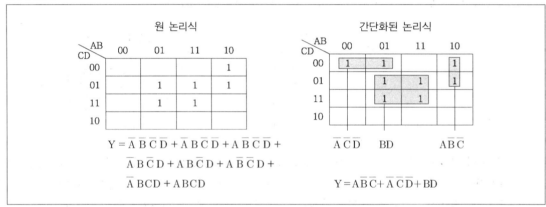

TIP 카르노 맵을 이용하여 논리식을 간소화하는 방법 … 카르노 맵 내에 논리함수에 의한 최소항의 결과인 1과 0을 표현하여(0은 생략가능하다), 이웃한 1을 가로 또는 세로 방향으로 2의 배수인 개수가 되도록 묶는다. 묶여진 사각형에서 조건에 변화가 없는 것만 추출하여 논리합으로 표현한다.

❷ 논리게이트와 논리회로

(1) 논리게이트(Logic Gate)

① 논리게이트

　㉠ 게이트(Gate) : 컴퓨터 내부의 전자적 회로는 많은 스위치를 연결한 것과 같으며, 기본적인 단위기능을 수행하는 것을 게이트라 한다.

　㉡ 논리게이트 : 게이트를 통해 2진 입력정보를 처리하여 0 또는 1의 신호를 만드는 기본적인 논리회로이다.

　㉢ 기본게이트 : 불 대수식의 기능을 수행하는 회로의 기본이다.

• AND 게이트 : 두 개의 입력단자가 A, B일 때, 이들이 결합되는 네 가지 조합에 대하여 논리곱(AND)과 동일한 결과를 출력하는 회로이다. 즉, 어느 하나만 0이면 결과가 0이 되고, 모두 1이면 결과가 1이 된다.
–AND 게이트의 동작상태

입력 또는 스위치(A)	입력 또는 스위치(B)	출력(Y)
OFF(0)	OFF(0)	0
OFF(0)	ON(1)	0
ON(1)	OFF(0)	0
ON(1)	ON(1)	1

–불 대수 표현 : $Y = A \cdot B$

[AND 게이트의 기호]

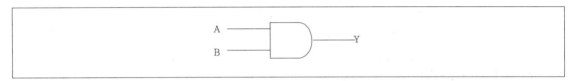

• OR 게이트 : 두 개의 입력단자가 A, B일 때, 이들이 결합되는 네 가지 조합에 대하여 논리합(OR)과 동일한 결과를 출력하는 회로이다. 즉, 어느 하나만 1이면 결과가 1이 되고, 모두 0이면 결과가 0이 된다.
–OR 게이트의 동작상태

입력 또는 스위치(A)	입력 또는 스위치(B)	출력(Y)
OFF(0)	OFF(0)	0
OFF(0)	ON(1)	1
ON(1)	OFF(0)	1
ON(1)	ON(1)	1

–불 대수 표현 : $Y = A + B$

OR 게이트의 기호

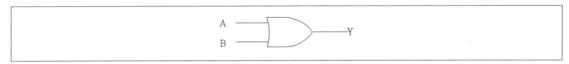

• NOT 게이트 : 입력되는 것과 반대의 결과가 출력된다. 입력단자 A에 0이 입력되면 결과는 1이 출력되고, 1이 입력되면 0이 출력되며, 논리부정(NOT)의 논리식으로 표현한다. NOT 게이트는 인버터(INVERTER)라 부르기도 하는데, 입력에 대한 출력결과는 다음과 같다.
–NOT 게이트의 동작상태

입력 또는 스위치(A)	출력(Y)
OFF(0)	1
ON(1)	0

-불 대수 표현: $Y = \overline{A}$

[NOT 게이트의 기호]

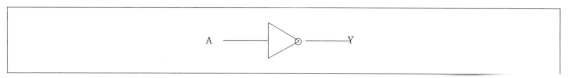

* XOR 게이트: 두 개의 입력단자에서 같은 입력이 주어지면 0이 출력되고, 서로 다른 내용이 입력되면 1이 출력된다.
-불 대수 표현: $Y = \overline{A}B + A\overline{B} = A \oplus B$

[XOR 게이트의 기호]

-XOR 게이트의 동작상태

입력 또는 스위치 (A)	입력 또는 스위치(B)	출력(Y)
OFF(0)	OFF(0)	0
OFF(0)	ON(1)	1
ON(1)	OFF(0)	1
ON(1)	ON(1)	0

② 그 밖의 논리게이트
* 기본적인 논리게이트인 AND, OR, NOT, XOR 외에 데이터를 저장하는 버퍼와 NOT 게이트가 다른 게이트와 결합된 것을 독립적인 게이트로 취급하는데, 이들의 기호와 진리표는 다음과 같다.

논리 게이트	기호	진리표	불 대수 표현
버퍼	A ─▷─ Y	A Y 0 0 1 1	$Y = A$
NAND	A, B ─ NAND ─ Y	A B Y 0 0 1 0 1 1 1 0 1 1 1 0	$Y = \overline{A \cdot B}$ $Y = \overline{A} + \overline{B}$

		A	B	Y	
NOR		0	0	1	$Y = \overline{A + B}$
		0	1	0	$Y = \overline{A} \cdot \overline{B}$
		1	0	0	
		1	1	0	

		A	B	Y	
XNOR (Exclusive NOR)		0	0	1	$Y = \overline{A \oplus B}$
		0	1	0	$Y = A \odot B$
		1	0	0	$Y = \overline{\overline{AB} + AB}$
		1	1	1	

- 버퍼는 신호를 증폭시키거나 저장하는 데 사용한다. NAND는 AND게이트에 NOT이 결합된 것이고, NOR는 OR에 NOT이 결합된 것이며, XNOR는 XOR에 NOT이 결합된 것이다.

> **TIP** 실제로 컴퓨터에서는 NAND게이트와 NOR게이트가 AND게이트와 OR게이트보다 트랜지스터로 쉽게 만들 수 있기 때문에 많이 사용된다.

② 조합 논리회로의 설계 … 특전 기능을 수행하는 조합 논리회로를 설계할 때에는 일반적으로 다음과 같은 순서에 따라 설계한다.
   ㉠ 입출력 조건에 따라 변수를 결정하여 진리표를 작성한다.
   ㉡ 진리표에 대한 카르노도를 작성한다.
   ㉢ 간소화된 논리식을 구한다.
   ㉣ 논리식을 기본 게이트로 구성한다.

(2) 조합 논리회로(Combinational Logic Circuit)

① 조합 논리회로의 정의 … 출력값이 입력값에 의해서만 결정되는 논리 게이트(Logic Gate)로 구성된 회로이다.

[조합 논리회로]

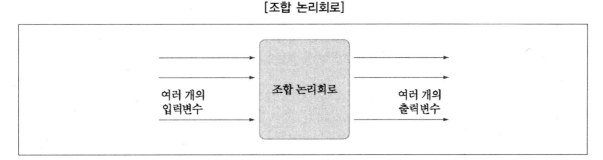

② 조합 논리회로의 종류

   ⊙ 반가산기(HA ; Half Adder) : 두 개의 변수에서 입력되는 2진수 한 자리의 비트를 덧셈하는 회로이다.

- 컴퓨터 내부에서 기본적인 계산(+ −, ×, ÷)을 수행하는 회로이다. 입력변수의 내용은 1과 0만 존재할 수 있다.
- 입력되는 변수를 A와 B, 계산결과의 합(sum)을 S, 자리올림(carry)을 C라 하면 다음과 같다.

[반가산 진리표]

A	B	S	C
0	0	0	0
0	1	1	0
1	0	1	0
1	1	0	1

[반가산기 함수식]

$$S = A\overline{B} + \overline{A}B$$
$$= A \oplus B$$
$$C = A \cdot B$$

- 위의 두 개의 식을 동시에 수행하도록 논리 게이트를 조합하면 반가산 연산을 수행하는 회로를 얻게 된다.

[반가산기 회로]

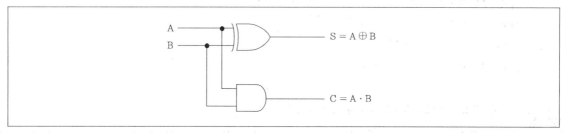

   ⓛ 전가산기(FA ; Full Adder) : 2자리 2진수와 반가산기에서 발생한 자리올림(Cin)을 함께 덧셈하는 회로를 전가산기라 한다.

- 전가산기는 A, B의 입력변수와 아랫자리에서 올라온 자리올림(Cin)이 여덟 가지 조합을 이루며, 이들 각각에 대한 합 S와 윗자리로 전해 주는 자리올림(Cout)에 대한 진리표와 카르노 도는 다음과 같다.

[전가산 진리표]

A	B	Cin	S	Cout
0	0	0	0	0
0	0	1	1	0
0	1	0	1	0
0	1	1	0	1
1	0	0	1	0
1	0	1	0	1
1	1	0	0	1
1	1	1	1	1

[전가산기 함수식]

$$\text{합}(S)$$
$$S = \overline{A}\,\overline{B}C_{in} + \overline{A}B\overline{C_{in}} + ABC_{in} + A\overline{B}\,\overline{C_{in}}$$
$$= \overline{A}(\overline{B}C_{in} + B\overline{C_{in}}) + A(BC_{in} + \overline{B}\,\overline{C_{in}})$$
$$= \overline{A}(B \oplus C_{in}) + A(\overline{B \oplus C_{in}})$$
$$= A \oplus (B \oplus C_{in})$$
$$= A \oplus B \oplus C_{in}$$

$$\text{자리올림}(C_{out})$$
$$C_{out} = AB + \overline{A}BC_{in} + A\overline{B}C_{in}$$
$$= AB + C_{in}(\overline{A}B + A\overline{B})$$
$$= AB + C_{in}(A \oplus B)$$

• 위의 두 가지 식을 동시에 수행하도록 논리 게이트를 조합하면 전가산 연산을 수행하는 회로를 얻게 된다.

[전가산기 회로]

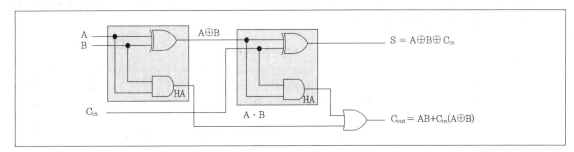

• 위 그림에서 두 개의 반가산기(HA)가 사용되고 있음을 알 수 있다.
ⓒ 반감산기(HS ; Half Subtracter) : 한 자리인 2진수를 뺄셈하여 차(difference)와 빌림수(borrow)를 구하는 회로이다.
• 입력변수는 피감수를 A, 감수를 B라 하고 출력은 차를 D, 빌림수를 C라 하면 다음과 같다.

[반감산 진리표]

A	B	C(빌림수)	D(차)
0	0	0	0
0	1	1	1
1	0	0	1
1	1	0	0

[반감산기 함수식]

$$D = \overline{A}B + A\overline{B}$$
$$= A \oplus B$$
$$C = \overline{A}B$$

• 위의 두 가지 식을 동시에 수행하도록 논리 게이트를 조합하면 반감산 연산을 수행하는 회로를 얻게 된다.

[반감산기 회로]

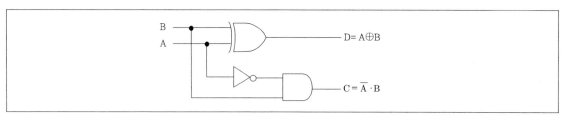

ㄹ 전감산기(FS ; Full Subtracter) : 두 자리 이상의 2진수를 뺄셈하여 차(difference)와 빌림수(borrow)를 구하는 회로이다.

• 입력변수를 피감수는 A, 감수는 B, 아랫자리에서의 빌림수를 C라 하고, 출력은 차 D와 현재 자리에서 발생한 빌림을 B_n이라 하면 다음과 같다.

[전감산 진리표]

A	B	C	D	Bn
0	0	0	0	0
0	0	1	1	1
0	1	0	1	1
0	1	1	0	1
1	0	0	1	0
1	0	1	0	0
1	1	0	0	0
1	1	1	1	1

[전감산기 함수식]

차(D)	빌림수(C)
$D = \overline{A}\,\overline{B}C + \overline{A}B\overline{C} + ABC + A\overline{B}\,\overline{C}$	$B_n = \overline{A}B + \overline{A}\,\overline{B}C + ABC$
$\quad = C(\overline{A}\,\overline{B} + AB) + \overline{C}(\overline{A}B + A\overline{B})$	$\quad = \overline{A}B + C(\overline{A}\,\overline{B} + AB)$
$\quad = C(A \odot B) + \overline{C}(A \oplus B)$	$\quad = \overline{A}B + C(A \odot B)$
$\quad = C \oplus (A \oplus B)$	
$\quad = A \oplus B \oplus C$	

- 위의 두 가지 식을 동시에 수행하도록 논리 게이트를 조합하면 전감산 연산을 수행하는 회로를 얻게 된다.

[전감산기]

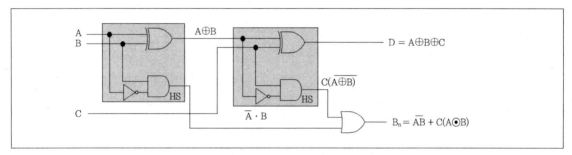

- 위 그림에서 두 개의 반감산기(HS)가 사용되고 있음을 알 수 있다.

㉤ 해독기(decoder, 디코더)

- 개념 : 코드형식의 2진 정보를 다른 형식의 단일신호로 바꾸어 주는 회로이다.

- 2×4 해독기 : 2비트로 코드화된 정보는 네 가지 조합을 만들 수 있으므로, 이 때에 출력되는 신호를 $D_0 \sim D_3$ 이라 한다면 아래와 같은 진리표와 회로도를 이용하여 해독기를 설계할 수 있다.

[해독기의 진리표]

입력		출력			
A	B	D_0	D_1	D_2	D_3
0	0	1	0	0	0
0	1	0	1	0	0
1	0	0	0	1	0
1	1	0	0	0	1

[해독기의 회로도와 블록도]

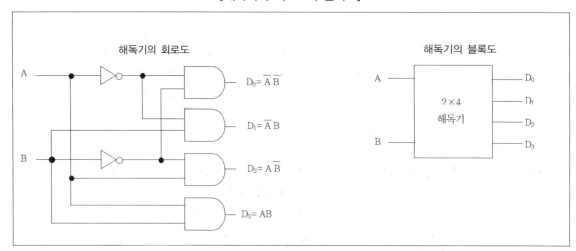

ⓗ 부호기(encoder, 인코더)
- 해독기와 정반대의 기능을 수행하는 조합 논리회로로서 여러 개의 입력단자 중 어느 하나에 나타난 정보를 여러 자리의 2진수로 코드화하여 전달한다.
- 4 × 2 부호기 : 4개의 입력단자 $D_0 \sim D_3$ 중 어느 하나에 나타난 입력정보를 2진수로 부호화하여 출력한다.

[부호기의 진리표]

입력				출력	
D_0	D_1	D_2	D_3	A	B
1	0	0	0	0	0
0	1	0	0	0	1
0	0	1	0	1	0
0	0	0	1	1	1

[부호기의 회로도와 블록도]

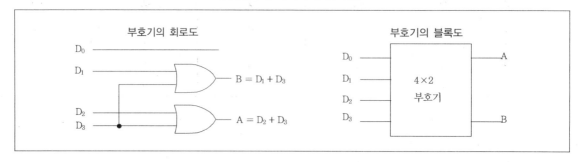

Ⓢ 멀티플렉서(MUX ; multiplexer, 선택기)

- 여러 회선의 입력이 한 곳으로 집중될 때 특정회선을 선택하도록 하므로, 선택기라 하기도 한다. 어느 회선에서 전송해야 하는지 결정하기 위하여 선택신호가 함께 주어져야 한다.
- 이 회로를 이용하면 여러 입출력 장치에서 일정한 회선을 통하여 중앙처리장치로 전해 줄 수 있고, 하나의 입력회선에 여러 터미널을 접속하여 사용할 수 있다. 입력회선이 네 개이고, 이들 중 하나만 출력회선에 연결될 수 있는 4×1 멀티플렉서는 다음과 같다.

[4×1 멀티플렉서 진리표]

선택신호		선택된 입력회선(Q)
S_1	S_0	
0	0	D_0
0	1	D_1
1	0	D_2
1	1	D_3

[멀티플렉서 회로도와 블록도]

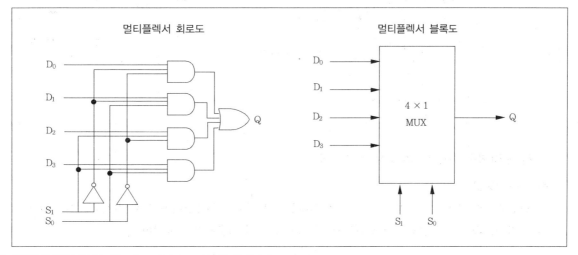

Ⓞ 디멀티플렉서(DMUX ; demultiplexer, 분배기)

- 멀티플렉서와 반대기능을 수행하며 하나의 입력 회선을 여러 개의 출력회선으로 연결하여 선택신호에서 지정하는 하나의 회선에 출력하므로 분배기라고도 한다.
- 중앙처리장치에서 어떤 내용을 특정 장치로 출력시킬 수 있게 하는데, 이 때 선택신호는 특정 장치를 나타낸다.
- 1×4 디멀티플렉서에서 선택신호는 네 개의 조합을 만들어야 하므로, 두 개의 선택 신호가 필요하다.

[1 × 4 디멀티플렉서 진리표]

선택신호		선택된 출력회선			
S_0	S_1	D_0	D_1	D_2	D_3
0	0	1	0	0	0
0	1	0	1	0	0
1	0	0	0	1	0
1	1	0	0	0	1

[디멀티플렉서 회로도와 블록도]

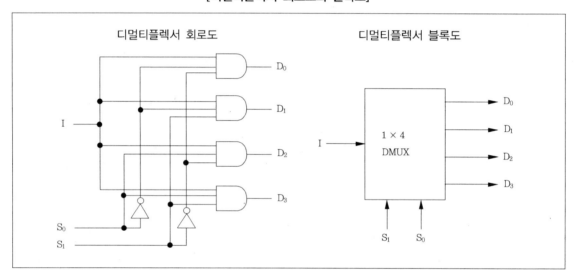

(3) 순서 논리회로(Sequential Logic Circuit)

① 순서 논리회로

　㉠ 플립플롭과 게이트로 구성되고, 출력은 외부입력과 회로의 현재상태에 의해 결정되는 회로이다.

　㉡ 플립플롭과 플립플롭을 구성소자로 가지는 레지스터와 카운터가 대표적이다.

[순서 논리회로의 블록도]

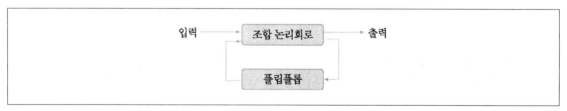

② 플립플롭(FF ; Flip Flop)

　㉠ 플립플롭

　　• 개념

　　－두 가지 상태 중 어느 하나를 안정된 상태로 유지하는 쌍안정 멀티바이브레이터(Bistable Multivibrator)로 각 상태를 1과 0으로 대응시키면 1비트를 기억한 것과 같은 형태가 된다.

　　－플립플롭은 입력이 변하지 않는 한 현재 기억하고 있는 값을 유지한다.

　　－서로 보수관계에 있는 2개의 출력이 나오고, Q, $\overline{Q}$로 나타낸다.

　　• 특징

　　－그림은 NOT 게이트를 Q와 $\overline{Q}$의 안정된 상태를 유지할 수 있도록 구성한 것이다.

[플립플롭의 안정상태]

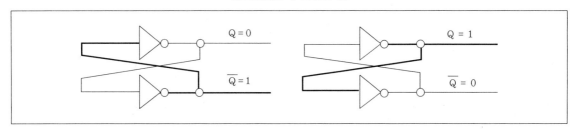

　　－Q가 1인 경우 되먹임되는 $\overline{Q}$는 0이 되고, $\overline{Q}$가 1인 경우 되먹임되는 Q가 0이 된다. 이러한 상태는 외부의 어떤 작용이 없으면 현재의 상태를 계속해서 유지할 수 있지만, Q와 $\overline{Q}$가 모두 1이거나 모두 0인 경우는 불안정상태가 된다.

　　－불안정한 상태인 양쪽의 동일한 상태가 없다는 조건에서는 두 가지 중 어느 하나를 확실하게 유지할 수 있으므로 기억회로에 사용할 수 있다.

　㉡ 래치(latch) … 클럭펄스(CP)를 사용하지 않는 비동기식 플립플롭을 말한다.

[래치 회로]

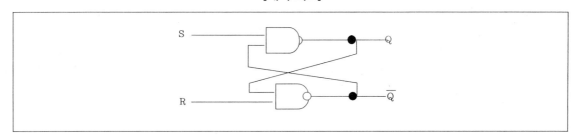

POINT 쌍안정 멀티바이브레이터(Bistable Multivibrator)

　　㉠ 흔히 플립플롭이라고도 하며, 2개의 안정된 상태가 있으며 입력펄스 1개가 들어올 때마다 안정상태가 바뀌므로 2개의 입력펄스로 1개의 펄스를 출력한다.

　　㉡ 펄스의 기억에 많이 이용되고, 트랜지스터 2개를 가지고 만든다.

③ 플립플롭의 종류

　㉠ RS(Set / Reset) 플립플롭

　　• 개념 : S(Set)와 R(Reset)인 두 개의 상태 중 하나를 안정된 상태로 유지시키는 회로로서, 외부에서 입력되는
　　　펄스가 1인 경우를 S, 0인 경우를 R로 하여 어느 펄스가 입력되었는지 그 상태를 보존시킨다.

　　• 특징

　　－래치에 게이트를 추가하여 클럭펄스(CP)의 입력이 있는 동안만 반응한다.

　　－S나 R에서 동시에 입력되면 불안정한 상태가 되므로 허락하지 않는다.

　　－다음은 NAND 게이트를 사용하여 동일한 기능을 수행할 수 있도록 구성한 RS플립플롭 회로이다.

[회로도와 블록도]

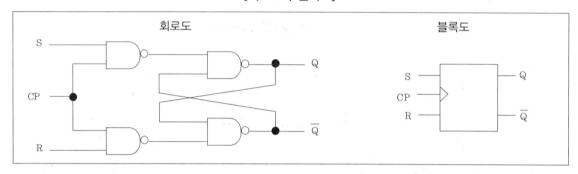

[진리표]

S	R	$Q_{(t+1)}$	비고
0	0	이전상태($Q_{(t)}$)	불변
0	1	0	리셋(Reset)
1	0	1	세트(Set)
1	1	–	불허

　㉡ JK(Jack / King) 플립플롭 : RS 플립플롭을 개량하여 S와 R이 동시에 입력되더라도 현재 상태의 반대인
　　출력으로 바뀌어 안정된 상태를 유지할 수 있도록 한 것이다.

　　• RS 플립플롭을 사용하여 JK 플립플롭을 만들 수 있다.

　　• JK 플립플롭 회로는 RS 플립플롭에 두 개의 AND 게이트를 추가하고, 출력은 반대편 입력에 되먹임되도록 한다.

[회로도와 기호]

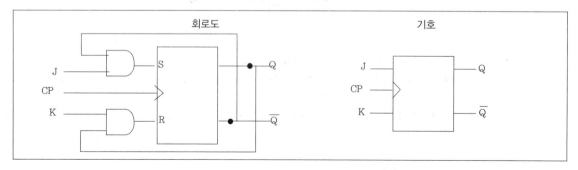

J	K	Q(t+1)	비고
0	0	이전상태(Q(t))	불변
0	1	0	리셋(Reset)
1	0	1	세트(Set)
1	1	반대상태($\overline{Q_{(t)}}$)	보수

ⓒ D(Delay) 플립플롭

• 개념 : RS 플립플롭을 변형시킨 것으로 하나의 입력단자를 가지며, 입력된 것과 동일한 결과를 출력한다.

• 효용 : 어떤 내용을 일시적으로 보존하기 위하여 저장하거나 전해지는 신호를 지연시키는 데 사용할 수 있다.

• 특징

–D 플립플롭은 RS 플립플롭의 S입력을 NOT게이트를 거쳐서 R쪽에도 입력되도록 연결한 것이다. 즉, RS의 R = 1, S = 0 또는 R = 0, S = 1의 입력만 가능하다.

–클럭펄스(CP)에 의하여 동기적인 동작이 되도록 하면 클럭펄스의 입력이 없을 때는 그 이전의 상태를 유지한다.

–클럭펄스에 의하여 D에서 입력되는 내용이 기억될 수 있으므로, 클럭펄스를 활성화 신호로 사용한다는 의미에서 E로 표기한다.

[회로도와 논리기호]

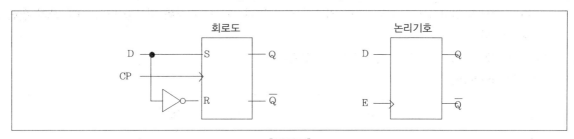

[진리표]

D	Q(t+1)	비고
0	0	Reset
1	1	Set

ⓔ T(Toggle) 플립플롭

• 개념

–펄스가 입력되면 현재와 반대의 상태로 바뀌게 하는 토글(toggle)상태를 만드는 회로이다.

–JK 플립플롭에서 입력을 J로 단일화시키고, 그것을 K쪽에도 전해지도록 함으로써 J와 K가 동시에 입력되는 것처럼 동작하게 만든다. 즉, J = K = 0, J = K = 1의 입력만 가능하다.

• 특징

–동기적 동작이나 비동기적 동작이 모두 가능하다.

–다음은 클럭펄스에 의해 동기적으로 동작하는 T 플립플롭이다.

[회로도와 논리기호]

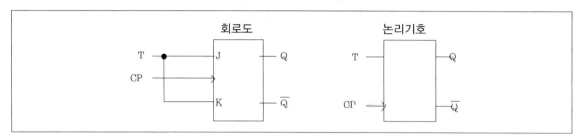

[진리표]

T	Q(t+1)	비고
0	$Q_{(t)}$	전 상태 유지
1	$\overline{Q_{(t+1)}}$	전 상태 보수

　-T 플립플롭 회로의 결과는 NOT연산을 수행하는 것과 같으므로, 1과 0이 번갈아 가면서 바뀌어야 하는 곳에 알맞다. 즉, 어떤 신호가 반짝반짝 하도록 하거나, 어떤 부분을 선택하는 버튼을 연속해서 누르면 선택과 해제가 번갈아 가며 바뀌게 하는 데에 사용한다.

④ 레지스터(Register)
　㉠ 비트 정보를 일시적으로 저장하거나 입출력 정보를 바꾸거나, 저장된 정보를 다시 꺼내 쓰기 위한 용도로 쓰인다.
　㉡ n비트 레지스터는 n개의 플립플롭으로 구성된다.
　㉢ 4비트 레지스터

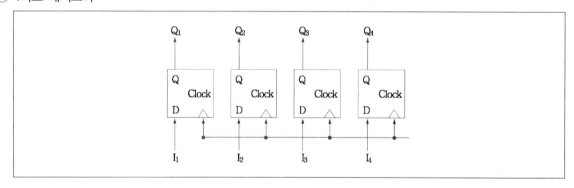

⑤ 카운터(Counter)
　㉠ 입력펄스에 따라 레지스터의 상태가 미리 정해진 순서대로 변화하는 레지스터이다.
　㉡ 어떤 사건의 발생횟수를 세거나 동작순서를 제어할 때 사용한다.
　㉢ 카운터의 분류
　　• 동기 카운터(Synchronous Counter) : 모든 플립플롭이 같은 클럭펄스를 입력받아 동기되고 정해진 순서대로 상태가 변하는 카운터이다.

• 비동기 카운터(Asynchronous Counter) : 연속된 플립플롭에서 한 플립플롭의 출력이 다음 플립플롭의 클록으로 연속적으로 전달되는 카운터를 말한다.

⑥ 순서 논리회로의 설계

㉠ 상태표(state table)

• 순서 논리회로는 상태의 흐름을 설계하여야 하므로 각 상태를 분석하여야 한다. 상태를 분석하기 위해서는 상태표와 상태도를 사용하며, 조합 논리회로와 마찬가지로 간소화 과정을 거쳐서 축소시킨 후 플립플롭 회로를 대응시켜 설계하게 된다.

• 상태표는 현재상태, 다음상태, 출력의 세 부분으로 구성되며, 순서 논리회로의 입력과 출력, 플립플롭의 상태를 나타낸다.

• 예를 들어, 현재상태 A, B가 조합되는 네 가지 경우에 대하여 입력되는 값이 X일 때, 현재 상태 A, B의 변화 및 출력값을 표와 같이 표현한다.

현재상태	다음상태		출력	
	X = 0	X = 1		
A B	A B	A B	X = 0	X = 1
0 0	0 0	0 1	0	1
0 1	1 0	0 1	0	0
1 0	1 0	1 1	0	0
1 1	1 1	0 0	0	0

㉡ 상태도(state diagram)

• 상태표로 표현된 순서 논리회로의 동작상태의 변화에 대한 흐름을 그림으로 나타낸 것이며, 순서 논리회로 설계의 기초단계에 사용한다.

• 상태도는 현재의 상태를 원 내에 표현하고, 다음 상태로의 변환은 화살표로 흐름을 나타내며, 원의 바깥에 상태의 변이를 일으키는 입력값과 현재 상태에서 출력되는 값을 표현한다.

• 위의 상태표의 상태도를 나타내면 다음과 같다.

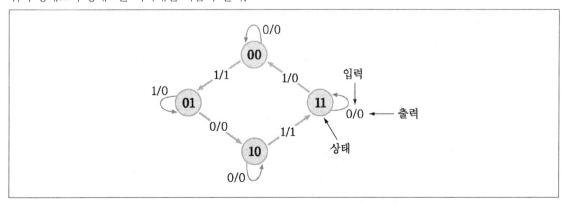

㉢ 상태 방정식

- 플립플롭 회로의 상태가 변하는 조건을 연산식으로 나타낸 것을 상태 방정식(state equation) 또는 응용 방정식(application equation)이라 한다.
- 상태 방정식의 왼쪽은 플립플롭 회로의 다음 상태를 표기하고, 오른쪽은 다음 상태가 1이 되기 위한 현재 상태와 입력조건을 나타내는 불 함수를 표기한다.

㉣ 회로도 : 결과가 1인 두 가지 경우에 대한 A(t+1), B(t+1)와 결과 Y의 간소화된 함수식에 따라 회로도를 작성한다.

출제예상문제

1 컴퓨터 용어에 대한 설명으로 옳지 <u>않은</u> 것은?

① 데이터는 현실세계로부터 관찰, 측정을 통하여 수집된 사실이나 값으로 정리되지 않은 자료를 말한다.

② 정보는 어떤 기준에 의해 정리되고 기록된 자료로서 의사결정을 위해 데이터를 처리 가공한 결과이다.

③ 정보처리는 데이터의 수집, 처리 및 가공 등 컴퓨터가 수행하는 일련의 과정으로 데이터를 처리하여 정보를 만들어 낸다.

④ 정보산업이란 컴퓨터와 정보통신이 결합하여 정보의 수집·가공·유통능력이 획기적으로 증대되면서, 정보의 가치가 산업사회에서의 물질이나 에너지 못지않게 중요시되는 사회이다.

....

TIP 정보사회란 컴퓨터와 정보통신이 결합하여 정보의 수집·가공·유통능력이 획기적으로 증대되면서, 정보의 가치가 산업사회에서의 물질이나 에너지 못지않게 중요시되는 사회이다.
정보산업이란 정보의 생산·가공·축적·유통·판매 등 활동을 위한 산업과 그에 필요한 여러 장치를 제조하는 산업이다.

2 (-17) + (-4)를 2의 보수(Complement)로 계산 하였을 때 결과는?

① 00010101   ② 11101011

③ 11110011   ④ 00001101

....

TIP 보수(Complement)
1의보수 → 0은 1로, 1은 0으로 변환한다.
2의보수 → 01의 보수를 구한 다음 1의 보수 최하위 비트에 1을 더한다.
(-17) + (-4)
(-17) 2진수 10010001
         1의보수 01101110
         2의보수 01101111
(-4) 2진수 10000100
        1의보수 01111011
        2의보수 01111100
(-17) + (-4)=01101111+01111100=11101011

Answer 1.④ 2.②

3 최초의 상업용 전자계산기는?

① ENIAC
② EDSAC
③ EDVAC
④ UNIVAC-1

TIP ① ENIAC은 에커트와 머클리가 고안한 최초의 전자계산기이다.
② EDSAC은 모리스와 윌키스가 고안한 최초 프로그램 내장방식 도입과 2진법으로 처음으로 사용하였다.
③ EDVAC은 폰노이만이 고안한 프로그램 내장방식의 완성과 2진법을 채택하였다.

4 경영정보를 수집, 분석하여 기업 경영자가 신속하고 합리적인 경영방침을 수립 할 수 있도록 도와주는 시스템은?

① 공장자동화(FA)
② 가정자동화(HA)
③ 사무자동화(OA)
④ 경영정보시스템(MIS)

TIP ① 공장자동화(FA)는 생산자동화와 유통체계의 합리화가 가능하며, 제조원가 절감, 비용절감, 원재료의 효율적 관리 등의 이점이 있다.
② 가정자동화(HA)는 생활, 문화정보의 수집, 승차권 예약, 항공기 예약, 재택근무가 가능하다.
③ 사무자동화(OA)는 각종 정보기기를 도입하여 단순 반복적인 업무를 신속 정확하게 처리하여 창의적 업무에 시간 투자를 할 수 있게 한다.

5 제어프로그램의 종류에 해당하지 않는 것은?

① 감시 프로그램
② 작업 관리 프로그램
③ 서비스 프로그램
④ 데이터 관리 프로그램

TIP ㉠ 시스템 소프트웨어 : 소프트웨어가 하드웨어의 동작을 지시하고 처리하는 프로그램으로 제어와 처리 프로그램이 있다.
㉡ 제어프로그램 : 감시, 작업관리, 데이터관리프로그램
㉢ 처리프로그램 : 언어번역, 서비스 프로그램

Answer 3.④ 4.④ 5.③

6 전원이 공급되지 않아도 내용이 지워지지 않고 그대로 보관되는 반도체 메모리로 디지털 카메라, MP3 플레이어, 개인용 정보단말기, 휴대전화 등에 널리 사용되는 메모리는?

① 플래시 메모리(Flash Memory)　　　② 스마트 카드

③ 조셉슨 소자　　　　　　　　　　　④ 자기버블 메모리(Magnetic Bubble Memory)

TIP ② 스마트 카드는 신용카드 크기로 마이크로프로세서를 내장하고 있으며, 보통 1MB정도의 정보를 저장할 수 있고 톨게이트의 자동요금을 위한 신용카드 등에 사용한다.
③ 조셉슨 소자는 기존의 기억소자 보다 100배 이상 빠른 초전도 소자로 헬륨 가스를 −273℃로 유지한 미래의 기억소자이다.
④ 자기버블 메모리(Magnetic Bubble Memory)는 반도체 기억장치 보다는 액세스 타임이 느리나, 전원이 끊어졌어도 기억된 자료를 보존할 수 있는 보조기억장치이다.

7 현재 수행 중에 있는 명령어 코드(Code)를 저장하고 있는 임시 저장 장치는?

① 데이터 레지스터(Data Register)　　　② 누산기(Accumulator)

③ 명령 레지스터(Instruction Register)　　④ 상태 레지스터(Status Register)

TIP ① 데이터 레지스터(Data Register)는 고정소수점 수치와 부동소수점 수치를 저장하기 위해 사용한다.
② 누산기(Accumulator)는 주기억장치로부터 연산할 자료를 제공받아 가산기의 연산결과 및 데이터를 일시 기억하는 기능을 한다.
④ 상태 레지스터(Status Register)는 연산결과로 나타나는 양수, 음수, 자리올림(Carry), 오버플로(Overflow) 등의 상태를 기억한다.

8 프로그램 수행 도중에 데이터의 요구가 있을 때까지 또는 버스나 다른 장치가 데이터를 받을 준비가 될 때 까지 일시적으로 데이터를 기억하는 임시 기억장치는?

① 누산기(Accumulator)　　　　　　　② 레지스터(Register)

③ 프로그램 카운터(Program Counter)　　④ 명령 레지스터(Instruction Register)

TIP ① 누산기(Accumulator)는 주기억장치로부터 연산할 자료를 제공받아 가산기의 연산결과 및 데이터를 일시 기억하는 기능을 한다.
③ 프로그램 카운터(Program Counter)는 명령계수기라고도 하며, 다음에 실행할 명령이 들어 있는 번지를 기억하는 레지스터이다.
④ 명령 레지스터(Instruction Register)는 현재 실행중인 명령을 기억한다.

Answer 6.① 7.③ 8.②

9 다음 중 컴퓨터 활용기술의 발달에 있어서 가장 먼저 등장한 것은?

① 종합정보통신망(ISDN)에 의한 생활정보 서비스의 확대

② 분산처리시스템이나 다중처리시스템의 개발로 하드웨어의 성능이 급격히 개선

③ 비프로그래밍 언어로 문제해결이나 지식의 표현

④ 일괄처리로 인한 생산성 확대

TIP 컴퓨터 활용기술의 발달
ㄱ 제1세대 : 일괄처리 시스템, 입출력 제어 시스템
ㄴ 제2세대 : 다중 프로그래밍, 실시간 처리시스템
ㄷ 제3세대 : 범용 시스템 개념도입, 다중모드 시스템
ㄹ 제4세대 : 분산처리 개념, 네트워크 개념
ㅁ 제5세대 : 인공지능, 분산처리시대, 개방형 시스템 촉진, 자연어 사용

10 가장 빠른 속도와 가장 큰 용량을 나타내는 것은?

① as / TB

② as / MB

③ fs / TB

④ as / GB

TIP 속도와 용량
ㄱ 속도 : $ms(10^{-3}s) < \mu s(10^{-6}s) < ns(10^{-9}s) < ps(10^{-12}s) < fs(10^{-15}s) < as(10^{-18}s)$
ㄴ 용량 : $KB(2^{10} ≒ 10^3 byte) < MB(2^{20} ≒ 10^6 byte) < GB(2^{30} ≒ 10^9 byte) < TB(2^{40} ≒ 10^{12} byte)$

11 다음 중 제3세대 컴퓨터의 특징은?

① 진공관

② TR

③ IC

④ 고밀도IC

TIP 세대별 컴퓨터의 특징
ㄱ 제1세대 컴퓨터 : 진공관
ㄴ 제2세대 컴퓨터 : 트랜지스터(TR)
ㄷ 제3세대 컴퓨터 : 집적회로(IC)
ㄹ 제4세대 컴퓨터 : 고밀도 집적회로(LSI)
ㅁ 제5세대 컴퓨터 : 초고밀도 집적회로(VLSI)와 광소자

Answer 9.④ 10.① 11.③

12 기억소자 발전과정순서가 옳은 것은?

① Tube → TR → IC → LSI → VLSI

② VLSI → LSI → Tube → TR

③ TR → Tube → IC → LSI → VLSI

④ IC → Tube → LSI → VLSI → TR

TIP 기억소자의 발전과정 … Tube(진공관) → TR(트랜지스터) → IC(집적회로) → LSI(고밀도 집적회로) → VLSI(초고밀도 집적회로) → 인공지능

13 다음 중 컴퓨터의 특징으로 옳지 않은 것은?

① 수치, 문자, 도형 등 다양한 형태의 데이터를 처리할 수 있다.

② 산술연산, 비교, 판단, 분류 등 다양한 처리능력을 갖고 있다.

③ 스스로 판단할 수 있는 능력이 있다.

④ 입력된 프로그램에 따라 일을 자동으로 처리한다.

TIP ③ 컴퓨터가 인간처럼 스스로 판단하여 일을 처리하는 시스템을 인공지능이라 한다.

14 미래의 컴퓨터에 대한 설명으로 옳지 않은 것은?

① 입출력 장치는 기계적 장치에서 전자적 장치로 전환될 것이다.

② 컴퓨터를 소형, 중형, 대형 등으로 명확하게 구분할 수 있다.

③ 대화나 음성 등도 입력데이터로 사용될 수 있다.

④ 온라인 처리기능 및 실시간 처리기능이 널리 사용될 것이다.

TIP 컴퓨터는 처리능력에 따라 슈퍼 컴퓨터, 대형 컴퓨터, 중형 컴퓨터, 미니 컴퓨터, 마이크로 컴퓨터, 퍼스널 컴퓨터로 구분한다. 미래의 컴퓨터는 양자 컴퓨터, 병렬처리 컴퓨터, 유전자 컴퓨터 등이 있다.

Answer 12.① 13.③ 14.②

15 컴퓨터를 다른 계산도구와 비교했을 때 나타나는 차이점이 아닌 것은?

① 프로그램을 미리 넣어 줌으로써 자동적으로 처리된다.
② 수치 데이터가 처리대상이 된다.
③ 연산뿐만 아니라 비교, 추출 등 다양한 능력이 있다.
④ 여러 장치가 유기적으로 결합된 하나의 시스템이다.

TIP ② 컴퓨터는 수치, 문자, 그림, 영상, 음성까지 처리를 할 수 있다.

16 컴퓨터의 세대별 과정이 옳게 짝지어진 것은?

① 제1세대 – 트랜지스터
② 제2세대 – IC
③ 제3세대 – 진공관
④ 제4세대 – 마이크로 프로세서 등장

TIP 컴퓨터의 세대별 과정
㉠ 제1세대 컴퓨터 : 진공관
㉡ 제2세대 컴퓨터 : 트랜지스터
㉢ 제3세대 컴퓨터 : IC
㉣ 제4세대 컴퓨터 : LSI, VLSI, 마이크로 프로세서

17 다음 중 진공관을 주요소자로 사용한 최초의 전자계산기는?

① EDSAC
② PCS
③ ENIAC
④ IBM 701

TIP ① 프로그램을 내장한 최초의 컴퓨터
② 디지털 휴대폰
④ IBM이 최초로 상업적 판매를 위해 개발한 컴퓨터

Answer 15.② 16.④ 17.③

18 컴퓨터의 세대별 발전과정 중 제2세대에 해당하지 않는 것은?

① 논리 소자는 트랜지스터를 사용하였다.

② ON-LINE REAL TIME SYSTEM을 개발하였다.

③ 가상기억장치 기법이 구현되었다.

④ FORTRAN, COBOL 등 고급 언어를 개발하였다.

TIP 제2세대 … 트랜지스터 시대, 주기억장치로 자기코어 사용, 고급언어 등장, 보조기억장치로서 자기테이프와 자기디스크 개발, 다중 프로그래밍 기법 등장

19 다음 중 123을 표현한 방법으로 옳지 않은 것은?

① BCD − 0000 0111 1011

② 16비트 고정소수점 − 0000 0000 0111 1011

③ Packed format − 0001 0010 0011 1111

④ Unpacked format − 1111 0001 1111 0010 1111 0011

TIP BCD
ⓒ 2진화 10진 코드이다.
ⓒ 6비트를 사용한다(2비트는 존 비트, 4비트는 디짓 비트).
ⓒ 64(2^6)가지의 문자를 표현할 수 있다.
ⓒ 대소문자의 구별이 불가능하며 한글을 나타낼 수 없다.
ⓒ 123을 BCD로 표현하면 0001 0010 0011이다.

20 다음 중 2진수 001111의 2의 보수를 나타낸 것으로 옳은 것은?

① 001110   ② 000011

③ 110000   ④ 110001

TIP 2진수 001111의 1의 보수는 110000이므로 1의 보수의 최하위 비트에 1을 더하면 2의 보수는 110001이 된다.

Answer 18.③ 19.① 20.④

chapter 02 컴퓨터 시스템

section 1 컴퓨터 시스템의 개요

❶ 컴퓨터 시스템의 구성

(1) 컴퓨터 시스템의 구성요소

① 컴퓨터가 정보를 처리하기 위한 5대 구성장치(기능)

  ㉠ 입력장치 : 외부의 데이터를 주기억장치에 입력시키는 장치

  ㉡ 기억장치 : 데이터 내용을 저장하는 장치

  ㉢ 연산장치 : 내부에서 데이터를 변화시키는 장치

  ㉣ 제어장치 : 전 과정을 통제하는 장치

  ㉤ 출력장치 : 결과를 외부에 표현하는 장치

② 컴퓨터 정보처리시스템의 구성 … 하드웨어, 소프트웨어, 사람, 데이터 네 가지 요소로 구성된다.

(2) 하드웨어와 소프트웨어

① 하드웨어(Hardware) … 컴퓨터 시스템을 구성하고 있는 모든 전자·기계적 장치를 말한다.

  ㉠ 본체 : 인간의 두뇌에 해당되는 기능을 수행하고 주기억장치, 중앙처리장치가 핵심이다.

   • 주기억장치 : 입력되는 내용과 연산되는 중간결과와 출력시킬 데이터를 기억하는 영역이다.

   • 중앙처리장치

   -연산장치 : 주기억장치에 기억된 데이터를 제어장치에서 지시하는 명령에 따라 연산하는 장치이다.

   -제어장치 : 주기억장치에 기억된 프로그램 명령들을 해독하고 그 의미에 따라 필요한 장치에 신호를 보내어 동작시키며 그 결과를 검사, 통제하는 역할을 한다.

  ㉡ 주변장치 : 인간의 눈, 입, 손과 같은 기능을 수행하는 장치로서 입력장치, 출력장치, 보조기억장치로 구성된다.

   • 입력장치 : 외부의 데이터를 주기억장치에 입력시키는 장치이다.

    예 키보드, 마우스 라이트 펜, 조이스틱, 디지타이저, OMR, OCR, MICR등

   • 출력장치 : 외부의 데이터를 주기억장치에 입력시키는 장치이다.

    예 모니터, 프린터, 플로터등

- 보조기억장치 : 주기억장치를 보조하는 장치로 현재 CPU에 의해 사용되지 않는 데이터들을 저장하기 위한 기억장치이다.
  예 디스켓, 하드디스크, 자기드럼, 자기테이프 등

[하드웨어 시스템의 구성]

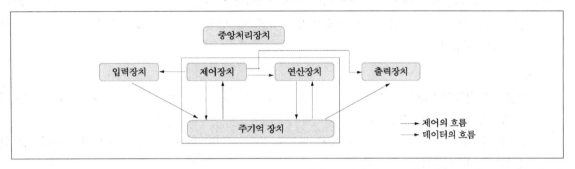

② **소프트웨어**(Software) … 하드웨어 각 장치들의 동작을 지시하는 제어신호를 만들어서 보내주는 기능과 사용자가 컴퓨터를 사용하는 기술 모두를 말한다.

㉠ **시스템 소프트웨어**
- 사용자가 컴퓨터에 지시하는 명령을 지시 신호로 바꿈으로써 하드웨어와 사용자를 연결하여 사용자가 하드웨어를 사용할 수 있도록 하는 소프트웨어이다.
- 응용 소프트웨어인 프로그램을 기계가 인식할 수 있는 기계코드로 바꾸어 주기억장치에 기억시키고 장치에 실행되게 한다.

㉡ **응용 소프트웨어** : 단독으로 동작하지 못하고 시스템 소프트웨어의 제어에 의하여 동작한다.

> 🔊TIP 펌웨어(Firmware) … 소프트웨어 기능을 하드웨어화시킨 것으로 속도가 빠르고 반영구적인 ROM에 기록된 마이크로 프로그램의 집합이다.

[소프트웨어의 구성]

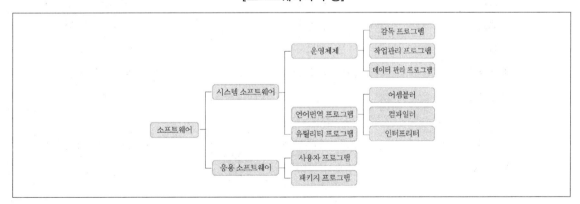

② 컴퓨터의 분류

(1) 데이터 취급에 따른 분류

① 의의 ··· 컴퓨터 내부에서 데이터를 기억하는 방법과 연산하는 방식을 다르게 적용하는 기계적 특성에 따라 분류하는 방법이다. 이것은 컴퓨터 내부의 원리와 구성하는 방법, 회로 등 모든 것이 전혀 다르게 적용되는 근본적인 분류방법이다.

② 종류
  ○ 아날로그 컴퓨터(Analog Computer): 온도, 전압, 무게와 같이 연속적으로 변화하는 데이터를 입력받아 필요한 연속정보를 산출하는 컴퓨터이다.
  ○ 디지털 컴퓨터(Digital Computer): 주판 알이나 동전과 같이 하나씩 독립된 이산적인 데이터를 합치거나 뺌으로써 연산하는 컴퓨터이다.
  ○ 하이브리드 컴퓨터(Hybrid Computer)
    • 디지털과 아날로그 컴퓨터의 장점을 취해서 만든 컴퓨터이다.
    • 아날로그신호를 디지털로 바꾸고(A/D 변환기), 디지털신호를 아날로그로 바꾸는 회로(D/A 변환기)가 있다.
    • 양쪽 데이터가 모두 처리가능하다.
    • 여러 업무에 사용할 수 없고, 특수업무에 사용한다.

[디지털 컴퓨터(Digital Computer)와 아날로그 컴퓨터(Analog Computer)의 비교]

구분	디지털 컴퓨터(Digital Computer)	아날로그 컴퓨터(Analog Computer)
입력형식	숫자나 문자	길이, 전류, 전압, 온도등
출력형식	숫자, 문자, 부호	곡선, 연속적인 그래프등
연산	사친연산(가감승제)	미분과 적분, 병렬연산
대상	범용 컴퓨터	특수용 컴퓨터
회로	논리회로	증폭회로
계산 형식	이산적인 데이터	연속적인 물리량
처리 속도	느림	빠름
가격	고가	저가
정밀도	필요한 자리수만큼	정확한 수치분석 부적합
프로그램	반드시 필요	필요 없음

(2) 사용목적에 따른 분류

① **전용 컴퓨터**(Special purpose computer) ⋯ 컴퓨터가 해야 할 일을 정하여 그 업무에만 편리하고 효율적으로 처리하게 하는 특정업무를 위한 컴퓨터이다.

> 예 항공기 비행전담용 컴퓨터 등

② **범용 컴퓨터**(General purpose computer) ⋯ 다양한 업무에 대하여 그 때에 필요한 것을 처리할 수 있도록 만든 다용도 컴퓨터이다.

> 예 개인용컴퓨터

(3) 처리능력에 따른 분류

① **슈퍼 컴퓨터**(Super Computer)
  - ㉠ 초대형 컴퓨터로 연산속도가 빨라 초고속 계산이 필요한 분야에 쓰이도록 특수 제작된 컴퓨터이다.
  - ㉡ **종류** : 기상예보, 우주항공분야, 원자력분야, 암호해독, 시뮬레이션등과 같은 복잡한 계산이 필요한 과학기술 계산에 사용된다.

② **대형 컴퓨터**(Mainframe Computer)
  - ㉠ 메인 프레임(Main Frame)이라고도 하며 기억용량이 크고 연산속도가 빠르기 때문에 많은 자료를 신속히 처리할 수 있다.
  - ㉡ 다중시스템으로 호스트컴퓨터로 이용된다.
  - ㉢ **종류** : 온라인 업무와 같은 신속히 응답해야 하는 은행이나 정부기관, 종합병원, 대학 등에서 많이 사용한다.

③ **소형 컴퓨터**(Mini Computer)
  - ㉠ 개인용 컴퓨터보다는 자료 처리에 대한 성능이 뛰어나지만 대형 컴퓨터보다는 성능이 떨어지는 컴퓨터이다.
  - ㉡ **종류** : 기업체나 학교, 연구소등의 업무처리에 많이 사용된다.

④ **워크스테이션**(Workstation)
  - ㉠ RISC 방식의 마이크로프로세서를 채택해서 사용한다.
  - ㉡ 고속의 계산속도와 고성능 그래픽, 동영상, 멀티미디어 제작이 가능한 고성능 컴퓨터이다.
  - ㉢ 네트워크망에서 서버(Server) 역할을 수행하며 화상처리기능, 고도의 맨-머신 인터페이스 기능을 수행한다.

⑤ **개인용 컴퓨터**(PC:Personal Computer)
  - ㉠ 개인용 컴퓨터(PC:Personal Computer)는 마이크로 컴퓨터라고도 하며, 개인용 컴퓨터는 탁상용(Desktop)과 휴대용(Portable)으로 구분이 된다.
  - ㉡ 개인용 컴퓨터(PC:Personal Computer)의 크기는 데스크탑〉 Laptop〉 Notebook〉 Palmtop 이다.

ⓒ PDA(Personal Digital Assistants) … Palmtop 컴퓨터를 의미하기도 하며, 차세대 개인용 단말기로서 개인의 스케줄관리, 펜 입력기능, 사전검색기능 등을 갖추고 있다.

> 📢TIP 마이크로 컴퓨터(Micro Computer) … 하나의 칩에 중앙처리장치의 기능을 집적시켜 만든 마이크로 프로세서를 사용하여 만든 컴퓨터이다. 제작이 간편하고, 부피가 작다. 가격이 싸기 때문에 각종 자동화 장비의 특수 목적에 사용된다.

section 2 소프트웨어

① 소프트웨어의 개요

(1) 소프트웨어의 정의
자동차를 움직이기 위해서는 운전기술을 가진 사람이 있어야 한다. 마찬가지로, 컴퓨터를 사용하는 데 있어서도 하드웨어를 지시하고 통제하여 결과를 얻도록 하는 명령들의 집합인 프로그램이 필요한데, 이것을 소프트웨어라고 한다.

[사용자와 소프트웨어, 하드웨어의 관계]

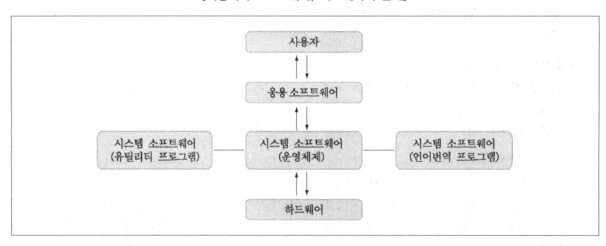

(2) 소프트웨어의 종류
① **시스템 소프트웨어** … 시스템 소프트웨어는 컴퓨터를 작동시키고 효율적으로 사용하기 위한 프로그램으로서 사용자들이 컴퓨터를 보다 편리하게 이용할 수 있도록 도와준다. 즉, 컴퓨터 사용자는 하드웨어의 구조나 특성을 몰라도 시스템 소프트웨어의 사용방법만 알면 컴퓨터를 이용할 수 있다.

㉠ **운영체제** : 운영체제(OS ; Operating System)는 컴퓨터 시스템의 하드웨어와 소프트웨어의 자원을 효율적으로 운영하고 관리하며, 사용자가 컴퓨터를 쉽고 편리하게 이용할 수 있도록 컴퓨터와 사용자 간에 중계역할을 한다.

• 구성

-감독 프로그램 : 컴퓨터 시스템의 모든 동작과 상태를 관리하고 감독하는 프로그램이다.

-작업관리 프로그램 : 어떤 작업을 한 후 다른 작업을 처리하기 위한 스케줄링과 시스템의 자원할당 등을 담당하는 프로그램이다.

-데이터관리 프로그램 : 컴퓨터 시스템에서 취급하는 파일과 데이터를 관리하는 프로그램이다.

> **TIP** 운영체제
> ㉠ 제어 프로그램 : 감독 프로그램, 데이터관리 프로그램, 작업관리 프로그램
> ㉡ 처리 프로그램 : 언어번역 프로그램, 서비스 프로그램

• 기능

-장치를 진단하고 작업을 준비한다.

-자료를 입력하고 출력한다.

-정보를 읽고 보존한다.

-프로그램을 관리하고 실행한다.

-사용자의 명령을 실행한다.

• 종류 : 대표적인 운영체제로는 윈도우(Windows), 리눅스(Linux), 윈도우 – NT(Windows – NT), 도스(DOS ; Disk Operating System) 등이 있다. 이 밖에 워크스테이션이나 중·대형 컴퓨터에서 사용하는 유닉스(Unix)와 제닉스(Zenix) 등이 있다.

> **TIP** 운영체제의 프로그램 처리방식의 종류
> ㉠ 일괄처리(Batch Processing) : 작업을 묶어서 순서대로 처리한다.
> ㉡ 멀티 프로그래밍(Multi Programming) : 동시에 2개 이상의 프로그램을 주기억장치에 올려놓고 실행함으로써 CPU의 유휴시간을 감소시키는 처리방식이다.
> ㉢ 실시간 시스템(Real Time System) : 외부에서 입력된 데이터를 즉시 처리하여 결과를 출력하는 방식이다. 빠른 입출력 장치가 필요하고 여러 데이터가 입력되는 경우 우선순위에 따라 처리된다.
> ㉣ 시분할 시스템(Time Sharing System) : 여러 개의 프로그램을 미세한 시간으로 분배하여 순서대로 처리함으로써 사용자들은 자신만이 컴퓨터를 사용하고 있는 것으로 여긴다.
> ㉤ 분산처리 시스템(Distributed Processing System) : 여러 대의 컴퓨터를 연결하여 작업과 자원을 분산시켜 처리하는 방식으로 사용자는 처리과정을 알지 못한다.

㉡ **언어번역 프로그램**

• 개념 : 컴퓨터가 발명된 초기에는 모든 프로그램이 1과 0으로 쓰여진 2진수로만 이루어졌는데, 이와 같은 프로그래밍 언어를 기계어라고 한다. 기계어 프로그램은 컴퓨터는 이해하기 쉬우나 사용자가 다루기는 어렵다. 따라서 사용자가 이해하기 쉬운 언어로 프로그램을 작성하고, 이것을 기계어로 번역해 주는 프로그램이 만들어졌는데, 이러한 프로그램을 언어번역 프로그램이라고 한다.

- 구성
- 어셈블러 : 어셈블리 언어로 작성된 프로그램을 기계어로 번역하여 목적 프로그램을 생성한다.
- 컴파일러 : 고급언어로 된 원시 프로그램을 번역하여 기계어로 된 목적 프로그램을 생성하며, −C, C++, FORTRAN 등의 대부분의 언어가 컴파일러가 필요하다.
- 인터프리터 : 원시 프로그램의 한 문장을 읽고 곧이어 그 문장을 수행하는 프로그램으로, 목적 프로그램이 없고 프로그램의 수행속도가 늦으며 BASIC, Prolog 등이 인터프리터가 필요하다.

© 유틸리티 프로그램
- 유틸리티 프로그램은 사용자가 컴퓨터를 편리하게 사용할 수 있도록 도와주는 시스템 소프트웨어로서, 운영체제의 기능을 보완해 준다.
- 윈도우 운영체제에서는 파일관리 프로그램과 메모리관리 프로그램, 시스템관리 프로그램, 바이러스 예방과 치료 프로그램, 파일압축 / 해제 프로그램 등 많은 유틸리티 프로그램들을 사용하고 있다.

② 응용 소프트웨어
- ㉠ 개념 : 응용 소프트웨어는 어떤 목적을 달성하기 위해서 만들어진 프로그램이다. 그 대부분을 소프트웨어 업체에서 여러 가지 일을 효율적으로 처리할 수 있는 프로그램들을 미리 만들어 제공하며, 사용자는 목적에 맞는 것을 골라 사용한다.
- ㉡ 종류
  - 사용자 프로그램 : 컴퓨터 사용자가 필요에 의해 직접 작성하여 만든 프로그램이다.
  - 패키지 프로그램 : 전문 소프트웨어 업체에서 만들어 판매되는 프로그램이다.

❷ 소프트웨어의 종류

(1) 워드프로세서응용
개인용 컴퓨터를 이용하여 문서의 입력, 수정, 편집, 검색 및 인쇄작업 등을 수행하는 프로그램을 워드프로세서(Word − Processor)라고 하고, 워드프로세서를 이용한 문서처리에 관련된 작업을 워드프로세싱(Word − Processing)이라고 한다.

(2) 엑셀(Excel ; 스프레드시트)
행과 열이 만나 생기는 사각형 모양의 셀을 통해서 입력, 수치계산, 자료검색 등을 처리하고 분석하여 활용할 수 있는 프로그램이다.

(3) 기타 응용 소프트웨어

① 자료관리 프로그램
- ㉠ 자료검색과 수정이 쉽고 처리속도가 빨라 많은 자료를 효율적으로 관리할 수 있도록 해 주는 프로그램이다.

  ⓛ 종류 : 오라클, DB2, 사이베이스, MS액세스, MS-SQL 등이 있다.

② 그래픽 프로그램

  ㉠ 그림이나 설계도면을 편리하게 그릴 수 있도록 해 준다.

  ⓛ 종류 : 윈도우의 그림판, 페인트 샵, 포토 샵 등이 있다.

③ 통신 프로그램

  ㉠ 컴퓨터 사용자끼리 문서, 음성, 화상 등의 자료를 주고받을 수 있도록 해 주는 프로그램이다.

  ⓛ 종류 : 이야기, 새롬 데이터맨, 익스플로러, 넷스케이프 등이 있다.

section 3   프로세서와 실행제어

❶ 프로세서

(1) 프로세서

① **마이크로 프로세서**(Micro Processor) … 제어장치와 연산장치의 주요 기능을 하나의 칩에 저장한 일종의 중앙처리장치로서, 이를 사용하여 만든 컴퓨터를 마이크로 컴퓨터라고 한다.

② 프로세서의 종류

  ㉠ CISC(Complex instruction set computer)

   • 기능 : 복잡한 명령어집합 컴퓨터로 고급언어의 모든 명령이 기계어로 대응되도록 설계하여 컴파일 동작을 간소화하고 컴퓨터의 성능을 향상시킨다.

   • 특징

   －프로그램 길이의 최소화와 1개의 명령어로 최대의 동작을 하는 것이 목적이다.

   －명령어의 다양한 길이와 형식을 제공한다.

   －다양한 어드레싱 모드를 지원한다.

   －마이크로 프로그래밍 제어방식을 사용하여 설계 및 구현시 많은 시간을 필요로 한다.

  ⓛ RISC(Reduced instruction set computer)

   • 기능 : 간소화된 명령어 집합을 가지고 있어 실행시간이 줄고, 적은 회로영역을 차지하여 여분의 영역은 CPU의 다른 기능을 수행할 수 있다.

   • 특징

   －명령어당 실행시간의 최소화가 목적이다.

   －적은 수의 명령어를 갖는다.

   －고정길이 명령어형식을 사용한다.

－적은 수의 어드레싱 모드를 지원한다.

－하드와이어 제어방식으로 비교적 구현하기가 쉽다.

③ 레지스터(Register)

　㉠ 레지스터(Register)의 정의

　　• 연산된 데이터가 이동될 때 까지 대기하고, 이동된 내용이 연산될 때까지 대기시키는 역할을 수행하는 곳을 레지스터라고 한다.

　　• 프로그램 수행 도중에 데이터의 요구가 있을 때까지 또는 버스나 다른 장치가 데이터를 받을 준비가 될 때까지 일시적으로 데이터를 기억하는 임시기억장치.

　　• 플립플롭들이나 래치들로 구성.

　㉡ 레지스터의 종류

　　• 전담 레지스터(Dedicated Register) : 기능이 확정된 레지스터(PC, MAR, MBR)

　　• 범용 레지스터(General Register) : 기능을 정해 놓지 않은 레지스터로 주소지정, 연산을 위한 데이터 보관용, 제어용 정보의 보관하는 레지스터로 누산기(ACC:Accumulator), 베이스레지스터, 계수기 레지스터가 있다.

　㉢ 데이터의 전송방식

　　• 직렬 전송방식(Serial transfer) : 단일회선에서 시프트 방식으로 한번에 1비트씩 차례대로 전송하는 방식이다.

　　• 병렬 전송방식(Parallel transfer) : 레지스터에 기억된 n개 비트를 한 번의 이동명령에 의하여 전체가 한꺼번에 전송되게 하는 방식이다.

　　• 버스 전송방식(Bus transfer)

　　－단일회선버스 : 버스로 사용하는 회선이 전화선과 같이 하나의 회선으로 구성된 경우이며 1비트 신호인 제어신호나 직렬전송에서 일어난다.

　　－병렬전송버스 : 여러 비트로 된 레지스터의 내용을 병렬적으로 버스와 송수신하기 위해서는 버스도 여러 회선으로 구성되어야 한다. 한번에 레지스터의 모든 비트를 동시에 전달해야 하므로, 레지스터 각 비트마다 하나의 회선이 할당되어야 한다.

　　• 기억장치 전송방식(Memory transfer)

　　－스토어(Store) : 주기억장치에 데이터를 써 넣는 것

　　－쓰기(Write) 명령

　　－기록할 장소의 번지값을 메모리 주소 레지스터에 기억시킨다.

　　－기록해야 할 데이터를 메모리 버퍼 레지스터에 기억시킨다.

　　－쓰기 지시신호를 보낸다.

　　－로드(Load) : 주기억장치에 기억되어 있는 데이터를 연산하기 위하여 꺼내는 것.

　　－읽기(Read) 명령

　　－읽어오려는 장소의 번지값을 메모리 주소 레지스터(MAR)에 기억시킨다.

　　－읽기 자기신호를 보낸다.

(2) 중앙처리장치(CPU:Central Processing Unit)

① 중앙처리장치의 구성

　　㉠ 제어장치 : 컴퓨터 시스템 전체를 제어한다.

　　㉡ 연산장치 : 자료의 모든 연산을 수행한다.

　　㉢ 레지스터 : 명령어를 실행하는 데 필요한 데이터를 보관한다.

② 중앙처리장치의 기능

　　㉠ 기억기능 : 레지스터에 의해 수행된다.

　　㉡ 연산기능 : 산술연산과 논리연산을 위해 사용하며 연산장치에 의해 처리된다.

　　㉢ 전달기능 : 레지스터와 연산장치 간의 인터페이스인 버스를 통해 동작한다.

　　㉣ 제어기능 : PC(Program Center)에 의한 CPU의 주상태에 의해 제어된다.

③ 버스(BUS)

　　㉠ 버스는 중앙처리장치 내부 또는 외부의 자료, 주소, 제어신호를 전달하는 역할을 한다.

　　㉡ CPU에서는 주소(어드레스;번지) 버스와 데이터버스가 주로 사용된다.

　　• 주소(번지)버스(Address Bus) : 주기억장치의 주소를 지정하기 위한 신호선이다.

　　• 데이터버스(Data Bus) : CPU와 주기억장치에서 데이터를 송수신하기 위한 신호선이다.

　　• 제어버스(Control Bus) : 시스템 동작을 제어하기 위한 신호선이다.

[컴퓨터의 기본구성과 각 장치와의 관계]

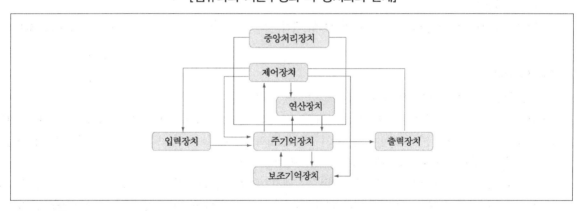

🔊 **TIP** 버스의 발달과정(설계방식에 따라)

　　㉠ ISA : 한 번에 16비트를 이동하는 버스로 호환성은 좋으나 처리속도가 느려 병목현상이 발생한다.

　　㉡ EISA : ISA를 개선하여 32비트를 이동한다.

　　㉢ VESA : 병목현상을 개선하기 위해 등장한 버스로 32비트를 이동한다.

　　㉣ PCI : 최대 64비트까지 이동가능하고 표준화된 클럭속도와 커넥터를 가진다.

　　㉤ AGP : 팬티엄에서 그래픽카드의 인터페이스로 이용한다.

(3) 연산장치(ALU ; Arithmetic & Logical Unit)

① **연산장치의 구성장치**

　　㉠ **누산기(Accumulator)** : 연산장치를 구성하는 중심이 되는 레지스터로서 사칙연산, 논리연산 등의 결과를 임시로 기억한다.

　　㉡ **데이터 레지스터(Data Register)** : 실행대상(operand)이 2개 필요한 경우에 주기억장치로부터 읽어들인 데이터를 임시보관하고 있다가 필요할 때에 제공하는 역할을 한다.

　　㉢ **가산기(Adder)** : 누산기와 데이터 레지스터의 두 수를 가산하는 기능을 하며, 그 결과는 누산기에 저장된다.

　　㉣ **상태 레지스터(Status Register)** : 연산의 결과가 양수(+)나 0 또는 음수(−)인지, 자리올림(Carry)이나 오버플로(Overflow)가 발생했는지 등의 연산에 관계되는 상태와 외부로부터의 인터럽트 신호의 유무를 나타낸다.

② **연산의 구분**

　　㉠ **데이터의 성격에 따른 구분**

　　　• 수치형 연산 : 사칙연산을 수행하는 산술연산과 시프트연산을 수행한다.

　　　• 비수치형 연산 : 논리연산과 시프트연산을 수행한다.

　　㉡ **입력데이터의 수에 따른 구분**

　　　• 단항연산자(Unary Operator) : 하나의 피연산자를 갖는 연산자이다. NOT, MOVE, COMPLEMENT, SHIFT, ROTATE 등이 있다.

　　　• 이항연산자(Binary Operator) : 두 개의 피연산자를 갖는 연산자이다. +, −, *, /, AND, OR, XOR 등이 있다.

③ **연산의 종류**

　　㉠ **산술연산** … 사칙연산과 1의 보수, 2의 보수연산이 있다.

　　　• 산술 마이크로 연산회로는 데이터 값을 더해주는 전가산기로 이루어진 덧셈회로를 중심으로 구성된다. 덧셈회로에는 피가수(A)와 가수(input)가 연산되기 위하여 입력되는 회선과 2의 보수나 1을 증가시킬 때 사용하는 아랫자리에서 올라오는 자리올림(Cin)이 입력되는 회선이 있다.

　　　• 회로에 입력되는 데이터와 계산된 결과는 레지스터에 기억되는데, 이 때 피가수는 누산기(ACC ; Accumulator)에, 가수는 기억 레지스터(MBR ; Memory Buffer Register 또는 Storage Register)에 기억되어 있다가 계산하라는 명령에 의하여 계산한 후 결과는 다시 누산기에 기억시킨다.

　　　• Cout은 오버플로(Overflow)와 부호를 판단하는 용도로 사용한다.

　　　• 오버플로는 n비트 연산에서 n−1자리의 연산에서 발생한 자리올림수와 n자리의 연산에서 발생한 자리올림수를 XOR한 결과가 1이면 오버플로가 발생한 것이다.

　　　　　TIP 오버플로(Overflow) … n자리 두 수를 더해서 n+1 자리를 얻었을 때를 말한다.

　　㉡ **논리연산** : NOT, AND, OR, XOR 연산이 있다.

　　㉢ **시프트연산(Shift Operation)** : 산술 시프트, 논리 시프트, 순환 시프트(Rotate Shift)가 있다.

(4) 제어장치(CU ; Control Unit)

① 제어장치

　㉠ 기능 : 명령어를 기억장치로부터 하나씩 가져와서 해독하는 것이다.

　㉡ 제어장치의 구성장치 : 명령어 해독과 연산을 위하여 제어신호를 만들어 내는 레지스터의 종류이다.

[제어장치의 구성도]

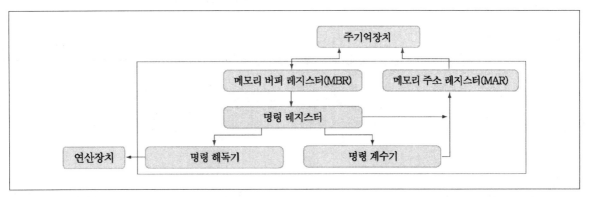

　㉢ 제어장치의 종류 및 기능

장치명	장치의 기능
프로그램 카운터 (Program Counter)	• 명령계수기라고도 한다. • 다음에 실행할 명령이 들어 있는 번지를 기억하는 레지스터 명령이 주기억장치로부터 판독되어 실행단계에 들어가면 프로그램 카운터의 내용에 1이더해진다. • 이 때문에 CPU는 프로그램 카운터가 나타내는 번지의 명령을 주기억 장치로부터 순차 판독하여 실행 할 수 있다. • 또한 이 레지스터로부터 프로그램의 수행순서가 결정되기 때문에 컴퓨터의 실행순서를 제어하는 역할을 수행한다.
명령 레지스터 (Instruction Register)	• 현재 실행중인 명령을 기억한다. • 제어장치로 하여금 그 명령이 올바르게 수행되도록 제어정보를 제공한다. • 명령 레지스터에 있는 명령어는 명령해독기에 의해서 명령의 의미가 해독되어 타이밍이 조정된 후 제어신호로써 각 구성 요소에 전달된다.
누산기 (ACC:Accumulator)	연산장치를 구성하는 중심이 되는 레지스터로서 사칙연산, 논리연산등 결과를 임시로 기억한다.
메모리 주소 레지스터 (Instruction Register)	프로그램 카운터가 지정한 주소를 일시 저장하는 레지스터이다.
메모리 버퍼 레지스터 (Instruction Register)	주소 레지스터가 지정하는 해당 번지의 기억장치에 있는 내용을 임시로 보관한다.
명령 해독기 (Instruction Decoder)	명령 레지스터의 명령을 해독하여 부호기로 전송하는 장치로 AND 회로로 구성되어 있다.

명령 해독기 (Instruction Decoder)	명령 레지스터의 명령을 해독하여 부호기로 전송하는 장치로 AND 회로로 구성되어 있다.
부호기 (Encoder)	명령 해독기에서 보내온 명령을 실행하는 데 필요한 제어신호를 발생시켜 명령실행을 지시하는 장치라 할 수 있다. OR회로로 구성되어 있다.
번지 해독기 (Address Decoder)	• 명령 레지스터의 번지부로부터 보내온 번지를 해독하고 해독된 번지에 기억된 내용을 데이터 레지스터로 불러내는데 필요한 신호를 보내주는 장치이다. • 수치로 된 주소값을 메모리상의 실제 주소로 변환하는 장치이며 데이터가 주기억장치에 기억될 때나 인출될 때에는 반드시 데이터 레지스터를 거쳐야 한다. • 데이터 레지스터는 데이터가 이동하는 경우에 데이터의 이동을 중계하는 역할을 하는 레지스터이다.
범용 레지스터 (General Register)	• 기능을 정해 놓지 않은 레지스터로 주소지정, 연산을 위한 데이터 보관용, 제어용 정보의 보관하는 레지스터. • 누산기(ACC:Accumulator), 베이스레지스터, 계수기 레지스터가 있다.

② 명령어(Instruction)의 구성

㉠ 명령어의 개념 : 컴퓨터가 어떻게 동작해야 하는지를 나타내는 것이며, 이것은 제어장치에서 해독되어 그 동작이 이루어진다.

> POINT 차례대로 동작해야 할 명령어를 모아놓은 것을 프로그램(Program)이라 한다.

㉡ 명령어의 구조

Mode	Operation Code	Address(Operand)

• 모드 필드(Mode) : 0(직접명령) 또는 1(간접명령)이 저장된다.

• 연산자(OP Code) : 컴퓨터에게 명령을 지시하는 부분이다.

• 번지부(Address) : 처리해야 할 데이터가 어디에 있는지 표현한다.

㉢ 연산자의 기능

• 연산기능(Function Operation) : 산술연산과 논리연산이 있다.

• 전달기능(Transfer Operation) : CPU와 기억장치, CPU와 레지스터 사이에 정보교환을 한다.

–Load : 기억장치에서 CPU로 정보를 이동한다.

–Store : CPU에서 기억장치로 정보를 저장한다.

• 제어기능(Control Operation) : 제어장치에 의해 수행되며 프로그램의 수행흐름을 제어한다.

• 입 · 출력기능(Input / Output Operation) : 프로그램과 데이터를 입력하고, 처리결과를 출력한다.

㉣ 명령어의 형식

• 0 – 주소명령형식

–번지부를 사용하지 않고 스택(Stack) 메모리를 사용한다.

-계산하기 위해 후위식으로 바꾸어 주어야 한다.

OP Code

예 X = (A + B) * C

PUSH A	TOP ← A
PUSH B	TOP ← B
ADD	TOP ← A + B
PUSH C	TOP ← C
MUL	TOP ← C * (A + B)
POP X	M(X) ← C * (A + B)

• 1 – 주소명령형식 : 데이터 처리는 누산기(Accumulator)에 의해 처리된다.

OP Code	주소1

예 X = (A + B) * C

LOAD A	AC ← M(A)
ADD B	AC ← AC + M(B)
STORE Y	M(Y) ← AC
LOAD C	AC ← M(C)
MUL Y	AC ← AC * M(Y)
STORE X	M(X) ← AC

• 2 – 주소명령형식

-가장 흔히 사용하는 방식으로 주소는 메모리나 레지스터의 번지이다.

-주소1과 주소2를 연산하여 주소1에 기억시킨다.

OP Code	주소1	주소2

예 X = (A + B) * C

MOVE R1, A	R1 ← M(A)
ADD R1, B	R1 ← R1 + M(B)
MOV R2, C	R2 ← M(C)
MUL R1, R2	R1 ← R1 * R2
MOV X, R1	M(X) ← R1

• 3 – 주소명령형식

-주소1과 주소2를 연산하여 주소3에 기억시킨다.

-프로그램의 길이는 줄일 수 있으나 명령어의 길이가 길어진다.

OP Code	주소1	주소2	주소3

예 X = (A + B) * C

ADD R1, A, B	R1 ← A + B
MUL X, R1, C	M(X) ← R1 * C

ⓜ 주소지정형식
- 즉시주소형식(Immediate addressing mode) : 주소필드에 표현된 값이 연산할 실제 데이터인 경우의 형식이다.
- 직접주소형식(Direct addressing mode) : 데이터가 있는 주소를 주소부에서 직접 표현한 형식이다.
- 간접주소형식(Indirect addressing mode) : 현재 주소필드에 표현된 값이 실제 데이터가 기억된 주소가 아니고, 그곳에 기억된 내용이 실제의 데이터주소인 형식이다.
- 상대주소형식(Relative addressing mode) : 주소필드에 표현된 값을 PC(Program Count)이 내용과 더해서 데이터가 있는 주소를 지정하는 형식이다.
- 인덱스주소형식(Index addressing mode) : 주소필드에 표현된 값과 인덱스 레지스터의 기준 주소를 더해서 데이터가 있는 주소를 지정하는 형식이다.
- 레지스터 간접모드(Register indirect mode) : 주소필드에 들어있는 레지스터의 주소가 데이터가 들어있는 기억장치의 주소를 지정한다.
- 레지스터 형식(Register mode) : 주소필드에 데이터가 기억된 레지스터의 주소를 지정하는 형식이다.

❷ 실행제어

(1) 프로그램 실행과 제어

① 마이크로 동작(Micro Operation)
  ㉠ 개념 : 마이크로 동작은 CPU 내에서 하나의 명령어를 수행하기 위한 기본적인 동작으로 연산장치와 레지스터에 의해 수행된다.
  ㉡ 마이크로 동작의 종류
  - 레지스터 전송 마이크로 동작 : 레지스터에서 레지스터로의 2진 정보를 전송하는 동작이다.
  - 산술 마이크로 동작 : 레지스터에 저장된 숫자 또는 데이터에 대해 산술동작을 수행하는 동작이다.
  - 논리 마이크로 동작 : 레지스터에 저장된 숫자가 아닌 데이터의 비트스트링 사이에 이루어지는 2진 연산을 말한다.
  - 선택적 비트설정(Selective - set) 동작 : 레지스터 B의 1에 대응하는 레지스터 A의 비트를 선택하여 1로 설정하여 OR연산을 수행한 것과 같게 한다.

수행 전 레지스터 A : 1100
레지스터 B : 0111
수행 후 레지스터 A : 1111

- 선택적 보수화(Selective – complement) 동작 : 레지스터 B의 1에 대응하는 레지스터 A의 비트를 선택하여 1의 보수로 설정하여 XOR연산을 수행한 것과 같게 한다.

```
수행 전 레지스터 A : 1100
        레지스터 B : 0111
수행 후 레지스터 A : 1011
```

- 선택적 지움(Selective – clear) 동작 : 레지스터 B의 1에 대응하는 레지스터 A의 비트를 선택하여 0으로 지운다($A \leftarrow A \land \overline{B}$).

```
수행 전 레지스터 A : 1100
        레지스터 B : 0111
수행 후 레지스터 A : 1000
```

- 마스크(Mask) 동작 : 레지스터 B의 내용과 레지스터 A를 대응시켜 B의 1에 대응되는 내용은 그대로 통과시키고, 0과 대응되는 비트는 0이 되도록 한다. 이것은 채로 거르는 것과 같으며 AND연산과 같다.

```
수행 전 레지스터 A : 1100
        레지스터 B : 0101
수행 후 레지스터 A : 0100
```

- 삽입(Insert) 동작 : 어떤 내용이 기억된 비트의 묶음 내에 특정 위치의 비트를 새로운 내용으로 바꾸는 동작이다(마스크 동작 후 OR연산 수행).

```
          마스크 동작                          삽입 동작
수행 전 레지스터 A : 1100 0110        바뀌어진 레지스터 A : 0100 0110
      마스크 비트 : 0101 1111            삽입 비트 B : 1010 0000
바뀌는 A레지스터 내용 : 0100 0110      수행 후 레지스터 A : 1110 0110
```

- 비교(Compare) 동작 : 레지스터 A와 레지스터 B를 비교하여 두 개의 워드가 일치하는 A를 0으로 설정하여 XOR연산을 수행한 것과 같도록 한다.

```
수행 전 레지스터 A : 0110
        레지스터 B : 0110
수행 후 레지스터 A : 0000
```

- 시프트 마이크로 동작 : 레지스터 내용에 대한 시프트 동작을 실행하는 것으로 직렬 컴퓨터에서는 레지스터간에 2진 정보를 전송하기 위하여 사용되고, 병렬 컴퓨터에서는 산술, 논리연산을 수행하기 위하여 사용된다.
  - 직렬전송 시프트 : 레지스터 사이의 직렬전송을 수행하는 동작이며, 1비트씩 차례대로 목적 레지스터로 전송시킨다.
  - 논리 시프트 : 레지스터의 내용을 왼쪽 또는 오른쪽으로 1비트씩 차례대로 이동시켜 바깥으로 밀려나는 비트는 소실되고 반대편의 공백에는 0이 채워지도록 하다
  - 순환 시프트 : 시프트 레지스터 양끝의 플립플롭을 연결하여 순환시키는 시프트로, 한쪽 끝에서 밀려나간 비트가 다시 반대편 끝위치에 입력된다.
  - 산술 시프트 : 부호와 함께 기억된 2진 정보를 시프트하기 위한 마이크로 동작으로서, 산술계산을 수행할 때 사용하고 왼쪽 시프트와 오른쪽 시프트가 있다.
- 왼쪽 시프트 : n비트 왼쪽 시프트는 원래의 수에 2n을 곱한 것과 같다.
- 오른쪽 시프트 : n비트 오른쪽 시프트는 원래의 수를 2n으로 나누는 것과 같다.
- 가장 왼쪽의 부호비트는 변하지 않으며, 데이터 값을 나타내는 비트만 시프트된다.

> **TIP** 오른쪽 시프트에 의해 발생하는 공백에는 부호비트를 넣는다.

[정수표현에 대한 산술 시프트 방법]

표시	부호비트	추가비트
양수	불변	0
부호와 절대치로 표현된 음수	불변	0
1의 보수로 표현된 음수	불변	왼 쪽 시프트 : 1 오른쪽 시프트 : 1
2의 보수로 표현된 음수	불변	왼 쪽 시프트 : 0 오른쪽 시프트 : 1

ⓒ 마이크로 주기시간 : 마이크로 동작을 수행하는 데 필요한 시간을 마이크로 주기시간(micro cycle time) 또는 CPU 주기시간이라 한다.
- 동기고정식(Synchronous fixed)
  - 마이크로 동작 중에서 수행시간이 가장 긴 것을 마이크로 주기시간으로 정하는 방식이다.
  - 수행시간이 차이가 날 때 중앙처리장치의 시간이 낭비된다.
- 동기가변식(Synchronous variable)
  - 마이크로 동작들을 그 수행시간이 유사한 것끼리 모아 한 개의 집단을 형성하여, 각 집단마다 서로 다른 마이크로 주기시간을 주는 방식이다.
  - 이 방법은 마이크로 수행시간차가 현저할 때 제어가 복잡해지지만, 중앙처리장치의 시간을 효율적으로 이용할 수 있다.

- 비동기식(Asynchronous)
- 모든 마이크로 동작에 대해서 서로 다른 마이크로 주기시간을 할당하는 방법이다.
- 중앙처리장치의 효율은 좋으나 제어가 복잡하므로 거의 사용되지 않는다.

② 중앙처리장치(CPU)의 상태

  ㉠ 구분 : 주상태와 시간상태의 두 가지가 있다.
  - 주상태(Major State) : 기억장치의 주기시간을 단위로 하여 해당 주기동안에 기억장치로 접근할 때 무엇을 위해서 접근하는지 CPU의 동작을 표시한다.
  - 시간상태(Timing State) : 시간에 관한 정보를 나타낸다.

  ㉡ 명령어 인출주기 : 명령어를 인출하고 실행할 때 1비트 레지스터 F와 레지스터 R을 사용하여 인출, 간접, 실행, 인터럽트 상태 등을 구별, 2비트 해독기를 통하여 $C_0 \sim C_3$까지 제어신호를 보내어 해당 조건에 맞는 제어동작이 되도록 한다.

[주기 제어 상태표]

F	R	해독기 출력	제어동작
0	0	C_0	인출 싸이클(Fetch Cycle)
0	1	C_1	간접 싸이클(Indirect Cycle)
1	0	C_2	실행 싸이클(Execute Cycle)
1	1	C_3	인터럽트 싸이클(Interrupt Cycle)

  ㉢ 주상태(Major State)의 종류
  - 인출(Fetch) 상태 : 기억장치에서 가져온 다음 명령어를 중앙처리장치에서 해독하는 단계이다.

t_0 : MAR ← PC	: 실행할 명령의 번지를 MAR로 전달
t_1 : MBR ← M(MAR)	: 실행명령을 MBR로 전달
PC ← PC + 1	: 다음 실행명령어를 위해 PC를 1 증가
t_2 : IR ← MBR	: MBR의 내용을 IR로 전달
t_3 : R ← 1 또는 F ← 1	: R = 1이면 간접싸이클로 전이, F = 1이면 실행싸이클로 전이

  - 간접(Indirect) 상태 : 주소필드에 표현된 내용이 간접주소인 경우에 유효번지를 얻기 위하여 기억장치에 다시 접근하게 된다.

t_0 : MAR ← MBR(addr)	: MBR에 있는 주소필드를 MAR에 전달
t_1 : MBR ← M(MAR)	: MAR에 위치하는 메모리의 내용을 MBR로 전달
t_2 : 아무런 작업하지 않음	
t_3 : R ← 0, F → 1	: R = 0 인출싸이클로 전이, F = 1 실행싸이클로 전이

- 실행(Execute) 상태 : 인출상태를 거쳐 계산된 유효번지를 이용하여 해당 명령어를 실행하는 단계이다.
-LDA(Load AC) 명령 : 메모리 내용을 누산기에 적재하는 명령이다.

t_0 : MAR ← MBR(addr)	: 명령의 번지부의 내용을 MAR에 전달
t_1 : MBR ← M(MAR), AC ← 0	: MAR에 위치하는 내용을 MBR로 전달
t_2 : AC ← AC + MBR	: MBR의 내용을 AC로 전달
t_3 : F ← 0 또는 R ← 1	: R = 1 인터럽트싸이클로 전이
	F = 0 인출싸이클로 전이

-STA(Store AC) 명령 : 누산기 내용을 메모리로 저장하는 명령이다.

t_0 : MAR ← MBR(addr)	: 명령의 번지부의 내용을 MAR에 전달
t_1 : MBR ← ACC	: ACC의 내용을 MBR에 전달
t_2 : M(MAR) ← MBR	: MBR의 내용을 메모리의 지정된 주소에 저장
t_3 : R ← 0, F ← 0	: 인출싸이클로 전이

- 인터럽트(Interrupt) 상태 : 정상적으로 실행과정을 계속할 수 없는 경우(정전, 고장, 입·출력 요구 등)에 응급 조치를 취한 후에 계속 실행할 수 있도록 중앙처리상태를 보관하는 싸이클이다.

t_0 : MBR(addr) ← PC, PC ← 0	: 리턴번지를 MBR에 저장하고 PC는 0으로 설정
t_1 : MAR ← PC	: MAR을 0으로 설정
PC ← PC + 1	: PC를 인터럽트 처리프로그램이 있는 1번지로 설정
t_2 : M ← MBR, IEN ← 0	: 리턴번지를 메모리에 저장, IEN을 0으로 설정
t_3 : F ← 0, R ← 0	: 인출 상태로 전이

[주상태 변화]

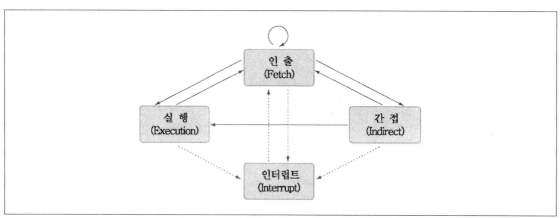

(2) 제어방식과 인터럽트

① 제어방식

　㉠ 고정배선식(Hard Wired) 제어 : 제어장치 전체가 순서회로와 조합 논리회로인 것으로 가정하여 미리 정해놓은 제어신호들이 순서대로 발생되도록 하드웨어적으로 구현한 방법이다.

　　• 장점
　　－부품의 수를 적게 하고 속도가 빠르다.
　　－게이트나 플립플롭의 논리회로로서 값이 싸다.
　　• 단점
　　－대규모로 집적화하는 경우 비경제적이다.
　　－한번 만들어진 것은 동작방법이 바뀌었을 때 변경할 수 없다.

　㉡ 마이크로 프로그램(Micro Program) 제어 : 마이크로 프로그램은 제어선을 활성화시키는 방법으로 특정 동작을 수행시켜 제어행위가 이루어지도록 한다. 마이크로 프로그램을 기억시켜 차례대로 실행시키는 것이다.

　　• 장점 : 마이크로 명령어로 구성하여 작성하므로 만들어진 하드웨어 구성을 변경시킬 필요없이 쉽게 설계를 바꿀 수 있다.
　　• 단점 : 가격이 비싸고 마이크로 명령어를 인출하는 별도의 시간때문에 속도가 느리다.

② 인터럽트(Interrupt)

　㉠ 인터럽트의 개념

　　• 정의 : 정상적인 명령어 인출단계로 진행하지 못할 때에 실행을 중단하지 않고 특별히 부여된 작업을 수행한 후 원래의 인출단계로 진행하도록 하는 것이다.

　　• 인터럽트가 발생하는 경우
　　－정전이나 기계적 고장
　　－프로그램상의 문제
　　－프로그램 조작자에 의한 의도적인 중단
　　－입·출력조작에 CPU의 기능이 요청되는 경우
　　－프로그램에서 오버플로나 언더플로 인터럽트 요청

　　• 필요성 : 중앙처리장치와 주변장치의 차이에 따른 효율적인 시스템자원의 활용과 기계적 장애로 인하여 실행하던 프로그램을 완료하지 못하였을 때, 처음부터 다시 하지 않아도 되도록 할 수 있기 때문이다.

　㉡ 인터럽트의 종류

　　• 하드웨어적 인터럽트
　　－정전 : 최우선 순위를 가진다.
　　－기계 검사(고장 ; 착오) 인터럽트(Machine Check Interrupt) : 프로그램이 실행되는 중에 어떤 장치의 고장으로 인하여 제어 프로그램에 조치를 취해 주도록 요청하는 인터럽트이다.

−외부 인터럽트(External Interrupt) : 조작원이 콘솔에서 인터럽트 스위치를 눌러서 강제로 인터럽트 시키거나 정해놓은 시간이 되었을 때 타이머(timer)에서 인터럽트를 발생시키는 경우 및 전원스위치가 꺼지거나 정전이 되는 경우에 해당한다.

−입·출력 인터럽트(I/O Interrupt) : 입력이나 출력명령을 만나면 현재 프로그램의 진행을 정지하고 입·출력을 담당하는 채널같은 기구에 입·출력이 이루어지도록 명령하고 중앙처리장치는 다른 프로그램을 실행하도록 하는 인터럽트이다.

• 소프트웨어적 인터럽트

−프로그램 검사 인터럽트(Program Check Interrupt) : 프로그램 실행 중에 잘못된 데이터를 사용하거나 보호된 구역에 불법 접근하는 등 프로그램 자체에서 잘못되었기 때문에 발생되는 인터럽트이다.

−SVC(Supervisor Call Interrupt ; 슈퍼바이저 콜 인터럽트) : 프로그램 내에서 제어 프로그램에 인터럽트를 요청하는 명령으로, 프로그래머에 의해 프로그램의 원하는 위치에서 인터럽트시키는 방법이다. 가장 낮은 우선순위를 가진다.

ⓒ 인터럽트 동작

• 인터럽트 시스템의 분류

−인터럽트 요청회로(Interrupt Request Circuit)

−인터럽트 처리 루틴(Interrupt Handling Routine)

−인터럽트 서비스 루틴(Interrupt Service Routine)

• 인터럽트의 동작원리(순서)

−인터럽트 요청 : 인터럽트 발생장치로부터 인터럽트를 요청한다.

−현재 수행 중인 프로그램 저장 : 제어 프로그램에서는 현재 작업 중이던 프로세서의 상태를 메모리에 저장시킨다.

−인터럽트 처리 : 인터럽트의 원인이 무엇인지를 찾아 그것을 처리하는 인터럽트 처리 루틴을 실행시킨다.

−조치 : 인터럽트 처리 루틴에서는 해당 인터럽트에 대한 조치를 취한다.

−프로그램 복귀 : 인터럽트 처리 루틴이 종료되면 저장되었던 상태를 이용하여 원래 작업이 계속되도록 한다.

• 중앙처리장치에 인터럽트 요청회선을 연결하는 방법

−단일회선방식 : 단일회선으로 된 버스에 여러 장치가 인터페이스를 통하여 결합시키는 방법으로 중앙처리장치가 인터럽트의 원인을 판별하는 기능이 필요하다.

−다중회선방식 : 각 장치의 독립적인 전용회선을 인터페이스를 중계하여 결합시키는 방법이다.

−혼합회선방식 : 다중회선을 가지고 있고, 각 회선에는 여러 개의 장치들이 인터페이스를 통하여 결합되어 있는 방법이다.

• 명령 계수기를 보관하는 방법

−프로그램에서 사용하지 않는 0번지에 기억시키는 방법

−스택에 저장하는 방법

−인터럽트 발생시 발생장치가 인터럽트 처리 루틴의 시작주소를 알려주어 인터럽트 시작주소가 결정되는 벡터 인터럽트(Vector Interrupt) 방법

ⓔ 우선순위

- 인터럽트를 처리하기 위한 우선순위체제
- 각 장치에 우선순위를 부과하는 기능
- 인터럽트를 요청한 장치의 우선순위를 판별하는 기능
- 우선순위가 높은 것을 먼저 처리할 수 있는 기능
- 우선순위방법

구분	소프트웨어에 의한 방법	하드웨어에 의한 방법	
종류	폴링(Polling)	데이지체인(Daisy Chain)	병렬우선순위
처리	프로그램에 의한 우선순위 검사	모든 장치를 우선순위에 따라 직렬연결	각 장치의 인터럽트 요청에 따라 개별적으로 지정되는 레지스터 사용
장점	융통적, 경제적	속도가 빠름	속도가 빠름
단점	속도가 느림	추가 하드웨어 필요	추가 하드웨어 필요

- 인터럽트의 우선순위
- 하드웨어적 원인 > 소프트웨어적 원인
- 정전 > 기계착오 인터럽트 > 외부 인터럽트 > 입·출력(I/O) 인터럽트 > 프로그램 검사 인터럽트 > SVC 인터럽트

section 4 기억장치와 입·출력장치

❶ 기억장치

(1) 기억장치의 개요

① 개념 … 프로그램과 데이터를 보관하고 있다가 필요할 때 꺼내어 사용할 수 있도록 한 장치이다.

② 역할

　ⓐ Write : 주기억장치(Main Memory 또는 Main Storage)에 데이터를 기억시킨다.

　ⓑ Read : 주기억장치에 기억된 내용을 꺼내어 사용한다.

③ 계층 및 구성

　ⓐ 기억장치의 계층

- 레지스터, 캐시기억장치, 주기억장치, 보조기억장치의 계층으로 이루어져 있다.
- 전체 메모리시스템의 가격을 최소화하고 메모리 접근(access)속도를 최대화하는 데 목적이 있다.

ⓛ 기억장치의 구성

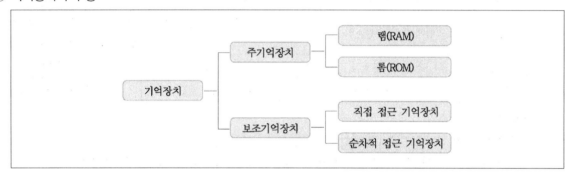

(2) 주기억장치

① 주기억장치(Main Memory) … 컴퓨터가 작동하는 동안 중앙처리장치가 해야 할 작업 내용인 프로그램 명령어와 프로그램에서 이용할 자료를 저장하고 있는 저장장치이다.

② 반도체 기억장치

    ⓣ 램(RAM) : 전원이 끊어지면 기억내용이 소멸되는 휘발성 메모리로서 쓰기와 읽기가 가능하므로 RWM(read/write memory)이라고도 한다. 임의장소에 데이터 또는 프로그램을 기억시키고 기억된 내용을 프로세서로 가져와서 사용할 수 있다.

    적재(Load) : 주기억장치로부터 CPU의 레지스터를 워드로 옮기는 것이다.

    저장(Store) : 레지스터의 내용을 주기억장치로 옮기는 것이다.

    • 정적 램(SRAM ; Static RAM) : 메모리 셀이 1개의 플립플롭으로 구성되므로 전원이 공급되고 있는 한 기억내용은 소멸되지 않는다. 작고 속도가 빠른 캐시기억장치에 사용된다.

    • 동적 램(DRAM ; Dynamic RAM) : 메모리 셀이 1개의 콘덴서로 구성되므로 충전된 전하의 누설에 의해 주기적인 재충전이 없으면 기억내용이 소멸된다.

    예 램을 설계하고자 한다. 어드레스버스가 8비트이고 데이터버스가 10비트로 구성되어질 때 이 램의 용량은 얼마인가?
        • 어드레스버스 8비트 = 2^8 = 256
        • 데이터버스는 10비트이므로 램의 용량은 256 × 10비트이다.

[DRAM 과 SRAM 비교]

구분	DRAM	SRAM
용도	주기억장치	캐시메모리
재충전	주기적으로 재충전 필요	필요없음
속도	느림	빠름
가격	저가	고가
집적도	크다(용량이 크다)	낮다(용량이 적다)

ⓛ 롬(ROM) : 읽기전용 메모리로서 전원이 끊어져도 기억된 내용이 소멸되지 않는 비휘발성 메모리이다. 어떤 내용을 임의로 변경하거나 기억시킬 수 없는 기억소자로서 기억된 내용을 램에서 처럼 자유롭게 사용할 수 있다.

• 마스크 롬(Mask – programmable ROM) : 제조시에 내용이 기입되어 생산되며, 사용자는 내용을 기입하거나 변경시킬 수 없다.

• PROM(Programmable ROM) : 사용자가 특수장치를 이용하여 내용을 단 1회만 기입할 수 있으나 기억된 내용은 변경이 불가능하다.

• EPROM(Erasable PROM) : 사용자가 내용을 자외선을 이용하여 반복적으로 지우고 썼다 할 수 있다.

－UV EPROM(Untraviolet EPROM) : 자외선을 비추어 기억내용을 소거할 수 있다.

－EEPROM(Electrical EPROM) : 전기신호에 의해 기억내용을 소거할 수 있다.

> 예 롬의 설계시 8비트 어드레스버스와 8비트의 데이터버스를 갖는다고 하면 이 롬의 용량은 얼마인가?
> • 어드레스버스 8비트 = 2^8 = 256
> • 데이터버스는 8비트이므로 롬의 용량은 256 × 8비트이다.

(3) 보조기억장치

① 보조기억장치

㉠ 정의 : 컴퓨터의 중앙처리장치가 아닌 외부에서 프로그램이나 데이터를 보관하기 위한 기억장치를 말한다.

[보조기억장치의 구성]

ⓒ 장·단점
- **장점** : 비소멸성이고, 가격이 싸면서도 기억용량이 크다.
- **단점** : 기계적 동작으로 인한 처리속도는 주기억장치에 비해 많이 늦다.

② **기억매체**
　　ⓐ **자기테이프** : 순차적 접근 기억장치 중에서 가장 많이 사용되는 매체로 간편하며 용량이 크기 때문에 데이터나 프로그램을 장기간 보관시키는 데에 많이 사용된다.

　　　　　POINT 레코드를 블록화하면 IBG가 줄어들어 더 많은 데이터를 저장할 수 있고 읽는 속도가 빨라진다.

　　ⓑ **자기디스크**
- 음반과 비슷한 금속판에 자성물질을 입힌 자기디스크를 기억매체로 이용하는 보조기억장치로서, 처리속도가 빠르고 기억용량도 크며, 직접 접근이 가능하여 가장 널리 사용된다.
- 자기디스크 장치는 보통 6 ~ 11매를 하나의 축에 고정시켜 사용하는데, 이를 디스크 팩(disk pack) 또는 디스크 볼륨(disk volume)이라고 한다.
- 디스크의 구조
- 트랙(track) : 회전축을 중심으로 이루어진 200 ~ 400개의 동심원이다.
- 섹터(sector) : 하나의 트랙을 8 ~ 32개의 구역으로 나눈 것이다.
- 실린더(cylinder) : 각 면에 있는 동일한 지름을 갖는 트랙의 모임으로 이들은 디스크의 주소로 사용된다.
- 헤드(Head) : 디스크 팩의 가장 윗면과 아랫면을 제외한 각 면에 있는 것으로 디스크 팩이 축을 중심으로 회전할 때 원하는 트랙을 찾아서 자료를 기록하거나 판독한다.
- 디스크 접근시간
- 탐색시간(Seek Time) : 헤드가 원하는 트랙으로 이동하는 시간을 말한다.
- 검색시간(Search Time) : 해당 트랙 내에서 원하는 섹터의 위치를 찾는 시간을 말한다.
- 전송시간(Transfer Time) : 디스크와 주기억장치 간에 자료가 이동하는 데 걸리는 시간을 말한다.
- 접근시간(Access Time) : 데이터에 접근하는 데 걸리는 시간을 말한다.

　　　　　TIP 접근시간(Access Time) = 탐색시간(Seek Time) + 검색시간(Search Time) + 전송시간(Transfer Time)

- 자기디스크의 종류
- 하드디스크 : 디스크 팩을 소형으로 만들고 디스크장치로부터 분리할 수 없도록 고정시켜 만든 디스크로 디스크 팩을 교환할 수 없으므로 해당 디스크의 기억용량범위에서만 사용해야 한다.
- 플로피디스크 : 디스켓이라고도 부르며 자기디스크의 금속판 대신 플라스틱 원판에 자성물질을 입혀서 만든 플로피디스크를 기억매체로 사용하는 보조기억장치이다. 처리속도가 느리고 기억용량이 적은 데 비하여 자기디스크 장치와 같이 직접 접근이 가능하고, 값이 싸며 사용하기 편리하다.
　　ⓒ **자기드럼** : 북처럼 생긴 원통의 표면에 자화물질을 바른 것으로 고정된 헤드가 회전하는 드럼의 표면에 데이터를 기록하거나 기록된 내용을 읽어낸다.
- 장점 : 보조기억장치 중 속도가 가장 빠르다(초기의 컴퓨터에서 주기억장치로 사용).
- 단점 : 기억용량이 적다.

ⓡ 광디스크 : 유리 또는 아크릴수지로 만든 디스크에 알루미늄과 같은 반사성이 큰 물질로 코팅된 표면을 레이저를 이용하여 기록하고 읽어내는 보조기억장치이다.
- CD-ROM(Compact Disk Read Only Memory)
－컴팩트 디스크라는 저장매체에 데이터를 저장시켜 두고, 오직 읽을 수만 있도록 구성한 데이터 저장매체이다.
－약 650MB 용량의 데이터, 즉 1.2MB 2HD 디스켓 600장 분량을 저장할 수 있으며, 화상데이터도 저장할 수 있다.
- DVD(Digital Video Disc)
－순수히 디지털비디오를 위해 고안된 최초의 디지털비디오 재생매체이다.
－DVD는 CD와 똑같은 크기의 디스크에 최대 17GB의 저장용량을 갖고 있다.

> CD-ROM의 1배속 = 150KB/sec
> DVD-ROM 1배속 = 1350KB/sec

 광디스크의 종류
ⓐ 기록 불가능 기억장치
- CD-ROM : 판독만 가능
- CD-I : 대화식의 교육용 광학기억매체
- DVD : 17GB, 디지털비디오 재생매체
ⓑ 기록 가능 기억장치
- CD-WORM : 기록판독형 디스크(Write Once/Read Memory)
- CD-RW : 반복적인 읽기, 쓰기 가능
- MO 디스크 : 광학매체의 저장능력을 가지면서 자기기억매체와 같이 읽고 쓸 수 있는 기억매체

ⓜ 데이터 셀(Data Cell)
- 자성체를 얇은 플라스틱 같은 필름에 발라 자기필름을 만든 것을 스트립(Strip)이라 하고, 각각으로 된 스트립을 원통처럼 조립한 것을 데이터 셀(Data Cell)이라 한다.
- 스트립을 10장씩 모은 것을 서브셀(Subcell)이라 하며, 이것을 한 단위로 하여 운용한다.
- 데이터 셀은 8억 바이트의 데이터가 저장 가능한 대용량 장치이나 속도는 자기디스크보다 느리다.
ⓑ 자기버블 메모리(Magnetic Bubble Memory)
- 직접 접근 기억장치로 인조가넷의 얇은 수정판막 위에 형성된 조그마한 자기버블들로 구성된다.
- 대용량 기억장치로 저장된 데이터는 전원이 꺼졌을 때도 유지된다.

(4) 특수기억장치

① 가상기억장치(Virtual Memory)
ⓐ 정의 : 메모리를 주기억장치의 용량으로 제한하지 않고 보조기억장치의 용량까지 확대 사용한 것으로, 사용자가 보조메모리의 총량에 해당하는 커다란 기억장소를 가지고 있는 것처럼 생각한다. 가상기억장치에서 가져오는 블록을 페이지라 한다.

ⓛ 가상번지

- 가상기억장치는 프로그램이 기억되어서 실행되는 실기억장치(Real Storage)와 프로그램이 실행될 때는 한 블록씩 실기억장치에 옮겨져서 실행되도록 하는 가상기억장치로 분할하여 사용한다.
- 가상기억장치는 프로그램을 저장만 하므로 주기억장치의 일부가 아니라 보조기억장치에 설정할 수도 있다.
- 가상기억장치는 프로세서에 의해 참조될 때 각 번지는 가상번지에서 실제번지로 변환하는 매핑(Mapping)과정이 필요하다.
- 처리속도에서는 장점이 못되지만 기억공간의 확대에는 많은 도움을 받는다.
- 가상기억장치를 사용할 때 프로그램은 번지개념으로 작성하며, 실제 어디에서 실행될 것인지는 염두를 두지 않는다.

> **TIP** 가상번지에서 실제번지로의 변환은 실행시에 이루어지는데, 이것을 동적 변환이라 한다.

ⓒ 가상기억장치의 구현

- 페이징(Paging) 기법 : 가상기억장치를 고정길이의 페이지로 구분하여 주기억장치로 페이지 단위로 이동하여 주소가 변환된다.

> **TIP** 주소변환기법 … 직접사상기법, 연관기억장치를 이용한 사상기법, 직접/연관 메모리를 이용한 사상기법이 있다.

- 세그먼테이션(Segmentation) 기법 : 가상기억장치를 가변길이의 세그먼트로 구분하여 주기억장치로 세그먼트 단위로 이동하여 주소가 변환된다.

> **TIP** 정보를 블록단위로 묶었을 때 블록의 크기가 일정한 경우에는 페이지(Page)로 구분하고 일정하지 않은 경우에는 세그먼트(Segment)로 구분한다.

② 캐시기억장치(Cache Memory)

ⓐ **구성** : 중앙처리장치와 주기억장치 사이에 있는 메모리로 중앙처리장치의 동작과 동등한 속도로 접근할 수 있는 고속의 특수 소자로 구성되며, 자주 참조되는 주기억장치의 프로그램과 데이터를 먼저 이곳에 옮겨놓은 후 처리되도록 함으로써 메모리 접근시간을 감소시킨다.

ⓑ **적중률**(Hit Ratio) … 주기억장치에 기억된 내용은 프로세서 내부에서 정한 하나의 블록단위로 캐시기억장치에 옮겨져서 한 명령씩 실행되고, 모두 처리가 끝나면 다시 주기억장치에서 다음 블록을 가져오게 한다. 프로세서가 처리할 명령이 캐시기억장치에 있는 경우를 적중(hit)이라 한다.

- 중앙처리장치가 캐시메모리를 참조할 경우 : Hit Ratio

$$Hit\ Radio = \frac{적중횟수}{적중횟수 + 실패횟수}$$

- 중앙처리장치가 주기억장치를 참조할 경우 : Miss Ratio

$$Miss\ Radio = \frac{실패횟수}{적중횟수 + 실패횟수}$$

ⓒ 캐시기억장치의 접근

- 캐시기억장치에서 주기억장치에 접근할 때 블록단위로 이루어지지만, 캐시 내에서 적중이 실패한 경우는 페이지단위로 이루어진다.
- 캐시기억장치 접근방법 : 주기억장치로부터 캐시기억장치로 데이터를 전송하는 것을 매핑 프로세스(Mapping Process)라고 하며, 여기에는 다음과 같은 세 가지의 방법이 있다.
  – 어소시에이티브 매핑(Associative Mapping)
  - 가장 빠르고 융통성 있는 캐시구조로서 기억장치워드의 번지와 데이터를 함께 저장한다.
  - 캐시가 가득차 있으면 라운드 로빈(Round Robin) 방식 등으로 번지 – 데이터 쌍을 교체한다.
  – 직접 매핑(Direct Mapping)
  - CPU가 메모리의 참조를 요청할 때 CPU 번지의 태그(tag)필드와 캐시의 태그필드가 비교되어 일치하면 원하는 데이터를 찾게 되고, 그렇지 않으면 원하는 워드는 주기억장치로부터 다시 읽혀진다.
  - 직접 매핑방법에서는 만약 같은 인덱스를 가졌으나 다른 태그를 가진 두 개 이상의 워드가 반복해서 인덱스된다면 적중률이 상당히 떨어질 수 있다.
  – 세트 어소시에이티브 매핑(Set Associative Mapping) : CPU가 기억장치참조를 요청하면 CPU번지의 태그(tag)필드는 캐시의 두 태그와 비교된다. 이 때 적중률은 같은 인덱스를 가지고 있고 태그가 다른 많은 인덱스를 캐시 안에 저장할 수 있기 때문에 세트가 클수록 적중률은 향상될 수 있다.

③ 복수모듈기억장치
  ㉠ 복수모듈 : 기억장치를 여러 개로 분할하고, 각각에는 그 자체를 지적하는 번지 레지스터, 번지 해독기, 꺼내진 데이터를 기억할 기억 레지스터 등 기억장치의 역할을 독립적으로 수행할 여러 개의 모듈을 마련한 것을 말한다.
  ㉡ 복수모듈기억장치의 기능 : 독립적인 기억장치의 역할을 담당하는 여러 개의 기억모듈이 공동의 번지와 데이터를 전달하는 회선에 연결되어 서로 공유하고 시간적으로 분할(Time Sharing) 개념으로 사용한다.
  ㉢ 인터리빙(interleaving) : 기억장치에 접근하는 순서가 하나의 모듈에서 차례대로 수행되지 않고 여러 모듈에 번지를 분배하는 것을 말한다.

④ 연관기억장치(Associative Memory)
  ㉠ 개념 : 기억된 데이터의 내용에 의해 접근하는 기억장치이며, 일명 내용지정메모리(CAM ; Contents Addressable Memory)라 하기도 한다.
  ㉡ 특징 : 내용에 대한 병렬검색이 가능하고 검색이 전체 워드 또는 일부만 가지고도 시행할 수 있다. 또 저장능력과 외부인자의 내용을 비교하기 위해 논리회로가 필요하므로 램보다 값이 비싸다.

❷ 입·출력장치

(1) 입·출력장치

① 입력장치

    ㉠ 개념 : 외부로부터 전달되는 정보나 자료를 컴퓨터가 인식하고 처리할 수 있는 2진 코드로 변환시켜 주기억장치로 보내주는 장치를 입력장치라고 한다.

    ㉡ 입력장치의 종류

- 키보드(Keyboard) : 키보드는 타자기와 비슷한 모양의 입력장치로서, 글자판 위의 키를 누르면 해당 문자를 2진 코드로 자동변환시켜 주며, 사용하기 간편하여 영상표시장치와 함께 가장 널리 이용된다.
- 마우스(Mouse) : 마우스는 설계나 그래픽을 주로 이용하는 분야에서 방향키를 자주 눌러야 하는 불편을 해소하기 위하여 개발된 입력장치로서, 한 손으로 쥐고 바닥에 굴리면 마우스 내의 볼의 움직임이 센서에 감지되어 화면에 나타난다. 최근에는 거의 모든 소프트웨어들이 마우스를 지원하고 있으며, 점차 키보드 작업을 대신해 가고 있다.
- 스캐너(Scanner) : 스캐너는 각종 그림이나 사진을 컴퓨터로 읽어들이는 입력장치로서 화상입력장치라고도 하며 그래픽이나 전자출판 등에 주로 이용된다.
- 광학마크 판독기(OMR ; Optical Mark Reader) : 광학마크 카드(OMR 카드)라고 하는 지정된 양식의 용지에 연필이나 수성싸인펜으로 표시하고, 카드에 빛을 비추어 반사되는 빛의 강·약에 따라 표시된 위치를 찾아 판독하는 입력장치이다. 주로 회사에서의 급여처리, 대학수학능력평가 등의 시험답안지로 널리 이용되고 있다.
- 광학문자 판독기(OCR ; Optical Character Reader) : 특수한 형태로 기록된 문자에 빛을 비추어 그 반사광을 감지하고, 장치 내에 미리 기억시켜 둔 문자와 형태를 비교하여 글자를 판독하는 입력장치이다. 이와 같이 형상이나 윤곽을 식별하는 것을 패턴인식이라고 하며, 광학문자시스템은 공공요금청구서나 결산 등에 널리 이용된다.
- 자기잉크문자 판독기(MICR ; Magnetic Ink Character Reader) : 자성을 가진 특수 잉크로 인쇄된 문자나 기호를 자기헤드로 감지하여 판독하는 입력장치이다. 자기잉크문자는 용지가 다소 더러워지더라도 판독이 가능하고 기록된 내용을 수정하기가 어려워서 변조를 방지할 수 있으므로 수표나 어음, 승차권 등에 사용된다.
- 바코드 판독기(Bar Code Reader) : 광학문자 판독기의 일종으로서, 바코드(bar code)가 기록된 부분에 빛을 비추어서 막대의 굵기에 따라 글자를 판독한다. 백화점의 판매업무나 도서관에서의 전산화업무 등에 주로 이용된다.
- 기타 입력장치 : 그림이나 사진 등을 디지털화하여 입력하는 디지타이저(Digitizer), 화면에서 직접 자료를 입력하는 라이트 펜(Light Pen), 오락게임에 사용되는 조이스틱(Joy Stick), 인간이 사용하는 자연어를 직접 입력하는 음성인식장치, 마이크, 카메라 등이 있다.

② 출력장치

    ㉠ 개념 : 출력장치는 컴퓨터로 처리된 결과를 문자, 숫자, 도형 등 사람이 인식할 수 있는 다양한 형태로 변환해 주는 장치로서 여기에는 프린터, 영상표시장치, 플로터 등이 있다.

○ 출력장치의 종류

- 프린터(Printer) : 프린터는 컴퓨터의 처리결과를 종이에 인쇄하는 대표적인 출력장치로서, 인쇄방식에 따라 문자프린터, 라인프린터, 페이지프린터, 레이저프린터 등으로 구분된다.
- 영상표시장치(CRT display ; Cathode Ray Tube display) : 텔레비전 화면과 같은 것으로서 컴퓨터의 처리결과를 화면에 나타내어 주는 출력장치이다. 문자만 표시할 수 있는 문자표시장치와 도형을 함께 표시할 수 있는 도형표시장치가 있으며, 키보드 또는 라이트 펜과 합쳐서 입·출력 겸용장치로서 컴퓨터의 기본장치로 사용되고 있다.
- 플로터(Plotter) : 플로터는 종이 위에 연필이나 펜으로 그림을 그려주는 출력장치로서, X축과 Y축으로 움직이면서 그림을 그린다고 하여 XY플로터라고도 한다. 펜을 바꾸어서 여러가지 색깔로 그림을 그릴 수 있고 복잡한 도면을 손쉽게 그릴 수 있어 건축, 디자인 등의 설계에 주로 이용된다.

(2) 인터페이스

① 입·출력장치와 입·출력 인터페이스

○ 입·출력장치 : 데이터의 입력과 출력은 주기억장치와 주변장치 사이에 데이터를 전달하는 것이다. 주기억장치와 주변장치 사이는 데이터의 단위와 처리속도의 차이때문에 인터페이스가 이를 중간에서 중계해야 한다.
- 주기억장치에 비해 속도가 느리고 데이터의 처리단위가 다르다.
- 오류발생률이 높지만 동작의 자율성을 보장한다.

○ 입·출력 인터페이스 : 주기억장치나 CPU 레지스터와 같은 내부 저장장치와 입·출력장치 사이에 데이터를 전송할 수 있는 방법을 제공하는 장치이다.
- 주변장치는 전자기계적 장치이나 CPU는 전기적인 장치이기 때문에 신호변환이 필요하다.
- 주변장치의 데이터 전송속도가 CPU보다 느리기 때문에 동기화가 필요하다.
- 주변장치는 바이트, CPU는 워드단위를 사용하므로 코드변환이 필요하다.
- 각각의 주변장치들의 동작이 서로 방해되지 않도록 제어되어야 한다.

○ 입·출력 기능

- 입·출력 버스(I/O Bus) : 주기억장치와 입·출력장치 사이에는 데이터를 서로 전달하는 회로가 있어야 하는데, 버스를 사용하여 데이터를 전달하므로 입·출력 버스라 한다.
- 입·출력 인터페이스(I/O Interface) : 각 장치를 구별하고 입·출력 버스와 입·출력장치 사이에 있는 차이를 해결하기 위한 장치이다.
- 입·출력 제어기(I/O Controller) : 입·출력장치가 자율적으로 동작하기 때문에 CPU로부터 입·출력 지시를 받으면 해당 장치의 기계적 특성에 맞게 제어하여 기계적인 입·출력행위가 이루어지도록 한다.

② 장치의 구별

○ 입·출력이 이루어질 때 중앙처리장치에서는 어느 장치에서 입·출력이 이루어지는지 알아야 하고, 특정 장치를 지정하여 그 장치가 동작하도록 제어할 수 있어야 한다.
○ 중앙처리장치는 장치번호로 데이터를 입·출력할 장치를 지정하여 제어한다.

- 입·출력장치들을 지정하는 방식
  - 격리형 입·출력(Isolate I/O) : 주기억장치와 입·출력장치가 다른 주소를 사용하는 방법이다.
  - 기억장치 상황표형 입·출력(Memory Mapped I/O) : 주기억장치의 주소를 입·출력장치에 할당하는 방법이다.

격리형 입·출력	기억장치 상황표형 입·출력
전체 기억공간을 사용한다.	기억장치의 일부 공간을 입·출력 포트에 할당한다.
입·출력 인터페이스 번지와 기억장치 번지를 구별한다.	기억장치와 입·출력 번지 사이의 구별이 없다.
기억장치명령과 입·출력명령을 구별하여 사용한다.	기억장치명령으로 사용 가능(입·출력 명령 불필요)하다.
기억장치 이용효율이 높다.	기억장치 이용효율이 낮다.
하드웨어가 복잡하다.	하드웨어가 간단하다.

- 장치상태 : 각 장치의 상태는 1비트인 레지스터에 나타내도록 하며, 현재 그 장치가 동작 중이면 1(Busy)로, 그렇지 않으면 0(Done)으로 표시하여 중앙처리장치에게 알려줄 수 있으며, 이 비트의 역할로 자율적인 동작과 시간차의 문제를 해결할 수 있다.
- 오류검사 : 데이터가 입·출력장치에 입·출력 중 오류가 발생할 수 있으므로 입·출력 인터페이스에서는 오류 여부를 패리티비트(Parity Bit)를 이용하여 전송도중 기억회로에서 발생한 오류를 검사한다.

(3) 데이터 전송방식

① 스트로브(Strobe) 제어

- ㉠ 개념 : 두 개 이상의 장치가 비동기적일 경우에 데이터전송을 알리는 신호를 보내 데이터가 전송될 시간을 알려주어야 한다. 이와 같이 데이터를 전송할 때 실제로 전송하는 것을 알려주기 위해 보내는 신호를 스트로브(Strobe)신호라 한다.
- ㉡ 종류 : 스트로브 신호를 보내기 위한 회선이 필요하며 송신 쪽에서 수신 쪽으로 보내는 방법과, 수신 쪽에서 송신 쪽으로 보내는 두 가지 방법이 있다.
- ㉢ 특징 : 전송한 데이터를 수신 쪽에서 확실하게 수신하였는지를 알 수 없다는 단점이 있다.

② 핸드셰이킹(Handshaking) 제어

- ㉠ 개념 : 스트로브 제어방식의 단점을 보완하여 송신과 수신 양쪽에서 상대편에게 제어신호를 보내는 방법으로 데이터 버스 외에 양쪽에서 제어신호를 보내는 별도의 회선이 필요하다.
- ㉡ 기능
  - 하나의 제어라인이 데이터버스의 방향과 함께 송신부로부터 수신부로 향하고 있는 것으로서 버스에 데이터가 실려있음을 수신 측에 알려준다.
  - 하나의 제어라인은 수신부로부터 송신부로 나와있는 것으로서 수신장치가 데이터를 받아들일 수 있는지의 여부를 송신부에 알리는 역할을 한다.
- ㉢ 특징 : 데이터전송이 이루어지기 위해서는 두 제어라인이 전부 동작해야 하기 때문에 높은 신뢰성과 융통성을 가진다.

③ 비동기 직렬전송

　　㉠ 개념 : 직렬전송은 전화선과 같이 한 줄로 된 데이터 버스를 사용하는 장치에서 이루어지며, 자판과 같은 저속의 장치에서 많이 사용된다.

　　㉡ 데이터의 직렬전송 : 정보의 각 비트는 차례대로 한 비트씩 전송한다.

　　　• 동기 직렬전송 : 두 장치는 공통의 클럭주기에 동작한다.

　　　－각 비트들은 클럭펄스에 의한 속도로 계속 전송한다.

　　　－먼 거리의 직렬전송에 있어서 각 장치는 같은 주기의 클럭으로 동작한다.

　　　• 비동기 직렬전송

　　　－문자코드의 양끝에 특수 비트를 삽입한다.

　　　－각 문자는 시작비트(Start), 데이터비트, 정지(Stop)비트로 구성한다.

(4) 입·출력 제어방식

① 중앙처리장치에 의한 방식

　　㉠ 프로그램에 의한 방법(Polling방식 사용)

　　　• 일반 프로그램과 같은 명령을 사용하여 입·출력전송을 제어하는 방식으로 입·출력장치가 직접 메모리에 접근하지 못한다.

　　　• 입력이나 출력행위가 시작되면 그것이 완료될 때까지 기다렸다가 다음 명령을 수행함으로 작업효율이 떨어지는 단점이 있다.

　　㉡ 인터럽트에 의한 방법 : 프로그램에 의한 방식을 개선하여 중앙처리장치가 수행 중이던 작업을 중지하고 입·출력 전송을 지시한 후 전송이 완료되기 전까지는 간섭하지 않는 방식이다.

② DMA(Direct Memory Access) 방식

　　㉠ 정의

　　　• DMA 방식은 중앙처리장치로부터 입·출력 지시를 받으면 직접 주기억장치에 접근하여 데이터를 꺼내어 출력하거나 입력한 데이터를 기억시킬 수 있고, 입·출력에 관한 모든 동작을 자율적으로 수행한다.

　　　• DMA는 중앙처리장치로부터 입·출력에 관한 사항을 모두 위임받아 입·출력동작을 수행하며, 자기드럼이나 자기디스크와 같이 속도가 빠른 장치에서 원하는 만큼의 데이터를 입·출력시켜 준다.

　　㉡ DMA 제어기의 기능 : 하나의 버스를 통하여 여러 개의 인터페이스와 함께 연결된 입·출력장치를 제어한다. 이러한 구조에서 DMA 제어기는 다음과 같은 기능이 필요하다.

　　　• DMA 전송을 수행하기 위해 주기억장치에 접근을 요청하는 기능

　　　• 입력과 출력 중 어느 동작을 수행할 것인지를 나타내는 기능

　　　• 어디의 데이터를 얼마만큼 입·출력할 것인지를 나타내는 기능

　　　• 데이터의 입·출력이 완료되었을 때 그 사실을 중앙처리장치에 보고하는 기능

ⓒ **주기훔침**(Cycle Steal)
- 중앙처리장치가 프로그램을 수행하여 계속적으로 기억장치주기를 사용하고 있을 때, 기억장치 접근요청을 하여 다음 주기를 DMA 제어기가 사용하게 하는 것을 주기훔침(Cycle Steal)이라 한다.
- 주기훔침이 발생하면 어떤 명령을 수행하고 있던 중이라도 정지된 상태로 DMA 제어기가 사용을 완료할 때까지 기다려야 한다.
- 인터럽트는 수행되던 프로그램이 정지되지만 주기훔침은 그 주기동안만 정지되는 것이므로 주기훔침에서는 CPU의 상태보존이 필요없다.

ⓔ **기억장치 접근** : 중앙처리장치의 간섭없이 주기억장치에 직접 접근하여 데이터를 입·출력하는 과정이다.
- DMA 제어기에게 블록정보, 입·출력동작의 종류, 장치번호를 알려준다.
- DMA가 자율적으로 주기억장치에 접근하여 데이터 입·출력행위를 수행한다.
- 입·출력이 완료되면 인터럽트를 요청하여 복귀되도록 한다.

③ **채널**(Channel)**에 의한 방식**

ⓐ **개념** : 중앙처리기능을 가진 소형처리기를 DMA 위치에 두고 입·출력에 관한 제어사항을 전담하도록 하는 전용 프로세서를 입·출력채널(I/O Channel)이라고 한다.

ⓑ **채널동작에 필요한 워드**
- 채널명령어(CCW ; Channel Command Word) : 주기억장치 내에 기억된 각 블록들의 정보이다.
- 채널상태어(CSW ; Channel Status Word) : 입·출력동작이 이루어진 후 채널, 서브채널, 입·출력장치의 상태를 워드로 나타낸 것이다.
- 채널번지워드(CAW ; Channel Address Word) : 첫번째 채널명령어의 위치를 기억장치 내의 특정 위치에 기억시켜 사용하는데, 이 특정 위치를 채널번지워드라 한다.
- 채널프로그램 : 채널이 여러 개 블록을 입·출력할 때 각 블록에 대한 채널명령어의 모임을 채널프로그램이라 한다.

> 📢 **TIP** 채널의 주요기능
> ㉠ 입·출력 명령의 해독
> ㉡ 입·출력장치에 입·출력 명령지시
> ㉢ 지시된 명령의 실행제어

ⓒ **채널의 종류**
- 고정적 연결과 가변적 연결
  - 고정적 연결 : 입·출력 장치가 특정 채널에 고정되어 있어서 다른 채널의 사용이 안 된다. 하드웨어 자원 전체를 활용할 수 없으나 단일 종류의 장치인 경우 그들의 제어는 공통점이 많으므로 각각 다른 채널에 연결하는 것보다 하드웨어 비용을 줄일 수 있다.
  - 가변적 연결 : 하드웨어 자원을 최대로 사용할 수 있는 반면, 하드웨어와 제어가 복잡하다.
- 셀렉터 채널(Selector Channel) : 하나의 고속 입·출력장치에 사용한다.
- 멀티플렉서 채널(multiplexer channel) : 저속인 여러 장치를 동시에 제어하는 채널이다.
- 블록멀티플렉서 채널(Block multiplexer channel) : 저속 입출력 장치와 고속 장치를 공용시켜 동시에 제어하는 채널이다.

① 병렬처리 컴퓨터의 개요

(1) 병렬처리

① 병렬처리의 개념과 특징

　㉠ 정의 : 하나의 작업을 여러 개의 태스크(Task)로 나누어 각 태스크들을 시스템의 여러 처리기들에게 각각 배정하도록 하는 것이다.

> 📢TIP 태스크 … 병렬처리를 위하여 각 처리기에게 할당할 수 있도록 프로그램을 분할한 것으로 각 처리기에서 독립적으로 동시에 처리한다.

　㉡ 특징
- 병렬처리는 컴퓨터 성능향상을 위한 한 방법으로 연산속도를 높이기 위해 여러 개의 프로세서에게 할당하여 동시에 처리되도록 하는 방법으로, 컴퓨터 내부에서 동일한 시간에 수행되는 동작의 수를 증가시킴으로써 각 명령이 하나씩 수행되는 것에 비하여 속도를 향상시킨다.
- 분할과 스케줄링 및 각 처리기에서 동시에 처리되도록 하는 동기화와 같은 새로운 문제점이 발생하였다.
- 추가의 H/W가 필요하다.
- 시스템의 비용이 증가한다.

　㉢ 목적
- 처리능력 향상
- 신뢰도 향상
- 응답시간을 감소

② 플린의 분류(Flynn)

　㉠ SISD(Single Instruction Stream Single Date Stream) **구조** … 순차적 처리 컴퓨터의 구조로 중첩수행 또는 파이프라인에 의한 수행을 할 수 있다.

　㉡ SIMD(Single Instruction Stream Multiple Date Stream) **구조** … 배열처리기 구조, 여러 개의 처리기가 한 개의 제어장치에 의해 제어되는 구조로 모든 처리기는 제어장치로부터 같은 명령어를 수행하도록 제어되지만 처리기들은 각각 다른 데이터에 대하여 처리한다.

　㉢ MISD(Multiple Instruction Stream Single Date Stream) **구조** … 여러 개의 처리기에서 처리한 결과가 다른 처리기에 입력되는 형태이다.

ⓡ MIMD(Multiple Instruction Stream Multiple Date Stream) 구조 … 다중처리기 컴퓨터 시스템의 종류나 다중컴퓨터 시스템이 이 구조에 속하며, 여러 개의 처리기가 각각 다른 명령어를 수행한다.

> 🔊 **TIP** 밀접결합과 비밀접결합 … 순수한 MIMD 구조에서는 각 처리기 사이에서 데이터의 상호교환이 일어날 것을 전제하고 있으며, 이러한 통신이 빈번할 경우에는 밀접결합(tightly coupled)형의 MIMD 구조라 하고, 통신의 빈도가 극히 적을 경우에는 비밀접결합(loosely coupled)형 MIMD 구조라 한다.

(2) 분할

① 개념

ⓐ **정의**: 프로그램 내에서 병렬처리가 가능한 부분을 추출하여 태스크로 만드는 것이며, 이렇게 분할된 부분을 그레인(Grain)이라 한다.

ⓑ **파인과 코스**
  • 파인(Fine): 그레인의 크기가 매우 작은 경우이다.
  −장점: 많은 병렬성을 얻을 수 있다.
  −단점: 동기화와 스케줄링에 많은 과부하가 발생한다.
  • 코스(Coarse): 그레인의 크기가 태스크 단위인 큰 것이다.
  −장점: 동기화와 스케줄링의 과부하가 줄어든다.
  −단점: 병렬성이 떨어진다.

ⓒ **분할작업**: 병렬성을 찾아내는 것과 각 동작을 하나의 태스크로 묶는 것이 과제이다. 병렬성을 찾을 때 사용자가 알고리즘을 설계할 때 알아내는 것과 csp나 occAM과 같은 병렬언어가 사용되기도 하며, 컴파일러가 원시 프로그램을 번역할 때 탐지하여 프로그램을 재구성할 수 있도록 한다.

ⓓ **묶음**: 병렬성을 탐지하는 동안 각 명령을 태스크로 묶으며 그레인의 크기를 결정한다. 동기화와 과부하를 줄이고도 병렬성을 얻도록 해야 하며, 병렬언어나 컴파일러에 의해 수행되도록 할 수 있다.

② 스케줄링

ⓐ **정적 스케줄링**: 각 태스크를 프로세서에게 할당하고 실행되는 순서가 사용자의 알고리즘에 따르거나 컴파일할 때에 컴파일러에 의해 결정되는 스케줄링이다.
  • 장점: 스케줄링 비용이 컴파일 시간에만 들고 수행시에는 부담이 없다.
  • 단점: 태스크의 실행시간과 태스크와의 통신비용 등을 정확히 예측하지 못하면 비효율적이 되며, 원시 프로그램을 작성할 때와 컴파일 설계시 많은 노력이 필요하다.

ⓑ **동적 스케줄링**: 프로그램이 실행될 때 각 태스크를 처리기에게 할당하는 방법이다.
  • 장점: 프로세서의 이용률을 높일 수 있다.
  • 단점: 프로그램 실행시에 스케줄링을 하게 되므로 실행에 많은 부담을 주게 된다.

③ **동기화** … 병렬컴퓨터에서 프로그래밍시에 처리기들이 전체 프로그램 내에서 특정처리기만을 접근하지 못하도록 처리순서를 정하는 것이다.

㉠ 버스잠금 방식
- 개념 : 하나의 프로세서가 버스를 이용하여 공유기억장치에 접근할 때, 즉시 버스를 독점한 후 임계영역을 처리하는 버스잠금을 하는 것이다.
- 단점 : 한 처리기에 의해 버스가 독점되기 때문에 다른 처리기에서 이 버스에 연결된 다른 자원들을 사용할 수 없다.

㉡ 상태표시(Flag) 방법
- 자원 각각에 1비트의 상태 레지스터를 두어서 자원의 상태를 표시하도록 한 것이다.
- 대기 중인 처리기는 계속 이 상태 레지스터를 검사하여 사용 가능으로 되었을 때에만 접근하도록 한다.

㉢ 세마포어(Semaphore)
- 상호배제 문제를 해결하기 위하여 다이제스트라(Dijkstra)가 제안한 동기용 도구이며 신호기와 같은 역할을 한다.
- 임계영역에 들어가기 직전에 수행되는 P동작은 세마포어로 정의된 변수의 값이 0보다 크면 그 변수의 값을 하나 감소시키며, 0보다 작으면 처리기는 수행을 멈추고 대기 리스트에 연결되어 다른 처리기에 의해 변수의 값이 0보다 커질 때까지 기다리게 한다.

> **TIP** 캐시기억장치의 사용
> ㉠ 여러 개의 처리기들이 하나의 버스로 기억장치를 공유하므로 기억장치에서 데이터를 가져올 때 각 처리기에서 독립적으로 기억장치 접근이 이루어져 데이터의 충돌이 발생하게 된다.
> ㉡ 주기억장치는 처리기보다 속도가 떨어지므로, 캐시기억장치에서 데이터를 가져옴으로써 속도를 향상시켜 데이터 충돌문제를 해결한다.

❷ 병렬처리 방법

(1) 파이프라인 처리

① 개념
㉠ 파이프라인 : 각 단계를 분업화하여 차례대로 진행시키는 과정이다. 하나의 프로세서를 서로 다른 기능을 가진 여러 개의 서브 프로세서로 나누어 각 프로세서가 동시에 서로 다른 데이터를 처리하도록 하는 기법이다.
㉡ 각 세그먼트에서 수행된 연산결과는 다음 세그먼트로 연속적으로 넘어가게 되어 데이터가 마지막 세그먼트를 통과하면 최종 연산결과를 얻게 된다.
㉢ 하나의 연산에서 연산을 중복시키는 것은 각 세그먼트마다 레지스터를 둠으로써 가능하다. 매 클럭펄스마다 각 세그먼트의 결과가 레지스터에 보관된다.
- 각 부연산은 파이프라인 안에서 각각의 세그먼트로서 구현된다. 각 세그먼트는 아래 그림에서처럼 연결되어 표시된다.

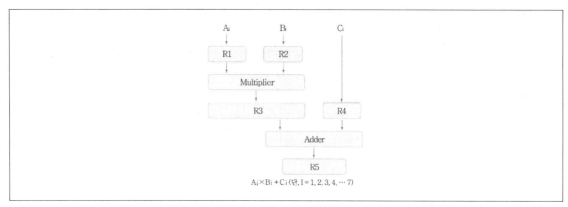

- R1 ~ R5까지의 레지스터는 매 클럭펄스마다 새로운 데이터를 받아들여 저장한다.
- 승산기와 가산기는 조합회로로 구현한다.
ⓔ **일반적 고찰** : 4개의 세그먼트를 갖는 일반적 구조이다.
- 피연산자는 고정된 순서대로 4개의 세그먼트를 통과한다.
- 각 세그먼트는 정해진 부연산을 수행하는 조합회로로서 S_i로 구성된다.
- 각 세그먼트들은 중간결과를 저장하는 레지스터 R_i로 분리된다.
- 레지스터에 인가되는 공통클럭의 제어에 의해 정보가 다음 세그먼트로 이동한다.

 부연산
ⓐ $R1 \leftarrow A_i$, $R_2 \leftarrow B_i$: A_i와 B_i의 입력
ⓑ $R3 \leftarrow R1$ * $R2$, $R4 \leftarrow C_i$: 곱셈과 C_i의 입력
ⓒ $R5 \leftarrow R3 + R4$: 곱셈결과와 C_i의 덧셈

ⓜ **파이프라인에 대한 공간시간표** : 아래 그림은 4개의 세그먼트 파이프라인의 공간시간표이다.

Segment	1	2	3	4	5	6	7	8	9	Clock cycle
1	T1	T2	T3	T4	T5	T6				
2		T1	T2	T3	T4	T5	T6			
3			T1	T2	T3	T4	T5	T6		
4				T1	T2	T3	T4	T5	T6	

∘ 수평축은 클럭 사이클의 단위의 시간을 표시
∘ 수직축은 세그먼트 번호를 표시
∘ T1 ~ T6는 6개의 Task를 표시

 Task
ⓐ 파이프라인의 모든 세그먼트를 통과하여 수행되는 전체 동작이다.
ⓑ 파이프라인의 동작의 설명은 공간시간(Space time)표로 표시된다.

ⓑ 동작

- 초기에 Task T1이 세그먼트1에 의해 처리된다.
- 첫 클럭 후에는 세그먼트2에서 T1이 처리되고, 세그먼트1에서는 T2가 처리된다.
- 4번의 클럭사이클이 지난 후에는 T1이 완료되고, 이 때부터 매 클럭사이클마다 하나의 Task가 완료된다.

② Performance 계산

㉠ 클럭사이클 시간= Tp, 세그먼트의 수=k, Task의 수=n을 수행하는 경우

- T1 이 동작을 완료하기 위해 kTp가 필요하다.
- 나머지(n-1)Task는 한 클럭사이클에 한 태스크씩 수행되어(n-1)Tp 시간 후에는 모든 태스크가 완료된다.
- k개 세그먼트 파이프라인에서 n태스크를 완료하려면 k + (n-1)의 클럭사이클이 필요하다.

㉡ 각 태스크를 완료하기 위해 Tn시간이 필요하다면 비파이프라인의 경우와 같은 동작과의 비교(n개의 태스크)

📢TIP 파이프라인 처리로 인한 증가율(S) = (nTn) / (k+n-1) Tp

㉢ 태스크의 수가 증가하면 k-1에 비해 n의 값이 무척 커지므로 k+n+1 ≒ n이 된다. 이 경우의 증가율은 S = Tn / Tp 파이프라인 회로와 비파이프라인 회로에서 한 태스크를 수행하는 데 걸리는 시간이 같다고 하면 속도증가율은 'S=(kTp / Tp)=k'와 같이 표현된다. 즉, 파이프라인에 의한 이론적인 최대 속도증가율은 세그먼트 수와 같다는 것이다.

③ SIMD구조

㉠ 다중기능장치를 이용하여 파이프라인 처리에서와 같은 속도증가를 얻어내기 위해서는 병렬적으로 동작하는 k개의 동일한 회로를 구성한다.

㉡ k개의 회로는 파이프라인에서 k개의 세그먼트와 동일한 조건이다.

㉢ P회로는 파이프라인 전체 회로에서와 동일하게 태스크를 수행한다.

㉣ 연산속도만 고려하고 4-개의 세그먼트 파이프라인과 동일하다.

📢TIP 파이프라인 처리에서의 문제점…각 세그멘트들의 부연산 수행속도가 다르지만 클럭사이클은 최대로 긴 세그멘트의 연산속도에 맞추어져 있으므로 시간의 낭비가 있을 수 있다.

④ 실행단계

㉠ 실행단계

- 명령어 인출 : IF(Instruction Fetch)
- 해독 : ID(Instruction Decode)
- 데이터 인출 : OF(Operand Fetch)
- 실행 : EX(Excution)

㉡ **명령주기**(Instruction Cycle) : IF단계에 시작하여 EX단계를 거쳐 실행이 완료될 때까지 경과한 시간을 말한다.

ⓒ **파이프라인 주기(Pipeline Cycle)** : 각 단계를 통과하는 데 걸리는 시간으로, 파이프라인 주기가 같도록 하려면 파이프라인 주기 중 시간이 가장 많이 걸리는 단계를 기준으로 그것과 같도록 정하면 된다.

ⓔ **연산 파이프라인** : 데이터 처리에 사용되는 파이프라인이다.

ⓜ **세그먼트(Segment) 또는 단계(Stage)** : 기능별로 나누어진 서브 프로세서이다.

ⓗ **병렬 컴퓨터** : 수직형태의 종속적인 구조로서 병렬성을 지니므로 임시병렬성의 구조라 한다.

(2) 배열 처리기(Array Processor)

① 개념

ⓐ 데이터를 고속으로 처리하기 위해 연산장치를 병렬로 배열한 처리구조이다.

ⓑ 벡터계산이나 행렬(Matrix)계산에 적합하다.

② 특징 ⋯ 여러 개의 처리기(PE ; Processing Element)를 가지고 이들을 동기화시켜 동일한 종류의 계산이 병렬적으로 실행되도록 한다.

(3) 다중처리기(Multiprocessor)

① 개념 및 기능

ⓐ **개념** : 시스템에 있는 처리기들에게 독립적인 작업을 각각 배정하여 하나의 처리기는 하나의 작업만을 수행하도록 하는 다중처리가 되게 하는 컴퓨터이다.

ⓑ **기능** : 한 작업을 여러 개로 나누어서 서로 다른 처리기에게 할당하여 동시에 수행하도록 함으로써 실행시간을 줄이는 것과 여러 작업을 동시에 처리하여 전체 처리율을 향상시키는 것이다.

② 특징

ⓐ 각 처리기에 자신의 제어장치가 있어서 자율적인 실행이 가능한 두 개 이상의 처리기로 구성된다.

ⓑ 처리기들은 여러 자원들을 공유할 수 있다.

ⓒ 전체 하드웨어 시스템은 단일운영체제에 의해 운영된다.

ⓔ 처리기간의 통신은 공유기억장치를 통하여 간접적으로 또는 처리기간의 인터럽트 회로망을 이용하여 직접 이루어진다.

③ 종류

ⓐ **공유기억장치형** : 각 처리기가 사용하는 기억장치가 전역적인(global) 공유기억장치로 구성되고, 각 처리기와는 내부 연결망에 의해 통신이 이루어지게 한다.

 • 장점 : 메시지를 보내는 데 필요한 지연시간을 고려하지 않아도 된다.

 • 단점 : 데이터 접근과 동기화 및 캐시일관성(cache coherence) 문제 등의 발생을 고려해야 한다.

ⓑ **분산기억장치형** : 각 처리기에서 지역기억장치를 가지고 있으며, 처리기 사이의 통신은 메시지 전송을 통하여 각 지역기억장치 사이에 데이터 전송이 이루어지게 한다. 주기억장치는 전체 지역기억장치의 합이다.

(4) 벡터 처리기(Vector Processor)

① 벡터 처리기의 처리방식

    ㉠ **기능** : 벡터 처리기는 다중 파이프라인 기능장치의 특성을 이용하여 벡터나 스칼라 등의 산술연산 및 논리연산을 고속으로 수행한다.

    ㉡ **시스톨릭 알고리즘의 사용**(Systolic Algorithm) : 신호 · 화상 처리와 같은 특별한 응용에 사용하기 위하여 개발되었다.

    ㉢ **장 · 단점** : 비용 · 성능면에서 우수하지만, 응용의 한계성과 프로그램의 어려움이 있다.

② 벡터 처리기와 배열 처리기의 비교

    ㉠ **벡터 처리기** : 파이프라인을 기준으로 한 선형적인 형태가 병렬적 구조로 모여서 구성되며, 처리기와 기억장치 사이의 인터페이스는 단일데이터 대열(stream)만 존재한다.

    ㉡ **배열 처리기** : 범용적인 연산장치인 PE가 여러 개 모여서 병렬적으로 처리된다.

    ㉢ **데이터 공유와 통신에 대한 측면**

      • 벡터 처리기 : 공유된 기억장치와 레지스터를 이용하며, 기능장치간의 통신은 불가능하며, 인터페이스에는 단일데이터 대열만이 존재한다.

      • 배열 처리기 : PE들 사이의 직접적인 전송이나 공유기억장치에 의해 이루어지며, 통신은 공유기억장치 없이 직접 이루어진다.

출제예상문제

1 중앙처리장치가 프로그램을 수행하여 계속적으로 기억장치주기를 사용하고 있을 때, 기억장치 접근 요청을 하여 다음 주기를 DMA 제어기가 사용하게 하는 것은?

① 주기훔침(Cycle Steal)

② 비동기 직렬전송

③ 핸드셰이킹

④ 기억장치 접근

TIP ② 비동기 직렬전송은 전화선과 같이 한 줄로 된 데이터 버스를 사용하는 장치에서 이루어지며, 자판과 같은 저속의 장치에서 많이 사용된다.

③ 핸드셰이킹은 스트로브 제어방식의 단점을 보완하여 송신과 수신 양쪽에서 상대편에게 제어 신호를 보내는 방법이다.

④ 기억장치 접근은 중앙처리장치의 간섭없이 주기억장치에 직접 접근하여 데이터를 입·출력 하는 과정이다.

2 다음 중 하드웨어와 소프트웨어의 중간 형태의 프로그램으로 롬(ROM)에 기록되어 하드웨어를 제어하며 필요시 하드웨어의 성능 향상을 위해 업그레이드 할 수 있는 마이크로프로그램의 집합을 무엇이라고 하는가?

① 펌웨어(Firmware)

② 셰어웨어(Shareware)

③ 미들웨어(Middleware)

④ 프리웨어(Freeware)

TIP ② 셰어웨어(Shareware)는 일정기간이나 일정한 기능을 무료로 사용할 수 있는 소프트웨어로 등록을 하면 기간이나 기능에 제한 없이 사용이 가능하다.

③ 라이트웨어(Liteware)는 몇 가지 핵심 기능을 제거한 채 무료로 배포되는 소프트웨어이다.

④ 프리웨어(Freeware)는 개발자가 소스를 공개한 소프트웨어로 제한 없이 사용해도 된다.

Answer 1.① 2.①

3 이항연산자의 종류로 옳지 않은 것은?

① AND   ② OR

③ NOT   ④ XOR

....

TIP • 이항연산자 : 두 개의 피연산자를 갖는 연산자이다.
(+, −, *, /, AND, OR, XOR 등)
• 단항 연산자 : 하나의 피연산자를 갖는 연산자이다.
(NOT, MOVE, COMPLEMENT, SHIFT, ROTATE 등)

4 인터럽트 발생 시 인터럽트를 처리하고 원래 수행하고 있었던 프로그램으로 되돌아가는데 사용되는 레지스터는?

① Stack   ② PC(Program Counter)

③ MBR(Memory Buffer Register)   ④ PSW(Program Status Word)

....

TIP 프로그램에서 사용하지 않는 0번지에 기억시키는 방법으로 스택에 저장하는 방법이 있다.
② PC(Program Counter)는 다음에 수행 될 명령어의 메모리 주소를 저장한다.
③ MBR(Memory Buffer Register)는 메모리에 기억된 명령이나 자료를 읽어들여 보관한다.
④ PSW(Program Status Word)는 CPU에서 명령이 실행되는 순서를 제어하거나 특정 프로그램에 관련된 컴퓨터시스템의 상태를 나타내고 유지하기 위한 제어 워드로서 실행 중인 CPU의 상황을 나타내는 것이다.

5 제어장치와 연산장치의 주요 기능을 하나의 칩에 저장한 일종의 중앙처리장치로서, 이를 사용하여 만든 컴퓨터는?

① 레지스터(Register)   ② 버스(BUS)

③ 소프트웨어(Software)   ④ 마이크로프로세서(Micro Processor)

....

TIP ① 레지스터(Register)란 연산된 데이터가 이동 될 때 까지 대기하고, 이동된 내용이 연산될 때까지 대기시키는 역할을 수행하는 곳을 말한다.
② 버스(BUS)는 중앙처리장치 내부 또는 외부의 자료, 주소, 제어신호를 전달하는 역할을 한다.
③ 소프트웨어(Software)란 컴퓨터를 사용하는 데 있어서 하드웨어를 지시하고 통제하여 결과를 얻도록 하는 명령어들의 집합인 프로그램을 말한다.

Answer 3.③ 4.① 5.④

6 페이징 기법과 세그먼테이션 기법에 대한 설명으로 옳지 않은 것은?

① 페이징 기법에서는 가상기억장치를 고정길이의 페이지로 구분하여 주기억 장치로 페이지단위로 이동하여 주소가 변환된다.

② 프로그램을 일정한 크기로 나눈 단위를 페이지라고 한다.

③ 세그먼테이션 기법에서는 가상기억장치를 가변길이의 세그먼트로 구분하여 주기억장치로 세그먼트 단위로 이동하여 주소가 변환된다.

④ 세그먼테이션 기법에서는 가상기억장치를 가변길이의 세그먼트로 구분하여 보조기억장치로 세그먼트 단위로 이동하여 주소가 변환된다.

TIP 가상기억장치의 구현
    ㉠ 페이징 기법: 가상기억장치를 고정길이의 페이지로 구분하여 주기억장치로 페이지 단위로 이동하여 주소가 변환된다.
    ㉡ 세그먼테이션 기법: 가상기억장치를 가변길이의 세그먼트로 구분하여 주기억 장치로 세그먼트 단위로 이동하여 주소가 변환된다.

7 하드웨어의 효율적 관리와 사용자의 컴퓨터 이용을 돕는 프로그램은?

① 컴파일러   ② 인터프리터
③ 서비스 프로그램   ④ 운영체제

TIP ① 고급언어로 쓰여진 프로그램은 그와 의미적으로 동등하여 컴퓨터에서 즉시 실행될 수 있는 형태의 목적 프로그램으로 바꾸어 주는 번역 프로그램
    ② 고급언어로 작성된 원시코드 명령문들을 한 줄씩 읽어들여서 실행하는 프로그램
    ③ 사용자들이 필요할 때 편리하게 이용할 수 있도록 한 프로그램

8 연속적인 물리량을 처리하는 컴퓨터는?

① 아날로그 컴퓨터   ② 디지털 컴퓨터
③ 하이브리드 컴퓨터   ④ 슈퍼 컴퓨터

TIP ② 이산적인 데이터를 취급하며, 논리회로로 구성된다.
    ③ 디지털 컴퓨터와 아날로그 컴퓨터의 혼합이다.
    ④ 기상예보, 우주비행 등 고도의 기술력이 필요한 곳에 사용한다.

Answer   6.④ 7.④ 8.①

9 디지털 컴퓨터와 아날로그 컴퓨터의 장점을 이용한 컴퓨터는?

① 범용 컴퓨터   ② 하이브리드 컴퓨터

③ 변·복조 컴퓨터   ④ 특수용 컴퓨터

TIP ①④ 사용목적에 따른 분류로 나타나는 컴퓨터의 한 종류

③ 모뎀

10 다음은 디지털(Digital) 컴퓨터와 아날로그(Analog) 컴퓨터에 대한 비교 설명이다. 옳지 않은 것은?

	구분	디지털 컴퓨터	아날로그 컴퓨터
①	입력형식	숫자, 문자, 부호	길이, 전압, 전류
②	기본회로	논리회로	증폭회로
③	정밀도	낮다.	높다.
④	프로그램	필수적이다.	불필요하다.

TIP ③ 정밀도는 디지털 컴퓨터가 높다.

※ 디지털 컴퓨터(Digital Computer)와 아날로그 컴퓨터(Analog Computer)의 비교

구분	디지털 컴퓨터(Digital Computer)	아날로그 컴퓨터(Analog Computer)
입력형식	숫자나 문자	길이, 전류, 전압, 온도등
출력형식	숫자, 문자, 부호	곡선, 연속적인 그래프등
연산	사칙연산(가감승제)	미분과 적분, 병렬연산
대상	범용 컴퓨터	특수용 컴퓨터
회로	논리회로	증폭회로
계산 형식	이산적인 데이터	연속적인 물리량
처리 속도	느림	빠름
가격	고가	저가
정밀도	필요한 자리수만큼	정확한 수치분석 부적합
프로그램	반드시 필요	거의 필요

11 프로그램과 데이터를 저장하기 위한 장치로 CPU에서 제외되기도 하는 장치는?

① 주기억장치
② 제어장치
③ 연산장치
④ 보조기억장치

TIP ② 컴퓨터의 모든 장치를 통제하는 장치이다.
③ 사칙연산을 수행하는 산술연산과 비교, 판단 등의 논리연산을 수행한다.
④ 영구 또는 반영구 기억매체로서 처리결과 등의 여러가지 데이터를 보관하는 장치이다.

12 스프레드시트(엑셀)의 기능이 아닌 것은?

① 문서작성 기능
② 자동계산 기능
③ 데이터베이스 기능
④ 슬라이드 쇼

TIP 엑셀의 기능
㉠ 자동계산, 수치계산 기능
㉡ 문서작성, 표작성 기능
㉢ 정렬, 차트작성, 그래프 표현 기능
㉣ 데이터베이스 기능

13 전자계산기 내부에서 중앙처리장치와 기억장치 사이에 자료를 전송하기 위한 통로 역할을 하는 것은?

① 캐시
② 버스
③ 레지스터
④ 블록

TIP ① 기억장치의 느린 속도를 보완하기 위해 중앙처리장치와 주기억장치 사이에 위치한 소용량의 메모리이다.
③ 연산된 데이터가 이동될 때까지 대기하거나, 이동된 내용을 연산될 때까지 대기시키는 임시기억장치이다.
④ 한 개 이상의 논리 레코드의 집합인 물리 레코드로 입·출력의 기본단위이다.

Answer 11.① 12.④ 13.②

14 Fetch 사이클의 순서로 맞는 것은?

> ㉠ MBR ← M, PC ← PC+1
>
> ㉡ MAR ← PC
>
> ㉢ OPR ← MBR(OP), I ← MBR(I)

① ㉡ – ㉠ – ㉢

② ㉠ – ㉡ – ㉢

③ ㉢ – ㉡ – ㉠

④ ㉡ – ㉢ – ㉠

TIP Fetch 사이클 … 주기억장치로부터 명령을 읽어 CPU로 가져오는 주기를 말한다.

15 다음 중 인터럽트의 우선순위가 빠른 것부터 나열된 것은?

> ㉠ 전원 인터럽트 ㉡ 입·출력 인터럽트
>
> ㉢ 외부신호 인터럽트 ㉣ 명령의 잘못된 사용
>
> ㉤ 기계착오 인터럽트 ㉥ 슈퍼바이저 콜(SVC) 인터럽트

① ㉠㉤㉡㉢㉣㉥

② ㉠㉤㉢㉡㉣㉥

③ ㉠㉡㉢㉣㉤㉥

④ ㉠㉡㉣㉢㉤㉥

TIP 인터럽트의 우선순위
㉠ 인터럽트 : 컴퓨터 시스템에 예기치 않은 긴급사태가 발생한 경우로, 프로그램 수행의 정상적인 동작을 벗어나 우선순위가 높은 일을 먼저 처리하는 것이다.
㉡ 우선순위 : 정전 → 기계착오 인터럽트 → 외부 인터럽트 → 입·출력 인터럽트 → 프로그램 검사 인터럽트 → SVC 인터럽트

Answer 14.① 15.②

16 CPU에서 정보를 기억장치에 기억시키는 것을 무엇이라고 하는가?

① LOAD   ② STORE

③ MOVE   ④ FETCH

> **TIP** ⑴ Memory에서 CPU에 로드자료를 전달한다.
> ③ 제어신호가 한번 가해지면 한 레지스터에 있는 모든 비트 값이 다른 레지스터로 이동한다.
> ④ 기억장치 또는 입·출력 모듈로부터 데이터를 읽는다.

17 컴퓨터 시스템에 예기치 않은 상황이 발생했을 때 그것을 제어 프로그램에게 알리는 역할을 담당하는 것은?

① PSW   ② Program Library

③ Interrupt   ④ Operator

> **TIP** 인터럽트 … 정상적인 명령어 인출단계로 진행하지 못할 때에 실행을 중단하지 않고 특별히 부여된 작업을 수행한 후 원래의 인출단계로 진행하도록 한다.

18 펌웨어(Firm Ware)에 대한 설명 중 알맞은 것은?

① 중앙처리장치를 고밀도로 압축시켜 놓은 것

② 하드웨어를 고밀도로 압축시켜 놓은 것

③ 버스를 제어하기 위한 마이크로 명령군

④ 마이크로 프로그램을 하드웨어화해 놓은 것

> **TIP** 펌웨어 … 대부분의 컴퓨터 주변기기에는 하드웨어와 소프트웨어 사이를 궁합이 잘 맞도록 조정해주는 부분이 있는데, 그것은 소프트웨어를 하드웨어화시킨 것으로서 소프트웨어와 하드웨어의 중간에 해당하는 것이다.

Answer   16.②   17.③   18.④

19 아래의 연산을 올바르게 해석한 것은?

$$MBR \leftarrow M(MAR), \ PC \leftarrow PC + 1$$

① 해당 번지를 MAR에 전송
② CPU 안의 데이터를 IR로 가져옴
③ CPU 안의 데이터를 MBR로 가져옴
④ READ하고 PC를 증가

....

TIP 기본적인 로드 마이크로 명령
  ㉠ MAR ← PC : 해당 번지를 MAR에 전송
  ㉡ MBR ← M(MAR), PC ← PC+1 : READ하고 PC를 증가
  ㉢ IR ← MBR : CPU 안의 IR로 가져옴

20 명령어 형식에서 주소비트가 24비트이고 레지스터 개수가 16개라고 할 때, System의 최대 Memory 용량과 레지스터를 선택하기 위해 필요한 비트수는?

① 24M, 16비트
② 16M, 16비트
③ 24M, 4비트
④ 16M, 4비트

....

TIP 2^{24} = 16MB, 16개 = 2^4 → 4비트

Answer 19.④ 20.④

section **1** 데이터 통신의 이해

① 데이터 통신의 개요

(1) 데이터 통신(Data Communication)

① 개념 … 정보수요를 충족하기 위한 정보전달기능과 전달된 정보의 처리기능을 상호결합하여 가장 경제적이고 효율적으로 실현하기 위한 시스템을 말한다.

② 데이터 통신 시스템의 구성

　㉠ 데이터 전송계

　　• 단말장치(Terminal) : 외부로부터의 정보를 전기적인 신호로 바꾸어 통신장비로 전달하고, 통신장비로부터 전기신호를 받아서 이용자에게 출력하는 장치이다.

　　• 데이터 전송회선 : 디지털 신호를 아날로그 신호로(변조) 또는 아날로그 신호를 디지털 신호로(복조) 바꾸는 역할을 하는 장치를 모뎀(Modem ; MOdulation DEModulation)이라고 한다.

　　• 통신제어장치 : 단말장치와 전자계산기 내부에서 데이터를 처리하는 방법과 처리속도 등이 다를 때, 이를 조화시켜 주는 장치이다.

　㉡ 데이터 처리계 : 단말장치로부터 보내온 정보를 가공처리하여, 그 결과를 지정된 단말장치로 다시 전송하는 역할을 한다.

③ 데이터 통신의 기본모형

　㉠ 터미널 : 컴퓨터 시스템과 통신할 수 있도록 원격지에 놓는다.

　㉡ 모뎀(Modem) : 통신회선을 통해 데이터를 전송할 수 있도록 디지털 데이터를 아날로그 형태로 바꾸는 장치이다.

　㉢ 통신채널 : 데이터를 전송하는 채널로서 전화선, 동축케이블, 마이크로파, 인공위성 및 통신채널 등이다.

　㉣ 모뎀 : 이 모뎀은 터미널에서 보내온 아날로그 데이터를 컴퓨터에서 처리할 수 있게 다시 디지털 신호로 바꾼다.

　㉤ 통신제어장치 : 통신회선을 통해 송·수신되는 데이터를 제어하고 감독하는 역할을 한다.

　㉥ 컴퓨터 시스템 : 전송된 데이터를 저장하는 주기억장치와 데이터통신을 위해 필요한 프로그램 등이 이 컴퓨터 안에 저장되어 있다.

(2) 데이터 통신 네트워크와 프로토콜

① 데이터 통신 네트워크

[데이터 통신망의 분류]

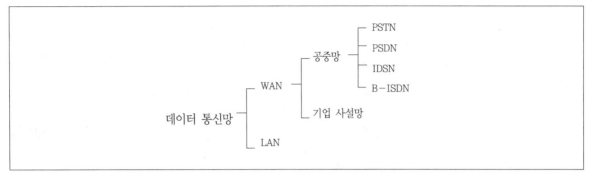

ⓐ **WAN(Wide Area Network)** : 전국 규모의 광범위한 지역에 설치되는 광역망이다.

ⓑ **LAN(Local Area Network)** : 특정 구내 또는 건물 안에 설치된 네트워크이다.

ⓒ **공중망(Public−Carrier Network)** : 전기통신 사업자가 공익사업으로 설치한 망이다.

ⓓ **기업 사설망(Enterprise−Wide Private Network)** : 기업체가 전용회선을 전기통신사업자로부터 빌리고 사설교환기를 설치하여 각 지점간의 데이터 통신을 가능하게 한 망이다.

ⓔ **전화망(PSTN ; Public Switched Telephone Network)** : 전화망은 데이터 통신용으로 설계된 것이 아니므로 모뎀을 이용해야 데이터 통신을 할 수 있다.

ⓕ **공중 데이터 교환망(PSDN ; Public Switched Data Network)** : 정보를 부호화하여 전달하는 망이다.

ⓖ **종합 서비스 디지털망(ISDN ; Integrated Service Digital Network)** : 전화망에서 모뎀없이 데이터 전송이 가능하게 변화시킨 것이다.

ⓗ **B−ISDN(Broadband−ISDN)** : 음성이나 문자, 수치 등의 데이터뿐만 아니라 고품질 정지화상과 동화상, 즉 멀티미디어(Multimedia)를 전송할 수 있는 망이다.

② **프로토콜**(Protocol)

ⓐ **개념** : 두 개의 시스템간에서 정보를 교환하기 위한 규정 또는 약속이다.

ⓑ **요소**

- 메시지의 표현 : 메시지의 서식, 부호화, 신호 레벨에 대한 방법이다.
- 제어 : 메시지를 송·수신 시스템간에 올바르게 전달하기 위한 제어법이다.
- 통신로의 이용도 : 통신로를 효율적으로 이용하는 방법이다.
- 동기와 타이밍 : 서로가 보조를 맞추어서 통신의 진행을 하는 방법이다.

ⓒ **네트워크 아키텍처**(Network Architecture)

- 프로토콜의 방대화와 복잡화에 대응하기 위하여 프로토콜의 구성요소의 논리기능을 정리하여 계층화해서 프로토콜을 체계화한 것이다.
- 국제 표준화 작업은 ISO(International Standards Organization)에서 담당한다.

TIP 정보통신 관련 조직

ㄱ 국외
- 미국 규격협회(ANS) : 민간인에 의한 임의의 국가규격 제정기관이다.
- 국제 표준화 기구(ISO) : OSI 참조 모델을 개발한 국제기구로 산업체 전 분야의 표준화 발표 및 인정을 하는 기관이다.
- 국제 전기통신연합(ITU) : 국젠연합(UN)의 전기통신 전문기관이다.
- 전기통신 표준화 분과회(ITU T) : 국제 전신전화 자문위원회(CCITT)의 바뀐 명칭이나.
- 미국 전자공업협회(EIA) : 데이터 통신 관련 규격을 다루는 기술위원회로 RS-232C 인터페이스 규격 등을 제정했다.
- 미국 전기전자공학회(IEEE) : 데이터 통신 부분에서 LAN 표준을 규정한다.

ㄴ 국내
- 한국정보통신기술협회 : 우리나라의 정보통신 관련 표준화 업무를 효율적으로 추진하기 위한 기관이다.
- 한국전자통신연구원 : 전기통신 분야를 연구·개발하고 이를 보급하기 위한 법인이다.
- 한국전산원 : 정보화 촉진과 정보화 관련 정책개발을 지원하기 위한 기관이다.

② 데이터 통신 전송 및 장비

(1) 데이터 통신 전송

① 데이터 통신 전송

ㄱ 신호 : 데이터는 전기적 신호의 형태로 전송매체를 통해서 전송된다.

ㄴ 시간의 함수로서의 신호
- 모든 신호는 시간에 따라 변하는 시간의 함수형태로 표현된다.
- 임의의 신호가 주기함수의 특성을 가진다고 할 때, 이는 다음의 세 가지 주요한 특성을 가진다.
 - 진폭 : 어떤 특정한 순간의 신호의 값
 - 주파수 : 주기의 역수, 1초당 주기의 반복횟수
 - 위상 : 한 신호의 단일주기 내에서 시간에 대한 상대적인 위치

ㄷ 주파수 함수로서의 신호
- 신호는 여러 개 주파수의 정현파의 조합이다.
- 스펙트럼(Spectrum) : 신호가 포함하는 주파수의 범위
- 대역폭(Bandwidth) : 스펙트럼의 폭
 - 신호의 대역폭 : 신호가 포함하는 주파수의 범위
 - 전송매체의 대역폭 : 전송매체가 지원할 수 있는 주파수의 범위

ㄹ 아날로그(Analog)와 디지털(Digital)
- 아날로그 신호 : 연속적으로 변화하는 신호이다.
- 디지털 신호 : 0, 1, 2, 3과 같이 유한하고 이산적인(Discrete) 수치로 표현할 수 있는 신호이다.

ⓜ 전송방식

• 아날로그 전송방식

–아날로그 신호를 전송하는 수단이다.

–아날로그 신호는 아날로그 데이터이거나 모뎀을 통해 변조된 디지털 데이터이다.

–원거리 전송시 증폭기를 사용한다.

–증폭기는 신호에 포함된 잡음성분도 같이 증폭시키므로 여러 개의 증폭기를 거친 신호일수록 왜곡현상이 심해진다.

• 디지털 전송방식

–리피터(Repeater)를 사용하여 전송거리의 제한을 극복한 것이다.

–리피터는 디지털 신호로부터 원래의 디지털 신호를 재생하여 재전송하므로 증폭에 의한 왜곡현상을 막을 수 있다.

ⓗ 대역폭과 전송속도(Data Rate)

• 전송매체의 대역폭 : 전송매체를 통해 전송할 수 있는 신호 주파수의 범위(Analog)이다.

• 채널용량(Channel Capacity) : 채널을 통해 전송할 수 있는 최대의 전송속도(bps)이다.

• 전송선로의 대역폭에 의한 전송속도(Data Rate)의 제한 : 8비트로 구성된 ASCII 문자가 300bps의 전송속도로 전송할 경우, 주기 T의 값은 26.67msec이며 기본 주파수 f_0는 37.5Hz(=1 / 26.67)이다. 따라서, 3100Hz의 대역폭을 지원하는 전화선을 사용할 경우 80여개의 고조파(Harmonics) 성분을 전송할 수 있다.

> 📢 **TIP** 고조파(Harmonics) … f_0(기본 주파수)의 배수를 포함한 항들이다.

② 전송손상(Transmission Impairments)

㉠ 감쇠현상

• 신호가 전송선을 따라 전파되면서 그 진폭이 감소하는 현상이다.

• 감쇠를 고려하여, 수신기가 신호를 검출하고 해석할 수 있는 범위 이내로 전송케이블의 길이를 제한한다.

㉡ 지연왜곡

• 신호의 전파속도는 그 신호의 주파수에 따라 변한다.

• 여러 가지 주파수 성분을 갖는 신호의 전송에서는 각 주파수 성분이 다른 지연시간을 가지고 도달하게 되어 지연왜곡이 발생한다.

• 디지털 신호 전송의 경우 심벌간 간섭현상(Intersymbol Interference)을 유발할 수 있다.

> 📢 **TIP** 심벌간 간섭현상(Intersymbol Interference) … 일련의 비트열을 전송하는 경우, 전송속도를 증가시킴에 따라 앞선 비트의 신호구성성분이 다음 비트의 성분과 중복되는 현상이다.

㉢ 잡음(Noise) : 전송 도중에 추가된 불필요한 신호이다.

• 열 잡음(백색 잡음) : 도체 내에서 온도에 따른 전자의 운동량의 변화에 기인하는 잡음이다.

• 누화(Crosstalk) : 인접한 Twisted Pairrks의 전기적 신호의 결합으로 발생한다.

• 충격 잡음(Impulse Noise) : 비연속적이고 불규칙적인 진폭을 가지며, 짧은 순간 동안 다소 큰 세기로 발생하는 잡음이다.

② 채널용량(Channel Capacity) : 데이터의 전송속도가 높아질수록 잡음에 의한 데이터의 손실률도 커지게 되는데, 신호의 세기를 증가시킴으로써 데이터의 성공적인 수신율을 높일 수 있다.

- 신호 대 잡음비
- –전송 시스템을 평가하는 중요변수로 수신측에서 측정되며 데시벨로 표현된다.
- –디지털 데이터 전송의 경우 데이터 전송률의 상한선을 결정하는 요인이다.
- Shannon의 법칙 : bps로 나타낸 통신채널의 용량을 표시한다.

$$C = W\log_2\left(1 + \frac{S}{N}\right)$$

 ◦ C : bps로 나타낸 채널의 용량
 ◦ W : 채널의 대역폭(Hz)

(2) 전송매체

① 유선매체

　㉠ 트위스티드 페어(Twisted – Pair Line)
- 절연된 구리선을 서로 꼬아 만듦으로써 인접한 다른 쌍과의 전기적 간섭현상을 줄일 수 있다.
- 용도
- –디지털 · 아날로그 전송에 사용된다.
- –현재 전화선과 건물 내의 통신회선에 널리 사용된다.
- 전송특성
- –아날로그 신호의 전송을 위해 5 ~ 6km의 간격으로 증폭기가 필요하다.
- –디지털 전송을 위해 약 2 ~ 3km마다 리피터(Repeater)가 필요하다.
- –다른 전송매체에 비해 설치가 간편하고 가격이 저렴한 반면, 전송거리와 전송속도에 제한이 따른다.

　㉡ 동축케이블(Coaxial Cable)
- 용도
- –근거리 통신망(LAN)
- –원거리 통신망
- –케이블 TV
- 특성
- –외부의 전류로부터 전도체를 보호하기 위하여 그물모양으로 짜여진 구리망에 둘러싸여 있다.
- –구조적 특성상 외부와의 차폐성이 좋아서 간섭현상이 적다.
- –높은 주파수에서 빠른 데이터의 전송이 가능하다.
- 트위스티드 페어에 비해 동축케이블이 갖는 장점
- –용량이 커서 넓은 대역폭의 신호를 전송할 수 있다.
- –케이블간의 혼선은 무시될 수 있을 정도이다.

－주파수에 따른 신호의 감쇠나 전송지연의 변화가 적다.

ⓒ 광케이블(Optical Cable) : 전기신호를 광선신호로 바꾸어 유리섬유를 통하여 전달하는 케이블이다. 생김새는 원통모양이며 심(광섬유), 클래드(케블라섬유), 재킷 등으로 되어 있다.

> 📢TIP 광섬유(Optical Fiber) … 가늘고 가벼우며 구부러지기 쉬운 성질을 가진다. 유리나 플라스틱으로 만든다.
> ㉠ 용도 : 근거리 및 광역 통신망, 장거리통신, 군사용, 가입자회선 등에 사용된다.
> ㉡ 다른 유선전송매체에 비해 갖는 장점
> • 넓은 대역폭 : 데이터 전송률이 뛰어나다.
> • 작은 크기와 적은 무게
> • 적은 감쇠도
> • 전자기적 격리 : 광섬유는 빛의 형태로 신호를 전송하므로 외부적 전자기장에 영향을 받지 않는다.
> • 보다 넓은 리피터 설치간격 : 비용 및 에러 유발요인이 감소한다.

② **무선매체** … 자유공간에서 전자기파(Electro － Magnetic Wave)를 이용하여 데이터를 전송하며, 2 ~ 40GHz의 주파수 범위를 갖는 마이크로파(Microwave)와 30MHz에서 1GHz의 주파수 범위를 갖는 라디오파(Radio)가 이용된다.

㉠ **지상 마이크로파**
• 매우 높은 정도의 방향성을 갖는다[지점간(Point － to － Point) 전송에 적합].
• 장애물에 취약하다.
• '파라볼라' 안테나를 이용한다.
• 용도
－장거리 통신 서비스용으로 쓰인다.
－TV나 음성전송용 동축케이블의 대용으로 사용된다.
－두 빌딩의 폐쇄회로 TV나 LAN을 서로 연결하기 위한 용도로 사용된다.

㉡ **위성 마이크로파**
• 마이크로파 중개국으로서 통신위성에 사용된다.
• 2개 혹은 그 이상의 지상 송 · 수신국을 서로 연결하기 위해 사용된다.
• 용도 : 장거리 전화, TV 방송 등에 이용된다. → 광범위한 지역에 이용될 수 있다.

㉢ **라디오파**
• 다방향성(Omni－Directional)을 갖는다.
• 용도
－AM · FM 라디오와 VHF · UHF TV 방송에 사용된다.
－이동통신 등의 여러 분야에 새롭게 응용되고 있다.

[전송매체의 장·단점 비교]

유형	장점	단점
트위스티드 페어	비용이 적게 들고, 설치가 용이하다.	비교적 낮은 대역폭 외부 충격에 취약하다.
동축케이블	Shielded, 넓은 대역폭	취급이 약간 어렵다.
광케이블	잡음에 강하고, 매우 넓은 대역폭	설치비가 비싸다.
마이크로파	넓은 대역폭, no balbling	초기 설치비가 비싸다.
인공위성	넓은 대역폭, no cable, 광역성	초기 투자가 많다. 시간이 지연된다.

(3) 전송기술

① 변조와 복조

    ㉠ 개념

- 변조(Modulation) : 디지털과 아날로그 데이터를 아날로그 신호의 형태로 변환하는 것으로, 변조는 반송주파수(Carrier Frequency)라고 하는 일정한 주파수를 갖는 반송신호(Carrier Signal)에 전송할 데이터를 결합시켜 전송신호를 만드는 형태로 이루어진다.
- 복조(Demodulation) : 변조된 신호를 원래의 데이터로 바꾸는 과정이다.

    ㉡ 디지털 데이터의 아날로그 신호변환

- 진폭편이 변조(ASK ; Amplitude − Shift Keying) : 두 개의 2진값 0, 1은 각각 서로 다른 진폭을 가진 반송주파수로 표현된다.
- 주파수편이 변조(FSK ; Frequency − Shift Keying) : 두 개의 2진값은 두 개의 서로 다른 주파수로써 구분된다.
- 위상편이 변조(PSK ; Phase − Shift Keying) : 데이터를 표현하기 위해 반송신호의 위상을 이동시킨다.

    ㉢ 아날로그 데이터의 아날로그 신호변환

- 진폭변조(AM ; Amplitude Modulation)

$Y_1 = A_1 \cos \omega_1 t$: Carrier

$Y_2 = A_2 \cos \omega_1 t$: Signal

$Y = (A_1 + Y_2) \cos \omega_1 t$

- 주파수변조(FM ; Frequency Modulation)

$Y = A_1 \cos (\omega_1 + Y_2)t$

$\quad = A_1 \cos (\omega_1 + A_2 \cos \omega_2 t)t$

- 위상변조(PM ; Phase Modulation)

$Y = A_1 \cos (\omega_1 + Y_2)$

$\quad = A_1 \cos (\omega_1 + A_2 \cos \omega_2 t)$

ⓐ 아날로그 신호의 디지털화 : 보통 증폭기는 신호는 물론 잡음까지 증폭한다. 따라서 아날로그 신호가 증폭기를 여러 개 통과하면서 잡음이 점차 커져 신호전송에 심각한 영향을 줄 수 있다. 그러나 디지털 전송의 경우 각 리피터에서 펄스, 즉 디지털 신호의 재생이 가능하기 때문에 원래의 신호와 동일한 신호의 전달이 가능하다.

- PCM(Pulse Code Modulation)의 기능
- 아날로그 신호의 PAM 표본화
- 표본화된 진폭의 양자화(Quantization)
- 양자화된 PCM 펄스를 디지털 신호로 나타내기 위한 부호화(Encoding)
- PCM의 과정
- PAM(Pulse Amplitude Modulation) 표본화 : 음성과 같은 아날로그 신호를 디지털화하기 위해서는 일정한 간격으로 표본화(Sampling)해야 한다.
- 양자화(Quantization) : PAM 펄스의 진폭의 크기를 디지털 양으로 변환하는 것이다.
- 부호화(Encoding) : 양자화된 PCM 신호(2진 비트열)를 실제 전송을 위한 디지털 신호로 변환하는 것이다.

② 다중화(Multiplexing) 기술 … 보통 1개의 전송로로 복수의 데이터 신호를 중복시켜서 전송하는 것이다.

㉠ 주파수분할 다중화(FDMA ; Frequency Division Multiplexing Access) 방식
- 한 전송로의 대역폭을 몇 개의 작은 주파수 영역으로 나누어 여러 개의 단말들이 동시에 전송할 수 있도록 하는 방식이다.
- 채널간의 상호간섭을 막기 위해 완충지역으로 보호대역(Guard Band)이 필요하다.
- 저속도의 장비(1,200baud 이하의 비동기식)에 이용 가능하고, 멀티 포인트 방식의 구성에 적합하다.
- 장점
- 비교적 간단한 구조이므로 실제 가격이 저렴하다.
- 주파수분할 다중화 자체가 주파수 편이 변·복조기의 역할을 수행하므로 별도의 변·복조기가 필요없다.

㉡ 시분할 다중화(TDMA ; Time Division Multiplexing Access) 방식
- 동기식 시분할 다중화방식(비트 삽입식)
- 한 전송로의 시간축을 일정한 주기의 타임슬롯으로 나누어 각 채널에 할당함으로써 몇 개의 채널들이 한 전송로를 나누어 사용할 수 있도록 한다.
- 미리 각 채널에 타임슬롯을 할당하므로 전송할 데이터가 없는 경우 그 채널에 할당된 타임슬롯은 낭비된다.

📢 **TIP** 채널(Channel) … 한 쌍의 송·수신기에 논리적으로 형성되는 전송로로, 실제의 전송로(통신로)를 회선(Circuit) 또는 링크(Link)라고 한다.

- 비동기식 시분할 다중화방식(문자 삽입식)
- 대역확산(Spread Spectrum) 방식 : 기본적으로 보내고자 하는 신호를 신호의 대역폭보다 아주 넓은 주파수 대역으로 확산하여 보내는 방식으로 통신의 기밀유지와 전파방해에 강하다.
- 장점
- 정보를 확산부호라고 하는 암호형태의 부호를 이용하여 스펙트럼 확산하여 전송하므로, 제3자가 수신한다 하여도 해독하기가 어렵다.

- 신호대역을 수백 ~ 수천 배로 확대하여 전송하므로, 잡음과 구별할 수 없을 만큼 전력밀도가 낮아져서 신호의 존재를 알기 어렵다.
  - 잡음에 강하다.
  - ⓒ 코드분할 다중접속(CDMA ; Code Division Multiple Access) 방식 … 디지털 이동통신 시스템의 한 방식으로, 통화시 음성신호를 비트 단위로 분할해 코드화한 후 이 신호를 통신 주파수 대역에 삽입하는 방식을 택함으로써 아날로그 시스템에 비해 가입자 수용능력을 10 · 20배 향상시킬 수 있는 방식이다.

③ 교환기술
  - ㉠ 두 지점의 DTE를 연결하는 방법
    - 전용선(Leased Line) 방식 : 중간에 있는 교환기들을 통과(Bypass)하여 두 지점의 DTE만이 사용하는 전용회선으로 직접 연결되어 있으므로 두 DTE가 통신할 준비가 되어있다면 언제든지 통신이 가능하다.
    - 교환(Switching) 방식 : 통신할 때마다 교환기(Switching Exchanger)가 경로를 설정해 주어야만 통신이 가능하다.
  - ㉡ 데이터 교환방식
    - 회선교환(Circuit Switching)
    - 전화를 사용할 때 전화망의 교환기가 송신기와 수신기 사이의 물리적 통신로를 설정해 주는 방식이다.
    - 정보를 전송하기에 앞서 두 지점간의 통신로를 설정하는 단계가 필요하다.
    - 일단 물리적 연결이 이루어진 후 그 회선은 다른 사람과 공유하지 못하고 배타적으로 두 사람 사이에만 이용이 가능하다는 단점이 있다.
    - 패킷교환(Packet Switching)
    - 전체 데이터 블록을 패킷(Packet)이라고 부르는 일정한 크기 이하의 데이터단위로 나누어서 처리하는 방식이다.
    - 전송 시스템들이 패킷단위로 전송선로를 공유하므로 전송선 점유의 공평성이 제공된다.
    - 스위치는 하나의 패킷만 축적되면 바로 다음 스위치로 재전송할 수 있으므로 전체 메시지의 전송시간을 줄이게 되어 대화형 방식의 통신지원이 가능하다.
    - 장점
    - 패킷단위로 상황에 맞는 경로를 선택하므로 교환기 또는 회선에 장애가 발생되더라도 정상적인 다른 회선으로 우회전송이 가능하다.
    - 디지털 전송을 기본으로 하고 있고 교환기에서 에러검출기능을 행할 수 있으므로 재전송을 실시할 수 있다.
    - 네트워크 접속으로 많은 수의 사용자가 사용할 수 있다. 기본적으로 다중화처리이므로 회선의 사용효율이 높다.
    - 축적기능이 갖는 기본적인 성질로서 전송속도, 전송제어절차 등의 프로토콜은 단지 교환기에만 의존하므로 어떤 단말기기 사이에도 손쉬운 전송이 가능하다.
    - 단점
    - 현재의 패킷전송기술로는 전송속도가 64Kbps 정도이므로 근거리통신망(LAN)에서의 통신속도 1 ~ 10Mbps에 비해 매우 낮아 병목현상을 일으킨다.
    - 서로 다른 경로를 선택하면 패킷의 도착순서가 다를 수 있으므로 송신순서대로 재정리하는 기능이 필요하다.

TIP 세계 최초의 패킷 교환망 … ARPANET

④ 물리계층 인터페이스 표준

 ㉠ 데이터 단말장치(DTE ; Data Terminal Equipment) : 데이터 통신 시스템에 접속되는 컴퓨터나 터미널과 같은 이용자 단말장치의 총칭이다.

 ㉡ 데이터 회선 종단장치(DCE ; Data Circuit － Terminating Equipment) : 데이터 통신망의 통신업자(Communication Carrier)측의 종단에 위치하여, DTE로부터의 2진 신호를 규정된 통신망용의 신호로 변환하고, 반대로 통신망으로부터의 신호를 DTE를 동작시킬 수 있는 형태로 변환하는 장치의 총칭이다.

  • 아날로그 전송일 때 : 모뎀(Modem)

  • 디지털 전송일 때 : DSU(Digital Service Unit)

 ㉢ 물리 계층 인터페이스의 4가지 특성

  • 기계적 특성 : DTE와 DCE의 실제의 물리적 연결에 관한 규정

  • 전기적 특성 : 신호의 전압레벨과 전압변동의 타이밍과 관련된 규정

  • 기능적 특성 : DTE와 DCE를 연결하는 각 단자의 기능을 규정

  • 절차적 특성 : 기능적 특성을 기준으로 하여, 데이터 전송을 위해 각 단자간에 주고받는 신호의 순서를 규정

> **TIP** 전송기술의 이용
>
> ㉠ 팩시밀리 : 문자, 그림 등 영상정보를 화소(픽셀)로 분해하여 전기신호로 변환시켜 수신 측에서도 본래와 같이 재생시키는 통신정보(회선)를 이용한 기기이다.
>
> ㉡ 화상응답시스템(VRS) : 문자·도형·컬러사진·움직이는 그림·음성 등 다양한 정보를 단말에 제공할 수 있는 시스템이다.
>
> ㉢ CCTV(Closed Circuit TV) : 화상정보 수신자에게 전달하는 시스템이다.
>
> ㉣ 음성다중방송 : 하나의 TV 화면에 음성신호 2개를 다중화하여 전송함으로써 수신자가 선택적으로 음성청취가 가능하다.
>
> ㉤ 문자다중방송 : TV의 귀선시간을 이용하여 뉴스, 일기예보, 교통정보, 주식정보와 같은 생활정보를 문자 및 도형의 형태로 전송한다.
>
> ㉥ 비디오텍스(videotex) : 일반 가정의 전화회선에 연결된 단말장치를 이용하여 정보센터의 컴퓨터와 결합하여 이용자의 요구에 대응하는 문자, 도형 등의 화상정보를 제공한다.

❸ 전송제어

(1) 디지털 전송

① 전송코드체계 … 문자 및 숫자를 2진 코드로 변환하여 데이터 전송이 이루어지고 수신쪽에서는 반대의 변환이 이루어진다.

 ㉠ 2진 코드

  • EBCDIC(Extended Binary Coded Decimal Interchange Code) : 8비트 코드로 IBM에 의해 제창되었다.

  • ASCII(American Standards Committee for Information Interchange) : 7비트 코드로 ANSI(American National Standards Institute)에 의해 만들어졌다.

ⓛ DTE간 전송의 종류
  • 직렬전송
  -하나의 통신회선을 사용하여 1비트씩 순차적으로 전송하는 방식이다.
  -데이터의 전송속도가 저속이지만 회선비용이 경제적이기 때문에 장거리 통신에 유리하다.
  • 병렬전송
  -하나의 문자를 구성하는 각 데이터 비트가 각각 1회선을 차지하여 한꺼번에 전송되는 방식이다.
  -문자와 문자의 간격을 구분하여 데이터 정보를 송·수신한다.
  -한 번에 한 문자를 전송할 수 있으므로 컴퓨터와 같은 고속처리에 이용된다.
  -여러 회선이 필요하므로 경제적 부담 때문에 근거리 통신에 많이 이용한다.
ⓒ 통신형태
  • 단방향(Simplex) : 한쪽 시스템에는 송신기능만, 다른 한쪽 시스템에는 수신기능만 있는 경우를 말한다.
  -종류 : 라디오, TV방송 등
  • 반이중(Half-Duplex)
  -한쪽에서 송신할 때는 다른 한쪽은 수신만 가능하다.
  -그 역할을 서로 바꿀 수 있는 통신형태이다.
  -종류 : 휴대용 무전기 등
  • 전이중(Full-Duplex) : 어느 쪽 시스템이라도 동시에 송신 및 수신을 할 수 있는 형태이다.
  -장점 : 정해진 시간에 많은 전송량이 송·수신 되어야 할 때 유리하다.
  -단점 : 시설비용이 많이 소요된다.
  -종류 : 전화 등

② 전송형태
  ⓐ 송신 측이 전송한 데이터를 수신측이 정확히 인식하기 위해서는 다음의 사항을 서로 알아야 한다.
  • 각 비트의 시작과 끝→비트 또는 클럭 동기화
  • 한 문자의 시작과 끝→문자 또는 바이트 동기화
  • 문자들로 이루어진 어떤 단위 : 프레임의 시작과 끝→블록 또는 프레임 동기화
  ⓑ 종류 : 송신측의 클럭과 수신측 클럭의 동기상태에 따라 나뉜다.
  • 비동기 전송
  -전송하고자 하는 데이터가 비정규적으로 발생할 때 사용하는 방식이다.
  -키보드를 사용하여 컴퓨터와 통신하는 경우에 사용한다.
  -문자 위주의 전송에 사용한다.
  -송신측에서 데이터의 송신이 없을 때, 즉 유휴상태에서는 비트 '1'을 계속 전송하며, 송신할 때는 문자의 전송
   시 시작비트 '0'을 사용하여 한 문자의 전송을 알리고 문자 데이터를 전송하며, 한 비트 이상의 종료 비트 '1'
   을 전송한다.
  -종료비트는 유휴상태 비트와 동일하므로, 송신기는 다음 문자가 준비될 때까지 계속 종료비트를 송신한다.

- 동기 전송 : 데이터 블록을 전송할 때 사용한다.
  - 블록의 구성

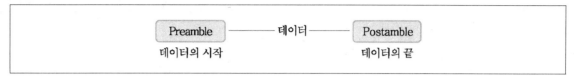

| Preamble ——— 데이터——— Postamble |
| 데이터의 시작   데이터의 끝 |

  - 인코딩된 신호에 동기를 맞추기 위한 타이밍 신호가 포함되어 있다.

> 📢 **TIP** 전송속도
>   ㉠ bps(bit per second) : 1초 동안에 전송할 수 있는 비트 수로 통신속도의 기본단위이다.
>   ㉡ 변조속도(baud) : 신호의 변환과정에서 초당 전송되는 신호변화의 횟수로 초당 전송할 수 있는 최단 펄스의 수를 말한다.

(2) 에러제어와 흐름제어

① 에러의 종류

  ㉠ 단일비트 에러 : 단일비트에 생기는 에러→Random Error

  ㉡ 버스트 에러(Burst Error) : 연속적인 비트열에 생기는 에러

② 에러의 복구방법

  ㉠ Forward Error Control

  - 전송된 데이터에 에러발생시 수신측 자체에서 복구할 수 있도록 부가코드를 데이터와 함께 전송한다.

  - 수신측에서는 에러 검출 및 정정이 가능하다.

  - 부가코드에는 Hamming Code 등을 사용한다.

  ㉡ Feedback Error Control

  - Automatic Repeat Request(ARQ)

  - 수신기가 에러를 검출하여 정정하지 않고 송신기에 재전송을 요구하는 방식이다.

  - Idle RQ(Stop − and − Wait)

  - 단순하다.

  - 송신측은 한 개의 프레임을 전송한 후 긍정응답(ACK ; Acknowledgement)을 기다리며 대기상태에 있고, ACK가 오면 다음 프레임을 전송한다.

  - 타이머 사용 → ACK이 손실될 경우 대비

  - Continuous RQ

  - Go − back − N Retransmission

  - 송신측에서는 일련의 프레임을 계속 전송한다.

  - 수신측은 에러발견시, 그 프레임에 대한 부정응답(NAK ; Negative Acknowledgement)을 보낸다.

  - 수신측은 에러복구시까지 다른 프레임을 수신하지 않는다.

  - 송신측은 NAK를 수신하면 에러가 발생한 프레임부터 다시 재전송한다.

- Selective Repeat Retransmission
  - 송신측은 NAK에 대한 프레임만 재전송한다.
  - 수신측은 에러복구시까지 다른 프레임들을 저장할 기억장소와 적당한 위치에 해당 프레임을 다시 삽입할 수 있는 메커니즘을 지원해야 한다.
  - 전송로의 이용효율이 가장 좋다.

③ 에러검출

  ㉠ 패리티 검사(Parity Check)
- 하나의 패리티 비트를 송신할 문자에 붙이는 에러검출방식이다.
- 단일비트 에러검출에 사용한다.
  > **예** ASCII 전송 : 7비트의 ASCII 문자 + 1비트의 패리티 비트 스타일
- 단점 : 짝수개 비트의 에러발생시, 에러검출을 못한다.

  ㉡ Block Sum Check
- 프레임 위주 전송에 사용한다.
- 단일비트 에러검출에 사용한다.
- 문자에 대한 패리티 비트에 추가하여 Longitudinal(or Column) Parity를 사용하여 에러의 발생시 탐지할 수 있는 확률을 증가시킨다.

  ㉢ CRC(Cyclic Redundancy Check) Code
- 버스트 에러검출이 가능하다.
- 송신측이 보낸 데이터에 어떤 계산을 한 후, 이미 정해진 값이 산출되면 에러없이 전송된 경우이고 아니면 에러의 발생을 알려주는 에러검출법이다.

> **TIP** 전송제어 5단계
> ㉠ 회선 접속 : 다이얼이나 수신측 주소를 전송하여 데이터 전송을 할 수 있도록 통신회선을 접속해 주는 단계로 교환회선에 접속되어 있을 때 필요하다.
> ㉡ 데이터 링크 확립 : 송신측과 수신측 간의 데이터 전송을 수행하기 위해 논리적인 경로를 구성하는 단계이다.
> ㉢ 정보 전송 : 확립된 데이터 링크로 데이터를 수신측에 전송하며 정확한 수신을 위하여 오류 제어를 수행한다.
> ㉣ 데이터 링크 절단 : 데이터 전송이 끝나면 수신측과의 확인에 의하여 데이터링크를 절단하고 초기 상태로 복귀한다.
> ㉤ 회선 절단 : 교환회선에 접속이 되어 있는 경우 연결된 통신회선의 연결을 끊는다.

④ 흐름제어 … 수신측의 용량(버퍼크기 또는 처리능력의 제한) 이상으로 데이터가 전송되지 않도록 송신측을 제어하는 메커니즘이다.

  ㉠ Stop − and − Wait
- 단순한 비동기 전송용의 단말과 컴퓨터간의 흐름제어에 이용한다.
- 단말이 제어문자 X−OFF를 보내면 컴퓨터는 데이터의 단말에의 송신을 중단하며, 제어문자 X−ON을 보내면 컴퓨터는 송신을 재개한다.

ⓛ Sliding Window Protocol : 송신기 또는 수신기는 Window라고 부르는 송신 또는 수신할 수 있는 프레임 번호를 가지고, 최대 프레임수인 Window 크기를 정해줌으로써, 그 숫자만큼의 프레임들을 전송할 수 있다.

④ 통신링크 프로토콜

(1) 데이터 링크의 적용환경

① 데이터 링크(Data Link)

　ⓗ 데이터 링크 또는 링크 : 두 개의 DTE를 연결하는 전송로이다.

　ⓛ Data Link Protocol 또는 Data Link Control Protocol : 데이터 링크 사이의 데이터의 전송을 제어하는 프로토콜이다.

② 데이터 링크의 종류

　ⓗ 두 지점간(Point - to - Point) 데이터 링크

　• 데이터 링크는 직접 물리적으로 연결된 경우와 모뎀을 사용하여 PSTN망에서 설정된 Point - to - Point 접속이 있다.

　• 사용되는 데이터 링크 프로토콜은 통신하는 두 DTE간의 링크의 전송속도에 따라 달라진다.

　• 낮은 전송속도에서는 문자지향 Idle RQ 프로토콜이 주로 사용된다.

　• 높은 전송속도에서는 주로 High - Level Data Link Control 또는 HDLC로 알려진 Continuous RQ 프로토콜이 사용된다.

　ⓛ 다 지점간(Multipoint) 데이터 링크

　• 버스라는 하나의 선을 사용하여 모든 컴퓨터들을 연결하는 Multipoint 또는 Multidrop 형태로 구축한다.

　• 동시에 두 쌍 이상의 전송을 허용하지 않는 제어방법이 필요하다.

　• 하나의 Master(Supervisory) 컴퓨터와 여러 대의 Slave 컴퓨터들을 연결할 때 사용한다.

　• BSC(Binary Synchronous Control)와 HDLC의 NRM(Normal Response Mode)등의 프로토콜이 사용된다.

　ⓒ 광역망

　• Switched Wide Area 데이터 네트워크를 사용하여 구성한다.

　−X.25 Packet Switching Network : HDLC에 기반을 둔 LAPB(Link Access Procedure Balanced)의 데이터 링크 프로토콜을 사용한다.

　−IDSN과 같은 Circuit - Switched 데이터 네트워크를 사용한다.

　• 연결이 설정되면 데이터 전송기간 동안 Point - to - Point 링크와 동일한 서비스를 제공한다.

　ⓔ 근거리망

　• 상대적으로 에러율이 낮다.

　• 짧은 거리인 반면에 높은 대역폭을 갖는 링크 사용 : 데이터 링크 프로토콜은 HDLC의 서브클래스인 LLC(Logical Link Control)가 사용된다.

(2) 문자형 프로토콜

① 의의 … Point - to - Point와 Multipoint 응용에서 주로 사용되며 링크관리, 프레임의 시작 및 끝의 구별과 에러제어 등의 전송제어기능을 수행하기 위하여 특정 제어문자를 사용한다.

> **TIP** 프로토콜 … 컴퓨터와 단말기 간 또는 컴퓨터간의 데이터 전송에 필요한 여러가지 사항을 정한 규범이다.

② 종류

　㉠ 단방향 프로토콜 : 단방향 프로토콜인 Kermit은 Point - to - Point 링크상에서 한 컴퓨터(DTE)와 다른 컴퓨터 간에 단방향 전송을 제공한다.

　㉡ 반이중 프로토콜

　　• Binary Synchronous Control(BSC ; Bisync)

　　-Basic Mode로 알려진 ISO 문자형 프로토콜의 기본이 된다.

　　-에러제어방법으로 Idle RQ를 사용한다.

　　-Multipoint 응용환경에 사용한다.

　　-하나의 Master Station과 여러 Slave Station들 간의 데이터 전송을 지원한다.

　　-제어문자로는 비인쇄문자를 사용한다.

　　• BSC 전송제어문자

　　-SYN(Synchronous) : 프레임의 시작과 끝을 나타낸다.

　　-SOH(Start Of Header) : 다음 필드가 헤더임을 나타낸다.

　　-Header : 주소나 경로배정 정보 등을 포함한 헤더이다.

　　-STX(Start Of teXt) : 헤더의 끝이며, 다음 필드가 정보임을 나타낸다.

　　-Text : 전송하고자 하는 정보를 포함한다.

　　-ETX(End of Text) : 정보필드가 끝났음을 나타낸다.

　　-BCC(Block Check Code) : 프레임의 오류를 검출하는 데 사용한다.

③ BSC(Binary Synchronous Control)

　㉠ 프레임 서식

　　• BSC에서는 두 종류의 프레임 서식이 사용된다.

　　• 각 프레임은 두 개 이상의 SYN문자들로 시작되며, 수신기는 동기를 위해 프레임의 시작부분에서 SYN의 비트패턴을 찾는다.

　　• ACK와 NAK 제어문자의 기능

　　-데이터의 수신에 관한 응답기능

　　-Select 제어메시지에 대한 응답

　　• ENQ 제어문자 : Poll and Select 제어프레임에 사용한다.

　　• EOT 제어문자의 기능

　　-메시지 송신의 종료를 알리고 논리링크의 해제를 위해 사용한다.

　　-링크를 Idle상태로 만들기 위해 사용한다.

- BCC(Block Check Character)

－에러의 발생 여부를 확인하기 위하여 ETX나 ETB 다음에 사용한다.

－Normal 모드에서는 8비트의 LRC(Longitudinal Redundancy Check)를 사용한다.

－투과성(Transparent) 모드에서는 2 바이트의 CRC － 16을 사용한다.

ⓛ Poll－Select의 개요

- Poll : 주(Master)스테이션은 부(Slave)스테이션이 주스테이션에 보낼 메시지가 있으면 전송을 허가한다.
- Select : 주스테이션이 부스테이션에게 보낼 데이터를 준비하고, 부스테이션에게 메시지가 전송될 것임을 알려 준다.

ⓒ BSC의 단점

- 반이중통신이다.
- 통신하는 컴퓨터들이 사용하는 문자코드체계가 통일되어 있어야 한다.
- 확장성이 좋지 않다(새로운 제어서비스 제공시, 새로운 문자를 정의해야 한다).
- Supervisory Format에는 Error Check용 Character가 없다.

(3) 비트형 프로토콜

① 의의 … 프레임의 시작과 끝을 나타내기 위해 전송제어문자를 사용하는 것이 아니라 정의된 비트패턴을 사용한다.

② HDLC(High － Level Data Link Control)

ⓐ 반이중과 전이중의 두 통신형태기능을 가진 프로토콜이다.

ⓑ Point － to － Point 또는 Multipoint 링크상에서 사용한다.

ⓒ 주스테이션 － 부스테이션(호스트 － 터미널)과 Peer(컴퓨터 － 컴퓨터) 사이에서 사용한다.

ⓓ 에러제어를 위해 Continuous RQ를 사용한다.

ⓔ ISO의 국제표준의 데이터 링크 프로토콜이다.

ⓕ 스테이션의 구성

- 평형 구성(Balanced Configuration)

－두 지점간의 통신에만 사용한다.

－복합국(Combined Station) : 주국과 부국의 기능을 동시에 가진다.

- 비평형 구성(Unbalanced Configuration) : 두 지점간(Point － to － Point) 및 다지점간(Multipoint)의 통신에 사용한다.

－주국(Primary Station)

- 링크에서 대한 제어권을 가진다.

- 주국에서 부국으로 보내는 프레임을 Command라고 한다.

－부국(Secondary Station)

- 주국의 제어를 받는다.

- 부국에서 주국으로 보내는 프레임을 Response라고 한다.

③ HDLC의 세 가지 동작모드

　㉠ 정규 응답모드(NRM ; Normal Response Mode)
　　• 비평형 구성에서 사용
　　• 주국이 먼저 부국에게 데이터 전송을 주도
　　• 부국은 주국의 Polling을 받은 후에 데이터 전송
　　• 다 지점간 연결에 주로 사용(하나의 컴퓨터와 몇 개의 단말 연결)
　　• 두 지점간 연결에도 사용(컴퓨터에 한 개의 단말 연결)
　㉡ 비동기 평형모드(ABM ; Asynchronous Balanced Mode)
　　• 평형 구성에서 사용
　　• 복합국은 다른 복합국의 허락없이 데이터 전송 가능
　　• 전이중 Point−to−Point 링크를 좀더 효율적으로 이용 가능
　㉢ 비동기 응답모드(ARM ; Asynchronous Response Mode)
　　• 비평형 구성에서 사용
　　• 부국은 주국의 허락없이 전송 가능(즉, Command를 받지 않고 Response를 보낼 수 있다) → 이때, 주국은
　　　전송링크에 대한 관리책임을 가진다.

④ HDLC 프레임 서식

　㉠ 모든 정보교환은 시작과 끝에 플래그를 가진다.
　㉡ 한 가지의 프레임서식은 모든 종류의 데이터와 제어를 교환하기에 충분하다.

⑤ Control Field

　㉠ 정보 프레임(I − Frame)
　　• 사용자 데이터를 전송한다.
　　• 순서번호(N(S))와 피기백(Piggyback)된 긍정응답(N(R))을 포함한다.
　㉡ 감시 프레임(S − Frame)
　　• 흐름제어와 에러제어에 사용한다.
　　• Go − back − N ARQ 또는 Selective − Repeat ARQ을 사용한다.
　㉢ 비번호 프레임(U − Frame)
　　• 에러제어 및 흐름제어 이외의 제어기능을 위해 사용한다.
　　• 순서번호가 없어서 비번호 프레임이라 한다.
　　• 종류
　　−모드설정(Mode − Setting) 명령과 응답
　　−정보전달 명령과 응답
　　−회복 명령과 응답
　　−기타 명령과 응답

① 네트워크의 개요

(1) 네트워크의 의미

① 개념

    ㉠ 네트워크(Network)란 어떤 공동의 목적을 위해 다수의 지점을 상호 연결시킨 통신형태이다.

    ㉡ 분산된 여러 단말장치를 전송장치, 교환장치, 그리고 이들 사이를 연결하는 통신선로로 구성하여 정보를 송·수신할 수 있는 통신시스템을 말한다.

② 기본요소

    ㉠ 단말장치

      • 송신기 : 정보를 전기신호로 변환하여 통신회선에 송출하는 장치이다.

      • 수신기 : 신호를 받아서 원래의 정보로 복원하는 장치이다.

    ㉡ **전송장치** : 전기적인 수단에 의해서 정보를 전달하는 장치이다.

    ㉢ **교환장치** : 다수 단말기의 접속요구에 응하여 도착 단말기까지 접속경로를 설정하는 장치이다.

(2) OSI 7계층

① 계층 개념과 표준화

    ㉠ 프로토콜(Protocol) : 정보전달을 위한 규칙 또는 약속이다.

    ㉡ 프로토콜의 기본요소

      • Syntax : 데이터 형식, 코딩(Coding), 신호레벨(Signal Level)을 요소로 한다.

      • Semantics : 에러관리 등의 제어정보를 포함한다.

      • Timing : 속도의 조화 등을 포함한다.

      –ISO에서는 계층구조를 채택하여 사용한다.

      –계층구조에서는 통신기능을 수직적인 계층으로 분할하여 각 계층마다 다른 시스템과 통신하는 데 필요한 기능들을 수행하도록 한다.

      –각 계층은 바로 밑의 계층의 서비스를 사용한다.

      –각 계층은 다른 계층에 변화가 있더라도 전혀 영향을 받지 않는다.

      –각 계층은 충분히 작아서 관리가 쉽도록 해야 한다.

      –계층수를 너무 늘리면 오버헤드가 커지므로 주의해야 한다.

② OSI 참조모델

OSI 참조모델 7계층		TCP / IP 프로토콜 계층	
7계층	응용계층	4계층	응용계층 [HTTP, TELNET, FTP(SMTP)]
6계층	표현계층		
5계층	세션계층		
4계층	전송(트랜스포트)계층	3계층	전송계층(TCP, UDP)
3계층	네트워크계층	2계층	네트워크계층(IP, ICMP, IGMP)
2계층	데이터링크계층	1계층	링크계층(이더넷, 토큰링, 토큰버스, FDDI)
1계층	물리계층		

③ OSI 프로토콜

㉠ 물리계층 기능 : 데이터 링크 개체간의 비트전송을 위한 물리적 접속을 유지한다.

㉡ 데이터링크계층 기능

• 상위계층인 네트워크계층에게 전송에러가 없는 전송매체로서의 기능을 제공한다.

• 전송에러를 검출한다.

㉢ 네트워크계층 역할 : 하나 또는 그 이상의 서브 네트워크로 구성되어 있는 통신망에서 두 시스템간의 데이터 전송을 수행하도록 하는 것이다.

㉣ 전송(트랜스포트)계층 역할 : 에러없는 전송을 보장해 준다.

㉤ 세션계층 : 데이터의 송·수신을 확인하는 통신제어기능을 한다.

㉥ 표현계층(Presentation Layer) : 통신장치에서의 데이터의 표현방식, 상이한 부호체계간의 변화에 대하여 규정한다.

㉦ 응용계층 : 전자메일, 파일전송, 분산 데이터베이스 관리, 원격 로그인과 같은 실제의 응용기능들을 제공한다.

(3) 교환방식

① 개념 … 메시지를 패킷(Packet)이라고 부르는 일정 크기로 자르고 각 패킷마다 주소 등을 포함한 헤더(Header)를 첨가하여 헤더 내의 제어정보에 따라서 패킷을 축적·교환하여 송신하는 교환망이다.

② 서비스 형태

㉠ 가상회선(Virtual Circuit) 서비스

• 데이터의 전송 전에 송신스테이션과 수신스테이션 사이에 패킷이 전송될 논리적 경로(가상회선)를 설정한다.

• 일단 경로가 설정되면 동일한 메시지에 속한 모든 패킷들은 동일한 가상회선을 통하여 축적·교환방식으로 전송한다.

• 가상회선의 설정(Setup Phase), 데이터 전송(Data Transfer Phase), 가상회선 해제(Shut Down Phase)의 3단계가 수행된다.

- 장점
-가상회선이 설정된 후에는 노드에서 패킷의 경로를 결정하기 위한 시간지연이 없으므로 대량의 데이터를 연속으로 전송하는 경우 데이터그램 방식보다 효율적이다.
-같은 메시지에 속하는 모든 패킷들은 가상회선을 따라 연속적으로 전송하므로, 수신스테이션에는 같은 메시지에 속한 모든 패킷들이 송신스테이션에서 보낸 순서대로 도착한다.
-모든 패킷이 동일경로를 이용하므로 데이터의 전송속도가 비교적 일정하다.
- 단점 : 실제 데이터의 전송 전에 가상회선을 설정하기 위한 시간지연이 필요하므로, 적은 양의 데이터를 전송할 경우 실제 데이터의 전송시간에 비해 회선설정을 위한 시간·비용이 너무 커지므로 효율이 나쁘다.
  ⓛ 데이터그램 서비스
- 각 패킷이 독립적으로 처리된다.
- 각 패킷마다 목적지의 주소를 가지며, 각 노드는 패킷이 속한 메시지와는 관계없이 각 패킷단위로 독립적인 전송경로를 결정하므로, 각 노드는 각 패킷마다 독립적으로 경로를 배정해야 한다.
- 장점
-가상경로 설정단계가 없다.
-적은 수의 패킷만을 전송하고자 할 때 가상회선방식보다 훨씬 빠르다.
-하나의 경로가 혼잡한 경우 다른 경로를 통하여 전송할 수 있으며, 경로상의 노드가 고장이더라도 다른 노드를 통하여 패킷을 보낼 수 있으므로 통신망의 상황에 따라 그때그때 융통성 있게 대응할 수 있다.
- 단점 : 목적지에 수신되는 패킷들은 각 패킷이 다른 경로를 통하여 전송되므로 처음 송신된 순서와 다르게 수신되는 경우가 많다.

③ 패킷교환데이터 네트워크(PSDN)
  ㉠ X.25
- CCITT(국제전신전화위원회)에 의한 패킷 네트워크 인터페이스 명세이다.
- 사용자 디바이스(DTE)와 네트워크 노드 간에 데이터의 교환을 위한 절차를 정의한다.
- Physical Layer : X.21(bis)
- Link Level : LAP-B
- Packet Level : Virtual Circuit Service
-X.25를 이루는 세 가지 프로토콜은 End-to-End가 아닌 Local적인 의미(Local Significance)만 있다.
-X.21 : DTE와 DCE 사이에 물리 인터페이스를 정의하는 데 사용한다.
-LAP-B : HDLC 프로토콜의 변형이다.
  ㉡ 링크계층
- 에러와 흐름을 제어한다.
- 가상회선과 관련없다.
- LAPB(Link Access Procedure Balanced) : HDLC의 비동기 평형모드(ABM)를 사용한다.

ⓒ 패킷(네트워크)계층

- 다중화 : 단일 DTE – PSE 링크상에 가상회선들과 영구가상회선(Permanent Virtual Circuit)들이 다중화되어진다. 가상회선을 통신할 때마다 상대를 지정하여 설정되지만 영구가상회선은 통신상대를 미리 고정한 가상회선이다.
- 흐름제어 : 각 가상회선상의 흐름을 제어한다.
- 에러회복
  - Reset Procedure : Window 제한을 위반한 데이터 패킷을 수신한 경우 등의 단일가상회선에 관계되는 에러가생겼을 때 Reset에 의하여 그 가상회선을 해제한다.
  - Restart Procedure : 어떤 DTE의 가상회선번호가 같은 것이 나타나면, 그 DTE의 모든 가상회선을 해제한다.

(4) 근거리망(LAN)

① 근거리망의 구분

구분	LAN	MAN	WAN
지역적 범위	빌딩 또는 캠퍼스	도시지역	전국적
토폴로지	공통 버스 · 링크	공통 버스 또는 Regular Mesh	Irregular Mesh
속도	매우 높음	높음	낮음
에러율	낮음	중간정도	높음
Flow Control	간단	중간정도	복잡
라우팅 알고리즘	간단	중간정도	복잡
매체 접근	불규칙 스케줄	스케줄	없음
소유권	Private	Private 또는 Public	Public

ⓖ 토폴로지(Topology)

- 개념 : 근거리망을 나타내는 요소로서 버스형, 링형, 별(Star)형(성형), 허브 · 트리형이 있다.
- 종류
  - 버스형(Bus topology) : 1개의 통신회선에 여러 개의 단말기 접속
  - 링형(Ring topology) : 이웃하는 노드끼리만 연결
  - 별형(Star topology) : 중앙 노드에 의해 모든 통신제어가 이루어지는 중앙집중형
  - 트리형(Tree topology) : 노드가 트리구조로 연결
  - 망형(Mesh topology) : 모든 노드와 노드를 통신회선으로 연결

ⓛ 전송매체

- 전송속도와 전송거리를 결정하는 요소이다.
- 광섬유, 트위스티드 페어(Twisted Pair), 동축케이블 등이 있다.

ⓒ 매체접근 제어방식(Medium Access Control) : CSMA / CD, 토큰 방식 등이 있다.

TIP 노드 … 전송매체에 컴퓨터를 연결하는 부분으로, LAN에서는 노드가 아주 간단한 대신에 매체접근 제어방식이 필요하고, WAN에서는 노드에 교환기를 사용하기 때문에 매체접근 제어방식을 사용하지 않아도 된다.

    ② 응용분야 : 학교, 병원, 기업체, 공장 등에 응용된다.

② **근거리망의 프로토콜 구조**

    ③ LLC(Logical Link Control) **계층** : LAN 종류의 차이에 관계없이 공통적인 흐름제어 등의 데이터 링크층에서 다루어야 할 기능을 수행한다.

    ④ MAC(Medium Access Control) **계층** : LAN에 연결된 각 DTE가 전송매체를 액세스하고 통신이 가능하게 제어한다.

③ **CSMA / CD**(Carrier Sense Multiple Access with Collision Detect)

    ③ 사무 및 설계·개발 환경에서 주로 사용한다.

    ④ 버스형의 Topology이다.

    ⑤ 동축케이블 이용 : 10Mbps의 전송속도를 가진다.

    ② Manchester Code로 전송한다.

      • 0 : Transition from high to low in middle of interval

      • 1 : Transition from low to high in middle of interval

    ④ 매체접근 제어방식 : 근거리망에 연결된 다수의 DTE들이 전송로를 감시하고 있다가, 전송로가 Idle 상태로 되면 전송시도를 하고, 만일 전송 도중에 충돌이 발생하면 충돌신호를 근거리망에 연결된 모든 DTE에 전송하는 것을 반복하는 방식이다.

    ④ CSMA / CD의 종류 : 속도, 전송거리, 전송매체 등의 물리계층의 차이에 따라서 분류한다.

④ **Token Ring**

    ③ 토큰패싱방식을 사용한다.

    ④ 링형 토폴로지에 사용되는 근거리망의 방식이다.

    ⑤ 토큰과 데이터 패킷은 전송링에서 한 방향으로만 전송된다.

    ② 4Mbps, 16Mbps의 전송속도를 가진다.

    ④ 연구소나 사무환경에서 사용한다.

    ④ 토큰링의 동작

      • 전송할 데이터가 있는 각 DTE들이 빈 토큰(Free Token)을 기다리고, 빈 토큰을 가진 DTE는 전송로에 자신의 데이터를 전송할 수 있는 권한을 가진다.

      • 전송이 끝난 DTE는 다른 DTE가 전송할 수 있도록 토큰을 빈 상태로 만들어 다시 링에 돌아다니게 한다.

⑤ **Token Bus**

    ③ 기능

      • 버스구조에 토큰 Passing을 사용한다.

      • 토큰을 사용하여 정해진 순서대로 송신권을 준다.

      • 우선권 메커니즘에 의한 우선적인 송신권의 부여가 가능하다.

• 공장환경에서 사용한다.

  ⓒ 특징

• 동축(75ohm)케이블을 사용한다.

• 브로드밴드 방식 또는 캐리어밴드 방식을 사용한다.

• 1·5·10Mbps의 전송속도를 가진다.

• CSMA / CD의 버스 토폴로지를 가지고 있으나, 논리적이 링을 가지고 있는 구조이다.

⑥ 이더넷(Ethernet)

  ㉠ DEC, INTEL, XEROX 3개 사에 의해 개발된 근거리 통신망이다.

  ㉡ ISO의 7계층 구조의 1계층이 물리계층과 2계층인 데이터링크계층을 구성한다.

  ㉢ 동축케이블에 송·수신하기 위한 송·수신기와 케이블을 이용하고 이더넷 제어기를 사용한다.

(5) 고속 LAN과 MAN

① FDDI(Fiber Distributed Data Interface)

  ㉠ 특성

• 고성능의 워크스테이션의 연결과 LAN들을 상호 연결하는 데 사용한다.

• 100Mbps의 전송속도를 가진다.

• 2중의 광케이블을 사용한다.

• 부호화 방식으로는 Four - to - Five 그룹 코드와 NRZ - I를 사용한다.

• 최대 1000개의 스테이션 접속이 가능하다.

• 100km 거리까지 네트워크 연결이 가능하다.

• 서로 다른 방향으로 전송되는 2중링 구조(Primary링과 Secondary링)이다.

• Secondary링 : 추가적인 전송로로 사용되거나, Primary링의 손상시 백업 전송로로 사용된다.

  ㉡ FDDI 프로토콜의 층 구성

• 물리층, MAC층, SMT(Station Management) 프로토콜로 구성된다.

• 물리층

－PMD(Physical Medium Dependent) 서브층

－PHY(Physical) 서브층

> POINT SMT 프로토콜 … 링의 재구성(Reconfiguration)과 에러감지기능을 수행한다.

  ㉢ FDDI 프로토콜 데이터 유니트

• 심벌(Symbol) : 물리계층과 매체전송계층 간의 인터페이스를 통과하는 데이터의 내용들이다.

－데이터심벌 : Binary 데이터의 4비트를 나타낸다.

－제어심벌 : 데이터 투명성을 위해서 프레임 본체에서 나타나지 않는 심벌이다.

• Four - to - Five 그룹 코드

－각 심벌은 전송하기 전에 5비트의 코드로 부호화된다.

－비트 코드는 NRZI(Non Return Zero with Inversion) 부호기를 이용하여 전송된다.

- NRZI 부호기
  - 1을 전송할 때는 신호 전이가 일어난다.
  - 0을 전송할 때는 전이가 일어나지 않는다.
- ② MAC Operation
  - 각 스테이션은 자신의 MAC이 토큰을 받고 난 후에, 프레임을 전송할 수 있다.
  - Early Token Release : 전송을 다 끝내면 MAC은 매체가 다른 스테이션에 의해 사용이 가능하다는 것을 알리기 위해 새로운 토큰을 만든다.
  - 각 스테이션은 전송방향의 바로 전의 스테이션으로부터 받은 프레임을 검사한 후, 그 프레임을 다음 스테이션으로 보낸다.
  - 전송받은 프레임의 DA필드와 스테이션의 MAC주소가 같고, 에러가 발생하지 않았으면, 프레임은 로컬버퍼로 복사되고, MAC은 LLC에게 프레임이 도착되었다는 메시지를 넘긴다.
  - MAC은 프레임의 FS필드의 Indicator심벌을 변경시킨다.
  - 각 프레임은 처음에 자신이 발생된 스테이션에 도착할 때까지 링에서 전송된다.
  - 전송된 프레임이 발신스테이션에 도착하면 발신스테이션은 FS필드의 indicator심벌을 조사하여 전송의 성공 여부를 조사한다.
  - 발신스테이션의 MAC이 자신이 전송한 프레임을 링에서 제거하는 책임을 가진다.

② DQDB
- ㉠ 특징
  - 두 개의 단방향 브로드캐스트 버스를 가진 네트워크이다.
  - DQDB의 표준 : IEEE 802.6 / ISO 8802.6를 사용한다.
  - 근거리망의 상호연결이나 도시 등의 비교적 넓은 지역을 위해 개발되었다.
  - 비디오와 그래픽 응용의 고속 · 저지연 전송을 지원한다.
  - 광케이블을 사용한다.
  - Point - to - Point로 접속한다.
  - 일정한 지연시간을 유지한다.
  - 주로 LAN의 상호연결이나, MAN을 구성하는 데 사용된다.
- ㉡ DQDB의 프로토콜
  - 전송매체상의 데이터의 흐름을 규정한다.
  - DTE간의 전송로의 전송방식과 속도는 독립적이다.
  - 전송속도 : 45Mbps ~ 156Mbps
- ㉢ 우선권 제어구조
  - 비동기 데이터와 동기 데이터를 보낼 수 있다.
  - 우선권 제어구조는 동기 데이터를 보낼 때 높은 우선권을 가지도록 할 때 사용한다.
  - 우선권 레벨은 네 가지이며, 각각은 독립된 Request와 Countdown 카운터에 의해 제어된다.
  - 우선권 클래스에는 각각 독립적인 R비트가 있고, R1 ~ R4까지의 클래스가 있으며, R1이 가장 높은 우선권을 가진다.

ⓔ 근거리망의 네트워크

• 근거리망 네트워크층 프로토콜의 특징

–DTE 각각의 접속(MAC 서브층)주소를 이용하여, 같은 근거리망에 접속된 DTE들간에 프레임의 주소와 경로를 결정한다.

–낮은 전송에러를 가진 고속전송매체를 사용 : 단일한 근거리망에 연결된 DTE간에는 비연결(Connectionless) 네트워크층 서비스와 관련된 프로토콜을 사용한다.

–에러제어와 흐름제어는 트랜스포트 프로토콜이 담당 : 이 기능이 근거리망에 없기 때문에 근거리망의 네트워크층을 Inactive 또는 Null층이라 한다.

• 네트워크층 프로토콜의 기능

–사용자층으로부터 N.UNIT_DATA.request 프리미티브를 받으면 이와 관련된 패라미터로부터 네트워크 프로토콜 데이터 유니트(N-PDU)를 만든다.

–N-PDU를 LLC 서브층에 L_DATA.request의 사용자 데이터 패라미터로 넘겨준다.

–LLC 서브층에서 L_DATA.indication을 받으면 이와 관련된 데이터 패라미터로 N-PDU를 받고, 네트워크층 프로토콜은 이것을 가지고 송신주소와 수신주소를 추출한 후, 남은 사용자 데이터를 N.UNIT_DATA.indication 프리미티브를 이용해 사용자(트랜스포트)층에 넘겨준다.

–만일 네트워크가 여러 개의 근거리망의 연결로 이루어져 있으면 네트워크 프로토콜은 훨씬 복잡해진다.

–근거리망에서 네트워크층의 송·수신 주소는 각 MAC 서브층의 DTE 접속점 어드레스 (송·수신 주소)와 LLC –SAP의 층간(Interlayer) 주소로 이루어진다.

–QOS는 전송지연시간, 메시지 우선권, 네트워크 패라미터 등을 규정한다.

> 📢 **TIP** 데이터 통신망
>
> ㉠ WAN(Wide Area Network) : 전국 규모의 광범위한 지역에 설치되는 광역망으로 LAN으로 상호 연결시킨 망이다.
> ㉡ LAN(Local Area Network) : 동일 빌딩 또는 구내, 기업 내의 비교적 좁은 지역에 분산 설치된 통신망이다.
> ㉢ MAN(Metropolitan Area Network) : LAN의 서비스 영역 협소와 WAN의 능률 저하 및 일정 지역에 대한 비경제성을 극소화한 도시권 통신망이다.
> ㉣ VAN(Value Added Network) : 회선을 직접 보유하거나 통신 사업자의 회선을 임차 또는 이용하여 단순한 전송기능 이상의 정보의 축적이나 가공, 변환처리 등의 부가가치를 부여한 음성, 데이터 정보를 제공해 주는 매우 광범위하고 복합적인 서비스가 집합된 통신망이다.
> ㉤ ISDN(Integrated Service Digital Network) : 전화망에서 모뎀없이 데이터 전송이 가능하게 변화시킨 것으로 하나의 전화회선을 통해 음성, 데이터, 화상 등의 정보를 동시에 주고받을 수 있는 미래의 종합 서비스 디지털망이다.
> ㉥ B-ISDN(Broadband – ISDN) : 음성이나 문자, 수치 등의 데이터뿐만 아니라 고품질 정지화상과 동화상, 즉 멀티미디어(Multimedia)를 전송할 수 있는 망이다.
> ㉦ CO-LAN(Central Office LAN) : 대학, 병원 및 연구소, 기업체 등 LAN 구성이 필요하면서도 여건이 안되는 기관에 인근 전화국의 데이터 교환망과 기존 통신망을 연결시켜 제공하는 망이다.

(6) ISDN과 B-ISDN

① ISDN(종합정보통신망)

  ㉠ 특징
  - ISDN(Integrated Service Digital Network)은 디지털망에 의하여 종합서비스(전화서비스와 데이터통신서비스)를 제공한다.
  - 가입자선을 디지털화한다.
  - 사용자정보 전송채널과 제어신호용 채널을 따로 둔다.
  - 동일채널을 회선교환(Circuit Switching) 및 패킷교환(Packet Switching)의 양쪽에서 사용한다.
  - 계층화된 프로토콜 구조를 가진다.
  - 음성 및 데이터를 포함한 다양한 서비스를 제공한다.
  - 대규모의 전송용량(1.5Mbps까지 전송 가능)을 가진다.
  - 트위스티드 페어 케이블을 사용한다.

  ㉡ ISDN 사용자 서비스
  - 베어러 서비스(Bearer Service)
  -가입자간의 정보의 전달기능을 제공한다.
  -하위계층(OSI 계층 1, 2, 3)의 기능을 수행한다.
  - 텔레 서비스(Tele - Service)
  -상위계층(OSI 계층 4, 5, 6, 7)의 기능을 포함하는 모든 계층의 표준화된 서비스를 제공한다.
  -베어러 서비스를 기본으로 하여 전화, G4 - FAX, Teletex, Videotex 등의 서비스 기능을 수행한다.
  - 부가서비스(Supplementary Service) : 음성, 영상 등의 기본 서비스에 추가된 새로운 서비스를 제공한다.

  ㉢ 사용자망 인터페이스(UNI)
  - 종류
  -기본(Basic) 사용자망 인터페이스
  -1차군(Primary) 사용자망 인터페이스
  - 기능
  -동일 인터페이스로 음성 및 비음성 서비스 제공(Multiservice)
  -동일 인터페이스에 여러 개의 단말장치(최대 8대까지 가능)를 동시에 접속 가능(Multipoint)
  -동일 인터페이스로 패킷교환망, 회선교환망 등의 여러 통신망을 액세스
  -단말장치의 이동 용이(Portability)
  - 기준점(Reference Point)
  -통신망 제공자가 사용자에게 통신채널을 제공하는 분계점이다.
  -전송선로에 가까운 곳으로부터 기준점 T, S, R이 존재한다.
  - **기능그룹** : NT1, NT2, TE1, TE2, TA 등의 기능그룹이 있다.
  -NT1(Network Termination 1)
  - 전송선로의 종단기능

- 계층1의 선로 유지·보수 및 성능 감시
- 계층1의 다중화기능

−NT2(Network Termination 2)

- 계층 1·2·3 프로토콜 처리기능
- 계층 2·3의 다중화기능
- 교환(Switching)기능
- 집중(Concentration)기능
- 유지·보수 및 인터페이스 종단기능

  예 PABX, 단말제어장치 등이 있다.

−TE1(Terminal Equipment 1) : 표준 ISDN 인터페이스를 지원하는 단말

- 프로토콜 처리기능
- 인터페이스 처리기능

  예 디지털 전화기, 종합 음성·데이터 단말기, 디지털 FAX 등이 해당된다.

−TE2(Terminal Equipment 2) : 비 ISDN 단말

- 비 ISDN 프로토콜의 처리기능
- 인터페이스 유지기능

−TA(Terminal Adapter)

- ISDN 기능을 갖고 있지 않은 단말장치의 접속기능
- 프로토콜 변환기능
- 속도변환기능

• 구조

−B채널

- 64Kbps의 전송속도
- 회선교환, 패킷교환, 디지털 전용회선방식으로 사용자 정보의 전송

−D채널

- 16Kbps와 64Kbps의 전송속도
- 신호용(signalling) 정보의 전송
- 패킷교환방식으로 사용자 정보의 전송 가능

−H채널

- 384Kbps(H0), 1536Kbps(H11), 1920Kbps(H12)의 전송속도
- B채널을 통해 제공하는 모든 방식의 정보 전송보다 고속으로 제공
- 고속 팩시밀리나 화상 회의 등의 고속 사용자 정보에 이용

  TIP 사용자와 망 간의 인터페이스는 상기한 채널을 어떻게 사용하느냐에 따라 기본 인터페이스(Basic Interface)와 1차군 인터페이스(Primary Interface)로 나뉜다.

② B - ISDN(광대역 종합정보통신망)

    ㉠ 기본개념

- 차세대 공중 광역망(WAN)이다.
- 음성 및 데이터뿐만 아니라, 이미지(Image) 및 동화상도 전송 가능한 고속 통신망이다.
- 광섬유를 사용한다.
- 고정크기의 셀(Cell)단위로 정보를 분할하여 전송한다.

    ㉡ 제공되는 서비스

- 광대역 화상전화 서비스
- 화상회의 서비스
- 의료영상정보, 예술작품 및 광고영상의 고속전송 서비스
- 고속의 파일전송 서비스
- 고속 고해상도의 팩시밀리 서비스
- 칼라 팩시밀리 서비스
- 화상·문서 탐색 서비스
- 텔레비전 영상(기존의 TV 및 HDTV)의 분배 서비스
- LAN의 상호접속 서비스
- HiFi 오디오분배 서비스
- 멀티미디어 서비스

    ㉢ 구현기술

- 비동기 전송 모드(ATM ; Asynchronous Transfer Mode)
- 고정길이의 셀(53 Octets의 길이)을 전송단위로 사용한다.
- 셀은 5 Octets의 헤더필드와 48 Octets의 정보필드로 구성된다.
- 고속의 패킷(셀)교환 및 다중화기능을 제공한다.
- 연결형(Connection - Oriented) 모드를 사용한다.

> **TIP** ATM 스위치의 3가지 기본기능
>
> ㉠ Routing
> - 셀을 출력단(Outlets)으로 경로를 배정하는 기능이다.
> - 경로배정은 Translation Table에 준하여 이루어진다.
>
> ㉡ Queuing
> - 셀 충돌시 저장기능을 제공한다.
> - 같은 출력단을 향하는 셀이 동시에 여러 입력단으로부터 들어올 때 셀의 충돌이 발생할 수 있다. 이때 서비스되지 않는 셀을 임시로 저장함으로써 셀의 손실을 방지한다.
>
> ㉢ 셀 헤더의 번역 : Translation Table에 준하여 셀의 헤더값을 변환한다.

- SONET(Synchronous Optical Network ; 동기식 광 네트워크)
- 미국에서 ANSI에 의하여 표준화되었다.
- CCITT에서는 SONET을 기본으로 SDH(Synchronous Digital Hierarchy ; 동기식 디지털 계위)를 국제표준으로 권고하였다.

−다중 디지털 전송속도의 계층(Hierarchy)을 제공한다.

−155.52Mbps를 기본속도로 하여 n배(n=1, 4, 8, 16)의 속도가 가능하다.

−SDH에서는 이들의 각 속도단위를 STM−n(Synchronous Transport Module Level n)이라 부른다.

−장치의 상호연결을 위한 광신호 표준을 규정하였다.

−프레임 형식을 규정하였다.

−155.52Mbps의 SDH 전송 시스템에서는 270 × 9Octet의 묶음이 한 프레임이다.

−한 프레임의 전송시간 : 125sec ; 270 × 9 × 8bit / 125sec = 155.52Mbps

③ Frame Relay

　㉠ FMBS(Frame Mode Bearer Service) : 프레임을 전달단위로 하여 정보를 전달하는 전기통신 서비스의 총칭이다.

　㉡ 구성

　　• FRBS(Frame Relay Bearer Service)

　　−패킷교환의 PVC(Permanent Virtual Circuit)에 해당하는 고속접속 서비스이다.

　　−일반적으로 Frame Relay라고 한다.

　　• FSBS(Frame Switch Bearer Service)

　　−패킷교환의 VC(Virtual Circuit)에 해당하는 교환접속 서비스이다.

　　−고품질의 광대역 디지털 통신회선상에서, 최소한의 에러제어기능을 사용하여, 고속의 데이터를 전송하기 위하여 개발된 패킷통신방식이다.

　　−Frame Relay 패킷통신의 주된 기능은 계층2에 있고, X.25 패킷통신의 주된 기능은 계층3이 제공한다.

　　−광역에 분산된 LAN들을 상호 접속하는 응용에 Frame Relay를 사용한다.

　㉢ Frame Relay 프로토콜

　　• 논리접속을 설정하고 해제하는 제어(C) Plane와 사용자 데이터를 전달하는 사용자(U) Plane로 구성된다.

　　• 데이터 링크계층은 데이터 링크부 계층과 데이터 링크코어부 계층으로 구성된다.

　　• Frame Relay에서는 최종 사용자간 정보전달시에 Q.922의 코어기능만을 사용한다.

(7) 네트워크의 이용 − 전자상거래

① 전자상거래의 개념

　㉠ Electronic Commerce 또는 EC라고 하며, 상품이나 서비스 거래행위의 전과정이 정보기술과 네트워크를 이용하여 이루어지는 것을 의미한다.

　㉡ 상품이나 서비스에 대한 정보제공 및 수집, 주문, 접수, 대금결제, 상품발송 등 일련의 상거래 흐름이 기존의 서류에 의존하지 않고 인터넷이라는 정보통신기술에 의해 이루어진다.

　㉢ EDI(전자문서교환) 시스템이 도입되어 기업간의 거래가 EDI화 되면 한 기업이 거래가 있는 다수의 기업 또는 관련 하청업체, 대리점 등과 거래서류를 종이가 아닌 전자적 신호로 바꿔 컴퓨터 통신망을 통해 교환하게 된다. 그 결과, 번거로운 사무처리가 제거되는 소위 종이없는 거래를 실현하게 되며, 처리시간의 단축, 비용의 절감 및 데이터의 유통이 신속, 원활하게 이루어진다.

② 전자상거래는 전자자금이체, 전자문서교환, 전자우편, 팩스, 전자게시판 등 정보통신서비스를 총체적으로 제공하는 종합정보시스템으로 이해되고 있다.

② 전자상거래의 유형(거래주체별)

　㉠ 기업과 기업 간의 전자상거래(B2B ; Business to Business)
　　• 기업간 거래로서 사설통신망이나 부가가치통신망 등의 네트워크상에서 주로 EDI 및 CALS를 이용하여 기업 간에 주문을 하거나 송장을 받고 지불을 하는 것으로, 무역, 제조 등의 분야에서 활용되고 있으며, 기업과 기업 사이의 부품의 상호조달, 유통망 공유 등을 인터넷을 통하여 처리하는 형태로, 기업업무의 통합성을 향상시킨다.
　　• 정보보안과 거래당사자 보호에 신중을 기하여야 한다.

　㉡ 기업과 소비자 간의 전자상거래(B2C ; Business to Customer)
　　• 기업과 개인 간 거래형태로서 웹의 출현으로 인한 인터넷 사용의 급격한 증가로 점차 확산되고 있는 전자상점(Electronic Mall)에서의 소규모 구매를 말한다.
　　• 사업매장이 필요치 않은 가상공간에서 시간적·공간적 제약을 넘어 소비자에게 바로 접근할 수 있고 사업의 확장이나 축소가 즉각적인 결과에 의해 바로 이루어질 수 있기 때문에 효율적이다.
　　• 대금결제는 전자결제를 통하여 이루어진다.

　㉢ 기업과 정부 간의 전자상거래(B2G ; Business to Government)
　　• 기업과 정부조직 간의 모든 거래를 포함한다.
　　• 전자상거래는 정부의 출자에 대한 투명성을 보장하며, 나아가 EDI와 CALS를 통하여 문서과정을 단축하고 보관 및 취급을 수월하게 할 수 있다.

　㉣ 소비자와 정부 간 전자상거래(C2G ; Customer to Government)
　　• 정부가 생활보호지원금(Welfare payment)이나 자진신고 세금환불(Self - assessed tax returns) 등과 같은 서비스를 전자적으로 수행하고자 할 때 활용될 수 있는 유형이다.
　　• 보다 빠르고 편리하게 정보와 서비스를 제공받을 수 있으며 정부의 효율성을 높일 수 있다.

③ 전자상거래 응용시스템

　㉠ EDI(Electronic Data Interchange ; 전자자료교환)
　　• EDI의 개념 : EDI는 다른 기업간에 수주, 발주, 수송, 결제 등 상업거래를 위한 자료를 데이터 통신회선을 통해 표준화된 포맷(format)과 규약에 따라 컴퓨터간에 온라인으로 전달하는 것을 말한다.
　　• EDI의 활용을 위한 기반
　　－프로토콜의 표준화 : 전자자료교환(EDI)의 운용을 위해서는 프로토콜의 표준화가 필요하다.
　　－보안서비스의 구현 : EDI는 기업간에 서로 약속된 형식에 의해서 전자적으로 문서를 주고받을 수 있도록 하는 규칙으로, 그 성질상 보안서비스의 구현은 필수적이다.

ⓒ CALS(Computer Aided Acquisition Logistics Support) : 주요장비 또는 다양한 지원체계를 개발하기 위한 설계·제작과정과 이를 보급, 조달하는 물류지원과정을 BPR(Business Process Reengineering)을 통해 조정하고 동시공학(Current Engineering) 업무처리과정으로 연계하며, 이러한 과정에서 작성되는 다양한 정보를 디지털화하여 통합 데이터베이스에 저장·활용함으로써 업무의 과학적·효율적 수행과 신속한 정보공유 및 전달체계, 종합적 품질관리를 통한 비용절감을 달성하고자 하는 공동의 전략을 말한다.

ⓒ 인트라넷(Intranet) : 인터넷의 WWW(World Wide Web ; 웹) 기술을 그대로 사내정보시스템에 이용한 것으로, 기업체·연구소 등의 조직 내부의 모든 업무를 인터넷으로 처리할 수 있는 새로운 개념의 네트워크 환경을 말한다.

ⓔ 엑스트라넷(Extranet) : 인터넷 기술을 사용하여 기업과 고객, 공급업체 및 사업 파트너 등을 네트워크로 연결하여 정보를 공유하는 기업간 정보시스템을 말한다.

ⓕ SCM의 정의 : 공급장에서 고객까지 상품이 전달되는 모든 과정, 즉 공급망(Supply Chain)상의 정보, 물자, 현금, 서비스, 가치의 흐름을 통합하고 관리함으로써 총체적 관점에서 시스템을 이해하고 분석하여 효율성을 극대화하기 위한 기업들의 공동제휴 전략이다.

ⓗ POS(Point Of Sale) : POS란 판매시점관리, 즉 구매·판매·배송·재고활동에서 발생하는 각종 정보를 컴퓨터로 보내어 각 부문이 효과적으로 이용할 수 있는 정보로 가공하여 전달하는 정보관리로서, 종전의 금전등록기 기능에 컴퓨터의 단말기 기능을 추가하여 매장의 판매시점에서 발생하는 정보를 입력하여 최종적으로 컴퓨터로 처리하는 매장정보 시스템을 말한다.

(8) 보안

① **보안의 개요** … 네트워크 자원에 대하여 통제된 접근 방식을 어떻게 제공할 것인가를 다루는 문제이다. 정보보안이란 외부로부터의 불법적인 침입으로부터 시스템 및 자원을 안전하게 관리하는 것이다.

② 정보보안의 기본적인 목표는 가용성, 무결성, 기밀성이다.

　　ⓐ **가용성** : 인가된 사용자가 정보시스템의 데이터 또는 자원을 필요로 할 때 부당한 지체없이 원하는 객체 또는 자원을 접근 및 사용할 수 있는 성질을 말한다.

　　ⓑ **무결성** : 정보 전달 도중에 정보가 훼손되지 않았는지 확인 하는 것을 말한다.

　　ⓒ **기밀성** : 전달 내용을 제3자가 획득하지 못하도록 하는 것을 말한다.

③ **안전확인 방법**

　　ⓐ **인증** : 사용자들을 식별하기 위한 것으로 비밀번호, 서명 등의 방법을 사용한다.

　　ⓑ **접근제어**

　　　• 시스템에서 자원의 사용가능 여부를 결정하는 과정을 말하며, 통신 시스템과 관련된 허가 되지 않은 동작들의 위협에서 자원을 보호하는 데 그 목적이 있다.

　　　• 불법적인 제3자의 접근을 완전히 차단하거나 정보에 대한 접근 권한을 달리 부여할 수 있다.

　　ⓒ **비밀보장** : 특정보안체계를 통해서 데이터의 비밀성을 유지하는 것을 의미한다.

　　ⓓ **무결성** : 권한을 부여받지 않은 방법으로 데이터를 변경하거나 파괴할 수 없는 특성을 의미한다.

ⓗ 부인봉쇄 : 데이터를 송신한 자의 사실을 허위로 부인하는 것으로부터 수신자를 보호하기 위해 수싯나의 발신 증거를 제공하거나, 수신자가 수신 사실을 거짓으로 부인하는 것으로부터 송신자를 보호하기 위한 수신 증거를 제공하는 보안 서비스의 일종이다.

ⓗ 보안감사 : 컴퓨터 시스템의 기록과 행동을 독립적으로 조사 관찰함으로써 보안침해 사실을 발견하고자 하는 보안활동 가운데 하나이다.

④ 해킹의 유형

ㄱ 해커 : 해커란 컴퓨터 시스템과 네트워크 분야에 대한 전문적인 지식을 가지고 있으면서, 고의로 네트워크를 통해 다른 시스템에 접근하여 자유자재로 조작하는 사람들을 일반적으로 가리키며, 그러한 행위를 해킹이라 한다.

ㄴ 크래커 : 해커와 비슷한 개념으로 사용되며 주로 복사 방지 소프트웨어 등을 불법적으로 변경하여 원래의 프로그램에 영향을 주는 행위를 하는 사람을 뜻한다.

ㄷ 해적행위 : 소프트웨어의 저작권을 침해하는 행위를 뜻한다. 소프트웨어의 불법 복제를 방지하도록 되어 있는 기법을 무력화 시키는 방법을 알아내어 그 방법을 공개하는 행위를 일컫는 용어이다.

ㄹ 스니핑
• 스니퍼란 네트워크의 한 호스트에서 실행되어 그 주위를 지나다니는 패킷들을 엿보는 프로그램으로 계정과 비밀번호를 알아내기 위해 사용한다.
• 스니핑을 대비하기 위해서는 암호화나 비밀번호를 대신하는 토큰을 이용하는 방법을 사용 할 수 있다.

ㅁ 스푸핑 : 자신을 타인이나 다른 시스템에게 속이는 행위를 의미한다.

⑤ 시스템 보안

ㄱ 방화벽의 개요
• 네트워크 내부 또는 네트워크 간의 보안을 담당하기 위해서 특정 네트워크를 격리시키는 데 사용되는 시스템이다.
• 효과적인 방화벽은 네트워크 안팎의 모든 통신 내용을 점검하여 허용된 통신만 가능하도록 한다.
• 방화벽은 외부로부터의 침입방지와 내부정보의 불법적인 유출을 방지하는 기능을 담당한다.

ㄴ 방화벽의 종류
• 네트워크 차원의 방화벽(스크린 호스트 게이트웨이) : 외부로부터 들어오는 모든 패킷은 스크린 라우터를 거치고, 스크린 라우터는 외부 패킷이 바로 사내 네트워크로 돌아오는 것을 차단한다.
• 스크린 서브넷 게이트웨이 : 인터넷과 내부 네트워크 사이에 DMZ이라는 중립지역을 설정하고, 외부에 공개하여 사용하는 모든 서버들을 이 서브넷에 위치시킨다. DMZ은 외부에서 비교적 자유롭게 접근할 수 있는 영역이며, 여기서 네트워크 내부로 들어가기 위해서는 다시 라우터를 거쳐야 한다.

⑥ 데이터 보안(침입형태)

ㄱ 가로막기 : 자료의 전송을 가로막아 수신측으로 전달되는 것을 방해하여 자료의 가용성을 저해하는 행위이다.

ㄴ 가로채기 : 전송되는 데이터 중간에서 몰래 도청하는 것으로, 메시지의 보안성을 떨어뜨리는 행위이다.

ⓒ 수정 : 메시지를 다른 내용으로 바꿈으로써 자료의 무결성을 저해하는 행위이다.

ⓔ 위조 : 전송하지 않은 자료를 마치 전송한 것처럼 꾸며서 자료의 인증을 해치는 행위이다.

⑦ 보안문제

　ⓐ 보안문제 발생

- 신용카드정보의 불법적인 노출 : 인터넷을 통한 신용카드정보의 전송시 이를 중간에서 도청하는 행위, 또는 저장된 신용카드정보 네이터베이스가 타인에게 노출되어 불법적으로 사용될 수 있다.
- 개인신상정보의 노출 : 신용카드의 정보뿐만 아니라 주문시 보내는 개인신상에 관련된 정보(주소, 전화번호, 구매정보 등)가 불법적으로 유출될 수 있다.
- 금액의 불법적 변조 및 타인으로 위장 : 전자화폐를 사용할 때, 전자화폐의 금액을 불법적으로 변조하거나 타인으로 신분을 위장해 악용할 수 있다.
- 거래부인 : 물건의 주문이나 대금의 지불 후 매매자 또는 구매자에 의해 그 거래를 부인하는 행위가 있을 수 있다.

　ⓑ 보안대책

- 암호화 : 전자상거래에서의 암호화는 정보보호가 주된 기능이었던 종전의 암호기술에 전자서명, 본인인증 등의 기능이 추가된 것으로, 정보사회의 새로운 기술로 자리잡고 있다.
- 전자서명
- 전자서명이란 종래 종이문서에 대한 진위 여부를 확인하기 위해 사용하던 인장이나 서명을 전자문서에 기반을 둔 전자적 거래 또는 업무에서도 같은 기능을 갖도록 전자적으로 구현한 것을 말한다.
- 전자결제시스템에서 사용되는 전자서명은 특별한 방식으로 만들어진 디지털 정보인데, 메시지 인증기능과 사용자 인증기능을 갖는다. 메시지 인증기능은 비록 정보가 암호화되어 있다 하더라도 이 내용이 처음에 만들어진 내용과 변경이 없었다는 것을 증명하는 기능이며, 사용자 인증은 이 메시지를 보낸 사람도 그 메시지를 자신이 보낸 것이 아니라고 부인하지 못하게 하는 효과도 있다.
- 블라인드 전자서명 : 디지캐시사의 David Chaum이 고안한 서명기법으로 은행이 사용자가 어떤 번호로 전자현금을 인출했는지를 알 수 없도록 하는 방식이다.
- 전자현금의 이중사용
- 전자현금은 결국 디지털 데이터인데, 이는 동일하게 복사할 수 있기 때문에 사용자가 이를 복사해서 현금을 두 번 이상 사용하는 것을 방지할 수 있는 방법이 있어야 한다. 이에 대한 대안으로 가장 손쉬운 방식은 현금을 받는 편에서 항상 은행에 이 현금의 사용 여부를 확인할 수 있는 데이터베이스를 유지하는 것이다.
- 최근에는 은행에서 전자현금을 제작할 때 특별한 방식을 사용함으로써 현금을 받는 측이 은행에 사용 및 결제 여부를 온라인으로 문의하지 않고, 수학적 방식을 통해 복제 여부를 확인하는 방식이 제안되고 있다.

❷ 인터넷

(1) PC통신

① PC통신

      ㉠ PC통신의 개념 : 두 대 이상의 컴퓨터간에 정보를 교환하는 것이다.

      ㉡ 정보교환의 수단

         • 종류 : PSTN(공중전화망), PSDN(공중데이터망), ISDN(종합정보통신망), 전용선 등이 있다.

각 교환 방식별 비교

구분	회선교환	메시지교환	데이터그램 패킷교환	가상회선 패킷교환
전송로	전용 전송로	전용로가 없음		
전송단위	데이터연속전송	데이터연속전송	패킷 전송	패킷 전송
대화형	대화식 사용이 가능할 정도로 빠름	대화식 사용이 가능할 정도로 느림	대화식 사용이 가능할 정도로 빠름	대화식 사용이 가능할 정도로 빠름
전송 프레임 저장 유무	메시지는 저장되지 않음.	메시지는 나중의 회복을 위해 파일로 저장됨	패킷은 배달 될 때까지 저장 될 수 있음	패킷은 배달 될 때까지 저장 될 수 있음
경로	전체의 전송을 위해 전송로가 설립	각 메시지마다 경로가 설립	각 패킷마다 경로가 설립	전체의 전송을 위해 경로가 설립
지연	호출설정지연을 무시할 수 있을 정도의 전송지연	메시지 전송지연	패킷 전송지연	호출설정지연 패킷전송지연
Busy 신호여부	호출된 자국이 바쁘면 Busy 신호보냄	Busy 신호 없음	패킷이 배달되지 않으면 송신자에게 통지됨	연결거부시 송신자에게 통지됨
과부하에 따른 지연	과부하가 호출설정을 중단시킬 수 있음. 따라서 전송 지연은 없음	과부하가 메시지 지연을 증가시킴	과부하가 패킷 지연을 증가시킴	과부하가 호출설정을 중단시킬 수 있음. 따라서 패킷 지연을 증가시킴
각 교환노드	전자기계식 혹은 컴퓨터화된 교환 노드	파일저장 기능을 가진 메시지 교환 센터	소규모 교환노드	소규모 교환노드
메시지 분실확인	사용자가 메시지 분실방지에 대한 책임을 짐	네트워크가 메시지를 책임짐	네트워크가 각 패킷에 대해 책임짐	네트워크가 각 패킷에 대해 책임짐
변 환	보통 속도 변환, 코드 변환이 없음	속도와 코드 변환이 있음	속도와 코드 변환이 있음	속도와 코드 변환이 있음
대역폭	고정된 대역폭	대역폭의 동적 사용	대역폭의 동적 사용	대역폭의 동적 사용
오버헤드 비트	호출 설정 후에는 오버헤드 비트가 없음	각 메시지마다 오버헤드 비트가 있음	각 패킷마다 오버헤드 비트가 있음	각 패킷마다 오버헤드 비트가 있음

- ISDN(Integrated Service Digital Network) : 종합정보통신망, 디지털 전송방식, 여러 통신서비스를 하나의 회선으로 종합적으로 이용하고, 회선교환과 패킷교환이 동시에 가능하다. 고속·고품질·멀티미디어 통신이다.
  ⓒ 모뎀(Modem)
  - 의미 : 변조기(Modulator)와 복조기(Demodulator)의 합성어로, 컴퓨터의 디지털 신호와 전화망의 아날로그 신호를 변화하는 장치이다.
  - 변조 : 디지털 신호가 아날로그 신호로 바뀌는 것이다.
  - 복조 : 아날로그 신호가 디지털 신호로 바뀌는 것이다.

    > **TIP** 모뎀제어 명령어
    > ㉠ ATZ(초기화) : 모뎀을 소프트웨어적으로 초기화
    > ㉡ ATH(전화끊기)
    > ㉢ ATD(전화걸기) : 전자식 ATDT 기계식 ATDP

  ㉣ 통신 에뮬레이터(Emulator) … PC통신 서비스를 이용하고자 할 때, 해당 통신 서비스를 제공하는 컴퓨터와 똑같이 모방하여 동작하도록 하는 소프트웨어를 말한다. 모든 통신 서비스를 이용할 수 있는 범용 에뮬레이터와 해당 PC통신업체에서 제공하는 전용 에뮬레이터가 있다.
  ㉤ 파일전송 프로토콜
  - ZMODEM : 대량의 파일전송이 가능하고 PC통신에서 널리 사용된다. 수신측의 응답을 기다리지 않고 송신측 주도로 통신을 하며, 통신의 정확성과 안정성이 뛰어나다. 또한 이어받기가 가능하다.
  - 기타 : XMODEM, YMODEM, Kermit 등이 있다.
  ㉥ PC통신 용어
  - 계정 : Account = User ID = Login Name
  - 갈무리 : 화면의 내용을 파일형태로 저장
  - 화상통신 : 문자 이외에 그림을 지원하는 PC통신
  - CUG : 특정단체 회원들만 이용하는 BBS

② 인터넷 접속
  ㉠ LAN 접속
  - 필요장비 : 전용선 라우터(router), CSU, DSU, LAN카드, 패킷드라이버, TCP / IP Stack
  - 성격 : 직접접속 – 할당된 고정 IP Address 소유, 호스트(Host) 권한
  ㉡ Dial-up 접속 : 전화선을 통한 인터넷 접속으로 모뎀이 필요하다.
  - SLIP / PPP 접속 : Winsock 등을 이용하여 인터넷 접속
  - UNIX Shell 접속 : 호스트의 UNIX Shell을 제한적인 범위 내에서 직접 이용
  ㉢ Winsock
  - Windows Socket, Windows 또는 OS / 2에서 TCP / IP 연결 표준
  - API : Trumpet Winsock, Troy Winsock(twinsock), Windows95의 전화접속 네트워킹

(2) 인터넷

① 개념

  ㉠ 인터넷(Internet)

- 인터넷은 간단히 말해 여러 통신망들이 합쳐져 만들어진 망들의 합(Network)이라고 할 수 있다.
- 인터넷이라는 거대한 통신망을 통해 멀리 떨어져 있는 컴퓨터에 접속(Telnet)하여 자기의 컴퓨터처럼 사용할 수 있고, 인터넷상에 있는 중요한 여러가지 공개된 파일들을 전송(FTP)받고 정보를 검색(Search)할 수 있으며, 다른 나라에 있는 사람과 대화(IRC)도 할 수 있다.

  ㉡ **프로토콜(Protocol)** : 네트워크상에서 어떠한 형식으로 데이터를 주고 받을 것인가에 대해서 약속한 규약이다.

② TCP / IP

  ㉠ TCP / IP의 개념

- 인터넷 동작의 중심이 되는 프로토콜로 인터넷 프로토콜 중에서 TCP와 IP 프로토콜의 합성어로, 오늘날 가장 널리 사용되고 있다.
- TCP는 데이터의 흐름을 관리하고 데이터가 정확한지 확인하는 역할을 하며, IP는 데이터를 네트워크를 통해 한 장소에서 다른 장소로 옮기는 역할을 한다.

> **TIP** 3가지 구성요소
> ㉠ 프로세스(Process) : 가장 기본적인 엔티티로 호스트에서 수행한다.
> ㉡ 호스트(Host) : OSI 모델의 station에 해당하며, 다중 프로세스를 지원한다.
> ㉢ 네트워크 : 호스트간의 통신을 위해 필요하다. 호스트간의 통신은 네트워크를 거쳐 이루어진다.

  ㉡ **인터넷 프로토콜의 4계층**

- **링크계층** : 데이터링크계층, 네트워크 인터페이스계층 등을 포함한 계층이다.
- **네트워크계층** : 네트워크에서 패킷을 이동시키기 위해서 호스트간의 데이터 이동경로를 구하는 계층(IP, ICMP, IGMP)이다.
- **전달계층** : 호스트간의 데이터 흐름을 가능하게 하는 계층(TCP, UDP)이다.
- **응용계층** : 사용자에게 각종 서비스를 제공하기 위한 계층으로 E-mail 전송을 위한 SMTP, 파일전송과 관련된 FTP, 원격컴퓨터 접속을 위한 TELNET, 웹 서비스를 위한 HTTP 등이 있다.

  ㉢ TCP / IP의 동작

- 서브네트워크, 다중네트워크에서 전체를 구성하는 한 요소로 존재하는 네트워크이다.
- 토큰링과 같은 네트워크접속 프로토콜을 이용하여 서브네트워크에 연결한다.
- 이 프로토콜은 한 호스트에서 같은 서브네트워크에 있는 다른 호스트로 데이터를 보내거나 다른 서브네트워크에 있는 호스트의 경우 라우터로 데이터 전달을 가능하게 한다.
- TCP/IP 구성요소
  - 인터넷 접속을 위해 반드시 지정해야 하는 구성 요소 : IP 주소, 서브넷 마스크, 게이트웨이, DNS 서버 주소
  - TCP/IP 구성 요소 설정 : 바탕 화면→[내 네트워크 환경]의 바로 가기 메뉴에서 [속성]→'로컬 영역 연결'을 선택 후 네트워크 작업 창에서 [이 연결의 설정 변경] 클릭→'일반' 탭에서 '인터넷 프로토콜(TCP/IP)' 더블클릭

• TCP/IP 등록 정보

IP 주소	인터넷에 연결된 호스트 컴퓨터의 유일한 주소로, 네트워크 주소와 호스트 주소로 구성되며, 32 비트 주소를 8비트씩 점(.)으로 구분
서브넷 마스크	IP 주소의 네트워크 주소와 호스트 주소를 구별하기 위한 32비트 주소
게이트웨이	다른 네트워크와의 데이터 교환을 위한 출입구 역할을 하는 장치
DNS 서버 주소	문자 형태로 된 도메인 네임을 숫자로 된 IP 주소로 변환해 주는 서버(DNS)가 있는 곳의 IP 주소를 지정함

③ 인터네트워킹(Internetworking)

㉠ 개념 : 개개의 LAN을 연결하여 WAN, 또는 WAN에서 더 큰 WAN으로 연결시키는 이론이나 기술을 뜻한다. 인터네트워킹은 매우 복잡한데, 그것은 대체적으로 다른 프로토콜을 사용하여 네트워크를 연결시키기 때문이다.

> **TIP** 인터네트워킹 용어
> ㉠ Communication Network(통신망) : 네트워크에 연결된 station들 사이에 데이터 전송 서비스를 제공하는 설비이다.
> ㉡ Internet : 브릿지나 경로에 의해 상호 연결된 통신망들의 모임이다.
> ㉢ Subnetwork : 인터네트의 네트워크 구성요소로 local network라고도 일컫는다.
> ㉣ End System(ES) : 사용자 응용을 지원하는 서브네트워크에 부착된 device(컴퓨터, 터미널)이다.
> ㉤ Intermediate System(IS) : 두 개의 서브네트워크를 연결하기 위해 사용하며, 서로 다른 서브네트워크에 부착된 ES사이에 통신을 허용한다.
> ㉥ Bridge : 같은 LAN protocol을 사용하는 두 LAN을 연결하기 위하여 사용되는 IS, OSI 2계층 기능을 수행한다.
> ㉦ Router : 경로배정기로 유사하거나 그렇지 않은 두 네트워크를 연결하기 위하여 사용되는 IS, OSI 3계층 기능을 수행한다.
> ㉧ Port : 모뎀과 컴퓨터 사이에 데이터를 주고받을 수 있는 통로이다.

㉡ 연동장비

• 리피터(Repeater) : 전송매체상에 흐르는 신호를 증폭하여 중계하는 장치로 전기적·광학적 신호를 대상으로 하므로 서로 다른 구조의 네트워크에 사용할 수 없다. OSI 1계층(물리계층)에서 동작한다.

• 브리지(Bridge) : 서로 비슷한 MAC 프로토콜을 사용하는 LAN 사이를 연결한다. 혼잡한 네트워크 수송량을 분리하기 위해 사용되며, OSI 2계층(데이터링크계층)에서 사용한다.

• 라우터(Router) : 프로토콜의 전환이 없거나 프로토콜이 다른 세 개 이상의 네트워크를 연결하여 데이터 전달통로를 제공해주는 Host LAN을 WAN에 접속시킬 때 유용한 장비이다. OSI 3계층(네트워크계층)에서 동작한다.

• 게이트웨이(Gateway) : 두 개의 완전히 다른 프로토콜 구조를 가지는 7계층 사이를 결합하는 데 사용한다. 즉, 서로 다른 LAN 사이, 동일 LAN상의 서로 다른 프로토콜을 가지는 기기들 사이, LAN과 다른 구조를 갖는 장거리 통신망 사이를 연결하는 장비이다.

[네트워크 관련 장비]

네트워크 인터페이스카드(NIC)	• 컴퓨터와 컴퓨터 또는 컴퓨터와 네트워크를 연결하는 장치 • 정보 전송시 정보가 케이블을 통해 전송될 수 있도록 정보 형태를 변경 • 이더넷 카드(LAN 카드) 혹은 어댑터라고 함
허브(Hub)	네트워크를 구성할 때 한꺼번에 여러 대의 컴퓨터를 연결하는 장치로, 각 회선을 통합적으로 관리
리피터(Repeater)	거리가 증가할수록 감쇠하는 디지털 신호의 장거리 전송을 위해서 수신한 신호를 재생시키거나 출력전압을 높여 전송하는 장치
브리지(Bridge)	단순 신호 증폭뿐만 아니라 네트워크 분할을 통해 트래픽을 감소시키며, 물리적으로 다른 네트워크를 연결할 때 사용
라우터(Router)	• 인터넷에 접속할 때 반드시 필요한 장비로, 최적의 경로를 설정하여 전송 • 각 데이터들이 효율적인 속도로 전송될 수 있도록 데이터의 흐름을 제어
게이트웨이(Gateway)	주로 LAN에서 다른 네트워크에 데이터를 보내거나 다른 네트워크로부터 데이터를 받아들이는 출입구 역할

④ 인터넷의 주소체계

㉠ IP Address : 인터넷에 연결된 컴퓨터를 숫자로 표현한 주소이며, 도메인 주소와 달리 숫자를 사용하여 실질적으로 컴퓨터가 인식하게 되는 주소이다. 이는 반드시 한 컴퓨터에 하나의 주소만 가져야 한다.

• 관리 및 할당 기관 : NIC

• 지역별 NIC

-InterNIC : 미국

-APNIC : 아시아, 태평양

-RIPE : 유럽

-KRNIC : 한국

-JPNIC : 일본

> **TIP** IP Address 체계
> ㉠ 인터넷은 IP(Internet Protocol) 주소체계를 따른다.
> ㉡ IP address의 범위 및 등록 가능한 호스트 수를 나타낸다.

ⓛ 도메인 네임(Domain Name) … 영문으로 표현된 인터넷 IP주소로, 계층적 구조이다.

• 국가코드 : 미국을 제외한 모든 국가들은 최상위 도메인에 국가코드를 사용한다.

국가코드	국가
kr	대한민국
jp	일본
br	브라질
ca	캐나다
at	오스트리아
uk	영국
hk	홍콩

• 기관 성격 : 기관의 성격에 따른 분류를 위해 사용한다. 미국에서는 국가코드 없이 세 개의 문자를, 국가코드를 사용하는 국가에서는 두 개의 문자를 사용하는 것이 일반적이다. 우리나라도 요즘은 도메인 네임을 만들 때 .co.kr 대신 .com을 많이 사용한다.

성격	일반이름	국가코드가 없을 때
회사	co(company)	com
교육	ac(academy)	edu(education)
정부	go(government)	gov(government)
연구	re(research)	
법인	or(organization)	org(organization)
군사		mil(military)
네트워크	nm, ne(network)	net(network)

ⓒ DNS(Domain Name System) : 인터넷에 연결된 특정컴퓨터의 도메인 네임을 IP Address로 바꾸어 주거나 또는 그 반대의 작업을 처리해주는 시스템이다.

ⓔ 인터넷 관련조직

• 국외

- ISOC(Intenet Society) : 인터넷 운영의 통일성과 표준유지를 위해 1983년 조직하였으며, 인터넷의 최종적인 일을 담당한다.

- NIC(Network Information Center) : IP주소의 할당, 네트워크와 도메인 이름의 등록, 국가별로 분산하는 일을 한다.

- LAB(Intenet Architecture Board) : 인터넷의 구조발전에 관련된 기술적이고 정책적인 문제를 다루는 위원회로, RFC 문서의 출판과정을 관리(IETF가 실제적인 관리)하고 IETF의 활동을 검토한다.

-IETF(Inernet Engineering Task Force) : 누구나 가입이 가능하다. 10개의 분야로 나누어지며 이 분야 안에 다양한 워킹그룹(필요에 의한 조직)들이 있다.

-IRTF(Internet Reseach Task Force) : 컴퓨터 통신망에 대한 연구 또는 기술개발 등을 위한 조직으로 주로 이론적인 관점의 연구조직이다.

- 국내

-KNC(Korea Networking Cound) : 한국전산망협의회로 전산망간의 상호 연동 및 조정을 한다.

-ANC(Academic Network Cound) : 학술전산망 협의회이다.

-KRNIC(Korea Network Center) : 한국망정보센터로 국내 IP주소 할당, 도메인 등록망 정비 관리 등을 한다.

-CERT-Korea(Computer Emergency Response Team) : 전산관련 보안위원회

POINT 국내 3대 비영리망 … 교육전산망(KREN), 정부공공기관인터넷(KOSINet), 연구망(KREONet)

⑤ 인터넷 서비스

㉠ URL(Uniform Resource Locator) : WWW 정보의 주소지정방식으로 WWW의 기본이 된다. 이 통신규약을 이용하여 WWW은 하이퍼텍스트 문서뿐만 아니라 FTP, Gopher, Usenet 등 인터넷에 존재하는 어떠한 형태의 정보라도 가져올 수 있다.

POINT URL 형식 … 프로토콜 ://도메인 네임[:포트번호] / 경로명 / 파일명

㉡ Proxy Server(프록시서버)

- 보안기능 : 방화벽 내의 클라이언트와 외부와의 연결기능을 한다.

- 데이터 캐시기능 : 브라우저에서 Proxy Server를 지정하면 접속하려는 서버에서 직접 데이터를 가져오지 않고 프록시 서버에 저장된 데이터를 가져오기 때문에 속도가 빠르고 네트워크 부하를 줄인다.

㉢ WWW(World Wide Web) : 분산 멀티미디어 하이퍼 시스템으로, 인터넷에 존재하는 각종 형태의 문서 및 데이터를 통합적으로 연결하여 사용한다.

POINT WWW 용어
  ㉠ 하이퍼미디어 : 웹페이지에서 문서뿐만 아니라 사운드, 그래픽, 동영상 등 다른 형식의 데이터를 포함하고 있는 것
  ㉡ 하이퍼텍스트 : 특정 데이터 항목이 다른 문서와 링크관계를 가지고 있는 문서
  ㉢ 하이퍼링크 : 하이퍼텍스트 문서 중 반전되어 있는 단어로 URL에 의해서 다른 문서로 지정해 놓은 것
  ㉣ HTML : 하이퍼텍스트 문서의 형태를 만들기 위해 태그 등을 이용하여 명령을 주는 언어
  ㉤ 북마크 : 인터넷상의 여러 사이트를 돌아다니다가 기억해 놓고 싶은 사이트를 보관하여 나중에 리스트에서 선택만 하면 바로 접속할 수 있게 하는 기능
  ㉥ 미러사이트 : 거울이 되는 사이트로, 좋은 프로그램과 자료가 있는 사이트의 공개자료를 다른 호스트에 복사해 두는 것

㉣ 원격접속(Telnet)

- 특징 : 특정지역 사용자와 타지역의 컴퓨터를 온라인으로 연결하는 서비스로 사용자, ID(계정)가 있어야 하나 guest 자격으로 login이 가능하다.

- 텔넷(Telnet)으로 이용 가능한 인터넷 자원 : Database, Gopher, Archie, Wais, WWW, bbs, IRC, MUD 등이 있다.

ⓜ FTP(File Transfer Protocol)

- Anonymous FTP : 익명 FTP 또는 공개 FTP 사이트로, 누구나 접속이 가능하다.
- Maroning 사이트 : 유명한 Anonymous FTP 사이트의 디렉토리 및 파일을 복사한 목록을 가진 FTP 사이트로, 보통 이용자의 분산이 주목적이다.
- Anonymous FTP 접속시
- login : anonymous 또는 ftp
- password : E-mail address
- Browser 이용접속 login ID, password 생략
- 아키(Archie) : 인터넷의 여러 기능 중 FTP를 이용하면 파일을 전송받을 수 있다. 그러나 파일의 이름은 알고 있지만 그 파일이 있는 위치를 모를 경우가 있다. 이때 파일의 소재를 찾아주는 프로그램이 아키이다.

ⓗ 전자우편(E-mail)

- 기본적으로 7bits ASCII 메시지를 교환한다.
- 전송규약 : RFC 822 규약 7bit ASCII(헤드, 본문)
- MIME(Multipurpose Internet Mail Extensions)
- MIME은 인터넷 전자메일을 통하여 여러 다른 종류의 파일들을 전송가능하게 하기 위해 개발된 것이다(보통의 텍스트 데이터 이외의 확장코드, 화상, 음성 등을 인터넷 메일로 보내기 위한 방법).
- MIME 프로토콜은 인터넷 통신에서 여러 포맷의 문서를 전송하기 위해 사용된다.
- 이 프로토콜은 원래 문서내용의 포맷과 컴퓨터상에 나타나는 문서포맷간의 관계를 설정하는 것으로 복잡한 파일포맷을 관리한다.
- MIME을 사용하는 응용 프로그램은 전송된 문서의 내용을 처리하기 위해 필요한 소프트웨어의 유형을 설정한다.
- 적절한 보조 프로그램 설정을 하고 소프트웨어의 도움을 받으려면 넷스케이프는 자동적으로 여러 가지의 포맷으로 전송되는 내용과 접속할 수 있도록 필요한 업무를 수행한다.
- E-mail 프로토콜
- SMTP(Simple Mail Transfer Protocol) : 전자우편 송신을 담당하는 프로토콜로, 인터넷 메일 호스트 사이에 메시지를 주고 받기 위해 사용하는 하위레벨 프로토콜로 메일 메시지를 ASCII화일로 한정한다.
- POP(Post Office Protocol) : 전자우편 수신담당, 즉 사용자가 쉘 계정이 있는 호스트에 직접 접속하여 메일을 읽지 않고 자신의 PC에서 바로 유도라나 넷스케이프 메일을 이용하여 자신의 메일을 다운로드 받아서 보여주는 것을 정의한 프로토콜이다.

> **TIP** POP3(Post Office Protocol 3) … PC상에서 유도라 또는 넷스케이프 메일과 같은 윈도우용 메일 프로그램을 이용해서 메일을 사용 가능하도록 해주는 프로토콜이다.

- MIME : Binary 파일전송(RFC 1521, 1522)

> **TIP** 메일링 리스트(Mailing List) … 전자우편을 이용하여 관심있는 주제를 토론하는 서비스이다. 인터넷 이용자가 특정 호스트에 전자우편을 보내어 토론그룹에 가입함으로써 토론내용을 구독하고 글을 게시하는 방식으로 운영되고 있다. 예를 들어, '인터넷 기초'에 관련된 메일링 리스트에 가입하면 그에 관한 내용을 전자우편을 통하여 지속적으로 받아볼 수 있으며 동시에 자신이 글을 게재하여 토론에 참여할 수도 있다.

ⓐ 유즈넷(Usenet) : 인터넷상의 토론그룹으로 세계 각지의 사람들이 모여 각자 관심사별로 뉴스그룹을 만들어 이야기를 나누고 자료를 공개해 나누는 가상 토론공간이다.

ⓞ 대화 : Talk, IRC(세계 사람들이 모여서 대화할 수 있는 가상공간)
- Channel(대화방) : 각 주제별로 나누어진 대화공간
- Topic
-각 채널에서 다루어지는 주제
-Talk : 1 대 1 대화

ⓩ Gopher, Veronica
- Gopher : 디렉터리와 메뉴(Tree)방식으로 정보를 쉽게 검색한다. Anonymous FTP 사이트와 연결된다.
- 메뉴이동방식으로 정보 검색어를 별도로 외울 필요가 없다. 다만, 정보의 위치·종류를 자세히 알아야 한다.
- Veronica : Gopher 전체의 각종 자료와 디렉토리를 대상으로 검색한다.

ⓩ Wais : 네트워크상의 분산된 데이터베이스를 대상으로 자료를 색인(Index)화한 정보검색 서비스이다.
- 프로토콜 : Z39.50(도서관 자료검색 표준)
- Client / Server 구조
- directory − of − servers : Wais에서 각 데이터베이스, 즉 서버에 관한 정보를 소유한 데이터베이스이다.

> **TIP** MBONE … 인터넷상에서 화상회의와 같이 여러 참가자가 있고, 이들간에 오디오나 비디오같은 멀티미디어 데이터를 전송하는 애플리케이션을 가동하기 위해 만들어진 '가상 네트워크' 혹은 '시범 네트워크'이다.

[프로토콜별 URL 예]

서비스 종류	프로토콜 및 포트번호	형식 예
www	프로토콜 : http:// 기본 포트번호 : 80	http://www.dacom.net
telnet	프로토콜 : telnet:// 기본 포트번호 : 23	telnet://chollian.net
ftp	프로토콜 : ftp:// 기본 포트번호 : 21 사용자 ID와 비밀번호가 필요한 경우 : ftp://사용자ID : 비밀번호@서버주소	ftp://ftp.netscape.com
gopher	프로토콜 : gopher:// 기본 포트번호 : 70	gopher://gopher.kormet.net
news group	프로토콜 : news 기본 포트번호 : 119	news://news.kornet.net
e-mail	프로토콜 : mailto: 기본 포트번호 : 25	mailto:user_id@domain.name
file	file:///또는 없음	file:///c:/infor/index.htm

(3) HTML

① 개념

　　㉠ HTML(Hyper Text Markup Language) : 하이퍼텍스트 문서의 형태를 만들기 위해 태그(TAG) 등을 이용하여 명령을 주는 언어이다. HTML은 하이퍼텍스트 문서의 내부적인 형식을 규정하는 역할을 한다.

　　㉡ 하이퍼텍스트(Hyper Text) : 특정 데이터 항목이 다른 문서와 링크관계를 가지고 있는 문서를 말한다.

　　㉢ 태그(TAG) : HTML 문서를 작성하기 위해서 쓰는 일종의 약속(명령어)이다.

② HTML의 기본구성

```
〈HTML〉
        〈HEAD〉
                〈TITLE〉 문서 제목 〈/TITLE〉
        〈/HEAD〉
        〈BODY〉
                실제로 표시되는 문서의 내용
        〈/BODY〉
〈/HTML〉
```

　　㉠ 〈HTML〉 : HTML 언어로 작성되었다는 것을 나타내 준다.

　　㉡ 〈HEAD〉 : HEADING의 준말로 웹 브라우저의 머리말 부분을 의미하는 태그이다. 문서의 제목이나 특징, 제작자의 정보 등 문서에 관한 정보를 나타내는 곳이다.

　　㉢ 〈TITLE〉 : 웹 브라우저의 제목 표시줄에 기록할 내용을 기술하는 태그이다. 제목 표시줄은 웹 브라우저 전체로 보면 머리말에 해당되는 부분이므로 이 태그는 〈HEAD〉태그 안에 기술되어야 한다. 주로 홈페이지를 알리는 말이나 환영인사 등이 들어가고, 즐겨찾기에 추가할 때 제목으로 나타나며, 웹 검색엔진이 자동으로 웹을 검색할 때 TITLE 부분을 검색하며 없으면 UNTITLE로 출력한다.

　　㉣ 〈BODY〉 : 이 태그 안에 서술한 내용이 브라우저에 표시되는 문서가 된다.

　　㉤ [주석] : 주석이란 설명문을 위한 태그로 설명문이라는 말 그대로 프로그램의 진행이나 형식에는 전혀 영향을 미치지 않으면서 프로그래머나 이 프로그램을 다시 보는 사람들에게 부수적인 내용을 알려주기 위해 기술하는 부분이다.

　　　　🔊TIP 프레임 … 홈페이지로 사용하는 화면을 원하는 크기로 영역을 분할하여 화면을 좀더 효율적으로 사용하게 한다.

③ HTML 태그의 종류

　　㉠ 문자모양 지정

　　　• 〈Hn〉 … 〈/Hn〉 : 주로 글자크기를 조절할 때 사용하는 태그로, n은 1에서 6 사이의 수치가 사용된다. 1은 가장 큰 글자, 6은 가장 작은 글자를 나타낸다.

　　　• 〈FONT〉 … 〈/FONT〉 : 일반적으로 사용하는 글자를 나타내는 태그로 SIZE는 1부터 7까지 사용하는데, 기본값은 3이고 그 중 7이 가장 큰 글자를 나타낸다.

　　　• 〈HR〉 … 〈/HR〉 : Horizontal의 약자로 수평선을 그릴 때 사용한다. 위치와 길이, 굵기의 조정이 가능하다.

TIP 글자모양 변경태그
- ㉠ 〈B〉(Bold) : 굵은 문자모양으로 변경
- ㉡ 〈I〉(Italic) : 이탤릭 문자모양으로 변경
- ㉢ 〈U〉(Under Line) : 밑줄이 있는 문자모양으로 변경
- ㉣ 〈S〉(Strike) : 가운데 취소줄이 있는 문자모양으로 변경

㉡ **줄바꿈과 문단 구분**

- 〈BR〉 : BReaking의 약자로 줄을 바꾸는 역할을 하는 태그이다. 문장 끝에 〈BR〉를 쓰면 Enter를 친 것과 같다.
- 〈P〉 : Paragraph의 약자로 문단을 나누는 역할을 하는 태그이다. 이 태그는 〈BR〉을 두 번 연속해 친 것과 같은 효과가 나타나며, 여러 번 기술해도 한번밖에 인식하지 못한다.
- 〈PRE〉 … 〈/PRE〉 : PREformatted text의 약자로 태그 안의 문장을 그대로 인식하여 표현해주는 태그이다. 공백을 포함한 문장을 직접 나타내고자 할 때 많이 사용한다.
- 〈NOBR〉 … 〈/NOBR〉 : 창크기에 의한 워드랩(자동 줄바꿈)이 되지 않고 한 줄에 나타나도록 하는 태그이다.

㉢ **이미지 삽입**〈IMG SRC = "이미지 파일명" Option〉 : 이미지를 표시하기 위한 기본 태그이다. SRC는 Source의 의미로 입력한 파일명에 해당하는 이미지를 표시한다. 홈페이지가 표시할 수 있는 이미지는 GIF형식이나 JPEG형식이다.

㉣ **표 만들기**

- 〈TABLE〉 … 〈/TABLE〉 : 표를 작성할 때 사용하는 태그이다.
- 〈TR〉 … 〈/TR〉 : 행을 나타낼 때 사용한다.
- 〈TD〉 … 〈/TD〉 : 표 안에 들어갈 데이터를 표시한다.
- 〈TH〉 … 〈/TH〉 : 표 안에 들어갈 열의 내용이 나타난다.
- 〈CAPTION〉 … 〈/CAPTION〉 : 표의 제목을 표시해 주는 태그이다.

㉤ **하이퍼링크**(Hyperlink)

- 〈A〉태그의 기본구조 : 〈A〉는 Anchor의 약자이며, HREF는 Hypertext REFerence의 약자로 연결할 문서가 있는 URL이나 파일명을 지정한다.

> 〈A HREF="파일명 또는 URL"〉 글자 또는 그림 〈/A〉

- 〈A〉태그의 속성

> HREF = "파일명 또는 URL" : 링크할 주소나 파일명을 적는다.
> NAME = "위치 이름" : 링크될 글자나 그림에 이름을 지정한다.

- 웹상의 다른 홈페이지와 연결 : 〈A HREF="연결할 웹페이지 주소"〉 하이퍼텍스트 내용 〈/A〉
- 편지쓰기 창과 연결 : 〈A HREF="MAILTO : E-mail 주소"〉 하이퍼텍스트 내용 〈/A〉
- 동일 페이지문서 내에서 이동
- 〈A HREF="#찾아가야 할 곳"〉 찾는 곳 〈/A〉
- 〈A NAME="찾는 곳"〉 찾는 곳에 대한 설명 〈/A〉

–다른 HTML 파일로 연결 : 〈A HREF="연결할 파일명.HTML"〉 하이퍼텍스트 내용 〈/A〉

> 📢 **TIP** 목록정보 태그
> ㉠ UL : 순서가 없는 목록의 시작과 종료를 알려주는 태그
> ㉡ OL : 순서가 있는 목록의 시작과 종료를 알려주는 태그

(4) JAVA

① 자바의 유래

㉠ 자바는 WWW가 개발되기 시작하였던 1991년 선 마이크로시스템즈(Sun Microsystems)의 제임스 고슬링(James Gosling)에 의해 단순하고 버그가 없는 가전 전자제품 프로그램을 만드는 것을 목적으로 개발되기 시작하였으며, 1993년 고슬링은 핫자바를 개발하였다.

㉡ 자바 애플릿은 인터넷의 클라이언트에서 실행되는 프로그램을 작성하는 데 사용될 뿐만 아니라 자바 스크립트의 모체가 되었다. 서버 프로그래밍에 서블릿과 JSP 등이 널리 사용되고 있어서 자바언어의 중요성은 더욱 증대되고 있다.

> 📢 **TIP** 핫자바(Hot Java) … 자바 애플릿(Java Applet)을 구현한 최초의 웹 브라우저

② 자바 애플리케이션과 자바 애플릿

㉠ 개념

• 자바 애플릿(Java Applet) : 월드 와이드 웹에서 브라우저를 통해 실행할 수 있는 프로그램이다.

• 자바 애플리케이션(Java Application) : 브라우저 없이 독립적으로 실행될 수 있는 프로그램이다.

㉡ 특징

• 자바언어는 우리가 보통 사용하고 있는 C나 C++ 언어처럼 에디터를 통해 소스를 편집하고 자바 컴파일러를 통해 실행파일을 만들게 된다.

• 자바로 만든 실행파일은 프로그램을 실행시키는 하드웨어와 운영체제에 관계없이 실행될 수 있기 위해 '바이트 코드(Byte Code)'라는 포맷을 사용하고 있다.

③ 자바의 특징

㉠ 단순성

• C++에서 잘 사용되지 않거나 모호하고 좋지 않은 기능들은 제외시키고 단순화시켜 작고 간단하게 프로그래밍하고 쉽게 디버깅 할 수 있다.

• 구문이 단순하다.

㉡ 객체지향 언어 : C++에서처럼 전역변수와 독립함수가 존재하지 않고 오직 객체만 존재하고 있다.

㉢ 독립성

• 구조가 독립적이고 이식성이 높아 다양한 하드웨어와 운영체제 환경에서 실행될 수 있다.

• 자바로 작성된 프로그램은 윈도우, 매킨토시, 유닉스 등 자바코드를 실행할 수 있는 자바가상머신(JVM)만 있으면 자바코드를 변경할 필요 없이 실행할 수 있다.

ⓔ 안정성
- 컴파일시에 엄격한 데이터 형을 검사함으로써 프로그램 실행시 발생할 수 있는 비정상적인 상황 등을 미리 막을 수 있다.
- 시스템의 힙(Heap)이나 스택(Stack) 등의 메모리에 접근할 수 없기 때문에 바이러스로부터 안전하게 보호될 수 있다.
- 공용키 암호화 방법으로 사용자를 식별하기 때문에 해커들로부터 암호와 같은 중요한 정보들을 보호할 수 있다.
ⓗ **활용성** : 웹에서의 구현이 용이하다.

(5) 기타 인터넷 언어

① CGI
  ⓐ WWW 서비스 서버와 프로그램 간의 인터페이스로 사용자가 브라우저를 통해 서버로 보낸 데이터를 서버에서 작동 중인 데이터 처리 프로그램에 전달하고, 프로그램에서 처리된 데이터를 다시 서버로 되돌려 보낸다.
  ⓑ 방명록이나 게시판 등을 작성할 때 이용한다.
  ⓒ Perl 언어가 일반적으로 쓰이며 실행파일을 생성할 수 있는 어떤 언어라도 사용 가능하다.

② ASP
  ⓐ WWW 애플리케이션을 실현하는 기술이다.
  ⓑ 웹 서버상에서 스크립트 언어 등을 실행시켜 그 결과를 하이퍼텍스트 생성언어로 생성한다.

---

section **3** 멀티미디어

❶ 멀티미디의 이해

(1) 멀티미디어 개요

① **멀티미디어(Multimedia)의 정의** … 멀티미디어란 '다중의, 많은'의 의미인 멀티(Multi)와 '중간, 매개체'의 의미인 미디어(media)의 합성어로 음성, 문자, 그림, 동영상 등이 혼합된 다중매체를 말한다.

② **멀티미디어 컴퓨터(MPC ; Multimedia PC)** … 멀티미디어 컴퓨터란 동영상, 사운드, 3차원 게임 등의 멀티미디어 기능이 지원되는 컴퓨터로서 속도가 빠르고, 메인메모리나 하드디스크의 용량이 크고, MMX(Multimedia Extensions) 멀티미디어 응용프로그램들의 실행을 좀더 빠르게 할 수 있도록 설계된 인텔 펜티엄 프로세서이다.

③ 그래픽

    ㉠ 파일형식

- BMP : 윈도우 배경화면에 주로 사용되며, 파일로 저장할 때 압축을 하지 않으므로 읽는 시간이 다른 이미지 형식에 비해 적게 소비되고 화질이 좋은 반면, 파일의 크기가 크다는 단점이 있다.
- PG, JPEG : 정지화상이미지로서 인터넷이나 통신 등을 통해 가장 널리 사용되는 파일형식으로 파일 저장시 압축정도를 선택할 수 있다. 트루컬러(24비트)를 지원하며 파일의 크기는 작으나 그림파일을 읽고 표시하는 데 시간이 많이 걸린다.
- GIF : 미국의 PC통신업체인 컴퓨서브(CompuServe)사가 개발한 그래픽 포맷으로, 파일의 호환성이 높고 JPEG형식 다음으로 효율적인 이미지 파일압축을 한다. 파일크기가 가장 작은 포맷이므로 웹사이트의 아이콘으로 많이 사용되며, 애니메이션을 만들 때에도 많이 사용한다. 그러나 256컬러 이상을 사용하지 못한다는 점과 파일압축방법이 최근에 사용하는 방법보다는 효율적이지 못하여 파일의 크기가 커지는 단점을 가지고 있다.

    ㉡ 그래픽 표현방식 : 같은 그림이라도 컴퓨터 내부에 저장되는 방식에 따라 구분된다.

- 비트맵(Bitmap) 방식
- 개념 : 그림을 행과 열의 동일한 간격으로 구분한 여러 개의 점들로 표현하는 방식으로서 래스터(Raster)방식이라고도 한다.
- 특징 : 픽셀단위로 그림을 표현하기 때문에 사실적이고 정밀한 그림을 그릴 때에는 적합하지만, 그림을 확대하면 윤곽선에 계단현상이 일어나 화질이 떨어지게 되고 기억용량을 많이 차지하게 된다.
- 벡터 방식
- 그림에 대한 정보를 수식형태의 명령어들의 집합으로 표현한다.
- 그림을 확대하거나 축소할 때 그림영역이 재계산되므로 원래의 형태를 계속 유지시킨다는 장점이 있지만 정밀한 그림을 표현할 때는 적합하지 않다.

    ㉢ 그래픽 응용 소프트웨어

- 페인팅기법 : 비트맵 방식을 이용하여 그림을 픽셀단위로 다루므로 객체단위의 작업은 할 수 없으며, 드로잉 프로그램을 이용하여 만들어진 그림이나 스캐너로 스캔한 이미지를 다듬는 작업을 주로 한다. 이 기법을 사용하는 소프트웨어로는 포토샵, 페인터, 포스트 일러스트 등이 있다.
- 드로잉기법 : 벡터 그래픽 방식을 따르며 화면상에 나타난 선이나 원, 사각형 등을 하나의 객체로 인식하여 객체단위의 독립적인 작업을 가능하게 한다. 즉 객체단위로 이동, 복사, 회전, 수정, 삭제 등의 작업을 할 수 있다. 이러한 방식을 사용하는 소프트웨어로는 일러스트레이터, 코렐드로우 등이 있다.

    ㉣ 페인터(Painter)

- 개념 : 프랙탈디자인사의 페인터는 대표적인 회화형 그래픽 프로그램으로서 자연스러운 그림도구의 터칭을 컴퓨터상에서 실현시켜주는 프로그램이다.
- 특징 : 페인터는 기본도형을 이용한 그래픽 제작은 물론 다양한 질감과 기법을 이용하여 유화를 그린 듯한 예술적인 이미지 제작을 가능하게 해주는 반면, 포토샵에 비해 정교한 이미지 편집기능이 부족하다.

Ⓜ **포토샵**(Photoshop)
- 개념 : Adobe사의 포토샵은 가장 많이 사용되고 있는 2차원 그래픽 처리용 소프트웨어이다. 그림이나 사진 등을 스캔하여 다양한 기능과 효과를 적용시켜 새로운 이미지를 만들고자 할 때 주로 사용된다.
- 특징 : 다양한 필터기능과 채널, 레이어 기능, 패스기능들을 제공하며 이러한 기법들의 적용정도에 따라 그래픽 작업이 다양하여 인기있는 프로그램이다.

ⓗ **페인트샵 프로**(Paint Shop Pro) : 벡터 드로잉 프로그램으로서 기본적으로 포토샵과 유사한 기능을 제공하며 화면캡쳐기능이 있어서 유용하다.

ⓢ **일러스트레이터**(Illustrator)
- 개념 : 선이나 도형과 같은 기하학적 요소를 통하여 그림을 구현하는 벡터 드로잉 프로그램이다.
- 특징 : 크기에 상관없이 외곽선을 깨끗하게 처리해 주며, 스캐닝하여 생성된 비트맵 이미지를 벡터 이미지로 변환시킬 수 있는 트레이싱(Tracing)기능이 포함되어 있다.

ⓞ **코렐드로우**(Coreldraw)
- 개념 : 윈도우 환경에서 발표된 벡터드로잉 프로그램으로서, 일러스트레이터와 유사한 기능을 가지고 있다.
- 특징 : 코렐드로우에서 만든 이미지는 일러스트레이터 파일로 변환될 수 있기 때문에 상호 보완적인 기능을 수행할 수 있다.

출제예상문제

1 다음의 조건을 모두 만족하는 다중 접근 방식은?

> • 임의접근 방식 중의 하나임
> • 회선사용 상태를 감지하는 캐리어를 사용하고 충돌이 발생하면 임의시간 대기 후 전송함.
> • 이더넷의 접근방식으로 사용됨.

① Active X
② ARP
③ 표현계층
④ CSMA/CD

TIP ① Active X이란 MS사에서 개발된 윈도우즈 환경에서 MS-Word 와 같은 일반 응용 프로그램과 웹을 연결하기 위해 개발된 프로그램 언어이다.
② ARP(Address Resolution Protocol) 는 IP주소를 물리주소로 변환해 준다.
③ 표현계층이란 통신장치에서의 데이터의 표현방식, 상이한 부호체계간의 변화에 대하여 규정한다.

2 네트워크 장비에 대한 설명으로 옳은 것은?

① 리피터는 약한 신호를 원래대로 재생하는 장비로서 데이터링크 계층에서 동작한다.
② 라우터는 단말기들을 네트워크에 연결하는 다중포트 스위치이며 전송계층에서 동작한다.
③ 브리지는 서로 비슷한 MAC프로토콜을 사용하는 LAN 사이를 연결하며 데이터 링크 계층에서 동작한다.
④ 게이트웨이는 프로토콜의 전환이 없거나 프로토콜이 다른 세 개 이상의 네트워크를 연결하여 데이터 전달통로를 제공해주는 Host LAN을 WAN에 접속시킬때 유용한 장비이며 네트워크계층에서 동작한다.

TIP ① 리피터는 약한 신호를 원래대로 재생하는 장비로서 물리 계층에서 동작한다.
② 허브는 단말기들을 네트워크에 연결하는 다중포트 스위치이며 전송계층에서 동작한다.
④ 라우터는 프로토콜의 전환이 없거나 프로토콜이 다른 세 개 이상의 네트워크를 연결하여 데이터 전달통로를 제공해주는 Host LAN을 WAN에 접속시킬때 유용한 장비이며 네트워크계층에서 동작한다.

Answer 1.④ 2.③

3 컴퓨터 그래픽에서 벡터(vector)방식의 이미지에 대한 설명으로 옳지 않은 것은?

① 직선과 도형을 이용하여 이미지를 구성한다.

② 픽셀단위로 그림을 표현하기 때문에 사실적이고 정밀한 그림을 그릴 때에 적합하다.

③ 그림을 확대하거나 축소할 때 그림영역이 재계산 되므로 원래의 형태를 계속 유지시킨다는 장점이 있다.

④ 그림에 대한 정보를 수식형태의 명령어들의 집합으로 표현한다.

> **TIP** ② 비트맵(Bitmap) 방식은 픽셀단위로 그림을 표현하기 때문에 사실적이고 정밀한 그림을 그릴 때에 적합하다.

4 다음 글에서 설명하는 것은?

> 패킷교환망인 인터넷을 이용하여 음성정보를 전달하는 전화 관련 기술로서 저렴한 전화서비스를 구현하는데 사용된다. 관련 표준 프로토콜로 ITU H323과 IETF SIP가 있고, 게이트웨이를 이용하여 공중전화망(PSTN)과 연결할 수 있다.

① URL   ② VoIP

③ W3C   ④ IPv4

> **TIP** ① URL은 인터넷에 있는 정보의 위치를 표기하기 위한 표준적인 방법이다.
> ③ W3C는 www와 관련된 표준안의 제작과 새로운 표준안을 제안하는 전세계적인 단체이다.
> ④ IPv4는 10진수 숫자로 나타낸 인터넷 주소이다.

Answer 3.② 4.②

5 뉴스, 채용정보, 블로그 같은 웹사이트들에서 자주 갱신되는 콘텐츠 정보를 웹사이트들간에 교환하기 위해 만들어진 XML 기반 형식으로 옳은 것은?

① CSS
② CGI
③ RSS
④ Perl

TIP ① CSS는 운영체제나 사용하는 프로그램에 관계없이 웹페이지의 레이아웃을 효과적으로 처리 할 수 있는 언어이다.
② CGI는 외부의 응용 프로그램과 웹 서버를 연결시켜 주는 표준으로, 사용자의 요구를 받는 대화적인 처리나 데이터베이스 등의 처리를 의뢰 할 때 이용된다.
④ Perl은 1980년대 초반에 Lary Wall이 개발한 인터프로티 언어이다.

6 네트워크의 한 호스트에서 실행되어 그 주위를 지나다니는 패킷(Packet)들을 엿보는 프로그래으로 계정과 비밀번호를 알아내기 위해 사용하는 공격은?

① 스푸핑
② 방화벽
③ 스니핑
④ 트로이 목마

TIP ① 스푸핑은 자신을 타인이나 다른 시스템에게 속이는 행위를 의미한다.
② 방화벽은 네트워크 내부 또는 네트워크간의 보안을 담당하기 위해서 특정 네트워크를 격리시키는 데 사용되는 시스템이다.
④ 트로이 목마는 컴퓨터바이러스와 달리 다른 파일을 감염시키는 기능이 없는 프로그램으로서 사용자의 컴퓨터 등에 피해를 주는 공격이다.

7 두 개 이상의 컴퓨터 사이에 데이터 전송을 할 수 있도록 미리 정보의 송수신 측에서 정해둔 통신 규약은?

① Protocol
② Topology
③ Ethernet
④ LAN

TIP ② Topology는 근거리망을 나타내는 요소로서 버스형, 링형, 스타형, 성형, 트리형 등이 있다.
③ Ethernet은 DEC, INTEL, XEROX 3개 사에 의해 개발된 근거리 통신망이다.
④ LAN은 동일 빌딩 또는 구내, 기업 내의 비교적 좁은 지역에 분산 설치된 통신망이다.

Answer 5.③ 6.③ 7.①

8 다음 설명하고 있는 인터넷 서비스는?

• 이동하면서 초고속 인터넷을 이용할 수 있는 무선 휴대 인터넷 서비스이다.
• IEEE에 의하여 제3세대 이동통신의 6번째 기술표준으로 채택되었다.

---

① RFID
② Wibro
③ LTE
④ VoIP

....

TIP ① RFID : IC칩과 무선을 통해 식품, 동물, 사물 등 다양한 개체의 정보를 관리 할 수 있는 차세대 인식 기술이다.
③ LTE : 3세대 이동통신(3G)과 4세대 이동통신(4G)의 중간에 해당하는 기술이하여 3.9세대 이동통신(3.9G)라고도 한다.
④ VoIP : 인터넷 전화 또는 음성패킷망이라고 한다.

9 다음 글에서 설명한 것은?

• 종래 종이문서에 대한 진위 여부를 확인하기 위해 사용하던 인장이나 서명을 전자문서에 기반을 둔 전자적 거래 또는 업무에서도 같은 기능을 갖도록 전자적으로 구현한 것을 말한다.

---

① 인증
② 전자서명
③ 블라인드 전자서명
④ EDI

....

TIP ① 인증 : 호스트나 서비스가 사용자의 식별자를 검증하는 것을 의미한다.
③ 블라인드 전자서명 : 디지캐시사의 David Chaum이 고안한 서명기법으로 은행이 사용자가 어떤 번호로 전자현금을 인출햇는지를 알 수 없도록 하는 방식이다.
④ EDI : 다른 기업간에 수주, 발주, 수송, 결제 등 상업거래를 위한 자료를 데이터 통신 회선을 통해 표준화된 포맷 과 규약에 따라 컴퓨터 간에 온라인으로 전달하는 것을 말한다.

10 전송되는 데이터 중간에서 몰래 도청하는 것으로, 메시지의 보안성을 떨어뜨리는 행위는?

① 가로채기   ② 가로막기

③ 수정   ④ 위조

TIP ② 가로막기 : 자료의 전송을 막아 수신측으로 전달되는 것을 방해하여 자료의 가용성을 저해하는 행위이다.
　　 ③ 수정 : 메시지를 다른 내용으로 바꿈으로써 자료의 무결성을 저해하는 행위이다.
　　 ④ 위조 : 전송하지 않은 자료를 마치 전송한 것처럼 꾸며서 자료의 인증을 해치는 행위이다

11 공개키 암호화 방식에 대한 설명으로 옳지 않은 것은?

① 공개키 암호화 방식은 두 개의 분리된 키를 사용하는 비대칭적 암호화 기법이다.

② 공개키 암호화 방식은 알고리즘과 공개키를 알아도 개인키를 알아내는 것이 매우 어렵다.

③ 공개키 암호화 방식은 암호화 속도는 느리지만 키의 생성 및 분배가 용이하며 전자서명과 같은 보안 시스템에 사용할 수 있다.

④ 대표적인 공개키 암호화 방식의 알고리즘으로 RSA방식이 있다.

TIP ② 공개키와 비밀키는 수학적 관계로 연결되어 있으나 공개키로부터 비밀키는 유추 불가능하다.

12 컴퓨터에서 데이터 송·수신시 일반적으로 많이 사용되는 속도는?

① MIPS   ② BPS

③ CPS   ④ PPM

TIP ① 1초당 100만 개 단위의 명령어 연산이란 뜻으로 컴퓨터의 연산속도를 나타내는 단위
　　 ③ 1초당 처리하는 문자의 수
　　 ④ 1분당 처리하는 페이지 수

Answer 10.① 11.② 12.②

13 다음 지문이 설명하는 것으로 옳은 것은?

> 한 문자씩 송·수신하는 방법으로 각 문자의 앞쪽에 시작비트(Start bit)와 뒤쪽에 1개나 2개의 정지비트(Stop bit)를 갖는다.

① 직렬 전송   ② 병렬 전송

③ 동기 전송   ④ 비동기 전송

TIP ① 하나의 통신회선을 사용하여 1비트씩 순차적으로 전송하는 방식이다.
② 하나의 문자를 구성하는 각 데이터 비트가 각각 1회선을 차지하여 한꺼번에 전송되는 방식이다.
③ 데이터를 블록단위로 전송하는 방식으로 비동기 방식의 비효율성을 보완한 방법이다.

14 다음 중 비동기 전송방식의 설명으로 옳은 것은?

① 시작비트와 정지비트를 사용한다.

② 송신기와 수신기 사이에 동일한 클록을 사용한다.

③ 프레임 형식은 문자와 비트를 사용한다.

④ 비교적 고속전송에 사용된다.

TIP 비동기 전송 … 한 문자씩 송·수신하는 방식이다. 각 문자는 앞쪽에 시작비트(start bit), 뒤쪽에 1개 또는 2개의 정지비트(stop bit)를 갖는다. 각 문자간에는 유휴시간이 있을 수 있다. 송신측과 수신측이 항상 동기를 맞출 필요는 없다. 전송속도가 보통 1,200(bps)를 넘지 않는 경우에 사용한다.

Answer 13.④ 14.①

15 전화회선을 통한 데이터 통신에서 전송시에는 디지털 신호를 아날로그 신호로, 수신시에는 아날로그 신호를 디지털 신호로 바꾸어 주는 변·복조장치를 무엇이라고 하는가?

① 모뎀(modem)
② 마우스(mouse)
③ 스캐너(scanner)
④ 채널(channel)

TIP ② 입력장치의 일종
③ 이미지를 컴퓨터로 읽어들이는 입력장치
④ 데이터 처리의 고속성을 위하여 입·출력만을 목적으로 만든 처리기

16 전송할 문자를 여러 블록으로 나누어 각 블록단위로 전송하는 방식은?

① 동기식 전송
② 병렬 전송
③ 직렬 전송
④ 비동기식 전송

TIP ② 하나의 문자를 구성하는 각 데이터 비트가 각각 1회선을 차지하여 한꺼번에 전송되는 방식이다.
③ 하나의 통신회선을 사용하여 1비트씩 순차적으로 전송하는 방식이다.
③ 한 문자씩 송·수신하는 방식으로 각 문자는 앞쪽에 시작비트(Start bit), 뒤쪽에 1개 또는 2개의 정지비트(Stop bit)를 갖는다.

17 에러검출 후 재전송방식 중 적응적 ARQ방식의 설명으로 옳은 것은?

① 가장 단순한 형태이다.
② 수신측의 응답을 기다려야 하므로 전송효율이 떨어진다.
③ 데이터 블록을 연속적으로 송신하는 방식이다.
④ 통신회선의 상태에 따라 블록의 길이를 짧게 하거나 길게 조정이 가능한 방식이다.

TIP 재전송 방식
㉠ 정지대기(Stop and Wait) ARQ방식 : 가장 단순한 형태이다. 송신측에서 한 개의 블록을 전송한 후 수신측에서 에러의 발생을 점검하고 ACK나 NAK 신호를 보내올 때까지 기다리는 방식이다. 수신측의 응답을 기다려야 하므로 전송효율이 떨어진다.
㉡ 연속적 ARQ방식 : 정지대기 ARQ에서의 수신측의 응답을 기다려야 하는 단점을 보완하기 위해 데이터 블록을 연속적으로 송신하는 방식이다.
㉢ 적응적 ARQ방식 : 전송효율을 높이기 위해 블록의 길이를 동적으로 변경시켜 전송하는 방식이다. 통신회선의 상태에 따라 블록의 길이를 짧게 하거나 길게 조정할 수 있는 방식이다.

Answer 15.① 16.① 17.④

18 마이크로 필름에 들어있는 정보를 컴퓨터를 이용하여 검색하는 장치는?

① CAM

② COM

③ CAR

④ CAD

TIP ① 컴퓨터를 이용한 제조방법으로, CAD 시스템으로 작성된 설계자료를 토대로 하여 제조 공정에 사용하는 것이다.
② 컴퓨터 처리결과를 인간이 인지할 수 있는 문자나 도형으로 변환하여 마이크로 필름에 저장하는 기술이다.
④ 컴퓨터를 이용한 설계방법으로 라이트 팬, 마우스 등으로 설계정보를 컴퓨터에 입력하고 그 내용을 그래픽 단말기로 출력시켜 보면서 설계하는 것이다.

19 다음 중 HDLC의 특징으로 옳지 않은 것은?

① 데이터 링크형태의 연속성

② 전송효율의 향상

③ 비트의 투과성

④ 신뢰성의 향상

TIP HDLC의 특징 … 전송효율의 향상, 신뢰성의 향상, 비트의 투과성, 데이터 링크형태의 다양성

20 온라인 시스템에서의 이용방법이 올바르게 묶인 것은?

① 실시간 처리 : 은행 계좌이체 서비스

② 메시지 교환 : 기상관측 시스템

③ 데이터 수집, 분배 : 조회, 문의업무, 좌석예약, 은행업무

④ 질의, 응답 : 좌석의 조회, 예약, 재고조사

TIP ① 조회, 문의업무, 좌석예약, 은행업무
② 은행 계좌이체 서비스
③ 기상관측 시스템

section **1** 운영체제의 이해

① 운영체제의 기초이해

(1) 운영체제의 이해

① 운영체제(OS ; Operating System)의 개념 ··· 제한된 컴퓨터 시스템의 각종 자원을 효율적으로 관리하고 운영함으로써, 사용자에게 최대의 편리성을 제공하도록 하기 위한 사용자와 컴퓨터 하드웨어 간의 인터페이스를 담당하는 시스템 소프트웨어이다.

② 운영체제의 종류
  ㉠ 일괄처리 시스템 : 작업준비시간을 줄이기 위해 처리할 여러 개의 작업들을 일정기간 또는 일정량이 될 때까지 모아 두었다가 한꺼번에 처리하는 방식의 시스템이다.
  ㉡ 대화식 또는 온라인 시스템 : 사용자가 운영체제나 프로그램에 직접 명령을 주고 즉시 응답을 받을 수 있는 시스템이다.
  ㉢ 다중 프로그래밍 시스템 : 하나의 CPU를 이용하여 여러 개의 프로그램을 실행시킴으로써 짧은 시간에 많은 작업을 수행할 수 있게 하여 시스템의 효율을 높여 주는 방식의 시스템이다.
  ㉣ 시분할 시스템(TSS ; Time − Sharing System) : 다중 프로그래밍의 변형된 형태로, 각 작업에 CPU에 대한 일정 시간을 할당하여 주어진 시간 동안 직접 컴퓨터와 대화형식으로 프로그램을 수행할 수 있도록 개발된 시스템이다.
  ㉤ 다중처리 시스템 : 여러 개의 CPU를 사용하여 기억장치를 공유하며, 다중작업을 구현한 시스템이다.
  ㉥ 분산처리 시스템 : 지역적으로 분산된 여러 컴퓨터에 기능을 분담시킨 후, 통신망을 통하여 상호간에 교신하여 처리하는 방식의 시스템이다.
  ㉦ 실시간 시스템 : 단말기나 제어대상으로부터 처리요구자료가 발생할 때마다 즉시 처리하여 그 요구에 응답하는 방식의 시스템이다.

(2) 운영체제 구성 프로그램

① 제어 프로그램

- ㉠ **감시 프로그램** : 제어 프로그램의 중심이 되는 프로그램으로, 컴퓨터 시스템의 작동상태와 처리 프로그램의 실행과정을 수시로 감시하는 역할을 담당한다.
- ㉡ **작업관리 프로그램** : 작업의 연속적인 처리를 위한 스케줄이나 입출력 장치의 할당들을 관리하는 역할을 담당한다.
- ㉢ **자료관리 프로그램** : 컴퓨터가 취급하는 여러가지의 자료와 파일을 관리하고, 주기억장치 및 입·출력장치 사이의 데이터 전송 등을 담당한다.

② 처리 프로그램

- ㉠ **언어번역 프로그램** : 언어번역기란 사용자가 작성한 원시 프로그램(Source Program)을 그에 대응하는 목적 프로그램(Object Program) 또는 기계어 프로그램으로 생성하여 주는 소프트웨어이다.
  - **어셈블러(Assembler)** : 기계명령과 절대주소에 기호를 부여한 어셈블리 언어(Assembly Language)를 입력으로 받아들여 목적 프로그램을 생성하는 번역기이다.
  - **인터프리터(Interpreter)** : 고급언어로 작성된 원시 프로그램을 한 문장씩 번역하여 즉시 실행하는 번역기이다.
  - **컴파일러(Compiler)** : 고급언어로 된 프로그램 모듈 전체를 번역하여 목적 프로그램을 생성하는 번역기이다.
- ㉡ **서비스 프로그램** : 사용자 프로그램 처리의 효율성을 위하여 제공되는 범용 프로그램이다.
  - **시스템 서비스** : 연계편집 프로그램, 라이브러리 프로그램
  - **사용자 서비스** : 정렬·병합 프로그램, 유틸리티 프로그램

③ 시스템 소프트웨어의 종류

- ㉠ **매크로 프로세서(Macro Processor)**
  - **개념** : 매크로 명령문을 해당 어셈블리 언어의 명령문으로 확장시켜 주는 프로세서이다.
  - **처리과정** : 매크로 정의 인식→매크로 정의 저장→매크로 호출 인식→매크로 호출 확장
- ㉡ **링커(Linker)**
  - **개념** : 서로 독립적으로 번역된 여러 목적 프로그램을 결합하여 하나의 실행 가능한 모듈로 만들어 주는 프로그램이다.
  - **기능** : 연결 기능, 편집 기능, 라이브러리 호출 기능
- ㉢ **로더(Loader)**
  - **개념** : 실행 가능 프로그램을 주기억장치에 적재시켜 실행되도록 준비하는 프로그램이다.
  - **기능** : 할당, 연결, 재배치, 적재
  - **종류**

  -Compile - and - go 로더 : 로더 없이 번역기가 로더의 역할까지 담당하는 방식이다.

  -절대 로더(Absolute Loader) : 단순히 번역된 목적 프로그램을 입력으로 받아들여 주기억장치의 프로그래머가 지정한 주소에 저장만 하는 기능을 가지는 간단한 로더이다.

－재배치 로더(Relocating Loader) : 프로그램에 대한 기억장소 할당과 부프로그램의 연결이 로더에 의해 자동
　　으로 수행되는 방식으로, 종류로는 BBS(Binary Symbolic Subroutine) 로더와 직접연결 로더가 있다.
　　－링킹 로더(Linking Loader) : 언어처리 프로그램에 의해서 생성된 목적 프로그램과 Library 내에 있는 루틴
　　(Routine)들을 연결시켜 주는 프로그램이다.

④ 버퍼링과 스풀링
　㉠ 버퍼링(Buffering) : 입　출력장치의 낮은 치리속도와 CPU의 처리속도의 차이를 조화시켜 최내한 유휴
　　시간을 없애기 위한 임시기억장치이다.
　㉡ 스풀링(Spooling) : 입력장치를 통해 가능한 많은 입력을 저장하거나 출력장치가 인쇄할 수 있는 상태가
　　될 때까지 출력을 저장할 수 있는 대용량 버퍼로, 디스크를 이용한 것이다.

> **TIP** 버퍼링과 스풀링의 차이점
> ㉠ 버퍼링은 단 하나의 JOB을 계산처리하고 입·출력을 중복시킬 수 있으나 스풀링은 많은 JOB을 중복시
> 킬 수 있다.
> ㉡ 버퍼는 주기억장치에 위치하며 스풀은 디스크에 위치한다.

❷ 운영체제의 실제

(1) 유닉스(UNIX)

① 유닉스의 정의 ⋯ 미국 벨(Bell) 연구소에서 개발된 소프트웨어 개발용의 운영체제이다.

② 유닉스 시스템의 구조와 파일 구조
　㉠ 시스템 구조
　　• 쉘(Shell) : 운영체제와 사용자 간의 인터페이스를 제공하는 부분으로, 명령을 입력받아 해석해 주는 명령어
　　해석기이다.
　　• 커널(Kernel)
　　－운영체제에서 가장 핵심적인 기능을 담당하는 부분이다.
　　－시스템을 구성하는 중요한 자원을 관리한다.
　　－시스템 호출을 통해 운영체제의 다른 기능을 서비스한다.
　　• 유틸리티 프로그램(Utility Program) : 사용자의 편의를 위한 시스템 프로그램으로 Editor, 시스템 관리 프로
　　그램, 언어 번역 프로그램으로 분류한다.
　㉡ 파일 구조
　　• 부트 블록(Boot Block) : 디스크의 첫번째 논리적인 블록으로, 유닉스가 첫번째로 활성화되는 데 사용되는 약
　　간의 실행코드를 포함한다.
　　• 슈퍼 블록(Super Block) : 디스크 자체에 관련된 정보를 포함한다.
　　• Inode 블록 : 파일이나 디렉토리에 대한 모든 정보를 가지고 있는 고정된 크기의 구조체이다.

TIP Inode 내에 포함된 정보 ··· 파일 소유자의 식별번호, 파일의 형태, 데이터 블록의 주소, 파일 생성시간, 파일이 변경된 가장 최근의 시간, 파일의 크기, 파일이 사용된 시간, 파일의 링크수, 파일소유자의 그룹식별번호

• 데이터 블록 : 실제 파일에 대한 데이터들이 보관된다.

(2) 도스(DOS) 운영체제

① **MS-DOS의 정의** ··· 디스크에 운영체제를 저장하고, 디스크 중심으로 시스템을 관리하는 컴퓨터 운영체제를 말한다.

② **도스 운영체제의 구조**

㉠ **도스 바이오스(DOS-BIOS)** : IBMBIO.COM, IBMIO.SYS 또는 IO.SYS로 명명된 도스의 시스템 파일에 저장된 부분이다. 사용자에 의한 변경이 허용되지 않으며, 도스 운영체제를 구성하는 부분 중에서 컴퓨터 하드웨어에 가장 의존적이다.

TIP IO.SYS
㉠ ROM에 존재하는 기본 입·출력 루틴의 기능을 확장하는 입·출력 제어 프로그램이다.
㉡ 키보드(CON), 화면(CON), 프린터(PRN, LPT1), 직렬포트(COM1~COM4), 디스크, 클럭 등의 장치구동 프로그램이 내장되어 있다.

㉡ **도스 커널(DOS kernel)** : IBMDOS.COM 또는 MSDOS.SYS에 저장된 부분으로 파일입력 및 출력함수, 문자의 입·출력 함수에 해당하는 도스용 응용프로그램 인터페이스 함수를 제공한다.

TIP MSDOS.SYS ··· MS-DOS의 중심이 되는 부분으로 파일 관리, 주변장치 관리, 메모리 및 프로그램 실행의 관리 등을 담당한다.

㉢ **커맨드 프로세서(Command processor)** : 도스에서 자주 사용되는 각종 명령어를 COMMAND.COM에 저장하며, 사용자가 요구하는 명령어를 판별하는 명령어 판독기 역할을 수행한다.

TIP COMMAND.COM
㉠ 사용자가 입력한 명령을 해석하고 실행시켜 주는 명령어 처리기이다.
㉡ 상주부분 : 사용자의 명령을 판별하고 실행을 지시하며, 비상주부의 존재 확인 및 파괴된 비상주부의 재적재 등을 처리한다.
㉢ 비상주부분 : 내부 명령을 처리하는 루틴으로 구성되며, 자동실행 배치파일(AUTOEXEC.BAT)을 실행한다.

③ **MS-DOS 부팅절차**

㉠ 컴퓨터에 전원을 공급한다.
㉡ ROM-BIOS가 시스템 디스크에서 부트절차 프로그램을 주기억장치에 적재한다.

TIP ROM-BIOS ··· 컴퓨터 하드웨어에 기본적으로 내장된 프로그램으로서, 컴퓨터 하드웨어와 주변장치 상호간의 데이터를 교환하고, 기본적인 감시 및 제어를 하는 프로그램이다.

㉢ 부트 프로그램이 IO.SYS와 MSDOS.SYS를 주기억장치에 적재한다.
㉣ MSDOS.SYS가 주변기기를 관리하기 위해 버퍼영역을 확보한다.
㉤ IO.SYS가 주변장치상태를 파악하고 장치를 초기화한다.
㉥ IO.SYS가 COMMAND.COM을 메모리에 적재하여 명령어를 실행할 준비를 한다.

(3) 윈도우즈(Windows) 운영체제

① 윈도우즈의 정의 … 개인용 컴퓨터(PC) 운영체제의 하나로, MS-DOS를 개발한 미국의 빌 게이츠가 개발하였다.

② 윈도우즈의 특징
　　㉠ 단일 사용자의 다중작업이 가능하다.
　　㉡ GUI(Graphic User Interface) 환경을 제공한다.
　　㉢ P&P를 지원하여 주변장치 인식이 용이하다.
　　㉣ 긴 파일이름을 지원한다.
　　㉤ OLE(개체 연결 및 포함) 기능을 지원한다.

　　　　TIP P & P(Plug and Play) … 새로운 하드웨어를 장착하고 시스템을 가동하면 자동으로 하드웨어를 인식하고 실행시키는 기능이다.

③ 윈도우즈의 구조
　　㉠ GDI.EXE : 그래픽에 관련된 모든 것을 처리하는 부분으로, 화면 제어파일 및 프린터 제어파일을 관장한다.
　　㉡ USER.EXE : 사용자 인터페이스를 담당하는 부분으로 키보드 제어파일, 마우스 제어파일, 직렬통신 제어파일에서 발생한 사건에 대응하는 메시지를 발생시킨다.
　　㉢ KRNL386.EXE : 시스템 기억장치 관리 및 파일 입·출력을 담당하는 부분으로, 윈도우즈에서 도스 프로그램을 수행할 수 있는 창도 제공한다.

---

section 2 운영체제 관리

❶ 프로세스 관리

(1) 프로세스의 개요

① 프로세스의 개념
　　㉠ 프로세스(Process)의 정의
　　　• CPU에 의해 실행 중인 프로그램이다.
　　　• 비동기적인 행위이다.
　　　• 프로시저가 활동 중인 것이다.
　　　• 지정된 결과를 얻기 위한 일련의 동작이다.
　　　• 실행 중이거나 실행이 가능한 PCB(Process Control Block)를 가진 프로그램이다.
　　　• 프로세스가 할당하는 개체로 디스패치가 가능한 단위이다.

ⓛ 프로세스의 상태 전이도
- 보류(Pending)상태 : 작업이 제출되어 디스크에 수록되어 있는 상태이다.
- 준비(Ready)상태 : CPU를 할당받을 수 있는 상태로, CPU가 프로세스 자신을 처리해 주기를 기다리고 있다.
- 실행(Running)상태 : 프로세스가 CPU를 차지하고 있는 상태로, CPU에 의해 프로세스가 수행되고 있다.
- 대기(Blocked)상태 : 프로세스가 CPU를 차지하고 실행되다가 입·출력 처리와 같은 사건이 발생하게 되면, CPU를 양도하고 입·출력 처리가 완료될 때까지 대기 큐에서 대기하고 있는 상태로, 대기 중인 프로세스는 입·출력의 완성 등 외부신호를 기다리고 있다.
- 완료(Terminated)상태 : 프로세스가 CPU를 할당받아 주어진 시간 내에 완전히 수행을 종료한 상태로, 종료된 프로세스는 시스템에서 제거된다.

ⓒ 프로세스의 상태 전이
- 디스패치(Dispatch) : 준비상태의 프로세스들 중에서 우선순위가 가장 높은 프로세스를 선정하여 CPU를 할당함으로써 실행상태로 전환한다.
- 할당시간 초과(Time runout) : 지정된 CPU의 할당시간(time slice)을 모두 사용한 프로세스는 다른 프로세스를 위해 CPU가 선점되고, 그 프로세스는 준비상태로 전환한다.
- 대기(Block) : 실행 중인 프로세스가 입·출력 명령을 만나면 인터럽트가 발생하여 입·출력 전용 프로세스에게 CPU를 반환하고, 자신은 대기상태로 전환한다.
- 깨움(Wake up) : 입·출력 완료를 기다리다가 입·출력 완료신호가 들어오면, 대기 중인 프로세스는 준비상태로 전환한다.

② 프로세스제어 블록(PCB) ··· PCB는 프로세스에 대한 중요한 정보를 포함하고 있는 자료구조로 태스크제어 블록(Task Control Block), 작업제어 블록(Job Control Block), 프로세스 기술자(Process Descriptor)로 부르기도 한다.

(2) 병행 프로세스

① 결정성과 경쟁조건

ⓐ 병행 프로세스(Concurrent Process) : 두 개 이상의 실행 중인 프로그램이라는 의미로, 서로 관련없이 독립적으로 수행하는 독립적 병행 프로세스와 상호 관련성으로 갖고 비동기적으로 수행하는 비동기적 병행 프로세스로 나뉜다.
ⓑ 결정성 : 상대적인 실행순서에 관계없이 항상 주어진 입력에 대해서 같은 결과를 내는 것을 말한다.
ⓒ 경쟁조건(Race Condition) : 두 개 이상의 프로세스들이 공유기억장치를 공유하고, 어떤 프로세스가 언제 실행하느냐에 따라 결과가 달라질 수 있는 상황을 말한다.

② 상호배제(Mutual Exclusion)

ⓐ 개념 : 한 프로세스가 공유기억장치를 사용하고 있을 때, 다른 프로세스들이 사용하지 못하도록 배제시키는 제어기법으로 임계영역의 개념을 이용한다.

ⓛ 임계영역(Critical Section) : 공유기억장치가 참조되는 프로그램의 부분을 말하며, 상호배타적으로 실행된다.

ⓒ 상호배제 해결을 위한 요구조건
- 상호배제조건 : 두 개 이상의 프로세스들이 동시에 임계영역에 있어서는 안 된다.
- 진행조건 : 임계영역 밖에 있는 프로세스가 다른 프로세스의 임계영역 진입을 막아서는 안 된다.
- 한계대기조건 : 어떤 프로세스도 임계영역으로 들어가는 것이 무한정 연기되어서는 안 된다.

③ 세마포어(Semaphore)

㉠ 개념
- 세마포어 S는 표준단위 연산 P(Wait)와 V(Signal)에 의해서만 접근 가능한 변수이다.
- n개의 프로세스 임계구역 문제를 다루는 데 사용된다.
- 여러 가지 동기화 문제를 해결하는 데 사용된다.
- P(Wait)와 V(Signal) 연산은 원자적으로 수행된다.

㉡ P(Wait) 연산 : 프로세스를 대기상태로 전환하는 Wait 연산을 수행한다.

㉢ V(Signal) 연산 : 프로세스에게 Wake Up 신호를 전달하는 Signal 연산을 수행한다.

④ 모니터(Monitor)

㉠ 정의
- 순차적으로만 사용할 수 있는 공유자원 또는 공유자원을 할당하는 데 사용되는 데이터로서, 프로시저를 포함하는 병행성 구조이다.
- 한 순간에 하나의 프로세스만이 모니터 내부에 있을 수 있다.
- 모니터 내부의 변수는 모니터 내부에서만 접근이 가능하다(정보의 은폐기법).

㉡ 구조
- 동기화기법이 필요하다면 조건변수를 여러 개 선언한다.
- 조건변수에서 호출될 수 있는 연산은 Wait와 Signal로 역시 동기화가 가능하다.
  -Wait 연산을 호출하는 프로세스는 다른 프로세스가 다음 연산을 호출할 때까지 중단한다.
  -Signal 연산 중단된 프로세스만 재개한다.
  -Signal해 주는 프로세스 혹은 블록상태에서 풀린 프로세스 중 하나가 다시 Next큐에서 대기해야 한다.

(3) 교착상태

① 교착상태의 개념

㉠ 교착상태(Deadlock) : 하나 또는 둘 이상의 프로세스가 더 이상 계속할 수 없는 어떤 특정한 사건을 기다리고 있는 상태를 말한다.

㉡ 무한연기(Indefinite Postponement) : 여러 프로세스들이 시스템에서 스케줄링되어 처리되는 동안, 한 프로세스의 스케줄링이 무한정 연기되는 현상이다.

ⓒ 무한연기와 교착상태의 비교

구분	무한연기	교착상태
특징	어떤 특정 프로세스가 자원을 할당받기 위해 무한정 기다리고 있는 상태	시스템에 있는 여러 또는 모든 프로세스가 특정 사건을 기다리며, 무기한 연기되어 있는 상태
발생원인과 해결책	자원의 편중된 분배정책으로 발생하며, 노화(aging)기법에 의해 해결	상호배제, 점유와 대기, 비선점, 환형대기 등의 조건에 의해 발생하며 이를 부정함으로써 해결

> **TIP** 노화(Aging)기법 … 어떤 자원을 기다린 시간에 비례하여 프로세스에게 우선순위를 부여하는 기법을 적용하여 먼저 자원을 할당받게 하는 방법이다.

② 자원의 사용

ⓐ 자원의 종류

- 선점형 자원(Preemptive Resource) : 어떤 프로세스에게 할당되었다가 더 이상 사용할 수 없는 시점에서 다른 프로세스에 빼앗길 수 있는 자원을 말한다. CPU나 주기억장치 등이 있다.
- 비선점형 자원(Nonpreemptive Resource) : 어떤 프로세스에 할당되면 사용이 완료되기 전까지 절대 빼앗기지 않는 자원을 말한다. 디스크 구동기, 테이프 구동기 등이 있다.
- 전용자원 : 한 특정 프로세스가 독점하여 사용하는 자원을 말한다. 디스크 구동기, 테이프 구동기 등이 있다.
- 공용자원 : 다수의 프로세스들 사이에서 공동으로 사용되는 자원을 말한다. CPU나 주기억장치, 재진입 코드(Reentrant Code) 등이 있다.
- 재사용자원 : 전체 총량이 고정되어 있고, 부수적인 자원들이 생성되거나 파괴되지 않는 자원을 말한다. CPU, I/O 채널, 주기억·보조기억 장치, 디바이스, 버스, 파일같은 정보, 데이터베이스, 상호배제 세마포어 등이 있다.
- 소비자원 : 전체 총량이 고정되어 있지 않고, 부수적인 자원들이 생성되거나 파괴되는 자원을 말한다. 인터럽트, 신호, 메시지, 입·출력 버퍼같은 정보 등이 있다.

ⓑ 프로세스의 자원 사용순서

- 자원요구(Resource Request) : 다른 프로세스가 사용 중이면 그 자원을 기다리는 대기큐 또는 장치큐에 입력하여 그 자원을 사용할 수 있을 때까지 기다린다.
- 자원사용(Resource Allocation)
- 자원해제(Resource Release) : 할당받았던 자원을 사용한 후 운영체제에게 반납한다.
- 수행 중인 프로세스가 행하는 자원의 요청과 해제는 장치의 요청·해제, 파일의 개방·폐쇄, 기억장치의 할당·해제 등의 시스템 호출을 수행한다.

③ 교착상태 발생의 4가지 필요조건

ⓐ 상호배제(Mutual Exclusion) 조건 : 한 번에 한 프로세스만이 자원을 사용할 수 있다.

ⓑ 점유와 대기(Hold And Wait) 조건 : 최소한 하나의 자원을 점유하고 있는 프로세스가 존재하며, 다른 프로세스에게 할당된 자원을 추가로 점유하기 위해 대기하고 있다.

ⓒ 비선점(Non-preemption) 조건 : 자원들은 그들을 점유하고 있는 프로세스로부터 벗어나지 못하고 단지 프로세스들 자신이 점유한 자원을 해제할 수 있다.

ⓒ 환형대기(Circular Wait) 조건 : 각 프로세스는 자신에게 할당된 자원을 가지며, 다른 프로세스의 자원을 상호 요청(사이클 형성)하면서 대기하고 있다.

④ 교착상태의 해결방안

   ㉠ 교착상태의 예방(Prevention)

     • 개념 : 교착상태 발생의 4가지 필요조건 중 상호배제조건을 제외한 나머지 조건 가운데 어느 한 가지만이라도 일어나지 않도록 막는 방법이다.

     • 예방방법

     −상호배제 조건의 부정 : 상호배제 조건은 비공유를 전제로 하여 배타적인 접근을 요구하지 않으므로 교착상태가 될 수 없다. 따라서 이 방법은 공유가능자원 할당시에만 가능하다.

     −점유와 대기조건의 부정

     - 각 프로세스는 수행 전에 필요한 모든 자원을 요청하여 할당한다.

     - 시스템은 한 프로세스가 요구한 자원을 모두 할당하거나 또는 전혀 할당하지 않는 방식으로 자원을 할당한다.

     - 단점 : 자원낭비와 비용증가를 초래하며, 필요로 하는 자원을 모두 얻지 못해 무한 연기되는 프로세스가 발생할 수 있다.

     −비선점조건의 부정

     - 어떤 자원을 가지고 있는 프로세스가 할당받을 수 없는 자원을 요청하게 되면 보유하고 있는 모든 자원을 해제한 후, 필요하다면 다시 추가자원까지 요구하도록 한다.

     - 단점 : 자원반납이 자주 일어나면 실행비용이 증가하고, 무한 연기가 발생할 가능성이 있다(시간낭비의 원인).

     −환형대기조건의 부정

     - 자원에 고유번호를 부여하여 각 프로세스는 자원의 번호가 커지는 순서대로만 자원을 요청할 수 있도록 한다.

     - 단점 : 실제 자원을 사용하기 전부터 자원을 가지고 있어야 하기 때문에 자원의 낭비를 초래한다.

   ㉡ 교착상태의 회피(Avoidance)

     • 개념 : 자원에 관한 상태정보를 이용하여 프로세스에게 자원을 할당할 때 교착상태를 회피할 수 있는 안정상태를 유지하도록 능동적으로 조정하는 방법이다.

     • 안전상태와 불안전상태

     −안전상태 : 시스템이 특정 순서대로 각 프로세스에게 자원을 할당할 수 있고, 교착상태를 방지하여 모든 작업이 완료될 수 있는 상태이다.

     −불안전상태 : 교착상태가 발생할 수 있는 상태이다.

       TIP 교착상태의 예방·회피의 근본적인 차이점 … 교착상태의 예방은 교착상태가 발생하지 않도록 사전에 방지하는 방법이며, 교착상태의 회피는 교착상태가 일어날 가능성은 있지만 자원할당시에 주의하여 교착상태가 발생하지 않도록 안전상태를 유지하는 방법이다.

   ㉢ 교착상태의 발견(Detection) : 시스템 운영 중에 교착상태를 발견하는 알고리즘에 의해 교착상태의 발생 유무를 파악하는 방법으로, 자원할당 그래프에 의해 교착상태를 발견한다.

ⓔ 교착상태로부터의 회복(Recovery) : 교착상태 사이클이 없어질 때까지 프로세스들을 종료시키거나 할당된 자원을 중단시키는 방법이다.

- 모든 프로세스 종료 : 교착상태에 빠진 모든 프로세스를 종료하는 방식으로, 현재까지 수행한 결과들을 모두 잃어버리고 재연산을 해야 하기 때문에 비용이 많이 든다.
- 하나씩 종료 : 교착상태가 없어질 때까지 하나씩 프로세스를 종료시켜 가며 해결하는 방식으로, 각 프로세스가 종료될 때마다 교착상태 발견 알고리즘을 수행하므로 부담이 크다. 어느 프로세스를 종료시킬 것인지를 결정(희생자 선택)해야 한다.

> 🔊 **TIP** 희생자 선택
> ㉠ 프로세스를 종료시키는 데 있어서 기본적으로 최소의 비용으로 종료시키는 방법을 찾아야 한다.
> ㉡ 희생자 선정시 고려사항
> - 프로세스들의 우선순위
> - 수행된 시간과 작업종료시간
> - 사용한 자원의 유형과 수
> - 더 필요한 자원의 수
> - 복귀하는 데 필요한 프로세스의 수

- 자원 선점 : 프로세스로부터 자원들을 선점하여, 이들 자원을 교착상태가 해결될 때까지 다른 프로세스들에게 할당하는 방법으로 다음과 같은 사항을 해결해야 한다.
  - 희생자 선정문제
  - 어느 자원을 선점시키고, 어느 프로세스를 희생시킬 것인가를 결정한다.
  - 프로세스 종료에서와 같이 비용을 최소화하기 위하여 자원선점의 순서를 결정한다.
  - 비용요인 : 교착상태 프로세스가 점유하고 있는 자원의 수, 교착상태 프로세스가 지금까지 실행하는 데 소요한 시간 등의 매개변수이다.
  - 복귀문제
  - 완전복귀 : 프로세스를 종료시키고 처음부터 다시 재시작하는 방법이다.
  - 부분복귀 : 프로세스에 대한 정보를 유지하여 교착상태를 벗어날 정도로 프로세스를 복귀시킨다.
  - 기아상태 문제
  - 자원들이 항상 동일한 프로세스로부터 선점된다면, 기아상태가 발생할 수 있다.
  - 희생자 반복선택 횟수의 상한선을 정하여 프로세스를 복귀하도록 하여 해결한다.

(4) CPU 스케줄링

① CPU 스케줄링의 개념

  ㉠ 스케줄링의 목적
  - 공정한 스케줄링으로 실행의 무한 연기를 배제한다.
  - 최대 수의 프로세스에게 서비스를 제공하여 처리량을 극대화한다.
  - 응답시간을 최소화한다.
  - 반환시간의 예측이 가능하다.

- 균형있는 자원을 사용한다.
- 응답시간과 자원활용 간의 균형을 유지한다.
- 우선순위제를 실시한다.

ⓛ 스케줄링의 성능기준
- CPU 사용률 : 가능한 CPU의 최대한 이용률
- 단위시간당 처리량 : 단위시간당 완료되는 작업의 수
- 응답시간 : 작업을 실행하는 데 걸리는 시간
- 대기시간 : 작업 대기큐에서 대기하는 데 소비하는 시간
- 반환시간 : 작업이 시스템에 맡겨진 뒤 모든 일을 마치고 시스템을 빠져나올 때까지의 소요시간

 CPU 스케줄링 결정의 4가지 조건
ⓐ 프로세스가 실행상태에서 대기상태로 전환될 때
ⓑ 프로세스가 실행상태에서 준비상태로 전환될 때
ⓒ 프로세스가 대기상태에서 준비상태로 전환될 때
ⓓ 프로세스가 수행을 마치고 종료될 때

② 스케줄러의 종류
㉠ 장기 스케줄러(작업 스케줄러) : 프로세스를 생성하고 제거하는 동작을 하는 스케줄러로, 보류상태에 있는 작업들을 준비상태로 전이시키며, 프로세스의 제어코드와 PCB를 연결시켜 주기억장치로 이동시킨다.
㉡ 단기 스케줄러(CPU 스케줄러) : 실행준비가 되어 있는 프로세스들 중에서 하나를 선택하여 어떤 프로세스에게 CPU를 할당할 것인가를 결정하는 스케줄러이다. CPU 할당시간마다 최소한 한 번씩은 단기 스케줄러가 수행된다.
㉢ 중기 스케줄러 : 실행 중인 프로세스를 중지하거나 또는 다시 활성화시키는 기법을 사용하여 시스템에 대한 부하의 양을 조절하는 기능을 담당한다.

③ CPU 스케줄링의 분류
㉠ 선점(Preemptive) 스케줄링 : 한 프로세스가 CPU를 점유하고 있을 때 우선순위가 높은 다른 프로세스가 현재 프로세스를 중지시키고 자신이 CPU를 차지할 수 있는 방식이다.
- 우선순위가 높은 프로세스가 먼저 수행할 때 유리하며, 빠른 응답시간을 요구하는 시분할 시스템에 유용하다.
- 경비가 많이 들고 많은 오버헤드를 초래한다.
㉡ 비선점(Nonpreemptive) 스케줄링 : 한 프로세스가 CPU를 할당받으면 완료까지 그 프로세스가 CPU의 사용권을 독점하여 사용하는 방식이다.
- 짧은 작업이 긴 작업을 기다리는 경우가 종종 발생하지만, 모든 프로세스들에 대한 대우는 짧은 작업, 긴 작업에 상관없이 공정하다.
- 응답시간을 쉽게 예측할 수 있다.

④ CPU 스케줄링 알고리즘

　㉠ 선점 스케줄링 알고리즘

　　• SRT(Short Remaining Time) 스케줄링

　　–SJF 기법에 선점방식을 도입한 변형된 방법으로서 시분할 시스템에 유용하다.

　　–작업이 끝나기까지 가장 짧은 시간이 소요된다고 판단되는 것을 먼저 수행한다.

　　• 라운드 로빈(Round Robin) 스케줄링

　　–시분할 시스템에 효과적이며, 할당시간의 크기가 매우 중요하다.

　　–할당시간이 크면 FCFS 방식과 동일하게 되고, 할당시간이 작으면 문맥교환이 자주 발생하여 오버헤드가 크다.

　　• 다단계 큐(Multi – level Queue) 스케줄링

　　–각 작업들이 서로 다른 그룹으로 분류될 수 있을 때 사용하는 것으로, 준비큐를 여러 종류로 분할하여 스케줄링하는 기법이다.

　　–작업들은 기억장소의 크기 및 작업유형에 따라 어느 한 큐에 고정적으로 지정된다.

　　• 다단계 피드백 큐(Multilevel Feedback Queue) 스케줄링

　　–짧은 작업에 유리하며, 입·출력장치를 효과적으로 이용하기 위해서 입·출력 위주의 작업들에게 우선권을 준다.

　　–프로세스가 보다 하위단계의 큐로 옮겨갈수록 주어진 할당시간은 점차 크게 설정된다.

　㉡ 비선점 스케줄링 알고리즘

　　• FIFO(First In First Out) 스케줄링

　　–가장 간단한 기법으로 프로세스들은 대기큐에 도착한 순서에 따라 CPU를 할당받는다.

　　–응답시간의 차가 적으므로 예측이 쉽다.

　　–긴 작업이 짧은 작업을 기다리게 할 수 있으며, 중요한 작업이 기다리게 될 수 있어 대화식 사용자에게는 부적합하다.

　　• 기한부(Deadline) 스케줄링

　　–작업들을 주어진 특별한 시간이나 만료시간 내에 완료되도록 하는 기법이다.

　　–작업시간과 작업처리정보를 미리 예측하기가 어렵다.

　　• SJF(Shortest Job First) 스케줄링

　　–기다리고 있는 작업 중에서 수행시간이 가장 짧다고 판정된 것을 먼저 수행한다.

　　–평균 대기시간을 최소화시킬 수 있지만, 다음 CPU 시간을 알기 어렵다.

　　• 우선순위(Priority) 스케줄링

　　–각 프로세스에게 우선순위를 부여하여 순위가 높은 순서대로 CPU를 처리한다.

　　–우선순위가 같을 때에는 FIFO 또는 SJF를 도입하여 실행한다.

　　• HRN(Highest Response Ratio Next) 스케줄링

　　–SJF 스케줄링의 약점인 긴 작업과 짧은 작업 간의 지나친 불평등 등을 어느 정도 보완한 기법이다.

-짧은 작업이나 대기시간이 큰 작업은 우선순위가 높아진다.

$$우선순위 = \frac{(대기시간 + 서비스를 \ 받을 \ 시간)}{서비스를 \ 받을 \ 시간}$$

❷ 기억장치 관리

(1) 주기억장치 관리

① 기억장치의 계층구조

    ㉠ 캐시기억장치 : 고속의 CPU와 저속인 주기억장치 간의 속도보완을 위하여 일시적으로 데이터나 정보를 저장하는 고속기억장치이다.

    ㉡ 주기억장치 : CPU가 명령이나 데이터를 직접 인출 · 반환할 수 있는 기억장치이다.

    ㉢ 보조기억장치 : 주기억장치의 용량을 보조하는 기억장치로, 값이 싸고 대용량이나 주기억장치에 비해 기록하거나 판독하는 속도는 느리다.

    ㉣ 가상기억장치 : 특정 컴퓨터 시스템에서 가상기억장치를 이용하여 주기억장치의 이용 가능한 기억공간보다 훨씬 큰 주소지정을 할 수 있도록 하는 기법이다.

② 기억장치 관리정책

    ㉠ 반입정책(Fetch Strategic) : 주기억장치에 넣을 프로그램이나 데이터를 언제 가져올 것인가 하는 문제를 결정하는 정책이다.

    • 요구반입(Demand Fetch) 정책 : 실행 중인 프로그램에 의해 어떤 프로그램이나 데이터가 참조될 때 그것을 주기억장치로 옮기는 요구반입 기법이다.

    • 예상반입(Anticipatory Fetch) 정책 : 현 프로그램 수행 중에 앞으로 요구될 가능성이 큰 데이터 또는 프로그램을 예상하여 주기억장치로 미리 옮기는 방법이다.

    ㉡ 배치정책(Placement Strategic) : 새로 반입된 데이터나 프로그램을 주기억장치의 어디에 위치시킬 것인가를 결정하는 정책이다.

    • 최초 적합(First – fit) : 주기억장치 내에 분할된 공간 중 최초의 유용한 공간에 우선적으로 할당하는 방법이다.

    • 최적 적합(Best – fit) : 주기억장치 내에 분할된 공간 중 프로그램을 저장할 때 가장 작은 공간이 남는 분할에 할당하는 방법이다.

    • 최악 적합(Worst – fit) : 주기억장치 내에 분할된 공간 중 프로그램을 저장할 때 가장 큰 공간에 할당하는 방법이다.

    ㉢ 교체정책(Replacement Strategic) : 새로 반입된 프로그램이 들어갈 장소를 마련하기 위해서 어떤 프로그램이나 데이터를 주기억장치로부터 제거할 것인가를 결정하는 정책이다.

③ 연속 · 불연속 기억장치 할당

　㉠ **연속 기억장치 할당** : 각 프로그램이 주기억장치 내의 연속된 하나의 블록을 차지하도록 한 배치방법이다.

　　• 운영체제가 연속 기억장치 할당을 관리하기가 쉽다.

　　• 큰 공간이 생길 때까지 기다렸다가 다음 프로그램을 적재하여 실행한다.

　㉡ **불연속 기억장치 할당** : 하나의 프로그램이 여러 개의 블록으로 나누어져, 주기억장치에 분산되어 배치되는 방법이다.

　　• 운영체제가 불연속 기억장치 할당을 관리하는 일이 어렵다.

　　• 기다리지 않고 다음 프로그램을 적재하여 실행할 수 있다.

④ 주기억장치 관리기법

　㉠ **단일 사용자 연속 기억장치 할당**

　　• 기억장치 할당방법 : 주기억장치의 용량을 초과하는 프로그램은 실행할 수 없으며, 한 순간에 한 명의 사용자만이 주기억장치를 전용하여 사용하므로 다른 사용자는 기다려야 하는 방법이다.

　　• 장점 : 기억장치 할당방법이 단순하며 이해하기 쉽다.

　　• 단점

　　－기억장치의 빈 공간을 이용하지 못하기 때문에 기억장치의 낭비가 심하다.

　　－입 · 출력을 수행하고 있는 동안 CPU 시간이 낭비된다.

　　－사용하지 않는 프로그램이 기억장치 내에 위치하며, 기억공간보다 작은 프로그램만이 수행 가능하다.

　　• 오버레이(Overlay) 기법 : 용량이 큰 프로그램을 몇 개의 부분으로 분할하여 각 부분의 실행이 필요할 때마다 필요한 부분만 주기억장치로 입력시켜 실행할 수 있게 하는 방법으로, 기억용량이 작은 컴퓨터에서 많은 도움을 주지만 프로그래머가 프로그램을 각 세그먼트(모듈)로 나누고 세그먼트간의 데이터 교환을 실행시켜야 하므로 고도의 프로그램 작성기술을 요구한다.

　　• 스와핑(Swapping) 기법 : 실행이 끝난 프로세스를 보조기억장치로 보내고, 다른 프로세스를 주기억장치의 가용공간으로 불러와 실행할 수 있게 하는 방법이다.

　㉡ **고정분할 기억장치 할당** : 주기억장치를 일정 수의 고정된 크기들로 분할하여 여러 프로세스에게 할당하는 방법이다.

　　• 절대 번역과 적재(Absolute Compile & Loading)

　　－초기 다중 프로그래밍 시스템에서 사용한 방법이다.

　　－하나의 작업은 절대 어셈블러와 절대 컴파일러에 의해 번역되어서 지정된 분할영역에서만 실행이 가능하다.

　　－한 작업에 지정된 분할영역이 이미 차 있으면 다른 분할영역이 이용 가능하더라도 그 작업은 대기해야 한다.

　　－주기억장치의 낭비가 발생하나, 운영체제는 비교적 간단하고 구축하기 쉽다.

　　• 재배치 번역과 적재(Relocation Compile & Loading)

　　－모든 작업을 하나의 작업 큐에 넣어서, 어느 분할영역이라도 실행 가능하도록 한 방법이다.

　　－절대 번역과 적재 기법보다 주기억장치의 낭비를 줄이지만 운영체제가 조금 복잡하다.

• 장 · 단점

－장점 : 다수의 프로그램을 기억장치 공간에 넣고 수행할 수 있어 다중 프로그래밍이 가능하며, 수행속도를 증 가시킴으로써 CPU를 효율적으로 사용한다.

－단점 : 단편화 문제가 발생하고, 단편화에 의해 기억장치의 낭비가 발생하며, 수행할 프로그램의 크기를 미리 알아야 한다.

• 기억장치의 단편화(Fragmentation)

－단편화 공간의 정의 : 사용자의 작업크기가 분할영역에 정확히 맞지 않거나, 또는 분할영역이 너무 적어서 어 떤 작업도 이 분할영역에 적재될 수 없기 때문에 사용하지 못하는 기억공간을 단편화 공간이라 한다.

－단편화의 종류

- 내부 단편화 : 하나의 분할에 작업을 할당하고 남은 빈 공간

- 외부 단편화 : 어떤 영역이 사용되지 않고 남아 있어서 이용할 수 있지만, 대기 중인 작업의 크기에 비해 기억 장소가 적은 기억공간

－단편화의 해결

- 통합(Coalescring) : 인접되어 있는 두 빈 공간을 하나로 합하는 방법

- 압축(Compaction) : 주기억장치 내의 모든 빈 분할영역을 하나로 합하는 방법

ⓛ **가변분할 기억장치 할당** : 고정된 분할영역의 경계를 없애고, 각 작업에게 수행에 필요한 만큼의 기억공 간을 할당하는 방법이다.

• 장점 : 불필요하게 낭비하는 기억장치의 단편화를 방지하고, 다중 프로그래밍의 정도를 높여 입 · 출력장치 등 자원을 효율적으로 사용한다.

• 단점 : 기억장치를 집약하는 시간이 소비되고, 외부적 단편화는 여전히 발생한다.

(2) 가상기억장치 관리

① 가상기억장치의 개념

㉠ 실행 중인 프로세스가 참조하는 주소를 실제 주기억장치에서의 사용주소와 분리하여, 주기억장치의 용 량보다 훨씬 큰 가상기억공간을 사용할 수 있게 하는 방법이다.

㉡ 사용자가 보조기억장치를 가상기억공간으로 생각하여 프로그램을 작성하므로 오버레이 구조를 해결할 수 있다.

② 가상기억장치 기법

㉠ **페이징 기법** : 가상공간을 일정한 페이지 크기로 분할한 후 동적 주소변환을 거쳐 실기억공간에 사상하 는 기법이다.

• 직접사상

－모든 페이지에 대한 항목이 페이지 테이블에 있다.

－페이지 테이블이 주기억장치에 존재하므로, 추가의 주기억장치 참조가 요구된다.

－페이지 테이블 내에서 p에 대한 항목이 위치하는 주기억장치 주소인 $p' = b + p$를 형성한다.

─변위 d를 더하여 실제주소 r = p + d를 생성한다.
- **연관사상** : 페이지 테이블을 고속의 연관기억장치에 넣는 방법으로, 가장 빠르고 융통성 있는 구조이나, 구현하기가 비싸고 어렵다.
- **연관 · 직접사상 혼용**
─최근에 가장 많이 참조된 페이지는 연관기억장치의 테이블에 넣고, 나머지 페이지에 대한 정보는 주기억장치의 테이블에 넣는 방식이다.
─프로세스는 가상주소 V = (p, d)를 참조하여 연관 테이블을 먼저 탐색한다.
─페이지 p가 연관 테이블에 있다면, p′ + d = r로 실주소를 생성한다.
─연관 테이블에 페이지 p가 없으면, 페이지 테이블을 탐색하여 직접사상방법에 의해 실주소 r을 생성한다.
ⓛ **세그먼트 기법** : 가상공간을 사용자 관점에서 가변 크기로 분할한 후 동적 주소변환을 거쳐 실기억공간에 사상하는 방법이다.
ⓒ **페이징 · 세그먼트 혼용기법** : 세그먼트가 너무 가변적이고, 때로는 그 크기가 지나치게 커서 주기억장치에 적재할 수 없는 경우의 문제점을 극복하기 위한 방안으로, 세그먼트의 크기를 다시 일정한 페이지 크기로 분할하여 사상하는 방법이다.

③ 페이지 교체 알고리즘
ㄱ **최적 교체 알고리즘** : 최적의 성과를 얻기 위해서 그 이후로도 가장 오랫동안 사용되지 않을 페이지를 교체하는 방법으로 FIFO의 모순을 피할 수 있는 알고리즘이다.
- **장점** : 최소의 페이지 부재율을 갖게 되어 교체 알고리즘의 평가기준으로 사용된다.
- **단점** : 사전에 전개상황을 미리 파악하고 있어야 하는 예견 알고리즘으로 다루기가 어렵다.
ⓛ **무작위 페이지 교체 알고리즘** : 교체할 페이지를 무작위로 선택하는 방법이다.
- **장점** : 오버헤드가 적다.
- **단점** : 최악의 경우에 바로 뒤에 호출될 페이지도 교체될 수 있다.
ⓒ **선입선출(FIFO) 페이지 교체 알고리즘** … 가장 먼저 주기억장치에 들어와 있는 페이지를 교체하는 방법으로 이해하기 쉽고 설계가 간단하다.

> **TIP** FIFO 모순(Belady's Anomaly) … 페이지 프레임의 수가 증가될 때 페이지 부재가 줄어들어야 하는데, 그 반대로 페이지 부재가 더 증가하는 현상이 일어난다.

ⓔ **2차 기회 페이지 교체(SCR) 알고리즘** : FIFO 방법의 단점인 자주 쓰이던 페이지가 대체되는 것을 방지하기 위한 방법으로, 가장 오래된 페이지의 참조비트를 조사하여 그 비트가 '0'일 경우는 페이지를 교체시키고, 만약 '1'이라면 참조비트를 '0'으로 만든 후 FIFO 리스트의 꼬리부분으로 옮겨놓아 마치 새로운 페이지가 도착한 것처럼 취급하는 방법이다.
ⓜ **LRU(Least Recently Used) 페이지 교체 알고리즘** : 가장 오랫동안 사용되지 않은 페이지를 제거하는 방법으로, 가장 널리 사용되며 참조된 시간을 기록해야 하므로 시간 오버헤드가 발생하고, 실제로 구현하기가 매우 복잡하다.

ⓑ LFU(Least Frequence Used) 페이지 교체 알고리즘 : 사용빈도(호출 횟수)가 가장 적은 페이지를 교체하는 방법으로, 호출 횟수가 가장 적은 페이지가 가장 최근에 교체된 페이지일 가능성이 있으므로 바로 불러온 페이지가 교체될 수 있다.

ⓢ NUR(Not Used Recently) 페이지 교체 알고리즘 : 최근에 사용되지 않은 페이지를 교체하는 방법으로, 각 페이지당 두 개의 비트(참조비트, 변형비트)를 둔다. 현재 실행 중인 페이지도 교체할 수 있다.

ⓞ 워킹 세트(Working Set) : 프로세스가 최근 참조하는 페이지들의 집합에 속하는 페이지를 모아놓는 방법으로, 페이지 교체가 발생할 경우 이 집합에 속하지 않은 페이지를 교체한다. 스래싱을 방지해 준다.

ⓩ PFF(Page Fault Frequency) 페이지 교체 알고리즘 : 현재 페이지 부재와 바로 전의 페이지 부재 사이의 시간을 관찰하여 그 시간이 지금까지의 최소시간보다 크다면 그 사이에 호출되지 않았던 페이지들을 모두 제거하는 방법으로, 프로세스의 변화에 따라 유동적으로 페이지를 교체할 수 있다.

④ **구역성(Locality)** … 프로세스가 실행되는 동안 기억장치 내의 모든 정보를 균일하게 참조하는 것이 아니라 현재 실행되는 주소 부근에서 특정부분만을 집중적으로 참조하는 성질을 말한다.

　ⓐ **시간 구역성** : 최근에 참조된 기억장소가 가까운 장래에도 계속 참조될 가능성이 높다.

　　예 순환(Looping), 서브루틴, 스택, 누산(Counting), 집계(Totaling) 등

　ⓑ **공간 구역성** : 일단 하나의 기억장소가 참조되면 그 근처의 기억장소가 계속 참조될 가능성이 있다.

　　예 배열순례(Array Traversal), 순차적 코드 실행, 프로그래머들이 서로 관련된 변수들을 근처에 선언하는 경우 등

　　📢 TIP 기억장치에서 구역성이 중요한 이유 … 각 프로그램이 자주 참조하는 페이지들(Working Set)이 주기억장치에 있으면 프로그램의 수행을 효율적으로 할 수 있기 때문이다.

⑤ **스래싱(Thrashing)** … 어떤 프로세스가 계속적으로 페이지 부재가 발생하여 프로세스의 처리시간(수행시간) 보다 페이지 교체시간이 더 많아지는 현상으로, CPU 이용률이 저하되는 원인이 된다.

　ⓐ **원인**

　　• 실제 사용하는 수만큼의 충분한 페이지 프레임을 갖지 못한 경우에 페이지 부재가 빈번하게 일어나며, 실행 중인 프로세스는 계속 페이지 교체를 수행해야 하므로 스래싱 현상이 발생하게 된다.

　　• 다중 프로그래밍의 정도가 점점 커지면 스래싱 현상이 일어나게 되고, CPU의 이용률은 급격히 감소한다.

　ⓑ **해결책**

　　• 각 프로세스들에게 충분한 페이지 프레임을 할당한다.

　　• 주기억장치 내에 워킹 세트(Working Set)를 제대로 유지한다.

(3) 보조기억장치 관리

① **보조기억장치의 개요**

　ⓐ **개념** : 프로그램이나 자료를 보관하고 있다가 필요할 때 사용할 수 있는 기억장치를 말하며, 주기억장치의 용량이 한정되어 있고 전원공급이 중단될 경우 기억된 내용이 모두 지워지므로 필요한 프로그램이나 자료를 영구히 보관하기 위해서는 보조기억장치가 필요하다.

ⓒ 특성 : 주기억장치에 비해 기록하거나 판독하는 속도는 느리지만 기억용량이 크고 확장이 가능하며 기록된 내용을 영구보관할 수 있다.

ⓒ 보조기억장치 접근방법

- 순차기억매체(SASD ; Sequential Access Storage Device) : 자기 테이프 장치처럼 적절한 레코드를 찾을 때까지 처음부터 차례로 검색하는 매체이다.
- 직접기억매체(DASD ; Direct Access Storage Device) : 자기 디스크 장치처럼 주소를 지정하여 직접 원하는 레코드를 찾아가는 매체이다.

② 자기테이프

ⓐ 원리 : 자성물질이 칠해진 테이프가 자기 테이프 구동장치의 헤드를 지날 때 전류를 변화시켜 테이프에 정보를 기록한다.

ⓑ 구성 : 총 9트랙 중 8개의 트랙은 데이터를 저장하는 데 사용되고 나머지 1트랙은 데이터 전송시 에러여부를 검사하기 위한 패리티 비트를 저장하는 데 사용된다.

ⓒ 특성

- 많은 양의 데이터를 저장할 수 있다.
- 속도가 느리고 순차접근을 하므로 데이터 보관용으로 사용한다.
- 순차처리만 가능하다(SASD ; Sequence Access Storage Device).
- 가격이 저렴하여 백업용으로 많이 사용된다.
- 데이터를 읽기 위한 시간이 많이 걸린다.

③ 자기디스크

ⓐ 구조

- 트랙(Track) : 헤드에 의해 그려지는 동심원으로 정보가 저장되는 경로
- 섹터(Sector) : 한 번에 처리할 수 있는 크기(블록)로 트랙을 분할한 부분
- 실린더(Cylinder) : 디스크 팩에서 동일한 인덱스 번호를 가진 트랙의 모임

ⓑ 접근시간

- 탐색시간(Seek Time) : 헤드를 움직여 적절한 트랙 위에 갖다놓는 데 걸리는 시간이다.
- 헤드활성화시간(Head Activation Time) : 트랙을 찾는 데 걸리는 시간이다.
- 회전지연시간(Rotational Delay Time) : 헤드를 움직여 적절한 섹터 위에 갖다놓는 데 걸리는 시간이다.
- 전송시간(Transmission Time) : 주기억장치와 데이터를 주고받는 데 걸리는 시간이다.

ⓒ 특성 : 주소에 의한 임의 접근으로 자기 테이프보다 접근시간이 빠르나, 기억용량에 비해 정밀도가 낮다.

ⓓ 종류

- 이동헤드 디스크 : 판독 · 기록 헤드가 원하는 트랙에 위치하도록 액세스 암(Access Arm)을 이동시켜 데이터를 읽거나 쓰는 디스크 장치이다.
- 고정헤드 디스크 : 각 트랙마다 읽기 · 쓰기 헤드를 두어 이동 헤드 디스크의 탐색시간을 없앤다.

④ 디스크 스케줄링

　㉠ 디스크 스케줄링 분류기준

　　• 처리량(Throughput) : 단위시간에 디스크의 헤드가 찾을 수 있는 데이터의 수를 최대화하였다.

　　• 평균응답시간(Mean Response Time) : '평균대기시간 + 평균서비스시간'을 최소화하였다.

　　• 응답시간의 편차(Variance Of Response Time) : 평균응답시간을 줄이고 예측할 수 있도록 하는 것이다. 편차가 적을수록 예상가능성이 커진다

　㉡ 디스크 스케줄링 기법

　　• FCFS(First Come First Served) 스케줄링 : 가장 간단한 형태로, 가장 먼저 입력된 요구가 우선적으로 서비스를 받는 방법이다.

　　－구현 : 대기큐에 입력된 요구순서대로 서비스를 진행한다.

　　－특징

　　－대기큐의 순서대로 서비스하며, 더 높은 우선순위의 요청이 입력되어도 순서가 바뀌지 않아 공평성이 보장된다.

　　－디스크 오버헤드(부하)가 커지면 요청이 많아져 응답시간이 길어진다.

　　• SSTF(Shortest Seek Time First) 스케줄링 : 탐색거리가 가장 짧은 요청, 즉 현재 헤드의 위치에서 가장 가까운 요청이 먼저 서비스를 받는 방법이다.

　　－구현 : 현재 위치에서 가장 가까운 거리에 있는 요청을 서비스한다.

　　－특징

　　－가장 안쪽이나 바깥쪽의 트랙은 가운데 트랙보다 서비스를 받지 못하기 때문에 응답시간의 편차가 크다.

　　－FCFS보다 처리량이 많고 평균응답시간이 짧다.

　　－일괄처리 시스템에 유용하고 응답시간의 편차가 크므로 대화형 시스템에 부적합하다.

　　• SCAN 스케줄링(엘리베이터 알고리즘) : SSTF가 갖는 응답시간의 편차와 차별을 극복하기 위한 방법이다.

　　－구현 : 헤드의 진행방향과 같은 방향의 가장 짧은 거리에 있는 요청을 먼저 서비스하고 진행 중 가장 바깥쪽까지 갔거나 더 이상 요구가 없으면 반대쪽으로 방향을 바꾸어 서비스한다.

　　－특징

　　－실제로 구현되는 대부분의 디스크 스케줄링의 기본전략이다.

　　－밀도가 높은 쪽의 요청은 상당히 오랜 시간 대기한다.

　　• C(Circular) － SCAN 스케줄링 : SCAN에서의 불공평한 대기시간을 좀더 균등하게 하려고 변형한 방법이다.

　　－구현 : 바깥쪽 실린더에서 안쪽으로 진행하면서 최단거리의 요구를 서비스하고 더 이상 요구가 없으면 가장 바깥쪽에서 서비스하지 않은 요구로 이동하여 서비스한다.

　　－특징

　　－응답시간의 편차가 매우 적다.

　　－회전시간의 최적화가 가능하며 부하(오버헤드)가 많이 걸리는 경우에 효과적이다.

　　• N － Step SCAN 스케줄링 : 서비스가 한쪽 방향으로 진행될 때 대기 중이던 요구들만 서비스하는 방법이다.

　　－구현 : 진행 중 입력된 요청들은 한데 모아 반대방향 진행시 서비스한다.

－특징
- SSTF나 SCAN 방법보다 응답시간의 편차가 적다.
- 한 실린더에 많은 수의 요청이 도착하여도 대기중인 요청만 서비스하므로 무한대기가 발생하지 않는다.
• 에센바흐(Eschenbach Scheme) 기법
－구현 : 헤드는 C – SCAN처럼 움직이나 그 실린더에 요청이 있든지 없든지 전체 트랙이 한 바퀴 회전할 동안에 서비스를 받는다.
－특징
- 부하가 큰 항공예약 시스템을 위해 개발되었다.
- 탐색시간과 회전지연시간을 최적화하려 했던 최초의 기법들 중의 하나이다.
• SLTF(Shortest Latency Time First) 스케줄링
－구현 : 디스크 헤드가 특정 실린더에 도착하면 여러 트랙을 가리키게 되는데, 이 여러 트랙에 대한 많은 요구들 중에 가장 짧은 회전지연시간을 갖는 요구에 대해 먼저 서비스한다.
－특징
- 구현하기 쉽고 이론적 최적값과 거의 일치한다.
- 섹터큐잉(Sector Queueing)이라 불리며, 고정헤드 디스크를 위한 스케줄링 방법이다.

③ 정보관리

(1) 파일 시스템

① 파일 시스템의 개요

　㉠ 파일 시스템의 기능
- 사용자가 파일을 생성·수정·제거할 수 있도록 한다.
- 여러 사용자가 공동으로 사용할 수 있도록 한다.
- 사용자가 각 응용에 적합한 구조로 파일을 구성할 수 있게 한다.
- 불의의 사고에 대비한 백업과 복구능력이 있다.
- 파일의 무결성, 보안유지방안을 제공해야 한다.
- 주기억장치와 보조기억장치 간의 파일전송을 담당한다.

　㉡ 디렉토리(Directory) 구조
- 단일구조 디렉토리(1단계 디렉토리)
-한 계층의 디렉토리가 시스템에 보관된 모든 파일의 정보를 포함·관리한다.
-동일한 이름의 파일을 사용할 수 없으므로 파일관리에 불편하다.
- 2단계구조 디렉토리
-마스터 디렉토리와 아래 사용자 디렉토리로 구성한다.

-다른 사용자와 파일공유의 어려움이 있다.

• 계층적 구조 디렉토리(트리구조 디렉토리)

-하나의 루트 디렉토리와 여러 개의 부 디렉토리로 구성되어 유닉스(UNIX)나 윈도우즈(Windows) 운영체제에서 채택한다.

-파일공유와 관리·조작이 간편하다.

• 비주기 그래프 구조 디렉토리

-디렉토리간 사이클이 없는 구조로 파일이나 디렉토리 공유가 가능하다.

-파일제거시 허상 포인터(Dangling Pointer)가 발생할 수 있다.

• 일반적인 그래프 구조 디렉토리

-디렉토리간 사이클이 존재하는 구조이다.

-원하는 파일로의 접근이 빠르지만 각 디렉토리마다 파일의 제거를 위한 참조 카운터가 필요하다.

② 파일공간의 할당과 회수

  ㉠ **연속할당**(Contiguous Allocation) : 파일들이 디스크 내의 연속적으로 인접된 공간에 할당되는 것이다.

   • 장점 : 액세스 속도가 빠르고 파일 디렉토리가 단순하다.

   • 단점

   -새로 생성되는 파일의 기억공간의 크기를 미리 결정하기 때문에 단편화가 발생한다.

   -원하는 만큼의 기억공간이 확보되지 않으면 그 파일은 생성되지 못한다.

   -주기적 압축이 필요하다.

  ㉡ **불연속할당**(Noncontiguous Allocation)

   • 연결할당 : 파일이 저장되는 섹터들이 연결 리스트로 구성되고, 각 섹터간에는 연결을 위한 포인터를 가지고 있는 형태이다.

   -장점 : 단편화가 발생하지 않으며, 생성되는 파일크기가 문제되지 않는다.

   -단점

   -논리적으로 연속된 블록의 검색에 긴 시간이 요구된다.

   -연결 리스트 구축에 추가시간이 요구되며 포인터를 위한 기억장소가 낭비된다.

   -포인터가 손상되면 데이터를 찾을 수 없다.

   • 블록단위할당

   -블록체인 기법 : 연결할당과 비슷하나 할당단위가 블록단위로 이루어지는 방법이다.

   -장점 : 삽입·삭제는 포인터만 수정하므로 간단하다.

   -단점 : 속도가 느리다.

   -색인블록체인 기법 : 파일마다 하나의 색인블록을 두고 이 색인블록에 포인터를 모아두어 직접접근을 가능하게 한 방법이다.

   -장점 : 탐색시간이 빠르고 여러 개의 색인블록을 서로 연결하여 사용가능하다.

   -단점 : 삽입시 색인블록을 재구성해야 하며 기억장치가 낭비된다.

   -블록지향 파일사상기법 : 포인터 대신 블록번호를 사용한다.

(2) 보호와 보안

① 보호(Protection)

ⓐ **개념** : 컴퓨터 시스템에 정의된 자원에 대하여 프로그램, 프로세스, 사용자의 접근을 제어하는 기법이다.

ⓑ **보호영역** : 한 프로세스는 하나의 보호영역 내에서만 동작하며, 각 영역은 프로세스가 접근할 수 있는 객체(자원)의 집합과 그 객체에서 취할 수 있는 조작의 형태를 의미한다.

> **TIP** 접근권한 … 어떤 프로세스가 객체에 대한 조작을 수행할 수 있는 능력으로, 하나의 영역은 접근권한의 집합이고, 그 각각은 객체이름과 권한집합의 순서쌍으로 구성되어 있다. 영역은 서로 분리될 필요가 없고, 접근권한을 공유한다.

② 보안(Security)

ⓐ **개념** : 컴퓨터 시스템 내에 저장된 프로그램과 데이터에 대하여 통제된 접근방식을 어떻게 제공할 것인가를 다루는 문제로, 적절한 보호시스템뿐만 아니라 시스템이 동작하는 외부환경에 대해서도 고려한다.

ⓑ **보안의 종류**

- 외부보안 : 불법 침입자나 천재지변으로부터 시스템을 보호한다.
  - 시설보안 : 서명이나 지문 또는 출입카드 등과 같은 물리적 확인시스템의 감지기능을 통해 외부 침입자나 화재, 홍수 등과 같은 천재지변으로부터의 보안이다.
  - 운용보안 : 시스템 운영자, 관리자, 경영자들의 정책과 시스템 통제절차를 통해 이루어지는 보안이다.
- 내부보안 : 불법 침입자로부터 프로그램이나 자료 및 데이터를 보호하기 위해 하드웨어나 운영체제의 내장된 보안기능을 통해 시스템을 보호한다.
- 사용자 인터페이스 보안 : 사용자의 신원을 운영체제가 확인하는 절차를 통해 인증된 사용자만 시스템에 들어올 수 있게 한다.

> **TIP** 보안의 3가지 요구조건
> ⓐ 비밀성(Secrecy) : 컴퓨터 시스템 내의 정보는 오직 인가받은 사용자만이 접근할 수 있도록 보장되어야 한다.
> ⓑ 무결성(Integrity) : 컴퓨터 시스템 정보는 오직 인가받은 사용자만이 수정할 수 있도록 보장되어야 한다.
> ⓒ 가용성(Availablity) : 컴퓨터 시스템 정보는 오직 인가받은 사용자만이 사용할 수 있고, 언제나 사용 가능하도록 보장되어야 한다.

❹ 분산 운영체제

(1) 분산 운영체제

① 분산처리 시스템의 개념과 특징

ⓐ **개념** : 데이터베이스 및 데이터 처리장치가 지역적으로 분산되어 한 조직 내의 고유업무를 수행함과 동시에 조직간의 관련업무를 처리하고, 정보교환을 위하여 네트워크로 상호결합된 시스템이다.

ⓛ 개발의 동기

- 자원공유 : 서로 다른 기능을 가진 많은 수의 사이트들이 서로 연결되어 있다면 한 사이트의 사용자는 다른 사이트의 이용가능한 자원을 사용할 수 있다.
- 연산속도 향상 : 특정 연산이 동시에 수행가능한 부분연산들로 분할될 수 있다면 이 연산들을 여러 사이트에 분산시켜 연산속도를 높일 수 있다.
- 신뢰성 · 분산체제 내에서 한 사이트에 고장이 발생해도 나머지 사이트들은 계속 동작한다.
- 통신 : 다수의 사이트가 통신 네트워크를 통해 서로 연결되었을 때에는 다른 사이트에 있는 사용자들이 정보를 서로 교환할 수 있다.

ⓒ 장점

- 제한된 자원의 공유가 가능하다.
- 시스템 능력에 비해 업무량이 과중되어도 시스템을 바꿀 필요가 없다.
- 업무량 증가에 따라 컴퓨터를 네트워크에 투입하여 시스템의 성능을 향상시킨다.
- 하나의 컴퓨터가 고장시에도 다른 컴퓨터가 작업을 계속 수행하므로 작업에 대한 신뢰도를 높일 수 있다.
- 한 작업을 병렬로 처리하므로 전체적인 처리율을 향상시킨다.

ⓔ 단점

- 분산처리시스템에 투입되는 컴퓨터 비용 및 시스템의 구축이 어렵다.
- 여러 시스템간의 호환성을 고려하여 표준을 정해야 한다.

② 분산처리 시스템의 형태

ⓐ 프로세서모델에 따른 분류

- 클라이언트 – 서버모델 : 대부분의 분산시스템에서 LAN을 기본으로 구성되며, 사용자의 워크스테이션이나 PC 환경에서 수행한다.
- 프로세서 풀(Pool)모델 : 응용 프로그램들이 프로세서 서비스로서 관리되는 컴퓨터에서 수행한다.
- 혼합모델 : 클라이언트 – 서버모델과 프로세서 풀모델을 혼합한 시스템으로, 사용자의 요구와 자원처리가 매칭된다.

ⓑ 위상에 따른 분류

- 완전연결 구조
  - 각 노드가 시스템 내의 모든 다른 노드와 직접연결(Direct Link)된 형태이다.
  - 전송속도가 빠르고 신뢰성이 높으나 노드연결 비용은 노드 수의 제곱에 비례한다.
- 부분연결 구조
  - 부분적으로 각 노드끼리 직접 연결된 것도 있고 아닌 것도 있는 형태이다.
  - 완전연결 구조보다 비용이 싸지만, 전송속도가 느리고 신뢰성이 떨어진다.
- 계층 구조[트리(Tree) 구조]
  - 루트(Root)를 제외한 각 사이트는 하나의 부모를 가지며, 몇 개의 자식을 가진 형태이다.
  - 비용은 부분연결 구조보다 싸지만, 한 부모가 고장나면 그 자식들은 서로 다른 프로세스들과 통신이 두절된다.

- 성형(Star) 구조
- 각 노드들이 Point – To – Point형태로 중앙컴퓨터에 연결되고, 중앙컴퓨터를 경유하여 통신한다.
- 집중제어로 보수와 관리가 용이하고, 한 노드의 고장이 다른 노드에 영향을 주지 않는다.
- 중앙컴퓨터 고장시 전체 네트워크가 정지되며, 통신망 전체가 복잡하여 전송속도가 저하된다.
- 환형 또는 링(Ring) 구조
- 각 노드가 정확하게 두 개의 다른 노드와 물리적으로 연결되어 있어, 단방향이나 양방향으로 통신하는 형태이다.
- 전송매체와 노드의 고장발견이 쉬우며, 분산제어 및 집중제어 중 어느 방식도 가능하다.
- 통신망에 새로운 노드를 추가할 경우 통신회선을 절단해야 한다.
- 메시지 전달시 각 노드에서 전송지연이 발생하며 보안문제가 요구된다.
- 다중접근버스(Multi Access Bus) 구조
- 환형구조와 같은 형태로, 공유되는 하나의 버스가 시스템 내의 모든 노드와 연결되어 있다.
- 한 노드의 고장이 나머지 노드간의 통신에 영향을 주지 않으나, 버스회선이 고장나면 네트워크는 완전히 분할(두절)된다.
- 노드의 추가와 삭제가 용이하며 신뢰성이 높다.
- 모든 노드가 회선상의 데이터를 수신할 수 있으므로 데이터의 비밀보장이 힘들다.

ⓒ 운영체제 형태에 따른 분류
- 네트워크 운영체제(NOS ; Network Operating System)
- 각 노드가 독자적인 운영체제를 가지고, 필요한 경우 네트워크를 통해 통신한다.
- 지역적으로 널리 분산되어 있는 대규모 네트워크 시스템에서 주로 사용된다.
- 설계와 구현이 쉬우며 이미 존재하는 소프트웨어의 사용이 가능하다.
- 자원의 공유가 번거롭고 프로세서의 운영체제가 모두 다를 때 곤란하다.
- 분산운영체제(DOS ; Distributed Operating System)
- 하나의 운영체제가 모든 네트워크, 프로세서 및 시스템 내의 자원과 작업을 총괄한다.
- 네트워크로 연결된 시스템 내에 하나의 운영체제가 존재하며, 미니 또는 마이크로 컴퓨터들이 근거리 통신망으로 연결되는 데 많이 사용된다.
- 사용이 편리하고 시스템간 자원공유가 쉬우나, 설계와 구현이 어렵다.

(2) 병렬처리 시스템

① 병렬처리 시스템의 개요
   ㉠ 개념 : 다중처리 시스템에서 하나 또는 그 이상의 운영체제가 여러 개의 프로세서를 관리하며 동시에 수행하는 시스템이다.

> **TIP** 다중처리 시스템
> ㉠ 개념 : 한 계산의 서로 다른 부분을 실질적으로 동시에 수행하기 위하여 다수의 프로세서를 사용하는 시스템이다. 이 시스템은 성능과 계산능력이 좋다.

ⓛ 다중처리기의 일반적 특징
　　　　　• 각 프로세서는 자체 계산능력을 가지고 있다.
　　　　　• 각 프로세서들이 하나의 공통기억장소나 전용기억장소를 가진다.
　　　　　• 각 프로세서들은 프로세서나 주변장치 등을 공동으로 사용한다.
　　　　　• 전체 시스템이 독립된 운영체계나 하나의 운영체제에 의해 운영될 수 있다.
　　ⓛ 발전단계
　　　• 1단계 : 단일 프로세서 컴퓨터에 병렬기법을 도입하였다.
　　　• 2단계 : 운영체제를 단일 컴퓨터의 운영에서 벗어나 복수의 연산소자 및 네트워크까지도 운영하였으며, 알고리즘 기술이 발달하였다.
　　　• 3단계 : 병렬화를 묵시적으로 나타내는 새로운 언어의 개발을 요구했다.
　　　• 4단계 : 사용자와 같은 레벨에서 통신할 수 있도록 높은 레벨의 사용자 인터페이스를 제공했다.
② 병렬처리 시스템의 분류
　　㉠ Flyne의 분류
　　　• SISD(Single Instruction stream Single Data stream) : Von Neuman 방식으로 한 번에 하나의 명령어만을 수행하는 단일 프로세서 컴퓨터이다.
　　　• SIMD(Single Instruction stream Multi Data stream) : 다수의 처리기들이 배열형태로 연결되어 하나의 제어장치에 의해 제어되어 수행되는 컴퓨터의 형태로, 어레이 프로세서라고도 한다.
　　　• MISD(Multi Instruction Stream Single Data stream) : 여러 프로세서들에 의해 각각의 명령들이 하나의 데이터에 적용되는 것으로, 이론적일 뿐 실제 사용되지는 않는다.
　　　• MIMD(Multi Instruction Stream Multi Data stream) : 여러 명령배열을 여러 데이터 스트림에서 각각 동작하게 하는 것으로, 진정한 의미의 병렬 프로세서이다.
　　ⓛ 자료와 명령어의 흐름에 따른 분류
　　　• 파이프라인 프로세서(Pipe Line Processor) : 하나의 프로세서를 서로 다른 기능을 가진 여러 개의 부프로세서로 나누어 각 부프로세서가 동시에 서로 다른 데이터를 취급하도록 하는 기법이다. 이 기법은 한 번에 여러 명령어가 실행되게 하여 성능을 향상시킨다.
　　　• 벡터 프로세서(Vector Processor) : 벡터 명령어가 실행되었을 때 벡터의 각 항목들은 하나씩 적절한 파이프라인에 나뉘어져 파이프라인의 한 단계가 완성되는 동안 연기되는 기법이다.
　　　• 어레이 프로세서(Array Processor) : 여러 데이터에 대하여 서로 다른 PE(Processing Element)가 동시에 하나의 제어장치에 의해 동기화하여 한 명령을 처리하는 구조이다.
　　　• 연관 기억장치 프로세서(Associative Memory Processor) : 많은 수의 비트로 구성되어 있는 각각의 연관단어는 특수 레지스터, 비교논리자와 함께 연산에 사용되며 이 구조의 컴퓨터는 데이터베이스용으로 사용된다.
　　　• 데이터 흐름 프로세서(Data Flow) : 많은 연산을 병렬적으로 수행하며 요구되는 데이터가 이용가능한 명령어를 실행하기 때문에 데이터 구동방식이라고도 한다.
　　ⓒ 기억장치 결합도에 따른 분류
　　　• 강결합(Tightly Coupled)
　　　－여러 프로세스가 하나의 저장장치를 공유하며, 하나의 운영체제가 모든 프로세스들과 시스템 하드웨어를 제어한다.

－공유메모리를 차지하기 위한 프로세스간 경쟁이 치열하며, 결합스위치로 이를 해결한다.

• 약결합(Loosely Coupled)

－자체 운영체제를 가지고 있으며, 각 프로세스는 각자의 기억장치를 가지고 있다.

프로세스간 통신은 메시지 전달과 원격 프로시저 호출로 이루어진다.

ⓔ 연결방식에 따른 분류

• 공유버스(Common Bus)

－프로세서, 기억장치 및 입·출력장치들간에 하나의 버스만 존재한다.

－간단하며, 경제적이고 융통성이 있다.

－한 번에 한 가지 전송만 가능하고 버스에 이상이 생기면 전체 시스템이 중단된다.

－시스템이 바빠지면 효율성이 저하된다.

• 크로스바 교환행렬(Crossbar - switch Matrix)

－공유버스 구조에서 버스의 수를 기억장치의 수만큼 증가시킨 시스템이다.

－모든 기억장치 모듈로 동시전송이 가능하나, 하드웨어가 크고 복잡하다.

• 하이퍼 큐브(Hypercube)

－비교적 경제적인 방법으로 많은 프로세서들을 연결하는 방법을 제공한다.

－많은 노드가 연결될 경우 비용이 급속도로 증가한다.

• 다중 입·출구 기억장치

－한 노드가 어떤 다른 노드에라도 연결할 수 있도록 하여 여러 프로세서의 연결을 쉽게 한다.

－교환기의 수가 매우 적으며 단일경로이지만 다양한 연결이 가능하다.

－교환 네트워크의 비용을 증가시키며 전송시간이 비교적 느리다.

ⓜ 운영체제의 형태에 따른 분류

• 주·종

－하나의 프로세서가 Master로 지정되어 범용 프로세서로서 연산 및 입·출력을 담당하고, 나머지는 slave로 연산만을 담당하며 사용자 프로그램만 수행한다.

－구현이 쉬우나 하드웨어의 비대칭성이 발생하고 하드웨어를 최적으로 사용하지 못한다.

• 분리수행

－각 프로세서가 독립적으로 자원을 가지는 단일 프로세서 시스템처럼 독자적인 운영체제와 기능을 가지는 형태이다.

－주·종 관계보다 신뢰도가 높아 한 프로세서의 고장이 전체 시스템에 영향을 주지 못한다.

－일부 프로세서가 유휴상태로 될 수 있다.

• 대칭처리

－모든 프로세서가 동등한 입장의 대칭성을 가지고 있으며, 구현 및 수행이 매우 복잡한 형태로 가장 강력한 능력의 시스템이다.

－한 운영체제를 동시에 수행할 수 있게 하므로 재진입코드와 상호배제가 필요하다.

－다른 기법에 비해 작업을 효과적으로 분산시킬 수 있다.

출제예상문제

1 SRT(Shortest Remaining Time) 스케줄링 특징으로 옳지 않은 것은?

① 선점 스케줄링 기법이다.
② SJF보다 많은 오버헤드가 발생한다.
③ 선점오버헤드로 SJF보다 더 좋은 성능을 가질 수 있다.
④ 긴작업 보다 짧은 작업에 유리하다.

TIP ④ 긴작업 보다 짧은 작업에 유리한 것은 SJF 스케줄링 이다.

2 다음 글이 설명하는 것은?

> • 가장 안쪽 트랙이나 가장 바깥쪽 트랙에 도착하면 무조건 반대방향으로 다시 서비스를 시작하기 때문에 비효율적이다.
> • 응답시간의 편차가 매우 적다.
> • 진행 도중 도착한 요청은 다음 수행시 서비스 한다.

① C-SCAN 스케줄링　　　　　　② 에센바흐 기법
③ SSTF 스케줄링　　　　　　　④ SCAN 스케줄링

TIP ② 에센바흐기법은 탐색시간과 회전지연시간을 최적화하려 했던 최초의 기법들 중의 하나이다.
　　③ SSTF 스케줄링은 현재 위치에서 가장 가까운 탐색거리에 있는 요청을 서비스한다.
　　④ SCAN 스케줄링은 엘리베이터 알고리즘이라고도 하며 Denning이 개발하였다.

Answer 1.④ 2.①

3 다음 글이 설명하는 것은?

> 컴퓨터 시스템을 구성하고 있는 하드웨어 장치와 일반 컴퓨터 사용자 또는 응용 프로그램의 중간에 위치하여 사용자들이 보다 쉽고 간편하게 컴퓨터시스템을 이용할 수 있도록 컴퓨터 시스템을 제어하고 관리하는 프로그램이다.

① 운영체제

② 부트스트래핑

③ 제어프로그램

④ 처리프로그램

TIP ② 부트스트래핑은 운영체제가 자기 자신을 적재하는 과정을 말하며 부트스트랩 로더가 담당한다.
　③ 감시 프로그램은 시스템의 모든 동작상태를 감사·감독·관리기능을 수행하는 프로그램이다.
　④ 서비스프로그램은 사용빈도가 높은 프로그램을 시스템 사용자가 미리 작성하여 사용자에게 제공해 주는 프로그램이다.

4 다음 글이 설명하는 것은?

> 컴퓨터 운영체제의 메모리 관리 방법 가운데 하나로 프로세스와 주기억장치를 고정된 크기의 블록 단위로 나누고, 프로세스 실행 시 필요한 블록만을 보조기억장치에서 주기억장치로 가져오므로 프로세스의 물리적인 저장 공간을 비연속적으로 할당하는 것이 가능하다.

① 페이징

② 세그먼테이션

③ 혼합기법

④ 스와핑기법

TIP ② 세그먼테이션은 보조기억장치와 주기억장치 사이의 정보이동이 가변 크기인 세그먼트 단위로 이루어지는 기법이다.
　③ 혼합기법은 세그먼트를 페이지별로 분류하는 기법이다.
　④ 스와핑기법은 단일 프로그래밍 기법에서 다중 사용자들의 작업을 실행하기 위한 방법이다.

Answer 3.① 4.①

5 다음 괄호 안에 공통적으로 들어가는 단어로 옳은 것은?

> 두 개의 (　　　)가 하나의 기능을 수행하기 위하여 상호 협조 할 때, 한(　　　)의 결과가 다른 (　　　)에 전달되고, 전달된 내용에 의해 다른 (　　　)는 수행된다. 즉, 상호 주고받는 관계에 의해 수행순서가 결정되는데 이를 동기화라 한다.

① 프로세스　　　　　　　　　　　　② 상호배제

③ 세마포어　　　　　　　　　　　　④ 교착상태

....

TIP ② 상호배제는 하나의 자원을 차지하기 위해 서로 경쟁 관계에 있을 수 있으므로 자원을 순서 있게 할당하는 방법이 필요하다.
③ 세마포어는 Dijkstra 에 의해 고안된 방법으로 세마포어라 불리는 정수 변수의 값을 이용해 상호배제 문제와 동기화 문제를 해결할 수 있다.
④ 교착상태란 다중 프로그래밍 상에서 두 개의 프로세스가 실행 중에 있게 되면 각 프로세스는 자신이 필요한 자원을 가지고 실행되다가, 서로 자신이 점유하고 있는 자원을 포기하지 않는 상태에서 다른 프로세스가 자원을 요구하는 경우가 발생한다. 이 경우 두 프로세스는 모두 더 이상 실행을 할 수 없게 된다. 이러한 현상을 교착상태라 한다.

6 페이지교체가 너무 자주·연속적으로 일어나는 현상은?

① Thrashing　　　　　　　　　　　② Locality

③ Working Set　　　　　　　　　　④ Spatial Locality

....

TIP ② Locality(구역성)은 프로세서들은 기억장치 내의 정보를 균일하게 액세스하는 것이 아니라 어느 한순간에 특정 부문을 집중적으로 참조하는 것을 의미하고, 시간적 지역성과 공간적 지역성으로 구분된다.
③ Working Set(워킹셋)은 가상기억장치 시스템에서 실행 중인 프로세스가 일정시간 동안에 자주 참조하는 페이지의 집합을 말하는 것으로, 각 프로세서에게 할당해야 할 최소한의 페이지 프레임 수를 결정함으로써 스래싱을 방지할 수 있는 기법이다.
④ Spatial Locality(공간 구역성)은 일단 하나의 기억장소가 참조되면 그 근처의 기억장소가 계속 참조되는 경향이 있음을 의미한다.

Answer 5.① 6.①

7 하나의 프로세서를 서로 다른 기능을 가진 여러 개의 부 프로세서로 나누어 각 부프로세서가 동시에 서로 다른 데이터를 취급하도록 하는 기법은?

① 파이프라인 프로세서　　　　　　　② 벡터 프로세서

③ 어레이 프로세서　　　　　　　　　④ 데이터 흐름 프로세서

TIP ② 벡터 프로세서는 벡터 명령어가 실행 되었을때 벡터의 각 항목들은 하나씩 적절한 파이프라인에 나뉘어져 파이프라인의 한 단계가 완성되는 동안 연기되는 기법이다.
　　③ 어레이 프로세서는 여러 데이터에 대하여 서로 다른 PE가 동시에 하나의 제어장치에 의해 동기화하여 한 명령을 처리하는 구조이다.
　　④ 데이터 흐름 프로세서는 많은 연산을 병렬적으로 수행하며 요구되는 데이터가 이용 가능한 명령어를 실행하기 때문에 데이터 구동방식이라고도 한다.

8 CPU 스케줄링의 목적으로 옳지 않은 것은?

① 공정한 스케줄링으로 실행의 무한 연기를 배제한다.

② 응답시간을 최대화 한다.

③ 반환시간의 예측이 가능하다.

④ 균형 있는 자원을 사용한다.

TIP CPU스케줄링의 목적
　　㉠ 공정한 스케줄링으로 실행의 무한 연기를 배제한다.
　　㉡ 최대 수의 프로세스에게 서비스를 제공하여 처리량을 극대화 한다.
　　㉢ 응답시간을 최소화 한다.
　　㉣ 반환시간의 예측이 가능하다.
　　㉤ 균형 있는 자원을 사용한다.
　　㉥ 응답시간과 자원 활용 간의 균형을 유지한다.
　　㉦ 우선순위제를 실시한다.

Answer　7.① 8.②

9 고속의 CPU와 저속인 주기억장치 간의 속도보완을 위하여 일시적으로 데이터나 정보를 저장하는 고속 기억장치는?

① 주기억장치

② 캐시기억장치

③ 보조기억장치

④ 가상기억장치

TIP ① 주기억장치는 CPU가 명령이나 데이터를 직접 인출·반환할 수 있는 기억장치이다.

③ 보조기억장치는 주기억 장치의 용량을 보조하는 기억장치이다.

④ 가상기억장치는 특정 컴퓨터 시스템에서 가상 기억장치를 이용하여 주기억장치의 이용 가능한 기억공간보다 훨씬 큰 주소지정을 할 수 있도록 하는 기법이다.

10 다음 용어의 설명이 옳지 않은 것은?

① 탐색시간은 헤드를 움직여 적절한 트랙 위에 갖다 놓는 데 걸리는 시간이다.

② 실린더는 디스크 팩에서 동일한 인덱스 번호를 가진 트랙의 모임이다.

③ 자기테이프는 속도가 빠르고 직접처리만 가능하다.

④ 이동헤드 디스크는 판독·기록 헤드가 원하는 트랙에 위치하도록 액세스 암을 이동시켜 데이터를 읽거나 쓰는 디스크 장치이다.

TIP 자기테이프의 특성

㉠ 많은 양의 데이터를 저장할 수 있다.

㉡ 속도가 느리고 순차접근을 하므로 데이터 보관용으로 사용한다.

㉢ 순차처리만 가능하다.

㉣ 가격이 저렴하여 백업용으로 많이 사용한다.

11 2개 이상의 프로그램을 1대의 컴퓨터로 동시에 실행하는 방법은?

① Double Programming

② Multi Programming

③ User Program Processing

④ Multi Processing

TIP 다중 프로그래밍(Multi Programming) 시스템 … 하나의 CPU를 이용하여 여러 개의 프로그램을 실행시킴으로써 짧은 시간에 많은 작업을 수행할 수 있게 하여 시스템의 효율을 높여 주는 방식의 시스템이다.

Answer 9.② 10.③ 11.②

12 UNIX 시스템의 특징으로 옳지 않은 것은?

① 다중작업 운영체제 ② 이식성이 아주 높음
③ 사용자 인터페이스와 유연성 제공 ④ 실시간 처리가 강함

TIP UNIX 시스템의 특징
㉠ TCP / IP 프로토콜을 기본으로 하는 네트워크 시스템이다.
㉡ 사용자와의 인터페이스가 간단한 대화형의 시분할 시스템이다.
㉢ 복수 개의 프로세스를 동시에 수행할 수 있는 다중 사용자, 다중 프로세스 시스템이다.
㉣ 계층적 파일구조를 사용하여 사용자간 또는 그룹간 디렉토리 및 파일운용이 효과적이다.
㉤ 고급언어인 C언어로 대부분 구성되어 높은 이식성과 확장성을 가지며, 모든 코드가 공개되어 있다.

13 UNIX 파일 시스템 구조에 포함되지 않는 것은?

① 부트 블록 ② 슈퍼 블록
③ 장치 블록 ④ inode 블록

TIP 유닉스(UNIX) 파일 시스템 구조
㉠ 부트 블록(Boot Block) : 디스크의 첫번째 논리적인 블록으로, 유닉스가 첫번째로 활성화되는 데 사용되는 약간의 실행코드를 포함한다.
㉡ 슈퍼 블록(Super Block) : 디스크 자체에 관련된 정보를 포함한다.
㉢ inode 블록 : 파일이나 디렉토리에 대한 모든 정보를 가지고 있는 고정된 크기의 구조체이다.

14 스풀링 시스템에 대한 설명으로 옳지 않은 것은?

① 사용자간에 데이터를 공유하게 해준다.
② 각 사용자 프로그램의 출력할 데이터를 직접 프린터로 보내지 않는다.
③ 출력할 내용을 한꺼번에 모았다가 출력한다.
④ 프린터 장치의 공유 및 프린트 처리속도를 보완한 기법이다.

TIP ① 운영체제의 기능에 해당한다.

Answer 12.④ 13.③ 14.①

15 다음 중 가장 최근에 사용하지 않은 페이지를 교체하는 페이지 교체기법은?

① LFU   ② PFF

③ FIFO   ④ LRU

> **TIP** ① 사용빈도(호출횟수)가 가장 작은 페이지를 교체하는 방법
> ② 현재 페이지 부재와 바로 전의 페이지 부재 사이의 시간을 관찰하여 그 시간이 지금까지의 최소시간보다 크다면 그 사이에 호출되지 않았던 페이지를 모두 제거
> ③ 가장 먼저 주기억장치에 들어와 있는 페이지 교체

16 처리해야 할 작업의 양이 가장 적은 프로세스에게 CPU를 할당하는 비선점 스케줄링 기법은?

① RR   ② SRT

③ SJF   ④ HRN

> **TIP** SJF(Shortest Job First)
> ㉠ 기다리고 있는 작업 중에서 수행시간이 가장 짧다고 판정된 것을 먼저 수행한다.
> ㉡ 평균 대기시간을 최소화시킬 수 있지만, 다음 CPU시간을 알기 어렵다.

17 FIFO 스케줄링의 특징으로 옳은 것은?

① 대화식 시스템에 부적합하다.

② 선점 스케줄링 방식이다.

③ 짧은 작업에 우선권을 준다.

④ 대기시간이 큰 경우에 우선순위가 높아진다.

> **TIP** FIFO(First In First Out) 스케줄링의 특징
> ㉠ 비선점 스케줄링 방식이다.
> ㉡ 가장 간단한 방법으로 프로세스들은 대기큐에 도착한 순서에 따라 CPU를 할당받는다.
> ㉢ 응답시간의 차가 적으므로 예측이 쉽다.
> ㉣ 긴 작업이 짧은 작업을 기다리게 할 수 있으며, 중요한 작업이 기다리게 될 수 있어 대화식 사용자에게는 부적합하다.

Answer   15.④   16.③   17.①

18 주기억장치의 효율을 높이기 위해 대기상태에 있는 프로세스나 선점당한 프로세스를 주기억장치에서 보조기억장치로 내보냈다가 다음에 스케줄링이 되면 다시 주기억장치로 불러들이는 방법은?

① 오버레이   ② 스와핑

③ 재배치   ④ 단편화

TIP 실행이 끝난 프로세스를 보조기억장치로 보내고 다른 프로세스를 주기억장치의 가용공간으로 불러와 실행할 수 있게 하는 방법을 스와핑(swapping)이라 한다.

19 페이지 교체기법 중 각 페이지들이 호출될 때마다 그때의 시간을 테이블에 기억시켜 두고, 페이지가 교체될 때마다 가장 오랫동안 사용되지 않은 페이지를 선택하여 교체시키는 것은?

① FIFO   ② LFU

③ LRU   ④ NUR

TIP ① 각 페이지가 주기억장치에 적재될 때마다 그때의 시간을 기억시켜 두고, 주기억장치 내에 오랫동안 있었던 페이지를 교체
② 각 페이지들이 얼마나 자주 사용되었는가에 중점을 두어 호출된 횟수가 가장 적은 페이지를 교체
④ 근래에 쓰이지 않은 페이지는 가까운 미래에도 쓰이지 않을 가능성이 많기 때문에 이러한 페이지를 호출되는 페이지와 교체시키는 기법

20 블록사상 기법에서 블록의 크기가 일정한 경우를 ( )(이)라 하고, 블록이 서로 다른 크기를 가질 경우 ( )(이)라 한다. 괄호 안에 들어갈 단어로 올바른 것은?

① 페이징, 세그먼트   ② 세그먼트, 페이징

③ 재배치, 통합   ④ 통합, 재배치

TIP ① 페이징은 기억공간을 일정한 페이지크기로 분할한 후, 세그먼트 기법은 사용자 관점에서 가변크기로 분할한 후, 동적 주소변환을 거쳐 실기억공간에 사상하는 방법이다.
※ 재배치와 통합
   ⊙ 재배치 : 임의의 기억장소에서 실행 중이던 프로그램을 다른 장소로 이동시키고자 할 때, 그 이동한 장소에서도 프로그램이 실행 가능하도록 하기 위해 번지에 관계된 부분을 조정해 주는 작업
   ⓒ 통합 : 다중 프로그래밍 시스템에서 하나의 작업이 끝났을 때 그 기억장소가 다른 비어 있는 기억장소와 인접되어 있는지 점검하여, 만약 인접되어 있다면 두 공백을 통합하여 공백으로 합치는 작업

Answer   18.②   19.③   20.①

chapter 05 소프트웨어 공학

① 프로그래밍 기초

(1) 프로그래밍 언어와 추상

① 프로그래밍 언어의 개요

   ⊙ 정의 : 인간이 컴퓨터에 계산절차를 알려주는 데 사용하는 기호체계이다.

   ⓒ 요건 : 컴퓨터의 세부적인 지식이 없어도 컴퓨터에 작업을 지시할 수 있는 추상적 표현이 가능(자연언어와 닮음)해야 한다.

② 추상(Abstraction)

   ⊙ 개념 : 어셈블리어의 유일한 추상기구인 기호이름(Symbolic Name)은 기계적 표현에 비해 가독성이 높아지고 변경이 용이해진다.

   ⓒ 부프로그램과 매크로 : 여러 연산으로 이루어진 작업을 하나의 이름으로 나타낼 수 있는 기능이다.

    • 부프로그램은 추상적 개념을 만드는 매커니즘이므로 조직적인 프로그램 작성이 가능하다.

    • 부프로그램의 사용은 '어떻게'는 무시하고 '무엇을'만 알면 된다.

③ 프로그래밍 언어의 추상의 분류

   ⊙ 자료추상(Data Abstraction) : 문자열, 숫자, 이진트리 등과 같이 계산의 대상이 되는 자료를 추상화하는 것이다.

   ⓒ 제어추상(Control Abstraction) : 프로그램의 실행순서, 즉 제어의 이동을 추상화하는 것이다.

④ 추상수준

   ⊙ 기본적 추상 : 컴퓨터의 기본구조를 추상화한 것이다.

   ⓒ 구조적 추상 : 프로그램의 구조에 관한 보다 광역적인 정보를 추상화한 것이다.

   ⓒ 단위추상 : 단위 프로그램 전체를 추상화한 것이다.

(2) 추상의 분류

① 자료추상

㉠ 기본적 추상

- 기본적 자료추상 : 컴퓨터 안에 저장된 자료값을 추상화한 것이다.
- 변수(Variable) : 자료값이 저장된 메모리에는 이름을 부여하여 추상화시킬 수 있으며 이를 변수라 한다.
- 자료형(Data Type) : 자료값의 종류에 이름이 부여된 것이다(Interger, real…).
- 선언(Declaration) : 변수의 이름과 자료형이 선언을 통해 명시된다.

㉡ 구조적 추상

- 자료구조(Data Structure) : 연관된 자료값의 집합을 추상화하는 주요한 방법이다.
  - 레코드 : 상이한 자료형이나 전체로서 하나의 자료형을 말한다.
  - 배열 : 동일한 자료형의 항목집합을 말한다.
- 형선언(Type Declaration) : 컴퓨터가 하드웨어적으로 지원하고 있지 않는 새로운 자료형에도 기본형과 마찬가지로 형의 이름을 부여할 수 있도록 한다.

㉢ 단위 추상

- 자료캡슐화(Data Encapsulation) : 프로그래머는 자료형의 세부구조에 신경을 쓰지 않아도 되게 하는 기능을 말한다.
- 추상자료형이라고도 한다.

② 제어추상

㉠ 기본적 추상 : 이해하기 쉽도록 하기 위하여 몇 개의 기계어를 묶어 하나의 추상적 문으로 나타낸 것이다.

- 지정문 : 변수값의 계산과 저장을 추상화한다.
- GO-TO문 : 컴퓨터의 제어이동을 직접적으로 추상화한다.

㉡ 구조적 추상

- 구조적 제어추상 : 조건에 따라 실행될 명령어를 하나의 그룹으로 묶어준다.
- 프로시저(Procedure) : 제어를 구조화한 보다 강력한 형태로 부프로그램 또는 서브루틴이라고도 한다.
  - 프로시저 선언 : 프로시저에 이름을 부여하고 수행할 작업을 지정해 주는 것이다.
  - 프로시저 호출 : 프로시저 활성화로, 해당 작업을 수행하는 시점에서 프로시저를 호출하는 것이다.
  - 매개변수 : 호출시마다 달라질 수 있는 변수이다.
  - 실매개변수 또는 실인자
- CALL : 포트란에서는 프로시저가 서브루틴으로 선언되며 CALL문을 명시하여 호출한다.
- 실행환경(Runtime Environment)

㉢ 단위 추상

- 개념 : 프로그램의 다른 부분에 서비스를 제공하는 논리적으로 연관된 여러 프로시저 집합을 하나의 단위로 추상화할 수 있는 제어구조(Mudula-2의 module과 Ada의 package)를 말한다.
- 튜링완전(Turing Complete) : 계산만을 기술하기 위한 프로그래밍 언어로 튜링기계가 수행할 수 있는 모든 계산을 기술할 수 있는 것이다.

(3) 언어의 정의와 번역

① 언어의 정의

    ㉠ 신택스(Syntax, 구문)

- 정의 : 언어의 구성요소들을 결합하여 다른 요소를 만드는 방법을 설명한 것이다.
- 언어의 신택스는 대부분 문맥무관형 문법으로써 정의한다.
- 언어의 단위 . **토큰**(Token)

    ㉡ 시맨틱스(Semantics, 의미)

- 정의 : 프로그램이 무엇을 어떻게 수행할지를 나타내 준다.
- 시맨틱스의 공식적 정의에 대한 접근방법 : 실행적 방법, 함수적 또는 표시적 방법, 공리적 방법 등이 있다.

② 언어의 번역

    ㉠ 인터프리터(Interpreter) : 프로그램과 입력자료가 주어지면 이를 곧바로 실행시켜 결과를 출력한다.

- 대화형 프로그램에 많이 사용한다(BASIC, LISP 등).
- 초보자가 개발하기 쉽고, 개발기간이 짧다.
- 프로그램의 실행속도가 느리다.

    ㉡ 컴파일러(Compiler) : 프로그램을 실행에 적합한 기계어로 번역하여 목적코드를 만들어 실행한다.

- 고급언어 대부분이 사용한다(Fortran, C, C++, Pascal 등).
- 한번 목적코드가 만들어지면 다시 번역할 필요가 없다.
- 실행속도가 빠르다.

    ㉢ 차이점 : 인터프리터 방식은 메모리가 적게 드나, 실행시마다 번역해야 하므로 속도가 느리고, 컴파일러 는 한번 목적 프로그램을 만들면 다음번에 컴파일할 필요가 없어 속도가 빠르다.

(4) 프로그래밍 언어의 역사와 설계원칙

① 프로그래밍 언어의 역사

    ㉠ FORTRAN, ALGOL60, COBOL

- 실행효율에 중점을 둔 언어이다.
- FORTRAN, ALGOL60 : 계산이 복잡한 수치적 과학문제를 풀기 위한 도구로 설계되었다.
- COBOL : 상업자료 처리문제를 풀기 위한 도구로 설계되었다.

    ㉡ LISP, APL, SNOBOL4

- 수학원리에 기반을 둔 언어이다.
- LISP : 함수 및 함수적용이라는 수학적 개념을 기본으로 한다.
- APL : 함수프로그래밍 방식의 언어(배열)이다.
- SNOBOL4 : 문자열 조작기능과 패턴정합 기능을 가진 언어이다.
- LISP와 SNOBOL4의 중요한 특징은 기호계산을 강조한 것이다.

ⓒ PL/I : 범용 프로그래밍 언어를 추구한다.

ⓔ ALGOL68, SIMULA68, PASCAL

- ALGOL68 : ALGOL60의 계승언어로 직교성의 원리를 기본으로 한다.
- SIMULA67 : ALGOL60의 계승언어로 이산 시뮬레이션 문제에 적합하다.
- PASCAL : 가장 성공한 언어로 구조화 프로그램을 가르치기 위한 소프트웨어이며, 언어의 능력을 저하시키지 않으면서 단순하다.
- BASIC : 단순성과 구현의 용이성을 가진 언어로 고도로 대화형이며 해석적인 프로그래밍 형식을 지원한다.

ⓜ 1970년대의 언어

- 신뢰성이 있고, 유지·보수가 용이한 소프트웨어 지원의 욕구가 증대되었다.
- CLU, Alphard, Mesa, Concurrent Pascal, Euclid, Gypsy 등이 이에 속한다.
- C와 Modula : 시스템 프로그램 작성용으로 개발되었다.

ⓗ 1980년대의 언어

- Ada : 미국 국방성의 주관하에 개발된 프로그래밍 언어의 개념을 종합한 언어이다.
- Mudula - 2 : 범용언어로서 파스칼의 결점을 보완한 언어이다.
- Prolog(논리 프로그래밍 언어), Smalltalk(객체지향 언어), C++(C를 객체지향 언어로 확장) 등이 있다.

TIP 세대별 언어
ⓐ 1세대 언어(1GL) : 기계어
ⓑ 2세대 언어(2GL) : 어셈블리어
ⓒ 3세대 언어(3GL)
- 절차지향 언어 : COBOL, PASCAL, C, FORTRAN, BASIC
- 객체지향 언어 : Smalltalk, C++, 자바
ⓓ 4세대 언어(4GL) : 비절차어(SQL, QBE)

[주요 프로그래밍 언어]

JAVA	• 객체 지향 언어, 분산 네트워크 환경에 적용 가능 • 운영체제 및 하드웨어에 독립적이며, 이식성이 강함
C	• UNIX 운영체제 제작을 위해 개발 • 저급 언어와 고급 언어의 특징을 고루 갖춘 중급 언어
C++	• C 언어에 객체 지향 개념을 적용한 언어 • 모든 문제를 객체로 모델링하여 표현
BASIC	초보자로 쉽게 사용할 수 있는 문법 구조를 갖는 대화형 언어
인공지능 언어	LISP, PROLOG, SNOBOL 등
구조적 언어	PASCAL, Ada 등
객체 지향 언어	Smalltalk, C++, JAVA 등
비주얼 프로그래밍언어	Visual BASIC, Visual C++, Delphi, Power Builder 등

② 프로그래밍 언어의 설계원칙

　㉠ 프로그래밍 언어의 개념이 분명하고 단순해야 하며, 일관성이 있어야 한다.

　㉡ 신택스가 분명해야 한다.

　㉢ 자연스럽게 응용할 수 있어야 한다.

　㉣ 추상을 지원할 수 있어야 한다.

　㉤ 프로그램 검증이 용이하여야 하다

　㉥ 적절한 프로그램 작성환경이 갖추어져 있어야 한다.

　㉦ 프로그램이 호환성이 있어야 한다.

　㉧ 효율적이어야 한다.

(5) 프로그래밍 언어의 실제

① 신택스(Syntax)

　㉠ 프로그래밍 언어의 어휘구조

　　• 어휘구조 : 단어, 토큰(예약서, 상수, 특수기호, 식별자로 구성)의 구조를 뜻한다.

　　• 프로그램 포맷 : 자유포맷언어, 고정포맷언어가 있다.

　㉡ 문맥무관형 문법과 BNF

　　• 문법규칙 : '〈 〉'로 묶인 문자열과 '::='기호, 그리고 다른 이름 또는 기호의 순으로 구성된다.

　　• 메타기호(Meta Symbol) : 기호를 위한 기호, 신택스 정의기호를 위한 기호로서 언어에도 나타나는 기호이다.

　　－::= : "좌측은 우측의 것으로 이루어진다" 또는 "좌측은 우측과 같다"를 의미한다.

　　－〈 〉: 문법구조의 이름과 실제의 단어, 즉 토큰을 구분하기 위해 사용한다.

　　－| : 선택, 즉 '또는'을 의미한다.

　　• 문맥무관형 문법(Context – free Grammar) : 각 문법규칙에는 메타기호 '::='이 있고, 이것의 좌측에는 하나의 문법구조명이 오며 우측은 기호 또는 구조명들로 구성된다.

　　－비종결자(Nonterminal) : '〈sentence〉'와 같은 문법구조명이다.

　　－종결자(Terminal) : 단어 또는 토큰기호이다.

　　－생성(Production) : 문법규칙이다.

　　－BNF : 생성이 메타기호로만 표현되었을 경우 BNF라 말한다.

　　• 문맥의존형 문법 : BNF로는 자연언어와 같은 복잡한 언어를 완전히 기술한다는 것은 무리이다.

　㉢ 분석나무와 추상적 신택스 나무

　　• 신택스 지시적 시맨틱스(Syntax – directed Semantics) : 신택스 구조에 의미를 부여한다.

　　• 분석나무(Parse Tree) : 프로그램의 시맨틱스를 결정하는 데 신택스 구조를 이용하려면 유도과정이 그대로 반영된 신택스 구조의 표현방법이 있어야 하는데 이러한 표준적인 방법으로 대표적이다.

　　• 추상적 신택스 나무(Abstract Syntax Tree) : 분석나무의 정수만을 추출했다는 의미로, 줄여서 신택스 나무라고도 한다.

② 모호성, 결합성 우선순위
- 모호한 문법 : 동일한 문자열에 대해 상이한 분석나무가 나타날 수 있는 문법이다.
- 우선순위 해결 : 모호성 제거규칙을 만들어 해결한다.

⑩ 확장 BNF와 신택스 도표
- EBNF(Entended BNF) : BNF 표기법을 더 확장한 표기법이다.
  - 중괄호 '{ }' : 0번 이상의 반복을 의미한다.
  - 괄호 '[ ]' : EBNF에서 선택적인 구조를 말한다.
- 신택스 도표 : 문법규칙을 그림으로 나타낸 것이다.
  - 종결자 : 원이나 타원이다.
  - 비종결자 : 사각형이다.
  - 종결자와 비종결자는 순서에 따라 화살표로 연결한다.
  - 표에 나타난 루프 : EBNF의 중괄호로 표시된 반복에 해당한다.
  - 신택스 도표는 EBNF를 가지고 만든다(BNF의 신택스 도표는 잘못된 것).

[ENBF 식과 도표]

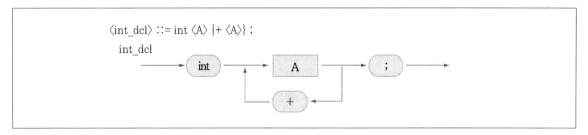

$\langle int\_dcl \rangle ::= int \langle A \rangle \{+ \langle A \rangle\} ;$

② 속성과 바인딩
- ㉠ 이름(식별자) : 언어의 실체 또는 구조를 표기하기 위하여 사용되는 것으로 가장 기본적이다.
- ㉡ 이름에 연관된 개념
  - 값 : 정수, 실수 또는 배열의 값 등과 같이 저장 가능한 수를 말한다.
  - 위치 : 값이 저장되는 장소로서 컴퓨터 메모리의 주소와 유사하나 좀 더 추상적이다.
- ㉢ 속성(Attribute) : 이름의 의미가 이름에 연관된 특징인 속성으로 정해진다.
- ㉣ 바인딩(Binding) : 속성을 이름에 묶어 주는 것이다.
  - 정적 바인딩(Static Binding) : 실행 이전에 이루어지는 바인딩이다.
  - 동적 바인딩(Dynamic Binding) : 실행시에 이루어지는 바인딩이다.
  - 정적 속성 : 정적으로 바인딩되는 속성이다.
  - 동적 속성 : 동적으로 바인딩되는 속성이다.
- ㉤ 바인딩 시각(Binding Time) : 속성이 이름에 묶이는 시점으로 속성에 따라 바인딩이 실행 이전에 이루어질 수도 있고 실행시에 이루어질 수도 있다.

ⓗ 바인딩 시각의 종류
- 언어정의시 : 파스칼의 자료형 boolean, char 등과 같은 기정의 식별자의 의미라는 속성을 결정한다.
- 언어구현시 : maxint의 값이나 integer의 실제범위를 결정한다.
- 번역시
- 링크시 : 외부에 선언된 함수의 본체가 이 때 바인딩된다.
- 로드시 : 파스칼의 전역변수는 이때에 바인딩되다
- 실행시 : 실행시를 제외한 모든 바인딩 시각은 정적 바인딩에 속한다.

ⓢ 기호테이블(Symbol Table) : 번역 및 실행시 이름에 관련된 정보를 제공하기 위해 자료구조를 만들게 되는데 이를 이름과 속성을 나타내주는 함수인 것으로 생각하면 된다.

ⓞ 기호테이블 처리방식
- 컴파일러 : 정적 속성이다.
- 환경(environment) : 이름을 저장위치에 바인딩한 정보를 말한다.
- 스토어(store) : 저장위치를 값에 바인딩해 주는 것이다.
- 인터프리터 : 정적 속성, 동적 속성이 모두 실행시 처리되므로 기호테이블과 환경이 하나로 합쳐진다.

③ 선언과 블록, 기호테이블
ㄱ 선언
- 명시적 : 파스칼이나 대부분의 언어가 이에 속한다.
- 암묵적 : 포트란(이름 자체가 속성을 나타낸다)이 있다.

ㄴ 블록(Block) : 주프로그램 블록, 프로시저 – 함수 블록이 있다.
- 전역선언 : 주프로그램 블록에 관련된 선언이다.
- 지역선언 : 어떤 프로시저에 관련된 선언이다.
- ALGOL60 및 ALGOL68 : begin과 end로 둘러싸인다.
- C : 중괄호 처리, 즉 '{ }'를 한다.
- Ada : ALGOL60과는 달리 begin과 end앞에 예약어 declare로 변수를 선언한다.
- Modula – 2 : 모듈과 프로시저가 블록에 해당한다.
- 포트란 : 서브루틴과 함수 프로그램이 블록에 해당한다.

ㄷ 범위(Scope) : 선언에 의해 이루어진 바인딩이 유효한 프로그램의 영역으로, 이를 바인딩 범위라고 한다.
- 블록구조언어 : PASCAL, C와 같이 다중내포될 수 있는 언어의 경우 선언의 범위는 블록의 안쪽으로 국한된다.
- 어휘적 범위 또는 정적범위 : 블록이 프로그램상에 나타나는 외형적 구조에 따른 범위를 말한다.
- 범위의 예
- PASCAL, ALGOL60 : 주프로그램 블록에서 선언된 변수는 전역적, 프로시저에서 선언된 변수는 지역적이다.
- Modula – 2 : 파스칼과 유사하나, 범위를 제한하기 위하여 지역모듈(local module)을 사용한다.
- 범위의 섬 : 어떠한 범위도 명시적으로 이입(import) 또는 이출(export)된 것을 제외하고는 이 섬을 통과할 수 없다.

–Mudula – 2의 경우 improt와 export로 한다.

–포트란의 경우 Common문(전역변수를 만듦)으로 한다.

• 범위구멍(scope hole) : 내포된 블록의 선언이 상위블록의 선언보다 우선시된다.

• 시계(visibility)에는 선언의 바인딩이 적용되는 프로그램 부분만이 포함되나, 범위에는 범위구멍까지 포함된다. Ada의 경우 감추어진 선언까지도 범위수식어를 붙이면 접근이 가능한데 이 때 '.'를 사용한다.

ⓔ 기호테이블

• 정의 : 선언으로 이루어진 바인딩이 보존되는 데 효율적인 접근이 가능한 여러 종류의 자료구조로 조직될 수 있다.

• 동적(Dynamic) 범위의 규칙

–선언문이 프로그램의 실행과정에 나타나는 순서대로 처리되는 규칙으로 기호테이블을 동적으로 관리(APL, SNOBOL, LISP 등)한다.

–단점

-프로그램에 나타나는 이름이 어떠한 선언문과 관계된 것인지를 알기 어렵다.

-수의 정적인 형선언에 모순이 발생할 수 있다.

• 정적 범위의 규칙 : 선언문이 정적으로, 즉 실행 전에 처리될 때의 규칙으로, 기호테이블은 컴파일러에 의해 관리되며 모든 선언문의 바인딩은 정적이 된다.

④ 할당과 생명시간 및 환경

㉠ 환경 : 이름을 저장위치에 바인딩한 정보를 모아놓은 것을 말한다.

• 정적(로드시) : 포트란이 있다.

• 동적(실행시) : LISP가 있다.

• 정적과 동적 혼합 : 파스칼, C, Modula – 2, 알골형 언어 등이 있다.

㉡ 컴파일 언어에서 상수와 자료형의 이름은 로드시나 실행시에는 존재하지 않고, 컴파일시에만 존재한다.

㉢ 선언문에 의하여 기호테이블과 환경이 생성된다.

㉣ 할당은 정적 혹은 동적으로 되는데 전역변수는 정적으로 할당되고, 지역변수는 동적으로 할당된다.

㉤ 블록구조언어의 환경도 스택형태로 만들어진다.

㉥ begin – end블록에 대한 환경의 할당과 회수는 비교적 간단하나 프로시저와 함수블록의 경우는 복잡하다.

• 활성화(activation) : 프로시저의 호출이다.

• 활성화 레코드(activation record) : 호출되었을 때 할당된 기억장소 영역이다.

㉦ 객체 : 선언의 처리결과로 환경에 기억장소가 할당될 수 있는 것을 말한다.

㉧ 포인터(pointer) : 다른 변수에 대한 참조를 값으로 갖는 변수를 말한다.

• 포인터를 사용할 수 있는 언어에서는 환경의 구조를 더 확장해야 한다.

• 파스칼 : 새 변수에 메모리 할당(new), 메모리 회수(dispose)를 이용하여 참조한다.

• Modula – 2 : 파스칼과 유사하나, 라이브러리 모듈 Storage로부터 ALLOCATE, DE- ALLOCATE 프로시저가 이입되어야 한다.

• C : 변수를 할당(malloc)하고, 변수를 반납(free)한다.

- 히프(heap) : new와 dispose를 사용할 때 쓰이는 메모리 영역을 말한다.
- 동적 할당 : 히프에서의 할당을 말한다.

ⓩ 할당방식
- 정적 할당 : 전역변수를 위한 할당이다.
- 자동 할당 : 지역변수를 위한 할당이다.
- 동적 할당 : 포인터를 위한 할당이다.

ⓩ 저장등급(storage class)

⑤ 변수와 상수
㉠ 변수
- 정의 : 실행 도중 저장된 값을 바꿀 수 있는 자료객체로서 이름, 위치, 값, 자료형, 크기 등의 속성을 갖는다.
- 속성 바인딩도 : 다음과 같이 이름과 위치 간에 그려진 선은 이름을 위치에 바인딩한 것을 나타내며 사각형 안의 원은 그 위치에 바인딩된, 즉 그 위치에 저장된 값을 나타낸다.

- 지정문(Assignment Statement) : 변수가 그 값을 변경시키는 주된 방법이다.
- 저장 시맨틱스(Storage Semantics) : 지정문 'x : = ε'에서 x는 변수의 이름이고 ε는 식이다. ε가 값으로 계산 되어 그 값이 x위치의 기억장소에 복사된다.
- r값(right – hand side value) : 변수의 값이다.
- l값(left – hand side value) : 변수의 위치이다.
- 포인터 시맨틱스 : 지정문이 수행되면 값이 아니라 위치가 복사된다(x := y).

㉡ 상수(Constant)
- 정의 : 프로그램 전체에서 고정된 값을 갖는 것으로, 위치가 없고 값만 있다.
- 값 시맨틱스 : 계산된 값은 바뀔 수가 없으며 상수의 위치를 프로그램에서 명시적으로 참조할 수 없다.
- 상수를 하나의 기호로 간주할 수 있다.
- 상수의 종류
- 정적 상수 : 실행 이전에 계산되는 값이다.
- 동적 상수 : 실행 도중에 계산되는 값이다.

㉢ 이름과 할당에 관련된 문제
- 별명(Alias) : 하나의 객체에 동시에 서로 다른 두 이름이 바인딩되어 있을 때 발생하며, 부작용이 발생될 수 있다.

- 현수참조(Dangling Reference) : 포인터를 사용할 때 발생할 수 있는 것으로 환경으로부터 반납되어 실질적으로는 없어진 것임에도 불구하고, 프로그램에서 접근이 가능한 위치를 말한다. 변수의 생명시간이 끝났는 데도 그 변수에 접근할 수 있다면 현수참조가 발생한다.
- 가비지(Garbage) : 환경에 할당은 되어 있으나, 프로그램에서 접근할 수 없는 기억장소를 말한다.
  - 파스칼 : dispose를 하기 전에 포인터 변수를 재지정할 때 생긴다.
  - 가비지 수집(Garbage Collection) : 가비지를 자동적으로 정리하는 것을 말하며, LISP시스템은 가비지 수집을 도입한 선구자이다.
- Ada : 포인터 변수를 프로그래머가 반납할 수 없게 하면서도 프로그래머 제어하에 프로그래머가 기억장소를 반납하는 길을 열어놓았다.

⑹ 프로그래밍과 순서도

① 프로그래밍 절차

ㄱ 문제 분석 : 현장 조사 또는 설문 조사를 통하여 업무를 파악한다.

ㄴ 입·출력 설계 : 분석 단계에서 얻은 결과를 가지고 프로그램을 구체적으로 설계하는 단계로 입력, 출력, 파일 등의 순서로 설계한다.

ㄷ 순서도 작성 : 알고리즘 또는 문제해결의 절차를 그림으로 알기 쉽게 나타낸다.

ㄹ 코딩 및 입력 : 순서도에 따라서 선택된 프로그래밍 언어로 원시 프로그램을 작성하고, 코딩한 원시 프로그램을 입력한다.

ㅁ 번역 및 착오 검색 : 원시 프로그램을 목적 프로그램으로 번역하고 틀린 문장이 있을 경우에는 수정할 수 있도록 메시지를 출력한다.

ㅂ 프로그램의 시험 : 번역 및 착오 검색을 거친 목적 프로그램을 논리적인 오류(logical error)가 있는지 확인한다.

ㅅ 평가 및 문서화 : 결과를 문서화한다.

② 구조적 프로그래밍

ㄱ 특징

- 프로그램의 불규칙적인 논리 구조상에 GOTO문을 제거한다.
- 프로그램의 신뢰도, 이해도, 검증성을 반영시키기 위해 규칙에 따라 프로그램을 작성한다.
- 프로그램이 간결하고 수정, 유지, 보수가 용이하도록 구조화한다.

ㄴ 구조화 프로그램은 프로그램 설계시 각각 하나의 입구(Entry)와 출구(Exit)를 갖게 설계하는 것이다.

ㄷ 순차, 선택, 반복의 세 가지 구조가 있다.

③ 순서도(Flow Chart)

ㄱ 개념 : 컴퓨터로 처리해야 하는 작업 절차를 약속된 기호로 표시한 그림으로 알기 쉽게 나타낸 것을 말한다.

ⓛ 순서도 기호

기호	의미	기호	의미
⬭	터미널	▭	정의된 처리
▭	처리기호	⋈	조합
◇	판단기호	◇	정렬
⬡	준비기호	△	발췌
▱	입·출력기호	▽	병합
⬓	콘솔	○─	자기테이프
⬓	온라인기억	⬭	자기디스크
⬓	서류	⬭	자기드럼
⬠	영상표시	○	결합자

❷ 자료형과 제어

(1) 자료형 및 형 정보

① 자료형

  ㉠ 가질 수 있는 값의 집합과 적용될 수 있는 연산의 집합을 말한다.

  ㉡ 프로그래밍 언어에 형을 정의해 놓은 것은 신뢰성, 가독성, 유지보수형 때문이다.

② 형 정보

  ㉠ 종류

  • 암묵적인 형 : 상수나 값의 형, 이름규칙에 의해 알 수 있는 형이다.

  • 명시적인 형 : 선언문이다.

  ㉡ 형조사 : 번역기가 프로그램의 형 정보에 일관성이 있는지 조사한다.

  ㉢ 강형 언어 · 약형 언어

  • 강형 언어(Strongly Typed Language) : 언어의 모든 객체의 형을 정적으로 결정한다. Ada, ALGOL68 등이
    이에 해당한다.

  • 약형 언어(Wealky Typed Language) : 정적인 형 체계를 전혀 갖추지 않은 언어이다.

ⓔ 기본자료형은 더 이상 나눌 수 없는 구조이고, 이러한 기본자료형 2개가 복합된 것이 구조형 자료형이다.

(2) 기본자료형

① 기본자료형의 분류

   ㉠ 기정의 형(Predefinde Type)

- 정수형, 실수형, 불형, 문자형 등이 이에 해당한다.
- 정확도를 부가할 수 있다.
- 정수의 특수한 영역을 쓸 수 있다.
- 기정의 형은 대부분 기본형이고 하드웨어가 직접 제어한다.

   ㉡ 기정의 되지 않은 기본형

- 열거형 : 형을 구성하는 값이 나열목록으로 주어지기 때문에 원소에 순서가 부여된다.
- 부분영역형 : 기존 정수형 또는 열거형의 일정범위를 취한 부분집합이다.
- 서수형 : 선행자, 후속자 연산이 존재하는 형을 말한다.

   ㉢ 기본형 처리형식

- 정수는 2 또는 4바이트, 실수는 4 또는 8바이트로 처리한다.
- 불형이나 문자형은 1바이트로 처리한다.
- 열거형은 내부에서 무부호정수로 번역한다.
- 부분영역형은 기저형과 동일한 기억장소에 할당되거나, 값을 저장하는 데 최소 바이트를 할당한다.

② 형 동등성

   ㉠ 명칭적 동등 : 두 변수가 동일한 이름으로 선언된다. 구현하기가 쉽지만 매우 엄격하다.

   ㉡ 구조적 동등 : 두 변수의 형이 동일구조를 가진다. 명칭적 동등성보다 융통성이 있으며 구현하기 어렵다. 명칭적 동등에서는 두 형 이름만을 비교하지만 구조적 동등에서는 두 형의 전체구조를 비교한다.

   ㉢ 선언적 동등 : 일련의 재선언에 의해 원래의 선언과 동일한 구조로 되는 형 이름은 동등하다. 명칭적 동등과 구조적 동등의 중간단계이다.

③ 형 조사

   ㉠ 정의 : 프로그램의 모든 구조에서 상수, 변수, 프로시저 및 기타 실체의 형이 올바른지를 조사한다.

   ㉡ 종류

- 동적형 조사 : 인터프리터(실행시에 조사)가 있다.
- 정적형 조사 : 컴파일러(실행 이전에 조사)가 있다.
- 모든 형 오류가 실행 이전에 발견되어야 하므로 형이 정적으로 결정되어야 한다.

   ㉢ 형 추론 : 식의 형을 부분식의 형으로부터 알아내는 것으로 형 조사의 근본적인 부분이다.

④ 형 변환

   ㉠ 암묵적 형 변환 또는 형 강압 : 형 체계에서 자동적으로 행해지도록 하는 자동 형 변환을 말한다.

- 장점 : 명백한 변환에 대한 코드를 작성하지 않아도 되어 설계가 간결해진다.

- 단점 : 자동변환을 하면 형 조사 기능을 약화시켜 오류를 찾아내지 못할 수도 있다.
- ⓛ **형 변환 함수** : 형 강압의 대안으로서 이 함수는 언어에 내장되어 있거나 라이브러리에 들어 있다.

  > 例 파스칼의 trunc, round함수나 Modula − 2의 float, trunc

- ⓒ **캐스트**(Cast) : 값 또는 객체 앞에 형 이름을 붙이는 것으로 앞에 표시된 형으로 변환된다.
  - Modula − 2에서는 캐스트가 함수처럼 표기되나 보통 의미의 함수는 아니다.
  - C에서 캐스트하면 암묵적인 변환이 행해진다.
  - Ada에서는 캐스트를 Modula − 2처럼 함수형태로 나타내나 C처럼 변환을 한다.

(3) 제어

① 제어의 발달

- ㉠ GOTO : 프로그래밍 언어에 나타난 첫번째 제어이다.
- ㉡ ALGOL60의 출현 : 구조적 제어가 발전(단일입구, 단일출구 형태)되었다.
- ㉢ **구조화 명령과 조건절**
  - 구조화 프로그램의 세 가지 구조 : 반복구조, 순차구조, 조건구조가 있다.
  - 조건절 : 구조화 제어의 가장 기본적인 제어로 어떤 조건하에서만 일군의 문장을 수행(if − then − else구조)한다.
  - 조건절 if는 프로그래밍에 비결정성을 부여해 준다.

② 제어문

- ㉠ if문
  - if문은 신택스적으로 모호하다.
  - 현수 else 문제 : 파스칼과 ALGOL60에서는 else가 어느 if문에 걸리는 것인지를 모를 때 발생한다.
    - 파스칼에서는 "else는 else부가 없는 가장 근접한 if문과 짝을 이룬다"라는 모호성 제거규칙을 가지고 있다.
    - ALGOL이나 Ada 등은 if문의 끝을 나타내는 키워드를 둔다.
  - 많은 조건을 조사하는 경우(중첩 if문시)
    - Modula − 2에서는 elsif을 사용한다.
    - Ada에서는 elsif을 사용한다.
    - ALGOL68에서는 elif을 사용한다.
    - FORTRAN77에서는 elseif을 사용한다.
- ㉡ case문 : 특수한 종류의 구조화 if문이다.
  - Modula − 2 : 마지막 else부는 선택적이다.
  - PASCAL : else부가 없어 모든 경우를 나열한다.
  - ALGOL68 : 선택자를 정수값으로 국한한다.
  - C
    - case문을 변형한 switch문이 존재(break문 사용)한다.
    - 다른 조건식이 존재한다.

      > 例 e1 ? e2 : e3(e1이 참이면 e2를 실행하고, 그렇지 않으면 e3를 실행한다)

ⓒ **루프** : 처음부터 컴퓨터 프로그래밍의 주요한 특징이었고 반복계산을 행한다. 일반적 구조는 구조화 do 이다.

- while문
- 근본적으로는 하나의 보호자만 있는 구조화 do로, 루프구조의 표준이다.
- while B do S od(B가 참일때까지만 S가 실행한다)
- repeat문
- S가 최소한 한번은 수행되도록 하는 루프구조이다.
- repeat B do S od
- for 루프 : 루프구조의 특수한 경우, 다른 루프구조보다 최적화하기가 쉽다.
- 먼저 한계식을 계산하고 첫번째 한계를 제어변수의 값으로 한 후 루프 본체를 수행하며 수행 후 제어변수를 STEP식의 값만큼 증가시킨다.
- 최적화하기 용이한 이유는 제어변수를 레지스터에 할당하여 수행속도를 매우 빨리 하기 때문이다.

ⓔ **GOTO 문제** : 실제의 기계코드와 아주 유사하다.

- 사용지지 입장 : 깊이 다중내포된 구조에서 최상위 수준으로 복귀하는 코드에서 편리하다.
- 있어야 하나 사용을 엄격히 제한한다는 입장 : 파스칼의 경우 자기가 속해 있지 않은 복합문으로 끼어 들어가는 형태의 GOTO문 사용을 금지해야 한다.
- 모든 언어에서 없애야 한다는 입장 : 프로그램을 읽기 어렵게 하므로 절대적으로 없애야 한다.

③ **프로시저와 매개변수**

ⓐ **프로시저** : 프로그래밍 언어에서 일군의 작업이나 계산을 추상화한 것을 말한다. 이름, 매개변수, 본체로 구성된다.

ⓑ **프로시저의 호출 또는 활성화** : 이름과 매개변수의 명시에 의해 이루어진다.

- **형식매개변수** : 프로시저 선언에 나타나는 매개변수이다.
- **실매개변수** : 프로시저 호출시에 공급되는 매개변수이다.
- return문을 사용하여 제어를 넘기는 언어도 있다.
- 포트란 같은 언어에서는 CALL문을 사용하여 프로시저를 호출한다.

ⓒ **함수** : 반환치를 갖는 프로시저이다.

- Modula – 2에서 return문은 반환치를 넘길 뿐만이 아니라 제어도 호출부로 되돌린다.
- C는 값을 반환하지 않는 함수를 프로시저로 간주한다.

④ **매개변수 전달방식**

ⓐ **주소에 의한 전달**(Pass By Reference)

- 호출 프로그램이 피호출 프로시저에 실매개변수의 주소를 전달하는 방식으로 실매개변수로 전달된 변수는 프로시저의 형식매개변수와 기억장소를 공유하게 되어 별명(alias)이 발생한다.
- 포트란은 주소에 의한 전달이 유일한 매개변수 전달방식이다.
- C나 ALGOL68은 기본적으로 값에 의한 전달방식이나, 명시적으로 가능하다.

ⓛ 값에 의한 전달
- 실매개변수가 호출시에 계산되는 식으로 간주되면 이 실매개변수의 값이 형식매개변수의 값으로 된다.
- 가장 단순한 형태는 값 매개변수가 프로시저 실행 도중 상수값으로만 쓰이는 경우이다.

ⓒ 값 – 결과에 의한 전달(Pass By Value – result)
- 주소에 의한 전달과 비슷한 결과이나 별명은 발생하지 않는다.
- Ada의 in out 매개변수에 해당된다.
- 프로시저 호출시 실매개변수의 값이 형식매개변수에 복사되어 사용되며, 프로시저를 벗어날 때 형식매개변수의 값이 다시 실매개변수에 복사된다.

ⓔ 이름에 의한 전달(Pass By Name)
- 피호출 프로그램에서 매개변수가 실제로 쓰여지는 시점에서야 실매개변수가 계산된다.
- 같은 이름의 형식매개변수일지라도 사용되는 시점에 따라 서로 다른 위치의 기억장소를 나타내는 경우가 있다.

⑤ 예외조건 처리
ⓐ 예외조건(Exception)처리 : 오류 조건 또는 프로그램 실행시 발생하는 비정상적 사건의 처리에서 발생한다.
ⓑ 예외조건 선언
- 예외조건 : 첨자범위 초과나 0으로의 나눗셈과 같은 실행시 오류를 들 수 있다. 비정상적 사건도 예외조건에 속한다.
- 예외조건 처리기 : 특정의 예외조건이 발생하였을 때에 정상적인 수행의 재개가 가능하도록 하기 위해 수행되는 프로시저 또는 코드열이다.
- 예외조건 처리는 프로그래밍 언어에서 하드웨어 인터럽트 또는 에러 트랩을 흉내낸 것으로 오류발생시 프로그램에서 스스로 오류를 고치고 실행을 계속할 수 있게 한다.
ⓒ BASIC언어의 예외조건 처리방식
- ON ERROR GOTO 100 : 어떠한 오류가 발생하든 줄번호 100으로 제어를 옮기도록 하여 줄번호 100에 작성된 오류처리기는 RESUME, RESUME NEXT, RESUME 줄번호의 3종류 중 한 RESUME으로 끝난다.
- 단점
  - 하나의 오류처리기만 있을 수 있으며 특정 오류만 처리하도록 할 수 없다.
  - 기정의 오류만 처리가 가능하고 발생불능상태로 만들 수 없으며, 사용자 정의 오류의 선언도 불가능하다.
  - 내포된 범위와 활성화 레코드가 없어서 블록구조가 아니면 모든 변수는 전역적이므로 예외조건처리도 전역적이며 후속적 구조가 따로 없다.
ⓓ 블록구조 언어의 예외조건 처리방식
- 종류 : PL/I, Mesa, CLU, Eiffel, C++, ML, Ada 등이 있다.
- Ada
  - 기정의 예외조건 : CONSTRAINT_ERROR, NUMERIC_ERROR, PROGRAM_ERROR, STORAGE_ERROR, TASKING_ERROR 등이 있다.
  - 사용자 정의 예외조건 : exception을 써서 예외조건을 정의할 수 있다.
  - 예외조건 선언은 다른 선언문과 동일한 정적 범위 규칙을 따른다.

❸ 실행과 추상자료형

(1) 실행 시 기억장소를 사용하는 방식

① 정적 언어(Static Language)
  ㉠ 메모리 할당이 실행 이전에 이루어진다.
  ㉡ 순환(Recursion)을 사용할 수 없다.
  ㉢ 종류 : FORTRAN, COBOL이 있다.

② 스택방식 언어(Stack – based Language)
  ㉠ 메모리 사용형태가 예측가능한 후입선출방식이다.
  ㉡ 실행시간 스택(Run-Time Stack)으로 메모리를 할당한다.
  ㉢ 메모리 필요량을 계산할 수 없는 프로그램도 사용이 가능하다.
  ㉣ 종류 : ALGOL60형 언어가 있다.

③ 동적 언어(Dynamic Language)
  ㉠ 메모리 사용형태를 미리 예측할 수 없다.
  ㉡ 스택에 의한 메모리 할당이 불가능하다.
  ㉢ 종류 : LISP, PROLOG, APL, SNOBOL 4가 있다.

  📢TIP 파스칼, C, Ada 등과 같은 대부분의 언어는 동적 기능이 약간 가미된 스택방식 언어이다.

④ 동적 언어의 구조
  ㉠ 동적 언어(Dynamic Language) : 동적 규칙을 사용하는 언어로 APL, LISP, SNOBOL4 등이 있다.
  ㉡ 특징
  • 활성화 레코드에는 변수의 설명자가 저장된 히프를 지시하는 포인터를 둔다.
  • 히프의 설명자에는 다시 변수가 저장된 히프를 지시하는 포인터가 저장된다.
  ㉢ 규칙 : 주프로그램과 부프로그램으로 구성되며 형식매개변수는 부프로그램 선언의 첫줄에 선언된다.

(2) 추상자료형(ADT ; Abstract Data Type)

① 추상자료형의 개요
  ㉠ 추상자료형의 두 기준의 유용성
  • 수정의 용이성 : 구현에 대한 변경이 다른 부분에 영향을 주지 않으므로 수정의 용이성이 높다.
  • 재사용성 : 표준적인 연결부를 사용하므로 다른 프로그램이 코드를 재사용할 수 있다.
  • 보안성 : 프로그램의 다른 부분에서 구현 내용을 바꿀 수 없도록 하기 때문에 보안성도 높아진다.
  ㉡ 추상자료형의 필수적 특성
  • 캡슐화 : 자료형에 관한 모든 정의를 한 곳에 모아 놓고 이곳에서 정의된 연산만이 그 자료형을 쓸 수 있도록 제한하는 것을 말한다.

• 정보은폐 : 구현과 정의를 분리하고 사용자는 세부적인 구현사항에 접근할 수 없도록 하는 것이다.
• 객체지향 프로그래밍

② 추상자료형의 실제
  ㉠ Modula – 2의 추상자료형
  • 구현 : DIFINITION MODULE(DM), IMPLEMENTATION MODULE(IM)로 분리된다.
  • DM에는 정의나 선언문만이 올 수 있으며 이 모듈에 나타나는 선언문만이 다른 모듈이 쓸 수 있도록 이출 (Export)될 수 있다. 세부적인 선언은 IM안에 은폐되어 있어 다른 모듈에서 접근할 수 없다.
  ㉡ Ada의 추상자료형 : Ada에서는 모듈을 패키지(Package)라고 부르며, 패키지는 패키지 명세와 패키지 본체로 나뉜다.
  ㉢ 기타 언어의 추상자료형
  • Euclid : 모듈이 형이며 인스턴스화한다.
  • CLU : Cluster구조를 써서 정의한다.

    📢TIP 과부하와 다형성
      ㉠ 과부하 함수 : 미리 정해진 형의 집합에 대해서 동일 또는 유사한 연산을 적용하는 것으로 특수 다형성이라 한다.
      ㉡ 다형성 함수 : 미리 정해지지 않은 모듈형에 적용될 수 있다고 하여 매개변수적 다형성이라고 한다.

  ㉣ 추상자료의 문제점
  • Ada와 Modula – 2 등의 언어는 모듈이 연산뿐만 아니라 형까지 이출하여야 하기 때문에 어려움이 발생한다.
  • 새 모듈이 필요한 경우 일일이 복사하여야 한다.
  • 올바른 할당과 초기화가 보장되지 않는다.
  • 이입형에 대한 모듈의 의존관계가 적절하게 표현되지 않는다.
  • 대부분의 언어의 경우 주석으로 시맨틱스를 대신한다.

(3) 객체지향 프로그래밍 언어

① 객체지향 프로그래밍 언어의 개요
  ㉠ 소프트웨어 재사용과 독립성
  • 소프트웨어 구성부를 재사용한다.
  • 다른 구성부와의 독립성을 유지한다.
  ㉡ 기본구성요소
  • 기본구성요소 : 객체, 클래스, 메소드로 구성된다.
  • 객체지향 언어에서의 객체의 상태는 그 객체에 내부적, 지역적이고 각 객체는 지역상태를 바꿀 수 있는 함수와 프로시저의 집합을 포함하고 있다.
  ㉢ 계승(Inheritance) : 상속이라고도 하는데 클래스간에 데이터와 연산을 공유하게 해주는 객체지향 언어의 주된 구조이다.
  ㉣ 동적 바인딩

② 객체지향 프로그래밍 언어의 종류

　　㉠ C++ : C++는 C에 Simula식의 클래스를 추가하고자 하여 개발된 언어로, 사용자의 필요에 의해 개발된 효율적이고 실용적인 언어이다. 1985년 소개된 후 몇 년 안 되어 가장 많이 사용되는 객체지향 언어가 되었다.

　　㉡ Eiffel : Eiffel은 파스칼형 신택스이지만 앞선 언어에 기초하여 만들어진 것은 아니며 파스칼형 객체지향 언어 중 가장 일관성 있게 설계된 언어이다.

　　㉢ Smalltalk : Simula와 LISP의 영향을 받은 Smalltalk는 객체지향 언어 중 가장 객체지향 전형에 충실하고, 수와 문자 등의 상수를 포함한 거의 모든 언어 실체가 객체이므로 순수객체지향 언어라고 말할 수 있다.

section **2** 자료구조

❶ 자료구조의 기초

(1) 기본개념과 알고리즘

① 기본개념

　　㉠ 자료 : Computer System이 정보를 효율적으로 처리할 수 있도록 만들어진 논리형태이며, 현실세계로부터 단순한 관찰이나 측정을 통해서 수집된 사실(facts)이나 값(value)들과 또한 이 값이 숫자로 표현되는 수치는 물론 어떤 문자로 표현되는 스트링을 포함한다.

　　㉡ 정보 : 어떤 상황에 대한 적절한 의사 결정을 할 수 있게 하는 지식으로서, 자료의 유효한 해석이나 자료 상호간의 관계를 나타내는 것이다.

　　　　🔊TIP 자료처리를 위한 단계적 분석과정 … 자료발생 → 자료수집 → 자료분석 → 자료처리 → 자료저장 및 활용

　　㉢ 알고리즘의 특성

　　　• 입력에는 외부에서 제공되는 자료가 있을 수 있으며, 적어도 한가지의 출력결과를 생성해야 한다.

　　　• 각 명령들은 명확해야 한다.

　　　• 한정된 수의 단계 뒤에는 반드시 종료해야 한다.

　　　• 모든 명령들은 종이와 연필만으로 수행 가능하며, 반드시 실행 가능해야 한다.

　　　　🔊TIP 알고리즘 + 자료구조 = 프로그램

② 알고리즘

　㉠ SPARKS(알고리즘 언어)

　　• 다른 프로그램 언어로 변환이 쉽고 선언, 지정, 조건, 반복, 입·출력문이 있으며 각 명령문 사이는 " ; "로 구분한다.

　　–선언문 : 자료형을 지정하게 된다.

　　–지정문 : K ← K + 1(←을 사용하여 지정한다)

　　–조건문

　　‐하나 이상의 명령문은 대괄호로 묶는다([,]).

　　‐if, while, reprat, case, 반복문(loop ~ forever), for문 등이 있다.

　　–PROCEDURE문 : 부 프로그램에 의해 자신을 직접 호출하여 직접순환(Direct Recursion)이 될 수도 있고, 몇 개의 연속적 호출을 통해 간접호출(Indirect Recursion)이 될 수도 있다.

　　• PROCEDURE간의 자료전달방법

　　–call by value : 주프로시저에서 부프로시저를 부르는 시점에서 실매개변수 값을 계산하여 전달하는 방식이다.

　　–call by reference : 실매개변수 값이 저장된 기억장소를 가리키는 포인터나 실매개변수의 주소를 형식매개변수에 전달하는 방식이다.

　　–call by name : 부프로시저에서 매개변수가 계산에 이용되기 전까지 실매개변수를 계산하지 않고 전달하여 실매개변수의 값을 계산하는 시기를 부프로시저에서 결정하는 개념이다.

　㉡ 순환 알고리즘

　　• 직접순환 : 프로시저가 수행을 완료하기 전에 자기 자신을 호출한다.

　　• 간접순환 : 자신을 호출하는 프로시저를 부르는 것을 말한다.

(2) 배열

① 개념

　㉠ 배열 : 반드시 연속된 기억장소가 이웃하여 위치한 집합이라고 말할 수 없지만 인덱스와 값의 쌍으로 구성되고 반드시 유한성을 갖는다.

　㉡ 배열의 표현 : 배열범위로 1차원 배열표현은 $A(L:U)$이다.

　　• L : 하한선, U : 상한선

　　• 배열 A의 원소개수 : $U - L + 1$

　　• 주소 : $a,\ a + 1, ..., a + i - 1,$

　　　　🔲 배열원소 A(1)의 주소가 a라면 임의의 A(i)의 주소는 a+(i−1)이 되지만, 원소의 크기를 L이라 할 때 주소는 a+(i−1) · L이 된다.

② 순서리스트

　㉠ 개념 : 순서리스트의 보편적인 표현방법 중에 하나가 배열이다. 순서리스트를 추상적으로 생각하면 $(a_1,\ a_2,\ a_3,\ ...,\ a_n)$과 같이 쓸 수 있다(여기서 a_i는 어떤 집합 S에 있는 원소이다).

ⓒ 리스트에 행하는 연산
- 리스트의 길이를 구하라(n).
- 왼쪽(오른쪽)에서 오른쪽(왼쪽)으로 리스트를 읽어라.
- i번째 원소를 검색하라.
- i번째 새로운 값을 저장하라.
- i번째 새로운 원소를 삽입하라.
- i번째 있는 원소를 삭제하라.

③ 행렬

ⓐ 희소행렬
- 행렬에서 많은 항들이 0으로 되어 있을 때의 행렬이다.
- 희소행렬은 '행의 위치, 열의 위치, 원소의 값'이 '(i, j, 값)'의 3원소로서 기억된다.
ⓑ 전치행렬 : 이 연산은 모든 원소의 위치(i, j)를 (j, i)로 옮기는 것이다.

❷ 자료구조의 방법

(1) 스택과 큐

① 스택

ⓐ 개념 : 1차원 배열 STACK(1 : n)에 나타낼 수 있는 순서리스트 또는 선형리스트의 형태로서 가장 나중에 저장한 데이터를 먼저 꺼내는 후입선출(LIFO ; Last - In - First - Out) 알고리즘을 갖는 주기억장치나 레지스터 일부를 할당하여 사용하는 임시기억장치를 말한다.

ⓑ 시스템 스택
- 프로그램 실행시 함수호출을 처리하기 위한 특별한 스택이다.
- 함수호출시 프로그램은 활성레코드 또는 스택프레임이라는 구조를 생성하고 이것을 시스템스택의 톱(TOP)에 둔다.
- 초기에 호출된 함수의 활성레코드는 이전의 스택프레임에 포인터와 복귀주소를 가지고 있는데, 스택프레임 포인터는 호출한 함수의 스택프레임을 가리키고, 복귀주소는 함수가 종료된 후에 실행되어야 할 문장위치를 가리키고 있다.

ⓒ 스택의 연산

행번호	삽입 알고리즘	삭제 알고리즘
①	procedure ADD(item, stack, n, top)	procedure DELETE(item, stack, top)
②	//크기가 n인 스택에 item을 삽입한다//	//스택이 공백이 아니면 톱원소를 제거item에 저장한다//
③	if top > n then call STACK − FULL	if top < 0 then call STACK − EMPTY
④	top ← top + 1	item ← STACK(top)
⑤	SATCK(top) ← item	top ← top − 1
⑥	end ADD	end DELETE

- 삽입④ : 삽입 알고리즘은 빈 원소를 준비하기 위해 top의 내용을 먼저 1 증가시킨 후에 항목을 삽입한다.
- 삭제④ : 삭제 알고리즘은 삭제하고자 하는 top 원소의 내용을 삭제한 후에 top의 값을 1 감소시켜야 한다.

ⓔ 스택의 적용분야 … 시스템스택, 서브루틴 호출, 수식계산, 인터럽트 처리, 컴파일러, 순환 등에 적용된다.

② 큐
  ㉠ 개념 : 한쪽 끝에서 삭제가 일어나고 한쪽 끝에서 삽입이 되는 선입선출(FIFO ; First − In − First − Out) 알고리즘을 가지는 선형 리스트를 말하며 앞을 가리키는 front와 뒤를 가리키는 rear라는 두 포인터 변수가 필요하다.
  ㉡ 순차큐(Sequential Queue)의 연산 : 큐의 항목(item) 삽입 · 삭제 알고리즘을 수행하면 큐가 오른쪽으로 움직여감을 알 수 있다.

행번호	삽입 알고리즘	삭제 알고리즘
①	procedure ADDQ(item, Q, n, rear) //Q(1 : n)으로 표시된 큐에 item을 삽입한다//	procedure DELETEQ(item, Q, front, rear) //큐로부터 한 원소를 제거한다.//
②	if rear = n then call QUEUE − FULL	if front = rear then call QUEUE − EMPTY
③	rear ← rear+1	front ← front+1
④	Q(rear) ← item	item ← Q(front)
⑤	end ADDQ	end DELETEQ

  ㉢ 순차큐의 단점 : QUEUE − FULL 신호가 반드시 n개의 항목이 꽉 차있다는 것을 의미하지 않는다. 큐 전체를 이동하는 데 걸리는 시간손실이 크기 때문에 큐의 앞에 빈 원소가 있는데도 새로운 항목을 삽입할 수 있다는 단점을 보완하지만, 큐 안의 데이터 항목이 많은 경우 시간손실이 더욱 커지게 된다.

③ 원형큐
  ㉠ 개념 : 삽입, 삭제를 위해 모듈로 연산자를 사용하며 순차큐의 단점을 보완한 효과적인 큐의 표현방법으로 1차원 배열 Q(1 : n)을 원형으로 생각하는 큐이다.

ⓛ 원형큐의 연산

행번호	삽입 알고리즘	삭제 알고리즘
①	procedure ADDQ(item, Q, n, front, rear) //Q(0 : n-1)으로 저장된 큐에 item을 삽입//	procedure DELETEQ(item, Q, n, front, rear) //큐 Q(0 : n-1)의 선두원소를 제거한다.//
②	rear ← (rear+1) mod n //시계방향으로 rear를 전진//	if front = rear then call QUEUE – EMPTY
③	if front = rear then call QUEUE – FULL	front ← (front+1) mod n
④	Q(rear) ← item //새로운 item을 삽입//	item ← Q(front) //큐의 front에서 item을 추출//
⑤	end ADDQ	end DELETEQ

- 중요한 점은 ADDQ에서 만원큐(QUEUE – FULL)에 대한 검사와 DELETEQ에서 공백큐(QUEUE – EMPTY)에 대한 검사가 같다는 것이다.
- 만원큐와 공백큐를 구별하기 위하여 큐에는 최대로 n개의 원소가 아닌 n−1개의 원소만을 저장하는 것이다.
- n개를 전부 사용하기 위해서는 두 상태를 구별하기 위한 또 다른 변수 tag를 사용할 수도 있다. 즉, 큐가 공백일 때만 tag=0이 되도록 하는 것이다.

ⓒ 큐의 적용분야 : 작업 스케줄링(디스크의 일정 영역을 큐로 정하고 입력된 순서대로 프로그램을 실행하도록 하는 것), 버퍼 등 QUEUE – FULL의 최악의 경우의 연산시간은 O(n)이다.

④ 데크(Deque)
ⓐ 리스트의 양쪽 끝에서 삽입과 삭제가 이루어진다.
ⓑ 스택과 큐를 복합한 방식이다.

⑤ 스택의 응용 수식계산
ⓐ 연산자의 우선순위

연산자	우선순위	비고
* *, unary−, unary+, (not)	1	Right → Left
*, /	2	L → R
+, −	3	L → R
<, ≤, =, ≠, ≥, >	4	L → R
and	5	L → R
or	6	L → R
=(assignment)	7	R → L

- 우선순위가 1, 7인 연산자의 경우에는 오른쪽에서 왼쪽으로 계산한다.
- 우선순위가 2~6까지의 연산자인 경우에는 왼쪽에서 오른쪽으로 계산한다.
- 괄호가 중첩되었을 경우 가장 안쪽 괄호부터 계산한다.

ⓛ **수식의 표기법**

- 중위표기법 : A + B와 같이 연산자인 '+'를 피연산자인 A와 B 사이에 놓고 계산하는 방식이다.
- 전위표기법 : A + B를 +AB와 같이 연산자인 '+'를 피연산자인 A와 B 앞에 놓고 표현하는 방식이다.
- 후위표기법
- −A + B를 AB+와 같이 연산자인 '+'를 피연산자인 A와 B 뒤에 놓고 표현하는 방법으로, 괄호 및 연산자들의 우선순위가 불필요하다.
- −장점
- 후위표기는 괄호를 필요로 하지 않는다.
- 후위표기는 연산자들의 우선순위가 필요없다.

ⓒ **중위표기를 후위표기로 변환**

- 중위표기식의 연산자들의 우선순위에 따라 완전히 괄호를 사용하여 표현한다.
- 모든 연산자들을 그와 대응하는 오른쪽 괄호의 위치로 옮긴다.
- 괄호를 모두 없앤다.

  예 (((A/(B * * C))+(D * E))−(A * C)) → ABC * * /DE * +AC * −

(2) 연결리스트

① **연결리스트** … 데이터를 임의의 위치에 삽입하거나 삭제할 때 소요되는 시간을 절약하고 기억공간을 효율적으로 활용할 수 있는 자료구조이다.

② **단순 연결리스트**

ⓛ **정의**

- 순차적 표현에서는 원소들이 저장된 물리적인 순서와 리스트에 표현된 논리적인 순서가 일치하지만, 연결된 표현에서는 순서리스트의 논리적인 순서와 실제 저장된 기억장소 내의 순서가 일치하지 않는다. 그러므로 연결된 표현에서는 각 원소 단위마다 다음 원소를 가리키는 포인터 부분을 포함한다.
- 리스트의 한 원소는 자료항목을 나타내는 데이터 부분과 다음 원소를 가리키는 포인터(Pointer)라고 하는 링크(LINK)부분으로 구성되는데, 이를 노드(Node)라고 한다.

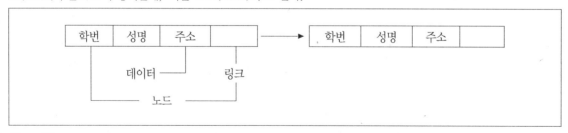

ⓒ **알고리즘**

- 노드 생성[GETNODE(X)] : 새로운 노드를 하나 얻기 위해서 비사용 기억공간에서 사용하지 않는 노드 하나를 가리키는 포인터 X를 넘겨주는 프로시저이다.

• 노드 삽입[INSERT(T,X)]

–단계 1 : 비사용 기억공간에서 찾아 그 주소를 X라는 변수에 저장한다.

–단계 2 : 이 노드의 데이터필드에 자료를 지정한다.

–단계 3 : 이 노드의 링크필드에는 현재 노드가 가리키고 있는 노드를 가리키도록 노드의 링크필드 값을 X노드의 링크필드에 저장한다.

–단계 4 : 자료를 저장하고 있는 노드의 링크필드에는 삽입하려는 노드의 주소 X를 저장한다.

• 노드 삭제[DELETE(X, Y, T)] : 노드를 삭제하고 노드를 기억장소 풀에 반환한다.

> **TIP** 리스트를 생성(구성)하고 노드의 삽입, 삭제, 출력 등의 연산을 위한 방법
> ㉠ 기억장소를 하나 이상의 항목과 링크필드의 구조를 갖도록 노드를 구성하는 방법
> ㉡ 사용하고 있는 노드들과 사용되고 있지 않은 노드들을 구별할 수 있는 방법
> ㉢ 사용 중인 노드들의 집합인 사용 기억공간과 사용하지 않는 노드들의 집합인 비사용 기억공간의 구조와 이 두 기억공간 사이에 노드를 전송할 수 있는 방법

(3) 트리

① 트리

㉠ 트리는 비선형 구조로서 기억장소 할당, 정렬, 검색에 응용된다.

㉡ 트리는 각 노드 사이에 사이클이 형성되지 않고, 루트 노드라고 하는 한 정점에서 계속 가지를 치는 형식을 갖고 있다.

> **TIP** 트리의 특징 … 다음 성질을 만족하는 한 개 이상의 노드를 갖는 유한집합 T이다.
> ㉠ T의 원소 가운데 루트노드라고 하는 특정한 한 개의 노드가 존재한다.
> ㉡ 루트노드를 제외한 나머지 노드들은 n개(n≥0)의 서로 분리된 부분집합 T1, T2, T3, …, Tn으로 나누어지며, 각 Ti 는 트리가 된다.

[트리의 용어]

◦ 노드 : 한 정보 아이템과 이것으로부터 다른 아이템으로 뻗어진 가지의 합이다.
◦ 차수 : 한 노드에서 분기되는 노드의 가지수이다.
◦ 트리의 차수 : 트리 내 노드 차수 중 최대 차수이다.
◦ 노드의 레벨 : 루트의 레벨을 1로 가정한 후 자식 노드에서 1씩 증가한다.
◦ 단말노드(리프) : 차수가 0인 노드이다.

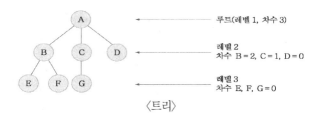

〈트리〉

② 이진트리
   ㉠ 개념 : 공집합이거나 한 개의 루트와 좌측 서브트리, 우측 서브트리로 분리된 이진트리로 구성된 노드의
   유한집합이다.
   ㉡ 이진트리의 특성
   • 이진노드가 2개 이하의 가지를 갖는다.
   • 이진트리는 슈서트리이다.
   • 노드수가 제로인 공백트리가 있을 수 있다.
   • 레벨 i에서의 최대 노드수는 $2^{(i-1)}$, $i \geq 1$이다.
   • 깊이가 k인 이진트리가 가질 수 있는 최대 노드수는 $2^{(k-1)}$, $k \geq 1$이다.
   • 완전 이진트리란 깊이가 k인 어떤 이진트리의 노드수가 n일때 이 트리의 각 노드들이 깊이 k인 포화 이진트
   리의 각 노드에 위에서 아래로, 좌측에서 우측으로 각 노드에 붙인 1부터 n까지의 번호와 1대 1로 대응되는
   트리를 말한다.
   • 모든 이진트리 T에 대하여, n_0는 단말 노드수라 하고, n_2는 차수가 2인 노드수라고 하면 $n_0 = n_2 + 1$이다.

③ 이진트리 순회
   ㉠ 이진트리를 순회해 갈 때는 각 노드와 그 서브트리를 똑같은 방법으로 처리하면 좋다.
   ㉡ L(데이터 이동), D(데이터 인쇄), R(우측으로 이동)의 3개의 작업을 나타내면 LDR, LRD, DLR, DRL,
   RDL, RLD 등 6개의 순회방법만이 있다.
   ㉢ 우측보다 좌측을 먼저 순회한다면 3가지 순회방법이 있다.
   • 중위순회 : infix(Left – Root – Right)
   • 전위순회 : prefix(Root – Left – Right)
   • 후위순회 : postfix(Left – Right – Root)

④ 스레드 이진트리
   ㉠ 순회 알고리즘은 복잡하거나 기억공간을 추가로 필요로 하는 단점이 있으므로 n개의 노드를 가진 이진
   트리를 두 개의 링크를 사용해 저장할 때 n+1개의 링크가 널(NULL)이 되는 것을 고려하여 널링크를
   활용하는 방법을 강구한다.
   ㉡ 어떤 링크가 널인지 아닌지 구별하기 위하여 각 노드에 2비트를 추가한다.
   ㉢ 양쪽 마지막 데이터의 링크가 포인터할 대상이 없으므로 새로운 노드 HEAD를 추가하여 두 개의 널링
   크의 포인터가 되게 한다.

[HEAD 노드를 추가한 공집합의 이진트리]

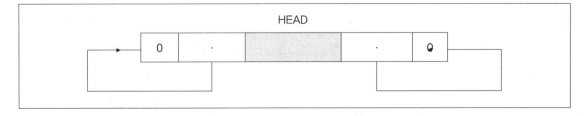

⑤ 히프

　㉠ 히프추상 데이터타입

　　• 최대트리(max tree)는 각 노드의 값이 그 자식의 키 값보다 작지 않은 트리이다. 최대 히프(max heap)는 최대트리인 완전 이진트리이다.

　　• 최소트리(min tree)는 각 노드의 키 값이 자식의 키 값보다 크지 않은 트리이다. 최소 히프(min heap)는 최소트리이면서 완전 이진트리이다.

　㉡ 우선순위 큐 : 히프는 우선순위 큐를 구현하는 한 방법으로서 큐에서의 원소를 제거할 때 가장 높은 값을 가진 원소를 제거하는 것과 가장 낮은 값을 가진 원소를 제거하는 것을 적용한다.

　㉢ 최대히프에서의 삽입 : 새로운 노드 자리에 삽입시킨 새 원소는 키 값에 따라 그 위치가 변하는데, 키 값이 부모 노드보다 크면 그 자리를 이동시키고, 그렇지 않으면 그 자리를 차지한다.

　㉣ 최대히프에서의 삭제 : 최대히프에서 삭제시는 항상 히프의 루트에서 삭제를 시작한다. 그런 다음 남은 원소를 가지고 완전 이진트리가 될 수 있도록 재구성한 후, 히프를 재구성하기 위해 부모 노드와 자식 노드를 비교하여 틀린 원소를 교환한다.

⑥ 이진탐색트리

　㉠ 이진탐색트리는 공백이 가능한 이진트리이다.

　㉡ 만약 공백이 아니라면 다음 성질을 만족한다.

　　• 모든 원소는 키를 가지며, 어떤 두 원소도 동일한 키를 갖지 않는다.

　　• 공백이 아닌 좌측 서브트리에 있는 키들은 그 서브트리의 루트의 키보다 작아야 한다.

　　• 공백이 아닌 우측 서브트리에 있는 키들은 그 서브트리의 루트의 키보다 커야 한다.

　　• 좌측과 우측 서브트리도 이진탐색트리이다.

　　　📢 TIP　이진탐색트리의 연산

　　　　㉠ 이진탐색트리의 탐색 : 순환 전 정의로서 탐색은 루트부터 시작하여 NULL이면 탐색트리는 실패로 끝나고 아니면 key값을 루트의 키 값과 비교하여 같다면 탐색은 성공적이고, 작으면 좌측 서브트리의 어떤 원소도 동일한 키 값을 갖지 않으므로 루트의 우측 서브트리를 탐색한다.

　　　　㉡ 이진탐색트리에 대한 삽입 : 먼저 동일한 키 값을 갖는 원소가 트리 내에 있는지를 확인하기 위해 탐색을 한다. 탐색이 실패되면 종료된 그 지점에 원소를 삽입한다.

　　　　㉢ 이진탐색트리에서의 삭제 : 두 개의 자식을 가지는 비단말 노드를 삭제할 때는 그 노드의 좌측 서브트리에서 가장 큰 노드이거나 우측 서브트리에서 가장 작은 노드로 대체한다. 그런 다음 선택된 서브트리에서 치환된 원소의 삭제과정을 진행한다.

　　　　㉣ 이진탐색트리의 높이

　　　　　• n개의 원소를 갖는 이진탐색트리의 높이는 평균적으로 $O(\log_2 n)$이 된다.

　　　　　• 최악의 경우에는 높이가 $O(\log_2 n)$인 탐색트리를 균형탐색트리라 하며 이들은 탐색, 삽입, 삭제를 $O(h)$시간에 할 수 있다.

⑦ 포리스트

   ⊙ **개념** : 트리에서 루트를 제거하면 포리스트가 되며 개념은 트리와 유사하다. 즉, 임의의 이진트리의 루트를 제거하면 두 개의 트리로 구성된 포리스트를 만든다.

   ○ **포리스트의 순회** : 포리스트 F에 대응하는 이진트리 T의 전위, 중위, 후위순회는 F의 순회와 비슷한 대응관계를 가진다.

     • 전위순회

     −F가 공백이면 귀환한다.

     −F의 첫 트리의 루트를 방문한다.

     −첫 트리의 서브트리들을 트리전위로 순회한다.

     −F의 남은 트리들을 전위순서로 순회한다.

     • 중위순회

     −F가 공백이면 귀환한다.

     −F의 첫 트리의 서브트리를 중위로 순환한다.

     −첫 트리의 루트를 방문한다.

     −나머지 트리를 트리중위로 순회한다.

     • 후위순회

     −F가 공백이면 귀환한다.

     −F의 첫번째 트리의 서브트리를 후위로 순회한다.

     −나머지 트리를 트리후위로 순회한다.

     −F의 첫번째 트리의 루트를 방문한다.

(4) 그래프

① 그래프

   ⊙ **개념** : 그래프 G는 정점들의 집합이라 불리는 비공집합 V와 간선들의 집합 E, 간선 E에서 정점 V의 쌍으로의 사상으로 구성된다.

$$G = (V, \ E)$$

   ○ 그래프의 종류

     • 방향 그래프 : 모든 간선에 방향이 있는 그래프이다.

     • 무방향 그래프 : 모든 간선에 방향이 없는 그래프이다.

     • 혼합방향 그래프 : 간선들 중 어떤 것은 방향이 있고 어떤 것은 방향이 없는 그래프이다.

     • 다중방향 그래프 : 평행한 간선을 포함하는 그래프이다.

     • 단순방향 그래프 : 한 쌍의 정점 사이에 두 개 이상의 간선이 없는 그래프이다.

     • 가중방향 그래프 : 모든 간선에 가중성이 있는 할당된 그래프이다.

- 널방향 그래프 : 어떤 다른 정점에도 이웃하지 않은 독립된 정점들만 갖는 그래프로, 간선들의 집합은 공집합이다.

ⓒ 그래프 용어
- 경로 : 그래프에서 어떤 간선의 단말 정점이 다음에 나타나는 간선의 초기 정점이 되는 간선들의 열을 말한다.
- 단순경로 : 그래프의 어느 한 경로에 있는 간선들이 유일할 때를 말한다.
- 기본경로 : 하나의 경로상에 있는 모든 정점들이 유일할 때를 말한다.
- 싸이클 : 같은 정점에서 시작하고 끝나는 경로를 말한다.

> 🔊 **TIP** 진출차수와 진입차수 … 방향그래프에서 어떤 정점 V에 대해 초기 정점으로서 V를 갖는 간선들의 수를 정점 V의 진출차수라 하며, V를 단말 정점으로 갖는 간선들의 수를 V의 진입차수라 한다. 정점V의 진출차수와 진입차수의 합을 전체차수라 한다.

② 그래프의 순회

㉠ 깊이 우선탐색(DFS ; Depth First Search)
- 시작 정점(V)를 방문한다.
- 인접하면서 방문하지 않은 정점(W)를 시작점으로 깊이 우선탐색을 한다.
- 방문된 정점(U)에 도달하여 방문하지 않은 정점(W)를 갖고 있으면서 제일 나중에 방문했던 정점으로 거슬러 올라가서 정점(W)로부터 다시 깊이 우선탐색을 시작한다.

㉡ 너비 우선탐색(BFS ; Breadth First Search)
- 정점(V)에서 시작한다.
- V에 인접한 모든 정점들을 방문한다.
- 정점에 인접됐으면서 방문하지 않은 정점들을 계속 방문한다.

③ 최소비용 신장트리

㉠ Prim의 방법
- 우선 최소비용을 갖는 간선(1, 2)을 선정하여 T(신장트리)에 포함시킨다.
- 각 정점 1과 2를 W(정점)에 포함시킨다.
- W에 있는 정점과 연결된 간선 중에서 최소비용을 갖는 간선(2, 6)을 찾고 사이클을 형성하지 않으므로 T에 포함시킨다.
- 2와 6을 W에 포함시킨다.
- 다음 W에 있는 정점과 연결된 간선 중 최소비용을 갖는 간선을 선택하여 사이클을 이루지 않으면 T에 포함시키며 반복한다.

㉡ Kruskal의 방법 : 간선들을 하나씩 결정하여 마지막으로 최소비용 신장트리 T를 만들게 된다. 간선들은 비용이 적은 순으로 T에 포함되는데, 각 간선은 이미 T속에 있는 간선들과 비교해서 사이클을 형성하지 않으면 그 간선은 T에 포함된다.

❸ 탐색과 정렬

(1) 탐색

① **탐색의 정의** ⋯ 컴퓨터의 기억공간에 보관된 자료들 중에서 어떠한 성질을 만족하는 것들을 찾아내는 일을 말한다.

② **탐색의 종류**

　㉠ **순차탐색**

　　• 자료가 정렬되어 있지 않을 경우의 탐색방법이다.

　　• 성공적인 탐색을 위한 평균 비교횟수는 $\sum_{i=1}^{n}(n-i-1)/n=(n+1)/2$가 된다. 그러므로 큰 n에 대해서 비교는 매우 비효율적이다.

　㉡ **이진탐색(Binary Search)** : 파일이 일정한 순서로 정렬되었을 때 탐색범위를 반씩 줄여가며 원하는 데이터를 탐색하는 방법이다.

　　• 반드시 자료가 순차적으로 sort되어 있어야 한다.

　　• K번 비교 후에 탐색될 파일의 크기는 $[n/2]$가 되며, 최악의 경우 하나의 파일을 비교하기 위해 $0(\log_2 n)$의 키를 비교하면 충분하다.

　㉢ **피보나치 탐색** : 정렬된 파일의 탐색에서 나눗셈을 사용하지 않고 덧셈이나 뺄셈만을 사용하는 탐색으로 F0 = 0, F1 = 1, 그리고 Fi = Fi − 1 + Fi − 2(i ≥ 2)이다. 그러므로 0, 1, 1, 2, 3, 5, 8, 13, 21, 34, …… 와 같다.

(2) 정렬

① **내부정렬**

　㉠ **개념** : 데이터의 양이 적을 경우 주기억장치 내에서 정렬하는 방법이다.

　㉡ **정렬방식**

　　• 삽입법 : 삽입정렬, 쉘정렬

　　• 교환법 : 퀵정렬, 버블정렬

　　• 합병법 : 2 – 원 합병정렬

　　• 선택법 : 히프정렬, 선택정렬

　　• 분배법 : 기수정렬(Radix Sort)

② **내부정렬의 종류**

　㉠ **삽입정렬(Insertion Sort)**

　　• 성능 : 평균 연산시간 $O(n^2)$, 최악의 연산시간 $O(n^2)$을 가진다.

　　• 필요공간 : 원래 그대로(n)

　　• Shell Sort : 소량의 데이터에 유리하고 대량인 경우 불리하며, 알고리즘이 간단하다.

ⓛ 쉘정렬

- 성능 : 평균 연산시간 $O(n\sqrt{n})$, 최악의 연산시간 $O(n(\log_2 n)^2)$을 가진다.
- 필요공간 : 원래 그대로(n)
- 일정한 간격으로 떨어져 있는 레코드들로 부분 파일을 구성하여 단계적으로 정렬한다.

ⓒ 퀵정렬(Quick Sort)

- 성능 : 평균 연산시간 $O(n\log_2 n)$을 가진다.
- 실험을 통해 볼 때 평균 연산시간에 있어 내부정렬방법 중에서 가장 좋다고 증명되었다.

ⓔ 버블정렬(Bubble Sort)

- 성능 : 평균 연산시간 $O(n^2)$, 최악의 연산시간 $O(n^2)$을 가진다.
- 단계의 개수(while 반복문을 수행하는 횟수), 비교횟수, 교환횟수에 달려있다. 각 요소는 자신보다 작은 요소를 만나면 우측으로 이동해야 하고, 마지막 위치에 도달할 때까지 이런 작업을 계속해야 하기에 교환횟수는 $\sum n_j = 2d_j$이다.
- 단계의 개수가 최상의 경우 1이고, 최악의 경우 n이다.

ⓜ 2 - 원 합병정렬(2 - way Merge Sort)

- 성능 : 평균 연산시간 $n(n - l + 1)$을 가진다.
- 정렬되어 있는 두 개의 파일을 합병하여 하나의 정렬된 파일로 만든다.
- while 루프가 반복될 때마다 k는 1씩 증가한다. k의 총 증가량은 $n - l + 1$이다.

ⓗ 히프정렬(Heap Sort)

- 성능 : 평균 연산시간 $O(n\log n)$, 최악의 연산시간 : $O(n\log n)$을 가진다.
- 일정한 기억공간을 갖는다.
- 파일을 표현하는 트리를 히프로 변환한다. 각 노드는 자식 노드들보다 큰 값을 가지도록 만들어진 완전 이진 트리로 정의하고, 루트는 가장 큰 키 값이 되도록 한다.
- 루트를 출력하고 나머지 트리를 다시 히프로 만드는 방법을 계속하면서 큰 것에서 작은 것의 순으로 출력한다.

ⓢ 선택정렬(Selection Sort)

- 성능 : 평균 연산시간 $O(n^2)$를 가진다.
- 최상과 최악의 경우에 차이가 없고 교환은 $n - 1$번, 비교는 $2n(n - 1)$이 있다.
- 오름차순 정렬인 경우 처음 원소부터 시작하여 순차적으로 파일 내의 키 값들을 조사한 다음 가장 작은 값을 선택해 이를 처음 원소와 맞바꾸고 다음으로 가장 작은 키 값을 찾아 다시 반복하여 바꾼다. 이같은 방법을 오름차순으로 정렬될 때까지 계속한다.

③ 외부정렬

ⓐ 개념 : 데이터의 양이 많을 경우 몇 개의 서브 파일로 나누어 정렬한 후 보조기억장치에서 파일을 합병하는 방법이다.

ⓑ 정렬방식 : 자연합병, 균형합병, 다단계합병, 계단식합병이 있다.

1 데이터베이스 기초

(1) 데이터베이스의 개요

① 데이터베이스의 필요성 … 자료의 중복성과 독립성(따로 만든 프로그램에서 자료를 따로 사용하는 점)의 문제를 해소하고 컴퓨터의 이용을 수월하게 하고 적극적으로 확대해 보자는 의도에서 생겨난 기술이 데이터베이스이다.

② 데이터베이스의 특성

  ㉠ 데이터 중복의 최소화

    TIP 데이터 중복의 문제점 … 일관성, 보안성, 경제성, 무결성

  ㉡ 데이터의 독립성 : 데이터베이스를 조작하는 응용 프로그램의 변경 없이 데이터베이스의 논리적 · 물리적 구조를 바꿀 수 있는 성질이다.

    • 논리적 데이터의 독립성 : 논리적 구조(프로그래머가 생각하는)가 변한다고 해도 프로그램을 변경할 필요가 없다.

    • 물리적 데이터의 독립성 : 보조기억장치가 바뀌면 데이터 표현방식이 달라진다. 그러나 프로그램을 바꿀 필요가 없다.

      TIP 무결성 유지방법

      ㉠ 중앙통제에 의한 데이터 갱신

      ㉡ 검증 프로그램에 의한 검증단계를 거칠 것

      ㉢ 데이터의 무결성이 개개의 화일의 정확성보다 더 중요하다는 점을 주지시킬 것

  ㉢ 데이터의 보호

    • 데이터베이스의 완벽한 비밀보호가 필요하다.

    • 자기에게 필요한 데이터만 참조 · 조작한다.

  ㉣ 데이터의 공유, 연결성 및 실시간 처리

    • 데이터들은 상호간에 긴밀하게 연결되어 있어야 한다. 이처럼 연결된 것을 경로라 한다.

    • 효율적 사용을 위해 실시간 처리가 가능하도록 하여 어떤 문의에도 즉각응답이 필요하다.

      TIP 데이터베이스의 관리시스템 및 목적

      ㉠ 데이터베이스 관리시스템 : 상호 연관이 있는 파일의 집단과 사용자로 하여금 이 파일들을 액세스하거나 수정하는 것을 허용하는 프로그램의 집합이다.

      ㉡ 데이터베이스의 주 목적 : 사용자에게 데이터에 대한 추상적인 관점을 제공하는 것(복잡한 데이터 구조는 사용자로부터 숨겨져야 한다)을 목적으로 한다.

③ 데이터 추상화
  ㉠ **물리적 단계** : 추상화의 최하위단계로 데이터가 실제로 어떻게 저장되는가를 기술한다.
  ㉡ **개념적 단계** : 물리적 단계 다음의 단계로 어떤 데이터가 저장되었는지와 데이터간의 관계를 기술하며, 이 단계는 관리자에 의해 구성된다.
  ㉢ **뷰단계** : 추상화의 최상위단계로 데이터베이스 전체의 일부분만을 기술한다. 관심이 있는 일부분만을 사용하고자 하는 사용자로 하여금 시스템을 쉽게 이용할 수 있도록 추상화 뷰 단계를 정의한다.
  ㉣ **물리적 데이터 모델**
    • 데이터를 최하위 레벨에서 기술하는 데 쓰인다.
    • 연합 모델, 프레임 기억장치 등이 있으나 물리적 데이터 모델은 거의 사용하지 않는다.

④ 데이터 언어
  ㉠ **데이터 정의 언어(DDL)**
    • 데이터베이스 스키마를 정의하는 언어이다.
    • 컴파일 결과는 데이터 사전 파일에 저장한다.
    • 데이터 사전 : 데이터에 관한 데이터인 메타데이터를 포함한 파일로서, 실제의 데이터가 데이터베이스 시스템에서 읽혀지거나 수정되기 전에 참조된다.
    • 스키마 : 데이터 개체, 속성, 이들간의 관계, 데이터 값들이 갖는 제약조건에 관한 정의를 총칭한 것이다.
    –외부스키마 : 서브스키마, 뷰라고도 한다. 데이터베이스의 외적인 한 단면을 표현하며, 전체 데이터베이스의 한 논리적 부분이다.
    –개념스키마 : 기관이나 조직 입장에서 본 데이터베이스 전체적 구조이다.
    –내부스키마 : 물리적 저장장치의 면에서 본 데이터베이스 전체 구조이다.
  ㉡ **데이터 조작언어(DML)** … 사용자로 하여금 데이터를 액세스하거나 조작하는 언어이다.
    • 절차식 : 필요한 데이터를 어떻게 구하는지를 명시한다.
    • 비절차식 : 필요한 데이터만을 명시하고 어떻게 구하는지는 명시하지 않는다. 비절차식은 절차식보다 배우고 사용하기는 쉽지만 비효율적인 코드를 만들 수 있다.
    • 질의어 : 데이터 조작 언어에서 정보의 검색에 관여하는 부분으로 질의어와 데이터 조작언어를 같은 의미로 사용하는 것이 보통이다.
  ㉢ **데이터 조작**
    • 사용하기 쉽고 자연어에 가까워야 하며, 연산의 의미는 단순해야 한다.
    • 정확하고 완전해야 한다. 데이터 연산 뿐 아니라 뷰 내의 데이터나 데이터 간의 관계를 명확히 명시할 수 있어야 한다.
    • 데이터 언어의 효율적인 구현을 지원해야 한다.

⑤ 데이터베이스 관리시스템

　ⓐ 개념 : 데이터베이스의 모든 액세스를 처리하는 소프트웨어이다.

　ⓑ 주요기능 : 정의기능, 조작기능, 제어기능(데이터베이스 구조를 정의하고 저장하며, 데이터를 적재, 다양한 액세스방법 제공, 데이터저장 및 유지ㆍ보수, 여러가지 뷰 제공, 다중사용자의 동시성 제어, 무결성 및 보안유지, 데이터백업 및 회복 등을 지원하는 기능)이 있다.

> **TIP** DB관리시스템의 필수 기능
> ⓐ 정의기능 : 하나의 저장형태로서 여러 사용자의 관점을 만족시키기 위해 데이터를 조작하는 기능으로 응용 프로그램과 데이터베이스 사이의 인터페이스를 위한 수단을 제공한다.
> ⓑ 조작기능 : 체계적 처리를 위한 데이터의 접근지원 능력(검색, 갱신, 삽입, 삭제)으로 사용자와 데이터베이스 사이의 인터페이스를 위한 수단을 제공한다.
> ⓒ 제어기능 : 데이터의 정확성과 안전성을 유지한다.

⑥ 데이터베이스 시스템 구조

　ⓐ 파일 관리프로그램 : 디스크 기억공간의 할당과 디스크에 정보를 저장하기 위한 데이터 구조를 관리한다.

　ⓑ 데이터베이스 관리프로그램 : 데이터베이스 내에 저장된 하위레벨 데이터와 시스템에 제기되는 응용 프로그램(혹은 질의) 간의 인터페이스를 제공한다.

　ⓒ 질의 처리기 : 질의어를 데이터베이스 관리프로그램이 이해하는 하위레벨의 명령어로 변환한다.

　ⓓ DML 선번역기 : 데이터 조작문(DML)을 주언어로 표현된 프로시저 호출로 변환한다.

　ⓔ DDL 번역기 : 데이터 정의문(DDL)을 메타데이터를 갖는 테이블로 변환하고, 테이블은 데이터 사전에 저장된다.

> **TIP** 물리적 시스템 구성을 위한 데이터 구조
> ⓐ 데이터 파일 : 데이터베이스 자체를 저장한다.
> ⓑ 데이터 사전 : 구조에 관한 정보를 저장한다.
> ⓒ 색인 : 특정값을 갖는 데이터 항목을 빨리 액세스하기 위한 것이다.

(2) 데이터베이스 관리시스템과 사용자 접속

① 데이터베이스 관리시스템의 역할

　ⓐ 사용자는 특정 언어를 이용 액세스를 요구한다.

　ⓑ DBMS는 이 요구를 분석한다.

　ⓒ DBMS는 외부스키마 → 대응하는 외부와 개념스키마의 접속 → 개념스키마 → 개념과 내부접속 → 기억장소의 구성ㆍ정의 순으로 검토한다.

　ⓓ DBMS는 저장된 데이터베이스에 필수적인 연산을 수행한다. 관계 데이터베이스를 액세스할 수 있고 갱신 연산을 수행하는 관리시스템을 관계DBMS라 한다.

> **TIP** DBMS의 표준 구성요소
> ⓐ 데이터 정의언어(DDL)
> ⓑ 데이터 조작언어(DML)

　　　　ⓒ 질의어, 보고서 작성기 및 그래픽 생성기
　　　　ⓔ 주 언어 접속(Host Language Interface)
　　　　ⓜ 데이터 사전

② 사용자 접속
　　㉠ 스키마와 서브스키마
　　　• DBMS : 데이터를 저장(정의), 조작, 제어하는 기능을 갖고 데이터베이스에 대한 일반적인 데이터 모델을 제공한다.
　　　• 스키마 : 데이터베이스 구조를 기술한 것으로 데이터의 논리적 단위에 명칭을 부여하고 그 의미를 기술하며 정수, 실수, 문자열 같은 속성이나 항목을 정의하고 데이터의 논리적 단위 사이의 논리적 관계성을 표현한다.
　　　• 서브스키마 : 사용자(응용프로그램)가 개별적으로 사용하는 뷰를 나타낸다. 서브스키마는 스키마의 논리적인 부분집합이다. 여러 응용 프로그램이 같은 서브스키마를 호출할 수도 있다.
　　㉡ 사용자 접속
　　　• 사용자의 영역은 서브스키마로 결정된다.
　　　• 사용자가 데이터의 요건들 즉, 뷰를 DBA에 제시→DBA는 뷰를 기술, 구현하는 서브스키마를 정의→사용자는 데이터 언어를 통해 뷰에서 데이터간의 관계액세스를 한다.
　　㉢ 데이터베이스 관리자(DBA)의 기능
　　　• DBA는 데이터베이스를 여러 사람이 사용할 수 있도록 관리하고 제어한다. 여러 사용자(응용 프로그램)가 필요로 하는 정보에 대한 요건을 결정하며, 그들이 필요로 하는 뷰를 제공하는 일을 한다.
　　　• 사용자(응용 프로그램)와 대화를 하며 사용자와 시스템 분석가나 프로그래머 사이의 중재자 역할을 담당한다.
　　　• DBA의 특정 임무는 설계, 관리, 운용 및 통제, 성능측정 등으로 나눌 수 있다.

② 관계 데이터베이스와 SQL

(1) 관계 데이터베이스

① 관계 데이터 모델
　　㉠ **릴레이션**(Relation) = 테이블(릴레이션 스킴, 릴레이션 인스턴스로 구성)
　　㉡ **튜플**(Tuple) = 행 또는 레코드
　　㉢ **속성**(Attribute) = 열 또는 필드(도메인의 역할 이름)
　　㉣ **기본키**(Primary key) = 레코드를 식별할 수 있는 필드
　　㉤ **영역**(Domain) = 필드가 가질 수 있는 값들의 집합
　　㉥ **차수**(Degree) = 필드의 수

Ⓢ 카디널리티(Cardinality) = 튜플의 수

예 **학생**(학번, 이름, 전공, 성별, 나이)

학번	이름	전공	성별	나이
1011	홍길동	수학	남	22

- 차수가 5, 즉 5항 릴레이션
- 속성 "성별"의 영역은 남, 녀의 2개의 값
- 속성 "나이"의 영역은 90보다 작은 양의 정수

② 관계 데이터 제약

ㄱ 기본키

- 후보키 : R에 대한 애트리뷰트 집합 A의 부분집합
- 기본키 : 후보키 중에서 선정한 키로서 언제 어느 때고 널이 될 수 없는 키
- 대체키 : 기본키를 제외한 후보키들
- 슈퍼키 : 유일성을 갖는 애트리뷰트 집합

ㄴ 외래키 : 릴레이션 R1에 속한 애트리뷰트의 외래키가 참조 릴레이션 R2의 기본키인 것

ㄷ 무결성 제약

- 개체무결성 : 기본키 값은 널 값을 가질 수 없다.
- 참조무결성 : 외래키 값은 널이거나 참조 릴레이션에 있는 기본키 값과 같아야 한다.
- 도메인무결성 : 애트리뷰트가 가질 수 있는 값은 범위가 존재한다.

③ 릴레이션

ㄱ 개념 : 일반적으로 릴레이션이 갖고 있는 어떤 속성의 부분집합의 값은 그 릴레이션의 튜플을 유일하게 식별한다.

ㄴ 릴레이션의 특징

- **유일한 식별성** : 하나의 키값으로 하나의 튜플을 유일하게 식별한다.
- **비중복성** : 키를 구성하는 속성 하나를 제거하면 유일한 식별성이 파괴된다.
- 기본 키는 한 릴레이션의 튜플에서 정의되지 않은 값을 가질 수 없다(그러나 다른 키나 속성들은 정의되지 않은 값을 가질 수 있다). 탐색 알고리즘에서 탐색을 위한 기본 키의 기능 때문에 만들었다.
- 파일과 레코드를 릴레이션으로 표현할 수 있으나 일반적인 파일과 릴레이션은 실행되는 연산이 다르기 때문에 구별해야 한다.
- 릴레이션은 영역에 대한 교차곱의 부분집합이다(수학적 관계와는 달리 시간에 따라 변한다).

ㄷ 릴레이션의 구성

- 릴레이션 스킴(릴레이션 타입) : 릴레이션 이름과 애트리뷰트 이름으로 구성된 R의 내포이다. 시간에 무관한 정적 성질을 가지고 있다.
- 릴레이션 인스턴스(릴레이션 값) : R의 외연, 즉 어느 한 시점에 릴레이션 R이 포함하고 있는 튜플들의 집합이다. 삽입, 삭제, 갱신 연산을 통해 시간에 따라 변화하는 동적 성질을 가지고 있다.

④ 관계대수와 관계해석 연산자의 표현

　㉠ 관계대수는 절차식 언어이다(연산의 순서를 명시해야 하므로 절차식 언어이다).

　㉡ 관계해석은 비절차식 언어이다(정보를 얻는 방법은 명시하지 않고 원하는 정보의 내용만 형식을 갖추어 기술한다). 변수가 튜플을 나타내는 튜플 관계해석과 변수가 영역(Domain)의 값을 나타내는 영역 관계해석의 두 형태가 있다.

　㉢ 질의 언어(Query Language) : 데이터베이스로부터 정보를 요청할 때 사용하는 언어로, 프로그래밍 언어보다 고급 수준이다. 절차 언어와 비절차 언어가 있다.

　　• SQL

　　－select절 : 관계형 대수의 추출연산에 해당하며, 질의의 결과에 나타나기를 원하는 속성들을 열거하기 위해 사용된다.

　　－from절 : 질의어 실행 중에 읽는 릴레이션들의 리스트를 열거하기 위해 사용한다.

　　－where절 : 관계형 대수의 선택술어에 해당하며, from절에 나타나는 릴레이션들의 속성을 포함하는 술어로 구성된다.

　　• Quel

　　－관계해석을 순수하게 구현한 언어이다.

　　－range of, retrieve, where 등 세 형태의 절을 사용한다.

　　－튜플 변수는 range of절에서 선언한다.

　　－retrieve절은 SQL select절과 기능면에서 유사하다.

　　－where절은 선택조건절을 포함한다.

(2) SQL 언어

① 데이터 언어

　㉠ 기본테이블 : 열 표제행은 하나 이상의 열(이 열들의 각각에 대해 데이터 형을 준다)을 명시한다. 각각 데이터형은 열 표제행에서 명시한 열의 각각에 대해 하나의 데이터 값을 포함한다.

　　• 테이블 생성 : CREATE TABLE 기본테이블이름(열정의[, 열정의....]) ;

　　• 데이터형

　　－INTEGER : 부호붙은 완전 2진수 정수

　　－SMALLINT : 부호붙은 불완전 2진수 정수

　　－DECIMAL(p[,g]) : 부호붙은 10진수, p자리 실수이고, 소수점 이하 g자리이다.

　　－FLOAT : 부호화된 더블워드의 부동 소수점 수

　　－CHAR(n) : n개의 문자 스트링

　　－VARCHAR(n) : 최대 문자길이가 n개인 스트링

　　• 널 값 : SQL은 널 데이터 값 개념을 지원

　　• 테이블 변경 : ALTER TABLE 기본테이블이름;

　　　　　　　　　ADD 열 이름 데이터형;

- 테이블 삭제 : DROP TABLE 기본테이블이름;
ⓛ 색인 : SQL 요구에 색인을 사용할 것인지 결정은 사용자가 아니고 시스템 최적화기(optimizer)에 의한다. CREATE INDEX, DROP INDEX가 있다.
- CREATE [UNIQUE] INDEX 색인이름
  ON 기본테이블이름(열이름[순서][, 열 이름[순서]...)
  [CLUSTER];
- CREATE INDEX X ON T (P, Q DESC, R);
  (*ASD = 오름차순 DESC = 내림차순)
- DROP INDEX 색인이름

② 데이터 조작
ⓖ SQL은 SELECT, UPDATE, DELETE, INSERT의 4개의 DML문장을 제공한다.
ⓛ 단순질의 : "SELECT(필드들) FROM(테이블) WHERE(명시된 조건 만족)"의 형식으로 작성한다.

> 예 대전에 살고 있는 공급자에 대한 공급자 번호와 상태를 구하라.
>   SELECT S#, STATUS
>   FROM S
>   WHERE CITY = '대전';

ⓒ 조인질의 : 조건이 반드시 동등(=)일 필요는 없지만 연산자가 동등일 때, 이퀴조인(Equi join)이라고 한다.

> 예 공급자 표와 부품 표에서 도시가 같은 것을 찾아 공급자와 부품정보의 모든 조합을 구하라.
>   SELECT S.*, P.*
>   FROM S, P
>   WHERE S.CITY = P.CITY;

> 내장함수
> ⓖ SUM, AVG : 열의 값이 숫자이어야 하고, DISTINCT 명령으로 중복을 제거해야 한다.
> ⓛ MAX, MIN : 중복을 제거할 필요가 없다.
> ⓒ COUNT : 중복 제거 여부를 판단할 필요가 있다.
> ② GROUP BY : FROM절에 명시된 테이블을 분할 또는 그룹으로 논리적으로 재정렬시킨다.
> ⓜ HAVING : 그룹을 제거하는 데 사용한다(GROUP BY가 반드시 명시되어야 한다).

② 진보된 기능
- LIKE를 사용한 검색 : 일반적 형태는 "열이름 LIKE 문자열 상수"이다.

> 예 'ㅅ' 으로 시작되는 모든 부품을 구하라.
>   SELECT P.*
>   FROM P
>   WHERE P.PNAME LIKE 'ㅅ%';

- NULL을 포함한 검색
-일반적 형태는 "열이름 IS [NOT] NULL"이다.

> 예 SELECT S#
>   FROM S
>   WHERE STATUS IS NULL;

-단, "STATUS = NULL"은 허용되지 않는다.

• 부질의를 포함한 검색

–표현식 내에 중첩된 SELECT – FROM – WHERE 표현식이다.

–"IN 술어"형식으로 기술한다.

> **예** SELECT SNAME
> FROM S
> WHERE S# IN(SELECT S#
> FROM SP
> WHERE P# = 'P2');

• 다중중첩 부질의 : 부질의를 다중으로 중첩 시킨 것이다.

• IN과는 다른 비교연산자를 가진 중첩질의 : IN 대신 비교연산자(=, > 등)을 사용한 중첩질의이다.

> **예** SELECT S#
> FROM S
> WHERE CITY =(SELECT CITY
> FROM S
> WHERE S# = 'S1');

• 부질의에서의 함수이다.

• EXISTS를 사용한 질의이다.

• NOT EXISTS를 사용한 질의이다.

• UNION을 포함한 질의이다.

ⓜ 진보된 기능 갱신연산 : SQL DML은 UPDATE, DELETE, INSERT 3개의 갱신연산을 포함한다.

• UPDATE 테이블

SET 필드 = 식

[WHERE 술어];

• DELETE

FROM 테이블

[WHERE 술어];

• INSERT

INTO 테이블[(필드[, 필드]…)]

VALUES(상수[, 상수]…);

또는

INSERT

INTO 테이블[(필드[, 필드]…)]

SELECT…FROM…WHERE…;

(3) 뷰

① 뷰의 개념

　㉠ 외부단계에서 데이터베이스는 외부스키마에 의하여 정의한 '외부 뷰'로 인식된다.

　㉡ 다른 사용자는 다른 외부 뷰를 가질 수 있다.

　㉢ 뷰는 기본 테이블과 유사한 가상 테이블이다.

　㉣ 뷰는 물리적으로 분리될 수 없으며 구별할 수 있는 데이터로 제공되지 않는다. 대신 다른 테이블에 의해 정의되며 카탈로그에 저장된다.

② 뷰의 연산

　㉠ 뷰의 정의

```
CREATE VIEW 뷰 이름
[(열이름[, 열이름]...)]
AS    부질의;
        DROP VIEW 뷰 이름; ---뷰 삭제
```

　㉡ 뷰에 관한 DML 연산 : 기본 테이블의 연산과 동일하다.

③ 뷰의 장점

　㉠ 논리적 데이터 독립성을 제공한다.

　㉡ 같은 데이터를 여러 사용자에게 상이한 방법으로 볼 수 있게 한다.

　㉢ 사용자의 인식(데이터 조작 연산)을 단순화한다.

　㉣ 감춰진 데이터에 대해 자동적으로 보안이 유지된다.

(4) 질의어 처리

① 질의어 처리 필요성

　㉠ 질의가 시스템에 제기되었을 때 최적의 방법을 찾아 처리시간을 단축시키는 '최적화'는 시스템의 의무이다.

　㉡ SQL같은 질의어는 사람이 사용하기에는 적합하지만 시스템의 입장에서는 부적합하다. 따라서 시스템은 그 질의어를 내부형태로 변환한다.

　• 질의를 내부의 관계 대수형태로 변환한 후 최적화과정을 시작한다.

　• 관계 대수 레벨에서 좀더 효율적으로 실행할 수 있는 수식을 찾는다.

　• 질의를 처리하는 세부적인 전략의 선택에 관한 것으로 어떤 색인을 사용할지, 튜플이 처리되는 순서 등을 결정한다.

　• 디스크 액세스 횟수에 근거하여 행한다.

② 최적화과정

　㉠ 질의를 어떤 내부표현으로 만든다.

㉡ 표준형태로 바꾼다.

㉢ 하위단계의 후보 프로시저들을 선택한다.

㉣ 질의계획을 세우고, 비용이 적은 것을 선택한다.

③ 최적화규칙(기본예산)

㉠ **일진(unary)연산** : 선택연산과 프로젝션연산(한 릴레이션에 대한 연산을 수행하므로)이다.

㉡ **이진(binary)연산** : 교차곱, 연합, 차집합(한 쌍의 릴레이션에 대해 연산을 수행하므로) 등의 연산이다.

㉢ **프로젝션연산** : 입력 릴레이션의 어떤 열들을 삭제한 후 나머지 모드를 결과 릴레이션으로 돌려주는 연산이다.

㉣ **교차곱** : 두 릴레이션 r1(R1)과 r2(R2)에서 교차곱 r1×r2의 스키마는 R1과 R2를 이어 붙인 것이다.

㉤ **연합연산** : 두 릴레이션 중의 어느 한 쪽, 또는 양쪽 모두에 나타난 튜플을 모으는 연산으로 연합연산 r ∪s가 가능하기 위하여 다음 두 조건이 만족되어야 한다.

- r과 s는 같은 수의 속성을 가져야 한다.
- r의 i번째 속성의 영역과 s의 i번째 속성의 영역은 서로 같은 영역이어야 한다.

㉥ **차집합연산** : 한 릴레이션에는 속하고 다른 릴레이션에는 속하지 않는 튜플을 찾는 연산이다.

④ 관계형 대수의 수학적 정의

㉠ 데이터베이스에 있는 하나의 릴레이션을 이용한다.

㉡ **하나의 상수 릴레이션** : 일반수식은 더 작은 부수식(Subexpressin)들을 이용하여 구성된다.

⑤ 기타 연산

㉠ 기본연산 이외의 기타 새로운 연산은 대수의 표현력을 증가시키지는 못하나 질의를 간단하게 표현할 수 있다.

㉡ 교집합(∩)은 차집합의 연산으로 표현할 수 있으므로 기본연산에 포함되지 않는다.

예 $r \cap s = r - (r - s)$

㉢ θ – 조인은 선정과 교차곱을 하나로 결합한 이진연산이다.

㉣ 릴레이션 r ÷ s 의 스키마는 R – S이다.

⑥ 기타 연산의 종류

㉠ 선정연산

- 중간결과의 크기를 줄여 효율적인 실행을 할 수 있도록 선택연산은 가능한 일찍 수행한다.
- 이런 규칙을 적용하여 관계대수식 사이의 동등조건을 이용한다.

㉡ **자연조인연산** : 중간결과의 크기를 줄이는 방법으로, 조인 연산을 실행하는 순서를 최적의 순서로 선택하는 방법이다.

㉢ **프로젝션연산** : 프로젝션연산을 수행하면 선정연산과 마찬가지로 릴레이션의 크기를 줄인다(필요없는 속성을 제거한다).

③ 정규화와 파일구조

(1) 정규화

① 정규화의 개요

    ⊙ 개념 : 주어진 릴레이션을 원래의 릴레이션보다 간단한 여러 개로 나누어 이러한 릴레이션의 집합으로 변환시키는 단계적 과정으로, 나누어진 릴레이션을 역순으로 병합하면 원래의 릴레이션의 집합으로 복구가 가능하다.

    ⓒ 목적

- 어떤 릴레이션이라도 데이터베이스 내에서 표현이 가능하도록 만든다.
- 간단한 관계연산에 기초하여 검색 알고리즘을 효과적으로 만들 수 있다.
- 바람직하지 않은 삽입, 갱신, 삭제 이상이 발생하지 않도록 한다.
- 새로운 형태의 데이터가 삽입될 때 릴레이션을 재구성할 필요성을 줄인다.

    ⓒ 필요성

- 삭제이상, 삽입이상 : 어떤 속성(건축가)을 삭제하면, 이에 따르는(스타일, 가격) 관계도 릴레이션에서 삭제되거나 삽입할 의도가 없더라도 스타일, 가격 간의 관계가 삽입되는 현상이다.
- 릴레이션을 정규화하면 일관성과 이상문제는 없어진다.

② 정규화의 종류

    ⊙ 제1정규형(NF ; First Normal Form) : 어떤 릴레이션의 모든 속성이 단순영역에서 정의되면 그 릴레이션은 1NF이다. 즉, 모든 속성이 원자값을 가지는 것이다.

> 예 HOME(BUILDER, MODEL)는 1NF가 아니고
> HOME(BUILDER, STYLE, PRICE)로 표현해야 한다.

    ⓒ 제2정규형(2NF)… 어떤 릴레이션 R이 1NF이고 모든 비주속성이 모든 키에 대하여 완전 종속할 때 이 릴레이션 R은 2NF에 속한다.

    ⓒ 제3정규형(3NF)

- 어떤 릴레이션 R이 2NF이고 모든 비주속성이 R의 어떤 키에도 이행적으로 종속하지 않을 때 R은 3NF에 속한다.
- R의 $X \rightarrow Y$(여기서 $X \subset R$이고 $Y \subset R$) 형태의 모든 함수적 종속에 대해 다음 세 조건 중 적어도 한 조건을 만족하면 3 정규형에 속한다.
- $-X \rightarrow Y$는 당연한 함수적 종속이다.
- $-X$는 R의 슈퍼 키이다.
- $-X$는 R의 후보키에 포함된다.
- 모든 비주속성들이 부분적으로 종속하지도 않고 이행적으로 종속하지도 않는 성질을 갖는다(비주속성이 서로 독립적이라는 의미이다).

② BCNF(Boyce – Codd NF) ··· 어떤 릴레이션 스키마 R에 가해진 X→Y(X⊂R이고 Y⊂R) 형태의 모든 함수적 종속에 대하여 다음 두 조건 중 하나만 만족하면 R은 BCNF이다.
- X→Y는 당연한 함수적 종속이다.
- X는 스키마 R에 대한 슈퍼 키이다.
- 키에 속하지 않는 모든 속성은 서로 독립적이다.
- 어떤 릴레이션이 BCNF에 속하면, 이 릴레이션은 3NF에 속한다.
- BCNF는 다음과 같이 주장할 수 있다.
- 모든 비주속성은 각 키에 완전 종속해야 한다.
- 모든 주속성들은 그 자신이 부분적으로 들어가 있지 않은 키에 대하여 완전 종속해야 한다.
- 어떤 속성도 키가 아닌 속성에 대해서는 완전 종속할 수 없다.

> **TIP** 정규화 ··· 데이터베이스에서 이상을 방지하고 재구성의 필요성을 감소시킬 목적으로 실시한다.
> ㉠ 제1정규형 : 원소로서 관계를 갖는 속성을 제거한다.
> ㉡ 제2정규형 : 키의 비주속성의 부분적 종속을 제거한다.
> ㉢ 제3정규형 : 키의 비주속성의 이행적 종속을 제거한다.
> ㉣ 보이스코드 정규형 : 2, 3 정규형에서 키의 중복성을 제거한다.
> ㉤ 제4정규형 : 다중치 종속성을 해결한 것이다.
> ㉥ 제5정규형 : 조인결과가 같아야 하는 조인 종속성에 따른 것이다.

(2) 내부 파일구조

① 파일구조

㉠ 고정길이 레코드
- 레코드 파일에 대한 삽입과 삭제는 삭제된 레코드의 삽입에 필요한 공간과 일치하므로 구현이 간단하다.
- 레코드 포인터가 지시하고 있는 레코드를 이동하거나 삭제하게 되면 그 포인터는 고립포인터가 되어 실제로 빈 공간을 지시하게 된다(고립 포인터 문제 해결대책으로는 다른 레코드가 지시하고 있는 포인터를 이동하거나 삭제하지 않도록 주의해야 한다).

㉡ 가변길이 레코드 : 가변길이 레코드를 구현하는 기법이다.

> **TIP** 특정한 레코드가 DBMS를 통해 내부단계부터 액세스되고 검색되는 방법
> ㉠ 질의의 최종에는 DBMS가 내부단계로부터 저장된 레코드를 요청한다.
> ㉡ 파일 관리기가 요청을 받고 레코드를 조합하는 저장된 페이지를 요청한다.
> ㉢ 파일 관리기의 요청의 결과로 디스크 관리기가 요구하는 페이지의 물리적인 위치를 결정하고 디스크 입·출력을 실시한다.
> ㉣ 디스크 관리기는 디스크로부터 읽어들인 데이터를 되돌려 받는다.
> ㉤ 디스크 관리기는 파일 관리기에 기억장치 페이지를 돌려준다.
> ㉥ 마지막으로 파일 관리기는 DBMS에 저장된 레코드를 돌려준다.

② 색인순차파일

    ⊙ **구성 및 기능** : 순차파일과 색인으로 구성되며 다음 두 작업을 요구하는 응용에 적합하다.

      • 전체 파일에 대한 순차처리

      • 각 레코드에 대한 임의(random) 액세스

    ⓒ **순차파일**

      • 탐색키의 순서대로 또는 비슷한 순서로 저장된다.

      • 삽입·삭제시에는 포인터를 이용하여 연결처리한다. 그러나 삽입·삭제가 많아지면 물리적 순서와 포인터에 의한 순서가 일치하지 않게 되어 비효율적으로 된다(시스템 부하가 낮을 때 물리적 배열을 재구성한다).

    ⓒ **색인파일**

      • 조밀색인(Dense Index) : 파일에 있는 각 탐색 키 값에 대해 하나의 색인레코드가 나타난다. 이 레코드는 탐색 키 값과 그 레코드에 대한 포인터를 포함한다.

      • 희소색인(Sparse Index) : 파일의 레코드들의 일부에 대해서만 색인 레코드를 생성한다.

    ⓔ **이차색인**

      • 탐색키가 파일의 순차순서를 규정하는 색인을 주색인이라 하고, 다른 색인을 이차색인이라 한다.

      • 이차색인은 버킷을 지시한다(버킷은 파일에 대한 포인터들을 포함하고 있는 하나 이상의 블록들의 모임이다).

      • 이차색인에는 희소색인보다 조밀색인을 사용하는 것이 바람직하다.

      • 이차색인은 주 키 이외의 키를 사용한 질의에 대한 성능을 향상시켜 주지만 데이터베이스의 변경에는 심각한 부가노력이 필요하다.

③ B^+ – 트리색인파일

    ⊙ 색인순차파일의 가장 큰 단점인 파일이 커질수록 성능이 나빠진다는 점(파일을 재구성함으로서 해결되지만 잦은 파일 재구성은 바람직하지 못하다)의 해결을 위해 사용하는 파일구조이다.

    ⓒ 이 구조는 파일의 삽입과 삭제에도 불구하고 효율성을 유지하는 파일 중에 가장 널리 사용된다.

    ⓒ 저장공간, 삽입, 삭제에 부가노력이 필요하지만, 파일을 재구성하는 부가노력을 피할 수 있어 많이 사용한다.

④ B – 트리색인파일

    ⊙ **장점**

      • B^+ – 트리와 유사하며 가장 큰 차이는 B^+ – 트리에 비해 탐색키를 중복시키지 않는다는 것이다.

      • B^+ – 트리는 노드 끝까지 모두 답사해야 하나 B – 트리는 잎 노드를 읽기 전에 찾을 경우도 있다(따라서 탐색 시간이 빠르다).

    ⓒ **단점**

      • B^+ – 트리보다 색인에 대한 저장공간 관리가 복잡해진다.

      • 삭제가 B^+ – 트리보다 더 복잡하다.

⑤ 해싱함수

㉠ 정적 해싱함수

- 색인기법은 데이터를 찾기 위해 색인구조를 답사해야 한다는 단점이 있으나, 해싱기법에서는 색인구조를 답사하지 않아도 된다.
- 레코드의 탐색 키 값에 대해 어떤 함수값을 계산함으로써 직접 데이터 항목의 주소를 계산하는 방법이다. 이 함수를 해싱함수라 한다.
- 개방해싱과 폐쇄해싱 : 폐쇄해싱은 삭제가 어려우므로 데이터베이스에서는 안 쓰고 컴파일러 등에서의 부호 테이블 등에 사용한다. 이 테이블은 삽입과 탐색만 하고 삭제연산은 하지 않기 때문이다.
- 정적 해싱함수는 시스템을 구현할 때 이미 정해지며 이후에는 변경할 수 없다.

㉡ 동적 해싱함수 : 데이터베이스가 점점 커지거나 축소되는 데에 맞추어 해싱함수를 동적으로 변경시키는 기법을 말한다.

㉢ 확장 또는 축소되는 데이터베이스에서 정적 해싱함수를 사용하는 방법으로는 다음과 같은 경우가 있다.

- 현재 파일크기에 맞추어 해싱함수를 선택한다(데이터베이스가 커짐에 따라 성능이 나빠진다).
- 미래의 어떤 시점의 파일 크기를 예상하여 선택한다(초기에 많은 양의 저장공간을 낭비한다).
- 주기적으로 해싱구조를 재구성한다(많은 시간을 요하며 변경하는 동안에는 파일 액세스가 금지된다).

(3) 동시성 제어

① 개념

㉠ 트랜잭션 : 어느 한 사용자가 제기하는 조작명령의 집단을 하나의 트랜잭션이라고 부른다. 트랜잭션은 데이터베이스의 상태를 일관적 상태로 유지하기 위한 동시성 제어 및 회복의 기본단위이다.

㉡ 동시성 제어 : 시스템은 동시에 실행되는 트랜잭션간의 상호작용을 제어할 필요가 있는데 이 기법이 동시성 제어이다.

② 직렬화 가능성

㉠ 직렬성 : 동시처리 시스템에서 동시에 처리된 트랜잭션의 실행결과가 임의의 순서로 직렬실행한 결과와 같아야 하는 성질을 보장하는 것을 직렬성 또는 직렬화 가능성이 보장된다고 한다.

㉡ 직렬성 개념의 공식화(다음 조건을 만족하면 대등관계)

- S_1과 S_2에 참가하는 트랜잭션의 집합이 같다.
- 각 데이터항목 Q에 대해 S_1에서 트랜잭션 T_i가 read(Q)를 실행하고, T_i가 읽은 Q값을 T_j가 쓰면 S_2에서도 같은 일이 실행된다.
- 각 데이터 항목 Q에 대해 S_1에서 트랜잭션 T_i가 마지막 write(Q) 명령을 실행하면 S_2에서도 같은 일이 실행된다.

③ 직렬성 검사

㉠ 로킹 : 직렬성 보장의 한 방법으로 데이터 항목의 액세스를 상호 배타적으로 하는 기법을 로킹기법이라고 한다. 즉, 한 트랜잭션이 액세스하는 동안 다른 트랜잭션이 데이터 항목에 대한 로크를 소유한 경우에만 액세스가 가능하다.

ⓛ **공유형태**: 트랜잭션 T가 항목 Q에 공유형태의 로크를 얻으면(S로 표기), T는 항목 Q를 읽을 수는 있으나 쓸 수는 없다.

ⓒ **배타형태**: 트랜잭션 T가 항목 Q에 배타형태의 로크를 얻으면(X로 표기), T는 항목 Q를 읽고 쓸 수 있다.

> 📢**TIP** 두 단계 로킹규약 … 직렬성 보장의 규약 중 하나가 두 단계 로킹규약이다.
> ㄱ 요청단계: 로크를 얻을 수는 있으나 반납될 수 없다.
> ㄴ 반납단계: 로크를 반납할 수는 있으나 얻을 수 없다.

④ **타임 스태프의 순서**

ㄱ 시스템 시계의 값을 타임 스탬프로 사용한다.

ㄴ 새로운 타임 스탬프가 할당된 후 증가되는 논리계수기를 사용한다.

ㄷ 위의 기법을 구현하기 위하여 각 데이터 항목 Q에 대하여 두 개의 타임 스탬프 값을 사용한다.

- W - 타임 스탬프: write(Q)를 성공적으로 실행한 트랜잭션 중에 가장 큰 타임 스탬프를 나타낸다.
- R - 타임 스탬프: read(Q)를 성공적으로 실행한 트랜잭션 중에 가장 큰 타임 스탬프를 나타낸다.

⑤ **검증기법**

ㄱ **판독단계**: 데이터 항목을 읽고 국한된 변수에 저장한다. 모든 쓰기 연산은 임시 지역변수에서 실행된다.

ㄴ **검증단계**: 직렬성을 위반하지 않고 데이터베이스에 복사할 수 있는지를 결정하기 위한 검증을 수행한다.

ㄷ **기록단계**: 검증에 성공하면 실제 데이터베이스에 기록한다. 검증이 실패하면 복귀한다.

⑥ **교착상태 처리** … 교착상태가 되지 않도록 보장하는 교착상태 방지(교착상태가 되는 확률이 높은 경우)와 교착상태가 될 수 있도록 하고 교착상태 검출과 회복기법을 사용하여 회복하는 방법(확률이 낮은 경우)이 있다.

ㄱ **교착상태 방지**

- 실행 전 모든 데이터 항목에 대해 로크를 하는 방법: 데이터 항목의 이용률이 매우 낮고, 무한정 기다림 현상이 발생할 수 있는 단점이 있다.
- 모든 데이터 항목에 부분순서를 부여하여 트랜잭션이 부여된 부분순서에 따라서만 데이터 항목을 로크할 수 있도록 하는 방법이 있다.
- 선점유와 트랜잭션 복귀를 사용하는 방법: wait - die기법과 wound - wait기법이 있다(무한정 기다림 현상을 방지할 수 있다).

ㄴ **교착상태 검출과 회복**

- 트랜잭션이 할당된 데이터 항목과 현재 요청되고 있는 데이터 항목에 대한 정보를 유지하여야 한다.
- 시스템의 교착상태를 검출하기 위하여 이 정보를 사용하는 알고리즘을 제공하여야 한다.
- 검출 알고리즘이 교착상태의 존재를 검출하며 교착상태로부터 회복하여야 한다.

ㄷ **교착상태의 회복**

- 희생자 선정: 최소의 비용이 드는 트랜잭션들을 복귀시킨다.
- 복귀: 복귀시킬 트랜잭션이 결정되면 어느 시점까지 복귀시킬 것인가를 결정해야 한다.
- 무한정 기다림: 희생자 선정시스템에서 일정한 트랜잭션은 계속 희생자로 선정되어 결국 일을 마칠 수 없게 된다. 이러한 현상을 무한정 기다림이라고 하며 해결되어야 할 문제이다. 희생자로 선정되는 횟수는 유한해야 한다.

❶ 소프트웨어 공학

(1) 소프트웨어 공학의 개요

① **보헴(Bohem)의 정의** … 과학적인 지식을 컴퓨터 프로그램 설계와 제작에 실제 응용하는 것이며, 이를 개발하고 운영하고 유지 보수하는 데 필요한 문서화 작성과정을 말한다.

② **IEEE의 소프트웨어 공학 용어사전** … 소프트웨어의 개발, 운영, 유지보수, 그리고 폐기에 대한 체계적인 접근방안이다. 소프트웨어 공학은 계층화된 기술, 프로세스, 메소드, 도구 등을 포함한다.

(2) 소프트웨어 개발 주기 모델

① **선형 순차 모델** … 소프트웨어 공학을 위한 기본적인 선형 순차 접근 모델이다.

② **RAD(Rapido Application Development) 모델**
　㉠ RAD(Rapido Application Development)는 매우 짧은 개발 주기를 강조하는 선형 순차 개발 프롯스 모델이다.
　㉡ RAD(Rapido Application Development)는 컴포넌트를 기초로 빠른 개발을 하는 선형 순차 기본 모델의 고속 적응 모델이다.

③ **폭포수(Waterfall) 모델**
　㉠ **폭포수(Waterfall) 모델의 특징**
　　• 보헴(Bohem)이 제안한 개발 모델로 하향식 생명주기 모형이다
　　• 설계중심의 라이프 사이클 모델이다.
　　• 전통적인 라이프 사이클 모델이다.
　　• 소프트웨어 개발과정을 개념적으로 자연스럽게 표현한다.
　㉡ **폭포수(Waterfall) 모델의 특징**
　　• 가장 오래된 모형으로 소프트웨어 공학에서 널리 사용된다.
　　• 앞 단계가 끝나야만 다음 단계로 넘어가는 선형순차모델이다.
　　• 단계별 정의 및 단계별 산출물이 명확하다.
　　• 요구사항을 명확히 정의하기기 어렵다.

④ **프로토타이핑(Protyping) 모델**
　㉠ 프로토타이핑은 개발자가 구축한 소프트웨어의 모혀을 사전에 만드는 공정으로 개발자가 사용자의 소프트웨어 요구사항을 미리 파악하기 위한 매커니즘 역할을 한다.

ⓛ 프로토타이핑 모형은 폭포수 모델의 단점을 보완하기 위하여 점진적으로 시스템 개발을 진행하는 접근 방법이다.

⑤ **나선형(Spriall) 모델** … 폭포수 모델과 프로토타이핑의 장점만을 혼용하여 마련되었으며, 이에 추가로 위험성 분석등을 포함한 대규모 시스템과 소프트웨어 개발에 가장 현실적인 모델이다.

(3) IPT

① **소프트웨어 개발 지원 도구**

　㉠ IPT
　　• IPT는 향상된 프로그래밍 기법을 의미한다.
　　• 효율적이고 신뢰성이 높은 프로그램 개발을 위해 사용되는 각종 기법을 총칭한다.
　　• 소프트웨어 개발시 생산성 향상과 품질개선을 위한 공학적 기법이다.

② **HIPO(Hiearchy plus input process output) 기법**

　㉠ HIPO는 입력 처리 출력관계를 시각적으로 기술한다.
　ⓛ 문서화의 도구 및 설계도구방법을 제공하는 기법이다.
　ⓒ HIPO(Hiearchy plus input process output)의 **특징**
　　• 하향식 개발이 용이하다
　　• 문서가 체계화되며 구상에 도움을 준다.
　　• 보기 쉽고 알기 쉽다.
　　• 변경 유지 보수를 용이하게 한다.
　　• 소규모 시스템 개발에만 유용하다.

(4) 소프트웨어 설계 기법

소프트웨어 설계기법은 주어진 문제를 해결하기 위해 프로그램을 작성하는 과정에서 설계 작업을 효율적으로 정확히 시행하기 위한 방법론이다. 설계기법 중의 하나로서 모듈화의 개념을 사용한다.

① **모듈설계의 응집도**

　㉠ **모듈의 정의**
　　• 동일한 기능을 가진 명령어들의 집합, 즉 단위 프로그램을 말한다.
　　• 독립되어 컴파일되는 단위로서, 보통 복수의 모듈이 하나의 프로그램을 구성한다.
　　• 모듈이라고 하는 하나의 프로그램을 논리적으로 독립된 단위로 작게 세분하여 구성하는 것을 모듈호 프로그래밍이라고 한다.
　ⓛ **모듈화의 특징**
　　• 실행은 종속적이며, 코딩과 컴파일은 독립적이다.
　　• 모듈의 이름으로 호출하여 다수가 이용할 수 있다.

- 모듈은 분담하여 독립적으로 작성 할 수 있다.

ⓒ 모듈의 평가기준
- 모듈의 평가기준은 구조적 설계 평가지침으로 모듈간의 독립성의 평가척도인 모듈 결합도와 모듈 내부 요소들간의 평가척도인 모듈 응집도, 그리고 부가적인 설계 평가기준인 공유도와 제어도 등이 있으나, 좋은 평가로는 모듈간 결합도는 최소화(약)하고, 모듈간 응집도는 최대화(강)해야 한다.
- 모듈의 평가기준

평가척도	모듈 응집도		모듈 결합도	
좋은 품질	높음(강)	응집도 유형	낮음(약)	결합도 유형
		기능적 응집도		자료 결합도
		순차적 응집도		스탬프 결합도
		통신적 응집도		제어 결합도
↕	↕	절차적 응집도	↕	외부 결합도
		시간적 응집도		공통 결합도
		논리적 응집도		내용 결합도
		우연적 응집도		
나쁜품질	낮음(약)		높음(강)	

ⓔ 모듈 응집도의 특징
- 명령어의 모임, 호출문, 특정작업 수행코드 등의 한 모듈 내부의 처리 요소들간의 기능적 연관 정도를 나타낸다.
- 응집도가 높을수록 다른 모듈과 상호작용을 하지 않는 특성이 있다.
- 높은 응집도를 유지해야 바람직하다.
- 정보은폐의 확장개념이다.

ⓜ 모듈 응집도의 종류
- 기능적응집도 : 한 모듈 내의 모든 요소가 가진 본래의 기능을 정확히 수행하는지의 연관성을 말한다.
- 순차적응집도 : 순차적으로 응집된 모듈은 한 기능요소에 의한 출력자료가 다음 기능요소의 입력 자료로 사용된다.
- 통신적응집도 : 통신적으로 응집된 모듈은 한 모듈 내에 2개 이상의 기능적 요소가 존재하면 그들이 동일한 입력 자료를 사용하더라도 서로 다른 출력 자료를 생성한다.
- 절차적응집도 : 절차적으로 응집된 모듈은 제어가 한 구성요소로부터 다른 구성요소로 흐르지만, 자료는 한 구성요소로부터 다른 구성요소로 흐르지는 않는다.
- 시간적응집도 : 시간적으로 응집된 모듈은 구성요소가 시간에 관계되며, 초기화 모듈과 종료 모듈이 여기에 속하는 좋은 예이다.
- 논리적응집도 : 논리적으로 응집된 모듈은 같은 일반 범주의 활동에 관여하는 요소로 이루어지며, 이때 모듈에 있는 활동과 실행된 활동은 모듈 외부로부터 선택된다.
- 우연적응집도 : 우연적으로 응집된 모듈은 서루 의미가 없는 관계를 갖는 구성요소로 이루어진다.

② 모듈설계의 결합도

    ㉠ 모듈 결합도의 특징

- 한 모듈과 다른 모듈간의 상호의존도 또는 두 모듈 사이의 연관관계이며, 가능한 한 모듈은 모듈 상호간에 낮은 결합력을 갖는 것이 효율적이다.
- 모듈이 낮은 결합도를 가지면 체계가 잘 분할되어 존재한다는 것을 의미한다.
- 낮은 결합도는 한 모듈의 오류가 다른 모듈에 영향을 최소화 시킨다.

    ㉡ 모듈 결합도의 종류

- 자료결합도 : 두 모듈이 매개변수에 의해서만 자료를 전달하며, 각 매개변수는 하나의 변수이거나 동일한 타입의 테이블을 사용하는 경우이다.
- 스탬프결합도 : 두 모듈이 매개변수를 이용하여 자료교환을 하고 한 모듈이 다른 모듈에게 제어요소를 보낸다.
- 외부결합도 : 외부선언이 되어 있는 개개의 자료항목을 공유하는 경우를 의미한다.
- 공통결합도 : 하나의 기억장소에 공동의 자료영역을 설정한 후 한 모듈이 그 기억장소에 자료를 전송하면 다른 모듈은 기억장소를 조회함으로써 정보를 전달 받는 경우에 발생되는 결합도이다.
- 내용결합도 : 한 모듈에서 다른 모듈이 내부를 어떠한 방법으로든 참조 및 수정한다.

③ 공유도와 제어도

    ㉠ 공유도(Fan-In) : 구조적 시스템 설계에서 임의 모듈을 직접 호출하는 관계에 있는 상위 모듈의 수를 말한다.

    ㉡ 제어폭(Fan-Out) : 한 모듈이 직접 호출하는 하위 모듈의 수로서 구조적 설계에서는 7을 넘지 않을 것을 권장한다.

출제예상문제

1 프로그램을 실행에 적합한 기계어로 번역하여 목적코드를 만들어 실행하는 언어 번역기는?

① 컴파일러   ② 인터프리터

③ 코볼   ④ LISP

TIP ② 인터프리터 : 대화형 프로그램에 많이 사용하며 프로그램의 실행속도가 느리다.
③ 코볼 : 상업자료 처리문제를 풀기 위한 도구로 설계 되었다.
④ LISP : 함수 및 함수 적용이라는 수학적 개념을 기본으로 한다.

2 다음 중 프로그래밍 언어의 설계 원칙으로 옳지 않은 것은?

① 프로그래밍 언어의 개념이 분명하고 단순해야 한다.

② 신택스가 분명해야 한다.

③ 자연스럽게 응용할 수 있어야 한다.

④ 프로그램 검증이 복잡하다.

TIP 프로그래밍 언어의 설계원칙
㉠ 프로그래밍 언어의 개념이 분명하고 단순해야 한다.
㉡ 신택스가 분명해야 한다.
㉢ 자연스럽게 응용할 수 있어야 한다.
㉣ 프로그램 검증이 용이하다.
㉤ 적절한 프로그램 작성환경이 갖추어져 있어야 한다.
㉥ 프로그램이 호환성이 있어야 한다.
㉦ 효율

Answer 1.① 2.④

3 다음 〈보기〉에서 설명하는 언어는?

> C에 Simula식의 클래스를 추가하고자 하여 개발된 언어로, 사용자의 필요에 의해 개발된 효율적이고 실용적인 언어이다.

① C++   ② Smalltalk
③ Eiffel   ④ C

....

TIP ② Smalltalk는 Simmula 와 LISP의 영향을 받은 Smalltalk는 객체지향 언어 중 가장 객체지향 전형에 충실하고, 수와 문자등의
　　　상수를 포함한 거의 모든 언어 실체가 객체이므로 순수객체지향 언어라고 말할 수 있다.
　　③ Eiffel은 파스칼형 신택스이지만 앞선 언어에 기초하여 만들어진 것은 아니며 파스칼형 객체지향 언어 중 가장 일관성 있게
　　　설계된 언어이다.
　　④ C언어는 시스템 프로그램 작성용으로 개발되었다.

4 다음 〈보기〉에서 설명하는 임시기억장치는?

> 1차원 배열 STACK(1:n) 에 나타낼 수 있는 순서리스트 또는 선형리스트의 형태로서 가장 나중에 저장한 데이터를 먼저 꺼내는 후입선출(LIFO) 알고리즘을 갖는 주기억장치나 레지스터 이루를 할당하여 사용하는 임시기억장치를 말한다.

① 스택   ② 큐
③ 데크   ④ 트리

....

TIP ② 큐는 한쪽 끝에서 삭제가 일어나고 한쪽 끝에서 삽입이 되는 선입선출 알고리즘을 가지는 선형 리스트를 말한다.
　　③ 데크는 리스트의 양쪽 끝에서 삽입과 삭제가 이루어진다.
　　④ 트리는 비선형 구조로서 기억장소 할당, 정렬, 검색에 응용된다.적이어야 한다.

Answer　3.① 4.①

5 시스템에 있는 임시파일로서 어느 한 프로그램에서 생성된 출력데이터를 다른 프로그램의 입력데이터로 전달하기 위해 임시로 만드는 파일은?

① 마스터 파일　　　　　　　　　② 트랜잭션 파일

③ 작업 파일　　　　　　　　　　④ 보고서 파일

··

TIP ① 정적인 면을 나타내는 데이터의 집합으로 비교적 영구적인 데이터를 포함하고 있다.
　　② 논리적인 작업단위로서 마스터 파일에 반영될 변경내용들을 모아둔 파일이다.
　　④ 사용자에게 정보검색의 결과를 보여주기 위해 주어진 일정한 형식으로 정리된 데이터를 저장하고 있는 파일이다.

6 큐와 관계되는 것은?

① 작업 스케줄링　　　　　　　　② 수식 계산

③ 인터럽트 처리　　　　　　　　④ 함수의 호출

··

TIP 큐의 적용분야
　　작업 스케줄링(디스크의 일정 영역을 큐로 정하고 입력된 순서대로 프로그램을 실행하도록 하는 것.)

7 소프트웨어 수명주기 모형 중 폭포수 모형의 장점이 아닌 것은?

① 적용사례가 많다.　　　　　　　② 단계별 정의가 분명하다.

③ 단계별 산출물이 명확하다.　　　④ 요구사항의 변경이 용이하다.

··

TIP 폭포수(Wterfall) 모형
　　㉠ 가장 오래된 모형으로 소프트웨어 공학에서 널리 사용된다.
　　㉡ 앞 단계가 끝나야만 다음 단계로 넘어가는 선형순차모델이다.
　　㉢ 단계별 정의 및 단계멸 산출물이 명확하다.
　　㉣ 요구사항을 명확히 정의하기가 어렵다.

Answer　5.③　6.①　7.④

8 서로 의미가 없는 관계를 갖는 구성요소로 이루어 지며 응집력(cohesion)의 정도에서 가장 낮은 응집력을 갖는 단계는?

① sequential cohesion

② coincidental cohesion

③ temporal cohesion

④ functional cohesion

TIP ① 순차적 응집도(sequential cohesion) : 순차적으로 응집된 모듈은 한 기능요소에 의한 출력 자료가 다음 기능요소의 입력 자료로 사용된다.

③ 시간적 응집도(temporal cohesion) : 시간적으로 응집된 모듈은 구성요소가 시간에 관계되며, 초기화 모듈과 종료 모듈이 여기에 속한다.

④ 기능적 응집도(functional cohesion) : 한 모듈 내의 모든 요소가 가진 본래의 기능을 정확히 수행하는지의 연관성을 말한다.

※ 모듈의 평가기준

평가척도		모듈 응집도		모듈 결합도	
좋은 품질	높음(강)	응집도 유형	낮음(약)	결합도 유형	
		기능적 응집도		자료 결합도	
		순차적 응집도		스탬프 결합도	
		통신적 응집도		제어 결합도	
↕	↕	절차적 응집도	↕	외부 결합도	
		시간적 응집도		공통 결합도	
		논리적 응집도		내용 결합도	
		우연적 응집도			
나쁜품질	낮음(약)		높음(강)		

9 모듈(Module)의 특징에 대한 설명으로 옳지 않은 것은?

① 실행은 종속적이다.

② 모듈의 이름으로 호출하여 다수가 이용할 수 있다.

③ 매개 변수로 값을 전달하여 사용 가능하다.

④ 모듈마다 사용할 변수를 정의한다.

TIP 모듈의 특징

㉠ 실행은 종속적이며, 코딩과 컴파일은 독립적이다.

㉡ 모듈의 이름으로 호출하여 다수가 이용 할 수 있다.

㉢ 모듈은 분담히여 독립적으로 작성할 수 있다.

㉣ 모듈마다 사용할 변수를 정의하지 않고 상속하여 사용할 수 있다.

Answer 8.② 9.④

10 다음 그림의 이진트리를 Preorder로 운행한 경우 F는 몇 번째로 탐색되는가?

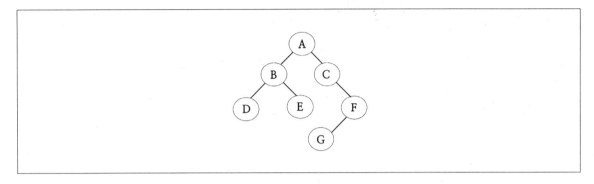

① 3번째　　　　　　　　　② 4번째
③ 5번째　　　　　　　　　④ 6번째

> **TIP** 트리 순회법 3가지 종류
> 　전위 순회(Preorder Traversal)
> 　(Root-Left-Right)

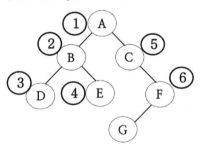

결과 : A→1, B→2, C→3, D→4, E→5, F→6

11 고급어로 작성된 프로그램을 기계어로 번역하는 것은?

① 프리프로세서　　　　　　② 인터프리터
③ 어셈블러　　　　　　　　④ 컴파일러

> **TIP** ① 언어의 기능을 확장한 원시 프로그램을 생성시키는 시스템 프로그램으로 매크로 체제이다.
> 　② 고급언어로 작성된 원시코드 명령문들을 한 줄씩 읽어들여서 실행한다.
> 　③ 어셈블리 프로그램을 기계어로 바꿔준다.

Answer　10.④　11.④

12 데이터베이스의 특징으로 옳은 내용을 모두 선택한 것은?

> ㉠ 데이터 중복의 최소화 ㉡ 데이터의 독립성
> ㉢ 데이터의 보호 ㉣ 데이터의 공유

① ㉠㉡

② ㉡㉢㉣

③ ㉠㉢㉣

④ ㉠㉡㉢㉣

- -

TIP 데이터베이스의 특성
㉠ 데이터 중복의 최소화
㉡ 데이터의 보호
㉢ 데이터의 공유
㉣ 데이터의 독립성

13 다음 중 객체지향 언어를 모두 고르면?

> ㉠ C++ ㉡ Java
> ㉢ Delphi ㉣ C
> ㉤ Prolog ㉥ Fortran

① ㉠㉡㉢

② ㉠㉡㉢㉣

③ ㉢㉣㉤㉥

④ ㉡㉢㉤

- -

TIP 제3세대 언어
㉠ 객체지향 언어 : 실세계에서의 객체를 모델링할 수 있는 프로그래밍 언어로, Smalltalk, C++, Java, Delphi 등이 있다.
㉡ 절차지향 언어 : 프로그램 명령을 순서에 맞게 코드화하여 순차적으로 실행하는 프로그래밍 언어로, Fortran, Cobol, C, Pascal 등이 있다.

Answer 12.④ 13.①

14 어셈블리 프로그램을 기계어로 바꾸어 주는 것은?

① 어셈블러　　　　　　　　　　② 컴파일러

③ 인터프리터　　　　　　　　　　④ 기계어

....

TIP ② 고급언어로 쓰여진 프로그램을 그와 의미적으로 동등하여 컴퓨터에서 즉시 실행될 수 있는 형태의 목적 프로그램으로 바꾸어 주는 번역 프로그램이다.
　　③ 고급언어로 작성된 원시코드 명령문들을 한 줄씩 읽어들여서 실행하는 프로그램이다.
　　④ 컴퓨터가 직접 해독할 수 있는 2진 숫자로 나타낸 언어이다.

15 다음 설명 중 옳지 않은 것은?

① 언어번역 프로그램에 의하여 기계어로 번역되기 이전의 프로그램을 원시 프로그램이라고 한다.
② 기계어로 번역된 프로그램을 목적 프로그램이라고 한다.
③ 언어번역 프로그램에는 컴파일러, 인터프리터, 어셈블러가 있다.
④ 컴퓨터가 직접 이해할 수 있는 언어는 기계어와 어셈블리 언어이다.

....

TIP ④ 컴퓨터가 직접 이해할 수 있는 언어는 기계어이다.

16 프로그래밍에 관한 설명이다. 옳지 않은 것은?

① 입·출력설계에 따라 처리과정이 다르므로 순서도 작성 전에 입·출력설계를 한다.
② 어셈블리어 프로그램은 저급언어이므로 번역과정이 필요없이 직접 실행된다.
③ test run은 논리적인 착오나 입력데이타 오류검증에 꼭 필요하다.
④ 오류를 수정하는 과정을 디버깅(Debugging)이라 한다.

....

TIP ② 어셈블리어도 컴파일이 필요하다.

Answer　14.①　15.④　16.②

17 다음 중 전산처리과정을 바르게 나타낸 것은?

㉠ 원시 프로그램	㉡ 순서도
㉢ 목적 프로그램	㉣ 입·출력설계
㉤ 번역	㉥ 문서화
㉦ 실행	㉧ 데이터입력

① ㉡ → ㉠ → ㉤ → ㉢ → ㉣ → ㉧ → ㉥ → ㉦

② ㉣ → ㉡ → ㉠ → ㉤ → ㉢ → ㉧ → ㉦ → ㉥

③ ㉠ → ㉤ → ㉢ → ㉡ → ㉣ → ㉥ → ㉧ → ㉦

④ ㉡ → ㉣ → ㉦ → ㉠ → ㉤ → ㉢ → ㉥ → ㉧

···

TIP 전산처리과정 ··· 입·출력설계 → 순서도 → 원시 프로그램 → 번역 → 목적 프로그램 → 데이터 입력 → 실행 → 문서화

18 다음 중 사무처리에 적합한 고급언어는 어느 것인가?

① 프롤로그(PROLOG)

② 어셈블리 언어(Assembly Language)

③ 포트란(FORTRAN)

④ 코볼(COBOL)

···

TIP ① 인공지능 분야에서 사용하는 논리형 고급 프로그래밍 언어이다.
② 기계어의 단점을 극복하고 작성과정을 편리하도록 개발한 기호언어이다.
③ 수치계산 프로그램이다.

19 다음 중 컴퓨터에 사용되는 컴퓨터 언어에 대한 설명으로 옳은 것은?

① 베이직 - 초보자가 이용하기 쉬운 컴퓨터 언어로 소형에서 대형까지 널리 이용한다.

② 어셈블리어 - 하드웨어에 밀접한 언어로 응용 소프트웨어에 널리 이용한다.

③ 포트란 - 문자처리에 널리 이용되며 과학기술용 언어이다.

④ 코볼 - 사무처리용 언어로 아직도 널리 이용하고 있다.

....

TIP ① 파스칼
② 어셈블리어는 시스템 프로그램
③ 포트란은 숫자처리

20 프로그램을 구성하는 3가지 기본적인 논리구조는?

① 순차, 선택, 반복

② 선택, 분기, 반복

③ 순차, 선택, 복합

④ 선택, 반복, 복합

....

TIP 프로그램은 순차, 선택, 반복의 3가지 구조가 있다.

Answer 19.④ 20.①

section **1** 어휘

① 빈칸 넣기

문장 전체에 대한 정확한 이해의 선행과 보기로 주어지는 단어들의 뜻을 확실하게 알고 있어야 정답을 찾을 수 있는 유형의 문제들이 출제된다.

····················· **유형 문제**

빈칸에 들어갈 말로 가장 적절한 것은?

> For the Greeks, beauty was a virtue : a kind of excellence. If it occurred to the Greeks to distinguish between a person's "inside" and "outside", they still expected that inner beauty would be matched by beauty of the other kind. The well-born young Athenians who gathered around Socrates found it quite _____ that their hero was so intelligent, so brave, so honorable, so seductive-and so ugly.

① natural   ② essential

③ paradoxical   ④ self-evident

▶**Advice**

단어 virtue 미덕, 가치, 순결   excellence 우수, 탁월, 미덕   paradoxical 역설의, 자기모순의   self-evident 자명한

해석 「그리스에서, 아름다움이란 미덕의 일종으로 고결을 나타낸다. 만약 사람의 내면과 외면 사이가 구별되는 것이 그리스에서 일어난다면, 그들은 아직까지 외적인 아름다움에 의해서 내면도 동일하게 아름다울 거라 기대할 것이다. 소크라테스의 주변으로 모여든 집안이 좋은 젊은 아테네 사람들은 그들의 영웅이 매우 총명하고, 매우 용감하며, 매우 훌륭하고, 매우 매력이 있는 그리고 외모는 매우 추악하다는 모순을 발견하였다.」

답 ③

❷ 동의어 · 유의어 · 반의어

문장 전체에 대한 정확한 이해와 밑줄 친 단어의 정확한 뜻과 다양한 쓰임을 제대로 알고 있어야 정답을 찾을 수 있는 유형의 문제들이 출제된다.

·························· 유형 문제 1

다음 밑줄 친 부분과 의미가 가장 가까운 것은?

> Sarah frequently hurts others when she criticizes their work because she is so <u>outspoken</u>.

① reserved   ② wordy

③ retrospective   ④ candid

▶ Advice

[단어] outspoken 솔직한, 노골적으로 말하는 reserved (감정 등에 대해) 말을 잘 하지 않는, 내성적인 wordy 장황한 retrospective 회고(회상)하는, 소급 적용되는 candid 솔직한, (사진 등이) 자연스러운

[해석] 「Sarah는 매우 거리낌 없이 말하기 때문에 다른 이들의 작업을 비판할 때 종종 다른 사람들에게 상처를 준다.」

[답] ④

·························· 유형 문제 2

다음 밑줄 친 부분과 의미가 가장 가까운 것은?

> One of the most beguiling aspects of cyberspace is that it offers the ability to connect with others in foreign countries while also providing <u>anonymity</u>.

① hospitality   ② convenience

③ disrespect   ④ namelessness

▶ Advice

[단어] ① 환대
    ② 편의
    ③ 실례, 무례
    ④ 무명
    beguiling 묘한 매력이 있는 anonymity 익명

[해석] 「사이버공간의 가장 매력적인 측면 중 하나는 그것이 익명성을 제공하면서, 외국의 다른 사람들과 연락할 수 있는 능력을 제공한다는 것이다.」

[답] ④

❸ 단어 관계

보기로 주어진 각 단어의 정확한 뜻과 다양한 쓰임을 제대로 알고 있어야 하며, 짝지어진 단어들이 서로 어떠한 관계인지 파악해야 정답을 찾을 수 있는 유형의 문제들이 출제된다.

────────── **유형 문제**

다음 중 의미상 서로 어울리지 않은 표현끼리 짝지어진 것은?

① generous − benefactors
② luxuriant − hair
③ complimentary − gift
④ stationery − troops

▶ **Advice**

단어 ① 아끼지 않은, 관대한 − 은혜를 베푸는 사람, 후원자
② 풍부한, 무성한 − 털, 머리카락
③ 경의를 표하는, 우대의 − 선물, 경품, 아주 싼 물건
④ 문방구, 편지지 − 군대, 무리

── **답** ④

section **2** 문법

❶ 문장

(1) 8품사

단어의 역할에 따라 8가지로 분류한다.

① **명사** : 사람, 사물, 지명 등의 이름을 나타내는 말로 주어(S), 보어(C), 목적어(O) 역할을 한다.
The **rose** is beautiful. (장미는 아름답다.)
London is the capital of **England**. (런던은 영국의 수도이다.)
Most children like **cake**. (대부분의 어린이들은 과자를 좋아한다.)

② **대명사** : 명사 대신 부르는 말로 명사처럼 주어(S), 보어(C), 목적어(O) 역할을 한다.
She loves music. (그녀는 음악을 좋아한다.)
This book is **mine**. (이 책은 나의 것이다.)
They call her **Jane**. (그들은 그녀를 제인이라고 부른다.)

③ 동사 : 주어의 동작이나 상태를 나타낸다.

The girl **is** pretty. (그 소녀는 아름답다.)

He **runs** very fast. (그는 매우 빨리 달린다.)

④ 형용사 : 명사, 대명사의 성질, 상태를 나타낸다.

I have an **interesting** book. (나는 재미있는 책이 있다.)

She is **happy**. (그녀는 행복하다.)

⑤ 부사 : 동사, 형용사, 부사를 수식하여 양태 또는 정도를 나타낸다.

He runs **fast**. (그는 빨리 달린다.)

She is **very** beautiful. (그녀는 매우 아름답다.)

⑥ 전치사 : 명사나 대명사 앞에 놓여 전명구를 이루며, 전명구인 전치사 + (대)명사는 문장의 요소가 될 수 없고, 형용사구·부사구의 역할을 한다.

The flower **by the pond** is beautiful. (연못가의 꽃이 아름답다.)

The sun rises **in the east**. (해는 동쪽에서 뜬다.)

⑦ 접속사 : 낱말과 낱말, 구와 구, 절과 절을 연결한다.

Apples **and** pears are fruits. (사과와 배는 과일이다.)

He works in the morning **or** in the evening. (그는 아침이나 밤에 일한다.)

⑧ 감탄사 : 사람의 감정을 나타내는 말로 독립적인 역할을 한다.

Oh! What a wonderful world! (오! 정말 아름다운 세상이다!)

(2) 구와 절

① 구

　㉠ 개념 : 2개 이상의 낱말이 모여 하나의 품사 역할을 하는 것을 구 또는 절이라고 하고, 절은 S + V ~, 즉 문장의 형태를 갖추지만 구는 그렇지 않다.

　㉡ 명사구 : 부정사, 동명사 → 명사처럼 주어, 보어, 목적어 역할을 한다.

　　My hobby is **to collect stamps**. (나의 취미는 우표수집이다.)

　　He likes **to play baseball**. (그는 야구하기를 좋아한다.)

　　I dislike **speaking ill of others**. (나는 남을 비난하는 것을 싫어한다.)

　㉢ 형용사구 : 부정사, 분사, 전명구 → 형용사처럼 명사나 대명사를 수식한다.

　　I have a book **to read**. (나는 읽을 책을 가지고 있다.)

　　The boy **sleeping in the room** is Tom. (방에서 자고 있는 소년이 톰이다.)

　　The girl **with a book** is Mary. (책을 가지고 있는 소녀가 메리이다.)

　㉣ 부사구 : 부정사, 전명구 → 부사처럼 동사, 형용사, 부사를 수식한다.

　　We eat **to live**. (우리는 살기 위해 먹는다.)

　　Stars shine **in the sky**. (별들이 하늘에서 빛난다.)

② 절

　　㉠ 개념 : 절은 문장의 형태인 S + V를 갖추었으나, 독립적인 의미를 가지지 못하고 다른 문장의 일부로 쓰인다.

　　㉡ 명사절 : 명사처럼 주어(S), 보어(C), 목적어(O) 역할을 한다.

　　　That he is honest is true. (그가 정직하다는 것은 사실이다.)

　　　I believe **that he is kind** (나는 그가 친절하다고 믿는다.)

　　　Did you hear **what he said**? (너는 그가 한 말을 들었니?)

　　㉢ 부사절 : 부사처럼 수식어에 불과하므로 제거해도 문장은 성립된다.

　　　I loved her **when I was young**. (내가 젊었을 때 나는 그녀를 사랑했다.)

　　　The house stands **where three roads meet**. (그 집은 삼거리에 있다.)

　　　As it rained, I could not come. (비가 와서 나는 올 수 없었다.)

　　㉣ 형용사절 : 관계대명사와 관계부사만이 형용사절을 이끈다.

　　　I have a sister **who lives in N.Y.** (나에겐 뉴욕에 사는 누이가 있다.)

　　　This is the book **which I wrote**. (이것은 내가 쓴 책이다.)

　　　I have a friend **whose name is Tom**. (나는 톰이라 불리는 친구가 있다.)

　　　This is the house **where I was born**. (이 곳은 내가 태어난 집이다.)

❷ 장의 형식

(1) 1형식 – 주어(S) + 동사(V) → 완전자동사

　　Birds **fly**. (새들이 날아간다.)

　　The sun **shines** brightly. (태양이 밝게 빛난다.)

　　A vase **is** on the table. (화병이 테이블 위에 있다.)

　　She **cries** when she is hungry. (그녀는 배고플 때 운다.)

　　There **is** a house by the pond. (연못가에 집이 있다.)

　　There once **lived** a wise king in Korea. (옛날에 한국에 현명한 왕이 살았다.)

> 📢 **TIP** There + be / 일반동사 ~
> ㉠ There + be + S : S가 있다.
> ㉡ There + 일반동사 + S : S가 ~하다.

(2) 2형식 - 주어(S) + 동사(V) + 보어(C) → 불완전자동사

① be 동사류 : S가 V이다(상태).

He **is** the captain of our team. (그는 우리 팀의 주장이다.)

His father **is** a business man. (그의 아버지는 사업가이다.)

Mary **is** very clever. (메리는 현명하다.)

This desk **is** of no use. (이 책상은 쓸모없다.)

She **seems** quite happy. (그녀는 매우 행복하게 보인다.)

You **look** pale these days. (당신은 요즈음 창백해 보인다.)

His voice **sounds** strange. (그의 목소리는 이상하게 들린다.)

② become 동사류 : S가 C가 되다(상태변화).

예 become, come, go, get, grow, turn, run

She **became** a great pianist. (그녀는 훌륭한 피아니스트가 되었다.)

His dream **came** true. (그의 꿈은 실현됐다.)

This food **went** bad. (음식은 상했다.)

It **gets** colder and colder. (점점 더 추워진다.)

The leaves **turn** red in fall. (나뭇잎은 가을에 빨갛게 된다.)

This well **runs** dry in winter. (이 우물은 겨울에 마른다.)

③ 유사보어 : 완전자동사가 보어를 취하는 경우도 있다.

He died **young**. (그는 젊어서 죽었다.)

= He was young when he died.

He came home very **tired**. (그는 몹시 피곤한 채 집에 돌아왔다.)

(3) 3형식 - 주어(S) + 동사(V) + 목적어(O) → 완전타동사

① 목적어의 종류

㉠ 대명사 : I met **him** yesterday. (나는 어제 그를 만났다.)

㉡ 명사 : I like English. (나는 영어를 좋아한다.)

㉢ 부정사 : I hope **to see** you again. (나는 당신을 다시 보고 싶다.)

㉣ 동명사 : They stopped **playing** football. (그들은 축구경기를 멈추었다.)

㉤ 절 : I hope **that you will come again**. (나는 당신이 다시 오기를 바란다.)

② 동족목적어 : 동사와 같은 어원의 명사가 목적어 역할을 한다.

He **lived** a happy **life**. (그는 행복하게 살았다.)

= He lived happily.

She **smiled** a bright **smile**. (그녀는 환한 미소를 지었다.)

③ 재귀목적어

He **killed himself** with a pistol. (그는 권총으로 자살했다.)

He **seated himself** beside me. (그는 내 옆에 앉았다.)

(4) 4형식 – 주어(S) + 동사(V) + 간접목적어(I.O) + 직접목적어(D.O)

> 🔊**TIP** 4형식 문장(S + V + I.O + D.O)을 3형식 문장(S + V + D.O + 전치사 I.O)으로 전환할 때는 동사에 따라 어떤 전치사를 사용하는가에 유의해야 한다.

① give류 : 전치사 to를 써서 전환되는 수여동사이다.

> 예 give(주다), bring(가져오다), show(보여주다), teach(가르치다), write(쓰다), promise(약속하다), pay(지불하다)

I **gave** my dog some meat. (나는 개에게 고기를 주었다.)

= I gave some meat to my dog.

He **sent** me a present. (그가 나에게 선물을 보냈다.)

= He sent a present to me.

② buy류 : 이익을 표시하는 전치사 for를 써서 전환되는 수여동사이다.

> 예 buy(사다), make(만들다), order(명령하다), find(발견하다), sing(노래하다), choose(선택하다), cook(요리하다)

Father **bought** me a bicycle. (아버지는 나에게 자전거를 사주셨다.)

= Father bought a bicycle for me.

She **made** me a dress. (그녀는 나에게 옷을 만들어 주었다.)

= She made a dress for me.

③ ask류 : of를 써서 전환되는 수여동사로, 주로 의문·질의·요구를 의미한다.

> 예 ask(질문하다), inquire(질문하다), demand(요구하다)

He **asked** me a question. (그가 나에게 질문을 했다.)

= He asked a question of me.

He **demanded** me an answer. (그가 나에게 대답을 요구했다.)

= He demanded an answer of me.

> 🔊**TIP** 4형식 문장에서 목적어의 양쪽이 대명사일 때는 3형식으로 쓴다.
> 예 He gave me it. (×)
> He gave it to me. (○)

(5) 5형식 − 주어(S) + 동사(V) + 목적어(O) + 목적보어(O.C)

① 형용사가 목적보어인 경우 : 목적어의 성질, 상태를 나타낸다.

I believe him **honest**. (나는 그가 정직하다고 믿는다.)

I made my wife **happy**. (나는 나의 아내를 행복하게 해주었다.)

② 명사가 목적보어인 경우 : 목적어의 신분, 이름을 나타낸다.

We elected him **chairman**. (우리는 그를 의장으로 선출했다.)

We call him **uncle Tom**. (우리는 그를 톰 삼촌이라 부른다.)

③ to부정사가 목적보어인 경우 : 목적어의 행동이 능동일 경우, 목적보어로 to부정사가 쓰인다.

He told me **to work** hard. (그는 나에게 열심히 일하라고 말했다.)

He advised me **to help** the poor. (그는 나에게 가난한 사람들을 도와주라고 충고했다.)

④ 원형부정사가 목적보어인 경우 : 사역동사와 지각동사 다음에 나오는 목적보어는 원형부정사로 쓰인다.

I will make him **do** the work. (나는 그에게 그 일을 하도록 시킬 것이다.)

I saw him **cross** the street. (나는 그가 길을 건너는 것을 보았다.)

> **TIP** 사역동사와 지각동사
> ㉠ 사역동사 : make(시키다), have(시키다), let(허락하다)
> ㉡ 지각동사 : see(보다), watch(보다), hear(듣다), listen to(듣다), feel(느끼다)

⑤ 현재분사가 목적보어인 경우 : 목적어의 행동이 능동(진행)일 경우, 목적보어로 현재분사가 쓰인다.

I saw him **playing** the piano. (나는 그가 피아노 치는 것을 보았다.)

She kept me **waiting** for a long time. (그녀는 나를 오랫동안 기다리게 했다.)

⑥ 과거분사가 목적보어인 경우 : 목적어의 행동이 수동일 경우, 목적보어로 과거분사가 쓰인다.

I found the bridge **broken**. (나는 다리가 부러진 것을 알았다.)

I believe him **killed** by a robber. (나는 그가 강도에 의해 살해됐다고 믿는다.)

③ 동사의 종류

(1) 동사의 종류

① 완전자동사 : 동작의 영향이 다른 사람이나 사물에 미치지 않으며, 동사 그 자체만으로 완전한 의미를 갖는 동사를 말한다. 예를 들어 'He died(그는 죽었다)'는 그 자체로 완전한 문장이다.

예 live(살다), sleep(자다), come(오다), run(달리다), fly(날다)

② 불완전자동사 : 동작의 영향이 다른 사람이나 사물에 미치지는 않지만 동사 그 자체만으로는 완전한 의미를 나타낼 수 없어 보충할 말을 필요로 하는 동사를 말하며, 이 보충할 말을 보어(C)라 부른다. 예를 들면 'He became(그는 되었다)'이라는 문장은 무엇이 되었는지 분명하지 못하며, 'He became a teacher(그는 선생님이 되었다)'라고 해야만 완전한 문장이 된다.

예 be(~이다), seem(~인 듯하다), look(~처럼 보이다), become(~이 되다)

③ 완전타동사 : 동작의 영향이 다른 사람이나 사물에 미치는 동사를 말한다. 예를 들면 'He killed a dog(그는 개를 죽였다)'에서 그의 동작(kill)이 개에 영향을 미쳐서 결과적으로 죽은 것은 개가 된다.

예 push(~을 밀다), write(~을 쓰다), eat(~을 먹다), strike(~을 때리다)

④ 수여동사 : 'A에게 B를 준다'는 뜻의 동사를 수여동사라 부르며, 수여동사는 물건을 받는 간접목적어(I.O)와 건네지는 물건, 즉 직접목적어(D.O)가 필요하다. 예를 들면 'He gave me a book(그가 나에게 책을 주었다)'에서 me는 간접목적어, book은 직접목적어이다.

예 give(주다), send(보내다), lend(빌려주다), buy(사주다)

⑤ 불완전타동사 : 타동사가 목적어만으로는 불완전하여 보충할 말을 필요로 하는 경우의 동사를 말한다. 예를 들면 'He made me(그는 나를 만들었다)'만으로는 불충분하며, 'He made me happy(그는 나를 행복하게 만들었다)'라고 해야만 완전한 문장이 된다.

예 find(발견하다), believe(믿다), make(만들다), think(생각하다)

④ 동사의 시제

(1) 현재시제

① 현재의 동작이나 상태

　㉠ 현재의 동작

　　I **see** a ship on the horizon. (나는 수평선의 배를 보고 있다.)

　㉡ 현재의 상태

　　She **has** a good memory. (그녀는 기억력이 좋다.)

② 불변의 진리, 속담(격언), 현재의 습관

　㉠ 진리

　　The earth **goes** round the sun. (지구는 태양을 돈다.)

　　Two and two **are** four. (2+2=4이다.)

　㉡ 속담

　　After a storm **comes** a calm. (폭풍우 뒤에 고요가 온다. 고진감래)

ⓒ 습관

　I **go** to school by bus every day. (나는 매일 버스를 타고 학교에 다닌다.)

③ 시간과 조건의 부사절 : 시간과 조건의 부사절에서는 현재시제가 미래시제를 대신한다.

　If you fail in your business, what will you do?

　(만약 사업에 실패하면 너는 무엇을 하겠니?)

　I will discuss the matter **when he comes back**.

　(그가 돌아왔을 때 그 문제를 의논하겠다.)

> 🔊**TIP** 명사절, 형용사절 : 미래시제를 그대로 쓴다.
> Tell me when he will finish it. (그가 그것을 언제 끝낼지를 나에게 말해라.)
> → 명사절(목적어 역할)
> Tell me the time when you will return. (당신이 돌아올 시간을 나에게 말해라.)
> → 형용사절(명사 수식)

(2) 과거시제

① 과거의 동작이나 상태

　ⓐ 과거의 동작

　　He **went** to school yesterday. (그는 어제 학교에 갔다.)

　ⓑ 과거의 상태

　　She **was** happy when she was young. (그녀는 젊었을 때 행복했다.)

② 역사적 사실

　He said that the Korean War **broke out** in 1950.

　(그는 한국전쟁은 1950년에 일어났다고 말했다.)

　Columbus **discovered** America in 1492. (콜럼버스는 1492년에 아메리카를 발견했다.)

③ 과거의 습관

　ⓐ 불규칙적 습관

　　He **would** often come to see me. (그는 종종 나를 보러 오곤 했다.)

　ⓑ 규칙적 습관

　　He **used to** get up early. (그는 일찍 일어나곤 했다.)

(3) 미래시제

① 상대방의 의지

　Shall I open the window? (제가 창문을 열어도 될까요?)

　－ Yes, please. / No, thank you.

　Shall we take a walk after dinner? (저녁식사 후에 산책이나 할까요?)

② 미래를 나타내는 표현

　　㉠ be going to + 동사원형 : ~할 예정이다.

　　　I **am going to** see him tonight. (나는 오늘밤 그를 만날 것이다.)

　　　I **am going to** study. (나는 공부를 할 것이다.)

　　㉡ be about to + 동사원형 : 막 ~하려 하다.

　　　She **was about to** start (그녀는 막 출발하려 했다.)

　　　I **was about to** cry. (나는 막 울려고 했다.)

　　㉢ 왕래발착동사 + 미래어구

　　　We **go fishing** tomorrow. (우리는 내일 낚시하러 갈 것이다.)

　　　She **arrives** tomorrow evening. (그녀는 내일 저녁에 도착할 것이다.)

> **TIP** 왕래발착 동사
> go, come, start, leave, sail, arrive, reach, return

(4) 현재완료시제

have(has) + p.p.(과거분사), 현재완료형은 우리말로 해석하면 '~ 했다'처럼 과거시제의 경우와 비슷하다. 하지만 현재완료시제는 그 동작이 과거 언제 일어났는지에는 관심이 없고, 그 동작이 현재에 미치는 영향 등 현재와의 관련성에 초점을 맞춰 표현할 때 사용한다.

① 완료 : (지금 막) ~했다, ~해버렸다. 주로 now, just, already 등과 함께 쓰인다.

　　I **have** just **cleaned** my room. (나는 지금 막 내 방을 청소했다.)

　　I **have** already **had** lunch. I'm not hungry. (나는 이미 점심을 먹었다. 나는 배가 고프지 않다.)

② 결과 : ~했다(그 결과 지금 …하다).

　　I **have lost** my watch. (나는 시계를 잃어버렸다.)

　　= I lost my watch and I don't have.

　　I **have received** her letter. (나는 그녀의 편지를 받았다.)

③ 경험 : (지금까지) ~한 적이 있다. 주로 once(한 번), twice(두 번), ever(~한 적이 있다), never, often, before 등과 함께 쓰인다.

　　I **have seen** this film before. (나는 전에 이 영화를 본 적이 있다.)

　　Have you ever **met** a famous person? (너는 유명한 사람을 만난 적이 있니?)

④ 계속 : (지금까지) 계속 ~하고 있다. 주로 for(~동안), since(~이후로), how long 등과 함께 쓰인다.

　　He **has been** ill since last week. (그는 지난 주 이후로 계속 아프다.)

> **TIP** has been to(경험)와 has gone to(결과)
> She has been to America. (그녀는 미국에 가본 적이 있다.)
> She has gone to America. [그녀는 미국에 갔다(그 결과 지금 없다).]

I **have lived** here for ten years. (나는 10년 동안 이곳에 살고 있다.)

> 📢 **현재완료의 부정문과 의문문**
> ㉠ 현재완료의 부정문 : have(has) + not + p.p.
> She has not washed the dishes yet. (그녀는 아직 설거지를 하지 못했다.)
> ㉡ 현재완료의 의문문 : Have(has) + S + p.p. ~? / 의문사 + have(has) + S + p.p. ~?
> Have you lived here since childhood? (너는 어릴 때부터 이곳에 살았니?)

(5) 과거완료시제

had + p.p.(과거분사), 특정한 과거시점까지의 동작이나 상태의 완료, 경험, 결과, 계속을 나타낸다.

① 완료 : (그때 막) ~하였다, ~해버렸다.

　I **had finished** my lunch when you came. (네가 왔을 때 나는 막 점심을 다 먹었다.)

　I **had** just **written** my answer when the bell ring. (종이 울렸을 때 나는 막 답을 쓴 뒤였다.)

② 결과 : ~해서 (그때) …이 되어 있었다.

　I **had lost** my watch when I left the train.

　(내가 기차에서 내렸을 때 시계를 잃어버리고 없었다.)

　Father **had gone** to market when I came home.

　(내가 집으로 돌아왔을 때는 아버지가 시장에 가고 계시지 않았다.)

③ 경험 : (그때까지) ~한 적이 있었다.

　I **had** never **met** him until then. (그때까지 그를 만난 적이 없었다.)

　That was the first time we **had** ever **eaten** lobster.

　(우리가 바닷가재를 먹어보기는 그것이 처음이었다.)

④ 계속 : (그때까지) 계속 ~하고 있었다.

　I **had been** ill for two weeks, so I couldn't go there.

　(나는 2주 동안 계속 아팠다. 그래서 거기에 갈 수가 없었다.)

　He **had loved** his wife until he died. (그는 그가 죽을 때까지 그의 아내를 사랑해왔었다.)

⑤ 대과거 : 과거에 발생한 두 사건 중 단순히 먼저 일어났음을 나타낸다.

　He lost the bag which he **had bought** two days before.

　(그는 이틀 전에 산 가방을 잃어버렸다.)

　She **had** already **left** when we got there. (우리가 도착했을 때 그녀는 이미 떠난 후였다.)

(6) 진행시제

① 현재진행 : is(are) +~ing

I **am studying** English. (나는 영어공부를 하는 중이다.)

They **are playing** baseball. (그들은 야구를 하고 있는 중이다.)

② 과거진행 : was(were) +~ing

She **was playing** the piano. (그녀는 피아노를 치고 있는 중이었다.)

We **were swimming** in the river. (우리는 강에서 수영하고 있는 중이었다.)

③ 미래진행 : will be +~ing

I **will be studying** in USA next year. (내년에 나는 미국에서 공부중일 것이다.)

She **will be resting** in country next week. (다음 주에 그녀는 시골에서 휴식중일 것이다.)

④ 완료진행 : have(has) been +~ing

I **have been studying** English for six years. (나는 6년간 영어를 공부했고 지금도 공부중이다.)

She **has been waiting** for you since you left there.

(그녀는 당신이 그 곳을 떠난 이후로 당신을 계속 기다리고 있다.)

(7) 불규칙동사의 활용

① A - A - A형

cut(자르다) - cut - cut   cost(비용이 들다) - cost - cost

hit(때리다) - hit - hit   read(읽다) - read - read

② A - B - B형

bring(가져오다) - brought - brought   buy(사다) - bought - bought

catch(잡다) - caught - caught   find(발견하다) - found - found

hear(듣다) - heard - heard   sleep(자다) - slept - slept

think(생각하다) - thought - thought

③ A - B - C형

begin(시작하다) - began - begun   choose(선택하다) - chose - chosen

drive(운전하다) - drove - driven   eat(먹다) - ate - eaten

go(가다) - went - gone   write(쓰다) - wrote - written

speak(말하다) - spoke - spoken

④ A − B − A형

become(~가 되다) − became − become

come(오다) − came − come

run(달리다) − ran − run

⑤ 혼동하기 쉬운 동사의 활용

㉠ rise(오르다) − rose − risen

　　raise(올리다) − raised − raised

㉡ find(찾다) − found − found

　　found(세우다) − founded − founded

㉢ fall(떨어지다) − fell − fallen

　　fell(벌목하다) − felled − felled

❺ 수동태

(1) 능동태와 수동태

① 능동태 : 주어가 동작을 행하는 것을 표현하는 동사의 형태이다.

Cats **catch** mice. (고양이들이 쥐를 잡는다.)

Lincoln **delivered** this speech. (링컨이 이 연설을 하였다.)

② 수동태(be + p.p.) : 주어가 동작을 당하는 것을 표현하는 동사의 형태이다.

Mice **are caught** by cats. (쥐들은 고양이에 의해 잡힌다.)

This speech **was delivered** by Lincoln. (이 연설은 링컨에 의하여 행해졌다.)

③ 태의 전환(능동태→수동태)

㉠ 능동태의 목적어→수동태의 주어

㉡ 능동태의 동사→be + p.p.

㉢ 능동태의 주어→by + 목적격

> **TIP** 수동태가 잘 쓰이는 경우
> ㉠ 동작을 행한 주체를 잘 모르는 경우
> 　Ten people were killed in the accident. (그 사고로 열 명이 사망했다.)
> 　Her son was killed in the war. (그녀의 아들은 전쟁에서 죽었다.)
> ㉡ 동작을 행한 주체가 별로 중요하지 않거나 문맥상 명백한 경우
> 　My watch was made in Switzerland. (내 시계는 스위스에서 만들어졌다.)
> 　I was born in 1977. (나는 1977년에 태어났다.)
> ㉢ 동작을 행한 주체가 막연한 일반인인 경우
> 　Aspirin is used for pain. (아스피린은 진통제로 사용된다.)
> 　Spanish is spoken in Mexico. (멕시코에서는 스페인어를 말한다.)

(2) 수동태의 시제

① 기본시제의 수동태

　　㉠ 현재 : am(is, are) + p.p.

　　　　I **do** it. (나는 그것을 한다.) → It is **done** by me.

　　㉡ 과거 : was(were) + p.p.

　　　　I **did** it. (나는 그것을 했다.) → It **was done** by me.

　　㉢ 미래 : will be + p.p.

　　　　I **will do** it. (나는 그것을 할 것이다.) → It **will be done** by me.

② 완료시제의 수동태

　　㉠ 현재완료 : have(has) been + p.p.

　　　　I **have done** it. (나는 그것을 했다.) → It **has been done** by me.

　　㉡ 과거완료 : had been + p.p.

　　　　I **had done** it. (나는 그것을 했었다.) → It **had been done** by me.

③ 진행시제의 수동태

　　㉠ 현재진행 : am(is, are) being + p.p.

　　　　I **am doing** it. (나는 그것을 하고 있다.) → It **is being done** by me.

　　㉡ 과거진행 : was(were) being + p.p.

　　　　I **was doing** it. (나는 그것을 하고 있었다.) → It **was being done** by me.

6 조동사

(1) do

① 일반동사의 부정문, 의문문

　　He **doesn't** work here. → 부정문

　　(그는 이곳에서 일하지 않는다.)

　　Did he catch a living tiger? → 의문문

　　(그가 살아있는 호랑이를 잡았나요?)

② 도치문 : 강조한 말 + do + S + 동사원형

　　Little **did she know** that we were watching her.

　　(그녀는 우리가 그녀를 보고 있다는 것을 거의 몰랐다.)

　　Never **did I dream** such a result.

　　(그런 결과를 가져오리라고는 꿈에도 생각하지 못했다.)

③ 동사 강조 : S + do + 동사원형

She **does** write an English novel. (그녀는 정말로 영문소설을 쓴다.)

He **did** break the window. (그는 정말로 유리창을 깼다.)

④ 대동사 : 앞에 나온 동사 대신에 do를 쓴다.

I work hard as he **does**(= works hard). (나도 그 사람처럼 열심히 일한다.)

Do you like it? Yes, I **do**(= like it). (그것을 좋아하니? 예, 좋아합니다.)

(2) can

① 가능 : ~할 수 있다(= be able to).

He **can**(= is able to) speak English. (그는 영어로 말할 수 있다.)

She **could**(= was able to) speak English. (그녀는 영어로 말할 수 있었다.)

② 강한 의심 : (의문문에서) ~일 수 있을까?

Can the rumor be true? (과연 그 소문이 사실일까?)

Can he do the work? (과연 그가 그 일을 할 수 있을까?)

③ 추측 : (부정문에서) ~일 리가 없다.

He **can't be** rich. (그는 부자일 리가 없다.)

He **can't have been** rich. (그는 부자였을 리가 없다.)

④ 관용표현

㉠ can't help ~ing : ~하지 않을 수 없다(= can't but + 동사원형).

I **can't help following** his advice. (나는 그의 충고를 따르지 않을 수 없다.)

I **can't help falling** in love with you. (나는 당신과 사랑에 빠지지 않을 수 없다.)

㉡ as~as can be : 더할 나위없이 ~하다.

I am **as** happy **as can be**. (나는 더할 나위없이 행복하다.)

He is **as** busy **as can be**. (그는 굉장히 바쁘다.)

㉢ as~as one can : 가능한 한~(= as~as possible)

He ate **as** much **as he could**. (그는 가능한 한 많이 먹었다.)

I tried **as** much **as I could**. (나는 가능한 한 많은 시도를 했다.)

㉣ cannot~too : 아무리 ~해도 지나치지 않다.

You **cannot** praise him **too** much. (너는 그를 아무리 칭찬해도 지나치지 않다.)

One **cannot** be **too** careful. (사람은 아무리 주의해도 지나친 법이 없다.)

㉤ cannot so much as~ : ~조차 하지 못한다.

He **cannot so much as** write his own name. (그는 자신의 이름조차 쓰지 못한다.)

I **cannot so much as** cook egg. (나는 달걀요리조차 하지 못한다.)

(3) must

① 의무, 필요 : ~해야만 한다(= have to).

You **must** do the work. (당신은 그 일을 해야만 한다.)

He **must** go home at once. (그는 당장 집에 가야만 한다.)

② 금지 : ~해서는 안 된다.

You **must** not smoke here. (여기서 담배를 피우면 안 된다.)

You **must** not tell a lie. (거짓말해서는 안 된다.)

③ 강한 추측 : ~임에 틀림없다.

He **must** be at home. (그는 집에 있음에 틀림없다.)

I didn't here it. I **must have been** asleep. (나는 듣지 못했다. 자고 있었음에 틀림없다.)

(4) may, might

① 허가 : ~해도 좋다.

May I use the telephone? (제가 전화를 사용해도 될까요?)

You **may** enter the garden. (정원에 들어가도 된다.)

② 불확실한 추측 : ~일지도 모른다.

He **may be** a liar. (그는 거짓말쟁이일지도 모른다.)

I think she **may have missed** the train. (나는 그녀가 기차를 놓쳤을지도 모른다고 생각해.)

③ 기원 : 문장 앞에 may를 쓰면 기원문이 된다.

May you live long! (만수무강 하소서!)

May you succeed! (성공을 빈다!)

④ 희망 · 충고(might) : ~하는 것이 좋겠다.

You **might** talk to your parents. (당신은 당신의 부모님께 말씀드리는 것이 좋겠다.)

You **might** listen to me. (내가 말한 것을 잘 들어주면 좋을 텐데.)

⑤ 관용표현

㉠ (so) that + S + may + 동사원형~ : ~하기 위하여

He works hard **(so) that he may** succeed. (그는 성공하기 위하여 열심히 일한다.)

Come home early **so that we may** eat dinner together.

(함께 저녁식사를 할 수 있도록 집에 일찍 오너라.)

㉡ may well + 동사원형~ : ~하는 것은 당연하다.

She **may well** get angry. (그녀가 화내는 것은 당연하다.)

You **may well** think so. (네가 그렇게 생각하는 것이 당연하다.)

ⓒ may(might) as well + 동사원형~ : ~하는 것이 더 낫다.

We **may(might) as well** begin at once. (우리가 즉시 시작하는 것이 더 낫다.)

You **may as well** go. (너는 가는 것이 더 낫겠다.)

TIP 중요 표현

ㄱ cannot + 동사원형 / have p.p.
- cannot + 동사원형 : ~일 리가 없다[= It is impossible that S + V(현재)~]
- cannot have + p.p. : ~이었을 리가 없다[= It is impossible that S + V(과거)~]

ㄴ must + 동사원형 / have p.p.
- must + 동사원형 : ~임에 틀림없다[= It is certain that S + V(현재)~]
- must have + p.p. : ~이었음에 틀림없다[= It is certain that S + V(과거)~]

ㄷ may + 동사원형 / have p.p.
- may + 동사원형 : ~일지도 모른다[= It is possible that S + V(현재)~]
- may have + p.p. : ~이었을지도 모른다[= It is possible that S + V(과거)~]

(5) will(would)

① 확실한 추측

That'**ll** be his car. (저것은 그의 차일 것이다.)

She left two hours ago. She **would** be at home now.

(그녀는 2시간 전에 떠났다. 그녀는 지금쯤 집에 있을 것이다.)

② 공손한 표현 : ~해주시지 않겠습니까?

Would somebody please help me? (누가 저를 도와주시지 않겠습니까?)

Would you pass me the salt? (소금 좀 집어주시겠습니까?)

③ 과거의 습관 : ~하곤 했다(불규칙).

I **would** sit on the bench for hours. (나는 몇 시간 동안 벤치에 앉아 있곤 했다.)

He **would** go for a long walk. (그는 오랫동안 산책하곤 했다.)

☞ used to + 동사원형 : ~하곤 했다(규칙적 습관)

④ 현재의 습성, 경향

Children **will** be noisy. (아이들은 시끄럽다.)

He **will** sit like that for hours. (그는 그렇게 여러 시간을 앉아 있는다.)

⑤ 현재의 거절, 고집

He **will** have his way in everything. (그는 모든 일을 마음대로 한다.)

This door **will** not open. (문은 열리지 않는다.)

⑥ 과거의 거절, 고집

He **would** not come to the party after all my invitation.

(그는 나의 초대에도 그 파티에 오려고 하지 않았다.)

I offered him money, but he **would** not accept it.

(나는 그에게 돈을 제공하였지만, 그는 받으려 하지 않았다.)

⑦ 희망, 욕구

He who **would** succeed must work hard.

(성공하기를 바라는 사람은 열심히 일해야 한다.)

⑧ 관용표현

    ㉠ would like to + 동사원형 : ~하고 싶다.

        Would you **like to** watch TV with us? (우리와 함께 TV를 보고 싶니?)

        I **would like to** stay here. (나는 여기에 머물고 싶다.)

    ㉡ would rather … (than ~) : (~하느니) 차라리 …하겠다.

        I'd rather go tomorrow. (나는 차라리 내일 떠나겠다.)

        He **would rather** not see me today. (그는 차라리 오늘 나를 보지 않는 편이 낫다.)

(6) should

① 의무, 당연 : ~해야만 한다(= ought to).

You **should** wear seat belts in a car. (모든 사람은 안전벨트를 매야 한다.)

Everybody **should** wear seat belts in a car. (모든 사람은 안전벨트를 매야 한다.)

You **should** obey your parents. (당신은 부모님께 순종해야 한다.)

② 유감, 후회 : ~했어야 했는데 (하지 않았다). → should have + p.p.

You **should have seen** the sunrise. It's great. (당신은 일출을 봤어야 했다. 정말 멋졌어.)

You **should have followed** my advice. (너는 나의 충고를 따랐어야 했다.)

③ 이성적 판단 및 감정적 판단 : 'It is' 다음에 'necessary(필요한), important(중요한), natural(당연한), right(옳은), wrong(틀린), reasonal(합리적인), strange(이상한), surprising(놀란), a pity(동정)' 등이 오면 that절에 'should'를 쓴다.

It is necessary that you **should** go there. (당신이 그 곳에 가는 것이 필요하다.)

It is surprising that he **should** be so foolish. (그가 그렇게 어리석다니 놀랍다.)

④ 주장, 명령, 요구, 제안 : 'insist(주장하다), order(명령하다), demand(요구하다), suggest(제안하다), propose(제안하다)' 등이 오면 주어 다음 'that절에 (should) + 동사원형'을 쓴다.

She insists that he **(should) pay** the bill. (그녀는 그가 돈을 지불해야 한다고 주장한다.)

I suggest that we **(should) meet** again tomorrow. (나는 우리가 다시 만날 것을 제안한다.)

(7) ought to

① 의무, 당연 : ~해야 한다.

You **ought to** see a dentist. (당신은 치과의사의 진찰을 받아야 한다.)

People **ought** not **to** drive like that. (저렇게 운전을 하면 안 된다.)

② 유감, 후회 : ~했어야 했는데 (하지 않았다). →ought to have + p.p.

You **ought to have consulted** with me. (너는 나와 의논했어야 했는데.)

She **ought to have told** him that matter yesterday.

(그녀는 어제 그 문제를 그에게 말했어야 했다.)

(8) used to

① 과거의 규칙적 습관 : 늘 ~하곤 했다.

I **used to** smoke, but now I've stopped. (나는 담배를 피우곤 했지만 지금은 끊었다.)

I **used to** read the Bible before I went to bed. (나는 자러 가기 전에 성경을 읽곤 했다.)

② 과거의 계속적 상태 : ~였다.

I **used to** be a fan of his. (나는 전에 그의 팬이었다.)

There **used to** be a small tree in front of my school.

(내가 다니던 학교 앞에는 작은 나무가 한 그루 있었다.)

③ 관용표현

　㉠ be used to + 동사원형 : ~에 사용되다.

　　This knife **is used to** cut the bread. (이 칼은 빵을 자르는 데 사용된다.)

　　This machine **is used to** dry the hair. (이 기계는 머리카락을 말리는 데 사용된다.)

　㉡ be used to +~ing : ~에 익숙하다.

　　He **is used to eating** Korean food. (그는 한식을 먹는 데 익숙하다.)

　　Soldiers **are used to** danger. (군인들은 위험에 익숙해져 있다.)

(9) need, dare

① need : ~할 필요가 있다.

Need you go so soon? No, I **needn't**. (너는 이렇게 빨리 갈 필요가 있니? 아니, 없어.)

You **need** to type this letter again. (너는 이 편지를 다시 입력 할 필요가 있다.)

② dare : 감히 ~하다.

How **dare** you say that? (네가 감히 어떻게 그런 말을 할 수가 있니?)

I **dare** not ask. (나는 감히 물어 보지 못하겠다.)

❼ 부정사와 동명사

(1) 부정사

① 부정사의 용법

㉠ 부정사의 명사적 용법

• 주어 역할 : 문장의 균형상 가주어 it을 문장의 처음에 쓰고 부정사는 문장 끝에 두기도 한다.

To tell the truth is difficult. (진실을 말하는 것은 어렵다.)

It is sad **to lose** a friend(It은 가주어, to lose~는 진주어).

• 보어 역할 : be동사의 주격보어로 쓰여 '~하는 것이다'의 뜻을 나타낸다.

To teach is **to learn**. (가르치는 것이 배우는 것이다.)

• 목적어 역할 : 타동사의 목적어로 쓰인다. 특히 5형식 문장에서 believe, find, make, think 등의 동사가 부정사를 목적어로 취할 때에는 목적어 자리에 가목적어 it을 쓰고, 진목적어인 부정사는 문장 뒤에 둔다.

I promised Mary to attend the meeting. (나는 Mary에게 그 모임에 나가겠다고 약속했다.)

I made **it** clear **to give up** the plan(it은 가목적어, to give up~은 진목적어).

(나는 그 계획을 포기할 것을 명백하게 밝혔다.)

> 📢 **TIP** 의문사 + 부정사
>
> The problem is where to go, not when to go.
> (문제는 언제 가야 하는가가 아니라 어디에 가야 하는가이다.)
> = The problem where we should go, not when we should go.
> He discovered how to open the safe.
> (그는 그 금고를 여는 방법을 발견하였다.)
> = He discovered how he could open the safe.

㉡ 부정사의 형용사적 용법

• 한정적 용법 : 수식받는 명사와 부정사 사이에 성립하는 의미상의 주격·목적격관계는 다음과 같다.

– 명사가 부정사의 의미상의 주어

She was the **only one to survive** the crash(→She survived the crash ; She가 to survive의 의미상 주어).

(그녀는 충돌사고에서의 유일한 생존자였다.)

– 명사가 부정사의 의미상의 목적어

'Honesty pays' is **a good rule to follow**(→follow a good rule ; a good rule이 to follow의 의미상 목적어).

('정직은 이익이 된다.'는 것은 따를 만한 좋은 규칙이다.)

－명사가 부정사에 딸린 전치사의 목적어 : 부정사의 형태는 'to + 자동사 +전치사', 'to + 타동사 + 목적어 + 전치사'이다.

He has nothing **to complain about**(→complain about nothing ; nothing이 about의 목적어).
(그는 아무런 불평이 없다.)

I bought a case **to keep letters in**(→keep letters in a case ; a case가 in의 목적어).
(나는 편지를 담을 상자를 샀다.)

－명사와 부정사가 동격관계 : 부정사가 명사를 단순 수식한다.

He had the courage **to admit** his mistakes.
(그는 자기의 실수를 인정할 용기가 있었다.)
= He had the courage of admitting his mistake.

• **서술적 용법** : 부정사가 보어로 쓰인다.

－seem(appear, happen, prove) + to부정사

She **seems to be** clever. (그녀는 총명한 것 같다.)
= It seems that she is clever.

－be동사 + to부정사의 용법 : 예정[~할 것이다(= will)], 의무[~해야 한다(= should)], 가능[~할 수 있다(= can)], 운명[~할 운명이다(= be destined to)]

President **is to visit** Japan in August.
(대통령은 8월에 일본을 방문할 것이다.)

You **are to eat** all your meal.
(당신은 당신의 식사를 모두 먹어야 한다.)

Her ring **was** nowhere **to be** seen.
[그녀의 반지는 어디에서도 볼 수 없었다(보이지 않았다).]

They **were** never **to meet** again.
[그들은 결코 다시 만나지 못할 운명이다.]

ⓒ to부정사의 부사적 용법 : 동사 · 형용사 · 부사를 수식하여 다음의 의미를 나타낸다.

• **목적** : '~하기 위하여(= in order to do, so as to do)'의 뜻으로 쓰인다.

To stop the car, the policeman blew his whistle.
(차를 세우기 위해 경찰관은 호각을 불었다.)

I have come here **in order to(so as to) talk** to you.
(너에게 말하기 위해 나는 여기 왔다.)

• **감정의 원인** : '~하니, ~해서, ~하다니, ~하는 것을 보니(판단의 근거)'의 뜻으로 쓰이며, 감정 및 판단을 나타내는 어구와 함께 쓰인다.

I am sorry **to trouble** you. (불편을 끼쳐서 죄송합니다.)

Mr. Smith is a true gentleman **to behave** like that.
(그렇게 행동하다니 Mr. Smith는 진정한 신사이다.)

- 조건 : '만약 ~한다면'의 뜻으로 쓰인다.

  I should be happy **to be** of service to you. (당신에게 도움이 된다면 기쁘겠습니다.)
- 결과 : '(그 결과) ~하다'의 뜻으로 쓰이며 'live, awake, grow (up), never, only + to부정사'의 형태로 주로 쓰인다.

  He grew up **to be** a wise judge. (그는 자라서 훌륭한 판사가 되었다.)

  = He grew up, and became a wise judge.
- 형용사 및 부사 수식 : '~하기에'의 뜻으로 쓰이며, 앞에 오는 형용사 및 부사(easy, difficult, enough, too, etc)를 직접 수식한다.

  His name is easy **to remember**. (그의 이름은 기억하기에 쉽다.)

    -A enough to do : ~할 만큼 (충분히) A하다(= so A as to do, so A that + 주어 + can ~).

  You are old **enough to understand** my advice.

  (당신은 나의 충고를 이해할 만큼 충분히 나이가 들었다.)

  = You are **so** old **as to understand** my advice.

  = You are **so** old **that you can** understand my advice.

    -too A to do : 너무 A하여 ~할 수 없다(= so A that + 주어 + cannot ~).

  The grass was **too** wet **to** sit on. (그 잔디는 너무 젖어서 앉을 수 없었다.)

  = The grass was **so** wet **that we couldn't** sit on it.

② 부정사의 의미상 주어

　㉠ 의미상 주어를 따로 표시하지 않는 경우 : 부정사의 의미상 주어는 원칙적으로 'for + 목적격'의 형태로 표시되지만, 다음의 경우에는 그 형태를 따로 표시하지 않는다.

- 문장의 주어나 목적어와 일치하는 경우

  She promised me **to come** early[She(주어)가 come의 의미상 주어와 일치].

  (그녀는 일찍 오겠다고 나와 약속했다.)

  He told me **to write** a letter[me(목적어)가 write의 의미상 주어와 일치].

  (그는 나에게 편지를 쓰라고 말했다.)

- 일반인인 경우

  It always pays (for people) **to help** the poor. (가난한 사람들을 도우면 반드시 보답받는다.)

- 독립부정사인 경우 : 관용적 표현으로 문장 전체를 수식한다.

  📢**TIP** 독립부정사

  　㉠ to begin(start) with : 우선

  　㉡ so to speak : 소위

  　㉢ strange to say : 이상한 얘기지만

  　㉣ to be frank(honest) : 솔직히 말해서

  　㉤ to make matters worse : 설상가상으로

  　㉥ to make matters better : 금상첨화로

  　㉦ to cut(make) a long story short : 요약하자면

ⓛ 의미상 주어의 형태

• for + 목적격 : It is + 행위판단의 형용사(easy, difficult, natural, important, necessary, etc) + for 목적격 + to부정사

It is natural **for children** to be noisy. (어린이들이 시끄러운 것은 당연하다.)

• of + 목적격 : It is + 성격판단의 형용사(kind, nice, generous, wise, foolish, stupid, careless, etc) + of 목적격 + to부정사

It is generous **of her** to help the poor. (가난한 이들을 돕다니 그녀는 관대하다.)

> **TIP** 'It is~for(of) 목적격 to부정사'의 문장전환 : 의미상의 주어가 'of + 목적격'의 형태인 경우 문장전환시 문두에 위치할 수 있지만, 'for + 목적격'의 형태인 경우에는 부정사의 목적어만 문두에 위치할 수 있다.
> It is easy for him to read the book.
> = **The book** is easy for him to read.
> It is wise of him to tell the truth.
> = **He** is wise to tell the truth.

③ 부정사의 시제

ⓐ 단순부정사 : 'to + 동사원형'의 형태로 표현한다.

• 본동사의 시제와 일치하는 경우

He seems **to be** rich. (그는 부자처럼 보인다.)

= It seems that he **is** rich.

• 본동사의 시제보다 미래인 경우 : 본동사가 희망동사(hope, wish, want, expect, promise, intend, etc)나 remember, forget 등일 경우 단순부정사가 오면 미래를 의미한다.

Please remember **to post** the letter. (편지 부칠 것을 기억하세요.)

= Please remember that you should **post** the letter.

ⓑ 완료부정사 : 'to + have p.p.'의 형태로 표현한다.

• 본동사의 시제보다 한 시제 더 과거인 경우

He seems **to have been** rich. (그는 부자였던 것처럼 보인다.)

= It seems that he **was(has been)** rich.

• 희망동사의 과거형 + 완료부정사 : 과거에 이루지 못한 소망을 나타내며, '~하려고 했는데 (하지 못했다)'로 해석한다.

I intended **to have married** her. (나는 그녀와 결혼하려고 작정했지만 그렇게 하지 못했다.)

= I intended to **marry** her, but I couldn't.

④ 원형부정사 : 원형부정사는 to가 생략되고 동사원형만 쓰인 것이다.

ⓐ 조동사 + 원형부정사 : 원칙적으로 조동사 뒤에는 원형부정사가 쓰인다.

> **TIP** 원형부정사의 관용적 표현
> ⓐ do nothing but + 동사원형 : ~하기만 하다.
> ⓑ cannot but + 동사원형 : ~하지 않을 수 없다(= cannot help + ~ing).
> ⓒ had better + (not) + 동사원형 : ~하는 것이(하지 않는 것이) 좋겠다.

ⓛ 지각동사 + 목적어 + 원형부정사~(5형식) : '(목적어)가 ~하는 것을 보다, 듣다, 느끼다'의 뜻으로 see, watch, look at, notice, hear, listen to, feel 등의 동사가 이에 해당한다.

They **saw** a strange star **shine** in the sky.

(그들은 하늘에서 낯선 별이 반짝이는 것을 보았다.)

She **felt** her heart **beat** hard. (그녀는 심장이 몹시 뛰는 것을 느꼈다.)

ⓒ 사역동사 + 목적어 + 원형부정사~(5형식)

• '(목적어)가 ~하도록 시키다, 돕다'의 뜻으로 make, have, bid, let, help 등의 동사가 이에 해당한다.

Mother will not **let** me **go** out.

(어머니는 내가 외출하지 못하게 하신다.)

• help는 뒤에 to부정사가 올 수도 있다.

They **helped** me **(to) paint** the wall.

(그들은 내가 그 벽에 페인트를 칠하는 것을 도왔다.)

⑤ 기타 용법

ⓐ 부정사의 부정 : 'not, never + 부정사'의 형태로 표현한다.

Tom worked hard **not to fail** again.

(Tom은 다시 실패하지 않기 위해 열심히 노력했다.)

He makes it a rule **never to eat** between meals.

(그는 식사시간 사이에는 늘 아무것도 먹지 않는다.)

ⓑ 대부정사 : 동사원형이 생략되고 to만 쓰인 부정사로, 앞에 나온 동사(구)가 부정사에서 반복될 때 쓰인다.

A : Are you and Mary going **to get married**? (너와 Mary는 결혼할거니?)

B : We hope **to**(= We hope to get married). (우리는 그러고(결혼하고) 싶어.)

ⓒ 수동태 부정사(to be + p.p.) : 부정사의 의미상 주어가 수동의 뜻을 나타낼 때 쓴다.

There is not a moment **to be lost**. (한순간도 허비할 시간이 없다.)

= There is not a moment for us **to lose**.

(2) 동명사

① 동명사의 용법 : '동사원형 + ~ing'를 이용해 명사형으로 만든 것으로 동사의 성격을 지닌 채 명사의 역할 (주어 · 보어 · 목적어)을 한다.

ⓐ 주어 역할 : 긴 동명사구가 주어일 때 가주어 It을 문두에 쓰고 동명사구는 문장 끝에 두기도 한다.

Finishing the work in a day or two is difficult.

(하루나 이틀 안에 그 일을 끝내기는 힘들다.)

ⓑ 보어 역할

My hobby is **collecting** stamps. (내 취미는 우표수집이다.)

ⓒ 목적어 역할

- 타동사의 목적어 : 5형식 문장에서는 가목적어 it을 쓰고, 동명사구는 문장의 끝에 두기도 한다.

  He suggested **eating** dinner at the airport.

  (그는 공항에서 저녁을 먹자고 제안했다.)

  I found **it** unpleasant **walking** in the rain(it은 가목적어, walking~은 진목적어).

  (나는 빗속을 걷는 것이 유쾌하지 않다는 것을 깨달았다.)

- 전치사의 목적어

  He gets his living by **teaching** music. (그는 음악을 가르쳐서 생활비를 번다.)

  = **It** is difficult **finishing** the work in a day or two(it은 가주어, finishing~은 진주어).

  > 📢TIP 동명사의 부정 : 동명사 앞에 not이나 never을 써서 부정의 뜻을 나타낸다.
  > I regret **not having** seen the movie.
  > (나는 그 영화를 보지 않았던 것을 후회한다.)

② 동명사의 의미상 주어

ㄱ 의미상 주어를 따로 표시하지 않는 경우 : 문장의 주어 또는 목적어와 일치하거나 일반인이 주어일 때 의미상 주어를 생략한다.

- 문장의 주어 또는 목적어와 일치하는 경우

  I've just finished **reading** that book. (나는 막 그 책을 다 읽었다.) → 주어와 일치

  He will probably punish me for **behaving** so rudely. → 목적어와 일치

  (내가 무례하게 행동한 것에 대해 그는 아마 나를 나무랄 것이다.)

- 일반인인 경우

  Teaching is learning. (가르치는 것이 배우는 것이다.) → 일반인이 주어

ㄴ 의미상 주어의 형태

- 소유격 + 동명사 : 의미상 주어가 문장의 주어나 목적어와 일치하지 않을 때 동명사 앞에 소유격을 써서 나타낸다. 구어체에서는 목적격을 쓰기도 한다.

  There is no hope of **his coming**. (그가 오리라고는 전혀 기대할 수 없다.)

- 그대로 쓰는 경우 : 의미상 주어가 소유격을 쓸 수 없는 무생물명사나 this, that, all, both, oneself, A and B 등의 어구일 때에는 그대로 쓴다.

  I can't understand **the train being** so late.

  (나는 그 기차가 그렇게 늦었는지 이해할 수 없다.)

③ 동명사의 시제와 수동태

ㄱ 단순동명사 : 본동사와 동일시제 또는 미래시제일 때 사용한다.

  He is proud of **being** rich. (그는 부유한 것을 자랑한다.)

  = He is proud that he is rich.

  I am sure of his **succeeding**. (나는 그가 성공하리라 확신한다.)

  = I am sure that he will succeed.

ⓒ **완료동명사** : having + p.p.의 형태를 취하며, 본동사의 시제보다 하나 앞선 시제를 나타낸다.

He denies **having told** a lie. (그는 거짓말했던 것을 부인한다.)

= He denies that he told a lie.

ⓒ **수동태 동명사** : 동명사의 의미상 주어가 수동의 뜻을 나타낼 때 being + p.p., having been + p.p.의 형태로 쓴다.

I don't like **being asked** to make a speech. → 단순시제

(나는 연설을 청탁받는 것이 싫다.)

He complained of **having been underpaid**. → 완료시제

(그는 급료를 불충분하게 받았던 것을 불평하였다.)

④ **동명사의 관용적 표현**

ⓐ It is no use + 동명사 : ~해봐야 소용없다(= It is useless to부정사).

It is no use pretending that you are not afraid.

(당신이 무서워하지 않는 척 해봐야 소용없다.)

ⓑ There is no + 동명사 : ~하는 것은 불가능하다(= It is impossible to부정사).

There is no accounting for tastes.

[기호(嗜好)를 설명하는 것은 불가능하다(취미는 각인각색).]

ⓒ cannot help + 동명사 : ~하지 않을 수 없다(= cannot out + 동사원형).

I **cannot help laughing** at the sight.

(나는 그 광경에 웃지 않을 수 없다.)

ⓓ feel like + 동명사 : ~하고 싶다(= feel inclined to부정사, be in a mood to부정사).

She **felt like crying** when she realized her mistake.

(그녀가 그녀의 실수를 깨달았을 때, 그녀는 울고 싶었다.)

ⓔ of one's own + 동명사 : 자신이 ~한(= p.p. + by oneself)

This is a picture **of his own painting**. (이것은 그 자신이 그린 그림이다.)

ⓕ be on the point(verge, blink) of + 동명사 : 막 ~하려 하다(= be about to부정사).

He **was on the point of breathing** his last.

[그는 막 마지막 숨을 거두려 하고 있었다(죽으려 하고 있었다).]

ⓖ make a point of + 동명사 : ~하는 것을 규칙으로 하다(= be in the habit of + 동명사).

He **makes a point of attending** such a meeting.

(그는 그러한 모임에 참석하는 것을 규칙으로 한다.)

ⓗ be accustomed to + 동명사 : ~하는 버릇(습관)이 있다(= be used to + 동명사).

My grandfather **was accustomed to rising** at dawn.

(나의 할아버지는 새벽에 일어나는 습관이 있었다.)

ⓩ on(upon) + 동명사 : ~하자마자 곧(= as soon as + S + V)

On hearing the news, he turned pale. (그 뉴스를 듣자마자 그는 창백해졌다.)

ⓩ look forward to + 동명사 : ~하기를 기대하다(= expect to부정사)

He **looked forward to seeing** her at the Christmas party.

(그는 크리스마스 파티에서 그녀를 보기를 기대하였다.)

(3) 부정사와 동명사의 비교

① 부정사만을 목적어로 취하는 동사 : ask, choose, decide, demand, expect, hope, order, plan, pretend, promise, refuse, tell, want, wish 등이 있다.

She **pretended** to asleep. (그녀는 자는 척했다.)

② 동명사만을 목적어로 취하는 동사 : admit, avoid, consider, deny, enjoy, escape, finish, give up, keep, mind, miss, postpone, practice, stop 등이 있다.

I'd like to **avoid** meeting her now.

(나는 지금 그녀와 만나는 것을 피하고 싶다.)

③ 부정사와 동명사 둘 다를 목적어로 취하는 동사 : begin, cease, start, continue, fear, decline, intend, mean 등이 있다.

Do you still **intend** to go(going) there? (너는 여전히 그 곳에 갈 작정이니?)

④ 부정사와 동명사 둘 다를 목적어로 취하지만 의미가 변하는 동사

㉠ remember(forget) + to부정사 / 동명사 : ~할 것을 기억하다[잊어버리다(미래)] / ~했던 것을 기억하다[잊어버리다(과거)].

I **remember to see** her. (나는 그녀를 볼 것을 기억한다.)

I **remember seeing** her. (나는 그녀를 보았던 것을 기억한다.)

㉡ regret + to부정사 / 동명사 : ~하려고 하니 유감스럽다 / ~했던 것을 후회하다.

I **regret to tell** her that Tom stole her ring.

(나는 Tom이 그녀의 반지를 훔쳤다고 그녀에게 말하려고 하니 유감스럽다.)

I **regret telling** her that Tom stole her ring.

(나는 Tom이 그녀의 반지를 훔쳤다고 그녀에게 말했던 것을 후회한다.)

㉢ need(want) + to부정사 / 동명사 : ~할 필요가 있다(능동) / ~될 필요가 있다(수동).

We **need to check** this page again. (우리는 이 페이지를 재검토할 필요가 있다.)

= This page **needs checking** again. (이 페이지는 재검토될 필요가 있다.)

㉣ try + to부정사 / 동명사 : ~하려고 시도하다, 노력하다, 애쓰다 / ~을 시험삼아 (실제로) 해보다.

She **tried to write** in fountain pen. (그녀는 만년필로 써보려고 노력했다.)

She **tried writing** in fountain pen. (그녀는 만년필로 써보았다.)

ⓗ mean + to부정사 / 동명사 : ~할 작정이다(= intend to do) / ~라는 것을 의미하다.

　She **means to stay** at a hotel. (그녀는 호텔에 머무를 작정이다.)

　She **means staying** at a hotel. (그녀가 호텔에 머무른다는 것을 의미한다.)

ⓑ like(hate) + to부정사 / 동명사 : ~하고 싶대[하기 싫다(구체적 행동)] / ~을 좋아하다[싫어하다(일반적 상황)].

　I **hate to lie**. (나는 거짓말하기 싫다.)

　I **hate lying**. (나는 거짓말하는 것이 싫다.)

ⓢ stop + to부정사 / 동명사 : ~하기 위해 멈추다(부사구) / ~하기를 그만두다(목적어).

　He **stopped to smoke**(1형식). (그는 담배를 피우려고 걸음을 멈췄다.)

　He **stopped smoking**(3형식). (그는 담배를 끊었다.)

❽ 분사

(1) 분사의 종류와 형태

① 현재분사 : 동사원형 + ~ing

　예 doing, visiting

② 과거분사

　㉠ 규칙형 : 동사원형 + ~ed

　　예 waited, finished

　㉡ 불규칙형

　　예 done, written

(2) 분사의 용법 Ⅰ (명사 수식)

① 분사의 의미

　㉠ 현재분사 : ~하고 있는, ~하는(능동, 진행)

　　a **running** car (달리는 차)

　　a **sleeping** baby (잠자는 아기)

　㉡ 과거분사 : ~된, ~한(수동, 완료)

　　a **broken** car (고장난 차)

　　fallen leaves (낙엽)

② 분사의 위치

　　㉠ 명사 앞에서 수식 : 분사가 단독으로 명사를 수식할 때 명사의 앞에 위치한다.

　　　　Look at the **rising** sun. (떠오르는 태양을 보라.)

　　　　The **wounded** soldiers were carried to the hospital. (부상당한 군인들은 병원으로 옮겨졌다.)

　　㉡ 명사 뒤에서 수식 : 분사가 목적어, 보어, 부사구 등을 수반할 때 명사의 뒤에 위치한다.

　　　　Look at the sun **rising** above the horizon. (수평선 위로 떠오르는 태양을 보라.)

　　　　The soldiers **wounded** in the war returned home. (전쟁에서 부상당한 군인들이 귀향했다.)

(3) 분사의 용법Ⅱ (보어)

① 주격보어

　　㉠ 현재분사

　　　　She stood **waiting** for her husband. (그녀는 남편을 기다리며 서 있었다.)

　　　　The baby kept **crying** all night. (그 아기는 밤새도록 계속 울었다.)

　　㉡ 과거분사

　　　　He grew **tired** of the work. (그는 그 일에 싫증이 났다.)

　　　　She seemed **disappointed**. (그녀는 실망한 것처럼 보였다.)

② 목적격보어

　　㉠ 현재분사 : 목적어와 목적보어인 현재분사와는 능동관계이다.

　　　　I felt the bridge **shaking**. (나는 그 다리가 흔들리는 것을 느꼈다.)

　　　　I saw a stranger **standing** at the door. (나는 낯선 사람이 문에 서 있는 것을 보았다.)

　　㉡ 과거분사 : 목적어와 목적보어인 과거분사와는 수동관계이다.

　　　　I couldn't make myself **understood** in English. (나는 영어로 나를 이해시킬 수가 없었다.)

　　　　I found my room **cleaned**. (나는 나의 방이 청소되어진 것을 알았다.)

　　㉢ have + 목적어 + 과거분사

　　　　I had the car **repaired**. → 사역(시키다)

　　　　(나는 그 차를 수리하도록 시켰다.)

　　　　I had the car **stolen**. → 수동(당하다)

　　　　(나는 그 차를 도난당했다.)

(4) 분사구문

① 시간

　　When he saw me, he ran away. (그가 나를 보았을 때, 그는 도망갔다.)

　　= (When he) **Seeing** me, he ran away.

　　Reading the book, he heard a strange sound. (책을 읽을 때, 그는 이상한 소리를 들었다.)

② 이유

Because he is sick, he is absent. (아파서 그는 결석했다.)

= (Because he) **Being** sick, he is absent.

Being poor, they had to work hard. (가난하기 때문에 그들은 열심히 일해야만 했다.)

③ 양보

Though he lives near the school, he is often late for school.

(학교 근처에 살지만, 그는 종종 학교에 늦는다.)

= (Though he) **Living** near the school, he is often late for school.

Admitting what you say, I can't believe it.

(너의 말을 인정해도, 나는 그것을 믿을 수 없다.)

④ 조건

If you turn to the right, you will find it. (오른쪽으로 돌아가면, 그것을 발견할 것이다.)

= (If you) **Turning** to the right, you will find it.

Once seen, it can never been forgotten. (그것은 한 번 보면 잊을 수 없다.)

⑤ 부대상황(동시동작)

Listening to the radio, I did my homework. (라디오를 들으며 나는 숙제를 했다.)

Smiling brightly, she shook hands with me. (밝게 웃으며 그녀는 나와 악수를 했다.)

> 🔊 **TIP** 부사절 → 분사구문의 전환
> ㉠ 부사절의 접속사를 없앤다.
> ㉡ 부사절의 주어를 없앤다(주절의 주어와 일치).
> ㉢ 동사를 현재분사로 바꾼다(주절의 시제와 일치).

❾ 관계사

(1) 관계대명사

① 관계대명사의 역할

㉠ 관계대명사는 접속사와 대명사의 기능을 동시에 가진다.

㉡ 관계대명사가 이끄는 절은 앞에 나온 명사, 대명사를 수식하는 형용사절이다.

㉢ 이때 수식받는 명사, 대명사를 선행사라 한다.

She has a son. + He speaks English very well. (그녀는 아들이 있다. 그는 영어를 매우 잘한다.)

→ She has a son **who** speaks English very well.

That is the man. + I saw yesterday. (저 사람이 그 사람이다. 나는 어제 그를 만났다.)

→ That is the man **that(whom)** I saw yesterday.

② 관계대명사의 종류와 격

선행사	관계대명사		
	주격	소유격	목적격
사람	who	whose	whom
사물	which	whose / of which	which
사람, 사물	that	–	that
선행사 포함	what	–	what

③ who, which, that

  ㉠ who의 용법

    I have a friend **who** helps me. (나는 나를 도와주는 친구가 있다.)

    She is the girl **whose** name is Mary. (그녀가 메리라는 소녀이다.)

    This is the lady **whom** I met yesterday. (이 분이 어제 내가 만난 부인이다.)

  ㉡ which의 용법

    This is the book **which** was written by me. (이것이 내가 쓴 책이다.)

    I have a building **whose** roof is red. (나는 지붕이 빨간 건물을 가지고 있다.)

    = I have a building **the** roof **of which** is red.

    = I have a building **of which the** roof is red.

  ㉢ that의 용법

    • who(m)를 대용

    She is the woman **that** I'm falling in love with. (그녀는 내가 사랑하는 여자이다.)

    I know the boy **that** broke the window. (나는 그 창문을 깨뜨렸던 소년을 안다.)

    • which를 대용

    Have you got a book **that** is really easy to read? (너는 읽기 쉬운 책을 가지고 있니?)

    This is the camera **that** I bought yesterday. (이것은 내가 어제 산 카메라이다.)

    • that을 주로 쓰는 경우

    –앞에 the only, the very, the same, 서수, 최상급이 나올 때

    This is the only book **that** he has. (이것은 그가 가진 유일한 책이다.)

    He is the first American **that** came to Korea. (그는 한국에 온 첫 미국인이다.)

    –all, no, every, any + 명사 또는 –thing일 때

    She gave me all **that** she has. (그녀는 자기가 가진 모든 것을 나에게 주었다.)

    I welcomed every man **that** you like. (나는 네가 좋아하는 사람은 누구나 환영했다.)

    –의문대명사 who일 때

    Who **that** has common sense will so such a thing? (상식 있는 사람이라면 누가 그런 짓을 할까?)

    Who **that** knows him will believe it? (그를 알고 있는 사람은 누가 그것을 믿겠는가?)

④ what

　　㉠ what의 용법 : what은 선행사를 포함하는 관계대명사로, '~하는 것'의 뜻으로 쓰여 명사절을 이끌며, 주어·보어·목적어의 역할을 한다.

　　　What he says is true. → 주어

　　　(그가 말한 것은 사실이다.)

　　　This is **what** he did → 보어

　　　(이것이 그가 한 것이다.)

　　　He saves **what** he earns. → 목적어

　　　(그는 그가 버는 것을 저축한다.)

　　㉡ what을 포함하는 관용표현

　　　　• what + S + be / have

　　　-what + S + be : 인격, 상태

　　　-what + S + have : 재산

　　　He is not **what he used to be**. (그는 과거의 그가 아니다.)

　　　You should judge a man not by **what he has** but by **what he is**.

　　　(당신은 사람을 재산이 아니라 인격으로 판단해야 한다.)

　　　• what is called : 소위, 이른바[= what they(we) call]

　　　He is **what is called** a man of culture. (그는 소위 교양이 있는 사람이다.)

　　　He is **what is called** a self-made man. (그는 이른바 자수성가한 사람이다.)

　　　• what is + 비교급 : 더욱 더 ~한 것은

　　　He lost his way, and **what was worse**, it began to rain.

　　　(그는 길을 잃었고 설상가상으로 비가 내리기 시작했다.)

　　　The house is too old, and **what is more**, it is too expensive.

　　　(그 집은 너무 낡은데다 너무 비싸다.)

⑤ 관계대명사의 두 가지 용법

　　㉠ 한정적 용법 : 관계대명사 앞에 comma가 없고, 뒤에서부터 해석한다.

　　　He has a son **who** became a physician. (그는 의사가 된 아들이 있다.)

　　　He smiled at the girl **who** nodded to him. (그는 그에게 목례를 한 소녀에게 미소지었다.)

　　㉡ 계속적 용법 : 관계대명사 앞에 comma가 있고, 앞에서부터 해석한다. '접속사 + 대명사'의 의미를 갖고 있다.

　　　I like Tom, **who** is honest. (나는 톰을 정직하기 때문에 좋아한다.)

　　　= I like Tom, because he is honest.

　　　I dismissed the man, **who** was diligent. (그는 근면했지만 나는 그를 해고했다.)

⑥ 목적격 관계대명사의 생략
　　㉠ 타동사의 목적어
　　　　This is the man (**whom**) I met yesterday. (이 사람이 내가 어제 만났던 사람이다.)
　　　　The library didn't have the book (**which**) I wanted.
　　　　(그 도서관에는 내가 원하는 책이 없었다.)
　　㉡ 전치사의 목적어
　　　　She is the woman (**whom**) I told you about. (그녀는 내가 너에게 이야기한 여인이다.)
　　　　= She is the woman **about whom** I told you.

(2) 관계부사

① 관계부사의 기본용법 : 관계부사는 전치사 + 관계대명사로 바꿔 쓸 수 있다.
　　㉠ when[= at(in) which]
　　　　Today is the day **when** she was born. (오늘은 그녀가 태어난 날이다.)
　　　　= Today is the day in which she was born.
　　　　Fall is the season **when** trees bear fruits. (가을은 나무가 열매를 맺는 계절이다.)
　　㉡ where[= at(in) which]
　　　　This is the city **where** I live. (여기가 내가 사는 도시이다.)
　　　　= This is the city in which I live.
　　　　This is the village **where** he was born. (여기가 그가 태어난 마을이다.)
　　㉢ why(= for which)
　　　　This is the reason **why** he is absent. (이것이 그가 결석한 이유이다.)
　　　　= This is the reason for which he is absent.
　　　　Tell me the reason **why** you are angry. (당신이 화난 이유를 나에게 말해 주시오.)
　　㉣ how(= the way, the way in which)
　　　　That is **how** it happened. (그것이 그 일이 일어난 경위이다.)
　　　　= That is the way it happened.
　　　　= That is the way in which it happened.

② 관계부사의 주의할 용법
　　㉠ 계속적 용법 : 관계부사 앞에 comma가 있고, 앞에서부터 해석한다.
　　　　She went into the store, **where**(= and there) she bought some fruits.
　　　　[그녀는 가게에 들어가서 (거기서) 약간의 과일을 샀다.]
　　　　Wait here till six o'clock, **when**(= and then) he will come back.
　　　　[여기서 여섯시까지 기다려라. 그러면(그 때) 그가 돌아올 것이다.]

ⓛ 관계부사, 선행사의 생략 : 관계부사나 선행사를 생략할 수 있다.

This is **the river (where)** we swim. (여기가 우리가 수영하는 강이다.)

I remember **(the time) when** I was poor. (나는 가난했던 시절을 기억한다.)

⑩ 명사와 관사

(1) 명사의 종류

① 가산명사와 불가산명사

ⓐ 가산명사(셀 수 있는 명사) : 원칙적으로 부정관사나 정관사를 붙이며, 복수형으로 쓸 수 있다. 보통명사, 집합명사가 이에 해당한다.

ⓛ 불가산명사(셀 수 없는 명사) : 원칙적으로 부정관사를 붙이지 못하며, 복수형으로도 쓸 수 없다. 물질명사, 고유명사, 추상명사가 이에 해당한다.

② 보통명사

ⓐ 개념 : 같은 종류의 사람, 사물 등에 두루 통용되는 이름을 말한다.

ⓛ a(the) + 단수보통명사 : 종족 전체

A cow is a useful animal. (소는 유용한 동물이다.)

= The cow is a useful animal.

= Cows are useful animals.

ⓒ the + 단수보통명사 = 추상명사

The pen is mightier than **the sword.** (펜의 힘이 무력보다 더 강하다.)

圓 the mother(모성애), the beggar(거지근성), the head(지혜)

③ 집합명사

ⓐ 개념 : 개체가 모여서 하나의 집합체를 형성할 때 이것을 집합명사라 한다.

ⓛ 단수, 복수 모두 될 수 있는 집합명사 : class, family, audience(청중), committee(위원회) 등이 있다.

• 전체를 하나의 단위로 볼 경우 : 단수 취급

This **class** consists of 50 pupils. (이 반은 50명으로 구성되어 있다.)

My **family** is a large one. (나의 가족은 대가족이다.)

• 구성개체에 관심이 있는 경우(군집명사) : 복수 취급

This **class** are studying English. (이 반 학생들은 영어를 공부하고 있다.)

My **family** are all early risers. (나의 가족들은 모두 일찍 일어난다.)

ⓒ 물질적 집합명사 : machinery(기계류), clothing(의류), baggage(화물), furniture(가구) 등이 있다.

You have much **furniture.** (너는 많은 가구를 가지고 있다.)

A sofa is a piece of **furniture**. (소파는 가구이다.)

  ☞ 물질적 집합명사는 a piece of ~, much, little로 수량을 표시한다.

④ 물질명사

  ㉠ 개념 : 일정한 형태를 갖지 않는 물질에 붙이는 이름을 말한다.

  ㉡ 물질명사는 무관사이며, 복수형이 없으므로 항상 단수 취급한다.

    This box is made of **paper**. (이 상자는 종이로 만들어진다.)

    It is no use in crying over spilt **milk**.

    (우유는 이미 엎질러졌으므로 울 필요가 없다. 돌이킬 수 없다.)

  ㉢ 물질명사의 수량표시

    • **a cup of** coffee(tea)

    • **a glass of** water(milk)

    • **a piece of** paper

    • **a cake of** soap

    • **a loaf(slice) of** bread

    He drinks **much** coffee. (그는 많은 커피를 마신다.)

    He drinks **a glass of** milk a day. (그는 하루에 한 컵의 우유를 마신다.)

  ㉣ 보통명사로의 전환

    She is dressed in **silks**. → 제품

    (그녀는 실크옷을 입고 있다.)

    We had different **wines** and cheeses. → 종류

    (우리는 다른 종류의 술과 치즈를 먹었다.)

    There was **a fire** last night. → 구체적인 사건

    (어제 밤에 화재가 한 건 발생했다.)

⑤ 고유명사

  ㉠ 개념 : 사람, 사물, 장소 등에 유일하게 붙여진 고유한 이름을 말한다.

  ㉡ 고유명사는 무관사이며, 복수형도 없다.

  ㉢ 보통명사로의 전용

    He wishes to become **an Edison**. → ~같은 사람

    (그는 에디슨 같은 사람이 되고 싶다.)

    There is **a picasso** on the wall. → 작품, 제품

    (벽에는 피카소의 그림이 있다.)

⑥ 추상명사

　　㉠ 개념 : 일정한 형태가 없는 성질, 상태, 동작 등의 추상적 개념을 나타내는 이름을 말한다.

　　㉡ 추상명사는 무관사이며, 복수형이 없다.

　　　　Knowledge is **power**. (지식은 힘이다.)

　　　　Credit is better than gold. (돈보다 신용)

　　㉢ of + 추상명사 = 형용사

　　　　He is a man **of wisdom**. (그는 현명한 사람이다.)

　　　　= He is a **wise** man.

　　　　This is a matter **of importance**. (이것은 중요한 문제이다.)

 ㉠ of wisdom = wise (현명한)
　　　　　㉡ of importance = important (중요한)
　　　　　㉢ of use = useful (유용한)
　　　　　㉣ of value = valuable (가치있는)

　　㉣ 전치사 + 추상명사 = 부사

　　　　He solved it **with ease**. (그는 그것을 쉽게 풀었다.)

　　　　= He solved it easily.

　　　　I met her **by accident**. (나는 우연히 그녀를 만났다.)

 ㉠ with ease = easily (쉽게)
　　　　　㉡ in haste = hastily (서둘러)
　　　　　㉢ on purpose = purposely (고의로)
　　　　　㉣ by accident = accidently (우연히)

(2) 명사의 수와 격

① 명사의 수

　　㉠ 규칙복수형

　　　• 단수형 + s

　　　　cat → cats, cup → cups

　　　• -s, -ss, -x, -ch, -sh + es

　　　　bus → buses, dish → dishes

　　　• 자음 + o + es

　　　　hero(영웅) → heroes, potato → potatoes

　　　• 자음 + y : y → i + es

　　　　city → cities, baby → babies

　　　• -f, -fe → -ves

　　　　knife → knives, life → lives

ⓛ 불규칙복수형

　　　• man → men, mouse → mice, foot → feet

　　　• ox → oxen, child → children

　　　• sheep → sheep, deer → deer

　　ⓒ 복수형의 용법

　　　• 복수형이 되면 뜻이 변하는 명사 : arms(무기), airs(태도), pains(수고), customs(관세), goods(상품), manners(풍습, 관례) 등이 있다.

　　　• 항상 복수로 쓰이는 명사

　　　－짝을 이루는 명사 : glasses(안경), scissors(가위), trousers(바지), gloves(장갑) 등

　　　－과목이름 : physics(물리학), ethics(윤리), economics(경제학) 등

　　　－상호복수 : make friends(친구를 사귀다), shake hands(악수하다) 등

　　　• 시간, 거리, 가격, 무게 : 단수 취급한다.

　　　Ten miles is a long distance. (10마일은 장거리이다.)

　　　Ten pounds is heavy for a child. (10파운드는 어린이에게는 무겁다.)

② 명사의 격

　　ⓐ 생물의 소유격 : 생물 + 's

　　　That is **my brother's** watch. (저것은 내 형의 시계이다.)

　　　This book is **Tim's**. (이 책은 팀의 것이다.)

　　ⓑ 무생물의 소유격 : of + 무생물

　　　It was the beginning **of the holidays**. (휴가의 시작이었다.)

　　　At the foot **of the candle** it is dark. (등잔 밑이 어둡다.)

　　ⓒ 이중소유격 : a(n), this, that, some, any, no + 명사 + of + 소유격(소유대명사)

　　　A friend of the doctor's is came to see you. (그 의사의 친구가 너를 보러 왔다.)

　　　☞ The doctor's friend is came to see you. (×)

　　　It's **no fault of yours**. (이것은 너의 잘못이 아니다.)

(3) 관사

① 부정관사 : 대개 해석을 하지 않지만, 관사가 다음과 같은 특별한 의미를 갖는 경우도 있다.

　　ⓐ one의 의미

　　　I can carry only two at **a** time. (나는 한 번에 단지 두 개씩 운반할 수 있다.)

　　　He will be back in **a** day or two. (그는 하루 이틀 안에 돌아올 것이다.)

　　ⓑ any의 의미(종족대표)

　　　A horse is bigger than a pony. (어떤 말도 조랑말보다 크다.)

　　　An owl can see in the dark. (올빼미는 어두운 데에서도 볼 수 있다.)

ⓒ a certain의 의미

    A Mr. Park is waiting to see you. (어떤 박이라는 분이 당신을 기다리고 있다.)

    In **a** sense, it is true. (어떤 의미로는 그것은 사실이다.)

ⓔ per의 의미

    I work eight hours **a** day. (나는 하루에 8시간 일한다.)

    I write to her once **a** week. (나는 그녀에게 일주일에 한 번씩 편지를 쓴다.)

② 정관사 : 특정한 사물을 지칭한다.

    ㉠ 앞에 나온 명사

        I bought a book and read **the** book. (나는 책을 한 권 사서 그 책을 읽었다.)

        There lived a prince. **The** prince liked gold.

        (한 왕자가 있었다. 그 왕자는 황금을 좋아하였다.)

    ㉡ 악기, 발명품

        She plays **the** piano after school. (그녀는 방과 후에 피아노를 친다.)

        He plays **the** violin every day. (그는 매일 바이올린을 연주한다.)

    ㉢ 시간, 수량의 단위

        Sugar is sold by **the** pound. (설탕은 파운드 단위로 판매된다.)

        I hired a boat by **the** hour. (나는 배를 시간 단위로 빌렸다.)

    ㉣ 서수, 최상급

        Sunday is **the** first day of the week. (일요일은 일주일 중 첫째 날이다.)

        He is **the** tallest boy in our class. (그는 우리 반에서 가장 키가 크다.)

    ㉤ 신체 일부

        He looked her in **the** eye. (그는 그녀의 눈을 보았다.)

        He caught me by **the** arm. (그는 나의 팔을 잡았다.)

③ 무관사

    ㉠ 교통 · 통신수단

        We go to school **by bus**. (우리는 버스를 타고 학교에 다닌다.)

        He informed me of the news **by letter**. (그는 편지로 나에게 그 소식을 알려 주었다.)

    ㉡ 장소 본래의 목적

        Mary **goes to school** at seven. (메리는 7시에 공부하러 학교에 간다.)

        ☞ Mother came to the school to meet me. (엄마는 나를 만나러 학교에 오셨다.)

        She **went to hospital** yesterday. (그녀는 어제 병원에 입원했다.)

    ㉢ 운동, 병, 식사이름

        She plays **tennis** in the morning. (그녀는 아침에 테니스를 친다.)

        He died of **cancer** last year. (그분은 작년에 암으로 돌아가셨다.)

④ 관사의 위치

　　㉠ 원칙 : 관사 + 부사 + 형용사 + 명사

　　　He was **a very rich man**. (그는 매우 부유한 사람이다.)

　　　It is **a very interesting movie**. (그것은 매우 재미있는 영화이다.)

　　㉡ 예외

　　　• such(what, quite, rather) + a(n) + 형용사 + 명사

　　　　I climbed **such** a high mountain. (나는 그렇게 높은 산을 올랐다.)

　　　　What a find day it is today! (오늘은 날씨가 너무 좋다!)

　　　• so(as, too, how, however) + 형용사 + a(n) + 명사

　　　　He did it in **so** short **a** time. (그는 그렇게 짧은 시간에 그것을 했다.)

　　　　How beautiful **a** voice she has! (그녀의 목소리는 정말로 아름답다!)

⓫ 대명사

(1) 인칭대명사

① 주격 인칭대명사 : 주어나 be동사의 보어가 된다.

　She is my girlfriend. (그녀는 나의 여자 친구이다.)

　It is **he** who is responsible for the work. (그 일에 책임이 있는 사람은 그이다.)

② 소유격 인칭대명사

　This is **my** book. (이것은 나의 책이다.)

　Do you know **his** name? (너는 그의 이름을 아니?)

③ 목적격 인칭대명사

　I loved **her** when I was young. (나는 어렸을 때, 그녀를 사랑했다.)

　He told me about **her**. (그는 그녀에 대해서 나에게 말했다.)

④ 소유대명사 : '~의 것'을 의미하며, 소유격 + 대명사 = 소유대명사이다.

　This book is **mine**. (이 책은 나의 것이다.)

　This is **mine**, not **yours**. (이것은 내 것이지 너의 것이 아니다.)

(2) 재귀대명사

주어·목적어·보어의 뒤에 와서 동격으로 그 뜻을 강조하는 강조용법과, 문장의 주어와 동일인물이 타동사의 목적어로 쓰이는 재귀용법, 전치사의 목적어로 쓰이는 관용적 용법 등이 있다.

① 종류

구분	단수	복수
1인칭	myself(나 자신)	ourselves(우리들 자신)
2인칭	yourself(당신 자신)	yourselves(당신들 자신)
3인칭	himself(그 자신) herself(그녀 자신) itself(그것 자체)	themselves(그들 자신)

② 목적어의 역할

Ask **yourself** the question. (당신 자신에게 물어보시오.)

He was talking about **himself**. (그는 자신에 대해 말하고 있었다.)

③ 강조의 의미 : 생략이 가능하다.

I have seen it **myself**. (나는 그것을 보았다.)

I met the lady **herself**. (나는 그녀를 만났다.)

④ 전치사 + 재귀대명사의 관용표현

㉠ by oneself : 혼자서

㉡ for oneself : 혼자 힘으로

㉢ of itself : 저절로

㉣ in itself : 본질적으로

㉤ between ourselves : 우리끼리 얘기지만

He went there **by himself**. (그는 혼자서 그 곳에 갔다.)

Telling a lie is evil **in itself**. (거짓말 자체가 나쁘다.)

(3) It의 용법

① 지시대명사 : 앞에 나온 단어, 구, 절을 받는다.

I bought a book and read **it**. (나는 책을 한 권 사서 그것을 읽었다.)

She is pretty, and she knows **it**. (그녀는 예쁘다. 그리고 그녀는 그것을 알고 있다.)

② 비인칭주어 it : 시간, 거리, 날씨, 명암을 나타낼 때 주어에 it을 쓴다.

It is half past ten. → 시간 (10시 반이다.)

It rained heavily last night. → 날씨 (지난 밤에 비가 많이 왔다.)

It's a mile from here to my house. → 거리 (이 곳에서 나의 집까지 1마일이다.)

It is dark in the room. → 명암 (이 방은 어둡다.)

③ 강조구문 : It is + 강조내용 + that ~

I broke the vase. (내가 화병을 깼다.)

It was I **that** broke the vase. →주어 강조

(화병을 깬 사람은 바로 나다.)

It was the vase **that** I broke. →목적어 강조

(내가 깬 것은 바로 화병이다.)

④ 가주어, 가목적어

　㉠ 가주어

　　It is important to know oneself. (자신을 아는 것이 중요하다.)

　　It is necessary to study hard. (열심히 공부하는 것이 필요하다.)

　㉡ 가목적어

　　I found **it** pleasant to walk in the snow.

　　(나는 눈을 맞으며 걷는 것이 즐겁다는 것을 알았다.)

　　I made **it** clear that he is wrong. (나는 그가 잘못이라는 것을 분명히 했다.)

(4) 지시대명사 – this(these), that(those)

① this(these)는 가까운 것을 나타내고, that(those)은 먼 것을 나타낸다.

This is much better than **that**. (이것이 저것보다 더 많다.)

This is Tom and **that** is Nicole. (이쪽은 Tom, 저쪽은 Nicole이야.)

② 반복되는 명사는 that(those)으로 받는다(명사의 반복회피).

The climate of Korea is milder than **that** of Japan.

(한국의 기후는 일본의 기후보다 온화하다.)

The ears of a rabbit are longer than **those** of a dog.

(토끼의 귀가 개의 귀보다 더 길다.)

③ this와 that은 앞에 나온 구와 절을 받는다.

I was late and **this** made her angry. (나는 늦었다. 그리고 이것은 그녀를 화나게 했다.)

I will come tomorrow. **That** will please you. (나는 내일 오겠다. 그러면 너는 기쁘겠지.)

④ that은 전자(前者)를 가리키고, this는 후자(後者)를 가리킨다.

Work and play are both necessary ; **this** gives us rest and **that** energy.

[일과 놀이 모두 필요하다. 후자(놀이)는 휴식을 주고 전자(일)는 힘을 준다.]

I can speak English and Japanese ; **this** is easier to learn than **that**.

[나는 영어와 일어를 할 줄 안다. 후자(일본어)가 전자(영어)보다 배우기 쉽다.]

(5) 의문대명사 – who, which, what

① who, what

 ㉠ who : 이름 · 가족관계

  Who is he? (그는 누구냐?)

  He is **Tom**. (그는 Tom이다.)

  He is **my uncle**. (그는 나의 삼촌이다.)

 ㉡ what : 직업 · 신분

  What is she? (그녀는 누구입니까?)

  She is **the president of our school**. (그녀는 우리 학교 교장선생님이다.)

  She is **a famous writer**. (그녀는 유명한 소설가이다.)

② what, which

 ㉠ what : 전혀 모르는 것

  What do you want? (너는 무엇을 원하니?)

  I want an interesting novel. (나는 재미있는 소설을 원한다.)

 ㉡ which : 주어진 것 중에서 선택

  Which do you like better, apples or pears? (사과와 배 중에서 어느 것을 더 좋아하니?)

  I like apples. (사과를 좋아합니다.)

(6) 부정대명사 – one, other, another

① 일반인(one, one's, oneself)

 One should obey **one's** parents. (사람은 부모님에게 순종해야 한다.)

 One must not neglect **one's** duty. (사람은 자기 의무를 소홀히 하면 안 된다.)

② one = a(n) + 명사

 I need a pen ; please lend me **one**. (나는 펜이 필요하다. 나에게 빌려줘.)

 I have a camera. Do you have **one**? (나는 카메라가 있어. 너는 있니?)

③ one ～, the other … : (둘 중) 하나는～, 다른 하나는…

 I have two dogs ; **one** is white, and **the other** is black.

 (나는 두 마리의 개가 있다. 하나는 흰색이고, 다른 하나는 검은색이다.)

 There are two flowers in the vase ; **one** is rose, **the other** is tulip.

 (꽃병에 꽃 두 송이가 있다. 하나는 장미이고, 하나는 튤립이다.)

④ some ～, other … : (한정되지 않은 여럿 중) 일부는～, 일부는…

Some like baseball, and **others** like football.

(어떤 사람들은 야구를 좋아하고, 다른 사람들은 축구를 좋아한다.)

Some people like winter, **other** like summer.

(어떤 사람들은 겨울을 좋아하고, 또 어떤 사람들은 여름을 좋아한다.)

⑤ the others : (한정된 여럿 중) 그 나머지들

Five of them came ; **the others** did not.

(그들 중 다섯 명은 왔다. 다른 사람들은 오지 않았다.)

Each praises **the others**. [서로 (다른 나머지 사람들을) 칭찬한다.]

⑥ another

I have six dogs ; one is white, **another** is black and the others are brown.

(나는 개가 6마리 있다. 하나는 희고, 또 하나는 검으며 나머지는 갈색이다.)

I want **another** apple. (나는 사과를 하나 더 원한다.)

I don't like this hat. Show me **another**. (나는 이 모자가 싫다. 다른 것을 보여주세요.)

To know is **one thing**, to teach is **another**. (아는 것과 가르치는 것은 별개다.)

☞ A is one thing, B is another : A와 B는 별개이다.

(7) 기타 대명사들

구분	모두	하나만	각자마다	전체 부정
둘뿐일 때	both	either	each	neither
셋 이상일 때	all	one	every	none

① 둘뿐일 때

I have two friends. (나는 친구 두 명이 있다.)

Both of my friends are honest. (나의 친구 두 사람은 모두 정직하다.)

Either of my friends will come. (나의 친구 중 한 사람만 올 것이다.)

Each of my friends has a camera. (나의 친구 각자가 카메라를 가지고 있다.)

Neither of my friends is absent. (나의 친구 모두 결석하지 않았다.)

② 셋 이상일 때

There are fifty boys in our class. (우리 반에 50명의 소년이 있다.)

All of the boys are industrious. (모든 소년이 근면하다.)

One of the boys is idle. (소년들 중에서 한 명이 게으르다.)

Every boy has his book. (모든 소년 각자가 자기 책을 가지고 있다.)

None of the boys are absent. (소년들 중 한 사람도 결석하지 않았다.)

⑫ 전치사

(1) 시간을 나타내는 전치사

① at, on, in

　㉠ at : 시간

　　She gets up **at** six every morning. (그녀는 매일 아침 6시에 일어난다.)

　　There was a fire **at** midnight. (한밤중에 화재가 발생했다.)

　㉡ on : 요일, 특정한 날짜

　　He always goes to church **on** Sunday. (그는 일요일에 늘 교회에 간다.)

　　He will arrive **on** the first day of September. (그는 9월 1일에 도착할 것이다.)

　㉢ in : 년, 월, 계절

　　Flowers come out **in** spring. (꽃은 봄에 핀다.)

　　World War Ⅱ broke out **in** 1939. (제 2 차 세계대전은 1939년에 발생했다.)

② till, by

　㉠ till : ~까지(계속)

　　He worked hard **till** midnight. (그는 한밤중까지 열심히 일했다.)

　　Good bye **till** tomorrow. (내일까지 안녕.)

　㉡ by : ~까지(완료)

　　Finish the work **by** five. (5시까지 그 일을 끝내라.)

　　I will come **by** seven. (나는 7시까지 돌아올 것이다.)

③ within, in, after

　㉠ within : ~이내에

　　I will come back **within** an hour. (한 시간 이내에 돌아오겠다.)

　　It's green without and yellow **within**. (그것은 겉은 초록색이고 안은 노란색이다.)

　㉡ in : ~지나서 그 때

　　I will come back **in** an hour. (한 시간 지나서 오겠다.)

　　Come again **in** a day or two. (하루 이틀 지나서 또 오시오.)

　㉢ after : ~지나서 이후에

　　I will come back **after** an hour. (한 시간 후에 오겠다.)

　　After doing my homework, I went to bed. (나는 숙제를 한 뒤에 잤다.)

④ for, during

    ㉠ for + 셀 수 있는 단위 : ~동안

        I stayed here **for** five days. (나는 5일 동안 이 곳에 머물러 있겠다.)

        He was in hospital **for** six months. (그는 6개월 동안 병원에 있었다.)

    ㉡ during + 특정 기간 : ~동안

        I went there twice **during** vacation. (나는 그 곳에 방학 동안 두 번 갔다.)

        He was in hospital **during** the summer. (그는 여름 동안 병원에 있었다.)

(2) 장소를 나타내는 전치사

① at, in

    ㉠ at : 좁은 장소

        He arrived **at** the village. (그는 마을에 도착했다.)

        I stay **at** the office. (나는 사무실에 있다.)

    ㉡ in : 넓은 장소

        I bought this book **in** America. (나는 이 책을 미국에서 샀다.)

        I live **in** Busan. (나는 부산에 산다.)

② on / beneath, over / under, above / below

    ㉠ on : 어떤 면에 접촉한 위

        The ship floats **on** the sea. (바다 위에 배가 떠있다.)

        There is a picture **on** the wall. (벽에 그림이 걸려 있다.)

    ㉡ beneath : 어떤 면에 접촉한 아래

        The ship sank **beneath** the waves. (배가 파도 밑으로 가라앉았다.)

        The earth is **beneath** my feet. (지구는 내 발 아래 있다.)

    ㉢ over : 약간 떨어진 위

        The lamp was hanging **over** the window. (램프가 창문 위에 걸려 있다.)

        There is a bridge **over** the river. (강 위에 다리가 있다.)

    ㉣ under : 약간 떨어진 아래

        Don't stand **under** a tree when it thunders. (천둥칠 때 나무 밑에 서있지 마라.)

        There is a cat **under** the table. (탁자 아래에 고양이가 있다.)

    ㉤ above : (위로) 비교적 보다 높은 곳

        The sun has risen **above** the horizon. (태양이 수평선 위로 떠올랐다.)

        My room is just **above**. (내 방은 바로 위에 있습니다.)

ⓗ below : (아래로) 비교적 보다 낮은 곳

The moon is sinking **below** the horizon. (달이 수평선 아래로 졌다.)

There is a waterfall **below** the bridge. (이 다리 하류에 폭포가 있다.)

③ into, out of

ⓐ into : (밖에서) 안으로

A rabbit ran **into** the bush. (토끼가 덤불 속으로 뛰어 들어갔다.)

A car fell **into** the river. (자동차가 강물에 빠졌다.)

ⓑ out of : (안에서) 밖으로

A mouse came **out of** the hole. (생쥐가 구멍에서 나왔다.)

He ran **out of** the house. (그는 그 집에서 도망쳤다.)

④ between, among

ⓐ between : 둘 사이

There is a wide river **between** the two villages. (두 마을 사이에는 넓은 강이 있다.)

She sit **between** Jack and Jill. (그녀는 잭과 질 사이에 앉는다.)

ⓑ among : 셋 이상 사이

Birds are singing **among** the trees. (새들이 나무 사이에서 노래하고 있다.)

I live **among** the poor. (나는 가난한 사람들 속에서 살고 있다.)

(3) 기타 중요한 전치사

① for, against

ⓐ for : 찬성

We voted **for** the bill. (우리는 그 법안에 찬성했다.)

Are you **for** or against the proposal? (그 제안에 찬성인가 아니면 반대인가?)

ⓑ against : 반대

He spoke **against** the bill. (그는 그 법안에 반대발언을 했다.)

I voted **against** him. (나는 그에게 반대투표를 하였다.)

② to, into

ⓐ to : 동작의 결과

He walked himself **to** lame. (그는 절름거리며 걸었다.)

She tore the letter **to** pieces. (그녀는 그 편지를 갈기갈기 찢었다.)

ⓑ into : 변화의 결과

Flour can be made **into** bread or cake. (밀가루로 빵이나 과자를 만들었다.)

He poked the fire **into** a blaze. (그는 불씨를 쑤셔 불길을 만들었다.)

③ die of / from(~로 인해 죽다)

  ㉠ die of + 자연(illness, cold, hunger)

    He **died of** cancer. (그는 암으로 죽었다.)

    he **died of** hunger. (그는 아사했다.)

  ㉡ die from + 사고(explosion, wound)

    He **died from** wound. (그는 부상을 당해 죽었다.)

    He **died from** weakness. (그는 쇠약해져서 죽었다.)

④ be made of / from(~로 만들다)

  ㉠ be made of + 재료 : 재료의 흔적이 남아 있는 경우

    This house **is made of** stone. (이 집은 돌로 만들어진 것이다.)

    Most houses **are made of** weed. (대부분의 집은 나무로 만들어진다.)

  ㉡ be made from + 재료 : 재료의 흔적이 없는 경우

    Wine **is made from** grapes. (포도주는 포도로 만들어진다.)

    Cake **is made from** wheat. (케이크는 밀로 만들어진다.)

section 3 독해

1 글의 핵심파악

(1) 제목 찾기

주제문을 찾아 요약하고 글 속에서 자주 반복되는 핵심어와 연결된 것을 찾는다. 제목은 주제보다 상징성이 강하며 간결하고 명료하다.

<제목 찾기에 많이 출제되는 명사>

importance 중요성	similarity 유사성
need, necessity 필요성	difference 차이점
influence 영향	increase 증가
effect 효과	decrease 감소
reason 이유	advantage 이점
cause 원인	disadvantage 단점
difficulty 어려움	role 역할
ways 방법	condition 조건
improvement 개선	development 개발

(2) 주제 찾기

글의 중심생각을 묻는 것으로 보통 주제문에 분명하게 드러나므로 전체 글을 이해하여 주제문을 찾는 것이 중요하다.

(3) 요지 찾기

주제를 찾는 문제와 드러나는 차이는 보이지 않지만 글을 나타내는 상징성의 정도가 요지 < 주제 < 제목의 순으로 드러난다. 선택지가 속담으로 구성되어 있는 경우도 있으므로 속담, 격언에 유의한다.

<요지 · 주장에 많이 출제되는 단어들>
- 조동사 : must, should, ought to, have to, had better(~하는 게 더 낫다), need to 등
- 형용사 : important, necessary(필수적인), crucial(중요한), critical(중요한), desirable(바람직한) 등

(4) 문단 요약

글의 요지를 파악하는 능력과 함께 쓰기 능력을 간접적으로 평가하는 문제이다. 요지와 세부 내용을 모두 파악하여 간결하게 하나의 압축된 문장으로 나타낼 수 있어야 한다. 단락의 핵심어를 선택지에서 표현을 바꾸는 경우가 있으므로 동의어 등에 유의한다.

> **〈글의 전개 방식〉**
> • 두괄식 : 첫머리에 문단의 핵심 내용을 놓고, 뒤에 그 문장을 풀이하거나 예시를 드는 구조
> • 중괄식 : 핵심 내용을 중간에 배치하고 앞뒤로 예시를 드는 구조
> • 양괄식 : 핵심 내용을 첫머리에 두고 예시를 나열한 다음, 끝부분에 핵심 내용을 반복하는 구조
> • 미괄식 : 앞부분에는 예시를 들어 구체적인 서술을 하고 끝부분에 결론으로 핵심 내용을 두는 구조

❷ 문맥 속 어구파악

(1) 지시어 추론

주로 대명사(this, that, it …) 또는 (고유)명사가 구체적으로 가리키는 것을 찾는 문제로 글의 전체 내용을 종합적으로 파악하고 그 자리에 대상어를 대입했을 때 의미적으로 이상이 없는 것을 찾는다.

(2) 어구의 의미 파악

어구의 이면적인 의미를 간파해내야 하는 문제로 전반적인 분위기를 파악하여 이중적 의미를 찾아내는 것이 중요하다. 다양한 의미로 쓰이는 어휘나 표현을 잘 익혀 두는 것이 좋다.

❸ 문맥의 이해

(1) 내용일치 여부의 판단

이 유형은 글의 세부적인 내용파악을 주로 요구하는 문제로 주어지는 글보다 질문과 보기의 내용을 먼저 본 후에 질문에 해당하는 부분을 집중적으로 살펴야 한다. 이 때 중요한 것은 반드시 주어지는 글에 담긴 사실적인 내용을 근거로 판단해야 한다는 것이다.

(2) 무관한 문장 고르기

이 유형은 글의 전체적인 일관성과 통일성을 해치는 문장을 골라내는 문제로 주제와 그 주제를 뒷받침하지 않고 주제를 벗어나거나 서술방향이 다른 문장을 찾아야 한다. 이 때 무관한 문장은 그 문장 없이도 글의 흐름이 자연스럽게 연결될 수 있다.

(3) 문장의 순서 정하기

이 유형은 배열순서가 뒤바뀐 여러 문장들을 연결사와 지시어 등에 유의하여 문장과 문장 사이의 논리적 관계를 정확하게 파악하여 논리적으로 재배열하는 문제로 기준이 되는 문장이 제시되기도 한다.

(4) 전후관계 추론

이 유형은 난락 산 선새방식을 묻는 문제로 글의 논리적인 연관성에 따라서 주이지는 단락의 내용을 정학하게 파악하여 앞 단락 또는 뒤 단락의 내용을 추론해야 한다.

④ 글의 어조 · 분위기

(1) 글의 어조 · 분위기

글 속에 명시적이거나 암시적으로 나타나있는 여러 정황들을 종합적으로 감상하는 능력을 요구하는 문제로 글의 전체적인 분위기를 잘 드러내는 어휘들 특히 형용사와 부사에 주목하여야 하며 평소 글의 어조 · 분위기를 나타내는 단어를 잘 알아두어야 한다.

(2) 필자의 심경 · 태도

글의 어조 · 분위기를 감상하는 문제와 같이 글의 종합적인 이해 · 감상능력을 요구하는 문제로 어떤 일련의 사건들을 통해 드러나는 등장인물의 성격과 태도를 판단할 수 있으며 평소 글의 심경 · 태도를 나타내는 단어를 잘 알아두면 유용하다.

⑤ 연결어 파악

연결어란 글의 흐름을 논리적으로 자연스럽게 연결 시켜주는 어구들을 말한다. 적절한 연결사를 쓰면 글의 주제나 요지 등 논리적 흐름을 쉽게 이해할 수 있지만, 연결어를 잘못 쓰면 글의 흐름이 어색해져 필자의 의도를 파악하기 힘들어진다.

(1) 예시
• for example, for instance 예를 들면

(2) 추가
• additionally 게다가, 더구나
• at the same time 동시에, 또한
• indeed 실로, 사실상
• likewise 유사하게

- besides 게다가
- furthermore 게다가
- in addition (to) ~외에도
- moreover 게다가, 더구나
- similarly 유사하게
- what's more 게다가

(3) 대조
- nevertheless ~임에도 불구하고
- nonetheless ~임에도 불구하고
- even though ~라 할지라도
- but, however, still, yet 그러나
- unlike ~와 달리
- conversely 반대로
- in contrast 대조적으로
- on the contrary 반면에, 반대로
- on the other hand 반면에
- whereas 반면에, ~에 반해서

(4) 비교
- comparing, in comparison 비교해 보면
- similarly 유사하게
- likewise, in the same way 비슷하게

(5) 사건의 순서
- first 첫째
- third 셋째
- next 다음으로
- after that 그 후에
- second 둘째
- then 그런 후에
- later 나중에
- finally 마지막으로

(6) 결과, 결론, 요약
- after all 결국
- at last 결국
- finally 마침내
- in brief 간단히 말해
- in conclusion 결론적으로
- accordingly 따라서
- as a consequence 그 결과
- as a result 그 결과
- consequently 결과적으로
- for this reason 이런 이유 때문에
- hence 그래서
- in short 간단히 말해
- in summary 요약하자면
- on the whole 대체로
- to conclude 결론짓자면
- to sum up 요약하자면
- in consequence 따라서, 결과적으로
- thereby 그래서
- therefore 따라서
- thus 따라서
- briefly 간단히 말해

1 다음 밑줄 친 부분에 가장 알맞은 것은?

> I thought we were _____ to be paid today.

① subjected

② about

③ supposed

④ attributed

TIP ① be subjected to ~을 받다(당하다)
② be about to 막 ~을 하려는 참이다.
③ be supposed to ~하기로 되어 있다.
④ be attributed to ~에 기인하다, ~에 덕분으로 여겨지다
「저는 우리가 오늘 급여를 받기로 되어 있다고 생각했는데요.」

※ 다음 밑줄 친 부분과 뜻이 같은 것을 고르시오. 【2~4】

2
> The two political rivals <u>detest</u> each other.

① contest

② favorite

③ disgust

④ appraise

TIP detest 혐오하다, 몹시 싫어하다 contest 논쟁하다, 다투다 favorite 마음에 드는, 매우 좋아 하는 disgust 혐오하다
appraise 견적하다, 값을 매기다, 평가하다
「그 두 정치적 라이벌은 서로 싫어한다.」

Answer 1.③ 2.③

3

I couldn't <u>make out</u> what he said.

① remember   ② understand

③ explain   ④ believe

TIP   make out 이해하다(= figure out, understand)
     ① 기억하다   ③ 설명하다   ④ 믿다
     「나는 그가 말한 것을 이해할 수 없었다.」

4

They <u>ran out of</u> food supplies before winter came.

① used up   ② set aside

③ sent for   ④ went through

TIP   run out of ~을 다 쓰다(= use up)
     ② 곁에 두다, 무사하다, 파기하다   ③ ~을 부르러 보내다   ④ 지나다, 경험하다
     「그들은 겨울이 오기 전에 식량을 다 소비했다.」

5 두 단어의 관계가 나머지 셋과 다른 것을 고르면?

① dog – animal   ② green – color

③ car – building   ④ summer – season

TIP   ①②④는 하위어와 상위어의 관계이고, ③은 서로 관계가 없다.
     ① 개 – 동물
     ② 초록색 – 색깔
     ③ 자동차 – 빌딩
     ④ 여름 – 계절

Answer   3.②   4.①   5.③

※ 다음 두 문장의 빈칸에 공통적으로 들어갈 알맞은 말을 고르시오. 【6~7】

6

> • I _____ in my essay yesterday.
> • Her parents finally _____ in and let her go to the party.

① got   ② gave

③ made   ④ submitted

TIP ② 'give in'이 '제출하다, 항복하다'의 뜻으로 공통으로 들어갈 수 있다.

「• 나는 어제 에세이를 제출했다.
• 그녀의 부모님은 마침내 항복했고, 그녀가 파티에 가도록 내버려 두었다.」

7

> • Foods _____ bad quickly in summer.
> • A man can _____ without food for days.

① go   ② run

③ turn   ④ make

TIP bad, without과 함께 쓰일 수 있는 동사를 찾는 문제이다. go bad는 '썩다, 나빠지다'의 의미이고, go without은 '~없이 견디다'의 의미를 갖고 있다. 따라서 정답은 ①이다.

「• 음식은 여름에 빨리 상한다.
• 사람은 며칠 동안 굶을 수 있다.」

8 다음 밑줄 친 단어와 반대되는 뜻을 가진 단어는?

> For a long time his death was <u>concealed</u> from her.

① harbor   ② manifest

③ determinate   ④ divulge

Answer 6.② 7.① 8.④

TIP conceal 숨기다, 비밀로 하다 harbor 항구, 피난처 manifest 명백하게 하다, 명시하다 determinate 한정된, 명확한, 확인하다 divulge 누설하다, 폭로하다

「오랜 시간 동안 그의 사망 사실을 그녀에게 숨기고 있었다.」

※ 다음 밑줄 친 단어와 뜻이 가장 가까운 것을 고르시오. 【9~10】

9

> They circumvented our plan.

① deferred
② projected
③ frustrated
④ supported

TIP circumvent 선수를 치다, 함정에 빠뜨리다, 속여 넘기다, 에워싸다, 포위하다 defer ~을 연기하다, 늦추다 frustrate (적을) 쳐부수다, ~을 헛되게 하다, 실패하게 하다, 좌절시키다

「그들은 우리의 계획을 좌절시켰다.」

10

> Movie studios often boost a new star with guest appearances on television talk show.

① promote
② watch
③ denounce
④ assault

TIP boost(= promote) ~에 앉히다, 모시다, 밀어 올리다, 격려하다, 후원하다, 끌어올리다 appearance 출현, 등장 promote 진전시키다, 조장하다, 승진하다 denounce 탄핵하다, 고발하다 assault 급습하다, 습격하다, 괴롭히다

「영화 스튜디오는 텔레비전 토크쇼에 초대 손님으로 종종 새로운 스타를 모신다.」

Answer 9.③ 10.①

※ 다음 밑줄 친 부분에 알맞은 것을 고르시오. 【11~12】

11

> I was surprised _____ the news.

① at   ② of
③ for   ④ by

TIP be surprised at~ ~에 놀라다
「나는 그 소식에 놀랐다.」

12

> In the past, investors have often _____ savings accounts for money-market mutual funds.

① rejected   ② replaced
③ preferred   ④ purchased

TIP mutual 서로의, 상호의   mutual fund 상호기금, 개방형 투자신탁   replace 대신(대체)하다   prefer 보다 좋아하다, 선호하다   reject 거절하다, 거부하다, 물리치다   purchase 사다, 구입하다
「과거 투자들은 금융시장의 개방형 투자신탁을 위하여 저축예금을 거부하였다.」

13 다음 중 서로 비슷한 의미의 단어로 짝지어진 것은?

① animal – plant   ② spark – light
③ human – robot   ④ black – white

TIP ② spark와 light 둘 다 불꽃의 의미가 있다.
① 동물 – 식물 ③ 인간 – 로봇 ④ 검은 – 흰

Answer   11.① 12.① 13.②

14 우리말을 영어로 옮긴 것 중 옳지 않은 것은?

① 그 일을 한다면, 어떤 아이라도 비웃음을 받을 것이다.

→Any child, who should do that, would be laughed.

② 그는 곧 집에 돌아올 것이다.

→It will not be long before he comes back home.

③ 어떤 사람들은 별들이 하늘에 붙어 있는 불빛이라고 생각했다.

→Some thought that the stars were lights attached to the sky.

④ 그가 유죄임에는 의심의 여지가 없다.

→There is no doubt that he is guilty.

TIP ① 자동사는 전치사와 함께 쓰여 타동사 역할을 하며, 수동태가 가능하다. 따라서 laughed는 laughed at으로 바꾸어야 한다.

15 다음 밑줄 친 곳 중 문법에 알맞지 않은 것은?

In the United States, about 10 million computers ①<u>thrown</u> away every year! Because most ② <u>unwanted</u> computers are sent to a dump, they ③<u>have caused</u> a problem. The computer industry and the government are working on ways to solve ④<u>it</u>.

TIP 컴퓨터는 능동의 주체가 될 수 없으므로 동사는 수동의 형태로 오는 것이 옳다.
thrown → are thrown으로 고쳐야 한다.

「미국에서는 해마다 약 1000만 대의 컴퓨터가 버려진다. 대부분 원하지 않은 컴퓨터는 쓰레기로 보내지는데 이것은 문제를 일으킨다.
컴퓨터 산업과 정부는 이 문제를 해결할 방법을 찾고 있다.」

Answer 14.① 15.①

16 다음 밑줄 친 부분에 가장 알맞은 것을 고르면?

> The rose smells _____.

① sweet
② sweetness
③ sweetly
④ sweeting

---

17 다음 두 문장의 뜻이 같도록 밑줄에 알맞은 말을 고르면?

> He bought her a ring.
> = He bought a ring _____ her.

① to
② for
③ of
④ in

---

18 다음 중 문법적으로 어색한 문장은?

① She rise a hand in greeting.
② He cut himself shaving.
③ The factory portions and packs over 12,000 meals a day.
④ I've done my quota of work for the day.

Answer 16.① 17.② 18.①

19 다음 중 어법상 어색한 문장은?

① Will you make a cup of coffee for me?

② They run a small hotel in San Francisco.

③ She asked me to accompany with her to the church.

④ She resembles her sister in appearance but not in voice.

TIP ③ accompany(동행하다)는 타동사이므로 전치사를 취하지 않는다.
　　　accompany with → accompany
① 나에게 커피 좀 타주시겠어요?
② 그들은 샌프란시스코에서 작은 호텔을 경영하고 있다.
③ 그녀는 나에게 그녀와 함께 교회에 갈 것을 제안했다.
④ 그녀는 그녀의 여동생과 겉모습은 닮았지만, 목소리는 닮지 않았다.

20 다음 밑줄 친 부분에 가장 알맞은 것을 고르면?

He said that the earth _____ round the sun.

① go

② goes

③ went

④ had gone

TIP 불변의 진리는 주절의 시제와 상관없이 현재시제를 쓴다.
「그는 지구가 태양을 돈다고 말했다.」

Answer 19.③ 20.②

21 다음 중 문법상 알맞지 않은 것은?

① I proposed that the money be spent on library books.

② It is natural that you should get angry.

③ She is surprising at the news.

④ The airplane took off 10 minutes ago.

TIP ③ surprising → surprised, surprise(깜짝 놀라게 하다) 등 감정을 나타내는 동사가 사람을 주어로 하는 때에는 수동태로 표현되어 사람주어의 심리상태를 나타낸다.

22 다음 문장의 밑줄 친 부분의 옳은 형태는?

Once the Gulf oil reserves <u>exhaust</u>, there will be no strategic interest of the West in that region and the world will no more observe military confrontation or mobilization of the type witnessed in recent years.

① are exhausted

② was exhausted

③ have exhausted

④ has exhausted

TIP reserve 비축, 축적, 매장량 strategic 전략상의 interest 흥미, 관심, 이해, 이익 confrontation 직면, 대립 mobilization 동원, 유통 witness 목격하다, 증언하다

① Once the Gulf oil reserves exhaust에서 the Gulf oil reserves가 주어이므로 exhaust는 동사가 되어야 한다. 이때 exhaust는 의미상 수동형이 되어야 하며, 주절이 미래시제이므로 종속절(Once절)에는 현재시제를 써서 미래를 표시한다(시간·조건의 부사절에서 주절의 동사가 미래일 경우 현재를 써서 미래를 표시한다. 다만, 주절의 동사가 현재일 경우에는 미래를 쓴다).

「일단 걸프지역의 석유매장량이 고갈된다면, 그 지역에서 서구의 전략상 이익은 없을 것이고, 세계는 최근에 목격된 유형과 같은 군사대립이나 동원을 더 이상 볼 수 없을 것이다.」

Answer 21.③ 22.①

23 다음 밑줄 친 곳에서 문법상 어색한 것을 고르면?

> ① Written in the 1910s, the nature writer Ernest N. Seton estimated ② that by the end of the 18th century the ③ original population of buffalo in North America ④ had been 75 million.

TIP estimate 추정하다 population 인구, (어떤 지역 내) 개체군(수) buffalo 물소, 아메리카 들소
① 주절의 주어와의 관계가 능동의 관계(주어가 글을 쓴 것)이므로 Writing이다.

「1910년대에 글을 썼던 자연주의 작가 Ernest N. Seton은 18세기 말 무렵의 북아메리카 들소의 개체수가 7천 5백만 마리가 있었을 것이라고 추정했다.」

24 다음 두 문장이 같아지도록 밑줄 친 부분에 알맞은 것을 고르면?

> It is believed that she kept the secret.
> = _____ the secret.

① She was believed for her to keep

② It was believed for her to keep

③ She is believed to have kept

④ It was believed to have kept

TIP 주절의 시제와 종속절의 시제가 다를 때, to have + p.p.를 사용한다.

「그녀가 비밀을 지켰다고 믿는다.」

25 다음 밑줄 친 말 중 어법에 맞지 않은 것은?

In order to ①<u>raise</u> public consciousness ②<u>concerning</u> environmental problems, everyone should distribute leaflets, write to ③<u>his or her</u> Congressman, ④<u>as well as signing</u> the necessary petitions.

26 다음 문장의 빈칸에 공통으로 들어갈 수 있는 것은?

- He suggested your friend _____ be more careful.
- You _____ have paid attention to his advice.
- It is quite natural that you _____ take care of your old parents.

① would
② must
③ could
④ should

27 다음 중 어법에 맞는 표현을 골라 짝지은 것으로 가장 적절한 것은?

I worried about the missing gloves all evening. I tried to remember exactly what I had done from the time I left the store until the time I got home. I remembered that I had looked at the gloves while I was eating lunch. I remembered to show the gloves to a friend on the bus. I (can't / needn't) have left them in the restaurant. I must have taken them with me on the bus. Since I went directly from the bus to my house, I (must / should) have left the gloves on the floor. I was in a hurry to get off, and I must have forgotten to check the package I put on the floor. I (won't / shouldn't) have been in such a hurry.

① can't — must — won't

② can't — should — shouldn't

③ can't — must — shouldn't

④ needn't — should — won't

TIP missing 잃어버린 package 소포, 짐, 꾸러미

can't have + p.p. : ~했을 리가 없다   needn't have + p.p. : ~할 필요가 없었다

must have + p.p. : ~했음에 틀림없다   should have + p.p. : ~했어야 했다

should not have + p.p. : ~하지 말았어야 했다

「나는 잃어버린 장갑에 대해 저녁 내내 걱정을 했다. 내가 가게를 나섰던 때부터 집에 왔을 때까지 내가 했던 것을 정확하게 기억해 내려고 애를 썼다. 내가 점심을 먹는 동안에 장갑을 보았던 것이 기억이 났다. 버스에서 친구에게 장갑을 보여주었던 것이 생각났다. 내가 식당에 장갑을 두고 왔을 리가 없었다. 내가 장갑을 갖고 버스를 타고 왔던 것이 틀림없었다. 버스에서 집으로 직접 갔기 때문에 장갑을 버스에 놓고 내렸음에 틀림없었다. 서둘러 버스에서 내렸으나 나는 버스 바닥에 놓았던 짐을 확인해야 할 것을 깜박 잊었던 것이 틀림없다. 나는 그렇게 서두르지 말았어야 했다.」

Answer   27.③

28 다음 빈칸에 들어갈 알맞은 것은?

> The signs posted on the entrances to the company headquarters prohibit unauthorized visitors _____ the building.

① to enter

② from entering

③ of entering

④ in enter

TIP prohibit (목적어) from ∼ing구문으로 '(목적어)가 ∼하는 것을 금하다'라는 뜻이다. 이외의 동사로는 stop, keep, discourage, hinder, impede가 있다.

「그 회사본부 입구에 게시된 표시는 허가받지 않은 방문객들을 건물 안으로 들어오지 못하게 한다.」

29 다음 글에서 전체 흐름과 관계없는 문장은?

> Laughter is a way of releasing inner tensions, and there are many classes and types of laughs. ⓐA happy laugh can be heard when students finally pass an important examination that they studied for all night. ⓑIt can also be heard coming from a small child running with his dog through the meadows. ⓒLaughter is the greatest of all emotional outlets. ⓓAn inexperienced driver may find himself laughing when he tries to turn the steering wheel but ends up turning on the signal lights. His laughter stems from nervousness and his act of laughing helps him to relax.

① ⓐ

② ⓑ

③ ⓒ

④ ⓓ

TIP release 배출하다 outlet 배출구

「웃음은 내면의 긴장을 해소시켜 주는 방법으로서, 웃음에는 많은 종류와 형태가 있다. 행복한 웃음소리는 학생들이 밤새도록 공부한 중요한 시험에 통과했을 때 들을 수 있다. 또한 개와 함께 풀밭을 달리는 어린아이에게서도 행복한 웃음소리를 들을 수 있다. (웃음은 모든 감정 배출구 중 가장 위대한 것이다) 초보운전자가 핸들을 돌리려다가 신호를 알리는 깜박이 등을 켜 버렸을 때, 혼자 웃음을 짓게 되기도 한다. 그의 웃음은 신경과민 때문이며, 그의 웃는 행위는 그의 긴장을 해소시켜 주는 데 도움이 된다.」

Answer   28.② 29.③

30 다음 글을 읽고 필자의 어조를 가장 잘 나타낸 단어를 고르면?

> Some people insist on "love at first sight," but I suggest that they calm down and take a second look. There is no such thing as love at first sight. Some of those attractive first—sight qualities may turn out to be genuine and durable, but don't count on the storybook formula. The other saying, "love is blind" is far more sensible.
>
> The young girl who believes herself to be in love can't see the undesirable qualities in her man because she wishes not to see them.

① ironic ② critical
③ angry ④ romantic

TIP insist on ~라고 주장하다 calm down 진정하다, 마음을 가라앉히다 take a look 한 번 보다 turn out to be ~임이 판명되다 genuine 진짜의(= real) durable 견딜 수 있는, 지속될 수 있는 count on ~을 믿다, 의지하다 storybook formula 동화책의 방식

필자는 "첫눈에 반한 사랑"에 대해 부정하고 맹목적이라며 비판하고 있다.

「일부 사람들은 "첫눈에 반한 사랑"을 주장한다. 그러나 난 그들은 진정하고 두 번은 보아야 한다고 제안하겠다. 첫눈에 보이는 사랑과 같은 것은 없다. 몇 가지의 매력있어 보이는 처음의 특징들 가운데는 진실한 것이 있기도 하고 오래 지속되는 것으로 드러나기도 하겠지만, 동화책에 나오는 공식대로 되는 것이 아니다. 다른 속담으로 "사랑이란 맹목적이다"라는 말이 오히려 일리가 있다. 자신이 사랑에 빠졌다고 믿는 어린 소녀들은 자신의 남자에서 바람직하지 않은 특징들은 보지를 못한다. 왜냐하면 그녀들은 그것들을 보려 하지 않기 때문이다.」

Answer 30.②

31 다음 글에서 주인공 'I'의 심정으로 가장 적절한 것은?

My mother hadn't seen my dad in four years of war. In my mind, he was a tall, darkly handsome man I wanted very much to love me. I couldn't wait, thinking about all the things I had to tell him of school and grades. At last, a car pulled up, and a large man with a beard jumped out. Before he could reach the door, my mother and I ran out screaming. She threw her arms around his neck, and he took me in his arms, lifting me right off the ground.

① joyful

② lonely

③ worried

④ horrified

TIP pull up (말 · 차를)멈추다

「나의 어머니는 4년간의 전쟁 동안 아버지를 보지 못했다. 내 생각에 아버지는 검은 피부에 키가 크고 잘생긴 분이셨고 나는 그 분의 사랑을 몹시 받고 싶었다. 아버지에게 학교 일과 성적에 대해 시시콜콜 얘기할 생각을 하면서, 나는 조바심치며 기다렸다. 마침내 차가 멈추었고 턱수염을 기른 덩치 큰 사람이 뛰어 내렸다. 현관문에 이르기도 전에 어머니와 나는 소리를 지르며 달려나갔다. 그녀는 그의 목을 얼싸안았고, 그분은 나를 안아서 땅에서 번쩍 들어올렸다.」

32 다음 글의 바로 앞에 올 문단의 내용으로 가장 자연스러운 것은?

On the other hand, some Indian tribes wish to modernize the reservations. They have set up cattle ranches and started small industries. They have set up cattle ranches and started small industries. The value of education is understood, with many Indians of these tribes earning graduate degrees as teachers, doctors, and engineers at their state universities. These alternatives, with many variations, are what most Indians have chosen.

① 인디언 전통문화의 답습

② 인디언들의 적극적인 사회참여

③ 인디언 특별보호구역의 현대화

④ 인디언들의 교육에 대한 열의

TIP tribe 부족, 종족   reservation 보류, 예약, (인디언을 위한) 정부지정보류지, 자연보호구역, 제한, 조건   ranch 농장, 목장
alternative 대안, 양자택일의
서두에 on the other hand라는 앞문장과 상반되는 접속사가 있으므로, 인디언들의 개혁에 대해 상반되는 내용으로 인디언 전통문화의 답습이 와야 한다.

「다른 한편, 어떤 인디언 부족들은 인디언보호구역을 현대화하기를 바란다. 그들은 가축을 사육하는 목장을 세웠고, 작은 사업을 시작했다. 교육의 가치를 깨달았고, 이 부족의 많은 인디언들이 그들의 주에 있는 대학에서 교사나 의사 및 기술자로서 졸업학위를 받았다. 많은 변화가 있는 이러한 대안들은 대부분의 인디언들이 선택한 것이다.」

Answer   31.① 32.①

33 다음 밑줄 친 부분 중 의미하는 바가 나머지 셋과 다른 것은?

One superstition I can't seem to escape is the one dealing with calendars. In my family, it's bad luck to look at ①a new calendar before the start of the new year. I can't ignore this because efficient administrative assistants at work hand out new calendars in late November or early December. And some of my coworkers hang ②them up as soon as they get them. So at any time, I'm likely to walk into a colleague's space and confront ③the offending object. If I see one, I avert my eyes. Try as I might to rid myself of ④this superstition, I'm not willing to take any chances, either.

TIP superstition 미신, 고정관념, 두려움 escape 달아나다, 벗어나다 ignore 무시하다, 기각하다, 모른 체하다 efficient 능률적인, 유능한, 결과를 발생하는 administrative assistant 이사 보좌관, 사무관 coworker 동료, 협력자 hang 달다, 걸다, 교수형에 처하다 colleague 동료 confront 직면하다, 맞서다 offending 불쾌감을 주는, 성가신 avert 외면하다, 피하다 rid 제거하다, 벗어나다 either 어느 쪽의 ~도 ~않다, ~도 아니다
①②③ 새 달력 ④ 미신

「내가 벗어날 수 없는 하나의 미신은 달력에 관한 것이다. 우리 집안에서는, 신년이 시작되기 전에 새 달력을 보는 것을 불운이라 믿는다. 나는 11월 말이나 12월 초에 새 달력을 유능한 사무관들이 배포하기 때문에 이를 무시할 수 없다. 그리고 나의 동료들 중 몇 명은 새 달력을 받자마자 걸어둔다. 그래서 어느 때라도 나는 동료의 자리로 가면 불쾌감을 주는 물건과 맞닥뜨리게 된다. 만약 내가 그것을 보게 되면 난 나의 눈을 피한다. 내 자신이 이 미신으로부터 벗어나려고 노력을 할지라도 나는 어떠한 가능성(운)에 맡기려 하지 않을 것이다.」

Answer 33.④

34 주어진 문장에 이어질 글의 순서가 가장 적합한 것은?

When one person teaches another through speech or writing, this process is called learning by instruction.

(A) As we all know, however, we can gain knowledge without being taught.

(B) Simply stated, discovery is learning without a teacher, and instruction is learning through the help of one.

(C) This is discovery, the process of learning something by observation, examination, or searching for facts, without being taught.

① (A) − (B) − (C)
② (A) − (C) − (B)
③ (B) − (A) − (C)
④ (B) − (C) − (A)

TIP 「사람이 말이나 글을 통해서 다른 사람을 가르칠 때 이 과정은 교수에 의한 학습이라고 불리어진다. (A) 그러나 우리 모두가 알고 있듯이 우리는 가르침을 받지 않고도 지식을 얻을 수 있다. (C) 이것이 가르침을 받지 않고 관찰, 조사 또는 사실들의 추구에 의해 어떤 것을 배우는 과정인 발견이다. (B) 간단히 말해서 발견이란 교사 없이 배우는 것이고 교수란 교사의 도움을 통해 배우는 것이다.」

Answer 34.②

35 다음 밑줄 친 곳에 들어갈 알맞은 것은?

Banks are not ordinarily prepared to pay out all accounts : they rely on their depositors not to demand payment all at the same time. If depositors should come to fear that a bank is not sound, that it cannot pay off all its depositors, then that fear might cause all the depositors to appear on the same day. If they did the Bank could not pay all accounts. However, _____, then there would always be funds to pay those who wanted their money when they wanted it.

① if they withdrew funds from their accounts secretly

② if they deposited less and less year after year

③ if they compelled tellers not to use their funds for private purpose

④ if they did not all appear at once

TIP ordinarily 보통(은), 대개, 대체로 pay out 갚다, 지불하다 rely on 믿다, 의지하다, 신뢰하다 at the same time 동시에 pay off 전액을 지불하다, 모두 갚다 depositor 예금자, 예금주, 기탁자 fear 두려움, 공포, 걱정, 근심 fund 자금, 기금 withdraw 빼다, 철수시키다, (돈을) 인출하다, 회수하다 year after year 해마다, 해를 거듭하여 compel 무리하게 ~시키다, 강요하다 teller (금전)출납계원 private 개인적인, 비밀의, 은밀한

① 만약 그들이 몰래 그들의 계좌에서 돈을 인출한다면
② 만약 그들이 해마다 점점 더 적게 예금한다면
③ 만약 그들이 금전출납원에게 사적인 목적으로 그들의 자금을 사용하지 말라고 강요한다면
④ 만약 그들이 모두 동시에 나타나지 않는다면

「은행들은 대개 모든 예금액을 갚기 위해서 준비하지 않는다. 그들은 그들의 예금주들이 동시에 모든 예금의 지불을 요구하지는 않을 것이라고 신뢰한다. 만약 예금주들이 은행이 견실하지 못하여 예금주들에게 전액을 모두 지불할 수 없다는 걱정이 일어난다면, 그 때에는 그 걱정이 모든 예금주들을 같은 날에 나타나도록 하는 원인이 될지도 모른다. 만약 그들이 그렇게 한다면, 은행은 모든 예금액을 지불할 수 없다. 하지만 그들이 모두 동시에 나타나지 않는다면, 그 때에는 그들이 원하는 때에 그들의 돈을 원하는 사람에게 지불할 자금이 항상 있을 것이다.」

---

36 다음 글을 읽고 빈칸에 가장 적절한 것을 고르면?

For a long time, people have believed that photographs tell us the truth ; they show us what really happened. People used to say "Seeing is believing," or "Don't tell me, show me," or even "One picture is worth a thousand words." In courts of law, photographs often had more value than words. These days, however, matters are not so simple. Photographs can be changed by computer ; photographs are _____.

① sometimes false

② always acceptable

③ very valuable

④ clearer than ever

TIP value 가치, 평가 false 그릇된, 거짓의

「오랫동안 사람들은 사진이 우리들에게 진실을 말하고 있다고 믿었다 ; 사진은 실제로 일어났던 것을 보여준다. 사람들은 "보는 것이 믿는 것이다." 혹은 "말로 하지 말고 보여달라," 또는 심지어는 "사진 한 장이 천 마디 말만큼이나 가치가 있다."라고 말하곤 했다. 법정에서는 종종 사진이 말보다 훨씬 가치가 있었다. 그러나 요즘은 문제가 그리 간단하지 않다. 사진이 컴퓨터로 변조될 수 있다 ; 사진은 때로는 가짜이다.」

Answer　36.①

37 다음 글을 읽고 밑줄 친 곳에 들어갈 알맞은 것을 고르면?

Language is so much part of our daily activities that some of us may come to look upon it as a more or less automatic and natural act like breathing or winking. Of course, if we give the matter any thought at all, we must realize that there is nothing automatic about language. Children must be taught their native tongue and the necessary training takes a long time. Language is not something that is inherited; it is an art that can be passed on from one generation to the next only by intensive education.

Language is not inherited, but is acquired by _____.

① reading
② writing
③ speaking
④ training

TIP inherit ~을 상속하다, 유전하다 more or less 다소, 어느 정도(= somewhat) intensive 강한, 집중적인

「언어는 일상적인 행위의 많은 부분을 차지해서 어떤 사람들은 그것을 호흡을 하거나 윙크를 하는 것과 같이 다소 자연발생적이며 타고난 행동으로 여기게 될 수도 있다. 물론, 우리가 이 문제에 대해 조금이라도 생각을 해본다면 우리는 틀림없이 언어에 있어서 자연발생적인 것은 아무것도 없다는 것을 깨달을 것이다. 아이들은 그들의 모국어를 배워야만 하고 그러한 필수적인 훈련은 시간이 오래 걸린다. 언어는 유전되는 것이 아니다.

언어는 집중적인 교육에 의해서만 한 세대에서 다음 세대로 전달되는 일종의 기술인 것이다.」

38 다음 글의 빈칸에 각각 들어갈 알맞은 어구는?

Testing for anabolic steroids at competitions is virtually useless, since doping athletes simply stop using them a few weeks before their season begins, giving their bodies time to _____ the drugs out. They can hasten this process with diuretics too, or keep taking at low doses those natural hormones which have an anabolic effect. Experts agree that the only way to reduce drug misuse is to test randomly during training periods.

But there is no single international testing regime. The IOC has shown little interest in strict out-of-competition testing, leaving the responsibility to individual countries and sports federations. Many lack the funds — or will — to test. The result is a hodgepodge of programs that _____ some athletes, while leaving others free dope.

① wash — settle upon　　　　　② flush — crack down on

③ retard — bequeath from　　　④ clean — look down upon

TIP anabolic 신진대사의, 동화작용의　competition 경쟁, 경기　virtually 사실상, 실질적으로　hasten 서두르다, 재촉하다, 급하게 하다　diuretic 이뇨제　dose (1회) 복용량　misuse 오용, 남용　randomly 무작위로, 임의로　regime 정체(政體), 조직　strict 엄격한　federation 연합, 동맹　lack ~이 없다, 결핍되다　hodgepodge 뒤범벅, 잡탕　settle upon ~으로 결정하다　flush out 씻어내리다　crack down on ~을 단속하다, 탄압하다　retard 늦추다, 지체시키다, 방해하다　bequeath (동산을) 유증하다, 남기다　clean out 깨끗이 하다　look down upon ~을 내려다보다, 경멸하다

「경기에서 신진대사의 스테로이드를 검사하는 것은 실질적으로 무익한데, 약물을 사용한 운동선수들은 단지 그들의 몸에 약물을 씻어내릴 시간을 주기 위해서 그들의 시즌이 시작되기 몇 주일 전에 그것들을 사용하는 것을 멈춘다. 그들은 또한 이뇨제로 이 과정을 서두르거나 신진대사효과가 있는 자연스러운 호르몬들을 계속 적게 복용할 수 있다. 전문가들은 약물남용을 감소시키는 유일한 방법은 훈련기간 동안 무작위로 검사하는 것이라는 데 동의한다.

그러나 단 하나의 국제검사조직도 없다. IOC는 개개의 국가들과 스포츠연합에 책임을 남긴 채, 경기 밖에서의 엄격한 검사에 거의 관심을 보이지 않아 왔다. 검사하기 위한 자금 – 또는 의지 – 이 많이 부족하다. 그 결과는 몇 명의 운동선수들을 단속하는 반면에 다른 운동선수들은 자유롭게 약물을 사용하도록 내버려두는 뒤범벅된 계획이다.」

Answer 38.②

39 다음 글의 요지로 알맞은 것은?

It goes without saying that there are many ordinary things we can do on Earth that are impossible to do in outer space. One very simple example is scratching an itch. You couldn't do this if you were wearing a space suit. So how do astronauts scratch their noses if they get an itch while walking on the moon, for instance? Well, the scientists at NASA worked on a solution to this very problem. Today, built into every astronaut's helmet is a special nose-scratcher that can be activated by pressing a button. Though it takes care of a simple and seemingly silly problem, astronauts are no doubt very grateful for this device. An itchy nose can be very uncomfortable. And if they took their helmets off to scratch in outer space, within a minute they would be dead.

① Problems that afflict earthbound people happen in outer space, too.

② Removing the helmet of a space suit would be deadly.

③ Scientists at NASA designed a special nose-scratching device in the helmets of space suits.

④ To scratch itch is a simple and seemingly silly problem.

TIP It goes without saying ~ ~은 두말할 필요가 없다, 말할 것(나위)도 없다 ordinary 평범한, 일상적인 outer space 우주 itch 가려움 space suit 우주복 astronaut 우주비행사 activate 작동하다, 활동적으로 하다, 활성화하다, 촉진하다 seemingly 외관상, 겉으로 보기에는 silly 바보 같은, 어리석은 no doubt 의심할 바 없이, 확실히 be grateful for ~에 감사하다, 고맙게 여기다 device 고안물, 기구, 장치 uncomfortable 불편한, 거북한 take off (옷 등을) 벗다 afflict 괴롭히다, 들볶다 earthbound 날 수 없는, 땅 표면에서 떠날 수 없는 remove 치우다, 제거하다, (옷 등을) 벗다 deadly 생명에 관계되는, 치명적인

① 지구(땅)에 사는 사람들을 괴롭히는 문제들은 우주에서도 역시 생긴다.
② 우주복에서 헬멧을 벗는 것은 치명적일 것이다.
③ 나사에 있는 과학자들은 우주복의 헬멧 안에 특수한 코긁기장치를 설계하였다.
④ 가려운 데를 긁는 것은 단순하고 외관상 어리석은 문제이다.

「지구상에서 우리가 할 수 있는 수많은 평범한 일들이 우주에서는 할 수 없다는 것은 두말할 필요가 없다. 한 가지 매우 간단한 예는 가려운 데를 긁는 것이다. 만일 당신이 우주복을 입고 있었다면, 당신은 이 일을 할 수 없을 것이다. 예컨대, 만일 우주비행사들이 달에서 걸어다니다가 가렵다면, 어떻게 그들이 코를 긁을까? 글쎄, 나사에서 있는 과학자들은 바로 이 문제에 대한 해결책을 연구했다. 오늘날 모든 우주비행사들의 헬멧에 만들어져 있는 것은 단추를 누름으로써 작동될 수 있는 특수한 코긁기이다. 그것이 단순하고 외관상 어리석은 문제로 처리된다고 해도, 우주비행사들은 확실히 이 장치에 대해 매우 고맙게 여긴다. 가려운 코는 매우 불편하게 될 수 있다. 그리고 만일 그들이 우주에서 (코를) 긁기 위해 헬멧을 벗는다면, 1분 이내에 그들은 죽게 될 것이다.」

Answer 39.③

40 다음 글의 밑줄 친 곳에 알맞은 연결사는?

Psychologists tell us that to be happy we need a mixture of enjoyable leisure time and satisfying work. I doubt that my great-grandmother, who raised 14 children and took in laundry, had much of either. She did have a network of close friends and family, and maybe this is what fulfilled her. If she was happy with what she had, perhaps it was because she didn't expect life to be very different. We, _____, with so many choices and such pressure to succeed in every area, have turned happiness into one more thing we "must have." We're so self-conscious about our "right" to it that it's making us miserable. So we chase it and equate it with wealth and success, without noticing that the people who have those things aren't necessarily happier.

① for example
② on the other hand
③ in addition
④ in short

TIP psychologist 심리학자 satisfying 만족스러운, 충분한 great-grandmother 증조모 laundry 빨랫감, 세탁물 fulfill 충족시키다, 만족시키다, 수행하다 turn A into B A를 B로 바꾸다 one more 하나 더 self-conscious 자기를 의식하는, 자의식이 강한 miserable 비참한, 불행한 chase 뒤쫓다, 추적하다 equate A with B A와 B를 동일시하다, 동등하게 생각하다 notice 알아차리다, 분간하다, 주목하다 on the other hand 다른 한편으로는, 반면에 in addition 게다가, 더욱이 in short 간단히 말해서, 요약해서, 요컨대

「심리학자들은 행복해지기 위해서 우리는 즐거운 여가시간과 만족스러운 일의 혼합을 필요로 한다고 말한다. 나는 14명의 자식들을 키우고 빨래를 맡았던 증조모는 어느 하나를 많이 가졌다고 생각하지(믿지) 않는다. 그녀는 가까운 친구들과 가족을 가지고 있었고, 아마도 이것이 그녀를 만족시켰을 것이다. 만약 그녀가 가지고 있었던 것에 행복해 했다면, 아마도 그것은 그녀가 삶(인생)이 매우 달라지리라고 기대하지 않았기 때문일 것이었다. 반면에 너무나 많은 선택과 모든 분야에서 성공하기 위한 압박감을 가지고 있는 우리는 행복을 우리가 "가져야만 하는" 하나 더의 것으로 바꿔 왔다. 우리는 그것(행복)에 대한 우리의 "권리"를 너무 의식해서 그것이 우리를 불행하게 만들었다. 그래서 우리는 행복을 쫓으며, 부와 성공을 가지고 있는 사람들이 반드시 더 행복하지는 않다는 것을 알아차리지 못하고, 그것과 부와 성공을 동일시한다.」

Answer 40.②

41 다음 글에서 직업선택의 요인으로 언급되지 않은 것은?

According to one sociologist, Theodore Caplow, the accident of birth often plays a large role in determining what occupation people choose. Children follow their parents' occupation : farmers are recruited from farmers' offspring, teachers from the children of teachers. The parent passes an occupation on to the child. Furthermore, such factors as time and place of birth, race, nationality, social class, and the expectations of parents are all accidental, that is, not planned or controlled. They all influence choice of occupation.

① 부모의 직업
② 출생의 시기와 장소
③ 부모의 기대
④ 장래의 유망성

TIP sociologist 사회학자 occupation 직업, 종사, 점령 furthermore 게다가 recruit 신병을 들이다. 보충하다. 더하다 offspring 자식, 자손, 소산 nationality 국민성, 국적 that is 말하자면(= that is to say)

「Theodore Caplow라는 사회학자에 의하면, 출생의 우연성은 사람들이 어떤 직업을 선택하느냐를 결정하는 데에 종종 커다란 역할을 한다. 자식들은 부모의 직업을 이어받는다. 농부들은 농부의 자식들로부터 선생님들은 선생님의 자식들로부터 충당된다. 부모는 자식들에게 직업을 전달한다. 게다가 출생시기와 장소, 인종, 국적, 사회적 계급, 부모의 기대 같은 요인들은 우연적인 것으로, 말하자면, 계획되거나 조종될 수 없다. 그것들은 모두 직업선택에 영향을 끼친다.」

---

42 다음 글에서 필자가 결론으로 말하고자 하는 것은?

The average brain is naturally lazy and tends to take the line of least resistance. The mental world of the ordinary man consists of beliefs which he has accepted without questioning and to which he is firmly attached ; he is instinctively hostile to anything which would upset the established order of his familiar world. A new idea, inconsistent with some of the beliefs which he holds, means the necessity of rearranging his mind ; and this process is laborious, requiring a painful expense of brain-energy. To him and his fellows, who from the vast majority, new idea and options which cast doubt on established beliefs and institutions seem evil just because they are disagreeable. It is desirable that this attitude should be altered for the progress of the society.

① 고정된 사고의 틀을 깨고 새로운 생각을 받아들여야 한다.
② 평범한 사람은 익숙한 세계의 기존 질서를 깨는 어떤 것에 애착을 갖는 경향이 있다.
③ 사람들은 자신의 이익을 위해 기존의 질서가 깨지는 것을 두려워한다.
④ 뇌에너지의 고통스런 희생을 필요로 하는 것들은 평범한 사람에게는 유해한 것이다.

TIP naturally 본디, 당연히 tend to ~하는 경향이 있다 take the line of least resistance 최소저항선을 취하다, 가장 편한 방법을 취하다 ordinary 평범한 consist of ~을 구성하다 questioning 의심스러운, 수상한 be attached to 좋아하다, 애착을 갖다 instinctively 본능적으로 hostile 적대적인, 적의있는 established order 기존 질서 inconsistent with ~에 상반되는, 불일치하는 rearrange 재배열하다 laborious 어려운, 힘든, 부지런한, 근면한 painful 고통스러운 expense 손실, 희생, 지출, 비용 fellow 친구, 동료, 상대 disagreeable 불쾌한, 싫은 desirable 바람직한 alter 바꾸다, 변하다

「보통 두뇌는 본디 게으르고 최소저항선을 택하는(가장 편한 방법을 취하는) 경향이 있다. 평범한 사람의 정신세계는 의심 없이 받아들이고 고수하고 있는 것들에 대한 신념으로 이루어져 있다. 말하자면, 평범한 사람은 익숙한 세계의 기존 질서를 깨는 어떤 것에도 본능적으로 적대감을 가지고 있다. 자기가 갖고 있는 어떤 신념과 불일치하는 새로운 생각은 정신(세계)을 재조정할 필요성을 의미한다 ; 이러한 과정은 고통스런 뇌에너지의 소모를 필요로 하는 어려운 것이다. 거의 대다수인 평범한 사람과 그 동료들에게는 기존의 신념과 제도(관습)에 의심을 갖게 되는 새로운 생각과 선택은 단지 그것들이 싫기 때문에 유해한 것처럼 보인다. 이런 태도는 사회발전을 위해 바꾸는 것이 바람직하다.」

Answer 42.①

43 다음 대화문에 들어갈 알맞은 말을 고르면?

A : Excuse me, I bought this radio here, and it doesn't work.
B : Do you have any receipt?
A : No, I lost it. Can I exchange the radio for another one?
B : Without your receipt, it's hard.
A : Believe me, I bought it this morning.
B : Then do you have any identification?
A : Yes, I have a driver's license, and a credit card.
B : OK. _____ All you have to do is go to the manager's office. Right over there.

① Either will do.　　　　　　　② All of them matter.

③ I couldn't help it.　　　　　④ Your opinion doesn't stand.

TIP receipt 영수증　identification 신분확인, 신분증　opinion 의견, 감정
① 어느 쪽이든 상관없다.
② 모든 것이 중요하다.
③ 나는 도울 수 없다.
④ 당신의 의견은 확실하지 않다.
「A : 실례합니다. 이 라디오를 여기서 구매했는데 작동하지 않네요.
B : 영수증 가져오셨어요?
A : 영수증을 잃어버렸는데요. 다른 라디오와 교환할 수 있을까요?
B : 영수증이 없으면 어려운데요.
A : 믿어주세요. 오늘 아침에 구매했어요.
B : 그러면 다른 신분증을 가지고 있나요?
A : 예, 운전면허증과 신용카드가 있습니다.
B : 좋아요. 어느 쪽이든 상관없어요. 당신은 이제 지배인 사무실로 가시면 됩니다. 바로 저쪽에 있습니다.」

44 다음 짝지어진 대화 중 어색한 것을 고르면?

① A : What do you suggest I order?

B : If you like seafood, order some shrimp. They're worth trying.

② A : Do you have Saturdays off?

B : No, I have to work until noon on Saturdays. How about your husband?

③ A : Chances are we'll be late.

B : Come on. Let's step on it.

④ A : Well, I'm afraid I've taken up too much of your time. I must be on my way now.

B : Not at all. Make yourself at home.

TIP suggest 제안하다, 암시하다, 시사하다 have Saturdays off 토요일마다 쉬다 step on it 서두르다, 속력을 내다 take up (시간, 장소 등을) 잡다, 차지하다

④ Make yourself at home은 집에 온 손님에게 '내 집처럼 편히 쉬세요'라고 주인이 하는 말이다.

① A : 무엇을 주문할까요?

　B : 해산물을 좋아하시면, 새우를 주문하세요. 먹어볼 만해요.

② A : 토요일에 쉬세요?

　B : 아니요. 토요일 정오까지는 일해야 해요. 당신의 남편은 어떠세요?

③ A : 가망성을 볼 때 우리가 늦을 것 같아요.

　B : 자, 서두릅시다.

④ A : 음, 당신의 시간을 너무 많이 뺏은 것 같군요. 이제 가봐야겠어요.

　B : 천만에요. 편히 쉬세요.

45 다음 글의 내용과 일치하는 것은?

Pat Hogan was looking for a Sun hotel when he saw an old man at the side of the road. He stopped his car and asked the old man the way to the Sun Hotel.

He got into Pat's car, and they drove for about twelve miles. When they came to a small house, the old man said, "Stop here." he said to the old man, "Is here Sun Hotel?"

"No." the old man answered, "this is my house. And now I'll show you the way to the Sun Hotel. Turn around and go back nine miles. Then you'll see the Sun Hotel on the left."

① The old man showed Pat the way to the Sun—Hotel at once.

② The old man took advantage of Pat.

③ Pat gave the old man a ride to take him to his home.

④ Pat found the Sun Hotel for himself.

TIP 「Pat Hogan이 길가에 있는 나이든 남자를 보았을 때 그는 Sun Hotel을 찾고 있었다. 그는 차를 세웠고 그 남자에게 Sun Hotel 가는 길을 물어보았다. 그는 Pat의 차에 탔고 그들은 약 12마일을 갔다. 그들이 조그만 주택에 왔을 때 그 남자는 "여기에 세우시오."라고 말했다. 그는 나이든 남자에게 말했다. "여기가 Sun Hotel입니까?" "아니오."그 나이든 남자는 대답했다. "여기는 나의 집이오, 그리고 지금 나는 당신에게 Sun Hotel 가는 길을 가르쳐 주겠소. 돌아가서 9마일을 거슬러 가시오. 그러면 왼쪽에 Sun Hotel을 볼 수 있을 것이오."」

서원각과 함께

꿈의 날개를 펴라

기업체 시리즈

한국환경공단

서울교통공사

우체국금융개발원

한국수자원공사

온라인강의와
함께 공부하자!

공무원 | 자격증 | NCS | 부사관·장교

네이버 검색창과 유튜브에 소정미디어를 검색해보세요.
다양한 강의로 학습에 도움을 받아보세요.